DER ZWEITE WELTKRIEG

Daten, Fakten, Kommentare

Herausgegeben von
Dr. CHRISTIAN ZENTNER

MOEWIG

Bildquellen: „Der Adler", Verlag August Scherl Nachf., München; Erich Andres, Hamburg; „Berliner Illustrierte", Ullstein Verlag/Deutscher Verlag, Berlin; Peter Blachian, München; „Deutschland im Kampf", Verlagsanstalt Otto Stolberg, Berlin; „Die Deutsche Wehrmacht", Cigaretten-Bilderdienst, Dresden; „Die Kriegsmarine", Heinrich Beenken Verlag, Berlin; „Die Wehrmacht", Verlag Die Wehrmacht, Berlin; Gente, Guerra Civile, Mailand; „Geschichte des großen vaterländischen Krieges der Sowjetunion", Deutscher Militärverlag, Berlin; Walter Hackl, Wien; „Hitler baut Großdeutschland", Zeitgeschichte Verlag, Berlin; „Hitler im Westen", Zeitgeschichte Verlag, Berlin; „Illustrierte Zeitung", Verlag von J.J. Weber, Leipzig; Imperial War Museum, London; „Männer und Waffen des deutschen Heeres", G. Grote Verlag, Berlin; „Mit Hitler in Polen", Zeitgeschichte Verlag, Berlin; Lothar Rübelt, Wien; Hans Schaller, Berlin; „Signal", Deutscher Verlag, Berlin; Rolf Steinberg, Berlin; „Unser Weg zum Meer", Verlag Die Wehrmacht, Berlin; U.S. Army Historical Collection, Washington; U.S. Navy War Photographs, „U.S. Camera", New York; „Wir haben es nicht vergessen", Polonia Verlag, Warschau; Archiv Zentner, München; des weiteren andere zeitgenössische in- und ausländische Publikationen und Bildarchive der am Krieg beteiligten Nationen.

Originalausgabe
© 1994 by Verlagsunion Pabel-Moewig KG, Rastatt
Alle Rechte vorbehalten
Redaktion: Dr. Reinhard Barth (Ltg.), Mathias Forster, Ute Meixner
Mitarbeiter: Volker Albers, Burkhard von Bülow, Martin Rasper,
Prof. Dr. Adelheid von Saldern, Wulf C. Schwarzwäller,
Dr. Harald Steffahn, Rolf Steinberg, Oberstaatsanwalt Alfred Streim, Adrian Wells
Umschlaggestaltung: Werbeagentur Zeuner, Ettlingen
Umschlagfotos: Archiv VPM
Druck und Bindung: Printer Portuguesa
Printed in Portugal 1994
ISBN 3-8118-1625-X

Inhalt

Vorwort des Herausgebers 6

DER ZWEITE WELTKRIEG 1939–1945 8

Der Weg in den Krieg 10

Der Feldzug in Polen 26

Von Hitlers Friedensangebot bis zur
Entscheidung für „Fall Gelb" 50

Die große Offensive im Westen 70

Unternehmen „Seelöwe" 114

Der Balkanfeldzug 126

Der Krieg in Nordafrika 152

Unternehmen Barbarossa 204

Wende in Rußland 262

Das Sanitätswesen der Wehrmacht 284

Kriegsschauplatz Italien 294

Die Invasion 332

Kriegswirtschaft 372

Die Ardennenoffensive 384

Kampf ums Reich 396

Das Ende 454

Krieg im Pazifik 474

DER KRIEG ZUR SEE UND IN DER LUFT 1939–1945 490

Der Aufbau der Kriegsmarine 492

Der Kampf der Überwasser-Streitkräfte 508

Der U-Boot-Krieg 538

Letzte Einsätze 570

Luftrüstung in Deutschland 582

Die Luftschlacht um England 598

Kampfraum Mittelmeer 614

Einsätze im Osten 626

Die Reichsverteidigung 642

ANHANG 658

Die Kriegsgefangenen 660

Die „Endlösung" 670

Der militärische Widerstand 673

Chronologie 676

Register 683

Vorwort des Herausgebers

Auch nach dem Zusammenbruch des Ostblocks und der Überwindung der Spaltung Europas und der Welt Anfang der 1990er Jahre ist und bleibt der Zweite Weltkrieg die epochale Zäsur des 20. Jahrhunderts. Was mit Hitlers Angriff auf Polen am 1. September 1939 begann, war nämlich keine Lösung eines begrenzten Konfliktes, wie die Zeitgenossen glaubten, sondern vielmehr der Auftakt zur Verwirklichung seiner wahren Absichten, die letztlich auf eine völlige Neuordnung Europas hinausliefen.

Den Zielen seiner radikal-rassistischen Weltanschauung verpflichtet, ging es ihm letzlich darum, das zu realisieren, was er schon in seinem Bekenntnisbuch »Mein Kampf« in den 20er Jahren unmißverständlich dargelegt hatte. Innenpolitisch galt es, die Staatsform der Demokratie – »eine der schwersten Verfallserscheinungen der Menschheit«, so Hitler in »Mein Kampf« – zu beseitigen und durch die totalitäre Führer-Diktatur zu ersetzen, ein Vorhaben, das nach der nationalsozialistischen »Machtergreifung« am 30. Januar 1933 ebenso brutal wie kompromißlos verwirklicht wurde. Außenpolitisch wollte Hitler seiner Ideologie entsprechend im Prinzip weder gegen Frankreich noch gegen England vorgehen und schon gar nicht mit deren überseeischer Kolonialpolitik konkurrieren. Hier ging es ihm ausschließlich um seine Vision vom »Lebensraum im Osten«, um Deutschland ein für allemal als Weltmacht zu etablieren. »Damit ziehen wir Nationalsozialisten«, so Hitler in »Mein Kampf«, »bewußt einen Strich unter die außenpolitische Richtung des deutschen Kaiserreiches. Wir setzen dort an, wo man vor sechs Jahrhunderten endete: Wir stoppen den ewigen Germanenzug nach dem Süden und Westen Europas und weisen den Blick nach dem Land im Osten. Wir schließen endlich ab die Kolonial- und Handelspolitik der wilhel-

minischen Ära und gehen über zur Bodenpolitik der Zukunft. Wenn wir aber heute in Europa von neuem Grund und Boden reden, können wir in erster Linie nur an Rußland und die ihm untertanen Randstaaten denken.«

Daß dieser Raum im Osten nur durch Gewalt und auf Kosten anderer Völker zu erobern war, bereitete Hitler weder moralische noch rechtliche oder politische Skrupel.

Die Tatsache, daß es Hitler nicht gelang, Großbritannien als Partner für seine Politik der Ostexpansion zu gewinnen, daß England und Frankreich nach seinem Überfall auf Polen getreu ihren Bündnisverpflichtungen dem Deutschen Reich den Krieg erklärten, führte zur Besetzung Dänemarks und Norwegens, zum Westfeldzug, zur »Battle of Britain«, zum Krieg auf dem Balkan und in Nordafrika.

Für Hitler waren diese militärischen Aktionen jedoch lediglich Nebenkriegsschauplätze, auf denen ihm der Rücken freigekämpft werden sollte für die entscheidende Auseinandersetzung mit der Sowjetunion. Obwohl England unter seinem energischen Premierminister Winston Churchill, der sich der Unterstützung der Vereinigten Staaten sicher war, trotz der großen Anfangserfolge der deutschen Wehrmacht Hitler gegenüber keinerlei Kompromißbereitschaft zeigte, ließ Hitler am 22. Juni 1941 das »Unternehmen Barbarossa« anlaufen, den Krieg gegen Rußland, und riskierte damit den zuvor immer verworfenen Zweifrontenkrieg.

Während auf den übrigen Kriegsschauplätzen noch die Bestimmungen des Völkerrechts in der Regel eingehalten wurden, kannte Hitler den »slawischen Untermenschen«, insbesondere aber seinen Haßgegnern, den Juden, gegenüber keine Gnade. Den vorwärtsstürmenden Truppen der Wehrmacht folgten die Einsatzgruppen des Sicherheitsdienstes der SS, die Juden und Po-

litische Kommissare zu Tausenden niedermetzelten. Der nach außen als »Kreuzzug gegen den Bolschewismus zur Rettung Europas« propagierte Krieg war von vornherein ein Raub- und Vernichtungskrieg, der letztlich auch vor dem Verbrechen des Völkermords nicht zurückschreckte.

Die bislang willkürliche Ermordung der Juden wurde auf der berüchtigten Wannsee-Konferenz vom 20. Januar 1942 zum systematischen Programm erhoben. Unter der verschleiernden Formulierung »Endlösung« sollten alle im deutschen Herrschaftsbereich befindlichen Juden nach Osten deportiert und dann, nach Ausbeutung ihrer Arbeitskraft, in den Vernichtungslagern vergast werden. Was sich dort in Chelmo, Treblinka, Sobibor, Majdanek und Auschwitz abspielte, ist kaum zu beschreiben. Die Ermordung von Millionen Männern und Frauen, Greisen und Kindern muß als einmaliges Verbrechen charakterisiert werden, das auch mit den Greueltaten Stalins – das hat der »Historikerstreit« eindeutig ergeben – nicht verglichen werden kann.

Fragt man nach den Gründen der militärischen Niederlage Deutschlands, Italiens und Japans, so war deren Schicksal bereits besiegelt, als Hitlers Feldzug gegen die Sowjetunion kein »Blitzkrieg« wurde und sich nach dem Überfall der Japaner auf Pearl Harbor mit dem Kriegseintritt der USA im Dezember 1941 der europäische Krieg zum Weltkrieg ausweitete, auch wenn das Jahr 1942 noch einmal große Erfolge der Achsenmächte bringen sollte. Vor allem die Japaner, von Washington schwer unterschätzt, eroberten in Blitzkriegmanier ganz Südostasien und den westlichen Pazifik. Die deutschen Armeen drangen bis zur Wolga und in den Kaukasus vor, in Nordafrika fast bis zum Nil. Dann wendete sich das Blatt. Im Pazifik begannen die Amerikaner seit der Luft-See-

Schlacht bei den Midway-Inseln (Juni 1942) mit gewaltigem Materialaufwand und in enger Zusammenarbeit von Schiffseinheiten, Luftwaffe und Marineinfanterie den überdehnten japanischen Herrrschaftsraum stetig zu verkleinern (»Inselspringen«). In Nordafrika, wo Hitlers Interesse stark nachließ und der Nachschub spärlich wurde, gingen die Engländer zur Offensive über. In Rußland wurde die 6. Armee in Stalingrad eingeschlossen und von Hitler geopfert, sowohl aus Gründen starren Festhaltens an jedem Quadratmeter eroberten Bodens wie auch aus fragwürdigen strategischen Erwägungen. Die Katastrophe der Dreihunderttausend in Stalingrad Ende Januar 1943 war das Symbol der Kriegswende. Fortan lag das Gesetz des Handelns klar bei der erstarkten Roten Armee. Es begann der langsame, unaufhaltsame deutsche Rückzug über Tausende Kilometer nach Westen.

Auch daß in einem verspäteten »Rüstungswunder« unter Leitung des Rüstungsministers Albert Speer gewaltige Produktionsziffern erzielt wurden, änderte nichts an der wachsenden materiellen Überlegenheit der Alliierten. Insbesondere beherrschten sie seit 1943 den Luftraum nahezu uneingeschränkt, so daß Deutschland durch ununterbrochene Bombenangriffe Stück um Stück in eine Trümmerlandschaft verwandelt wurde. Hinzu kam, daß die großen Erfolge der U-Boote im Atlantik endeten, als die Alliierten seit 1942/43 über die Radarortung verfügten. Die Proklamierung des »totalen Krieges« durch Propagandaminister Goebbels (Februar 1943) sollte die letzten Energiereserven aktivieren, aber der Ring um Deutschland schloß sich enger und enger. 1943 ging Nordafrika verloren, Italien wechselte nach einem Umsturz ins Lager der Alliierten über und wurde jetzt von den Deutschen als »besetztes Land« verteidigt. Die angloamerikanischen Landungen zuerst in Afrika, dann in Sizilien und auf dem italienischen Festland waren der Test für die große Invasion in der Normandie (6. Juni 1944). Sie überwand den »Atlantikwall« unerwartet schnell und drückte die deutsche Westfront ein. Im Laufe des Sommers und Herbstes

1944 gelangten die Westalliierten bis an die Reichsgrenzen, die Rote Armee drang nach Zerschlagung der Heeresgruppe Mitte bis nach Ostpreußen vor. Deutschlands Verbündete im Ostkrieg (Finnland, Rumänien, Ungarn, Slowakei), die nie eine erhebliche Rolle gespielt hatten, fielen einer nach dem anderen von Hitlers Reich ab.

Ein letzter Versuch der seit langem aktiven deutschen Widerstandsbewegung, das verbrecherische Regime durch Beseitigung Hitlers zum Einsturz zu bringen und den Krieg trotz der alliierten Forderung nach »bedingungsloser Kapitulation« vielleicht zu maßvolleren Konditionen zu beenden, scheiterte am 20. Juli 1944. Hitler überlebte das Attentat des Obersten Claus Graf Schenk von Stauffenberg und nahm blutige Rache durch Hinrichtung Tausender Widerstandskämpfer, zu denen Marxisten und christliche Gewerkschafter ebenso gehörten wie Theologen beider Kirchen, Diplomaten und Offiziere. Seither war dieser Krieg nur noch die opferreiche Hinauszögerung einer längst feststehenden vernichtenden Niederlage.

Die Endphase wurde durch die sowjetische Offensive vom 12. Januar 1945 in Ostpreußen und an der Weichsel eingeleitet. Die verzögerte Räumung der gefährdeten Gebiete führte zu entsetzlichen Leiden der Zivilbevölkerung durch die Massenflucht im eisigen Winter. Während sich weite Kreise der Bevölkerung noch immer mit der Ankündigung kommender »Wunderwaffen« vertrösten ließen, raubte der Sturm auf Berlin auch den größten »Endsieg«-Optimisten die letzten Illusionen. In den Trümmern der Reichskanzlei nahm sich Adolf Hitler am 30. April 1945 das Leben. Die Eroberung Berlins durch die Rote Armee, die Begegnung von Russen und Amerikanern an der Elbe, die Besetzung des ganzen Reiches ließen dem Hitler-Nachfolger Großadmiral Karl Dönitz keine Chance, den Krieg selbst zur Rettung vieler Flüchtlinge und Truppen länger als bis zum 8. Mai fortzuführen. Um Mitternacht dieses Tages, nach bedingungloser Kapitulation der deutschen Führung, ruhten in Europa die Waffen.

In Ostasien gingen die Kämpfe wegen

des fanatischen Widerstandes der Japaner trotz zunehmender Zerstörung ihres Landes durch schwerste Bombenangriffe bis in den August weiter. Ein Ende brachten erst die amerikanischen Atombomben-Abwürfe auf Hiroshima und Nagasaki (6. bzw. 9. August 1945), die Kaiser Hirohito zum Anlaß nahm, seinen Militärs die Kapitulation zu befehlen.

50 Jahre nach Beendigung des Zweiten Weltkrieges zieht die vorliegende Dokumentation, gestützt auf die Ergebnisse der neuesten Forschung, in Texten und Bildern Bilanz über die von Hitler ausgelöste größte militärische Auseinandersetzung der Weltgeschichte, die unendliches Leid verursachte und der 55 Millionen Menschen zum Opfer fielen.

Dr. Christian Zentner

Der Zweite Weltkrieg 1939-1945

Letzter Kameradschaftsdienst: Birkenkreuz. Ein Bild dieser Art durfte nur in Propagandaschriften gedruckt werden, die für das Ausland bestimmt waren. Die deutschen Mütter und Väter, Frauen und Kinder der Gefallenen durften es nicht sehen. In den Berichten des Oberkommandos der Wehrmacht tauchte nie eine Zahl deutscher Gefallener auf.

Der Weg in den Krieg

In seiner ersten außenpolitischen Rede am 17. Mai 1933 vor dem Reichstag schwor Hitler, daß seine Regierung nichts anderes wolle als den Frieden sowie die friedliche Revision des Versailler Vertrages. »Denn«, so führte Hitler aus, »alle die heutige Unruhe verursachenden Probleme liegen in den Mängeln des Friedensvertrages begründet, der es nicht vermochte, die wichtigsten und entscheidendsten Fragen der damaligen Zukunft überlegen, klar und vernünftig zu lösen. Weder die nationalen noch die wirtschaftlichen oder gar die rechtlichen Angelegenheiten und Forderungen der Völker sind durch diesen Vertrag in einer Weise gelöst worden, daß sie vor der Kritik der Vernunft für alle Zeiten bestehen könnten. Es ist daher verständlich, daß der Gedanke einer Revision nicht nur zu den Auswirkungen dieses Vertrages gehört, sondern die Revision sogar von seinen Verfassern als nötig vorausgesehen wurde und daher im Vertragswerk selbst eine rechtliche Verankerung fand...

Wenn ich in diesem Augenblick bewußt als deutscher Nationalsozialist spreche, so möchte ich namens der nationalen Regierung und der gesamten Nationalerhebung bekunden, daß gerade uns in diesem jungen Deutschland das tiefste Verständnis beseelt für die gleichen Gefühle und Gesinnungen sowie für die begründeten Lebensansprüche der anderen Völker. Die Generation dieses jungen Deutschlands, die in ihrem bisherigen Leben nur die Not, das Elend und den Jammer des eigenen Volkes

The Nation, New-York.

„Frieden" - das war das Schlüsselwort in Hitlers erster außenpolitischen Rede vom 17. Mai 1933 vor dem Reichstag. Der Karikaturist der New Yorker Zeitschrift „The Nation" schenkte den Worten des neuen deutschen Reichskanzlers keinen Glauben: Die Friedensbeteuerungen des „Führers" sind Grüße aus einem qualmenden Kanonenrohr, vor denen die Taube mit dem Ölzweig lieber davonflattert (Bild links).

Bild rechte Seite: Demonstrationen militärischen Machtwillens gehörten zum festen Zeremoniell der Nürnberger Parteitage. Seit der „Machtergreifung" Hitlers am 30. Januar 1933 war die Aufrüstung nachdrücklich vorangetrieben worden. Vordergründig ging es Hitler dabei nur um die Wiederherstellung der Gleichberechtigung Deutschlands. In seinen wahren Absichten aber hatte die Wehrmacht dem agressiven und expansiven Lebensraumkonzept des Nationalsozialismus zu dienen.

kennenlernte, hat zu sehr unter dem Wahnsinn gelitten, als daß sie beabsichtigen könnte, das gleiche anderen zuzufügen. Indem wir in grenzenloser Liebe und Treue an unserem eigenen Volkstum hängen, respektieren wir die nationalen Rechte auch der anderen Völker aus dieser selben Gesinnung heraus und möchten aus tiefinnerstem Herzen mit ihnen in Frieden und Freundschaft leben.«

Doch hinter dieser wie hinter all seinen weiteren Friedensreden verbarg sich von vornherein ein ganz anderer Plan, den Hitler, unter Verschleierung seiner letzten Ziele, taktisch geschickt Schritt um Schritt verwirklichte. Bereits aus seiner ersten Besprechung mit den Befehlshabern der Reichswehr am 3. Februar 1933, die natürlich geheimgehalten wurde, läßt sich diese Taktik ersehen:
»Ziel der Gesamtpolitik allein: Wiedergewinnung der politischen Macht...«
Daher: »Im Innern: Völlige Umkehrung der gegenwärtigen innenpolitischen Zustände in Deutschland. Keine Duldung der Betätigung irgendeiner Gesinnung, die dem Ziel entgegensteht. Wer sich nicht bekehren läßt, muß gebeugt werden...« Und: »Nach außen: Kampf gegen Versailles...«
Aber dieser Kampf gegen »Versailles«, der vom gesamten Volk unterstützt wurde, der auch von allen Regierungen der Weimarer Republik geführt worden war, war für ihn nicht das letzte Ziel:
»Wie soll politische Macht, wenn sie gewonnen, gebraucht werden? Jetzt noch nicht zu sagen. Vielleicht Erkämpfung neuer Exportmöglichkeiten, vielleicht – und wohl besser – Eroberung neuen Lebensraumes im Osten und dessen rücksichtslose Germanisierung...«
Und Hitler sah auch, welche Schwierigkeiten zu überwinden waren:
»Gefährlichste Zeit ist die des Aufbaus der Wehrmacht. Da wird sich zeigen, ob Frankreich Staatsmänner hat, wenn ja, wird es uns Zeit nicht lassen, sondern über uns herfallen, vermutlich mit Osttrabanten...«
Daher müsse so lange Frieden in Europa herrschen, bis Deutschland wieder stark genug sei, um sich den Lebensraum im Osten erkämpfen zu können.
»Damit«, so hatte Hitler sein Programm schon in »Mein Kampf« präzisiert, »ziehen wir Nationalsozialisten bewußt einen Strich unter die außenpolitische Richtung unserer Vorkriegszeit. Wir

16. März 1935: Unter Verletzung der Bestimmungen des Versailler Vertrages verkündet das Reichskabinett Hitler das „Gesetz für den Aufbau der Wehrmacht" (Bild rechte Seite: Rekruten bei ihrer Vereidigung). Trotz der Wiedereinführung der Wehrpflicht, trotz drastischer Steigerungen des Militäretats: Nachdem Deutschland mit Polen einen Nichtangriffspakt (1934) geschlossen hatte und mit England das Flottenabkommen (1935), galt „Herr Hitler" in England als salonfähig. Auf dem Bild oben der britische Außenminister Sir John Simon und sein Stellvertreter und späterer Nachfolger, Sir Anthony Eden, 1935 im Gespräch mit Hitler in der Berliner Reichskanzlei.

setzen dort an, wo man vor sechs Jahrhunderten endete. Wir stoppen den ewigen Germanenzug nach dem Süden und Westen Europas und weisen den Blick nach dem Land im Osten. Wir schließen endlich ab die Kolonial- und Handelspolitik der Vorkriegszeit und gehen über zur Bodenpolitik der Zukunft...«
Seiner Taktik entsprechend, das »großdeutsche Reich«, den »Kampf gegen Versailles« im Munde und den »Raum im Osten« in Gedanken, ging Hitler systematisch voran. Außenpolitik, Wirtschaftspolitik und Militärpolitik wurden folgerichtig auf dieses Ziel hin koordiniert.
Als Frankreich auf der Abrüstungskonferenz in Genf Deutschland keine Zugeständnisse machen wollte, nahm Hitler dies zum Anlaß, am 19. Oktober 1933 aus dem Völkerbund auszuscheiden, was ihm freie Hand gab, die eigene Aufrüstung energisch voranzutreiben. Nach dem Tod des Reichspräsidenten Paul von Hindenburg am 2. August 1934 ließ Hitler dann die Wehrmacht auf sich persönlich vereidigen.
Einen außenpolitischen Prestigegewinn für das nationalsozialistische Deutschland stellte die Rückgewinnung des Saargebietes dar. Am 13. Januar 1935 fand hier die im Versailler Vertrag vorgesehene Abstimmung statt. 91 Prozent der Saarbevölkerung bekannten sich zu Deutschland. In der nationalen Hochstimmung, die die Rückgewinnung des Saargebietes auslöste, proklamierte Hitler offen die Aufrüstung. Am 16. März wurde die allgemeine Wehrpflicht verkündet. Daraufhin verpflichteten sich England, Frankreich und Italien, allen weiteren einseitigen Schritten Deutschlands gemeinsam entgegenzutreten. Auch der Völkerbund protestierte gegen die Aufkündigung der Entwaffnungsbestimmungen des Versailler Vertrages durch Deutschland. Aber hinter diesen Protesten und Entschlüssen verbarg sich in Wirklichkeit nur die Unentschlossenheit, Hitler ernsthaft entgegenzutreten.
Ein Vierteljahr nach der Verkündigung der Wehrpflicht schloß die britische Regierung mit Deutschland am 18. Juni 1935 ein Abkommen über die gegenseitigen Flottenstärken. Das Verhältnis wurde auf 100 zu 35 festgelegt, in diesem Rahmen jedoch Gleichheit der erlaubten U-Boot-Tonnage. Damit war die deutsche Wiederbewaffnung trotz der kaum verklungenen Proteste gegen die Einführung der allgemeinen Wehrpflicht sanktioniert – ein erster großer außenpolitischer Erfolg Hitlers.
Die britische Führung war mehr und mehr davon überzeugt, daß es notwendig sei, Deutschland politisch entgegenzukommen. Das Flottenabkommen war der erste Schritt der »Appeasement«-Politik, die davon ausging, daß es möglich sein werde, Hitler durch Zugeständnisse in Schranken zu halten. Die Wirkung auf den deutschen Diktator war jedoch entgegengesetzt. Er deutete das Entgegenkommen als Schwäche und gewann die Überzeugung, daß sich durch eine Politik der vollendeten Tatsachen dem Zögern und der Unentschlossenheit der Westmächte noch weitere Erfolge abgewinnen lassen würden, war sich dabei jedoch bewußt, daß dies ein risikoreiches Spiel war. Gegen die Warnung seiner militärischen und politischen Ratgeber ließ er am 7. März 1936 einige Bataillone in das entmilitarisierte Rheinland einrücken. Das war ein Bruch des Locarno-Vertrages von 1925, in dem sich Deutschland verpflichtet hatte, die Entmilitarisierung des Rheinlandes zu respektieren. Wiederum begnügten sich die Westmächte mit bloßen Protesten. So gewann Hitler die Möglichkeit, durch den Bau von Westbefestigungen den Rücken freizubekommen für seine osteuropäischen Pläne.
Im Sommer 1936 wurden in Berlin die

Olympischen Spiele gefeiert. In dem großartig aufgezogenen internationalen Fest schienen für inen Augenblick die europäischen Spannungen vergessen zu sein. Da verkündete Hitler am 24. August als Antwort auf die Wiedereinführung der zweijährigen Dienstzeit in Frankreich die zweijährige statt der einjährigen Dienstzeit auch für die Wehrmacht, und im September desselben Jahres legte er das Programm für den Vierjahresplan fest mit dem ausgesprochenen Ziel, den Krieg wirtschaftlich vorzubereiten.

Jetzt gelang es Hitler auch, politische Entwicklungen außerhalb Deutschlands zu nutzen, um aus der politischen Isolierung auszubrechen. Im Jahre 1932 hatte Japan die Mandschurei besetzt und als »unabhängiges« Kaiserreich proklamiert und bereitete sich von dieser Basis her zum Angriff gegen China vor. Es war schon einige Monate früher als Deutschland aus dem Völkerbund ausgetreten. Am 25. November 1936 schlossen die beiden Mächte den Antikominternpakt. Gemeinsame Maßnahmen gegen die Propagandatätigkeit der kommunistischen Internationale wurden vereinbart. Von großem Gewicht für die Entwicklung der europäischen Verhältnisse war es, daß es Hitler gelang, Italien auf seine Seite zu ziehen. Als Mussolini Ende 1935 über Abessinien herfiel und der Völkerbund mit wirtschaftlichen Sanktionsmaßnahmen antwortete, sprang Deutschland ein und belieferte Italien namentlich mit Kohlen. Dazu kam der Bürgerkrieg in Spanien. Die am 18. Juli 1936 gegen die republikanische Regierung rebellierenden Militärs unter der Führung Francos fanden Unterstützung bei Italien, während die Republikaner von den Westmächten nur zögernd unterstützt wurden, aber den Zuzug vieler Freiwilliger aus dem Lager der internationalen kommunistischen Bewegung erhielten. Die neue deutsche Wehrmacht erlebte hier ihren ersten praktischen Einsatz. Marine-, Luftwaffen- und Heereseinheiten kämpften unter dem Namen »Legion Condor« auf der Seite Francos und der italienischen Interventionstruppen. Am 1. November 1936 sprach Mussolini von der »Achse Berlin-Rom«. Im September 1937 wurde bei einem Staatsbesuch Mussolinis in Berlin die deutsch-italienische Freundschaft gefeiert. Am 6. November 1937 trat Italien dem Antikominternpakt bei. Einen Tag zuvor, am 5. November, hatte Hitler vor dem Reichskriegsminister von Blomberg, den Oberbefehlshabern der drei Wehrmachtsteile, von Fritsch, Raeder und Göring, und dem Außenminister von Neurath in Gegenwart seines Wehrmachtsadjutanten Oberst Hoßbach sein Programm für eine aktive deutsche »Ostpolitik« entwickelt. Hitler ging wieder von dem Gedanken aus, daß »die deutsche Zukunft... ausschließlich durch die Lösung der Raumnot bedingt sei«. Das eigentliche Ziel der deutschen Außenpolitik sah er daher nicht in der Entwicklung des Außenhandels oder im Erwerb von Kolonien, sondern in der Gewinnung von Siedlungsraum und Rohstoffgebieten »in unmittelbarem Anschluß an das Reich in Europa«. Da »jede Raumerweiterung nur durch Brechung von Widerstand und unter Risiko vor sich gehen könne«, erklärte er seinen »Entschluß zur Anwendung von Gewalt unter Risiko«. Nach dieser Grundentscheidung blieb die Frage des Wann und Wo. Als spätesten Termin für den deutschen Angriff nach Osten nannte er die Jahre 1943/45, weil nur bis dahin Deutschland einen genügenden Rüstungsvorsprung besäße. Als erstes Ziel hierfür forderte er »zur Verbesserung unserer militärpolitischen Lage« die Niederwerfung Österreichs und der Tschechoslowakei.

Blomberg und Fritsch hatten Bedenken. Sie wiesen auf das Risiko hin, das mit einem solchen Krieg verbunden wäre. Sie rechneten für den Fall eines deutschen Angriffs auf die Tschechoslowakei mit dem Eingreifen der Westmäch-

Anfang Oktober 1935 fiel Italien von seinen ostafrikanischen Kolonien Eritrea und Somaliland aus in Abessinien ein, das es nach unerwartet mühevollen Kämpfen bis Mai 1936 erobern konnte. Sanktionen des Völkerbundes waren weitgehend wirkungslos geblieben, weil Hitler mit Kohle- und Stahllieferungen in die Bresche sprang und damit den Grundstein der „Achse Berlin-Rom", der deutsch-italienischen Partnerschaft in den kommenden Jahren, legte. Ihre letzten Weihen erhielt die „Achse" während des Deutschlandbesuchs Mussolinis im September 1937 und durch die deutsch-italienische Kooperation im Spanischen Bürgerkrieg (1936-39) auf Seiten Francos.
Bild links: italienische Bombenflugzeuge über dem Gebirge Abessiniens. Bilder rechte Seite: Mussolini und Hitler bei der feierlichen Schlußkundgebung zum Staatsbesuch des Duce auf dem „Maifeld" in Berlin am 29. September 1937 (oben); eine Momentaufnahme aus dem Spanischen Bürgerkrieg: Falangisten führen republikanische Gefangene ab (unten).

te. Während der Westwall noch lange nicht beendet sei, hätten die tschechischen Befestigungen den Wert einer Maginot-Linie. Deutschland dürfe niemals die Feindschaft Frankreichs oder Englands auf sich ziehen.

Als sich herausstellte, daß von Blomberg am 12. Januar 1938 in zweiter Ehe eine Frau von zweifelhaftem Ruf geheiratet hatte, mußte er zurücktreten. Als sein Nachfolger wäre nun Generaloberst Freiherr von Fritsch an der Reihe gewesen. Doch über diesen hatte Göring eine Akte auf dem Tisch liegen, aus der hervorging, daß sich Fritsch moralischer und krimineller Verfehlungen schuldig gemacht habe, die ihn von vornherein ausschalteten.

Der Fall wurde bis heute nicht gänzlich aufgeklärt. Fest steht nur, daß man (Göring oder Heydrich) bewußt und mit falschen Zeugen versuchte, den Generalobersten von Fritsch homosexueller Verfehlungen zu beschuldigen, um ihn so aus seiner Machtstellung zu entfernen. Zwar wurde Generaloberst von Fritsch später rehabilitiert und von Hitler mit der Verleihung eines persönlichen Regiments »geehrt«. Diese »Ehrung« stand jedoch in keinem Verhältnis zu der Schmach, die man von Fritsch mit dieser Verleumdung angetan hatte. Den skrupellosen Methoden der nationalsozialistischen Herrschaft nicht gewachsen, wird er im Polenfeldzug den Freitod suchen. Hitler aber witterte seinen Vorteil: Er würde überhaupt keinen Nachfolger Blombergs ernennen, sondern selbst unmittelbar, nicht nur formell als Staatsoberhaupt, den Befehl über die gesamte Wehrmacht übernehmen. Dabei kam ihm gleich ein weiterer Gedanke: Diese Gelegenheit konnte er nutzen, um überhaupt eine »Wachablösung« durchzuführen, in der Wehrmacht, aber auch in Regierung und Verwaltung!

Am 4. Februar 1938 fand die letzte Sitzung der deutschen Reichsregierung statt. Danach ist das Kabinett im Dritten Reich niemals wieder zusammengetreten – erst nach der Kapitulation Deutschlands unter dem neuen Reichspräsidenten Dönitz und unter Aufsicht britischer Soldaten auf dem letzten Fleck »Großdeutschlands«, der Marineschule Flensburg-Mürwik.

Davon ahnte freilich noch niemand von denen etwas, die jetzt auf Anweisung Hitlers die »Konzentration in der Führung des Reiches« beschlossen. Andrentags konnte das deutsche Volk, konnte die Welt den Meldungen der Zeitungen und Nachrichtenagenturen entnehmen, was sich in der deutschen Führung alles verändert hatte:
Der Reichskriegsminister von Blomberg und der Oberbefehlshaber des Heeres von Fritsch waren beide »aus Gesundheitsgründen« zurückgetreten. Hitler drückte in persönlichen Handschreiben beiden seine tiefempfundene Dankbarkeit für die geleistete Arbeit aus.
Neuer Heeresbefehlshaber an Stelle Fritschs wurde der General der Artillerie Walther von Brauchitsch. Blomberg erhielt keinen Nachfolger. Der »Führer« selbst übernahm den Oberbefehl und hatte zu seiner Unterstützung ein »Oberkommando der Wehrmacht«, das OKW, geschaffen, zu dessen Chef er den General der Artillerie Wilhelm Keitel ernannte, der von seinen Generals-Kameraden bald der »Lakaitel« genannt werden sollte.
Göring wurde zum Generalfeldmarschall befördert und war damit zwar nicht Kriegsminister geworden, wie er gehofft hatte, aber ranghöchster deutscher Offizier.
Auch Reichsaußenminister Freiherr Konstantin von Neurath trat zurück. Sein Nachfolger wurde Joachim von Ribbentrop.
Ribbentrop war Ende 1936 als Botschafter nach London geschickt worden. Premierminister der damaligen konservativen Regierung war Baldwin, Außenminister Eden. Am 28. Mai 1937 übernahm der bisherige Schatzkanzler Neville Chamberlain die Nachfolge Baldwins als Leiter der Regierung. Die außenpolitische Situation, in der Ribbentrop seine Mission in London antrat, war durch die Tatsache bestimmt, daß die Westmächte sich bei der Besetzung des Rheinlandes durch die deutsche Wehrmacht mit Protesten begnügt hatten, daß die Sanktionspolitik gegen Italien die Begründung des italienisch-äthiopischen Kaiserreichs nicht hatte verhindern können und daß England sichtlich bestrebt war, sich in den europäischen Angelegenheiten zu entlasten, um die Hände frei zu haben für die Wahrnehmung seiner fernöstlichen Interessen im japanisch-chinesischen Konflikt. Chamberlain war ein Politiker des Ausgleichs. Zwar setzte er sich für eine verstärkte englische Rüstung zur See und in der Luft von Anfang an mit Nachdruck ein, war aber zugleich von der Überzeugung geleitet, daß es möglich sein müßte, in einer Verbindung von Stärke und Entgegenkommen mit den autoritären Mächten einen modus vivendi zu finden.
Ribbentrop allerdings ließ Hitler gegenüber keinen Zweifel daran, daß England, wenn es seine vitalen Interessen bedroht sähe, kämpfen würde. Er legte sich die Frage vor, wie sich England zur deutschen Ostexpansion verhalten werde, wobei er von der These ausging, daß »eine Änderung des Status quo im Osten im deutschen Sinne ... nur gewaltsam durchzuführen« sei. England sei mit seinen Rüstungen im Rückstand und spiele im Augenblick noch auf Zeitgewinn. Man müsse daher weiter nach außen hin die Verständigung mit England suchen, zugleich aber eine Bündniskonstellation gegen England zustande bringen, die einer englischen stärker oder vielleicht ebenbürtig gegenüberstehe. In diesem Fall, so meinte er, »wäre es möglich, daß England lieber doch noch einen Ausgleich versucht«. Was die zunächst begrenzte österreichische und tschechische Frage anbetraf, so glaubte Ribbentrop, daß England »für ein lokales mitteleuropäisches Problem ... einen Existenzkampf um sein Weltreich nie riskieren« werde: »Entscheidend scheint mir in diesem Zusammenhang die Schnelligkeit, mit der ein solcher mitteleuropäischer Konflikt siegreich beendigt wäre. Bei einem blitzartigen Erfolg glaube ich sicher, daß der Westen nicht eingreifen würde.«
Die Annahme, England werde einem deutschen Zugriff auf Österreich nicht entgegentreten, wurde durch das Verhalten der englischen Politik in der Tat zur Gewißheit. Der österreichische Bundeskanzler Schuschnigg hatte sich schon im April 1937 vergeblich um eine britische Garantieerklärung für die politische Selbständigkeit und territoriale Integrität Österreichs bemüht. Auch eine von der französischen Politik gewünschte gemeinsame französisch-englische Erklärung über Mitteleuropa war nicht zustande gekommen. Chamberlain hatte im Gegenteil dem österreichischen Staatssekretär Schmidt, der zu den Krönungsfeierlichkeiten für Eduard VIII. im Mai 1937 in London

Ein wichtiges Etappenziel auf dem Weg zum Krieg war die Besetzung des entmilitarisierten linksrheinischen Reichsgebiets am 7. März 1936 (Bild linke Seite: deutsche Infanterie überquert die Hohenzollernbrücke bei Köln). Mit diesem waghalsigen Schritt ging Hitler eiskalt über den Vertrag von Locarno (1925) hinweg. Bild oben: Unterstützt von Reichsführer-SS Heinrich Himmler (links) und Reichswehrminister von Blomberg (rechts) ließ Hitler am 30. Juni 1934 den sogenannten „Röhm-Putsch" zerschlagen, im Klartext: SA-Führer Ernst Röhm und über 150 weitere potentielle Gegner der Alleinherrschaft Hitlers und des Nationalsozialismus wurden in Nacht- und Nebelaktionen umgebracht. Die Gleichschaltung der Wehrmacht wurde Anfang 1938 besorgt: Erst mußte Blomberg wegen seines Privatlebens seinen Abschied nehmen, dann wurde dessen designierter Nachfolger, Generaloberst von Fritsch (Bild rechts), das Opfer einer üblen Intrige. Hitler übernahm nun selbst den Oberbefehl über die Wehrmacht.

weilte, erklärt, England hoffe nicht nur zu einer Verständigung mit Italien, sondern auch mit Deutschland zu kommen. Es wurde deutlich, daß England zwar die Selbständigkeit Österreichs wünschte, es aber deswegen nicht zum Kriege kommen lassen werde.

Von allen »Verbündeten« verlassen, versuchte Schuschnigg sich nun direkt mit Hitler zu verständigen. Das Treffen der beiden Staatsmänner fand am 12. Februar 1938 auf dem Obersalzberg statt. Während Schuschnigg meinte, er könne die Unabhängigkeit Österreichs erhalten, ließ Hitler keinen Zweifel daran, daß sich der österreichische Bundeskanzler seinen Bedingungen zu fügen habe – insbesondere müßten sich die österreichischen Nationalsozialisten völlig frei betätigen können. Diese waren bereits unter Schuschniggs Vorgänger, dem austrofaschistischen Bundeskanzler Dollfuß, der 1934 von öster-

reichischen Nazis ermordet wurde, in die Illegalität verbannt worden.
Nach Wien zurückgekehrt, zeigte sich Schuschnigg jedoch kämpferisch: »Trotz aller Bemühungen ist es nicht gelungen, die Spannungen zu lösen, die über dem deutschen Raum ... seit Jahren lasten. Es hat sich ein auf die Dauer unerträglicher, weil durchaus normaler Zustand herausgebildet... Wir wissen ganz genau, daß wir jetzt bis zu jener Grenze gingen, hinter der ganz klar und eindeutig ein ›Bis hierher – und nicht weiter‹ steht. Es scheint unerläßlich, die wesentliche Feststellung nochmals zu wiederholen, damit an unserem unerschütterlichen Willen zur Eigenstaatlichkeit und Unabhängigkeit kein Zweifel sei... Rot-Weiß-Rot bis in den Tod!«
Eine zugunsten des Status quo manipulierte Volksbefragung, die kurzfristig für den 13. März 1938 angesetzt wurde, sollte der Welt demonstrieren, daß Österreich unabhängig bleiben wolle. Dies wiederum führte schließlich zur Entscheidung Hitlers, den Befehl zum Einmarsch deutscher Truppen zu geben. Als diese am 12. März die Grenzen überschritten, wurde ihr Vorrücken zu einem einzigen Triumphzug, dem sich die Soldaten der österreichischen Bundeswehr freiwillig anschlossen. All das kam so überraschend, daß Hitler, als er in seiner Heimatstadt Linz zur Bevölkerung sprach, selbst noch nicht an einen »Anschluß« dachte, sondern nur an eine Personalunion zwischen Österreich und Deutschland. Erst der überwältigende Jubel der Volksmassen brachte ihn zu dem Entschluß, Österreich sofort ganz mit Deutschland zu vereinigen.
Der Korrespondent der Londoner »Times«, Major F. Yeats Brown, schrieb über seine eigenen Erlebnisse in Österreich für seine Zeitung:
»Der Umschwung der öffentlichen Meinung würde unglaubhaft sein, wenn man ihn nicht mit eigenen Augen gesehen hätte. Die Wahrheit ist, daß die Wien und München trennende Grenze immer nur künstlich war... Die Menschen sprechen die gleiche Sprache, denken dasselbe... Natürlich wünschen sie, ein Volk zu sein. Es kann nicht zu oft wiederholt werden: Schuschniggs Plebiszit war ein Akt der Schikane.

Bild oben: Halbwüchsige im Hakenkreuzfahnenwald. Hitlers Idealvorstellung von der nach ihm benannten Jugend hat er einmal wie folgt beschrieben: „In meinen Ordensburgen wird eine Jugend heranwachsen, vor der sich die Welt erschrecken wird. Eine gewalttätige, herrische, unerschrockene, grausame Jugend will ich. Es darf nichts Schwaches und Zärtliches an ihr sein. Das freie, herrliche Raubtier muß erst wieder aus ihren Augen blitzen." Auf dem Bild linke Seite rollt das „Spielzeug" vom Band, das der „Führer" für die künftigen großen Taten dieser seiner Jugend ausersehen hatte.

Vom Londoner Blickwinkel gesehen mag der deutsche Marsch über die Grenze wie ein Akt der Aggression aussehen. Von hier aus gesehen sind die Truppen Brüder, gekommen, um Österreich zu retten...« Am 13. März, dem Tag von Schuschniggs »Volksabstimmung«, unterzeichneten in Linz dessen Nachfolger, der österreichische Bundeskanzler Arthur Seyß-Inquart, und der deutsche Führer und Reichskanzler Adolf Hitler gemeinsam das »Wiedervereinigungsgesetz«, dessen erster Artikel lautete: »Österreich ist ein Land des Deutschen Reiches.«

Vier Wochen später fand in dem bisherigen Österreich, bald nur noch »die Ostmark« genannt, eine Volksabstimmung statt, gleichzeitig auch im »Altreich«. Geschickt formuliert war die suggestive Doppelfrage, die zweifellos manchen für „Großdeutschland", aber nicht unbedingt für Hitler eintretenden Stimmberechtigten zu einem »Ja« veranlaßte: »Bist Du mit der am 13. März vollzogenen Wiedervereinigung Österreichs mit dem Deutschen Reich einverstanden und stimmst Du für die Liste unseres Führers Adolf Hitler?«

99,7 Prozent der österreichischen Wähler stimmten mit Ja, in Deutschland waren es etwas weniger. Hitlers alter Wunschtraum war verwirklicht, ein wesentliches Ziel seiner Außenpolitik hatte er erreicht: das Großdeutsche Reich.

Aber Millionen von Deutschen lebten trotzdem noch außerhalb der deutschen Grenzen. Im künstlichen Staatsgebilde der Tschechoslowakei wohnten allein dreieinhalb Millionen Deutsche. Die Tschechen stellten nicht ganz die Hälfte der Bevölkerung, reagierten aber allein, trotz der Verfassung, die etwas anderes vorsah, trotz der Versprechen der führenden tschechischen Politiker Masaryk und Benesch bei der Gründung des Staates, eine Art osteuropäische Schweiz zu schaffen. Den anderen Nationalitäten – Deutschen, Slowaken, Ungarn, Ukrainern und Polen – wurden die feierlich garantierten Rechte vorenthalten.

Am 21. Mai 1938 fanden in der SR Gemeindewahlen statt. Man rechnete, daß in den sudetendeutschen Gebieten des Böhmerwaldes, des Riesengebirges und des Erzgebirges zwei Drittel der Bevölkerung für deutsche Gemeindevertreter stimmen würden. Tatsächlich wurden über 90 Prozent aller Stimmen für deutsche Gemeindevertreter abgegeben. Die Antwort der tschechischen Regierung bestand darin, die Mobilmachung der Streitkräfte anzuordnen und Truppen an die deutsche Grenze, also ins Sudetenland, zu verlegen.

Um das möglichste zu tun, einen kriegerischen Konflikt zwischen Deutschland und der Tschechoslowakei zu verhindern, entsandte die britische Regierung eine Beobachterdelegation in die SR, die von Lord Runciman geleitet wurde. Er kam zu der gleichen Ansicht wie andere Beobachter vor ihm auch: Die Sudetendeutschen wollten nicht im tschechischen Staat verbleiben, sie wollten zu Deutschland, »heim ins Reich«.

Inzwischen drohte Hitler, die Sudetendeutschen würden sich jetzt selbst helfen, wenn nur immer weiter geredet würde. Deutschland könnte dann nicht abseits stehen. Das wurde überall als Kriegsdrohung aufgefaßt.

Anders als im Fall Österreich war Hitler an der Lösung der sudetendeutschen Frage nicht so sehr aus ideologischen oder sentimentalen Gründen interessiert, um das »Großdeutsche Reich« zu vollenden, sondern wesentlich aus strategischen Erwägungen. Die Tschechoslowakei – der »Blinddarm Europas«, wie ein britischer Politiker diesen Staat genannt hat – ragte mitten in das Herz Deutschlands hinein. Die enge Zusammenarbeit, die Präsident Benesch mit der Sowjetunion vereinbart hatte, gab Hitler die Handhabe, ein besonders für die Briten sinnträchtiges Bild zu gebrauchen: Die SR sei, so sagte er, »ein russischer Flugzeugträger mitten in Deutschland«. Der britische Premierminister Neville Chamberlain entschloß sich zur ersten Flugreise seines Lebens und flog nach Deutschland, um selbst mit Hitler über die sudetendeutsche Frage zu beraten.

Die Besprechungen, die am 16. September 1938 auf Hitlers Berghof stattfanden wie ein halbes Jahr zuvor die Besprechung mit Schuschnigg, führten zu keinem Ergebnis. Hitler verlangte jetzt nicht nur die Autonomie für das Sudetenland, sondern den Anschluß an Deutschland. Eine solche Zusage konnte Chamberlain ohne Rücksprache mit seiner Regierung nicht geben, und so flog er zunächst ohne Ergebnis nach London zurück.

An der darauf folgenden Kabinettssitzung nahm auch Lord Runciman teil und berichtete über die Erfahrungen seiner Beobachtungsreise durch das Sudetenland, über seine Gespräche mit den Vertretern der Sudetendeutschen und mit der Bevölkerung selbst, die nicht mehr nur für eine Autonomie, sondern für den Anschluß an Deutschland einträte. Eine Abtretung des Sudetenlandes an Deutschland entspräche also dem Selbstbestimmungsrecht der Völker.

Inzwischen hatten auch die Franzosen zu erkennen gegeben, daß sie der Sudetenfrage wegen keinen Krieg gegen Deutschland führen würden. Die britische Regierung teilte der tschechischen mit, welcher Auffassung sie sei. Wohl oder übel stimmte Benesch, der sich jetzt auch von Frankreich verlassen sah, zu, das Sudetenland abzutreten. Aber er versuchte, die gleiche Verzögerungstaktik anzuwenden, die ein halbes Jahr zuvor schon Schuschnigg nichts genützt hatte. Chamberlain flog nochmals nach Deutschland. Die Besprechungen fanden diesmal im Rheinhotel »Dreesen« in Bad Godesberg statt. Die Verhandlungen liefen sich wieder fest, da Hitler nicht von der von ihm gesetzten Räumungsfrist für das Sudetenland abgehen wollte: Der 28. September war dieser Termin, den Tschechen blieben also noch ganze fünf Tage Zeit. Endlich gab Hitler ein wenig nach und schlug als neuen Termin den 1. Oktober vor.

In diesem heiklen Augenblick brachte ein Adjutant den beiden Regierungschefs die Mitteilung, daß der tschechische Staatspräsident soeben die Mobilmachung gegen Deutschland angeordnet habe. Das konnte Krieg bedeuten. Chamberlain flog umgehend nach London zurück.

Frankreich ließ verlautbaren, daß es sich im Kriegsfall an seine vertraglichen Verpflichtungen gegenüber der SR gebunden fühle, also im Fall einer Besetzung des Sudetenlandes durch deutsche Truppen Krieg gegen Deutsch-

„Als der Führer und Kanzler der deutschen Nation und des Reiches melde ich vor der Geschichte nunmehr den Eintritt meiner Heimat in das Deutsche Reich." Mit diesen Worten verkündete Adolf Hitler am 15. März auf dem Heldenplatz in Wien und anschließend vor dem Reichstag in Berlin (Bild oben) den „Anschluß Österreichs". Die Reaktionen des Auslands reichten von blankem Entsetzen bis zu freundlichem Verständnis, im neugeborenen „Großdeutschland" hingegen kannte der Jubel im wahrsten Sinn des Wortes keine Grenzen mehr (Bild linke Seite).
Als nächstes Ziel peilte Hitler den Anschluß des Sudetenlands und die Zerschlagung der Tschechoslowakei an.
Bild rechts: Hitler und Chamberlain auf der Treppe des Berghofs vor ihrem ersten Gespräch am 15. September 1938.

land führen würde. Das gleiche erklärte daraufhin die britische Regierung, indem sie darauf hinwies, daß sie wiederum vertraglich verpflichtet sei, Frankreich zu unterstützen. Und das, obwohl sich alle Beteiligten, die Tschechen freilich nur zähneknirschend, darüber einig gewesen waren, daß die Sudetendeutschen »heim ins Reich« kehren dürften.

Hitler, dessen unverschämte Forderung nach dem kurzfristigen Termin die Situation derartig verschärft hatte, fiel daraufhin im Berliner »Sportpalast« mit einer wütenden Rede über Benesch her: »Terrorist« schimpfte er ihn, »Kriegstreiber«, »Provokateur«, um mit der folgenden Drohung zu enden:

»Herr Benesch hat jetzt die Entscheidung in seiner Hand: Frieden oder Krieg! Er wird entweder dieses Angebot akzeptieren und den Deutschen endlich die Freiheit geben, oder wir werden uns diese Freiheit selbst holen!« Die Zeit der scheinheiligen »Friedensreden« Hitlers war vorbei, die Maske war gefallen.

Frankreich und Großbritannien verkündeten am nächsten Tag, dem 28. September, die Mobilmachung. In London wurden hastig Flakbatterien in Stellung gebracht, Gasmasken an die Bevölkerung verteilt, Schutzgräben ausgehoben, Kinder aus den Großstädten evakuiert. In Frankreichs Hauptstadt Paris das gleiche Bild, ebenso in Prag.

Diesmal war die Lage gefährlicher als im Frühjahr. Hitlers Leichtsinn hatte Europa an die Schwelle einer Katastrophe gebracht. Die beiden Westmächte waren zum Angriff entschlossen, hatten aber die Waffen der Diplomatie noch nicht aus der Hand gelegt. Der französische Botschafter versuchte Hitler klarzumachen, daß den Sudetendeutschen ja ihr Recht werden sollte, nur eben nicht so schnell, nicht so überhastet. Es könne dabei doch nur zu Komplikationen kommen. In diesem Augenblick kam der italienische Botschafter völlig außer Atem in die Reichskanzlei gestürzt und rief schon von weitem: »Führer! Führer! Eine dringende Botschaft vom Duce an Sie!« Botschafter Attolico hatte zu berichten, daß Mussolini eine Konferenz zwischen den Regierungschefs von Frankreich,

England, Italien und Deutschland vorschlage. Sie könnte in München stattfinden. Der britische Premier Chamberlain habe schon zugesagt. Letzteres stimmte allerdings nicht ganz, denn Chamberlain hatte die Konferenz sogar angeregt und nur aus psychologischen Gründen den Duce um Vermittlung bei Hitler gebeten, weil er richtig einschätzte, daß Hitler einem Vorschlag seines Freundes Mussolini eher Folge leisten würde als einem gleichen Vorschlag Chamberlains. Und Mussolini hatte das Spiel mitgemacht.

So kam es zu der berühmten Münchener Konferenz, auf der vereinbart wurde, daß das Sudetenland schrittweise geräumt und von den Deutschen übernommen werden sollte. Die Räumung hatte am 10. Oktober beendet zu sein.

Den Tschechen wurde das Ergebnis der Konferenz mitgeteilt und ihnen dazu bündig erklärt, daß sie diese zwischen den vier Großmächten geschlossenen Vereinbarungen zu erfüllen hätten.

Benesch zog die Konsequenzen und trat zurück, Hitler aber hatte ein weiteres großes Ziel erreicht. Wieder jubelten ihm Hunderttausende begeistert zu und riefen in Sprechchören: »Ein Volk, ein Reich, ein Führer!«

Mit der Tschechoslowakei ging es danach langsam, aber sicher zu Ende. Die anderen nichttschechischen Volksgruppen in der SR begehrten, dem sudetendeutschen Beispiel folgend, nun ebenfalls auf. Als erste wurden die Slowaken aktiv: Am 12. Februar 1939 erschien der Führer der slowakischen nationalen Verbände, Professor Tuka, in Berlin bei Hitler und bat ihn um die Unterstützung Deutschlands für die Unabhängigkeitsbestrebungen der Slowakei.

Aber Hitler hatte eben mit Frankreich Nichtangriffserklärungen ausgetauscht, quasi noch als Fortsetzung und gutes Ende der Münchener Konferenz. Er war äußerst zufrieden mit diesem Vertrag und mochte das neu gewonnene französische Vertrauen nicht durch eine Einmischung in Angelegenheiten der Tschechoslowakei gefährden. So gab er Professor Tuka einen ablehnenden Bescheid und verwies auf die Zukunft, in der sicher auch noch die Freiheit für das slowakische Volk beschlossen läge.

Da war es wieder die tschechische Regierung, die alles ins Rollen brachte: Am 6. März 1939 setzte der tschechische Staatspräsident Hácha die ebenfalls neu entstandene ruthenische Bezirksregierung ab. In der Nacht vom 9. zum 10. März ließ er die slowakische Regierung absetzen und ordnete die Verhaftung des slowakischen Ministerpräsidenten Tiso, eines katholischen Geistlichen, an. Monsignore Tiso konnte fliehen und begab sich nach Berlin. Dort war man von dieser plötzlichen Entwicklung völlig überrascht.

Tiso versicherte Hitler, daß die Slowakei unabhängig sein wolle. Telefonisch berief er von Berlin aus seine Minister und das Parlament für den anderen Morgen zu einer Tagung in Preßburg ein. Er selbst flog in seine Hauptstadt zurück und verkündete am 14. März 1939 die Unabhängigkeit der Slowakei. Die Abgeordneten des slowakischen Parlaments stimmten für die verlesene Unabhängigkeitserklärung. Die erste Reaktion darauf kam aus London. Die britische Regierung stellte in einem Kommuniqué nüchtern fest, daß es durch die slowakische Unabhängigkeitserklärung keinen tschechoslowakischen Staat

Seinen größten außenpolitischen Erfolg konnte Hitler mit dem am 30. September 1938 geschlossenen „Münchener Abkommen" verbuchen. Bild linke Seite: Hitler, Chamberlain (verdeckt), Daladier, Mussolini, Ribbentrop und Graf Ciano sind sich einig: Die CSR muß die Sudetengebiete an Deutschland abtreten. In der Hoffnung, damit Hitlers Landhunger ein für allemal befriedigt und so „den Frieden für unsere Zeit" (Chamberlain) gerettet zu haben, hatten die einstigen Schutzmächte der CSR „die Kröte München geschluckt". Kein halbes Jahr später, im März 1939, marschierte die Wehrmacht auch in Prag ein (Bild oben). Für die Tschechen war das Ende ihres Staates gekommen, für die Briten das Ende ihrer „Appeasement"-Politik.

mehr gebe. Die SR habe aufgehört zu existieren, und damit seien auch alle Garantien, die Großbritannien jemals diesem nun nicht mehr existierenden Staat gegeben habe, gegenstandslos geworden.

Als nächstes stellte nun Ungarn der tschechischen Regierung das Ultimatum, sofort alle tschechischen Truppen aus Ruthenien abzuziehen, andernfalls würden ungarische Truppen zur Befreiung ihrer Landsleute von der tschechischen Herrschaft antreten.

In der Nacht vom 14. zum 15. März 1939 traf Präsident Hácha, der den Zerfall der SR nun nicht mehr länger aufzuhalten wußte, in Berlin ein und wurde mit allen Ehren empfangen, die einem Staatsoberhaupt zustehen. Auf dem Anhalter Bahnhof präsentierte eine Ehrenkompanie das Gewehr, die tschechische Hymne ertönte, in der Reichskanzlei spielte der Musikzug der SS-Leibstandarte »Adolf Hitler« den Präsentiermarsch, als Hácha die Front abschritt.

In der nun beginnenden nächtlichen Unterredung wurde Hácha unter Androhung der Bombardierung Prags dazu genötigt, das Schicksal des tschechischen Volkes »vertrauensvoll in die Hände des Führers des Deutschen Reiches« zu legen.

Hitler traf schon am nächsten Tag, dem 15. März, auf der Prager Burg, dem Hradschin, ein, dem alten Schloß der böhmischen Könige und deutschen Kaiser. Am 16. März verkündete er die Errichtung des »Reichsprotektorats Böhmen und Mähren«.

Jetzt mußte auch England einsehen, daß es mit seiner Politik des »Appeasement«, der Beschwichtigung, nicht weitergehen konnte. In Großbritannien wie in Frankreich war man gleichermaßen empört über diesen Schritt Deutschlands zur Unterdrückung eines anderen Volkes.

»Ein Kommentar über das Vorgehen Deutschlands in der Tschechoslowakei erscheint überflüssig. Der äußerste Zynismus und die Immoralität des ganzen Vorgehens spotten jeglicher Beschreibung. Der Nazismus hat endgültig den Rubikon der völkischen Reinheit und der deutschen Einheit überschritten... die Eingliederung Österreichs und des Sudetenlands in das

Reich geschah in Übereinstimmung mit dem Recht der Selbstbestimmung, die Annexion von Böhmen und Mähren liegt auf einer ganz anderen Ebene. Sie widerspricht völlig dem Recht der Selbstbestimmung und ist absolut unmoralisch«, berichtete der britische Botschafter in Berlin, Sir Neville Henderson, zum deutschen Vorgehen gegen die Tschechoslowakei an den britischen Außenminister.

Mit Protesten wollte sich England nun nicht mehr begnügen. Polen, dem nächsten potentiellen Opfer einer Hitlerschen Aggression, wurde die politische Unabhängigkeit und territoriale Integrität zugesichert.

Trotz der englischen Garantieerklärung für Polen, trotz der Tatsache, daß England sich jetzt politisch und militärisch für den Status quo in Osteuropa festgelegt hatte, trieb Hitler seine Ostpolitik voran.

Nach außen ging es Polen gegenüber primär um die Rückkehr von Danzig und den Bau einer exterritorialen Eisen- und Autobahn. Diese maßvollen Forderungen aber waren nicht das eigentliche Ziel. Was Hitler wirklich wollte, offenbarte er im Mai 1939 den höchsten Führern der Wehrmacht:

»Danzig ist nicht das Objekt, um das es geht. Es handelt sich für uns um Erweiterung des Lebensraumes im Osten und Sicherung der Ernährung... An eine Wiederholung der Tschechei ist nicht zu glauben. Es wird zum Kampf kommen. Aufgabe ist es, Polen zu isolieren. Das Gelingen der Isolierung ist entscheidend.«

Mit dem sensationellen deutsch-russischen Freundschafts- und Nichtangriffspakt vom 23. August 1939 glaubte Hitler diese Isolierung erreichen zu können.

Auch England und Frankreich hatten sich um die Gunst Rußlands bemüht. Sie wollten Moskau dazu bewegen, die Unabhängigkeit der von Hitler bedrohten Staaten Osteuropas mitzugarantieren. Doch Hitler bot den Russen mehr. Nicht Unabhängigkeit, sondern Aufteilung dieser Staaten zwischen Rußland und Deutschland war seine Parole. Großzügig einigte man sich auf dieser Basis über die beiderseitigen Interessenbereiche in Osteuropa.

Hitlers Hauptzweck des deutsch-russischen Bündnisses war, England und Frankreich davon abzuhalten, einem von Deutschland angegriffenen Polen militärisch zu Hilfe zu kommen. Aber selbst wenn ihm das nicht gelingen sollte, selbst auf die Gefahr eines großen Krieges – mit der deutsch-russischen Verständigung war Hitlers Entscheidung gefallen, gewaltsam gegen Polen vorzugehen. Nach einem fingierten »polnischen« Überfall auf den deutschen Sender Gleiwitz erklärte Hitler am 1. September 1939 Polen den Krieg. Die noch immer gehegte und von seinem Wunschdenken genährte Hoffnung, England werde angesichts des deutsch-russischen Bündnisses neutral

Bevor Hitler vor dem Reichstag den ersehnten Beginn seines Krieges verkünden konnte (Bild oben), mußte noch eine entscheidende Weiche gestellt werden: der Schulterschluß der Todfeinde Deutschland und Sowjetunion in einem Zweckbündnis zur Zerschlagung Polens. Bild linke Seite: Der sowjetische Außenminister Molotow unterzeichnet den deutsch-sowjetischen Nichtangriffspakt, 23. August 1939; hinter ihm Generalstabschef Schaposchnikow, Reichsaußenminister Ribbentrop, Stalin und Botschaftssekretär Perlow. Damit hatte Hitler „Polen da, wo ich es haben wollte", in der Isolation, und konnte den Kriegsbefehl an die Wehrmacht ausstellen. Der endet mit den nüchternen Worten: „Angriffstag 1. September 1939. Angriffszeit 4.45 Uhr."

bleiben, erfüllte sich nicht. Zwei Tage später mußte er das britische Ultimatum entgegennehmen. »Wenn die Regierung Seiner Majestät nicht vor 11 Uhr britischer Sommerzeit befriedigende Zusicherungen über die Einstellung aller Angriffshandlungen gegen Polen und die Zurückziehung der deutschen Truppen aus diesem Lande erhalten hat, so besteht von diesem Zeitpunkt ab der Kriegszustand zwischen Großbritannien und Deutschland.«

Noch am selben Tage folgte das Ultimatum Frankreichs, zwei Tage später folgten dann die offiziellen Kriegserklärungen der beiden Westmächte Großbritannien und Frankreich an das Deutsche Reich.

Feldzug in Polen

Der Chef des »Sicherheitsdienstes« (SD), Reinhard Heydrich, hatte einen Plan. Dem gleichfalls zum SD gehörenden SS-Sturmbannführer Alfred Helmut Naujocks erklärte er: »... eine bewaffnete Bande polnischer Insurgenten wird am Abend vor Kriegsbeginn den Sender Gleiwitz überfallen. Einer dieser Banditen wird eine polnische Hetzrede gegen Deutschland halten; alle Polen in Oberschlesien zum Aufstand aufrufen. Rabatz machen; schießen! Der Sender Gleiwitz ist an den Breslauer Sender angeschlossen. Was in Gleiwitz übers Mikrofon geht, wird in ganz Deutschland gehört werden.«

Naujocks erhielt den Befehl, mit einigen ausgesuchten, zuverlässigen SD-Männern die »polnischen Insurgenten und Banditen« darzustellen und den Sender Gleiwitz zu überfallen. Er suchte sich geeignete Männer aus, darunter einen Rundfunktechniker und einen perfekt polnisch sprechenden Dolmetscher. Dann aber wurde Naujocks – wegen des am 25. August zurückgenommenen Befehls zum Kriegsbeginn – zurückgepfiffen. Doch andere vom SD gestellte »polnische Freischärler-Trupps« hatten schon losgeschlagen: Sie griffen das deutsche Zollhaus Hochlinden an, feuerten einige Schüsse ab und konnten dann erfahren, daß ihr »Grenzzwischenfall« vorerst nicht erwünscht sei.

Am 31. August 1939 war es dann endgültig soweit. Naujocks erhielt einen Telefonanruf: »Großmutter gestorben«. Auf dieses Stichwort hin fuhr Naujocks mit seinen »Insurgenten« in zwei Ford-Kabrioletts in die Nähe des einsam gelegenen Senders Gleiwitz. Drei Mann blieben als Wache zurück, fünf betraten gegen 20 Uhr den Maschinenraum und von da den Senderaum. Sie hielten Pistolen in der Hand, nahmen die dort anwesenden vier Personen fest und fesselten sie. Um 20.12 Uhr verlas der Dolmetscher am Mikrofon eine Hetzrede in polnischer Sprache, vermischt mit deutschen Brocken: »Achtung! Achtung! Hier ist das polnische Freiheitskomitee... Die Stunde der Freiheit ist gekommen.«

Nach insgesamt zwanzig Minuten verschwanden die Eindringlinge wieder. Draußen, neben dem Eingang, ließen sie einen Toten liegen – einen »Beweis« für den Überfall. Der Tote war ein Gestapo-Häftling, in polnische Kleidung gesteckt.

Die Nachricht vom Überfall auf den Sender Gleiwitz kursierte sofort um den Erdball und gab Hitler den Anlaß zum Krieg gegen Polen. Freilich, die aufhetzerische Rede der falschen Freischärler hatten nur wenige Leute gehört; nur jene, die im unmittelbaren Senderbereich wohnten. Der Reichssender Gleiwitz übertrug kein eigenes Programm. Weder Heydrich noch Naujocks hatten das vorher gewußt.

Punkt 4.45 Uhr sollte am 1. September der Krieg beginnen. Das war ein klarer Befehl, der für alle Soldaten der Wehrmacht galt – nur für den Oberleutnant Bruno Dilley, zwei weitere Flugzeugführer und drei Bordfunker nicht. Dilley, Führer der 3. Staffel im Sturzkampfgeschwader 1, hatte den Auftrag, mit drei Stukas vom Typ Ju 87 B in einem Präzisionsangriff die Zündstellen der Weichselbrücke bei Dirschau auszuschalten und so die Brückensprengung zu verhindern.

Er galt als Meister des punktgenauen Bombenzielwurfs und hatte sich seine beiden besten Flugzeugführer ausgesucht. Nur: An diesem frühen Morgen des 1. September herrschte dichter Nebel. Dennoch startete Dilley mit seiner Kette (insgesamt drei Flugzeuge) um 4.26 Uhr in Elbing. In riskantem Tiefflug jagten die Stukas durch die Nebelschwaden. Um 4.30 Uhr sahen sie den dunklen Weichselstrom und folgten ihm. Um 4.34 Uhr rasten sie in zehn Meter Höhe auf den Bahndamm links neben der Brücke zu, wo – wie die Flieger wußten – polnische Pioniere neben den Zündapparaten standen. Kurz vor dem Damm lösten die Piloten ihre Bomben aus und zogen über den Damm hinweg. Hinter ihnen spritzten Feuer und Erde in die Luft – die Bomben lagen genau im Ziel. Elf Minuten vor dem offiziellen Beginn hatte Dilley den Krieg eröffnet. Das war in der Planung so vorgesehen, weil unmittelbar darauf die 1. Kompanie des Pionierbataillons 41

„Seit 5.45 Uhr wird nunmehr zurückgeschossen!" - Mit diesen historischen Worten, die der „Führer" am 1. September 1939 vor dem Reichstag sprach, begann die größte militärische Auseinandersetzung der Weltgeschichte. Ein fingierter Überfall auf das Gebäude des Senders Gleiwitz (Bild rechts), hatte Hitler den Anlaß geliefert, den Polenfeldzug und damit den Zweiten Weltkrieg zu entfesseln. Im Wehrmachtbericht des gleichen Tages hieß es: „In Erfüllung ihres Auftrages, der polnischen Gewalt Einhalt zu gebieten, sind Truppen des deutschen Heeres heute früh über alle deutsch-polnischen Grenzen zum Gegenangriff angetreten." Bild linke Seite: Deutsche Truppen reißen eine Grenzschranke nach Polen nieder.

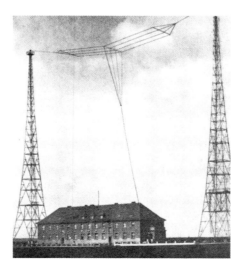

die Dirschauer Brücke im Handstreich nehmen und gegen etwaige polnische Gegenangriffe sichern sollte. Die Pioniere waren im planmäßigen Güterzug 3.08 Uhr im ostpreußischen Elbing abgefahren. Der Güterzug sollte mitten auf der Brücke halten – und zwar unmittelbar nach dem Stuka-Angriff –, um den Pionieren das Herausspringen direkt am Einsatzort und Überwältigen der polnischen Posten zu ermöglichen. Doch eine Kleinigkeit brachte den Plan ins Wanken: Wegen eines eigentlich harmlosen Lokwechsels hatte der Güterzug eine geringfügige Verspätung. Als er erst um 4.42 Uhr – also acht Minuten nach dem Bombenwurf der Stukas – den Bahnhof Ließau passierte, war die dahinter liegende Brückeneinfahrt durch ein Stahlgittertor versperrt worden. Der Zug stoppte, und schon schlugen polnische Maschinengewehrgarben in die Lokomotive. Mitten im Feuer sprangen die Pioniere ab. Verwundete schrien nach Sanitätern, der Kompaniechef fiel aus – schwerverwundet. Es war 4.45 Uhr – der Krieg hatte endgültig und unwiderruflich angefangen. Der dem Güterzug nachfol-

Die ersten Schüsse des Zweiten Weltkrieges fielen an der Ostsee - beim Bombardement der Westerplatte durch die Artillerie des Linienschiffes „Schleswig-Holstein" (Bild ganz oben), mit dem am 1. September 1939 der Kampf um Danzig eröffnet wurde (Bild oben: abgefeuerte Kartuschhülsen an Deck). Erst nach einer Woche tapferer Gegenwehr konnte am 7. September die deutsche Reichskriegsflagge über der bezwungenen Westerplatte aufgezogen werden (Bild rechte Seite).

gende Eisenbahn-Panzerzug hatte kein Schußfeld. Mitten im Feuer begann ein mühseliges Umrangieren: beide Züge zurück, dann Panzerzug vor. Die Pioniere arbeiteten sich indessen an die Brücke heran. Die ersten befanden sich unter ihr, als um 6.10 Uhr eine Rauchwolke in den Himmel schoß und der lang nachhallende Donnerschlag einer Detonation über das Land rollte. Die Polen hatten die von den Stukas zerstörten Zündleitungen wieder in Ordnung gebracht. Um 6.40 Uhr donnerte es noch einmal am jenseitigen Ufer: Der im Fluß stehende Pfeiler der Brückenauffahrt stürzte in sich zusammen.

Erst in der Nacht gelang es den Pionieren, überzusetzen und den Weichselübergang in Besitz zu nehmen. Das Eisenbahnpionierregiment 68 baute in elf Tagen eine 1160 Meter lange Kriegsbrücke S-förmig um die Brückentrümmer herum.

Allenthalben an der deutsch-polnischen Grenze und an der Küste brachen Kampfhandlungen aus: Eine der Operationen der ersten Minute war das Beschießen der Westerplatte im Hafengebiet von Danzig durch das alte Linienschiff »Schleswig-Holstein«. Danach landete eine Marinesturmkompanie mit Kuttern und Verkehrsbooten. Der Angriff scheiterte unter schweren Verlusten. Sechs Tage später nahm eine Kompanie des Pionierlehrbataillons die Westerplatte vom Land her.

Punkt 4.45 Uhr war es auch, als General Heinz Guderian an der Spitze seines XIX. Armeekorps die polnische Grenze überquerte. Sein Auftrag: von Ostpommern den Durchbruch durch den polnischen Korridor bis zur Weichsel zu erzwingen. Guderian, der Organisator der deutschen Panzerwaffe, hatte ein Halbkettenfahrzeug als Befehlspanzer umrüsten lassen. Damit rasselte er vor zur 3. Panzerbrigade. Beinahe wäre Guderian dabei als einer der ersten Soldaten der Wehrmacht gefallen – durch Beschuß der eigenen Artillerie. Fünfzig Meter vor seinem Befehlsfahrzeug schlug eine deutsche Granate ein, die nächste fünfzig Meter hinter ihm. Der dritte Schuß konnte ein Volltreffer sein. Der General befahl: »Nach rechts weg!« Der Fahrer, nervös geworden durch das Gejaule der Granaten, jagte das Fahr-

Herz verschließen gegen Mitleid

Ansprache Adolf Hitlers an die Oberbefehlshaber der Wehrmacht, 22.8.1939

Es kann auch anders kommen bezügl. England und Frankreich. Es läßt sich nicht mit Bestimmtheit prophezeien. Ich rechne mit Handelssperre, nicht mit Blockade, ferner mit Abbrechen der Beziehungen. Eiserne Entschlossenheit bei uns. Vor nichts zurückweichen. Jeder muß die Ansicht vertreten, daß wir von vornherein auch zum Kampf gegen die Westmächte entschlossen waren. Kampf auf Leben und Tod. Deutschland hat jeden Krieg gewonnen, wenn es einig war. Eiserne, unerschütterliche Haltung vor allem der Vorgesetzten, feste Zuversicht, Siegesglauben, Überwindung vergangener Zeiten durch Gewöhnen an schwerste Belastung. Eine lange Friedenszeit würde uns nicht guttun. Es ist also notwendig, mit allem zu rechnen. Mannhafte Haltung. Nicht Maschinen ringen miteinander, sondern Menschen. Bei uns qualitativ der bessere Mensch. Seelische Faktoren ausschlaggebend. Auf der Gegenseite schwächere Menschen. 1918 fiel die Nation, weil die seelischen Vorbedingungen ungenügend waren. Friedrich der Große hatte seinen Enderfolg nur durch seine Seelenstärke. Vernichtung Polens im Vordergrund. Ziel ist Beseitigung der lebendigen Kräfte, nicht die Erreichung einer bestimmten Linie. Auch wenn im Westen Krieg ausbricht, bleibt Vernichtung Polens im Vordergrund. Mit Rücksicht auf Jahreszeit schnelle Entscheidung.

Ich werde propagandistischen Anlaß zur Auslösung des Krieges geben, gleichgültig ob glaubhaft. Der Sieger wird später nicht danach gefragt, ob er die Wahrheit gesagt hat oder nicht. Bei Beginn und Führung des Krieges kommt es nicht auf das Recht an, sondern auf den Sieg.

Herz verschließen gegen Mitleid. Brutales Vorgehen. 80 Mill. Menschen müssen ihr Recht bekommen. Ihre Existenz muß gesichert werden. Der Stärkere hat das Recht. Größte Härte.

zeug mit Vollgas in einen Graben und beschädigte die Vorderachse. Guderian tobte vor Wut und besorgte sich ein anderes Fahrzeug.

Bei Groß-Klonia riß plötzlich der bis dahin dichte Nebel auf: Die entwickelt vorfahrenden Panzer rollten auf eine polnische Abwehrfront zu. Polnische Pak eröffnete das Feuer und erzielte mehrere Volltreffer. Ein Offizier, ein Fahnenjunker und acht Mann starben in ihren Panzern – die ersten Gefallenen der jungen deutschen Panzerwaffe. Sie hatten den Feind nur sekundenlang gesehen.

Am Fluß Brahe kam der Vormarsch am frühen Nachmittag des ersten Kriegstages ins Stocken. Der Gegner saß am jenseitigen Ufer in gut ausgebauten Stellungen und schoß, was die Läufe hergaben. Der Kommandeur des Panzerregiments 6 glaubte nicht, an diesem Tag noch den Fluß überschreiten zu können, und befolgte den Divisionsbefehl, eine Pause einzulegen. Guderian machte ihn wieder munter. Ein Leutnant meldete, daß er mit seiner Panzerbesatzung eine weiter abgelegene brennende Brücke gelöscht habe. Das Ufer dort sei nur schwach feindbesetzt Sofort fuh Guderian zur noch schwelenden Holzbrücke, wo ihn einige Stabsoffiziere warnten: »Herr General, hier schießt es aber!«

Der Krieg war noch jung, die Fronterfahrung fehlte, und Nervosität verbreitete sich so schnell wie ein Grippevirus.

General Guderian ließ das Kraftradschützenbataillon 3 außerhalb des Feindfeuerbereichs in Schlauchbooten über die Brahe setzen und die das Ufer verteidigende Radfahrkompanie der Polen angreifen und gefangennehmen. Gegen 18 Uhr stellte die Brahe kein ernst zu nehmendes Hindernis mehr dar. Guderian fuhr zu seinem Korpsgefechtsstand nach Zahn. Die Straßen waren menschenleer, nirgends war ein Schuß zu hören. Doch am Ortsausgang brachte die Sicherungskompanie des Gefechtsstandes voller Aufregung ein Panzerabwehrgeschütz in Stellung. Jeden Augenblick werde polnische Kavallerie angreifen, riefen die Soldaten. Die Nervosität saß fest bei den Landsern. Nach Mitternacht gab die 2. motorisierte Division die Eilmeldung durch, daß sie dabei sei, vor polnischer Kavallerie auszuweichen. Guderian seufzte und fuhr hin. Früh um 5 Uhr fand er einen ratlosen Divisionsstab vor. Wenig später führte er selbst ein Regiment zum Angriff, die ganze 2. Division geriet allmählich in Schwung.

Am vierten Kriegstag schien die Moralkrise überwunden und die Gespensterseherei vorbei zu sein. Die Mannschaftsverluste blieben gering, die Offiziersverluste waren dagegen hoch.

Allerdings ließ am neunten Tag Kriegsunerfahrenheit den Handstreich auf Lomsha mißlingen. Deshalb lag das gesamte Guderiansche Armeekorps am Nordufer des Narew fest. Doch da kam die Meldung, der Flußübergang sei gelungen und die am jenseitigen Ufer liegende polnische Bunkerlinie in deutscher Hand. Die Meldung, aufgeregt und eifrig weitergegeben, stimmte nur teilweise: Zwar hatte die Infanterie den

Unmittelbar nach Kriegsbeginn wurden im Raum Bromberg Männer, Frauen und Kinder der deutschen Minderheit von fanatisierten Polen grausam ermordet (Bild rechte Seite unten). Der „Bromberger Blutsonntag" und andere vom polnischen Nationalhaß getragene Ausschreitungen, die viele Volksdeutsche aus dem „Korridor" zur Flucht ins Reichsgebiet trieben (Bild links), machten es der deutschen Propaganda leicht, den Angriff auf Polen noch einmal nachträglich vor der Weltöffentlichkeit zu rechtfertigen. Überhaupt gab man sich in Berlin nach den ersten großen Anfangserfolgen über die polnischen Streitkräfte bereits Träumen von einem baldigen Friedensschluß mit den Westmächten hin. Schließlich war die zum Zankapfel erklärte deutsche Stadt Danzig schon am ersten Kriegstag erobert worden und damit der offizielle Kriegsgrund, die von Polen verweigerte „Heimholung Danzigs ins Reich", entfallen (Bild rechte Seite oben: Danziger Polizei und Wehrmachtsangehörige reißen die Zollschranken nieder).

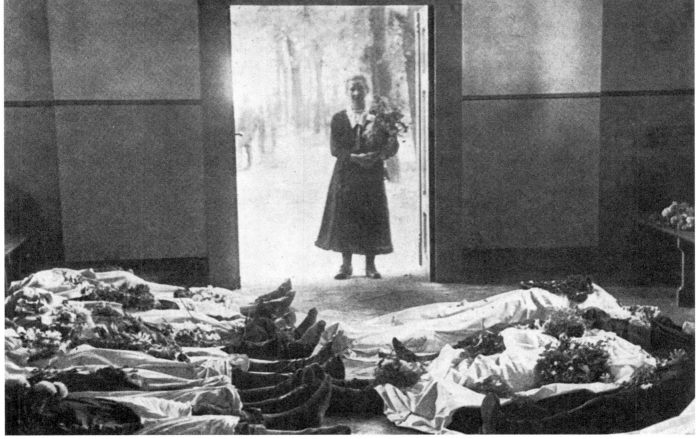

Narew überschritten, die Bunkerlinie jedoch nicht erreicht. Guderian blieb auch diesmal nicht auf seinem Gefechtsstand, sondern fuhr an die Krisenstelle. Was er sah, verblüffte ihn: Geschlossen marschierten deutsche Kolonnen an, die Infanterie löste so die Kompanien der vorderen Linie ab. Den Offizieren war die Feindlage gänzlich unbekannt. Ein Artilleriebeobachter stand ohne Auftrag herum. Guderian notierte in seinen »Erinnerungen eines Soldaten«: »Ich kann nicht leugnen, daß ich sehr ungehalten über das Gesehene war« – eine zurückhaltende Beschreibung seines im ganzen Armeekorps berühmten Zorngebrülls.

Der Angriff über den Fluß hinweg gelang jetzt jedenfalls, der Brückenbau verzögerte sich hingegen. Auf zeitraubende Weise wurden die Panzer mit Fähren übergesetzt. Um Mitternacht war die Kriegsbrücke endlich fertiggestellt. Guderian verzweifelte jedoch vollends, als ihm gemeldet wurde, daß die Brücke auf Befehl eines Divisionskommandeurs wieder abgebrochen und an anderer Stelle für seine Division aufgebaut wurde.

Äußerst blutig war das letzte Versagen: Das Infanterieregiment der 10. Panzerdivision sollte beim Sturm auf die Zitadelle von Brest-Litowsk unmittelbar nach dem Feuerschlag der Artillerie angreifen. Aus ungeklärter Ursache aber stürmten die Infanteristen erst viel später, ohne die Feuerwirkung ausnützen zu können. Sie erlitten schwere Verluste und erreichten ihr Ziel nicht. Bei ihrem Zurückgehen feuerten zu allem Unglück auch noch weiter hinten liegende deutsche Truppen auf sie.

Alle diese, zum Teil verlustreichen Pannen waren kein Wunder: Zunächst fehlte den Soldaten und den jungen Offizieren jegliche Kriegserfahrung, wenn man von den meist bei der Luftwaffe eingesetzten Kämpfern der »Legion Condor« des Spanischen Bürgerkrieges absah.

Es zeigte sich ganz allgemein, daß kein noch so kriegsnahes Manöver den wirklichen Krieg mit seinen Zufällen, Verwechslungen, Schwierigkeiten, Irrtümern, Ängsten und seelischen Belastungen simulieren kann.

Erschwerend kam noch hinzu, daß alle

Mit einem Schlachtlied auf den Lippen ziehen polnische Soldaten zur Front (Bild linke Seite). Daß ihre Armee binnen drei Wochen zusammenbrechen würde, lag zu Beginn des Krieges noch außerhalb jeder Vorstellungskraft. Doch alle Zuversicht konnte nicht darüber hinwegtäuschen, daß die Polen den modernen Waffen der Deutschen - Stuka, Panzer und schwere Artillerie - nichts Gleichwertiges entgegenzusetzen hatten (Bild ganz oben: Panzer II in Bereitstellung). Besonders deutlich wird die hoffnungslose Unterlegenheit der polnischen Streitkräfte auf dem Bild oben: Die „Erben von Don Quijote", mit Lanzen bewaffnete Reiter, sammeln sich zum Angriff.

drei Wehrmachtteile noch nicht fertig aufgebaut, ausgerüstet und ausgebildet waren.

Gemessen daran, waren die Leistungen der Wehrmacht beachtlich, gleichermaßen aber auch die der unglücklichen polnischen Soldaten, die in einer von vornherein aussichtslosen Lage kämpften. Auch sie besaßen keine Kriegserfahrung, und sie waren weit schlechter und unzweckmäßiger bewaffnet als ihre Gegner. Eines war der Polenfeldzug gewiß nicht: ein nahezu harmloser Blitzfeldzug der Wehrmacht mit geringen Verlusten, wie ihn die Propaganda des Dritten Reiches darstellte.

Allerdings wurde auch das übersteigerte Selbstgefühl vieler Polen vor Beginn des Krieges dem wirklichen Kräfteverhältnis und der geostrategischen Lage Polens nicht gerecht. Tatsächlich glaubten manche Soldaten der polnischen Armee, sehr bald die deutsche Wehrmacht vernichtend schlagen und nach kurzem Kampf siegreich in Berlin einmarschieren zu können. Hartnäckig hielt sich bei den Polen die Fama, die deutschen Panzer seien aus Pappe – sie waren es tatsächlich bei der Reichswehr gewesen, als den Deutschen keine Panzer zugestanden waren und sie mit Attrappen hatten üben müssen. Nun aber waren die Panzer echt.

Der Direktor der polnischen Kriegsakademie, General Kutrzeba, hatte 1938 einen Verteidigungsplan entworfen. Danach sollte nur das Schlüsselgebiet Polens, der Raum zwischen dem oberschlesischen Industrierevier, der Weichsel und Warthe, unbedingt gehalten werden, mit der Möglichkeit, von Posen aus im geeigneten Zeitpunkt auf Berlin zu marschieren. Dieser Plan war durchaus realistisch: Die Entfernung Posen – Berlin beträgt 240 Kilometer in der Luftlinie.

Im Jahre 1939 erweiterte der höchste militärische und politische Führer Polens, der Marschall Edward Rydz-Śmigly, diese Planung – und machte sie damit unwirksam: Auch der »polnische Korridor«, ein ob seiner absurden Lage nicht zu verteidigender Landzipfel, eingeklemmt zwischen Ostpreußen und dem übrigen Reichsgebiet, sollte gleichzeitig gehalten werden.

Im August 1939 waren acht polnische

Entscheidend für den raschen deutschen Sieg über Polen war neben den Panzern der schlagartige Einsatz der Luftwaffe. Sturzkampfbomber (Bild rechte Seite: Stukas beim Auftanken) unterstützten die Bodentruppen nachhaltig: Gegnerische Truppenansammlungen konnten aus der Luft schon im Ansatz zerschlagen werden (Bild links). Ferner konnten die Stuka-Bomben auch kleine Ziele punktgenau treffen und so den angreifenden Panzern den Weg bahnen (Bild oben: die durch Fliegerangriffe zerstörte Narewbrücke bei Ostrolenka. Etwas oberhalb ist die von deutschen Pionieren schon halb fertiggestellte Behelfsbrücke zu erkennen).

Armeen oder Operationsgruppen – die größte Armee im Raume Posen – im Aufmarsch begriffen, im Hinterland befanden sich drei Reserve-Armeen im Zustand der Mobilmachung. Nur schwach gesichert war die Grenze zur Sowjetunion. Zwar gab es den deutsch-russischen Vertrag vom 23. August 1939, in dem beide Staaten ihre Einflußbereiche absteckten, doch von der Existenz eines geheimen militärischen Zusatzabkommens (siehe »Dokumente« S. 30) war nicht einmal den Spitzengeneralen der Wehrmacht, geschweige denn der polnischen Regierung, auch nur das geringste bekannt.

Die Polen vertrauten darauf, daß seit dem Jahre 1932 ein polnisch-russischer Nichtangriffsvertrag bestand und Gültigkeit hatte.

Die polnische Armee war von der Zahl ihrer Großverbände her den deutschen Angreifern nicht einmal sehr stark unterlegen: Den siebenundfünfzig gegen Polen angesetzten deutschen Divisionen standen neununddreißig polnische aktive Infanteriedivisionen, elf Kavalleriebrigaden, zwei motorisierte Brigaden und Truppen des Grenzkorps (umgerechnet etwa vierundvierzig Divisonen) gegenüber. Hinzuzurechnen waren noch die drei Reservekorps mit etwa neun weiteren Divisionen, die indes kaum noch zum Einsatz kamen.

Das Bild verschob sich jedoch erheblich zuungunsten der Polen, wenn Ausrüstung und Bewaffnung verglichen wurden: 3200 deutschen Panzern standen nur 600, auch qualitativ unterlegene Panzerfahrzeuge entgegen. Den deutschen Luftflotten 1 und 4 mit zusammen 1929 einsatzbereiten Flugzeugen, zum Teil modernster Art, konnten die Polen lediglich 842 Maschinen entgegenstellen.

Hinzu kam eine geographische Lage Polens, die deutsche Kesselschlachten geradezu herausfordern mußte: Angriffsmöglichkeiten auf Polen bestanden sowohl von Ostpreußen aus in drei Himmelsrichtungen (aus Schlesien und Pommern nach Westen, Südosten und Nordwesten) als auch von der mit Deutschland liierten Slowakei aus Süd nach Nord.

Es war nur logisch, daß der deutsche Feldzugsplan dementsprechend eine gewaltige Zangenbildung vorsah. Adolf Hitler hatte die Angriffsplanung dem Generalstab des Heeres und dem der Luftwaffe überlassen und lediglich die Idee des Angriffs von Ostpreußen aus in den Rücken der polnischen Armee beigesteuert. Die Generale hatten freie Hand – in späteren Feldzügen sollte das anders werden.

Zwei deutsche Heeresgruppen waren aufmarschiert: Die Heeresgruppe Nord (630 000 Mann unter Generaloberst Fedor von Bock) mit der 4. Armee in Ostpommern und der 3. Armee in Ostpreußen sollte von Westen und Osten her die polnischen Streitkräfte im »Korridor« – dem bis 1918 zu Deutschland gehörenden Westpreußen – zerschlagen, die Verbindung zwischen dem Rumpfgebiet des Deutschen Reiches und Ostpreußen herstellen und sodann von Ostpreußen aus über die Flüsse Narew und Bug hinweg tief nach Polen hineinstoßen.

Die Heeresgruppe Süd dagegen (886 000 Mann unter Generaloberst Gerd von Rundstedt) verfügte über drei Armeen. Die 14. Armee hatte von der Slowakei aus die polnischen Grenzbefestigungen in Ostoberschlesien zu neh-

men und in Galizien bis zum San durchzubrechen. Die 10. Armee (mit 300 000 Mann und der Masse der Panzerdivisionen die stärkste, Oberbefehlshaber General der Artillerie Walter von Reichenau) erhielt den Auftrag, zusammen mit der 8. Armee von Schlesien aus bis zur Weichsel vorzugehen, die polnische Armee am Ausweichen nach Osten zu hindern und im Weichselbogen zur Vernichtungsschlacht zu stellen.

Von zahlreichen, aus mangelnder Erfahrung resultierenden Pannen abgesehen, verliefen die Operationen planmäßig. Gleich in den ersten Kampftagen erlitten die polnischen Truppen entsetzliche Verluste. So attackierte die polnische Kavalleriebrigade »Pomorska« todesmutig, aber sinnlos Panzerverbände der 3. Panzerdivision mit geschwungenem Säbel. Im Feuer der Maschinengewehre stürzten Pferde und Reiter in den Tod.

Im »Korridor« zersprengten deutsche Angriffskeile nahezu vollständig die polnische Armee »Pomerellen« – nur schwache Teile vermochten sich nach Süden zu retten.

Starke polnische Bunkerlinien stoppten anfangs die aus Südostpreußen heraus angreifende Panzerdivision Kempf im Raum Mlawa. Diese Division war aus Verbänden des Heeres und der SS-Verfügungstruppe (später als Waffen-SS bezeichnet) gemischt. Durch Umgehungsmanöver aus dem »Korridor« heraus konnten die Bunker schließlich aufgebrochen werden.

Die Freie Stadt Danzig wurde besetzt, der polnische Kriegshafen Gdingen blockiert, später eingenommen und in »Gotenhafen« umbenannt. Die 14. Armee rückte in Ostoberschlesien ein und marschierte dann durch Krakau, die alte Krönungsstadt der polnischen Könige. Die 10. Armee des Generals von Reichenau hetzte durch Polen ohne Rast – bereits am 8. September rollten

Aus drei Himmelsrichtungen - vom Westen, aus Brandenburg und Pommern, vom Norden, aus Ostpreußen, und vom Süden, aus Schlesien und der Slowakei - stießen die deutschen Truppen zügig ins polnische Kernland vor (Bild oben: Leichte Artillerie wird über einen Fluß gebracht;

**Bild rechte Seite unten: Einheiten der Panzerdivision Kempf im Raum Mlawa).
Worauf der deutsche Vormarsch letztlich zielte, versinnbildlicht das Foto auf der rechten Seite oben, das den Kilometerstand in Richtung Warszawa (Warschau) anzeigt.**

Panzerspähwagen, knatterten die Beiwagen-Motorräder des Kradschützenbataillons der 4. Panzerdivision durch die Vororte der polnischen Hauptstadt Warschau. Zwei Tage zuvor bereits waren der Marschall Rydz-Śmigty und seine Regierung nach Südostpolen in die Stadt Lublin ausgewichen.

Die erste Kesselschlacht des Zweiten Weltkrieges wurde am 9. September 1939 bei Radom geschlagen: Die 10. Armee schloß sieben polnische Divisionen ein und meldete alsbald 60 000 Kriegsgefangene sowie 130 erbeutete Geschütze.

In Mittelpolen aber war es zwischen dem 9. und 11. September zu einer Krise gekommen: Die starke polnische Armee »Posen« – fünf Infanteriedivisionen und zwei Kavalleriebrigaden – hatte zwischen den deutschen Angriffskeilen gestanden. Ihr Oberbefehlshaber, General Kutrzeba, hatte vom polnischen Oberkommando verlangt, in die Flanke der schwachen 8. deutschen Armee stoßen zu dürfen. Sein Antrag wurde abgelehnt. Bald aber war die Armee »Posen« nahezu vollständig eingekreist. General Kutrzeba versuchte mit aller Macht den Ausbruch aus dem Kessel. Für die deutsche 8. Armee wurde die Lage äußerst bedrohlich. Vor allem die

Lübecker 30. Infanteriedivision unter Generalleutnant von Briesen vereitelte den Durchbruch. Von Briesen – seine Soldaten nannten ihn »Papa Briesen« – hatte im Ersten Weltkrieg den linken Arm verloren. Jetzt wurde er am rechten Arm verwundet und blieb dennoch bei seinen Soldaten in der vordersten Linie. Es kam zur Schlacht bei Kutno und an der Bzura. Zwischen dem 18. und dem 20. September gingen 170 000 polnische Soldaten in deutsche Gefangenschaft. Im Süden hatte die 14. Armee nicht nur Lemberg, sondern auch das wichtige Erdölgebiet von Drohobycz erreicht. Im Norden war die große Festung Brest-Litowsk gefallen.

Adolf Hitler, Führer und Oberster Befehlshaber der Wehrmacht, war in seinem – durch zwei Flakwaggons gesicherten – Sonderzug am 4. September an den Kriegsschauplatz herangefahren. Mehrfach begab er sich – per Wagen oder Flugzeug – in Frontnähe. Dabei sah er zum erstenmal den Osten, den zu erobern er beschlossen hatte: die windschiefen Holzkaten der polnischen Bauern, die zerfurchten, staubigen Straßen, die Juden im Kaftan, die Bauern am Wegrand.

Diese Tage im polnischen Feldzug aber täuschten ihn auch über die wahre Kraft seiner Feinde im Westen. Allmorgendlich war seine erste Frage bei der Lagebesprechung, ob denn die Westmächte ihren Angriff begonnen hätten. Doch im Westen blieb alles ruhig. Nur knapp dreißig deutsche Divisionen standen dort allein 110 französischen Divisionen gegenüber – auf einer 500 Kilometer langen Front. Von den deutschen Divisionen waren zudem nur zwölf voll einsatzbereit. Nach der polnisch-französischen Militärkonvention vom 19. Mai 1939 war Frankreich verpflichtet, spätestens fünfzehn Tage nach dem Beginn eines deutschen Angriffs auf Polen im Westen offensiv zu werden. Es war unbegreiflich: Nichts geschah. Französische Soldaten bestellten sich im »Wunschkonzert« des deutschen Rundfunks das Lied »Erika«, sie badeten vor den deutschen Gewehrmündungen im Rhein und tauschten heimlich mit deutschen Landsern Lebensmittel und Getränke.

Entgegen den aufmunternden Worten, mit denen die polnische Nationalhymne anhebt - „Noch ist Polen nicht verloren, solange wir noch leben!" -, war Polen militärisch spätestens schon am 13. September nach den Kesselschlachten von Pomerellen und Radom verloren, wo die Polen 200.000 Mann an Gefallenen und Gefangenen verloren (Bild ganz oben: Polnische Soldaten beim Marsch in die Gefangenschaft; Bild oben: ein von Stuka-Bomben zerstörter polnischer Panzerzug). Am 19. September schloß die Wehrmacht den Belagerungsring um Warschau. In realistischer Einschätzung der Lage war Marschall Rydz-Śmigly, der polnische Oberbefehlshaber (Bild rechte Seite), schon am 6. September nach Lublin ausgewichen.

Der Polenfeldzug näherte sich dem Ende – die Westmächte nützten ihre Chance nicht. Hätten sie damals angegriffen, dann – so sagte Hitler zu seinen Mitarbeitern – »wäre der Krieg vorüber«. Statt dessen geschah etwas für die Wehrmachtführung Unerwartetes: Am 17. September, nachts zwei Uhr, rief General Köstring, deutscher Militärattaché in Moskau, im Lager Zossen, dem Hauptquartier des Generalstabes des Heeres, an und meldete: »Die Russen treten an.« Oberst Kinzel in Zossen fragte entgeistert: »Gegen wen?« Niemand ahnte etwas vom geheimen Zusatzabkommen des deutsch-russischen Freundschafts- und Nichtangriffspaktes vom 23. August 1939. »Zum Schutz der Weißrussen und Ukrainer« im nicht mehr bestehenden polnischen Staat rückte die Rote Armee von Osten her in Polen ein – bis zu einer vorher festgelegten Demarkationslinie. Sie ist heute noch die Grenze Rußlands gegenüber Polen.

Am Ende des »Feldzugs der achtzehn Tage« – wie die deutsche Propaganda alsbald den Krieg gegen Polen nannte – stand noch der Kampf gegen die Festungen Warschau und Modlin, die keineswegs nach diesen achtzehn Tagen gefallen waren. Die Wehrmachtführung wollte eine unblutige Belagerung von Warschau. Sie hätte viel Zeit in Anspruch genommen. Hitler hingegen

Erste Verluste

Briefe aus dem Polenfeldzug, Sept. 1939

Der Vormarsch ist zum Stocken gekommen. Eine Linie leichter Bunker scheint ein unüberwindliches Hindernis zu sein. Man sagt, sie sei von der Welle unserer Flieger übersehen worden. Panzerwagen gehen vor. Wir verfolgen gespannt den tiefgestaffelten Angriff. Aber das sumpfige Gelände ist wie ein natürlicher Wall. Ein Wagen nach dem anderen bleibt stecken. Jetzt bekommen wir unsere erste Arbeit, unser erstes Feuer, unsere ersten Verluste. Mit Faschinen und unseren Raupenschleppern versuchen wir, die Panzerwagen frei zu bekommen. Das Durcheinander ist groß. – Hier hätten nur Tanks etwas genützt. So bleibt der Angriff liegen. Motorisierte Kavallerie stürmt die Bunker unter großen Verlusten.

Und nun ist alles wieder vorbei. Man besteigt die Fahrzeuge, die Motoren werden angeworfen, fast als sei gar nichts gewesen. Da merkt man plötzlich, daß der Platz neben einem leer geworden ist.

*

Die »Schlacht im Weichselbogen« geht ihrem Ende entgegen. Wir sind an der Weichsel. Wie begierig waren wir, diesen Fluß zu sehen! Aber es ist Nacht. Schon seit einigen Stunden stehen wir hier. Es ist empfindlich kalt und regnet leise. Der erste Regen seit Beginn des Krieges. Wir sitzen eng zusammengedrängt in unseren Wagen, die Planen über uns geworfen. So ist es etwas wärmer.

Wieder lausche ich auf die eigentümlichen Geräusche eines Gefechtes bei Nacht. Auf der anderen Seite des Flusses liegt Annapol. Andere Pioniereinheiten haben schon im Feuer einen 400 Meter langen Brückensteg gebaut. Auf ihm staut sich die vorgehende Artillerie. Sie können nicht vor und nicht zurück, andere Truppen drängen nach. Die polnische Artillerie beschießt die Brückenköpfe, wir müssen sie räumen. Ein Glück, daß sie nicht die Brücke beschießen. Da steht Geschütz an Geschütz.

*

Krasnik – Annapol – Oczarow. Eine schier endlose Schlange schleicht über die staubige Straße. Die Polen – Ukrainer und Russen ließen wir frei – haben fast durchweg keine Fußbekleidung mehr. Irgendeinen Fetzen winden sie sich um die Füße. Ihre Stiefel sind längst auf der Flucht kaputtgegangen, die Hälfte ist fußkrank. Wo wir konnten, haben wir Panjewagen für die Kranken aufgetrieben.

Da sind große Familien, die mit ihrem ganzen Hab und Gut auf einem Wagen Platz gefunden haben. Ein dürres polnisches Pferdchen zieht das Gefährt, das sich tief durchbiegt. Hin und wieder eine Kutsche mit der Familie des Gutsbesitzers. Auch manchmal ein Auto, das von einem Pferd gezogen wird, denn Benzin gibt es nicht zu kaufen. Weitaus der größte Teil ist zu Fuß. Müde und hoffnungslos ziehen sie dahin. Der Hunger steht ihnen im Gesicht geschrieben. Eine alte Frau mit vier Kindern hat ihre Schürze hochgebunden und sammelt alles, was sie findet, Brotrinden, Speckfetzen, Knochen, nicht ganz geleerte Konservendosen...

Leczna. Anfang Oktober. Der Winter hat begonnen. Heute fiel der erste Schnee. Es ist barbarisch kalt. Wir bauen eine Brücke über den Wieprz. Auf die alten Pfähle der abgebrannten Brücke setzen wir den Steg. Die Arbeit wird uns sauer durch die Kälte und das nasse Wetter.
Die Trinkwasserversorgung ist recht schwierig. Es gibt keine Brunnen. Die Polen holen ihr Wasser mit einem zweirädrigen Karren, auf dem sich ein Faß befindet. Sie treiben ihr Pferd in den Fluß, bis das Faß zur Hälfte unter Wasser steht. Oben sitzen sie selbst, in jeder Hand eine Kelle. Sie schöpfen dann in gleichmäßigem Rhythmus, indem sich einmal rechts, einmal links zum Wasser beugen. Und das bei jedem Wetter!
Erster November. Drei Wochen sind wir schon hier am Bug in dem Dörfchen Orchowsk in der Nähe von Wlodwa. Die Gegend mutet schon ganz russisch an. Über den Bug drüben ist, so weit das Auge reicht, nichts als Steppe, hin und wieder ein Strauch oder eine Birkengruppe. Eine blendend weiße Schneedecke hüllt alles ein. Unser Marsch hierher war qualvoll. Der erste nasse Schnee hatte aus den Sandstraßen Schlammbetten gemacht. Dauernd blieben unsere schweren Brückenwagen stecken. Wir mußten sie abladen und die Pontons streckenweise tragen.

Drüben auf der anderen Seite des Bug sind russische Truppen. Wir sehen die Posten. Mit diesen Russen bauten wir eine Brücke über den Strom, zur einen Hälfte wir, zur anderen sie. Öfters kam ein Dolmetscher herüber, um Zigaretten auszutauschen. Er begrüßte uns stets mit „Heil! Herr Genosse!"

Obgleich von der in Auflösung befindlichen polnischen Armee keine Hilfe mehr zu erwarten war, leisteten die Verteidiger Warschaus (120.000 Mann unter Divisionsgeneral Rómmel) noch tagelang erbitterten Widerstand (Bilder vom Häuserkampf oben und rechte Seite). Die Kapitulation der Hauptstadt erfolgte am 28. September nach schwerem Artilleriebeschuß und vernichtenden Luftangriffen. Adolf Hitler hatte es sich nicht nehmen lassen, vor Ort durch ein Scherenfernrohr das Inferno zu begutachten, das seine Luftwaffe angerichtet hatte (Bild links).

wollte einen schnellen Erfolg – schon wegen der schwachbesetzten Westfront. Am 16. September hatte ein deutscher Parlamentär Warschau vergeblich zur Übergabe aufgefordert. Am 18. befahl Hitler den Angriff. Der Rundfunksender Warschau hatte bereits am 8. September die Zivilbevölkerung Warschaus zur Teilnahme am aktiven Kampf aufgefordert und sie damit außerhalb des Kriegsvölkerrechts gestellt. Tatsächlich hatten Zivilisten und Soldaten gemeinsam die Stadt zur Verteidigung hergerichtet. Die polnische Regierung und das militärische Oberkommando waren allerdings bereits ins neutrale Rumänien geflüchtet.

Am 22. September beobachtete Hitler von einem Kirchturm des Ortes Glinki aus das deutsche Artilleriefeuer auf die Warschauer Vorstadt Praga. Seit Tagen schon stand außerdem die Luftwaffe gegen Warschau im Kampf. Sie hatte den ganzen Feldzug über eng mit dem Heer zusammengearbeitet und erheblichen Anteil am Gelingen der Operationen.

Freilich entsprach vieles nicht den Fakten, was die deutsche Propaganda seinerzeit behauptet hatte. Schon am ersten Kriegstag hatte der Rundfunk gemeldet, daß in einem »gigantischen Schlag« die Luftwaffe die Luftherrschaft über Polen errungen habe.

Das traf schon deshalb nicht zu, weil am 1. September die polnische Landschaft durch eine dichte Nebeldecke verhüllt war, die den Start der Horizontal- und Sturzbomber um mehrere Stunden verzögerte. Doch über Krakau riß die Nebeldecke zuerst auf: Schnell wurden einige vergeblich ihre Ziele suchenden Bomberstaffeln dorthin geschickt. Sechzig Kampfflugzeuge Heinkel He 111 warfen daraufhin 96 Tonnen Bomben über dem Krakauer Flugplatz ab. Ihnen folgten die Bomben einer Stukagruppe, die vor allem Hallen und Startbahnen zerstörten. Anschließend dröhnten zwei Gruppen Dornier Do 17-Kampfflugzeuge heran, die »fliegenden Bleistifte«; aus ihnen fielen im Reihenwurf 50-kg-Bomben auf die Betonrollbahn.

Gegen Mittag war der Nebel überall gewichen: Weitere Flugplätze wurden angegriffen – die polnischen Jagdflieger aber wichen dem Kampf aus.

Bei Wielun griff die Stukagruppe des Majors Dinort eine polnische Kavalleriebrigade an, vernichtete Reiter, Pferde und Fahrzeuge und sofort danach einen polnischen Gefechtsstand.

Obwohl der Wehrmachtsbericht meldete, daß »mehrere Schlachtgeschwader wirkungsvoll das Vorwärtskommen des Heeres« unterstützt hätten, waren es nur sechsunddreißig Doppeldecker Henschel Hs 123, die allerdings wie die Teufel flogen, im Tiefstflug über Hecken sprangen und polnische Stellungen mit Maschinengewehren niederhielten. Sie flogen später – um zwei weitere Gruppen verstärkt – den ganzen Polenfeldzug über bis zu zehn Einsätze täglich.

Am späten Vormittag des ersten Kriegstages waren auch die ersten deutschen Flugzeuge über Warschau erschienen – eine Gruppe Heinkel He 111. Trotz schlechter Bodensicht trafen einige ihrer Bomben die Fabrikationshallen des PZL-Flugzeugwerkes, in dem Jäger und Bomber produziert wurden. Am späten Nachmittag flog auch – von niedersächsischen Fliegerhorsten kommend – das Kampfgeschwader 27 nach Warschau und bombardierte die drei Flugplätze Goslaw, Mokotow und Okecie. Stukas warfen Bomben auf die Sender Babice und Lacy und brachten so den polnischen Befehlsfunk zum Schweigen.

Über Warschau fand auch der erste Luftkampf des Zweiten Weltkrieges statt: Der polnische Gruppenkapitän Pawlikowski griff mit dreißig Jagdflugzeugen des Typs PZL IIC die Begleitzerstörer der deutschen Kampfverbände an. Hauptmann Schleif, der Führer der

Warschau mit der am rechten Weichselufer gelegenen Vorstadt Praga im Feuer der deutschen Luftwaffe (Bild linke Seite unten): Brände wüten in der Stadt, aber beide Weichselbrücken (rechts die Eisenbahnbrücke) sind noch unzerstört. Die Bombenangriffe auf die „Festung Warschau" hatten am 24. September begonnen, nachdem über der Stadt abgeworfene Flugblätter, die der Zivilbevölkerung eine Frist zur Räumung stellten, unbeachtet geblieben waren. Bild oben: Eine Heinkel des Typs 111 („He 111"), der Standardbomber der Luftwaffe von 1937 bis 1944, läßt ihre tödliche Fracht ab; Bild linke Seite oben: Bordschütze einer „He 111" an dem in Flugrichtung nach allen Seiten schwenkbaren Maschinengewehr.

Messerschmitt Me 110-Zerstörer, schoß die erste PZL ab. Insgesamt stürzten fünf polnische Jäger vom Himmel – technisch waren die polnischen Maschinen den deutschen unterlegen.

Am Ende des ersten Kriegstages waren dreißig polnische Flugzeuge am Boden zerstört, neun in der Luft abgeschossen und vierzehn deutsche Flugzeuge vernichtet worden – die deutschen Verluste gingen zumeist auf das Konto der hervorragend schießenden polnischen Flugabwehrkanonen. Am 8. September war die sich tapfer wehrende, aber technisch und zahlenmäßig den Deutschen weit unterlegene polnische Luftwaffe kaum noch einsatzfähig. Sie litt unter ernsten Nachschubschwierigkeiten und besaß kaum noch Ersatzteile. Nur einzelne Bomber konnten noch bis zum 16. September Angriffe fliegen. Am 17. erhielten die Reste der fliegenden Einheiten den Befehl, sich nach Rumänien abzusetzen.

Die Stars des Luftkrieges über Polen aber waren die deutschen Stuka-Flieger. Ihre Sturzbomber heulten in Sturzwinkeln bis zu 80 Grad aus meist 4000 Meter Höhe herab. Eine am Fahrwerk jeder Maschine angebrachte Sirene, die »Jericho-Trompete«, verstärkte noch das ohnedies unheimliche Heulgeräusch, das den polnischen Soldaten am Boden wie ein vorweggenommener Todesschrei vorkam. Die Stuka-Piloten zielten mit der ganzen Maschine. In der Kabine hinter ihnen sicherte der Bordfunker mit dem Maschinengewehr nach hinten gegen etwa nachstürzende Feindjäger. Nach dem Auslösen der Bomben fing der Flugzeugführer die Junkers Ju 87 ab. Sturzflugbremsen – aus den Tragflächen ausgefahrene Klappen – hatten dafür gesorgt, daß die Geschwindigkeit nicht über 600 km/h hinausging. Dennoch traten während des Abfangens erhebliche Fliehkräfte auf, dem Piloten und dem Funker flimmerten dann Grauschleier vor den Augen. Bei allzu starkem Abfangen kam es zu vorübergehenden Bewußtseinstrübungen oder sogar zu sekundenlangen Ohnmachten. Deshalb verfügte jeder Stuka über eine Abfangautomatik. Stukas bombardierten polnische Küstenbatterien, Kriegsschiffe und Hafenanlagen in der Danziger Bucht, Gdingen, Oxhöft und der Halbinsel Hela.

Streng vertrauliche Aussprache

Geheimes Zusatzprotokoll zum deutsch-sowjetischen Nichtangriffspakt, 23.8.1939

Aus Anlaß der Unterzeichnung des Nichtangriffspaktes zwischen dem Deutschen Reich und der Union der Sozialistischen Sowjetrepubliken haben die unterzeichneten Bevollmächtigten der beiden Teile in streng vertraulicher Aussprache die Frage der Abgrenzung der beiderseitigen Interessensphären in Osteuropa erörtert. Die Aussprache hat zu folgendem Ergebnis geführt:

1. Für den Fall einer territorial-politischen Umgestaltung in den zu den baltischen Staaten (Finnland, Estland, Lettland und Litauen) gehörenden Gebieten bildet die nördliche Grenze Litauens zugleich die Grenze der Interessensphäre Deutschlands und der UdSSR. Hierbei wird das Interesse Litauens am Wilnaer Gebiet beiderseits anerkannt.

2. Für den Fall einer territorial-politischen Umgestaltung der zum polnischen Staat gehörenden Gebiete werden die Interessensphären Deutschlands und der UdSSR ungefähr durch die Linie der Flüsse Pissa, Narew, Weichsel und San abgegrenzt. Die Frage, ob die beiderseitigen Interessen die Erhaltung eines unabhängigen polnischen Staates erwünscht erscheinen lassen und wie dieser Staat abzugrenzen wäre, kann endgültig erst im Laufe der weiteren politischen Entwicklung geklärt werden. In jedem Falle werden beide Regierungen diese Frage im Wege einer freundschaftlichen Verständigung lösen.

3. Hinsichtlich des Südostens Europas wird von sowjetischer Seite das Interesse an Bessarabien betont. Von deutscher Seite wird das völlige Desinteressement an diesen Gebieten erklärt.

4. Dieses Protokoll wird von beiden Seiten streng geheim behandelt werden.

Stukas zerschlugen den Bahnhof von Piotrkow, auf dem gerade polnische Truppen ausgeladen wurden. Bei Radomski zersprengten Stukas marschierende polnische Kolonnen. Sie zertrommelten starke Kräfte bei Dzialoszyn an der Warthe und ersparten der Infanterie und den Panzersoldaten am Boden verlustreiche Kämpfe.

Die Luftwaffe begann den Kampf um Warschau am 16. September mit dem Abwurf von einer Million Flugblättern. Sie enthielten die Aufforderung an die Zivilbevölkerung, die Stadt binnen zwölf Stunden zu verlassen, falls Warschau nicht kampflos übergeben werde. Bis zum 24. September wurde der Flugblattabwurf viermal wiederholt. Aber die Zivilisten blieben. 120 000 polnische Soldaten verschanzten sich in den Häusern und bauten Barrikaden.

Die Fliegerangriffe auf Warschau begannen am 25. September um 8 Uhr. Weil aber inzwischen ein Großteil der Luftwaffenverbände in den Westen verlegt worden war – aus Furcht vor einem Angriff der Westmächte –, standen nur noch 400 Kampf-, Sturzkampf- und Schlachtflugzeuge zur Verfügung. Sie wurden durch dreißig Junkers Ju 52-Transportflugzeuge verstärkt. Sie waren mit Brandbomben beladen; in jeder Maschine standen zwei Soldaten, die Bomben aus der Tür hinausschaufelten. Insgesamt fielen 560 Tonnen Sprengbomben und 72 Tonnen Brandbomben auf Warschau.

Von der Tribüne eines Rennplatzes aus beobachtete Hitler die Rauchwolken über der Stadt, die bis in 3500 Meter Höhe reichten. Am nächsten Tag eröffneten 150 Batterien der Artillerie das Feuer auf feindliche Stellungen, Gas-, Wasser- und Elektrizitätswerke. Dann begann der Sturm der Infanterie. Am 27. September gingen über Warschau die weißen Fahnen hoch. Die Polen kapitulierten. Fünf Tage lang hatte es kein Wasser mehr in der Stadt gegeben, kein Licht, kein Gas, keine Lebensmittel. In den Trümmern lagen 26 000 tote Zivilisten.

Am 5. Oktober flog Hitler noch einmal nach Warschau, um die große Siegesparade abzunehmen. Im Parademarsch zogen Infanterieregimenter an ihm vorbei. Hitler wirkte sehr ernst. Seine Gedanken

Beginnend mit dem 17. September fiel Stalins Rote Armee von Osten kommend über das schon am Boden liegende Polen her, um sich den im „Geheimen Zusatzprotokoll" zum deutsch-sowjetischen Nichtangriffspakt verbrieften Anteil an der Beute zu sichern. Beim ersten Zusammentreffen deutscher und sowjetischer Verbände gab es Blumen für die Verbündeten (Bild rechts), während der sowjetische Bevollmächtigte auf dem Bild linke Seite einige Tage später bei der Übergabe von Brest-Litowsk an der deutsch-russischen Demarkationslinie mit einem Lächeln zufrieden sein mußte. Ohne alle Artigkeiten ging es dafür bei den Verhandlungen über die bedingungslose Kapitulation zwischen den Deutschen unter Führung des Generals Blaskowitz und den polnischen Abgesandten ab (Bild oben).

beschäftigten sich vermutlich bereits mit dem nächsten Feldzug, dem gegen Frankreich. Nicht auf der Parade waren die Einsatzgruppen zu sehen: Beamte des SD in der Uniform der SS-Verfügungstruppe. Ihre Aufgabe wurde offiziell umschrieben als »Bekämpfung aller reichs- und deutschfeindlichen Elemente rückwärts der fechtenden Truppe«. Ab Oktober begannen sie mit Massenerschießungen von Polen und Juden.

Während des Polenfeldzuges hatte es verhältnismäßig wenige Übergriffe gegeben. So waren beim Einzug der deutschen Truppen in Kronskie von Heckenschützen Schüsse aus dem Hinterhalt gefallen. Ein aufgeregter Flakoffizier ließ seine Soldaten sinnlos in eine auf dem Marktplatz versammelte Menschenmenge schießen. Er wurde von einem Kriegsgericht degradiert.

Auch in mehreren anderen Fällen von tatsächlicher oder vermeintlicher Partisanentätigkeit polnischer Zivilisten bemühten sich Divisions- und Armeekriegsgerichte redlich um eine Wahrheitsfindung.

Dabei kam es – neben Verurteilungen wegen kriegsvölkerrechtswidrigen Kampfes in Zivil aus dem Hinterhalt – aber auch zu mehreren Freisprüchen. Als Hitler davon erfuhr, geriet er außer sich. Dem General Wilhelm Keitel erklärte er, daß seine Wehrmachtrechtsabteilung auf der ganzen Linie versagt habe.

Doch schon zuvor, noch während der Kampfhandlungen, hatten die Einsatzgruppen ihre Vorbereitungen für kommende Unternehmen getroffen: Beschlagnahme von Einwohnerlisten, Militärpapieren und anderen Unterlagen, aus denen sich der Kreis der auszurottenden Personen – polnischer Adel, Geistlichkeit und Juden – festlegen ließ.

Sechs Einsatzgruppen – bezeichnet mit römischen Ziffern – waren für den Polenfeldzug gebildet worden: Jeder der fünf Armeen folgte eine nach, die sechste war für Westpreußen-Posen bestimmt. Nachträglich kam gegen Ende der Kampfhandlungen noch die »Einsatzgruppe z. b. V.« (zur besonderen Verwendung) unter dem SS-Obergruppenführer Udo von Woyrsch hinzu, der aus persönlichem Eifer heraus erstmals mit summarischen Erschießungen von Juden begann. Doch dafür bestand noch kein genereller Befehl. Nach Protesten von Wehrmachtgeneralen hörten die Hinrichtungen zunächst auf.

Zu üblen Ausschreitungen kam es vor allem aber auch, weil polnische Greueltaten vorangegangen waren. So hatte am 3. September der polnische Militärkommandant von Bromberg (polnisch Bydgoszc), im »Korridor« gelegen, ein Massaker an mehreren tausend dort lebenden Deutschen befohlen.

Die Folgen waren ein Führerbefehl über den Einsatz von Sonderkommissionen zur Untersuchung der »Greuelmorde« in Bromberg und in Posen, die Hinrichtung mehrerer hundert polnischer Zivilisten wegen des Tragens von Waffen – 370 allein am 11. September – und die Einsetzung von Sondergerichten gegen Polen unter Leitung des Staatssekretärs Roland Freisler.

Der Kreisleiter Werner Adolf Kampfe wurde als Bürgermeister von Bromberg eingesetzt und erhielt den Auftrag, die »durch die Polengreuel geschädigten Volksdeutschen zu entschädigen«. Er entledigte sich dieser Aufgabe, indem er an ihm befreundete Gemeindebeamte Millionenwerte verschob. Das Reichsjustizministerium erhob gegen ihn Anklage. Sein Gauleiter Forster deckte ihn jedoch.

Adolf Hitler hat seinen ersten „Blitzkrieg" gewonnen und grüßt seine siegreichen Truppen, die durch Warschau paradieren (Bild oben). Es war, militärisch betrachtet, ein „leichter Sieg" gewesen - sofern man zu den Überlebenden zählte.

Der begrabene Schütze (Bild links) war einer von 10.572 deutschen Soldaten, die im Polenfeldzug auf dem Felde blieben. Die Polen hatten mindestens 70.000 Tote zu beklagen. Die Rote Armee meldete 737 Gefallene.

Und die andere in Polen eingefallene Macht, die Sowjetunion? Sie erklärte zu Kriegsgefangenen, was immer an Soldaten der polnischen Armee sich in ihrem Besatzungsgebiet befand. Zehntausende von polnischen Soldaten wurden in den Osten verschleppt und verschwanden. Während des Rußlandfeldzuges entdeckten deutsche Soldaten im Frühjahr 1943 eine Reihe von Massengräbern in einem Wald bei Katyn, zwanzig Kilometer westlich Smolensk. Sie enthielten die Leichen von 4143 polnischen Offizieren, die 1939 in sowjetische Kriegsgefangenschaft geraten waren. Eine internationale Kommission untersuchte die Leichen sofort nach Auffindung. Es gilt heute als gesicherte, auch von russischer Seite anerkannt Erkenntnis, daß die polnischen Offiziere von sowjetischen Einsatzkommandos erschossen worden sind. Die in London residierende polnische Exilregierung brach daraufhin ihre diplomatischen Beziehungen zur UdSSR ab.

Gewiß ist auch, daß der Polenfeldzug – von der deutschen Propaganda als ein Krieg mit minimalen Verlusten gefeiert – ganz erhebliche Opfer gekostet hat und im Laufe der Kriegsjahre noch viel mehr nach sich zog.
Die deutsche Wehrmacht hatte (nach amtlichen deutschen Angaben) 10 572 Tote, 3409 Vermißte und 30 322 Verwundete. Die unmittelbaren polnischen Opfer des Feldzuges sind nicht genau bekannt. Sicher ist, daß 694 000 polnische Soldaten in deutsche und 217 000

Mann in sowjetische Kriegsgefangenschaft gerieten. Weitere rund 100 000 polnische Militärangehörige flüchteten nach Rumänien sowie nach Ungarn und wurden dort interniert. 50 000 polnische Soldaten entkamen nach Litauen und Lettland. Von diesen schlug sich eine größere Anzahl ins westliche Ausland durch und formierte zum Teil eine polnische Armee in England. Viele von ihnen fielen im Kampf gegen die deutsche und die italienische Armee in Nordafrika, Italien und nach der Invasion in Frankreich. Polen verlor im Zweiten Weltkrieg bei Kampfhandlungen und durch Maßnahmen der Besatzungsmacht etwa 2,4 Millionen Einwohner.

Reichstagspräsident Göring gratuliert Hitler nach dessen Rede vor dem Reichstag am 6. Oktober 1939 (Bild oben), in der der „Führer" die „Vollzugsmeldung" über den Sieg im Polenfeldzug abgestattet und vorsichtige Friedensfühler Richtung Westen ausgestreckt hatte. Doch die Westmächte mochten nicht ein weiteres Mal ein Ergebnis der Gewaltpolitik Hitlers hinnehmen. Polen war vernichtend geschlagen, und es hatte keine großmütigen Bezwinger. Zum vierten Mal in seiner Geschichte verschwand es von der Landkarte. Eine Vorahnung der Leiden der kommenden Besatzungszeit vermittelte schon bald nach dem Ende der Kampfhandlungen der Terror der den deutschen Angriffsarmeen folgenden deutschen Einsatzgruppen und des NKWD (Bild rechte Seite oben: Polnische Patrioten werden zum Galgen geführt). Die jüdischen Einwohner Warschaus wurde ins Ghetto gepfercht, die Kosten für die Mauer mußte der Judenrat aufbringen (Bild rechte Seite unten).

Ausrottung der Führungsschicht

Mitteilung Reinhard Heydrichs an die Chefs der Amtsgruppen des Reichssicherheits-Hauptamtes, 21.9.1939

Die Entwicklung im ehemaligen Polen ist zunächst so gedacht, daß die ehemaligen deutschen Provinzen deutsche Gaue werden und daneben ein Gau fremdsprachiger Bevölkerung mit der Hauptstadt Krakau geschaffen wird ... Dieser fremdsprachige Gau soll außerhalb des neu zu schaffenden Ostwalls liegen. Der Ostwall umfaßt alle deutschen Provinzen, und man hat praktisch als Niemandsland davor den fremdsprachigen Gau. Als Siedlungskommissar für den Osten wird RFSS eingesetzt. Die Judendeportationen in den fremdsprachigen Gau, Abschiebung über die Demarkationslinie, ist vom Führer genehmigt. Jedoch soll der ganze Prozeß auf die Dauer eines Jahres verteilt werden. Die Lösung des Polen-Problems – wie schon mehrfach ausgeführt – unterschiedlich nach der Führungsschicht (Intelligenz der Polen) und der unteren Arbeitsschicht des Polentums. Von dem politischen Führertum sind in den okkupierten Gebieten höchstens noch 3 % vorhanden. Auch diese 3 % müssen unschädlich gemacht werden und kommen in KZs. Die Einsatzgruppen haben Listen aufzustellen, in welchen die markanten Führer erfaßt werden, daneben Listen der Mittelschicht: Lehrer, Geistlichkeit, Adel, Legionäre, zurückkehrende Offiziere usw. Auch diese sind zu verhaften und in den Restraum abzuschieben. Die seelsorgische Betreuung der Polen soll durch katholische Geistlichkeit aus dem Westen durchgeführt werden, die aber nicht polnisch sprechen dürfen. Die primitiven Polen sind als Wanderarbeiter in den Arbeitsprozeß einzugliedern und werden aus den deutschen Gauen allmählich in den fremdsprachigen Gau ausgesiedelt. Das Judentum ist in den Städten im Getto zusammenzufassen, um eine bessere Kontrollmöglichkeit und später Abschubmöglichkeit zu haben... Sofern der Jude auf dem Land Händler ist, ist mit der Wehrmacht zu klären, wieweit diese jüdischen Händler zur Bedarfsdeckung der Truppe noch an Ort und Stelle verbleiben müssen.
Folgende Anordnung wurde erteilt:

1. Juden so schnell wie möglich in die Städte,
2. Juden aus dem Reich nach Polen,
3. die restlichen 30 000 Zigeuner auch nach Polen,
4. systematisch Ausschickung der Juden aus den deutschen Gebieten mit Güterzügen.

Von Hitlers Friedensangebot
bis zur Entscheidung für »Fall Gelb«

Am 2. Oktober 1939 waren deutsche Truppen in die polnische Hauptstadt Warschau einmarschiert. Am 6. Oktober erlosch der letzte polnische Widerstand bei Kock. Am selben Tag unterbreitete Adolf Hitler in einer großen Rede vor dem Deutschen Reichstag den beiden Westmächten Frankreich und England ein Friedensangebot.

Er begann mit einem Rückblick und betonte seinen steten Friedenswillen: »... Es ist unmöglich, daß irgendein französischer Staatsmann aufsteht und erklärt, ich hätte jemals eine Forderung an Frankreich gestellt, die zu erfüllen mit der französischen Ehre oder mit den französischen Interessen unvereinbar gewesen wäre. Wohl aber habe ich ... an Frankreich immer nur einen Wunsch gerichtet, die alte Feindschaft für immer zu begraben ...« An England wandte er sich mit den Worten: »Nicht geringer waren meine Bemühungen für eine deutsch-englische Verständigung, darüber hinaus für eine deutsch-englische Freundschaft... Wenn mein Bestreben mißlang, dann nur, weil eine mich persönlich geradezu erschütternde Feindseligkeit bei einem Teil britischer Staatsmänner und Journalisten vorhanden war, die kein Hehl daraus machten, daß es ihr einziges Ziel wäre, aus Gründen, die uns unerklärlich sind, gegen Deutschland bei der ersten sich bietenden Gelegenheit wieder den Kampf zu eröffnen ...«

Die Hitler so unerklärlichen Gründe lagen allerdings gerade für die Engländer auf der Hand: Sie mißtrauten ihm, nach allem was bisher geschehen war. Er hatte ein Jahr zuvor der Welt versichert, daß der Einmarsch ins Sudetenland seine letzte territoriale Forderung gewesen sei. Inzwischen hatte er die Rest-Tschechoslowakei besetzt, war ins Memelland einmarschiert, hatte Polen vereinnahmt und Danzig ins Reichsgebiet eingegliedert.

England und Frankreich antworteten auf die Hitler-Rede mit »Nein!«. Der Feststellung Hitlers, daß es nunmehr weder für Deutschland noch für England oder Frankreich ein vernünftiges Kriegsziel gäbe, nachdem Danzig und Westpreußen wieder deutsch seien und die westliche Garantie für Polen, nicht zuletzt durch das sowjetische Eingreifen, gegenstandslos geworden sei, setzten die beiden Westalliierten ihr neues Kriegsziel entgegen: »Vernichtung des Hitlerismus«.

Bereits am 9. Oktober – noch bevor Frankreich und England ihr offizielles »Nein« verkündeten – hatte Hitler seine »Führerweisung Nr. 6« erlassen, in der er noch recht vorsichtig formulierte: »Sollte in der nächsten Zeit zu erkennen sein, daß England und unter dessen Führung auch Frankreich nicht gewillt sind, den Krieg zu beenden, so bin ich entschlossen, ohne lange Zeit verstreichen zu lassen, aktiv und offensiv zu handeln.«

Nach der britischen und französischen Ablehnung des Friedensangebotes ließ Hitler den Oberbefehlshaber der Luftwaffe, Hermann Göring, sowie die Generale Erhard Milch und Ernst Udet zu sich kommen und befahl, die Produktion von Bomben wiederaufzunehmen. Am 15. Oktober wies Reichspropagandaminister Joseph Goebbels die Chefredakteure aller deutschen Zeitungen an, Friedensstimmen des Auslandes nicht mehr zu veröffentlichen, um im deutschen Volk keine falschen Hoffnungen zu erwecken.

Auf Hitlers Weisung arbeitete in größter Eile das Oberkommando des Heeres eine Aufmarschanweisung für den »Fall Gelb« aus. »Fall Gelb« – das war der Angriff auf Frankreich. Bereits am 19. Oktober war der Angriffsplan fertig. Hitler befahl den A-Tag (Angriffs-Tag) für Sonntag, den 12. November 1939.

Die führenden Heeresgenerale widersprachen: Die Verluste aus dem Polenfeldzug seien noch nicht ausgeglichen,

Nun kämpfte Hitler mit verkehrten Fronten - da war guter Rat teuer: Mit seinem Haßgegner Rußland war er verbündet, mit dem von ihm bewunderten England im Krieg auf Leben und Tod. Nach dem Sieg über Polen suchte Hitler - auf dem Bild rechte Seite im Gespräch mit seinem Außenminister Joachim von Ribbentrop - eine politische Lösung des Konflikts mit den Westmächten. Doch die Adressaten seiner Friedensbotschaften, London und Paris, blieben hart. Der Waffengang im Westen schien unumgänglich und rückte näher und näher. Bild links: Probealarm in einer Bunkeranlage des Westwalls.

beschädigte Panzer und anderes Großgerät noch nicht hinreichend instand gesetzt, die Munition reiche lediglich für ein Drittel der Angriffsdivisionen. Hitler blieb hart: Die militärische Stärke der Westmächte wachse rasch an, manche Staaten Europas hielten eine nur zweifelhafte Neutralität aufrecht, die schmale Rohstoffbasis Deutschlands lasse eine größere Rüstungsproduktion als bisher nicht zu, und obendrein läge das Ruhrgebiet unmittelbar an der Westgrenze und sei einem Überraschungsangriff ausgesetzt.

In diesen Oktobertagen der Vorbereitung erarbeitete das »Deuxième Bureau« (2. Büro = militärischer Nachrichtendienst/Feindlage) der französischen Armee eine Studie des Polenfeldzuges. Darin analysierten die französischen Generalstäbler die deutschen Operationen recht gewissenhaft. Sie stellten dabei die Zusammenarbeit deutscher Panzer mit der Luftwaffe heraus und folgerten, daß eine starre Verteidigung gegen diese Taktik sinnlos sei. Besser sei es, äußerst beweglich und mit höchster Feuerkraft auf einen deutschen Angriff zu reagieren.

Das »Troisième Bureau« (3. Büro) des französischen Generalstabes – zuständig für die Operationsführung – zog freilich keinerlei Lehren aus dem Polenfeldzug. Es erklärte, daß der deutschen Wehrmacht in Polen eine nur mittelmäßig ausgerüstete und mittelmäßig geführte polnische Armee gegenübergestanden habe und daß ausreichende Verteidigungsmaßnahmen gefehlt hätten. Diese aber seien in Frankreich vorhanden, nämlich mit der großartig ausgebauten Maginot-Linie (siehe Seite 47), in der die moderne französische, ausgezeichnet geführte Armee stehe. Beweis für die deutsche Furcht vor den französischen Waffen: Hitler habe es bisher wohlweislich unterlassen, Frankreich anzugreifen.

Tatsächlich hatte es bislang keine nennenswerten deutschen Kampfhandlun-

Ein Zug britischer Soldaten rückt in eine Festung der als uneinnehmbar geltenden Maginot-Linie ein (Bild oben). Die deutsche Generalität betrachtete den „Sitzkrieg" mit England und Frankreich im Westen mit gemischten Gefühlen, zumeist aber nach dem Motto „Augen zu und durch". Manche Militärs sahen das kommende Unheil aber auch ziemlich klar, wie zum Beispiel General Hans Oster (Bild oben rechts), Leiter der Zentralabteilung der Abwehr im Reichswehrministerium, einer der aktivsten Männer in der militärischen Widerstandsbewegung, der den deutschen Angriffstermin im Westen an die Holländer durchsickern ließ. Auf dem Bild links Generaloberst Franz Halder, seit 1938 Chef des Generalstabs des Heeres. Auch er stand in der Opposition, befürchtete aber für seine Putschpläne nach dem Blitzsieg über Polen nicht genügend Rückhalt in der Wehrmacht zu finden.

gen gegen französische Truppen gegeben. Aber ein Beweis für die friedfertigen Absichten Hitlers war das keineswegs. Während des Polenfeldzuges hatte er einen französischen Angriff auf Deutschland befürchtet, den die Wehrmacht mit ihren schwachen, im Westen stehenden Kräften abzuwehren nicht in der Lage gewesen wäre. Nach der Niederlage Polens aber ließ Hitler sofort die Masse der Kampftruppen von Polen an die deutsche Westgrenze verlegen. Nicht Hitler fürchtete sich vor einem Großangriff auf Frankreich, doch die führenden Generale des Heeres – die allesamt die grausamen Materialschlachten des Ersten Weltkrieges als junge Offiziere miterlebt hatten – steckten voller Besorgnisse. Generaloberst Walther von Brauchitsch, Oberbefehlshaber des Heeres, besuchte alle im Westen stehenden Armeeoberbefehlshaber, Kommandierenden Generale und Divisionskommandeure, um sie nach ihrer Ansicht über die bevorstehende Novemberoffensive gegen Frankreich zu befragen. Ziemlich übereinstimmend hielten die Truppenkommandeure sie für wahnwitzig.

Brauchitsch hielt deshalb am Vormittag des 5. November Vortrag bei Hitler und trug alle gegen die Westoffensive sprechenden Argumente vor: Mangel an Munition, vor allem der für die schwere Artillerie, die Stärke der Maginot-Festungswerke, die noch nicht voll aufgestellte Wehrmacht, dazu das die Operationsführung behindernde Novemberwetter. »Ausgezeichnet«, antwortete Hitler, »dann behindert das Wetter auch den Gegner.« Brauchitsch wies sodann auf eine Moralkrise, vor allem bei der deutschen Infanterie, hin; im Polenfeldzug sei es zu Disziplinschwierigkeiten gekommen. Hitler brauste auf: Er wolle Unterlagen sehen. Bei welchen Truppenteilen das geschehen sei? Er wolle sofort diese Truppen aufsuchen!
Brauchitsch konnte diese Unterlagen

niemals beibringen. Es hatte nämlich keine Disziplinlosigkeiten gegeben.

Zur selben Zeit begann sich die Opposition im deutschen Heer zu regen. Die gleichen Militärs, die Hitler schon im Jahr zuvor, auf dem Höhepunkt der Sudetenkrise, stürzen wollten, besprachen erneut ihre Putsch-Pläne. General Franz Halder, Chef des Generalstabes des Heeres, das Haupt der Verschwörung, zögerte aber, weil er, wahrscheinlich zu Recht, annahm, daß die im Polenfeldzug siegreiche Wehrmacht in diesem Zeitpunkt einen Putsch nicht verstehen und schon gar nicht unterstützen werde. Fehlgeschlagen war schon im Ansatz ein Versuch des Generalobersten Kurt Freiherr von Hammerstein-Equord, des früheren Chefs der deutschen Heeresleitung. Hammerstein hatte bereits in der ersten Woche des Krieges Hitler gebeten, seiner im Westen stehenden Armee einen Besuch abzustatten. Bei dieser Gelegenheit wollte Hammerstein Hitler festnehmen lassen. Doch Hitler dachte nicht daran, den ihm ohnedies suspekten Hammerstein aufzusuchen, und schon gar nicht zu Beginn des Polenfeldzuges.

Oberst Hans Oster, Chef der Zentralabteilung im »Amt Ausland/Abwehr« – dem deutschen militärischen Nachrichtendienst hatte seit geraumer Zeit Verbindungen zu den Militärattachés von Holland und Belgien geknüpft. Nun verriet er ihnen den 12. November als den Tag des deutschen Angriffstermins. Aber am 7. November verschob Hitler den Angriffstermin um drei Tage, möglicherweise, weil die holländische Königin Wilhelmina und Leopold III., der König der Belgier, gerade einen Friedensappell an die kriegführenden Mächte gerichtet hatten.

In dieser Welt von Generalen, Politikern, Staatsmännern, Diplomaten und gekrönten Häuptern, die sich in Europa um Krieg, Frieden oder Putsch bemühten, nahm sich ein unscheinbarer schwäbischer Kunsttischler namens Georg Elser sehr merkwürdig aus. Dreißig Nächte lang hatte er heimlich im Münchener Bürgerbräukeller an jener Säule kniend gearbeitet, vor der jedes Jahr am 8. November zum Gedenken des »Marschs zur Feldherrnhalle« Adolf Hitler eine Ansprache vor seinen alten

Zum Gedenken an den gescheiterten Putsch von 1923 sprach Hitler alljährlich am 8. November vor alten Kämpfern im Bürgerbräu-Keller (Bild ganz oben). Darauf basierte der Attentatsplan von Johann Georg Elser (Bild links). Der Einzel-Widerstandskämpfer baute in mühsamer nächtelanger Arbeit in die Säule hinter dem Rednerpult eine Zeitzünderbombe ein. Hitler verließ aber am 8. November 1939 schon nach kurzem Grußwort den Saal - Minuten später detonierte die Bombe und legte den Saal in Trümmern (Bild oben). Elsers Höllenmaschine hatte ihr Ziel verfehlt, Hitlers Kriegsmaschine konnte weiterrotieren. Bild rechte Seite: Die teilweise verkohlten Dokumente des deutschen Operationsplans für den Angriff im Westen, die nach der Notlandung eines deutschen Majors in Belgien dem Gegner in die Hände fielen.

Parteigenossen hielt. Elser hatte in einem Steinbruch Sprengstoff gestohlen, eine kunstvolle Zeitzünderbombe hergestellt und in die holzgetäfelte Säule eingebaut. Alle Spuren waren sorgfältig beseitigt, als Hitler am 8. November 1939 seine Gedenkrede hielt. Doch dieses Mal beendete er die Ansprache zwanzig Minuten früher als vorgesehen und begab sich zu seinem Salonwagen auf dem Münchner Hauptbahnhof, um nach Berlin zurückzureisen. Der Salonwagen wurde an den fahrplanmäßigen D-Zug nach Berlin angekoppelt. Hitler wollte am kommenden Morgen seine Entscheidung über die Auslösung des Falles »Gelb« treffen.

Genau acht Minuten, nachdem er das Bürgerbräu verlassen hatte, detonierte die Höllenmaschine des Georg Elser. Acht Menschen wurden getötet und mehr als sechzig verletzt. Für Hitler und seine Anhänger war es ein Beweis, daß die »Vorsehung« schützend über dem Führer wache.

Georg Elser wurde in Konstanz von zwei Zollbeamten festgenommen, als er illegal in die Schweiz einreisen wollte. Seine vom nächtelangen Knien wundgescheuerten Kniescheiben verrieten ihn. Er legte ein Geständnis ab, kam als Sonderhäftling in ein Konzentrationslager und wurde kurz vor Kriegsende erschossen.

Der von der »Vorsehung« gerettete Hitler aber verschob am 9. November erneut den Angriffstermin gegen Frankreich wegen der Wetterlage und erteilte am 13. November die Weisung, daß A-Tag nunmehr frühestens der 22. sei. Inzwischen war die Hauptmacht der belgischen Armee an der belgisch-deutschen Grenze abwehrbereit aufmarschiert – für Hitler eine bedrohliche Situation: Sollten Frankreich und England Belgien zum Krieg gegen Deutschland bewegen, wäre das Ruhrgebiet noch stärker als bislang schon bedroht gewesen. Andererseits galt es für Hitler, auch einen plausiblen Kriegsgrund gegen Belgien zu finden, denn die vom Oberkommando des Heeres entworfene »Aufmarschanweisung Gelb« sah den deutschen Durchmarsch durch Belgien, aber auch durch einen Teil der Niederlande vor.

Da paßte es gut ins Bild, daß Dr. Werner Best, der Amts-Chef Sicherheitspolizei im Reichssicherheitshauptamt der SS, ein Nachrichtenspiel mit einigen in den Niederlanden operierenden britischen Geheimagenten eingeleitet hatte. Agenten der SS hatten zu den Briten konspirative Verbindungen aufgenommen und sich als hitlerfeindliche und putschbereite Heeresgenerale ausgegeben. Die SS wollte auf diese Weise versuchen, die Namen tatsächlicher Verschwörer herauszufinden.

Nun wurde das Reichssicherheitshauptamt angewiesen, das Nachrichtenspiel zu beenden, die Briten gefangenzunehmen und so eine die Niederlande kompromittierende Beweislast zu schaffen. Am 9. November – einen Tag nach dem Attentat auf Hitler – fuhren die britischen Agenten mit einem Wagen dicht an die deutsche Grenze im holländischen Ort Venlo. Ein ziviles SS-Kommando eröffnete das Feuer und verschleppte die Briten samt Fahrer über die Grenze nach Deutschland. Ein im Wagen befindlicher holländischer Oberleutnant war getötet worden. Die britischen Agenten erwiesen sich als die Chefs der britischen Geheimdienstfiliale in den Niederlanden.

Hitler meinte nun den erwünschten Beweis zu besitzen, daß Holland Hand in Hand mit den Briten arbeite. Er konnte seinen Generalen erklären: »...Verletzung der Neutralität Belgiens und Hollands ist bedeutungslos. Kein Mensch fragt danach, wenn wir gesiegt haben.«

Aber noch immer war der »Fall Gelb« nicht ausgelöst worden. Hitler hatte erneut den Angriffsbeginn verschoben – das Wetter war zu schlecht, die Luftwaffe würde ihre Ziele nicht finden. Insgesamt hatte Hitler den A-Tag im Herbst und im Winter vierzehnmal hinausgezögert und im Januar noch einmal, weil der faschistische Diktator Italiens, Benito Mussolini, ihm riet, nochmals ein Friedensangebot zu unterbreiten – er selbst wollte sich dabei als Vermittler zur Verfügung stellen. Er beklagte außerdem in einem Brief die Zusammenarbeit Hitlers mit Stalin: »Sie können die antisemitischen und antibolschewistischen Banner, die Sie zwanzig Jahre lang hochgehalten haben und für die so viele Ihrer Kameraden gestorben sind, nicht einfach im Stich lassen ... Die Lösung der Frage Ihres Lebensraumes liegt in Rußland und nicht woanders!«

Hitler setzte einen neuen Angriffstermin fest, den 17. Januar. Er verschob ihn wieder, zunächst auf unbestimmte Zeit. Denn am 10. Januar hatte sich Un-

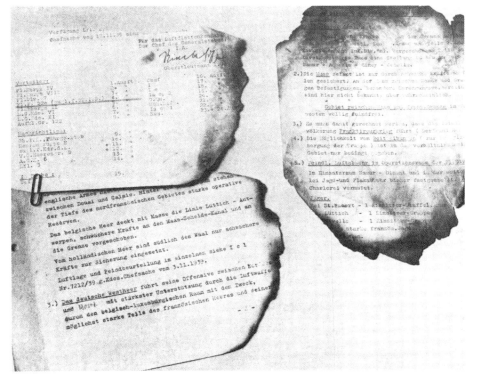

glaubliches ereignet, das zunächst als Katastrophe angesehen wurde (und später als Glück im Unglück): Der Luftwaffenmajor Helmut Reinberger hatte den Befehl erhalten, als Kurier wichtige Dokumente von Münster nach Köln zu bringen. Doch den Abend vor der Abreise verbrachte er auf einer feuchtfröhlichen Feier mit einigen Kameraden, verspätete sich am nächsten Morgen und bat deshalb einen befreundeten Flugzeugführer, ihn schnell nach Köln zu fliegen, obwohl ihm die Benutzung der Eisenbahn befohlen worden war. Das Flugzeug kam im Nebel vom Kurs ab, irrte im Luftraum über der deutsch-belgischen Grenze umher und landete aus Benzinmangel auf einer Wiese. Die lag aber nicht bei Köln, sondern in Mechelen-sur-Meuse in Belgien, und ein belgischer Grenzposten stand zu allem Unglück in nächster Nähe.

Der Major Reinberger setzte sofort die ihm anvertrauten Papiere in Brand – es handelte sich um nichts Geringeres als um den deutschen Operationsplan. Doch das dicke Aktenbündel mit beigefügtem Kartenmaterial brannte nicht schnell genug. Die Belgier nahmen den Major und seinen Piloten gefangen und löschten die brennenden Papiere. Sie brachten ihren Gefangenen in die Wachbaracke zum Hauptmann Rodrigue, der die Dokumente an sich nahm. Reinberger aber entriß sie ihm noch einmal und stopfte sie in den Ofen. Rodrigue holte sie wieder heraus und verbrannte sich dabei die Hände.

In Hitlers Umgebung rätselte man: Sind die Papiere vollständig, teilweise oder gar nicht verbrannt? General von Wenningen, der deutsche Luftwaffenattaché im noch neutralen Belgien, erhielt die Erlaubnis, die beiden gefangenen Flieger zu besuchen. Im Sprechraum war freilich ein Abhörmikrophon versteckt. Die Belgier hörten mit, als Reinberger ehrenwörtlich versicherte, daß alle Dokumente vernichtet worden seien.

Tatsächlich war der deutsche Aufmarschplan in wichtigen Teilen erhalten geblieben. Die Belgier übergaben ihn dem französischen General Maurice Gustave Gamelin. Es ließ sich klar ersehen, daß ein deutscher Einmarsch in Belgien und Holland beabsichtigt war und Fallschirmjäger die Maas- und

Sambre-Übergänge nehmen sollten. In einer Karte fanden sich Einzeichnungen von Marschrouten durch die Ardennen.

Doch nun rätselten die belgische und die französische Führung ebenfalls: Waren die Pläne überhaupt echt? Handelte es sich nicht viel eher um eine raffinierte Täuschungsaktion der Deutschen? Ist die Geschichte eines deutschen Offiziers, der nach einem Trinkgelage statt der Bahn ein Flugzeug benutzt und nicht nach Köln findet und auch noch den kompletten Aufmarschplan dabeihat, nicht ein viel zu gut erfundenes Märchen? Der Zweck könnte sein, die Franzosen zu veranlassen, ihre Truppen nach Belgien und Holland zu verlegen und damit ihre eigene Armee in der Maginot-Linie (siehe Seite 47) zu schwächen. Der Zwischenfall von Mechelen hatte zunächst keine anderen Folgen, als scharfe Verhöre der Angehörigen der unglücklichen Flieger durch die Gestapo, die Absetzung des zuständigen Luftflottenbefehlshabers, eine vorübergehende Alarmierung der belgischen Armee und schließlich das erneute Verschieben des deutschen Angriffs im Westen.

Weitab von Deutschlands Westgrenze

Während die Welt wie gebannt auf den bevorstehenden deutschen Angriff im Westen wartete, führten die Sowjets einen „Parallelkrieg" im hohen Norden. Mit dem kleinen, dünnbesiedelten Finnland glaubte Stalin leichtes Spiel zu haben. Doch die Finnen, bestens mit dem Gelände vertraut und mit ihrer Ausrüstung ideal vor den widrigen Witterungen des nordischen Winters geschützt (Bild linke Seite unten), lieferten der Roten Armee einen zähen Verteidigungskampf: So wurde die 44. gepanzerte Division der Roten Armee bei Suomussalmi vollständig vernichtet (Bilder rechts und linke Seite oben).

»Wie lange sollen wir standhalten?«

Brief eines finnischen Soldaten aus dem Winterkrieg, 1940

Am siebten Morgen brach in der Kuusijoki-Stellung der Sturm wilder los denn je. Den ganzen sechsten Tag hatte der Russe hinter den Masten von Baumstämmen gearbeitet, welche Überraschungen verbargen, die allmorgendlich in immer neuer Gestalt auftraten. Man hatte gehört, wie die Lastwagen den Berg hinankeuchten. Kaum daß am siebten Morgen die Nacht dem Tage gewichen war, blitzte es auf den russischen Hügeln auf, und die ersten Granaten fetzten flammend durch den Wald. Dann hielten die Batterien eine Weile den Atem an – und jetzt brach es los. Die Flammen zerhackten den Horizont, und die Granaten heulten durch die Luft.

»198, 199...« da brüllten die Kanonen einen einzigen vereinten Schrei, und mit dem Zählen war es aus. Es dröhnte die Erde, und am Hang hinter der Linie wankte der Wald, Bäume splitterten in einer Wolke von Geäst und Schnee, Splitter pfiffen durch die Luft. Im Loche nebenan saßen vier Soldaten um eine leere Munitionskiste, die Gewehre auf den Knien und spielten Karten. »Ihr solltet euch auch etwas besser decken und sichern. Doch nicht zu vieren in einem Loch!«

»Nein, man muß sehen, daß die Zeit vergeht, bis der Russe kommt. Es dauert so lang, wenn er allein schießt. Man schläft fast ein, und das ist gefährlicher als erschossen zu werden.«

Man erfuhr später, daß die vier Soldaten die Karten auf die Munitionskiste gelegt hatten, als der Russe zu stürmen anfing und jeder eiligst in seine Grube sprang. Sie legten die Karten stets peinlich der Reihe nach, daß sie nach dem Angriff sofort wieder weiterspielen konnten. Für den Fall aber, daß einer nicht wiederkomme, sollte das Spiel abgebrochen und frisch gegeben werden.

Keiner kannte die Grenzen menschlichen Ertragenkönnens, aber mancher mochte sich doch fragen: »Wie lange sollen wir standhalten – wann sollen wir schlafen? Und sterben?« Die Mannschaft sah wiederholt mit fragenden Blicken nach den Offizieren, wenn das Getöse zu schaurig wurde und der Feind in nicht endenden Haufen vordrang. Sie wußten, wie wenige sie selbst waren, und kannten die ungefähren Verluste. Und sie sahen die Russenwoge, die immer mindestens ebenso stark war wie die vorangegangene. Sie wußten, was ihnen gegenüberstand. Es ließ sich leicht berechnen. Aber sie schwiegen und arbeiteten.

fand indessen ein anderer Krieg statt, der die Welt – vor allem aber auch die Generalstäbe der Westalliierten wie der deutschen Wehrmacht – in Atem hielt: Die große Sowjetunion hatte das kleine Finnland angegriffen und mußte eine beschämende Niederlage nach der anderen einstecken.

Dieser Angriff hatte seine Ursache im deutsch-sowjetischen Vertrag, in dem auch die Einflußbereiche beider Staaten abgegrenzt worden waren. Danach fielen unter anderem die baltischen Staaten Litauen, Lettland und Estland sowie Finnland in die sowjetische Interessensphäre. Die baltischen Staaten wurden im Herbst 1939 durch russische Machtansprüche unter Druck gesetzt und schließlich von der Roten Armee okkupiert. Auch Finnland erhielt Bedingungen gestellt, deren Erfüllung jedoch durch geschickte Verhandlungen hinausgezögert werden konnte. Der finnische Kommunist Otto Kuusinen bildete – völlig unabhängig von der legalen Regierung in Helsinki – eine »Volksregierung« ohne Macht, die aber einen »Nichtangriffspakt« mit der Sowjetunion abschloß und schließlich die russische Rote Armee zur »Befreiung« Finnlands herbeirief.

Am 30. November 1939 begann der russische Angriff auf Karelien, der von der lächerlich kleinen, 33 000 Mann starken finnischen Armee innerhalb einer Woche zum Erliegen gebracht wurde. Rußland führte aus der Ukraine und dem Kaukasus drei Elite-Armeen heran. Im Dezember brachten es die zähen Finnen fertig, mehr als zwei Divisionen der Russen vollständig aufzureiben.

Die Welt bewunderte Finnland, aber ihre Hilfe blieb dürftig: Schweden schickte Geld, Waffen und 8000 Freiwillige, aus Dänemark und Norwegen reisten Freiwilligenkorps von 800 und 200 Mann nach Finnland.

Deutschland mit seiner traditionellen Freundschaft zu Finnland rührte keinen Finger: Der deutsch-sowjetische Vertrag war Hitler wichtiger als das kleine, tapfere finnische Volk.

In England war inzwischen Winston Churchill Kriegsminister geworden. Er sprach sich für eine britische Landung in Norwegen aus, um von dort aus den Finnen Hilfe bringen zu können. Diese Ab-

Landung in Skandinavien

Memorandum Winston S. Churchills, 16.12.1939

Die Deutschen werden, ganz gleich, was wir tun, bestimmt versuchen, Gewalt anzuwenden, wenn sie glauben, es läge in ihrem Interesse, sich der skandinavischen Halbinsel zu bemächtigen. In dem Falle würde der Krieg nach Norwegen und Schweden übergreifen, und dann wäre kein Grund mehr vorhanden, warum nicht französische und britische Truppen den deutschen Eindringlingen auf skandinavischem Boden entgegentreten sollten, da wir ja die Seeherrschaft besitzen. Jedenfalls könnten wir bestimmt jede Insel und jeden uns genehmen Punkt an der norwegischen Küste besetzen und halten. Die nördliche Blockade Deutschlands würde dann vollständig sein...

Die Rückwirkung unserer Aktion gegen Norwegen auf die Weltmeinung und auf unseren Ruf muß berücksichtigt werden. Wir haben gemäß den Prinzipien der Völkerbundsatzungen zu den Waffen gegriffen, um die Opfer der deutschen Aggression zu unterstützen. Keine rein formelle Verletzung des Völkerrechtes vermag uns, falls wir dabei nicht unmenschliche Akte begehen, der Sympathien der neutralen Länder zu berauben. Ein solches Vorgehen würde bei dem größten aller Neutralen, den Vereinigten Staaten, keinen nachteiligen Eindruck hervorrufen. Wir haben sogar Grund zur Annahme, daß sie, die Vereinigten Staaten, die Angelegenheit von dem Gesichtspunkt aus behandeln werden, wie sie uns am besten helfen könnten – die Mittel dazu haben sie in reichlichem Maße.

Unser Gewissen ist unser oberster Richter. Wir kämpfen dafür, die Herrschaft von Recht und Gesetz wiederherzustellen und die Freiheit der Kleinstaaten zu schützen. Unsere Niederlage würde ein Zeitalter der Barbarei herbeiführen und wäre nicht nur verhängnisvoll für uns, sondern auch für die Unabhängigkeit sämtlicher Kleinstaaten Europas. Im Namen des Völkerbundes, als tatsächliche Vertreter der Prinzipien des Völkerbundes, haben wir das Recht, ja die Pflicht, vorübergehend die Gültigkeit gerade der Gesetze aufzuheben, denen wir wieder Geltung und Sicherung verschaffen wollen.

Am 12. März 1940 beendeten die Sowjetunion und Finnland offiziell ihren „Winterkrieg" - alliierte Planungen zur Entsendung eines Hilfskorps für Finnland waren damit hinfällig geworden. Doch wurde die britisch-französische Skandinavien-Operation neu angesetzt, um Deutschland den Erznachschub abzuschneiden. Das „Unternehmen Weserübung", die waghalsige deutsche Landung in Dänemark und Norwegen am 9. April 1940, hatte daher ein vorrangiges Ziel: Sicherung der schwedischen Erzlieferungen über den norwegischen Erzhafen Narvik (Bild linke Seite: die Erzbahn am Eingang zum Rombaken-Fjord in Nord-Norwegen; Bild oben: deutsche Truppen nach der Ausschiffung am Pier von Oslo).

sicht war nicht ganz uneigennützig: Hilfe für Finnland bedeutete eine Schwächung der Sowjetunion und damit auch des mit ihr verbundenen Deutschland. Noch besser: Eine britische Besetzung Norwegens bedeutete, den Deutschen die Eisenerzlieferungen aus Schweden weitgehend abzuschneiden.

Frankreichs Finnlandhilfe bestand aus Maschinengewehren vom Baujahr 1915 und aus Geschützen, die 1914 außer Dienst gestellt worden waren.

Dennoch: Die Finnen verteidigten sich weiter mit Erfolg. Am 1. Februar 1940 hatte eine neue russische Großoffensive begonnen, doch am 1. März hatten die Russen kaum Boden gewonnen, dafür aber noch einmal zwei Divisionen eingebüßt.

Die Alliierten planten nun ernsthaft eine Landung in der norwegischen Hafenstadt Narvik.

Inzwischen aber war die Kampfstärke der finnischen Armee drastisch abgesunken, die Russen drangen langsam vor. Eine finnische Verhandlungsdelegation begab sich am 6. März nach Moskau und unterzeichnete am 13. März einen Friedensvertrag, durch den der kleine Staat Karelien und andere Gebiete verlor, aber seine Unabhängigkeit bewahrte.

Für die Alliierten war das ein harter Schlag: Es gab nun keinen Vorwand mehr zur Besetzung Narviks.

Für Deutschland ergaben sich zwei Schlußfolgerungen, von denen sich eine später als äußerst verhängnisvoll erweisen sollte: Erstens die Unterschätzung des Kampfwertes der sowjetischen Roten Armee. Ein zur Information Hitlers vom Oberkommando der Wehrmacht (OKW) ausgearbeiteter Bericht über die Rote Armee im Finnland-Krieg besagte: »... Organisation, Ausrüstung und Führung: mittelmäßig ... Offizierkorps: zu jung und unerfahren ... Kampfgeist der Truppe: zweifelhaft. Im ganzen gese-

hen, ist das russische Volk kein Gegner für eine modern ausgerüstete und hervorragend befehligte Armee.«
Die zweite, richtige Erkenntnis dagegen war die Gefährdung des Deutschen Reiches von Norden her, falls die Alliierten in Skandinavien Fuß fassen sollten.

Schon im September 1939 hatte der Chef des Amtes Ausland/Abwehr, Admiral Wilhelm Canaris, den Oberbefehlshaber der Kriegsmarine, Großadmiral Dr. Erich Raeder, auf Anzeichen einer möglichen Besetzung Norwegens durch die Engländer aufmerksam gemacht. Hitler aber lehnte damals von der Kriegsmarine unterbreitete Vorschläge, einer solchen britischen Besetzung zuvorzukommen, ab, weil ihm ein neutrales Norwegen besser in seine Pläne paßte. Nun aber, nachdem die alliierten Skandinavienpläne sogar offen in der Presse Englands und Frankreichs erörtert wurden, fürchtete er um seine jährlichen zehn Millionen Tonnen Eisenerz aus Schweden, die vom norwegischen Hafen Narvik aus regelmäßig nach Deutschland verschifft wurden. Er befahl, eine »Studie Nord« auszuarbeiten. Die französische Regierung – immer noch im ungewissen, ob die verkohlten Aufmarschpläne des unglückseligen Luftwaffenmajors Reinberger eine Fälschung oder möglicherweise doch echt waren – forderte am 21. Februar die britische Regierung zum Eingreifen in Norwegen auf. Der Grund: Es könne dennoch sein, daß die Deutschen Frankreich angreifen. Eine Besetzung Norwegens aber wäre vielleicht imstande, die Deutschen vorerst von ihrer Offensive abzulenken.
Tatsächlich liefen die britischen Vorbereitungen für das Norwegen-Unternehmen an. Auch Frankreich hatte die Absicht, sich mit Spezialtruppen daran zu beteiligen. Am 5. April sollte die Transportflotte mit einem britischen Expeditionskorps an Bord in See gehen.
Für den 8. April aber hatte Hitler das Unternehmen »Weserübung« befohlen – die deutsche Besetzung Dänemarks und Norwegens. Oberst (später General) Hans Oster vom Amt Ausland/Abwehr, der bereits den ersten Angriffstermin auf Frankreich ebenso verraten hatte wie alle übrigen, die immer wieder

verschoben wurden, verriet auch den geplanten Termin der »Weserübung« an den holländischen Militärattaché Sas in Berlin. Doch niemals waren bislang die Angaben des deutschen Obersten zutreffend gewesen. In den Augen der alliierten Nachrichtendienste – an die Osters Meldungen weitergereicht worden waren – war er unglaubwürdig geworden. Seine Mitteilung über den 8. April als Angriffstag gegen Dänemark und Norwegen fand bei den Alliierten keine Beachtung.

Die britische Marine aber war derweilen in Zeitnöte geraten – aus organisatorischen Gründen hatten sich die Transportschiffe nicht rechtzeitig versammeln können. So begann ihr Versuch der Besetzung Norwegens erst am 8. April mit der Verminung norwegischer Gewässer. Genau an diesem Tag aber fiel die Wehrmacht in Dänemark ein und okkupierte das Land innerhalb weniger Stunden. Als die Kopenhagener am frühen Morgen zu ihren Arbeitsstätten gingen, sahen sie mit Verwunderung deutsche Soldaten neben dänischen Polizisten den Verkehr regeln.

Weit risikoreicher und sehr schwierig gestaltete sich dagegen die Besetzung Norwegens. Die Hauptlast trug dabei zunächst die deutsche Kriegsmarine. Sie war aber noch weit weniger als Heer und Luftwaffe für einen Krieg gegen die gewaltigen Flotten Englands und Frankreichs gerüstet. Sie befand sich erst im Aufbau und verfügte nur über drei Panzerschiffe, zwei Schlachtkreuzer, zwei Schwere Kreuzer, sechs Leichte Kreuzer, 22 Zerstörer und 57 Unterseeboote, von denen einige ihre Probefahrten noch nicht abgeschlossen hatten und die Hälfte sowieso nicht für Hochsee-Unternehmen in Frage kam.

Aus diesem Grund hatte es bis dahin nur Einzelaktionen geben können, etwa die Versenkung des britischen Hilfskreuzers »Rawalpindi« durch den Schlachtkreuzer »Scharnhorst«, die Torpedierung des Schlachtschiffes »Royal Oak« in Scapa Flow durch Günther Priens U 47, die Verminung der britischen Küste. Auch Rückschläge waren dabei gewesen. So die Selbstversenkung des Panzerschiffes »Admiral Graf Spee« vor Montevideo.

Nun, zur »Weserübung«, stand mehr als ein Panzerschiff auf dem Spiel; die Besetzung Norwegens war eines der kühnsten Unternehmen der Seekriegsgeschichte. Die deutsche Marine setzte alles ein, was sie besaß – und war sich des Risikos bewußt. Admiral Rolf Carls, Befehlshaber einer der beiden eingesetzten Marinekampfgruppen, sagte am Beginn des Unternehmens: »Mit einem Verlust etwa der Hälfte aller eingesetzten Seestreitkräfte wird von vornherein zu rechnen sein.« Am 5. und 6. April gingen in Stettin auf fünfzehn Transportschiffen Heerestruppen an Bord, Einschiffungen erfolgten gleichzeitig in Swinemünde, Travemünde, Kiel, Cuxhaven, Wesermünde und Wilhelmshaven.

Weit vor der eigenen Truppe stößt ein deutscher Panzerzug ins Innere Norwegens vor (Bild linke Seite oben). Den kühnsten Vorstoß im Norwegenfeldzug unternahmen die Gebirgsjäger und Marinesoldaten unter General Dietl (Bild rechts), die völlig überraschend direkt vor Narvik landeten und in den umliegenden Bergen in Stellung gingen. Dort gerieten sie zunehmend in eine schwierige Lage, hielten sich aber gegen die überlegenen alliierten Kräfte, bis diese aufgrund der deutschen Offensive im Westen Anfang Juni abgezogen werden mußten. Bild links: Soldaten des britischen Norwegen-Expeditionskorps in deutscher Kriegsgefangenschaft.

Aber auch in England kletterten britische Infanteristen und Artilleristen sowie französische Alpenjäger die Gangways zu Kriegs- und Transportschiffen hoch. Sie waren zur Besetzung von Narvik, Trondheim und Stavanger vorgesehen.

Die zehn deutschen Zerstörer, die am 7. April 1940, morgens 2 Uhr, den Flottenversammlungsraum in der Wesermündung beim Feuerschiff F verließen, hatten ganz ähnliche Ziele. Führer der Zerstörer war Kapitän zur See Kommodore Friedrich Bonte. Kommandeur der eingeschifften 2000 Soldaten der 3. Gebirgsdivision war der Generalleutnant Eduard Dietl, der noch nie zuvor zur See gefahren war, genausowenig wie die meisten seiner Gebirgsjäger. Der Wind blies mit Stärke 7 aus Südsüdwest und frischte weiter auf. Zusammen mit den Schlachtschiffen »Scharnhorst« und »Gneisenau«, dem Schweren Kreuzer »Admiral Hipper« und weiteren vier Zerstörern nahm der von Vizeadmiral Günther Lütjens geführte Flottenverband Kurs auf Norwegen durch Nacht und immer stärker werdenden Sturm. Am Morgen sichteten britische Aufklärungsflieger den Verband Lütjens – doch ihre Funkmeldungen wurden in England nicht empfangen. Auch zuvor eingegangene Geheimdienstmeldungen reichte die britische Admiralität mit Unlust an die »Home Fleet« weiter, mit der Bemerkung: »Diese ganzen Berichte sind von zweifelhaftem Wert...«

Zufällig erkannte ein britischer Bomberverband mittags die Seekampfgruppe Lütjens und griff sofort – wenn auch vergeblich – an. Erst als die Bomber gegen 17 Uhr zurückkehrten, machte sich die britische Flotte klar zum Auslaufen und stach um 20.15 Uhr in See. Auftrag der »Home Fleet«: Durchbruch deutscher Schlachtschiffe verhindern! An ein deutsches Norwegen-Unternehmen glaubte die britische Admiralität noch immer nicht. Statt dessen wurden die für das britische Norwegen-Unternehmen an Bord genommenen britischen und französischen Heerestruppen wieder ausgeschifft. Für die Deutschen ein kostbarer Zeitgewinn! Doch der britische Minenlegerverband war befehlsgemäß dabei, die norwegischen Gewässer zu verminen. Durch Zufall kam es zu einem ersten Seegefecht: Beim britischen Zerstörer »Glowworm« – der zur Sicherung der Minenleger gehörte – hatte der Seegang einen Mann über Bord gespült, weshalb »Glowworm« zurückgeblieben war, um ihn zu bergen. In der Höhe von Trondheim sichtete »Glowworm« überraschend den deutschen Zerstörer »Bernd von Arnim« und beschoß ihn. »Admiral Hipper« kam zu Hilfe und versenkte die »Glowworm«. Danach drehte er nun mit vier Zerstörern zur Besetzung Trondheims ab. »Scharnhorst« und »Gneisenau« geleiteten die zehn Zerstörer des Kommodore Bonte zum Eingang des Westfjords weiter. Der Sturm steigerte sich zum Orkan.

Die schweren Brecher rissen die Deckladungen der Gebirgsjäger über Bord: Motorräder, Geschütze, Munitionskisten. Zehn Männer wurden über Bord gespült. Rettungsversuche blieben aussichtslos. Durch den Westfjord peitschten Schneeböen – doch mit nur vierzehn Minuten Verspätung liefen Bontes Zerstörer mit Dietls Gebirgsjägern um 5.30 Uhr am 9. April im Hafen von Narvik ein. Die Seeleute atmeten auf. Doch da schob sich – in der Morgendämmerung kaum zu erkennen – aus einem Seitenfjord der norwegische Küstenpanzer »Eidsvold« heraus und schoß dem Zerstörer »Wilhelm Heidkamp« einen Warnschuß vor den Bug. Verhandlungen erfolgten, bei denen der norwegische Kommandant erklärte: »Ich leiste Widerstand!« »Wilhelm Heidkamp« vernichtete die »Eidsvold« mit Torpedos – nur acht der 270 Mann Besatzung überlebten. Versenkt wurde ebenfalls der Küstenpanzer »Norge« – danach gehörte der Narviker Hafen den deutschen Truppen. Dietls Gebirgsjäger gingen an Land, der norwegische Kampfkommandant übergab die Stadt, doch ein norwegisches Bataillon setzte sich an der Erzbahn – außerhalb der Stadt – fest. Die 2000 Gebirgsjäger befanden sich nun 2000 Kilometer von der Heimat entfernt, ihre schweren Waffen waren über Bord gegangen, und drei für sie bestimmte Versorgungsschiffe waren nicht eingetroffen. Dazu fegten schwere Schneeschauer über Narvik und Umgebung hinweg. So konnte es geschehen, daß fünf britische Zerstörer unter Captain Warburton-Lee am 10. April 1940 gegen

Die Übergabe von Narvik

Bericht des Ortskommandanten

Ich hörte nun, daß deutsche Truppen im Hafen an Land gingen, und ging selbst hinunter, um zu sehen, was das Bataillon Spjeldner unternahm. Der Major war dabei, sein Bataillon aufzustellen.

Ich rief die Division in Harstad an, erklärte die Lage und teilte mit, daß das Bataillon in wenigen Minuten angreifen und die Deutschen zurückwerfen würde. Gleichzeitig fragte ich, ob die Division etwas zu bemerken habe, und erhielt folgende Antwort: »Sie sind am Spiel und haben die volle Verantwortung.«

Ich ging also wieder zum Bataillon, um zu überwachen, daß es richtig entwickelt würde, und traf dort den deutschen Kommandeur, General Dietl, der mit seinem Stab in der vordersten Linie vorrückte. In Begleitung des Generals war auch der deutsche Konsul in Narvik. General Dietl sagte:

»Sie dürfen es nicht zum Blutvergießen kommen lassen. In diesem Augenblick haben wir Dänemark besetzt, wir sind auch die Herren über Oslo, Kristiansand, Stavanger, Bergen und Trondheim. Hier in Ofoten ist eine Division an Land gegangen. Elvegardmoen ist besetzt, Ihre beiden Panzerschiffe sind versenkt. Im Hafen liegen zehn Torpedojäger, und davor liegen zwei Schlachtschiffe. Sie haben keine Möglichkeiten mehr. Ich bitte Sie auf das eindringlichste, nicht schießen zu lassen.«

Ich machte mir ein Bild von der Lage. Die norwegischen Soldaten, die ich sah, spazierten umher und guckten die fremden Truppen erstaunt an. Zum Teil hatten sie sich um die deutschen Truppen versammelt, um sie sich anzu-sehen. In den Straßen ringsum stand alles voll von Zivilpersonen und Kindern. Kein Mensch schien einen Begriff davon zu haben, daß wir im Krieg waren. Und in all diese Menschenmassen sickerten die deutschen Kolonnen hinein, Handgranaten in den Fäusten, die Gewehre schußfertig und mit unheimlicher, geschäftsmäßiger Sachlichkeit in ihrem ganzen Auftreten. Beim ersten Schuß würde eine Menge unschuldiger Zivilisten eine sichere Beute des Todes gewesen sein. Darum sagte ich dem deutschen Generalleutnant: »Ich übergebe die Stadt.«

5.20 Uhr unbemerkt vor Narvik erschienen. Drei von ihnen schlichen an Bontes Zerstörer heran und eröffneten aus nächster Nähe das Feuer.
Ein Torpedo riß der »Wilhelm Heidkamp« das Achterschiff weg – Kommodore Bonte und der größte Teil seiner Besatzung kamen um. Der Zerstörer »Anton Schmitt« sank, zwei andere wurden beschädigt.
Aus den Seitenfjorden fuhren nun die fünf anderen deutschen Zerstörer heraus, und im Hafen von Narvik kam es zu einem grauenhaften Schiffsgemetzel. Der britische Captain Warburton-Lee überlebte seinen Gegner Kommodore Bonte nur um anderthalb Stunden – er starb zusammen mit allen seinen Offizieren der »Hardy«. »Hunter« ging unter, »Hotspur« wurde schwer beschädigt, acht Handelsschiffe versanken im Hafen, und die ablaufenden britischen Zerstörer trafen auf dem Rückweg den Transporter »Rauenfels«, der die für Narvik bestimmte Artillerie an Bord hatte, dazu den Munitionsnachschub für die deutschen Zerstörer. Mitten im englischen Feuer versenkte die »Rauenfels«-Besatzung ihr Schiff samt kostbarer Ladung.
Das scheinbare Ende für Narvik kam am 13. April mit einem weiteren britischen Flottenverband: einem Schlachtschiff und neun Zerstörern. Die deutschen Zerstörer stellten sich dem Kampf und

„Schiffsfriedhof" im Hafen von Narvik: Zahlreiche Nachschub-Transporter und zehn Zerstörer der Narvik-Gruppe gingen in aufreibenden Gefechten mit der britischen Marine für die Deutschen verloren (Bild linke Seite). Auch die Norweger selbst (Bild rechts: norwegische Infanterie eingangs des Rombaken-Fjordes) lieferten den deutschen Invasionstruppen (Bild oben: der Führer eines Fallschirmjäger-Bataillons bei der Befehlsausgabe) erbitterte Gefechte, bis König Haakon nach dem Abzug der Alliierten am 9. Juni von London aus im Interesse der Zivilbevölkerung die Einstellung der Feindseligkeiten anordnete.

wurden versenkt oder von ihren Besatzungen auf Strand gesetzt. Wer nicht gefallen oder schwer verwundet war, schloß sich an Land Dietls Gebirgsjägern an und kämpfte weiter.

Kaum weniger dramatisch verlief das Unternehmen »Weserübung« 1000 Kilometer südlich. Dort fuhr am 9. April die »Kriegsschiffgruppe 3« auf die Dröbak-Enge zu, die auf dem Weg nach Oslo passiert werden muß. An der Spitze lief der nagelneue Schwere Kreuzer »Blücher« mit einer noch nicht eingefahrenen Besatzung, dahinter der Schwere Kreuzer »Lützow« (der bis vor kurzem noch als »Panzerschiff Deutschland« bezeichnet worden war) und am Schluß der Leichte Kreuzer »Emden«. Zum Verband gehörten außerdem Torpedo- und Räumboote, die bereits beim Anmarsch in kleinere Gefechte verwickelt worden waren.

Um 5.20 Uhr glitt »Blücher« mit halber Fahrt an der Festungsinsel Kaholm vorüber. Scheinwerfer leuchteten plötzlich die »Blücher« an, und eine Salve von drei 28-cm-Festungsgeschützen donnerte durch die Enge. Auch von der anderen Fjordseite, von Dröbak her, blitzten jetzt Mündungsfeuer auf – auf die kurze Entfernung traf jeder Schuß. Nach wenigen Minuten erzielte die Torpedobatterie Kaholm noch zwei Treffer. In kürzester Frist war »Blücher« gefechtsunfähig. An Deck brannten die Fahrzeuge der eingeschifften Heerestruppen, Munition ging hoch und riß die Backbordwand auf. »Blücher« legte sich auf die Seite. Wer sich retten wollte, mußte 400 Meter weit durch eiskaltes Wasser schwimmen.

Der »Lützow«-Kommandant leitete indessen die Ausschiffung der Truppen ein. Die Festungsinseln Rauöy und Bolärne, am Fjordeingang, wehrten sich noch lange gegen deutsche Infanterieangriffe. Die »Lützow« beschoß Kaholm mit schwerer Artillerie. Am frühen Nachmittag aber zeigte der Kriegshafen Horten die weiße Flagge. Ein »Lützow«-Landungskorps besetzte Kaholm und Dröbak. Oslo selbst wurde inzwischen von deutschen Luftlandetruppen eingenommen.

Fallschirmjäger unter Oberleutnant von Brandis sprangen über dem Flugplatz Stavanger-Sola ab und eroberten ihn

Vom Oslofjord bis zum Nordkapp war Norwegen ab dem 10. Juni 1940 „fest in deutscher Hand" (Bild rechts: Ein deutscher Panzerzug auf der Fahrt nach Bergen; Bild oben: Auf einer schwankenden Brücke überqueren Gebirgsjäger einen der reißenden Flüsse Nordnorwegens). Der skandinavische Kriegsschauplatz, auf dem im ersten Kriegsjahr so erbittert gefochten wurde, geriet im Lauf der weiteren Ereignisse zunehmend in militärstrategische Randlage, weshalb sich die deutschen Besatzungstruppen hier auch bis ins letzte Kriegsjahr hinein halten konnten. Die deutschen Streitkräfte in Norwegen kapitulierten kampflos am 4. Mai 1945, wenige Tage vor dem Kriegsende in Europa.

nach kurzem, heftigem Gefecht. Wenige Tage später aber landeten britische Einheiten bei Andalsnes und drangen nach Süden vor. Die deutsche Führung konnte nur eine einzige Fallschirmkompanie unter Oberleutnant Schmidt einsetzen, um Bahn und Straße nach Dombas zu sperren.
Nur fünfundsechzig Fallschirmjäger überlebten den Sprungeinsatz und verteidigten vier Tage und fünf Nächte lang gegen mehrere norwegische Bataillone und die anrückende 148. britische Infanteriebrigade den ihnen angewiesenen Raum. Als sie den letzten Schuß abgefeuert hatten und sich ergaben, waren noch vierunddreißig Mann am Leben.
Insgesamt 13 000 Engländer landeten in Mittelnorwegen, in Andalsnes und Namsos. Nach Anfangserfolgen wurden sie alle wieder zurückgeworfen: Die Deutschen besaßen die Luftüberlegenheit.
Nur bei Narvik entstand eine erhebliche Krise: Dietls 2000 Gebirgsjäger und 2100 überlebende Zerstörermatrosen und -offiziere, ohne Nachschub und kaum mit schweren Waffen ausgestattet, mußten erleben, wie britische Truppen in Harstad auf den Lofoten-Inseln landeten. Dietl hielt durch, wenngleich er auch vorübergehend Stadt und Hafen von Narvik räumen mußte – 30 000 Briten, Franzosen und Polen standen zeitweilig gegen ihn.

An der Westfront aber herrschte nach wie vor Ruhe. Von Anbeginn war das ein komischer Krieg, »drôle de guerre«, wie die Franzosen sagten. Seit Kriegsbeginn lagen sich Hunderttausende von deutschen und französischen Soldaten gegenüber, schrieben lange Feldpostbriefe nach Hause, besuchten Soldatenkinos und wurden von Theatertruppen besucht, langweilten sich, hielten allerdings auch Wache, spielten ausgiebig Karten, verschönten ihre Unterkünfte, zogen sogar Gemüse vor ihren Bunkern – nur eines taten sie nicht: kämpfen!
Gelegentlich fanden Spähtruppunternehmen statt, manchmal schoß die Artillerie Störfeuer, vereinzelt flog irgendwo ein Aufklärungsflugzeug über den Fronten. Nahezu friedensmäßig gestaltete sich das Leben der Soldaten an der 170 km langen Oberrheinfront zwischen Lörrach und Karlsruhe. Dort wurde auf deutscher Seite von Kriegsbeginn bis zum Morgen des Angriffs auf Frankreich nur ein einziger Soldat verwundet – durch den Splitter eines Flakgeschosses. Allenfalls kam es zu Propagandagefechten. Sie wurden meist von deutscher Seite aus geführt und überzeugten oft genug die Franzosen: Wozu kämpfen? Es gibt keinen Grund dafür, Polen ist besiegt. Wollt ihr diesen Sieg rückgängig machen? Euer Blut dafür vergießen? Wer hat euch denn an die Front geschickt? Die Engländer waren es. Seht ihr aber hier an der Front englische Soldaten? Nein, sie frieren nicht auf Posten wie ihr, sie liegen in angenehmen Quartieren weit hinten in der Etappe und amüsieren sich mit euren Mädchen.
Die Erinnerung an das Grauen der Materialschlachten des Ersten Weltkrieges war lebendig geblieben und hatte sogar zu einer gewissen Annäherung der Frontkämpfer von damals geführt. Hitler hatte diese entstehende Welle von Sympathie zwischen Deutschen und Franzosen geschickt für seine Zwecke auszunutzen verstanden. Im Juli 1936 zogen französische, britische, amerikanische und deutsche Veteranen gemeinsam in feierlichem, nächtlichem Schweigemarsch über das Schlachtfeld von Verdun, gemeinsam ihrer vor zwanzig Jahren dort oder in anderen Kämpfen gefallenen Kameraden gedenkend.
Hitler wiederum sprach in den Reden jener Jahre immer wieder von der Notwendigkeit einer deutsch-französischen Freundschaft, vom Abbau der angeblichen Erbfeindschaft zwischen beiden Nationen. Von Säbelrasseln keine Spur! Hitler umwarb die Franzosen, sprach von Frieden. Der Vorkriegs-Hitler hatte für viele Franzosen sicherlich mehr sympathische als unangenehme Züge. Dieser ehemalige einfache Frontsoldat des Großen Krieges schien ein Mann des Friedens zu sein.
Nicht nur das – er besaß auch eine große Anzahl merkwürdiger Verbündeter, die sich gleichfalls vehement für den Frieden einsetzten: die Sowjetunion und die kommunistischen Parteien vieler Länder. Genau wie Hitler führten die Kommunisten in aller Welt eine gigantische Kampagne für »sofortigen Frieden«. Die Moskauer »Prawda« bezeichnete »Frankreich und England, ihre Regierungen sowie ihre herrschenden Klassen« als verantwortlich dafür, wenn der Krieg weitergehen sollte. Die kommu-

nistischen Zeitungen in aller Welt prangerten den früheren französischen Ministerpräsidenten Léon Blum als »Kriegshetzer« an. Josef Stalin selbst erklärte am 30. November 1939 in einem »Prawda«-Interview: »England und Frankreich haben Deutschland angegriffen ... Die französische und englische Regierung haben die Angebote Deutschlands und die Bemühungen der UdSSR schroff abgelehnt. So sieht also die Wahrheit aus!«

In genau diesem Sinne schrieb der in Moskau lebende deutsche Kommunist Walter Ulbricht einen Artikel, der in der Zeitschrift der Komintern (der Kommunistischen Internationale) am 9. Februar 1940 veröffentlicht wurde. Ein anderer Teil der vor Hitler nach Moskau emigrierten deutschen Kommunisten war freilich von der stalinschen Geheimpolizei GPU verhaftet und »liquidiert« worden. Die Überlebenden lieferte die GPU in einem Eisenbahntransport an der deutsch-sowjetischen Demarkationslinie im polnischen Brest-Litowsk aus: deutsche und österreichische Kommunisten, die unter Stalin in sibirischen Arbeitslagern gesessen hatten und nun der deutschen Gestapo übergeben und in deutsche Konzentrationslager gesteckt wurden.

In Belgien protestierten die Kommunisten gegen die »verbissenen Versuche der englischen Regierung, Belgien in den Krieg hineinzuziehen«. Mit fast den gleichen Worten zog die KP in den USA zugunsten Hitlers gegen führende polnische Exilpolitiker zu Felde, die in den USA Hilfe für den Aufbau einer polnischen Befreiungsarmee erbaten. Wladyslaw Eugeniusz Sikorski und Mikolajczyik, so schrieben die US-KP-Zeitungen, seien »Agenten des britischen Imperialismus, die die Vereinigten Staaten in den Krieg hineinziehen wollen«.

Die stärkste kommunistische Partei außerhalb der Sowjetunion aber war die französische KP. »Die Londoner Kriegstreiber haben sich auf den bewaffneten Konflikt mit Deutschland gestürzt«, verkündeten Frankreichs Kommunisten und drohten sogar mit der Revolution, wenn die deutschen Friedensbemühungen mißachtet werden sollten. Nach Meinung der französischen KP waren die »anglo-französischen Imperialisten« für den Ausbruch des Krieges verantwortlich, »weil sie Polen veranlaßt haben, eine freundschaftliche Neuregelung des Danziger Statuts abzulehnen«. Die KPF – die inzwischen in Frankreich verboten worden war – ließ dennoch eine ganze Reihe illegaler Agitationszeitungen mit prodeutscher Propaganda erscheinen – einige von ihnen sollen sogar in Deutschland gedruckt und heimlich nach Frankreich verbracht worden sein. Den französischen Soldaten wurde in diesen Zeitungen geraten, »das Gemetzel zu beenden«, »so schnell wie möglich Schluß zu machen« und mit den deutschen Soldaten zu fraternisieren.

Tatsächlich war der Widerstandswille der französischen Bevölkerung, insbesondere aber der Armee, in jenen Monaten des »komischen Krieges« erheblich erlahmt. Von einem feurigen Angriffsgeist konnte ohnedies keine Rede sein, denn das Dogma der französischen Armee war die statische Verteidigung. Eine Verteidigung aus beschußsicheren, starken Festungen und betonierten Kampfanlagen war die Reaktion des französischen Generalstabes auf die

Über acht Monate lang herrschte im erklärten Krieg an der Westfront tiefer Friede - von kleinen Scharmützeln zwischen übereifrigen Spähtrupps abgesehen. „Drôle de guerre" nannten die Franzosen diesen merkwürdigen Nicht-Kriegszustand, „komischer Krieg". Man hielt Ausschau nach dem Feind, wie der deutsche Wachtposten auf dem Bild oben, und vertrieb sich die Zeit mit Gemüsezucht (Bild ganz oben) oder Kartenspiel (Bild rechte Seite). Doch was auf diesen Schnappschüssen von beiden Seiten des Rheins so friedvoll scheint, ist nur die Ruhe vor dem Sturm.

Materialschlachten des Ersten Weltkrieges gewesen.

So entstand mit einem immensen Aufwand an Material und damit auch unter ungeheuren Kosten ab 1926 die Maginot-Linie, benannt nach ihrem Schöpfer, dem Verteidigungsminister André Maginot, das stärkste Festungswerk der Welt. Sie verlief etwa 12 bis 15 km hinter der französisch-deutschen Grenze und bestand aus einer Reihe von – zum Teil durch unterirdische Gänge miteinander verbundenen – Forts und Bunkersystemen. In ihnen lagen – unbeweglich, tatenlos und von Langeweile erfüllt – von Basel bis Sedan einundzwanzig französische Divisionen unter der Erde in feuchten, kalten Bunkern.

Allerdings: Bei Montmédy endete die Maginot-Linie. Für ihren Weiterbau bis ans Meer und die Errichtung einer hinter ihr liegenden zweiten Linie war vorerst kein Geld übrig gewesen.

Immerhin aber hatte Belgien im Raum Lüttich, an strategisch günstigem Platz, gleichfalls moderne Festungswerke erbauen lassen, deren stärkstes zweifellos das Sperrfort Eben Emael war.

Die französische Armee brauchte keinen Angriffsplan gegen Deutschland; sie mußte nur ganz einfach den deutschen Angriff abwarten, um dann die deutschen Armeen vernichtend zu schlagen. So jedenfalls war die offizielle Meinung. Sie war auch für die breite Masse der Bevölkerung bequem. Man brauchte nur an die Maginot-Linie mit religiöser Inbrunst zu glauben, und alle Kriegsängste vergingen. Auch sonst gab es keinen Grund, sich zu fürchten, denn Frankreich und England zusammen verfügten zudem über eine klare zahlenmäßige Überlegenheit an Menschen und Material.

Zu einem Angriff auf Frankreich standen Anfang Mai 1940 einundsiebzig deutsche Divisionen bereit. Weitere siebenundvierzig Divisionen verblieben als Reserve im Reichsgebiet. Diesem Heer aber lagen entlang der französisch-deutschen und an der belgischen Grenze allein 82 französische Divisionen gegenüber, dazu aber auch noch neun Divisionen des britischen Expeditionskorps. Belgien – das längst gemeinsame Operationspläne mit Franzosen und Engländern ausgearbeitet hatte – hielt sechzehn Divisionen bereit, die Niederlande hatten neun Divisionen mobilisiert. In Frankreich hatte sich inzwischen auch eine polnische Division formiert.

Insgesamt wurden die einundsiebzig deutschen Angriffsdivisionen von 117 Divisionen der Alliierten in Schach gehalten, die dazu noch achtundzwanzig Reservedivisionen in Frankreich, weitere Divisionen an der französisch-italienischen Grenze, in Französisch-Nordafrika, in England und im britischen Kolonialreich hatten.

Besonders kraß zeigte sich die Überlegenheit – besonders der Franzosen – bei der Panzerwaffe: Den etwa 2200 deutschen Panzerkampfwagen und Spähwagen konnten die Franzosen 4800 Kampfpanzer entgegenstellen, die dazu noch an Bewaffnung und Panzerung den deutschen Panzern überlegen waren.

Nur bei einem Vergleich der Luftwaffen ergab sich auf den ersten Blick ein Gleichstand, beim zweiten aber eine deutsche Überlegenheit: Frankreich und

England besaßen im Mai 1940 zusammen rund 3450 Flugzeuge neuester Bauart, Deutschland verfügte über fast die gleiche Zahl, über 3500 Kampfflugzeuge, Jäger, Aufklärer und Transporter.

Allerdings waren die meisten britischen Jagdflugzeuge – vor allem die leistungsfähigen »Spitfires« – in England zur Heimatverteidigung stationiert und somit zum Kampf über Frankreich nicht verfügbar. Hinzu kam, daß die französischen Bombenflugzeuge von ihrer technischen Auslegung her wenig leistungsfähig waren.

Bloße Zahlenvergleiche – die Kriegsgeschichte hat es oft genug bewiesen – garantieren allein noch keinen Sieg. In Zahlen nicht meßbar zeigten sich zu allen Zeiten die geistigen Potenzen. Der französische Generalstab jedenfalls – das war zu erkennen – hatte sich in seinem Maginot-Denken unrettbar festgefahren und die französische Armee zur Unbeweglichkeit verurteilt.

Dabei hatte es in der französischen Armee nach dem Ersten Weltkrieg eine Reihe meist jüngerer Offiziere gegeben, die mit brillanten Plänen aufwarteten. Bereits 1921 hatte der General Estienne eine Panzerkampftheorie aufgestellt, die auf einer beweglichen Gefechtsführung, unbehindert von der geringen Geschwindigkeit der zu Fuß marschierenden Infanterie, basierte.

Sodann der Oberst Charles de Gaulle: Er hatte 1935 sein Buch »Vers l'armée du métier« (deutsch »Frankreichs Stoßarmee«) veröffentlicht und eine komplette Panzerarmee, bestehend aus sechs Panzerdivisionen zu je 500 Panzern, verlangt. De Gaulle erregte immerhin so viel Aufsehen, daß sich das französische Parlament mit seiner Idee einer neuartigen Panzertruppe befaßte. Der Aufbau einer Panzerarmee wurde abgelehnt, nicht zuletzt deshalb, weil sich die Pferdeliebhaber in der Generalität zusammentaten und den »Kameraden Pferd« viel lieber in die Materialschlacht schicken wollten als den benzinstinkenden Panzer. Damit war – so läßt es sich aus dem Abstand der Jahrzehnte erkennen – die letzte Chance Frankreichs vertan, sich erfolgreich gegen die Eroberungspläne des Adolf Hitler zur Wehr setzen zu können.

Immerhin stellte die französische Armee unter dem Eindruck der deutschen Panzervorstöße des Polenfeldzuges ab Januar 1940 ein Panzerkorps auf, das aus zwei, später drei Panzerdivisionen und einigen motorisierten leichten Divisionen bestand. Doch das Panzerkorps kam zu spät, und die Ideen seiner Schöpfer waren verwässert, dem Großverband fehlten die Selbständigkeit und die Fähigkeit, im strategischen Rahmen zu operieren.

Als 1937 das Buch »Achtung, Panzer« des deutschen Generalmajors Heinz Guderian erschien, fand keinerlei Debatte darüber im Deutschen Reichstag statt: Die deutsche Panzertruppe war bereits in ihren Rahmenverbänden aufgestellt und Guderian ihr Schöpfer. Er hatte seine eigenen Ideen mit denen der britischen und französischen Panzertheoretiker vereinigt. Guderians Panzer – in Zahl, Panzerung und Bewaffnung ihren französischen Gegnern unterlegen – standen zum Kampf bereit. Ihre Nachteile wurden durch eine äußerst bewegliche Führung, durch den Einbau von Funkgeräten in jeden Panzer sowie durch eine etwas höhere Geschwindigkeit und eine größere Reichweite mehr als wettgemacht.

Für die Großoffensive gegen den Staatenblock Frankreich, Belgien, Luxemburg und die Niederlande blieben nur wenige Angriffsrouten übrig. Die bekannteste war diejenige, die vor dem Ersten Weltkrieg der Chef des Großen Generalstabes, Alfred Graf von Schlieffen, ausgewählt hatte. Sein Nachfolger, Generaloberst Helmuth von Moltke der Jüngere, ließ nach dem Schlieffen-Plan 1914 die deutschen Armeen durch den Raum nördlich Sedan, Luxemburg und Südbelgien auf Paris marschieren – und stoppte den Siegesmarsch an der Marne.

Zu der am 19. Oktober 1939 vom Oberkommando des Heeres fertiggestellten »Aufmarschanweisung Gelb« äußerte Hitler: »Die haben sich alle die Schuhe des Schlieffen angezogen.« Tatsächlich unterschied sich der Fall »Gelb« nur in einem wesentlichen Punkt vom alten Schlieffen-Plan: Der durch Belgien in Frankreich einbrechende rechte Flügel der deutschen Armeen zielte nicht – wie bei Schlieffen – in den Raum nördlich Paris, um so die französische Hauptstadt zu umgehen, sondern er zielte in den Raum zwischen Abbeville und Boulogne, an die Kanalküste: Die französisch-britische Front sollte in zwei Teile zerschnitten werden. Doch nur Geländegewinn und nicht Vernichtung des Feindes waren angestrebt.

General der Infanterie Erich von Manstein, Generalstabschef der Heeresgruppe A, hielt den Plan Gelb für allenfalls mittelmäßig. Er war der Ansicht, daß es weit besser wäre, im Zentrum der

französischen Front – im Raum Sedan – anzugreifen und nach gelungenem Übergang über die Maas mit den neuen Panzertruppen wie mit einer Sichel einen gewaltigen Schnitt bis zur Kanalküste zu führen – und alle dort befindlichen britischen, französischen und belgischen Truppen zu vernichten oder gefangenzunehmen.

Adolf Hitler, ein Amateur mit einem Gespür für Strategie, doch ohne Kenntnis der als Grundlage nötigen Detailarbeit, hatte selbst ähnliche Gedanken erwogen. Am 17. Februar 1940 erläuterte Manstein Adolf Hitler erstmalig seinen »Sichelschnitt«-Plan. Der war sofort davon angetan – die Führung des Heeres aber keineswegs.

Der »Sichelschnitt«-Plan sah einen Panzervorstoß durch das unwegsame Bergland der Ardennen vor, das die Franzosen als für Panzer unpassierbar ansahen. Den Ardennen gegenüber lag die »verlängerte« Maginot-Linie, die keineswegs so stark ausgebaut war, weil dort kein Feindangriff erwartet wurde. Im Raum Sedan sollten die Panzerverbände – so sah es der Manstein-Plan vor – die Maas überschreiten und dann nach Nordwesten bis zur Kanalküste vorstoßen.

Gleichzeitig mit dem Angriff durch die Ardennen aber sollte zur Ablenkung des gegnerischen Oberkommandos durch Fallschirmoperationen die »Festung Holland« ebenso genommen werden wie der Befestigungskranz von Lüttich und am Albert-Kanal.

Am 27. April 1940 erklärte Hitler seinen engsten Mitarbeitern, daß der Fall »Gelb« zwischen dem 1. und 7. Mai ausgelöst werde. Am 3. Mai war das Wetter sehr schlecht. Hitler verschob den Angriff wieder einmal, nun auf den 8. Mai. Doch auch dieses Datum war ungünstig. Aber am 9. Mai ordnete Hitler den Angriffsbeginn für den 10. Mai um 5.30 Uhr an. Er selbst fuhr mit seinem Stab zum abgelegenen Bahnhof Finkenkrug bei Berlin und bestieg dort seinen Sonderzug. Am 10. Mai, 4.25 Uhr, hielt der Zug in Euskirchen. Geländewagen brachten Hitler und seinen Stab zum Führerhauptquartier Münstereifel. In der Luft dröhnten Motoren: Die Bomber befanden sich im Anflug. Der Angriff im Westen begann.

Der strategische Vater des deutschen Sieges im Westen 1940 war General Erich von Manstein (Bild oben). Der von ihm entwickelte Sichelschnitt-Plan, der den Durchbruch massierter Panzerkolonnen im Rücken der französischen Nordarmeen vorsah, führte zu der unerwartet raschen Niederwerfung Frankreichs, das sich aus seiner defensiven „Maginot-Mentalität" nicht zu lösen vermocht hatte. Nur einer, der Brigadegeneral Charles de Gaulle (linkes Bild linke Seite), hatte die Zeichen der Zeit erkannt und für einen Bewegungskrieg mit Panzereinsatz plädiert. Wo (fast) alle versagen, muß natürlich ein Sündenbock her: Ihn fand man schnell in Maurice-Gustave Gamelin (rechtes Bild linke Seite), dem Oberbefehlshaber des französischen Heeres. Nach der Niederlage wurde der glücklose General unter Anklage gestellt und ins Gefängnis gesteckt.

Die große Offensive im Westen

In Belgien, am Albert-Kanal, lag das modernste Fort der Welt, kurz vor dem Krieg erst fertig geworden, das Fort Eben Emael, das zum Festungsbereich Lüttich gehörte. Es galt als uneinnehmbar.
Die oberste Panzerkuppel ragte neunzig Meter hoch über die Umgebung, die gepanzerte Plattform der Festung war allein tausend Quadratmeter groß. 1200 Mann Besatzung lagen hinter den Schießscharten, in den gepanzerten Geschütztürmen. Zweiundvierzig Geschütze, zwanzig schwere Zwillings-MG und zahllose leichte Maschinengewehre waren die Bewaffnung – eine Bewaffnung, die durch unüberwindbare Panzerung ebenso geschützt wurde wie die Soldaten, die diese Waffen bedienten. Jeder Punkt des Festungswerkes konnte von einem anderen Punkt unter Feuer genommen werden, die Außenwerke des Forts nahmen eine Fläche von fünfzig Hektar ein.
Vom Albert-Kanal her war das Fort ohnehin unangreifbar. Der Kanal konnte überall unter Feuer genommen werden, und er hatte Steilufer, die auch ohne bewaffneten Widerstand niemand erklimmen konnte. Und der Angriff von der Landseite war genauso unmöglich, denn das ganze Gelände konnte im Bedarfsfall sofort unter Wasser gesetzt werden.
Dennoch, Fort Eben Emael mußte erobert werden, wenn der deutsche Vormarsch nicht gleich zu Beginn steckenbleiben sollte. Und es wurde erobert.
Um 4.30 Uhr am Morgen des 10. Mai 1940, eine Stunde vor dem festgesetzten Angriffstermin, starteten von den Kölner Flugplätzen Ostheim und Butzweilerhof sonderbare Gespanne: Elf Ju 52-Transporter schleppten je einen Sturmlastensegler hinter sich. An Bord der Segelflugzeuge befanden sich Fallschirmpioniere, ausgerüstet mit Sprengmitteln aller Art, vor allem Hohlladungsgranaten, die sich durch stärkste Panzerplatten bohren konnten. Über der belgischen Grenze klinkten die Segler ihre Schleppseile aus, die restlichen Flugminuten legten sie, ungehört von der Fortbesatzung, in lautlosem Gleitflug zurück.
Im Osten stieg glühendrot die Sonne empor. In ihrem blutigen Schein suchten die Piloten der Lastensegler ihre Landungspunkte, die sie von langen Übungen an einem Modell der Festung längst kannten.
Der erste Segler landeten auf der stählernen Landefläche. Ein leichtes Knirschen und Quietschen der Kufen, neun Infanteristen sprangen mit ihren Waffen heraus. Die anderen folgten, ein Segler nach dem anderen. Die Landung glückte allerdings nicht allen, manche gingen zu Bruch, andere verspäteten sich. Es waren nicht viele, ganze achtundsiebzig Mann, die das Dach der Festung besetzten. Unter ihnen aber, von einem mächtigen Panzer geschützt, schwer bewaffnet, warteten 1200 Mann auf den Feind.
Ja, sie warteten noch. Sie hatten noch nicht bemerkt, daß der Feind bereits da war, daß der Feind schon über ihnen lauerte.
Die Uhren zeigten 5.32 Uhr, X-Zeit plus zwei Minuten. Die deutschen Panzer waren auf dem Marsch. Sie mußten, wenn der Operationsplan eingehalten werden sollte, zwischen Maastricht und Lüttich die Maas überwinden. Genau dort, wo Eben Emael, das modernste Fort der Welt, lag.
Der französische Oberkommandierende, General Gamelin, hatte die Meldung vom deutschen Angriff erhalten. Um 6.45 Uhr setzten sich die französischen Truppen entsprechend dem schon am 17. November 1939 mit der belgischen Regierung vereinbarten gemeinsamen Operationsplan nach Norden über die belgische Grenze in Bewegung. Die britischen Divisionen rollten los, um einen Schutzschild um Belgiens Hauptstadt Brüssel zu legen.
Die 7. französische Armee rollte durch Flandern. Noch an diesem Abend würde sie am Albert-Kanal sein, so wollte es der gemeinsame französisch-belgische Operationsplan.
Im selben Augenblick, da General Gamelin daran dachte, daß seine Truppen zusammen mit der belgischen Festung Eben Emael die Deutschen aufhalten würden, krachten in dem Fort die ersten geballten Ladungen. Die achtundsieb-

Flieger und Panzer im koordinierten Kampf (Bild rechte Seite). Wie im Polenfeldzug im September 1939 bewährte sich auch im Mai 1940 im Westen der kombinierte Einsatz der Panzer- und Luftwaffe, der auf breiter Front den deutschen Vormarsch freikämpfte. Die alliierten Streitkräfte waren auf eine derartige Strategie nicht vorbereitet – weder technisch noch psychologisch. Auf deutscher Seite hingegen wuchs Tag für Tag mit jedem neuen Erfolgserlebnis die Siegeszuversicht (Bild links: Das Auftanken des Panzers wird für eine Rauchpause genutzt).

zig deutschen Soldaten hatten zum Angriff auf den übermächtigen Gegner angesetzt.

Sie sollten das Fort nicht allein erobern, aber sie mußten die Besatzung niederhalten, bis die ersten eigenen Truppen eintrafen.

Im Laufe des Nachmittags hatte die deutsche Panzerspitze, gefolgt von Pionieren, die letzten Hindernisse auf dem Weg nach Lüttich überwunden, die Grenzbefestigungen waren durchbrochen. Eben Emael tauchte vor den deutschen Panzern auf. Der Albert-Kanal mit seinen Steilufern!

Die achtundsiebzig im Nacken des Forts bemühten sich, durch gezieltes Feuer auf die Schießscharten den zu Land herankommenden Kameraden Schutz zu geben.

Der Fortkommandant ließ die ganze Umgebung unter Wasser setzen. Die Deutschen schickten ihre Pioniere vor. Mit Schlauchbooten ging es über die weite Wasserfläche und über den Albert-Kanal. Mit Sturmleitern sollten die Steilufer erklommen werden. Die ersten Versuche scheiterten.

Nach Einbruch der Dunkelheit flammten überall an den Panzerwänden des Forts Scheinwerfer auf und erhellten die Umgebung. Ungesehen kam niemand heran. Aber das Entscheidende war, daß schon Deutsche da waren, oben auf den riesigen Panzerflächen mit ihren von den Scheinwerfern nicht bestrichenen Winkeln und Ecken.

Geballte Ladungen flogen durch die Schießscharten, löschten in mancher Panzerkuppel jedes Leben aus.

Als am Morgen des 11. Mai die Scheinwerfer ausgingen, feuerten nicht mehr alle Bunker. Eine kleine deutsche Kampfgruppe konnte, während die auf dem Fort befindlichen Kameraden die für die Angreifer gefährlichsten Schießscharten unter Feuer nahmen, das Überschwemmungsgebiet überqueren.

Die Verbindung mit den Männern aus den Lastenseglern, jener neuen, unheimlich lautlosen Waffe, war hergestellt. Nun war der Fall des Forts nur noch eine Frage der Zeit.

Am selben Morgen waren andere deutsche Truppen schon weit im Inneren Hollands. Die am Vortag zur gleichen Zeit wie die Lastensegler gestarteten

Am 10. Mai 1940, morgens um 5.30 Uhr, war die immer wieder aufgeschobene deutsche Offensive im Westen mit dem Angriff auf die Niederlande und Nordbelgien (Heeresgruppe B) und gegen Südbelgien und Luxemburg (Heeresgruppe A) unwiderruflich eröffnet worden; die Heeresgruppe C hatte bis zum erkennbaren Erfolg der einleitenden Operationen vor der Maginot-Linie zu verharren.

Bild linke Seite oben: Deutsche Sturmtrupps überqueren im Sturmboot den stark befestigten Albert-Kanal unweit von Hasselt. Bild linke Seite unten: von den Holländern gesprengte, von deutschen Pionieren schnell wieder passierbar gemachte Maasbrücke bei Maastricht. Bild rechts: niederländische Abwehrstellung.

Große graue Vögel über Eben Emael

Augenzeugenbericht eines belgischen Festungssoldaten

Am Abend des 9. Mai habe ich noch Ausgang gehabt, war ziemlich spät ins Fort zurückgekommen und hatte mich dann hingelegt. Gegen Mitternacht gellen die Alarmglocken. Wir sind auf unseren Gefechtsstand in unsere Kasematte gelaufen. Wir haben uns gefragt, ob das nun Krieg bedeutet, aber wir haben nichts Genaues erfahren. Also vielleicht wieder eine Übung wie so viele andere. Dann haben wir gewartet.

Irgendwann kam dann ein Anruf vom Zentralbüro: »Flugzeugalarm«. Mehr nicht. Wir wußten nicht, was für Flugzeuge, wie viele Flugzeuge. Und uns telefonisch erkundigen, das konnten wir nicht, weil die Telefonverbindungen aller Werke und Kasematten immer nur zur Zentrale bestanden. Wir horchten mal nach draußen, aber da war nichts zu hören. Und wie sich später herausstellte, konnten wir ja auch keine Flugzeuggeräusche hören, weil die Segler stumm sind.

In ein paar Beobachtungskuppeln und einer Flakstellung am Fuße des Forts hatte man die großen, grauen Vögel plötzlich gesehen, kurz bevor sie landeten. Aber die Kameraden wußten damit auch nichts anzufangen. Sie überlegten, was das wohl für komische Vögel sein könnten. Auf die Idee, daß das deutsche Lastensegler mit deutschen Fallschirmjägern sind, ist – glaube ich – nur eine Batterie gekommen. Wir hatten ja auch noch nichts von einer Kriegserklärung erfahren, damals, morgens gegen 5 Uhr. Außerdem war das so komisch: Als die Segler unten waren, sah man zwar, wie Soldaten raussprangen. Aber wir sahen nur ganz wenige Segler, wenige Soldaten. Das konnte unmöglich ein Angriff der Deutschen sein. Später, während der Kämpfe am 10. und 11. Mai, haben unsere Offiziere immer wieder versucht, herauszubekommen, wie viele Feinde da eigentlich auf dem Fort draufsaßen. Daß es keine Riesenzahl war, das hatte man irgendwann herausbekommen. Aber daß es so wenige waren, das erfuhren wir alle erst, als alles zu Ende war.

Luftlandetruppen lagen noch in der Nähe des Landeplatzes. Die erste Welle war bei der Landung verunglückt. Die Holländer, die durch Oberst Oster über den Angriffstermin unterrichtet waren, hatten noch in der Nacht längs der Autobahn Rotterdam – Den Haag, einzige Landemöglichkeit für Flugzeuge, Stahlstangen eingerammt. Ein Flugzeug nach dem anderen ging zu Bruch, Stichflammen schlugen hoch, Soldaten an Bord verbrannten bei lebendigem Leib.

Die zweite Welle, deren Piloten das Desaster aus der Luft beobachteten, wagte nicht zu landen. Sie sahen, daß holländische Truppen, die wohl auf diese Gelegenheit gewartet hatten, von beiden Seiten der Autobahn die überlebenden deutschen Landser unter Feuer nahmen. So landete die zweite Welle improvisiert auf einem holländischen Flugplatz in der Nähe.

Die dritte Welle wurde daraufhin noch rechtzeitig vor dem Start zurückgehalten. Die wenigen gelandeten Soldaten aber fühlten sich zunächst als verlorener Haufen. Erst am nächsten Tag, am 11. Mai, zu jener Stunde, da der Todeskampf von Eben Emael begann, wurde Verstärkung nach dem von der zweiten Welle so unplanmäßig besetzten und vierundzwanzig Stunden lang verteidigten Flugplatz geflogen.

Mittlerweile hatten auch die am Vortag gestarteten Fallschirmjäger ihre erste Aufgabe erfüllt. Zwei Kompanien waren über Rotterdam abgesprungen. Die Landung in den frühen Morgenstunden des 10. Mai war ohne Gegenwehr vonstatten gegangen. Niemand hatte die lautlos vom Himmel zur Erde schwebenden Soldaten bemerkt.

Die Aufgabe dieser beiden Fallschirmjägerkompanien bestand darin, die wichtige Straßen- und Eisenbahnbrücke über die Nieuwe Maas, die Rotterdam mit seinen südlichen Vorstädten verbindet, im Handstreich zu nehmen. Die Brücke mußte laut Befehl so lange gehalten werden, bis die durch Holland vorstoßenden eigenen Truppen heran waren.

Die Elitesoldaten der Fallschirmtruppe setzten alles daran, diesen Befehl auszuführen. Dabei wußten sie nicht, daß von ihnen, ebenso wie von den achtundsiebzig von Eben Emael, das ganze

Ein im wahrsten Sinn des Wortes schwerer Brocken lag den Deutschen bei ihrem Sturmlauf Richtung Westen im Wege: Die als uneinnehmbar geltende belgische Festung Eben Emael an der Maas (Bild rechts: Bunkeranlage von Eben Emael). Im Zusammenwirken von Sturzkampfbombern, Lastenseglern und Luftlandetruppen wurde das stark befestigte Sperrfort in einem kühnen Handstreich bereits im Morgengrauen des 11. Mai 1940 genommen. Bild linke Seite: Inmitten der Befestigungswerke gelandete Lastensegler. Bild oben: „Helden von Eben Emael" erhalten das Ritterkreuz aus den Händen des „Führers".

Gelingen des deutschen Operationsplanes überhaupt entscheidend abhing. Nur wenn die deutschen Truppen gleich in den ersten Tagen möglichst weit nach Holland hineinstießen, konnte der erwartete Zusammenstoß mit der nordwärts drückenden Hauptmasse des Gegners weit genug von Deutschlands Grenzen und vom Industriezentrum Ruhrgebiet entfernt erfolgen. Der Gegner mußte in Holland und Belgien zum Entscheidungskampf gestellt werden, damit die Panzergruppe Kleist, zu der Guderians Panzer gehörten, südlich davon so weit wie möglich in den Rücken des Gegners in Richtung Kanalküste vorstoßen konnte. Dazu gehörte die schnelle Eroberung Rotterdams, die wiederum nur dadurch erreicht werden konnte, daß die Nieuwe-Maas-Brücke unversehrt blieb.

Die Fallschirmjäger gingen in Richtung Brücke vor. Sie stießen vorher auf eine Reihe langgestreckter Gebäude, Schuppen und Hallen – die Endstation einer Straßenbahnlinie! Gerade verließ ein Straßenbahnzug unter funkensprühender Oberleitung, wohl die erste fahrplanmäßige Bahn dieses frühen Morgens, den Bahnhof.

Der Kompanieführer der Fallschirmjäger hatte eine Idee. Wie wäre es, mit der Straßenbahn zur Brücke zu fahren? Eine bessere Tarnung war nicht denkbar. Kurz entschlossen gab er den Befehl: »Los! Die Straßenbahn anhalten, wir fahren mit!«

Er hatte Glück, daß unter seinen Fallschirmjägern einige aus dem niederrheinischen Grenzgebiet stammten. Sie sprachen Niederländisch. Der Straßenbahnfahrer wunderte sich zwar etwas über die Uniformierten, die da so früh auf den Beinen waren, aber er hielt an.

»Können wir mitfahren?« fragte ihn einer der Soldaten auf flämisch.

»Na klar, ich fahre ja sowieso über die Brücke. Ihr werdet verdammt müde sein, was? Werdet euch freuen, wenn ihr bald im Bett liegen könnt.«

Im Bett liegen? Das würde für viele Tage nicht der Fall sein. Aber das wußten im Augenblick weder der freundliche Straßenbahnfahrer noch die Fallschirmjäger.

Die Kompanie bestieg die beiden noch leeren Straßenbahnwagen. Der Fahrer löste die Kurbelbremse, die Bahn ratterte los. Die Stahlräder dröhnten über die endlos lange Brücke. Drüben angekommen, bremste der Fahrer wieder.

Die Fallschirmjäger bedankten sich, stiegen aus. Der Fahrer und die beiden Schaffner hatten immer noch nicht gemerkt, wen sie da fuhren. Die Uniform war ihnen zwar fremd vorgekommen, aber daß es deutsche Uniformen waren, fiel ihnen nicht im Traum ein. Denn die Fallschirmjäger mit ihrem Springerhelm, den gesprenkelten Tarnjacken und dem »Knochensack«, wie sie selbst ihren Kampfanzug nannten, sahen anders aus als die deutschen Soldaten, die Straßenbahner sicher schon einmal auf Fotografien oder im Kino gesehen hatten.

Der Führer der zweiten Fallschirmjägerkompanie hatte die Kameraden der ersten Kompanie im Straßenbahnzug verschwinden sehen. Er machte es genauso. Und während drüben am anderen Brückenende die Fallschirmjäger einen Brückenkopf bildeten, ihre Maschinengewehre in Richtung Rotterdam in Stellung brachten, bestieg die andere Fallschirmjägerkompanie zwanzig Minuten später den zweiten fahrplanmäßigen Straßenbahnzug.

Zwanzig Minuten später! Und in dieser Zeit geschah sehr viel. Inzwischen war der Tag angebrochen, Arbeiter und Angestellte strömten über die Brücke zu ihren Arbeitsstellen. Sie wunderten sich über die auf der Rotterdamer Seite in Stellung gegangenen Soldaten in den merkwürdigen Uniformen. Eine Übung?

Eine Polizeistreife wurde aufmerksam. Keiner der Beamten wußte etwas von einer Übung in ihrem Revier. Merkwürdig! Der Streifenführer ging zum Telefon.

Mittlerweile war allen holländischen Behörden bekannt, daß der Krieg ausgebrochen, daß die deutsche Wehrmacht in Holland eingefallen war, daß im Raum Den Haag Fallschirmjäger gelandet waren. Der Militärkommandant von Rotterdam, Oberst Scharroo, gab Alarm. Eine motorisierte Abteilung mit schweren Waffen rückte zur Nieuwe-Maas-Brücke vor, von Süden her, im Rücken der zweiten Fallschirmjägerkompanie. Der Fahrer dieses Straßen-

Um den Zusammenbruch Hollands zu beschleunigen, wurden am 13. Mai Fallschirmjäger und Luftlandetruppen an Brücken in Rotterdam und Umgebung abgesetzt (Bild oben: Sprung in die Tiefe; Bild rechte Seite unten: Fallschirmjäger in Abwehrstellung hinter einem schweren MG unmittelbar nach der Landung; Bild rechte Seite oben: Fallschirmjäger und Infanteristen der Luftlandetruppe beim Sammeln zum Vormarsch auf Rotterdam).

bahnzuges wußte im Gegensatz zu seinem Kollegen, wer da in seiner Bahn mitfuhr. Natürlich widersetzte er sich den Bewaffneten nicht. Als er aber im selben Moment, da sich die von ihm geführte Bahn der Brückenauffahrt näherte, die heranrückende holländische Abteilung bemerkt, stoppte er.

Er machte den deutschen Fallschirmjägeroffizier darauf aufmerksam, daß die holländischen Soldaten von ihren Fahrzeugen sprangen und einige Häuser neben der Brücke besetzten.

Der deutsche Kompanieführer ließ seine Jäger aussteigen und sich links und rechts der Straße verteilen. Die holländische Abteilung eröffnete gegen die deckungslosen Deutschen das Feuer mit Maschinengewehren. Sofort gab es unter den Fallschirmjägern Tote und Verwundete.

Nirgendwo gab es Deckung. Doch, ein weit geöffnetes Haustor. Schnell hin, um erst einmal vor dem rasenden Feuerüberfall in Sicherheit zu sein. Während die Fallschirmjäger durch dieses Tor rannten, läutete im Haus eine Glocke.

Sie läutete zur Frühmesse, denn das Haus mit dem weit geöffneten Tor war ein Kloster. Die selbst noch erregten Fallschirmjäger versuchten die erschrockenen Mönche und Kirchgänger zu beruhigen, was ihnen auch gelang. Bald darauf versuchten einige der Fallschirmjäger hinauszugelangen, um ihre verwundeten Kameraden auf der Straße aus dem Beschuß herauszuholen, um sie in Sicherheit zu bringen. Der Versuch mißlang in dem rasenden Feuer der Holländer. Es gab neue Verwundete und Tote unter denen, die ihre Kameraden retten wollten.

Die Mönche boten sich als Sanitäter an. Auf sie würde man nicht schießen, wenn sie Verwundete bargen, man mußte sie ja erkennen.

Aber auch die Mönche wurden von Maschinengewehrfeuer empfangen, auch sie konnten unter dem Beschuß durch ihre Landsleute den auf der Straße in ihrem Blut liegenden Verwundeten nicht helfen.

Der Kompanieführer der deutschen Fallschirmjäger rief seine Männer zusammen.

»Alle mal herhören«, sagte er und gebrauchte damit die Worte, die bei »Preußens« üblich sind, wenn ein Vorgesetzter seinen Untergebenen etwas verkündet, »alle mal herhören! Wir sind in ein Kloster geraten. Das haut natürlich nicht hin! Klöster stehen wie Kirchen und Krankenhäuser unter dem Schutz der Genfer Konvention. Wenn es auch noch so schwierig ist – wir müssen hier raus! Ich zähle bis drei, dann geht´s im Laufschritt rüber auf die andere Straßenseite in das große Haus da, seht ihr? Wer fällt, fällt. Hier jedenfalls dürfen wir nicht bleiben! Also: Eins – zwo – drei!«

Die Fallschirmjäger stürmten aus der weit geöffneten Klostertür. Einige blieben im holländischen Feuer liegen, die Mehrheit aber gelangte in das gegenüberliegende große Gebäude, in dem sich Büros und Lagerräume einer Lebensmittelgroßhandlung befanden. Sofort richteten sie sich zur Verteidigung ein.

Der Kompanieführer sah einen Telefonapparat. Er schaute nach der Nummer des Oberbürgermeisters von Rotterdam

Bild links: Deutsche Luftlandetruppen über den Dächern Rotterdams. Als sich der holländische Widerstand in der strategisch wichtigen Hafenstadt versteifte, wurde am 14. Mai der Luftangriff gestartet. Gleichzeitig kamen Kapitulationsverhandlungen in Gang, doch nur etwa die Hälfte der eingesetzten Bomber konnte noch durch Leuchtsignale zum Abdrehen gebracht werden. Das übrige Geschwader lud seine Bombenlast ab, was die völlige Zerstörung der historischen Altstadt zur Folge hatte. Bild rechte Seite: Auf der Luftaufnahme des durch Fallschirmjäger eingenommenen Flugplatzes Waalhaven bei Rotterdam sind Ju 52 (1), holländische Flugzeuge vom Typ Fokker (2), deutsche Luftlandesoldaten (3) sowie das durch Bomben völlig zerstörte Flughafengebäude (4) zu erkennen.

und wählte sie. Es war 6.30 Uhr, so früh arbeitete noch kein Beamter, auch nicht in Holland. Nur der Hausmeister des Rathauses meldete sich. Er verstand nicht, was der fremde Anrufer eigentlich wollte. Ein hinzukommender Polizist verstand Deutsch.

Der deutsche Offizier bluffte und erklärte, eine ganze deutsche Panzerabteilung werde sofort eintreffen. Man solle sofort einen Parlamentär schicken. Der holländische Polizist war verblüfft. Was sollte er tun? Am besten, den Stadtkommandanten von diesem Telefongespräch verständigen. Er legte auf, nachdem er sich noch erkundigt hatte, von woher dieser Anruf eigentlich kam. Schon wenig später klingelte das Telefon im Büro der Lebensmittelgroßhandlung. Der deutsche Kompanieführer erfuhr nun im Auftrag des Kommandanten von Rotterdam, der genau darüber informiert war, wie schwach die paar Dutzend deutschen Fallschirmjäger waren, und deshalb auf die Forderung nach einem Parlamentär geradezu beleidigt reagierte:

»Sie haben sich innerhalb von zehn Minuten zu ergeben. Hängen Sie ein weißes Tuch aus einem Fenster heraus. Tun Sie das innerhalb von zehn Minuten nicht, werden Sie rücksichtslos angegriffen. Sie sind ja bereits eingeschlossen. Es ist jetzt 6.45 Uhr, um 6.55 Uhr ist die Wartezeit vorbei!«

Draußen waren die Schüsse zu hören, die der auf der anderen Brückenseite liegenden Kompanie galten. Zehn Minuten später prasselten MG-Garben und Werfergranaten auch auf das Gebäude der Lebensmittelgroßhandlung. Ziegel polterten vom Dach, Fensterscheiben zerklirrten. Wieder gab es Tote und Verwundete.

»Haltet die Brücke, damit die Panzer ungehindert nach Rotterdam hinüberkommen! Bis zum Abend müßt ihr aushalten. Dann sind die Panzer da.« Das hatte man den Fallschirmjägern noch auf dem Flugplatz vor dem Start gesagt. Das Versprechen wurde nicht eingehalten, es konnte nicht eingehalten werden. Von Süden her stieß die französische 7. Armee herauf. Ungehindert. Alle Wege wurden ihr frei gemacht, alle Brücken waren unzerstört und standen ihr offen. Die deutsche 9. Panzerdivisi-

Nach der Flucht des Königshauses unter Königin Wilhelmina und der holländischen Regierung nach London (13. Mai 1940) neigte sich der Kampf um die „Festung Holland" dem Ende zu. Mehr als eine kurze, vereinzelt durchaus heftige Gegenwehr hatten die Niederländer der alles mit sich reißenden deutschen Angriffswelle nicht entgegensetzen können.

Bild oben: Deutsche Stoßtrupps setzen an einer von den holländischen Verteidigern zerstörten Brücke mittels Schlauchbooten und Steglatten über den Fluß.

Bild rechte Seite oben: deutsche Infanterie im Straßenkampf. Bild rechte Seite unten: Deutsche Fallschirmjäger führen gefangene Holländer ab.

on aber mußte sich durch die Befestigungen hindurchkämpfen. Sie hatte eine lange, hindernisreiche Strecke zu überwinden. Am Abend des 10. Mai, während die Fallschirmjäger an der Maasbrücke von Rotterdam sehnsüchtig auf das Geräusch von Panzerketten und -motoren lauschten, hatte die Panzerdivision noch nicht einmal die Peel-Linie überwinden können. Und von da aus waren es noch an die hundert Kilometer bis zu den ringsum von Feinden umgebenen Fallschirmjägern. Erst vier Tage später erschienen die Panzer an der Nieuwe-Maas-Brücke von Rotterdam. Am 13. Mai. Aber die Fallschirmjäger waren auch an diesem Tag noch da, nicht mehr zu beiden Seiten der Brücke, sondern auf der Brücke, unter der Brücke, zwischen den Stahlträgern, furchtbar dezimiert. Doch ihren Auftrag hatten sie erfüllt – die Brücke war nicht zerstört, sie stand den Panzern für die Überfahrt nach Rotterdam noch immer offen.

Im Süden eilten vom ersten Tag an die Panzer der Panzergruppe Kleist erst südwestwärts, dann westwärts. Das alliierte Oberkommando »schaltete« noch tagelang nicht richtig und erkannte die Hauptgefahr nicht, die im Vordringen dieser Panzergruppe bestand. Noch immer strebten die französischen Divisionen und die des britischen Expeditionskorps unter Lord Gort von Nordfrankreich nach Norden, genau wie Mansteins Plan es vorausgesehen hatte. Dort, wohin die Kleistsche Panzerarmee vorstieß, wurden die alliierten Truppen immer weniger.

Der deutsche Generalstabschef und mit ihm das OKH hatten sich wieder einmal verrechnet. Als Hitler die Annahme des Mansteinschen Planes durchsetzte, hatte man den Generalobersten Ewald von Kleist – ein Vorfahr war Feldmarschall unter Friedrich II., dem »Großen«, gewesen, viele der anderen Vorfahren waren ebenfalls berühmt als Soldaten und, wie Heinrich von Kleist, als Dichter – zum Oberkommandierenden der Panzerarmee gemacht, die den entscheidenden »Sichelschnitt« führen sollte. Deshalb, weil Kleist nicht nur als Zauderer, sondern auch als Gegner der Panzer als selbständiger Waffe bekannt war.

General Franz Halder und das OKH verrechneten sich deshalb, weil sie weder das Ungestüm ihres Widersachers Guderian ins Kalkül zogen, noch auf einen eben erst beförderten General achtgaben, der die 7. Panzerdivision befehligte. Und Ewald von Kleist, der eigentlich nach dem Willen Halders und des OKH die »Bremse« für Guderians Ungestüm sein sollte, dieser »Zauderer« wurde von Guderian und den Erfolgen des jungen Panzergenerals mitgerissen.

Der junge Panzergeneral hatte sich schon im Ersten Weltkrieg ausgezeichnet und sich an der Isonzofront gegen die Italiener die damals höchste Auszeichnung, den Orden Pour le mérite, erworben. Er war kein Mitglied der NSDAP, aber er war Hitler schon vor Jahren durch eine Arbeit mit dem Titel »Infanterie greift an!« aufgefallen. So wurde er zunächst Verbindungsoffizier zur Reichsjugendführung, wobei er sich allerdings bald mit dem obersten Chef der Hitlerjugend, Baldur von Schirach, überwarf. Hitler machte ihn zum Chef des »Führerbegleitbataillons« aus Anlaß des Einmarsches in das Sudetenland. Bis zum Ende des Polenfeldzuges blieb der kurz zuvor zum Generalmajor ernannte Offizier in dieser Stellung, bei der er Hitler oft vor Wagnissen bei Frontbesichtigungen zurückhalten mußte.

Der Generalmajor hieß Erwin Rommel. »Wüstenfuchs« nannten ihn seine Gegner später ehrend. Hitler machte ihn zum jüngsten Generalfeldmarschall Deutschlands – und zwang ihn noch später zum Selbstmord. Das alles stand in diesen Maitagen des Jahres 1940 noch in den Sternen. Jetzt jedenfalls war dieser junge Generalmajor Kommandeur der 7. Panzerdivision.

Vierzig Kilometer südlich von Lüttich, vom Fort Eben Emael, stieß seine Division ungestüm durch die feindlichen Linien, ließ bald die rechts von ihr vor-

Wegen der zahlreichen Kanäle und Flußläufe in den Niederlanden und Belgien wurde das Schlauchboot zum unentbehrlichen Requisit für das rasche Vorgehen der Infanterie.

**Bild oben: Pioniere unter schwerem Artilleriefeuer.
Bild rechte Seite: Der La-Bassée-Kanal ist erreicht. Unter MG-Feuerschutz setzt das erste Boot über, um einen Brückenkopf zu bilden.**

rückende 5. Panzerdivision zurück. In einem für Panzer bisher für unmöglich gehaltenen Nachtangriff bezwang Rommel mit seinen Panzern die Nordausläufer der berühmten Maginot-Linie. Aber Rommel griff nicht nur bei Nacht an, er führte diesen ohnehin völlig regelwidrigen Nachtangriff auch noch ganz besonders »verrückt« durch. Es war eine feste Regel – auch von Guderian bisher noch anerkannt, der sich dann allerdings sofort zu Rommel bekannte –, daß Panzer während der Fahrt nicht schießen durften, da die Treffsicherheit darunter litt.

Generalmajor Rommel dachte gar nicht daran, in der gegebenen Situation sich an diese Regel zu halten. »Drauf und dran!« gab er den Panzerbesatzungen während des Vorwärtsstürmens über Funk durch.

»Machen wir's wie die Marine – Salven nach Backbord und Steuerbord!«

Die fehlende Treffsicherheit, meinte Rommel, werde durch die moralische Wirkung mehr als wettgemacht. Der Erfolg gab ihm recht. Rommels Panzer stießen vor, mitten durch einen völlig verwirrten Gegner, ihn hinter sich lassend, ohne sich um sein weiteres Schicksal zu kümmern. Französische Panzer tauchten in der Nacht auf. Los! Immer mittendurch!

Flankensicherung? Natürlich, im Manöver, wenn der Herr Armeekommandeur zusieht. Hier nicht. Der Feind muß demoralisiert werden. Wenn wir in seinem Rücken stehen, dann denkt er gar nicht daran, unsere Flanken zu bedrohen. Dann denkt er nur noch daran, entweder möglichst ehrenvoll in Gefangenschaft zu gehen oder möglichst ungeschoren aus unserer Schlinge herauszukommen!

Rommel behielt recht. Seine Division, die an den unmöglichsten Stellen auftauchte, erhielt jetzt vom Gegner den furchteinflößenden Namen »Gespensterdivision«. Ganze Divisionen des Gegners ließ Rommel hinter sich, Schrecken und Verwirrung verbreitend. Dieser Nachtangriff auf die Ausläufer der Maginot-Linie erfolgte vierundzwanzig Stunden, nachdem Rotterdam kapituliert hatte.

Von den Fallschirmjägern, die da tagelang neben, vor, hinter, auf und unter der Maasbrücke gekämpft hatten, lebten nicht mehr viele. Aber sie hatten ihren Auftrag erfüllt, die Maasbrücke war noch immer intakt. Die endlich, endlich am 13. Mai anrückende deutsche Panzerspitze konnte über die Brücke zum jenseitigen Flußufer vorstoßen. Sie stand nun am Rande der Innenstadt von Rotterdam.

Die deutsche Führung hatte die Stadtverwaltung und den Militärkommandanten von Rotterdam aufgefordert, die Stadt zu einer »Offenen Stadt« zu erklären. Aber auf diese Forderung war nicht eingegangen worden. Rotterdam

wollte wie Warschau eine Festung sein. Das Kommando über die deutschen Truppen vor Rotterdam hatte zunächst General Student, der Befehlshaber aller deutschen Luftlandetruppen. Und als er, der entgegen ausdrücklichen Befehlen sich ständig in der vordersten Linie aufhielt, schwer verwundet wurde, der General der Panzertruppen Schmidt. Am Abend des 13. Mai stellte Schmidt für den nächsten Tag den Angriffsplan auf:

13.05 Uhr Beginn des Artilleriefeuers auf die erkannten militärischen Ziele.
13.20 Uhr Bombenangriff

13.50 Uhr Beginn des Infanterieangriffs.
Am 14. Mai früh um zehn Uhr marschierten drei deutsche Parlamentäre über die Maasbrücke bis zum Ende des deutschen Brückenkopfes, weiße Fahnen schwenkend. Sie blieben vor den holländischen Linien, bis drüben die Bereitschaft erkennbar wurde, sie zu empfangen. Der Empfang bei den Holländern entsprach nicht ganz den Regeln. Die Parlamentäre mußten die Hände hochnehmen, man nahm ihnen die Pistolentaschen ab und warf diese in den Fluß.

Als sie endlich beim Stadtkommandanten, Oberst Scharroo, ankamen, lehnte dieser die Übergabe der Stadt ab, weil unter der Aufforderung dazu nur »Der Kommandeur der deutschen Truppen« stand und nicht der Name dieses Kommandeurs. Seinem Oberbefehlshaber, General Winkelman, meldete Scharroo telefonisch, er habe nicht die Absicht, auf eine Aufforderung ohne Absender einzugehen. Außerdem seien keine Deutschen in Rotterdam, er brauche also schon deshalb nicht zu kapitulieren. Die Aufforderung zur Übergabe enthielt die Bemerkung: »Der Widerstand, der

in der Offenen Stadt Rotterdam ... geleistet wird, zwingt mich, ... die nötigen und zweckmäßigen Maßnahmen zu ergreifen. Das kann die vollständige Zerstörung der Stadt zur Folge haben. Ich ersuche Sie als einen Mann, der Verantwortungsgefühl besitzt, darauf zu dringen, daß der Stadt dieser schwere Verlust erspart bleibt... Falls ich innerhalb zwei Stunden nach der Überreichung dieser Mitteilung keine Antwort erhalte, bin ich gezwungen, schärfste Zerstörungsmaßnahmen anzuordnen.«

Die »schärfsten Zerstörungsmaßnahmen« konnten nur Luftangriffe sein. Oberst Scharroo wußte das. Dennoch schob er alles auf die Lappalie der fehlenden Unterschrift.

Auf zwei Stunden nach der Übergabe war das Ultimatum befristet. Um 10.30 Uhr wurde es übergeben. Demnach war es um 12.30 Uhr abgelaufen. Eine Viertelstunde vor Ablauf des Ultimatums traf Hauptmann Bakker bei den Deutschen ein. Im Auftrag Oberst Scharroos teilte er mit, daß man das Ultimatum wegen der immer noch fehlenden Unterschrift nicht annehmen könne, und um ein neues Ultimatum, diesmal mit Unterschrift, bitte.

Mittlerweile war in Bremen, und zwar um 11.45 Uhr, das Kampfgeschwader 54 aufgestiegen und flog nach Rotterdam. Hundert Minuten Flugzeit brauchte es für diese Strecke. 13.25 Uhr mußte es über den holländischen Stellungen von Rotterdam sein, fast eine Stunde nach Ablauf des Ultimatums.

General Schmidt war wegen der Ausrede mit der fehlenden Unterschrift zunächst wütend. Aber das Verhalten des Obersten Scharroo durfte man nicht die unschuldige Zivilbevölkerung entgelten lassen. Deshalb stellte er ein neues Ultimatum und befahl zugleich den Truppen auf der Maasinsel, bei der Annäherung des deutschen Kampfgeschwaders rote Leuchtkugeln zu schießen. Dieses Signal war schon vorher ausgemacht worden, für den Fall, daß Ereignisse eintraten, die eine Bombardierung der militärischen Stellungen in Rotterdam unnötig machten – rote Leuchtkugeln bedeuteten für das Kampfgeschwader 54, nicht anzugreifen, sondern die Bomben auf ein schon bestimmtes Ersatzziel zu werfen.

General Schmidt verließ gerade die kleine Eisdiele, in der er das neue Ultimatum unterzeichnet hatte, da waren in der Ferne die Motoren des deutschen Bomberverbandes zu hören. Die Bomber teilten sich in zwei Gruppen. Die eine flog den Zielraum von rechts, die andere von links der Maasbrücke an. Die Flieger waren ausdrücklich angewiesen worden, unbedingt nur den Zielraum, in dem sich die holländischen militärischen Stellungen befanden, anzugreifen. Die Maschinen flogen wegen des über Rotterdam liegenden starken Dunstes deshalb sehr niedrig.

Die linke Bombergruppe mußte die Maasinsel umfliegen. Die Piloten sahen rote Leuchtkugeln aufsteigen. Der Gruppenkommandeur gab Befehl, abzudrehen und das Ersatzziel anzufliegen. Die rechte Gruppe jedoch sah in dem starken Dunst die Leuchtzeichen nicht und griff das Zielgebiet an.

Es gab über 900 Tote, darunter viele Zivilisten. Gegenüber der Maasbrücke liegt die Altstadt von Rotterdam. Und genau dort haben sich die holländischen Verteidigungsstellungen befunden.

Die Altstadt brannte bis zum Hafen. Niemand dachte in der entsetzlichen Panik des aus der Luft herabheulenden Todes an Löscharbeiten. Wohnhäuser, Getreidesilos, Lagerhäuser, Kirchen wurden ein Raub der Flammen.

Der überraschende Durchbruch schneller Panzereinheiten durch die unwegsamen Ardennen mit Richtung auf die Kanalküste brachte die Vorentscheidung für den Sieg über Frankreich. Bild oben: Geschlossener Einsatz einer Panzerdivision in den Ardennen.

Bild rechts: General der Panzertruppen Heinz Guderian, einer der eifrigsten Befürworter des massiven Einsatzes der Panzerwaffe, in seinem Befehlswagen. Seine markige Devise „Klotzen, nicht kleckern!" ging in die deutsche Umgangssprache ein.

Schon am Tage vorher waren Königin Wilhelmine und die Regierung nach England geflüchtet. Die Königin erklärte, daß ungeachtet der Ereignisse in Holland der Krieg fortgesetzt werde. Auch die fernen Kolonien seien Teil der Niederlande, von dort aus werde der Kampf weitergeführt.

Am selben Tag, da Rotterdam fiel, kapitulierte auch der holländische Oberbefehlshaber, General Winkelman. Der Krieg in Holland war zu Ende, nach nur fünf Tagen.

Zur selben Stunde hatte sich weiter südwärts die Masse des belgischen Heeres hinter den Fluß Dyle zurückgezogen, um hinter diesem natürlichen Schutzwall die belgische Hauptstadt Brüssel zu verteidigen. Die französische Herresgruppe 1 war mit dem britischen Expeditionskorps mittlerweile im vorgesehenen Operationsgebiet zwischen Antwerpen, Löwen und Namur eingetroffen. Gemeinsam mit dem belgischen Heer wollten sich die Engländer nun den Deutschen zur Entscheidungsschlacht stellen.

Noch immer ahnte keiner der alliierten Führer, daß die Deutschen die Entscheidungsschlacht in ihrem Plan an ganz anderer Stelle vorgesehen hatten: im Rücken der nordwärts nach Belgien vorgestoßenen Alliierten. Und genau dort fiel sie auch.

Guderian mit seinen Panzerdivisionen stieß inzwischen immer weiter nach Westen vor, zerschnitt die französischen Armeen. Zwischen Namur und Sedan wurde die französische 9. Armee völlig zerschlagen und flutete nach Westen und Süden auseinander.

Da erst, am Abend des 15. Mai, erkannte die französische Führung die ungeheure Gefahr. Der deutsche Durchbruch beiderseits Sedan mußte aufgefangen werden, koste es, was es wolle!

Aber die deutschen Divisionen marschierten viel zu ungestüm vorwärts. Ehe die französischen Truppen sich wieder gesammelt und eine neue Abwehrfront aufgebaut hatten, waren die deutschen Einheiten schon längst wieder weiter und stießen mitten in die noch in der Aufstellung befindlichen Franzosen hinein. Ein neuer deutscher Sieg, neue Panik beim Gegner.

Der französische Oberbefehlshaber erließ einen flammenden Aufruf an seine Truppen, um den Widerstandswillen noch einmal aufzurichten. Darin hieß es: »Die Truppen, die nicht vorrücken können, müssen sich eher auf der Stelle töten lassen, an der sie stehen, als einen Fußbreit französischen Boden aufgeben, dessen Verteidigung ihnen anvertraut ist! In dieser Stunde... lautet die Parole: Siegen oder sterben. Wir müssen siegen!«

Aber Worte nützten nichts mehr, zu sehr war die Moral der meisten französischen Soldaten schon jetzt angeschlagen. Guderians Panzer waren so ungestüm vorgeprescht, daß der Troß nicht mehr nachkommen konnte. Die schweren Tankfahrzeuge waren so lange den Panzern gefolgt, bis auch sie nicht einen Tropfen Sprit mehr hatten. Jetzt befanden sie sich auf dem mühsamen Weg zurück, um aufzutanken. Aber es würden Tage vergehen, bis sie wieder bei den Panzern waren. Ihnen flutete nachsetzende deutsche Infanterie entgegen. Im Tiefflug huschten nun die schwerfälligen Ju 52-Transportmaschinen über Bäume und Häuser nach vorn, zu Guderians Panzern. Bis an die Grenze der Tragfähigkeit waren sie vollbeladen mit Benzinkanistern. Alle paar Minuten starteten die Maschinen auf deutschen Flugplätzen, landeten irgendwo in der Nähe der deutschen Panzerspitzen, warfen auch, wenn es gar nicht anders ging, die Benzinkanister bei möglichst langsamem Tiefflug in der Nähe der Panzer auf freies Feld. Auch Munition und Verpflegung wurden auf diesem ungewöhnlichen Weg nach vorn gebracht.

Dieser Nachschub deckte keinesfalls den Bedarf der Panzer. Das Entschei-

Nachdem die Stukas und die Panzer den Weg freigemacht hatten, stießen die Landser nach (Bild linke Seite: eine Marschkolonne deutscher Infanterie in Frankreich). Der schier unaufhaltsam scheinende deutsche Sturmlauf durch Belgien und Nordfrankreich und die mit ihm einhergehende Zersplitterung der alliierten Streitkräfte ließen die Kampfmoral der Verteidiger ins Bodenlose sinken.

General Gamelin, dem französischen Oberbefehlshaber, blieb nicht viel mehr, als flammende Appelle an seine Soldaten zu richten: „In dieser Stunde lautet die Parole: Siegen oder Sterben! Wir müssen siegen!" Das war leichter gesagt als getan. Dem französischen Soldaten auf dem Bild oben blieb wie so vielen seiner Kameraden nur noch das Sterben im Dienst am Vaterland.

Die Toten am Straßenrand

Briefe eines deutschen Soldaten aus dem Westfeldzug, Mai-Juni 1940

Es ist doch so gekommen, wie es kommen mußte. Über Luxemburg sind wir, nun in Belgien stehend, bereit, nach Frankreich vorzumarschieren. Gestern habe ich die ersten Gefallenen gesehen; die Anspannung und die Aufgaben, die Wachsamkeit nach schlaflosen Nächten lassen keine Gedanken, keine Gefühle aufkommen.

Verlassene Dörfer, brüllende Kühe, gesprengte Brücken und Straßen liegen auf unserem Vormarsch; von der Bevölkerung ist so gut wie nichts zu sehen.

*

Ein stiller Abend; auch das Artilleriefeuer scheint für den Augenblick verstummt, und nur die langsam verrauchenden Dörfer erinnern an die vergangenen kriegerischen Stunden.

Vorgestern bei Nacht und Nebel haben wir also die französische Grenze überschritten.

Ich bin fast dauernd angespannt, aber trotz des minimalen Schlafes bei immer noch recht niedrigen Temperaturen auf freiem Feld bin ich frisch und munter. Die Toten am Straßenrand und auf den Wiesen, sie zeigen, wie unsinnig, wie primitiv dumm die Menschen sind in ihrem organisierten Morden und Töten...

*

In der Nacht setzt das Bataillon über Kanal und Fluß. Ein halbes Stündchen Schlaf im nassen Gras, ein paar Leuchtkugeln, vom feindlichen Flieger abgeworfen. Und dann sind wir am Wasser, Schlauchboote fahren uns hinüber, wie es schon langsam hell wird. Kein Schuß ist gefallen. Nun sind die Brücken schon wieder fertig und der Vormarsch geht weiter! Man kann einfach nicht umhin, sich zu fragen, wie ist das alles möglich? Knapp vier Wochen Krieg, deutsche Truppen in Paris, die Seine überschritten, das französische Heer vernichtet. Teilnahmslos schauen die Gefangenen; nur einen sah ich neulich, dem die Tränen in den Augen standen.

dende aber war: Die deutschen Panzerdivisionen standen so weit im Feindgebiet, daß ein einziger kräftiger Stoß in ihren Rücken sie von den eigenen, langsamer folgenden Hauptverbänden abschneiden konnte. Die Vernichtung der deutschen Panzerstreitmacht war dann nicht mehr schwer.

Doch für einen solchen kräftigen Stoß brauchte man eine starke und zugleich sehr bewegliche Waffe – eben auch Panzer. Nun rächte sich bitter, daß sich damals der Hauptmann de Gaulle nicht mit seinen Gedanken, die Panzer zur selbständigen Waffe zu machen, hatte durchsetzen können. Die vielen französischen Panzer – doppelt so viele wie die Wehrmacht besaß und obendrein besser gepanzert und bewaffnet – waren überall hingekleckert worden, sie waren Bestandteile der Infanterieverbände, sollten diese im Kampf nur schützen. Als selbständige, schlagkräftige Streitmacht gab es die Panzer nicht. Nur in drei Panzerdivisionen wurde – etwa analog zur deutschen Taktik – die Durchführung selbständiger Einsätze geprobt. Eine dieser Divisionen war in der Nähe, und sie wurde just von Charles de Gaulle, mittlerweile Oberst, geführt, dem einzigen französischen Offizier, der die Möglichkeiten der neuen Waffe voll erkannte. Entschlossen packte er zu.

Er stieß nach Norden vor, der Panzerstraße Guderians entgegen. Er wollte die deutsche Panzerschlange zerschneiden und dann sofort Front in Richtung Osten gegen die nachfolgende deutsche Infanterie machen. Die abgeschnittenen deutschen Panzertruppen, ohne Nachschub völlig hilflos, konnte man später zwischen Cambrai – dem Ort der ersten Panzerschlacht im vergangenen Ersten Weltkrieg – und Arras vernichten. Gleichzeitig schaffte de Gaulle der französischen Führung die notwendige Atempause zum Aufbau einer neuen Verteidigungslinie.

Bei Montcornet, an der Straße nach Laon, stießen die gepanzerten Gegner aufeinander. Lange wogte der Kampf hin und her. Ein Panzer nach dem anderen barst auseinander. Ein Höllenkonzert brüllender Motoren und jaulender Granaten, detonierender Stahlkolosse und belfernder Maschinenwaffen.

»Laßt uns gemeinsam vorwärtsschreiten«

Winston Churchills Regierungserklärung, 13.5.1940

Freitag abends erhielt ich den Auftrag Seiner Majestät, eine neue Regierung zu bilden. Es war der deutliche Wunsch und Wille des Parlaments und der Nation, daß diese Regierung auf einer möglichst breiten Basis gebildet werden und alle Parteien einschließen solle...

Ich habe nichts zu bieten als Blut, Mühsal, Tränen und Schweiß. Uns steht eine Prüfung von allerschwerster Art bevor. Wir haben viele, viele lange Monate des Kämpfens und des Leidens vor uns. Sie werden fragen: Was ist unsere Politik? Ich erwidere: Unsere Politik ist, Krieg zu führen, zu Wasser, zu Lande und zur Luft, mit all unserer Macht und mit aller Kraft, die Gott uns verleihen kann; Krieg zu führen gegen eine ungeheuerliche Tyrannei, die in dem finsteren, trübseligen Katalog des menschlichen Verbrechens unübertroffen bleibt. Das ist unsere Politik. Sie fragen: Was ist unser Ziel? Ich kann es in einem Wort nennen: Sieg – Sieg um jeden Preis, Sieg trotz allem Schrecken, Sieg, wie lang und beschwerlich der Weg dahin auch sein mag; denn ohne Sieg gibt es kein Weiterleben. Möge man darüber im klaren sein: kein Weiterleben für das Britische Weltreich; kein Weiterleben für all das, wofür das Britische Weltreich eingetreten ist; kein Weiterleben für den jahrhundertealten Drang und Impuls des Menschengeschlechts, seinem Ziel zuzustreben. Doch ich übernehme meine Aufgabe voll Energie und Hoffnung. Ich bin dessen gewiß, daß es nicht geduldet werden wird, daß unsere Sache Schiffbruch erleide. So fühle ich mich in diesem Augenblick berechtigt, die Hilfe aller zu fordern, und ich rufe: »Auf denn, laßt uns gemeinsam vorwärtsschreiten mit vereinter Kraft.«

Das schrecklichste an dieser wütenden Schlacht zweier gleichwertiger Gegner: Zwischen den kämpfenden Stahlgiganten, auf der Landstraße nach Laon, zogen lange Flüchtlingskolonnen südwestwärts. Sie wurden von der Schlacht überrascht und gerieten in ihren Strudel.

Die Menschen mit ihren Karren, Handwagen, Rucksäcken, Kinderwagen konnten nicht ausweichen, nicht fliehen. Nur im Straßengraben war Deckung zu finden. Der Flüchtlingstreck wurde am Rande der Straße zermahlen, zerstampft. Die Granaten beider Seiten schlugen in die Wagen, in die Menschen, zerrissen die Pferde.

Der Sieg in der Schlacht schien sich den Franzosen zuzuneigen. Die deutschen Panzer hatten nicht mehr viel Munition, der Kraftstoff ging zu Ende. Da stürzten vom Himmel die über Funk zu Hilfe gerufenen Stukas. Die langsamen und schwerfälligen französischen Panzer wurden ihre leichte Beute. Eine schwere Stukabombe – dagegen half auch die stärkste Panzerung nicht. Und auch die Voraustruppen der deutschen Infanterie waren auf dem Schlachtfeld erschienen. Ihre Panzerabwehrgeschütze taten ein übriges. Geschlagen zogen sich die übriggebliebenen Panzer der Division de Gaulles zurück. Die letzte Chance der Franzosen war vertan.

Am 18. Mai – auch Belgiens Hauptstadt Brüssel war schon gefallen – wurde General Gamelin von seiner Regierung abgesetzt. General Maxime Weygand war aus Syrien geholt und mit dem Oberbefehl betraut worden. Er erkannte tatsächlich auf den ersten Blick den Fehler seines Vorgängers, die Hauptstreitmacht nach Norden, nach Belgien zu schicken. Nein, die Deutschen handelten nicht nach dem alten Schlieffen-Plan! Ihr wahres Operationsziel hieß: Durchbruch zum Kanal und Zerteilung der alliierten Truppen. Sofort befahl er den in Belgien noch kämpfenden Armeen eine Kehrtwendung. Kampfrichtung Süden, gegen die immer weiter vorstoßenden deutschen Panzertruppen. Was bis jetzt Troß gewesen war, rückwärtiger Dienst, Nachschubeinheit, das fand sich plötzlich als kämpfende Truppe an der vordersten Front.

Weygands Befehl zur Kehrtwendung nützte nichts, denn die Soldaten, die dadurch nun an der Front standen, waren ältere Landsturmleute, Reservisten, kaum ausgebildet, kampfunerfahren. Mit einer Feldküche kann man nun mal nicht auf Panzer schießen.

So war der Krieg im Westen, der »Feldzug der sechs Wochen«, wie er später genannt wurde, in Wahrheit schon entschieden, als Weygand das Kommando übernahm, nach acht Tagen.

Rückschauend muß man dies so sehen – den damals Beteiligten war das zu diesem Zeitpunkt längst nicht klar. Hitler bekam sogar plötzlich Bedenken, daß seine Panzer zu weit vorgestoßen sein könnten. Die linke, die Südflanke der Panzer, war tatsächlich völlig ungeschützt. Wenn nun die Franzosen hier hineinstießen, wie das die Division de Gaulles bei Montcornet versucht hatte, dann konnte das die Vernichtung der Guderianschen Panzerarmee und damit die Niederlage in der Schlacht um Frankreich sein. Die beiden Panzerkorps sollten angehalten werden.

Guderian brauste trotzdem weiter, Richtung Kanal. Kleist, der jetzt wieder zum Zauderer geworden war, warf ihm Befehlsverweigerung vor. Guderian bat sofort um seine Entlassung. Kleist, dem Guderians Ungestüm nun doch unheimlich geworden war, stimmte zu. Aber Generaloberst von Rundstedt, Oberbefehlshaber der Heeresgruppe, der von dem Streit erfuhr, erlaubte Guderian, mit »kampfkräftigen Aufklärungsverbänden« weiter nach Westen zu stoßen. Ob das ein »Wink mit dem Zaunpfahl« war oder nicht – Guderian betrachtete alle seine Panzer als »kampfkräftigen Aufklärungsverband« und machte weiter wie bisher. Am 20. Mai wurde bei Abbeville die Sommemündung erreicht. Vor den deutschen Panzergeschützen

Zwischen den Mühlen des Krieges: Französische Flüchtlinge auf dem Weg nach Süden (Bild rechts). Beim schnellen Vormarsch der Deutschen geriet die Zivilbevölkerung teilweise mitten ins Kampfgeschehen. Bild linke Seite oben: Noch sind sie guten Mutes: Soldaten der britischen Expeditionsstreitkräfte (British Expeditionary Forces, BEF), die bis zu Beginn der deutschen Offensive im Westen auf eine Truppenstärke von 394.000 Mann gebracht wurden. Bild linke Seiten unten: Als sich die Katastrophe an der Westfront abgezeichnet hatte, beraumten die Alliierten am 1. Juni 1940 in Paris eine Krisenkonferenz an. Von links: Premierminister Churchill, Stabschef John Dill, Lordsiegelbewahrer Attlee, Ministerpräsident Reynaud, General Ismay.

lag der Kanal. Drüben, über dem Wasser, lag die britische Insel.

Die Hauptstreitkräfte der Alliierten aber waren nun endgültig eingekesselt, von ihrem Hinterland abgeschnitten. Jetzt mußte schon ein Wunder geschehen, um Frankreich noch zu retten.

Im Land war eine Panik ausgebrochen. Von Norden her flüchteten die Menschen in sinnloser Angst nach Süden. Viele von ihnen wußten noch zu gut, wie es vor mehr als zwei Jahrzehnten gewesen war, als die Front in Nordfrankreich und Flandern für Jahre erstarrte. Man zog die Flucht vor. Das Chaos wurde durch die Flüchtlinge noch vollkommener. Sie zogen nach Süden, die im Inneren Frankreichs aufgebotenen Truppen der Reserve nach Norden. Niemand war mehr in der Lage, dieses Durcheinander zu entwirren. Die Flüche, die über Frankreichs Straßen hallten, galten in diesen Tagen zuerst der eigenen Regierung, die für nichts vorgesorgt hatte, dann den Engländern und erst danach den Deutschen.

Inzwischen waren nicht nur die militärischen Fronten der Alliierten zerbrochen, jetzt begann auch die politische Front zu zerbrechen. General Weygand war empört, als er erfahren mußte, daß das britische Expeditionskorps den Befehl erhalten hatte, sich möglichst kampflos aus Belgien und Nordfrank-

reich zurückzuziehen und im Notfall nach England zurückzukehren. Churchill, der am 10. Mai die britische Regierung übernommen hatte, befand sich in Frankreich. Weygand stellte ihn wegen des Rückzuges der Briten zur Rede und forderte vor allem mehr britische Luftunterstützung gegen die deutschen Panzer. Churchill lehnte ab. Der Weg von England nach Frankreich sei zu weit, die britischen Jäger könnten dann wegen Treibstoffmangels nur kurze Zeit im Einsatz sein. Weygand sagte, dann müßten die britischen Jäger eben nach Frankreich verlegt werden. Churchill lehnte auch dies ab.

Inzwischen hatten die deutschen Panzerdivisionen am Kanal nach Norden gedreht und gingen am Meer vor. Am 23. Mai wurden Boulogne und Calais erreicht. Für die in dem riesigen Kessel eingeschlossenen französischen und britischen Truppen gab es nur noch eine Chance der Rettung – Flucht über den Kanal nach England. Der einzige Hafen, der dafür in Frage kam, war Dünkirchen.

Im Norden flohen daher die alliierten Truppen in aller Hast. Im Süden, gegenüber Guderians Panzern, wurden am La-Bassée-Kanal hastig Stellungen aufgebaut. Die Deutschen mußten wenigstens so lange Dünkirchen ferngehalten werden, bis das britische Expeditions-

korps den rettenden Hafen erreicht hatte.

Wirklich gelang es den Engländern, vom Festland zu entkommen. Der ihnen die Flucht ermöglichte, war niemand anders als Hitler selbst. Am 24. Mai befahl Hitler, die deutschen Panzer aufzuhalten. Die Panzer durften nicht weiter nach Dünkirchen vorstoßen.

Die Panzergenerale waren verzweifelt. Was sollte dieser Befehl? Jedem, der ihn fragte, gab Hitler eine andere Begründung für seinen Befehl. »Ich kenne das Gelände aus dem Weltkrieg«, sagte Hitler zu dem einen, »es ist von Wasserläufen durchzogen und für einen Panzereinsatz völlig ungeeignet.«

»Wir haben im Moment genug erreicht«, sagt er zu dem anderen. »Die Panzerdivisionen müssen sich erst einmal erholen, sonst sind sie bei einem eventuellen Vorstoß von Süden aus Frankreich her zu schwach.« Einem dritten erklärt er, daß er das Leben der Panzersoldaten schonen wolle. Das Entkommen der Engländer verhindere die Luftwaffe schon allein.

Den wahren Grund gab Hitler nur im vertrauten Kreis bekannt. Er wollte die Briten ganz bewußt entkommen lassen, weil er nach dem Sieg in Frankreich England abermals ein Friedensangebot unterbreiten wollte. Deshalb wollte er sich schon jetzt großzügig zeigen und

Der deutsche „Blitzsieg" über Frankreich wird allgemein als ein Sieg der Panzer gewertet, aber ohne Erringung der Lufthoheit wäre Mansteins waghalsiger „Sichelschnitt" nicht möglich gewesen. Bild rechte Seite oben: deutsche Kampfflugzeuge über Paris. Bild rechte Seite unten: Die französische Luftwaffe wurde in den er-

sten Tagen der Westoffensive größtenteils schon am Boden zerstört. Die Lorbeeren des Luftsieges steckte sich Reichsmarschall Hermann Göring an, der Oberbefehlshaber der deutschen Luftwaffe. Bild links: Göring verabschiedet sich nach einer Lagebesprechung vom „Führer".

die Engländer nicht unnötig verbittern. Ohnehin hatte der deutsche Operationsplan vorgesehen, Frankreich nicht ganz zu besetzen. Es sollte nur eine Lage geschaffen werden, die den Gegner endlich friedenswillig machte.

Dabei war längst klar, daß keine britische Regierung mit Hitler – und nicht nur mit ihm, sondern auch mit sonst keiner deutschen Regierung – Frieden schließen würde, bevor Deutschland am Boden lag.

Eben, während Hitler sich noch einbildete, die britische Regierung durch das Entkommenlassen des Expeditionskorps versöhnlicher zu stimmen, gingen im Auswärtigen Amt Meldungen ein, wonach auf Vorschlag des amerikanischen Präsidenten, Franklin Delano Roosevelt, die britische und französische Regierung übereingekommen seien, Frieden nur unter folgenden Bedingungen zu schließen:

1. Hitler und sein Regime müßten verschwinden.
2. Deutschland habe den Versailler Vertrag erneut anzuerkennen.
3. Die deutsche Wehrmacht müsse aufgelöst werden, jede Bewaffnung werde Deutschland verboten.
4. Deutschland müsse fünfzig Jahre von alliierten Truppen besetzt werden.

Jedenfalls führte Hitlers Fehleinschätzung der englischen Politik dazu, daß die deutschen Panzer so lange untätig herumstanden, bis in der britischen Aktion »Dynamo« sämtliche Truppen des Expeditionskorps, über zweihunderttausend Mann und über hunderttausend Mann der anderen Alliierten, insbesondere Franzosen, sich in Dünkirchen nach der englischen Insel einschiffen konnten.

Waffen und Geräte mußten zurückgelassen werden, aber die Menschen wurden gerettet – der unentbehrliche Kern der späteren Invasionsarmee.

In der Nacht vom 3. zum 4. Juni 1940 verließ der letzte englische Soldat das Festland, um fast auf den Tag genau vier Jahre später, am 6. Juni 1944, mit der gewaltigen alliierten Invasionsstreitmacht zurückzukommen. Dann aber besser ausgerüstet und bewaffnet, voller Siegeszuversicht.

Inzwischen hatte am 28. Mai König Leopold von Belgien kapituliert, für sein Land war der Krieg nach achtzehn Tagen zu Ende.

Am selben 28. Mai zog sich weit oben im Norden Narviks deutsche Besatzung unter Dietl, die bis dahin trotz aller gegnerischen Überlegenheit den so wichtigen Erzhafen hatte halten können, ins Gebirge zurück. Doch die alliierten Truppen folgten nicht, vielmehr gaben sie ihr Unternehmen in Norwegen kurze Zeit später überhaupt auf.

Am 8. Juni waren die alliierten Truppen ungehindert von den abgekämpften Deutschen in Narvik eingeschifft und fuhren mit vier Geleitzügen nach England. Am selben Tag stiegen der König von Norwegen und Mitglieder seiner Regierung in Tromsö an Bord eines britischen Kreuzers. Der Krieg in Norwegen war nun ebenfalls beendet.

Churchill schreibt in seinen Memoiren unter anderem über diesen Krieg:

»Die Überlegenheit der Deutschen in der Planung, Führung und Tatkraft war offensichtlich... Zudem war ihre Überlegenheit als Einzelkämpfer ... augenfällig. In Narvik hielt eine bunt zusammengewürfelte Schar von knapp 6000 Mann sechs Wochen hindurch mehr als 20 000 Mann verbündeter Truppen in Schach... In diesem norwegischen Kampf wurden unsere besten Truppen, die schottische und irische Garde, durch die Tatkraft, den Unternehmungsgeist und die Ausbildung von Hitlers jungen Leuten kaltgestellt.«

Noch aber war der Feldzug in Frankreich nicht zu Ende.

Die deutschen Truppen hatten sich nach der Auflösung des Kessels von Dünkirchen nach Süden gewandt, dem Herzen Frankreichs zu. In Belgien und Holland, in Nordfrankreich war ja der Kampf zu Ende, alle Kraft konnte nun nach Süden gerichtet werden. So kam es, daß der Krieg nun noch schneller voranschritt als zuvor.

Die deutschen Panzertruppen standen vor Reims. Die Stadt war zur Offenen Stadt erklärt worden, dort war also kein Widerstand zu erwarten. Die französische Regierung hatte sogar ein übriges getan. Sie hatte Reims völlig von der Zivilbevölkerung räumen lassen. Merk-

Nachdem die deutschen Panzerspitzen am 19./20. Mai den Kanal erreicht hatten, waren über eine halbe Million alliierte Soldaten vom französischen Kernland abgeschnürt. Die einzige Möglichkeit zur Rettung der eingeschlossenen Verbände bestand in der Flucht nach England - die „Operation Dynamo" kam in Gang. Der Erfolg von „Dynamo" wurde möglich durch die Vormarschpause der deutschen Panzerverbände, den zähen Abwehrkampf der Verteidiger von Dünkirchen, das während der Kämpfe in ein Ruinenfeld verwandelt wurde (Bild oben), die günstige Wetterlage (tiefe Wolken, ruhige See) und den erbitterten Widerstand der Royal Air Force, die ihre gesamte Jagdwaffe zur Deckung einsetzte. Bild linke Seite: deutsche Artillerie im Kampf um Dünkirchen. Bild rechts: Britische Soldaten suchen Deckung am Strand.

würdig. Wenn Reims Offene Stadt war, hatte die Bevölkerung doch ohnehin nichts zu befürchten?
Das Rätsel löste sich bald. Um eines letztlich fehlgeschlagenen Propagandatricks willen hatte man die Menschen von zu Haus weggeführt.
Nach dem Abzug der Bevölkerung hatten Sonderkommandos die Straßen sorgfältig gereinigt, das Stadtbild gesäubert. Die Haustüren wurden verschlossen, vor den Schaufenstern der Geschäfte und Gaststätten die Rolläden heruntergelassen. Und dann wurde Reims – fotografiert! Straße für Straße, die bedeutendsten Gebäude wurden noch einmal extra aufgenommen.
Die Fotografen verließen Reims als letzte. Ihre Aufnahmen sollten später einmal beweisen, wie das weltberühmte Reims aussah, bevor die deutschen Hunnen es zerstörten. Dann, nach dem Sieg, würden die Fotografen die Stadt aufnehmen, wie sie nach der Plünderung durch die Deutschen aussah.
Doch nichts dergleichen geschah. Da Reims von allen Einwohnern verlassen war, erhielten die deutschen Truppen Befehl, Reims zu umgehen. Nur ein Kommando der Feldgendarmerie betrat die Stadt und verwehrte jedem Soldaten den Zutritt.
Unheimlich war es in der Stadt. Die berühmte Kathedrale war von Sandsäcken umgeben. Eine ehrwürdige Stätte. Was mögen sich die Propagandisten gedacht haben, als sie das alles fotografierten, »vor der Plünderung durch die Deutschen«? Hier an dieser Stelle stand einst die Jungfrau von Orléans, die französische Nationalheldin, als König Karl VII. gekrönt wurde, dem sie gegen die Engländer zu Hilfe eilte. Noch früher erfüllte hier der Frankenkönig Chlodwig sein Versprechen, sich taufen zu lassen, wenn der Christengott ihn über die Alemannen siegen ließe. Das Versprechen gab er in Deutschland, in Zülpich im Rheinland, hier in Reims erfüllte er es. Und diese, französische und deutsche Geschichte verbindende, ehrwürdige Stätte sollten deutsche Soldaten »plündern«?
Eine durch die leeren Straßen patrouillierende Streife der Feldgendarmerie wurde plötzlich von einer ängstlichen Stimme angerufen. Eine uralte Frau, in

Bild oben: Britische Soldaten, die nicht mehr evakuiert werden konnten, gehen in die Gefangenschaft. Entsetzliche Szenen spielten sich auf der „Bourrasque" ab, nachdem der Zerstörer kurz nach der Ausschiffung auf eine Seemine gelaufen war (Bild rechte Seite oben).

Die „Schlacht von Dünkirchen" wurde von den Deutschen als großer Sieg und Anfang vom Untergang Englands gefeiert. Die unabsehbare Menge an Waffen und Geräten, die die Alliierten zurücklassen mußten (Bild rechte Seite unten), konnte aber nicht darüber hinwegtäuschen, daß Dünkirchen für die Deutschen nur ein „halber Sieg" gewesen war: 338.000 Soldaten, darunter 123.000 Franzosen, wurden auf die Insel gerettet - der unentbehrliche Kern jener Armeen, die vier Jahre später mit den alliierten Invasionsstreitkräften an die Strände Nordfrankreichs zurückkehren sollten.

deren Augen Furcht und Entsetzen standen, flehte die deutschen Soldaten an, sie nicht zu erschießen.
Die Landser schüttelten den Kopf, halb mitleidig und halb ärgerlich. Es dauerte ein Weilchen, bis sie der hilflosen Greisin, die von allen vergessen und zurückgelassen wurde, klargemacht hatten, daß sie nichts zu fürchten habe. Die alte Frau wurde zutraulicher. Ob die Soldaten kein Brot hätten, sie habe schon lange nichts mehr gegessen. Brot hatten die Landser, aber das dunkle Kommißbrot würde die Frau nicht essen wollen. Einer besorgte rasch einen Beutel mit Keksen aus dem Kübelwagen, ein paar Büchsen Milch und Fleischkonserven. Dann wurde der Frau das Hotel gezeigt, in dem sich die deutsche Kommandantur niedergelassen hatte. Dort solle sie sich jeden Tag Verpflegung holen, alles, was sie brauche, die einzige Einwohnerin von Reims.
Sie schüttelte verwundert den Kopf. Dann sagte sie schwerfällig:
»Ja, ja, man muß immer beide Seiten hören. Wer immer nur eine einzige Glocke hört, der kennt auch nur einen einzigen Klang.«
Am selben 11. Juni war Churchill, der britische Premierminister, nach Orléans gekommen. Dorthin hatte sich die französische Regierung begeben, die Paris verlassen hatte. Churchill forderte die Bundesgenossen zum Durchhalten auf. Aber die Franzosen konnten und wollten nicht mehr. »Wir haben den Deutschen nichts mehr entgegenzusetzen«, sagte General Weygand dem britischen Premierminister. »Wir müssen jetzt versuchen, zu retten, was noch zu retten ist. Weiterer Widerstand verschlimmert nur unsere Lage.«
Churchill sah ein, daß er die Franzosen nicht überzeugen konnte. So sagte er ihnen, sie sollten ihre Armee auflösen, aber den Soldaten alle Waffen belassen und sie ins Gebirge schicken. Von dort sollte ein gnadenloser Partisanenkrieg gegen die Deutschen entfacht werden. Ein halbes, vielleicht ein ganzes Jahr könnten sich diese Partisanentruppen halten. Bis dahin, so versprach Churchill, würde er ein Landungskorps aufgestellt haben. Die Vereinigten Staaten würden eingreifen mit ihrer gewaltigen Materialüberlegenheit.

Churchill kam mit seinen Argumenten nicht durch. Der greise Marschall Henri-Philippe Pétain und General Weygand glaubten zwar an amerikanische Hilfe, aber wann konnte sie geleistet werden? Und bis dahin Partisanenkrieg in Frankreich? Das wäre das Ende des Vaterlands, das Ende seiner Städte, die gegenseitige Vernichtung der Bevölkerung in einem Bürgerkrieg – die einen auf der Seite der Deutschen, die anderen auf der Seite der Alliierten.

Nur einer unterstützte Churchill – Charles de Gaulle, zum General befördert und in der neuen Regierung unter Paul Reynaud nach der Panzerschlacht von Montcornet zum Unterstaatssekretär im Verteidigungsministerium ernannt. Aber das hatte nichts zu sagen. Wer war er schon, dieser frisch gebackene General, dieses neue Regierungsmitglied, ein Mann, der noch nie Politik gemacht hatte!

Am selben 11. Juni hatte Italien Frankreich den Krieg erklärt. Mussolini, noch in den Wochen zuvor stets in Sorge vor einem französischen Angriff, war nun besorgt, zu kurz zu kommen.

Die italienische Kriegserklärung hatte in Frankreich ungewöhnliche Folgen. Der Widerstandswille der Franzosen wurde noch einmal angefacht. »Seht diesen Schakal Mussolini«, schrieb die Presse, »jetzt, da wir am Boden liegen, schleicht er herbei, um seinen Beutefraß nicht zu versäumen. Lange genug hat er gedroht, hat Tunis, Korsika und Nizza verlangt. Jetzt, im Schatten der deutschen Panzer, wagt er sich aus dem Hinterhalt hervor!«

Neuer Kampfwille erfaßte die noch übriggebliebenen französischen Divisionen. Unter den Soldaten herrschte nur eine Meinung: Schnell Waffenstillstand mit den Deutschen schließen, und dann Gnade Gott den italienischen Faschisten und ihrem großmäuligen Duce!

Obwohl die Franzosen wirklich schon geschlagen waren, das Ende des Kampfes nur noch eine Frage von Tagen, gelang es den italienischen Truppen nicht, nach Frankreich vorzustoßen. Die am ersten Tag nach der Kriegserklärung vorrückenden italienischen Divisionen wurden von den Franzosen verlustreich über die Grenze zurückgetrieben. Bis zum Waffenstillstand gelang den Italienern kein einziger Sieg über die Franzosen.

Hitler paßte der italienische Kriegseintritt überhaupt nicht in seine Pläne. Zu diesem Zeitpunkt war das Eingreifen seines Bundesgenossen für ihn keine Hilfe, sondern eine schwere Belastung. Er würde in seiner künftigen Politik gegenüber Frankreich immer mit Einsprüchen und Forderungen des in diesem Augenblick unerwünschten Bundesgenossen rechnen müssen.

Während die italienischen Divisionen an der Front nicht vorankamen, ging der deutsche Vormarsch weiter, schneller noch als bisher.

Rouen wurde eingenommen.

Die Stadt brannte. Französische Pioniere hatten die riesigen Öltanks am Ufer der Seine in Brand gesteckt. Nichts von dem kostbaren Treibstoff sollte den Deutschen in die Hände fallen. Drei Tage lang brannten die 12 000 Tonnen Öl und schickten eine kilometerhohe Rauchfahne in den Himmel, verdunkelten die strahlende Junisonne. Der Brand griff auf die Stadt über, auf die alten Häuser der Innenstadt mit ihren verwinkelten Straßen und Gassen. Schon brannten die Häuser um den alten Marktplatz.

Ein großer Teil der Bevölkerung war geflüchtet. Zwanzig Feuerwehrmänner taten, was sie tun konnten. Aber das städtische Wassernetz war zerstört.

Die alte frühgotische Kathedrale war vom Brand bedroht. Schon brannten die Holzgerüste, die wegen notwendiger Renovierungsarbeiten das Gotteshaus umgaben.

Da traf als erste deutsche Einheit ein Pionierbataillon in Rouen ein. Die Pioniere packten sofort zu. Sie kletterten durch die Flammen auf das Dach hinauf. Ein lebensgefährliches Wagnis. Oben angekommen, stellten sie fest, daß das jahrhundertealte Holzgebälk bereits glomm. Doch zuerst mußte das brennende Außengerüst weg.

Endlich stürzte das Gerüst als brennendes Gewirr in die Tiefe. Nun konnte das Dachgebälk gesichert und damit das ganze Gebäude gerettet werden. Später gelang es den Pionieren und mittlerweile eingetroffenen anderen Truppenteilen, auch den Brand der Innenstadt einzudämmen und schließlich zu löschen. Zahlreiche Landser verunglückten dabei, mehrere tödlich. Deutsche Soldaten gaben ihr Leben für die Erhaltung der Kathedrale von Rouen, für die Rettung der Stadt.

Am Abend des 13. Juni standen die deutschen Truppen vor Paris. Frankreichs Hauptstadt war zur Offenen Stadt erklärt worden, aber später hatte die französische Regierung wieder bekanntgegeben, Paris werde verteidigt, Straße um Straße, Haus um Haus. Was würde nun wirklich geschehen?

Ein offener Funkspruch ging von deutscher Seite an den Stadtkommandanten, General Dentz. Er wurde gebeten, Verhandlungen wegen der Übergabe der Stadt aufzunehmen. Ein deutscher Parlamentär sei unterwegs.

Die deutsche Parlamentärgruppe, ein Stabsoffizier mit allen Vollmachten und zwei weitere Offiziere, fuhren um 20 Uhr los, Richtung Paris. Die französischen Soldaten räumten Drahtverhaue weg, als sie die Parlamentäre erkannten, zeigten dem deutschen Fahrer den Weg durch die Minensperren vor der

Schon Napoleon hatte sich über den „sacro egoismo", den „heiligen Egoismus" der Italiener, lustig gemacht. Nachdem Frankreich den Krieg gegen die Deutschen längst verloren, aber noch nicht kapituliert hatte, ließ Benito Mussolini (auf dem Bild oben im Gespräch mit Kronprinz Umberto an der „Alpenfront") am 10. Juni seine Truppen zum Angriff antreten, um Italiens Ansprüche auf Nizza, Korsika und Tunis durchzusetzen. Die kriegerischen Aktivitäten des „Duce" kamen aber über bescheidene Ansätze nicht hinaus, zumal die Franzosen in den Bergen noch einmal zu ihrem alten Kampfeswillen fanden (Bild linke Seite: französischer Beobachtungsposten in den Seealpen).

Italien tritt in den Krieg ein

Tagebuchaufzeichnungen von Galeazzo Graf von Ciano, Mai/Juni 1940

29. Mai 1940. Heute morgen um 11 Uhr wurde im Palazzo Venezia das Oberkommando geboren. Selten habe ich Mussolini so glücklich gesehen. Endlich verwirklicht er seinen tiefsten Traum: militärischer Condottiere seines Landes im Kriege zu werden ... Auf jeden Fall muß der Krieg kurz sein. Nicht länger als zwei oder drei Monate, das ist wenigstens die Meinung von Favagrossa, der sehr schwarz sieht, weil die Vorräte erschreckend klein sind. Von einigen Metallen besitzen wir buchstäblich gar nichts. Am Vorabend eines Krieges – und welchen Krieges! – haben wir hundert Tonnen Nickel.

*

30. Mai 1940. Der Entschluß ist gefaßt. Die Würfel sind gefallen. Mussolini hat mir heute morgen seine Mitteilung an Hitler über den Kriegseintritt aus- gehändigt. Das gewählte Datum ist der 5. Juni, falls nicht Hitler selbst eine Verschiebung um einige Tage wünscht.

*

1. Juni 1940. Audienz beim König. Er billigt die Formel (der Kriegserklärung), die ich ihm unterbreite. Er hat sich jetzt in den Gedanken an den Krieg gefügt, aber nicht mehr als gefügt. Er glaubt, daß Frankreich und England furchtbar schwere Schläge erhalten haben, er mißt jedoch – und das mit Recht – einer möglichen amerikanischen Einmischung große Bedeutung bei. Er fühlt, daß das Land ohne Begeisterung in den Krieg geht ... »Die Leute, die von einem kurzen und leichten Krieg sprechen, täuschen sich sehr. Es gibt noch viele unbekannte Größen, und der Horizont ist ganz anders als im Mai 1915.« So schließt der König...

*

4. Juni 1940. Ministerrat. Während alle große politische Sensationen erwarteten, war der Duce kokett genug, der heutigen Sitzung »einen so ausschließlichen verwaltungsmäßigen Charakter zu geben, wie es seit 18 Jahren nicht mehr der Fall gewesen ist«. Keine Erklärung, einzig am Anfang der Sitzung hat Mussolini gesagt: »Das ist der letzte Ministerrat im Frieden«, und ist dann zur Tagesordnung übergegangen...

Stadt. Gott sei Dank, endlich hatte der Kampf ein Ende. Nirgendwo stießen die deutschen Offiziere auf Feindseligkeit, nur auf erleichtertes Aufatmen.

Zehn Kilometer vor dem Stadtrand aber, bei der Ortschaft St. Brize, wurde der Kübelwagen beschossen. Stacheldraht in dichten Wellen sperrte die Straße. Auf Umwegen versuchte das Parlamentärfahrzeug weiterzukommen. Überall Maschinengewehrfeuer. Der Wagen wurde durchlöchert, aber wie durch ein Wunder wurde niemand verletzt.

Die Parlamentäre mußten umkehren, es gab kein Durchkommen. Hatten sich die Franzosen doch zur Verteidigung der Millionenstadt Paris entschlossen? Noch einmal wurde nach Paris gefunkt, wieder im Klartext. Nun kam endlich Antwort: General Dentz will selbst einen Parlamentär schicken.

Um 6.00 Uhr früh am 14. Juni war er da. Die Verhandlungen waren kurz. Der französische Offizier unterschrieb im Namen des Stadtkommandanten das Übergabeprotokoll: Paris wird als Offene Stadt behandelt und nicht verteidigt. Alle Straßensperren werden von den Franzosen noch vor dem deutschen Einmarsch beseitigt. Das Leben und die Sicherheit der Bevölkerung werden von deutscher Seite garantiert.

Die deutschen Truppen setzten sich wieder in Marsch. Der Eiffelturm wurde sichtbar. Da lag sie, die berühmte Stadt, Paris, das vielbesungene.

Am selben Morgen begann der Angriff auf Verdun. Hunderttausende von Toten hatte dieser Festung im Ersten Weltkrieg gefordert. Wie würde der Kampf diesmal ausgehen? Manchem der deutschen Offiziere war alles hier noch von damals her vertraut. Auf der Lagekarte standen die Namen, die fürchterliche Erinnerungen heraufbeschworen. »Toter Mann«, »Pfefferrücken«, »Höhe 304«. Und dort lag das Fort Douaumont. 1936, in der nächtlichen Feierstunde auf dem riesigen Trichterfeld, hatten die Überlebenden aller an dem schrecklichen Kampf beteiligten Nationen einander geschworen, nie wieder die Waffen gegeneinander zu erheben. Sie waren ihrem Schwur untreu geworden. Nun kämpften sie wieder an der gleichen Stelle wie damals. Damals hatte der Kampf um Verdun zehn Monate gedauert. Wie lange würde er diesmal dauern?

Einen Tag lang! Am Abend war Verdun gefallen. Die Forts hatten sich gewehrt, aber die panzerbrechenden deutschen Geschütze, die fürchterlichen Stukas waren stärker. Verdun war nicht mehr die berühmte und gefürchtete Festung. Eine von vielen kleinen französischen Städten, mehr nicht. 700 000 Tote hatte die Schlacht um Verdun damals gefordert. 700 000 Menschenleben wurden hier dem Krieg geopfert. Heute, am 14. Juni 1940, gab es auf deutscher Seite sieben Tote.

Ebenfalls an diesem Tag begann sich die Front dort in Bewegung zu setzen, wo sie von Kriegsbeginn bis jetzt fast ruhig gewesen war, am Schauplatz des fast schon vergessenen »drôle de guerre«, an der Maginot-Linie. Südlich von Saarbrücken begann der deutsche Sturm auf die französischen Befestigungen. Längst stand die Wehrmacht tief in Frankreich, aber hier an der Grenze hatte sich noch nichts geändert. Deshalb wurde es Zeit für diesen Sturm. Noch gab es in Frankreichs Führung viele Stimmen, die da sagten: »Laßt die Deutschen sich in Frankreich totlaufen. Die Maginot-Linie werden sie nie einnehmen. Solange die Maginot-Linie als unüberwindliches Bollwerk besteht, brauchen wir nicht zu kapitulieren, so lange geht der Krieg noch immer weiter!«

Die deutsche Führung hatte tatsächlich daran gedacht, die Maginot-Linie im wahrsten Sinn des Wortes »links liegen zu lassen« und die Entscheidung im Vordringen zum Herzen Frankreichs zu

Nach der Vertreibung der britischen Streitkräfte vom Kontinent begann am 5. Juni die zweite Phase des Westfeldzuges, die „Schlacht um Frankreich". Durch die schnellen deutschen Erfolge moralisch angeschlagen und militärisch geschwächt, setzten die Franzosen ihre letzte Hoffnung auf die Verteidigung der stark befestigten Maginot-Linie. Doch schon nach wenigen Tagen war der Kampf für Frankreich verloren: Die geballte Feuerkraft der un- und siegestrunkenen Wehrmacht traf nicht mehr auf einen gleichwertigen Gegner. Bild linke Seite: deutscher Mörser in Feuerstellung; Bild oben: Ein deutscher Infanterist hält Wache auf einem bezwungenen Bunker der Maginot-Linie.

suchen. Doch wenn französische Militärs und Politiker meinten, der Krieg müßte weitergehen, solange die Maginot-Linie hielt, dann mußte man sie schnell eines Besseren überzeugen. Die Maginot-Linie war schwer zu überwinden, der Sturm würde viele Opfer kosten. Wurde diese gewaltige Befestigungsanlage aber nicht bezwungen, dann würde der Krieg noch lange dauern und noch viel mehr Opfer fordern.
Die deutsche Artillerie begann das Trommelfeuer. Stukas stürzten pausenlos auf die Panzerkuppeln und Bunker. Künstliche Nebelschwaden hüllten das Gelände ein. In ihrem Schutz trugen deutsche Pioniere und Infanteristen über das unter Wasser gesetzte Gelände den Angriff vor. Vergeblich. Das Wasser war von Drähten und spitzen Eisenpfählen durchsetzt, die Schlauchboote wurden aufgeschlitzt und versanken in dem morastigen Wasser. Erst am Abend gelang ein kleiner Einbruch, nachdem schwere Mörser, schwere Feldhaubitzen und schwere Flak ihr Feuer auf nur einige Bunker konzentrierten. Die ersten Pioniere kamen an die feindlichen Bunker heran. Flammenwerfer spien ihre tödlichen Strahlen in die Schießscharten, geballte Ladungen folgten.
Der Durchbruch wurde geschafft. Eine kleine Lücke in dem gewaltigen Befestigungswerk war aufgerissen worden, eine ganz kleine Lücke. Aber durch sie strömten unter dem Feuer der gepanzerten französischen Geschütze, die von beiden Seiten die Bresche eindeckten, immer mehr deutsche Einheiten hinter die Maginot-Linie. Und von hinten war der französische Schutzwall leichter zu zerbrechen.
Am anderen Tag begann der Kampf auch an der Rheinfront. Schweres Trommelfeuer zeigte den Franzosen in den Bunkern und Panzerwerken auf der dem Schwarzwald gegenüberliegenden Rheinseite, daß der Kampf auch hier begonnen hatte.
Die Franzosen fühlten sich sicher. Über den Rhein kam unter dem Feuer ihrer unzähligen Waffen niemand. Und sie selbst waren gut geschützt unter Stahl und Beton. Sollten die Deutschen feuern, soviel sie wollten. Sie hielten es lange aus. Sie hatten Verpflegung, Wasser und Munition für viele Wochen.

Am 12. Juni gab General Weygand, seit dem 19. Mai Frankreichs Oberbefehlshaber, den Befehl zum allgemeinen Rückzug, nachdem sich jeder weitere Widerstand gegen die vorrückenden Deutschen als aussichtslos erwiesen hatte (Bild rechte Seite unten: deutsche Sturmboote beim Übersetzen über den Rhein; Bild rechte Seite oben: deutscher Pionier vor dem brennenden Rouen). Eine Verteidigung der französischen Hauptstadt war damit ausgeschlossen, Paris wurde zur offenen Stadt erklärt. Am 14. Juni rückten die ersten deutschen Truppen in der Seinemetropole ein.
Bild oben: deutsche Truppen vor der im Stil klassischer Tempel erbauten Kirche Sainte-Madelaine. Bild links: deutscher Doppelposten am Portal des Versailler Schlosses. 1871 war es die Stätte der Kaiserproklamation, 1918 wurde hier der Friede von Versailles geschlossen, der den Ersten Weltkrieg beendete und zugleich den Keim für den Zweiten Weltkrieg legte.

Doch die Deutschen waren in all den Monaten der Ruhe am Rhein nicht müßig gewesen. Jeden einzelnen Bunker hatten sie mittlerweile registriert, jede Panzerkuppel, jede einzelne Schießscharte. So nahm die Artillerie punktgenau im direkten Beschuß zunächst alle am Rhein liegenden Befestigungen unter Feuer. Die Granaten fauchten in die Schießscharten, die durchschlagskräftige, panzerbrechende Munition zerschmetterte eine Schießscharte nach der anderen. Manche Granate fuhr durch eine Schießscharte hindurch und detonierte erst im Inneren des Bunkers, nichts als Tote und ein wüstes Chaos hinterlassend.

Das Feuer dauerte nur Minuten. Das Ergebnis dieses ersten Feuerschlages wurde beobachtet, nachdem sich die Wolken aus Pulverqualm und Betonstaub etwas verzogen hatten.

Deutlich waren große Löcher in manchem Bunker zu erkennen, an anderen lag das Drahtgeflecht bloß. Aber alle schossen sie jetzt, die deutsche Feuerpause ausnutzend.

In der Mitte der Rheinfront, bei Breisach, zogen dichte Nebelschwaden über den Rhein, hüllten bald das deutsche Ufer ein. Hier sollte nun der Angriff über den Strom beginnen. An stillen Nebenarmen des Rheins waren Floßsäcke bereitgemacht worden, hinter den Uferwällen lagen flache Sturmboote mit starken Außenbordmotoren. In dem Augenblick, da auch das linke Stromufer im Nebel verschwand, begann der Sturm über das Wasser.

Schlauchboote und Sturmboote bewegten sich über den Strom, umgeben von Wasserfontänen, kleinen und großen, erzeugt von Granaten und Maschinengewehrsalven. Vierzig Sekunden brauchten die Sturmboote für die Überfahrt, aber den hinter den dünnen Bordwänden ungeschützten Soldaten kamen sie wie Stunden der Ewigkeit vor.

Manches Boot versank, mit ihm die Soldaten. Manches Boot wurde direkt von einer Granate getroffen und verschwand in einer gischtenden Säule aus Feuer und Wasser für immer. Noch mehr Boote aber schafften es, sie legten am französischen Ufer an. Heraus mit den Soldaten! Die Boote müssen zurück, die zweite Welle holen.

Die schon gelandeten Pioniere waren im Nu an den Bunkern, zwischen den einzelnen Werken. Geballte und gestreckte Ladungen krachten an stählernen Bunkertüren, in Schießscharten. Wenigstens ein Stück der hundert Kilometer langen Befestigungslinie mußte zerbrochen werden, und zwar hier, an dieser Stelle. Denn am anderen Ufer lagen schon seit Tagen versteckt alle Bauteile einer Pontonbrücke, die über den Strom geschlagen werden sollte.

Aufs neue wurde künstlicher Nebel abgeblasen. Schon eine halbe Stunde, nachdem die ersten Pioniere auf dem Westufer des Rheins gelandet waren, war die Brücke aufgebaut. Eine Meisterleistung der Pioniere. Schon liefen Verstärkungen über die Brücke hinüber, Infanteriegeschütze und schwere Flak folgten sofort nach.

Am Abend war der deutsche Brückenkopf auf dem elsässischen Ufer bereits zwanzig Kilometer breit. Im Laufe der Nacht gelangten über die erste und die mittlerweile noch geschlagenen weiteren Brücken ganze deutsche Divisionen ans andere Rheinufer.

Der Rhein-Rhône-Kanal wurde überschritten. Schon stürmten hinter der Maginot-Linie die deutschen Vorausabteilungen auf die am dunstigen Horizont sichtbaren Berge der Vogesen zu. Die französische Regierung, die mittlerweile nach Bordeaux geflüchtet war, mußte nun, nach nur zwei Tagen Kampf um die größte und gewaltigste Befestigungsanlage der Welt, erkennen, daß alle auf die Maginot-Linie gesetzten Hoffnungen vergeblich waren. Es mußte Schluß gemacht werden mit dem Krieg.

Am 17. Juni trat die französische Regierung zurück, Staatspräsident Lebrun beauftragte den greisen Marschall Pétain mit der Regierungsbildung. In den frühen Morgenstunden schon wandte sich Pétain an das französische Volk:
»Franzosen!

Der Präsident der Republik hat mich an die Spitze der Regierung von Frankreich berufen. Ich glaube an die Treue unserer herrlichen Soldaten, die würdig unserer langen militärischen Tradition tapfer gegen einen zahlenmäßig überlegenen und besser ausgerüsteten Feind kämpfen... Ich glaube ferner an das Ver-

trauen des gesamten Volkes und stelle mich daher Frankreich zur Verfügung, um sein Unglück zu mildern...
Mit wehem Herzen muß ich euch jetzt gestehen, daß die Kampfhandlungen beendet werden müssen. Heute nacht habe ich mich an den Gegner gewandt und ihn gefragt, ob er gewillt sei, mit mir zu verhandeln. Ich habe ihn gefragt, ob er bereit sei, mit mir zusammen, nach einem ehrenhaften Kampf unter ehrlichen Soldaten, einen Weg zum Abschluß der Feindseligkeiten zu suchen. Franzosen! Schart euch um die neue Regierung, deren Haupt ich in dieser schweren Entscheidungsstunde geworden bin. Überwindet euer Mißtrauen und vertraut in die Zukunft des Vaterlandes!«

Millionen hörten den greisen Marschall, den Verteidiger von Verdun, den Helden Frankreichs. Der Vierundachtzigjährige war für Frankreich ein Symbol wie in Deutschland einst Hindenburg. Wenn einer das Schlimmste für das Vaterland verhindern konnte, so war er es. Die Franzosen vertrauten ihm und billigten seinen Entschluß, den aussichtslos gewordenen Kampf abzubrechen.

Nur wenige waren nicht damit einverstanden, unter ihnen der bisherige Ministerpräsident Reynaud. Diese wenigen flüchteten nach England. Auch dabei: der General Charles de Gaulle.
Schon am nächsten Tag hielt er in London seine erste Rundfunkansprache. Er rief zur Fortsetzung des Krieges auf, zum Widerstand gegen die Deutschen bis zum Sieg! Damit hatte er sich eine Aufgabe gestellt, die unerfüllbar schien. Ein General ohne Soldaten, ein Politiker ohne Volk, ein Mann selbst ohne Regierung. Die norwegische Regierung war in London, die holländische, die belgische. Die rechtmäßige französische Regierung aber war in Frankreich geblieben, de Gaulle war in diesen Tagen nichts als ein machtloser, einflußloser Rebell gegen die Regierung seines Landes. Ein Vaterlandsverräter würde er heißen, wenn er nicht recht behielt.
Hitler bat sofort, nachdem er das Waffenstillstandsangebot Marschall Pétains erhalten hatte, Mussolini nach München, um gemeinsam mit ihm über die Bedingungen zu beraten.

Im Ersten Weltkrieg 1914-1918 hatten sich Deutsche und Franzosen vier lange Jahre an starren Fronten „festgefressen" und Hunderte Materialschlachten mit ungeheuren Menschenverlusten und geringsten Geländegewinnen gegeneinander ausgefochten. Der Zweite Weltkrieg nahm einen ganz anderen Verlauf: Am 22. Juni 1940 mußte ein geschlagenes Frankreich ganze 43 Tage nach dem deutschen Angriff die Waffen niederlegen. Als die Nachricht von der Unterzeichnung der Waffenstillstandsbedingungen eingetroffen war, vollführte Hitler einen Freudentanz (Bilder linke Seite). Anschließend nutzte er die Stunde zu einer Stippvisite in die persönliche Vergangenheit. Bilder oben: Hitler (sitzend rechts) in seinem Quartier in Fromelles 1916 und 24 Jahre später als „Weltkriegstourist" mit zwei Frontkameraden, Reichsleiter Amann und Ernst Schmied, an derselben Stelle.

In einem Eisenbahnwaggon im Wald von Compiègne wurde am 11. November 1918 der Waffenstillstand unterzeichnet (Bild rechte Seite). 22 Jahre später wurden die Waffenstillstandsverhandlungen mit umgekehrten Vorzeichen inszeniert (Bild oben). Hitler selbst hatte als Ort dieses historischen Aktes jenen Salonwagen befohlen, in dem 1918 der Verlierer des Ersten Weltkrieges das Diktat der Sieger annehmen mußte, um die damalige Demütigung zu tilgen. Bild links: Der französische General Huntzinger unterzeichnet für Frankreich die Verträge.

Während der Fahrt nach München sprach Italiens Diktator mit seinem Außenminister (und Schwiegersohn) Galeazzo Graf von Ciano über die Bedingungen, die er den Franzosen zu stellen gedachte. Ganz Frankreich müßte besetzt und die französische Flotte ausgeliefert werden. Nizza, Korsika und Malta müßten zu Italien kommen. Ein Teil Algeriens müßte italienischer Kolonialbesitz werden, ebenso in Ostafrika die französische Kolonie Dschibuti und Französisch-Äquatorialafrika. französischem Kommando bleiben. Über Mussolinis Forderungen nach umfangreichen französischen Gebietsabtretungen an Italien ging Hitler beinahe schroff hinweg. Nicht einer dieser Forderungen stimmte er zu. Um Frankreich keinen Grund zu liefern, den Krieg von seinen überseeischen Besitzungen aus fortzuführen, kam für ihn nur ein gemäßigter Waffenstillstand in Frage. In diesem Punkt war Hitler der beste Verbündete des Generals Huntziger, der die französische Delegation anführ- Waffenstillstandsdelegation von den Deutschen empfangen. Die Verhandlungen fanden im Wald von Compiègne statt, am gleichen Ort, wo 1918 die deutsche Delegation jene Bedingungen entgegennehmen mußte, in denen letztlich die Ursachen für diesen neuen Krieg schon verborgen lagen.
Auch der Speisewagen, in dem damals die Verhandlungen stattfanden, war wieder da, deutsche Pioniere hatten ihn aus dem Museum geholt. Würde alles wieder so sein wie damals, nur mit um-

Der Duce hatte die Rechnung ohne den Wirt gemacht, und der Wirt hieß Hitler. Der Sieg über Frankreich war allein ein deutscher Sieg, kein italienischer.
Hitler wollte Frankreich nicht ganz besetzen, es sollte eine unabhängige französische Regierung geben, die dazu über eigenes Territorium verfügen mußte. Die Flotte sollte Frankreich auch nicht ausliefern, sie sollte unter te und die italienischen Forderungen wie folgt aufgenommen hatte: „Ein Land, das überhaupt nicht gekämpft" habe, dürfe „Frankreich nicht mit seiner durch nichts zu rechtfertigenden Habgier kommen".
Enttäuscht und wütend flog Mussolini noch am selben Abend nach Rom zurück.
Am 21. Juni wurde die französische gekehrten Vorzeichen? Sollte nun die französische Delegation so behandelt werden wie damals die deutsche? »Eh«, hatte damals der französische Marschall Ferdinand Foch gesagt, als die Deutschen unter Führung des Zentrumsabgeordneten Matthias Erzberger den Waggon betraten, »eh, was wollen diese Herren?«
Kein Mitglied der französischen Dele-

gation hatte die Deutschen einer Begrüßung gewürdigt. Dann waren Punkt für Punkt in nackten, nüchternen Zahlen die Bedingungen verkündet worden, die härtesten, demütigendsten Bedingungen.

General Charles Huntziger, General Bergeret, Vizeadmiral Le Luc und Botschafter Noël erwarteten Ähnliches und Schlimmeres, als sie bemerkten, wo die Verhandlungen stattfinden sollten.

Doch schon vor dem Waggon, in dem die Deutschen warteten, war alles anders als damals. Eine deutsche Ehrenkompanie war angetreten. Der Offizier befahl: »Stillgestanden!«, als die Franzosen sich näherten.

Neben dem Waggon wehte die deutsche Reichskriegsflagge. General Huntziger blieb stehen, grüßte die Flagge. Seine Begleiter taten es ihm nach.

Der Kommandeur des Führerhauptquartiers, Oberstleutnant Thomas, bat die Herren in den berühmten Waggon. »Der Führer erwartet Sie, meine Herren.« Die Franzosen kletterten die Stufen hoch, betraten die Plattform. Hitler

Bild oben: Die „Grande Nation" hat die Waffen gestreckt. Die schwerste Stunde in Frankreichs jüngerer Geschichte findet in diesem gramgebeugten französischen Soldaten ihre sinnbildliche Verkörperung. **Bild linke Seite:** Deutsche Truppen ziehen am Arc de Triomphe vorbei. In den Tagen des ersten Kaiserreiches zur Verherrlichung der Siege Napoleons errichtet, war der römischen Vorbildern nachempfundene Triumphbogen stets ein Symbol des militärischen Ruhmes Frankreichs. Seit 1918 wölbt er sich über der ewigen Flamme, die auf dem allen Franzosen teuren Grabmal des Unbekannten Soldaten lodert.

Fünf Wochen im Fieber

Aufzeichnung eines französischen Soldaten, Juni 1940

Vom 17. Mai bis 25. Juni fünf Wochen intensiver Kampftätigkeit, in denen wir erbittert gegen zunehmende Auflösungserscheinungen, gegen die Unmöglichkeit und die Wirkungslosigkeit des Einsatzes ankämpften. Und dann, am 25. Juni, fühlt man sich plötzlich müde, weil man machtlos ist und diese fünf Wochen im Fieber, ohne Ruhe, wie einen einzigen, langen, zugleich kurzen und endlosen Tag, wie einen grauenvollen Traum, verbracht hat.

Wir haben halb Frankreich durchzogen, von der Somme, wo man zu Beginn der letzten Maiwoche gegen-über Péronne ankam, bis Dordogne und Lot. Und hier beginnt eine noch be-drückendere Zeit; in einer Pause, die fast die vergangenen Tage zurückwünschen läßt, so verhaßt wird sie einem, demobilisiert man langsam, immerfort in Unordnung und ohne klaren und gescheiten Auftrag: Man verteilt Benzin, dann organisiert man die Verpflegung der Zivilbevölkerung, prüft die Passierscheine der Flüchtlinge, dann tut man gar nichts mehr, und dann hat man nur noch ein einziges Interesse: daß das bald aufhört!

Wenn man nachdenkt, stellt man jetzt fest, daß diese zwei Monate Mai und Juni nur ein Vorspiel zu dem Geschehen sind, das sich jetzt abzeichnet, eine rasche, negative Einleitung zu dem zweiten Weltkrieg, an dem wir, wenigstens bis auf weiteres, nicht teilnehmen werden. Und man fragt sich, ob dieses Vorspiel nicht den Hauptsinn hat, uns aus dem Konflikt herauszuhalten, uns mehr zu besiegen als zu lähmen und den Ereignissen gegen-über passiv zu machen. Also: Passivität nach Ohnmacht und Untätigkeit? Leider ist es so.

Man weiß nicht, ob man sich insgeheim darüber freuen soll; denn jeder Franzose ist im Grunde ein Pazifist, der vor allem nach diesen letzten Geschehnissen den Schrecken des Krieges tief empfindet. Aber der Franzose ist auch stolz, mutig, sogar ungestüm. So haben ihn die letzten Kämpfe gezeigt. Inmitten dieser Unordnung und dieser zersetzenden und niederschmetternden Auflösung habe ich unaufhörlich persönliche und gemeinsame Taten eines völlig hoffnungslosen, fast absurden, nutzlosen, aber großartigen Heldentums beobachtet. Die niederschmetterndste Demütigung hat nicht über unser Temperament triumphiert! Der Franzose lehnt sie ab und bestreitet sie in seiner ganzen Haltung.

und die Männer seines Stabes erhoben sich von ihren Plätzen, als die französische Delegation den Raum betrat. Die Franzosen setzten sich. Hitler nickt Generaloberst Keitel zu. Der Chef des Oberkommandos der Wehrmacht verlas die Präambel des vorzuschlagenden Waffenstillstandsabkommens:
»Am 3. September 1939, fünfundzwanzig Jahre nach dem Ausbruch des Weltkrieges, haben England und Frankreich wieder ohne jeden Grund Deutschland den Krieg erklärt. Wenn zur Entgegennahme dieser Bedingungen der historische Wald von Compiègne bestimmt wurde, dann geschah es, um durch diesen Akt einer wiedergutmachenden Gerechtigkeit – einmal für immer –, eine Erinnerung auszulöschen, die für Frankreich kein Ruhmesblatt seiner Geschichte war, vom deutschen Volk aber als tiefste Schande aller Zeiten empfunden wurde.
Frankreich ist nach einem heroischen Widerstand besiegt worden. Deutschland beabsichtigt aber nicht, den Waffenstillstandsverhandlungen die Charakterzüge von Schmähungen gegenüber einem so tapferen Gegner zu geben. Der Zweck der deutschen Forderungen ist nur, eine Wiederaufnahme des Kampfes zu verhindern, Deutschland alle Sicherheit zu bieten für die ihm aufgezwungene Weiterführung des Krieges gegen England sowie die Voraussetzungen zu schaffen für die Gestaltung eines neuen Friedens, dessen wesentlichster Inhalt die Wiedergutmachung des dem Deutschen Reich selbst mit Gewalt angetanen Unrechts sein wird.«
Die französischen Unterhändler atmeten endgültig auf. Gewiß, sie befanden sich als die Geschlagenen in einer schlimmen Lage, aber das Schreckliche, was sie hier von den Deutschen erwartet hatten, war ausgeblieben. Keine Beleidigung, keine Demütigung hatte es gegeben. Hitler erhob sich und wendete sich an die Franzosen: »Herr Generaloberst Keitel wird weiter mit Ihnen verhandeln.«
Er grüßte und verließ mit seiner Begleitung den Speisewagen mit der berühmten Nummer 2419 D.
Die Franzosen vernahmen nun Einzelheiten der deutschen Waffenstillstands-

Paris war menschenleer, als Adolf Hitler am dunstigen Morgen des 25. Juni 1940 die französische Hauptstadt betrat. Aber er kam nicht als Feldherr, sondern als Kunstfreund. **Bild rechte Seite: Eingerahmt von** seinen beiden kunstverständigen Bärenführern, dem Bildhauer Arno Breker (links) und dem Generalbauinspektor Albert Speer (rechts), flaniert Hitler vor dem Eiffelturm. Höhepunkt von Hitlers Parisaufenthalt war die Begegnung mit einem großen Toten: Napoleon I. Bonaparte. Lange stand Hitler stumm und andächtig vor dem Grabmal des großen Korsen im Invalidendom (Bild oben). Als sich der Besieger Frankreichs endlich aus seiner Verzauberung löste, hörte ihn sein Leibfotograf Heinrich Hoffmann tief ergriffen sagen: „Das war der größte und schönste Augenblick meines Lebens!"

Münchener Ausgabe
177. Ausg. · 53. Jahrg. · Einzelpreis 15 Pf., 20 Pf.

VÖLKISCHER BEOBACHTER

Kampfblatt der national-sozialistischen Bewegung Großdeutschlands

München, Dienstag, 25. Juni

Seit heute früh 1.35 Uhr ruhen die Waffen
Krieg gegen Frankreich beendet

Die Franzosen unterzeichneten auch in Rom
Beide Waffenstillstandsverträge in Kraft getreten

ADOLF HITLER: „Glorreichster Sieg aller Zeiten"

Führer-Hauptquartier, 24. Juni

Heute, Montag, den 24. Juni, fand um 19.15 Uhr bei Rom die Unterzeichnung des italienisch-französischen Waffenstillstandsvertrages statt.

Um 19.35 Uhr erfolgte die offizielle Mitteilung darüber an die deutsche Reichsregierung. Auf Grund dessen ist der deutsch-französische Waffenstillstandsvertrag in Kraft getreten.

Das Oberkommando der Wehrmacht hat die Einstellung der Feindseligkeiten gegen Frankreich angeordnet. Am 25. Juni, 1.35 Uhr deutscher Sommerzeit, tritt auf beiden Seiten die Waffenruhe ein.

Der Krieg im Westen ist damit beendet.

Der Führer hat folgenden Aufruf erlassen:

Deutsches Volk! Deine Soldaten haben in knapp sechs Wochen nach einem heldenmütigen Kampf den Krieg im Westen gegen einen tapferen Gegner beendet.

Ihre Taten werden in die Geschichte eingehen als der glorreichste Sieg aller Zeiten.

In Demut danken wir dem Herrgott für seinen Segen. Ich befehle die Beflaggung des Reiches für zehn, das Glockenläuten für sieben Tage.

Adolf Hitler

„Deutsches Volk! Deine Soldaten haben in knapp sechs Wochen nach einem heldenmütigen Kampf den Krieg im Westen gegen einen tapferen Gegner beendet. Ihre Taten werden in die Geschichte eingehen als der glorreichste Sieg aller Zeiten... ich befehle die Beflaggung des Reiches für zehn, das Läuten der Glocken für sieben Tage." Mit diesen Worten meldete Hitler der Heimat am 24. Juni 1940 den Sieg über Frankreich. Umgehend wurde die Reichshauptstadt festlich mit Hakenkreuzfahnen geschmückt. Die ersten heimgekehrten Truppen (Bild oben) sind vor der Ehrentribüne am Brandenburger Tor angetreten und werden von dem Gauleiter von Berlin, Reichsminister Dr. Goebbels, begrüßt. Kaum jemand in Deutschland mochte wohl in dieser glücklichen Stunde glauben, daß „das dicke Ende" noch nachkommen sollte, daß fünf lange schwere Kriegsjahre bevorstanden, daß das Reich, die Reichshauptstadt und mit ihr die meisten deutschen Städte alsbald in Trümmern liegen würden.

bedingungen, die denen entsprachen, die Hitler schon Mussolini genannt hatte. General Huntziger möge mit der Regierung in Bordeaux sprechen, ihr die Bedingungen mitteilen.

Zwei Stunden dauerte es, bis die Verbindung zustande kam. Die deutsche Leitung verlief nur bis zur deutschen Panzerspitze. Der deutsche Panzerkommandeur mußte sich erst mit der gegenüberliegenden französischen Einheit verständigen, die ihrerseits Verbindung mit Bordeaux schuf. Dann verbanden deutsche und französische Nachrichtensoldaten beide Leitungen. In Bordeaux war General Weygand am Ende des Drahtes.

»Ich telefoniere aus dem bewußten Wagen in Compiègne. Sie kennen ihn ja«, meldete sich Huntziger. Weygand erschrak. Und ob er diesen Wagen kannte. Er sah sich wieder neben Marschall Foch, die Aktentasche in der Hand, die die Bedingungen für den Waffenstillstand enthielt. »Was wollen diese Herren?«, hörte er den Marschall sagen. Ein böses Zeichen, daß die Deutschen nun die Verhandlungen in jenem Wagen führten.

»Schnell, sagen Sie mir die Bedingungen«, verlangte er erregt.

»Sie sind hart«, antwortete General Huntziger, »aber sie enthalten nichts, was unsere Ehre antastet oder uns gar beleidigt. Die erste Forderung ist, den Kampf im Mutterland und in den Kolonien einzustellen.«

»Das ist ja eine Selbstverständlichkeit«, sagte General Weygand in Bordeaux.

»Ja. Zwei Drittel des Landes sollen auf unbestimmte Zeit deutsches Besatzungsgebiet werden, der französischen Regierung verbleibt das südöstliche Drittel Frankreichs als unbeschränktes Hoheitsgebiet mit einer selbständigen Wehrmacht.«

»Und die Flotte?« fragte Weygand. Er wußte, daß die Italiener sie haben wollten. Aber dieser Forderung konnte die französische Regierung niemals nachgeben.

»Die Flotte verbleibt uns. Allerdings müssen wir den Teil stillegen, der nicht für den Einsatz in unseren Kolonien bestimmt ist. Die Deutschen haben auf die Auslieferung der französischen Flotte verzichtet.«

»Das wäre wohl das Wichtigste«, sagte Weygand und atmete hörbar auf. »Was gibt es sonst noch?«

»Die uns verbleibende Streitmacht darf sich niemals an Kämpfen gegen Deutschland und seine Verbündeten beteiligen. Auch ist es Franzosen verboten, in einer fremden Wehrmacht Dienst zu tun, um gegen Deutschland zu kämpfen. Das sind die Hauptpunkte.«

Dennoch gab es schließlich zwei Streitfragen, die dazu führten, daß die Verhandlungen im Wald von Compiègne bis zum anderen Morgen vertagt werden mußten. Die Deutschen hatten die Auslieferung der politischen Emigranten verlangt, in denen Hitler »wegen ihrer Hetze gegen Deutschland« Mitschuldige am Krieg sah.

Die französische Regierung lehnte diese Forderung entschieden ab. Eine solche Maßnahme würde gegen das geheiligte Asylrecht verstoßen. Schließlich wurde dieser Punkt in den Bedingungen gestrichen.

Die französische Luftwaffe sollte ausgeliefert werden. Sie war eher als Heer oder Marine in der Lage, einen Überraschungsangriff zu führen oder nach England zu fliegen und dort die feindliche Luftwaffe zu verstärken.

Schließlich gaben die Deutschen auch in dieser Frage nach und verlangten nur noch, daß die rund vierhundert Maschinen, die Frankreichs Luftwaffe noch zählte, wenigstens stillgelegt wurden.

Um 18.50 Uhr am 22. Juni 1940 wurde im Speisewagen 2419 D der Waffenstillstand zwischen Deutschland und Frankreich unterzeichnet. Generaloberst Keitel und General Huntziger erhoben sich. Keitel bat alle Anwesenden, sich zu Ehren der Gefallenen beider Völker ebenfalls zu erheben. »Ich möchte Ihnen«, wandte sich Keitel dann an Huntziger, »als Soldat mein Mitgefühl für den schweren Augenblick aussprechen, den Sie als Franzose soeben durchlebt haben.«

In der Nacht vom 24. zum 25. Juni um 1.35 Uhr verstummten überall die Geschütze. Der Krieg in Frankreich war zu Ende.

Zur See hatte er allerdings noch ein Nachspiel. Wie vereinbart, hatte Frankreich seine Flotte nicht ausliefern müssen. Schlachtschiffe, Flugzeugträger, Kreuzer und Zerstörer standen weiter unter französischem Kommando. Zwar ankerten die meisten Schiffe außerhalb Frankreichs in englischen, afrikanischen und westindischen Häfen, aber sie auf alliierter Seite einzusetzen, war nicht möglich. Im Gegenteil, die Engländer mußten damit rechnen, daß sie eines Tages doch unter deutscher Flagge fahren würden. Denn es war im Waffenstillstand auch abgemacht worden, daß sie nach Frankreich zurückkehren und dort abgerüstet werden sollten. Und ob sich Hitler daran halten würde, mochten die Engländer nicht mehr abwarten.

Das Kriegskabinett beschloß daher die Operation »Katapult«. Am 3. Juli 1940 schlichen englische Soldaten auf die französischen Kriegsschiffe, die in Portsmouth und Plymouth lagen. Die Männer trugen Filzschuhe, niemand hörte ihr Kommen. Die Schiffsbesatzungen wurden überwältigt. In Alexandria wurde der französische Befehlshaber gezwungen, seinen Schiffskanonen die Verschlüsse ausbauen zu lassen. Ähnlich verfuhren die Engländer in Martinique. In den Kriegshäfen von Dakar und Mers-el-Kebir bei Oran stießen sie jedoch auf Widerstand. Es entspannen sich regelrechte Seeschlachten, bei denen die im Hafen liegenden Schiffe von Flugzeugen torpediert und von starken englischen Geschwadern zusammengeschossen wurden. In Mers-el-Kebir gab es dabei 1297 Tote.

Das geschlagene Frankreich hatte seine Flotte, die überwiegend in den Kolonien ankerte, nicht ausliefern müssen. Aber würde Hitler sich daran halten? Die Vorstellung, die französischen Einheiten eines Tages unter der Hakenkreuzflagge vor den Klippen von Dover auftauchen zu sehen, bereitete den Mitgliedern des Londoner Kriegskabinetts starke Kopfschmerzen. Daher wurde die Operation „Katapult" angeordnet, die Überwältigung der französischen Schiffsbesatzungen und die Übernahme der Schiffe. In vielen Häfen gingen die Handstreiche glatt vonstatten, doch die vor Mers-el-Kebir bei Oran ankernden Einheiten leisteten Widerstand. Sie wurden von einem starken englischen Geschwader unter Admiral Somerville kurzerhand zusammengeschossen (Bild oben), wobei über 1000 Franzosen ihr Leben verloren. Ein Leckerbissen für die deutsche Propaganda: „Vergeßt nicht Oran!", mahnte das Plakat auf dem Bild linke Seite im besetzten Frankreich.

»Noch ist nichts verloren!«

Rundfunk-Ansprache des Generals Charles de Gaulle, London 18.6.1940

Die Männer, die seit vielen Jahren an der Spitze der französischen Armee stehen, haben eine Regierung gebildet. Diese Regierung hat sich unter dem Vorwand der Niederlage unserer Armeen mit dem Feind in Verbindung gesetzt, um den Kampf zu beenden.

Gewiß, wir waren und wir sind überschwemmt von der technischen Übermacht des Feindes zu Lande und in der Luft.

Unendlich viel mehr noch als ihre Zahl haben uns die Panzer, die Flugzeuge, die Taktik der Deutschen zurückweichen lassen. Die Panzer, die Flugzeuge, die Taktik der Deutschen haben unsere Heerführer so überwältigt, daß sie dorthin gelangt sind, wo sie sich heute befinden.

Aber ist das letzte Wort gesagt? Muß die Hoffnung schwinden? Ist die Niederlage endgültig? Nein!

Glaubt mir, glaubt dem, der die Dinge kennt, von denen er spricht, und der euch sagt, daß für Frankreich noch nichts verloren ist. Dieselben Mittel, die uns überwältigt haben, können eines Tages den Sieg herbeiführen.

Denn Frankreich ist nicht allein! Es ist nicht allein! Es ist nicht allein! Es hat ein großes Weltreich hinter sich. Es kann einen Block bilden mit dem britischen Empire, das die Meere beherrscht und weiterkämpft. Es kann, wie England, uneingeschränkten Gebrauch machen von der unermeßlichen Industrie der Vereinigten Staaten von Nordamerika.

Dieser Krieg ist nicht auf unser unglückliches Mutterland beschränkt. Dieser Krieg ist nicht durch die Schlacht von Frankreich entschieden. Dieser Krieg ist ein Weltkrieg. Alle Fehler, alles Hinzögern, alle Leiden verhindern nicht, daß in der Welt die Mittel vorhanden sind, um eines Tages unsere Feinde zu vernichten. Obgleich wir heute von der technischen Übermacht zerschmettert sind, werden wir in der Zukunft durch eine überlegene technische Macht siegen können. Darin liegt das Schicksal der Welt.

Was auch immer geschehen mag, die Flamme des französischen Widerstandes darf nicht erlöschen und wird nicht erlöschen.

Unternehmen »Seelöwe«

Nach dem Abschluß des Waffenstillstands zwischen Deutschland und Frankreich atmeten Millionen Menschen in ganz Europa auf. Überall schwiegen die Waffen, nirgendwo wurde mehr geschossen. Es bestand berechtigte Hoffnung, daß dies nun der Friede sei.

Die Hoffnung blieb unerfüllt, die im Frühjahr 1940 gebrachten Opfer der Völker Europas waren umsonst gebracht worden. Der Krieg in der »Alten Welt« sollte noch vier Jahre, zehn Monate und fünfzehn Tage dauern, und an seinem Ende würden Millionen von Menschen sein Opfer sein, Hunderte von Städten würden in Schutt und Asche sinken, das Deutsche Reich würde vernichtet und der Bolschewismus Herr über halb Europa sein.

Noch sah es nicht nach solchem Schrecken aus, noch schien alles sich zum Guten zu wenden. Papst Pius XII. sandte schon am 28. Juni vertrauliche Botschaften an Adolf Hitler, Benito Mussolini und Winston S. Churchill. Der Heilige Vater bot sich als Vermittler für Friedensverhandlungen an. Gustav V., König von Schweden, unternahm in London und Berlin den gleichen Schritt. Auch amerikanische Kongreßabgeordnete bemühten sich in diesem Sinn.

Darum glaubten nicht nur die Deutschen, sondern auch ihre politische und militärische Führung ernsthaft, der Krieg sei zu Ende. Es wurden keinerlei Maßnahmen zur Fortsetzung des Krieges getroffen. Der deutsche Generalstab arbeitete nach dem Ende des Frankreichfeldzuges nicht einmal Eventualpläne für einen weiteren Kampf gegen England aus. Statt dessen wurden Reservisten aus der Wehrmacht entlassen, Teile der Rüstungsindustrie wurden auf Friedensproduktion umgestellt.

Churchill schrieb später in seinen Memoiren, er sei beunruhigt gewesen über die vom Vatikan, von Schweden und amerikanischen Kreisen ausgehenden Friedensbemühungen. Da er überzeugt gewesen sei, daß Hitler sie unterstützen würde, habe er, Churchill, energische Maßnahmen gegen diese Friedensbemühungen getroffen.

Churchill erfuhr, daß der deutsche Botschafter in Washington sich um eine Unterredung mit seinem britischen Kollegen bemühte. Sofort telegrafierte er diesem, unter gar keinen Umständen auf die Annäherungsversuche des deutschen Botschafters zu reagieren. Dem König von Schweden schrieb Churchill unverzüglich und lehnte dessen Vermittlungsvorschlag schroff ab. Auch der Vorschlag des Heiligen Vaters wurde von Churchill zurückgewiesen, wenn auch in der Form höflicher als gegenüber dem Schwedenkönig.

„Very well, alone!" - „Also gut, wir stehen allein!" Die Karikatur von David Low (Bild links) trifft die Stimmungslage in England im Sommer 1940 nach dem deutschen „Blitzsieg" über Frankreich genau. „Jetzt erst recht!" lautete die Devise, die Großbritanniens Premierminister Winston Churchill ausgegeben hatte. Der schwere Schock der Katastrophe von Dünkirchen war schnell überwunden. Die Briten vertrauten auf die Einsatzbereitschaft ihrer Luftwaffe, besonders auf die schnellen Jäger, auf die Stärke ihrer Flotte, die der deutschen Kriegsmarine um mehr als 80 % überlegen war, und auf die in der englischen Geschichte immer wieder bewährte Insellage. Dennoch wappnete man sich gegen einen möglichen Invasionsversuch vom Kontinent. Bild rechte Seite: Zum Schutz gegen deutsche Tiefflieger werden über Südengland Sperrballone hochgelassen.

Am 19. Juli 1940 hielt Hitler, der Sieger über Frankreich, im Reichstag in Berlin eine mit Spannung erwartete Rede (Bild oben), die auch nach Paris in die von deutschen Militärs „besetzte" französische Parlamentskammer übertragen wurde (Bild links). Nach einem ebenso weitschweifig wie nebulös vorgetragenen Friedensangebot an England stieß Hitler für den Fall, daß die Briten nicht klein beigeben würden, unverhohlene Drohungen aus. Er prophezeite dem englischen Premier, wenn der Krieg weiterginge, würde ein großes Reich zerstört werden - und dieses Reich würde nicht das Deutsche Reich sein. Das Britische Weltreich würde untergehen, „das zu vernichten oder auch nur zu schädigen niemals meine Absicht war". Die Antwort aus London kam prompt, und sogar auf deutsch: „Nein!" ließ die BBC über ihre Auslandssender verbreiten, Nein und nochmals Nein. Bild rechte Seite: Winston Churchill, Kopf und Herz des britischen Widerstandes gegen Hitlerdeutschland, im Oktober 1940 bei der Verabschiedung des amerikanischen Botschafters Joseph Kennedy, des Vaters des späteren US-Präsidenten John F. Kennedy.

Hitler wartete noch immer auf ein Zeichen des Friedenswillens aus England. Er hatte noch immer nicht begriffen, daß die von Churchill geführte britische Regierung mit Deutschland keinen Frieden schließen würde, bevor Hitler bezwungen war.

Hitler wollte aus Anlaß des Kriegsendes in Frankreich vor dem Deutschen Reichstag sprechen, aber er verschob seine Rede von Tag zu Tag und wartete. Zum erstenmal allerdings beschäftigte er sich auch mit dem Gedanken einer Landung in England. Am 13. Juli befahl er die militärische Führung zu sich nach Berchtesgaden auf seinen Berghof.

Generalstabschef Franz Halder notierte nach dieser Besprechung: »Den Führer beschäftigt am stärksten die Frage, warum England den Weg zum Frieden noch nicht gehen will.« Und Halder notierte weiter das, was schließlich zum Untergang Deutschlands führen sollte. Er notierte, daß Hitler Überlegungen angestellt habe, weshalb wohl England noch immer Krieg wolle, und da kam es, erstmals, das Stichwort »Rußland«:

»Er sieht ebenso wie wir die Lösung dieser Frage darin, daß England noch eine Hoffnung auf Rußland hat.
Er rechnet also damit, England mit Gewalt zum Frieden zwingen zu müssen. Er tut so etwas aber nicht gern...«

An Mussolini schrieb Hitler am selben Tag, um die vom Duce angebotene, nicht gewünschte militärische Hilfe gegen England abzulehnen. »Ich habe England so viele Angebote der Verständigung, ja der Zusammenarbeit gemacht und bin so schmählich behandelt worden, daß ich jetzt auch überzeugt bin, daß jeder Vorschlag zur Vernunft die gleiche Ablehnung erfahren wird. In diesem Lande regiert eben zur Zeit nicht die Vernunft...«

In England regierte Churchill. Und Churchill war vom britischen Sieg überzeugt. Er war sich längst mit dem amerikanischen Präsidenten, Franklin Delano Roosevelt, darüber einig, daß die USA an der Seite Großbritanniens kämpfen würden. Die USA taten es trotz erklärter Neutralität längst. Sie unterstützten England mit Kriegsmaterial, mit Hilfslieferungen aller Art. Nur den offenen Kriegseintritt konnte Roosevelt noch nicht wagen, das amerikanische Volk wollte keinen Krieg. Die Amerikaner mußten propagandistisch erst für einen Krieg reif gemacht werden. Aber eines Tages würde es soweit sein, Churchill wußte es. Und wenn die Deutschen eine Invasion in England versuchten, wenn diese Invasion sogar erfolgreich sein sollte, dann würde er von Kanada aus weiter Krieg führen, und dann würden die USA an seiner Seite in den Krieg gegen Deutschland eintreten. England hatte keine Truppen mehr auf dem europäischen Festland. Aber Krieg gegen Deutschland wurde dennoch geführt – mit der Luftwaffe. Kriegswichtige Ziele waren mit den zu dieser Zeit noch relativ wenigen Bombern nicht anzugreifen, dazu war die deutsche Luftabwehr zu stark. Aber unverteidigte Städte konnten angegriffen werden, die Zivilbevölkerung würde sich, so meinte jedenfalls Churchill, gegen Hitler erheben, wenn sie im Bombenhagel litt. Schon im Jahre 1925 hatte er – ähnlich wie Erich Ludendorff, der deutsche Generalquartiermeister des Ersten Weltkrieges, in seinen Betrachtungen über den »totalen Krieg« – mit einem künftigen Krieg dieser Art gerechnet, nur sieben Jahre nach dem Weltkrieg, und damals bereits geschrieben:

»Vielleicht wird es sich im nächsten Krieg darum handeln, Frauen und Kinder oder die Zivilbevölkerung überhaupt zu töten. Und die Siegesgöttin wird sich zuletzt voll Entsetzen dem vermählen, der dies in gewaltigstem Ausmaß zu organisieren versteht.«

Zehn Jahre später, als außer Winston Churchill und einigen seiner Anhänger in Europa noch niemand an einen Krieg

dachte, ging er noch weiter. In diesem Jahr 1935 erklärte er, daß schon in der »Stunde Null« des nächsten Krieges sofort mit der Bombardierung der deutschen Städte, vor allem der des Ruhrgebietes begonnen werden müsse.
Die Regierung von Premierminister Arthur Neville Chamberlain hatte einer solchen barbarischen Kriegführung ihre Zustimmung verweigert, obwohl Churchill sie vom ersten Tage des Krieges an für nötig hielt. Chamberlain wurde daher als Politiker der Beschwichtigung, des „Appeasement", bezeichnet. Am 10. Mai 1940 aber, am Tag des deutschen Angriffs im Westen, war Chamberlain zurückgetreten und Churchill Premierminister geworden.
Schon einen Tag nach seinem Regierungsantritt gab er den Befehl, die Stadt Mönchengladbach zu bombardieren, keine militärischen Anlagen – die gab es in Mönchengladbach nicht –, auch keine Industrieanlagen, sondern das Stadtzentrum. Während Hitler schon bei Dünkirchen mit einem baldigen Friedensschluß rechnete, mußte der deutsche Wehrmachtbericht täglich Bombardierungen der Zivilbevölkerung melden. So sahen diese Meldungen aus:
»In einer Stadt wurden Wohnviertel getroffen und zehn Zivilpersonen getötet.«
»Britische Flugzeuge flogen auch in der Nacht zum 19. Juni in Nord- und Westdeutschland ein, um wie bisher Bomben auf nichtmilitärische Ziele zu werfen. Dabei sind achtzehn Tote unter der Polizei und der Zivilbevölkerung zu beklagen, darunter Personen, die sich nicht in die Luftschutzkeller begeben hatten.«
In der Nacht zum 22. Juni, dem Tage der Waffenstillstandsunterzeichnung in Frankreich, wurden zum ersten Male Vororte von Berlin angegriffen. Der erste britische Tagesangriff erfolgte zwei Tage später. Der Wehrmachtbericht meldete, daß es britischen Flugzeugen im Schutz einer Wolkendecke gelungen sei, bis nach Westfalen vorzudringen, »wo sie bei dem kleinen Ort Wieschenhöfen Bauernhöfe mit Bomben belegten und die Bewohner mit Maschinengewehren beschossen...«
Am 28. Juni fielen die ersten Bomben auf Hannover, in jeder Nacht wurden

Was tun im Fall einer Invasion?
Artikel des »Daily Mirror«, 19.6.1940

Sollte Großbritannien angegriffen werden, so muß jeder Zivilist sieben wichtige Regeln beachten.

Sie werden in einer Broschüre beschrieben, die die Regierung gestern veröffentlicht. Es wird betont, daß diese Vorschriften von ebenso entscheidender Bedeutung sind wie die Befehle an die Männer der bewaffneten Streitkräfte. Hier sind diese sieben Regeln. Falls eine Invasion stattfindet:

Bleibe, wo du bist!

Glaube nicht an Gerüchte und verbreite sie nicht weiter!

Sei wachsam – melde der Polizei oder dem Militär unverzüglich alle verdächtigen Wahrnehmungen!

Gib niemals den Deutschen irgend etwas!

Halte dich zum Bau von Straßensperren bereit!

Hilf mit bei der Organisation eines Verteidigungssystems, um bei der Arbeit gegen einen plötzlichen Angriff Widerstand zu leisten!

Denke immer erst an Britannien und dann an dich!

Eine Vernachlässigung dieser Regeln könnte die Armee ernstlich daran hindern, den Angreifer zurückzuschlagen.

Hitlers Invasionen in Polen, Holland und Belgien wurden dadurch begünstigt, daß die Zivilbevölkerung überrascht wurde.

Sollten die Deutschen per Fallschirm, Flugzeug oder Schiff kommen, mußt du bleiben, wo du bist. Deshalb lautet die erste Order: »Harre aus!«

Wenn der Oberbefehlshaber entscheidet, daß der Ort, an dem du dich aufhältst, evakuiert werden muß, so wird er bekanntgeben, wann und wie geräumt wird.

Als Holland und Belgien angegriffen wurden, flüchtete die Bevölkerung aus ihren Häusern und verstopfte die Straßen. Sie half dem Feind, indem sie ihre eigenen Armeen behinderte, gegen die Eindringlinge vorzurücken.

Wer von zu Hause wegläuft, setzt sich weit größeren Gefahren aus. Er könnte mit Maschinengewehren aus der Luft beschossen werden, wie dies mit Zivilisten in Holland und Belgien geschah.

Als am 19. Juli 1940 US-Präsident Roosevelt in der Rede, mit der er seine Kandidatur für eine dritte Amntsperiode anmeldete, zum erstenmal die Achsenmächte öffentlich als „den Feind" bezeichnete, war das für London ein viel wichtigeres Ereignis als Hitlers Reichstagsrede vom selben Tag. Churchills Kriegs- und Siegeskonzeption begann, Gestalt anzunehmen. England würde zu Lande, zu Wasser und in der Luft weiterkämpfen, soviel stand fest. Auch die Zivilisten wurden für die Verteidigung Englands mobilisiert (Bild oben: Londoner Bürger bei der Rekrutierung in die „Home Guard" („Heimatarmee"). Zur Abwehr der erwarteten deutschen Invasion ließen sich auch alte Männer, auf dem Bild linke Seite der 70jährige Sakristan von Westminster, in der Home Guard ausbilden.

Bomben auf die Zivilbevölkerung geworfen.
Am 2. Juli wurde der erste Angriff auf Kiel gemeldet. Es war wieder ein Nachtangriff. Am 4. Juni erfolgte der erste Tagesangriff auf Hamburg. Im Wehrmachtbericht las sich das so: »Britische Flugzeuge warfen ... im Laufe des gestrigen Tages an mehreren Stellen Nord- und Westdeutschlands Bomben ab. Hierbei griffen sie in skrupelloser Weise die Zivilbevölkerung an, wobei in Hamburg-Barmbek elf Kinder, drei Frauen und ein Mann getötet, elf Kinder und neun Frauen schwer verletzt wurden.«
Hitler aber hoffte trotz aller Zweifel noch immer, daß der Mann, der diese Angriffe befahl, zum Frieden bereit sein könnte.
Am 19. Juli endlich hielt er seine längst fällige Reichstagsrede in der Berliner Krolloper. Er gab einen Rückblick auf die vergangenen Ereignisse und insbesondere auf den Frankreichfeldzug. Er begann seine Rede mit der Erklärung an die Abgeordneten, er habe diese Sitzung einberufen »... in der Absicht, zu versuchen, noch einen und dieses Mal den letzten Appell an die allgemeine Vernunft zu richten!« Hitler sprach über die Dokumente des Obersten Alliierten Kriegsrates, die in Frankreich aufgefunden worden seien und bewiesen hätten, daß die Westmächte nicht nur Norwegen, sondern auch Schweden besetzen wollten, daß Holland und Belgien nicht neutral gewesen seien, sondern längst geheime Abmachungen mit England und Frankreich getroffen hätten.
Dann ernannte er zwölf Generale und Generaloberste aus Heer und Luftwaffe

zu Generalfeldmarschällen, Hermann Göring zum Reichsmarschall. Nachdem er den neuen Marschällen den Marschallstab und Göring dazu das nur dieses eine Mal verliehene Großkreuz des Eisernen Kreuzes überreicht hatte, fuhr er in seiner Rede fort und sagte, nachdem er nochmals seinen Friedenswillen betont hatte, mit Sarkasmus und gekonnter Demagogie:

»Ich höre nun aus London ein Geschrei – es ist nicht das Geschrei der Massen, sondern der Politiker –, daß der Kampf erst recht fortgesetzt werden müsse. Ich weiß nicht, ob diese Politiker schon die richtige Vorstellung von der Fortsetzung dieses Kampfes besitzen. Sie erklären allerdings, daß sie diesen Kampf weiterführen werden, und wenn England daran zugrunde ginge, dann eben von Kanada aus. Ich glaube kaum, daß dies so zu verstehen ist, daß das englische Volk nach Kanada geht, sondern es werden sich doch wohl nur die Herren Kriegsinteressenten nach Kanada zurückziehen. Das Volk wird, glaube ich, schon in England zurückbleiben müssen. Und es wird den Krieg in London dann sicherlich mit anderen Augen ansehen als seine sogenannten Führer in Kanada. Herr Churchill... wird ja dann sicher in Kanada sitzen, dort, wohin man ja das Vermögen und die Kinder der vornehmsten Kriegsinteressenten schon gebracht hat. Aber es wird für Millionen anderer Menschen ein großes Leid entstehen. Und Herr Churchill sollte mir dieses Mal vielleicht ausnahmsweise glauben, wenn ich als Prophet jetzt folgendes ausspreche: Es wird dadurch ein großes Weltreich zerstört werden. Ein Weltreich, das zu vernichten oder auch nur zu schädigen niemals meine Absicht war. Allein, ich bin mir darüber im klaren, daß die Fortführung dieses Kampfes nur mit der vollständigen Zertrümmerung des einen der beiden Kämpfer enden wird. Mister Churchill mag glauben, daß dies Deutschland ist. Ich weiß, es wird England sein. In dieser Stunde fühle ich mich verpflichtet vor meinem Gewissen, noch einmal einen Appell an die Vernunft auch in England zu richten. Ich glaube dies tun zu können, weil ich ja nicht als Besiegter um etwas bitte, sondern als Sieger nur für die Vernunft spreche. Ich

Die Hoffnung, die Engländer doch noch „zur Vernunft zu bringen", hatte Hitler trotz der schroffen Ablehnung seines Friedensangebots noch nicht aufgegeben. Nur sollte das fortan mit gröberen Mitteln geschehen: mit schweren Luftangriffen, mit Invasionsdrohung, äußerstenfalls vielleicht mit einem wirklichen Invasionsversuch. Entsprechend herrschte auf beiden Seiten des Kanals fieberhafte Spannung. Bild oben: deutscher Wachtposten an der französischen Kanalküste. Bild rechte Seite oben: Britische Home Guard auf der gegenüberliegenden Seite des Ärmelkanals. Bild rechte Seite unten: Ölinseln, im Ernstfall Flammenriegel vor der englischen Küste.

sehe keinen Grund, der zur Fortsetzung dieses Kampfes zwingen könnte. Ich bedaure die Opfer, die er fordern wird. Auch meinem eigenen Volk möchte ich sie ersparen.«

Schon eine Stunde nach Beendigung der Rede Hitlers kam aus London die Antwort. Der amerikanische Rundfunkreporter Shirer berichtet darüber: »Ich fuhr vom Reichstag direkt zum Rundfunk, um meinen Bericht über die Rede nach Amerika durchzugeben. Kaum hatte ich das Rundfunkhaus betreten, als ich eine Londoner BBC-Sendung in deutscher Sprache auffing. Es war bereits eine Stunde später – die englische Antwort auf Hitlers Rede: Ein entschiedenes NEIN! – In dem Raum des Funkhauses saßen auch ein paar Offiziere und Ministerialbeamte, die die BBC-Sendung verfolgten. Sie machten lange Gesichter. Sie trauten ihren Ohren nicht. »Jetzt noch den Frieden zurückweisen? Diese Engländer sind verrückt.« Drei Tage danach, am 22. Juli, einen Monat nach dem Waffenstillstandsabkommen mit Frankreich, nach einem Monat voller Friedenshoffnungen, kam die offizielle Antwort Englands. Lord (Edward Frederick Lindlay Wood, Earl of) Halifax lehnte im Namen der Regierung Hitlers Friedensangebot kategorisch ab. Die deutsche Führung war verwirrt, die politische und auch die militärische. Die politische Führung hatte mit einem Friedensschluß gerechnet, und die Militärs hatten dementsprechend nicht die geringste Ahnung, geschweige denn gar einen Plan, wie der Krieg nun weitergehen sollte. Eine Landung, eine Invasion in England hatte Hitler am 13. Juli in der Generalsbesprechung vage erwogen. Am 16. Juli hatte er vorsorglich, da mittlerweile klar war, daß die britische Regierung die Friedensbemühungen des Heiligen Vaters und des schwedischen Königs zurückgewiesen hatte, die »Führerweisung« Nr. 16 erlassen. Sie lautete:

»Da England, trotz seiner militärisch aussichtslosen Lage, noch keine Anzeichen einer Verständigungsbereitschaft zu erkennen gibt, habe ich mich entschlossen, eine Landungsoperation gegen England vorzubereiten und, wenn nötig, durchzuführen.

Zweck dieser Operation ist es, das englische Mutterland als Basis für die Fortführung des Krieges gegen Deutschland auszuschalten und, wenn es erforderlich sein sollte, in vollem Umfang zu besetzen.«

Hitler hatte seine Reichstagsrede noch vor sich, von der er sich den Frieden versprach. Deshalb hieß es in seiner Weisung 16, die den Decknamen »Operation Seelöwe« trug, immer wieder: »wenn nötig«; »wenn es erforderlich sein sollte«.

Jetzt war es »nötig«, jetzt war es »erforderlich«, nachdem England sein Friedensangebot nun wohl zum letzten Mal abgelehnt hatte. Die Operation »Seelöwe« wurde vorbereitet.

Viel braucht darüber nicht gesagt zu werden, denn jeder weiß heute, daß eine deutsche Landung in England niemals stattgefunden hat. Es ist auch müßig, darüber zu rätseln, was wohl geschehen wäre, wenn sie stattgefunden hätte.

Die Operation »Seelöwe« scheiterte jedenfalls, und sie scheiterte aus vielen verschiedenen Gründen. Sie wenigstens seien kurz und zusammengedrängt genannt:

Die Marine wollte, daß die Landung auf einem möglichst engen und kleinen Platz stattfand. Verständlich. Die deutsche Kriegsmarine war ohnehin – wie die ganze deutsche Wehrmacht und politische Führung – bei Ausbruch des Krieges nicht auf einen Krieg vorbereitet. Sie war schwach gewesen und nach dem Norwegenunternehmen noch schwächer. Gegen die britische Flotte hätte sie bei einem Landungsunternehmen überhaupt nichts zu melden gehabt. Wenn ein solches Unternehmen also überhaupt stattfinden sollte, erklärte Großadmiral Erich Raeder mit Recht, dann konnte die Kriegsmarine erstens nur eine begrenzte Zahl von Landungsschiffen zur Verfügung stellen und vor allem nur einen ganz kleinen Seeraum vor der um ein Vielfaches überlegenen britischen Flotte schützen.

Erste Voraussetzung, meinte Raeder, sei ohnehin eine deutsche Luftherrschaft über England. Erst wenn die britische Luftwaffe ausgeschaltet sei, könnte die Marine überhaupt sicher operieren.

»Du kannst immer einen mit dir nehmen«

Aus Winston S. Churchills Memoiren

Da die Monate Juli und August ohne Katastrophe verstrichen, bestärkte sich in uns die Zuversicht, daß wir einen langen, harten Kampf aushalten würden. Unser Kräftezuwachs wurde uns von Tag zu Tag klarer bewußt. Die gesamte Bevölkerung arbeitete bis zum äußersten und fühlte sich, wenn sie nach der Arbeit oder der Wache einschlief, durch die wachsende Zuversicht belohnt, daß wir Zeit hatten, und daß wir siegen würden. Alle Küsten starrten jetzt von Abwehrstellungen der verschiedensten Art. Das ganze Land war in Verteidigungsbezirke eingeteilt. Ein Strom von Waffen verließ die Fabriken ... Die gesamte ausgebildete englische Berufsarmee und ihre Kameraden von der Territorialarmee übten und exerzierten von früh bis abends und brannten darauf, an den Feind zu kommen. Die Home Guard überschritt die Millionengrenze, und wenn es an Gewehren fehlte, griff man unverzagt nach dem Jagdgewehr, der Sportflinte, der Pistole oder, wenn es keine Feuerwaffen gab, nach der Heugabel und dem Knüttel. In England gab es keine Fünfte Kolonne, obgleich ein paar Spione sorgfältig eingefangen und verhört werden mußten. Die wenigen Kommunisten verhielten sich still. Und jeder andere gab alles her, was er zu geben hatte.

Als Ribbentrop im September einen Besuch in Rom machte, sagte er zu Ciano: »Die englische Landesverteidigung ist nicht vorhanden. Eine einzige deutsche Division genügt, um sie völlig zusammenbrechen zu lassen.« Das beweist nur seine Unwissenheit. Immerhin habe ich mich häufig gefragt, was geschehen wäre, wenn zweihunderttausend Mann deutscher Sturmtruppen sich an unseren Küsten festgesetzt hätten. Es wäre für beide Seiten ein großes, grimmiges Blutbad geworden. Keiner hätte Gnade oder Erbarmen gekannt. Der Feind hätte zum Terror gegriffen, und wir waren bereit, vor gar nichts zurückzuschrecken. Ich hatte vor, das Schlagwort auszugeben: »Du kannst immer einen mit dir nehmen!« ... Doch es sollte nicht so weit kommen. Weit draußen auf den grauen Wassern der Nordsee und des Kanals kreuzten und patrouillierten die treuen, eifrigen Flottillen und spähten durch die Nacht. Hoch in den Lüften schwebten die Jagdpiloten, oder sie warteten gelassen bei ihren vortrefflichen Maschinen, jederzeit bereit, wieder aufzusteigen. Es war eine Zeit, da es ebenso gut war, zu leben wie zu sterben.

Daß England zum Kampf entschlossen war, unterstrich die Royal Air Force ab Juni/Juli 1940 mit verstärkten Bombenangriffen auf das Reichsgebiet. Während die deutsche Luftwaffe bis zum Juni 1940 keine einzige Bombe über England abwarf, hatten britische Flugzeuge schon seit Kriegsbeginn 1939 in nächtlichen Einzelunternehmungen militärische Ziele auf deutschem Boden angegriffen. Im Mai 1940 beschloß das Kriegskabinett den vollen Luftkrieg gegen das deutsche Hinterland. Zum ersten Angriff auf Berlin kam es am 22. Mai 1940, dem Tag der Unterzeichnung der Waffenstillstandsverträge zwischen Deutschland und Frankreich. Bild linke Seite: Bodenpersonal bei der Munitionierung einer britischen „Hurricane"-Maschine. Bild oben: Scheinwerferbatterien suchen den Himmel über Hamburg ab. Bild rechts: die Berliner Staatsoper Unter den Linden nach einem britischen Bombenangriff.

Unternehmen »Seelöwe«

Hitlers Weisung Nr. 16 über die Vorbereitungen einer Landungsoperation gegen England, 16.7.1940

Da England, trotz seiner militärisch aussichtslosen Lage, noch keine Anzeichen einer Verständigungsbereitschaft zu erkennen gibt, habe ich mich entschlossen, eine Landungsoperation gegen England vorzubereiten und, wenn nötig, durchzuführen.

Zweck dieser Operation ist es, das englische Mutterland als Basis für die Fortführung des Krieges gegen Deutschland auszuschalten und, wenn es erforderlich werden sollte, in vollem Umfang zu besetzen.

Hierzu befehle ich folgendes:

1. Die Landung muß sich in Form eines überraschenden Überganges in breiter Front etwa von Ramsgate bis in die Gegend westlich der Insel Wight vollziehen, wobei Teilen der Luftwaffe die Rolle der Artillerie, Teilen der Kriegsmarine die Rolle der Pioniere zufallen wird.

Ob es zweckmäßig ist, vor dem allgemeinen Übergang Teilaktionen, etwa zur Besetzung der Insel Wight oder der Grafschaft Cornwall, zu unternehmen, ist vom Standpunkt jedes Wehrmachtteiles aus zu prüfen und das Ergebnis mir zu melden. Die Entscheidung behalte ich mir vor.

Die Vorbereitungen für die Gesamtoperation müssen bis Mitte August abgeschlossen sein.

2. Zu diesen Vorbereitungen gehört auch, daß diejenigen Voraussetzungen geschaffen werden, die eine Landung in England möglich machen:

a) Die englische Luftwaffe muß moralisch und tatsächlich so weit niedergekämpft sein, daß sie keine nennenswerte Angriffskraft dem deutschen Übergang gegenüber mehr zeigt.

b) Es müssen minenfreie Wege geschaffen sein.

c) Durch eine dichte Minensperre muß die Straße von Dover in beiden Flanken sowie der Westeingang des Kanals etwa in der Linie Alderney-Portland abgesperrt sein.

d) Durch starke Küstenartillerie muß das Küstenvorfeld beherrscht und artilleristisch abgeschirmt sein.

e) Die Fesselung der englischen Seestreitkräfte kurz vor dem Übergang sowohl in der Nordsee als auch im Mittelmeer (durch die Italiener) ist erwünscht, wobei schon jetzt versucht werden muß, den englischen Seestreitkräften, die sich im Mutterland befinden, durch Luft- und Torpedoangriffe nach Kräften Abbruch zu tun.

3. Organisation der Führung und der Vorbereitungen.

Unter meinem Befehl und nach meinen allgemeinen Weisungen führen die Herren Oberbefehlshaber die von ihren Wehrmachtteilen anzusetzenden Kräfte. Die Führungsstäbe des Ob.d.H., Ob.d.M. und Ob.d.L. müssen sich ab 1.8. an in einem Umkreis von höchstens 50 km von meinem Hauptquartier (Ziegenberg) befinden.

Zweckmäßig erscheint mir die gemeinsame Unterbringung der engeren Führungsstäbe des Ob.d.H. und des Ob.d.M. in Gießen. Der Ob.d.H. wird daher zur Führung der Landungsarmeen eine Heeresgruppe einschalten müssen.

Das Unternehmen führt den Decknamen »Seelöwe«.

Das Heer wiederum verlangte im Gegensatz zur Marine einen möglichst großen und breiten Landungsstreifen. Je breiter der Landungsstreifen, um so mehr Truppen konnten gelandet werden, und um so wahrscheinlicher war der notwendige Erfolg über den Gegner. Der Streit ging lange hin und her. Marine und Heer waren sich schließlich nur in einem einig: Es kam auf die Luftwaffe an! Wenn die Luftwaffe den Landungsraum genügend abschirmen, wenn sie genügend Bomber und Sturzbomber einsetzen konnte, um die britische Flotte vom vorgesehenen Landungsraum fernzuhalten, dann bestand vielleicht die Möglichkeit einer erfolgreichen Landung. Das Wichtigste aber: Die Luftwaffe mußte vorher schon die Luftherrschaft über England haben, die britische Luftwaffe durfte nicht mehr in der Lage sein, das Landungsunternehmen entscheidend zu stören. Der neuernannte Reichsmarschall Hermann Göring erklärte, wie von ihm nicht anders zu erwarten, daß »seine« Luftwaffe das schaffen würde. Wie es geschah, daß die Luftwaffe es nicht schaffte, obwohl es schon so aussah – das wird an anderer Stelle noch geschildert. Hier soll nur festgehalten werden, daß die »Luftschlacht um England«, die von den Engländern so genannte »Battle of Britain«, für die deutsche Luftwaffe verlorenging. Den Sieg trug die britische Jagdwaffe über die deutschen Bomber und Jäger davon. Aber nicht nur das war entscheidend dafür, daß die »Operation Seelöwe« schließlich abgeblasen wurde. Wirklich entscheidend war Hitlers eigenes Zögern. Das in seiner Weisung Nr. 16 vorkommende »falls«, »wenn« und »aber« bestimmte auch weiterhin die Haltung zu einer Landung in England. Er selbst war nur mit halbem Herzen dabei. Viel mehr beschäftigte ihn immer noch die Frage, weshalb die britische Regierung so auf den Krieg versessen war, weshalb sie selbst nach dem deutschen Sieg über Frankreich nicht daran dachte, einzulenken. Was steckte dahinter, wer stärkte der Kriegspartei in England so sehr den Rücken? An die Vereinigten Staaten von Amerika dachte Hitler dabei nicht. Amerika lag seinem Denken viel zu fern. Sein Mißtrauen gegenüber der Sowjetunion war wieder wach.

Die von Hitler am 16. Juli 1940 befohlenen Vorbereitungen einer Landungsoperation gegen England, das „Unternehmen Seelöwe", waren so improvisiert und undurchdacht wie die vorangegangenen diplomatischen Aktivitäten für den „friedlichen Ausgleich". Aus Deutschland und den besetzten Ländern zusammengezogene Schleppkähne, Binnenschiffe und Barkassen wurden zu Landungsfahrzeugen umgebaut. An der französischen Küste übten Pioniere und Marinesoldaten Landungsmanöver (Bilder links und rechte Seite unten).

Bild rechte Seite oben: Landungsmanöver im Schutz deutscher Sperrballone und Flak-Einheiten. Nach wiederholter Verschiebung des Unternehmens wurde das insbesondere von der Marineleitung als zu riskant eingeschätzte Unternehmen am 12. Oktober endgültig abgeblasen.

Der Balkanfeldzug

Die Sowjets hatten als einzige Macht der Welt Deutschland in der ersten Kriegsperiode wirklich unterstützt. Das bolschewistische Rußland war bisher der einzige Verbündete Deutschlands gewesen. Aber trotzdem — in der letzten Zeit war einiges geschehen, was Hitler an der Treue dieses Verbündeten wieder zweifeln ließ. Am 13. Juli, Halder hatte es in seinem Tagebuch notiert, war ihm der erste Zweifel aufgestiegen: »Er sieht ebenso wie wir die Lösung dieser Frage darin, daß England noch eine Hoffnung auf Rußland hat.« Was war es, das den Verdacht gegen Sowjetrußland in Hitler immer stärker werden ließ?

Zunächst war es der sowjetische Überfall auf Finnland gewesen. Hatten die Russen damit nicht vielleicht ganz bewußt den Westmächten einen Vorwand zur Besetzung Norwegens und Schwedens verschaffen wollen? Er hatte damals diese Überlegung wieder zur Seite geschoben, denn die Sowjets samt der von ihnen gelenkten Kommunistischen Internationale standen zu eindeutig auf der Seite Deutschlands und seiner ständigen Friedensbemühungen, als daß Hitler solchem Verdacht damals Raum gegeben hätte.

Sein Mißtrauen war erst wieder wach geworden, als die Sowjets den deutschen Westfeldzug und damit die Bindung der deutschen militärischen Macht im Westen sofort zu einer Reihe ausgesprochen imperialistischer Überfälle auf fremde Länder ausgenutzt hatten.

Am 15. Juni 1940, zwei Tage bevor die neue französische Regierung des Marschalls Philippe Pétain um Waffenstillstand ersuchte, hatte die Sowjetunion Litauen überfallen und besetzt. Am 17. Juni erst hatte es die Sowjetregierung für nötig befunden, die verbündete deutsche Regierung davon formell zu unterrichten. Seitdem standen die Sowjettruppen an der Grenze Ostpreußens. Wenige Tage danach besetzte die Sowjetunion, genauso ohne Kriegserklärung, die Staaten Estland und Lettland. In allen drei Ländern wurde sofort die gesamte einheimische Presse verboten, alle Parteien wurden verboten, sämtliche politischen Führer wurden verhaftet, Tausende von Menschen nach Sibirien verschleppt. Stalin forderte die deutschen Gesandten in den Hauptstädten der drei Länder – Kowno, Reval und Riga – auf, binnen 14 Tagen ihre Gesandtschaften aufzulösen und das Land zu verlassen. Doch der Appetit des roten Imperialismus war damit noch nicht gestillt. Am 23. Juni schon, am Tag des deutsch-französischen Waffenstillstandes, ließ Molotow den deutschen Botschafter, Graf von der Schulenburg, zu sich kommen.

Er sagte ihm, wie Schulenburg in einem Telegramm sofort nach Berlin berichtete: »Lösung Bessarabien-Frage gestatte nunmehr keinen weiteren Aufschub. Sowjetregierung ... sei entschlossen, Gewalt anzuwenden, falls rumänische Regierung friedliche Einigung ablehne.«

Aber mit der Androhung, den rumänischen Landesteil Bessarabien zu schlucken, war die Sowjetregierung noch nicht einmal zufrieden. Molotow sagte dem deutschen Botschafter Graf Schulenburg weiter, »die Sowjetregierung rechnet damit, daß Deutschland die sowjetische Aktion nicht stört«. Und weiter sagte er: »Der sowjetische Anspruch erstreckt sich auch auf die Bukowina.« Das alles geschah einen Monat vor Hitlers Reichstagsrede, drei Wochen bevor Hitler am 13. Juli 1940 das erste Mal erwähnte, daß es vielleicht die Hoffnung auf Unterstützung durch die Sowjetunion sei, die Englands Regierung im Krieg halte.

Die Bukowina war bis 1919, bis zum Friedensvertrag von St. Germain – der für Österreich die gleiche Bedeutung hatte wie der von Versailles für Deutschland – ein Teil Österreichs gewesen. Für Hitler also, der seine Heimat Österreich vor nun mehr als zwei Jahren wieder mit Deutschland vereint hatte, mußte dies als ein Teil Deutschlands gelten. In seiner und Deutschlands au-

Am 28. Oktober 1940 ließ Italiens Diktator Benito Mussolini ohne Unterrichtung des deutschen Bündnispartners vom kurz zuvor annektierten Albanien aus eine Armee in Griechenland einfallen. Damit war auch Südosteuropa zum Kriegsschauplatz geworden. Eifersüchtig auf die militärischen Erfolge der Deutschen vom Sommer 1940 hatte der „Duce" nicht verwinden können, daß Hitler ihn über seine Absichten meist im unklaren gelassen hatte. Nun handelte er seinerseits eigenmächtig, wobei er die Schlagkraft der italienischen Armee weit überschätzte und schließlich in arge Bedrängnis geriet. Nur das Eingreifen der Wehrmacht rettete schließlich das italienische Abenteuer auf dem Balkan. Bild rechts: Generalfeldmarschall List, der deutsche Oberbefehlshaber Südost. Bild linke Seite: deutscher Panzer beim Überqueren eines Flusses in Jugoslawien.

genblicklicher Situation ging es noch nicht einmal so sehr um nationale Interessen, sondern um solche der Kriegswirtschaft.

Im Ersten Weltkrieg waren die Alliierten »auf einer Woge von Öl zum Sieg geschwommen«, wie einer der westlichen Staatsmänner danach erklärt hatte. Das stimmte, und Hitler wußte das sehr genau. Die für Deutschland wichtigen, weil zur Zeit einzig erreichbaren Ölquellen lagen in Rumänien, im Gebiet von Ploesti.

Da er nun, nach Englands endgültiger Ablehnung von Friedensverhandlungen, den Krieg weiterführen mußte, brauchte Hitler diese Ölquellen. Wußten das die Sowjets? Hatten sie deshalb dieses Gebiet der Bukowina, wo sie sonst nichts zu suchen hatten, zu ihrem Eroberungsziel erklärt? Wollten sie so wie Ostpolen, wie Lettland, Litauen oder Estland auch ganz Rumänien an sich bringen?

Hitler meinte, dann sei es besser, den Sowjets zuvorzukommen und die Einverleibung von Bessarabien und der Bukowina von vornherein zu akzeptieren. Dann nahm man den Bolschewisten die Möglichkeit, unter einem Vorwand ganz Rumänien und damit das für Deutschlands weitere Kriegführung wichtige Gebiet von Ploesti zu annektieren.

So geschah es. Außenminister Joachim von Ribbentrop stimmte zu, daß die Sowjetunion nach ihren Überfällen auf die baltischen Staaten nun auch große Teile Rumäniens besetzen durfte. Eine einzige Bedingung stellte er dabei: Bessarabien und die Bukowina waren zu einem großen Teil seit Jahrhunderten von Deutschen bewohnt. Diese Deutschen müßten, soweit sie es selbst wollten, in die Heimat ihrer Vorfahren zurückkehren dürfen. Keine Frage: Die ihrer Herkunft nach Deutschen zogen es vor, ihre eigentliche Heimat in Bessarabien und der Bukowina zu verlassen, als unter der Sowjetherrschaft zu leben.

So begann die erste große – diesmal noch freiwillige – Völkerwanderung des 20. Jahrhunderts. Wochenlange, mühselige Besprechungen zwischen sowjetischen und deutschen Dienststellen waren erforderlich, bis es soweit war. Der deutsche Diplomat Dr. Peter Kleist sagte über die Verhandlungen: »Wir fühlten uns in der Lage von Leuten, die mit Räubern um das Lösegeld für Gefangene verhandelten.«

Der NKWD-General Osokin machte die meisten Schwierigkeiten und erfand immer neue Schikanen für die Deutschen. Tausende von Rumänen, Bulgaren und Ukrainern drängten sich bei der Dienststelle der deutschen Verhandlungskommission. Sie bemühten sich fieberhaft, deutsche Abstammung nachzuweisen, nur um der über sie hereingebrochenen Sowjetherrschaft entfliehen zu können. Nur wenige hatten Glück. Die deutsche Kommission half, wo sie nur konnte, aber ein deutscher Urgroßvater, eine deutsche Tante mußte schon dasein.

Im Herbst 1940 versuchte sich der bisher so erfolgreiche Feldherr Adolf Hitler als Diplomat, um eine kontinentale Koalition gegen England zusammenzuschmieden. Im Bahnhof von Hendaye traf er mit dem spanischen Diktator Franco zusammen (Bild oben). Nach dem obligatorischen Austausch von Artigkeiten ließ sich der schlaue „Caudillo" aber gar nicht erst darauf ein, an der Seite Deutschlands in den Krieg einzutreten. „Lieber lasse ich mir drei oder vier Zähne ziehen, als so etwas noch einmal durchzumachen", sagte Hitler später zu Mussolini über diese Verhandlungen. Nicht besser erging es dem „Führer" in Montoire, wo er mit dem französischen Staatsoberhaupt Pétain, dem legendären Verteidiger Verduns im Ersten Weltkrieg, zusammentraf (Bild linke Seite). Der greise Marschall gab Hitler knapp, aber bestimmt zu verstehen, daß Frankreich nicht mehr in der Lage sei, einen neuen Krieg zu führen.

Hitler trifft Franco

Erinnerungen des Dolmetschers Schmidt

Gegen drei Uhr nachmittags (am 23. Oktober 1940) erschien der spanische Zug auf der internationalen Brücke über den Bidassoa-Fluß, der die Grenze bildet. Militärmusik, Abschreiten der Ehrenfront, kurzum das ganze nun schon althergebrachte Zeremoniell einer Diktatorenbegegnung, rollte ab. Dann begann sofort das folgenschwere Gespräch, welches das Ende der Sympathien zwischen Hitler und Franco mit sich brachte.

Klein und dick, dunkelhäutig, mit lebhaften schwarzen Augen saß der spanische Diktator in Hitlers Salonwagen. Hitler malte zunächst die deutsche Lage in den glänzendsten Farben. »England ist bereits endgültig geschlagen«, schloß er den Abschnitt seiner Ausführungen, der von den deutschen Siegeschancen handelte. Ohne viel Umschweife bot Hitler Spanien Gibraltar und, in einer etwas vageren Formulierung, auch Kolonialgebiete in Afrika an.

Franco sagte zunächst gar nichts. Zusammengekauert saß er in seinem Sessel. Ich konnte an seinem undurchdringlichen Gesicht nicht erkennen, ob er über den Vorschlag verblüfft war oder sich nur in Ruhe seine Antwort überlegte. Er vollführte dann ein ähnliches Ausweichmanöver wie sein italienischer Kollege bei Ausbruch des Krieges. Spaniens Lebensmittellage sei sehr schlecht. Das Land brauche Weizen, und zwar gleich mehrere 100 000 Tonnen.

Spanien brauche eine moderne Rüstung. Außerdem müsse es seine lange Küstenlinie gegen die Angriffe der englischen Marine verteidigen. Überdies sei es mit dem spanischen Nationalstolz unvereinbar, ein von fremden Soldaten erobertes Gibraltar als Geschenk entgegenzunehmen.

Während Franco mit einer ruhigen, sanften Stimme, die in ihrem eintönigen, singenden Klang etwas an die islamischen Gebetsrufer erinnerte, seine Darlegung vorbrachte, wurde Hitler immer unruhiger. Die Unterhaltung ging ihm sichtlich auf die Nerven. Einmal erhob er sich sogar und erklärte, es habe keinen Zweck, noch weiter zu verhandeln, setzte sich dann aber sofort wieder hin und erneuerte seine Versuche, Franco umzustimmen. Dieser erklärte sich schließlich zum Abschluß eines Vertrages bereit, aber mit solchen Vorbehalten in bezug auf Lebensmittelversorgung und Rüstung sowie auf den Zeitpunkt seines aktiven Eingreifens, daß das Abkommen nur noch eine Fassade war, hinter der nichts steckte.

Die Sowjets machten es sich da leichter. Sie verhafteten, wen sie für verdächtig hielten, gegen die Sowjetunion zu sein. Und dafür galt jeder, der bei der deutschen Kommission vorsprach, um nach Deutschland umgesiedelt zu werden. Schließlich war es doch soweit, daß sich der endlose Umsiedlertreck in Bewegung setzen konnte. Zweitausend Kilometer weit war der Weg nach Deutschland. Die deutschen Städte und Dörfer Bessarabiens – Leipzig, Bergdorf, Teplitz, Freidorf, Karlstadt und wie sie alle hießen – blieben menschenleer zurück.

Die Schikanierung der deutschen Umsiedler trug entscheidend dazu bei, daß sich Hitlers Mißtrauen gegenüber den Sowjets immer mehr steigerte.

In einer »Führerbesprechung«, die am 31. Juli 1940 auf dem Berghof bei Berchtesgaden stattfand, teilte Hitler den versammelten Wehrmachtchefs zum ersten Male mit, daß er sich mit dem Gedanken trüge, die Sowjetunion anzugreifen. Generalstabschef Halder stenografierte selbst Hitlers Ausführungen mit:

»Irgend etwas ist in London geschehen. Die Engländer waren schon ganz *down*, nun sind sie wieder aufgerichtet...«

Hitler gab die Schuld daran den Sowjets, von denen er nach den letzten Erfahrungen befürchtete, daß sie im Begriff seien, die Front zu wechseln. Erstmals dachte er in diesem Zusammenhang auch an die USA und sagte den versammelten Generalen:

»Englands Hoffnung ist Rußland und Amerika. Wenn die Hoffnung auf Rußland wegfällt, fällt auch Amerika weg, weil dem Wegfall Rußlands eine Aufwertung Japans in ungeheurem Maß folgt.«

Je mehr er darüber nachdächte, sagte Hitler, um so mehr sei er davon überzeugt, daß England bei seiner hartnäckigen Entschlossenheit, den Krieg fortzusetzen, auf Sowjetrußland zähle. Die Sowjets brauchten den Engländern nur anzudeuten, daß sie selbst Deutschland nicht zu mächtig wünschten, dann würden die Engländer schon hoffen, daß in sechs bis acht Monaten die ganze Lage anders sei. Sei Rußland aber zerschlagen, dann sei Englands letzte Hoffnung dahin.

In Halders Stenogramm steht dann:

»Entschluß: Im Zuge dieser Auseinandersetzung muß Rußland erledigt wer-

den. Frühjahr 41. Je schneller wir Rußland zerschlagen, um so besser.«

Schon am Tage darauf, am 1. August 1940, machte sich Halder mit dem Generalstab an die Ausarbeitung der notwendigen Pläne. Des deutschen Generalstabchefs Tagebucheintragung vom 1. August zeigt, mit welcher Begeisterung er an diese neue Aufgabe ging. Später, nach dem Krieg, erklärte er allerdings, er habe die ganze Idee, die Sowjetunion anzugreifen, für Wahnsinn gehalten.

Am 9. August erließ der Wehrmachtführungsstab die erste Weisung, noch unter dem Decknamen »Aufbau Ost«. Am 26. August befahl Hitler die erste Truppenverlegung nach Osten. Zehn Infanterie- und zwei Panzerdivisionen wurden nach Polen verlegt. Am 6. September formulierte Generaloberst Alfred Jodl, der Chef des Wehrmachtführungsstabes, Vorschriften für die Tarnung der gegen die Sowjetunion angelaufenen Maßnahmen. Am 12. November erließ Hitler die streng geheime »Führerweisung« Nr. 18, in der es heißt: »Politische Besprechungen mit dem Ziel, die Haltung Rußlands für die nächste Zeit zu klären, sind eingeleitet. Gleichgültig, welches Ergebnis diese Besprechungen haben werden, sind alle schon mündlich befohlenen Vorbereitungen für den Osten fortzuführen...«

»Politische Besprechungen« – das bezog sich auf einen Besuch, der am selben Tag in Berlin eintraf: Wjatscheslaw Michailowitsch Skrjabin, genannt Molotow, der »Hämmernde«, Mitglied des Politbüros der KPdSU, Ministerpräsident und Außenminister der Sowjetunion. Sein Besuch war nach den internationalen Gepflogenheiten schon längst fällig, der deutsche Außenminister, Joachim von Ribbentrop, war schon zweimal in Moskau gewesen. Was Molotow in Berlin wollte, war natürlich nicht nur, den protokollarischen Höflichkeitsbesuch zu absolvieren. Molotow hatte auch einige Fragen an die deutsche Reichsregierung, und er hatte auch einige Forderungen zu stellen.

Die Sowjetunion hatte es ausgenutzt, daß Deutschland militärisch gebunden war – erst in Polen, dann in Dänemark und Norwegen, schließlich in Luxemburg, Holland, Belgien und Frankreich. Finnland wurde in dieser Zeit überfallen, aus den eroberten finnischen Gebieten wurden die »Karelo-Finnische Sowjetrepublik« unter Führung des Altkommunisten und Sekretärs der Kommunistischen Internationale, Otto Wilhelm Kuusinen. Litauen, Lettland und Estland wurden überfallen und der Sowjetunion einverleibt. Doch damit war Rußland längst noch nicht zufrieden. Fern aller protokollarischen Höflichkeit kam Molotow deshalb nach Berlin, um weitere Forderungen zu stellen.

Inzwischen hatte Hitler, um zu retten, was zu retten war, mit der rumänischen

Fünfzehn Monate nach der Unterzeichnung des sensationellen deutsch-russischen Freundschafts- und Nichtangriffspaktes vom August 1939 traf der sowjetische Außenminister Molotow im November 1940 zu einem Besuch in Berlin ein (Bild oben). Hitler verband mit der Unterredung mit Molotow die Erwartung, Rußland in den Kampf gegen England einzubinden, und stellte dafür „die Aufteilung des britischen Weltreiches" in Aussicht (Bild rechts; in der Mitte der Dolmetscher, Botschaftsrat Hilger). Als sich sein Gegenüber beharrlich weigerte, Moskaus Ambitionen in Richtung Persien und Indien ablenken zu lassen, und vielmehr deutlichen Protest gegen das deutsche Ausgreifen in der urrussischen Interessensphäre Südosteuopa anmeldete, verfestigte sich Hitlers Entschluß, über kurz oder lang die Sowjetunion anzugreifen.

Regierung die Entsendung einer deutschen Militärmission nach Rumänien vereinbart. In Hitlers Geheimbefehl dazu heißt es:
»Vor der Welt wird deren Aufgabe sein, Rumänien bei der Aufstellung und Ausbildung seiner Streitkräfte freundschaftlich zu beraten.
Ihre wirkliche Aufgabe, die weder den Rumänen noch unseren eigenen Truppen zum Bewußtsein kommen darf, wird sein:
a) das Erdölgebiet zu schützen ...
c) den Aufmarsch deutscher und rumänischer Kräfte von rumänischen Stützpunkten aus im Falle eines uns von Sowjetrußland aufgezwungenen Krieges vorzubereiten.«
Diesen Geheimbefehl kannte Molotow natürlich nicht, aber die Entsendung der deutschen Militärmission war den Sowjets nicht verborgen geblieben. Die Sowjetregierung hatte sofort beim deutschen Botschafter protestiert. Die Reichsregierung habe damit den deutsch-sowjetischen Freundschaftsvertrag verletzt, der für solche Fälle eine Konsultation der anderen Regierung vorsehe. Es hatte danach einen in sehr schroffem Ton gehaltenen Schriftwechsel zwischen Berlin und Moskau gegeben, in dem von deutscher Seite darauf hingewiesen wurde, daß zuerst die Sowjetregierung den Vertrag verletzt habe – im Fall Finnland, im Fall Litauen, im Fall Lettland und Estland.
Nun also, am 12. November, kam Molotow auf dem Anhalter Bahnhof in Berlin an und wurde mit allen Ehren, wenn auch sehr formell und gar nicht herzlich, empfangen. An diesem trüben und regnerischen Novembertag begannen in Berlin die zweitägigen Besprechungen, die für zwei Völker, ja, für ganz Europa, schicksalsentscheidend werden sollten. Molotow war mit ganz bestimmten, konkreten Fragen und Forderungen nach Berlin gekommen. Hitler und sein Außenminister, Ribbentrop, konnten oder wollten diese Fragen nicht ebenso klar beantworten, die Forderungen nicht erfüllen. Sie schlugen der Sowjetregierung vor, Moskau möge sich dem Dreimächtepakt Berlin – Rom – Tokio anschließen, der damit ein Viererpakt werden würde.
Molotow schien nicht abgeneigt, aber

General »Tat« gegen General »Bluff«

Hitlers Rede im Berliner Sportpalast, 4.9.1940

Als man in England vor einem Jahr in den Krieg eintrat, sagte man: »Wir haben einen Verbündeten.« Wir waren neugierig, wer das wohl sei. Sie sagten: »Das ist ein General, dieser Verbündete, er heißt General ›Revolution‹!« Haha! Die haben eine Ahnung vom neuen nationalsozialistischen deutschen Volksstaat! Und nun warten sie in London auf die Tätigkeit dieses Generals Revolution.

Dann hieß es: »Wir haben einen anderen verbündeten General, es ist dies der General ›Hunger‹.« Wir haben von vornherein damit gerechnet, daß diese großen Menschenfreunde wie im Weltkrieg versuchen würden, Millionen Frauen und Kinder auszuhungern, und haben uns darauf vorbereitet. Auch dieser General war nur eine Fehlspekulation, eine Erscheinung, ein Irrlicht im Gehirn des Mister Churchill.

Jetzt ist man einem dritten Verbündeten auf die Spur gekommen. Es ist der General »Winter«. Er ist schon einmal dagewesen. Er hat damals versagt, und wird und würde auch diesesmal genau so versagen.

Die Engländer sollten, wenn sie schon wirklich so obskure fremde Generale nehmen, nicht vergessen, ihren bedeutendsten eigenen General vielleicht zum britischen Reichsgeneralfeldmarschall zu erheben: nämlich den General »Bluff«. Das ist ihr einziger Verbündeter, der es verdienen würde, daß sie ihm tatsächlich die höchste Beförderung zuteil werden lassen. Uns allerdings schlägt man mit diesem General nicht mehr. Mit ihm kann man das britische Volk vielleicht dumm machen, aber das deutsche Volk hat England genügend kennengelernt.

Diese Schwätzereien des Mr. Churchill oder des Mr. Eden – vom alten Chamberlain zu reden, verbietet einem die Pietät – diese Schwätzereien lassen das deutsche Volk ganz kalt oder bewegen es höchstens zum Lachen. Es gibt in unserer hochdeutschen Sprache für eine Erscheinung wie Duff Cooper kein passendes Wort. Da muß man zur Mundart greifen, und hier ist nur im Bayerischen ein Wort geprägt, das so einen Mann charakterisiert: Krampfhenne! Die Herren können sich beruhigen, mit diesen Mitteln werden sie den Krieg nicht gewinnen.

Wenn die Stunde geschlagen hat, dann werden wir an die Stelle der Generale »Hunger«, »Revolution«, »Winter« oder »Bluff« wieder den General »der Tat setzen«.

Am 27. September 1940 unterzeichneten in Berlin Reichaußenminister von Ribentrop, der italienische Außenminister Graf Ciano und der japanische Botschafter Kurusu den als „Dreimächtepakt" in die Geschichte eingegangen Bündnisvertrag (Bild oben). Ebenso wichtig wie die Einigung dieser „Großen drei" war es für Hitler, die „drei Kleinen" auf dem Balkan, Rumänien, Bulgarien und Jugoalwien, in den Dienst der deuschen Interessen zu stellen, und zwar als Voraussetzung für Deutschlands Eingreifen in Südosteuropa wie für die geplante baldige Auseinandersetzung mit der Sowjetunion. Im Bild linke Seite der rumänische Marschall Ion Antonescu (rechts), der Rumänien an die Seite der Achsenmächte führte; neben ihm der 19jährige König von Rumänien, Michael.

er verlangte, gewissermaßen als Vorleistung des deutschen Partners, daß die deutschen Truppeneinheiten, die sich zur Unterhaltung des deutschen Nachschubs für Nordnorwegen in Finnland befanden, Finnland sofort verlassen sollten.

Weiter erklärte er, daß die Sowjetunion einem Viermächtepakt nur beitreten könnte, wenn sie schon in den nächsten Monaten Gelegenheit bekäme, im Gebiet des Bosporus und der Dardanellen militärische Stützpunkte für ihre Land- und Seestreitkräfte einzurichten. (Daß die bulgarische und die türkische Regierung, denen dieses Gebiet gehörte, zuallererst hätten gefragt werden müssen, erwähnte Molotow nicht.)

Als Schwerpunkt der sowjetischen »Aspirationen«, mit anderen Worten: sowjetischen Gebietsausweitungen, müsse der Raum südlich Baku und Batum in Richtung auf den Persischen Golf anerkannt werden. Japan müsse vor einem Vertragsabschluß auf seine Konzessionsrechte zur Ausbeutung von Kohle und Erdöl im Norden von Sachalin verzichten.

Der Vertrag kam nicht zustande, zu groß waren die Differenzen zwischen den Gesprächspartnern. Hitler selbst sprach stundenlang mit Molotow. Einen so hartnäckigen und starrsinnigen Partner hatte er noch nie erlebt. Chefdolmetscher Schmidt war dabei und sagte später: »Die Fragen hagelten nur so auf Hitler nieder. So hatte noch keiner der ausländischen Besucher in meiner Gegenwart mit ihm gesprochen.«

Was Deutschland in Finnland vorhätte,

fragte Molotow. Hitler antwortete, daß lediglich Nachschub für Nordnorwegen auf dem Landweg durch Finnland transportiert werde. Er konterte sofort und fragte Molotow, ob die Sowjetunion die Absicht hätte, nochmals Krieg gegen Finnland zu führen. Nun war es Molotow, der ausweichend antwortete. Schließlich erklärte er, die Sowjetunion denke an eine Bereinigung der finnischen Frage im selben Sinne wie in Bessarabien und den baltischen Staaten, was die Annexion Finnlands bedeutete. Hitler war aufrichtig darüber erschrocken. Molotow merkte, daß er wohl etwas zu weit gegangen war, und fügte schnell hinzu, daß die Sowjetregierung natürlich zunächst die Stellungnahme Deutschlands dazu erfahren wollte. Hitler betonte, daß es unter gar keinen Umständen Krieg mit Finnland geben dürfe, solch ein Konflikt würde »tiefgehende Rückwirkungen« haben. Die Verhandlungen, die zweimal wegen Fliegeralarms in den Bunker des Auswärtigen Amtes verlegt werden mußten, führten nicht dazu, daß die Sowjetunion einem Viermächtepakt mit Deutschland, Italien und Japan beitrat. Aber sie bestärkten Hitler in der Überzeugung, daß die Sowjetunion ein gefährlicher Gegner sei, der so schnell wie möglich ausgeschaltet werden müßte.

Am 26. November 1940, knapp vier-

Nach außen hin strahlten die Häupter der „Achse", Hitler und Mussolini, stets bestes Einvernehmen aus (Bild rechte Seite), doch in Wahrheit gingen sich die Verbündeten auf die Nerven: Hitler Mussolini mit der Tatsache, daß er, der Duce, längst zum Juniorpartner des deutschen Führers geraten und auf Gedeih und Verderb auf die Hilfe der deutschen Waffen angewiesen war; Mussolini Hitler mit seinem blamablen Angriff auf Griechenland, das den Italienern in den Bergen des Epiros einen bewunderungswürdigen Abwehrkampf lieferte und dadurch ein deutsches Eingreifen erforderlich machte. Die deutschen Angriffspläne gegen die Sowjetunion wurden dadurch völlig durcheinandergewirbelt. Bild oben: griechische Soldaten an der Albanien-Front.

zehn Tage nach Molotows Besuch in Berlin, präzisierte Stalin noch einmal die Bedingungen, unter denen Moskau sich einem Viererpakt anschließen würde. Jetzt verlangte er sogar noch, daß gemeinsam »militärische Maßnahmen« gegen die Türkei getroffen werden müßten, falls die Türkei russische Stützpunkte auf ihrem Gebiet nicht zulasse. Auch müsse man sich über die Frage der Ostsee-Meerengen klarwerden – also der Große und Kleine Belt, das Kattegat und Skagerrak, ureigenste deutsche Interessengebiete. Hitler entschied sich nun endgültig.

Am 5. Dezember legte Halder ihm den Generalstabsplan für die Operationen gegen die Sowjetunion vor. Hitler billigte in einer vierstündigen Besprechung diesen Plan im wesentlichen. Die Rote Armee sollte nördlich und südlich der Pripjetsümpfe durchstoßen, eingekesselt und vernichtet werden. »Wie in Polen«, sagte Hitler zu seinem Generalstabschef. »Moskau«, sagte er schon hier – und um diese Frage gab es später noch heftige Auseinandersetzungen –, »Moskau ist nicht wichtig. Wichtig ist, Rußlands Lebenskraft zu vernichten!« Eingesetzt werden sollten 120 bis 130 Divisionen. Rumänien und Finnland sollten am Krieg gegen die Sowjets teilnehmen, Ungarn dagegen nicht.

Am 18. Dezember erließ Hitler seine »Führerweisung Nr. 21«, deren Überschrift dem Rußlandfeldzug seinen Namen gegeben hat: »Fall Barbarossa«. Die Weisung Nr. 21 beginnt mit den Worten:

»Die deutsche Wehrmacht muß darauf vorbereitet sein, auch vor Beendigung des Krieges gegen England Sowjetrußland in einem schnellen Erfolg niederzuwerfen... Vorbereitungen sind bis zum 15. Mai 1941 abzuschließen...«

Die Würfel waren gefallen, Hitler besiegelte damit sein eigenes Schicksal und das seines Volkes.

Diese Weisung führte nicht zuletzt deshalb zum Untergang des Deutschen Reiches, weil ein entscheidender Punkt der Weisung nicht eingehalten wurde: der Termin, bis zu dem die Vorbereitungen abgeschlossen sein sollten. Um sechs Wochen später als geplant würde 1941 der Feldzug im Osten beginnen, genau um die sechs Wochen zu spät, die dann der eisige russische Winter zu früh kam. Es lag nicht am Generalstab und seinem Plan, auch nicht an den mit gewohnter preußischer Präzision ablaufenden militärischen Vorbereitungen. Schuld an dieser entscheidenden Verzögerung war wieder einmal Hitlers Verbündeter Mussolini. Am 28. Oktober 1940, kurz vor Molotows Berlin-Besuch, war Italiens Wehrmacht von Albanien aus, das schon im Sommer 1939 annektiert wurde, in Griechenland eingefallen. Hitler kehrte gerade in seinem Sonderzug von Besprechungen zurück, die er in Hendaye an der spanisch-französischen Grenze mit dem spanischen Staatschef, Francisco Franco, und anschließend mit dem französischen Staatspräsidenten, Marschall Pétain, in Montoire geführt hatte. Als der Sonderzug wieder über die deutsche Grenze rollte, traf bei Hitler ein Bericht des deutschen Botschafters in Rom ein, der besagte, daß die Italiener im Begriff seien, in Griechenland einzumarschieren.

Hitler ließ sofort den Zug in Richtung Süden umdirigieren. Er war über die italienische Absicht außer sich. Erstens meinte er, daß die italienische Wehrmacht in dieser Jahreszeit, im Herbstregen und dann im Schnee der griechischen Berge nichts ausrichten würde. Vor allem aber brachte ein solches Unternehmen genau die Kriegsausweitung,

die Hitler bisher hatte vermeiden wollen. Noch war Molotow nicht in Berlin gewesen, noch hatte er nicht seine Forderungen gestellt, noch hatte Hitler nicht die Weisung für den »Fall Barbarossa« unterzeichnet.

Mussolini wurde unterrichtet, daß der Führer ihn sofort aufsuchen wollte, und stimmte zu. Treffpunkt Florenz. Als Hitlers so schnell umdirigierter Sonderzug in den rasch noch für den unerwarteten Besuch geschmückten Bahnhof von Florenz einrollte, da war es schon zu spät. Hitler konnte den Duce nicht mehr von seinem griechischen Abenteuer zurückhalten. Seit dem Morgen marschierten die italienischen Divisionen bereits. »Wir sind überall auf dem siegreichen Vormarsch!« verkündete Benito Mussolini strahlend.

Am Nachmittag schon fuhr Hitler wieder über die verschneiten Alpen zurück nach Deutschland, voller Bedenken, was aus Mussolinis Abenteuer noch alles entstehen könnte, voller Bitterkeit über den Vertrauensbruch Mussolinis ihm gegenüber.

Hitlers Sorgen bewahrheiteten sich schon bald. Italiens Feldzug gegen Griechenland kam nicht voran. Im Gegenteil, die Griechen drängten die Italiener bald wieder über die Grenze zurück, und im Dezember, während Hitler sich endgültig für das Unternehmen »Barbarossa« entschied, standen die griechischen Truppen schon tief in Albanien, auf der Verfolgung der flüchtenden Italiener. Die Engländer, die es schon vorher mit der griechischen Neutralität nicht sehr genau genommen hatten – der formelle Grund für Italiens Angriff auf Griechenland –, besetzten die griechische Mittelmeerinsel Kreta, richteten in Griechenland Stützpunkte ein.

Vor allem letztes machte Hitler Sorgen. Das rumänische Erdölgebiet von Ploesti war bisher für britische Bomber nicht erreichbar gewesen, jetzt aber waren britische Bombenflugzeuge in Grie-

Am 6. April 1941 begann der deutsche Angriff auf Jugoslawien, das sich kurz zuvor nach einem antideutschen Staatsstreich (27. März) gegen die „Achse" gestellt hatte, mit dem von Hitler erklärten Ziel, „Jugoslawien militärisch und als Staatsgebilde zu zerschlagen", sowie gegen Griechenland, um den in den albanischen Bergen im Rückzug befindlichen Italienern aus der Patsche zu helfen. Noch einmal demonstrierte das Oberkommando der Wehrmacht im „Balkanfeldzug" hohe Führungskunst, ein letztes Mal konnten die Deutschen nach einem „Blitzkrieg" einen „Blitzsieg" feiern. Bilder oben und rechte Seite: Der deutsche Angriff rollt, diesmal nach Südosten.

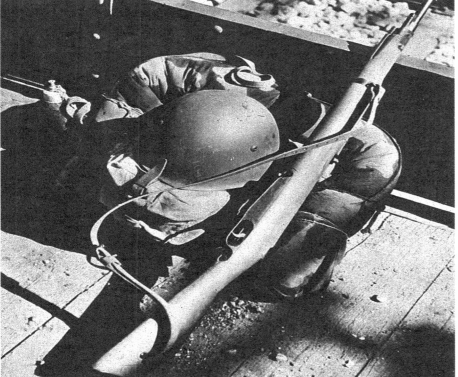

chenland stationiert. Ploesti lag in ihrer Reichweite. Eine Bombardierung der Erdölfelder konnte für Deutschlands Kriegführung unabsehbare Folgen haben.

Die »Militärmission« in Rumänien wurde ständig verstärkt. Bis zum März 1941 hoffte die deutsche Wehrmachtführung in Rumänien so viele Kräfte zu haben, um »unter allen Umständen einen eindeutigen Erfolg sicherzustellen«. Gleichzeitig wurde mit der bulgarischen Regierung über ein Durchmarschrecht für die deutschen Truppen im Falle einer Auseinandersetzung mit Griechenland verhandelt. Auch Ungarn beteiligte sich zwangsläufig an diesen militärischen Vorbereitungen.

Hitler hatte mit seinem italienischen Verbündeten immer mehr Sorgen. Die Italiener, die von den Griechen bis nach Albanien hinein zurückgeworfen worden waren, erlitten gleich darauf auch in Nordafrika, wo sie sich auf eine Auseinandersetzung mit den Engländern eingelassen hatten, eine Niederlage nach der anderen. Im Dezember gelang es den Engländern in einer Schlacht südlich von Sidi Barrani, vier italienische Divisionen fast völlig zu vernichten. Die Engländer selbst verloren in dieser Schlacht nur 8 (acht!) Vermißte, 387 Verwundete und 133 Tote, die Italiener dagegen allein 38 000 Mann, die in britische Gefangenschaft wanderten, 50 Panzer und über 400 Geschütze. Der britische Erfolg hätte noch größer sein können, wenn die Briten sofort alles darangesetzt hätten, die fliehenden Italiener mit allen zur Verfügung stehenden Kräften zu verfolgen. Aber England hatte sich gerade zu dieser Zeit endgültig in Griechenland engagiert und konnte deshalb keine Reserven für Nordafrika freimachen.

Andererseits zwang nun die immer stärker werdende Macht der Engländer in Griechenland Hitler dazu, den Angriff gegen Griechenland zu befehlen.

Am 1. März 1941 trat Bulgarien dem Dreimächtepakt bei. Deutsche Truppen marschierten im Einvernehmen mit der bulgarischen Regierung in Bulgarien ein, um den »englischen Absichten einer Kriegsausweitung auf dem Balkan entgegenzutreten und die bulgarischen Interessen zu schützen«.

Die jugoslawische Regierung, die nach dem deutschen Einmarsch in Bulgarien ringsum von kriegführenden Mächten umgeben war – im Süden Griechenland, im Westen die Italiener in Albanien, im Norden und nun auch im Osten die Deutschen –, beschloß am 20. März ebenfalls, sich dem Dreierpakt anzuschließen und sich damit auf die Seite Deutschlands zu stellen. Es gab ein heftiges Hin und Her in Belgrad um diese Entscheidung. Von den Regierungsmitgliedern stimmten zehn für den Beitritt, drei dagegen, und fünf enthielten sich der Stimme – ein sehr knappes Ergebnis. Am 25. März unterzeichnete der jugoslawische Ministerpräsident Draža Mihailović in Wien den Dreimächtepakt. Als er und die ihn begleitenden Regierungsmitglieder nach Belgrad zurückkehrten, wurden sie – verhaftet! In Belgrad fand ein Staatsstreich statt, geleitet von dem Luftwaffengeneral Simović. Der Militärputsch war siegreich. Prinzregent Paul mußte flüchten, Simović setzte den minderjährigen König Peter II. auf den Thron. In Belgrad fanden Massendemonstrationen statt – gegen Deutschland, für England.

Winston Churchill sah darin eine große Chance. Er bedrängte die Türkei, sofort gegen Deutschland in den Krieg einzutreten. An den neuen jugoslawischen Ministerpräsidenten Simović wandte er sich persönlich mit der Aufforderung, sofort in Albanien einzufallen. Churchill hatte mit seinen Forderungen we-

Hitlers Ziele im Balkanfeldzug

Protokoll einer Besprechung im Führerhauptquartier, 27.3.1941

Führer schildert Lage Jugoslawiens nach Staatsstreich. Feststellung, daß Jugoslawien im Hinblick auf kommende Marita-Aktion und erst recht spätere Barbarossa-Unternehmung ein unsicherer Faktor war. Serben und Slowenen sind nie deutschfreundlich gewesen. Regierungen sitzen wegen Nationalitätenfrage und zu Staatsstreichen neigender Offiziers-Kamarilla nie fest im Sattel. Land besaß in der Gegenwart nur einen starken Mann, Stojadinowitsch, den Prinzregent Paul zu seinem eigenen Nachteil stürzen ließ.

Zeitpunkt für die Erkenntnis der wirklichen Lage im Lande und dessen Einstellung zu uns ist sowohl aus politischen wie aus militärischen Gründen gesehen für uns günstig. Wäre der Umsturz der Regierung während der Barbarossa-Aktion eingetreten, hätten die Folgen für uns wesentlich schwerwiegender sein müssen.

Führer ist entschlossen, ohne mögliche Loyalitätserklärungen der neuen Regierung abzuwarten, alle Vorbereitungen zu treffen, um Jugoslawien militärisch und als Staatsgebilde zu zerschlagen. Außenpolitisch werden keine Anfragen oder Ultimaten gestellt werden. Zusicherungen der jug. Regierung, denen für die Zukunft doch nicht zu trauen ist, werden zur Kenntnis genommen. Angriff wird beginnen, sobald die hierfür geeigneten Mittel und Truppen bereit stehen. Es kommt darauf an, daß so schnell wie möglich gehandelt wird. Es wird versucht werden, die angrenzenden Staaten in geeigneter Weise zu beteiligen. Eine militärische Unterstützung gegen Jugoslawien selbst ist zu fordern von Italien, Ungarn und in gewisser Beziehung auch von Bulgarien. Rumänien kommt in der Hauptsache die Aufgabe der Deckung gegen Rußland zu. Der ungarische und bulgarische Gesandte sind bereits verständigt. An den Duce wird noch im Laufe des Tages eine Botschaft gerichtet werden.

Politisch ist es besonders wichtig, daß der Schlag gegen Jugoslawien mit unerbittlicher Härte geführt wird und die militärische Zerschlagung in Blitzunternehmen durchgeführt wird. Hierdurch dürfte die Türkei in genügendem Maße abgeschreckt werden und der spätere Feldzug gegen Griechenland in günstigem Sinne beeinflußt werden. Es ist damit zu rechnen, daß bei unserem Angriff sich die Kroaten auf unsere Seite stellen werden. Eine entsprechende politische Behandlung (spätere Autonomie) wird ihnen sichergestellt werden. Der Krieg gegen Jugoslawien dürfte in Italien, Ungarn und Bulgarien sehr populär sein, da für diese Staaten territoriale Erwerbungen in Aussicht zu stellen sind, für Italien die Adriaküste, Ungarn Banat, Bulgarien Mazedonien.

Dieser Plan setzt voraus, daß wir alle Vorbereitungen zeitlich beschleunigt treffen und so starke Kräfte ansetzen, daß der jug. Zusammenbruch in kürzester Frist erfolgt.

In diesem Zusammenhang muß nun der Beginn der Barbarossa-Unternehmung bis zu 4 Wochen verschoben werden.

Nach dem Überfall der Wehrmacht auf Griechenland über Bulgarien (Bild rechts: deutscher Truppentransport an der griechisch-bulgarischen Grenze) wurde das britische Expeditionskorps in Marsch gesetzt, das vorwiegend von Alexandria nach Griechenland übergesetzt worden war. Der deutsche Angriff konnte dadurch nicht lange aufgehalten werden - bereits am 17. April gab das britische Oberkommando die Genehmigung zur Räumung Griechenlands durch die Royal Navy (Bild linke Seite), am 27. April rückten deutsche Truppen in Athen ein. Der griechische König floh mit den britischen Expeditionstruppen nach Kreta und, als dort im Mai deutsche Fallschirmjäger erschienen, weiter nach Ägypten.

der bei den Türken noch bei den Jugoslawen Glück, aber für Hitler genügten alle diese Ereignisse, nunmehr zugleich mit der vorgesehenen Operation gegen Griechenland auch den Angriff gegen Jugoslawien zu planen. Bereits am Abend des Belgrader Staatsstreiches entschloß er sich dazu und teilte in einer Besprechung den Oberbefehlshabern des Heeres und der Luftwaffe sowie deren Stabschefs mit, daß der Beginn von »Barbarossa« wegen der nun leider notwendigen Maßnahmen auf dem Balkan um rund fünf Wochen verschoben werden müsse.

Die »Weisung Nr. 25« erging, die den Rahmenplan für den Balkanfeldzug darstellte.

Nun unternahm die Sowjetunion einen neuen Schritt, der eindeutig gegen Deutschland gerichtet war: Am 5. April 1941 schloß sie mit der neuen jugoslawischen, antideutschen Regierung einen Nichtangriffs- und Freundschaftspakt. Für Jugoslawien brachte dieser Pakt keinen Nutzen mehr, aber Hitler fühlte sich dadurch in seinem Entschluß, die Sowjetunion anzugreifen, abermals bestärkt.

Schon am nächsten Tag, am 6. April, begann der gemeinsame deutsch-ungarisch-italienische Angriff auf dem Balkan. Die deutsche Regierung gab bekannt, daß sie sich gezwungen sehe, England nunmehr endgültig vom Kontinent zu vertreiben. Deutschland habe alles versucht, um den Frieden auf dem Balkan zu erhalten, England dagegen habe ständig versucht, diesen Frieden zu stören. Die griechische Regierung habe offen zugelassen, daß sich die Engländer in ihrem Land festsetzten, die Putschregierung in Belgrad habe das gleiche vor. Deshalb sei Deutschland nun zum Eingreifen gezwungen.

Der deutsche Angriff ging überall zügig voran. Der Vormarsch in Jugoslawien ging so schnell vonstatten, daß schon sechs Tage später die Hauptstadt Belgrad eingenommen wurde. Dazu trugen besonders die vielen innenpolitischen Gegensätze in Jugoslawien bei, die auch das Heer demoralisierten. Fast die Hälfte aller Einberufenen leisteten dem Einberufungsbefehl gar nicht erst Folge. Die Kroaten dachten erst recht nicht daran, für die gehaßte serbische Zen-

Der aus der Steiermark, Ungarn, Bulgarien und Italien konzentrisch angesetzte Überfall auf Jugoslawien führte schon nach wenigen Tagen zur Zertrümmerung der jugoslawischen Streitkräfte (Bild oben: deutsche Soldaten im Straßenkampf auf dem Vormarsch nach Belgrad). Von zusätzlicher demoralisierender Wirkung war die Bombardierung der jugoslawischen Hauptstadt, die schwere Zerstörungen anrichtete (linke Seite oben: Brandbomben fallen in den Morgenstunden des 6. April auf Belgrad. Linke Seite unten: Der schwergetroffene Konak, das Belgrader Schloß der jugoslawischen Königsfamilie.

tralregierung zu kämpfen. Die zahlreichen Volksdeutschen unternahmen alles, um nicht gegen ihre eigenen Landsleute kämpfen zu müssen.

Dazu kam, daß die jugoslawische Armee ungenügend ausgerüstet war. Panzer fehlten ganz, die Luftwaffe bestand aus 700 zumeist veralteten Flugzeugen, Fliegerabwehrgeschütze gab es nur sehr wenige, ebenso panzerbrechende Waffen.

Bereits am 11. April 1941 rief die nationalistische »Ustascha«-Bewegung in Zagreb den unabhängigen kroatischen Staat aus, der sich sofort unter deutschen Schutz stellte.

In Griechenland war der Kampf viel schwerer. Die griechischen Truppen kämpften nicht nur mit weit mehr Entschlossenheit, sie hatten auch in der Metaxas-Linie – benannt nach dem Helden des griechischen Widerstands, General Ioannis Metaxas – eine schwer bezwingbare Befestigungsanlage. Selbst die gegen die hochmoderne Maginot-Linie in Frankreich erfolgreichen Stukas konnten hier nicht viel ausrichten, da die Befestigungswerke der Griechen im Gebirge lagen und nicht nur durch Stahl und Beton, sondern auch durch riesige Felsmassen geschützt wurden.

Aber wie bei jeder Befestigungsanlage bewies sich auch hier wieder, daß solche Festungslinien im Zeitalter des mit Panzern geführten Bewegungskrieges überholt sind, mögen sie noch so modern, noch so gut gepanzert und bewaffnet sein. Ein einziger Einbruch in die Anlagen genügte. Panzer und Infanterie stießen durch die Lücke, kümmerten sich nicht mehr um die Metaxas-Linie und brausten weiter ins feindliche Hinterland.

Am 9. April schon, während an der Metaxas-Linie noch gekämpft wurde, erreichten deutsche Panzer Saloniki. Gleichzeitig stießen im Rücken der Metaxas-Linie deutsche Panzerspitzen, voran die Aufklärungsabteilung der SS-Leibstandarte unter Kurt Meyer, der später unter dem Namen »Panzermeyer« bekannt wurde, aus Bulgarien durch Südjugoslawien über Skoplje von Norden her nach Griechenland hinein.

Schwierigkeiten gab es am Isthmus von Korinth, der schwer zu überwinden war. Hier wurden, wie fast ein Jahr zuvor in

Holland und Belgien, wieder Fallschirmjäger eingesetzt. Der Golf von Patras, ein weiteres Hindernis, wurde von Kurt Meyers Aufklärungsabteilung mit griechischen Fischerbooten überwunden, die auf dem peloponnesischen Ufer landeten. Meyer hätte für diese »idiotische Sache«, wie Sepp Dietrich, der Kommandeur der Leibstandarte, ihm wütend sagte, vor ein Kriegsgericht gestellt werden sollen, aber es ging alles gut, und so gab es kein Kriegsgerichtsurteil, sondern eine Anerkennung. Die Italiener waren mittlerweile noch nicht vorangekommen. Aber die inzwischen in ihrem Rücken auftauchenden deutschen Truppen zwangen die griechische Führung, die in Albanien ungeschlagenen Truppen zurückzuziehen. Endlich konnte auch Mussolini von italienischen Siegen berichten.

Die Engländer in Griechenland hatten – wie vorher in Belgien und Nordfrankreich – gleich nach den ersten deutschen Erfolgen Befehl erhalten, zurückzugehen. So wie in Holland, Belgien und Frankreich sprach man nun in Griechenland davon, daß England seine Verbündeten im Stich lasse, daß die Engländer feige seien. Diese Auffassung war verständlich, aber falsch. Es würde sich später herausstellen, daß Churchill richtig gehandelt hatte, als er es für das Wichtigste ansah, seine Truppen zu retten und für den späteren Entscheidungskampf zu erhalten.

Die deutschen Soldaten bemerkten schon jetzt, daß es mit der »Feigheit« der Engländer nichts auf sich hatte. Trotz der Rückzugsbefehle aus London kam es durch den stürmischen deutschen Vormarsch immer wieder zu Gefechten auch mit den Engländern. Und die britischen Soldaten kämpften außerordentlich tapfer.

Fast ganz Griechenland war am 27. April 1941 besetzt, am selben Tag fiel auch die Hauptstadt Athen. Fünf Tage lang dauerte die Rettungsaktion für die britischen Truppen, die auf die Mittelmeerinsel Kreta und nach Ägypten übergesetzt wurden. Alle verfügbaren Seestreitkräfte wurden für den Abtransport der britischen Truppen aus Griechenland eingesetzt, darunter sechs Kreuzer und neunzehn Zerstörer. Von den 62 000 Mann konnten 50 000 Mann

Am 17. April, elf Tage nach Beginn des deutschen Angriffs, erklärte der jugoslawische Oberbefehlshaber, Armeegeneral Kalafatovic, in Belgrad die Kapitulation seiner Streitkräfte (Bild oben: jugoslawische Soldaten auf dem Weg in die Gefangenschaft). Die Griechen hielten auf dem Festland noch zwei Wochen länger durch. Auf dem Marsch nach Athen gerieten die Deutschen vor den Thermopylen, dem Ort der Abwehrschlacht der Spartaner unter König Leonidas gegen die Perser im Jahr 480 v. Chr., in eine erbittert verteidigte griechisch-britische Abfangstellung, die schließlich von Panzern durchbrochen wurde. Der Angriff konnte weiterlaufen (Bild linke Seite: deutsche Nachschubkolonne in Thessalien).

Furchtbares Wetter
Brief eines deutschen Soldaten aus Griechenland, 22.4.1941

Vom Olymp zieht eben ein Gewitter herauf: Mit Schrecken denke ich an unseren Grenzübergang nach Griechenland. Wir kamen im Nachtmarsch von Usküb über viele Paßhöhen und sollten auf Albanien eingesetzt werden. Inzwischen brach ein Unwetter mit Schnee, Hagel, Kälte und Regen herein. Die Vormarschstraße war überschwemmt, und wir bogen ab nach Griechenland auf Florina. Immer noch das furchtbare Wetter. Ich hatte Verwundete in meinem Zug. Rundum wurden von den Querschlägern kleine Bäume geknickt. Am Abend erneut das Schnee- und Regensturmwetter. Der Kampf ging weiter. In der Nacht hatten wir die Höhe besetzt. Es war die Osternacht. Das Wetter wollte keine Einsicht haben, mit klammen Fingern haben wir Zelte gebaut oder Erdlöcher gegraben. In der Morgenfrühe um 4 Uhr weckte uns das Osterlicht. Reif und Frost waren eingezogen, der Regen hatte aufgehört. Der Berg leuchtete im weißen Glanze unter den Strahlen der höhersteigenden Sonne.

gerettet werden. 12 000 gerieten in deutsche Gefangenschaft oder waren gefallen. Die deutschen Verluste während des Griechenlandfeldzuges betrugen 100 Tote sowie 3500 Verwundete und Vermißte.

Der Krieg auf dem Balkan war damit zunächst einmal beendet. Nur die Insel Kreta, die zu Griechenland gehörte und durch ihre zentrale Lage im östlichen Mittelmeer strategisch wichtig war, mußte noch erobert werden. Zunächst war noch nicht klar, wie das geschehen sollte. Eine Invasion ähnlich der Operation »Seelöwe«, wie sie gegen England geplant war, war nicht denkbar. Die vorgesehene Landungsflotte war längst aufgelöst. Wäre sie es nicht gewesen, hätte man sie trotzdem nicht hier herunter ins östliche Mittelmeer verlegen können.

Auf jeden Fall griff erst einmal die Luftwaffe ein. Deutsche Bomberverbände versenkten britische Transporter und Kriegsschiffe vor Kreta. Die Bucht von Suda, die beste Landemöglichkeit für Truppen und Nachschub auf Kreta, konnte von den Engländern der überlegenen deutschen Luftwaffe wegen bald nicht mehr benutzt werden. Die britische Flotte zog sich zurück. Der Hafen von Alexandria in Ägypten, 700 Kilometer von Kreta entfernt, wurde neuer Stützpunkt für alle mit Kreta zusammenhängenden Operationen.

Auf Kreta selbst wurden umfangreiche Verteidigungsvorbereitungen getroffen. Stellungen wurden ausgehoben, dazu auch eine Menge Scheinstellungen, durch die die deutsche Luftaufklärung irregeführt werden sollte – was auch gelang. Das gebirgige Gelände kam den Verteidigern entgegen. Noch wußten die Engländer nicht, *wie* die Deutschen landen wollten, ob aus der Luft oder von der See her. Sie wußten nur, *daß* die Deutschen landen wollten, und sie waren auf jede Möglichkeit vorbereitet.

Die deutsche Führung ihrerseits wußte jetzt, wie die Landung vor sich gehen sollte. General Student, der Kommandierende des XI. Fliegerkorps, das alle deutschen Luftlandetruppen umfaßte, hatte sich mit dem Plan der Luftlandung auf Kreta durchgesetzt. Vielleicht wäre die Landung durch Fallschirmjäger und Luftlandetruppen unterblieben, wenn

sich nicht die deutsche Aufklärung, die der Luftwaffe und die der deutschen »Abwehr«, so gewaltig getäuscht hätte. Nur ein Drittel der tatsächlich vorhandenen Feindkräfte auf Kreta wurde der deutschen Führung als vorhanden gemeldet. Außerdem waren die wenigsten der britischen Scheinstellungen als solche erkannt worden, dafür blieben viele der echten Abwehrstellungen unbekannt. Das führte dann unter Fallschirmjägern zu Verlusten, wie sie keine andere Truppe – die deutsche U-Boot-Waffe ausgenommen – in diesem Kriege hinnehmen mußte.

Am 20. Mai begann das größte Luftlandeunternehmen der Kriegsgeschichte. Schon am frühen Morgen flog die Luftwaffe ihre ersten Einsätze gegen die feindlichen Stellungen. Die Flugplätze Malemes und Heraklion sowie die Flakstellungen um diese Flugplätze und um die Hauptstadt Kania wurden bombardiert und mit Bordwaffen angegriffen. Die Fallschirmjäger sollten als erstes diese beiden Flugplätze besetzen, damit danach die Maschinen mit den Luftlandetruppen dort landen konnten.

Die Angriffe auf die Flakstellungen waren, wie sich bald herausstellte, erfolgreich gewesen. Von den 493 Ju-52-Transportflugzeugen, die die erste Welle der Fallschirmjäger absetzten, wurden nur sieben von der britischen Flak abgeschossen. Um so schlimmer aber war der Empfang, der den wehrlos vom Himmel herabschwebenden Fallschirmjägern bereitet wurde. Die britischen Infanteriestellungen waren trotz des vorangegangenen Bombardements noch intakt. Und der Vorteil der Überraschung, den die Fallschirmjäger vor einem Jahr in Holland und Belgien für sich hatten, entfiel diesmal. Die Engländer waren vorbereitet.

MG- und Gewehrschützen zielten wie auf dem Schießstand auf die hin- und herpendelnden Fallschirmjäger. Viele von ihnen kamen tot oder schwerverwundet auf der Erde an. Auch der Kommandeur der Gruppe West, die den Flugplatz Malemes nehmen sollte, war unter den Schwerverwundeten. Die Überlebenden sammelten sich, noch immer im Feuer des Gegners, in dem Gelände, das unübersichtlich und ihnen fremd, den Engländern aber vertraut war. Beim Flugplatz Malemes hatten die Engländer terrassenförmige Stellungen ausgebaut, da sie von vornherein auch mit Luftlandungen durch Fallschirmjäger gerechnet hatten. Von diesen erhöhten Stellungen wurde das ganze Absprunggebiet beherrscht. Bei Chania scheiterte die Landung zunächst völlig. Der Kommandeur dieser Gruppe stürzte schon beim Anflug mit seinem Lastensegler tödlich ab, die Gruppe war wie die von Malemes erst einmal ohne Führung. Zum Teil war sie mitten in die vorher nicht erkannten Feindstellungen hineingesprungen und wurde fast aufgerieben. Der geplante Angriff auf Chania mußte eingestellt werden, ebenso der Angriff auf den Flugplatz Rethymnon. Viele der Fallschirmjäger waren an anderen Punkten heruntergekommen als geplant. Waffenbehälter wurden weit abgetrieben, und die Fallschirmjäger, die den richtigen Landepunkt erreichten, waren damit ohne schwere Waffen. Am Abend des 20. Mai sah die Lage für die Deutschen sehr ernst aus. Noch keiner der drei Flugplätze, deren Besitz über den Erfolg des Unternehmens entschied, war in deutscher Hand. Es gab nur noch eine Möglichkeit, ein Fiasko zu verhindern. Es war die gleiche Taktik, die auch den Sieg über die Befestigungswerke der Maginot-Linie und der Metaxas-Linie gebracht hatte, die Taktik, die letztlich auch die Erfolge der deutschen Panzertruppe mitbestimmt hat – den Schwerpunkt an einer Stelle zu suchen, an einer Stelle alle verfügbaren Kräfte anzusetzen. »Klotzen, nicht kleckern«, hatte Panzergeneral Guderian das einprägsam genannt.

Am 20. Mai 1941 erfolgte das erste große Luftlandeunternehmen der Kriegsgeschichte, das „Unternehmen Merkur", der erfolgreiche Angriff auf die Mittelmeerinsel Kreta, auf die sich nach dem Fall des griechischen Festlandes Ende April starke griechische und britische Verbände zurückgezogen hatten.

Als dieser Schwerpunkt bot sich der Flugplatz Malemes an. Hier konnten am besten weitere Fallschirmjäger gelandet werden, weil hier die Flak fast völlig ausgeschaltet worden war – nicht nur durch das der Landung vorausgehende Bombardement, sondern durch Lastensegler, die mitten in den noch intakten Flakstellungen niedergingen und deren Besatzungen die britischen Flakartilleristen im Nahkampf außer Gefecht gesetzt hatten.

In der offiziellen Geschichte der Royal Air Force, der britischen Luftwaffe, heißt es: »Kurz, bei Malemes wurde die Schlacht um Kreta verloren und gewonnen!« Noch in der Nacht vom ersten zum zweiten Angriffstag fiel die Entscheidung. In der Dunkelheit nützte den Engländern beim Flugplatz Malemes – es war das 22. Neuseeländische Bataillon – ihre Ortskenntnis nichts mehr. Die deutschen Fallschirmjäger griffen, übermüdet, völlig abgekämpft und dezimiert, während der Nacht ununterbrochen weiter an. Es gelang, die Nachrichtenverbindung des neuseeländischen Bataillons abzuschneiden.

Zugleich unterlief dem neuseeländischen General Freyberg – Oberbefehlshaber aller britischen Truppen auf Kreta, der später den Befehl zur Zerstörung der »Wiege des christlichen Abendlandes«, des Benediktinerklosters Monte Cassino, gab – ein entscheidender Irrtum. Die gelandeten deutschen Einheiten waren nicht sehr stark, seine eigenen Truppen ihnen zahlenmäßig mindestens zehnfach überlegen. Die Deutschen konnten gewiß nie ernsthaft daran gedacht haben, mit dieser »Handvoll« Fallschirmjäger und Luftlandetruppen Kreta zu besetzen. Also erwartete Freyberg, daß der Hauptstoß der Deutschen noch erfolgte – eine massive Truppenlandung von See her. Deshalb rechnete er nicht mit der bevorstehenden Niederlage bei Malemes.

Er schickte keine Verstärkung an diesen entscheidenden Punkt, sondern richtete seine ganze Aufmerksamkeit auf die Küste.

Am Morgen des 21. Mai lagen die deutschen Fallschirmjäger an einem, die neuseeländischen Verteidiger am anderen Rande des Flugplatzes von Malemes. Der Flugplatz selbst war damit Niemandsland. Das Rollfeld lag unter dem Feuer der britischen Artillerie, und jeder deutsche Vorstoß wurde außerdem durch die Infanteriewaffen der Neuseeländer im Ansatz zunichte gemacht. Noch stand der Kampf damit unentschieden, mit einigen Vorteilen für die Verteidiger. General Student hatte aber erkannt, daß hier in Malemes die Chance lag, den am vergangenen Abend nach all den Hiobsbotschaften schon aussichtslos erschienenen Kampf um Kreta doch noch zu gewinnen. Auf seinen

Bild linke Seite: Die erste Absprungwelle deutscher Fallschirmjäger landet auf Kreta; Bild rechts: Gebirgsjäger entsteigen einer der in Massen eingesetzten Transportmaschinen Ju 52.

Befehl startete eine Anzahl von Ju 52 mit schweren Waffen und Munition von Griechenland nach Kreta. Einigen gelang das fast Unmögliche: Die schweren Maschinen landeten am Strand nördlich des Flugplatzes. Sie gingen zum Teil zu Bruch, Besatzungen wurden dabei schwer verletzt – aber die Waffen waren bei der Truppe, die Fallschirmjäger nun viel stärker als vorher.

Einer Ju gelang es sogar, direkt auf dem Flugplatz zu landen, mitten im feindlichen Artillerie- und Infanteriefeuer. Doch die Maschine mußte zunächst aufgegeben werden, das Feindfeuer war zu stark. Ein Gebirgsjägerbataillon, das auf dem Flugplatz landen sollte, wurde noch in der Luft zurückgerufen, weil die Landung nicht möglich war.

Dafür wurde eine weitere Gruppe Fallschirmjäger abgesetzt, und diese Verstärkung führte dazu, daß am Abend des 21. Mai der Ort Malemes in deutscher Hand war. Die Neuseeländer wurden dadurch gezwungen, sich vom Flugplatz zurückzuziehen, der nun nur noch unter Artillerie-, nicht aber unter Infanteriefeuer lag.

Im Hagel der Granaten landete, auf dem trichterzerwühlten Rollfeld, nun eine Ju nach der anderen mit Gebirgsjägern. Der Nachschub für die deutschen Truppen auf Kreta traf ein!

Der Flugplatz Malemes wurde stark gesichert. Alles, was für diese Aufgabe nicht unbedingt gebraucht wurde, Fallschirmjäger und Gebirgsjäger, kämpfte sich jetzt nach Osten durch.

Während in Malemes Verstärkung auf Verstärkung landete, bahnten sich Fallschirm- und Gebirgsjäger in harten und verlustreichen Kämpfen quer durch die Berge und Felsen der Insel ihren Weg. Am 26. Mai gelang der Durchbruch durch die britischen Stellungen vor der kretischen Hauptstadt Chania, am nächsten Tag fiel die Stadt selbst. Am 28. Mai konnte das Gebiet um die Sudabucht erobert werden, wodurch nun Nachschubtransporte von See her möglich wurden. Am selben Tag wurde die Verbindung mit der Fallschirmgruppe vor Rethymnon hergestellt und am nächsten Tag die mit der Gruppe von Heraklion. Die Deutschen kämpften jetzt in geschlossener Front, während dagegen viele britische Einheiten versprengt waren.

General Freyberg befahl die Räumung von Kreta. Am 27. Mai noch war in der Sudabucht eine Kommandoeinheit aus Ägypten eingetroffen. Sie deckte nun den Rückzug an die Südküste, von wo die Truppen bei dem kleinen Hafen Skafia von Kriegsschiffen und Transportern übernommen werden sollten. Die britischen Truppen erlitten sowohl auf dem Rückmarsch als auch bei der Verladung und während des Seetransportes noch hohe Verluste.

Von den rund 32 000 Mann britischer Truppen, die zusammen mit rund 10 000 Griechen gegen die deutschen Fallschirm- und Gebirgsjäger kämpften, verloren die Briten 15 743 an Gefallenen, Verwundeten und Gefangenen.

Die britische Mittelmeerflotte büßte in den Kämpfen um Kreta drei Kreuzer und sechs Zerstörer ein. Drei Schlachtschiffe, ein Flugzeugträger, sechs Kreuzer und fünf Zerstörer wurden beschädigt. 2011 Seeleute fanden dabei den Tod.

Die deutsche Wehrmacht verlor 6580 Tote, Verwundete und Vermißte, zumeist Fallschirmjäger. Die entsprechende Zahl für den gesamten Balkanfeldzug gegen Jugoslawien und Griechenland betrug 5650. So erschienen die bei der Eroberung Kretas eingetretenen Verluste – zu denen noch zahlreiche Flugzeuge, allein 151 Transportflugzeuge Ju 52, kamen – der deutschen Führung viel zu hoch.

Es wurde daher beschlossen, keine Luftlandung dieses Umfangs mehr durchzuführen. Die deutschen Fallschirmjäger hatten ihren größten und zugleich schwersten Einsatz hinter sich

Der Kampf um Kreta wurde entschieden, als es der Luftwaffe gelang, in pausenlosen Einsätzen die britischen Kriegsschiffe zu vertreiben (Bild rechts: Der britische leichte Kreuzer „Gloucester" versucht, den deutschen Bomben zu entkommen). In der Suda-Bucht im Nordwesten Kretas mußten die Briten einen besonders empfindlichen Verlust hinnehmen: Auf der Aufnahme (Bild linke Seite), die ein deutscher Aufklärer am 25. Mai 1941 über der Suda-Bucht machte, ist der ausgebrannte schwere Kreuzer „Yorck" zu erkennen (1). Die weiteren Ziffern bezeichnen einen außer Gefecht gesetzten griechischen Zerstörer (2), zwei ausgebrannte Tanker (3), einige auf Strand gesetzte Frachter (4), einige noch fahrbereite Frachter (5), eine englische Korvette (6) und einen schwerbeschädigten Frachter (7).

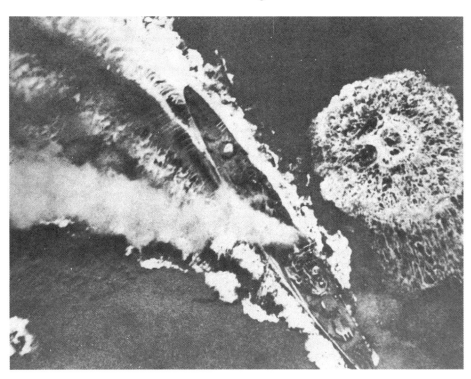

– in Zukunft wurden sie, mit wenigen Ausnahmen gegen Kriegsende, nur noch als Elitetruppe der Infanterie eingesetzt. Die Zeit des Angriffs aus der Luft war für die deutschen Fallschirmjäger mit dem Sieg von Kreta vorbei.
Inzwischen waren in Griechenland Transporte über Transporte nordwärts gerollt. Mancher der Gebirgsjäger, die in den nach Süden rollenden Eisenbahnwagen saßen, wunderte sich. Sie selbst waren unterwegs zu den südgriechischen Häfen, von wo aus sie nach Kreta übergesetzt werden sollten. Man hatte ihnen gesagt, wie schwer die Fallschirmjäger dort zu kämpfen hätten. Und dennoch wurden ihre Züge, ihre Lastkraftwagen immer wieder durch den viel stärker nach Norden fließenden Strom von Truppen und Waffen aller Art aufgehalten. Trotz der angespannten Lage auf Kreta wurden diese nach Norden rollenden Transporte offensichtlich bevorzugt.
Keiner der Landser ahnte, daß die nach Norden fahrenden Züge und Lkw-Kolonnen nicht in die Heimat fuhren, sondern auch an die Front, an eine viel gewaltigere, als es die auf Kreta war, an die gewaltigste Front bisheriger Kriege.
Das Unternehmen »Barbarossa« war nur verschoben, nicht aufgehoben. Mussolinis griechisches Abenteuer vom vergangenen Oktober hatte den Entscheidungskampf nur hinausgezögert, den Krieg nur auf Wochen zum Balkan verlagert.
Daran änderte auch nichts, daß die Sowjets plötzlich gegenüber Deutschland wieder etwas einzulenken schienen. Im Januar und Februar, mit der immer mehr zunehmenden Spannung zwischen Berlin und Moskau, vor allem nach dem Molotow-Besuch und den nachfolgenden Gebietsforderungen Stalins, waren die sowjetischen Lieferungen von Handelsgütern an Deutschland ins Stocken geraten. Plötzlich lief alles reibungslos. Die Sowjets überboten sich an Pünktlichkeit und Zuvorkommenheit. Sie stellten sogar Sonderzüge für die Lieferung des von Deutschland dringend benötigten Kautschuks zur Verfügung. Gesandter Schnurre, der in Moskau Wirtschaftsverhandlungen führte, berichtete nach Berlin, in Moskau sei an-

Ein besonderes Ruhmesblatt

Hitler im Reichstag über den Balkanfeldzug, 4.5.1941

In diesem Feldzuge hat sich die deutsche Wehrmacht selbst übertroffen! Schon der Aufmarsch des Heeres bot ungeheuere Schwierigkeiten. Der Angriff auf die zum Teil stark befestigten Stellungen, besonders an der thrazischen Front, gehörte mit zu den schwersten Aufgaben, die einer Armee gestellt werden können. In diesem Feldzug haben Panzerverbände in einem Gelände gekämpft, das bisher für den Tank als unpassierbar galt. Motorisierte Verbände vollbrachten Leistungen, die für sich das höchste Lob darstellen, für den Mann, sein Können, seinen Mut, seine Ausdauer, aber auch für die Güte des Materials. Infanterie-, Panzer- und Gebirgsdivisionen sowie die Verbände der Waffen-SS wetteiferten miteinander im rastlosen Einsatz an Tapferkeit und an Hingabe, an Ausdauer und an Zähigkeit in der Erkämpfung der befohlenen Ziele. Die Arbeit des Generalstabes war wieder wahrhaft hervorragend. Die Luftwaffe aber hat ihrem schon geschichtlich gewordenen Ruhm einen neuen besonderen hinzugefügt: Mit einer Aufopferung und einer Kühnheit, die nur der ermessen kann, der die Schwierigkeiten dieses Geländes kennt, hat sie unter tagelangen, oft schlechtesten klimatischen Bedingungen Angriffe geflogen, die man noch vor kurzem für gänzlich unmöglich gehalten hätte.

Über diesen Feldzug kann man daher nur einen Satz schreiben: Dem deutschen Soldaten ist nichts unmöglich!

Die Fahrer der Kampffahrzeuge sowohl als die der Kolonnen, die Fahrer des Nachschubs, der Zugmaschinen der Artillerie- und der Flakwaffe müssen auf diesem Kriegsschauplatz besonders erwähnt werden. Im Kampf gegen die befestigten Stellungen sowie in der Herstellung von Brücken und Straßen haben sich unsere Pioniere ein besonderes Ruhmesblatt verdient. Die Nachrichtentruppen verdienen das höchste Lob. Auf grundlosen Wegen, über gesprengte Straßen, auf Steinhalden und Geröll, in engsten Felspfaden und durch reißende Gewässer, über zerbrochene Brücken, durch himmelhohe Pässe und über kahle Felsenrücken hinweg hat dieser Siegeszug in kaum drei Wochen in zwei Staaten den Krieg gelöscht.

Mit dem Fall Kretas am 1. Juni 1941 war der deutsche „Balkanfeldzug" und damit auch der mißliebige „Parallelkrieg" Mussolinis gegen die tapferen Griechen beendet (Bild linke Seite: verwundete griechische Soldaten in Kriegsgefangenschaft). Das Empire hatte erneut empfindliche Materialverluste hinnehmen müssen, doch die meisten britischen Soldaten waren wieder einmal, wie bei Dünkirchen, über See, diesmal nach Ägypten, entkommen, wo sie nach kurzer Verschnaufpause erneute Feindberührung mit deutschen Soldaten haben würden. Bild oben: deutsche Dorniers vom Typ Do 17Z über der Akropolis.

scheinend eine Wandlung eingetreten. Er glaube, Deutschland könne jetzt sogar noch mehr Lieferungen als bisher bei den Sowjets bestellen.

Ein deutscher Aufklärer, der in der Sowjetunion notlanden mußte, führte zwar zu einer sowjetischen Note, die aber in sehr verbindlichem Ton gehalten war. Dabei war aus der Ausrüstung des Flugzeuges, die von den Sowjets geborgen werden konnte, der militärische Erkundungsauftrag klar ersichtlich.

Anfang Mai bemühte sich Stalin um eine weitere Verbesserung der stark abgekühlten Beziehungen. Er wies die bisher noch immer bei der Sowjetregierung akkreditierten Diplomaten Belgiens, Norwegens, Griechenlands und Jugoslawiens aus. Das war die erste außenpolitische Amtshandlung Stalins, unmittelbar nachdem er am 6. Mai Vorsitzender des Rates der Volkskommissare,

also Ministerpräsident, geworden war. Molotow war nur noch Volkskommissar für Auswärtige Angelegenheiten, also Außenminister.

Zugleich aber liefen in Deutschland alarmierende Nachrichten über andauernde sowjetische Truppenverstärkungen an der deutsch-sowjetischen Grenze ein. Generaloberst Halder, Generalfeldmarschall Walther von Brauchitsch, Generalfeldmarschall Erich von Manstein und andere erklärten noch nach dem Krieg, daß es keine Propaganda Hitlers gewesen sei, sondern daß im Frühsommer die sowjetischen Truppenkonzentrationen an der deutsch-sowjetischen Demarkationslinie wirklich bedrohlich gewesen seien.

Hatte die Sowjetregierung damals vorgehabt, Deutschland anzugreifen? Die tatsächlich immer stärker werdenden Truppenzusammenziehungen schienen

Bild linke Seite: Die deutsche Siegesparade in Athen am 3. Mai 1941 nehmen ab: Generalfeldmarschall List (mit Marschallstab) und General der Flieger von Richthofen (rechts).
Bild oben: Panzersperren der Metaxas-Linie im Norden Griechenlands, dem ersten Hindernis, das sich dem am 6. April eingeleiteten deutschen Angriff auf Griechenland entgegengestellt hatte. Hitler in seiner Siegesansprache vom 4. Mai 1941 im Berliner Reichstag: „Über diesen Feldzug kann man...nur einen Satz schreiben: Dem deutschen Soldaten ist nichts unmöglich!" Das sollte sich im weiteren Verlauf des Krieges als Irrtum erweisen.

das ebenso zu bestätigen wie die seit dem deutschen Sieg in Frankreich immer heftiger werdenden sowjetischen Provokationen gegen Deutschland. Aber nun lenkte Stalin selbst so offenkundig ein, daß es auffallen mußte. Was war in Moskau geschehen?

Nikita Sergejewitsch Chruschtschow hat es viele Jahre nach dem Krieg auf dem XX. Parteitag der KPdSU zumindest angedeutet, als er in seiner Geheimrede Stalin verdammte. Viele Vorwürfe machte er dem toten Tyrannen, darunter auch diese beiden:

Stalin sei von vielen Seiten vor einem deutschen Angriff gewarnt worden, habe aber nichts dagegen unternommen, obwohl ihm schließlich der genaue Zeitpunkt bekannt gewesen sei. Stalin habe gerade in der kritischen Zeit die Umrüstung der Roten Armee befohlen, so daß sie zu Beginn des deutschen Angriffs ungenügend ausgerüstet gewesen sei.

Man kann aus diesen beiden Tatsachen folgern, daß erstens Stalin doch etwas unternommen hat – eben durch seine Bemühungen, Deutschland versöhnlich zu stimmen, als er erfuhr, daß Hitler ihm mit einem Angriff zuvorkommen wollte. Denn die Umrüstung der Sowjetarmee konnte auch ein Diktator, wenn sie einmal angelaufen war, nicht ungeschehen machen, allenfalls durch drakonische Maßnahmen beschleunigen. Daß eine solche Umrüstung tatsächlich vor sich ging, wußte jeder Landser. Die schon im Herbst 1941 an der Front auftauchenden T 34, die den deutschen weit überlegenen sowjetischen Panzer, liefen schon vom Serienband; die Raketenwerfer »Katjuscha«, von den Landsern dann »Stalinorgeln« genannt, wurden schon produziert; der moderne zweimotorige Jagdbomber Il 2 ging in die Produktion.

Am 14. Juni, genau eine Woche vor dem deutschen Angriff, veröffentlichte Radio Moskau eine amtliche Erklärung der Nachrichtenagentur TASS. Die Sowjetregierung erklärte darin, »die allgemein verbreiteten Gerüchte über einen nahe bevorstehenden Krieg zwischen der UdSSR und Deutschland« seien unsinnig und »eine plump zusammengebraute Propaganda der gegenüber der Sowjetunion und Deutschland feindlich eingestellten Kräfte«. Deutschland wolle die Sowjetunion nicht angreifen. Umgekehrt seien Gerüchte, die UdSSR bereite sich auf einen Krieg gegen Deutschland vor, »erlogen und provokatorisch«.

Am selben Tag fand im deutschen Führerhauptquartier die letzte große militärische Besprechung für den bevorstehenden Ostfeldzug statt. Auf dieser Besprechung wurde von Hitler das erstemal erwähnt, was den Krieg in Rußland dann tatsächlich vollkommen von all den anderen Feldzügen unterscheiden sollte. Generalfeldmarschall Wilhelm Keitel hat darüber vor dem Internationalen Militärtribunal in Nürnberg nach Kriegsende ausgesagt: »Es wurde an die Spitze gestellt, daß es sich hier um einen Entscheidungskampf zweier Weltanschauungen handelte und daß diese Tatsache es nötig mache, daß an die Führung in diesem Kriege, die Methoden, wie wir Soldaten sie kannten und wie wir sie allein für völkerrechtlich richtig hielten, ein völlig anderer Maßstab angelegt werden müsse.«

Der Krieg in Nordafrika

Er brauche ein paar hundert Tote, um sich an den Tisch der Sieger setzen zu können. Mit diesen zynischen Worten hatte der italienische Diktator Benito Mussolini seinen Entschluß begründet, am 10. Juni 1940 an der Seite Hitlers gegen England und Frankreich in den Krieg einzutreten. Frankreich stand vor dem Fall, die Niederlage Großbritanniens würde folgen. In Nord- und Ostafrika würden die italienischen Truppen von Libyen aus gegen den Suezkanal, von Äthiopien (dem damaligen Abessinien) aus gegen den Sudan vorstoßen. Italo Balbo, Generalgouverneur in Tripolis, Held des ersten Geschwaderfluges über den Atlantik 1929, alter Kampfgenosse Mussolinis und dessen heimlicher Rivale in der Parteiführung, sollte den Marsch nach Ägypten leiten. Die Italiener nahmen im ersten Anlauf den Briten das Somaliland in Ostafrika ab, die italienische Ostafrika-Armee in Abessinien schickte sich an, bei Koren eine Offensive gegen den britischen Sudan zu eröffnen, um die britische Machtposition im Niltal von Süden her aufzurollen. Mehr als eine Viertelmillion Mann italienischer Truppen wurden in Nordafrika bereitgestellt.

Mitten im Stadium der Vorbereitungen wurde Marschall Balbo am 28. Juni 1940 bei einem Erkundungsflug über den eigenen Stellungen von italienischer Flakartillerie abgeschossen. Damit trat jener Mann von der Bühne ab, der vielleicht einem Heer, das von Zweifeln am Sinn der ganzen Kriegführung in Afrika zerfressen war, Angriffsgeist hätte einflößen können. Zwar verstand Italo Balbo, bei seinem Tod 44 Jahre alt, nicht viel von höherer militärischer Führungskunst. Er war von 1929 bis 1933 Luftfahrtminister gewesen, aber auch dies hatte Einsichten in die Erfordernisse moderner Strategie nicht gefordert. Doch Balbo war ein Volkstribun, begabt mit der Fähigkeit, Massen zu fanatisieren, und er besaß einen Mut, der an Tollkühnheit grenzte. Sein Nachfolger wurde der Marschall Rodolfo Graziani, wie Balbo ein »Faschist der ersten Stunde« – ein hochbegabter, bei der Eroberung Abessiniens erprobter Soldat. Graziani kannte seine Aufgabe, den Vorstoß nach Ägypten, und gedachte diesen durch einen Angriff inmitten der Wüste in die tiefe Flanke der schwachen britisch-indischen Verbände in Ägypten zu lösen. Mussolini verlangte den Beginn der Offensive an jenem Tag, an dem der erste deutsche Soldat den Fuß auf die britische Insel setzte. Dieser Termin verschob sich. Mussolini verlor die Geduld. Graziani sollte Ägypten sofort angreifen. Graziani erwiderte, er brauche Zeit. Mussolini drohte mit Ablösung. Am 13. September 1940 eröffnete Gra-

Bereits im Ersten Weltkrieg wurde Erwin Rommel mit dem EK 1 und dem Pour le mérite ausgezeichnet. In Frankreich kommandierte er die gefürchtete „Gespensterdivision", in Afrika wurde er zum legendären, von Freund und Feind geachteten und bewunderten „Wüstenfuchs" (Bild linke Seite). Der Kampf ums Mittelmeer entbrannte, nachdem Italien am 10. Juni 1940 beutehungrig an der Seite Deutschlands in den Krieg eingetreten war. Das Mittelmeer, vom „Duce" als „mare nostro" apostrophiert, also als „italienisches Binnenmeer" wie zur römischen Kaiserzeit, war in strategischer Hinsicht aber viel eher ein englisches Meer: Das Empire kontrollierte den Ausgang zum Atlantik (Bild rechts: britischer Posten am Felsen von Gibraltar), mit Malta die Straße von Sizilien und mit Ägypten und dem Sueskanal die Verbindungen zum Indischen Ozean.

ziani, ganz konventionell an der Küste vorrückend, den Angriff. Die noch schwachen britischen Kräfte in Ägypten wichen aus. Graziani bezog im westägyptischen Grenzraum bei Sidi Barrani eine befestigte Wartestellung, um zunächst den Nachschub für eine weitreichende Operation zu sichern.

Doch am 9. Dezember 1940 schlug der britische Oberbefehlshaber in Ägypten, General Sir Archibald Wavell, mit der 4. indischen Infanterie-Division und der 7. britischen Panzerdivision zu. In einem Überraschungsangriff wurde das Lager Nibeiwa am frühen Morgen erstürmt, der italienische Kommandierende General wurde im Pyjama gefangengenommen. In viertägigen Kämpfen wurde die ganze Sidi-Barrani-Stellung aufgerollt. 38 000 Italiener gaben sich gefangen. Die britischen Verluste an Gefallenen, Verwundeten und Vermißten betrugen 528 Mann.

General Wavell, überrascht von diesem unerwartet schnellen Sieg, nutzte diesen nicht aus; die 4. indische Division wurde an die Keren-Front im Sudan gezogen. Dafür erwartete man in Ägypten die 6. australische Division. Marschall Graziani wollte angesichts der schlechten Moral und Ausrüstung seiner Truppen in einem großen Sprung bis auf Tripolis, die Hauptstadt des italienisch besetzten Libyen, zurückgehen. Mussolini verbot dies kategorisch.

Bei Bardia bezogen zwei Divisionen der faschistischen Parteimiliz (nach Uniformfarbe „Schwarzhemden" genannt) – laut Mussolini Eliteverbände – und drei Heeresdivisionen in einem riesigen befestigten Lager eine Auffangstellung, nachdem man Sollum an der libysch-ägyptischen Grenze aufgegeben hatte. Das Kommando führte der energische General Borgonzoli. Am 3. August 1941 überrannten zwei australische Brigaden, unterstützt durch eine Panzergruppe der 7. Panzerdivision und durch die schwere Schiffsartillerie eines Flottenverbandes, auch diese Stellung. Nach zweitägigem Kampf kapitulierten 40 000 Italiener. Großbritannien, der Drohung einer deutschen Invasion inzwischen ledig, warf 76 000 Mann aus der Heimat nach Ägypten, dazu kamen 50 000 Mann aus Australien und Neuseeland. Der Vormarsch an der Küste

Mussolini ärgert sich

Tagebucheintragungen des Grafen Ciano, Sept. 1940

6.9.1940
Der Duce ist sehr erregt. Ich weiß nicht recht, warum. Er ärgert sich über die Generäle, die er absetzt, dann auch über die Deutschen, die unsere Annäherung an Moskau verhindern.

König Carol (von Rumänien) hat abgedankt. Er bezahlt jetzt, aber nur zum Teil, seine Torheiten, seine Verrätereien und seine Verbrechen.

7.9.1940
Ministerrat. Am Ende der Sitzung gibt der Duce einige politische Erklärungen ab. Er beginnt mit der Versicherung, daß sich jetzt der Krieg seiner Meinung nach über den Winter hinausziehen wird, obwohl er die deutsche Landung in England für sicher hält. Was uns unmittelbar betrifft, so hat er von neuem die Geschichte des Angriffs gegen Ägypten gezeichnet. Er hätte heute anfangen sollen, aber Graziani hat Verschiebungen um einen Monat verlangt. Badoglio war mit dieser Verschiebung einverstanden. Mussolini nicht, und er nahm die Verantwortung für die Entscheidung auf sich. Wenn Graziani Montag nicht angreift, wird er abgesetzt. Der Duce hat auch der Flotte den Befehl gegeben, mit der britischen Flotte Kontakt und den Kampf aufzunehmen. Für die fernere Zukunft erklärt er, daß er fest davon überzeugt sei, daß zwischen 1945 und 1950 der Krieg zwischen der Achse und Rußland ausbrechen wird. Er habe für diesen Zeitpunkt bereits ein Aufrüstungsprogramm auf der Basis von hundert Divisionen ausgearbeitet.

8.9.1940
Graziani hat geantwortet, daß er gehorchen werde. Der Angriff beginnt morgen. Viele Militärtechniker sind skeptisch. Unter anderen der Prinz von Piemonte, der mir gegenüber die größten Vorbehalte über die Möglichkeit und Richtigkeit dieses Unternehmens ausgesprochen hat. Bisher hat noch keine Seeschlacht stattgefunden, da die Luftaufklärung den Weg des Geschwaders von Gibraltar noch nicht ausfindig machen konnte.

9.9.1940
Der Angriff auf Ägypten ist von neuem verschoben worden. Graziani trifft die letzten Vorbereitungen und bereitet sich zum Angriff am 12. September vor. Noch niemals ist ein militärisches Unternehmen derart gegen den Willen des Oberbefehlshabers unternommen worden.

Am 13. September 1940 trat die 10. italienische Armee an der libysch-ägyptischen Grenze zur Offensive auf den Kanal an (Bild linke Seite: italienische Truppen im Vormarsch auf Sollum). Die Italiener kamen aber nicht weit, und der britische Gegenangriff (Dezember 1940) entwickelte sich für Mussolini zu einer regelrechten Katastrophe (Bild oben: englische Panzer im Gefecht). So hatten sie sich ihren „Marsch auf Kairo" nicht vorgestellt: Ein Zug der 38.000 italienischen Soldaten, die schon im ersten Anlauf der britischen Offensive gefangengesetzt wurden, wird durch die ägyptische Hauptstadt geführt (Bild rechts).

ging weiter nach Westen, 25 000 Italiener streckten in Tobruk die Waffen, der wichtige Hafen mit großen Wasser- und Treibstoffvorräten fiel unzerstört in englische Hand. Marschall Graziani ordnete die Räumung von Bengasi, der Hauptstadt der Cyrenaika, an und rückte mit fünf Divisionen und der Panzerdivision „Babini" auf der Via Balbia in Richtung Tripolis ab. Dabei faßten ihn Panzer der 7. britischen Division weit ausholend in der Flanke. Abermals kapitulierten 25 000 Mann italienischer Truppen. Die Libyen-Armee war am Ende ihrer Kraft.

Zur gleichen Zeit begannen die Engländer, am 19. und 24. Januar, mit Offensiven gegen die ostafrikanische italienische Kolonie Eritrea und gegen Abessinien, das die Italiener 1935 überfallen hatten. Auch hier erlitten die italienischen Truppen Niederlage auf Niederlage. Die Stunde für eine deutsche Waffenhilfe war gekommen.

Zunächst wurde das X. Fliegerkorps unter General Geißler, das sich bereits in Norwegen ausgezeichnet hatte, nach Sizilien verlegt. Hitlers Weisung Nr. 22 vom 11. Januar 1941 sah ferner die Aufstellung eines »Sperrverbandes« vor, der nach Tripolis gehen sollte. Am 19. Januar 1941 trafen Hitler und Mussolini auf dem Obersalzberg zusammen, um die Lage im Mittelmeer zu erörtern. Generalmajor Frhr. v. Funck, der designierte Kommandeur des geplanten »Sperrverbandes«, wurde nach Libyen geschickt, um die Verhältnisse auf dem nordafrikanischen Kriegsschauplatz zu studieren. Der Pessimismus, mit dem er die Lage beurteilte, und Vorstellungen General v. Rintelens, des deutschen Vertreters beim „Comando Supremo" (dem italienischen Oberkommando), daß ein »Sperrverband« nicht ausreiche, um die Situation entscheidend zu beeinflussen, veranlaßten Hitler zur Bildung eines besonderen »Afrika-Korps« von zunächst zwei gepanzerten Divisionen, dessen Führung dem Generalleutnant Erwin Rommel anvertraut wurde, dem ehemaligen Kommandanten des Führerhauptquartiers, der im Frankreichfeldzug mit höchster Bravour die 7. Panzerdivision geführt hatte.

Rommel gehörte zu den von Hitler gern bevorzugten Süddeutschen. Er war gebürtiger Württemberger, hatte sich bereits im Ersten Weltkrieg den Pour le mérite erworben und war der Verfasser eines vielbeachteten Buches über die moderne Infanterietaktik. Vor dem Krieg hatte er zuletzt die Infanterieschule in Wiener Neustadt kommandiert. Er mochte vielleicht kein ausgesprochen strategischer Kopf sein, er hatte auch niemals die Schule des Generalstabes durchlaufen, doch er besaß gesunden Menschenverstand, einen sicheren Blick für die jeweilige Situation und das unnachahmliche Fluidum des geborenen Truppenführers, der die ihm anvertrauten Leute trotz härtester Anforderungen und größter Ungeduld zu den größten Leistungen zu befähigen weiß. Dazu hatte er das Glück, in Männern wie den einander ablösenden Generalen Gause, Westphal und Bayerlein gründlich vorgebildete, ausgezeichnete Stabschefs zur Seite zu haben, Männer, die imstande waren, den »Blücher« der Panzerschlachten zu ergänzen und seinen Plänen Gestalt zu geben.

Das Unternehmen »Sonnenblume«, wie der Deckname für die Entsendung des Rommelschen Korps nach Nordafrika lautete, das sich aus einer Panzer- und einer Leichten Division zusammensetzen sollte, stand freilich unter keinem günstigen Stern. Die Versorgung des Afrikakorps über See konnte keineswegs als gesichert gelten. Die Besetzung von Tunis als Versorgungs- und Seestützpunkt war versäumt worden, ein großzügiger Einsatz deutsch-italienischer Luft- und Fallschirmverbände gegen Malta, Gibraltar und Zypern, die Eckpfeiler der britischen Mittelmeerherrschaft, war gleichfalls ausgeblieben. Kreta, die große Ausnahme, wurde zwar im Mai genommen, blieb jedoch ein Flugzeugmutterschiff ohne Flugzeuge, da die Kräfte der deutschen Luftwaffe für einen Luftkrieg großen Stiles im Mittelmeerraum zu schwach waren.

Rommels weit ausgreifende Panzervorstöße bis nach Ägypten hinein blieben so stets ohne Ergänzung durch eine strategische Luftkriegführung im Mittelmeerraum, die ihnen allein den dauernden Erfolg hätte sichern können.

Der Nachschubverkehr zwischen Italien und den nordafrikanischen Häfen blieb das zweite große Problem, die italienische Flotte vermochte die Seeherrschaft im Mittelmeer nicht zu erringen, bei einem Luftangriff auf Tarent am 11. November 1940 und in der Seeschlacht von Kap Matapan am 28. März 1941 hatte sie mehrere ihrer schweren Einheiten eingebüßt, der Einsatz deutscher U-Boote und Fliegerverbände bildete nur eine höchst unzureichende Kompensation für die fehlende großzügige Sicherung der Geleitzüge. Diese Kräfte reichten auch nicht aus, um den englischen Nachschubverkehr im Mittelmeer zu unterbinden. Der Vorteil des kürzeren Anmarschweges, den die Achsenmächte besaßen, wurde so wieder wettgemacht, obwohl die Engländer zeitweilig genötigt waren, den Großteil ihrer Transporte um das Kap der Guten Hoffnung herum durch das Rote Meer zu leiten oder die von brasilianischen Absprunghäfen ausgehende amerikanische Lufttransportroute durch Äquatorialafrika zu benutzen, deren Kapazität nicht unbegrenzt war.

Der Krieg in Nordafrika war ein Wüstenkrieg. Er stellte die Führung vor Aufgaben, die von denen eines in Europa geführten Krieges wesentlich abwichen. Da waren das Klima, der Wassermangel, die Fragen der Verpflegung und des Nachschubs. Der Einsatz von besser angepaßten Truppen der umkämpften Kolonien erfüllte nicht die Erwartungen, die man an ihn geknüpft haben mochte (Bild oben: libysche Flaksoldaten unter italienischem Kommando). Zu Beginn des Krieges bedienten sich die Italiener auch noch eingeborener Kamel-Melder (Bild linke Seite). Bild ganz oben: Nach ihrer mit starkem Panzereinsatz vorgetragenen Gegenoffensive fielen den Briten Anfang 1941 allein bei Bengasi 216 Kanonen in die Hände.

Der Entschluß, General Rommel mit zwei Divisionen nach Afrika zu entsenden, wurde zudem erst in einem Augenblick gefaßt, in dem bereits erkennbar wurde, daß die italienische Armee in Ostafrika bald am Ende ihrer Kräfte angelangt sein würde, so daß eine Zangenoperation gegen Ägypten von der Cyrenaika und vom Sudan aus nicht in Betracht gezogen werden konnte. Er wurde ferner zu einem Zeitpunkt gefaßt, zu dem der große Aufmarsch gegen das russische Riesenreich bereits begonnen hatte, zu dem sowohl das OKW wie das OKH damit rechnen mußten, daß dieser Krieg alle vorhandenen Kräfte in Anspruch nehmen würde. Die alte Mittelmeerlösung, die Göring, Guderian, Jodl und Adolf Heusinger, den Chef der Operationsabteilung des Generalstabs des Heeres beschäftigt hatte, war im Grunde genommen bereits ad acta gelegt worden.

Man konnte darüber streiten, welche Lösung die richtige war, und für den rückschauenden Betrachter ist es nicht allzuschwer, festzustellen, daß die Verfechter der Mittelmeerlösung im Recht waren – von der moralischen Zweifelhaftigkeit eines Präventivkrieges einmal ganz abgesehen. War jedoch der Entschluß, Rußland anzugreifen, unumstößlich, so war es nur eine logische Folge, daß man alle verfügbaren Kräfte dafür einsetzen mußte, zumal deren Zahl ohnehin unzureichend war.

Rommel beklagte sich später oft und von seinem Standpunkt aus mit Recht, daß man von ihm, der nur unzulängliche Kräfte erhalte, Unmögliches verlange. Allein, die Gesamtlage konnte er von Nordafrika aus schwerlich richtig beurteilen. Sie war so unglücklich, daß die Kräfte der Panzerwaffe schon für den Ostfeldzug nicht ausreichten. Daher kam der Chef des Generalstabes des Heeres, Generaloberst Halder, zu dem sehr nüchternen Schluß, daß dem afrikanischen Kriegsschauplatz nur mehr die Rolle eines Nebenkriegsschauplatzes zufallen könne, daß den dort eingesetzten Kräften nur die eine Aufgabe verbliebe, den auf die Dauer unvermeidbaren Verlust der afrikanischen Mittelmeerküste so lange wie möglich hinauszuzögern. Im Grunde erblickte er offensichtlich in Rommels so kühnen Operationen nur mehr »Extratouren«. Dieser sah jedoch die Möglichkeit, den Krieg über Ägypten hinaus in den Mittleren Osten zu tragen und das mesopotamisch-persische Ölfördergebiet zu besetzen, dessen Jahreserzeugung sich auf etwa 15 Millionen Tonnen gegenüber den 6,5 Millionen Tonnen Rumäniens belief.

Die Verwirklichung dieser Pläne hätte jedoch eine vollständige Umstellung der gesamten Kriegführung bedingt, die er nicht durchsetzen konnte. Zwar zählte ein Mann wie der sehr einflußreiche General Schmundt zu seinen persönlichen Freunden; doch wäre selbst Hitler vermutlich nicht mehr dazu in der Lage gewesen, nachdem er sich einmal im Osten festgerannt hatte, auch wenn er die Richtigkeit der Rommelschen Pläne eingesehen hätte.

Als erste Division wurde die 15. Panzerdivision nach Afrika übergesetzt. Im Februar 1941 wurden die ersten deutschen Truppen in Tripolitanien gelandet: ein Panzerregiment, zwei Maschinengewehrbataillone, zwei Panzerjäger-Abteilungen, drei Artillerie- und eine Flakbatterie. Es war vereinbart worden, daß die deutschen Verbände geschlossen unter deutscher Führung eingesetzt, jedoch in taktischer Hinsicht dem Nachfolger Marschall Grazianis, General Gariboldi, unterstellt werden sollten.

Ende Februar 1941 meldete der OKW-

Wieder einmal mußten die Deutschen eingreifen, um eine Niederlage Italiens abzuwenden. Am 19. Dezember 1940 bat Mussolini seinen Achsenpartner offiziell um Hilfe, am 9. Januar 1941 ordnete Hitler die Entsendung eines Sperrverbandes nach Afrika an, um den drohenden Verlust der italienischen Kolonie Libyen abzuwenden. Am 12. Februar 1941 erhielt General Erwin Rommel den Befehl über die Truppen des „Deutschen Afrika-Korps" (DAK).

Bild rechts: Rommel bei der Abnahme der ersten Parade des DAK in Tripolis, neben ihm der italienische General Gariboldi. Bild linke Seite: Deutsche Panzer rollen durch Tripolis.

Bericht zum ersten Mal deutsche Spähtrupptätigkeit bei Agedabia, der letzten italienischen Verteidigungsstellung, die noch gehalten wurde. Schwache taktische Luftverbände wurden gleichfalls nach Nordafrika verlegt. Die deutschen Waffen, der Panzer IV, die 8,8-cm-Flak, waren fürs erste allen anderen überlegen. Mit den deutschen gepanzerten Einheiten wurden auch Teile neuer italienischer Infanteriedivisionen nach Nordafrika gebracht.

General Gariboldi war ein Anhänger vorsichtigen Vorgehens, er wollte zunächst die Versammlung aller Verstärkungen abwarten. Rommel drängte voll Ungeduld zu raschem Handeln. Es war die Stunde, in der die Engländer den Schwerpunkt der Operationen nach Griechenland verlagerten, die Stunde freilich auch, in der sie zum Generalangriff auf die italienische Ostafrika-Armee ansetzten, die auf isoliertem Posten stand.

Am 24. März 1941 preschte Rommel zum Angriff vor. Die englischen Stellungen bei El Agheila wurden durchbrochen, die Mersa-el-Brega-Stellung genommen, im April stießen die deutschen Panzer in die Cyrenaika hinein, am 4. April standen ihre Spitzen vor Bengasi. Rommel faßte den Plan, die englischen Verbände in der Cyrenaika in weitem Bogen durch die südlich gelegene, rund 300 Kilometer breite Wüste zu umgehen, um ihnen den Rückzug nach Ägypten abzuschneiden. Doch die deutschen Kolonnen verirrten sich in heftigen Sandstürmen, obwohl Rommel von einem Fieseler Storch, seinem Be-

**Früh stellte sich heraus, daß die Kriegführung in Nordafrika vor allem ein Versorgungsproblem war. Güter aller Art rollten aus Deutschland und Frankreich in die Häfen Italiens und wurden dort auf Frachter umgeladen, die in Geleitzügen die gefahrvolle Route nach Libyen antraten. Bild oben: deutsches Versorgungsschiff für Afrika bei der Überfahrt.
Bild rechte Seite oben: ein von deutschen Flieferbomben getroffenes englisches Transportschiff in der Ägäis. Bild rechte Seite unten: deutsche Flugzeuge im Angriff auf ein britisches Handelsschiff im Sueskanal.**

fehlsflugzeug, aus ihre Bewegungen zu überwachen trachtete. Trotzdem zeitigte die Operation überraschende Einzelerfolge; in El Mechili gerieten sechs englische Generale mit 2000 Mann in deutsche Gefangenschaft.

Die englische Führung erkannte die Gefahr des Umgehungsplans und ordnete den Rückzug auf die ägyptische Grenze an. Nur die starke Seefestung Tobruk wurde verteidigt. Hier fiel als erster deutscher General auf afrikanischem Boden der Kommandeur der 15. Panzerdivision, General v. Prittwitz und Gaffron. Deutsche Panzer nahmen Derna und Bardia, am 10. April erschienen sie bei Sollum an der Grenze nach Ägypten. Zur gleichen Zeit warfen deutsche Panzerdivisionen in Thessalien das britische Expeditionskorps zurück. In zwölf Tagen hatte Rommel die Erfolge, die sein Gegner Wavell in fünfzig Tagen errungen hatte, wieder zunichte gemacht. Freilich waren nun zwei Fronten entstanden, die ägyptische bei Sollum – Bardia und die Einschließungsfront vor Tobruk, das von australischen Truppen, der polnischen Brigade Kopanski, englischer Garde und Südafrikanern zäh verteidigt wurde und erhebliche Truppenmengen, vor allem die italienischen Infanteriedivisionen, band. Im Mai 1941 besuchte der Stellvertretende Generalstabschef und Oberquartiermeister I, Generalleutnant Friedrich Paulus, Nordafrika, um die Lage zu prüfen, und sprach sich für den Abbruch der Belagerung von Tobruk und die Zurücknahme des Afrikakorps von der ägyptischen Grenze auf günstigere Stellungen aus. Doch Rommel war kein Freund des Zurückgehens und setzte seinen Willen durch.

Die Überdehnung seiner Nachschublinien ließ freilich die Versorgungsschwierigkeiten zum ersten Mal in ihrer vollen Bedeutung hervortreten. Es erwies sich als unmöglich, sämtliche Teile der für Afrika vorgesehenen Divisionen übers Meer heranzuführen. Die reiche Beute an britischen Kraftfahrzeugen und Treibstofflagern erlaubte zunächst die Überbrückung der Treibstoffknappheit. Dafür bereitete ständig der Mangel an Lastkraftwagenraum neue Sorge. Von den Nachschubhäfen Tripolis und Bengasi mußte jegliches

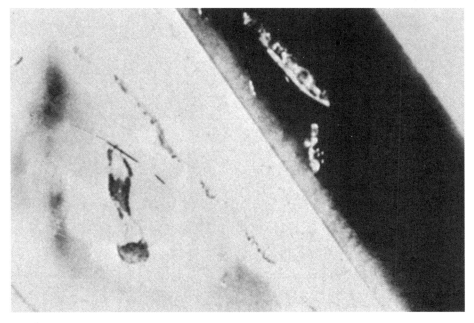

Nachschubgut über Hunderte von Kilometern der Truppe nachgeführt werden. Die Eroberung Abessiniens durch die Engländer machte es diesen möglich, zwei südafrikanische Divisionen zur Verstärkung nach Ägypten zu bringen. Im Sommer versammelten sich bei der Nilarmee rund 500 000 Mann, englische, australische, neuseeländische, indische und südafrikanische Divisionen, Verbände der polnischen und tschechischen Exilregierung und kleinere griechische, zypriotische, jüdische, belgische, westafrikanische und sudanesische Einheiten, so daß die Nilarmee wahrhaft den Charakter einer Armee des britischen Empire annahm.

Die englische Mittelmeerflotte suchte mit allen Mitteln den deutsch-italienischen Geleitverkehr zu bekämpfen. Im April wurde ein deutscher Geleitzug von fünf Schiffen mit drei italienischen Begleitzerstörern vernichtet. Unter Einsatz stärkster Flottenkräfte brachten die Engländer in der sogenannten Operation »Tiger« einen durch Schlachtschiffe, Flugzeugträger, Kreuzer und Zerstörer gesicherten Großkonvoi mit Panzern für die Nilarmee durch das Mittelmeer nach Ägypten. Nur drei Transporter gingen dabei durch Minen oder Fliegerbomben verloren. Trotz deutscher Luftangriffe und italienischer Versuche, mit Zwerg-U-Booten und Schnellbooten den Hafen La Valetta auf Malta anzugreifen, gelang es nicht, die Inselfestung, den Stützpunkt für die Bekämpfung der Geleitzüge, von ihren Verbindungen abzuschneiden.

In den Monaten Juli, August und September 1941 wurden 43 Schiffe mit 150 000 Tonnen und 64 Kleinfahrzeuge des Afrikanachschubs versenkt, im Oktober erreichten 60 Prozent aller deutschen Transporter nicht ihr Ziel. Nur selten waren den Verbänden des X. Fliegerkorps in den erbitterten Schlachten gegen den britischen Geleitverkehr zwischen Gibraltar und Alexandria größere Erfolge beschieden. Die Kräfte des Korps waren zu schwach, sie schmolzen rasch zusammen, die deutsche Luftwaffe war durch den Krieg gegen Rußland und die Bekämpfung Englands bereits über Gebühr in Anspruch genommen, eine leistungsfähige Torpedofliegerwaffe fehlte zunächst gänzlich. Die einheitliche Führung eines See-Luftkrieges unter Mitwirkung eigener Seestreitkräfte scheiterte im Mittelmeer aus Mangel an Reserven.

Im Sommer 1941 befanden sich in Nordafrika ein italienisches motorisiertes und zwei Infanteriekorps. Die deutschen Kräfte waren verstärkt worden und setzten sich aus der 15. und 21. Panzerdivision und der 90. Leichten Division zusammen. Die Befehlsbefugnisse wurden nun so geregelt, daß Rommel zum Kommandeur der »Panzergruppe Afrika« ernannt wurde, die sich aus den italienischen Infanteriekorps und dem deutschen Afrikakorps zusammensetzte, das in General der Panzertruppen Crüwell einen eigenen Kommandeur erhielt. Das italienische Schnelle Korps verblieb unmittelbar unter italienischem Kommando. An und für sich war die Panzergruppe Afrika abhängig von den Weisungen des Comando Supremo. Generalstab und OKH errichteten einen Verbindungsstab beim italienischen Oberbefehlshaber in Nordafrika, um sich eine gewisse Kontrolle über die Operationen zu bewahren. Sehr bald wurde das OKH jedoch völlig ausgeschaltet, der Wehrmachtführungsstab übernahm die Bearbeitung des afrikanischen Kriegsschauplatzes und griff des öfteren mit direkten Weisungen ein, ohne das Comando Supremo in Rom zu befragen. Die dornenvolle Aufgabe des Ausgleichs zwischen all diesen verschiedenen Kompetenzen oblag dem deutschen General beim Comando Supremo, General v. Rintelen, der sich ih-

rer mit viel Geschick zu entledigen wußte.

Hitlers Weisung Nr. 32 vom 30. Juni 1942 beschäftigte sich ausführlich mit dem Krieg im Mittelmeer, doch die Weitschweifigkeit ihrer Phantasie war deutlich. Danach sollte ein Angriff von Libyen auf Ägypten durch eine Operation von Bulgarien aus durch die Türkei begleitet werden, unter Umständen auch durch eine Operation von Transkaukasien gegen den Iran. Solche Pläne standen in gar keinem Einklang mit den tatsächlichen Verhältnissen. Rommels Absicht, im Laufe des Sommers Tobruk zu nehmen, scheiterte infolge der Nachschubkrise. Wenn es auch gelang, die 21. Panzerdivision nach Afrika zu bringen, so blieben doch Munition und schwere Artillerie aus. Die Belagerer mußten sich daher auf die Abwehr von Ausfällen und Entsatzversuchen beschränken. Bei Sollum versuchten die Engländer im Juli vergeblich, auf Tobruk durchzubrechen.

Bild linke Seite: Ein italienischer Frachter wird von einer britischen Fliegerbombe getroffen. Bild oben rechts: Soldaten des Afrika-Korps schützen sich mit Stoffbrillen gegen den gefürchteten Wüsten-Flugsand. Die Sandstürme der libyschen Wüste waren bei der Truppe ebenso gefürchtet wie britische Fliegerangriffe. Die winzigen aufgewirbelten Sandkörnchen drangen in die Augen wie in die empfindlichsten technischen Geräte und legten diese meist irreparabel lahm.

Afrikazulage

Dienstanweisung für das Deutsche Afrikakorps

I. Den in Afrika eingesetzten deutschen Wehrmachtsangehörigen (auch Einzelkommandierten) wird für die Dauer ihrer Anwesenheit auf dem afrikanischen Kontinent eine tägliche Zulage in folgender Höhe gewährt:
Mannschaften 2,- RM,
Unteroffiziere 3,- RM,
Offiziere 4,- RM
Wehrmachtsbeamte erhalten die Zulage in der ihrem Dienstgrad entsprechenden Höhe.

II. Die Afrikazulage steht nur den auf afrikanischem Boden untergebrachten Wehrmachtsangehörigen zu. Außerhalb Afrikas untergebrachte Wehrmachtsangehörige erhalten die Zulage nicht, auch wenn sie gelegentlich über afrikanischem Boden eingesetzt werden.

III. Die Afrikazulage stellt eine Urlaubs- und Erholungsbeihilfe dar. Sie ist daher in Afrika nicht auszuzahlen, sondern den Empfangsberechtigten gutzuschreiben und bei Beendigung des Afrikaeinsatzes bzw. bei Beurlaubungen außerhalb Afrikas auszuzahlen. Einzelheiten regeln die Wehrmachtteile.

IV. Bei Dienstreisen, Kommandos und Urlaub innerhalb Afrikas, bei Krankheit und Verwundungen (Revier- oder Lazarettaufnahme in Afrika) wird die Afrikazulage weitergewährt.

V. Für die Dauer von Dienstreisen, Kommandos und Urlaub außerhalb Afrikas, bei selbstverschuldeter Krankheit, bei unerlaubter Entfernung und Fahnenflucht, bei Untersuchungshaft, vorläufiger Festnahme, Dienstenthebung sowie bei Freiheitsstrafen, bei Gefangenschaft, Internierung oder Vermißtsein steht die Afrikazulage nicht zu.

VI. In Afrika nichteingesetzten Wehrmachtsangehörigen steht bei Dienstreisen von außerafrikanischen Gebieten nach Afrika die Zulage nicht zu.

VII. Die Afrikazulage ist steuerfrei und wird auf andere Zulagen nicht angerechnet.

VIII. Im Todesfall ist die bis zum Todestag berechnete Afrikazulage der Witwe, den ehelichen, für ehelich erklärten und an Kindes Statt angenommenen Kindern und den Eltern (in dieser Reihenfolge) ohne Anrechnung auf sonstige Gebührnisse auszuzahlen. Sonstigen Hinterbliebenen kann mit Zustimmung des Oberkommandos der Wehrmachtteile die Afrikazulage als Beihilfe gewährt werden.

Die Wüste mit ihrer Grenzenlosigkeit, dem welligen, nur selten von dürftigem Kameldorn bestandenen Gelände, war das ideale Kampffeld für große Panzergeschwader. Der Krieg nahm hier einen ganz eigenen Charakter an. Fern der düsteren Grausamkeit des russischen Feldzuges bewahrte er noch viel von der ritterlichen Kriegführung vergangener Tage. Der afrikanische Kriegsschauplatz war von vielem losgelöst, was die Heimat erfüllte und bedrückte, hier galt nur die Tradition eines Soldatentums, das in den Briten auf faire Gegner traf. Wo es Übergriffe gab, wo sich Meinungsverschiedenheiten über die Behandlung der Gefangenen ereigneten – in die Hitler mit rücksichtslosen Befehlen zur Fesselung englischer Gefangener eingriff, als es hieß, englischerseits sei befohlen, deutschen Gefangenen vor den Verhören kein Wasser zu reichen –, wurden sie in beiderseitigem, stillschweigendem Einverständnis rasch wieder beigelegt.

Im November 1941 trat die 8. englische Armee mit rund 100 000 Mann, 800 Panzern und etwa 1000 Flugzeugen zum Gegenstoß an, um Tobruk zu befreien und die deutsch-italienische Libyenfront aufzurollen. Befehlshaber der 8. Armee war der Eroberer Abessiniens geworden, Sir Alan Cunningham, der Bruder des Kommandierenden Admirals der britischen Mittelmeerflotte. Die Offensive sollte mit einem Ausbruchsversuch der 35 000 Mann starken Besatzung von Tobruk kombiniert werden. Rommel verfügte in diesem Augenblick über etwa 40 000 Mann deutscher Truppen mit 340 Panzern und 200 Flugzeugen. Die noch immer unzureichend ausgerüsteten italienischen Infanteriedivisionen zählten nochmals 40 000 Mann. Englische Kommandotruppen versuchten das angeblich sich in Beda Litoria befindende Hauptquartier Rommels auszuheben, trafen indes dort nur auf die Quartiermeisterabteilung der Panzergruppe.

Als die englische Offensive am 18. November 1941 begann, hatte die Nachschubkrise gerade einen neuen Höhepunkt erreicht. Seit dem 16. Oktober war kein Geleit mehr durchgekommen. Die deutschen und italienischen Schiffsverluste hatten sich auf 75 Prozent er-

höht. Am Totensonntag des Jahres 1941 tobte in Rauch, Staub und Sandstürmen bei Sidi Rezegh in der Wüste eine erbitterte Panzerschlacht. Angesichts des zähen deutschen Widerstandes wollte Cunningham die Schlacht bereits abbrechen. Doch der neue Höchstkommandierende im Mittleren Osten, Feldmarschall Sir Claude Auchinleck, der den nach Indien berufenen Feldmarschall Wavell ersetzt hatte, berief ihn ab und übertrug den Oberbefehl über die 8. Armee General Ritchie.

Die Schlacht ging weiter, obwohl die englischen Verbände schwere Verluste erlitten. Drei frische englische Panzerbrigaden wurden eingesetzt. Rommel unternahm wiederum den Versuch, die rückwärtigen englischen Verbindungen zu durchschneiden. Doch dafür waren seine beiden Panzerdivisionen zu schwach. Der Einschließungsring um Tobruk wurde aufgebrochen, neuseeländische Verbände erreichten die Belagerten. Rommel entschloß sich zu großräumigem Ausweichen auf die alte Ausgangsstellung bei den Salzsümpfen von Mersa el Brega. Derna, Bengasi und Agedabia wurden aufgegeben. Mussolini rief General Gariboldi zurück und ersetzte ihn durch den Marschall Ettore Bastico, der sich im Spanienfeldzug ausgezeichnet hatte. Vergeblich forderte dieser, die Cyrenaika zu halten. Es kam zu heftigen deutsch-italienischen Meinungsverschiedenheiten, zumal die motorisierten deutschen Truppen beim Rückzug gegenüber den nichtmotorisierten Italienern im Vorteil waren, so daß oftmals die Italiener den Eindruck hatten, sie würden geopfert, um die deutschen Absetzbewegungen zu decken.

Infolge der schweren Nachschubkrise wurden U-Boote und neue Fliegerverbände nach dem Mittelmeer verlegt. Trotz der Winterkatastrophe in Rußland kam die Luftflotte 2 mit dem II. Fliegerkorps aus Rußland nach Italien. Ihr Oberbefehlshaber, Generalfeldmarschall Albert Kesselring, wurde zugleich von Hitler zum deutschen Oberbefehlshaber Süd ernannt, um auf diese Weise stärkeren Einfluß auf die Kriegsführung im Mittelmeerraum zu gewinnen. U-Boote versenkten einen großen Flugzeugträger, ein britisches Schlachtschiff und einen Kreuzer. Deutsche Schnellboote, die dem deutschen Admiral beim italienischen Oberkommando, Vizeadmiral Weichold, zur Verfügung gestellt worden waren, legten Minen vor dem Hafen La Valetta, die Luftflotte 2 flog massierte Angriffe auf die englische Inselfestung. Am 18. Dezember 1941 drangen italienische Zweimanntorpedos, die »maiali«, in den Hafen von Alexandria ein und machten zwei große britische Schlachtschiffe kampfunfähig, eine der größten Leistungen der italienischen Marinekleinkampfmittel in diesem Krieg. Damit waren der britischen Mittelmeerflotte in kurzer Zeit empfindliche Verluste zugefügt worden.

Am 16. Dezember erreichte zum erstenmal seit langer Zeit wieder ein deutsch-italienischer Geleitzug vollzählig den Hafen von Tripolis und landete neue Panzer und Panzertruppen, allerdings hatte in diesem Fall das italienische Flottenkommando seine kostbaren, sorgsam gehüteten Schlachtschiffe zur Deckung des Konvois aufgeboten. In der Seeschlacht in der Syrte griff die italienische Flotte auch ein englisches Großgeleit nach Alex-

Entgegen Hitlers Hinhaltekonzept für die afrikanische Front startete Rommel am 22. März 1941 einen Aufklärungsvorstoß, der sich zu einer stürmischen Offensive auswuchs. Die Rückeroberung Tobruks scheiterte zwar, doch wurde die Festung von ihren Landverbindungen abgeschnitten. Bild linke Seite oben: Aufnahme der Festung Tobruk aus einem deutschen Jagdflieger. Bild linke Seite unten: britische leichtmotorisierte Artillerie bei der Verteidigung Tobruks. Bild rechts: Sir Archibald Wavell (rechts) im Gespräch mit Generalleutnant Richard O'Connor. Am 5. Juli 1941 wurde Wavell wegen der ihm von Rommel zugefügten Niederlagen von Churchill als Oberbefehlshaber der britischen Nahost-Streitkräfte abberufen.

andria an, erlitt freilich wiederum bittere Verluste, ein Kreuzer und ein Zerstörer sanken. Zunächst brachte der Einsatz der Luftflotte 2 gegen Malta indes fühlbare Entlastung.

Das Jahr 1942 fand Rommel in der Mersa-el-Brega-Stellung bei El Agheila. Das beiderseitige Kräfteverhältnis war so ungünstig, daß bei Aufschließen der 8. Armee zum Großangriff die Behauptung der Stellung unmöglich schien. Freilich wußte man im Stabe Rommels nicht, daß auch die englische Armee ihre Versorgungskrise hatte: Es fehlte zwar nicht an Treibstoff, wohl aber an Feldkanistern, um diesen zu transportieren. Das Problem der Überdehnung der Nachschublinien blieb für beide Parteien im Wüstenkrieg das gleiche. Graziani, Rommel, Wavell und Ritchie litten gleichermaßen unter diesen Schwierigkeiten. Gerade aufgrund der eigenen Schwäche entschloß sich Rommel dazu, in die feindlichen Angriffsvorbereitungen hineinzustoßen.

Weder das OKW noch das italienische Comando Supremo oder der italienische Oberbefehlshaber in Nordafrika, Marschall Bastico, erfuhren vorher von diesem Entschluß, da der deutsche General befürchtete, sie würden dem Angriff nicht zustimmen. Der Erfolg gab seiner Kühnheit recht, wenn auch die angestrebte Zangenbewegung gegen die englischen Truppen in der Cyrenaika wiederum mißlang, da die Geländeschwierigkeiten beim Umgehungsmanöver zu groß waren. Am 22. Januar 1942 stand Rommel wieder in Agedabia. Der Chef des italienischen Wehrmachtgeneralstabes wie der deutsche Oberbefehlshaber Süd suchten sich einzuschalten, um ihn von weiterem leichtfertigem Vorpreschen abzuhalten. Trotzdem blieb Rommel dem Gegner auf den Fersen und stieß bis Gasala vor; die Cyrenaika wurde zurückerobert. Doch jetzt waren beide Kampfpartner im Grunde am Rande ihrer Kräfte angelangt, obwohl Göring, der zu einem Besuch in Rom weilte, darauf drängte, auch Tobruk noch im gleichen Zuge zu nehmen.

Rommel flog nach Rom und ins Führerhauptquartier nach Ostpreußen, um die weiteren Maßnahmen für das Jahr 1942 zu erörtern. Zwei Hauptprobleme beschäftigten ihn jetzt: die Zuführung von Verstärkungen und die Nachschubfrage. In Rom setzte er bei Generaloberst Ugo Graf Cavallero durch, daß die italienischen Infanteriekorps nachgezogen wurden, etwas, wogegen sich das Comando Supremo bislang heftig gesträubt hatte, da man auf italienischer Seite fürchtete, bei einem neuen Rückzug würden diese wieder die Hauptlast der Katastrophe tragen müssen. Im Führerhauptquartier in Ostpreußen warf er die Frage auf, welche Rolle der Panzergruppe Afrika im Rahmen der Gesamtkriegführung zugedacht sei, mit welchen Verstärkungen er rechnen könne und was hinsichtlich der Ausschaltung Maltas geschehen sollte. Er sprach Hitler, ebenso Jodl und Halder. Weder in Rom noch in Rastenburg vermochte er indes wirklich Klarheit über die Absichten der obersten Führung zu gewinnen. Hitlers Blick richtete sich nach Osten, er plante die Wiederaufnahme der Rußlandoffensive.

Rommel hatte noch immer das Bild des großen Stoßes über Ägypten und die Suezkanalzone in den Mittleren Osten vor Augen. Hier war der Gegner ohne Frage weit schwächer als im Osten. Generaloberst Halder hielt drei bis vier Divisionen für das Äußerste, was man unter Umständen für den afrikanischen Kriegsschauplatz noch abzweigen konnte. Rommel forderte zwei Panzerkorps. Halder, überbürdet mit Sorgen über die Lage im Osten, zermürbt durch den beständigen Kampf mit seinem Obersten Kriegsherrn, erkundigte sich mißmutig, wie Rommel sich – ange-

Am 21. Juni 1942 fiel die Festung Tobruk nach einem Großangriff des Deutschen Afrika-Korps. 33.000 Engländer, Inder, Australier und Neuseeländer gerieten in Gefangenschaft (Bild linke Seite: englische Gefangene in der Cyrenaika). Nach dieser schweren Niederlage, die auch Churchill vor dem Unterhaus unverblümt als „Katastrophe" wertete, ernannte der britische Premier am 13. August 1942 den energischen Truppenführer Bernard Law Montgomery („Monty") zum Oberbefehlshaber der britischen 8. Armee, die Rommel bis nach Ägypten zurückgeworfen hatte. Bild oben: Churchill und Montgomery bei einer Lagebesprechung an der libyschen Front.

nommen, man verfüge über zwei frische Panzerkorps – deren Versorung denke. Rommel erwiderte, gereizt durch den nach seiner Angabe »unhöflich« lächelnden Generalstabschef: »Das geht mich gar nichts an, das ist Ihre Sache.« Beide Männer verstanden einander nicht, beide hatten recht und unrecht zu gleicher Zeit. Die Mittelmeerlösung war verspielt, seit man sich in den Feldzug gegen Rußland gestürzt hatte. 1942 begann der Zermürbungskrieg im Osten. Natürlich hätte ein souveräner Denker noch das ganze Spiel umwerfen und die Karten neu mischen und verteilen können. Aber dies lag nicht in Hitlers Absicht und nicht in Halders Macht. So blieb Rommel ohne klaren Auftrag und ohne zureichende Unterstützung. Seitdem focht er im Grunde auf verlorenem Posten.

Das italienische Comando Supremo trat dafür ein, die gewonnene Linie auszubauen und zur Defensive überzugehen. Dies hätte auf Dauer nur dazu geführt, daß man dem Gegner Zeit gelassen hätte, eine riesige Übermacht zusammenzuziehen und von neuem zur Offensive überzugehen. Angesichts der eigenen zahlenmäßigen Unterlegenheit blieb nur die Ausnutzung der Beweglichkeit, die Aufgabe, so lange und so nachhaltig wie möglich den gegnerischen Aufmarsch

Katastrophe in Nordafrika

Churchills Rede im Unterhaus, 2.7.1942

Die militärischen Mißgeschicke dieser letzten vierzehn Tage in der Cyrenaika und in Ägypten haben nicht nur dort, sondern auch im ganzen Mittelmeer die Lage grundlegend umgestaltet. Wir haben über fünfzigtausend Mann verloren, von denen der größte Teil in Gefangenschaft geriet; auch große Mengen Kriegsmaterial und Vorräte sind trotz sorgfältig vorbereiteter Zerstörungen dem Feinde in die Hände gefallen. Rommel hat beinahe sechshundert Kilometer Wüste durchquert und nähert sich jetzt der fruchtbaren Niederung des Nils. Die unheilvollen Rückwirkungen dieses Ereignisses auf die Türkei, auf Spanien, Frankreich und Französisch-Nordafrika sind noch unübersehbar. Wir stehen in diesem Moment einem katastrophalen Umschwung unserer Aussichten und Hoffnungen im Nahen Osten und im Mittelmeer gegenüber, wie wir ihn seit dem Zusammenbruch Frankreichs nicht mehr erlebt haben. Falls es Leute gibt, die sich bemüßigt fühlen, die Lage in noch schwärzeren Farben zu malen – wohlan, es steht ihnen frei, es zu tun!

Der schmerzlichste Aspekt dieses Trauerspiels ist seine Plötzlichkeit. Die Kapitulation Tobruks mit seiner Besatzung von rund 25 000 Mann binnen eines Tages kam völlig unerwartet. Nicht nur das Unterhaus und die große Öffentlichkeit, auch das Kriegskabinett, die Stabschefs und der Generalstab der Armee wurden überrascht. Auch General Auchinleck und das Hauptquartier Nahost hatten nichts Derartiges vermutet. Am Abend vor Tobruks Fall lief hier ein Telegramm des Generals ein, er habe eine, wie er glaube, ausreichende Garnison nach Tobruk ge-legt, es sei auf neunzig Tage für diese Be-satzung verproviantiert, und die Befestigungsanlagen seien in gutem Stand. Man hoffe, die sehr starken Grenzstellungen, die sich von Sollum bis zum Halfajapass, von Ca-puzzo bis Fort Maddalena erstreckten, halten zu können.

Mancher neigt allzu leicht zur Annahme, daß die Regierungsmitglieder nationales Unglück weniger lebhaft empfinden als unabhängige Kritiker, nur weil sie als Regierende kaltes Blut und bei jedem Rückschlag starke Nerven bewahren müssen. Ich hingegen möchte bezweifeln, ob irgend jemand schmerzlicher be-rührt und sorgenvoller gestimmt werden kann als jene, die für die Leitung unserer Angelegenheiten verantwortlich sind.

zu stören und zu verwirren und so weit wie möglich gegen seine Basis vorzustoßen. Panzerkräfte können sich nur im Angriff bewähren.

Wenngleich Rommel niemals Panzeroffizier gewesen war, so begriff er doch nächst Guderian das Gesetz der neuen Waffe am präzisesten. Daher schlug er vor, Malta zu nehmen, darauf Tobruk zu erobern und dann die Entscheidung zu treffen, ob man eine Offensive gegen Ägypten beginnen wolle. Er hielt auch eine umgekehrte Reihenfolge der Operationen für möglich, bei der erst Tobruk und dann Malta angegriffen wurde, falls die Vorbereitungen zur Besetzung der Insel allzulange Zeit in Anspruch nehmen würden. Die Einnahme Maltas war jedoch unerläßlich, dies betonte er zu diesem Zeitpunkt immer von neuem. Kesselring wie Rintelen teilten diese Ansicht. Hitler gab widerstrebend nach und befahl unter dem Decknamen »Herkules« die Vorbereitung eines gemeinsamen deutsch-italienischen Unternehmens zur Ausschaltung Maltas.

Rommel rechnete für den Juni 1942 mit einer neuen britischen Offensive, er gedachte daher spätestens im Mai den gegnerischen Aufmarsch durch einen eigenen Angriff zu überrollen. Daher drängte er wiederholt darauf, der Angriff auf Malta müsse so zeitig durchgeführt werden, daß der Luftflotte 2 Zeit blieb, ihre Verbände für die zweite Unternehmung, die Eroberung von Tobruk, umzugruppieren.

Seit dem Beginn des Jahres 1942 lag die Inselfeste, der Eckpfeiler der britischen Mittelmeerherrschaft, unter schwersten deutschen Luftangriffen. Sie verfügte kaum über Jagdschutz, es gab keine unterirdischen Hangars, es gab kaum Luftschutzanlagen für die Zivilbevölkerung. Gruppen von anfangs sechs bis acht, später zwanzig und mehr deutschen Maschinen stürzten sich in nicht abreißender Folge immer wieder auf den Hafen von La Valetta. Die Luftalarme jagten einander, die Hafenstadt verwandelte sich in ein Inferno von Feuer, Rauch, Staub und Schutt, durchschrillt vom Geläut der Feuerwehren, die von einer Brandstätte zur anderen rasten. Am 8. April 1942 konnte Malta den Tag des 2000. Luftalarms begehen.

Die englische Luftwaffe versuchte vergeblich, die deutsche Bodenorganisation in Sizilien, Südgriechenland, Kreta und auf dem Dodekanes anzugreifen, um der Insel Entlastung zu bringen. Sie war gleichzeitig durch die Unterstützung der Nilarmee und die Bekämpfung des Geleitverkehrs und der deutschen U-Boote in Anspruch genommen. Die Tag- und Nachtangriffe des II. Fliegerkorps führten zeitweilig zur fast völligen Ausschaltung der britischen Torpedoflieger und U-Boote, die dem Afrikanachschub bislang so schwere Schäden zugefügt hatten. Der Nachschub für die geplante Offensive Rommels konnte ohne nennenswerte Verluste durchgebracht werden. Im April 1942 wurde zum ersten und zum einzigen Mal das Monatssoll von 30 000 Tonnen Munition und Treibstoff für die Panzergruppe Afrika erfüllt.

Allein, diese Luftoffensive konnte nur dann Sinn und dauernden Erfolg haben, wenn sie gewissermaßen die Artillerievorbereitung für den Generalsturm auf die Inselfestung bildete. Dafür wurden seit März 1942 unter Leitung von General Student eine deutsche und die einzige italienische Fallschirmdivision

Rommels Mai-Offensive des Jahres 1942, die den Fall Tobruks und das Vordringen der Deutschen und Italiener bis nach Ägypten gebracht hatte, ereichte am 30. Juni die Enge von El Alamein 100 Kilometer westlich von Alexandria. Die britischen Verteidigungen hier zu durchbrechen, erwies sich aber allein schon aus Gründen mangelnden Nachschubs als unmöglich.

Bild oben: Soldaten des Deutschen Afrika-Korps auf der Höhe von Sollum an der Grenze zu Ägypten. Bild linke Seite oben: ein zerstörter deutscher Panzerkraftwagen vor El Alamein. Bild linke Seite unten: Angehörige der 4. indischen Division am Halfaya-Paß.

sowie vier bis fünf italienische Infanteriedivisionen als zweite Welle bereitgestellt, insgesamt etwa 30 000 Mann deutsche und italienische Luftlande- und 70 000 Mann italienische Landtruppen mit rund 1000 Lastenseglern, darunter dem neuen Typ »Gigant« mit einer Nutzlast von 24 Tonnen. Ihre Schulung übernahm ein deutscher Fallschirmspezialist, der General Ramcke, zuvor Kommandeur der Fallschirmschulen und Ersatzeinheiten. Eine Luftlandeaktion sollte der durch die italienische Schlachtflotte gesicherten Landung der italienischen Infanterie den Weg ebnen. Allerdings entschied das OKW im Einvernehmen mit dem Comando Supremo in Rom, daß die Landung auf Malta erst im Juni durchgeführt werden solle, wenn Rommel Tobruk genommen habe, obwohl dieser im Grunde sich bereits auf das umgekehrte Verfahren, das sinnvoller war, eingestellt hatte.

Die Vorbereitungen wurden indes tatkräftig vorangetrieben, dafür bürgte schon ein so entschlossener Mann wie General Ramcke. Die italienische Schlachtflotte erhielt aus deutschen Beständen zusätzlich Heizölvorräte und zog ihre Einheiten in Tarent, Neapel, Palermo und Messina zusammen. Die Engländer versuchten durch den Einsatz des amerikanischen Flugzeugträgers »Wasp«, der Jäger an Bord mitführte, Malta Entlastung zu bringen. Noch war dies nicht möglich, noch beherrschte die deutsche Luftwaffe den Luftraum über der Insel. Die »Wasp« wurde später von einem deutschen U-Boot versenkt. Aber der Gouverneur von Malta, General Dobbie, dachte auch nicht an eine Kapitulation, er harrte mit altbritischer Zähigkeit aus.

Am 26. Mai 1942 trat General Rommel mit der 15. und 21. Panzerdivision, der 90. Leichten Division, der italienischen Panzerdivision »Ariete« und sieben italienischen Infanteriedivisionen, rund 130 000 Mann mit 500 schweren und leichten Panzern, zum neuen Großangriff an. Noch waren die deutschen Panzer III und IV mit ihren 5-cm- und 7,5-cm-Geschützen dem Gegner überlegen. Auf englischer Seite gelangten in beschränkter Zahl der neue amerikanische mittelschwere Panzer »General Grant« mit einer 7,5-cm-Kanone und eine neue weitreichende großkalibrige Panzerabwehrkanone zum Einsatz. Die Masse der Panzer bestand jedoch noch immer aus den britischen »Valentines« und »Crusaders« und dem leichten amerikanischen »Honey«-Panzerwagen, die den deutschen Typen nicht ebenbürtig waren. Ein sorgfältig gegliedertes, schachbrettförmiges System fester Stützpunkte, sogenannter Boxes, sollte die deutschen Angriffe in der Wüste auffangen. Rollten die Panzer vielleicht noch zwischen diesen Stützpunkten durch, so mußte sich die ihnen folgende Infanterie auf jeden Fall in diesem Netz verfangen.

Rommels Plan lief darauf hinaus, mit den drei vollmotorisierten deutschen und zwei beweglichen italienischen Divisionen den Südflügel der britischen Stellung mit dem Stützpunkt Bir Hacheim, den Einheiten des freien Frankreich und jüdische Einheiten verteidigten, zu umgehen, während die italienischen Infanterieverbände den Gegner in der Front binden sollten. Auf diese Weise sollte das bereits mehrmals erstrebte »Cannae« für die britische Nilarmee in der Marmarica reifen. Der Plan gelang nicht, weil die italienische Front nicht hielt. Einzelne »Boxes«, das von General Pierre Josèphe Koenig verteidigte Bir Hacheim, und das von britischer Garde gehaltene »Knightsbridge«, leisteten nachhaltigen Widerstand. Die britischen Garden fochten so zäh wie einst bei Waterloo. Rommel selbst geriet in Gefahr, mit seiner zu weit vorgeprellten Panzermasse abgeschnitten zu werden. Sein Stabschef und sein I. Generalstabsoffizier wurden an seiner Seite verwundet, der Kommandeur des Afrikakorps, General Crüwell, wurde mit seinem Fieseler Storch über den englischen Linien abgeschossen und geriet in Gefangenschaft.

Doch Rommel focht nicht minder zäh als die Briten. In einer Igelstellung verteidigte er sich erbittert, bis die Angriffskraft der englischen Panzerverbände erlahmte. Dann brach er erneut vor, nahm die Schlüsselpunkte des englischen Stellungssystems, El Duda und Sidi Rezegh, täuschte einen Angriff in Richtung der ägyptischen Grenze auf Bardia vor, als wolle er Tobruk wie im Vorjahr liegen lassen, schwenkte überraschend ein und erschien vor der heiß umkämpften Seefeste. Am 21. Juni 1942 kapitulierte der hier kommandierende südafrikanische General Klopper mit 33 000 Mann. Im Stab der Panzergruppe rechnete man mit einer reichen Beute an Treibstoff und Verpflegung in Tobruk. Ersteres war freilich eine Täuschung, große Mengen Benzin waren noch vor der Übergabe in Brand gesteckt worden. Immerhin gestatteten die erbeuteten Vorräte zunächst die Fortsetzung der Offensive.

In der Nacht vom 4. auf den 5. Juni 1942 hatte das Unternehmen »Herkules« gegen Malta beginnen sollen. Die Inselfestung war durch die Luftwaffe sturmreif gebombt. Die italienische faschistische Partei unterhielt geheime Beziehungen zu maltesischen Nationalisten. Auf der Insel befand sich eine einzige britische Division, die britische Flak hatte nur noch geringe Munitionsvorräte. Und inzwischen waren jedoch Fliegerverbände zur Unterstützung Rommels in der Marmarica abgezogen worden. Tobruk brachte Rommel den Mar-

schallstab, seine Streitkräfte erhielten die Bezeichnung Panzerarmee Afrika. Er selbst schrieb jedoch grimmig, lieber als der Marschallstab wäre ihm eine frische Division. Noch vor dem Fall von Tobruk hatten die Engländer zwischen dem 14. und 16. Juni den Versuch unternommen, zwei Geleitzüge von Gibraltar und Alexandria gewaltsam nach Malta durchzubringen. Eine heftige Luft-Seeschlacht im Gebiet von Pantellaria war die Folge. Die 7. italienische Kreuzerdivision, zwei Leichte Kreuzer und fünf Zerstörer, griff ein, die deutschen Fliegerverbände stürzten sich auf die britischen Schiffe, das Alexandriengeleit wurde zur Umkehr gezwungen, das Gibraltargeleit erreichte teilweise sein Ziel. Die Engländer verzeichneten schwere Verluste, ein Kreuzer, sechs Zerstörer, zwei Geleitkorsten und zwölf Transporter sanken; auch die Italiener büßten wiederum einen Kreuzer ein.

Die Frage war, was nun geschehen sollte. Die Schlacht in der Marmarica hatte neue große Gefangenenzahlen erbracht, rund 550 englische Panzer waren vernichtet worden. Rommel hielt den Gegner für schwer getroffen und trat dafür ein, den Erfolg durch einen raschen Vorstoß nach Ägypten auszunutzen, ehe der Gegner Zeit fand, wieder Atem zu schöpfen. Tatsächlich waren die britischen Panzerverbände zeitweilig außer Aktion gesetzt, im Moment befanden sich noch etwa vier leidlich intakte südafrikanische oder indische Divisionen in Ägypten. Das Comando Supremo, Feldmarschall Kesselring und General v. Rintelen waren jedoch dafür, jetzt erst Malta zu nehmen, um den Nachschub für den Vorstoß ins Nildelta sicherzustellen. Zwei Unternehmen konnte die Luftflotte 2 mit ihren begrenzten Kräften nicht decken, die Zuführung neuer fliegender Verbände war ausgeschlossen angesichts der neuen Offensive in Rußland und des sich steigernden alliierten Luftkrieges gegen das deutsche Heimatkriegsgebiet.

Rommel entsandte seinen vertrauten Ordonnanzoffizier, Oberleutnant Alfred Ingemar Berndt, im Zivilberuf Ministerialrat im Reichspropagandaministerium, ins Führerhauptquartier. Er wollte jetzt alles auf eine Karte setzen und Malta liegen lassen. Hitler, der ohnehin der Luftlandeaktion gegen Malta mißtrauisch gegenübergestanden hatte, entschied, man dürfe einem siegreichen Feldherrn nicht in den Arm fallen. In diesem Sinne schrieb er auch dem noch zaudernden Mussolini, nur einmal winke der Lorbeer des Sieges. Mussolinis Ehrgeiz wurde geweckt. Er sah sich bereits als Sieger auf seinem Lieblingsschimmel feierlich Einzug in Kairo halten. Alle Bedenken wurden über Bord geworfen. Im italienischen Flottenkommando besaß das Unternehmen »Herkules« wenig Freunde; man fürchtete dort für die letzten noch vorhandenen Schlachtschiffe. Ein zweites Kap Matapan würde das Ende der italienischen Flotte bedeuten! Rommel siegte, Kesselring erhielt Befehl, die Vorbereitungen für die Aktion gegen Malta einzustellen. Die Kampfstaffeln der Luftflotte 2 wurden großenteils nach Rußland verlegt. Ihre Einsatzstärke sank auf 100 bis 200 Maschinen. England tat sein Möglichstes, der Insel Entsatz zuzuführen.

In Nordafrika setzte Rommel unterdes zum letzten und kühnsten Sprung an: Das Ziel war das Nildelta, Kairo, Alexandria und der Suezkanal. Noch verfügte er über rund 100 000 Mann, die Zahl seiner Panzer, die unmittelbar nach der Schlacht in der Marmarica noch hundert einsatzfähige Fahrzeuge betrug, hatte sich durch die Zuführung von Ersatz und die Reparatur beschädigter Fahrzeuge wieder erhöht. Der Durchbruch durch die bereits schwer erschütterte englisch-ägyptische Grenzverteidigung gelang. Die 90. Leichte Division nahm den großen englischen Stützpunkt Marsa Matruh. Alle vorgeschobenen Lager und Flugfelder fielen in deutsche Hand. Eine Woche nach dem Fall von Tobruk stand Rommel vor der Enge von El Alamein, der letzten, mit hastig zusammengerafften Kräften be-

Rommel bedrohte das Nildelta und den Sueskanal, doch der Nachschub kam nur tröpfchenweise. Jetzt rächte sich, daß die Deutschen und Italiener versäumt hatten, den englischen Stützpunkt Malta auszuschalten und damit ihre Versorgungsprobleme entscheidend zu mindern. Malta, südlich von Sizilien auf halbem Weg nach Tripolis gelegen, sperrte alle Nachschubwege der Achsenmächte. Bild linke Seite oben: italienischer Bomber über Malta bei einem der zahllosen Luftangriffe, durch die die Achse den „unsinkbaren Flugzeugträger" Malta zu bezwingen versuchte. Bild linke Seite unten: Luftbild von der maltesischen Hauptstadt La Valetta nach einem deutschen Bombenangriff. Bild rechts: ein britischer Geleitzug auf dem Weg nach Alexandria.

haupteten englischen Riegelstellung vor Alexandria.
Panik griff nach Ägypten über; zurückflutende, aufgelöste Verbände der Nilarmee führten der eingeborenen Bevölkerung die schwere Niederlage der britischen Herren des Landes vor Augen. Mussolini glaubte die Stunde des Sieges gekommen und begab sich auf den nordafrikanischen Kriegsschauplatz, ließ auch sein Leibreitpferd mit dem Flugzeug über das Meer bringen. Deutsche Aufklärungsflugzeuge stellten umfangreiche Truppenbewegungen in Richtung der palästinensischen Grenze fest. Die britische Mittelmeerflotte in Alexandria lichtete die Anker, ein im Dock befindliches Schlachtschiff wurde nach Massaua am Roten Meer geschleppt. Die britische Gesandtschaft und das Oberkommando in Kairo verbrannten ihre Akten, der amerikanische Verbindungsstab verlegte seinen Sitz nach Khartum im Sudan und Asmara in Eritrea. Erwägungen wurden angestellt, zwei neue Verteidigungslinien am Suezkanal und im Sudan aufzubauen. Am ägyptischen Königshof bereitete man sich auf das Erscheinen der Deutschen und Italiener vor, König Faruk von Ägypten war kein Freund der englischen Sache.
Am 3. Juli erging eine deutsch-italienische Garantieerklärung für die Unabhängigkeit Ägyptens. Dies hinderte Mussolini jedoch nicht, Betrachtungen über die künftige Verwaltung Ägyptens als italienisches Protektorat anzustellen. Deutsche Flugblätter regneten auf Kairo herab, welche die Bevölkerung zur Erhebung aufriefen, vielfach wurde auch versucht, die indischen Truppen zum Anschluß an die indische Freiheitsbewegung zu veranlassen. Deutsche Flugzeuge erschienen über dem Suezkanal. Feldmarschall Sir Claude Auchinleck übernahm persönlich den Oberbefehl an der Alameinfront.
Rommels Sieg schien greifbar nahe. Doch die deutschen Verbände waren ausgeblutet, zerschlissen und erschöpft, sie bedurften einer Atempause. Die Zahl der Frontpanzer betrug noch dreißig Stück. Die Nachschublage verschlechterte sich als Folge der Rückendeckung von Malta. Die einzigen Verstärkungen, die aus Kreta im Lufttrans-

port zugeführt werden konnten, waren die 164. Leichte Afrikadivision und eine Fallschirmjägerbrigade unter General Ramcke. Die deutsche Afrikaarmee war auf dem toten Punkt angelangt. Ein englischer Flankenstoß gegen die italienische Panzerdivision »Ariete«, die den linken deutschen Flügel decken sollte, führte bereits zu örtlichen Geländeverlusten. Der einzige Trost war vorläufig, daß auch der Gegner eine schwere Erschöpfungskrise durchmachte. Aber er hatte die Möglichkeit, die Krise zu überwinden. Mussolini wartete ungeduldig bis zum 20. Juli auf entscheidende Ereignisse. Sie blieben aus, enttäuscht flog er wieder nach Rom zurück. Bereits am 4. Juli hatte Rommel an seine Frau geschrieben: »Leider geht es hier nicht nach Wunsch. Der Widerstand ist zu groß, die eigene Kraft abgenützt. Hoffentlich gelingt es uns doch noch, einen Weg zu finden, um zum Ziel zu gelangen..."

*

Ödes, deckungsloses Felsgelände, Sandflächen, hier und da spärlich mit Kameldornbüschen bestanden, auf die erbarmungslos die afrikanische Sonne

herniederbrannte, das war die von Norden nach Süden verlaufende Frontlinie zwischen Tell el Aisa an der Mittelmeerküste und dem Karet el Himeimat an der Kattara-Senke, die Front vor El Alamein, achzig Kilometer vor Alexandria, an der die Stoßkraft der Panzerarmee Afrika im Juli 1942 erlahmt war. Das Bild des gewaltigen Zangenangriffes über den Kaukasus und den Suez-kanal hinweg gegen den Mittleren Osten verblaßte. Im Juli 1942 sank der Nachschub, der über See eintraf, wieder auf 6000 Tonnen pro Monat, ein Fünftel des Bedarfs der Armee. Malta gewann seine Bedeutung als Stützpunkt für die Bekämpfung des Geleitverkehrs zwischen Italien und Nordafrika zurück. Tobruk besaß als Hafen nicht die genügende Kapazität, Hauptumschlagplatz für den deutsch-italienischen Versorgungsverkehr blieb Bengasi. Damit ergab sich ein endloser Kolonnenweg für alle Transporte bis zur Front in Ägypten, der kostbaren Treibstoff verschlang und den unzureichenden Laderaum über Gebühr beanspruchte.
Die Kräfte der Luftflotte 2 in Italien schmolzen immer mehr zusammen. Rommel erwog im Juli, seine Armee auf

Allen Nachschubsorgen zum Trotz versuchte Rommel Ende August 1942 an der ägyptischen Front ein letztes Mal, die Initiative zurückzugewinnen. Sein Angriff auf den Höhenrücken von Alam Halfa südlich El Alamein blieb allerdings wegen Treibstoffmangels und Flankenangriffen der Briten schon nach drei Tagen stecken. Da an eine bewegliche Kampfführung nicht mehr zu denken war, ließ Rommel seine Truppen sich eingraben und in Erwartung der britischen Gegenoffensive tiefgestaffelte Minenfelder anlegen. Bild links: britische Artillerie vor El Alamein. Bild rechte Seite: deutsche Artillerie auf der anderen Seite der Front.

Sollum zurückzunehmen. Hitler befahl ungerührt die Vorbereitung des Angriffes auf Alexandria und Kairo. Mussolini wartete voll Ungeduld auf den Tag, an dem die deutschen Panzer unter den Pyramiden von Gise und vor der Ashar-Moschee in Kairo erscheinen würden. Der italienische Oberbefehlshaber Marschall Bastico beschwor Rommel, unter keinen Umständen zurückzugehen. Doch nun begann dessen Gesundheit nachzulassen, nach zwei Jahren ununterbrochenen Aufenthaltes in Afrika kein Wunder. Bedenkliche Schwächezustände stellten sich ein. Eine vielleicht nie völlig ausgeheilte afrikanische Gelbsucht führte zu Magenbeschwerden, die ihn zu strengster Diät nötigten. Er äußerte den Wunsch, man möge ihn ablösen und durch Guderian ersetzen. Aber dieser stand noch immer in Ungnade und war zudem selbst nicht gesund.

Im August des Jahres 1942 erschien Churchill auf seinem Flug nach Moskau in Kairo. Umgruppierungen ließen erkennen, daß die Nervenkrise, die das Erscheinen der deutschen Panzer vor El Alamein ausgelöst hatte, vorüber war. Zum neuen Oberbefehlshaber Mittelost wurde General Sir Harold Alexander ernannt, einer der besten strategischen wie politischen Köpfe, über die das Empire verfügte. Den Befehl über die 8. englische Armee übernahm nach dem tödlichen Flugzeugunfall des designierten Kommandeurs General Gott Sir Bernard Law Montgomery, einer der ungewöhnlichsten, aber auch begabtesten Generale der britischen Armee, ein Mann, in dem noch etwas von dem düsteren puritanischen Fanatismus der Cromwell-Zeit lebte, der aber auch über volles Verständnis für die Psyche des modernen Frontsoldaten und die Erfordernisse des technischen Krieges verfügte. So eigenwillig und unberechenbar er im Umgang mit Vorgesetzten wie Untergebenen sein konnte, so huldigte er doch in seiner strategischen Konzeption strenger Systematik. Voraussetzung für jeden Schlag war die restlose materielle Überlegenheit. Als erster britischer General schuf er eine gepanzerte Reservestoßarmee, die imstande war, die Erfolge der Materialschlacht auszunutzen. Und die Zeiten, in denen England in Ägypten den »Krieg des armen Mannes« führen mußte, waren dank der restlosen Mobilisierung der englischen Industrie, der Hilfsquellen des Empire und der reichen amerikanischen Unterstützung vorüber. Panzer, Flugzuge, Artillerie aller Kaliber, Lastkraftwagen, Treibstoff und Munition waren in großen Mengen verfügbar.

Am 30. August 1942 nahm Rommel mit seinen erprobten alten Afrikadivisionen, der 15. und 21. Panzer- und der 90. Leichten Division und den italienischen leichten Panzerdivisionen »Ariete« und »Littorio« den Angriff noch einmal auf, indem er versuchte, am Höhenzug von Alam Halfa die Kattara-Senke südlich zu umgehen. Ramckes Fallschirmjäger sollten die Übergänge über den Nil gewinnen, die 21. Panzerdivision sollte weit ausholend Alexandria von Süden her nehmen. Feldmarschall Kesselring hatte zugesichert, der Armee täglich auf dem Luftweg rund 400 Kubikmeter Treibstoff zuzuführen. Er hielt seine Zusage, doch was er infolge der englischen Luftüberlegenheit nicht mehr garantieren konnte, war, daß die Lufttransporte ihr Ziel auch erreichten. Nur wenige Flugzeuge kamen noch durch. Zwei der kostbaren Tanker wurden auf See versenkt, ein Tanker mit 7000 Tonnen Treibstoff wurde unmittelbar vor Tobruk torpediert und sank. Die Armee erhielt nur mehr 50 Prozent des notwendigen Treibstoffes.

Die deutsche Luftwaffe versuchte den Suezkanal zu verminen und die englische Ölleitung vom Irak nach Haifa zu zerstören. Doch ihre Kräfte waren für derartige weitreichende Aufgaben zu schwach. Englische Bombergeschwader warfen an den Höhen von Alam Halfa zum ersten Mal »Bombenteppiche« im Massenwurf, eine Methode, die Rommel tief beeindruckte, da er sich fragte, was geschehen würde, wenn die englische Luftwaffe mit den gleichen Methoden das deutsche Heimatkriegsgebiet angriff. Rund zwanzig Kilometer vor Alexandria blieb der Angriff aus Mangel an Treibstoff liegen. Der Kommandierende General des Afrikakorps, General Nehring, wurde schwer verwundet, der Kommandeur der 21. Panzerdivision, Generalleutnant v. Bismarck, fiel. Die Truppe mußte in die Ausgangsstellungen zurückgenommen werden. Nur mühsam gelang es, diese gegen englische Gegenstöße zu behaupten.

Hitler befahl Rommel, Urlaub zu nehmen, um sich in Deutschland einer Kur zu unterziehen. Zum Stellvertreter wurde General der Kavallerie Stumme ernannt. Ein mahnendes Fernschreiben Rommels, in dem dieser, bevor er die Armee verließ, noch einmal auf die entscheidende Bedeutung der Nachschubkrise hinwies, blieb unbeachtet. Man schrieb September, und Hitler wähnte, der Sieg sei nahe. Rommel ließ sich auf Zureden des Reichspropagandaministers Dr. Josef Goebbels in Berlin vor der Auslandspresse zu höchst optimistischen Äußerungen bewegen. Man sei nicht nach Ägypten gegangen, um sich wieder hinauswerfen zu lassen, erklärte er, man stünde am Tor Ägyptens, um zu handeln. »Man kann sich auch hier darauf verlassen, was wir haben, halten wir fest.«

In der Nacht vom 23./24. Oktober 1942 schlug General Montgomery, seinen Gegner geschickt über seine Absichten täuschend, mit der neuorganisierten und erheblich verstärkten 8. Armee los. Sie setzte sich jetzt aus je einer englischen, schottischen, indischen, australischen, südafrikanischen und neuseeländischen Infanteriedivision, drei englischen Panzerdivisionen und kleineren freifranzösischen und griechischen Verbänden zusammen. Rund 1000 Geschütze eröffneten ein heftiges Trommelfeuer, das zwanzig Minuten anhielt. Bomber und Jagdbomber flogen in dichten Schwärmen massierte Angriffe. Die El-Alamein-Linie verwandelte sich in eine Hölle von Explosionen, Rauch und Staub.

Die deutsche Jagdabwehr war zahlenmäßig zu schwach, Hauptmann Marseille, der Fliegerheld des Afrikakorps, Sieger in 158 Luftkämpfen, hatte Ende September den Fliegertod gefunden. Die Panzerarmee Afrika zählte noch rund 24 000 Mann deutscher Truppen mit 230 mittleren und schweren Panzern, zwei italienische Panzerdivisionen mit rund 300 leichten M-14-Panzern und sechs italienische Infanteriedivisionen von mäßiger Qualität. General Stumme hatte die Verteidigung so gegliedert, daß abwechselnd deutsche und italienische Einheiten die durch Minenfelder und Drahtverhaue gesicherte Hauptkampflinie verteidigten, während die Panzerdivisionen als Eingreifkräfte dienen sollten. Unter dem wuchtigen englischen Artilleriefeuer und Bomberschlag zerriß die Front jedoch rasch, die Italiener flüchteten vielfach und ließen die eingestreuten deutschen Bataillone im Stich.

Fliegenplage

Brief eines deutschen Soldaten aus Nordafrika, 29.7.1942

Genau heute vor einem Jahr sah ich Afrika zum erstenmal. Weit über 1000 Kilometer bin ich in diesem Jahr herumgekommen und gute 700 Kilometer davon durch die Wüste. Jetzt liegen wir seit einem Monat in einer öden, bisweilen großartigen Tafellandschaft der ägyptischen Wüste in Sand, Stein und nochmals Sand. Kein Baum, kein vernünftiger Strauch, kein Vogel, einfach gar nichts, das das Auge erfreuen könnte. Nur am Abend, wenn der riesige Sonnenball im Westen versinkt, wenn die Wüste rot aufglüht und die Wadis bizarre Schatten werfen, dann bleibt man doch betroffen stehen ob der Schönheit, die die Wüste so plötzlich zu bieten vermag.

Dann kann man auch freier atmen, die Luft wird kühler, und vor allem eines ist weg – die Fliegen. Ihr könnt Euch so etwas gar nicht vorstellen, wie die Fliegenplage ist. Am Abend eines weniger windigen Tages ist man genauso erledigt, wie wenn man auf dem Vormarsch 200 Kilometer hinter sich hätte. Zu Hunderten umschwirren sie jeden einzelnen, krabbeln in Ohren, Nase, Mund, ins Hemd herein und bringen einen oft nahezu an den Rand der Verzweiflung. Aber man beruhigt sich dann wieder, denn jede Aufregung ist zwecklos. Ich kann mir kein Essen mehr vorstellen, bei dem nicht alles schwarz vor lauter Fliegen wäre. Ich habe das alles früher nicht gewußt, aber ich wußte auch nicht, wie es ist, wenn man einen Monat lang seine Wäsche nicht wechseln kann und dabei nahezu nie die Gelegenheit hat, auch nur die Hände und das Gesicht zu waschen. Seit gestern früh haben wir kein Wasser mehr. Vielleicht kommt es heute noch, vielleicht erst morgen.

Siehst Du, das sind so einige wenige Dinge in unserem Alltag, die mit dem Kriege gar nichts zu tun haben. Das kommt nämlich noch dazu. Ein Kampf in völlig deckungslosem Gelände, in großer Hitze, in einem Land, wo keine Wunde heilt, wo die Waffen ganz andere Wirkung haben, als anderswo. Aber jedenfalls hat mir dies eine Jahr gezeigt, daß man alles ertragen kann, wenn man nur will...

Im Norden der Front erzielte das XXX. englische Korps einen Einbruch, das X. Korps stieß mit zwei Panzerdivisionen nach. Im Süden griff das XIII. Korps mit der hochberühmten 7. Panzerdivision, den „Desert Rats", erfolgreich an. Noch war kein entscheidender Durchbruch zu verzeichnen, aber der englische Stoß führte vielfach bis in die Tiefe des Hauptkampffeldes und brachte die deutsche Führung in Verwirrung. Am 24. Oktober fand General Stumme bei einer Frontfahrt den Tod, wobei unklar blieb, ob durch einen Schlaganfall oder feindliche Geschosse. General der Panzertruppen Ritter v. Thoma, der das Kommando übernahm, besaß noch weniger Erfahrung im Wüstenkampf als Stumme.

Noch in der Nacht des 24. Oktober rief Hitler Rommel zurück, der sich in einem Sanatorium auf dem Semmering zur Kur befand. Am 25. Oktober traf dieser mit dem Flugzeug in Ägypten ein und sah sofort, daß es nicht mehr viel zu retten gab. Nichtsdestoweniger versuchte er zunächst, die Front wiederherzustellen. Eine der beiden deutschen Panzerdivisionen, die mit 115 Panzern in die Schlacht gegangen war, hatte bereits 84 Panzer verloren. Es fehlte an Treibstoff wie an Munition. Am 2. November teilte Rommel dem OKW wie dem Comando Supremo mit, er gedenke, den Rückzug anzutreten. Dieser Funkspruch hatte im Wehrmachtführungsstab ein unglückseliges Schicksal. Versehentlich wurde er Hitler zu spät unterbreitet, es gab fürchterliche Zornesausbrüche.

Feldmarschall Kesselring war als Oberbefehlshaber Süd einer Meinung mit Rommel, daß nur noch großzügiges Ausweichen die Afrikaarmee vor der Vernichtung retten konnte. Am 3. November schrieb Rommel düsteren Sinnes an seine Frau, die Toten hätten es gut, für sie sei alles vorbei. Hitler beantwortete Rommels Meldung jedoch mit einem Funkspruch, in dem er ihm Aushalten bis zum Äußersten befahl und ankündigte, der Luftflotte 2 würden beträchtliche Verstärkungen zugeführt. Wörtlich hieß es in seinem Befehl: »Es wäre nicht das erste Mal in der Geschichte, daß der stärkere Wille über

Am 2. November 1942 durchbrach Montgomerys 8. Armee nach mehrtägiger Materialschlacht die Stellungen der Achsenmächte (Bild oben: Sperrfeuer deutscher Artillerie). Gleichzeitig landeten die Amerikaner am 8. November in Marokko und Algerien (Operation „Torch"). Damit war das Deutsche Afrika-Korps in die Zange genommen und der Anfang vom Ende des deutschen Afrikafeldzuges gekommen. Dennoch konnte sich Rommel noch ein halbes Jahr in Nordafrika halten. Bild rechts: britische Soldaten vor einer zerstörten deutschen 8,8-cm-Flak. Das weitreichende Geschütz wurde während des angloamerikanischen Vormarsches in Nordafrika zum Schrecken der alliierten Panzer.

die stärkeren Bataillone des Feindes triumphierte. Ihrer Truppe aber können Sie keinen anderen Weg zeigen als den zum Siege oder zum Tode.« Rommel war bislang ein Bewunderer Hitlers gewesen, er sah in ihm nicht nur den großen Staatsmann, den Obersten Kriegsherrn, sondern auch die Verkörperung der guten und großen Eigenschaften des deutschen Volkes. Jetzt begann er zu erkennen, wie sehr er sich in diesem Manne getäuscht hatte. Er entsandte seinen Ordonnanzoffizier, Oberleutnant Berndt, ins Führerhauptquartier, um die Zurücknahme dieses unmöglichen Befehles zu erzwingen. Doch die Ereignisse schritten noch schneller voran. Die deutsche Abwehrlinie zerriß völlig, an vier Stellen brachen die Engländer durch. Am 4. November gab Rommel, ohne sich weiter um das Hauptquartier im fernen Ostpreußen zu kümmern, den Befehl zum Rückzug, um die Reste seiner Armee vor der Vernichtung zu bewahren. Zum letzten Mal hob längs der Küste das Rennen durch die Cyrenaika an. General Ramcke mit seinen Fallschirmjägern war bereits zeitweilig abgeschnitten, schlug sich jedoch durch. Es gelang Montgomery nicht, Rommel zu fangen. An Kühnheit und Elastizität der Bewegungen war dieser ihm noch immer überlegen. Aber die alten Eroberungen gingen eine nach der anderen verloren. Marsa Matruh, Sollum, Bardia, Tobruk, Derna, Bengasi wurden hastig für immer geräumt. fünfunddreißig Panzer und sechzehn Panzerspähwagen rettete die Panzerarmee aus der Katastrophe. Der Rückzug erstreckte sich über rund 1500 Kilometer bis in die Buerat-Stellung vor Tripolis. Nur selten erlaubte der knappe Treibstoff, günstige Gelegenheiten für Gegenstöße auszunutzen, um dem nachdrängenden Feinde Verluste zuzufügen. Trotzdem blieb die Moral der Afrikaarmee intakt, der innere Halt der Truppe ging keineswegs verloren. Das Vertrauen auf Rommel war unerschütterlich.

Von Äquatorialafrika, vom Tschadsee her, stieß eine freifranzösische Brigade unter General Jacques Philippe Marie Leclerc, in kühnem Marsch die Sahara durchquerend, auf Tripolis vor. Der Nachschub zur See war fast völlig

blockiert. Nur einzelne kleine Seefahrzeuge kamen noch nach Tripolis durch. Treibstoff konnte nur auf dem Luftweg transportiert werden, die Tagesleistungen schwankten je nach der Luftlage zwischen 1,8 und 180 Tonnen pro Tag. Das Comando Supremo verlangte jetzt, daß alles versucht würde, um wenigstens Tripolitanien zu halten. Am 24. November besprachen Feldmarschall Kesselring und Marschall Graf Cavallero mit Rommel und Marschall Bastico die Lage in der Syrte. Rommel war im Grunde der Auffassung, es sei klüger, auf die alte französische Befestigungslinie am Mareth an der tunesisch-libyschen Grenze auszuweichen, die freilich auf italienischen Wunsch 1940 desarmiert worden war. Göring äußerte, Rommel habe völlig die Nerven verloren. Am 28. November 1942 flog dieser auf eigene Faust zu Hitler ins Führerhauptquartier nach Rastenburg. Hitler, der bereits unter den dunklen Schatten der Katastrophe von Stalingrad stand, fragte mißtrauisch, wieso Rommel dazu käme, ohne Befehl die ihm anvertraute Armee zu verlassen. Der Feldmarschall erwiderte, die Lage erfordere, daß er seine Ansicht persönlich vortrage. Entweder müsse man die Afrikaarmee ausreichend verstärken oder die afrikanische Position aufgeben, persönlich rate er zu letzterem, um die guten Divisionen für die Ostfront zu retten. Generaloberst Jodl meinte trocken, Afrika sei durchaus zu halten, wenn man nur kämpfen wolle, statt einfach davonzulaufen.

Hitler weigerte sich rundweg, auf Rommels Vorschläge einzugehen. Er bedeutete ihm, künftig würde man den Nachschub über Tunis leiten, wo sich inzwischen durch die englisch-amerikanische Landung in Marokko eine neue Front bildete. Göring wurde Rommel beigegeben, um in Rom auf die Reorganisierung des Nachschubs zu dringen. Allein, vom Reichsmarschall war nicht viel mehr zu erhoffen, er interessierte sich auf der Reise vorwiegend für Neuerwerbungen für seine Kunstsammlungen und nervte Rommel mit seinen Redereien, er sei der größte Mäzen des Dritten Reiches. In der »Wolfsschanze« erklärte Hitler nach Rommels Abreise, auch in Afrika suchten die Heeresgenerale nur Schwierigkeiten, statt sich an Göring und anderen ein Beispiel zu nehmen und diesen positiv entgegenzutreten. In einer Lagebesprechung am 12. Dezember 1942 äußerte er, Rommel sei der größte Pessimist geworden, Kesselring dagegen ein vollkommener Optimist, das sei ein erstaunlicher Fortschritt. Rommel aber hatte schon am 14. November 1942 voll tiefer Besorgnis in einem Brief an seine Frau geschrieben: »Wie mag der Krieg ausgehen, wenn wir Nordafrika verlieren? Wie mag das Kriegsende aussehen? – Ich wollte, ich käme von diesen schrecklichen Gedanken los...«

Unterdes war bereits während des Rückzuges der Panzerarmee Afrika in der Cyrenaika am 8. November 1942 jener Schritt erfolgt, der die gesamte afrikanische Front zum Einsturz bringen sollte: Eine englisch-amerikanische Armee war in Marokko und Algier gelandet, um Tunis zu nehmen.

Drei Tage nach dem Fall von Tobruk im Sommer, am 24. Juni 1942, war General Dwight D. Eisenhower als Oberbefehlshaber der amerikanischen Truppen in Europa in London eingetroffen und hatte sein Stabsquartier am Grosvenor Square 20 bezogen. Damit nahm das Unternehmen »Bolero« seinen Anfang, der Aufbau einer amerikanischen Invasionsarmee auf der britischen Insel. Als gemeinsames Oberkommando aller Wehrmachtteile der westlichen Alliier-

Bild linke Seite oben: deutscher Panzerkraftwagen IV auf Spähfahrt. **Bilder rechts und linke Seite unten:** Der legendäre US-Panzer M3 wurde in modernisierter Ausführung auch der britischen Armee zur Verfügung gestellt. Im Militärjargon als „General Grant" bekannt, war der 28,5 Tonnen schwere Kampfpanzer schon beim Angriff auf die Gazala-Linie am 27. Mai 1942 zur bösen Überraschung für das deutsche Afrika-Korps geworden. Mit seiner 7,5-cm-Rumpfkanone (siehe Bild linke Seite unten neben dem Sichtfenster) konnte der M3 die Frontpanzerung aller deutschen Panzer auf 1000 Meter Entfernung durchschlagen.

ten wurde in Washington die Organisation der »Vereinigten Stabschefs« geschaffen, der von amerikanischer Seite der Generalstabschef General George Catledt Marshall, der Oberbefehlshaber der Luftwaffe, General Arnold, und Admiral King für die Flotte, von britischer der Admiralstabschef, der Erste Seelord Admiral Sir Dudley Pound, der Chef des Empire-Generalstabes, Feldmarschall Sir Alan Brooke, und Luftmarschall Sir Charles Portal für die Luftstreitkräfte angehörten. Eine umfangreiche britische Militärmission unter dem früheren Generalstabschef Feldmarschall Sir John Dill als ständigem Vertreter Großbritanniens ging nach Washington. Die »Vereinigten Stabschefs«, bei denen bezeichnenderweise der östliche, so unheimliche Verbündete fehlte, zeichneten sich durch das aus, was die Angelsachsen als »Teamwork« zu bezeichnen pflegten. Die Zusammenfassung der Kriegsspitzengliederung unterschied sich vorteilhaft von den Verhältnissen auf deutscher Seite und von der fehlenden deutsch-italienischen Koalitionskriegführung.

Umstritten blieb jedoch zunächst die Operationsplanung. Die Engländer, vor allem Churchill, vertraten die Idee, durch eine Landung in Französisch-Nordafrika »Rommel beim Schwanz zu packen«, wobei sie in Anbetracht der teilweise noch immer sehr heftigen antibritischen Gefühle in der französischen Marine und im französischen Kolonialoffizierskorps den Amerikanern den Löwenanteil an dieser Expedition aufbürden wollten, um jeden Verdacht eigensüchtiger Absichten gegen französisches Kolonialgebiet zu vermeiden. Präsident Franklin Delano Roosevelt drängte jedoch auf die Schaffung einer zweiten Front in Europa, besorgt vor allem um die russische Haltung. Die Russen verfolgten das Ausbleiben einer Entlastungsoffensive im Westen mit Mißtrauen und sparten nicht mit Vorwürfen über die Lauheit ihrer kapitalistischen Bündnispartner.

Der Plan des Unternehmens »SledgeHammer« (Vorschlaghammer), die Bildung eines starken Landekopfes auf der Halbinsel Cotentin im Sommer 1943, entstand, wurde jedoch wieder aufgegeben, weil die technischen Vorberei-

Am 23. Oktober 1942, am Vorabend des Beginns der britischen Offensive vor El Alamein, richtete Montgomery die folgende Botschaft an seine 8. Armee: „Die Schlacht, die demnächst beginnt, wird einmal als Entscheidungsschlacht in die Geschichte eingehen. Sie wird der Wendepunkt des Krieges sein. Die Augen der ganzen Welt werden auf uns gerichtet sein. Laßt uns darum beten, daß der mächtige Herr der Schlachten uns den Sieg schenken möge!" Bild ganz oben: Hinter einem dichten Nebelschleier gehen australische Truppen zum Angriff auf die deutsch-italienischen Stellungen vor. Bild rechte Seite: Bei dem Versuch, durch die Linien neuseeländischer Einheiten durchzubrechen, ist dieser deutsche Panzer bewegungsunfähig geschossen und die Besatzung zur Ergebung gezwungen worden. Bild oben: toter deutscher Infanterist am Rand der Küstenstraße Sollum-El Alamein.

tungen für eine amphibische Operation großen Stiles nicht weit genug fortgeschritten waren. Die beklemmende Unsicherheit blieb indes, wie lange die Sowjetunion dem deutschen Ansturm allein standhalten und ob sie nicht das Ausbleiben einer westlichen Offensive zum Vorwand nehmen könnte, sich wieder mit den Deutschen zu verständigen. Diese Furcht war die Triebkraft für viele törichte Schritte.

Im Sommer 1942 drohte noch ein anderes Gespenst: die Gefahr, daß Rommels Armee Suez nahm und die Japaner von Burma aus in Indien einmarschierten. Indien befand sich am Rande des Aufruhrs. Die größte Chance lag hier für die Engländer in dem Umstand, daß die Trägerin der indischen Unabhängigkeitsbewegung, die Kongreßpartei Gandhis und Jawaharlal Nehrus im Grunde demokratischen und teilweise auch sehr verschwommenen kommunistischen Ideen huldigte, daß Männer wie Gandhi überzeugte Gegner der Hitlerschen Rassenlehre waren und in diesem den Apostel der Gewalt erblickten, während sie selbst einem religiös motivierten Pazifismus anhingen. Die von Japanern und Deutschen ausgehaltene indische Freiheitsbewegung Subhas Chandra Boses, der auch von Hitler empfangen wurde, galt als profaschistisch und hatte nur geringe Resonanz. Immerhin aber bildete die Gefahr eines Zusammenwirkens deutscher und japanischer Armeen im Mittleren Osten und in Südasien eine sehr gewichtige Antriebskraft dafür, daß die Entscheidung zugunsten der Operation »Torch« (Fackel) fiel, der Landung starker amerikanischer und schwächerer britischer Kräfte in Marokko und Algier.

Der alliierte Plan lief darauf hinaus, binnen achtundzwanzig Tagen ganz Marokko, Algerien und Tunesien zu besetzen. Innerhalb dieser Frist hielt man deutsche Gegenaktionen für unmöglich. Alsdann wollte man sich über die weiteren Operationen klarwerden, eine Landung in Italien oder auf Sardinien oder Sizilien. Den Oberbefehl erhielt der amerikanische General Eisenhower. Die Operation mußte zur Sicherung des Mittelmeeres, zur Vernichtung der deutsch-italienischen Kräfte in Nordafrika, zur Neutralisierung des französischen Kolonialreiches und Spaniens führen. Die Haltung des spanischen Staatschefs, Francisco Franco, war einstweilen ungeklärt. Auch über die weiteren Schritte, die Invasion Siziliens oder Sardiniens, bestand vorläufig keine Klarheit.

Churchill hatte andere Pläne als Roosevelt. Er dachte als zweiten Schritt an ein Bündnis mit der Türkei und an die Schaffung einer großen Armee im Mittleren Osten, mit der er die entscheidende »Zweite Front« auf dem Balkan errichten wollte. Der Südosten war bereits durch die Tätigkeit der Partisanen in Bosnien, der Herzegowina, Westbosnien und Südkroatien ein Unruheherd geworden, er war unleugbar die schwache Flanke der »Festung Europa«, die Hitler sich geschaffen hatte. Der Balkanfeldzug bot in Churchills Augen die Möglichkeit, einen verkürzten Verbindungsweg zur Sowjetunion zu gewinnen, die deutsche Front in Südrußland zu erschüttern und – was das Wichtigste war – in der Stunde des Zusammenbruches des Gegners einen breiten Fächer alli-

ierter Armeen zwischen die Sowjetrussen und den mitteleuropäischen Raum zu legen. In Ungarn, Rumänien und Bulgarien hofften die alten regierenden Schichten auf den Westen. In Polen, in Serbien, in Griechenland gab es nationale Widerstandsbewegungen, die mit dem Westen sympathisierten und die überall bereits in heftigem Kampf mit den Kommunisten im eigenen Lager lagen. Die polnische Exilregierung, Serbiens und Griechenlands vertriebene Könige, die politische Elite in Ungarn, die zwischen Nationalsozialismus und Bolschewismus stehenden Könige von Rumänien und Bulgarien mußten in der Stunde des Sieges der Alliierten die Bolschewisten noch mehr fürchten als die Nationalsozialisten.

Solche Gedankengänge lagen indes Roosevelt fern. Er wollte die Russen für die erträumte internationale Weltordnung gewinnen. Er glaubte, man müsse ihnen geben, was sie verlangten, um sie vom guten Willen Amerikas zu überzeugen; er sah viele Gemeinsamkeiten zwischen amerikanischer und russischer Entwicklung, die verwickelten europäischen Verhältnisse waren ihm fremd, und den tonangebenden linksliberalen Intellektuellenkreisen waren Könige genau so verdächtig wie Diktatoren. Die Entscheidung wurde vertagt. Letzten Endes hatte auch die englische Regierung keine Entscheidungsfreiheit mehr. Rüstungswirtschaftlich und finanziell hing sie völlig von den Amerikanern ab, die steigende Neigung an den Tag legten, sich auf Grund ihrer alten kolonialfeindlichen Tradition auch in die Ver-

Die Schlacht von El Alamein war geschlagen, die Deutschen und Italiener wandten sich westwärts (Bild rechte Seite unten: italienische Panzerkolonne auf dem Rückzug). Doch noch lag bis Tripolis und weiter nach Tunis ein langer Weg vor den Alliierten. Bild oben: Ein Großraumtransporter der Firma Messerschmitt mit dem treffenden Beinamen „Gigant" bringt Nachschub nach Nordafrika. Bild rechte Seite oben: Ein hinter der britischen Front gelegenes Munitionslager ist getroffen und geht in die Luft. Die beiden Engländer im Vordergrund scheint das nicht aus ihrem Gleichmut zu bringen.

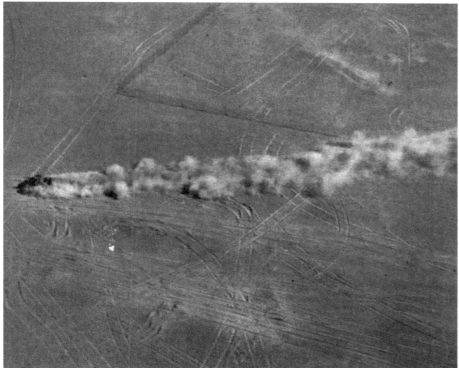

waltung des Empires und der Kolonien einzumischen, vor allem gute, aber unerbetene Ratschläge hinsichtlich der Lösung der indischen Frage zu erteilen. Zunächst ging man an die Vorbereitung der Operation »Torch«. Die sehr rührige amerikanische Vertretung des besetzten Frankreich in der Hauptstadt Vichy übernahm die Bearbeitung der unbesetzten Zone Frankreichs, Konsul Murphy knüpfte als Sonderbeauftragter Beziehungen zur französischen Generalität in Nordafrika an. Churchill und Roosevelt waren übereingekommen, daß als Oberbefehlshaber einer etwaigen französischen Freiheitsarmee in Nordafrika nicht der so umstrittene General Charles de Gaulle, sondern der aus deutscher Kriegsgefangenschaft geflohene General Henri-Honoré Giraud in Frage käme, da dieser weit größere Achtung im Offizierskorps genoß als de Gaulle.

In Nordafrika standen etwa vierzehn gut ausgebildete, aber mit veraltetem Material ausgerüstete französische, marokkanische und algerische Divisionen. Längst war die Stunde deutsch-französischer Zusammenarbeit versäumt. Nur Außenseiter wie der franko-amerikanische Millionär Charles Bédaux trugen sich noch mit großen Plänen, mit deutscher Unterstützung das Wirtschaftspotential Französisch-Afrikas für das neue Europa zu mobilisieren, wobei Bédaux als genialer Geschäftsmann natürlich den eigenen Profit nicht außer acht ließ. Längst erlaubten auch die Kräfteverhältnisse nicht mehr eine Sicherung Westafrikas oder Marokkos durch deutsche Kontingente, wie die Amerikaner sie noch immer befürchteten. Der Boden, in den die amerikanischen Emissäre ihre Saat streuen konnten, war gut, allzugut durch Torheiten, Unterlassungssünden, kleinliche Politik und Mißtrauen vorbereitet.

Der französische Divisionskommandeur in Casablanca, General Béthouard, der Stabschef des französischen Oberkommandierenden General Alphonse Juin, General Mast, der Korpskommandant in Algier, General Koeltz, erklärten sich zur Zusammenarbeit mit den Alliierten bereit. Marschall Weygand hatte schon früher einmal geäußert, kämen die Amerikaner mit einer Division,

würde er schießen lassen, kämen sie mit einer Armee, würde er sie mit offenen Armen aufnehmen. Lange Zeit hatte er die Gesamtverteidigung Französisch-Afrikas geleitet und gemeinsam mit dem amerikanischen Konsul Murphy die Versorgung seiner Streitkräfte mit amerikanischer Hilfe organisiert, bis er auf deutsches Drängen hin als unzuverlässig abberufen worden war.
Ende Oktober 1942 landete der amerikanische General Mark Wayne Clark heimlich mit einem U-Boot bei Algier und besprach mit proalliierten französischen Stabsoffizieren die Einzelheiten der Übernahme Nordafrikas. General Juin, der französische Höchstkommandierende, hatte Göring bei Besprechungen über eine gemeinsame deutsch-französische Verteidigung des französischen Kolonialbesitzes offen gesagt, solange noch französische Soldaten und Offiziere hinter deutschem Stacheldraht säßen, könne er es seinen Truppen nicht zumuten, Seite an Seite mit Deutschen zu fechten. Dies war das alte Grundproblem. Admiral Darlan, nächst Staatschef Marschall Pétain der mächtigste Mann in der Vichy-Regierung, war zwar antibritisch eingestellt, jedoch keineswegs antiamerikanisch, und die erlittenen Enttäuschungen hatten ihn überzeugt, daß auf eine Zusammenarbeit mit dem Deutschen Reich nicht mehr zu rechnen war. Praktisch stand er jetzt zwischen allen Parteien.
Die gesamte Aktion wurde geradezu meisterhaft verschleiert. In London verbreiteten Stabsoffiziere Eisenhowers systematisch Gerüchte, man plane eine Expedition gegen Norwegen oder gegen Dakar in Westafrika. Zur Täuschung der deutschen Führung im Mittelmeer wurden verstärkte Luftangriffe auf Kreta geflogen.
Vom 25. Oktober an begannen die Geleitzüge mit neun amerikanischen und vier britischen Divisionen an Bord, gedeckt durch drei starke Flottenkampfgruppen, die englischen Häfen zu verlassen. Göring untersagte Kesselring, irgendwelche Vorbereitungen gegen eine Landung in Nordafrika zu treffen, dieser Fall sei nicht gegeben. Um den 7. November erreichten jedoch Agentenmeldungen aus La Linea in Südspanien den deutschen Oberbefehlshaber

Immer in Gefahr, von nachstoßenden britischen Verbänden überholt zu werden, gelang den Deutschen dennoch ein geordneter Rückzug. Bild linke Seite unten: Soldaten des Afrika-Korps beim Aufbau einer neuen Abwehrstellung. Bild rechts: Für diese von einem Australier bewachten deutschen Soldaten war der Krieg nach El Alamein vorbei. Bild linke Seite oben: Wenn der Ghibili, ein für Libyen typischer Sandsturm, tobte, schwiegen die Waffen, und die Luftaufklärung war „blind". Dem VW-Kübel (Bild oben: beim Überqueren einer Düne) konnte der Wüstensand weniger anhaben.

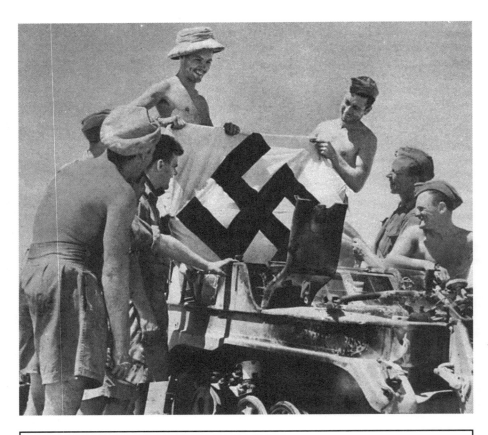

Wie beim Derby

Brief eines englischen Soldaten aus Nordafrika, 6.9.1942

Mit der Nachricht, daß Rommel seinen Vormarsch begonnen habe, wurde ich um zwei Uhr in der Frühe durch meinen Stellvertreter, Gilbert Talbot, geweckt. Wir schwangen uns in den Sattel und erreichten noch bei Mondschein unsere Kampfstellungen. Schon die Fahrt im Mondlicht zu den vordersten Linien berührte mich sehr, alle Panzer und Geschütze waren bereits wie ein alter Grenzzug in Bewegung gesetzt, begleitet von modernen Waffen. Gegen fünf Uhr am nächsten Nachmittag stellten meine kleinen Panzer Kontakt her, und während der nächsten Stunde des Kampfes war es, als ob man dem Derby im Radio zuhörte und viel Geld dabei gewinnen oder verlieren könnte. Hätte es sich nicht um eine so äußerst wichtige Sache gehandelt, wäre es sehr unterhaltend gewesen. Immer näher kamen die Deutschen, bis sie schließlich zu unserer Freude in unsere Kampflinie hineinprallten, wie beabsichtigt war. Unsere Panzer standen gut versteckt und haben großen Schaden angerichtet, als Rommel heranrückte. Es war ungeheuer aufregend.

Ich saß mitten in Sandy Scratchleys Regiment, das die Mitte verteidigte und der Wucht des ersten Angriffs ausgesetzt war. Mehrere Panzer wurden dicht neben mir getroffen und gingen in die Luft, doch konnten sich die Mannschaften zum Glück retten. Ein fürchterlicher Lärm entstand, und es schien kaum möglich, daß noch jemand mit dem Leben davonkomme. Als alles verloren schien und ich jede Funkverbindung mit der rechten Seite verloren hatte, kam durch eine Wolke blutig roten Staubs Tim Redmans Regiment heran.

Es war ein unvergeßlicher Anblick, wie diese Männer in das Gefecht eintraten. Von mir aus gesehen stand die Sonne hinter ihnen, sie wühlten sich ihre Bahn vorwärts durch den Rauch und reihten sich rechts ein. Dies brachte die Wendung. Rommel gab dann auf und zog sich außer Schußweite zurück, wobei er viele vernichtete Panzer in einem weit verstreuten Durcheinander zerstörter Waffen zurückließ. Wir zählten unsere eigenen Verluste, die im großen und ganzen sehr gering waren. Die Gruppe zu meiner Rechten war völlig überrannt worden und von der Erdoberfläche verschwunden, wir hatten auch einige Geschütze verloren, und die Schwadron, hinter der ich lag, existierte kaum noch.

Süd, die berichteten, die Transportflotte steuere auf Mittelmeerkurs. Zwei Tage zuvor war General Eisenhower in Gibraltar eingetroffen, wo er zunächst sein Hauptquartier aufschlug. Ein deutscher Aufklärer kreiste gerade über der Festung, deren Hafen mit Schiffen vollgestopft war, darunter zahlreichen Tankern. Amerikanische Stabsoffiziere befürchteten noch immer eine spanische Intervention. Sie hielten das OKW für klüger, als es in diesem Fall war.

Am Sonntag, dem 8. November 1942, erfolgte der große Schlag. Vor der marokkanischen Atlantikküste erschien die »Western Task Force«, vor Oran im Mittelmeer die »Center Task Force«, vor Algier die »Eastern Task Force«, die drei Gruppen schwerer und leichter Seestreitkräfte, welche die Landung decken sollten. Unter heftigem Bombardement wurden überall Truppen an Land gebracht, über den wichtigsten französischen Flugfeldern in Nordafrika sprangen Fallschirmtruppen ab.

Zunächst leisteten die französischen Küstenbefestigungen, die Marine und zahlreiche Kolonialverbände heftigen Widerstand. Vor Casablanca entwickelten sich Kämpfe, der französische Resident von Marokko, General Noguès, befahl die Verhaftung des mit den Amerikanern konspirierenden Generals Bèthouard. Oran verteidigte sich hartnäckig zwei Tage lang, vor Algier wurden zwei britische Zerstörer versenkt. Aber der Widerstand litt unter mangelnder Koordination und der Unsicherheit der politischen Situation. Admiral Darlan, der zufällig zu Besuch seines kranken Sohnes in Algier weilte, schlug sich auf die Seite der Alliierten und ließ sich zum Hohen Kommissar für Nordafrika ernennen. Marschall Pétain enthob ihn darauf all seiner Ämter und wollte an seiner Stelle General Noguès zum Hochkommissar ernennen. Dieser konnte sich nicht mehr durchsetzen, wurde auch selbst schwankend. General Giraud übernahm darauf auf alliierte Weisung den Oberbefehl über alle französischen Streitkräfte in Nordafrika.

Von Algier aus versuchte die 1. englische Armee unter General Anderson auf Tunis vorzustoßen. Die Haltung des dortigen französischen Residenten, Admiral Estéva, war ungewiß, der Bey, der

Für Rommel war die Lage nach El Alamein sonnenklar: „Der Feldzug ist verloren. Afrika ist verloren. Wenn man das in Rom und Rastenburg nicht einsieht und rechtzeitig Maßnahmen zur Rettung meiner Soldaten einleitet, dann wird eine der tapfersten deutschen Armeen in die Gefangenschaft wandern." Bild linke Seite: Englische Soldaten entfalten über einem zerstörten deutschen Panzerwagen ihre Kriegstrophäe, eine Hakenkreuzfahne. Bild oben: ein manövrierunfähig geschossener britischer Panzer wird von einem Lastzug fort von der Front zur Reparatur gefahren.

eingeborene Herrscher, neigte zur deutschen Seite. Die deutsche Führung reagierte jetzt sehr rasch, nachdem sie sich von ihrer ersten Überraschung erholt hatte. Am 9. November 1942 landeten die ersten deutschen Flugzeuge auf dem wichtigen tunesischen Flugplatz El Aouina, von Italien wurde als erste Truppe ein deutsches Wachbataillon nach Tunis geflogen. U-Boote und die verfügbaren Fliegerverbände wurden gegen die Landungsflotte eingesetzt. Vor der afrikanischen und portugiesischen Küste und in der Straße von Gibraltar versenkten U-Boote einen britischen und einen holländischen Zerstörer, einen britischen Geleitflugzeugträger, ein Depotschiff und neun Transporter, Flieger einen Zerstörer und einen Flakkreuzer sowie sechs Transporter.

Am 12. November 1942 besetzten deutsche Truppen und die 4. italienische Armee unter General Vercellino schlagartig die unbesetzte Zone Frankreichs und Korsika. Hitler richtete einen Aufruf an das französische Volk. Pierre Laval wurde Regierungschef. Die Besetzung trug freilich den Gedanken der Zusammenarbeit endgültig zu Grabe. Die französischen Truppenkontingente in der freien Zone wurden demobilisiert, ein isolierter Versuch des Generals Jean de Lattre de Tassigny, Widerstand zu leisten, scheiterte, de Lattre flüchtete nach Nordafrika zu Giraud. In Toulon versenkten die französischen Matrosen das Schlachtschiff »Strasbourg« und mehrere andere Einheiten, um sie nicht in deutsche Hände fallen zu lassen.

In großer Hast begann unter Einsatz aller verfügbaren Fliegerkräfte und Lufttransportgruppen der Aufbau eines deutschen Brückenkopfes in Tunis, um zu verhindern, daß die Alliierten hier ein Sprungbrett für die Invasion Italiens erhielten. Teile der Fallschirmjägerdivision »Hermann Göring« und die

Erdrückend war die alliierte Materialüberlegenheit in der Endphase des Afrikafeldzuges. Mit den Worten von Rommels Gegenspieler Montgomery: „Wir haben erstklassige Waffen und Ausrüstung: starke Panzer, gute Panzerabwehrgeschütze, eine Menge Artillerie und reichlich Munition - und wir werden unterstützt von der besten Luftwaffe der Welt." Bild oben: britischer Panzer des Typs „Valentine". Bild links: leichter britischer Panzer Mk 1. Die Deutschen hingegen mußten auf ihrem Rückzug allein schon wegen Treibstoffmangels gut ein Drittel der ihnen noch verbliebenen Panzerfahrzeuge stehenlassen. Bild rechte Seite: aufgegebener deutscher Panzer bei Sidi Barrani.

10. Panzerdivision wurden nach Tunesien verlegt. Die dort befindlichen Kräfte wurden unter Generaloberst v. Arnim zur 5. Panzerarmee zusammengefaßt. Hitler legte Wert darauf, daß die modernsten Waffen, Werfer, der neue »Tiger«-Panzer, Henschel-Schlachtflugzeuge Hs 129, in Tunis zum Einsatz kamen. Für den Seetransport zwischen Sizilien und der tunesischen Küste wurden vielfach auch Siebel-Fähren verwendet. Schließlich belief sich die Stärke der 5. Panzerarmee auf Teile von zwei Panzer- und drei Infanteriedivisionen. Diese Erfolge wurden nur dadurch erreicht, daß der neuen Armee bei allen Transportfragen der Vorrang gegenüber Rommel gegeben wurde. Es fehlte jedoch ständig an Munition und an schwerer Artillerie. Die Lufttransportgruppen taten, was sie konnte, waren jedoch stets durch feindliche Luftangriffe behindert und erlitten peinliche Verluste.

Die größte Chance für die 5. Panzerarmee war das sehr methodische, langsame Vorgehen der Alliierten. Versuche französischer Kamelreitereinheiten und anderer Eingeborenentruppen, die Vereinigung Arnims und Rommels in Südtunesien zu verhindern, wurden vereitelt. Deutsche Truppen sicherten Biserta, stießen auf Tebourba und Djedeida in Mitteltunesien vor, besetzten Medjez el Bab, den Sperriegel für Tunis, und die vier wichtigsten Pässe Mitteltunesiens. Auch die deutsch-arabische Lehrabteilung wurde nach Tunis verlegt, da man den Versuch machen wollte, arabische und tunesische Freiwilligenverbände aufzustellen, die gegen die weißen Kolonialherren kämpfen sollten. Am 6. Dezember 1942 stellte Eisenhowers Marineadjutant in seinen Aufzeichnungen fest, man habe das Rennen um Tunis verloren. Der Brückenkopf war fest in deutscher Hand.

Aber die neue Front brachte in kritischster Stunde, der Einschließung der 6. Armee in Stalingrad, neue Belastungen, vor allem für die Luftwaffe, die jetzt gleichzeitig zwei Großtransportunternehmen, Tunis und Stalingrad, zu bewältigen hatte. Von Woche zu Woche wurden die alliierten Kräfte in Nordafrika verstärkt. Für den großen Sprung nach Sizilien und der Apenninenhalbinsel stellte General Clark in Nordafrika die 5. US-Armee zusammen. Der Luftraum über dem Brückenkopf war heiß umkämpft, obwohl die deutschen Fliegerverbände, die schließlich unter General Seidemann zum »Fliegerkorps Tunis« zusammengefaßt wurden, sich zunächst erfolgreich behaupteten.

Die größten Sorgen bereitete den Alliierten anfangs die ungeklärte politische Situation in Nordafrika. Admiral Darlan wurde im Dezember 1942 von einem gaullistischen Fanatiker in Algier ermordet. De Gaulle, dessen Kräfte in

Mit der Landung der Amerikaner in Marokko und Algerien ab 8. November 1942 (Bild linke Seite: Truppentransport auf dem Weg nach Oran) hatten noch vor der entscheidenden Schlacht von El Alamein die Alliierten die Initiative auf dem afrikanischen Kriegsschauplatz übernommen. Wegen der bekannten Weisung Pétains, die französischen Besitzungen in Nordafrika gegen jeglichen Angriff mit Waffengewalt zu verteidigen, mußte vermieden werden, daß die alliierten Absichten zu früh erkannt wurden. Die Überraschung gelang (Bild rechts: Im Morgengrauen des 8. November haben Landungsboote den Strand von Sidi Ferruch in Algier erreicht), doch fast an allen Landeköpfen kam es zu Gefechten (Bild oben: Französische Batterien im Hafen von Bougie eröffnen das Feuer auf alliierte Transporter).

Frankreich selbst ein Kampfbündnis mit den Kommunisten eingingen, und Giraud waren scharfe Rivalen. Um General Giraud, diesen so typischen Vertreter des alten konservativ-klerikalen und antisemitischen französischen Offizierskorps, scharten sich alle Reaktionäre, die alten Cliquen des Generalstabs, der Schwerindustrie und der Geschäftspolitiker, vielfach Männer, die zunächst mit der Errichtung eines autoritären Regimes in Frankreich unter deutscher Patronanz geliebäugelt hatten. Der französische Thronprätendent, der Graf von Paris, glaubte seine Stunde gekommen und suchte Fühlung mit Giraud.

Zwischen Präsident Roosevelt, der die antiliberalen und antidemokratischen Strömungen mit Mißfallen verfolgte, und General Eisenhower entstanden Meinungsverschiedenheiten. Der Präsident wünschte die Besetzung Nordafrikas durch amerikanische Truppen. Eisenhower plante die Wiedererrichtung einer kampfkräftigen französischen Armee mit Hilfe General Girauds, wie stets von rein militärischen Gesichtspunkten ausgehend. Den Oberbefehl über eine derartige Armee beanspruchte indes de Gaulle, der Schöpfer der »Freifranzösischen Streitkräfte«, der einen Bündnisvertrag mit England besaß. Giraud ließ Gaullisten und Kommunisten festsetzen, verhaftete aber auch Kollaborateure wie den Millionär Charles Bédaux, den alten Freund des mit den Deutschen sympathisierenden Herzogs von Windsor, des englischen Exkönigs.

Die Bildung zweier verschiedener französischer Exilarmeen und Exilregime drohte. Der neuernannte giraudistische Generalgouverneur von Algerien, Peyrouton, hatte als Innenminister der Vichy-Regierung die Rassengesetze in Frankreich eingeführt. Allein, der deutschen Politik bot sich bezeichnenderweise keine Möglichkeit mehr, diese inneren Schwierigkeiten auszunützen. Sie hatte bereits 1940/41 ihre große Chance in Frankreich verspielt.

Mitte Januar 1943 trafen Roosevelt, Churchill und die Stabschefs der Alliierten in Casablanca zu einer Konferenz zusammen, um die gemeinsamen Kriegsziele festzulegen und die Zwi-

---

Begegnung mit Rommel

Aufzeichnung des neuseeländischen Brigadegenerals Hargest, Nov. 1941

Plötzlich hörten alle feindlichen Geschütze außer den Maschinengewehren auf zu schießen. Ich rannte hinüber zu dem halbzerstörten Nachrichtenwagen, um mit Straker, meinem Brigademajor, zu sprechen: »Können wir einige Leute auftreiben, um einen Gegenangriff gegen diese Maschinengewehre zu machen und sie zu verjagen?« Er wies nach Osten. Dort sah ich, nicht einmal hundert Yards entfernt, durch den Rauch der brennenden Wagen eine Reihe feindlicher Panzer zügig herankommen. Sie feuerten nicht; aber ich sah, wie von den Panzern auf der linken Flanke in fast ununterbrochenem Strom Handgranaten herausgeschleudert wurden, die dann dahinter explodierten – eine Art Terrortaktik.

Nach einer Weile fuhr ein Panzer zu mir her, ein bebrillter deutscher Offizier, der im Geschützturm stand, redete mich an.

»Sind Sie der Kommandeur?« – »Ja.«

»Ich bin General Kramer und spreche englisch. Wollen Sie bitte herkommen?«

Ich sagte ihm, daß ich durch eine Granate an der Hüfte verwundet sei und nicht hochklettern könne. Jemand half mir jedoch, und ich kam irgendwie hinauf. Er war höflich und sehr darauf bedacht, gefällig zu sein.

»Ihre Leute kämpfen gut«, sagte er, »und sie kämpfen ritterlich wie Gentlemen. Das tun wir auch.«

Bald darauf gab es eine kleine Bewegung unter den Deutschen, und ein anderer Offizier erschien. Es war Rommel. Er schickte nach mir. Ich verbeugte mich. Er schaute mich kühl

an. Durch einen Dolmetscher ließ er sein Mißfallen darüber ausdrücken, daß ich ihn nicht gegrüßt hätte. Ich antwortete, daß ich nicht unhöflich sein wolle, daß ich aber nur die Vorgesetzten unserer eigenen oder der alliierten Armeen zu grüßen pflegte. Ich hatte natürlich unrecht, mußte aber doch an meinem Standpunkt beharren. Es hinderte ihn nicht, mich zu der Kampftüchtigkeit meiner Leute zu beglückwünschen.

»Sie kämpfen gut«, sagte er.

»Ja, meine Soldaten kämpfen gut«, antwortete ich, »aber Ihre Panzer waren zu mächtig für uns.«

»Sie haben doch auch Panzer.«

»Ja, aber nicht hier, wie Sie sehen können.«

»Vielleicht sind meine Männer besser als die Ihrigen.«

»Sie wissen, daß das nicht stimmt.«

Es war keine belangvolle Unterhaltung. Er fragte mich, ob er etwas für mich tun könne, ich antwortete, daß ich gerne an mein Gepäck herankäme, um einige Kleidungsstücke zu holen. Rommel stimmte zu und schien die nötigen Befehle zu geben; aber nichts erfolgte, und ich sah keinen einzigen Teil meines Gepäcks wieder. Er ging weg. Und einige Minuten später setzte sich, anscheinend nur auf Grund mündlicher Befehle die ganze Wagenkolonne nach Westen mit großer Geschwindigkeit in Bewegung. Rommel war, außer seiner augenblicklichen Verärgerung zu Beginn unserer Unterhaltung, sehr höflich zu mir. Obwohl er seit mehr als einer Woche im Kampf stand und in einem Panzer fuhr, sah er ordentlich und sauber aus, ich bemerkte, daß er sich vor Beginn der Schlacht rasiert hatte.

Anfang 1943 war die deutsche Niederlage in Nordafrika abzusehen. Um den längst zur legendären Figur aufgestiegenen Rommel aus der Schußlinie zu nehmen und dessen

Namen vor der „Befleckung der Kapitulation" in Nordafrika zu bewahren, berief Hitler den „Wüstenfuchs" am 9. März 1943 aus Afrika zurück und beauftragte ihn als

Oberbefehlshaber der Heeresgruppe B mit der Organisation der Verteidigung Italiens. Zugleich bekam Rommel, der schon seit Juni 1942 den Rang eines Generalfeldmarschalls inne-

hatte, die Brillanten zum Ritterkreuz mit Eichenlaub und Schwertern (Bilder rechte Seite) verliehen.

stigkeiten zwischen de Gaulle und Giraud zu schlichten.

Pläne, den spanischen Staatschef und den türkischen Staatspräsidenten einzuladen, schlugen fehl. Roosevelts Mißtrauen gegen Franco war unüberwindlich, auch waren weder dieser noch der türkische Präsident, Ismet Inönü, geneigt, definitive Bindungen einzugehen. Der dritte große Verbündete, Stalin, war zwar eingeladen worden, hatte jedoch erklärt, er könne nicht erscheinen, auch sehe er keine Veranlassung zu einer Konferenz, wenn die Alliierten wirklich gewillt wären, ihre Versprechungen zu erfüllen. Präsident Roosevelt gelang es, nach außen die unheilbaren Meinungsverschiedenheiten zwischen de Gaulle und Giraud zu überbrücken. Man kam überein, zunächst den deutschen Brückenkopf in Tunis zu beseitigen, Rommels Armee zu liquidieren und alsdann eine sizilisch-italienische Kampagne einzuleiten. Der Zeitpunkt für die Invasion Westeuropas wurde erneut vertagt. Churchill brachte von neuem seine Idee vor, nicht nur Italien aus dem Krieg »herauszuboxen«, sondern diese Aktion auch mit Hilfe der Türkei zu einem Balkanfeldzug zu erweitern.

Zum Abschluß der Konferenz gab Präsident Roosevelt vor den anwesenden Journalisten eine jener improvisierten, unüberlegten Erklärungen ab, wie sie ihm des öfteren zu unterlaufen pflegten. Der Feind würde, sagte er mit Bezug auf die gemeinsamen Kriegsziele, so lange geschlagen werden, bis man die bedingungslose Übergabe („unconditional surrender") erreicht hätte. Dies galt für das Deutsche Reich, Italien und Japan. Churchill hielt es für gut, sich ausdrücklich ebenfalls zu diesem Passus zu bekennen. In der Villa »Dar es Saada«, die Roosevelt während der Konferenz in Casablanca bewohnte, war gelegentlich in Unterhaltungen bei Tisch zwischen ihm, seinem persönlichen Berater Harry Lloyd Hopkins und Churchill die Rede davon gewesen, es könne nur eine bedingungslose Kapitulation als Kriegsende geben, eine Idee, welche von Roosevelt stammte und die Churchill hingenommen hatte, ohne zu vermuten, daß sie so unvermittelt öffentlich bekanntgegeben wurde.

Damit wurde phantasielos die Vernichtung des Gegners proklamiert, jeglicher echten politischen Lösung all jener Fragen, die zum Krieg geführt hatten, der Weg versperrt.

Das deutsche und das italienische Volk wurden mit ihrem Regime gleichgesetzt, jeder innerpolitischen Opposition wurde die Hoffnung genommen, durch eine Systemänderung aus eigener Kraft einen Frieden zu erreichen, der die Lebensmöglichkeiten des eigenen Volkes sicherte. Die These gerade des Nationalsozialismus, daß Volk, Partei und Regime eine unverbrüchliche Einheit darstellten, fand ihre Bestätigung in der Politik der Gegner. Die in der Atlantikcharta verkündeten hohen ideellen Ziele wurden im Grunde durch diese Erklärung ad absurdum geführt. Sie bedeutete für mächtige, tüchtige und begabte Völker Mitteleuropas, für das Kerngebiet der abendländischen Zivilisation, den Verzicht auf Selbstbestimmungsrecht.

Das Verhängnisvollste an dieser Erklärung aber war, daß ihrem Urheber, Roosevelt, so bedeutend er als Persönlichkeit in vieler Hinsicht auch war, die Tragweite seiner Äußerungen erst sehr allmählich und niemals in vollem Umfange zum Bewußtsein kam. Er maß ihr an dem Tage, an dem sie geprägt wurde, gar nicht solch welterschütternde Bedeutung zu. Als die Rede auf die Kriegsziele kam, war ihm General Ulysses Grants Parole im nordamerikanischen Bürgerkrieg in den Sinn gekommen, der für die Südstaaten, im Grunde eine den Bestand der Union bedrohende, staatsfeindliche Gruppe, den »Unconditional surrender« gefordert hatte. Doch in einem derartigen Bürgerkrieg mußten andere Methoden gelten als in einer großen zwischenstaatlichen Auseinandersetzung. Auch dieser Unterschied kam ihm nicht zu Bewußtsein. Als gewandtem Plauderer, der gewohnt war, Journalisten geschickt für sich zu gewinnen, erschien ihm dieser Terminus vortrefflich geeignet, die Summe von Abneigung, Haß und Vergeltungsbedürfnis auszudrücken, die sich in der Welt gegen das nationalsozialistische Regime Hitlers angesammelt hatte. Weiter dachte er nicht. Naivität und Staatskunst waren in ihm eine seltsame Ehe eingegangen.

Nachdem ein alliierter Angriffsversuch im Dezember 1942 steckengeblieben war, erstreckte sich im Januar des neuen Jahres die Front des deutschen Tunis-Brückenkopfes von Tabarka an der Mittelmeerküste durch die Korkeichenwälder Nordtunesiens bis Sedjenane und Medjez el Bab im Siedlungsgebiet des fruchtbaren Medjerda-Tales, von dort in südwestlicher Richtung bis El Aroussa, Sbeitla und Gafsa, bis sie sich im Niemandsland der Sahara verlor.

In Libyen hatte inzwischen Montgomerys 8. Armee zweimal die Panzerarmee Afrika aus ihren Stellungen gedrückt, indem sie jedesmal zu lebensbedrohender Umfassung angesetzt hatte. Rommel hatte die Buerat-Stellung und Tripolis aufgeben müssen und zog sich auf die Mareth-Linie an der tunesisch-tripolitanischen Grenze zurück. Dies bedeutete wohl eine Einengung des deutschen Kampfraumes, aber auch

Am 19. November 1942 erreichte die englische Offensive Bengasi (Bild oben: Explosion eines deutschen Panzers bei Barka). Mit der Aufgabe von Tripolis am 23. Januar 1943 war die italienische Kolonie Libyen dann endgültig verloren. Rasch nach Tunesien überführte deutsche und italienische Truppen sicherten den weiteren Rückzug des Afrika-Korps nach Westen und konnten fürs erste den Verlust dieses Teils von Französisch-Nordafrika verhindern. Bild linke Seite: deutscher Panzer in Tunis. Bild rechts: Beduinen helfen beim Tarnen eines Pak-Geschützes.

eine stärkere Konzentration der Kräfte, die dazu einlud, noch einmal alles daranzusetzen, einem konzentrischen Zusammenwirken Eisenhowers und Montgomerys durch eine Offensive zu begegnen, die den alliierten Aufmarsch in Algerien und Westtunesien über den Haufen warf, bevor Montgomery seine Kräfte vor der Mareth-Linie zusammengezogen hatte.

Rommel erkannte diese Chance sehr wohl. Leider wurde ihm die 5. Panzerarmee nicht unterstellt, sondern blieb selbständig, während der Leiter der Operationen, Hitler, mit dem Wehrmachtführungsstab im fernen Ostpreußen oder in der noch weiter entfernten Westukraine saß und während Illusionisten vom Schlage Görings nun dafür eintraten, eine Offensive einzuleiten, die bis Casablanca an der marokkanischen Westküste reichen sollte. Auch Hitler hielt es für möglich, Algerien zu gewinnen, wenn man Tunis fest in der Hand hatte.

Mitte Februar 1943 entschloß sich Rommel, mit den ihm verbliebenen Kräften von Südtunesien aus in nordwestlicher Richtung auf Tebessa zum Angriff anzutreten, um die alliierte Front in Ostalgerien zur Küste hin aufzurollen. Arnim sollte diese Bewegung durch einen Frontalangriff unterstützen. Unmittelbar vorher war der Stellvertretende Chef des Wehrmachtführungsstabes, Generalleutnant Warlimont, zu einem Frontbesuch in Tunis eingetroffen, ein sehr seltenes Ereignis in Anbetracht der Abneigung Hitlers gegen solche Informationsreisen seiner Mitarbeiter.

Hitler sah die Situation grundlegend anders an als Rommel. In einer Weisung, die Kesselring Anfang Februar Rommel überbracht hatte, hieß es, daß Rommel zuerst die 8. englische Armee zertrümmern solle, bevor er die 1. englische Armee an der algerisch-tunesischen Grenze angriff. Rommel hielt dagegen an seiner Idee fest. Warlimont bezeichnete die Lage in Tunis trotz des Kampfwillens und der hohen Moral der Truppe wie der Geschicklichkeit ihrer Führer als »Kartenhaus«.

Entscheidend war wiederum das Versorgungsproblem. Die volle Monatsrate an Versorgungsgütern betrug 150 000 Tonnen, als Minimum konnte man, unter Einkalkulierung von 25 Prozent Verlusten, 90 000 Tonnen ansetzen, erreicht wurde im Höchstfalle monatlich

Im Februar 1943 trat das Deutsche Afrika-Korps noch unter Führung Rommels bei Kasserine südwestlich von Kairouan zu einer begrenzten Offensive an, die den Decknamen „Morgenluft" trug. Über Kasserine und den gleichnamigen Paß wollte Rommel in die algerische Ebene bis zur Küste bei Bône durchbrechen und das II. US-Korps von seinem Nachschub abschneiden. Doch nach Eroberung von Kasserine und der Paßhöhe (18. Februar) blieb der Angriff in britischem Sperrfeuer liegen. Bild oben: deutsches Flakgeschütz „8-8" im Einsatz bei der Panzerabwehr.

Bild rechte unten: deutsche Panzer rollen zum Kasserinenpaß. Bild rechte Seite oben: gefangene Amerikaner des II. US-Korps.

Auf die Landung der Alliierten in Nordafrika hatten die Achsenmächte mit dem am 11. November beginnenden Einmarsch in das bisher unbesetzte Süd-Frankreich und der Landung in Tunesien geantwortet. Gegen die Festung und den Kriegshafen Toulon sowie die dort liegende französische Flotte gingen deutsche Einheiten erst am 27. November vor, doch da war es zu spät. Im Morgengrauen hatte sich der größere Teil der in Toulon liegenden französischen Kriegsschiffe durch Selbstvernichtung dem deutschen Zugriff entzogen. Die beiden Luftbilder der Royal Air Force zeigen Toulon einige Tage vor dem 27. November (oben) und am Morgen dieses Tages (links) Bilder rechte Seite: Anfang Mai 1943 traten die Alliierten mit Luftangriffen und zu Lande zur Schlußoffensive auf Tunis an.

eine Höhe von 80 000 Tonnen. Der italienische Schiffsraum war nahezu erschöpft, zahlreiche Transportverbände der Luftwaffe waren für die Versorgung Stalingrads abgerufen worden. In seinem Reisebericht deutete General Warlimont auch an, man müsse nicht nur erwägen, was *an*zutranportieren, sondern auch was unter Umständen *ab*zutransportieren sei. Er hielt höchstens die Behauptung eines stark verengten Brückenkopfes noch für möglich. Allein, davon wollte auch Feldmarschall Kesselring in Rom nichts hören. Er flog zu dem entscheidenden Lagevortrag in Ostpreußen, bei dem Warlimonts Bericht zur Sprache kommen sollte. Fiel Tunis, so konnte der Fall Italiens nur mehr eine Frage der Zeit sein, die Südflanke Europas wurde alsdann aufgerissen. Hitler stand im Begriff, zur Heeresgruppe Süd an die Ostfront abzufliegen, als Warlimont Vortrag halten sollte, daher kamen dessen Bedenken kaum zur Sprache.

Rommel führte seine Offensive so

Bild linke Seite: deutsche Truppen auf dem Rückzug von Tunis nach Bizerta. Bild oben: Auf einer Bergstraße rücken deutsche Panzer in die Abwehrlinie ein.

Als der Endkampf um Nordafrika anlief, war seit der Katastrophe von Stalingrad, die einer Viertelmillion deutscher Soldaten das Leben gekostet hatte, gerade kaum ein Monat vergangen. Doch Hitler gab auch hier die Parole „Kämpfen bis zum letzten Mann und zur letzten Patrone" aus und schickte noch kurz vor dem endgültigen Zusammenbruch Mannschaften und Material nach „Tunisgrad", wie Tunis im Landserjargon bald heißen sollte.

durch, wie er sie geplant hatte. Der erste Stoß traf den von kampfunerfahrenen amerikanischen Truppen gehaltenen Sektor Sbeitla – Sidi Bou Sid. Die deutschen Panzer waren den amerikanischen Typen überlegen, vor allem dem M-3, »General Grant«. Der »Tiger« war auch weit stärker als der M-4, »General Sherman«. Nach ihren eigenen Angaben erlitten die Amerikaner erhebliche Verluste, 142 Panzer und gepanzerte Fahrzeuge und 55 Geschütze. Die deutschen Panzerdivisionen nahmen darauf den wichtigen Kasserine-Paß, einen der Sperriegel auf dem Weg nach dem algerischen Zentrum Constantine, wo sich das alliierte Hauptquartier befand. Faid, Gafsa und Feriana wurden erobert, schon erschien auch Tebessa gefährdet.

Die Gefahr drohte, daß die Divisionen Rommels im Rücken der alliierten Front in Westtunesien zur algerischen Mittelmeerküste durchbrachen und damit im Verein mit der 5. Panzerarmee rund 100 000 Mann alliierter Truppen einkesselten. Sir Harold Alexander, der den Oberbefehl erhalten hatte, griff persönlich ein und warf die britische Gar-

de in die Schlacht. Vor Thala kam es zu einer schweren Panzerschlacht. General v. Arnims Entlastungsangriff im Medjerdatal setzte verspätet ein und kam nicht gut voran. Die Kräfte der Rommelschen Divisionen erlahmten, die Offensive blieb liegen, Rommel wich wieder auf seine Ausgangsstellungen zurück. Er dachte nun daran, mit seinen bereits arg strapazierten Kräften in Montgomerys Aufmarsch vor der Mareth-Linie hineinzustoßen. Dieser zweite Angriff endete bei Medinine, wo die Engländer starke Panzerabwehrriegel aufgebaut hatten, mit einer schweren Niederlage, die den alten afrikanischen Panzerdivisionen den Rest gab.

Im März 1943 wurden die beiden in Nordafrika kämpfenden deutschen Armeen zur Heeresgruppe Afrika zusammengefaßt. Kurz darauf wurde Rommel von Hitler abberufen, weil dieser nicht das Risiko eingehen wollte, daß nach Paulus in Stalingrad ein zweiter deutscher Generalfeldmarschall in Gefangenschaft ging. Zum Oberbefehlshaber in Tunis wurde Generaloberst v. Arnim ernannt, eine weit zurückhaltendere und vorsichtigere Natur als Rommel, im

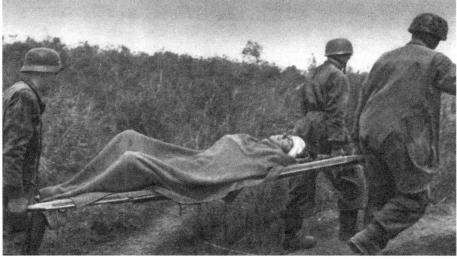

Angesichts der Durchhalte-Direktiven aus dem Führerhauptquartier blieb den Soldaten des Afrika-Korps nicht viel mehr, als jeden Morgen aufs neue den Angriff der Alliierten abzuwarten und dann ihre Haut so teuer wie möglich zu verkaufen. Bild ganz oben: amerikanische Panzerabwehrkanone im Einsatz. Bild oben: deutsche Fallschirmjäger bei der Bergung Verwundeter. Bild linke Seite oben: zusammengeschossene deutsche Panzer in der Ebene von Medenine. Bild linke Seite unten: ein britisches Gurkha-Regiment an der Tunesienfront.

Grunde nicht mehr als der Liquidator einer verlorenen Sache, die bitterste Aufgabe, die einen Soldaten treffen kann. Die Panzerarmee Afrika wurde als 1. deutsch-italienische Armee unter dem Oberbefehl des italienischen Marschalls Giovanni Messe neu organisiert, der höchst mißvergnügt und kritischen Sinnes 1941/42 das italienische Expeditionskorps in Rußland kommandiert hatte und die Deutschen überhaupt nicht liebte. Rommel hatte jetzt verlangt, man solle den Brückenkopf auf verkürzter Linie zwischen Djebel Manfour und Enfidaville verteidigen, und hatte darauf hingewiesen, daß die weitgedehnten deutschen Linien einer ernsthaften Bedrohung nicht mehr standhalten könnten. Feldmarschall Keitel, der in Abwesenheit Hitlers, welcher sich mit Jodl und Zeitzler in Winniza aufhielt, das Führungshauptquartier in Ostpreußen leitete, wurde durch Rommels Darlegungen stark beeindruckt, Warlimont erneuerte seine Bemühungen zugunsten einer rechtzeitigen Räumung von Tunis.

In Winniza wollte man jedoch von einer Räumung oder einer Verengung des Brückenkopfes nichts wissen. Ein verengter Brückenkopf, erklärte Hitler, sei der Anfang vom Ende. Feldmarschall Kesselring sprach sich dafür aus, Tunis bis zum äußersten zu verteidigen, weil andernfalls eine Katastrophe in Italien drohe. Mussolini schrieb Hitler, nur durch die unerschütterliche Behauptung von Tunis könne man die in Casablanca gefaßten Beschlüsse noch durchkreuzen.

Am 12. März 1943 empfing Hitler Feldmarschall Rommel. Dieser ließ sich bewegen, ein weiteres Ausharren für möglich zu erklären. Im Februar hatte General Warlimont die Luftlage noch befriedigend gefunden, aber bereits darauf hingewiesen, die Lufttransporte zehrten die Kräfte der Luftflotte 2 auf. Im März ging die Luftüberlegenheit endgültig an den Gegner über. Schwere Luftangriffe auf die deutschen Flugfelder in Tunesien, auf Sizilien, Sardinien und in Unteritalien begannen. Die Kampfkraft der italienischen Divisionen im Brückenkopf ließ nach. Die italienische Armee näherte sich dem Zusammenbruch.

Je mehr die 1. und die 8. englische Armee zu konzentrischem Zusammenwirken gelangten, desto stärker wurden die deutschen Kräfte zusammengedrängt. Die Mareth-Linie ging verloren, die Eroberungen der Februaroffensive mußten wieder aufgegeben werden. Die Befürchtung der Alliierten, Spanien könne von Spanisch-Marokko aus intervenieren, stellten sich als unbegründet heraus.

Im April 1943 vollzog sich der Aufmarsch der Alliierten zur letzten Offensive gegen den Brückenkopf. Im Norden westlich des Achkel-Sees an der Küste wurden französische Kräfte bereitgestellt, bei Beja marschierte anschließend das II. US-Korps unter dem legendären Panzergeneral George S. Patton auf. Patton brach auf Mateur durch und trieb einen Keil zwischen die deutschen Kräfte in Biserta und Tunis. Im Medjerdatal brach die 1. englische Armee mit drei Panzer- und vier Infanteriedivisionen durch und nahm Medjez el Bab und den erbittert verteidigten »Long-stop-Hügel«, den Sperriegel des Medjerda-Tales. Bei Pont du Fahs griff ein französisches Korps mit zwei Divisionen an, von Süden her rückte die 8. englische Armee an der tunesischen Küste nach Norden auf Enfidaville.

Im Mai ging der Widerstand der deutschen Divisionen angesichts der drückenden Übermacht zu Ende. Am 7. Mai 1943 drangen alliierte Verbände in Biserta ein. Gleichzeitig brachen überraschend britische Panzereinheiten über Furna, Massicault und St. Cyprien nach Tunis selbst durch und überrollten den Gefechtsstand der Division »Hermann Göring«. Während deutsche Soldaten noch nichtsahnend sich auf der Rue des Londres, der Hauptstraße von Tunis, ergingen und in den Cafés und Friseurstuben saßen, erschienen die britischen 11. Husaren und die Derbyshire Yeomanry mit ihren Panzern in der Stadt. Am 8. Mai fiel Biserta endgültig in feindliche Hand. Die deutsche Führung war verwirrt, der Brückenkopf in Teilbrückenköpfe aufgespalten. Vergebens versuchte die 10. Panzerdivision bei Grombalia einen Gegenstoß. Am 12. Mai 1943 nahmen indische Truppen auf dem Flugplatz Ste-Marie-du-Zit den deutschen Oberbefehlshaber, Generaloberst v. Arnim, gefangen. Einen Tag später kapitulierten die Reste der berühmten 90. Leichten Division unter General Graf v. Sponeck.

Rund 252 000 Deutsche und Italiener gingen in die Kriegsgefangenschaft. Zehn kampferprobte deutsche Divisionen, unter ihnen die 10., 15. und 21. Panzerdivision und die 90. und 164. Leichte Division sowie Teile der Flakdivision des Generalmajors Neuffer, waren verloren. Bis zuletzt hatten die Reste der Afrikakämpfer darauf gehofft, die italienische Flotte würde eingreifen, um sie zu evakuieren. Allein dieser fehlte es an Heizöl, auch war das italienische Marine-Oberkommando nicht gewillt, die letzten kostbaren Schlachtschiffe für die Deckung eines derartigen Unternehmens aufs Spiel zu setzen.

Der »Sperriegel Tunis«, wie die deutsche Presse den Brückenkopf zuletzt bezeichnet hatte, war beseitigt, der Weg nach Sizilien und nach dem italienischen Festland frei, jeder Beweis von Tapferkeit und Opfermut umsonst gewesen. König Georg VI. von England telegraphierte an General Eisenhower bei der Nachricht vom Sieg in Tunesien: »Die Schuld von Dünkirchen ist getilgt.«

Im letzten Akt des nordafrikanischen Dramas verfeuerte Einheit auf Einheit die letzte Munition und streckte dann die leeren Waffen. Am 13. Mai 1943 mußte Generaloberst von Arnim (Bild rechts), Rommels Nachfolger als Oberbefehlshaber der Heeresgruppe Afrika, dann endlich kapitulieren. 160.000 deutsche und 90.000 italienische Soldaten gingen in Gefangenschaft (Bild linke Seite: Abmarsch italienischer Gefangener). 100.000 Soldaten aller Nationen hatten auf dem afrikanischen Kriegsschauplatz ihr Leben verloren. Europas „weicher Bauch", die Apenninen-Halbinsel, lag nun fast schutzlos da. Die Faust war schon geballt, die ihn treffen sollte.

Unternehmen Barbarossa

Es ist heute schwer, zu sagen, wann den Generalen des Heeres, der Luftwaffe und den Admiralen der Kriegsmarine zum erstenmal in vollem Umfang bewußt geworden ist, daß Hitler einen Angriff auf die Sowjetunion beabsichtigte.

Im Winter 1939/40 hatte im Oberkommando des Heeres, beim Oberbefehlshaber Generaloberst Walther von Brauchitsch und beim Generalstabschef General Franz Halder, bei Heeresgruppen- und Armeebefehlshabern noch Pessimismus geherrscht. Halder hatte mit dem Gedanken an militärischen Widerstand gespielt, falls es der deutschen konservativen Opposition gelang, mit England günstige Friedensbedingungen auszuhandeln. Im Dezember 1940, als die erste konkrete Aufmarschanweisung für »Barbarossa« erging, war die Stimmung anders. Zwar schreckte die Vorstellung eines Krieges in den Weiten des russischen Raumes. Aber daß der deutsche Soldat jede Schwierigkeit meistern könne, schien seit dem Sprung nach Norwegen im April, die Siege im Westen Europas im Sommer 1940 bewiesen. Hatte die Mehrzahl der Generalität 1939/40 die Schlagkraft der französischen Armee gewaltig überschätzt, so unterlief ihr nun die Unterschätzung der sowjetischen Armee, ihrer Menschenreserven, ihres Rüstungspotentials. Hitler, so hieß es, habe im Westfeldzug 1940 seine Feldherrngaben gezeigt. Das Wort vom »größten Feldherrn aller Zeiten« ging um. Die Euphorie schien um so größer zu sein, je weniger man 1939/40 an den eigenen Sieg hatte glauben wollen.

Die Ausarbeitung des Ostfeldzuges erfolgte ohne Bedenken, sie lag hauptsächlich in der Hand des Oberquartiermeisters I, des Stellvertreters von Halder, Generalleutnant Friedrich Paulus (der 1943 mit der 6. Armee in Stalingrad scheiterte). Ziel aller Planungen war die rasche Einnahme der Hauptstadt Moskau. Dafür wurde eine sehr starke Mittelgruppe vorgesehen, bei zwei schwächeren Flügelgruppen im Süden gegen die Ukraine, im Norden gegen Leningrad und weiter die Bahnen zu den Eismeerhäfen.

Doch diese Vorstellungen prallten bei einer Besprechung am 3. Februar 1941 auf diejenigen Hitlers. Der Führer sah alles anders. Man müsse anstreben, eine gedachte Grenzlinie zwischen Astrachan am Kaspischen Meer und Archangelsk am Eismeer zu erreichen. Moskau war ein drittrangiges Ziel, vordringlich waren die Eroberung der wirtschaftlich bedeutsamen Ukraine und die Zerstörung Leningrads, der »Brutstätte des Bolschewismus«. Doch seltsam, das Oberkommando des Heeres änderte seinen Aufmarschplan nicht ab, und Hitler nahm das hin. In die gesamte Planung kam eine Unausgewogenheit zwischen Anlage und Operationszielen, die schwere Konflikte für die Zukunft barg. Einig war man sich nur im Angriffstermin: Mitte Mai 1941.

Insgesamt waren für den Osten 145 Divisionen vorgesehen, darunter 17 Panzer- und 12 motorisierte Verbände. 38 Divisionen verblieben im Westen, 12 in Norwegen, 1 in Dänemark, 7 auf dem Balkan, 2 in Nordafrika. 21 Infanterie-, 2 Panzer- und 1 motorisierte Division hielt das OKW als Eingreifreserve für den Osten zurück.

Die Heeresgruppe Nord unter Generalfeldmarschall Wilhelm Ritter v. Leeb mit Generalleutnant Brennecke als Chef des Stabes setzte sich aus der 16. und 18. Armee und der Panzergruppe 4 unter den Generalobersten Ernst Busch, Georg v. Küchler und Erich Hoepner zusammen. Die Luftflotte 1 unter Generaloberst Keller übernahm die Freikämpfung des Luftraumes im Norden. Die Heeresgruppe Mitte unter Generalfeldmarschall Fedor v. Bock mit General v. Salmuth als Stabschef bestand aus der 2., 4. und 9. Armee und den Panzergruppen 2 und 3 unter Generaloberst Frhr. v. Weichs, Feldmarschall Hans Günther v. Kluge und den Generalobersten Strauß, Heinz Guderian und Hoth. Zugeteilt war ihr die Luftflotte 2 unter Feldmarschall Albert Kesselring. Die Heeresgruppe Süd unter Generalfeld-

Am 22. Juni 1941, auf den Tag genau 129 Jahre nach dem Einmarsch der Grande Armée Napoleons in Rußland, fiel die Wehrmacht mit rund 75 Prozent ihres Feldheeres (über 3 Millionen Mann) ohne vorherige Kriegserklärung in die Sowjetunion ein (Bild linke Seite: Landser im Sturmlauf). Die nationalsozialistische Propaganda verklärte den von Hitler als reinen Raubkrieg geführten Rußlandfeldzug als Abwehrkampf Europas gegen den Bolschewismus (Bild rechts: deutsches Plakat aus dem Jahre 1942). Der von Deutschland beherrschte Kontinent, in dem die Farbrikschlote rauchen, das Korn blüht und die Babys einer rosigen Zukunft entgegengeschaukelt werden, versetzt Stalin mit eiserner Faust den Todeshieb. England ist schon eine Leiche und als Gegner abgeschrieben.

marschall Gerd v. Rundstedt mit General v. Greiffenberg als Stabschef verfügte über die 6., 11. und 17. Armee und die Panzergruppe 1 unter Feldmarschall Walter v. Reichenau, Generaloberst Ritter v. Schobert, General der Infanterie Karl Heinrich v. Stülpnagel und Generaloberst Ewald v. Kleist. Zugewiesen war ihr die Luftflotte 4 unter Generaloberst Löhr.

Die drei Heeresgruppen sollten, aus Ostpreußen und Nordpolen, aus dem Raum zwischen dem Zipfel von Suwalki und den Pripjetsümpfen und aus dem Raum südlich der Pripjetsümpfe bis zur Schwarzmeerküste vorpreschen, die russische Grenzverteidigung durchstoßen, durch Umfassung das russische Westheer vernichten, mit den Panzergruppen in die Tiefe des Raumes vorstoßen und so die Bildung einer neuen Abwehrfront durch Ausweichen des Gegners in die Tiefe verhindern.

In Nordfinnland sollte die Gruppe Norwegen, das Gebirgskorps Dietl, ein finnisches Armeekorps und ein gemischtes deutsch-finnisches General-Kommando unter Generaloberst Nikolaus v. Falkenhorst an der Eismeerküste auf den wichtigen Hafen Murmansk am Kola-Fjord und auf Kandalakscha am Weißen Meer südlich der Kolahalbinsel vorgehen. In Süd- und Mittelfinnland stellte sich die Masse der finnischen Armee unter dem Marschall Carl Gustav Emil Frhr. v. Mannerheim mit vier Armeekorps, zwölf Divisionen, einer Kavallerie- und zwei Jägerbrigaden zum Angriff auf die Karelische Landenge bereit. Seit dem 13. Juni weilte ein deutscher Verbindungsstab unter General Erfurth beim finnischen Oberkommando, am 17. Juni machte Finnland mobil. Bei der Heeresgruppe Süd sollte die 11. Armee zusammen mit der rumänischen Armee nach Bessarabien gegen den Dnjestr vorstoßen. Slowakische und ungarische Einheiten wurden gleichfalls dieser Heeresgruppe zugewiesen. Um Ungarn zur Mitwirkung zu bewegen, bedurfte es freilich offiziell erst eines sehr mysteriösen Fliegerangriffes auf ungarisches Gebiet, bei dem unklar blieb, wer ihn geflogen hatte. Bei allem traditionellen Antibolschewismus des Horthy-Regimes war doch die Abneigung in Budapest beträchtlich, sich mit den unzulänglichen eigenen Kräften in dem großen, so ungewissen Abenteuer in den Weiten des Ostens zu engagieren. Die Informationen über den Gegner waren ungenügend. Wohl ahnten Sachkenner wie der Militärattaché General Köstring, der Luftattaché General Aschenbrenner und die Abteilung Fremde Heere Ost im Generalstab die Kraft des Gegners, allein klare Vorstellungen vom Umfang des russischen Rüstungspotentials vermochten auch sie infolge der russischen Geheimhaltungsmaßnahmen nicht zu gewinnen. Die erbeuteten französischen, belgischen, holländischen, jugoslawischen und griechischen Generalstabsakten ergaben auch keine neuen Aufschlüsse in dieser Hinsicht, ebensowenig wie Berichte aus neutralen Ländern, Japan und der Türkei.

Die Abwehr wie die Abteilung Fremde Heere Ost neigte dazu, die Bedeutung der Säuberungsaktionen des Jahres 1937/38, die zur Liquidierung zahlreicher russischer Generale und Stabsoffiziere geführt hatten, bei der Bewertung des roten Kommandeurkorps sehr hoch zu setzen. Auch der finnisch-russische Krieg schien die mangelnde Qualität des sowjetischen Offizierskorps zu bestätigen. Tatsächlich erwies sich jedoch, daß das neue höhere Offizierskorps eine überraschende taktische Anpassungsfähigkeit erlangt hatte. Schlechter war es um die Schulung des niederen Offizierskorps bestellt. Aber der einfache Soldat war abgehärtet, opferwillig und technisch oft erstaunlich gut vorgebildet, etwas, das vor allem weißrussische Emigranten vor dem Krieg niemals hatten zugeben wollen.

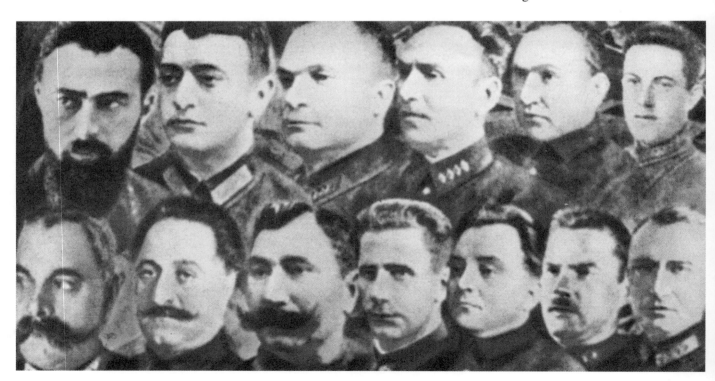

Die Erkundung ließ zwei größere Kräftekonzentrationen erkennen, etwa sechzig Divisionsverbände in Weißrußland, im Raum Minsk, etwa siebzig in der Ukraine. Tatsächlich traten beim Einmarsch drei »Fronten«, die ungefähr den deutschen Heeresgruppen gleichzusetzen waren, in Erscheinung: die »Nordwestfront« unter Marschall Kliment Jefremowitsch Woroschilow im Baltikum, die »Westfront« unter Marschall Semjon Konstantinowitsch Timoschenko in Weißrußland und die »Südwestfront« unter dem alten Reitergeneral Marschall Semjon Michailowitsch Budjonny in der Ukraine. Stalin leitete die Operationen, hatte freilich in dem ehemaligen zaristischen Generalstabsoffizier General Jewgenij Iwanowitsch Schaposchnikow einen ausgezeichnet geschulten, nüchtern denkenden Berater zur Seite, dem zweifellos das größte Verdienst gebührte, wenngleich es für die Einsicht des sowjetischen Diktators sprach, daß er ebenbürtige Berater duldete und nicht in so hohem Maße die eigenen Feldherrngaben überschätzte, wie dies Hitler sich angewöhnt hatte.

Völlige Unkenntnis herrschte auf deutscher Seite hinsichtlich der Leistungsfähigkeit der russischen Industrie. Von der Produktion der neuen schweren

Bild oben: Reichsaußenminister Joachim von Ribbentrop begründet am 22. Juni 1941 vor der Presse den Angriff auf die Sowjetunion. Bis zu diesem Zeitpunkt war Stalin Hitlers bester Verbündeter gewesen, nicht zuletzt auch durch die Liquidierung der führenden sowjetischen Militärs während der „Säuberungen" der 1930er Jahre. Bild linke Seite: Nur einer der hier abgebildeten hohen Offiziere der Roten Armee, nämlich Budjonny, hatte bis zum 22. Juni 1941 überlebt, die anderen waren entweder hingerichtet oder eingekerkert worden. Obere Reihe von links nach rechts: Armeegeneral Gamarnik, Marschall Tuchaschewsky, Marschall Jegorow, General Hapepski, Admiral Orlow, General Jakir; untere Reihe von links nach rechts: die Generale Kamenew, Ordschonikidse, Budjonny, Alksnis, Muklewitsch, Eideman und Uborewitsch.

»Fall Barbarossa«

Hitlers Weisung Nr. 21, 18.12.1940

...Die deutsche Wehrmacht muß darauf vorbereitet sein, auch vor Beendigung des Krieges gegen England Sowjetrußland in einem schnellen Feldzug niederzuwerfen (Fall Barbarossa).

Das Heer wird hierzu alle verfügbaren Verbände einzusetzen haben mit der Einschränkung, daß die besetzten Gebiete gegen Überraschungen gesichert sein müssen.

Für die Luftwaffe wird es darauf ankommen, für den Ostfeldzug so starke Kräfte zur Unterstützung des Heeres freizumachen, daß mit einem schnellen Ablauf der Erdoperationen gerechnet werden kann und die Schädigung des ostdeutschen Raumes durch feindliche Luftangriffe so gering wie möglich bleibt. Diese Schwerpunktbildung im Osten findet ihre Grenze in der Forderung, daß der gesamte von uns beherrschte Kampf- und Rüstungsraum gegen feindliche Luftangriffe hinreichend geschützt bleiben muß und die Angriffshandlungen gegen England, insbesondere seine Zufuhren, nicht zum Erliegen kommen dürfen.

Der Schwerpunkt des Einsatzes der Kriegsmarine bleibt auch während des Ostfeldzuges eindeutig gegen England gerichtet. Den Aufmarsch gegen Sowjetrußland werde ich gegebenenfalls acht Wochen vor dem beabsichtigten Operationsbeginn befehlen. Vorbereitungen, die eine längere Anlaufzeit benötigen, sind – soweit noch nicht geschehen – schon jetzt in Angriff zu nehmen und bis zum 15. Mai 1941 abzuschließen. Entscheidender Wert ist jedoch darauf zu legen, daß die Absicht eines Angriffs nicht erkennbar wird.

Die Vorbereitungen der Oberkommandos sind auf folgender Grundlage zu treffen:

Die im westlichen Rußland stehende Masse des russischen Heeres soll in kühnen Operationen unter weitem Vortreiben von Panzerkeilen vernichtet, der Abzug kampffähiger Teile in die Weite des russischen Raumes verhindert werden.

In rascher Verfolgung ist dann eine Linie zu erreichen, aus der die russische Luftwaffe reichsdeutsches Gebiet nicht mehr angreifen kann. Das Endziel der Operation ist die Abschirmung gegen das asiatische Rußland aus der allgemeinen Linie Wolga–Archangelsk. So kann erforderlichenfalls das letzte Rußland verbleibende Industriegebiet im Ural durch die Luftwaffe ausgeschaltet werden.

Panzer, des T-34 und des »Josef Stalin«, die gerade anlief, hatte man keine Nachrichten. Hitler hielt für unmöglich, was später eintraf, daß die Russen ihre Jahreserzeugung an Panzern und Sturmgeschützen auf 30 000 Stück steigerten. Er glaubte auch nicht an die riesigen vorhandenen Panzerbestände, die etwa 21 000 Stück zählten. Diese waren zunächst den deutschen Panzern III und IV unterlegen; auch die erstmals in größerer Zahl zum Einsatz gelangenden deutschen Sturmgeschütze bedeuteten für die Russen eine Überraschung, da sie zunächst nicht über eine gleichwertige gepanzerte Artillerie verfügten. Bereits im Juli 1941 tauchten indes die ersten neuen T-34 an der Front auf, denen gegenüber die leichte deutsche 3,7-cm-Panzerabwehrkanone wirkungslos war.

Am 30. März 1941 verbreitete sich Hitler in einer zweieinhalbstündigen Rede in der Reichskanzlei vor den Spitzen der drei Wehrmachtteile ausführlich über die Pläne und die Ziele des kommenden Ostfeldzuges. »Wehrmacht zerschlagen – Staat auflösen«, so lautet die Parole für den Angriff auf die Sowjetunion. Da es sich bei deren Armee laut Hitler um »asoziales Verbrechertum« handele, seien Härte und nochmals Härte, der Verzicht auf jede herkömmliche »Ritterlichkeit« das Gebot der Stunde. Hitler: »Wir führen nicht Krieg, um den Feind zu konservieren.«

Die Proklamierung eines »weltanschaulichen Krieges« ohne Gnade stürzte die Mehrzahl der älteren Generale in einen unlösbaren Gewissenskonflikt. Der Ansprache folgten Befehle des Oberkommandos der Wehrmacht, Hitlers militärischen Büros, die jeder preußischen oder süddeutschen Soldatentradition absolut widersprachen. Am 13. Mai 1941 wurde im sogenannten Barbarossa-Gerichtsbarkeitsbefehl verfügt, bei Vergehen Soldaten gegenüber seien die Kriegsgerichte nicht mehr zuständig. Diesen Befehl konnte der Oberbefehlshaber des Heeres, Feldmarschall von Brauchitsch, durch einen Befehl zur schärfsten Wahrung der herkömmlichen Manneszucht abfangen. Der zweite OKW-Befehl vom 6. Juni 1941, der die Erschießung aller gefangengenommenen politischen Kommissare verlangte, also der Politoffiziere der Roten Armee, die sowohl mit der ideologischen Schulung der Truppe als auch mit fürsorgerischen Aufgaben befaßt waren, ließ sich nicht durchkreuzen.

Der deutsche Angriff, der in den frühen Morgenstunden des 22. Juni 1941 begann, traf die russischen Truppen völlig überraschend. Die Luftwaffe fegte den Himmel frei, in vielen Fällen wurden die russischen Flugzuge am Boden vernichtet. Für viele Wochen gehörte die Luftherrschaft über dem russischen Kampfraum unbestritten den deutschen Verbänden. Die Heeresgruppe Nord marschierte auf Riga, die Heeresgruppe Mitte auf Minsk, die Hauptstadt Weißrußlands, die Heeresgruppe Süd setzte aus zwei Richtungen, von Ostgalizien und von der Moldau und der Walachei aus, zum Stoß auf die Ukraine an. Noch hielt man am Gedanken fest, die Panzergruppen der Mittelfront nach dem Erreichen von Smolensk eventuell nach Norden eindrehen zu lassen, um Leningrad rasch zu nehmen und die Landverbindung mit der finnischen Armee in Karelien zu gewinnen. Die Marine riegelte den Rigaischen und Finnischen Meerbusen ab. Im hohen Norden besetzten Gebirgstruppen General Dietls das wichtige Nickelgebiet von Petsamo, die Finnen nahmen die Ålandinseln. Die Vorstöße auf Murmansk und Kandalakscha blieben jedoch liegen, die erste große Enttäuschung.

Der Feldzug gegen den Bolschewismus ließ so etwas wie eine europäische Front entstehen. Italien gab bekannt, es würde ein Expeditionskorps nach Rußland entsenden. Über Österreich, Ungarn und Siebenbürgen wurden im Sommer eine schnelle und zwei motorisierte italienische Divisionen mit einer Artillerie-

Alles spricht dafür, daß Stalin vom deutschen Überfall auf die Sowjetunion überrascht worden ist. Daß Hitler freiwillig eine zweite Front eröffnen würde, nachdem der Pakt von 1939 dem deutschen Diktator ja den Rücken für den Krieg im Westen freihalten sollte, erschien ihm unlogisch und daher unvorstellbar. Die deutschen Truppenmassierungen konnten zwar nicht unerkannt bleiben, wurden aber nur als Druckmittel gewertet, nicht als todernst gemeinter Aufmarsch zur Eroberung des „Lebensraums im Osten". Bild oben: Stukas haben einen sowjetischen Nachschubzug zerstört.
Bilder rechte Seite: Deutsche Pioniertruppen setzen über den Pruth (oben); deutsche Panzer im Vorfeld der brennenden Stadt Sluzk in Erwartung des Vormarschbefehls.

Gegen Ungeheuer und Kannibalen

Rundfunkrede Josef Stalins, 3.7.1941

Genossen! Bürger! Brüder und Schwestern!
Kämpfer unserer Armee und Flotte!
An euch wende ich mich, meine Freunde!

Der von Hitlerdeutschland am 22. Juni wortbrüchig begonnene militärische Überfall auf unsere Heimat dauert an. Trotz des heldenhaften Widerstands der Roten Armee und ungeachtet dessen, daß die besten Divisionen des Feindes und die besten Einheiten seiner Luftwaffe schon zerschmettert sind und auf den Schlachtfeldern ihr Grab gefunden haben, setzt der Feind, der neue Kräfte an die Front wirft, sein Vordringen weiter fort. Es ist den Hitlertruppen gelungen, Litauen, einen beträchtlichen Teil Lettlands, den westlichen Teil Bjelorußlands, einen Teil der Westukraine zu besetzen. Die faschistische Luftwaffe erweitert den Tätigkeitsbereich ihrer Bombenflugzeuge und bombardiert Murmansk, Orscha, Mogilew, Smolensk, Kiew, Odessa, Sewastopol. Über unsere Heimat ist eine ernste Gefahr heraufgezogen...

Man könnte fragen: Wie konnte es geschehen, daß sich die Sowjetregierung auf den Abschluß eines Nichtangriffspakts mit solchen wortbrüchigen Leuten und Ungeheuern wie Hitler und Ribbentrop eingelassen hat? Ist hier von der Sowjetregierung nicht ein Fehler begangen worden? Natürlich nicht! Ein Nichtangriffspakt ist ein Friedenspakt zwischen zwei Staaten. Eben einen solchen Pakt hat Deutschland uns im Jahre 1939 angeboten. Konnte die Sowjetregierung ein solches Angebot ablehnen? Ich denke, kein einziger friedliebender Staat kann ein Friedensabkommen mit einem benachbarten Reich ablehnen, selbst wenn an der Spitze dieses Reiches solche Ungeheuer und Kannibalen stehen wie Hitler und Ribbentrop. Dies aber natürlich unter der einen unerläßlichen Bedingung: daß das Friedensabkommen weder direkt noch indirekt die territoriale Integrität, die Unabhängigkeit und die Ehre des friedliebenden Staates berührt. Bekanntlich war der Nichtangriffspakt zwischen Deutschland und der Sowjetunion gerade ein solcher Pakt.

Der Feind ist grausam und unerbittlich. Wir werden sterben oder siegen.

und einer Luftaufklärungsgruppe nach Südrußland entsandt, freilich so ungenügend beweglich gemacht, daß nur eine der beiden motorisierten Divisionen jeweils auf Kraftfahrzeugen verlegbar war. Ungarische und slowakische Divisionen reihten sich der Heeresgruppe Süd an, die rumänische Armee griff gemeinsam mit der deutschen 11. Armee in Bessarabien an. Spanien entschloß sich, ein Äquivalent für die »Legion Condor« zur Verfügung zu stellen, und entsandte die »Blaue Legion« nach Rußland. In Holland rief der ehemalige Chef des holländischen Generalstabes, Generalleutnant Seyffardt, zur Bildung einer niederländischen antibolschewistischen Freiwilligenlegion auf; der dänische Gardekapitän v. Schalburg stellte das »Frikorps Danmark« auf, das von der Waffen-SS übernommen wurde. Kroatische, norwegische, französische, wallonische und flämische Freiwilligenverbände entstanden.

Am 24. Juni 1941 stellte Generaloberst Halder in seinen Tagesnotizen fest, der Gegner denke nicht an Ausweichen, die Operation scheine planmäßig zu verlaufen. Litauen wurde durchquert, Wilna und Kowno genommen. Im Raum Bialystok–Minsk zeichnete sich die erste große Umfassung mehrerer russischer Armeen ab. Bedenklich wirkte nur, daß Hitler selbst hier bereits nervös wurde und die Panzergruppen vorzeitig anhalten wollte, damit der Einschließungsring nicht zu groß wurde. Noch setzte sich der Generalstab durch. Am 26. Juni rollten Panzer Generaloberst Hoths in Minsk ein. Drei Tage später gab das OKW die erste große Erfolgsmeldung heraus: Sie sprach von 400 000 Kriegsgefangenen, 600 erbeuteten Geschützen, 2233 zerstörten Panzern, etwa 4107 zerstörten Flugzeugen, bei nur 150 eigenen Flugzeugverlusten. Die Massen erbeuteten oder vernichteten Kriegsmaterials ließen ein ungeheures Rüstungspotential ahnen.

Das OKH befahl die Gewinnung der Dnjepr-Linie, vor allem die Sicherung

Ob im Norden, in der Mitte oder im Süden, jeder deutsche Soldat hat auf die eine oder andere Art die Widrigkeiten russischer Verkehrswege kennengelernt, die naturgemäß dem Angreifer mehr zu schaffen machten als dem Verteidiger.

**Bild oben: deutsche Zugmaschine auf verschlammter Straße.
Bild linke Seite: Man mußte schon ein bewährter Geländefahrer sein, um seine Beiwagenmaschine in dieser Sandwüste geradezuhalten und vorwärtszusteuern.**

der Dnjepr-Übergänge bei Rogatschew, Mohilew (russ. Mogiljow) und Orscha und die Sicherung der Dünaübergänge bei Witebsk und Polozk. Der deutsche Stoß ging weiter in östlicher Richtung, der Kessel Bialystok–Minsk wurde geschlossen, obwohl es sich zeigte, daß die Russen gegen die weit ausholenden Panzerkeile wesentlich unempfindlicher waren als die bisherigen Gegner. Anfang Juli wurde der Übergang über die Beresina erzwungen und der Dnjepr erreicht. Generaloberst Hoth nahm Witebsk, Panzer Generaloberst Hoepners fuhren in Pleskau (Pskow) ein. Guderians Panzer rollten auf Smolensk und Roslawl zu.

Allein aus dem Kessel Bialystok–Minsk wurden 20 000 Überläufer gemeldet. Vielfach wankte Stalins Regime in den Grundfesten, als der Vorhang zerriß, der es von der übrigen Welt getrennt hatte. Vielfach begrüßten die Bauern die deutschen Truppen als Befreier von der Herrschaft der Kommissare, nicht ahnend, daß schon die braunen Kommissare sich rüsteten, die Nachfolge der roten anzutreten, daß man in Berlin darüber beriet, wie man den »großen Kuchen« kunstgerecht und vorteilhaft zerlegen könne. Am 3. Juli, als sich die erste große Kesselschlacht im Raum von Bialystok–Minsk dem Ende zuneigte, notierte Generaloberst Halder, es sei nicht zuviel gesagt, wenn man behaupte, der Feldzug sei in vierzehn Tagen gewonnen. Am 10. Juli 1941 wurde die Abschlußmeldung über die »größte Umfassungsschlacht der Kriegsgeschichte«, Bialystok–Minsk, veröffentlicht. 323 898 Kriegsgefangene waren in deutsche Hände gefallen, darunter zahlreiche Generale, 3332 Panzer und 1809 Geschütze waren erbeutet oder vernichtet. Am 13. Juli schrieb Halder, der Feldzug sei gewonnen, aber noch nicht beendet!

In glühender Sommersonne, unter ungeheuren Staubwolken, die die Panzermotoren zerfraßen, die Leistungsfähigkeit der Kraftfahrzeuge herabsetzten und an die Marschfähigkeit der Infanterie die äußersten Anforderungen stellten, marschierten die deutschen Divisionen weiter gen Osten. Bereits jetzt erwies sich, daß die Motorisierung der Infanterie ungenügend war, oft konnte die Infanterie den vorprellenden Panzern nicht rasch genug folgen, oft waren auch die Panzerspitzen zu schwach. Aber die deutsche Führung hatte sich in taktischer Hinsicht als restlos überlegen er-wiesen, die Moral der Truppe war ausgezeichnet. Am 16. Juli nahm die 29. motorisierte Infanteriedivision unter General v. Boltenstern trotz heftiger russischer Gegenstöße Smolensk.

Am weitesten zurück hing bis jetzt die Heeresgruppe Süd, die in der Linie Korosten–Kazatin–Schitomir nur schwer vorwärts kam, während die russische Reservegruppe »Süd-Bessarabien« der 11. Armee und den Rumänen in Bessarabien zähen Widerstand entgegensetzte. Marschall Budjonny faßte den Plan, seine Panzermassen, rund 2400 Panzer gegen 600 der Gruppe Kleist, im Raum von Uman zu einem Stoß gegen Bessarabien und das rumänische Erdölgebiet zu versammeln. Rundstedts Absicht ging dahin, mit seinem Gros, der 6. und 17. Armee und der Panzergruppe 1, zwischen Pripjetsümpfen und Karpaten auf Kiew durchzubrechen, dann den Dnjepr abwärts einzudrehen und sämtliche russischen Kräfte westlich des Dnjepr im Verein mit den aus Bessarabien vorgehenden deutsch-rumänischen Verbänden einzukesseln. Budjonny war zu lang-sam, die russischen Panzerkorps waren nicht gewohnt, in großen Verbänden zu operieren, auch blieben der deutschen Luftaufklärung die sich bei Uman sammelnden Panzerverbände nicht verborgen. So bahnte sich hier zunächst eine Teilkesselschlacht an.

Noch war die Siegesgewißheit des OKH ungetrübt. Studien für einen Feldzug im Kaukasus und in Persien wurden ausgearbeitet, man beriet die Gliederung der Besatzungstruppen und die Möglichkeiten der Kontrolle des gewonnenen Raumes, die Sicherung der wichtigen Verkehrsknotenpunkte durch Bodentruppen und weitgehende Kontrolle des übrigen Bereiches durch die Luftwaffe. In der zweiten Hälfte des Monats Juli 1941 waren indes die Operationen so weit gediehen, daß die von Brauchitsch vertagte Entscheidung, ob das Schwergewicht der gesamten Ostkriegführung in der Mitte oder auf den Flügeln liegen solle, sich nicht länger hinausschieben ließ.

Regenfälle in Südrußland verzögerten die Bewegungen in der Ukraine. Hitler hielt Kleists Panzer vor Kiew an. Die 5. russische Schützenarmee bedrohte noch immer in den Pripjetsümpfen die Nordflanke Rundstedts. Hitlers Weisung Nr. 33 vom 19. Juli 1941 befahl daher unvermittelt die Abzweigung starker Kräfte von der Heeresgruppe Mitte nach Süden.

Damit begann für Wochen – Wochen des Schwankens und der Untätigkeit, die den Winter näher brachten – eine schwere Krise in der deutschen Führung. Unzweifelhaft boten sich im Mittelabschnitt die größten Erfolgsaussichten, obwohl man das Abfließen von Kräften auf dem Kessel Bialystok–Minsk nach hinten nicht völlig hatte verhindern können. Bei Smolensk bahnte sich eine neue Umfassungsschlacht an. Die Zahl der Kriegsgefangenen hatte sich jetzt auf 895 000 erhöht, die Zahl der vernichteten oder erbeuteten Panzer auf 13 145, der Geschütze auf 10 398, der Flugzeuge auf 9082. Die schwersten Verluste hatte der Gegner bisher im Mittel- und Nordabschnitt erlitten. Am 25. Juli mußte Halder jedoch feststellen, daß die bislang so schwungvolle Vorwärtsbewegung versandete.

Nur im Norden ging der Vormarsch weiter, Generaloberst v. Küchler drang in Estland ein, nahm Dorpat und Pernau, Generaloberst Busch und Generaloberst Hoepner brachen südlich des Peipussees durch. Leningrad, das große Ziel, rückte näher, allein auch hier wurde Hitler unsicher. Die ersten ernsten Versorgungsschwierigkeiten tauchten auf. Nachschub- und Transportwesen waren nicht einheitlich zusammengefaßt, beide sahen sich ungeheuren Anforderungen gegenüber. Der Verschleiß an Motoren übertraf jede Berechnung, vor allem infolge des Umstandes, daß die Panzerdivisionen fast stets ohne Fahrzeuge verlegt werden mußten.

Am 27. Juli erfuhr Guderian im Hauptquartier Feldmarschall v. Bocks in

Zu Beginn des Rußlandfeldzuges feierte die deutsche „Blitzkrieg"-Strategie nochmals Triumphe. Die Zahl der Gefangenen (Bilder links und oben) nahm gewaltige Ausmaße an. Allein bei der Kesselschlacht von Kiew gerieten 665.000 Rotarmisten in deutsche Gefangenschaft. Doch derartige Teilerfolge schon für den Sieg zu halten, war pure Augenauswischerei: Die Sowjetunion verfügte über ein schier unerschöpfliches „Menschenmaterial", und in der Weite des russischen Raumes mußte sich früher oder später auch der geballteste Angriff verlieren.

Borissow, seine Panzergruppe und die 2. Armee, deren Führung an den General der Panzertruppen Rudolf Schmidt übergegangen war, sollten nach Südwesten einschwenken, um einen Kessel bei Gomel auszuräumen. Hitlers neue These lautete, großräumige Umfassungsoperationen seien falsch, man müsse die Bildung kleinerer Teilkessel anstreben, ein Schluß, den er aus dem zähen Widerstand des Gegners und dem Umstand gezogen hatte, daß bei größeren Kesseln sich nicht verhindern ließ, daß feindliche Kräfte nach hinten abflossen. Im Grunde trat damit zutage, wie sehr die ohnehin in divergierender Richtung angesetzten Kräfte durch den Raum verschlungen wurden. Im OKH trat man nach wie vor dafür ein, jetzt Moskau zu nehmen und die Masse der russischen Kräfte, die noch immer die Hauptstadt deckten, zu schlagen. Dann konnte man daran denken, die wichtigsten Industriegebiete des europäischen Rußland, Leningrad, die Ukraine und den mittelrussischen Raum zu sichern. Immerhin wurde jetzt deutlich, daß man die projektierte »Wehrgrenze«, die Linie Onega-See–Wolga, nicht mehr im Sommer erreichen würde. Brauchitsch begann sich – zu spät – mit dem Problem der Winterbekleidung und Winterversorgung des gesamten Ostheeres zu beschäftigen. Er dachte an eine großzügige Wintersachensammlung in der Heimat, aber nun wollte Hitler wieder von solchen »defaitistischen Ideen« nichts hören. Der Feldzug mußte noch in diesem Jahr entschieden werden!

Inzwischen konnte die Heeresgruppe Süd Anfang August in der Kesselschlacht von Uman den ersten großen Erfolg buchen: Budjonnys geplante Rumänienoffensive wurde abgefangen, rund fünfundzwanzig russische Divisionen der 6., 12. und 18. sowjetischen Armee wurden vernichtet oder gefangengenommen; 600 000 Gefangene blieben in deutscher Hand. Das wichtige Erzgebiet von Kriwoj Rog wurde genommen, rumänische Truppen schlossen Odessa ein, längs der Küste des Schwarzen Meeres stießen deutsche Truppen auf den Hafen von Nikolajew vor. Aber noch immer lag die Heeresgruppe Süd nicht auf gleicher Linie mit den übrigen Heeresgruppen.

Die Diskussion im Führerhauptquartier verschärfte sich. Brauchitsch arbeitete eine Denkschrift zugunsten der Offen-

sive auf Moskau aus. Hitler wollte bei Verhalten im Mittelabschnitt die Flügel vorreißen.

Das Ziel war für ihn nicht in erster Linie Moskau, sondern die Krim, das Industrierevier des Donbas und die Abschneidung der Ölzufuhren aus dem Kaukasus. Er äußerte, nach Vernichtung der die Flanke der Heeresgruppe Mitte in Südrußland bedrohenden Kräfte würde der Stoß auf Moskau nicht schwieriger, sondern leichter werden. Daher müsse man Moskau zurückstellen, Leningrad nehmen, die südrussische Flanke bereinigen und damit das ukrainische Industriepotential gewinnen.

Generaloberst Halder bewog Feldmarschall v. Bock, Guderian zu Hitler zu entsenden. Dieser traf am Abend des 23. August im Führerhauptquartier ein und begab sich zu Hitler, ohne daß ihn einer der maßgebenden Generalstabsoffiziere begleitete. Brauchitsch war durch die beständigen fruchtlosen Auseinandersetzungen bereits so zermürbt, daß er es für sinnlos hielt, überhaupt noch von Moskau zu sprechen, während Halder gerade in der Mission Guderians das letzte Mittel sah, Hitler umzustimmen. Hitler sagte diesem, er habe sich für die Ukraine entschieden, seine Generale verstünden nichts von Kriegswirtschaft.

Guderians Panzergruppe wurde mit zwei Korps neu formiert und schwenkte nach Süden ein. Bock verblieb ein einziges Panzerkorps. Die neue Bewegung führte in den Sonnenblumenfeldern der Ukraine zu einem neuen überwältigenden Anfangserfolg. Nordöstlich von Kiew geriet Budjonnys »Südwestfront« mit der 5. und 21. Schützenarmee sowie zahlreichen gepanzerten und mechanisierten Verbänden und Kavalleriedivisionen in den Mahlstrom eines riesigen Kessels zwischen Tschernigow–Nowgorod, Sewersk und Gluchow. Aber die schlechten Wegeverhältnisse, die Hitze und der Staub

Der Hauptstoß der Heeresgruppe Nord zielte auf Leningrad, wie das altehrwürdige Sankt Petersburg seit 1924 hieß. Anfang September 1941 erreichten die ersten deutschen Panzerkolonnen den Stadtrand (Bild oben: Panzer IV., der Standardpanzer der Wehrmacht). Die Erstürmung der Stadt wurde aber abgeblasen, da Hitler sich dafür entschieden hatte, den Fall Leningrads durch Aushungern herbeizuführen. Bild rechte Seite oben: Kampf um einen russischen Bahnhof an der Nordfront. Bild rechte Seite unten: So lag Leningrad vor den deutschen Angreifern: Blick durch das Scherenfernrohr über die Newa auf Werft und Fabrikanlagen der Stadt; die am diesseitigen Ufer erkennbaren zylinderförmigen Behälter sind Öltanks.

Die letzten Kräfte sind ausgegeben

Tagebuchnotiz des Generalstabschefs Franz Halder, 11.8.1941

An den von Angriffsbewegungen nicht betroffenen Fronten ist Erschöpfung. Das, was wir jetzt machen, sind die letzten verzweifelten Versuche, die Erstarrung im Stellungskrieg zu vermeiden. Die Oberste Führung ist in ihren Mitteln sehr beschränkt. Die H. Gr. (Heeresgruppen; Anm. d. Autors) sind durch natürliche Grenzen (Sumpfniederungen) voneinander getrennt. Unsere letzten Kräfte sind ausgegeben. Jede Neugruppierung ist eine Verschiebung auf der Grundlinie innerhalb der Heeresgruppen. Das dauert Zeit und verbraucht Kraft von Menschen und Maschinen. Daher Ungeduld und Nervosität der höheren Führung und zunehmende Neigung, in alle Einzelheiten hineinzureden.

Mit dem Hineinreden in Einzelheiten, was man dann aber von unserer Seite nicht als Befehl, sondern als Wunsch oder Anregung an die Heeresgruppe bringt, ist natürlich eine große Gefahr verbunden. Wir kennen die Bedingungen nicht, unter denen die Ausführung erfolgen muß. Erfolgt sie langsamer, als wir uns wünschen, dann wird gleich mangelnder guter Wille oder gar bösartige Eigenmächtigkeit besonders bei den Panzerverbänden angenommen, die technischen Zwangsläufigkeiten mehr unterliegen als andere Verbände. Meine Bemühungen, das Hineinreden zu bremsen, sind leider nicht immer von Erfolg begleitet.

In der gesamten Lage hebt sich immer deutlicher ab, daß der Koloß Rußland, der sich bewußt auf den Krieg vorbereitet hat, mit der ganzen Hemmungslosigkeit, die totalitären Staaten eigen ist, von uns unterschätzt worden ist. Diese Feststellung bezieht sich ebenso auf die organisatorischen wie auf die wirtschaftlichen Kräfte, auf das Verkehrswesen, vor allem aber auf rein militärische Leistungsfähigkeit. Wir haben bei Kriegsbeginn mit etwa 200 feindlichen Div. (Divisionen; Anm. d. Autors) gerechnet. Jetzt zählen wir bereits 360. Diese Div. sind sicherlich nicht in unserem Sinne bewaffnet und ausgerüstet, sie sind taktisch vielfach ungenügend geführt. Aber sie sind da. Und wenn ein Dutzend davon zerschlagen wird, dann stellt der Russe ein neues Dutzend hin...

verschlissen immer mehr Material. Die Bestände der Panzerdivisionen schmolzen dahin, Panzerfahrzeuge, Befehlspanzer, Lastkraftwagen, Halbkettenfahrzeuge, Krafträder fielen aus und blieben liegen, Ersatz kam spärlich oder gar nicht.

Noch schwelgen alle im Führerhauptquartier in Siegesgewißheit. Der OKW-Bericht meldete stereotyp »erfolgreiche Kampfhandlungen« im Osten. Zentrum der Sorge und Skepsis war einstweilen nur das OKH in »Mauerwald« und Zossen, wo der Generalquartiermeister des Heeres, General Eduard Wagner, nach einer Lösung für das Nachschubproblem suchte.

Im Norden machte der Angriff des Feldmarschalls v. Leeb auf Leningrad Fortschritte. Seitens des OKH drängte man jetzt im finnischen Hauptquartier auf eine Offensive am Swir-Fluß zwischen der Südspitze des Onega- und der Ostspitze des Ladogasees, damit die über den Wolchow-Fluß vordringenden deutschen Truppen sich mit den finnischen Kräften vereinigen konnten. Am Ilmensee wurden drei russische Schützenarmeen vernichtet, Schlüsselburg, der östliche Sperriegel Leningrads, wurde genommen. Aber nun befiel Hitler Unsicherheit angesichts der Frage, was mit der Millionenbevölkerung Leningrads geschehen solle, wenn die Stadt fiel. Er beschloß, die Riesenstadt nicht zu nehmen, sondern einzuschließen, obwohl der russische Widerstand vor dem Zusammenbruch stand. Feldmarschall v. Leeb urteilte später erbittert, Hitler habe in Rußland so geführt, als ob er mit den Russen im Bunde gewesen sei.

Im Mittelabschnitt leitete Marschall Timoschenko zur Deckung Moskaus einen Gegenstoß ein. Im Süden näherte sich die Kesselschlacht bei Kiew dem Abschluß, die Bewegungen der deutschen Panzerverbände waren freilich durch schwere Regenfälle behindert, die alle Straßen in Schlamm und Morast verwandelten. Zeitweilig saß die Panzergruppe Kleist im Schlamm fest. Brauchitsch erörterte indes beim AOK 2 in Gomel, wohin auch Guderian befohlen wurde, erneut den Angriff auf Moskau. Er hatte das Bild der Marneschlacht vor Augen, noch mochte er die eigene Idee nicht vorzeitig fahrenlassen. Den sowjetrussischen Generalen war freilich schon der Entschluß, den Vormarsch auf Moskau plötzlich zu stoppen, als »zweites Marnewunder« erschienen. Auch Feldmarschall v. Bock glaubte, man müsse nun Moskau nehmen, noch sei die Jahreszeit dafür nicht zu weit vorgeschritten. Auf Betreiben des OKH erließ Hitler daher noch vor Abschluß der Schlacht von Kiew am 15. September 1941 – im Grunde acht Wochen zu spät – den Befehl, die Heeresgruppe Mitte habe sich zum Angriff auf Moskau bereitzustellen. Guderian wurde wieder nach Norden umdirigiert, Leeb vor Leningrad in Zarskoje Selo angehalten. Die Panzergruppe 3 sollte gemeinsam mit dem AOK 9 den Nord-

Zuerst Moskau oder Kiew? Das war die Frage während der Beratung im Führerhauptquartier auf dem Bild linke Seite oben (von links nach rechts: Keitel, von Brauchitsch, Hitler und Halder). Gegen den Widerstand seiner Heerführer ließ Hitler nach der ersten Angriffswelle an allen drei Frontabschnitten den entscheidenden Stoß auf Moskau zurückstellen. Es schien ihm wichtiger, in großen Kesselschlachten die russische Wehrkraft zu vernichten und die Ukraine in die Hand zu bekommen. Bild linke Seite unten: „Verkehrsstau" auf dem Vormarsch in der Ukraine. Bild rechts: So sah die Hauptstraße von Kiew aus, als die deutschen Truppen in der ukrainischen Hauptstadt eintrafen. Als Ursache des in Kiew wütenden Brandes galt die Explosion russischer Zeitzünderbomben.

Der größte Kampf der Weltgeschichte

Hitlers Rede im Sportpalast Berlin, 3.10.1941

Seit dem 22. Juni tobt ein Kampf von einer wahrhaft weltentscheidenden Bedeutung. Umfang und Auswirkung dieses Ereignisses wird erst eine Nachwelt klar erkennen. Es war, das darf ich heute aussprechen, der schwerste Entschluß meines ganzen bisherigen Lebens. Ein jeder solcher Schritt öffnet ein Tor, hinter dem sich Geheimnisse verbergen, und erst die Nachwelt weiß genau, wie es kam und was geschah.

So kann man sich nur im Innern mit seinem Gewissen abfinden. Das Vertrauen auf sein Volk, auf die geschmiedete Waffenstärke haben und schließlich, was ich früher oft sagte, den Herrgott bitten, daß er dem den Segen gibt, der selbst gewillt und bereit ist, heilig und opfervoll für sein Dasein zu kämpfen.

Am 22. Juni morgens setzte nun dieser größte Kampf der Weltgeschichte ein. Seitdem sind etwas über dreieinhalb Monate vergangen, und ich kann heute hier eine Feststellung treffen: Es ist alles seitdem planmäßig verlaufen.

Was immer auch vielleicht im einzelnen der Soldat oder die Truppe an Überraschendem erleben mußte, der Führung ist in dieser ganzen Zeit in keiner Sekunde das Gesetz des Handels aus der Hand genommen worden. Im Gegenteil, bis zum heutigen Tag ist jede Aktion genau so planmäßig verlaufen, als im Osten gegen Polen, dann gegen Norwegen und endlich gegen den Westen und auf dem Balkan. Und noch eines muß ich hier feststellen, wir haben uns weder in der Richtigkeit der Pläne getäuscht, noch in der einmaligen geschichtlichen Tapferkeit des deutschen Soldaten.

Wir haben uns nicht getäuscht über das reibungslose Funktionieren unserer ganzen Operationen der Front, über die Beherrschung der gigantischen hinteren Räume und auch nicht getäuscht über die deutsche Heimat. Wir haben uns aber über etwas getäuscht: Wir hatten keine Ahnung davon, wie gigantisch die Vorbereitungen dieses Gegners gegen Deutschland und Europa waren, und wie ungeheuer groß die Gefahr war, wie haarscharf wir diesmal vorbeigekommen sind an der Vernichtung nicht nur Deutschlands, sondern ganz Europas.

Ich spreche das hier heute aus, weil ich es heute sagen darf, daß dieser Gegner bereits gebrochen und sich nie mehr erheben wird.

flügel der Mittelfront bilden, die Panzergruppe 4 wurde mit dem XXXX. und XXXXVI. Panzerkorps, vier Heeres- und einer SS-Panzerdivision neu gruppiert, weit nach Süden in den Raum von Roslawl gezogen und südlich der Autobahn Smolensk–Moskau bereitgestellt. Angesichts des sich deutlich abzeichnenden Sieges bei Kiew ließ sich Hitler in diesen Septembertagen voll trügerischen letzten Sonnenglanzes darüber aus, wie sehr er über das große Rüstungspotential des Gegners erstaunt sei: Hätte er diese Tatsache vorher gekannt, hätte er sich nicht zum Angriff entschlossen. Er komme sich vor wie der Reiter über dem Bodensee. Jetzt, da man den Sieg in der Tasche habe, könne man dies offen sagen! Offiziell lautete der Tenor anders, in amtlichen Verlautbarungen hieß es immer wieder, gerade die riesige russische Rüstung enthülle, wie notwendig es gewesen sei, in den beabsichtigten Angriff hineinzustoßen.

Ende September 1941 ging die Schlacht in der Ukraine zu Ende; fünf sowjetische Schützen- und Panzerarmeen waren vernichtet worden, 665 000 Kriegsgefangene blieben in deutscher Hand. Marschall Budjonny entkam im Flugzeug aus dem Kessel, sein Stellvertreter, Generaloberst Kirponos, wurde tot auf dem Schlachtfeld gefunden. Die deutsche Berichterstattung überschlug sich in Superlativen. War Bialystok–Minsk die »größte Vernichtungsschlacht« der Geschichte gewesen, so wurde Kiew zum »größten Schlachtensieg der Weltgeschichte« gestempelt.

Stalin nahm wenig später als Vorsitzender des sowjetischen Verteidigungsrates eine Umgruppierung der Kräfte und Oberbefehlshaber vor. Woroschilow und Budjonny, alte Kriegskameraden aus dem Bürgerkrieg, die dem modernen Krieg nicht in vollem Umfang gewachsen waren, wurden abberufen und mit der Organisation von zwei grossen Reservegruppen im Ural und an der Wolga betraut. Die Front wurde in zwei Abschnitte, »Nord-West-Mitte« und »Südwest« unterteilt, deren Befehl Marschall Georgi Konstantinowitsch Schukow und Marschall Timoschenko in Südrußland übernahmen. Mit Georgi Schukow erschien die stärkste Feldherrnbegabung der Roten Armee in ver-

Unbesteitbar ist, daß viele Bewohner der von Stalin 1939-1941 besetzten Gebiete in Ostmitteleuropa in der Wehrmacht zunächst den Befreier vom sowjetischen Joch sahen. Bild oben: Der Jubel, mit dem beispielsweise diese Bessarabier, die unter dem sowjetischen Regime litten, die deutschen Soldaten begrüßen, sollte aber bald ins Gegenteil umschlagen. Hitler ging es im Osten nur um die Ausbeutung der Arbeitskraft und der Rohstoffe für seinen Krieg (Bild linke Seite: Getreideernte in der Ukraine). Hinzu kam die engstirnige „Rassenpolitik" der deutschen Besatzer, die aus den freundlich gesonnenen Angehörigen der nichtrussischen Minderheiten Zug um Zug hassende Feinde und gefürchtete Partisanen machte.

antwortlicher Stellung. Trocken, kühl rechnend und eigenwillig, war er ein ausgesprochen strategischer Kopf. In der Reichswehrzeit hatte er die Ausbildungskurse des Truppenamtes der Heeresleitung für russische Generalstabsoffiziere durchlaufen. Später hatte er sich im Grenzkrieg in der Mongolei gegen die Japaner die ersten Lorbeeren erworben.

Die Heeresgruppe Süd erhielt nun Befehl, mit den deutschen, italienischen, ungarischen, slowakischen und rumänischen Verbänden in Richtung des Donezbeckens und des Unterlaufs des Don vorzustoßen. Die 11. Armee, deren Befehl General v. Manstein übernahm, nachdem Generaloberst Ritter v. Schobert gefallen war, wurde zusammen mit rumänischen Gebirgsverbänden auf die Landenge von Perekop angesetzt, um den Zugang zur Krim zu erzwingen. Generaloberst v. Kleist folgte mit seinen Panzern, Rumänen und einem deutschen Gebirgskorps in Richtung auf Mariupol und Rostow am Don. Mehr noch als in Mittelrußland jubelte in der Ukraine die Bevölkerung den deutschen Truppen zu, wähnte sie doch die Stunde gekommen, da die Unabhängigkeit der Ukraine, der Traum eines von der Geschichte stets stiefmütterlich behandelten Volkes, verkündet wurde. Oftmals wurden in den Dörfern die deutschen Panzer mit Blumen bekränzt, die Bevölkerung brachte den deutschen Soldaten, was ihre Vorratskammern zu bieten vermochten. Als sich die deutschen Truppen den Wohnsitzen der Kosaken am Don näherten, erwachte der alte Haß der Kosakenbevölkerung gegen die bolschewistischen Unterdrücker von neuem. Die Kosaken hatten im Bürgerkrieg von 1918-22 den Kern der weißen Freiwilligenarmeen gebildet, die ausgezogen waren, das alte Heilige Rußland zu retten.

Am 23. September 1941 gruppierte Guderian seine Panzerdivisionen für den Angriff auf Moskau im Raum von Gluchow um. Vorgesehen war, Moskau durch eine weitausholende Zangenbewegung einzuschließen. Guderian wurde auf Tula angesetzt, Hoth mit der Panzergruppe 3 im Mittelabschnitt nördlich, Hoepner mit der Panzergruppe 4 südlich der Autobahn Smolensk–Moskau. Die Hauptlast des Infanterieangriffes fiel auf Feldmarschall v. Bocks 2., 4. und 9. Armee unter den Generalen Schmidt, v. Kluge und Strauß. Die Ersatzlage bei Guderians Panzergruppe ebenso wie bei denjenigen Hoepners und Hoths war bereits katastrophal. Das Panzerregiment 6 der 3. Panzerdivision des Generals Walter Model verfügte Mitte September noch über zehn einsatzfähige Panzer. Bei der 6. Panzerdivision, die Hoth unterstellt war, sah es nicht viel besser aus. Von 100 Ersatzpanzern, die für die Panzergruppe 2 bestimmt waren, erreichten nur 50 ihr Ziel. Die Treibstofflage wurde so kritisch, daß vielfach die rückwärtigen Dienste ihren Betriebsstoff an die Gefechtsfahrzeuge abgeben mußten, um wenigstens deren Bewegungen noch in Gang zu halten. Noch waren Männer wie Guderian indes überzeugt, daß eiserne Unnachgiebigkeit ausreiche, um die Operationen weiterzutreiben.

Die deutsche Öffentlichkeit wurde mit Siegesmeldungen überschüttet. Die Offensive auf Moskau erhielt den Decknamen »Taifun«, sie sollte den letzten Widerstand hinwegfegen. Am 2. Oktober 1941 erließ Hitler einen Aufruf an die Soldaten der Ostfront, die letzte große Entscheidungsschlacht des Jahres stehe bevor, vor Anbruch des Winters müsse der Gegner zerschmettert werden. In Berlin ergriff er zur Eröffnung des Kriegswinterhilfswerkes 1941/42 selbst das Wort. Der Gegner, so prophezeite er, sei gebrochen und werde sich nie mehr erheben. Allein er gab auch zu, daß der Angriff im Osten der schwerste Entschluß seines Lebens gewesen sei, daß jeder derartige Schritt ein Tor öffne, hinter dem sich nur Geheimnisse verbergen.

Noch einmal riß das große Ziel – Moskau – die Truppe empor, die so Ungeheures geleistet, die Tausende von Kilometern bewältigt und weite Räume Rußlands erobert hatte, ohne daß irgendein Ende der Kämpfe zu erkennen war. Bis zum 31. August 1941 betrugen die Verluste im Osten 84 354 Tote, 20 000 Vermißte und 292 680 Verwundete, ein Vielfaches aller bisherigen Verluste und doch nur eine schwache Vorahnung der Hekatomben, die der Osten noch verschlingen sollte.

Am 2. Oktober 1941 begann »Taifun«. Im Mittelabschnitt begünstigte in den ersten Tagen gutes Herbstwetter die Operationen. Doch der bereits flacher fallende Schein der Sonne über den ungeheuren Ebenen trog. Dahinter zog düster die Nacht auf, lauerten Stürme, die von Osten die Schneewolken des Winters heranführten. Die Woge des Erfolges, die den Mann im Bunker der »Wolfsschanze« in Ostpreußen so hoch emporgehoben, hatte ihren höchsten Stand erreicht. Vierzig Stunden nach Beginn der Offensive nahmen Panzer Guderians am Abend des 3. Oktober überraschend Orel an der Oka, in dessen Straßen noch fast friedensmäßiges Leben herrschte. Damit war die Bahnverbindung zwischen Moskau und Charkow unterbrochen. Gleichzeitig marschierte die 6. Armee unter Reichenau auf Charkow, die zweitgrößte Stadt der Ukraine, deren nach amerikanischen Vorbildern erbaute Hochhäuser sich so unwirklich wie eine Potemkinsche Traumstadt über der Steppe erhoben. Bei der Panzergruppe 4 stieß die 10. Panzerdivision 200 Kilometer tief vor und vereinigte sich am 7. Oktober mit den Spitzen der nördlich der Moskauer Autobahn vorpreschenden Panzergruppe 3 bei Wjasma. Im Raum Wjasma–Brjansk legten sich die eisernen Zangenarme der beiden Panzergruppen Hoepners und Hoths um das Gros der Verteidiger Moskaus. Eine neue riesenhafte Kesselschlacht zeichnete sich ab.

Panik ergriff die Kremlstadt. Die Volkskommissariate und die fremden Diplomaten flüchteten nach Samara (Kuiby-

Als Hitler sich endlich entschloß, die „Operation Taifun" in Gang zu setzen, den Angriff der Heeresgruppe Mitte auf Moskau, war die Jahreszeit schon weit fortgeschritten. Zwar waren für den Angriff 70 Divisionen bereitgestellt, doch behinderte die bereits am 8. Oktober einsetzende Schlammperiode den deutschen Vorstoß entscheidend. Und dann trat auf sowjetischer Seite auch noch frühzeitig der gefürchtete „General Winter" an (Bilder oben und linke Seite), der schon Napoleons große Armee dezimiert hatte.

schew) an der Wolga. Lenins Leichnam wurde in seinem gläsernen Sarg aus dem Kreml fortgeschafft. Nur Stalin und seine engsten Mitarbeiter harrten im Kreml aus. Die Arbeitermiliz wurde aufgeboten, die Stadt bereitete sich auf den letzten Kampf vor. Unterstützt von Sturzkampfflugzeugen des VIII. Fliegerkorps durchbrachen die Verbände der Panzergruppe 4 in schwersten Kämpfen auf dem seit Napoleons Rußlandfeldzug historischen Schlachtfeld von Borodino die große Moskauer Schutzstellung zwischen Twer (Kalinin) und Kaluga, die mit ihren Betonbunkern, eingebauten Flammenwerferbatterien, Panzerhindernissen und Minenfeldern in monatelanger Arbeit ausgebaut worden war. Hier traf man auf die ersten sibirischen Truppen, die 32. Schützendivision aus Wladiwostok; der Gegner setzte motorisierte Raketenwerferbatterien ein. Es nutzte nichts. Deutsche Truppen erschienen in Moschaisk und in Wolokolamsk nordwestlich von Moskau. Auch die zweite Schutzstellung an der Nara östlich von Moschaisk wurde durchbrochen. Der deutsche Vormarsch schien unaufhaltsam. Sowjetische Pioniereinheiten bereiteten den Kreml zur Sprengung vor, Guderians XXIV. Panzerkorps stieß über Orel auf Tula vor.

Mitte Oktober setzte im Moskauer Gebiet nach rasch wieder tauendem Schnee die Schlammperiode des russischen Vorwinters ein. Die Treibstoffversorgung geriet vollends ins Stocken. Guderian ersuchte um die Zuweisung von Winterbekleidung, doch es gab keine. Man stand 1500 Kilometer tief in Rußland, die Transportkrise nahm katastrophale Ausmaße an, das russische Bahnsystem mußte erst auf die deutsche Spurweite umgestellt werden, es fehlte an rollendem Material, vor allem an winterfesten Lokomotiven, es fehlte an Kraftfahrtransportraum, und war dieser vorhanden, fehlte es wieder an Treibstoff. Das OKH aber hatte noch immer die Schatten der Marneschlacht vor Augen. Einmal hatte man den Kampf zu früh aufgegeben, einmal hatte ein Generalstabschef die Nerven verloren. Hoth erhielt Befehl, mit der Panzergruppe 3 nördlich um Moskau herumzuschwenken, Guderian wurde über Tula hinaus auf die Oka-Übergänge zwischen Kolomna und Serpuchow angesetzt.

Die Schlacht tobte jetzt zwischen den Waldai-Höhen im nördlichen Rußland und dem Asowschen Meer. Am 16. Oktober nahm die 4. rumänische Armee unter General Jacobici Odessa. Am Asowschen Meer kesselten Kleist, Manstein und der rumänische General Dimitrescu mit der 3. rumänischen Armee vier sowjetische Schützenarmeen ein und rieben sie auf. 100 000 Kriegsgefangene waren die Beute. Nach Erzwingung der Zugänge zur Krim schickte sich Manstein an, fächerförmig mit dem AOK 11 auf Sewastopol, die russische Seefestung am Schwarzen Meer, hinabzustoßen. Kleists Panzer rollten weiter auf Rostow zu. Am 17. Oktober

ging die Kesselschlacht von Wjasma–Brjansk zu Ende. 67 Schützendivisionen, sechs Kavallerie-, sieben Panzerdivisionen und sechs Panzerbrigaden der Roten Armee waren zerschlagen oder vernichtet. Im Süden eroberte Feldmarschall v. Reichenau Charkow. Deutsche Truppen brachen ins Donezbecken mit seinem Kohlenrevier ein, Stalino (Donezk) wurde genommen. Das OKW bezifferte die Zahl der vernichteten russischen Divisionen auf 260-300, darunter 40 große Panzereinheiten. Mußte dies nicht die Kraft des Gegners erschöpfen? Guderian aber, selbst einer der Eisernsten und Unbeugsamsten, stellte gleichzeitig zum ersten Mal ein Nachlassen der seelischen Kraft der eigenen Truppe fest. Schutzlos war sie den Unbilden der Witterung ausgesetzt. Die Radfahrzeuge blieben im Schlamm stecken, Kettenfahrzeuge mußten zum Schleppen eingesetzt werden. Es gab keine Winterbekleidung, keine Frostschutzmittel für die Motoren, es gab nicht einmal genug Trossen, um Radfahrzeuge im Schlepp zu bewegen. Der Gegner setzte in steigenden Mengen

Den Feind unterschätzt

Tagebucheintragung des Oberbefehlshabers der Heeresgruppe Mitte, Generalfeldmarschall Fedor v. Bock, 7.12.1941

Drei Dinge haben zu der gegenwärtigen schweren Krise geführt:

1. Die einsetzende Herbstschlammzeit. Truppenbewegungen und Nachschub sind durch die tief verschlammten Wege nahezu völlig lahmgelegt. Die Ausnutzung des Sieges von Wjasma ist nicht mehr möglich.

2. Das Versagen der Bahnen. Mängel im Betriebe, Mangel an Wagen, Lokomotiven und geschultem Personal – mangelnde Widerstandsfähigkeit der Betriebseinrichtungen gegen russischen Winter.

3. Die Unterschätzung der Widerstandskraft des Feindes und seiner personellen und materiellen Reserven.

Der Russe hat es verstanden, unsere Transportschwierigkeiten durch Zerstörung nahezu aller Kunstbauten an den Hauptbahnen und Straßen so zu steigern, daß es der Front am Allernötigsten zum Leben und Kämpfen fehlt. Munition, Betriebsstoff, Verpflegung und Winterbekleidung kommen nicht heran. Die Leistungen der infolge Versagens der Bahnen und nach 1500 km langem Vormarsch überbeanspruchten Kraftfahrgeräte sinken zusehends ab. So kommt es, daß wir heute jeder Möglichkeit zu nennenswerten Truppenverschiebungen beraubt und mit versagendem Nachschub einem Feinde gegenüberstehen, der unter rücksichtslosem Einsatz seiner unerschöpflichen Menschenmassen zum Gegenangriff antritt. In überraschend kurzer Zeit hat der Russe zerschlagene Divisionen wieder auf die Beine gestellt und seine verlorene Artillerie durch zahlreiche Raketengeschütze zu ersetzen gesucht. Heute stehen 24 Divisionen mehr vor der Heeresgruppenfront als am 15. November. Demgegenüber ist die Kraft der deutschen Divisionen durch die ununterbrochenen Kämpfe und durch den mit Gewalt hereinbrechenden Winter auf weniger als die Hälfte herabgesetzt.

seine neuen schweren Panzer T-34 und seine neuen Raketensalvengeschütze, die »Stalinorgeln«, ein.
Bei der Heeresgruppe Mitte erreichte das LVII. Korps Borowsk, 80 Kilometer vor Moskau. Am 29. Oktober standen Guderians Panzer vier Kilometer vor Tula und wurden von Panzerabwehr- und Flakgeschützen zusammengeschossen. Ein Versuch, die Stadt in östlicher Richtung zu umgehen, scheiterte. Die Panzergruppe 4 saß an der Moskwa-Niederung und am Smolensk-Moskauer Höhenrücken im Schlamm fest. Ihre Spitzen erreichten noch das Straßenkreuz von Schelkowka, nur 84 Kilometer vom Kreml entfernt.
Zwischen dem 6. und 12. November 1941 setzte an allen Frontabschnitten Frostwetter ein, die Schlammperiode ging zu Ende. Der Frost ermöglichte zunächst die Wiederaufnahme des Angriffs, bis der Winter mit eisiger Kälte und starkem Schneefall anhob. In Orscha versammelte Generaloberst Halder die Stabschefs der Heeres- und Panzergruppen und der Armeen, die Offensive wurde weiter vorangetrieben. Stalin warf frische sibirische Divisionen und die Kosakendivisionen Dowator und Below in den Kampf. Der Endkampf um die zweite große Moskauer Schutzstellung zwischen Klin–Istra–Swenigorod–Naro–Fominsk–Serpuchow–Tula begann. Der Panzergruppe 4 wurden das V., VII. und IX. Armeekorps zugewiesen. Das V. Korps sollte Klin nehmen und dann, nach Südosten eindrehend, Moskau von Norden her abriegeln und die Verbindung Moskau–Leningrad durchschneiden. Bei eisiger Kälte setzte Guderian am 18. November 1941 zu dem befohlenen neuen Stoß auf Gorki an. Die 17. Panzerdivision umging Tula und erreichte als nördlichsten Punkt Kaschira. Dann war ihre Kraft am Ende. Nordöstlich Moskau suchte die 44. mongolische Kavalleriedivision bei Mussino durch verzweifelte Reiterattacken den deutschen Vormarsch aufzuhalten. Die 2. Panzerdivision nahm Solnetschnogorsk und gewann unterhalb von Twer die Eisenbahnlinie Moskau–Leningrad. Über Klin hinaus stießen Panzer der Panzergruppe 3 zu weitausholender Umgehung Moskaus auf den Moskwa-Wolga-Kanal vor. Bei Peschki griffen russische Panzerbrigaden mit englischen Panzern an. Das XXXX. und XXXXVI. Panzerkorps unter den Generalen Stumme und Frhr. v. Vietinghoff gen. Scheel nahmen bei grimmigster Kälte und hohem Schnee in schweren Waldkämpfen den Istra-Abschnitt, das Kernstück der zweiten großen Schutzlinie vor Moskau. Damit schoben sich die Divisionen der Panzergruppe 4 in einem Viertelring nordwestlich von Moskau fast überall zwischen Klasmafluß, Istra-Staubecken und der Moskwa bis auf 32 bis 35 Kilometer Entfernung an die russische Hauptstadt heran. Dann war freilich auch ihre Kraft am Ende, während die Moskauer Bevölkerung, soweit sie nicht geflohen war, bereits den Gefechtslärm hören konnte.
Auf der Krim blieb Mansteins Angriff infolge der Nachschubkrise vor Sewastopol liegen. Die Panzergruppe Kleist nahm am 21. November Rostow, dann erlahmte auch ihre Kraft. Guderian wurde skeptisch und forderte Feldmarschall v. Bock am 23. November auf, zur Verteidigung überzugehen. In Berlin tagten zwei Tage darauf die Mächte des Antikomintern-Paktes, das Deutsche Reich, Italien, Japan, Spanien sowie Mandschukuo, der japanische Satellitenstaat in der Mandschurei, und beschlossen die Verlängerung dieses Paktes gegen die Kommunistische Internationale um weitere fünf Jahre. In einem feierlichen Staatsakt erklärten Bulgarien, Dänemark, Finnland, Kroatien, Rumänien, die Slowakei und die auf Betreiben der Japaner gebildete nationalchinesische Regierung ihren Beitritt. Joachim von Ribbentrop, einst im Jahre 1936 als heimlicher zweiter Außenminister, als außenpolitischer

Am 6. Dezember 1941 traten 14 Sowjetarmeen unter dem Oberbefehl des Armeegenerals Grigori Schukow (oben rechts) zur „Winterschlacht vor Moskau" an. Die deutschen Truppen unter Generalfeldmarschall Fedor von Bock (oben links) kamen ins Wanken, die Front wurde an vielen Stellen aufgerissen. Im Führerhauptquartier dachte mand an Napoleons fluchtartigen Rückzug aus Rußland. Hitler übernahm nun selbst den Oberbefehl über das Heer und rief die Soladaten an der Ostfront zu „fanatischem Widerstand" auf. Bild linke Seite: Deutsche Soldaten vor Moskau ergeben sich bestens für den Winterkrieg ausgerüsteten Sowjetarmisten.

Berater des Führers, der Schöpfer dieses Paktes, der Japan in nähere Beziehungen zum Reich gebracht hatte, erklärte jetzt, der bolschewistische Koloß sei zertrümmert. Dies war am 26. November 1941.

Einen Tag darauf, am 27. November, griff Marschall Timoschenko bei Rostow an, die erste große Gegenoffensive setzte ein. An diesem Tag erreichten Spitzen der Panzergruppe 4, vor allem Einheiten der 2. Panzerdivision, Krasnaja Poljana 22 Kilometer vor Moskau. Am 30. November räumte Kleist Rostow wieder. Feldmarschall v. Rundstedt forderte den Rückzug auf den Miusfluß. Hitler untersagte jede Rückzugsbewegung. Rundstedt erbat seinen Abschied. Er wurde ihm gewährt. Zum Nachfolger wurde Feldmarschall v. Reichenau ernannt. Dieser sah, daß nichts anderes blieb, als am Mius eine Winterstellung zu beziehen, und führte den Rückzug durch. Hitler fügte sich.

An der Front herrschte bitterste Kälte, das Thermometer sank bis auf 38 Grad, Schneestürme tobten, und die Truppe focht immer noch in den Uniformen des Sommerfeldzuges. Es gab zahllose Erfrierungen. Panzer blieben liegen, weil sie keinen Treibstoff mehr hatten. Motoren versagten, weil die Frostschutzmittel fehlten. Artillerieregimenter, die nur mehr über ein Dutzend Rohre verfügten, waren keine Seltenheit mehr. Vielfach schlachtete die Truppe ihre Pferde, um sich zu verpflegen. Und dabei hatte auch Generaloberst Hoth noch seine Panzer bis auf 35 Kilometer vor Moskau geführt. Am 2. Dezember 1941 entriß General Andrei Andrejewitsch Wlassow mit der 2. sowjetischen Stoßarmee das Dorf Kewo 30 Kilometer vor Moskau den Deutschen. General Iwan Stepanowitsch Konjew griff bei Twer Hoepners zerschlissene Panzereinheiten an. Sibirische Truppen in vortrefflicher Winterausrüstung wurden in die Schlacht geworfen. Bei Liwny brachen sowjetische Verbände mit starker Panzerunterstützung tief in die Linien der 2. Armee des Generals Schmidt ein. Bei allen Panzergruppen vollzog sich der Übergang zur Verteidigung. Alle Heeresgruppenbefehlshaber forderten die Zurücknahme ihrer Verbände in eine

Winterstellung, die im Grunde gar nicht vorhanden war. Feldmarschall v. Leeb dachte an einen Rückzug bis nach Polen.

Dagegen stemmte sich jedoch Hitler mit all der dämonischen Willenskraft, die ihm in solchen Momenten zu Gebote stand. Er sah die Gefahr, daß das Heer sich auflöste, daß es seiner angemaßten Befehlsgewalt entglitt, die im Grunde nur auf dem Erfolg, dem Glück, beruhte. Er verbot jedes Zurückweichen. Mit Brauchitsch begann eine neue heftige Auseinandersetzung über die Frage, ob man der schwer ringenden Truppe mit Vorrang Munition oder Winterkleidung zuführen solle. Hitler entschied sich für die Munition. Feldmarschall v. Bock erkrankte und erbat Urlaub, sein Nachfolger wurde Feldmarschall v. Kluge. Am 19. Dezember 1941 enthob Hitler den Oberbefehlshaber des Heeres, Generalfeldmarschall v. Brauchitsch, der bereits am 7. Dezember auf Grund seines erschütterten Gesundheitszustandes den Abschied erbeten hatte, seines Kommandos und übernahm selbst den Oberbefehl über das Heer. In einem Tagesbefehl an das Ostheer hieß es: »Was ich für Euch, meine Soldaten, tun kann, in der Fürsorge und in der Führung, wird geschehen.«

Die wenn auch spät, jedoch keinesfalls zu spät, geforderte Wintersachensamm-

Unter entsetzlichen Verlusten gelang es den Deutschen, die Front im Winter 1941/42 wieder einigermaßen zu stabilisieren (Bilder linke Seite: Im Abwehrfeuer gefallene Sowjetsoldaten werden von den Einwohnern der nächstgeliegenen Ortschaft zur Bestattung geborgen).
Als der russische Winter mit voller Grimmigkeit hereingebrochen war, sahen sich die unzureichend gekleideten und ausgerüsteten deutschen Truppen nahezu schutzlos seinen Unbilden ausgeliefert. In der Heimat wurde hastig zu Sammlungen von Pelzwerk und Winterkleidung aufgerufen (Bild oben: Verladung von Bekleidungsstücken für die Ostfront).

lung wurde als Planung des »Führers« durchgeführt.

In diesen Wintermonaten bildete sich nun in den Bunkern und Baracken der »Wolfsschanze« jene eigenartige Atmosphäre heraus, die für das Führerhauptquartier der zweiten Kriegsphase charakteristisch bleiben sollte. Mit düsterem Fanatismus stürzte sich Hitler auf seine neue Aufgabe, Krieg- und Staatsführung in einer Hand zu vereinen. Das Mißtrauen, das ihn immer stärker gegenüber dem alten Offizierskorps ergriff, ließ ihn sich kaum eine Stunde der Erholung gönnen, verleitete ihn dazu, möglichst alle Entscheidungen selbst zu treffen. Seine Tischgespräche an der Tafel im Hauptquartier, die er sorgfältig aufzeichnen ließ, zeigen indes, wie gern er in solchen Stunden den Alltag, das Kriegsgeschehen, floh, wie seine Gedanken auch jetzt oft der Schaffung neuer Theater, Konzerthäuser, Gemäldegalerien, dem Bau neuer Städte galten, wie fest er auch in diesem Winter noch in dem Bewußtsein lebte, daß

ihm der Sieg zufallen würde, daß es dann seine Aufgabe sein werde, dem neuen deutschen Reich als der Vormacht Europas eine neue Gestalt zu geben. Er schonte sich nicht, er sah sich im Ringen mit dem unabwendbaren Geschick und in der Erfüllung der unmöglichen Aufgabe, Operationsführung, Staatslenkung, Verwaltung, Rechtsprechung, Parteiführung allein zu bewältigen.

Generaloberst Halder wiegte sich kurze Zeit in der Hoffnung, ohne Zwischenschaltung eines Oberbefehlshabers besser auf Hitler einwirken zu können. Er täuschte sich bitter. Die Krise wuchs. Guderian flog zu Hitler, um diesen über die Lage an der Front aufzuklären. Doch Hitler hielt an der starren Verteidigung fest, instinktiv ahnend, daß dies in dieser – wenn auch nur in dieser einen – Stunde, das einzige Mittel war, um die unmittelbar drohende Katastrophe eines napoleonischen Rückzuges abzuwenden. Nach einem heftigen Konflikt mit Feldmarschall v. Kluge wegen örtlicher

Absetzbewegungen wurde Guderian am 26. Dezember 1941 seines Kommandos enthoben. Sein Nachfolger wurde der General Rudolf Schmidt. Die Russen machten den Versuch, durch eine Doppellandung auf der Halbinsel Kertsch und bei Feodosia die Krim zurückzuerobern. Als der auf der Halbinsel Kertsch befehligende General Graf v. Sponeck den Rückzug befahl, wurde er abgesetzt und wegen Feigheit auf die Festung gebracht. Bei der 17. Armee wurde General v. Stülpnagel seines Postens enthoben. Generaloberst Strauß, Oberbefehlshaber der 9. Armee, meldete sich krank. Am 8. Januar 1942 traf Generaloberst Hoepner wegen eigenmächtiger Absetzbewegungen, die notwendig geworden waren, um sich einer Umfassung zu entziehen, der Bannstrahl. Er wurde aus der Armee ausgestoßen. Im hohen Norden wurde Generaloberst v. Falkenhorst als Oberbefehlshaber der Lappland-Armee durch den General der Gebirgstruppen Dietl ersetzt und wieder auf seine Befugnisse als Wehrmachtbefehlshaber Norwegen beschränkt.

Seit dem 18. Dezember gab der OKW-Bericht offiziell für den Osten den Übergang zum Stellungskrieg zu. An verschiedenen Abschnitten war von »Frontverbesserungen« oder »Frontverkürzungen« die Rede. Erstaunlicherweise hielt die Front jedoch, trotz einzelner gefährlicher Einbrüche des Gegners, wie des Aufreißens der Nahtstelle zwischen den Heeresgruppen Nord und Mitte im Raum Demjansk–Ostaschkow. In solchen Fällen befahl Hitler das Halten wichtiger Punkte als »Igelstellung«. In Cholm verteidigte sich so Generalmajor Scherer mit Alarmeinheiten aus Nachschubeinheiten und Versprengten. In Demjansk behauptete sich das II. pommersche Armeekorps unter General Graf v. Brockdorff-Ahlefeldt. Die Versorgung derartiger »Igel« wurde der Luftwaffe übertragen.

Die erste Winterkrise dieses Krieges gab Hitler recht. Die Taktik, die Verbindungslinien zu halten, die Truppe unter Dach zu bringen und wichtige Verkehrsknotenpunkte oder Versorgungszentren, Wjasma, Rschew, Kaluga, Brjansk, Orel, Kursk, Charkow, als »Igel« mit allen Mitteln zu verteidigen, bewährte sich, bewirkte allerdings,

auf die Dauer gesehen, einen untragbaren Verschleiß der Truppe wie des noch vorhandenen Materials. Dazu kam, daß der russische Gegenstoß noch nicht einheitlich unter großen Gesichtspunkten geführt wurde, trotz reichlicher Ausstattung mit winterfesten beweglichen Einheiten, Panzer- und mechanisierten Verbänden, Schlitten-, Ski- und Kavallerieeinheiten. Die furchtbaren Niederlagen des Sommers waren nicht ohne schwere Folgen geblieben. So gelang es den sowjetischen Truppen zwar vielfach, in die deutschen Linien einzusickern, es gelang ihnen auch, an manchen Stellen tiefe Einbrüche zu erzielen, es gelang ihnen, über das Eis des Ladogasees die Verbindung mit dem belagerten Leningrad wiederherzustellen, aber der Durchbruch in die Tiefe wurde meist gar nicht erstrebt. Im allgemeinen bissen sich die Angreifer vor den deutschen »Igeln« fest und bestätigten damit Hitlers These.

»Wie dieses Jahr ausgehen wird, weiß ich nicht. Ob darin der Krieg sein Ende nimmt, kann niemand sagen. Aber eines weiß ich: Es wird wieder ein Jahr grosser Siege sein«, so erklärte Hitler in einer Rede im Sportpalast in Berlin zum Jahrestag der Machtübernahme am 30. Januar 1942. Die Wehrmachtberichte sprachen von strengem Frost an der Ostfront, von harten Abwehrkämpfen gegen schwerste Massenangriffe, von der »Abriegelung« von Einbruchstellen.

Der Reichspropagandaminister, Dr. Joseph Goebbels, gab voll Stolz die Ergebnisse der Wintersachensammlung für die Ostfront bekannt, die er als den »Sieg des deutschen Herzens« zu verherrlichen suchte. 67 Millionen Stück an Pelz- und Wollsachen wurden als Gesamtergebnis angegeben, darunter befanden sich zahlreiche kostbare Erinnerungsstücke von unersetzlichem Wert wie der Pelzmantel des Altreichskanzlers, den sein Enkel, der Botschafter Fürst v. Bismarck, gegeben, der Jagdmuff Hindenburgs, den der Sohn, Generalmajor Oskar v. Beneckendorff u. Hindenburg, gespendet hatte. Aber die Presse brachte jetzt auch zum erstenmal Artikel gegen »Schwarzseherei«, sie gab Todesurteile gegen »Kriegswirtschaftsverbrecher«, Hamsterer, Schleichhändler, Schieber und Schwarzschlächter bekannt, die von einem verschärften Kampf an der inneren Front redeten. Absichtlich wurden Todesurteile verkündet, die sich gegen Angehörige der Bürokratie oder Mitglieder der alten Oberschicht richteten, Direktoren von Rüstungswerken oder Fabrikanten, Leiter von Kartenstellen, Amtsbürgermeister oder Lazarettverwalter. Der Eishauch des östlichen Winters, die dunkle Ahnung, daß das Ostheer mit Mühe einer Katastrophe entronnen war, ergriff auch die Heimat. Die schwere Transportkrise, die es teilweise unmöglich machte, die gespendeten Wintersachen noch rechtzeitig der Truppe zuzuführen, hatte auch Einschränkungen im Bahn- und Kraftfahrzeugverkehr in der Heimat zur Folge. Amtlich wurde entsprechend der Neigung Hitlers, in schwierigen Situationen neue Sonderbevollmächtigte einzuschalten, die Ernennung eines Generalinspekteurs in Gestalt eines SS-Führers bekanntgegeben, der die verfahrene Lage im Kraftfahrwesen meistern sollte.

Für die besetzten Ostgebiete, die unter dem Reichsminister Alfred Rosenberg zusammengefaßt worden waren, wurde im Februar 1942 der Erlaß einer neuen Agrarordnung bekanntgegeben. An die Stelle der sowjetischen Kollektivwirtschaft sollte eine gemischte, halb privatwirtschaftliche, halb genossenschaftliche Ordnung treten, die das bäuerliche Privateigentum gewährleisten sollte. Im März folgte ein Erlaß über die Bildung landeseigener Verwaltungen in Litauen, Lettland und Estland. Diese Ansätze zu einer echten konstruktiven Ostpolitik blieben jedoch in den Anfängen stecken, sie wurden schon allein durch die rücksichtslosen Anforderungen auf Lieferung agrarischer Erzeugnisse zunichte gemacht, welche die Reichskommissare einfach dazu zwangen, auf die Planwirtschaft zurückzugreifen. Nach Hitlers Plänen sollten die Ostgebiete nicht nur die Verpflegung des Ostheeres liefern, sondern auch die Ernährungsbasis der deutschen Bevölkerung bilden. Die nackte Machtpolitik triumphierte. Und dazu schlug die geplante Erneuerung der großen Offensive alles in den Bann.

Die Anfang Dezember losgebrochene sowjetische Winteroffensive tobte noch bis Ende Februar 1942. Bilder linke Seite: Durch die Schneefelder der Mittelfront bahnen sich Sturmgeschütze den Weg nach vorn, um zur Unterstützung der hart bedrängten Infanterie in den Kampf einzugreifen (oben); nächtlicher Feuerüberfall deutscher Artillerie auf sowjetische Stellungen (unten). Bild rechts: Der Winter hat seine eigenen Tarnungsgesetze. Die Männer an diesem verkleideten Pakgeschütz tragen „schneeweiße" Mäntel und Helmüberzüge.

Mit dem Winter 1941/42 aber schien es, als ob auch das Glück die deutschen Truppen im Osten verlassen hatte. Am 17. Januar 1942 erlag der Generalfeldmarschall v. Reichenau im Hauptquartier der Heeresgruppe Süd in Poltawa einem Schlaganfall, eine der glänzendsten, aber auch umstrittensten Erscheinungen in der Generalität, ein Mann von ebenso großem Ehrgeiz wie großer Tatkraft. Am 8. Februar 1942 stürzte nach einem Besuch im Führerhauptquartier der Reichsminister für Bewaffnung und Munition und Generalinspekteur des Straßenwesens, der Wasser- und Energiewirtschaft, Generalmajor der Luftwaffe Dr. Fritz Todt, mit seinem Flugzeug ab.

Zum Nachfolger wurde der bisherige Berater Hitlers in städtebaulichen Fragen, der 36jährige Architekt Albert Speer, ernannt, der noch fest an Adolf Hitlers Stern und Genie glaubte und sich mit dem Mut der Jugend an die verzweifelte Aufgabe machte, den komplizierten Apparat der Rüstungswirtschaft mit seinen zahlreichen Instanzen zusammenzufassen, zu vereinheitlichen und straff zu gliedern.

Angesichts der ungeheuren Stärke der russischen Panzerwaffe und Panzerproduktion war für das Heer die Steigerung der Panzererzeugung entscheidend. Eine auf Guderians Anregung gebildete Kommission von Offizieren des Heereswaffenamtes, Konstrukteuren und Automobilindustriellen hatte bereits im November 1941 die Panzergruppe 2 in Rußland besucht, um die Auswertung der Kampferfahrungen an Ort und Stelle zu prüfen. Im Versuchsstadium befand sich bereits die Konstruktion eines schweren 60-Tonnen-Panzers mit einem 8,8-cm-Geschütz, des »Tigers«, und eines neuen mittleren Panzers, des »Panthers«, während Erwägungen, einen dritten leichten Typ, den »Leopard«, als Aufklärungspanzer zu bauen, bald wieder aufgegeben wurden. 1940 waren im Monat durchschnittlich etwa 125 Panzer erzeugt worden, Hitler befahl die Erhöhung der Monatsrate auf 600 Stück. Speers Stellvertreter, Hauptdienstleiter Saur, wurde als Bevollmächtigter für den Panzerbau eingesetzt, mit der Maßgabe, über alle anderen Programme hinweg entsprechende Maßnahmen zu treffen. Dies führte zu schweren Eingriffen in das Luftrüstungsprogramm, zur Beschlagnahme eines erheblichen Teiles der von der Luftwaffe mühsam aufgebauten Kurbelwellenfabrikation, zur Beschlagnahme von Fabriken, die voll mit Aufträgen der Luftwaffe ausgelastet waren, so daß allmählich ein heilloses Durcheinander entstand und die Belieferung der Luftwaffe mit Flugzeug- und Motorenteilen ins Stocken geriet, so daß diese wiederum ihr Programm nicht erfüllen konnte. Die Krise in der Panzererzeugung blieb so konstant, die Krise in der Luftrüstung verschärfte sich.

Und die Krise in der Führung schwelte weiter fort.

Hitler strebte nach einer Verjüngung der Generalität, in diesem Streben lebhaft unterstützt durch den Chefadjutanten der Wehrmacht, General Schmundt, dessen Einfluß in Personalfragen ständig wuchs. Das Ideal wurden fronterfahrene, gewandte, bedenkenlose und darum bedingungslos gläubige und bedingungslos gehorsame Generale, die dem »Führer« jenes felsenfeste Vertrauen entgegenbrachten, das dieser so merkwürdig unsichere Mann um so stärker zur Bestätigung seiner eigenen Sendung brauchte, je größer die Hindernisse wurden, die sich vor ihm auftürmten. Solche Idealgestalten, die mit Titeln und Auszeichnungen überhäuft wurden, glaubte er in Generaloberst Dietl, dem Befehlshaber der Lapplandarmee, und Rommel, dem Oberbefehlshaber der Panzerarmee Afrika, gefunden zu haben. An der Ostfront begann der Aufstieg des Generals Walter Model, der im Sommerfeldzug 1941 noch eine Panzerdivision geführt hatte, zum Oberbefehlshaber der 9. Armee und später zum Feldmarschall. Obwohl Generalstäbler, erwarb er sich durch seine Härte, seine Improvisationsgabe und durch seine Gewandtheit im Umgang mit dem einfachen Soldaten Hitlers Vertrauen. Der Chef des Generalstabes des Heeres, Generaloberst Halder, fiel dagegen immer mehr in Ungnade. Er wirkte auf Hitler wie ein grämlicher, pedantischer Schulmeister, der ihm zäh und beharrlich stets seine Fehler aufrechnete. Männer wie General Geyer, eine der größten Hoffnungen des Gene-

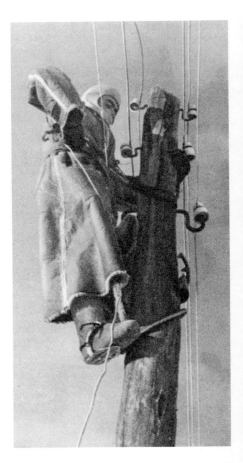

ralstabes, der das IX. Armeekorps vor Moskau befehligt hatte, wurden davongejagt.
Die Situation an der Ostfront verlangte im Frühjahr 1942 zunächst die Bereinigung der sowjetrussischen Einbruchsstellen und den Entsatz der deutschen Kessel, vor allem in Cholm und Demjansk. Tiefe Einbruchsstellen existierten vor allem am Wolchow südöstlich Leningrads, wo die 2. sowjetische Stoßarmee des Generals Wlassow und Teile der 52. und 59. Schützenarmee die deutsche Einschließungsfront vor Leningrad bedrohten, und an der Nahtstelle zwischen der 6. und 17. Armee bei Isjum südlich von Charkow. Auf der Krim ging die 11. Armee unter General v. Manstein an die Liquidierung des russischen Landekopfes bei Feodosia, die bereits im Januar abgeschlossen wurde. Heftige russische Angriffe auf die Parpatschstellung, den Sperriegel der Krim im Osten, verhinderten einstweilen die Beseitigung des zweiten Landekopfes auf der Halbinsel Kertsch. Bis zum April schlug die 11. Armee hier vier sowjetische Großangriffe zurück.

Feldmarschall v. Bock schlug die Zurückschlagung des russischen Einbruches bei Isjum vor. Während an der Front die Kämpfe ohne Ruhepause weitergingen, entbrannte im Hauptquartier der Kampf um die Weiterführung des Krieges an der Ostfront. Am 26. April 1942 erklärte Hitler in einer Reichstagsrede, in der er unumschränkte Vollmachten für sich auf allen Gebieten einschließlich der Justiz verlangte – und verkündete, niemand habe mehr Rechte, sondern nur noch Pflichten –: »Der Kampf im Osten wird seine Fortsetzung finden. Der bolschewistische Koloß wird von uns so lange geschlagen werden, bis er zertrümmert ist.« Dies war das Programm für 1942.

Hitler wollte jetzt seinen Plan verwirklichen, die kaukasischen Ölfelder in deutschen Besitz zu bringen. Gleichzeitig sollte die Wolga als wichtige Nachschubwasserstraße blockiert werden. Auf diese Weise vermeinte er die Niederwerfung des russischen Widerstandes am ehesten zu erreichen, so daß man alsdann das europäisch-russische Wirtschaftspotential gegen die angelsächsischen Mächte in die Waagschale werfen konnte. Diese Konzeption barg zwei Fehler grundsätzlicher Natur. Sie stand in keinerlei Einklang mit den tatsächlichen Kräfteverhältnissen, und sie verlangte eine Operation von einer einzigen Basis in zwei auseinanderstrebenden Richtungen. Halder erhoffte sich von der Eroberung Moskaus neben der moralischen Schockwirkung stärkste Auswirkungen auf das russische Verkehrsnetz, das mit der Inbesitznahme Moskaus in zwei Hälften zerschnitten wurde. Moskau war der Mittelpunkt des zentralrussischen Eisenbahnnetzes. Mit dessen Blockierung konnte man die Heranführung von Reserven aus dem uralischen und sibirischen Raum genau so verhindern wie die Lieferung des alliierten Rüstungsmaterials aus Murmansk und Iran. Hitler sah dagegen in der Besitznahme des Don-Wolgagebietes, des Kuban- und Terekgebietes und des Kaukasus das entscheidende Mittel. Von diesem Bereich aus sollten dann Expeditionskorps nach dem Ural und nach Iran vorgetrieben werden. Dafür stellte 1942 der ehemalige Chef der Militärmission Irak, General der Flieger Felmy, der Militärbefehlshaber Südgriechenlands geworden war, bereits in Süd-Attika den Sonderstab F mit einer deutsch-arabischen Lehrabteilung zusammen. Bei dem Erscheinen deutscher Truppen in Transkaukasien hoffte Hitler auf den Anschluß der Türkei und die Erhebung der arabischen Welt. Italien, dem bereits 1919 einmal von den Alliierten die dornenvolle Aufgabe zugedacht gewesen war, die Schutzherrschaft über Georgien zu übernehmen, sollte sich mit einem Alpenjägerkorps an dieser Operation beteiligen. Rommels Vorgehen gegen Ägypten und den Suezkanal würde so gleichfalls seinen letzten Sinn finden.

Eine ruhmreiche Episode im Winterkrieg 1941/42 war der verbissene Widerstand der unter dem Kommando des Generalmajors Scherer stehenden Besatzung des Kessels Cholm südlich des Ilmensees. Seit dem 21. Januar 1942 bis auf die Telegrafenverbindung (Bild linke Seite oben) von der Außenwelt abgeschnitten, hielten die Verteidiger bis zu ihrem Entsatz am 4. Mai durch. Bild oben: Offiziere seines Stabes schmücken Scherer mit dem ihm während des Abwehrkampfes verliehenen Ritterkreuz. Bild linke Seite unten: Eine „Verpflegungsbombe" ist über dem Kessel abgeworfen worden.

Zum Sommer 1942 bezog Hitler mit den Chefs des Wehrmachtführungs- und des Generalstabes und der Operationsabteilung ein vorgeschobenes Hauptquartier in Winniza in der westlichen Ukraine. Das OKW blieb mit den meisten Abteilungen in Ostpreußen, das OKH mit den rückwärtigen Gliederungen in Zossen bei Berlin. Im Mai wurden die in Cholm und Demjansk eingekesselten deutschen Verbände entsetzt. Feldmarschall v. Kluge bot an, den Frontvorsprung von Wjasma–Rschew im Mittelabschnitt zu räumen, um auf diese Weise rund vierzehn Divisionen für die große Entscheidung im Süden freizustellen. Hitler lehnte dies ab: Was man erobert hatte, sollte behauptet werden. Auf der Krim ging General v. Manstein, durch die neuaufgestellte 22. Panzerdivision und die 28. Jägerdivision verstärkt, zum Angriff auf der Halbinsel Kertsch über. War diese gesichert, sollte der Sturm auf Sewastopol beginnen. Bei der Heeresgruppe Nord ging die 18. Armee, in deren Bereich auch spanische, niederländische und flämische Freiwilligenverbände kämpften, zur Bereinigung der russischen Einbruchsstellen am Wolchow über.

Unterdessen stieß am 12. Mai 1942 Marschall Timoschenko, der hünenhafte sowjetische Oberbefehlshaber der »Südwestfront« – der in seinem Äußeren mit seinem glattrasierten Schädel und den schmalen, schiefgestellten Augen so sehr einem Tatarenkhan vergangener Zeiten glich, obwohl er in Bessarabien als Arbeitersohn geboren war und seine Laufbahn als kaiserlich russischer Unteroffizier begonnen hatte –, mit sieben Panzer-, zehn mechanisierten und fünfundzwanzig Schützendivisionen halbkreisförmig von Osten und Süden auf Charkow vor. Timoschenko hoffte, den deutschen Aufmarsch zurückwerfen zu können. In Charkow selbst bereiteten russische Partisanen einen Arbeiteraufstand vor. Verbände des Generals Konjew drangen südlich Charkow über den Eisenbahnknotenpunkt Losowaja auf Poltawa, das Hauptquartier Feldmarschalls v. Bock, nunmehr Oberbefehlshaber der Heeresgruppe Süd, vor und erreichten Karlowka 40 Kilometer vor Poltawa. In Charkow leitete General Paulus, der die

6. Armee übernommen hatte, die Verteidigung. Feldmarschall v. Bock erwog bereits die Räumung der Stadt. Hitler griff persönlich ein, flog an die Front und bewog ihn zum Ausharren, bis der von Isjum her angesetzte Gegenstoß italienischer und rumänischer Verbände und des AOK 17 unter Generaloberst Ruoff zum Tragen kam. Die Krise ging vorüber, Charkow wie Poltawa blieben in deutscher Hand.

Auf der Krim nahm Manstein am 15. Mai Kertsch. Bis zum 22. Mai war die Halbinsel vom Feinde gesäubert. Das Ergebnis waren 170 000 Kriegsgefangene, 1133 vernichtete oder erbeutete Geschütze sowie 285 Panzer. Fünf deutsche und zwei rumänische Infanterie- und eine deutsche Panzerdivision hatten über siebzehn sowjetische Schützen- und zwei Kavalleriedivisionen, drei Schützen- und vier Panzerbrigaden den Sieg davongetragen. Wenig später, am 1. Juni 1942, begann der Generalangriff auf Sewastopol, die wichtigste Seefestung am Schwarzen Meer, die Königin der Krim. Einen Tag nach dem Abschluß der Operationen auf der Halbinsel Kertsch

Bereits im Herbst 1941 hatten Truppen des Generals von Manstein in der Durchbruchsschlacht bei Perekop die gleichnamige Landenge bezwungen und damit den Zugang zur Krim erschlossen. Im Spätherbst wurde die ganze Halbinsel mit Ausnahme der starken Festung Sewastopol besetzt und nach Kertsch vorgestoßen. Bilder rechte Seite: erbeutete russische 4,5-cm-Kanone in einer deutschen Batteriestellung bei Jewpatoria (oben); deutscher Fliegerangriff auf ein russisches Stabsquartier bei Perekop (unten). Bild oben: Deutsche Infanterie beim Einmarsch in Jalta, das später als Ort der letzten Dreierkonferenz zwischen Roosevelt, Churchill und Stalin historische Bedeutung erhielt.

brach Timoschenkos Offensive zusammen, als sich die Umfassung des russischen Südflügels durch die 17. Armee abzuzeichnen begann. Die 6. und 17. Armee, Kleists 1. Panzerarmee, das rumänische Armeekorps des Generals Dragalina, italienische, ungarische und slowakische Einheiten, die Luftflotte 4 und das Fliegerkorps des Generals Pflugbeil vernichteten den Großteil der 6., 9. und 57. sowjetischen Armee, etwa zwanzig Schützendivisionen und zahlreiche Panzerverbände. 240 000 Kriegsgefangene fielen in deutsche Hand, der Kommandeur der 6. sowjetischen Armee, General Gorodajanski, war gefallen, der Kommandeur der 57. Armee, General Podlas, erschoß sich. Die Gefangenenzahlen versinnbildlichten die Größe des Erfolges, doch konnte Timoschenko mit Recht für sich in Anspruch nehmen, den Beginn der deutschen Generaloffensive entscheidend verzögert zu haben.

Im Juni 1942 stürmten die Regimenter der 11. Armee die Panzerforts von Sewastopol auf den Höhen von Inkerman und Sapun unter großen Verlu-

sten. Schwerste Artillerie, darunter das 80-cm-Eisenbahngeschütz »Dora« und der 60-cm-Mörser vom Typ »Thor«, wurde zur Beschießung der Festung eingesetzt. Am Wolchow wurde die im Februar 1942 durchgebrochene 2. sowjetische Stoßarmee vernichtet, der Kommandeur, General Wlassow, geriet in deutsche Gefangenschaft. Westlich des Oskol-Flusses vollzog sich inzwischen die Bereitstellung zum großen Angriff. Der Heeresgruppe Süd unter Feldmarschall v. Bock standen dafür die 2., 6. und 17. deutsche Armee, die 1. und 4. Panzerarmee unter den Generalobersten v. Kleist und Hoth, rumänische, ungarische, slowakische, italienische Divisionen und kroatische Freiwilligenformationen zur Verfügung. Die 11. Armee sollte von der Krim nachgezogen werden, sobald Sewastopol gefallen war. Dies war am 1. Juli 1942 der Fall, Manstein wurde Generalfeldmarschall. Nun faßte Hitler den Entschluß, das AOK 11 an der Leningradfront einzusetzen. Das Unternehmen »Nordlicht« sollte die Inbesitznahme Leningrads ermöglichen, an der Lapplandfront sollte das Unternehmen »Lachsfang« die Durchschneidung der Murmanbahn bewirken. Doch beide Unternehmen gewannen keine Gestalt.

An dem Tag, an dem Sewastopol kapitulierte, meldete der Wehrmachtbericht den Beginn des großen Angriffes an der mittleren und südlichen Ostfront. Sehr bald wurde zunächst der Oberbefehlshaber ausgewechselt. Feldmarschall v. Bock, mit dessen Führung Hitler schon lange nicht einverstanden war, fiel endgültig in Ungnade und wurde für immer verabschiedet. Hitler griff persönlich in die Leitung der Operationen im Süden ein. Die vorhandenen Kräfte wurden in zwei Heeresgruppen aufgeteilt. Die Heeresgruppe B unter Generaloberst Maximilian Freiherr v. Weichs mit dem Hauptquartier in Starobelsk erhielt die 2. und 6. deutsche Armee sowie die 4. Panzerarmee, die 3. und 4. rumänische Armee, die 2. ungarische Armee und die neuformierte 8. italienische Armee, die beträchtliche Verstärkungen aus Italien erhalten hatte. Mit der 2. deutschen Armee und den verbündeten Einheiten sollte sie die Don-

Der Versuch der 11. deutschen Armee, die von See versorgte Festung Sewastopol im Sturm zu nehmen, blieb am 17. Dezember 1941 im schweren Abwehrfeuer der russischen Geschütze liegen. Manstein mußte zur Belagerung übergehen und weitere Kräfte heranziehen. Bild rechte Seite: Luftaufnahme von Stadt und Hafen Sewastopol. Bild oben: ein schwerer deutscher Mörser des Typs „Thor". Das 615-mm-Geschütz hatte eine Schußweite von annähernd 7 Kilometern und diente zur Bekämpfung schwerer Befestigungswerke. Insgesamt wurden nur sieben Exemplare gebaut, die vor allem gegen Brest-Litowsk und Sewastopol eingesetzt wurden.

front decken, während die 6. Armee und die 4. Panzerarmee den großen Donbogen nehmen und dann punktförmig auf Stalingrad am Wolgaknie vorstoßen sollten – ein neuer folgenschwerer Fehler. Hitlers Weisung Nr. 45 vom 2. Juli 1942 befahl die Eroberung Stalingrads, die Sperrung der Landbrücke zwischen Don und Wolga und das Vortreiben schneller Truppen wolgaabwärts auf Astrachan, um die Mündung der Wolga in das Kaspische Meer zu blockieren. Die zweite Heeresgruppe, A, deren Oberbefehl auf Betreiben Halders entgegen Hitlers Intentionen Feldmarschall Wilhelm List erhielt, sollte sich aus der 17. Armee und der 1. Panzerarmee sowie rumänischen und slowakischen Gebirgs-, Kavallerie- und Schnellen Divisionen zusammensetzen. Ihr Auftrag ging dahin, über Rostow ins Kubangebiet und anschließend in den Kaukasus vorzustoßen. Damit trat ein, was Halder hatte vermeiden wollen: Die Operationen wurden nicht mehr gestaffelt, sondern gleichzeitig eingeleitet, in verschiedenen Richtungen auseinanderstrebend und mit weithin ungesicherter Nordflanke. In Moskau soll damals Marschall Schaposchnikow, Stalins Stabschef, erklärt haben, hoffentlich greife Hitler in Richtung Stalingrad an, dann würde er den Krieg noch schneller verlieren, als man dies vorausberechnet habe.

Die 6. Armee und die 4. Panzerarmee nahmen das Donezindustrierevier und marschierten gegen den großen Donbogen. Der Gegner räumte kampflos Woroschilowgrad, das Zentrum des Donezreviers. Die fehlenden Gefangenen- und Beuteziffern fielen auch Hitler auf. Halder schloß daraus, daß der Feind planmäßig in die Tiefe des Raumes auswich.

In der Schlacht bei Kalatsch im großen Donbogen vernichtete die 6. Armee Teile einer sowjetischen Panzerarmee und der 62. Schützenarmee, die auf Stalingrad auswich. Die Heeresgruppe A setzte zum Angriff an und nahm Rostow wieder. Manytsch- und Sal-Fluß wurden überschritten. Der Vormarsch der Heeresgruppe A ging in der Kuban- und Kalmückensteppe weiter nach Süden auf den Kubanfluß zu. Auf einer Breite von 400 Kilometern wurden die nördlichen Ausläufer des Kaukasus erreicht, am 8. August wurde das erste kleinere Ölfeld bei Maikop besetzt.

Noch stand die Schlacht im großen Donbogen. Bei Rschew entwickelte sich eine heftige russische Entlastungsoffensive. Deutsche Verbände, unter denen sich vor allem das VII. Panzerkorps des Generals der Panzertruppen Friedrich Kirchner besonders auszeichnete, nahmen Krasnodar, die Hauptstadt des Kubangebietes. Die Kämpfe waren außergewöhnlich schwer, der Gegner verteidigte sich zäh in stark ausgebauten Stellungen, die glühende Hitze des Steppensommers stellte an die Truppen die härtesten Anforderungen. Aber der Vormarsch ging weiter, obwohl niemand mehr ein Ende abzusehen vermochte. Die deutschen Eroberungen näherten sich dem Höhepunkt. Rund 48 Millionen der Bevölkerung Rußlands befanden sich unter deutscher Kontrolle, die Hälfte der Kohlen-, Eisen- und Manganerzvorräte war in deutscher Hand. Am 12. August meldete die 6. Armee das Ergebnis der Schlacht im Donbogen: 57 000 Gefangene und etwa 1000 vernichtete russische Panzer.

In Sonnenglut und Staub, in dörrender Hitze wurde der Angriff auf die Wolga vorgetragen. Deutsche gepanzerte Aufklärungskräfte stießen weit ausholend gen Südosten in der Kalmückensteppe auf den Unterlauf der Wolga vor. Die Kalmücken und die kaukasischen Bergvölker, alte Feinde der Russen wie des Bolschewismus, begrüßten die deutschen Truppen als Befreier. Karatschai-

er, Tschetschenen, Tscherkessen stellten freiwillige Reiterverbände auf. General Felmys »Sonderstab F«, verstärkt durch zwei motorisierte Schützenbataillone, eine Panzerspähwagenkompanie, Panzerjäger, leichte und schwere Flak, eine Werfer- und eine Sturmgeschützbatterie und Verbindungsflugzeuge, wurde nach Budenowsk an der Kuma in der Kalmückensteppe verlegt. Die Aufstellung ähnlicher Sondergruppen, die den Stoß nach Iran und Nordmesopotamien durchführen sollten, wurde vorbereitet. Einsatztrupps für die Übernahme der Ölfelder wurden gebildet. Am 25. August hißten Gebirgsjäger auf dem Elbrus, dem höchsten Gipfel des Kaukasus, die Hakenkreuzfahne.

Am 19. August 1942 gab General Paulus seinen Truppen zwischen Don und Wolga den Befehl zum Angriff auf Stalingrad. Von Nordwesten sollte die 6. Armee auf die Stadt vorgehen, von Südwesten sollten die Panzer der 4. Panzerarmee über den Rossoschkabach das große Ziel angreifen. Am selben Tage unternahmen die Alliierten mit englisch-kanadischen Infanterie- und Panzerverbänden und amerikanischen Rangereinheiten den ersten großangelegten Landungsversuch bei Dieppe in Nordfrankreich, um die Bedingungen für solche Großlandungen zu erproben. Das Unternehmen wurde mit schweren Verlusten für den Angreifer abgewiesen. Aber die Kunde von Dieppe traf inmitten neuer, heißer Debatten um die Weiterführung der Operationen im Führerhauptquartier ein. Churchill weilte in der zweiten Augusthälfte in Moskau, um Stalins Groll über die ausbleibende Entlastungsoffensive im Westen zu beschwichtigen und sein Mißtrauen zu zerstreuen. Hitler ließ sich jedoch jetzt durch all diese Nachrichten dazu verleiten, Panzerdivisionen von der Ostfront abzuziehen und nach dem Westen zu transportieren. Gleichzeitig wurden, da die Bewegungen der 6. Armee planmäßig zu verlaufen schienen, der 4. Panzerarmee Kräfte genommen und Kleist am Terek zugeführt. Eine neue Nachschubkrise zog herauf. Schließlich ergab sich das groteske Bild, daß aufgrund der Verhältnisse der Transportwege Kamelkarawanen den deutschen

Panzern Treibstoff nachführen mußten. Und zur gleichen Stunde stritten Hitler und Halder über die starre Verteidigung im Mittelabschnitt, wo die Behauptung des Frontbogens bei Rschew sinnlose Opfer kostete, nur weil Hitler sich weigerte, einen Fußbreit gewonnenen Bodens preiszugeben.

Am 1. September 1942 brachen die Regimenter der 6. Armee in den Stellungsring um Stalingrad ein, das von der 62. und 64. sowjetischen Armee mit wilder Erbitterung verteidigt wurde. In einem Aufruf zum Kriegswinterhilfswerk 1942/43 prophezeite Hitler den »Sieg der Habenichtse« über die besitzenden Völker. Die Hybris triumphierte. Allein die Offensive Lists fuhr sich in den Gebirgspässen auf dem Kamm des Kaukasus vor dem Schwarzmeer-

Nach erbittertem Widerstand während 250 Tagen Belagerung mußte die Besatzung der Festung Sewastopol unter General Petrow am 30. Juni 1942 kapitulieren; rund 100.000 Sowjetsoldaten gingen in deutsche Kriegsgefangenschaft. Bild oben: deutsche Infanterie vor einem zerschossenen Befestigungswerk. Während der Kämpfe auf der Krim war der deutsche Vormarsch Richtung Don zügig weitergegangen. Bild rechte Seite: Vormarsch einer deutschen Panzereinheit durch die Steppengebiete Südrußlands.

hafen Tuapse fest. Die Gebirgsjägerregimenter der 17. Armee bluteten aus. Feldmarschall List verlangte die Einstellung des Angriffes. Hitler tobte. General Jodl wurde – ein sehr seltener Fall, da Hitler Besichtigungs- oder Erkundungsreisen des Chefs des Wehrmachtführungsstabes durchaus nicht schätzte – in den Kaukasus entsandt und konnte nicht umhin, List recht zu geben. Hitler erklärte, er habe ihn nicht zu solchem Zweck auf Reisen geschickt. Neue Ausbrüche gegen den Generalstab waren die Folge.

Von der Halbinsel Kertsch aus gelang im Süden bei der Heeresgruppe A die Besetzung der Taman-Halbinsel und die Eroberung des Hafens von Noworossisk am Schwarzen Meer, so daß auch über See behelfsmäßig die Zuführung von Nachschub möglich wurde. Aber die Offensive hatte sich hier im großen ganzen bereits totgelaufen. Am 9. September 1942 wurde Feldmarschall List abgesetzt. Hitler erklärte ihn für unfähig und ernannte Generaloberst v. Kleist zum Nachfolger. Dieser konnte indes auch nichts mehr ändern. Wechselvolle Kämpfe vor Tuapse und am Terek folgten, die die Kräfte der 17. Armee und der 1. Panzerarmee verzehrten. In Stalingrad tobten gleichzeitig schwere Straßen- und Häuserkämpfe, die großen Industriewerke, diese modernen Tempel der Arbeitsreligion des Bolschewismus, wurden zu Festungen. Mit allen Mitteln versuchten die russischen Truppen, einen Brückenkopf in der sich am Wolgaufer breit hinziehenden Stadt auf dem rechten Ufer des russischen Schicksalsstromes zu behaupten.

Generaloberst Halder versuchte indes im Führerhauptquartier die Erfüllung seiner Pflicht. Immer wieder suchte er Hitler ein richtiges Bild von dem erkennbar werdenden großen russischen Aufmarsch im Raum zwischen Moskau und der oberen Wolga zu geben und auf die überdehnte Nordflanke hinzuweisen. Noch hielten die Italiener hier mit äußersten Anstrengungen in der »Ersten Verteidigungsschlacht am Don« die Front, allein die Kräfteverhältnisse waren äußerst ungünstig. Für die 8. italienische Armee standen als Eingreifkräfte je eine deutsche Infanterie- und Panzerdivision und eine italienische schnelle Division mit völlig untauglichen leichten Panzerwagen zur Verfügung.

Am 24. September 1942 geschah, was längst unausbleiblich geworden war: Halder wurde nach einem heftigen Zornesausbruch Hitlers seines Postens enthoben. Zum Nachfolger wurde General der Infanterie Kurt Zeitzler ernannt, damals Chef des Stabes des Oberbefehlshabers West. Damit wurde die Kriegführung dem Generalstab entzogen. Unter unmittelbarer Kontrolle Hitlers wurde der Generalstab auf die Bearbeitung des Ost-Kriegsschauplatzes be-

schränkt, sämtliche anderen Kriegsschauplätze gingen endgültig in die Zuständigkeit des Wehrmachtführungsstabes über. Dies geschah in der Stunde, in der sich zeigte, daß die klassische Kombination der deutschen »Blitzkriege«, die Zusammenarbeit zwischen großen Panzerverbänden und der Luftwaffe – mit anderen Worten die Ausnutzung der Vorteile des Verbrennungsmotors für die einst von Schlieffen geprägte Vernichtungsstrategie – in den Riesenräumen des Ostens ihre bislang so unheimliche Kraft und Präzision eingebüßt hatte.

General Zeitzler war ein Praktiker, dem seine Ernennung zum Chef des Generalstabs wohl selbst höchst überraschend kam. Er hatte sich als Stabschef der Panzergruppe Kleist im Westen bei der Organisation des Nachschubs bewährt. In seiner Begrüßungsansprache in »Mauerwald«, dem ostpreußischen Generalstabslager, forderte er bei der Übernahme der Geschäfte einen neuen Typus des Generalstäblers, den treuen, frontkundigen Berater der Führung, der auch in schwieriger Lage ehrlich und wahrheitsgetreu berichte und den festen Glauben an den »Führer« besitze. Wer diesen nicht habe, den könne er nicht brauchen. Als ehrlicher Mann meinte er, ein ehrliches Wort zur rechten Stunde könne seine Wirkung nicht verfehlen. Er war keine Gelehrtennatur wie Halder, dem schon das Äußere, der Kneifer, den er trug, ein professorales Aussehen verlieh. Er war klein, gedrungen und kampflustig. Goebbels gab ihm in seinem Tagebuch zunächst gute Zensuren; er verfügte anfangs über ein gewisses Ansehen bei Hitler.

Aber die Entmachtung der einst so hochberühmten Institution schritt weiter fort. Die Zentralabteilung, welche die Personalfragen geregelt hatte, wurde zusammen mit dem Heeres-Personalamt Hitlers Chefadjutanten, Generalleutnant Schmundt, unterstellt. Damit sicherte sich Hitler entscheidenden Einfluß auf alle Personalangelegenheiten. Die Aufteilung der Kriegsschauplätze in Generalstabs- und Wehrmachtführungsbereiche machte die Anarchie in der Kriegsspitzengliederung vollkommen.

Am wenigsten begriff der Oberste Kriegsherr den düsteren Ernst der Stunde. Er stand an der Wolga und im Kaukasus, der Vormarsch würde weitergehen. Er hatte recht behalten, wie stets. Noch vor der Rede Görings hatte er im Sportpalast am 30. September 1942 zur Eröffnung des Kriegswinterhilfswerkes 1942/43 erklärt, Churchill könne von Glück sagen, wenn er bei dem nächsten Invasionsversuch auch nur neun Stunden wie in Dieppe an Land bliebe. Als Ziele der Ostoffensive bezeichnete er die Inbesitznahme der letzten großen Weizengebiete, des letzten Restes der Kohlevorräte, der Ölquellen und die Sperrung der Wolga. Man stünde nunmehr in Stalingrad. »Und Sie können der Überzeugung sein, daß uns kein Mensch von dieser Stelle mehr wegbringen wird...«

Seit Reichenaus Tagen umgab die 6. deutsche Armee, die nun seit dem August 1942 mit ihren vier Armeekorps um Stalingrad, den starken sowjetrussischen Sperriegel an der Wolga, rang, so etwas wie ein Nimbus der Unbesiegbarkeit. Aber Reichenau war tot. Der Mann, der die 6. Armee in den glühendheißen Augusttagen durch die sonnenverbrannte, staubüberwehte Steppe zwischen Don und Wolga, die nur bisweilen von den Balkas, tief eingeschnittenen Regenschluchten, durchbrochen wurde, bis vor Stalingrad geführt hatte, Generaloberst Friedrich Paulus, war sein Chef des Stabes gewesen und war ein vorzüglicher, gründlich geschulter, menschlich empfindender und gewissenhafter Generalstabsoffizier, als Stabschef eine vortreffliche Ergänzung für einen ungestümen und eigenwilligen Armeeführer wie Reichenau. Aber er besaß nicht jene Souveränität, die Reichenau so bewußt kultiviert hatte, so

Zwischen den beiden Barrieren des Dnjepr (Bild rechts: deutsche Sturmboote beim Übergang über den breiten Strom) und der Wolga lag die Schranke, die der Don und sein rechter Nebenfluß, der Donez, bildeten. In den Julikämpfen des Jahres 1942 überschritt die Panzerarmee Hoth den unteren Donez mit Stoßrichtung Stalingrad. Bild linke Seite: eine der schnell über den Donez geschlagenen Floßsackbrücken, über die die 6. deutsche Armee unter General Paulus den vorausgeeilten Panzern folgte.

daß sie manchmal wie Arroganz oder Effekthascherei erschienen war. Seine Tragik war eine übergroße Gewissenhaftigkeit, die ihn immer wieder in schwere Entscheidungskrisen stürzte.
Am 22. August 1942 hatten Panzer der 16. Panzerdivision als erste deutsche Einheit die Wolga erreicht, den heiligen Strom Rußlands. Die Nachschubschwierigkeiten waren schon damals so groß gewesen, daß es nur dem Eingreifen von Generaloberst Manfred Frhr. v. Richthofen, des Oberbefehlshabers der in Südrußland eingesetzten Luftflotte 4, zu verdanken gewesen war, daß der Vorstoß zur Wolga möglich wurde. Da es dem Heer an Kolonnenraum fehlte, setzte Richthofen nicht nur seine neun Lufttransportgruppen und eine Segelschleppgruppe, sondern auch provisorisch aus der Bodenorganisation zusammengestellte Kraftfahrkolonnen für den Nachschubverkehr ein. Seit Ende August ging Woche um Woche das Ringen um das einstige Zarizyn weiter, das im 18. und 19. Jahrhundert der Ausgangspunkt einer Linie von Grenzforts gegen die räuberischen Kirgisenstämme der Wolgasteppe gewesen war. Hier hatte 1919 Stalin als Sonderbeauftragter der Volkskommissare mit Hilfe des später füsilierten roten Marschalls Michail Nikolajewitsch Tuchatschewski den Ansturm der weißen Armee des Generals Anton Iwanowitsch Denikin aufgehalten. Seitdem hieß die Stadt, die inzwischen aus einer verschlafenen altrussischen Kreisstadt des Gouvernements Saratow zu einem riesigen Indu-

Bild oben: motorisierte Schützendivision im Vorgebirge des Kaukasus, der geographisch schon zu Asien gehört.

Mit der Eroberung Rostows am Don (Bild rechts: Rostow im Zielfeuer deutscher Panzer) war der Vormarsch in den Kaukasus frei.

striezentrum geworden war, das sich mit seinen Fabriken, Arbeitervierteln, Parteigebäuden und Volksparks viele Kilometer längs der Wolga hinzog, nach dem ossetischen Schuhmachersohn Josef Wissarionowitsch Dschugaschwili, genannt Stalin, der der mächtigste Mann des Ostens geworden war. Fiel die Stadt Stalins, bedeutete dies eine erhebliche moralische Einbuße, eine Einbuße, die freilich nichts wog gegenüber der Eroberung Moskaus durch deutsche Truppen. Allein, Stalin war entschlossen, die Sperrung der Wolga mit allen Mitteln zu verhindern, und die prekäre strategische Lage, in die sich die deutsche Armee begeben hatte, machte ihm diesen Entschluß leicht und ließ ihn höchst aussichtsreich erscheinen. So schlugen sich die aus dem grossen Donbogen auf die Stadt ausgewichene 62. und 64. sowjetrussische Schützenarmee unter den Generalen Wassili Iwanowitsch Tschuikow und Rodimzew mit äußerster Hartnäckigkeit, zumal es nicht gelang, sie vom

rechten Wolgaufer zu verdrängen oder den Nachschub über die Wolga zu unterbinden.

Haus um Haus, Straßenzug um Straßenzug wurde erbittert verteidigt. Die grossen Industriewerke, die Idole der bolschewistischen Maschinenreligion, das Traktorenwerk »Dserschinski«, die Maschinen- und Geschützfabrik »Rote Barrikade«, das Hüttenwerk »Roter Oktober« mußten einzeln in oft wochenlangem Kampf gestürmt werden. Pionierbataillone und Flammenwerferpanzerabteilungen wurden zusätzlich in der Stadt eingesetzt, Sturmgeschütze und Flak im Erdkampf mußten die einzelnen Stadtviertel freikämpfen. Über der Stadt und über dem trägen, breiten Band der Wolga hingen unausgesetzt die Sturzkampf-, Schlacht- und Jagdflieger des berühmten VIII. Fliegerkorps unter Generalmajor Fiebig, das schon die 6. Armee beim Vormarsch im großen Donbogen begleitet hatte. Die Stadt verwandelte sich in ein Inferno von Rauch, Staub, Trümmern und Bränden, durchtost vom Donner der Geschütze, vom Dröhnen der an- und abfliegenden Fliegerverbände, vom Heulen der Werfer und ihrer russischen Gegenstücke, der Stalinorgeln, der »Katjuschas«, wie der sowjetische Infanterist sie nannte. Sie wurde allmählich zum Verdun des Ostfeldzuges.

Am 8. November 1942 sprach Hitler wie alljährlich zur Feier des Münchener Putsches von 1923 im Löwenbräukeller in der bayerischen Hauptstadt. »Ich wollte zur Wolga kommen«, so verkündete er in seiner barschen, abgehackten Sprechweise, »und zwar an einer ganz bestimmten Stelle, an einer bestimmten Stadt!« Dort schneide man nämlich 30 Millionen Tonnen des russischen Nachschubverkehrs ab. »Dort war ein gigantischer Umschlagplatz. Den wollte ich nehmen und – wissen Sie – wir sind bescheiden: Wir haben ihn nämlich!« Eben dies war die verhängnisvollste Schwäche des ganzen Unternehmens, daß man einen langen spitzen Keil mit ausgedehnten, ungesicherten oder schwach gesicherten Flanken vorgetrieben hatte, um die Wolga inmitten des riesigen Raumes an einem einzigen Punkt zu sperren. Jetzt stand man in Stalingrad. Man hatte es, wie Hitler verkündet hatte, und man »hatte« es doch nicht, weil es nicht gelang, den im Häusergewirr aushaltenden sowjetrussi-

Bild oben: Gebirgsartillerie auf dem Marsch vom Kluchorpaß zum Klischtal im Hohen Kaukasus. Tragtiere schleppen die zerlegten Geschütze und die Munitionskisten.

Bild rechte Seite: Auf der Höhe des Kluchorpasses haben Gebirgspioniere ein kleines technisches Wunder vollbracht - sie erbauten eine Drahtseilbahn, die nicht nur den Nachschub von Munition und Verpflegung erleichtert, sondern auch gute Dienste beim Abtransport Verwundeter zu Tal leistet.

schen Brückenkopf auf dem rechten Wolgaufer einzudrücken und den Nachschubverkehr über die Wolga zu stoppen.
Im Norden stand in langer, dünner Linie die Heeresgruppe B unter Generaloberst v. Weichs, gestaffelt von links nach rechts mit der 2. deutschen, der 2. ungarischen, der 8. italienischen und der 3. rumänischen Armee. Ihr gegenüber befanden sich die russischen Armeegruppen »Woronesch-Front« unter General Golikow und »Südwest-Front« unter General Watutin. Bei Serotinskaja und Serafimowitsch besaßen die Russen starke Brückenköpfe auf dem rechten Ufer des Don. Südlich Stalingrad sicherte in dünnem Schleier bis in die Kalmückensteppe hinein die 4. rumänische Armee, unterstützt durch die 4. Panzerarmee, soweit diese nicht bei Stalingrad stand, die Front. Die rumänischen Einheiten litten vor allem unter einem starken Mangel an panzerbrechenden Waffen. Im Nordwest- und am Rand des Nord-Kaukasus rang noch immer die Heeresgruppe A unter Generaloberst v. Kleist mit der 17. Armee südlich des Kuban und der 1. Panzerarmee am Terek um die Fortführung der Offensive. Noch gab es einzelne Erfolge. Aber der russische Gegendruck verstärkte sich von Tag zu Tag. Zudem setzte schon im Oktober im waldigen Westkaukasus ein Wettersturz ein, in hohen Lagen fiel Schnee, in mittleren und niederen Lagen machten schwere Gewitterstürme und Regenfälle weitere Operationen unmöglich.
Im Oktober 1942 vollzog sich nördlich des Don und östlich des Wolgaknies, von deutschen Horchstellen und Luftaufklärern klar erkannt, von der im Erdkampf taktisch gebundenen Luftwaffe jedoch kaum behindert, der russische Aufmarsch zur Gegenoffensive. Östlich Stalingrad wurden die »Donfront« unter General Konstantin Konstantinowitsch Rokossowski und die »Stalingradfront« unter General Jeremenko mit etwa acht Schützen-, einer Panzer- und einer mechanisierten Armee konzentriert. Marschall Alexander Michailowitsch Wassilewski übernahm die Koordination der Operationen. Seit Mitte September gingen die Russen links der Wolga zur Massierung gewaltiger Artilleriemengen über, teilweise wurden 110 Rohre auf einem Kilometer vereinigt. Die schwere Artillerie, Mörser und Langrohrgeschütze, die Panzerabwehrartillerie und die »Stalinorgeln« wurden zu Divisionen zusammengefaßt, eine schwere Artilleriedivision zählte rund 250 Rohre, eine Panzerabwehrartilleriedivision fünf Panzerjägerregimenter. Diese taktische Neuerung sollte noch große Bedeutung für die Brechung der Angriffskraft der deutschen Panzerwaffe erlangen.
Halder war gestürzt worden, weil er Hitler auf die Sammlung der russischen Reserven aufmerksam gemacht hatte. Sein Nachfolger, General Zeitzler, konnte nichts anderes melden und tat dies auch als ehrlicher Mann. Hitler beruhigte ihn, man dürfe nicht die Nerven verlieren, man habe im Osten schon schwierigere Situationen gemeistert. In Stalingrad nahmen die Straßenkämpfe ihren Fortgang. In Ägypten wurde Rommel geschlagen, in Marokko landeten die Engländer und Amerikaner. Der Wehrmachtbericht meldete »planmäßige Ausweichbewegungen« in Nordafrika und sprach bezüglich Stalingrads davon, »die Stadt würde von Versprengten gesäubert«. Hitler hatte in seinen Reden betont, wo ein deutscher Soldat stünde, käme kein anderer hin.
Während eisiger Oststurm den Schnee in dichten Wolken über die Steppe zwischen Wolga und Don trieb, traten bei der »Donfront« drei Panzer- und drei Kavalleriekorps und bei der »Stalingradfront« südlich der heißumkämpften Stadt zwei motomechanische und ein Kavalleriekorps zum Angriff an.
Am 19. November 1942 rollten gegen fünf Uhr morgens, noch in der Dunkelheit, Hunderte von russischen Panzern, besetzt mit aufgesessener Infanterie in dunkelbraungrauen Uniformen, im Raum von Kletskaja auf die Linien der 3. rumänischen Armee zu. Die rumänische Infanterie wurde aufgerieben, ein Rest in die winterliche Steppe gejagt. Die Nahtstelle zwischen der 3. rumänischen und der 6. deutschen Armee zerriß, die Rumänen wichen in regelloser Flucht auf den oberen Tschir aus, wo Staffeln des VIII. Fliegerkorps versuchten, der russischen Panzermasse Einhalt zu gebieten.
Als Eingreifreserve stand in diesem Raum das gemischte deutsch-rumäni-

sche XXXXVIII. Panzerkorps unter General Ferdinand Heim zur Verfügung, bestehend aus einer nur unzulänglich mit französischen und russischen Beutepanzern ausgerüsteten rumänischen und der 22. deutschen Panzerdivision. Die Panzer der 22. Division hatten lange wegen Treibstoffmangels mit Stroh eingedeckt in behelfsmäßigen Unterkünften, Scheunen und Speichern gestanden. Mäusefraß hatte bei vielen Panzern die Gummi-Isolationen der elektrischen Leitungen beschädigt, nur vierunddreißig Panzer waren sofort verwendungsfähig. Reservestellungen, Verpflegungslager, die Flugplätze am Donknie wurden von den Russen überrannt. Die russischen Panzer rollten auf Kalatsch zu.

Hitler tobte über das angebliche Versagen des Generals Heim, erklärte, er wolle nicht Zustände wie bei der Marneschlacht im Heer einreißen lassen, und ordnete an, Heim aus dem Heer auszustoßen und zu erschießen, eine Absicht, die ihm erst später mühsam wieder ausgeredet werden konnte. Noch gelang es, die Donbrücke bei Nischni-Tschirskaja, wo General Paulus sein Hauptquartier hatte, durch eine hastig zusammengeraffte Kampfgruppe unter einem Hauptmann zu halten. Eine in den Kampf geworfene, frisch eingetroffene Luftwaffenfelddivision wurde rasch zerschlagen. Am 21. November fiel in der allgemeinen Verwirrung die Donbrücke bei Kalatsch in russische Hand. Am Südausgang von Kalatsch, an der östlich des Don nach Nischni-Tschirskaja führenden Straße, vereinigten sich russische Panzer der Gruppe »Don-Front« mit denen der »Stalingrad-Front«, die bei Beketowka die Linien der 4. rumänischen Armee durchbrochen hatten.

Ein riesiger Kessel zeichnete sich ab, in dem das IV., VIII., XI. und LI. Armeekorps, das XIV. und Teile des XXXXVIII. Panzerkorps eingeschlossen waren, insgesamt vierzehn Infanterie-, drei Panzer-, drei motorisierte oder, wie sie neuerdings hießen, Panzergrenadierdivisionen, Teile der 1. rumänischen Kavalleriedivision, eine rumänische Infanteriedivision, das 100. kroatische Infanterieregiment, sieben volle und Teile sieben anderer Artillerieregimenter, zwei Sturmgeschützabteilungen, zwei Werferregimenter, die 9. Flakdivision, neun Pionierbataillone, ein Armeenachrichtenregiment und die üblichen Armee- und Korpstruppen, Baueinheiten, Feldgendarmerie, Geheime Feldpolizei, Sanitätsdienste und Kraftfahrkolonnen. Am Abend des 22. November 1942 meldete General Paulus, seine Armee sei eingeschlossen. Die Treibstofflage war schlecht, die Winterbekleidung für die 6. Armee lag teilweise noch in neunzehn Eisenbahnzügen in Lemberg, teilweise war sie erst bis Kiew und Charkow antransportiert. Die Munitionslage war nur um weniges besser.

In dieser Lage wollten Paulus wie sein sehr energischer, kühl und kalt rechnender Stabschef, Generalmajor Arthur Schmidt, sich zunächst im Raum von Stalingrad einigeln. Ließen sich die rückwärtigen Verbindungen nicht wiederherstellen, dachte Generalmajor Schmidt daran, die Armee aus der Luft versorgen zu lassen. Warnungen des Generals Fiebig vom VIII. Fliegerkorps, man können nicht eine ganze Armee aus der Luft versorgen, die Transportflugzeuge seien bereits in Afrika und an anderen Fronten in Anspruch genommen, verhallten ungehört. Generalmajor Pickert, der Kommandeur der 9. Flakdivision, der gleichfalls für den Ausbruch plädierte und vor der Idee der Luftversorgung warnte, bekam zu hören, »es müsse eben gehen«! Immerhin suchte sich General Paulus Handlungsfreiheit für den Fall zu sichern, daß die Igelbildung nicht gelang. Hitler befahl ihm jedoch, sein Hauptquartier von Nischni-Tschirskaja nach Stalingrad zu verlegen und weitere Befehle abzuwarten. Noch in der Nacht vom 22./23. November ordnete das OKH an, die zwischen Don und Wolga befindlichen Teile des AOK 6 sollten die Bezeichnung »Festung Stalingrad« führen.

Die russische Absicht ging offensichtlich dahin, nach der Einkesselung der 6. Armee in Stalingrad gegen die 4. Panzerarmee und weiter in den Rücken der Heeresgruppe A vorzustoßen, um beide abzuschneiden und zu vernichten. Beiderseits des Don rollten die Brigaden der T 34 gen Südwesten. In Stalingrad sprachen sich alle Kommandierenden Generale, auch General Kube, der so eisenharte Kommandeur des XIV. Panzerkorps, für den Durchbruch nach Westen aus. Aus den etwa 230 gefechtsfähigen Panzerfahrzeugen und den Schützenpanzerwagen der Panzergrenadierdivisionen sollte ein Durchbruchskeil formiert werden, dem die Masse der Infanterie folgen sollte. Schon wurde es fraglich, ob der vorhandene Betriebsstoff angesichts der ständig nach Westen weichenden deutschen Front für einen großräumigen Durchbruch noch ausreichte. Die Heeresgruppe B in Starobelsk befürwortete den Ausbruch. Mit ihrer Zustimmung verlangte Paulus am 23. November Handlungsfreiheit.

Im Führerhauptquartier kam es zu schweren Auseinandersetzungen. Zeitzler nannte die Idee, in Stalingrad stehenzubleiben, ein »Verbrechen«. In der Nacht des 23. November glaubte Zeitzler Hitler endlich soweit zu haben, daß er dem Ausbruch zustimmen würde. Er setzte den Chef des Stabes der Heeresgruppe B davon in Kenntnis, daß am Morgen des 24. November 1942 ein

„Wenn ich das Öl von Maikop und Grosnij nicht habe, muß ich diesen Krieg beenden!" So hatte Hitler seine Weisung begründet, nur mit halber Kraft zur Wolga und mit der anderen Hälfte zum Kaukasus vorzustoßen. Bild oben: Jäger mit dem Gebirgsgeschütz 36 im Hohen Kaukasus. Bild links: Der schlechte Zustand der Gebirgsstraßen wurde zahlreichen Fahrzeugen zum Verhängnis. Hier ist es ein russischer Lkw, der von der Straße in die enge, von einem Gebirgsbach durchströmte Schlucht hinabgestürzt ist.

entsprechender Befehl übermittelt werden würde. Die Heeresgruppe gab die Nachricht an Generalmajor Schmidt, Paulus' Stabschef, weiter.

Am 24. November 1942 wartete man in Starobelsk wie in Stalingrad auf den entscheidenden Befehl. Nichts geschah. Bei der Lagebesprechung an diesem Tag hatte sich Zeitzler einer völlig veränderten Lage gegenüber gefunden. Keitel, Göring und Schmundt sekundierten Hitler. Dieser erklärte, Stalingrad müsse gehalten werden, er war gewillt, sich nun durch nackte Gewalt auf dem Gipfel seiner Erfolge zu behaupten. Zeitzler gab zu bedenken, dann müsse die Luftwaffe die Versorgung von Stalingrad übernehmen, dazu gehö-

re eine Mindestleistung von 300 Tonnen Nachschub pro Tag. Göring sah die Stunde gekommen, das Prestige seiner Waffe, das durch sein Verschulden bereits arg gelitten hatte, wiederherzustellen, und erklärte, obwohl sein Generalstabschef, Generaloberst Hans Jeschonnek, die Luftversorgung einer ganzen Armee für unmöglich hielt, die Luftwaffe werde das leisten. Zur gleichen Zeit waren zahlreiche Transportgruppen der Luftwaffe, darunter die modernsten sechsmotorigen Messerschmitt Me 323 »Gigant«, für die Luftversorgung des Brückenkopfes Tunis eingesetzt. Göring gab gleichwohl sein Wort. Zeitzler wies darauf hin, ein Entsatzunternehmen für Stalingrad brauche

drei bis vier Wochen Zeit. Hitler mahnte ihn, nicht die Nerven zu verlieren. Zum Entsatz von Stalingrad wurde die neue Heeresgruppe Don gebildet, deren Befehl Feldmarschall v. Manstein mit dem Hauptquartier in Nowotscherkask erhielt. Formell wurde ihm die 6. Armee unterstellt, jedoch behielt sich Hitler durch einen besonderen Generalstabsoffizier mit eigener Funkstelle in Stalingrad eine unmittelbare Einflußnahme auf die Operationen vor. Mansteins Kräfte waren sehr uneinheitlich zusammengesetzt. Drei Luftwaffenfelddivisionen wurden aus dem Reich zugeflogen. Die 4. Panzerarmee des Generalobersten Hoth, die den Entsatzangriff durchführen sollte, erhielt die in Frankreich neuausgerüstete 6. Panzerdivision, die 17. und die 23. Panzerdivision, von denen die letztere zum LVII. Panzerkorps der Heeresgruppe A gehörte. Dazu kamen die Reste der 3. und 4. rumänischen Armee, etwa sechs schwache Divisionen, und die im Antransport befindliche Armeeabteilung Hollidt. Manstein versuchte, mit den Luftwaffenfelddivisionen die Abwehrfront am Tschir zu verstärken. Seiner Ansicht nach war die Räumung des Kaukasus unerläßlich. Die Heeresgruppe A sollte auf Rostow zurückgenommen werden, um dort einen Brückenkopf am Unterlauf des Don aufzubauen. Die 4. Panzerarmee mußte durch ihren Angriff die 6. Armee aus der Umklammerung befreien, mit diesen beiden Armeen sollte dann am Don eine feste Verteidigungsfront gebildet werden.
Hoth, dem außer seinen drei Panzerdivisionen auch das IV. Fliegerkorps zur Verfügung gestellt wurde, sollte den großen Entsatzangriff, das Unternehmen »Wintergewitter«, von Südwesten aus der Kalmückensteppe beginnen, während General Hollidt mit seinen Kräften von Westen angreifen sollte. Fesselungsangriffe im Nord- und Mittelabschnitt der Ostfront sollten den Gegner hindern, Verbände an die Wolga abzuzweigen. Hollidts Gruppe war indes zu schwach und wurde durch russische Gegenstöße aufgehalten. Die Zuführung der Panzerdivision von der Heeresgruppe A verzögerte sich. Erst am 12. Dezember traten die Divisionen Hoths in Richtung Kotelnikowo zum Angriff an, der anfangs trotz schwieriger Wetterbedingungen und russischer Gegenangriffe gut vorwärts kam. Am 21. Dezember 1942 hatten sich Hoths Panzer bis auf etwa 48 Kilometer an den Einschließungsring von Stalingrad vorgekämpft. Im Kessel konnte man das deutsche Artilleriefeuer vernehmen. Man sah die Leuchtsignale aufsteigen, mit denen sich die Panzerverbände verständigten. Die 3. Panzergrenadierdivision wurde als Spitzenformation für den Ausbruch bereitgestellt. Alle warteten auf den entscheidenden Befehl.
Im Führerhauptquartier suchte General Zeitzler Hitler die Genehmigung zum Ausbruch und zur Aufgabe der Kaukasusfront abzuringen. Er erbot sich, selbst nach Stalingrad zu fliegen, um die Lage zu klären. Hitler untersagte dies, er wollte noch immer Stalingrad halten. Das einzige, wozu er sich bereit fand, war, Paulus zu gestatten, Verbindung mit Hoth zu gewinnen. Zeitzler fragte beim Stab der 6. Armee an, wie weit die Treibstoffvorräte noch Bewegungsfreiheit gestatteten. Paulus meldete, der Treibstoff reiche höchstens für eine Ausbruchsbewegung von 30 Kilometern. Hitler triumphierte, man wolle ihn nur zu falschen Entschlüssen verleiten. Paulus müsse bleiben, wo er stehe. Zeitzler erwiderte, dann sei die 6. Armee verloren. Hitler bemerkte, dann könne er dies auch nicht mehr ändern.

Die deutschen Erfolge des Sommers 1942, die im Erreichen des Kaukasus und der Wolga gipfelten, konnten nur geborene Optimisten über das kommende Unheil hinwegtäuschen. Die Sowjets hatten planmäßig Raum geopfert, um ihre Verbände intakt zurückzuführen und für einen großen Schlag bereitzustellen. Für diesen Schlag war Stalingrad vorgesehen, wo die Deutschen zum Übergang über die Wolga ansetzen würden.
Bild linke Seite: „Kleinkrieg" um eine südrussische Ortschaft. Bild oben: Infanterie auf dem Vormarsch zur Wolga.

Mitte Dezember 1942 hatte inzwischen eine Offensive der sowjetischen Heeresgruppen »Woronesch-Front« unter General Golikow und »Südwest-Front« unter General Watutin die 8. italienische Armee und die Trümmer der 3. rumänischen Armee über den Haufen geworfen. Die Tschir-Front zerbrach unter dem Ansturm Dutzender von sowjetischen Panzerbrigaden und Schützendivisionen. Manstein sah sich im Rücken bedroht, der linke Flügel der Heeresgruppe Don war völlig entblößt, ein »Über-Stalingrad« kündigte sich an, wenn die Heeresgruppe Don auf die Küste des Asowschen Meeres zurückgeworfen und von der Mittelukraine abgeschnitten wurde. Das XXXXVIII. Panzerkorps, das die Entsatzoffensive der 4. Panzerarmee unterstützen sollte, wurde an den Tschir dirigiert, die 6. Panzerdivision mußte nach Westen eindrehen. Manstein sah die Gefahr heraufziehen, daß nicht nur seine eigene, sondern auch die Kleistsche Heeresgruppe abgeschnitten wurde. Er befahl die Einstellung des Unternehmens »Wintergewitter«. Am ersten Weihnachtstag des Jahres 1942 hielt er das Schicksal der 6. Armee für besiegelt. Aber jetzt, von dieser Stunde an, gewann deren Ausharren in aussichtsloser Lage für Wochen doch tiefe und entscheidende Bedeutung für das Schicksal der gesamten deutschen Front in Südrußland und im Kaukasus. Die 6. Armee band zwei russische Heeresgruppen und riesige Artilleriemassen. Manstein brauchte Zeit zum Aufbau einer neuen Front, Kleist brauchte Zeit zum Rückzug.

Das Schicksal der 6. Armee hing nunmehr allein von der Luftversorgung ab. Die Luftflotte 4 tat alles, was sie vermochte. Ihre Lufttransportgruppen wurden laufend verstärkt, zum Teil wurden Transporter aus Tunis und Sizilien abgerufen, die eilig von Tropen- auf Winterausstattung umgerüstet werden mußten. Im Dezember standen etwa 200 Ju-52-Maschinen und 100 He-111-Kampfflugzeuge mit leeren Bombenschächten als Transportmittel zur Verfügung, im Januar 1943 467 Maschinen beider Typen. Zwischen dem 24. November 1942 und dem 31. Janu-

ar 1943 gingen 488 Maschinen, ein Bestand von fünf Geschwadern, mehr, als ein Fliegerkorps an Maschinen zählte, mit rund 1000 Mann fliegenden Personals bei der Versorgung von Stalingrad verloren. Schon dies deutete auf die außerordentlichen Schwierigkeiten des Unternehmens hin, es bedeutete einen weiteren höchst unheilvollen Aderlaß für die Luftwaffe. Die Wetterbedingungen des russischen Winters erschwerten den Flugbetrieb oder machten ihn oftmals überhaupt unmöglich. Die steigende feindliche Abwehr und steigende Angriffe auf die eigenen Absprunghäfen bedeuteten weitere Erschwerun-gen und kosteten neue Verluste. Bei gutem Flugwetter lag bald auch der Hauptfeldflughafen im Kessel, Pitomnik, unter russischen Luftangriffen. Die geforderte Mindestleistung, eine Transportquote von 300 Tonnen, wurde nur an einem einzigen Tag, am 19. Dezember 1942, erzielt.

Die zweite große russische Offensive am Don führte zum Verlust der entscheidenden großen Absprungbasen Tazinskaja und Morosowskaja. Die Bodenorganisation mußte auf Flughäfen wie Nowotscherkask, Salsk, Stalino, Taganrog und Rostow zurückgenommen werden, was eine Verlängerung der Flugstrecke um 300-400 Kilometer zur Folge hatte. Zwischen dem 22. November 1942 und dem 16. Januar 1943 wurden rund 5300 Tonnen Versorgungsgut von etwa 3410 Maschinen in den Kessel eingeflogen, was einen Tagesdurchschnitt von 100 Tonnen ergab. Mitte Januar 1943 waren infolge der Wetterbedingungen und der zahlreichen Schäden durch Kälte, Feindeinwirkung und Motorendefekte nur noch 106 Maschinen einsatzklar. Die Versorgung der Kampfgruppe Scherer in Cholm und des II. Armeekorps in Demjansk im Winter 1941/42 durch Lufttransportgruppen hatte zu dem trügerischen Bild geführt, daß auch die Luftversorgung einer Armee von 300 000 Mann möglich sei. Dieses Bild konnte nur bei Männern wie Hitler und Göring

Es wird immer unbegreiflich bleiben, mit welch unverschämter Sorglosigkeit sich die deutsche Kriegführung der Überzeugung hingegeben hatte, das riesenhafte Rußland werde in einem „Blitzkrieg" überrannt werden wie zuvor Polen oder Frankreich. (Bild oben: an einen Panzerangelehnte Landser am Ende ihrer Kräfte). Bilder rechte Seite: Ein sowjetischer Raketenwerfer des Typs „Katjuscha", im Landserjargon „Stalinorgel" genannt, feuert aus allen Rohren (oben); deutscher Panzer mit aufgesessener Infanterie im Anmarsch auf Stalingrad (unten).

entstehen, die längst die Verbindung zur Wirklichkeit, zur Front verloren hatten. Auch die Luftwaffe konnte die 6. Armee nicht retten, sie zahlte nur einen viel zu hohen Preis und erntete ungerechtfertigte Vorwürfe, als sich herausstellte, daß auch der stärkste Wille nicht das Unmögliche verwirklichen konnte. Weihnachten 1942 sah die Trümmer der 6. Armee in den Ruinen der Stadt und in den Balkas, den Regenschluchten der Steppe. Die Weihnachtsration betrug 200 Gramm Brot pro Kopf und ein wenig Pferdefleisch. Auflösungserscheinungen kündigten sich an. Immer stärker wurden die ausfliegenden Transportmaschinen von Kranken, Verwundeten und Verzweifelten umdrängt, die dem Untergang noch zu entrinnen hofften. 24 190 Verwundete und Kranke wurden bis Mitte Januar aus dem Kessel ausgeflogen. Hitler ging dazu über, einzelne verdiente hohe Offiziere wie General Hube, die zum Empfang hoher Auszeichnungen ins Führerhauptquartier gerufen wurden, nicht mehr nach Stalingrad zurückzuschicken, um sie für eine anderweitige Verwendung vor dem Untergang zu bewahren.

Auf fortgesetztes Drängen Mansteins setzte Zeitzler endlich Ende Dezember die Einleitung des Rückzugs der Heeresgruppe A vom Kaukasus durch. Hitler befahl freilich, sie solle am Kuban einen Brückenkopf bilden, während Manstein ihre Zurücknahme bis auf den Don bei Rostow verlangt hatte. Dies bedeutete für die schwer angeschlagene Heeresgruppe Don neue blutige Sicherungsunternehmen ostwärts Rostow, um in der Steppe den Durchlauf der Eisenbahntransporte der Heeresgruppe A für den Aufbau des Kuban-Brückenkopfes zu sichern.

Schon aus Rücksicht auf die Haltung der neutralen Türkei, die als Kriegspartner immer noch heiß umworben wurde, wollte Hitler mit allen Mitteln die deutsche Position im östlichen Schwarzen Meer behaupten. Manstein wurde jetzt auch der bisher der Heeresgruppe B zugeteilte Donezabschnitt westlich Woroschilowgrad unterstellt, die dort fechtenden Kräfte bestanden im wesentlichen nur aus Trümmern der Armeeabteilung Fretter-Pico, die bei der Don-Offensive zerschlagen worden war. Die 4. Panzerarmee suchte mit allen Mitteln den Manytsch-Fluß zu verteidigen. Manstein forderte immer

Bild linke Seite: Anfang September 1942, noch acht Kilometer bis Stalingrad. Der Kommandant der 24. Panzerdivision kann aus der offenen Turmluke seines Panzers III. schon die Vorstädte erkennen. Bild oben: Generaloberst Freiherr von Richthofen von der 4. Luftflotte (rechts) bei einer Lagebesprechung mit General Paulus, dem Oberbefehlshaber der 6. Armee (zweiter von links), in noch entspannter Atmosphäre etwa Mitte September. Zu diesem Zeitpunkt bereitete Stalin schon die Einschließung der 6. Armee („Uranus") und den Durchbruch bis Rostow („Saturn") vor.

wieder die Zurücknahme der 1. und 4. Panzerarmee auf Rostow, um die Verteidigung des Donezabschnittes neu zu organisieren. Der Gegner versuchte, mit vier motomechanischen Korps über den unteren Manytsch auf Rostow und mit zwei beweglichen Korps auf Woroschilowgrad, das Zentrum des Donezgebietes, vorzudringen. Die Tschir-Front ging endgültig verloren. Noch immer drohte die Gefahr, daß sowohl Mansteins als auch Kleists Armeen gegen das Asowsche Meer gedrängt und dort eingekesselt wurden.

Am 8. Januar 1943 richtete der russische Marschall Rokossowski die erste Aufforderung an Paulus, zu kapitulieren. Dieser erbat nochmals von Hitler Handlungsfreiheit. Hitler untersagte jegliche Übergabeverhandlungen. Paulus äußerte düster, er wisse, daß die Kriegsgeschichte bereits ihr Urteil über ihn gesprochen habe. Allein er hielt aus, wie es befohlen war, obwohl das für Zehntausende der besten deutschen Soldaten Tod, Hunger, Erfrierung und Verzweiflung bedeutete. Die Tagesration im Kessel fiel auf 50 Gramm Brot.

Am 10. Januar 1943 brach ein russischer Großangriff los, 2000 Geschütze und 3000 Mörser schossen Trommelfeuer, der erste Triumph der Massierung der russischen Artillerie in Divisionseinheiten. Konzentrische Sturmangriffe mit Panzern von Norden, Süden und Westen verengten den Kessel. Die Feldflugplätze fielen einer nach dem anderen in russische Hand. 364 Todesurteile durch Kriegsgerichte im Kessel waren die Bilanz aller Versuche, die immer brüchiger werdende militärische Ordnung auch im Untergang zu erhalten. Die Skala menschlicher Größe und Niedertracht enthüllte sich. Es gab Offiziere, die den Führern der noch wieder abfliegenden Transportmaschinen hohe Summen für einen Platz im Flugzeug boten. Aber die Zahl derer, die die Haltung wahrten, überwog auch im Angesicht des Todes.

Am 19. Januar 1943 brach neues Unheil über die schon arg zerfetzte Heeresgruppe B herein. Die ungarische 2. Armee wurde bei Woronesch zerschlagen, ihr Oberbefehlshaber, Generaloberst Jany, verwundet. Damit entstand zwischen Woronesch und Woroschilow-

grad eine breite Frontlücke. Die Gefahr tauchte auf, daß russische Panzer auf das untere Knie des Dnjepr durchstießen und damit die rückwärtigen Verbindungen der Heeresgruppe Don unterbrachen.
Am 22. Januar 1943 erging das zweite russische Kapitulationsangebot an Generaloberst Paulus. Manstein empfahl, es anzunehmen, weiterer Widerstand sei jetzt sinnlos und durch nichts mehr zu verantworten. Paulus verbot erneut die Übergabe und befahl, auf Parlamentäre zu feuern. Die Armee zerfiel. Ein Divisionskommandeur kapitulierte eigenmächtig und führte die Reste seiner Division in russische Gefangenschaft. Der Stab eines Artillerieregimentes erschoß sich geschlossen, um nicht in Gefangenschaft zu geraten. Eine Reihe anderer Divisionskommandeure suchten freiwillig den Tod, indem sie sich in die Feuerlinie begaben und stehend freihändig auf die anstürmenden Russen schossen.
Seit Mitte Januar 1943 gab der OKW-Bericht mit dem Passus, in Stalingrad würden gegen den »von allen Seiten angreifenden Feind« gekämpft, indirekt die Tatsache zu, daß die 6. Armee seit rund zwei Monaten eingeschlossen war, etwas, das alle offiziellen Berichte bislang sorgfältig verschwiegen hatten. Am 25. Januar 1943 hieß es: »In Stalingrad heftet die 6. Armee in heldenhaftem und aufopferndem Kampf gegen erdrückende Übermacht unsterbliche Ehre an ihre Fahnen.«
Ende Januar 1943 vollzog sich unter dauernden russischen Angriffen bei erlahmender Widerstandskraft der Verteidigung die Aufspaltung des Kessels in drei Teilkessel, einen Nordkessel mit den Resten des XI. Armeekorps, einen Mittelkessel mit dem VIII. und LI. Armeekorps und den Südkessel, in dem sich Paulus selbst mit den Trümmern des IV. Korps und des XIV. Panzerkorps hielt. Alarmgruppen, in denen Generale, Generalstabsoffiziere, Schreiber, Funker und Troßfahrer Schulter an Schulter kämpften, verteidigten sich weiter.
Eine Armee ging unter, 300 000 Soldaten waren verloren, man mußte an eine neue Kraftanstrengung denken. Am 29. Januar 1943 wurde im Reich die

Meldepflicht für alle einsatzfähigen Männer zwischen 16 und 65 Jahren und alle Frauen zwischen 17 und 50 Jahren verkündet. Zum 10. Jahrestag der Machtübernahme durch den Nationalsozialismus richtete Hitler eine Proklamation aus seinem Hauptquartier, das er in diesen Tagen nicht zu verlassen wagte, an das deutsche Volk, in der er das Großdeutsche Reich als den »Germanischen Staat deutscher Nation« verkündete.
Am Vormittag sprach Göring, der Reichsmarschall des Großdeutschen Reiches, dem Hitler jetzt gegenüber Vertrauten vorwarf, er habe ihn mit seinem Versprechen, die Luftwaffe würde die 6. Armee versorgen, getäuscht, in Berlin zum deutschen Volk und erklärte Stalingrad zum »größten Heroenkampf in unserer Geschichte«.
Tags darauf gingen in Stalingrad Walther Kurt Frhr. v. Seydlitz-Kurz-

Bild oben: Generalfeldmarschall Freiherr von Weichs, Oberbefehlshaber der Heeresgruppe B, die während der Kämpfe um Stalingrad großenteils im Raum Woronesch gefesselt blieb. Bild rechte Seite oben: deutsche MG-Bedienung in einem vorgeschobenen Beobachtungsposten nach einem Gefecht im Donbogen. Im Hintergrund ein beschädigter sowjetischer Panzer des Typs T 34, der erstmals im August 1941 vor den deutschen Linien aufgetaucht war und sich den deutschen Kampfwagen Panzer III. und IV. als an Feuerkraft und Beweglichkeit weit überlegen gezeigt hatte. Bild rechte Seite unten: Ein Halbketten-Zugkraftwagen mit der schweren deutschen Feldhaubitze M 18 rollt über einen Knüppeldamm.

Schonungslos zur Wehr setzen

Hitlers Gerichtsbarkeitserlaß »Barbarossa«, 13.5.1941

Die weite Ausdehnung der Operationsräume im Osten, die Form der dadurch gebotenen Kampfesführung und die Besonderheit des Gegners stellen die Wehrmachtgerichte vor Aufgaben, die sie während des Verlaufs der Kampfhandlungen und bis zur ersten Befriedung des eroberten Gebietes bei ihrem geringen Personalbestand nur zu lösen vermögen, wenn sich die Gerichtsbarkeit zunächst auf ihre Hauptaufgabe beschränkt.

Das ist nur möglich, wenn die Truppe selbst sich gegen jede Bedrohung durch die feindliche Zivilbevölkerung schonungslos zur Wehr setzt.

Demgemäß wird für den Raum »Barbarossa« (Operationsgebiet, rückwärtiges Heeresgebiet und Gebiet der politischen Verwaltung) folgendes bestimmt:

1. Straftaten feindlicher Zivilpersonen sind der Zuständigkeit der Kriegsgerichte und der Standgerichte bis auf weiteres entzogen.

2. Freischärler sind durch die Truppe im Kampf oder auf der Flucht schonungslos zu erledigen.

3. Auch alle anderen Angriffe feindlicher Zivilpersonen gegen die Wehrmacht, ihre Angehörigen und das Gefolge sind von der Truppe auf der Stelle mit den äußersten Mitteln bis zur Vernichtung des Angreifers niederzukämpfen.

4. Wo Maßnahmen dieser Art versäumt wurden oder zunächst nicht möglich waren, werden tatverdächtige Elemente sogleich einem Offizier vorgeführt. Dieser entscheidet, ob sie zu erschießen sind. Gegen Ortschaften, aus denen die Wehrmacht hinterlistig oder heimtückisch angegriffen wurde, werden unverzüglich auf Anordnung eines Offiziers in der Dienststellung mindestens eines Bataillons- usw. -Kommandeurs kollektive Gewaltmaßnahmen durchgeführt, wenn die Umstände eine rasche Feststellung einzelner Täter nicht gestatten.

5. Es wird ausdrücklich verboten, verdächtige Täter zu verwahren, um sie bei Wiedereinführung der Gerichtsbarkeit über Landeseinwohner an die Gerichte abzugeben.

6. Die Oberbefehlshaber der Heeresgruppen können im Einvernehmen mit den zuständigen Befehlshabern der Luftwaffe und der Kriegsmarine die Wehrmachtgerichtsbarkeit über Zivilpersonen dort wieder einführen, wo das Gebiet ausreichend befriedet ist.

Behandlung der Straftaten von Angehörigen der Wehrmacht und des Gefolges gegen Landeseinwohner:

1. Für Handlungen, die Angehörige der Wehrmacht und des Gefolges gegen feindliche Zivilpersonen begehen, besteht kein Verfolgungszwang, auch dann nicht, wenn die Tat zugleich ein militärisches Verbrechen oder Vergehen ist.

2. Bei der Beurteilung solcher Taten ist in jeder Verfahrenslage zu berücksichtigen, daß der Zusammenbruch im Jahre 1918, die spätere Leidenszeit des deutschen Volkes und der Kampf gegen den Nationalsozialismus mit den zahllosen Blutopfern der Bewegung entscheidend auf bolschewistischen Einfluß zurückzuführen war und daß kein Deutscher dies vergessen hat.

3. Der Gerichtsherr prüft daher, ob in solchen Fällen eine disziplinare Ahndung angezeigt oder ob ein gerichtliches Einschreiten notwendig ist. Der Gerichtsherr ordnet die Verfolgung von Taten gegen Landeseinwohner im kriegsgerichtlichen Verfahren nur dann an, wenn es die Aufrechterhaltung der Mannszucht oder die Sicherung der Truppe erfordert. Das gilt z.B. für schwere Taten, die ein Anzeichen dafür sind, daß die Truppe zu verwildern droht.

Am 19. November 1942 begann die großangelegte sowjetische Zangenoffensive zur Einschließung der 6. deutschen Armee in Stalingrad. Hitler verbot, nicht zuletzt durch Görings Versprechungen einer ausreichenden Luftversorgung geleitet, den zunächst noch möglichen Ausbruch und ließ im Gegenteil noch Verstärkungen in den Kessel fliegen. Bild rechts: Flug in die Hölle - Landser auf dem Weg nach Stalingrad zur Verstärkung der Eingeschlossenen. Bilder linke Seite: Verladung von Versorgungsbomben und -kisten (oben) aus einem deutschen Versorgungslager für die 6. Armee (unten).

Stalingrad sollte die mörderischste Schlacht des Zweiten Weltkriegs und zugleich seine Entscheidungsschlacht werden. In wochenlangen verlustreichen Häuserkämpfen (Bild oben und linke Seite) hatten zunächst die Deutschen die Stadt fast gänzlich in ihre Hand gebracht. Anträge von Paulus, die zur Abnützungsschlacht degenerierte Operation abzubrechen und die exponierte 6. Armee aus Stalingrad zurückzuziehen, wurden von Hitler schon aus Prestigegründen kategorisch abgelehnt. Damit war das Szenario für die größte militärische Katastrophe der deutschen Geschichte perfekt.

bach, der Kommandierende General des LI. Armeekorps, und sieben andere Generale in russische Kriegsgefangenschaft. Bei der Lagebesprechung im Führerhauptquartier in Ostpreußen meldete Zeitzler, seit dem gestrigen Tage sei der Funkverkehr mit Stalingrad abgerissen. Hitler hatte Tränen in den Augen und äußerte, er könne nicht glauben, daß Paulus das Leben wähle. Dann jedoch bekam Keitel zu hören, er solle Goebbels unterrichten: Stalingrad müsse zum Fanal, die 6. Armee neu aufgestellt werden. Am 30. Januar 1943 hatte Goebbels verkündet: »Das Wort Kapitulation existiert nicht in unserem Sprachschatz...«

Am 1. Februar ergab sich Generalfeldmarschall Paulus. Der Süd- und Mittelkessel waren liquidiert. Bei den Lagebesprechungen dieser Tage erging sich Hitler immer von neuem über Paulus' Handlungsweise; er kam nicht darüber hinweg, daß dieser nicht Selbstmord begangen hatte, und beschuldigte ihn des langen und breiten der Pflichtvergessenheit und Verantwortungslosigkeit. Niemand von den Teilnehmern wagte ein Wort zugunsten des unglücklichen Oberbefehlshabers der 6. Armee. Noch hielt das XI. Armeekorps unter General Strecker im Nordkessel um das Traktorenwerk aus. In der Nacht des 1. Februar starteten noch 109 Maschinen mit Versorgungsgütern für diesen Kessel, 89 Maschinen warfen 72 Tonnen Nachschub ab, drei Flugzeuge gingen verloren. Am 2. Februar erlosch auch der letzte Widerstand im Traktorenwerk, nachdem die Munition verschossen war. Um 8.40 Uhr sandte General Strecker seinen letzten Funkspruch: »XI. AK hat mit seinen sechs Divisionen im schwersten Kampf bis zum letzten Mann seine Pflicht getan. Es lebe der Führer! Es lebe Deutschland!« Am Abend dieses Tages meldeten Flugzeugbesatzungen, die auch an diesem Tag über Stalingrad gewesen waren, daß am Traktorenwerk eine pferdebespannte russische Kolonne stünde. Der Kampf war zu Ende. Rund 91 000 Soldaten, darunter 24 Generale und etwa 2500 Offiziere, fielen in russische Kriegsgefangenschaft. Seit 1806, dem Jahr der schweren Niederlage bei Jena und Auerstedt gegen Napoleon,

war es die schwerste Niederlage, die je ein preußisch-deutsches Heer erlitten hatte. Hitler äußerte gegenüber General Scherff, dem Beauftragten für die Kriegsgeschichtliche Forschung im OKW: »Hätte ich das geahnt, wäre Paulus kein Feldmarschall geworden. Sie haben alle an der Schwelle der Unsterblichkeit versagt.«

Am 3. Februar 1943 meldete der Wehrmachtbericht, der Kampf um Stalingrad sei zu Ende, eines könne schon jetzt gesagt werden: Das Opfer der Armee sei nicht umsonst gewesen. Für drei Tage schlossen auf Befehl des Reichspropagandaministers sämtliche Theater, Kinos und Varietés. An der propagandistischen Front verstand ein Mann von der Geschicklichkeit Goebbels' es meisterhaft, die Niederlage zum Sieg, zum Ansporn zu höchster Kraftanstrengung umzumünzen. Sämtliche Bars, Luxuslokale und Geschäfte, die nicht dem unmittelbaren Massenbedarf dienten, wurden geschlossen, um Arbeitskräfte frei zu machen.

Die Katastrophe von Stalingrad war die große Wende, nicht nur innenpolitisch durch das Wiederaufleben der militärischen Résistance im Heer, sondern auch außenpolitisch. Sie hatte eine schwere Erschütterung des so locker und hastig zusammengerafften und so heterogen zusammengesetzten deutschen Machtbereichs zur Folge. Die bisher abwartenden Neutralen, die Türkei, Schweden, Portugal zogen sich merklich zurück. Schweden kündigte in der Folge im Sommer 1943 den Urlaubertransitverkehr und die Genehmigung für die Instandsetzung von Kraftfahrzeugen der Lappland-Armee in schwedischen Werkstätten. Portugal überließ die Azoren den Alliierten als Stützpunkt. In Italien übernahm Mussolini die Leitung des Außenministeriums und suchte seinen Schwiegersohn, Galeazzo Ciano, Graf von Cortellazzo, mit dem Posten eines Vertreters beim Vatikan abzufinden. In Ungarn regten sich Bestrebungen, im Verein mit Italien aus dem Krieg auszuscheiden. Schon 1942 war es in Budapest bei gesellschaftlichen Veranstaltungen vorgekommen, daß italienische und ungarische Offiziere Trinksprüche darauf ausgebracht hatten, daß zwei Länder mit England

Nach der Einkesselung der 6. Armee im Raum Stalingrad Ende November saßen 250.000 deutsche Soldaten in der Falle, wo sie laut Führerbefehl „bis zum letzten Mann und bis zur letzten Patrone" weiterzukämpfen hatten. Damit er die letzte Patrone auch richtig nutzte, wurde Paulus am 31. Januar 1943 noch zum Generalfeldmarschall befördert. Doch Paulus wählte nicht den Freitod: Am selben Tag kapitulierte er mit den Resten seiner zermalmten Armee.
Bilder linke Seite und oben: deutsche Landser und russische Scharfschützen im Straßenkampf in den Ruinen von Stalingrad (Bild rechts: Fernkamera-Aufnahme eines schwerbeschädigten Industriegebäudes).

zusammen den Krieg beenden würden: Italien und Ungarn. Finnland erlebte eine ernste politische Krise, Bestrebungen setzten ein, mit amerikanischer Vermittlung einen Vergleichsfrieden mit der Sowjetunion zu schließen. Finnland wagte 1943 keine neue Offensive an der Murmanskfront mehr, obwohl die 20. deutsche Armee in Lappland und die finnische Armee noch völlig intakt waren, aus Besorgnis, die Vereinigten Staaten könnten solchen Schritt als unfreundlichen Akt auffassen und Finnland den Krieg erklären.

Am klarsten erkannte der spanische Generalissimus Francisco Franco die große Wende. Schon im September 1942 hatte in Madrid ein Wechsel im Außenministerium stattgefunden, Serrano Suñer, der Vertreter des Kurses der Nichtkriegführung, war durch den für anglophil geltenden und als Verfechter strikter Neutralität bekannten Grafen Jordana ersetzt worden. Im Verlauf des Jahres wurde die »Blaue Division« aus Rußland zurückgerufen. Die deutsche Niederlage in Rußland weckte in Franco die Befürchtung, das deutsche Bollwerk in Mitteleuropa, der historische Schutzwall des Abendlandes gegen den Osten, könne gänzlich zerbrechen, Sowjetrußland könne seinen Einfluß bis an die Atlantikküste ausdehnen. Im Februar 1943 versuchte er sich mit Churchill in Verbindung zu setzen und ihm diese Idee zu unterbreiten. Der englische Premierminister war nicht in der Lage, solche Bedenken offiziell gelten zu lassen. Er leugnete in seinem Gedankenaustausch mit Franco, daß ein zu starkes Rußland nach dem Sieg eine Gefahr für das übrige Europa bedeute. Doch Franco war zäh. Er unternahm einen weiteren Schritt: Durch den spanischen Vertreter im katholischen Teil Irlands in Dublin ließ er vorschlagen, die Gesandten der neutralen Mächte, Irlands, Schwedens, der Schweiz und des Vatikans, sollten in Madrid die Kriegführenden im Sinne einer gemeinsamen

Den Tod vor Augen

Briefe eines Arztes aus Stalingrad, Dez. 1942/Jan. 1943

Zur äußeren Lage: Wir hocken zusammen in einigen Erdlöchern einer Steppenschlucht. Notdürftigst eingegraben und eingerichtet. Dreck und Lehm. Aus nichts wird etwas gemacht. Kaum Holz zum Bunkern. Mäßige Feuerstellen. Wasser von weither geholt, sehr knapp. Verpflegung noch zum Sattwerden. Ringsherum triste Landschaft in großer Monotonie und Melancholie. Winterwetter mit wechselnder Kälte, Schnee, Sturm, Frost, plötzlich Schlackwetter. Bekleidung gut: Wattehose, Pelzweste, Filzstiefel und mein unbezahlbarer Pelz, in dieser Lage mein bestes Stück. Seit Urlaub Kleidung nicht mehr vom Leib. Läuse. Mäuse nachts übers Gesicht. Sand rieselt in der Höhle aufs Lager. Ringsum Schlachtengetöse. Wir haben gute Deckung und haben uns gut verschanzt. Aufgesparte Reste werden geteilt. – Dann blitzen Erinnerungen an das schöne vergangene Leben auf, mit Genuß und Versuchlichkeit, Liebe und Schande. Und jeder wünscht nur eins: Leben, am Leben bleiben! Das ist nackt und wirklich und wahr das Letzte: der Wille zum Leben.

*

Was liegt alles hinter uns – jene ersten Tage, in denen keiner ein und aus wußte. Angriff auf Angriff, von allen Seiten. Granaten, Panzer, Maschinengewehre, die furchtbare Stalinorgel, Bomben und alle Waffen, und alles Auge in Auge. – Aber die Kraft wächst mit der Gegenkraft. Man wird auch an den Zustand gewöhnt. Das Krachen läßt nicht mehr so sehr aufschrecken, man weiß sich in dieser Lage zu benehmen. Man hat das Notwendige zu seiner Sicherheit getan und läßt sich ruhig in seinem Bunker den Sand über den Kopf regnen und arbeitet und liest oder unterhält sich weiter... Die Transportflugzeuge schaffen Tag und Nacht. Was heißt Hunger? Man kann mit wenigem und noch wenigerem auskommen. Die Lage der Kranken und Verwundeten ist wieder erträglich, ich habe wieder Medikamente.

*

Kaum eine irdische Hoffnung mehr, den sicheren Tod vor Augen oder ein Schrecken ohne Ende in Gefangenschaft, irgendwo im Raum aller Unbarmherzigkeit. – Wir wissen nun, was sich um uns ereignet hat.

Bild oben: Am 30. Januar 1943, als das Schicksal der 6. Armee schon besiegelt war, feierte Göring in einer Rede an die Wehrmacht den „Heldenkampf um Stalingrad". Bild linke Seite: Vor Ort sah dieser Heldenkampf so aus: erstarrter Stalingradkämpfer in einem Massengrab für deutsche Gefallene. Hitler erging sich derweil in ebenso hochtrabenden wie schiefen historischen Vergleichen und erklärte Stalingrad zu einer Neuauflage der Schlacht an den Thermopylen, wo sich die Spartaner 480 vor Christus bis zum letzten Mann niedermetzeln ließen und damit den griechischen „Endsieg" über die Perser ermöglichten. Entsprechend machte der „Völkische Beobachter" am 4. Februar 1943 so auf: „Sie starben, damit Deutschland lebe" (Bild rechts).

Verteidigung gegen den Bolschewismus zur Einstellung der Feindseligkeiten auffordern. Der spanische Außenminister, Graf Jordana, nahm in diesem Sinne Fühlung mit dem freilich wenig weitblickenden und sehr unentschlossenen britischen Botschafter Sir Samuel Hoare, der 1917 als britischer Bevollmächtigter in Petersburg den Ausbruch der roten Revolution in Rußland erlebt hatte. Jetzt galt die Parole der »Unconditional surrender«, der bedingungslosen Kapitulation, für ihn. Die Fronten hatten sich verschoben und versteift, der Krieg hatte wie stets auch eine Unsumme von Haß und anderen rein emotionellen Faktoren aufgewühlt, die den Kriegführenden den Blick trübten, und Sir Samuel Hoare war seiner ganzen Vergangenheit nach wohl ein typischer Vertreter der alten englischen regierenden Schicht, aber keine Märtyrernatur und kein großer Warner und Mahner. Er fragte Graf Jordana stirnrunzelnd, wieso ausgerechnet der Außenminister eines so streng katholischen Landes sich für den ärgsten Gegner des Katholizismus, das nationalsozialistische Regime, verwenden wolle; dies könne er nicht begreifen.

Am 18. Februar 1943 sprach der Reichspropagandaminister, Dr. Joseph Goebbels, im Berliner Sportpalast vor Zehntausenden von Menschen. Er legte ihnen zehn grundsätzliche Fragen zur Kriegführung vor; längst war er im Inneren unzufrieden mit der im Vergleich etwa zu England und Rußland weit geringeren Mobilisierung der letzten Reserven der Volkskraft für den Krieg. Seine Fragen erheischten, wie er rief, nur eines: das Ja fanatischer Entschlossenheit. »Ich frage euch«, so schrie er, »wollt ihr den totalen Krieg?« Die Menge antwortete mit einem brausenden »Ja!«.

Am 18. Februar 1943 lieferte Goebbels mit seiner berühmt-berüchtigten „Sportpalastrede" sein demagogisches Meisterstück. Mit einem geschickten Frage- und Antwortspiel brachte er seine Durchhalteparolen an den Mann und entfachte den Widerstandswillen bis zum „Endsieg". Bild oben: Einzug des Matadoren in den Berliner Sportpalast. Bild rechts: fanatische „Volksgenossen" versuchen in den überfüllten Saal einzudringen. Bild links: „Wollt ihr den totalen Krieg?" - „Ja!" Goebbels zynisch nach seiner Rede: „Die Stunde der Idiotie. Hätte ich gesagt, sie sollen aus dem 3. Stock des Columbus-Hauses springen, sie hätten es auch getan."

Wende in Rußland

Im großen Drama des Krieges im Osten bezeichnet die Schlacht von Stalingrad den Höhepunkt und den Anfang vom Ende.

Aber dem Akt Stalingrad sollten noch viele Akte folgen, bevor der Vorhang fiel und das Dunkel alles verhüllte. An der ganzen, Tausende von Kilometern langen Front in den verschneiten Ebenen des Ostens tobte die Winterschlacht mit furchtbarer, sich ständig steigernder Erbitterung. Aus den weißen Schleiern des Schneetreibens, unter dem dumpf aufgrollenden Schwall schwersten Trommelfeuers und dem Heulen der »Stalinorgeln« griffen immer wieder Wellen der sowjetrussischen Infanterie hinter Panzerrudeln an, in schier unerschöpflicher Zahl, mit schier unerschöpflichem Material ausgestattet. Die gewaltige amerikanische Industrie, die auf Höchstleistung gebrachte britische Industrie, die eigene so erstaunlich gesteigerte Industrie der Sowjetmacht, die die Maschine zum Götzen und die Fabrikarbeit zum alleinigen Lebenszweck des »Sowjetmenschen« erhoben hatte, arbeiteten für die Armee der Weltrevolution. Die Linien der deutschen Winterkämpfer in ihren weißen wattierten Mänteln waren hauchdünn geworden, waren vielfach aufgerissen, ohne Zusammenhang, in einzelne Stützpunkte aufgesplittert. Die Nachschubstraßen, jene alten russischen Heerstraßen, die im Sommer mehr graswachsenen Feldern als festbegrenzten Kunstwegen glichen, die sich in der dörrenden Hitze in Sandwüsten verwandelten, bis die Herbstregen sie wieder in Morast verkehrten und Löcher und Senken mit trübem Schmutzwasser füllten, lagen jetzt unter hohem Schnee, den der Ostwind zu weißen Wällen türmte.

Das Grundproblem des Ostfeldzuges war die Beherrschung des Raumes. Es war nur zu lösen, wenn man entweder zahlenmäßig die Überlegenheit besaß oder die zahlenmäßige Unterlegenheit durch eine sehr große Beweglichkeit ausglich. Beides vermochte die deutsche Führung nicht. Die Kräfte fehlten, sie fehlten um so mehr, je mehr der Raum sich nach Osten dehnte. Eine bewegliche Kampfführung hatte eine große Anzahl gepanzerter oder motorisierter Divisionen zur Voraussetzung, sie waren gleichfalls nicht vorhanden, weil das Rüstungspotential wie die Treibstoffwirtschaft dafür nicht die Voraussetzungen zu schaffen vermochten. Die Luftwaffe als ausgleichender Faktor konnte gleichfalls nicht helfen, sie verfiel. Jedes Frühjahr, jeder Herbst, jeder Winter hoben mit Schlamm oder Schneeverwehung zudem für Wochen, oft für Monate, die Vorteile auch der großzügigsten Motorisierung und Mechanisierung auf, Schwierigkeiten, die auch der Gegner, der besser mit den heimischen Verhältnissen vertraut war, nicht immer zu überwinden vermochte. Der Nachschub mußte auf den langen, endlosen Rollbahnen dann mit Pferdefuhrwerk oder Schlitten bewältigt werden, ständig in den meisten rückwärtigen Armee- und Heeresgebieten umlauert von Partisanen. Er erforderte eine umfangreiche Organisation, bewegliche Hilfskommandos in allen Ortschaften zur Beseitigung von Schneewehen, zur Straßeninstandsetzung, Wärmestuben für die an die hohen Kältegrade des östlichen Winters nicht gewohnten deutschen Soldaten, vorgeschobene Lager hinter der Front, deren Vorräte halfen, den Nachschubweg zu kürzen, die Bereitstellung von Stoßgruppen aus den Troß- und Versorgungsdiensten, die mit panzerbrechenden Waffen versehen waren, um russische Einbrüche abzufangen, die bei der dünnen, nicht durchlaufend zu besetzenden Front und dem Fehlen von Eingreifreserven immer häufiger wurden. Die bewegliche Kampfführung wäre indes trotz aller Mängel der Rüstung immer noch bis zu einem gewissen

Daß Stalingrad der Anfang vom Ende war, wurde schon bald deutlich. Von der Ostsee bis zum Schwarzen Meer war die Rote Armee Anfang 1943 angetreten, die Gesamtstoßrichtung des Ostkrieges umzukehren. Im Norden, in der Mitte und im Süden wurden tiefe Einbrüche in die deutschen Frontlinien erzielt. Das Gesetz des Handelns war endgültig an die Russen übergegangen.

Bild linke Seite: Landser in der „weißen Hölle" Rußlands. Bild rechts: Generalissimus Stalin. Daß ausgerechnet die Stadt, die den Namen des „roten Zaren" trug, zum Symbol für die Kriegswende wurde, hat seine historische Berechtigung. Nicht Churchill und Roosevelt, sondern Stalin sollte der große Sieger des Zweiten Weltkriegs werden.

Grade die einzige Möglichkeit gewesen, wenn nicht zu den technischen Schwierigkeiten nun die Erstarrung des Intellekts des Obersten Kriegsherrn hinzugekommen wäre. Wußte dieser um die beiden bereits geschilderten Grundprobleme, handelte er bewußt, oder handelte er einfach intuitiv aus dem Empfinden heraus, daß die starre Führung sich einmal bewährt hatte? Wahrscheinlicher erscheint das zweite. Diese Haltung entsprach dem Verfall, der Verarmung der Persönlichkeit. Hitler verlangte jetzt von der Front nur mehr eins, das Fechten auf Linien, eine Idee, vor der schon Napoleon gewarnt hatte. Ohne Frontverkürzung, ohne jede Elastizität sollte jede Stellung gehalten werden, ganz gleich wie die Voraussetzungen waren, wie ungünstig diese in der Praxis auch immer verlaufen mochte.

Für die deutschen Armeeführer bedeutete dies einen doppelten Kampf: gegen den gnadenlosen, mit überquellenden Massen von Menschen und Material anrennenden Gegner und gegen die eigene höchste Führung, die ihnen nicht mehr gestatten wollte, die notwendigsten Maßnahmen für unvorhergesehene Fälle zu treffen, den Bau rückwärtiger Auffangstellungen, die rechtzeitige Zurücknahme der für die Fortsetzung des Kampfes unentbehrlichen Versorgungs- und Sanitätsdienste bei ungünstigen Lagen, die ihnen nicht mehr erlaubte, sich nach rechts und links selbständig über die Lage bei den Nachbararmeen zu orientieren, die sie zwang, unter einem ständigen seelischen Druck auf eigene Verantwortung hin die notwendigste Vorsorge walten zu lassen, die sie zwang, Befehle, die unsinnig und unmöglich waren, zu umgehen, auszulegen oder umzudeuten. Wer im Krieg nicht operiert, begibt sich selbst der Initiative und der Führung. Hitler aber schimpfte auf die Generale, die stets »operieren« wollten, weil sie dies nicht anders gemäß der »veralteten Generalstabslehre« gelernt hatten. War diese seelische Belastung für den verantwortungsbewußten Armeeführer oder Heeresgruppenbefehlshaber schon ungeheuer, so trug der Soldat, der Offizier an der Front eine noch weit ungeheuerlichere Last. Die riesigen, endlos im Schnee verdämmernden Räume, der Todeshauch des eisigen Winters, die furchtbaren körperlichen Strapazen, die eigene, für die Front immer fühlbarer werdende materielle Unterlegenheit, das dunkle Empfinden, daß oft Unmögliches verlangt wurde, ohne daß Zeit blieb, nach der Schuld zu fragen, dies alles ließ den Krieg ungleich härter erscheinen, als es der bereits so harte Grabenkrieg der Jahre 1915/18 gewesen war. Trotzdem fühlte sich das Ostheer noch immer moralisch dem Gegner überlegen. Noch immer gab es ungezählte Beispiele heldenmütiger Standhaftigkeit auch in den dunkelsten Stunden, erstaunlicher Unbekümmertheit auch bei vorübergehender Einkesselung, bei der Abwehr immer wieder vorgetragener Massenangriffe.

Die Bilder glichen sich vor Leningrad, im Mittelabschnitt, im Süden. Am Ladogasee erwehrte sich die Heeresgruppe Nord massiver Versuche, Leningrad zu entsetzen. Weit im Süden drängten die Russen auf die Kubanmündung und den Unterlauf des Don. Brennpunkt des Ringens war jedoch noch immer die Front der Heeresgruppe Don des Generalfeldmarschalls v. Manstein am Donez und oberen Oskol. Die Heeresgruppe B war völlig zerschlagen, sie bestand nur mehr aus einer Panzerdivision bei Starobelsk und den Trümmern der 2. deutschen Armee, die bei Kursk auswich. In den alten Sektor dieser Heeresgruppe schoben sich zwischen Kursk, Belgorod und Charkow russische Divisionen. Damit drohte die Überflügelung der Heeresgruppe Don und ihre wie auch die Einkesselung der Heeresgruppe A am Asowschen Meer. Während sich im Mittelabschnitt das deutsch-russische Kräfteverhältnis etwa auf eins zu vier belief, betrug es im Südabschnitt durchweg eins zu acht. In den so düsteren Weihnachtstagen des Jahres 1942, als bei der Armeeabteilung Hollidt im Frontbalkon vor dem Donez das vom Kaukasus heraufgeworfene XXXXI. Panzerkorps des Generals v. Knobelsdorff als »Feuerwehr« eingriff und die erste Entlastung brachte, wurde die Front vielfach nur von Urlauber- und Alarmeinheiten gehalten. Erst allmählich konnte Feldmarschall

Nacht nur an der Front, auch hinter der Front war „Frontgebiet" - wegen erhöhter Partisanengefahr. Bild oben: Aufstellung eines Warnschildes. Bild rechte Seite: Partisanentrupp bei einer Einsatzbesprechung. Bereits elf Tage nach dem deutschen Angriff auf Rußland hatte Stalin seinen berühmten Befehl an die Völker der Sowjetunion erlassen: „In den vom Feind besetzten Gebieten müssen Partisaneneinheiten zu Fuß und zu Pferd gebildet werden, um überall den Feind zu bekämpfen und den Partisanenkrieg zu entfachen ... in den besetzten Gebieten müssen die Bedingungen für den Feind und seine Helfer unerträglich gemacht werden, sie müssen verfolgt und vernichtet werden, wo immer sie sich aufhalten."

v. Manstein für die Zuführung neuer Kräfte sorgen.

Wenigstens war es Generaloberst Zeitzler möglich gewesen, im letzten denkbaren Augenblick Hitler am Ende des alten Jahres die Zustimmung zur Zurücknahme der Heeresgruppe A abzuringen, die noch immer am Rand des Ostkaukasus in der Terekstoppe mit ihren Kurganen, den Grabhügeln längst entschwundener Fürstengeschlechter der Urzeit, vor Wladikawkas (Ordschonikidse) und im Westkaukasus vor den Sperren der Paßstraßen nach den Schwarzmeerhäfen festgelegen hatte. Manstein hatte gehofft, die Heeresgruppe für die Sicherung der Donfront verwenden zu können. Hitler gab nur Teile frei, mit anderen Teilen, vor allem der 17. Armee unter Generaloberst Ruoff, erhielt die Heeresgruppe Befehl, vor der Mündung des Kuban in das Asowsche Meer einen Brückenkopf zu halten. Durch die Vorspiegelung neuer Angriffsabsichten gedachte er so starke russische Kräfte zu binden, auch glaubte er, daß ein Rückzug an den östlichen Schwarzmeergestaden die Haltung der Türkei ungünstig beeinflussen würde. Die sehr schwierige Versorgung des Kubanbrückenkopfes sollte durch den Bau einer Brücke zwischen der Halbinsel Kertsch und der Tamanhalbinsel gelöst werden, ein Projekt, das alle vorhandenen Kräfte und Mittel überstieg. Hitler erklärte sich auch mit Vorschlägen Zeitzlers einverstanden, im Nord- und Mittelabschnitt der Front Verkürzungen vorzunehmen. Zwischen dem Ilmensee und Rschew wurde jene heiß umkämpfte Fronteinbuchtung begradigt, zu der Welikije Luki und Demjansk gehörten, die so viel deutsches Blut gekostet hatten, im Mittelabschnitt führte die sogenannte Büffel-Bewegung zur Aufgabe des nach Osten vorspringenden Wjasmabogens.

Die größte Sorge erweckte jedoch die Frontlücke bei Charkow, die durch den Zerfall der Heeresgruppe B entstanden war. Hitler hoffte, mit einer neugebildeten Armeeabteilung unter dem General der Gebirgstruppen Lanz, dem Erstürmer des Elbrus im Kaukasus, die von Woronesch aus auf Charkow vorgehenden Russen in der Flanke fassen zu können. General Lanz, dem man nur zerfledderte, ausgeblutete Divisionen gegeben hatte, hielt den Angriff für sinnlos und nahm statt dessen seine Armeeabteilung zurück. Nach drei Wochen wurde er abgesetzt und fiel in Ungnade. Am oberen Donez mußte sich unterdes Manstein hartnäckiger Umfassungsversuche erwehren. Russische mechanisierte Kräfte drängten über den Donez hinweg auf den Unterlauf des Dnjepr. Wiederum drohte die Aufrollung der gesamten Südfront. Um die 4. Panzerarmee für eine bewegliche Abwehr freizubekommen und die Dnjeprlinie decken zu können, verlangte Manstein nunmehr die endgültige Aufgabe des Donezgebietes und die Zurücknahme der Front auf die Miusstellung. In sechsstündiger Unterredung rang er Hitler im Führerhauptquartier am 6. Februar 1943 die Genehmigung zu diesem Schritt ab.

»Schwere Abwehrkämpfe in unverminderter Härte«, das war der Tenor der Wehrmachtberichte Anfang Februar 1943. Überall griff der Gegner an, unter schwerem Trommelfeuer, unter Mas-

seneinsatz von Panzern, in dichten Schützenwellen, bei Leningrad, am Wolchowfluß südlich der belagerten Stadt, im deutschen Frontbogen vor Orel, bei Kursk, bei Noworossisk, am Kubanbrückenkopf. Rostow und Woroschilowgrad wurden aufgegeben. Am mittleren Donez setzten in dichtem Schneetreiben das IV. Motomechanische Korps und das VII. sowjetische Garde-Kavalleriekorps über den Fluß und schickten sich zu einem weit ausholenden Umfassungsmanöver im Rücken der Armeeabteilung Hollidt am Mius an.

Mitte Februar 1943 bezog Hitler, begleitet nur von seiner engsten Umgebung mit den Generalen Jodl und Zeitzler, wieder das vorgeschobene Hauptquartier Winniza, um die kritische Situation selbst zu meistern, während die meisten Abteilungen des OKW und die Operationsabteilung des Generalstabes in Ostpreußen blieben. Charkow, das konzentrisch angegriffen wurde, ging verloren. Unter dem General der Panzertruppen Kempf wurde in diesem Abschnitt eine neue Armeeabteilung gebildet, um die Front zu schließen und Charkow zurückzuerobern. Die Lage war von tödlichem Ernst. Die 4. Panzerarmee befand sich noch im Anmarsch von Süden her. Die linke Flanke der 1. Panzerarmee war durch einen tiefen Einbruch der sowjetrussischen »Brjansk-Front« des Generals Popow aufgerissen. Bei Grischinew näherten sich russische Panzerrudel der wichtigsten Eisenbahn-Nachschubstrecke. Zwischen der 1. Panzerarmee und der Armeeabteilung Hollidt operierten das Motomechanische und das Garde-Kavalleriekorps im Rücken der deutschen Front und stießen gegen den Eisenbahnknotenpunkt Debalzewo vor. Dnjepropetrowsk schien gefährdet. Eine bei Pawlograd in Reserve stehende italienische Division flüchtete. Selbst Kiew schien möglicherweise bedroht.

Am 17. Februar erschien Hitler in Mansteins Hauptquartier Saporoschje. Er bestand auf der Rückeroberung von Charkow, hielt jedoch jetzt die Bedrohung von Kiew für primär und wollte die aus Frankreich anrollenden SS-Panzergrenadierdivisionen zunächst im Raum von Kiew ausladen lassen. Manstein übersah die Lage mit einer Gelassenheit, die dem preußischen Heerführer Moltke Ehre gemacht hätte. Er gedachte den Gegner ruhig möglichst weit nach Westen vorlaufen zu lassen und dafür die geeigneten Eingreifkräfte möglichst weit nach Osten vorzuziehen. Hitler beharrte darauf, die SS-Divisionen müßten im Raum Kiew auswaggoniert werden. Manstein und sein Stabschef Busse waren sich einig, daß Gegenvorstellungen nichts fruchteten. Sie hatten Meldungen, daß russische Panzer sich Saporoschje näherten, und überzeugten Hitler, im Interesse seiner eigenen Sicherheit sei es besser, wenn er wieder nach Winniza zurückflöge, man könne nicht wissen, wie lange der Flugplatz Saporoschje noch benutzbar sein würde. Hitler flog zurück. Während seine Reisemaschine über die verschneiten Ebenen dröhnte, ließ Manstein die Befehle hinausgehen, die die SS-Divisionen nach Osten vorzogen. Die Transporte waren im Rollen, als Hitler von Winniza aus wieder anrief. Die Operation zur Bereinigung des feindlichen Einbruches zwischen Donez und Dnjepr lief, das SS-Panzerkorps wurde der Armeeabteilung Kempf zugeführt. Am 21. Februar tauchten tatsächlich russische Panzer dicht vor Saporoschje auf. Allein Manstein setzte nun seine Kräfte auf dem Nordflügel bei Achtyrka zu einem Umfassungsmanöver an. Am 26. Februar begann die Schlacht zwischen Dnjepr und Donez. Eine Schützen- und eine Gardearmee der »Brjansk-Front« wurden zerschlagen, ein sowjetisches Panzerkorps vernichtet, fünf andere zum Rückzug gezwungen. Am 2. März 1943 setzte Manstein zur Ausnutzung des Abwehrerfolges zu einer »Retour offensif« – einem offensiven Rückzug – an, wie sie dem Prinzip der raumgreifenden, elastischen Verteidigung in Ausweichen und Gegenstoß entsprach. Die weit nach Westen vorgeprellten feindlichen Kräfte wurden aufgerieben, der Stoß auf Charkow begann. Bei Isjum wurde der Gegner über den Donez zurückgeworfen, ein sowjetisches Panzerkorps vernichtet. In breiter Front erreichten die Angriffsverbände trotz Regen und Schlamm wieder den Donez. Darauf stießen sie auch nordwestlich Charkow vor. Die 3. sowjetische Panzerarmee wurde eingekesselt. Am 14. März nahm General Kempf Charkow wieder.

Am Kubanbrückenkopf verteidigten

Nach Stalingrad kam die Lieferung alliierter Rüstungsgüter an die Sowjetunion, die im ersten Jahr des Rußlandkrieges eher spärlich geflossen war, im großen Stil in Gang. Bild links: ein sowjetischer Panzer amerikanischer Herkunft ist dicht vor den deutschen Stellungen durch Panzerfausteinsatz gestoppt worden.

Bild rechte Seite: Der „größte Feldherr aller Zeiten" zeichnet neue Angriffspläne auf seine Rußlandkarte. Bald würde keine Lupe mehr nötig sein, um den Ernst der Lage zu erkennen. Sie war, mit den Worten Mansteins, schon 1943 „überall unter aller Sau".

Keine Freunde unter der Generalität

Goebbels-Tagebuch, 2.3.1943

Daß die Vorgänge an der Ostfront während des vergangenen Winters zu einer schweren Vertrauenskrise geführt haben, ist Göring klar. Die Generalität setzt alles daran, diese Vertrauenskrise auf den Führer abzuwälzen. Sie nimmt jetzt Rache für den Winter 41/42, wo sie durch die Maßnahmen des Führers so ins Unrecht gesetzt wurde.

Für den einzigen offenen und vertrauenswürdigen Charakter im Führerhauptquartier hält Göring General Schmundt. Die andere Generalität, zum Teil auch die an der Front, nutzt die Situation aus und macht dem Führer Schwierigkeiten über Schwierigkeiten. So hat Manstein sich z.B., wie Göring mir sagt, einmal dazu hinreißen lassen, ... dem Führer die Niederlegung des Oberbefehls nahezulegen. Es ist zwar nicht dazu gekommen, da er vorher schon bestandpunktet wurde, aber der Führer hat das doch erfahren und Manstein gegenüber daraus seine Konsequenzen gezogen. Der Führer hatte eigentlich die Absicht, bei seiner Reise an die Südfront Manstein abzusetzen, hat aber vorläufig diese Absicht noch nicht verwirklicht. Jedenfalls müssen wir uns bei der alten Wehrmacht- bzw. Reichswehrgeneralität vorsehen. Gute Freunde besitzen wir unter ihr nur sehr wenige. Sie versuchen, einen unter uns gegen den anderen auszuspielen. Jedenfalls gebe ich mich zu einer so fragwürdigen Angelegenheit nicht her.

Wir besprechen auch ausführlich den Fall Paulus, der von Göring in der schärfsten Weise kritisiert wird. Er berichtet mir, daß auch der Führer heute zu der Überzeugung gekommen ist, daß Paulus sich feige in sowjetische Gefangenschaft begeben hat. Göring erwartet, daß dieser gefangene Generalfeldmarschall sehr bald als Sprecher im Moskauer Rundfunk erscheinen wird. Das wäre ja das tollste Stück, das man sich überhaupt nur vorstellen kann.

Göring ist sich vollkommen im klaren darüber, was uns allen drohen würde, wenn wir in diesem Krieg schwach würden. Er macht sich darüber gar keine Illusionen. Vor allem in der Judenfrage sind wir ja so festgelegt, daß es für uns gar kein Entrinnen mehr gibt. Und das ist auch gut so. Eine Bewegung und ein Volk, die die Brücken hinter sich abgebrochen haben, kämpfen erfahrungsgemäß viel vorbehaltloser als die, die noch eine Rückzugsmöglichkeit besitzen.

sich die 17. deutsche Armee und rumänische Divisionen weiterhin mit äußerster Zähigkeit gegen den Ansturm von sieben sowjetischen Schützenarmeen. Auf beiden Seiten machte sich im allgemeinen jedoch jetzt das Bedürfnis nach einer Kampfpause geltend. Die Sowjets stellten auch die Angriffe im Mittelabschnitt ein. Am 26. März 1943 hieß es zum ersten Mal seit vielen Monaten wieder im Wehrmachtbericht: »An der gesamten Front verlief der Tag ohne besondere Ereignisse.« Die Urlaubssperre für die Ostfront wurde aufgehoben. Noch einmal war es unter Anspannung aller Kräfte und unter schweren Verlusten gelungen, die Zertrümmerung der Ostfront zu verhindern. Die große Frage war, ob man sich 1943 an der Ostfront auf die Defensive beschränkte oder noch einmal den Versuch wiederholte, die Initiative wiederzugewinnen. Manstein schlug vor, gegenüber den am Donez erkennbar werdenden feindlichen Kräftekonzentrationen, die auf eine Offensive schließen ließen, auszuweichen, dafür bei Charkow weit ausholend zum Angriff überzugehen und den nach Westen vorprellenden russischen Angriffsflügel einzukesseln. Hitler verwarf den Vorschlag, vielleicht, weil ihm die schwer zu sichernde Nordflanke dieser Operation Kopfzerbrechen bereitete. Ihm fiel vor allem der rund 100 Kilometer nach Westen vorspringende russische Frontbogen im Raum von Kursk auf. Durch eine Zangenbewegung der Heeresgruppen Mitte und Süd schien es möglich, diesen Frontvorsprung abzuschneiden und damit dem Gegner einen schweren, vielleicht tödlichen Schlag zu versetzen.

Doch die Voraussetzungen für die Siege der Panzerdivisionen hatten sich seit 1940/41 grundlegend gewandelt. Das Moment der Überraschung, die uneingeschränkte Luftherrschaft, existierte nicht mehr. Die Panzerwaffe hatte materiell wie personell schwere Verluste erlitten. Im Februar 1943 hatte sich Hitler veranlaßt gesehen, Generaloberst Guderian, den er im Dezember 1941 vor Moskau nach Hause geschickt hatte, wieder heranzuholen, um der Panzertruppe eine neue Gestalt zu geben. Hitler versprach sich Wunderdinge von der

Einführung neuer Panzertypen, des Panzers V »Panther« und des Panzers VI »Tiger«, des überschweren Jagdpanzers »Ferdinand«, des ferngelenkten Kleinpanzers »Goliath« mit einer Sprengstoffladung, der gegen feindliche Stellungssysteme gehetzt werden sollte. Noch 1941 hatte er weniger nach dem Material gefragt als nach der phantasievollen Nutzung der Faktoren Zeit und Raum.

Am 15. April 1943 wurde mit dem Operationsbefehl Nr. 6 das Unternehmen »Zitadelle« befohlen, der Zangenangriff auf den Kursker Bogen. Dafür wurden bei der Heeresgruppe Süd fünf Panzer-Generalkommandos mit sieben Panzerdivisionen und zwei Panzergrenadierdivisionen – der neuen Bezeichnung für die alten motorisierten Divisionen – sowie ein SS-Panzerkorps mit drei Panzer- und einer Panzergrenadierdivision versammelt. Die neue Südgruppe verfügte in dieser Aufstellung schließlich über 1137 Panzer aller Typen.

Im Norden stellte die »Gruppe Weiß«, die 9. Armee unter Generaloberst Model, drei Panzerkorps mit sechs Divisionen und einer Panzergrenadierdivision bereit. Die Panzerstärke betrug ungefähr 900 Stück.

Hitlers Ansicht nach würde der Gegner sämtliche Reserven in den Kursker Bogen stopfen. Wurden diese dann zerschlagen, war die sowjetische Offensivkraft für das Jahr 1943 gelähmt. Die Sowjets wiederum rechneten mit gutem Grund damit, Hitler werde sich die Gelegenheit, eine Kesselschlacht auf begrenztem Raum zu schlagen, nicht entgehen lassen. »Zitadelle« konnte daher nur dann Aussicht auf Erfolg haben, wenn man so rasch wie möglich zuschlug und dem Gegner keine Zeit zur Organisation der Verteidigung ließ. Daran war bei dem schlechten Mannschaftsbestand der Truppe, angesichts schleppender Zuführung der neuen Panzer, angesichts des umständlichen Versorgungsaufmarsches nicht zu denken. Hitlers Lieblingskind, der »Panther«, war noch nicht einmal voll erprobt worden und galt als nicht frontreif. Termine wurden aufgestellt und verschoben: der 15. Mai, der 12. Juni, der 20. Juni. Endlich wurde der 5. Juli 1943 als Angriffstag bestimmt.

Als es eng wurde an der Ostfront, opferte man in Berlin die arroganten großgermanischen Prinzipien, die dem Einsatz „rassisch bedenklicher" potentieller Verbündeter bislang entgegengestanden hatten, den Erfordernissen der Lage. In den besetzten Gebieten wurden fieberhaft Freiwillige für den „Kampf gegen den Bolschewismus" angeworben. **Bild oben:** Vereidigung einer ukrainischen Kompanie im Donezgebiet. **Bild rechte Seite:** in der Partisanenbekämpfung eingesetzte Tscherkessen-Brigade. Ende 1944 wurde unter dem ehemaligen sowjetischen Generalleutnant Wlassow sogar eine antisowjetische „russische Befreiungsarmee" aufgestellt. Im Bild ganz oben Andrej Wlassow bei der Inspektion seiner Truppen.

Man hat viel darüber orakelt, der ganze Angriffsplan sei von Anbeginn an verraten worden. Mag sein, daß Stalin durch seine zahllosen Agenten frühzeitig von »Zitadelle« erfahren hat. Doch der sowjetischen Boden- und Luftaufklärung, den zahlreich im rückwärtigen deutschen Heeresgebiet aktiven Partisanen konnte der umständliche und umfängliche deutsche Aufmarsch im Süden und Norden der Kursker Linie nicht verborgen bleiben. Zur Versammlung der Panzerkräfte kam ein großer Bodenaufmarsch der Luftwaffe. Die Luftflotte 4 stellte im Süden etwa 1100 Maschinen bereit, die Luftflotte 6 für Models Gruppe 740 Maschinen. Als Neuheit konnten zum erstenmal fünf Panzerjagdstaffeln eingesetzt werden.

Der Gegner – im Süden die »Woronesch-Front« des Armeegenerals Watutin, im Norden die »Zentralfront« des späteren Marschalls Konstantin Konstantinowitsch Rokossowski – hatte Zeit genug zum Ausbau eines 20 bis 25 Kilometer tief gestaffelten Feldbefestigungssystems mit Minenfeldern, Panzerabwehrstützpunkten, eingegrabenen schweren Panzern als Bunker- und Batteriestellungen. Nach deutscher Schätzung standen für die Errichtung einer Wand aus Feuer und Stahl gegen die deutschen Panzer ein Artilleriekorps, eine Artilleriedivision, drei Artilleriebrigaden, neun Artillerieregimenter, sechs Werfer- und sieben Granatwerferbrigaden, drei Panzerabwehrbrigaden und vierzehn Panzerabwehrregimenter bereit. Dahinter starke gepanzerte Eingreifverbände. Neu war der Einsatz von Artilleriegroßverbänden, neu das Eingraben von Panzern als Bunker. Hinter den beiden Fronten befand sich die Steppenfront des Generalobersten Iwan Stepanowitsch Konjew als Hauptreserve.

Aber es war zu spät, als der Angriff am 4./5. Juli 1943 bei Manstein und Model anrollt. Die Luftflotten 4 und 6 fliegen einen gewaltigen »Angriffswirbel« gegen das Hinterland, dann greifen ihre Verbände in den Erdkampf ein, um den Panzern den Weg zu bahnen. Für einige Tage hält die Luftwaffe die Herrschaft über dem Kursker Bogen, dann lähmt Treibstoffmangel ihre Schwingen. Die Panzerjagdstaffeln bewähren sich. Die andere Novität, die Model zugeteilten zwei Fernlenkkompanien mit »Goliaths«, richtet wegen technischer Mängel der kleinen Sprengträger nicht viel aus.

Der Einbruch in die sowjetischen Stellungen gelang im Süden wie im Norden, der Durchbruch, die Wegnahme der stark befestigten Schlüsselpositionen bei Obojan im Süden, bei den Höhen von Ponyri und Teploje im Norden, ge-lang nicht. Da die sowjetische Führung sehr rasch, sowie sich die deutschen Angriffe im Stellungsgewirr festfuhren, ihre Eingreifverbände, Panzer und Infanterie in den Kampf warf, entwickelten sich vor allem im Süden große Panzergefechte im welligen Steppengelände. Die deutschen Panzer erlitten empfindliche Verluste – denkt man an die prekäre Ersatzlage –, die sowje-tischen Verluste lagen eindeutig höher. Manstein, der noch ein Panzerkorps in Reserve hielt, war überzeugt, daß der Gegner seine letzten Reserven bereits aufgebraucht hatte. Die Schlacht schwankte – man mußte sie durchschlagen.

Im Norden war Model mit dem Einsatz der Panzer zunächst vorsichtiger, im ersten Treffen fuhr nur eine Division, erst mußten Pioniere, Artillerie, Sturmgeschütze Breschen in die sowjetischen Stellungen schlagen, dann sollten das zweite und dritte Treffen angreifen. Die Einbrüche gingen bis zu acht Kilometern in die Tiefe. Dann blieben sie liegen. Die Sowjets antworteten mit heftigen Gegenstößen, zwangen die Angreifer wieder in die Verteidigung. Schließlich gelangte Model am 9. Juli zu der Überzeugung, in dieser »Materialabnutzungsschlacht« nütze der Masseneinsatz der Panzer nichts, zumal die Ausbildung in der Funkführung zu wünschen übriglasse, die Panzer sollten in kleinen Gruppen der Infanterie als Hilfswaffe dienen – wie einst anno 1918 im Ersten Weltkrieg.

Dann platzte in alle Überlegungen bei Model über die Verlagerung des Angriffsschwerpunktes, die Heranführung der letzten Reserven, am 11. Juli 1943 die Meldung von Teilangriffen der Sowjets in seinem Rücken, im Orelbogen. Am 12. Juli brach hier eine sowjetische Großoffensive los, die zu tiefen Einbrüchen und schweren Krisen bei der 2. Panzerarmee führte.

Model mußte alle Angriffe einstellen, mußte Verbände abziehen, um im Orelbogen das Schlimmste zu verhüten. Hitler, den am 10. Juli die Nachricht erreichte, die Alliierten seien auf Sizilien gelandet, die italienische Verteidigung breche rasch zusammen, entschloß sich am 13. Juli 1943, »Zitadelle« einzustellen.

Bei Belgorod und Charkow begann eine zweite russische Gegenoffensive mit der »Woronesch«- und der »Steppe-Front«. Am 17. Juli begann gleichzeitig die Doppelschlacht am Donez und Mius zur Rückeroberung des Donezbeckens. Ein tiefer feindlicher Einbruch bei der 6. Armee konnte noch einmal mit Unterstützung durch das I. SS-Panzerkorps und die 23. Panzerdivision beseitigt werden. Vom 22. Juli an entbrannte eine neue schwere Abwehrschlacht südlich des Ladogasees, wo die Russen den Ring um Leningrad aufsprengen wollten. Vier Tage zuvor hatte bereits ein neuer Großangriff bei Staraja Russa südlich des Ilmensees eingesetzt. Brennpunkt des Ringens blieb einstweilen der deutsche Frontbogen bei Orel, wo die Russen unter Einsatz ungeheurer Menschen- und Materialmassen versuchten, alles, was an deutschen Kräften in diesem Bogen steckte, abzu-

T-34 gegen Tiger

Bericht des sowjetischen Generals Rotmistrow von der Kursker Schlacht

Die Panzer bewegen sich in Rudeln unter dem Schutz kleiner Wäldchen und Hecken über die Steppe. Die Abschüsse der Geschütze vereinigen sich zu einem mächtigen, anhaltenden Dröhnen. Die sowjetischen Panzer stoßen in voller Fahrt auf die deutschen Vorausabteilungen und durchbrechen den deutschen Panzerschleier. Die T-34 schießen auf geringe Entfernung Tiger ab, denen im Nahkampf ihre starke Bewaffnung und mächtige Panzerung keinen Vorteil mehr bringt. Die aus nächster Entfernung abgeschossenen Granaten durchschlagen sowohl die Seiten- wie auch die Stirnpanzerung der Kampfwagen. Auf diese Entfernung gibt es keinen Panzerschutz mehr, und die Länge der Rohre ist nicht mehr entscheidend. Häufig explodieren dabei Munition und Betriebsstoff, und abgerissene Panzertürme werden Dutzende Meter weit geschleudert. Über dem Gefechtsfeld entbrennen gleichzeitig erbitterte Luftkämpfe. Sowohl die sowjetischen als auch die deutschen Flieger wollen ihren Erdtruppen helfen, die Schlacht zu gewinnen. Die Bomber, Schlacht- und Jagdflugzeuge scheinen am Himmel über dem Frontabschnitt von Prochorowka festzuhängen. Ein Luftkampf folgt dem anderen. Bald ist das ganze Firmament vom schweren Rauch der Brände überzogen. Auf der schwarzen, verbrannten Erde lodern die abgeschossenen Panzer wie Fackeln. Es ist schwer festzustellen, welche Seite angreift und wer sich verteidigt. Das II. Bataillon der 181. Panzerbrigade des XVIII. Panzerkorps, das am linken Ufer des Psiol angreift, stößt auf eine Gruppe Tiger, die das Feuer auf die sowjetischen Panzer aus dem Halt eröffnen. Die starken und weitreichenden Kanonen der Tiger sind sehr gefährlich, und die sowjetischen Panzer müssen so schnell wie möglich die Entfernung verkürzen, um diesen Vorteil des Gegners auszuschalten. Der Bataillonskommandeur Hauptmann P. A. Skripkin befiehlt: »Vorwärts, mir nach!« Die erste Granate des Kommandeurpanzers durchschlägt die Seitenwand eines Tiger. Sogleich eröffnet ein anderer Tiger das Feuer auf Skripkins T-34. Eine Granate durchschlägt die Seitenwand, und ein zweiter Treffer verwundet den Bataillonskommandeur. Der Fahrer und der Funker ziehen ihren Kommandeur aus dem Panzer und bringen ihn in einen Granattrichter in Deckung. Als ein Tiger direkt auf sie zurollt, springt der Tankist Alexander Nikolajew wieder in seinen angeschossenen, schon rauchenden Panzer, wirft den Motor an und stürmt dem Gegner entgegen. Wie ein lodernder Feuerball jagt der T-34 über das Feld. Der Tiger stoppt. Aber es ist zu spät. Der brennende Kampfwagen fährt in voller Fahrt gegen den deutschen Panzer. Eine Detonation läßt den Boden erbeben.

Im Juli 1943 versuchte die Wehrmacht mit einer großangelegten Offensive dreier deutscher Armeen unter dem Oberbefehl des Generalfeldmarschalls von Kluge gegen den weit nach Westen vorspringenden Frontbogen vor Kursk, die Initiative an der Ostfront zurückzugewinnen („Unternehmen Zitadelle"). 2000 Panzer wurden auf deutscher Seite dabei eingesetzt, darunter erstmals 90 schwere, selbst dem „T 34" (Bild links) überlegene Panzer des Typs „Tiger I" (Bild oben).

schneiden und ein zweites »Stalingrad« herbeizuführen.
In diese Ereignisse traf die Nachricht vom Sturz Mussolinis. Bei der mittäglichen Lagebesprechung an jenem schicksalsreichen 25. Juli 1943 hatte Zeitzler den Vorschlag unterbreitet, Verbände der Heeresgruppe Mitte an die Heeresgruppe Süd abzugeben. Am Abend lag die Nachricht vom Staatsstreich in Italien vor. Hitler wollte darauf Manstein die SS-Divisionen, vor allem die »Leibstandarte«, nehmen, von dem Erscheinen einer solchen »politischen Division« in Italien versprach er sich Wunder. General Model rang unterdes Hitler die Zustimmung ab, seine beiden Armeen aus dem Orelbo-

gen herauszunehmen und sie in die vorbereitete Sehnenstellung an dessen Basis zu führen. Am 3. August wurde Orel, nur mehr ein Trümmerhaufen, aufgegeben. Von Orel stießen russische Verbände auf Brjansk, das verlorenging, allein zwei Armeen waren vor der Umklammerung bewahrt geblieben. Drei Tage später, am 6. August, ging auch Belgorod verloren, der zweite Ausgangspunkt der deutschen Offensive. Am selben Tag begann ein russischer Großangriff im Raum von Wjasma, um die Rollbahn nach Smolensk einzunehmen. Die neue Schlachtenfolge glich der des Winters an Intensität. Generaloberst Zeitzler sah die alte Gefahr des Winters 42/43 erneut her-

aufziehen, daß die Verbindung zwischen den Heeresgruppen Mitte und Süd zerriß, daß der Gegner an der Nahtstelle auf Kiew durchbrach und die Heeresgruppe Süd gegen das Asowsche Meer abdrängte. Zeitzler wollte jetzt rechtzeitig das Donezgebiet und den Kubanbrückenkopf räumen, am Dnjepr eine starke Auffangstellung ausbauen und die gesamte Südfront einheitlich Manstein unterstellen. Hitlers Mißtrauen gegen diesen war unüberwindlich. Was er genehmigte, war einzig der Aufbau der Dnjeprstellung, ein Plan, für dessen Verwirklichung einmal Arbeitskräfte fehlten und zum zweiten die Zeit, da der Gegner den deutschen Armeen keine Atempause mehr ließ. Hitler weigerte sich, auf das Donezgebiet und den Kubanbrückenkopf zu verzichten. Das Donezgebiet war ein Zentrum der russischen Industrie. Die Kubanstellung besaß in seinen Augen entscheidende Bedeutung für die Haltung der neutralen Türkei, die als Chromlieferant unentbehrlich war und die noch immer als Bündnispartner umworben wurde. Als die Offensive gegen den Kursker Bogen begann, hatte gerade eine türkische Offiziersabordnung unter Führung des Generalobersten Toydemir nach einer Inspektion des »Atlantikwalles« die Ostfront besucht. Zeitzler bekam von Hitler zu hören, er, der Generalstabschef, brauche keine Nervenkrise durchzustehen, er solle sich vom Gegner nicht zu sehr beeindrucken lassen. Mit seiner dämonischen Kraft lehnte sich Hitler jetzt gegen die Wirklichkeit auf. In Wahrheit bedeutete die große Sommerschlacht im Kursker Bogen für das Ostheer den Beginn der tödlichen Krise. Während der Gegner ständig an Angriffskraft gewann, erlahmte die Kraft der deutschen Panzerwaffe und der Infanterie, die sich nach den letzten Winterschlachten noch einmal erholt hatten, mehr und mehr. Selbst wenn man berücksichtigte, daß die Stärke der russischen Schützendivisionen erheblich unter der einer etatmäßigen deutschen Infanteriedivision lag, daß die russische Armee einem deutschen Korps, die »Front« höchstens einer Armee, das sowjetische Panzerkorps mit etwa hundert Panzern durchschnittlich einer deutschen Panzerdivision gleichzusetzen war, so blieb bei dem steten Zusammenschmelzen der deutschen Verbände die gegnerische Überlegenheit ungeheuer.

Die Trümmer zerschossener oder ausgebrannter deutscher Panzer und Sturmgeschütze um Malo-Archangelsk und Ponyri und um Obojan und Schebekino nördlich und südlich von Kursk waren als stumme Zeugen der letzten großen deutschen Offensive im Osten zurückgeblieben. Aber noch immer verlief die deutsche Front im August des Jahres 1943 in weitem Bogen vom Finnischen Meerbusen südlich Leningrad längs des Wolchow zum Ilmensee, westlich an Wjasma und Orel vorbei bis nach Char-

kow und von dort am Donez und am Mius bis hinab zur dürren Salzsteppe am Asowschen Meer.

Die Landmarken in den unermeßlichen Ebenen des Ostens waren die Flußläufe. 1942 hatten das träge, sich in so vielen Windungen dahinschleppende, breite Band der Wolga und die waldigen Ufer des Terek vor dem östlichen Kaukasus die äußerste Grenze des deutschen Machtbereiches gebildet. 1943 konzentrierte sich das Ringen zunächst um die Wasserscheiden von Oka und Snowa, Psiol und Sejm nördlich und südlich Kursk, dann um die Behauptung von Donez und Mius im Süden, schließlich um die Behauptung der Dnjeprlinie. Die pausenlosen sowjetrussischen Großangriffe auf die zunächst die Last der Kämpfe allein tragende Heeresgruppe Süd führten unter gewaltigem Materialeinsatz zu einer ununterbrochenen Schlachtenfolge, bei der sich die deutschen Armeen immer wieder mühten, durch die Zusammenfassung aller noch verfügbaren gepanzerten und beweglichen Kräfte russische Durchbrüche abzuriegeln oder im Gegenstoß zu berei-

Die Rote Armee, von den deutschen Angriffsplänen durch Partisanen bestens unterrichtet, konnte den Stoß vor Kursk auffangen. Nach tagelangen mörderischen Kämpfen, die den Deutschen nur geringe Geländegewinne gebracht hatten, blieb die Offensive stecken. Im Gegenangriff konnten die Russen auch diese größte Panzerschlacht des Krieges, an der 6000 Panzer und fast 2 Millionen Mann beteiligt waren, für sich entscheiden.
Bild oben: Landser bergen tote und verwundete Kameraden. Bild rechte Seite: Generaloberst Walter Model, Oberbefehlshaber der 9. Armee in der Kursker Schlacht.

nigen, den Zusammenhang der Front zu wahren und die russische Angriffskraft endlich zum Erlahmen zu bringen. Da dies nicht gelang, da sich der Sturm ständig steigerte, wichen die deutschen Armeen langsam, aber ständig nach Westen zurück, von einer Flußbarriere zur anderen. Das aber bedeutete wiederum auch den Kampf mit der wirklichkeitsfremden obersten Führung, die alle Anträge auf rechtzeitige Absetzbewegungen ablehnte, die immer wieder, vielleicht bewegt von Hitlers Erinnerungen an die Erstarrung der Fronten im Schützengrabenkrieg von 1915/18, das Halten auch der ungünstigsten Linien verlangte, so daß die Armeeführer genötigt waren, auf eigene Verantwortung für die rechtzeitige Rückführung der unentbehrlichen Sanitäts- und Nach-

schubformationen Sorge zu tragen und im offenen Gelände der großen Steppen beiderseits des Dnjepr für den Bau hastig gewählter, behelfsmäßiger Auffangstellungen zu sorgen.
Der Rückzug begann Anfang September. Nach dem Zeugnis Feldmarschalls v. Manstein war es kein Rückzug, sondern eine ununterbrochene Schlacht. Pausenlos drängte der Gegner nach, es gab keine Reserven, die man aussparen konnte, keine frischen Divisionen im Rücken rechts des Dnjepr, die die zurückgehenden Verbände aufnehmen konnten. Umfangreiche Zerstörungen militärisch wichtiger Anlagen sollten dem Gegner die Verfolgung erschweren und die rasche Nutzung des Donezreviers verhindern. Mit der Bahn versuchte man wertvolle Fabrikeinrichtungen, Maschinenparks der Bauindustrie, Rohstofflager und Getreidevorräte abzutransportieren. Die Arbeiterschaft wichtiger Industriezweige wurde nach hinten verbracht. Die Evakuierung wehrfähiger Einwohner empfahl sich schon aus dem Grunde, weil der Gegner oftmals in zurückeroberten Ortschaften die männliche Bevölkerung bewaffnete und rücksichtslos in die Feuerlinie warf. Riesige Viehherden aus den fruchtbaren Schwarzerdegebieten wurden gen Westen getrieben. Vielfach folgten nicht nur die landeseigenen Freiwilligenverbände, die ukrainischen Polizeikompanien, die Kosakenregimenter und Turklegionen dem deutschen Rückzug, sondern auch die Landbevölkerung, die die Wiederkehr der roten Kommissare fürchtete. Deutsche Kraftfahrkolonnen, Panzerverbände, Artillerieregimenter, Trosse mit russischem Hilfspersonal, Geleitzüge der deutschen Gebiets- und Landwirtschaftsverwaltung, Verbände der von Fritz Todt aufgestellten (technischen Hilfs)-Organisation (OT) und Polizeiformationen – all dies flutete gen Westen, durchsetzt mit unübersehbaren Flüchtlingszügen. Sprungartig verlegte die Luftwaffe ihre Bodenorganisation zurück. Die düstere Kulisse für diesen Völkeraufbruch bildeten brennende Dörfer und Landstädte am Horizont und die dumpfen Detonationen der Sprengungen deutscher Pioniere.
Die Kommentare des OKW sprachen jetzt vom »Kampf um das Vorfeld Ukraine« in beweglicher Verteidigung. Die Beweglichkeit der Verteidigung existierte nicht einmal. Vielsagend wies jedoch die deutsche Presse zum erstenmal darauf hin, daß man den Ernst der Lage im Osten nicht verkennen dürfe.
In der ersten Hälfte des Oktober 1943 ging Newel durch einen tiefen Einbruch verloren. Die Verlautbarungen der Wehrmachtberichte wurden fast monoton in der steten Wiederholung der Meldungen von russischen Massenangriffen mit Hunderten von Panzern unter dem Donner Tausender von Geschützen und dem Heulen Tausender von Stalinorgeln, in der immer wieder erneuerten Aufzählung russischer Einbrüche, deutscher Maßnahmen zur Abriegelung der Einbruchstellen, zum Auffangen des Gegners in der Tiefe des Kampffeldes oder Gegenstößen zur Wiederherstellung der alten Front. Zahlreiche Divisionen wurden lobend genannt. Oft waren sie bereits völlig ausgebrannt, zerschlissen, zu Kampfgruppen zusammengeschmolzen, wenn ihre Nummer mit der Angabe, aus welchen deutschen Landschaften oder Stämmen ihr Ersatz sich rekrutierte, im Wehrmachtbericht erschien.
Im Oktober überschritt der Gegner an vielen Stellen zwischen Krementschug und Dnjepropetrowsk den ungewöhnlich wenig Wasser führenden Dnjepr. Der Versuch, Kiew zu umgehen und von Westen zu nehmen, scheiterte. Aber der russische Brückenkopf südlich von Kiew war nicht mehr einzudrücken. Die deutsche Luftaufklärung meldete neue ungewöhnlich starke Massierungen von Panzer- und Artillerieeinheiten in diesem Brückenkopf. Dann fiel der erste Schnee und ließ erkennen, daß es sich um ein Täuschungsmanöver handelte. Das Gros dieser Kräfte bestand aus Holzattrappen. Einem Aufklärer des VIII. Fliegerkorps gelang die Feststellung, daß der Gegner bei Nacht mit Tausenden von Lastkraftwagen, die mit vollem Licht fuhren, seine Verbände umgruppierte und sich im zweiten Brückenkopf nördlich von Kiew zum Angriff bereitstellte. Von hier aus erfolgte Anfang November ein neuer Großangriff: Kiew, die Hauptstadt der Ukraine, die seit 1941 in deutscher Hand gewesen war, fiel.
Während der Nordflügel Mansteins nun weit nach Westen zurückgedrückt worden war, hielt die rechts an die 4. Panzerarmee sich anschließende 8. Armee unter General Wöhler noch zwischen Tscherkassy–Tschernigow am Dnjepr. Daran schloß sich die 1. Panzerarmee, dann folgte die 6. Armee. Seit Mitte September war die Verteidigung des eigentlichen Dnjeprknies, des Unterlaufs des Dnjepr und der Krim der alten Heeresgruppe A, später Heeresgruppe »Süd-Ukraine« genannt, unter Feldmarschall v. Kleist anvertraut, dem die

6. und 17. Armee unterstellt wurden und der sein Hauptquartier in Nikolajew nahm. Mitte Oktober war bereits Saporoschje, Mansteins altes Hauptquartier, verlorengegangen. Nur am Unterlauf des Dnjepr wurden die Brückenköpfe Nikopol und Cherson weiter behauptet, um hier am Rand der Nogaiersteppe den Russen den Einbruch in den Raum nördlich der Krim zu verwehren. Die Krim war jedoch bereits bedroht durch russische Landeunternehmen auf der Halbinsel Kertsch und Angriffe gegen die Landenge von Perekop. Die 17. Armee ging ihrer Einschließung entgegen.

In Nikopol begann jetzt der Aufstieg des Generals Ferdinand Schörner, des Mannes, der der Prototyp Hitlerscher Generale wurde, der alle Voraussetzungen dafür mitbrachte, die Herkunft aus bescheidenen Verhältnissen, hemmungslosen Ehrgeiz, unleugbares taktisches Geschick, bedenkenlose Rücksichtslosigkeit. Schörner, gebürtiger Bayer – auch dies war wichtig bei der Vorliebe Hitlers für die Süddeutschen –, hatte Volksschullehrer werden wollen und war im ersten Weltkrieg Reserveoffizier geworden. Im selben Gebirgsregiment wie Rommel stehend, hatte er den Monte Matajur mitgestürmt, die Tat, die Rommel den Pour le mérite gebracht hatte. Er war in der Reichswehr geblieben. Bei den Wehrkreislehrgängen für die Generalstabsausbildung hatte er den Anforderungen nicht entsprochen, eine Tatsache, die einen Stachel in seiner Brust zurückließ, ein heftiges Ressentiment gegen die vornehm sich abschließende Kaste, die ihn abgelehnt hatte. Er war andere Wege gegangen, er hatte sich als gläubiger Katholik, als Verehrer des bayerischen Thronprätendenten Kronprinz Rupprecht gegeben, solange dies in Bayern opportun war. Dann, als der Nationalsozialismus die Macht erlangte, hatte er Sorge getragen, daß er sich als überzeugter Nationalsozialist empfahl. Der Frontbalkon Nikopol, diese strategisch so einzigartig unsinnige Position, die Hitler halten wollte, gab ihm nun die Möglichkeit, sich in das hellste Licht zu setzen, wobei er ebensoviel taktisches wie politisch-propagandistisches Geschick an den Tag legte und einen eiser-

Die Verbündeten der Deutschen an die Front! Diese Devise wurde zu Beginn des Rußlandfeldzuges noch hauptsächlich zu dem Zweck ausgegeben, einen optischen Eindruck vom „Kampf Europas gegen den Bolschewismus" zu erzeugen. Bilder oben: Hitler bei einem Besuch der Ostfront mit Mussolini und mit dem finnischen Marschall Mannerheim. Bild rechts: Fahnenträger der spanischen „Division Azul" („Blaue Division"), die Franco im August 1941 an die Ostfront entsandt hatte. Bis zu ihrer Ausschiffung nach Spanien von Königsberg aus (Oktober 1943) waren an die 7000 Mann dieser mit großer Tapferkeit kämpfenden Einheit gefallen.

nen Gehorsam wie eine eiserne Härte bewies.
Unterdes ging die große Schlacht im Osten ihren gnadenlosen Gang. Westlich Kiew griffen Watutins Panzerbrigaden und Schützendivisionen trotz Schlamm und Schneeregen weiter an. Zwischen dem 3. und 13. November 1943 brachen sie in Richtung der alten polnisch-russischen Grenze auf Schitomir, Korosten und Berditschew durch. Gleichzeitig schlug die 4. deutsche Armee unter Generaloberst Heinrici an der Smolensker Rollbahn vier schwere Abwehrschlachten. Am 19. November 1943 eroberte die 4. Panzerarmee unter Generaloberst Hoth Schitomir zurück. Für die Kampftage zwischen dem 9. und 15. November 1943 meldete das OKW, der Gegner habe 20 000 Tote, 4800 Gefangene, 603 Panzer und 1505 Geschütze verloren.
Es war eine Atempause. Die Schlammperiode des Vorwinters ließ die Kampfhandlungen zum Stillstand kommen. Watutin zog sich nach Kiew zurück. Die deutsche Front im Süden bot ein geradezu unwahrscheinlich anmutendes

Bild. Während sie östlich Schitomir weit nach Westen zurückgebogen war, stand die 8. Armee noch immer im Raum von Tscherkassy am Dnjepr. Die Stadt Tscherkassy wurde bis Mitte Dezember gehalten. Südlich Tscherkassy bog sich die Front wiederum bis auf Kirowograd zurück, wo Panzerdivisionen in hin und her wogenden Kämpfen den Gegner aufzufangen suchten, die 6. Armee stand noch am Unterlauf des Dnjepr. Kurz vor Weihnachten 1943 wurde der Brückenkopf Cherson geräumt, da der Dnjepr Treibeis zu führen begann und die beginnende Vereisung die Gefahr feindlicher Übersetzversuche erhöhte.
Guderians Mahnung, die Panzerdivisionen zwecks gründlicher Auffrischung aus der Front herauszulösen, bevor es zu spät sei, war umsonst, forderte vielleicht auch Unmögliches, denn die zerschlissenen, auf einige Dutzend Panzerfahrzeuge zusammengeschmolzenen Divisionen waren als »Feuerwehr« die letzte Hoffnung der ausgebluteten, erschöpften Infanterie. Während an der Front in Schlamm und rasch wieder tauendem Schnee die Winterschlacht tobte, rang Generaloberst Zeitzler um die rechtzeitige Räumung überfällig gewordener Positionen, um neue »Stalingrads« zu vermeiden. Er verlangte die Evakuierung der Krim, um zu verhüten, daß die 17. Armee vernichtet wurde.
Noch war die deutsche Führungskunst, sofern sie Möglichkeiten besaß, sich auszuwirken, eindeutig der russischen überlegen. Noch immer war auch der deutsche Einzelkämpfer moralisch den als »Iwan« abqualifizierten Russen überlegen, sofern er das Material erhielt, um sich des Massensturmes aus den Steppen des Ostens zu erwehren. Aber die Entschlußfreiheit der Generalität wurde immer mehr eingeengt, der Materialersatz floß immer spärlicher, die guten Divisionen schmolzen zusammen, sie wurden »verheizt«, wie es so bitter in der Sprache des Frontsoldaten hieß, der Ersatz aus der Heimat wies nicht mehr die gleiche Güte auf wie zuvor. Die mannigfachen Auskämmungsaktionen, die immer schärfer geübten Musterungen, die 1943 befohlene »Aktion Fronthilfe«, die Herauslösung jüngerer Jahrgänge aus Stäben und

rückwärtigen Diensten in frontnahen Gebieten und ihre Ersetzung aus älteren Jahrgängen des Ersatzheeres, brachten nicht die erhofften Erfolge. Die Front wurde jetzt mit Auszeichnungen überschüttet, das Ritterkreuz erlebte eine Inflation, das Eichenlaub wurde freigiebiger verliehen, doch dieser Ordenssegen verführte im Verein mit der Praxis der Obersten Führung, starr das Halten jeglicher Linie zu verlangen und im Weigerungsfall die schwersten Strafen zu verhängen, auch manchen Divisionär dazu, seine Truppe zu opfern, weil das Opfer Auszeichnung brachte. Unterdes stiegen die Verluste ins Ungeheuerliche. Bis zum Januar 1944 betrug die Zahl der gefallenen Unteroffiziere und Mannschaften rund 1,5 Millionen Mann. Das deutsche Offizierskorps hatte 33 716 Gefallene, 67 488 Verwundete und 16 805 Vermißte aufzuweisen. Im Personalamt rechnete man im Januar 1944 mit einem täglichen Ausfall von durchschnittlich 155 Offizieren, darunter durchschnittlich 40 Gefallenen.
Wie lange die Kraft der Wehrmacht und des Volkes ausreichen würde, Ausdauer angesichts ungeheurer Opfer und Leiden unter einem Himmel ohne einen einzigen Stern zu bewahren, danach fragte niemand, vielleicht weil diese Frage nur eine einzige, allzu traurige Antwort kannte. Guderian benutzte die Gelegenheit eines vertraulichen Frühstücks unter vier Augen mit Hitler, diesem die Ernennung eines Wehrmachtgeneralstabschefs vorzuschlagen. Hitler erwiderte, er könne sich nicht von Keitel trennen. Hinter dieser Antwort stand die Besorgnis vor einer Schmälerung seiner Machtbefugnisse. Immer noch erfüllte ihn das mystische Bewußtsein, Einiger, Vollender und Mehrer des Reiches aller Deutschen und ihrer alten Brudervölker in Mitteleuropa zu sein. Immer noch stemmte er sich mit wilder dämonischer Kraft dem immer rascher fortschreitenden Zerfall des von ihm geschaffenen Machtgebildes entgegen. Der Kampf in Italien, der Kampf in Rußland, die drohende Invasion in Frankreich bedeuteten strategisch das Ringen um die Inbesitznahme des Vorfeldes der riesigen deutschen Festung Mitteleuropa, insofern bildete er eine

Parallele zum Ringen der Amerikaner im Pazifik um die Inbesitznahme des Vorfeldes der japanischen Kernfestung, das sich zur gleichen Zeit abspielte. Hitler hatte den Krieg als den »Großdeutschen Freiheitskampf« bezeichnet, als die Zertrümmerung der Fesseln, die die kriegshetzerischen Mächte der Einkreisung um das Reich gelegt hatten. Jetzt spürte er, wie der Ring neu geschmiedet wurde, und verlangte darum mit seiner brutalen Rücksichtslosigkeit, daß jeder Fußbreit Boden so teuer wie möglich verkauft werden müsse. Wer dieser Forderung nicht mehr entsprechen wollte, wer ihr nicht mehr entsprechen konnte, weil seine Kraft gegenüber der erdrückenden Übermacht des Gegners erlahmte, dem drohte nun an der Ostfront das Standgericht.

In den Weihnachtstagen des Jahres 1943 erneuerte Watutin mit der I. »Ukrainischen Front« den Angriff auf Korosten und die alte Hauptstadt Wolhyniens, Schitomir. Die »Leibstandarte« unter SS-Oberführer Wisch suchte hier vergeblich das Schicksal zu wenden. Kazatin und Biala Zerkow gingen verloren. Berittene oder mit Schlitten beweglich gemachte Partisanenverbände und russische motomechanische Abteilungen drangen südlich der Pripjetsümpfe ins Generalgouvernement ein und versetzten die deutschen Behörden in Alarmzustand.

Bei der Heeresgruppe Mitte versuchte der Gegner nach dem Scheitern der Offensive an der Smolensker Rollbahn nun, Witebsk von Osten, Norden, Südosten und Südwesten zu umfassen, um an dieser Stelle die Mittelfront aufzubrechen und sich unter Ausnutzung der tiefen Einbruchstelle bei Newel den Weg nach Weißrußland und Nordpolen zu erzwingen. Zwischen den zahlreichen Seen und zugefrorenen Sümpfen der hügeligen Landschaft des alten Witebsker Gouvernements entbrannte ein neues furchtbares Ringen, das zeitweilig zur Abschnürung deutscher Teilkräfte führte. Die Hauptlast der Abwehrschlacht trug die 3. Panzerarmee unter Generaloberst Reinhardt. Bei der nördlichen Nachbar-Heeresgruppe erbat Feldmarschall v. Küchler im Januar 1944 den Abschied, da Hitler die geforderte Zurücknahme seiner geschwächten Verbände auf eine verkürzte Auffangstellung abgelehnt hatte. Zum Nachfolger wurde Generaloberst Model ernannt, in Hitlers Jargon einer der wenigen »Steher«. Generaloberst Zeitzler hatte nicht nur Küchlers Forderungen unterstützt, sondern drängte immer wieder auf Räumung der Krim, des Frontvorsprunges der 8. Armee am Dnjepr und des Brückenkopfes Nikopol. Dieser wurde wenigstens in der Folge in letzter Stunde geräumt, wobei es Schörners taktischem Geschick zu danken war, daß die im Brückenkopf stehenden Korps, wenn auch unter schweren Materialverlusten, überhaupt noch auf das andere Dnjeprufer gelangten.

Die Bedrängnis und Verzweiflung der wenigen, die die wahre Lage kannten, stieg. Generaloberst Zeitzler äußerte, in einem Jahr sei alles verloren. Der Chef der Operationsabteilung, Generalleutnant Heusinger, sah nur mehr Abhilfe in einem durchgreifenden politisch-militärischen Revirement, mit – oder wenn es gar nicht anders möglich war, auch ohne Hitler. Aber – und dies war vielleicht die größte Tragik – in dessen Persönlichkeit verkörperten sich über aller militärischen und menschlichen Unzulänglichkeit alle jene unwägbaren seelischen Triebkräfte, jener oft schwankende und doch immer wieder aufflammende Glaube an das große Wunder der Rettung, der den Mann an der Front im Schützenloch wie den Arbeiter an der Drehbank in der Heimat, unter dem Brüllen der russischen Artillerie, dem Dröhnen der russischen Panzermassen und den Schauern der Luftangriffe noch zum Ertragen ungeheurer Strapazen und Leiden und zur Vollbringung immer neuer gewaltiger Leistungen bewog. Das deutsche Volk ahnte nichts von der inneren Krise. Wurde Hitler abgesetzt oder gar ermordet, drohte nicht nur die Gefahr einer Dolchstoßlegende, es drohte viel mehr: Ein psychologisches Vakuum mußte entstehen. Niemand vermochte zu sagen, wie das Ostheer, wie die Heimat reagieren würde, vor allem dann, wenn die neue Übergangsregierung aus Männern, die die Massen nicht kannten, die Fortsetzung des ungeheuerlichen Ringens im Osten fordern würde. Diese Überlegung fällt

Schon früh war in der deutschen Propaganda von „Flintenweibern" die Rede, die an der Ostfront in deutsche Gefangenschaft gerieten. Später wurde diese geringschätzige Bezeichnung stark eingeschränkt und nicht mehr auf reguläre Rotarmistinnen, sondern nur noch auf Partisaninnen (Bild oben) angewendet.

Bild rechte Seite: General Walter von Seydlitz vom „Nationalkomitee Freies Deutschland" ruft die deutschen Soldaten im Kessel von Korsun zur Übergabe auf. Das Komitee war unmittelbar nach der Panzerschlacht von Kursk von Kriegsgefangenen und Mitglieder der kommunistischen Exilführung in Krasnogorsk bei Moskau gegründet worden.

mit jener Stunde zusammen, in der alle Gesamtplanung verlorenging, in der man in den Lagebesprechungen über den Einsatz einzelner Sturmgeschütz- oder Panzerabteilungen debattierte, weil man nichts mehr hatte, was man frisch in die Schlacht werfen konnte, in der sich die höchste politisch-militärische Führung des Reiches darauf beschränkte, ohne zentrale Steuerung der Kräfte, ohne Vorausschau und ordnende Kraft nur mehr ihre arg gelichteten und erschöpften Divisionen dort einzusetzen, wo die Flammen gerade am gefährlichsten gegen den nachtschwarzen Himmel emporloderten.

Im Januar 1944 traten vor der Heeresgruppe Nord die »Leningradfront« des Artilleriemarschalls Goworow und die »Wolchowfront« unter General Merezkow in den dichtverschneiten Wäldern zur Befreiung von Leningrad, zur Durchtrennung der Landverbindung zwischen dem deutschen Bereich und Finnland und zur Wiedergewinnung der baltischen Ostseeküste an. Der erste Stoß traf die 18. deutsche Armee. Zwischen dem 14. und 27. Januar 1944 wurden die deutschen Stellungen am Wolchow nördlich des Ilmensees durchbrochen. Nowgorod ging verloren, ebenso Jamburg. Ende Januar brach die deutsche Verteidigung an der Luga zu-sammen. Der Rückzug auf die Narwalinie begann. Ende Januar 1944 begann auch im Süden nach vorausgegangenen Angriffen zwischen Kriwoi Rog und Kirowograd der große Sturm. 61 Schützendivisionen und 52 Panzerbrigaden wurden gegen die Heeresgruppe »Nordukraine«, 34 Schützendivisionen und elf Panzerbrigaden gegen die Heeresgruppe »Südukraine« angesetzt. Die Witterung begünstigte nicht gerade große Operationen. Der Winter war einer der mildesten seit vielen Jahren, Schneestürme wechselten mit Tauwetter, das die fette ukrainische Erde in Morast verwandelte.

Am 3. Februar 1944 begann die Kesselschlacht von Tscherkassy, von den Russen als Schlacht von Korsun–Chewtschenkowski bezeichnet, gegen die abgeschnittenen Teile der 8. Armee, das XI. Armeekorps unter General Stemmermann und Teile des XXXXII. Pan-

Der Krieg ist verloren

Manifest des Nationalkomitees »Freies Deutschland«, 13.7.1943

Die Ereignisse fordern von uns Deutschen unverzügliche Entscheidung. In dieser Stunde höchster Gefahr für Deutschlands Bestand und Zukunft hat sich das Nationalkomitee »Freies Deutschland« gebildet.

Dem Nationalkomitee gehören an: Arbeiter und Schriftsteller, Soldaten und Offiziere, Gewerkschaftler und Politiker, Menschen aller politischen und weltanschaulichen Richtungen, die noch vor einem Jahr einen solchen Zusammenschluß nicht für möglich gehalten hätten.

Das Nationalkomitee bringt die Gedanken und den Willen von Millionen Deutscher an der Front und in der Heimat zum Ausdruck, denen das Schicksal ihres Vaterlandes am Herzen liegt. Das Nationalkomitee erachtet sich als berechtigt und verpflichtet, in dieser Schicksalsstunde im Namen des deutschen Volkes zu sprechen, klar und schonungslos, wie die Lage es erfordert. Hitler führt Deutschland in den Untergang.

Seit Jahren hat Hitler, ohne Willensbefragung des Volkes, diesen Eroberungskrieg vorbereitet. Er hat die drei größten Mächte der Welt gewissenlos herausgefordert und zum unerbittlichen Kampf gegen die Hitlerherrschaft zusammengeschlossen. Er hat ganz Europa zum Feind des deutschen Volkes gemacht und dessen Ehre besudelt. So ist er verantwortlich für den Haß, der Deutschland umgibt.

Kein äußerer Feind hat uns Deutsche jemals so tief ins Unglück gestürzt wie Hitler.

Die Tatsachen beweisen: Der Krieg ist verloren. Deutschland kann ihn nur noch hinschleppen um den Preis unermeßlicher Opfer und Entbehrungen. Die Weiterführung des aussichtslosen Krieges würde das Ende der Nation bedeuten.

Aber Deutschland darf nicht sterben! Es geht jetzt um Sein oder Nichtsein unseres Vaterlandes.

Wenn das deutsche Volk sich weiter willenlos und widerstandslos ins Verderben führen läßt, dann wird es mit jedem Tag des Krieges nicht nur schwächer, ohnmächtiger, sondern auch schuldiger. Dann wird Hitler nur durch die Waffen der Koalition gestürzt. Das wäre das Ende unserer nationalen Freiheit und unseres Staates, das wäre die Zerstückelung unseres Vaterlandes. Und gegen niemanden könnten wir dann Anklage erheben als gegen uns selbst. Wenn das deutsche Volk sich jedoch rechtzeitig ermannt und durch seine Taten beweist, daß es ein freies Volk sein will und entschlossen ist, Deutschland von Hitler zu befreien, erobert es sich das Recht, über sein künftiges Geschick selbst zu bestimmen und in der Welt gehört zu werden. Das ist der einzige Weg zur Rettung des Bestandes, der Freiheit und der Ehre der deutschen Nation.

zerkorps unter General Lieb. Fünf Tage später, am 8. Februar 1943, räumte General Schörner Nikopol. Während die Verhältnisse bei der 8. Armee infolge der ihr aufgezwungenen, unzusammenhängenden, bogen- und staffelförmigen Front sich sehr schwierig und unübersichtlich gestalteten, ging die 6. Armee unter Generaloberst Hollidt über den Ingulez und Ingul, beides tiefeingeschnittene, breite, versumpfte Flußhindernisse, auf den Bug zurück. Die Divisionen waren abgekämpft, die Verluste hoch, die Ersatzzuführung mangelhaft. Artillerie- und panzerbrechende Munition war nur mehr ungenügend vorhanden. Trotzdem zerbrach die Armee nicht.
Das VIII. Fliegerkorps, dem Transportgruppen mit Ju 52 zugewiesen wurden, erhielt Befehl, die Luftversorgung des Tscherkassykessels zu übernehmen. Trotz der ungünstigen Witterung und der außergewöhnlich starken russischen Bodenabwehr gelang es, den eingeschlossenen Verbänden täglich bis zu 250 Tonnen Nachschub zuzuführen, so daß deren Versorgungslage stabil blieb. Zum erstenmal versuchten hier in größerem Umfang Generale und Offiziere des »Nationalkomitees Freies Deutschland« ihre Kameraden im grauen Rock zum Überlaufen zu bewegen. Zum Entsatz des Tscherkassykessels wurden die 1., 11., 17. und 23. Panzerdivision und das Schwere Regiment Bäke unter General Breith zusammengefaßt. Ein unerwarteter Wetterumschlag brachte Tauwetter. Artillerie- und Panzerduelle fanden in einer Schlammwüste statt. Der Stabschef der 8. Armee, Generalleutnant Dr. Hans

Im Spätsommer 1944 waren zwei Jahre seit Beginn der Schlacht um Stalingrad vergangen. In dieser Zeit war die Wehrmacht unter fürchterlichen Opfern auf beiden Seiten von der Wolga bis zur Weichsel zurückgedrückt worden. Der Krieg war längst verloren, doch Hitler würde seine Soldaten bis zum letzten kämpfen lassen - noch an der Oder und auch noch an der Spree. Bild oben: versprengte deutsche Einheit im Rückmarsch nach Westen. Bild rechte Seite: in einem Rückzugsgefecht abgeschossener „T 34".

Speidel, flog in den Kessel, um sich ein Bild von der Lage zu machen. Im Führerhauptquartier suchte Generaloberst Zeitzler Hitler zur Erlaubnis zu bewegen, daß die eingekesselten Verbände nach Westen ausbrechen dürften. Inzwischen entschlossen sich Stemmermann und Lieb auf eigene Faust zum Durchbruch. In der Nacht des Ausbruchs setzte unverhofft wieder starker Frost ein, die Panzer der Entsatzgruppe blieben im gefrorenen Morast stecken. Die Ausbruchsgruppe erlitt schwere Verluste, General Stemmermann fand den Tod. Trotzdem gelang die Vereinigung mit Breiths gepanzerten Kampfgruppen. Obwohl die aus dem Kessel entkommene Infanterie weit besser und regelmäßiger verpflegt worden war als die Panzerbesatzungen der Entsatzgruppe, erwies sich, daß sie wenig Neigung besaß, sich wieder in die Kampflinie eingliedern zu lassen, um eine Auffangstellung zu bilden. Entgegen den erhaltenen Befehlen marschierten ganze Bataillone mit ihren Offizieren weiter nach Westen zurück. Ärzte, die Verwundete betreuen sollten, setzten sich gleichfalls nach Westen ab, die Panzerspitze der Entsatzgruppe im Stich lassend. Dies war ein Mahnzeichen, wie sehr unter den steten furchtbaren seelischen und körperlichen Belastungen allmählich auch die Moral des Ostheeres Schaden zu nehmen begann. Vorübergehend schien es, als ob sich die Front westlich Uman, nördlich Winniza und im wolhynischen Raum Staro–Konstantinow–Rowno wieder stabilisieren würde. Es ließ sich jedoch nicht verhindern, daß allmählich die Heeresgruppen Manstein und Kleist in verschiedener Richtung, nach Nordwesten und Südwesten, abgedrängt wurden.
Offiziell hieß es jetzt in amtlichen Verlautbarungen über die »Großschlacht« an der Front der tausend Kilometer, die deutsche Front stütze sich nicht mehr auf ausgebaute Stellungen oder befestigte Stützpunktsysteme, es handele sich um eine »improvisiert hinhaltende Kampfführung«. Strategisch gesehen bot die Ostfront ein geradezu unmögliches Bild. Im Norden war die Front zurückgebogen und stützte sich auf die Narwa, den Peipus- und den mit diesem verbundenen Pleskauer See. Die Heeresgruppe Mitte, die von Generalfeldmarschall Ernst Busch kommandiert wurde, seit Feldmarschall v. Kluge bei einem Autounfall im Winter erhebliche Verletzungen erlitten hatte, hatte ihre Stellungen gehalten, sie wölbten sich in weitem Bogen gen Osten vor. Bei der anschließenden Heeresgruppe »Nord-Ukraine« bog sich die Front in Ostgalizien wieder zurück. Tarnopol war eingeschlossen, hier verteidigte sich Generalmajor v. Neindorf mit einer Unteroffiziersschule, mühselig und mit schlechtem Erfolg versorgt durch Lastensegler. In Ostpolen und Ostgalizien verlief die Front von Nord nach Süd aus dem Raum von Kowel, wo sich SS-Gruppenführer Gille zäh mit der SS-Division »Wiking« verteidigte, über Luck westlich an Tarnopol vorbei bis Stanislau. Noch wurde Odessa im Vor-

feld verteidigt. Weit vorgeschoben lag noch die abgeschnittene Bastion der Krim mit der 17. Armee im Osten.
Die Ukraine war verloren. Hitler suchte die Schuld bei den beiden Heeresgruppenbefehlshabern, die sie hatten verteidigen sollen. Manstein betrachtete er seit langem mit Mißtrauen. Feldmarschall v. Kleist hatte er einmal zu einer längeren Aussprache empfangen, bei der ihm der Feldmarschall all seine Sorgen und Vorschläge ausführlich unterbreitet hatte. Hitler hatte ihm ruhig zugehört, dann hatte er ihm für seine Offenheit gedankt. Die Quittung kam jetzt. Kleist war in seinen Augen ein altmodischer Kavalier, ein Ritter vergangener Tage, mit dem nichts mehr zu beginnen war, und Manstein war »gefährlich«. Am 31. März 1944 wurden beide in die »Führerreserve« versetzt und fanden nie wieder Verwendung. Die Zeit des Operierens sei vorbei, erklärte Hitler, er brauche jetzt nur noch »Steher«. Model und Schörner, die bei zu Generalfeldmarschällen befördert wurden, übernahmen die beiden ukrainischen Heeresgruppen.
Im April begannen die IV. »Ukrainische Front« unter General Tobuchin und die »Küstenfront« unter Generaloberst Jeremenko mit der Liquidierung eines anderen, längst überfälligen deutschen Postens, der Krim-Bastion, nachdem das gesamte, dem rumänischen Staat zugeschlagene Transnistrien mit Odessa von deutschen und rumänischen Truppen aufgegeben worden war. Die Krim, verteidigt von der 17. Armee unter Generaloberst Jaenicke und rumänischen Divisionen, war seit dem 1. November 1943 isoliert gewesen. Ihre Versorgung erfolgte nur mehr über See. Jetzt brach auch diese längst ausgehöhlte Position unter einer Doppeloffensive rasch zusammen. Am 9. Mai 1944 eroberten die Russen Sewastopol zurück. Unter Leitung des »Admirals Schwarzes Meer«, Vizeadmiral Brinkmann, und des Seekommandanten Krim, Konteradmiral Schulz, begann zu spät die Evakuierung der Reste der 17. Armee über See nach Rumänien. Marineküstenbatterien sprengten ihre Geschütze und reihten sich als »Marinekampfbataillone« in die letzten Kämpfe zur Sicherung der Einschiffungsstellen ein. Mit den Nachhuten kapitulierte General Allmendinger, der Nachfolger Jaenickes, schließlich und ging in russische Gefangenschaft.
Das Glück war nicht mehr auf der Seite der Deutschen. Zunächst trat indes eine Kampfpause ein. Auch der Gegner war nach der großen Winteroffensive, die ihn bis nach Polen und an die Grenzen Rumäniens geführt hatte, genötigt, seine Kräfte neu zu ordnen.
Am 22. Juni 1944, nachdem der russische Hauptstab sich hatte überzeugen können, daß die so lange angekündigte Offensive der westlichen Alliierten endlich Tatsache geworden war, brach unter dem Dröhnen Hunderter von Bomben- und Schlachtflugzeugen, welche die deutschen Artilleriestellungen zerschmetterten, unter dem Donner Tausender von Geschützen und dem Heulen Tausender von Stalinorgeln das Unwetter über die Heeresgruppe Mitte herein.
Der Durchbruch des Gegners bei Witebsk riß die Front der 3. Panzerarmee auf und spaltete sie in zwei Teile. Auf Befehl Hitlers wurde Witebsk zum »Festen Platz« erklärt. Das hier belassene und eingeschlossene LIII. Korps unter General Gollwitzer ging nach einem zu spät unternommenen, vergeblichen Ausbruchsversuch fast vollzählig in Gefangenschaft. Südöstlich von Bobruisk wurde das Gros der 9. Armee, die von General Jordan geführt wurde, eingekesselt. Das XXXV. Armeekorps und das XXXXI. Panzerkorps wurden zertrümmert, rund 30 000 Mann schlugen sich unter Zurücklassung des schweren Materials kämpfend nach Westen durch.
Die russischen Panzer- und Reiterverbände drangen unaufhaltsam weiter vor, das Tor nach Weißrußland hinein war in breiter Front aufgerissen, zwischen Bobruisk und Minsk klaffte eine gewaltige Frontlücke, deren Schließung sich als unmöglich erwies. Im Hinterland, durch dessen Städte nun plötzlich die Lautsprecherwagen rollten, um die Bevölkerung vor dem Herannahen ihrer »Befreier« zu warnen, saßen Stäbe und Wirtschaftsorganisationen mit viel weiblichem Hilfspersonal, saßen rückwärtige Dienste, Lazarette, schwache Sicherungsverbände, landeseigene Truppen und die wenigen Polizeibataillone und Polizeischützenregimenter. Eingreifdivisionen, Reserven, existierten nicht. Der russische Stoß traf ins Leere, sofern die Front erst einmal durchbrochen war.
Im Führerhauptquartier in Berchtesgaden erklärte Hitler eine Stadt nach der anderen zur »Festung« und verlangte ihre Verteidigung bis zum letzten Mann, jagte Befehle hinaus und setzte Generale ab, weil sie angeblich versagt hätten. Feldmarschall Busch wurde durch den Oberbefehlshaber der Heeresgruppe Nordukraine, Feldmarschall Model ersetzt, der zusätzlich die Führung im Mittelabschnitt übernehmen mußte, obwohl es nahezu unmöglich geworden war, einen klaren Überblick über die Lage zu erhalten. Bei den Lagevorträgen beratschlagte man, was man noch an Kräften nach Weißrußland werfen könne, um die russischen Panzerspitzen aufzufangen. Hitler sprach nun selbst davon, daß man nur noch »flicken«, nicht mehr führen könne. Am 9. Juli drangen die Russen in Wilna ein,

Zu den ekelhaftesten Kapiteln des Zweiten Weltkrieges gehören die Mißhandlungen und Morde an Wehrlosen, deren sich Greueltäter aller Seiten schuldig gemacht haben. Bild linke Seite: hingeschlachtete Gefangene in Rußland.
Bild oben: Untersuchung der Leichenfunde von Katyn durch den Gerichtsmediziner Dr. Orsos aus Budapest 1943. Lange Zeit auf den deutschen und sowjetischen Greuelkonten hin- und hergeschoben, steht seit der von Gorbatschow angeordneten Öffnung der Kriegsarchive in Moskau fest, daß die Morde an über 4000 polnischen Offizieren in Katyn noch vor Juni 1941 von sowjetischen Kommandos begangen wurden.

am 14. Juli in Grodno. Der Großteil Litauens war jetzt gleichfalls verloren, Ostpreußen in tödlicher Gefahr. Die Kämpfe verlagerten sich an den Njemen, den Schicksalsfluß, über den Napoleon 1812, über den Hitler 1941 in Rußland einmarschiert war.

Gleichzeitig brach in Ostgalizien eine neue russische Offensive gegen die Heeresgruppe Nordukraine unter Generaloberst Harpe los. Nach tagelangem Ringen gelang den Russen auf schmaler Front der Durchbruch auf Lemberg. Die Russen stießen über den San bis zur Weichsel durch, wo sie bei Baranow einen Brückenkopf auf deren linkem Ufer errichteten, der in der Folgezeit noch eine große Bedeutung gewinnen sollte.

Am 19. Juli 1944 sprach der Wehrmachtbericht von der großen Abwehrschlacht zwischen dem Peipussee und Galizien. Die Ostfront stand noch immer, aus tausend Wunden blutend, doch sie war an vielen Stellen aufgerissen, sie drohte gänzlich einzustürzen, und niemand vermochte mehr zu sagen, was der nächste Tag bringen würde. In Moskau wurden 50 000 deutsche Kriegsgefangene, darunter zahlreiche im Mittelabschnitt gefangengenommene Generale, im Triumphzug durch die Straßen getrieben, um den Massen den Sieg über die »deutsch-faschistischen Okkupanten« vor Augen zu führen. Rund dreißig deutsche Divisionen waren in Weißruthenien (Weißrußland) zerschlagen worden. Es war eine weit größere Katastrophe als diejenige von Stalingrad.

In Finnland mehrten sich seit den Tagen von Stalingrad Bestrebungen, aus dem Krieg auszuscheiden. Der Zusammenbruch der Heeresgruppe Mitte, der Rückzug der Heeresgruppe Nord an der baltischen Küste bestärkten die finnische Friedenspartei in ihrem Entschluß, dem Krieg ein Ende zu bereiten, da die deutsche Niederlage nur mehr eine Frage der Zeit zu sein schien. Niemand konnte in Helsinki darauf warten, daß die sowjetrussischen Armeen das Land überfluteten, denn dann drohte die physische Auslöschung des kleinen Volkes. Am 30. Juni 1944 brachen die Vereinigten Staaten die diplomatischen

Beziehungen zu Finnland ab, ein neuer schwerer Schlag. Nur mit äußersten Anstrengungen konnte den Russen der Durchbruch auf die finnische Hauptstadt verwehrt werden. Am 1. August trat Staatspräsident Risto Heikki Ryti zurück, Feldmarschall Freiherr von Mannerheim, der finnische Oberbefehlshaber, übernahm die Führung des finnischen Staates. Auch ihm war klar, daß sich Finnland von seinem deutschen Waffenbruder trennen mußte, er hoffte jedoch, auf ehrliche Weise, ohne häßliche Winkelzüge und kränkenden Vertrauensbruch aus dem Krieg ausscheiden zu können. Dies Bestreben wurde ebensosehr durch die Ungeschicklichkeit der deutschen Führung wie durch die brutalen Forderungen der sowjetrussischen Regierung durchkreuzt. Ende August leitete die finnische Regierung neue Waffenstillstandsverhandlungen mit der Sowjetregierung ein, der finnische Reichstag sprach sich für den Abschluß eines Sonderfriedens mit Rußland aus. Einen Tag darauf, am 3. September 1944, bat die finnische Regierung offiziell um den Abschluß eines Waffenstillstandes mit England und der Sowjetunion. Der Krieg war in diesem Raum zu Ende, ohne daß dies freilich den Frieden brachte.

Die Absicht der Finnen, dem deutschen Verbündeten Zeit für den geordneten Abzug zu gewähren, war am harten Willen der Russen gescheitert. Mitte September begann daher überhastet das Unternehmen »Birke«, der Rückzug der deutschen Truppen aus Südfinnland und aus Lappland durch die Moossteppe der Tundra mit ihren Seen, Sümpfen und Zwergbirkenbeständen, nach Nordnorwegen. Mit Panzerbrigaden und Rentierbeständen versuchte General Merezkow, der Oberbefehlshaber der »Karelischen Front«, immer wieder in den Rückzug hineinzustoßen. Generaloberst Rendulic, Nachfolger des bei einem Flugzeugabsturz umgekommenen Generalobersten Dietl, sah sich gezwungen, um dem Gegner den Vormarsch in den riesigen Einöden des Nordens zu verwehren, die Zerstörung der spärlichen Ortschaften und Wohnstätten, die Zerstörung wichtiger Grubenanlagen durchzuführen. Die Taktik der »Verbrannten Erde«, jene Taktik,

die auf beiden Seiten zu den schrecklichsten Begleiterscheinungen des Ostkrieges gehörte, mußte natürlich die Erbitterung der finnischen Bevölkerung wachrufen. Da Finnland nicht zum vorgesehen Termin von deutschen Truppen geräumt war, erzwang die sowjetrussische Führung auch die Teilnahme finnischer Truppen an den Verfolgungskämpfen. Bei Tornio unternahmen finnische Einheiten vergeblich den Versuch, den deutschen Gebirgstruppen den Rückzug zu verlegen. Die 20. Armee blieb auch im Rückzug unbesiegt. Das Nickelgebiet von Petsamo fiel jedoch in russische Hand, sowjetrussische Truppen stießen bis nach Kirkenes auf nordnorwegischem Boden vor, die Luft- und Seestützpunkte an der Eismeerküste gingen verloren, in der Ostsee brach die Sperre des Finnischen Meerbusens zusammen, die Russen gewannen wieder Stützpunkte an der süd- und westfinnischen Küste.

Im Juli 1944 hatte Marschall Konjews I. »Ukrainische Front« der ehemaligen Heeresgruppe Nordukraine, die nunmehr als Heeresgruppe A bezeichnet wurde, unter Generaloberst Harpe im Raum südlich Kowel in Wolhynien und am oberen Sereth in den Karpatenvorbergen einen furchtbaren Schlag versetzt. Lublin, wo sich ein sowjetpolnisches Regierungskomitee installierte, Cholm, Lemberg, Przemysl, Jaroslaw waren gefallen, die Sanlinie durchbrochen, die Weichsel an mehreren Stellen überschritten. Die ukrainische 14. Waffengrenadierdivision der SS ging hier, kaum aufgestellt, in den Tod. Vielfach griff Panik um sich, die Parole des »Rückwärts sammeln« ging um. Wehende Staubfahnen kennzeichneten die Flucht deutscher Verbände gen Westen auf Krakau, sofern nicht energische Offiziere mit der Maschinenpistole in der Hand eingriffen, um den Rückzug zu stoppen und neue Abwehrlinien aufzubauen. Unter den Schatten der Katastrophe traf hier die Nachricht vom Attentat auf Hitler ein. Doch auf die Geschehnisse an der Front hatte der 20. Juli keinen Einfluß, er ging unter angesichts des verzweifelten Abwehrkampfes. Bei der Heeresgruppe Mitte rang Feldmarschall Model um die Stabilisierung der Front im Raum von Warschau und weiter nördlich zwischen Narew und Bug. Noch fluteten russische Panzer, nachdem der Riegel in Weißrußland aufgebrochen war, anscheinend unaufhaltsam mit ihrer dunkelbraun-

Als sich die Rote Armee der Weichsel näherte, wagte die polnische Heimatarmee am 1. August 1944 in Warschau den offenen Aufstand gegen die deutschen Besatzer. Getragen von dem Wunsch, die Hauptstadt aus eigener Kraft zu befreien, kämpften die völlig unzureichend bewaffneten Polen gegen die überlegenen deutschen Polizei- und SS-Kräfte bis zur Kapitulation am 2. Oktober einen aussichtslosen Kampf. Bild linke Seite: Heckenschützen im Straßenkampf. Bild rechts: General Tadeus Bor-Komorowski, der Führer der Aufständischen in Warschau. Bild oben: Ansicht der Innenstadt nach dem Zusammenbruch des Warschauer Aufstands.

grau-uniformierten Last, den Trauben aufgesessener Infanterie, auf die Weichsel, den Njemen, den Narew zu. Die litauischen Städte Grodno, Kowno, Schaulen wurden von der Flut überspült. Warschau fieberte in dumpfer Erwartung, war ein brodelnder Hexenkessel. Ende Juli gelang es, die russischen Panzer an der Weichsel aufzufangen.

Im August verlief die Front im Nord- und Mittelabschnitt unter den Löwen der Abwehrschlachten, Schörner und Model, die rücksichtslos das Letzte von der Truppe forderten, aus dem Raum westlich von Mitau in Kurland, westlich an Schaulen in Litauen vorbei zur ostpreußischen Grenze und weiter bis zum Narew hart östlich Warschau.

Am 1. August erhoben sich unmittelbar im Rücken der 9. deutschen Armee unter General v. Vormann auf Befehl des nationalpolnischen Generals »Bór«, alias Graf Tadeusz Komorowski, die rund 30 000 Mann zählenden Kämpfer der polnischen »Heimatarmee« in Warschau. Sie hofften, die sowjetrussischen Truppen würden ihnen zu Hilfe kommen. In Moskau hatte man indes keinerlei Interesse an der Unterstützung der »reaktionären« Kräfte Polens, die Verbindung mit der Londoner Exilregierung unterhielten. Die Rote Armee rührte nicht einen Finger zugunsten der Verbände General Bórs. In wochenlangen schweren Kämpfen verblutete die polnische »Heimatarmee«. Der Sonderbeauftragte der SS für den Bandenkampf im Osten, SS-Obergruppenführer v. d. Bach-Zelewski, wurde mit der Niederwerfung des Aufstandes beauftragt. Neben Heeres- und Polizeiverbänden wurden die russische SS-Brigade Kaminski, die SS-Strafeinheiten des Brigadeführers Dirlewanger, estnische und turkmenische SS-Legionen und Kampfgruppen gegen die Aufständischen eingesetzt. Vor allem die Leute Kaminskis und Dirlewangers ließen sich dabei derart wüste Ausschreitungen zuschulden kommen, daß sich Bach-Zelewski schließlich gezwungen sah, Kaminski standrechtlich erschießen zu lassen. Erst Ende September neigten sich die Kämpfe in Warschau dem Ende zu. General Bór kapitulierte und begab sich in deutsche Gefangenschaft.

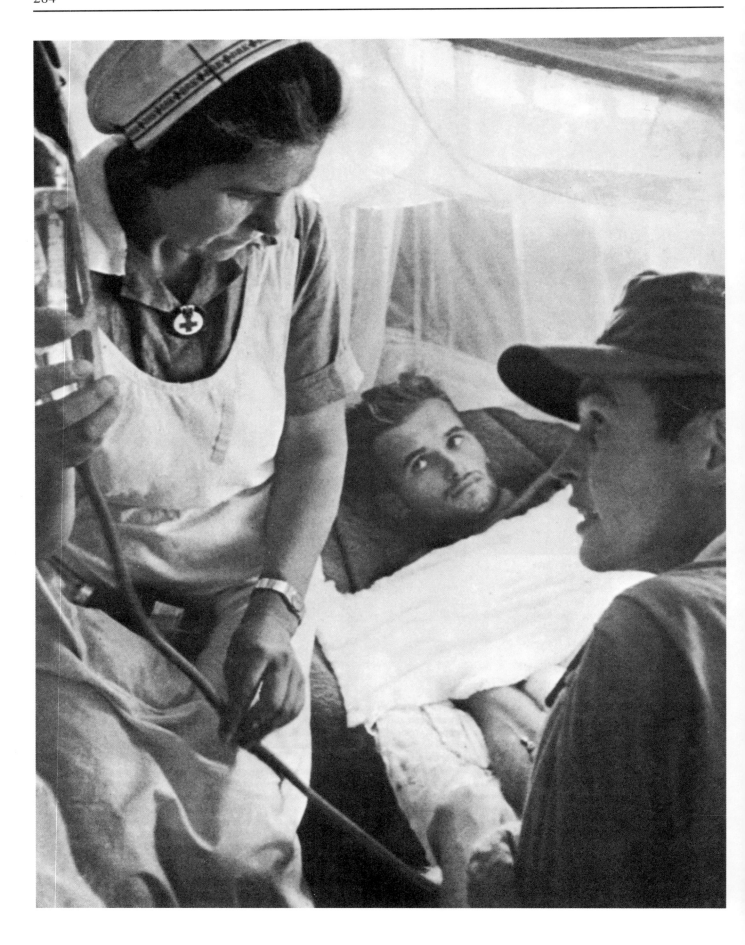

Das Sanitätswesen der Wehrmacht

Das Sanitätswesen der Wehrmacht war mit einem sehr hohen Anspruch in den Krieg eingetreten. Man glaubte, durch weitblickende und gründliche Friedensarbeit das Gesundheitswesen auf einen denkbar hohen Stand gebracht zu haben. Der Kriegssanitätsdienst sollte dies beweisen. Obwohl kein Zweifel daran bestehen kann, daß an allen Fronten Außerordentliches geleistet worden ist, konnte dieser Beweis nicht erbracht werden. Der Krieg kostete das Deutsche Reich 3,25 Millionen Tote oder als tot geltende Wehrmachtsangehörige. In den Lazaretten der Wehrmachtteile wurden insgesamt 5,24 Millionen Verwundete und Kranke betreut. Die Gründe für diese Verluste lagen nicht zuletzt bei der im Verlaufe des Krieges immer geringer werdenden Effektivität des Sanitätswesens.

In der Wehrmacht hatten Heer, Luftwaffe und Marine ihr eigenes Sanitätswesen. Die Leitung der Sanitätsdienste des Heeres lag in der Hand des Heeressanitätsinspekteurs. Er verfügte über Einrichtungen für Ausbildung, Forschung und Versorgung. Für den Sanitätsoffiziersnachwuchs war eine eigene Militärärztliche Akademie zuständig. Der Sanitätsinspekteur war Vorgesetzter des Heeresarztes, der vom Stab des Generalquartiermeisters aus für jeden Kriegsschauplatz den Einsatz des erforderlichen Sanitätspersonals und -materials sowie den Abschub der Verwundeten in die nach hinten gestaffelten Sanitätseinrichtungen regelte. Ihm unterstanden die Heeresgruppenärzte sowie fünf leitende Sanitätsoffiziere in Frankreich, Belgien, Ostland, Ukraine und Rumänien. Die Heeresgruppenärzte verfügten über Kriegslazarette, Krankentransportverbände, Sanitätsparks und Einrichtungen für medizinische Forschung, die sie bei Bedarf den unterstellten Armeeärzten zur Verfügung stellten. Diese besaßen zusätzlich eigene Sanitätsgruppen, die im rückwärtigen Frontbereich eingesetzt bzw. den Korpsärzten und den Divisionen zur Unterstützung beigegeben wurden. Die wichtigsten Sanitätseinrichtungen der Armee waren das Kriegslazarett (mot.), das mit seiner Ausstattung in der Lage war, ca. 500 Schwerkranke und -verwundete aufzunehmen, und das Leichtkranken-Kriegslazarett. Die Kriegslazarette wurden zeitweilig auf eine Kapazität von 2500 Betten erweitert. Sie bildeten die höchste und letzte Behandlungsebene im außerdeutschen Gebiet. Zur Armee gehörte auch eine

So sehr die Errungenschaften der Technik dazu beigetragen hatten, das Grauen des Krieges zu vermehren, auf einem Felde wenigstens vermochte der Fortschritt der Wissenschaft seine Schrecken zu mildern: Mit der ärztlichen Betreuung der Verwundeten war es seit dem Tage von Solferino sehr viel besser geworden. Am 24. Juni 1859 hatte der Schweizer Philantrop Henri Dunant bei seinem Ritt über das Schlachtfeld, vom unsäglichen Elend der hilflos röchelnden Verwundeten zutiefst aufgewühlt, jene Vorsätze gefaßt, aus denen die Gründungen des Internationalen Roten Kreuzes (1862) und der Genfer Konvention (1864) erwuchsen. Bild linke Seite: Infusionierung eines Verwundeten. Bild rechts: Hitler beim Besuch eines Lazarettwagens im Polenfeldzug.

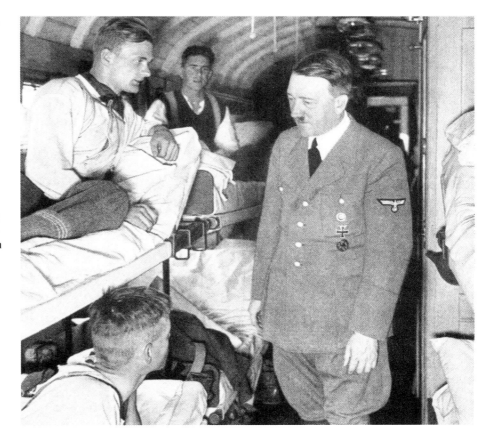

Gruppe beratender Ärzte, bestehend aus drei Chirurgen mit Hilfsärzten und je einem Facharzt für innere Krankheiten, Psychiatrie, Hygiene, Pathologie und Bakteriologie. Für den Abtransport von Verwundeten war in Vorbereitung auf einen »Bewegungskrieg« eine Abschubkette aufgebaut worden, die vom Verwundetennest über den Truppen- zum Hauptverbandplatz, von dort über das Feld- und Kriegslazarett schließlich zum Reservelazarett in der Heimat führte. Es waren Krankenkraftwagen entwickelt worden – die in Formationen zusammengefaßt – im Zusammenspiel mit Eisenbahnlazarettzügen, Leichtverwundetenzügen, Lazarettschiffen, Schiffs- und Lufttransporten diese Aufgaben erfüllten.

Im Frontbereich wurde nach der Selbsthilfe des Soldaten die erste und damit wichtigste medizinische Hilfe durch das Sanitätspersonal des Bataillons und die Sanitätstruppen der Division geleistet. Der Truppenarzt des Bataillons war mit seinem Truppenverbandplatz die unterste Ebene ärztlicher Versorgung. Die Divisionen besaßen durchschnittlich zwei Sanitätskompanien, eine Krankenkraftwagenkompanie und ein Feldlazarett. Die Sanitätskompanien betrieben 4-5 km hinter der Front in stetem Wechsel den Hauptverbandplatz. Zwei Chirurgenteams leisteten jede Art von dringender chirurgischer Hilfe mit dem Hauptziel, die Transportfähigkeit des Verwundeten herzustellen. Zwei Zahnärzte stellten im Hauptverbandplatz auch die zahnärztliche Versorgung sicher; eine Feldapotheke hielt die notwendigen Medikamente bereit. Das von der Division betriebene Feldlazarett lag ca. 10-15 km hinter der Front, hatte 200 Betten und ermöglichte in mehreren großen Operationsräumen und mit fachspezifischer Diagnostik und Therapie ärztliche Hilfe auf der Ebene eines guten Kreiskrankenhauses.

Parallel zu dieser Organisation des Heeres – und auf den gleichen Kriegsschauplätzen tätig – war das Sanitätswesen der Luftwaffe eingerichtet worden. Beim Aufbau der Luftwaffe 1933 wurde es zunächst auch vom Heeressanitätsinspekteur gesteuert. Über eine Medizinalabteilung im Reichsluftfahrtministerium und die »Inspektion des

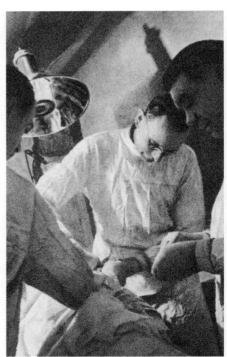
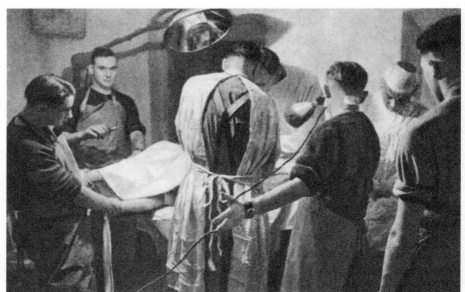

An die Stelle der zermürbenden Fahrten in den Lazarettzügen trat in der Anfangsphase des Zweiten Weltkriegs die schnelle Beförderung mit der „Tante Ju", der Ju 52 (Bild rechte Seite). Ungezählte Verwundete verdankten der beschleunigten Überführung in die Heimatlazarette ihre Genesung und ihr Leben. Wo kein Abtransport mehr möglich oder höchste Eile geboten war, wurden die Verwundeten vor Ort in den Feldlazaretten, notfalls aber auch in Kapellen oder Ställen, operiert (Bilder oben).

Sanitätswesens« entwickelte sich die Position des »Chefs des Sanitätswesens der Luftwaffe«. Die ersten Sanitätsoffiziere kamen vom Heer und von der Marine. Sie wurden fliegerisch ausgebildet und in die wissenschaftlichen Fragen der Luftfahrtmedizin eingeführt. Zur Weiterentwicklung dieser neuen medizinischen Fachrichtung gründete die Luftwaffe eigene Forschungsinstitute und übernahm die fachliche Steuerung entsprechender ziviler Einrichtungen. Für den Nachwuchs, der zunächst auch an der Militärärztlichen Akademie des Heeres ausgebildet worden war, wurde eine eigene Ärztliche Akademie der Luftwaffe eingerichtet. Die Führung dieser Sanitätsdienste, die sich in ihrer Struktur denen des Heeres angepaßt hatten, oblag den Luftflottenärzten und den diesen unterstellten Luftgauärzten. Der Luftwaffensanitätsdienst hatte zur Durchführung seiner Aufgaben neue Einsatzformen entwickelt, z.B. die Luftwaffensanitätsbereitschaft (mot.), die mit vier Fachchirurgen auch für die großen chirurgischen Operationen ausgerüstet war. Später ergänzten Internisten die Chirurgenteams, so daß diese Einrichtung 100 bis 150 Verwundete und Kranke behandeln und pflegen konnte. Die volle Motorisierung der Sanitätsgruppen erlaubte eine organische Zusammenarbeit mit den kämpfenden Luftwaffenverbänden. Um diese Mobilität zu erhalten, waren zunächst keine Feldlazarette geplant. Die Erfordernisse brachten es indessen mit sich, Feldlazarette in Baracken mit einer von 300 bis 600 reichenden Bettenkapazität zu schaffen. Die Lazarette wurden auch von den Luftwaffensanitätsbereitschaften (mot.) betrieben. Diese waren von ihrer Ausrüstung her in der Lage, sowohl Feld- und Ortslazarette als auch Hauptverbandplätze einzurichten.

Die wichtigste Neuerung im Sanitätswesen der Luftwaffe war die Einrichtung der »Sanitätsflugbereitschaft«. Sie bestand aus fünf bis sechs Ju 52, die je zwölf auf Tragen liegende und vier sitzende Verwundete transportieren konnten. Als Zubringerflugzeuge von der Front zum Flugplatz dienten je vier »Fieseler Storch«. Jedes dieser Flugzeuge konnte zwei Verwundete aufnehmen. Des weiteren wurden Lufttransportverbände zur Rückführung Verwundeter eingesetzt, die sich sehr bewährten. Zur Rettung von Flugzeugbesatzungen, die auf See niedergegangen waren, schuf die Luftwaffe den Seenotrettungsdienst. Die Seenotkommandos verfügten mit den Flugzeugen He 59, Do 18 und 24 sowie verschiedenen Seefahrzeugen über für diese Zwecke gut geeignetes Material. Die Flugzeuge waren zunächst mit einer Rot-Kreuz-Kennung versehen, die von Gegnern jedoch nicht anerkannt und daher wieder aufgegeben wurde. Die Einführung der Fallschirmtruppe brachte dem Sanitätsdienst eine weitere Neuerung. Die Sanitätskorps der Fallschirmtruppe wurden als Absprungeinheit aufgestellt, die den mitabspringenden Truppenärzten nachfolgten.

Der Sanitätsdienst der Marine hatte sich bereits vor dem Ersten Weltkrieg verselbständigt. Der Chef des Marinesanitätswesens war in Personalunion Chef des Marinemedizinalamtes im OKM. Ihm unterstanden fachlich das Sanitätsamt Ostsee (Kiel) und Nordsee (Wilhelmshaven). Die schwimmenden Kampfeinheiten verfügten je nach Größe des Schiffes über ein Bordlazarett und eigene Ärzte, kleinere hingegen nur über Sanitätskisten, die fast nur Verbandsmittel enthielten. Für den

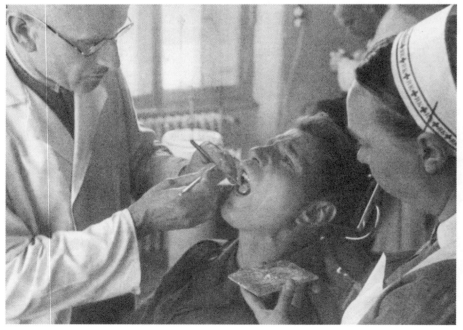

Bild oben: Goebbels bei einer Ansprache vor Verwundeten in einem Berliner Reservelazarett am Weihnachtsabend des Jahres 1941. Worüber der für die „Volksaufklärung und Propaganda" zuständige Reichsminister sie nicht aufklären konnte, waren die Folgen, die der Krieg auf deutscher Seite noch haben würde: Millionen Tote und Millionen Verwundete, unter ihnen Zehntausende Querschnittsgelähmte, Kriegsblinde, Kriegstaube, zweifach, dreifach oder sogar vierfach Amputierte.
Bild links: Er hat es mit seinen Zahnschmerzen noch gut getroffen. Bilder rechte Seite: verwundete deutsche Soldaten auf dem Weg zum Hauptverbandsplatz (oben); in einem Feldlazarett wird der Rotkreuzschwester ein Brief nach Hause diktiert (unten).

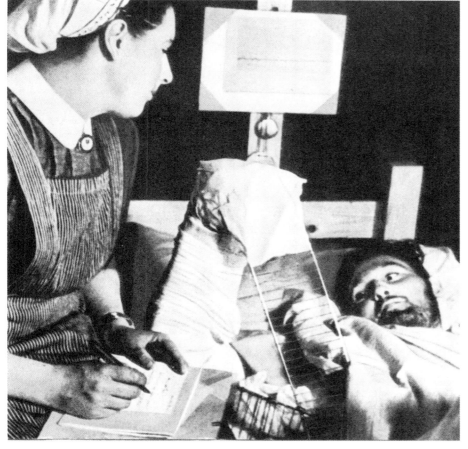

Kranken- und Verwundetentransport über See gab es zehn große Lazarettschiffe mit je 600 Betten, fünfundzwanzig kleinere mit je 350 bis 400 Betten und fünfunddreißig Verwundetentransportschiffe. Von den Lazarettschiffen gingen beinahe die Hälfte der großen und der kleinen durch Kriegseinwirkung verloren. Bei den Verwundetentransportschiffen betrug die Verlustquote 25 Prozent, wodurch deutlich wird, daß sich nicht alle Kriegsgegner an die auch auf den Seekrieg ausgedehnte Genfer Konvention hielten.

Die Waffen-SS hatte ebenfalls einen eigenen Sanitätsdienst, der im Aufbau an den des Heeres angelehnt war.

Am 28. Juli 1942 wurde zur Steigerung der Effektivität der nebeneinander arbeitenden Sanitätsdienste die Dienststelle des Chefs des Wehrmachtssanitätsdienstes geschaffen. Er sollte alle Aufgaben auf dem Gebiet des Sanitätswesens zusammenfassen, die personellen und materiellen Kräfte erfassen und planvoll und gerecht auf die Wehrmachtteile verteilen. Diese Aufgabe war dem Heeressanitätsinspekteur zusätzlich übertragen worden, allerdings ohne Befehlsgewalt über die einzelnen Sanitätsdienste. Diese Personalunion wurde zwar am 1. September 1944 aufgehoben, aber auch der dann selbständig arbeitende Chef des Wehrmachtsanitätsdienstes erhielt nur im Rahmen seiner fachlichen Aufgaben Befehlsbefugnisse; nach wie vor lehnten sowohl die Marine als auch die Luftwaffe eine volle Unterstellung ihrer Sanitätsdienste ab. Trotz der Schaffung dieser zentralen Einrichtung wurde eine wesentliche Verbesserung des Sanitätswesens nicht erreicht.

Im Verlauf des Krieges lassen sich drei Phasen unterscheiden, die den Sanitätsdienst vor unterschiedliche Probleme stellten:

1) »Bewegungskriege« der Jahre 1939-41: Im Mitgehen mit rasch vorwärts drängenden Truppenverbänden und beim Anfall eher konventioneller medizinischer Probleme sowohl beim Heer als auch bei Luftwaffe und Marine bewältigten die Sanitätsdienste ihre Aufgaben noch recht gut. Aber schon im Polenfeldzug sah man sich einigen unerwarteten Schwierigkeiten gegen-

über. Es stellte sich sehr schnell heraus, daß die mit Pferden bespannte Sanitätskompanie für den Bewegungskrieg denkbar ungeeignet war, weil sie den schnellen Truppen nicht folgen konnte und daher selten zum Einsatz kam.
Neben Verwundungen führten Krankheiten auf dem Gebiet der inneren Medizin zu hohen Ausfällen. Es mußte eine Ruhrepidemie bekämpft werden, die unmittelbar nach dem Vorstoß auf polnischem Gebiet ausbrach und bis zu 50 Prozent der Ist-Stärke der kämpfenden Truppe traf. Als problemlos und erfolgreich erwies sich dagegen das System des Abtransports der Verwundeten. Durch den in stetem Wechsel erfolgenden Einsatz der Krankentransportkompanien konnten die Verwundeten rasch in die hinten gelegenen Sanitätseinrichtungen gelangen, wenngleich z.B. die Lazarettzüge wegen der Zerstörung von Gleisen und Brücken erst gegen Ende der Kampfhandlungen eingesetzt werden konnten.
Bei der Besetzung Dänemarks und Norwegens hatte der deutsche Sanitätsdienst in Norwegen mit den erstmals in großer Zahl auftretenden Erfrierungen Schwierigkeiten, die mit bis zu 40 Prozent einen bedeutenden Anteil an der Wundversorgung hatten. Im Frankreichfeldzug konnte der Sanitätsdienst die bisher gemachten Erfahrungen bereits nutzen. Dazu zählte insbesondere, daß die Korpsärzte, die bisher über keine eigenen Sanitätstruppen verfügten, nun mit einer Sanitätskompanie sowie Krankentransportkapazität und teilweise auch Feldlazaretten ausgestattet wurden, weil man erkannt hatte, daß auf dieser Kommandoebene deren Einsatz besser gesteuert werden konnte. Im besetzten Frankreich wurde der Erhaltung der Gesundheit sowohl der Truppe als auch der Zivilbevölkerung große Sorgfalt gewidmet, um jedwede Seuchengefahr abzuwenden. Auf dem Gebiet der Geschlechtskrankheiten gelang dies jedoch nicht. Erst in der Zeit von 1942-44 konnte ein allgemeiner Rückgang der Geschlechtskrankheiten bei der Truppe verzeichnet werden.
Der Krieg in Nordafrika konfrontierte den Sanitätsdienst mit wesentlich größeren Problemen. Die Besonderheiten des Kriegsschauplatzes führten zu

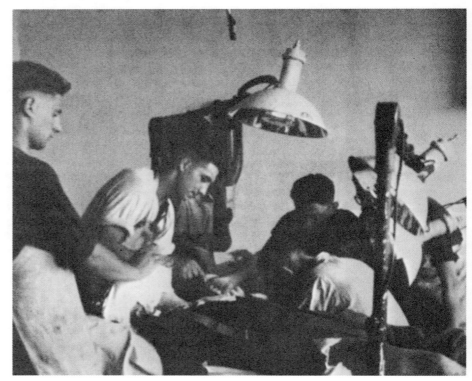

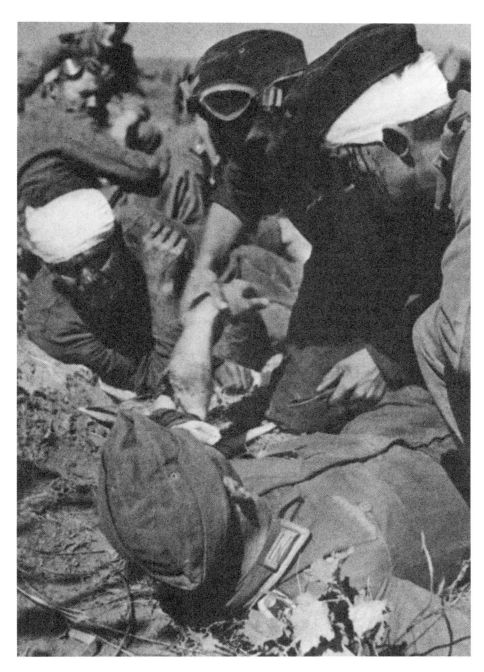

Mit Beginn der Kampfhandlungen begann die Arbeit der Sanitäter. Nach der notdürftigen Ersten Hilfe in der Feuerlinie (Bild oben) wurden die Verletzten zunächst ins „Verwundetennest" gebracht, eine geschützte Stelle in der Kampflinie (Bild linke Seite oben), bevor ein Weitertransport zum Hauptverbandsplatz möglich war. Bild linke Seite unten: fieberhafte Arbeit der Chirurgen in einer Schule am Stadtrand von Achtyrka bei Kursk im Juli 1943. Wenige Stunden nach dieser Aufnahme fielen die Ärzte mitten bei der Arbeit dem Bombenvolltreffer eines Luftangriffs zum Opfer.

einem Krankenstand, der die Zahl der Verwundeten um das Sechsfache übertraf. Das tropische Klima, die Einöde und Trostlosigkeit der Wüste wirkten sich, zusammen mit durch Transport- und Nachschubproblemen verursachtem Wassermangel und damit einhergehender ungenügender Verpflegung, auf die gesundheitliche Verfassung des Deutschen Afrikakorps verheerend aus und stellten die Sanitätsdienste vor schier unlösbare Aufgaben. Das gehäufte Auftreten von Ruhr, Diphterie und Gelbsucht sowie die vielfältigen Geschwüre, die in tropischer Hitze an den unbekleideten Unterschenkeln entstanden, führten zu einem hohen Krankenstand. Trotz dieser außergewöhnlichen gesundheitlichen Belastungen für die Truppe erreichte die Anzahl der Sanitätsformationen nie einen befriedigenden Stand.

Auch der am 6. April 1941 hinzugekommene Kriegsschauplatz Balkan brachte unerwartete Schwierigkeiten. Er forderte zwar keine allzu hohen Verluste, sieht man von den 49 Prozent der Fallschirmjäger bei der Eroberung Kretas ab, doch der Abtransport der Verwundeten gestaltete sich schwierig. Das gebirgige Gelände auf dem Balkan und auf Kreta zwang zu äußerst strapaziösen Tragemärschen. Nur dort, wo Lufttransport möglich war, waren die Verwundeten besser wegzubringen. Schnee, Schlamm und Kälte wie Hitze führten zusätzlich zu allgemeinen Erkrankungen. Zahlreiche Sümpfe zwischen den Bergen Makedoniens und die Feuchtgebiete der Flußniederungen waren Brutstätten der Malaria und anderer Fieberkrankheiten, hier besonders des Pappataci-Fiebers, das – wie die Malaria durch Mücken übertragen – zu hohen Krankenzahlen führte, insgesamt aber glimpflich verlief. Neben diesen für den Balkan typischen Krankheiten kannte man auch die Gefahr der Erkrankung an Typhus und Ruhr. Die Prophylaxe gegen Typhus mit entsprechendem Serum erwies sich glücklicherweise als ausreichend, doch die Ruhr, die zwei Drittel der Truppe erreichte, konnte nur durch die danach erlangte Immunität unter Kontrolle gebracht werden.

In den ersten Monaten des Rußlandfeldzuges sahen sich die Sanitätsdienste

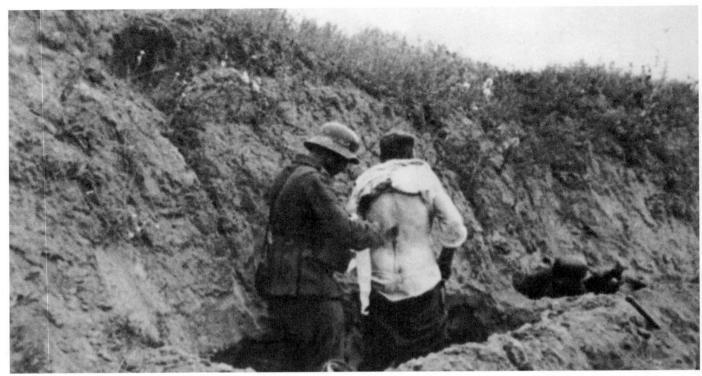

ähnlichen Gegebenheiten wie im bisherigen Bewegungskrieg gegenüber. Dann nahmen die deutschen Verluste zu, und der Vormarsch an allen Frontabschnitten kam zum Stehen. Nun wirkten sich die durch große Entfernungen, den herbstlichen Schlamm und den dann folgenden Winter mit Schnee und bis zu -57 °C reichenden Kältegraden erschwerten Transportverhältnisse auch äußerst nachteilig auf die Leistungsfähigkeit der Sanitätsdienste aus. Mit massenhaften Erfrierungen aller Grade und anschließenden Komplikationen waren mancherorts die Verbandplätze mehr belastet als mit der Versorgung der Verwundeten.

2) Der wachsende Widerstand der Roten Armee seit der Jahreswende 1941/42, der mit sich steigernder Feuerkraft insbesondere der Artillerie und der Raketeneinheiten einherging, ließ die Zahl der Verwundeten und hier auffallend der Schwerverletzten in die Höhe schnellen, so daß deren angemessene Versorgung immer weniger möglich war. Auch der Abtransport der Verwundeten in die rückwärtigen Gebiete und ins Reich wurde durch die schon erwähnten Schwierigkeiten, die der Winter aufwarf, aber auch durch die wachsende Partisanentätigkeit zunehmend erschwert, wenngleich die Luftwaffe mit ihren Sanitätsflugzeugen und der Transportflotte Entlastung brachte. Mit Beginn der dann folgenden sowjetischen Offensiven gingen darüber hinaus viele der vordersten Sanitätseinrichtungen im Strudel der Absetzbewegungen verloren. Beginnend im Mittelabschnitt im Raum Kursk gelangen den Sowjets seit Sommer 1943 so tiefe Einbrüche, daß auch die weit zurückliegenden Kriegslazarette geräumt werden mußten.

Auch das System der Verteilung der Verwundeten nach medizinischen Gesichtspunkten versagte nun zunehmend, wodurch die Transportsterblichkeit stieg. Die hygienischen Verhältnisse litten ebenfalls zwangsläufig und führten zum Ausbruch von Epidemien, unter denen das Fleckfieber eine zentrale Stellung einnahm. Die durch die extreme Verlausung der Truppe vornehmlich im Winter grassierende Seuche konnte nie unter Kontrolle gebracht werden. Die Bereitstellung von Entlausungsanlagen führte nicht zum angestrebten Erfolg. Die Impfungen konnten die Erwartungen nur eingeschränkt erfüllen. Die Sterblichkeit nach einer Infektion war mit bis zu 30 Prozent zunächst sehr hoch und konnte nur allmählich bis

Bild oben: erste Hilfe im Kampfgebiet. Der Soldat, den ein Splitter am Rücken verletzt hat, verdankt seinem Koppel, daß er noch lebt und sogar auf seinen Beinen stehen kann. Der Lederriemen hat die Hauptkraft des heißen Eisens abgefangen. **Bild rechte Seite:** Bergung eines Verwundeten an der Invasionsfront im Juni 1944. Andere, schwerer Verwundete, konnten sich später meist nicht mehr darauf besinnen, wie sie gerettet worden waren. Meist hatten Kameraden sie kriechend neben sich hergeschleift, über die Schulter geworfen und gebückt von Deckung zu Deckung rennend aus dem Schußfeld getragen, bis eine Sanitätskompanie erreicht war und den Verwundeten übernehmen konnte. Die meisten Lebensretter blieben namenlos: sie hatten keine Zeit gehabt, sich vorzustellen, oder waren alsbald gefallen.

Kriegsende auf 5-6 Prozent gesenkt werden. Insgesamt wurden aber vom Fleckfieber nicht mehr Soldaten erfaßt als von anderen Krankheiten; das Fleckfieber war nur gefährlicher. Doch auch massenhaft an Typhus, Gelbsucht, Nierenentzündung, Wolhynischem Fieber, Tularämie (Hasenpest) und Diphterie Erkrankte stellten an die Sanitätsdienste hohe Anforderungen bzw. waren eine große Belastung. Bei den Bemühungen um Abhilfe zogen die Mediziner KZ-Häftlinge heran und erprobten an ihnen Sulfonamide bei der Bekämpfung von Infektionskrankheiten, führten Knochentransplantationen bei auftretenden Phlegmonen durch und schreckten auch nicht vor Unterdruck- und Unterkühlungsversuchen zurück, die der Erforschung des Sauerstoffmangelproblems in großen Höhen und der Wiederbelebung unterkühlter Schiffbrüchiger dienten. Bei diesen meist qualvollen, verbrecherischen Menschenversuchen wurde selbst der Tod der Opfer nicht selten billigend in Kauf genommen.

Bei der Luftwaffe und Marine hatte man es überwiegend mit andersgearteten Verwundungen und Erkrankungen zu tun. Die Behandlung der Verwundungen beim fliegenden Personal, die durch Abschuß, Unfälle, Bruch- und Notlandungen verursacht wurden, lag vielfach im Bereich der plastischen und der Gehirnchirurgie. Bei der Marine ergaben sich hauptsächlich Verwundungen als Folge von Artillerie-, Fliegerbomben- und MG-Treffern, ferner von Torpedo- und Minendetonationen, nicht zu vergessen die Folgen von Verbrennungen aller Art. Während durch Waffenwirkung Splitterwunden, Durch- und Steckschüsse entstanden, führten Minen und Torpedos bei der Detonation zu Stauchungen der Wirbelsäule und Frakturen der Extremitäten. Beim Abbrennen von Kartuschen waren Rauchvergiftungen und Verbrennungen, bei ausströmendem Dampf in den Maschinenräumen Verbrühungen die unvermeidlichen Folgen. Das Verschlucken treibenden Öls durch Schiffbrüchige rief schwere Vergiftungen im Magen- und Darmtrakt hervor.

3) Die Zeit der Abwehrkämpfe 1944/45 vergrößerte die Probleme der Sanitätsdienste. Die Zahl der Toten und Verwundeten war während dieser Phase größer als in den vorangegangenen Kriegsjahren zusammen. Die vorgeplante und die provisorisch erstellte Infrastruktur des Sanitätswesens im Reich und in den besetzten Gebieten brach allmählich zusammen. Hauptgründe waren die Auswirkungen des Bombenkrieges und die Tatsache, daß der Ring um Deutschland immer enger wurde. Die damit verbundenen Versorgungs- und Transportprobleme wirkten sich auf die Überlebenschancen der Verwundeten besonders nachteilig aus. Die Chirurgen waren in dieser Zeit hoffnungslos überfordert. Oft mußte ohne größere Pause zwei bis drei Tage lang operiert werden. Erfahrungswerte zeigten, daß eine Chirurgengruppe (zwei Ärzte) in 24 Stunden 30 Schwer-, 60 Mittelschwer- oder 120 Leichtverwundete operieren konnte. Bei allen Behandlungen wurde größter Wert auf die Verwendung von Blutersatzflüssigkeiten gelegt (Tutofusin, Periston). Antibiotika standen nicht zur Verfügung; auf diesem Gebiet war die Forschung in Deutschland einen anderen Weg gegangen (Sulfonamidtherapie). In vieler Hinsicht entsprach die Ausrüstung der Sanitätsdienste nicht den damaligen Möglichkeiten. Insgesamt gesehen konnte der deutsche Sanitätsdienst – bedingt durch die vielen Kriegsschauplätze – nicht besser als im Ersten Weltkrieg arbeiten.

Kriegsschauplatz Italien

Schon der Feldzug gegen Abessinien – wie man früher das ehemalige Kaiserreich Äthiopien nannte – und die Intervention im Spanischen Bürgerkrieg waren im italienischen Volk nicht sonderlich populär gewesen. Noch weit weniger galt dies für den Krieg an der Seite Deutschlands, den Staatschef Benito Mussolini 1940 so überstürzt begonnen hatte, weil er glaubte, es winke ein rascher und leichter Sieg. Das Bündnis mit dem nationalsozialistischen Deutschland war nicht einmal in den Kreisen der faschistischen Parteiführung unumstritten gewesen. Der Krieg hatte das rohstoffarme, wirtschaftlich schwache und militärisch wie industriell ungerüstete Land in eine Auseinandersetzung mit den größten Land-, Luft- und Seemächten der Welt verwickelt, obwohl es bislang ein ungeschriebenes Gesetz der italienischen Diplomatie gewesen war, den Kampf gegen eine überlegene Seemacht zu vermeiden, deren Flotten die langen ungeschützten Küsten der Apenninenhalbinsel bedrohen konnten. Von 1941 bis 1943 hatte das Deutsche Reich 40 Millionen Tonnen Kohle, 2,5 Millionen Tonnen Erz, 421 000 Tonnen Rohöl und 220 000 Tonnen Treibstoff an Italien geliefert, um die ärgsten wirtschaftlichen Schwierigkeiten zu überbrücken. All dies war nicht mehr gewesen als ein Tropfen auf den heißen Stein. 1943 war das Land am Rande seiner Kräfte angelangt, die breiten Massen, die ohne Glauben in den Krieg gegangen waren, ersehnten nur mehr eins: das Ende der Feindseligkeiten, wie immer dies Ende auch aussehen mochte. Das faschistische Regime hatte jegliche Anziehungskraft eingebüßt.

Im Jahre 1943 standen rund dreißig italienische Divisionen als Besatzung in Südfrankreich, Dalmatien, Kroatien, Albanien und Griechenland. Auf dem Balkan trat die alte deutsch-italienische Rivalität bei der Bekämpfung der Partisanen wieder zutage. Die italienische Politik verfolgte hier noch immer ehrgeizige Sonderziele. Die Luftwaffe war auf etwa 400 Maschinen zusammengeschmolzen. Die Serienfertigung technisch moderner Modelle wie des »Macchi«-Jägers scheiterte an Produktionsschwierigkeiten.

In Italien selbst befanden sich zwei Armeen mit zwölf Divisionen, die zu einer Heeresgruppe unter dem Kronprinzen Humbert II. (Umberto II), einem heimlichen Gegner Mussolinis wie des Bündnisses mit dem Deutschen Reich, zusammengefaßt waren. Sie verfügten über keinerlei ausreichend gepanzerte oder motorisierte Kräfte. Hitler hatte Mussolini zwar das Material für die Ausrüstung einer modernen Panzerdivision überlassen, die aus den sogenannten »M«-(Mussolini-)Bataillonen, den Sturmeinheiten der nach ihren Uniformen sogenannten Eliteeinheit der Schwarzhemden-Miliz, formiert werden sollte, die sich in Rußland wie in Afrika tapfer geschlagen hatten. Allein diese Division wurde bei Rom zum Schutz des Duce im Fall etwaiger innerpolitischer Auseinandersetzungen zusammengezogen. In der Po-Ebene lagen ferner die Reste der aus Rußland zurückgezogenen 8. Armee. Sie waren

Mit der Kapitulation der letzten 11 deutschen und 6 italienischen Divisionen in Tunesien hatte der deutsche Afrikafeldzug am 13. Mai 1943 sein Ende gefunden. Im Zielrohr der Alliierten lag nun die Apenninenhalbinsel, „der weiche Unterleib Europas", wie Italien aufgrund seiner mangelnden Befestigung genannt wurde. Nur zwei Monate später, am 10. Juli 1943, setzte eine von Admiral Cunningham befehligte alliierte Flotte von 280 Kriegsschiffen, 320 Transportern und Hunderten kleinen Landungsfahrzeugen bei schwerem Seegang die britische 8. und die amerikanische 7. Armee auf Sizilien an Land. Bild rechts: In den Häfen Nordafrikas warten angloamerikanische Transporterflotten auf den Befehl zum Auslaufen mit Kurs Sizilien. Bild linke Seite: amphibische Verbände bei der Landung im Golf von Gela.

nicht mehr einsatzfähig, und ihre Erzählungen von den schweren Niederlagen am Don und an der Wolga trugen nicht dazu bei, das Vertrauen auf den deutschen Sieg zu mehren. Die Küstenverteidigung lag zumeist in den Händen der »Küstenschutz-Divisionen«, schlecht bewaffneter Verbände ohne genügende Artillerie aus älterem, kriegsunlustigem Ersatz.

Die italienische Flotte war nicht mehr in der Lage, das Vorfeld der Küstenverteidigung in See ausreichend zu sichern. Die Luftverteidigung des Heimatgebietes war völlig zusammengebrochen, obwohl Hitler Italien das Material für hundert schwere Flakbatterien überlassen hatte. Nach alliierten Großluftangriffen erlebten die oberitalienischen Großstädte und Industriezentren Szenen wilder Panik. Zu Tausenden floh die Bevölkerung aufs Land. Die Lebensmittelversorgung, die sich den veränderten Verhältnissen nicht anzupassen wußte, brach zusammen. In Süditalien führte die Blockade teilweise zu lokalen Hungerrevolten.

In Casablanca hatten die alliierten Staatsmänner und ihre Stabschefs im Januar 1943 verschiedene Pläne für eine Invasion im Mittelmeerraum erörtert, welche Landungen auf Sizilien, in Italien, Südfrankreich oder auf dem Balkan zum Gegenstand hatten. Sie gingen alle von dem Grundgedanken aus, daß der Süden Europas die schwächste Flanke der Achsenmächte war. Ein Angriff auf Italien, kombiniert mit einer Offensive auf dem Balkan unter Teilnahme der Türkei, gehörte zu den Lieblingsgedanken Winston Spencer Churchills. Seit den Feldzügen von Arthur Wellesley, Herzog von Wellington, auf der Iberischen Halbinsel – er kämpfte 1808-1813

Bild oben: alliierter Kriegsrat Ende Mai 1943 in Algier bei der Planung der Invasion Siziliens und Italiens. Von links: der englische Außenminister Sir Anthony Eden, die Generale Alan Brooke und Arthur Tedder, Premierminister Churchill, Admiral Cunningham und General Alexander.

Bild rechte Seite: Fallschirmjäger legen ihre Monturen an. Während die amphibischen Verbände ohne größere Schwierigkeiten an Land kamen, schlugen die Versuche, im Vorgriff mit Luftlandetruppen strategisch wichtige Punkte zu besetzen, wegen des stürmischen Wetters weitgehend fehl.

gegen Napoleons Invasionsarmee und leitete den Niedergang der napoleonischen Macht ein – gehörten derartige strategische Flankenmanöver sozusagen zum klassischen Repertoire britischer Strategie. Im Ersten Weltkrieg hatte David Lloyd George sich verzweifelt bemüht, seine militärischen Mitarbeiter für eine große Offensive von Italien aus gegen Österreich zu gewinnen.

Aus technischen Gründen war fraglos eine Landung von der neugewonnenen Basis in Tunis auf Sizilien am leichtesten zu bewerkstelligen. So wurden alle kühneren, weitgreifenderen Projekte – ein Sprung nach Sardinien oder nach der ligurischen Küste in Oberitalien oder gar die den amerikanischen Stabsoffizieren so fremdartig erscheinende Balkanoffensive – zunächst zugunsten der »Operation Husky«, der Landung auf Sizilien, vertagt.

Während General Dwight D. Eisenhower in Nordafrika seine Vorbereitungen für dieses neue Angriffsunternehmen traf, trieb die schleichende innerpolitische Krise in Italien ihrem Höhepunkt zu. Das erste Zeichen für die schweren, in der faschistischen Parteiführung um sich greifenden Meinungsverschiedenheiten war die Absetzung von Galeazzo Ciano, Graf von Cortellazzo, als Außenminister. Er wurde mit dem bedeutungslosen Posten eines italienischen Vertreters beim Vatikan abgefunden. Mussolini nahm eine seiner beliebten »Wachablösungen« vor und übernahm selbst die Ministerien des Äußeren, des Inneren, des Krieges, der Marine und der Luftfahrt. Ein Gesetz über die bürgerliche Zivilmobilmachung erging, schließlich wurde der »Kriegsarbeitsdienst« für alle Männer zwischen 18 und 36 und alle Frauen zwischen 18 und 24 Jahren eingeführt, Maßnahmen, die die Unpopularität des herrschenden Regimes noch vermehrten. Im Grunde war Mussolini in dieser dunkelsten Stunde seiner Laufbahn bereits ein gebrochener Mann. Die großen Hoffnungen, der stürmische Ehrgeiz hatten getrogen, die Lebenswende nahte. Körperliche Leiden, ein Zwölffingerdarmgeschwür und die Folgen einer Syphilis, an der er in der Jugend gelitten hatte, zehrten an seiner Kraft.

In der Faschistischen Partei entstand ein Kreis Oppositioneller, dem zwei Führer des »Marsches auf Rom« im Jahre 1922, der greise Marschall de Bono und der Graf de Vecchi, ferner der Justizminister, Dino Graf Grandi, sowie eine Reihe jüngerer Parteiführer, Mussolinis Schwiegersohn Graf Ciano, der Botschafter in Berlin, Dino Odoardo Alfieri, und der Erziehungsminister, Giuseppe Bottai, angehörten. Ihre Absicht ging dahin, Mussolini abzusetzen, die höchste Gewalt einem Triumvirat prominenter Faschisten zu übertragen und Italien aus dem Krieg herauszuführen. Daneben regten sich Bestrebungen der Hofpartei, dem König wieder die volle Regierungsgewalt zu übertragen, das faschistische Regime völlig zu beseitigen und die konstitutionelle Monarchie in Italien wiederherzustellen, um auf

diese Weise eine Regierung zu gewinnen, die mit den Westmächten Verhandlungen aufnehmen konnte.

Hitler beobachtete schon in den ersten Monaten des Jahres 1943 die Entwicklung in Italien mit Mißtrauen. Der SS-Sonderführer Konstantin Alexander Frhr. v. Neurath, ein Sohn des früheren Reichsaußenministers, wurde in einer Spezialmission als Berichterstatter nach Tunis und Italien entsandt. Er notierte die schlechte Stimmung der italienischen Bevölkerung, die Unbeliebtheit der deutschen Truppen auf Sizilien und die ersichtliche Unzuverlässigkeit des Oberbefehlshabers der Heeresgruppe Süditalien, des Kronprinzen Humbert II. Im März des Jahres 1943 erschien Reichsmarschall Hermann Göring zum letzten Mal in Rom, doch sein großspuriges Auftreten trug nicht dazu bei, die Atmosphäre zu verbessern.

Hitler begann mit dem Oberbefehlshaber Südost, Generaloberst der Luftwaffe Alexander Löhr, Maßnahmen für den Fall zu erörtern, daß Italien aus dem Bündnis ausschied. Deutsche Einheiten, die sogenannte »Sturmdivision Rhodos« unter General Kleemann, wurden im Sommer nach Rhodos, dem bedeutendsten Stützpunkt der Achsenmächte in der östlichen Ägäis, gelegt. Feldmarschall Albert Kesselring erhielt als Oberbefehlshaber Süd eine Führungsabteilung des Generalstabes des Heeres unter General Westphal zugewiesen, da nunmehr Landoperationen größeren Ausmaßes zu seinem Aufgabenbereich gehören konnten. Schließlich gelang es Kesselring und dem deutschen Bevollmächtigten, General Fritz Joachim v. Rintelen, Mussolini die Zustimmung abzuringen, daß zwei deutsche Panzergrenadierdivisionen nach Mittel- beziehungsweise Süditalien gelegt wurden. Gleichzeitig wurden jedoch auch in Italien aus rückwärtigen Diensten, Urlaubern, Genesenden und Resten der alten, in Tunis zugrunde gegangenen Divisionen drei neue deutsche Divisionen aufgestellt und im Mai und Juni 1943 vier gepanzerte oder motorisierte Divisionen nach Italien und Sizilien verlegt, darunter die wieder aufgefüllte Fallschirmdivision »Hermann Göring«. In Süditalien erhielt der einarmige General der Panzertruppen Hans Hube den Befehl, ein Mann, der sich in den schweren Schlachten des Ostfeldzuges auf das höchste bewährt hatte. Um Kesselring zu entlasten, wurde die Luftflotte dem Feldmarschall Manfred Frhr. v. Richthofen anvertraut. Schließlich belief sich die Zahl der deutschen Verbände in Ita-

Die Verteidiger Siziliens, die italienische 6. Armee, die deutsche Panzerdivision „Hermann Göring" und die 15. Panzergrandierdivision, nahmen von einer direkten Bekämpfung der Landung im offenen Strandgelände wegen der alliierten Luftherrschaft und der Feuerkraft der Schiffsartillerie Abstand. Erste Gegenangriffe erfolgten aus der Luft, später wurde aus dem Landesinneren heraus auf die bereits stabilisierten alliierten Landeköpfe vorgegangen. Bild linke Seite: Explosion eines amerikanischen Munitionstransporters nach deutschem Fliegerangriff bei Gela. Bild ganz oben: Gefechtsstand einer deutschen Sturmgeschützeinheit auf Sizilien. Bild oben: General Sir Harold Alexander, der Oberbefehlshaber der alliierten Truppen während der Invasionen in Sizilien und Italien.

lien im Juli 1943 auf neun Divisionen. Am 9. Juli 1943 bezog General Eisenhower ein neues vorgeschobenes Hauptquartier im Verdala-Palast in La Valetta auf Malta. In der Nacht vom 9. zum 10. Juli 1943 sprangen amerikanische Fallschirmtruppen über Sizilien ab. Während Hitler seit der Schlacht um Kreta die Tage der Luftlandetruppe für gezählt ansah, waren die Alliierten dazu übergegangen, nach deutschem Vorbild eine starke einsatzfähige Fallschirmwaffe aufzustellen. Der Schleier, der über den Absichten des Gegners gelegen hatte, fiel. Mit einer Flotte von rund 2500 alliierten Kriegs-, Transport- und Landeschiffen und rund 5000 Flugzeugen wurde Sizilien angegriffen. Zehn Divisionen der neuformierten 7. amerikanischen Armee unter General George Smith Patton und der 8. englischen Armee wurden an der Süd- und Südostküste Siziliens im Raum zwischen Licata ostwärts Agrigent und Syrakus gelandet, während weiter im Norden und an der Südwestecke unternommene Landeversuche scheiterten.

Auf der Insel befand sich die 6. italienische Armee unter General Guzzoni mit vier Infanterie- und sechs Küstenschutzdivisionen, etwa 300 000 Mann mit 1500 Küstengeschützen, sowie zwei, später vier deutsche Divisionen unter General v. Senger und Etterlin, später unter General Hube, der bei Stalingrad das XIV. Panzerkorps befehligt hatte. Ein schwerer Luftangriff setzte sofort das italienische Hauptquartier auf der Insel außer Gefecht. Die sizilianische Bevölkerung empfing die landenden Amerikaner zumeist mit Begeisterung, amerikanische Generale wurden mit dem Ruf »Abasso Mussolini, Eviva America« begrüßt. Die Reaktion der italienischen Verbände war sehr uneinheitlich. Während an einigen Stellen Widerstand geleistet wurde, kapitulierten die beiden großen Seefestungen Augusta und Syrakus, ohne einen einzigen Schuß abzugeben, obwohl besonders Augusta stark ausgebaut war. Die 206. Küstenschutz-Division streckte geschlossen die Waffen. An einigen Orten hatten die italienischen Soldaten und Offiziere schon einen Tag vor Beginn der Landung ihre Stellungen verlassen, die Geschütze gesprengt, die Treibstofflager in Brand gesteckt und Zivilkleidung angelegt. An anderen Orten empfingen italienische Offiziere die Alliierten an festlich gedeckter Tafel. Das Ende des faschistischen Regimes kündigte sich im völligen Zerfall der bewaffneten Macht an.

Nur wenige Verbände, vor allem die Division »Napoli«, schlugen sich tapfer. So fiel die Hauptlast der Kämpfe auf die deutschen Truppen General

Hubes. Die erfolgreiche Abwehr feindlicher Landeversuche im West- und Nordteil Siziliens kam im wesentlichen auf ihr Konto. Alliierte Fallschirmeinheiten, die über Mittelsizilien absprangen, wurden aufgerieben. Im allgemeinen versuchten die deutschen Verbände zunächst eine lockere, stützpunktähnliche Verteidigungslinie zwischen Caltanissetta in Mittelsizilien und Catania am Ätna an der Ostküste zu halten. Vor Catania entwickelten sich erbitterte Kämpfe. Sehr bald wurde jedoch klar, daß die Aufgabe General Hubes nur mehr darin bestehen konnte, in Nordostsizilien eine hinhaltende Verteidigung zu organisieren, um den Abtransport des Gros und des schweren Materials seiner Truppen über die Meerenge von Messina nach Unteritalien zu decken.

Der britische Premier, Churchill, und der amerikanische Präsident, Franklin Delano Roosevelt, richteten einen Aufruf an das italienische Volk, sich des faschistischen Regimes zu entledigen, um den Krieg zu beenden. Heeresgeneralstabschef Roatta verlangte die Verschiebung sämtlicher in Italien befindlichen deutschen Kräfte nach Süden. Je drei deutsche Infanteriedivisionen wurden für die Sicherung der Pässe in den ostfranzösisch-italienischen Alpen und in Tirol und Kärnten bereitgestellt, zwei Fallschirm- und zwei Panzerdivisionen sollten aus Südfrankreich nach Italien geworfen werden.

Hitlers instinktives Mißtrauen stieg. Ohne Einzelheiten zu kennen, befürchtete er, Italien könne vom Bündnis abfallen und wolle aus diesem Grunde möglichst viele deutsche Verbände nach dem Süden des Landes locken, um sie bei etwaigen Verhandlungen mit den Alliierten als Kaufpreis auszuspielen. Am 19. Juli traf er mit Mussolini in Feltre bei Treviso zusammen, um die kri-tische Situation zu erörtern. An der Zusammenkunft nahmen Generalfeldmarschall Keitel, Generalleutnant Warlimont, der italienische Botschafter in Berlin, Alfieri, und General Am-

Während der Widerstandswille der italienischen Streitkräfte auf Sizilien unter dem Eindruck der innenpolitischen Entwicklung in Italien stark nachließ, leisteten die zahlenmäßig schwachen deutschen Verbände den Angloamerikanern zähen Widerstand. Bild oben: Gefangene Briten werden einem höheren Fallschirmjägeroffizier vorgeführt. Bild rechts: Bei der Gefangennahme dieser britischen Offiziere fielen den Deutschen wichtige Papiere in die Hände. Bild linke Seite oben: Der in der Nähe von Catania gelegene Flugplatz Gerbini im Hagel angloamerikanischer Fliegerbomben. Bild linke Seite unten: Kühlung nach einem heißen Kampftag. Nicht nur die Alliierten, sondern auch die hochsommerlichen Temperaturen machten den deutschen Soldaten auf Sizilien schwer zu schaffen.

Die ganze Blase verhaften!

Lagebesprechung im Führerhauptquartier, 25.7.1943

DER FÜHRER: Sie wissen schon über die Entwicklung in Italien Bescheid?

KEITEL: Ich habe nur die letzten Worte eben gehört.

DER FÜHRER: Der Duce ist zurückgetreten. Es ist noch nicht authentisch: Badoglio hat die Regierung übernommen, der Duce ist zurückgetreten.

KEITEL: Von sich aus, mein Führer?

DER FÜHRER: Wahrscheinlich auf Wunsch des Königs, durch den Druck des Hofes. Ich habe gestern schon gesagt, wie der König eingestellt ist.

JODL: Badoglio hat die Regierung übernommen.

DER FÜHRER: Badoglio hat die Regierung übernommen, also unser grimmigster Feind.

JODL: Das Entscheidende ist die Frage, kämpfen sie oder kämpfen sie nicht!

DER FÜHRER: Die erklären, sie kämpfen, aber das ist Verrat! Da müssen wir uns klar sein: Das ist nackter Verrat! Ich erwarte nur die Nachrichten, was der Duce sagt. Der Dings will jetzt mit dem Duce sprechen. Hoffentlich erwischt er ihn. Ich möchte, daß der Duce sofort herkommt, wenn er ihn erwischt, daß der Duce sofort herkommt nach Deutschland.

JODL: Man muß wirklich genaue Meldung abwarten, was los ist.

DER FÜHRER: Selbstverständlich, nur müssen wir unsererseits gleich die Überlegungen anstellen. Über eines kann es keinen Zweifel geben:

Die werden natürlich in ihrer Verräterei erklären, daß sie weiter bei der Stange bleiben, das ist ganz klar. Das ist aber eine Verräterei, die bleiben nämlich nicht bei der Stange.

KEITEL: Die ganze Haltung des Königshauses! Machtmittel hat doch der Duce augenblicklich gar nicht in der Hand, nichts, keine Truppen.

DER FÜHRER: Nichts! Das habe ich immer gesagt: Er hat nichts! Es ist wahr, er hat nichts. Das haben die auch verhindert zu dem Zweck, daß er irgendein Machtmittel bekam.

JODL: Wenn diese Dinge zweifelhaft sind, gibt es also nur ein Verfahren.

DER FÜHRER: Ich dachte mir schon – mein Gedanke wäre, daß die 3. Panzergrenadierdivision sofort Rom besetzt, die ganze Regierung sofort aushebt. Kommt der Duce nach Deutschland und spricht mit mir, ist die Sache gut an sich. Kommt er nicht her oder kann er nicht weg oder resigniert er überhaupt mit Rücksicht darauf, daß er sich wieder unwohl fühlt, was nicht verwunderlich wäre bei einem so verräterischen Pack, dann weiß man nicht. Der Dings hat allerdings sofort erklärt: Der Krieg wird weitergeführt, an dem ändert sich nichts. – Das müssen die Leute machen, denn das ist eine Verräterei. Aber von uns wird auch dieses gleiche Spiel weitergespielt, alles vorbereitet, um sich blitzartig in den Besitz dieser ganzen Bagage zu setzen, das ganze Ge-lichter auszuheben. Ich werde morgen einen Mann herunterschicken, der dem Kommandeur der 3. Panzergrenadierdivision den Befehl gibt, mit einer besonderen Gruppe kurzerhand nach Rom hereinzufahren, die ganze Regierung, den König, die ganze Blase sofort zu verhaften, vor allem den Kronprinzen sofort zu verhaften und sich dieses Gesindels zu bemächtigen, vor allem des Badoglios und der ganzen Bagage. Dann werden Sie sehen, daß die schlappmachen bis in die Knochen.

---

brosio als Chef des Comando Supremo – des italienischen Oberkommandos – teil. Die Besprechungen hatten gerade begonnen, als die Nachricht von einem schweren alliierten Luftangriff auf Rom eintraf. Ambrosio hatte vor der Konferenz Mussolini ersucht, Hitler offen zu sagen, daß Italien am Ende seiner Kräfte sei und aus dem Kriege ausscheiden müsse.

Hitler hatte gleichfalls eigene Pläne; er wollte Mussolini bewegen, einer rein deutschen militärischen Führung in Italien zuzustimmen. Der König und die Mitglieder des königlichen Hauses sollten völlig von der Führung der Armee ausgeschaltet werden. Es war ihm auch klar, daß man unter Umständen Italien bis zur Po-Ebene aufgeben mußte. Mussolini war gegenüber der so magischen

Persönlichkeit Hitlers oft seltsam befangen. Und Hitler verfiel zunächst in einen seiner üblichen weitschweifigen Monologe über die Erfordernisse totaler Kriegführung, der zwei Stunden in Anspruch nahm. Keiner der beiden Konferenzpartner kam auf diese Weise dazu, die entscheidenden Punkte zu erörtern. Erst bei der Abfahrt raffte sich Mussolini soweit zusammen, daß

Der Krieg auf Sizilien war ein ungleicher Kampf. Insbesondere die Überlegenheit der Alliierten in der Luft und zur See war erdrückend. Dieses Bild zeigt eine britische Patrouille in den Straßen von Augusta, das von der Royal Air Force und der Royal Navy in Schutt und Asche gelegt worden war.

er Hitler klarzumachen suchte, Italien müsse gegenwärtig den Angriff zweier Weltmächte abwehren, es sei in Gefahr erdrückt zu werden, die Spannungen im Inneren hätten einen gefährlichen Grad erreicht. Hitler versprach neue Unterstützung.

Das praktische Ergebnis war nur die Errichtung eines deutschen Verbindungsstabes bei der 7. italienischen Armee in Süditalien unter dem General der Panzertruppen (ab 1. September: Generalobersten) Frhr. v. Vietinghoff-Scheel, der im Sommer 1942 zeitweilig in Vertretung des verwundeten Generalobersten Walter Model die 9. Armee an der Ostfront und später die 15. Armee in Nordfrankreich kommandiert hatte. Mussolini war tief erschüttert durch den Luftangriff auf Rom, bei dem der Generalkommandant der Königlichen Carabinieri, General Hazon, gefallen war. Die römische Bevölkerung war verwirrt und verzweifelt. Als der alte Marschall Pietro Badoglio die betroffenen Stadtviertel besuchte, erschollen Zurufe aus der Menge, er solle retten, was noch zu retten sei.

Die Mehrzahl der faschistischen Parteiführer forderte die Einberufung des Großrates der Faschistischen Partei, der seit Jahren nicht mehr getagt hatte. Mussolini gab nach. Am 24. Juli 1943 trat der Großrat zusammen. Auf Betreiben Graf Cianos, de Bonos, de Vecchis, Grandis und Bottais, der Häupter der Opposition gegen Mussolini, wurde eine Resolution eingebracht, in der der König aufgefordert wurde, wieder den Oberbefehl über die Armee und damit die vollziehende Gewalt zu übernehmen. Die Absicht der Partei-Opposition ging dahin, Mussolini abzusetzen und die Geschäftsführung einem Triumvirat zu übertragen, dem Graf Ciano, Graf Grandi und der ehemalige nationale Politiker Federzoni angehören sollten. Nur wenige Mitglieder des Großrates, unter ihnen der Kommandeur der Faschistischen Miliz, General Galbiati, und der Parteisekretär Scorza, stimmten dagegen. Am 25. Juli 1943 wurde der Beschluß des Großrates in Rom bekannt. Die Erregung in der Stadt stieg, hier und da ereigneten sich Ausschreitungen gegen Leute, die das faschistische Parteiabzeichen trugen. Mussolinis Stimmung war, nach seinem Tagebuch zu urteilen, ein Gemisch von Apathie und Resignation. Am Nachmittag begab er sich zum König. Viktor Emanuel III. erklärte dem Duce, er habe nicht nur das Vertrauen des Volkes, sondern auch dasjenige seiner eigenen Partei verloren. Mussolini erblickte darin eine Aufforderung zum Rücktritt. Der König bestätigte diese Auslegung. Als Mussolini ihn verließ, wurde er von Kriminalbeamten verhaftet, ein Schritt, der auf die Initiative des Hofministers Graf Acquarone und des mit diesem befreundeten Polizeichefs von Rom zurückging. Man brachte ihn zunächst in einem Sanitätskraftwagen in eine Karabinierikaserne und dann auf eine kleine Mittelmeerinsel, nach Ponza. Für die Außenwelt blieb er verschollen.

Mussolinis Verhaftung

Erinnerung des Marschalls Pietro Badoglio

Am Nachmittag war ich mit Personen von erprobter Freundschaft zu Hause, als – gegen 17 Uhr (am 25.7.1943) – der Minister des kgl. Hauses erschien und mir mitteilte, daß Seine Majestät dringend eine Besprechung mit mir wünsche...

In großer Erregung begab ich mich zur Villa Savoia.

Der König war sehr ruhig und erzählte mir sofort, wie sich die Szene (der Absetzung Mussolinis) entwickelt hatte. Ich wiederhole so gut wie wörtlich seine mir tief in der Erinnerung gebliebenen Worte: »Mussolini hat mich heute morgen um eine Audienz gebeten, die ich für ihn in der Villa auf 16 Uhr festsetzte. Zu dieser Zeit erschien Mussolini und teilte mir mit, daß eine Sitzung des Großen Rates stattgefunden habe, bei der ein gegen ihn gerichteter Tagesbefehl angenommen worden sei, doch behauptete er, ein solcher Befehl sei nicht gültig. Ich bemerkte sofort, daß ich nicht seiner Ansicht sei; denn der Große Rat sei ein staatliches Organ, das von ihm geschaffen und durch das Gesetz beider Häuser gutgeheißen sei.
›Aber dann müßte ich nach Eurer Majestät Ansicht meinen Rücktritt erklären‹, sagte Mussolini mit sichtlicher Anstrengung. ›Ja‹, erwiderte ich, ›und ich teile Ihnen mit, daß ich Ihren Rücktritt vom Amt des Regierungschefs ohne weiteres annehme.‹«

Seine Majestät fuhr fort: »Auf diese meine Worte hin sank Mussolini in sich zusammen, als hätte er einen heftigen Schlag vor die Brust erhalten. ›Dann ist mein Zusammenbruch vollständig‹, murmelte er mit schwacher Stimme.« Nachdem sich Mussolini von Seiner Majestät verabschiedet hatte, ging er hinaus. Da er seinen Kraftwagen nicht mehr vorfand, wandte er sich an einen dort anwesenden Beamten, um zu erfahren, wohin er geraten sei.

»Er steht im Schatten, auf der Seite neben der Villa«, sagte der Beamte.

Mussolini entfernte sich in der ihm angegebenen Richtung, als er sich plötzlich von einem halben Dutzend Kriminalbeamter umgeben sah, die ihn aufforderten, einen in geringer Entfernung stehenden Sanitätskraftwagen zu besteigen. »Könnte ich nicht meinen Wagen benutzen?« fragte Mussolini. »Und wohin bringen Sie mich?« – »An einen Ort, wo Sie nicht in Gefahr sind«, antwortete der Beamte.

Mussolini bestieg, ohne mehr zu sagen, den Sanitätskraftwagen mit den Beamten.

Ausschlaggebend für die zunehmende Kriegsmüdigkeit der Italiener waren die schweren Bombenangriffe der Royal und der U.S. Air Force auf italienische Städte (Bild linke Seite), die im Sommer 1943 schon über 20.000 Zivilisten das Leben kosteten. Bild rechts: antifaschistische Demonstranten in Rom. Um der grassierenden Kampfesunlust entgegenzuwirken, die längst auch im Militär und selbst im faschistischen Establishment Einzug gehalten hatte, führten am 1. Oktober 1943 in Rom 4000 Faschistenführer und Offiziere unter Führung von Marschall Graziani (Mitte, mit Pistolenhalfter) eine Kundgebung durch, in der sie beschlossen, „der Ehre ihrer Fahne wegen" den Krieg an der Seite Deutschlands fortzusetzen. Links der deutsche Luftwaffengeneral Stahel, der Stadtkommandant von Rom.

Der König rief Marschall Badoglio zu sich und betraute ihn mit der Bildung eines Kabinettes aus Fachleuten und hohen Militärs, nicht, wie Badoglio geplant, mit der Bildung einer Regierung aus den ehemals führenden Politikern. In jedem Fall durchkreuzte dieser Schritt alle Pläne der faschistischen Opposition. Die deutschen Stellen in Rom, vor allem der Botschafter v. Mackensen, waren völlig überrascht. Binnen Tagen brach die Herrschaft der Faschistischen Partei wie ein Kartenhaus zusammen. Einzelne prominente Parteiführer, darunter Graf Ciano, flüchteten nach Deutschland, andere verbargen sich, der ehemalige Parteisekretär Muti wurde bei der Verhaftung von Karabinieri erschossen. Der Kommandeur der Faschistischen Miliz dachte im ersten Augenblick an bewaffneten Widerstand, doch das Verschwinden Mussolinis lähmte seine Entschlußkraft, er ließ sich überreden, das Kommando an einen Heeresgeneral abzugeben, der zu den Vertrauensleuten Badoglios gehörte. Den Befehl über die Panzerdivision Mussolinis übernahm der Schwiegersohn des Königs, Generalleutnat Graf Calvi di Bergolo, in Süditalien befehligte als Oberbefehlshaber der 7. Armee ohnehin bereits einer der königlichen Prinzen, der Herzog von Bergamo. Es war sozusagen der Modellstaatsstreich

Palermo wird übergeben

Bericht des berühmten amerikanischen Fotoreporters Robert Capa

Der wütende General rief nach einem Dolmetscher, und ich bot meine Dienste an. Den Gendarmen machte ich mich irgendwie verständlich. Ich erklärte ihnen, daß unser General unnötiges Blutvergießen vermeiden und den italienischen General veranlassen wollte, der Bevölkerung die Kapitulationsbedingungen bekanntzugeben. Die Gendarmen entfernten sich in Richtung Stadtmitte.

Nach fünfzehn Minuten erschien der Jeep wieder. Auf dem Rücksitz, zwischen den beiden strahlenden Gendarmen, saß ein sehr unglücklicher italienischer Generalmajor. Der amerikanische General winkte den schwitzenden italienischen General in seinen Befehlswagen und wiederholte der MP den Befehl, niemanden durchzulassen. Er ließ eine weiße Fahne an seinem Auto anbringen, und es sah so aus, als wolle er Palermo ohne Armee nehmen.

»Ade, Übergabezeremonie!« dachte ich. Aber als der Wagen gerade anfuhr, wandte sich der General mir zu. »Dolmetscher, Sie kommen mit!« befahl er.

Wir fuhren zum Gouverneurspalais und stiegen im Hof aus. Der amerikanische General verlangte die sofortige und bedingungslose Kapitulation der Stadt Palermo und ihres Militärdistrikts. Ich übersetzte das ins Französische – die Sprache, die ich noch am besten beherrschte – und hoffte, der Italiener würde mich verstehen. Er erwiderte in perfektem Französisch, daß er außergewöhnlich glücklich wäre, das zu tun – aber es sei unmöglich. Vier Stunden zuvor habe er bereits vor einer amerikanischen Infanteriedivision kapituliert.

Der amerikanische General war ungeduldig geworden. »Hören Sie mit der Quasselei auf, Dolmetscher! Ich will die bedingungslose Kapitulation, und zwar sofort!«

Ich erklärte dem Italiener, daß eine zweite Kapitulation für ihn doch viel einfacher sein müßte als die erste. Außerdem wäre unser General schließlich Korpskommandeur, und er würde ihm zweifellos gestatten, seine Ordonnanz und seine persönlichen Effekten im Gefangenenlager zu behalten. Damit war das Spiel gewonnen. Er kapitulierte auf französisch, italienisch und sizilianisch und fragte, ober er auch seine Frau bei sich behalten dürfe.

Meine Dolmetscherarbeit war getan, und ich ging davon, um wieder Aufnahmen zu machen. Später, nachdem die Übergabezeremonie vorbei war, sah ich, wie der italienische General ins Gefängnis abgeführt wurde – mit leeren Händen und allein.

Nachdem die italienische Armee auf Sizilien schon nach wenigen Tagen auseinandergelaufen war, wurde anhaltender Widerstand nur noch von den deutschen Truppen geleistet. Ihre Lage war heikel, weil die ständige Gefahr bestand, daß Italien aus der Kriegskoalition ausschied und die deutschen Truppen in der Falle saßen. Nach der Entmachtung Mussolinis (25.7.) konnte es daher nur noch um geordnete Rückführung aufs italienische Festland gehen. Bild linke Seite: Am 17. August 1943 bereiten sich die letzten Deutschen zur Übersetzung über die Meerenge von Messina vor; sie beladen ihr Landungsfahrzeug trotz größter Bombengefahr am hellichten Tag. Bild oben: Generalfeldmarschall Albert Kesselring (rechts), als Oberbefehlshaber Südwest (seit November 1943) mit der Verteidigung Italiens betraut, im Gespräch mit Generaloberst von Vietinghoff, dem Oberbefehlshaber (seit August 1943) der 10. deutschen Armee.

der Konservativen und der Generalität, jener Staatsstreich, mit dem sich die deutsche konservativ-militärische Opposition so oft theoretisch beschäftigt hatte.

Offiziell wahrte man auch im Führerhauptquartier vorerst das Gesicht, obwohl Hitler in vertrautem Kreis gegen die »blaue Internationale« des Hochadels und der Fürstenhäuser wütete und die Inhaftierung des Schwiegersohnes des italienischen Königs, des Prinzen Philipp von Hessen, erwog, der Oberpräsident der Provinz Hessen-Nassau war. Joseph Goebbels' Tagebuchnotizen spiegeln deutlich die Bestürzung in führenden Parteikreisen wider, die Furcht, Ähnliches könne sich auch in Deutschland ereignen. Während die deutsche Presse Weisung erhielt, den Rücktritt Mussolinis vorläufig nicht zu kommentieren, brachte Hitler schon am Abend des 25. Juli 1943 in der üblichen Lagebesprechung die Idee auf, mit der nördlich von Rom stehenden 3. Panzergrenadierdivision, die über 42 Sturmgeschütze verfügte, Viktor Emanuel III., Badoglio und den Kronprinzen in Rom auszuheben und nach Deutschland zu verbringen. Er wollte auch bei dieser Gelegenheit die ihm verhaßte Vatikanstadt besetzen, um, wie er wörtlich meinte, »den Haufen Schweine« dort herauszuholen. Daran reihte sich der Gedanke, durch eine Fallschirmjägerdivision, die aus Südfrankreich überraschend eingeflogen wurde, ohne daß man Kesselring davon in Kenntnis setzte, sich Roms zu bemächtigen.

In derartigen, mehr oder weniger nebulösen Plänen zeigte sich die völlige Verkennung des Kräfteverhältnisses und der allgemeinen Situation. Die bei Rom stehende Panzergrenadierdivision und die Fallschirmtruppen reichten gerade aus, die wichtigsten Flugplätze und Verkehrsverbindungen notdürftig zu sichern. Doch die widerstandslose Zerschlagung der faschistischen Parteiorganisation beschwor allzu düstere Bilder. Als Generaloberst Alfred Jodl unmittelbar nach dem Eintreffen der Nachricht vom Sturz Mussolinis etwas ratlos zu Hitler sagte, der Faschismus sei gestürzt, fuhr ihn dieser an, solchen Unsinn könne nur ein Offizier melden.

Rein militärisch reagierte die deutsche Führung wiederum blitzschnell und erfolgreich. Am 26. Juli 1943 begannen aus Südfrankreich, Tirol und Kärnten über den Mont Cenis und Ventimiglia, den Brenner, den Reschen-Scheidegg-Paß, Toblach und Tarvis insgesamt acht deutsche Divisionen mit dem Einmarsch in die oberitalienische Tiefebene, um das italienische Verkehrsnetz und die italienischen Industriezentren zu sichern. Generalfeldmarschall Erwin Rommel wurde aus Athen, wo er gerade eingetroffen war, zurückgerufen und mit dem Oberbefehl über diese Divisionen betraut, die zur Heeresgruppe B mit dem Hauptquartier in München zusammengefaßt wurden. Merkwürdigerweise wurde Rommel jedoch nicht dem Oberbefehlshaber Süd, Feldmarschall Kesselring, unterstellt, sondern blieb selbständig, so daß praktisch jetzt zwei Oberbefehlshaber in Italien existierten. Badoglio verkündete, der Krieg gehe weiter, und unterbreitete Hitler den

Vorschlag, zu einer Konferenz mit ihm und König Viktor Emanuel III. nach Italien zu kommen. Hitlers Mißtrauen war jetzt jedoch auf das höchste gestiegen, er fürchtete eine Falle und lehnte mit dem Hinweis auf die zuletzt mit Mussolini durchgeführten Besprechungen ab. Badoglio wiederum stand der Idee, sich mit Hitler auf deutschem Boden auszusprechen, mißtrauisch gegenüber, er fürchtete nicht zu Unrecht, dieser würde ihn dort als »Verräter« festsetzen lassen. Zum unmittelbaren Schutz Roms und des Kriegshafens La Spezia wurden vier italienische Divisionen unter General Carboni zusammengezogen. Der neuernannte Außenminister Guariglia, der bislang Botschafter in Ankara gewesen war, erhielt Auftrag, mit Hilfe des englischen und amerikanischen Vertreters beim Vatikan Fühlung mit den Westmächten zu nehmen. Feldmarschall Kesselring und General v. Rintelen verfochten in richtiger Einschätzung des Kräfteverhältnisses eine hinhaltende Lösung; sie waren sich bewußt, daß das Bündnis nicht mehr zu halten war. Beide befürchteten bei einem raschen Abfall Badoglios eine alliierte Großlandung, die zum Verlust ganz Italiens und zur Abschneidung der noch immer zäh in Nordostsizilien sich behauptenden deutschen Kräfte unter General Hube führen konnte. Da ihm Hitler die kalte Schulter gezeigt hatte, entsandte Badoglio am 12. August einen Generalstabsoffizier, den General Castellano, zu geheimen Verhandlungen mit den Alliierten nach Lissabon. General Eisenhower trat für rasches Handeln ein, er war der Ansicht, man müsse der neuen Regierung einen ehrenvollen Frieden gewähren, der Italien den Frontwechsel erleichtere. Doch nun erwies sich, wie sehr die Parole der »Unconditional surrender«, der bedingungslosen Übergabe, wie sie auf der Konferenz von Casablanca formuliert worden war, konstruktiven Lösungen im Wege stand.

Marschall Badoglio sah sich der Gefahr gegenüber, zwischen alle Stühle zu geraten. Die breiten Massen des italienischen Volkes wünschten den Frieden. Die alliierte Luftoffensive ging weiter. Deutsche Truppen besetzten das wertvolle Oberitalien. In Apulien brachen kommunistische Unruhen aus. Jederzeit konnte ein gewaltsamer Schritt Feldmarschall Rommels seiner Regierung ein Ende bereiten. Am 6. August waren Außenminister Joachim von Ribbentrop und Keitel mit Ambrosio und Guariglia in Tarvis zusammengetroffen. Die Unterredung bekräftigte nur das beiderseitige tiefe Mißtrauen. General Ambrosio, Chef des Comando Supremo, forderte die Unterstellung sämtlicher deutschen Einheiten in Italien unter seine Dienststelle, Keitel verlangte die Zusammenziehung aller noch kampfkräftigen italienischen Divisionen in Unteritalien zur Abwehr feindlicher Landungen. Nicht besser verlief eine Unterredung zwischen Feldmarschall Rommel, Generaloberst Jodl und General Roatta Mitte August in Bologna. Zum Entsetzen von General Fritz-Joachim v. Rintelen, der immer noch an die Möglichkeit ehrlicher Vermittlung glaubte, hatte sich Jodl eine Bedeckungsmannschaft aus SS-Leuten mitgebracht. Er fragte Roatta barsch, wohin dieser seine Truppen eigentlich dirigieren wolle, ob gegen den Brenner oder nach Süditalien? Roatta, der Kenntnis von der Mission Castellanos hatte, wurde totenbleich, er glaubte, es sei alles verraten. Die Nachrichteneinheiten der Heeresgruppe B melden sich häufende Sabotageakte gegen deutsche Fernsprechverbindungen.

Unterdes war am 17. August 1943 der Kampf auf Sizilien zu Ende gegangen. Unter Einsatz starker Flakverbände mit etwa 500 Geschützen war es General Hube gelungen, die auf Sizilien fechtenden Einheiten, die 15. Panzer- und die 29. Panzergrenadierdivision, die Fallschirmdivision »Hermann Göring«, die 1. Fallschirmjägerdivision und die 22. Flakbrigade unter Mitnahme des gesamten schweren Materials über die Meerenge von Messina nach Kalabrien zu überführen. Am 22. August übernahm General v. Vietinghoff-Scheel den Befehl über alle in Süd- und Mittelitalien befindlichen Truppen mit Ausnahme der Einheiten bei Rom. Sie wurden zu der wiederaufgestellten 10. Armee zusammengefaßt. Im Sep-

Die Nachricht vom Sturz und der Verhaftung Mussolinis am 25. Juli 1943 schlug im Führerhauptquartier wie eine Bombe ein. Damit nicht genug, würde über kurz oder lang Italiens neuer Ministerpräsident, Marschall Badoglio, den Wechsel ins westliche Lager vollziehen. In Berlin war man sich klar: Mussolini mußte befreit werden, wollte man Italien ins Achsenbündnis zurückzwingen. Am 12. September 1943 landeten deutsche Fallschirmjäger vor dem Wintersporthotel Campo Imperatore auf dem Gran Sasso, wo man den einstigen „Duce" festgesetzt hatte, holten ihn heraus und verfrachteten ihn nach Deutschland (Bilder linke Seite). Bild rechts: Hitler bedankt sich bei Hauptsturmführer Otto Skorzeny, dem „Befreier Mussolinis", in der „Wolfsschanze".

tember bestand diese aus zwei Panzer-Generalkommandos mit zwei Panzer- und zwei Panzergrenadierdivisionen, einer Fallschirmjägerdivision und der Division »Hermann Göring«.
Ende August überbrachte General Castellano die alliierten Waffenstillstandsbedingungen. Die Forderung lautete nach wie vor: Bedingungslose Kapitulation. Am 1. September begab er sich nach Sizilien, um die Verhandlungen abzuschließen. Badoglio und General Ambrosio sahen keinen anderen Weg mehr, als zu kapitulieren. Kurierbefehle für die Oberbefehlshaber der italienischen Besatzungsarmeen in Südfrankreich und auf dem Balkan wurden vorbereitet. Badoglio hielt die Verkündung des Waffenstillstandes nur für möglich, wenn die Alliierten gleichzeitig mindestens eine Armee von 15 Divisionen in Italien landeten, um der italienischen Regierung Rückendeckung zu gewähren und die deutschen Truppen zu binden. Eine derartige Aktion, so hoffte man im italienischen Generalstab, konnte möglicherweise den ungarischen und rumänischen Generalstab zu ähnlichen Schritten veranlassen.
Die italienischen Forderungen stießen jedoch im Stabe Eisenhowers auf starkes Mißtrauen. General Bedell Smith wollte weder zuvor den Ort solcher Landung noch deren genauen Termin bekanntgeben, da er Indiskretionen fürchtete. Theoretisch versprach eine

Einen Tag, nachdem Badoglio Waffenstillstand mit den Westmächten geschlossen hatte, landeten die Alliierten auf dem italienischen Festland, aber zur Überraschung der deutschen Führung, die Schlimmeres befürchtet hatte, sehr weit im Süden, bei Salerno (9. September 1943). Das gab der Wehrmacht die Möglichkeit, alle achsenfeindlichen italienischen Truppen zu entwaffnen und ein Front südlich Rom aufzubauen. Bild oben: eine von deutschen Fliegerbomben zerschlagene amerikanische Landebarke im Golf von Salerno. Bilder rechte Seite: deutsches 10-cm-Langrohrgeschütz in Feuerstellung (oben) und ein getarnter deutscher „Panther" (unten).

Großlandung an der ligurischen Küste mit einem Vorstoß in die oberitalienische Tiefebene den größten Erfolg. Die Italiener wünschten dagegen unbedingt eine alliierte Luftlandegroßaktion im Raum von Rom, wo sie ihre besten Kräfte zusammengezogen hatten, kombiniert mit der Landung von Panzerverbänden an der Tibermündung, so daß diese rasch auf Rom vorstoßen konnten. Eisenhower wie Bernard Law Montgomery waren indes außerordentlich behutsame Strategen, sie hielten höchstens die Landung der 8. englischen Armee in Kalabrien und der Basilicata und eine zweite Landung im Golf von Neapel für tunlich. Das einzige, was General Castellano erreichte, war die Zusicherung, daß in der Nacht nach der Verkündung des Waffenstillstandes eine amerikanische Luftlandedivision bei Rom abspringen sollte, die von einem an der Tibermündung gelandeten Panzerverband unterstützt werden sollte. Am 3. September 1943 unterzeichneten die italienischen Unterhändler auf Sizilien die Waffenstillstandsbedingungen, die Italien der alliierten Kontrolle unterstellten. Zwei Tage später befanden sich die Urkunden im Besitz Badoglios, der sich entschloß, zwischen dem 10. und 15. September die Kapitulation Italiens bekanntzugeben.

Am 7. September erschien der italienische Marineminister Admiral Graf de Courten bei Feldmarschall Kesselring und dessen Stabschef General Westphal, um diese unter dem Prätext, die italienische Schlachtflotte wolle ein »Scapa Flow« vermeiden und sich deshalb den Engländern zur Entscheidungsschlacht stellen, von deren Auslaufen zu unterrichten. Seine wortreichen Erklärungen sollten dazu dienen, das Auslaufen der Flotte zur Fahrt in die von den Alliierten geforderte Internierung in Malta zu verschleiern. Am Tage darauf erschien heimlich ein amerikanischer General in Rom, um mit den italienischen Generalen die Einzelheiten der vorgesehenen Luftlandeaktion zu erörtern. Am selben Tag ersuchte General Roatta Kesselring und Westphal um eine Aussprache über die Lage in Süditalien, wo seit dem 3. September englische Truppen in Kalabrien gelandet waren. Während die deutschen Generale sich zur Abfahrt rüsteten, traf ein schwerer alliierter Luftangriff das Hauptquartier des Oberbefehlshabers Süd in Frascati bei Rom, dem rund 100 Mann des Stabspersonals zum Opfer fielen. Erst am Nachmittag erreichten die Generale Westphal und Toussaint das italienische Hauptquartier in Monte Rotondo. Die Straßen um Rom waren bereits von italienischen Truppen gesperrt. Badoglio hatte sich an diesem Tage entschlossen, den Waffenstillstand nicht vor dem 12. September zu verkünden. Am Nachmittag forderte indes General Eisenhower, der deutsche Gegenmaßnahmen befürchtete, im Radio Algier die italienische Regierung auf, bis 20 Uhr den Waffenstillstand bekanntzugeben. In Wahrheit waren die deutschen Kommandostellen bis zu diesem Zeitpunkt wohl über die Situation beunruhigt, besaßen jedoch keine Kenntnis davon, wie weit die Entwicklung bereits gediehen war.

Eisenhowers Aufforderung traf Badoglio und die mit ihm im Einverständnis befindlichen Generale wie ein Donnerschlag. Der Londoner Rundfunk meldete bereits, Italien ersuche um Waffenstillstand. Während Westphal und Toussaint noch mit Roatta unterhandelten, befahl Feldmarschall Kesselring bereits die Auslösung des Falles »Achse«, der für den Fall des eigenmächtigen Ausscheidens Italiens aus dem Krieg vorbereiteten Maßnahmen zur Entwaffnung aller italienischen Streitkräfte. Südlich der Linie Elba–Ancona war da-

für der Oberbefehlshaber Süd, nördlich davon Feldmarschall Rommel mit der Heeresgruppe B verantwortlich. Verschiedene italienische Generale und der Kriegsminister erblickten in dem Vorgehen Eisenhowers einen Wortbruch und sprachen sich für die Fortführung des Krieges aus, König Viktor Emanuel III. entschied indes, daß nur noch die Bekanntgabe der Kapitulation übrigbleibe.

In den frühen Abendstunden des 8. September 1943 gab Marschall Badoglio in einer Rundfunkbotschaft den Abschluß des Waffenstillstandes bekannt. Die Generale Westphal und Toussaint, welche noch mit Roatta unterhandelten und durch einen telefonischen Anruf aus Rom Kenntnis von der neuen Entwicklung erhielten, bekamen von ihrem Gesprächspartner zu hören, es handle sich um ein Propagandamanöver der Alliierten. Roatta wußte in dieser Stunde vermutlich selbst nicht, daß die Alliierten inzwischen Badoglio die Pistole auf die Brust gesetzt hatten.

Noch in der Nacht des 8. September 1943 begann das Unternehmen »Avalanche« (Lawine), die Landung an der Küste des Golfs von Salerno südlich von Neapel. Eine Invasionsflotte von rund 700 Schiffen setzte unter der Feuerglocke schwerster Schiffsartillerie zwei britische und eine amerikanische Division an Land, welche zwei zunächst getrennte Landeköpfe bildeten. Damit sah sich der deutsche Oberbefehlshaber Süd einer äußerst schwierigen Situation gegenüber. Die Beseitigung der feindlichen Landeköpfe am Golf von Salerno war ebenso wichtig wie die Sicherung Roms mit seiner Verkehrsbündelung als Durchgangsplatz für den Nachschub der in Süditalien stehenden 10. Armee. Die Gefahr zog herauf, daß bei raschem und kühnem Vorgehen des Gegners Vietinghoff-Scheels Divisionen in Süditalien abgeschnitten wurden.

In Kalabrien rückten englische Truppen vor, am Golf von Tarent wurden gleichfalls englische Verbände gelandet. Bei

Die Absicht der bei Salerno gelandeten Verbände der 5. US-Armee, möglichst rasch den Weg ins Hinterland freizukämpfen, um umgehend auf Neapel vorzustoßen und die deutschen Truppen im „Fuß" des italienischen Stiefels abzuschneiden, scheiterte an der verbissenen deutschen Gegenwehr, die vor allem von Vietinghoffs 10. Armee getragen wurde. Bild oben: Nebelwerfer werden im Berggelände zwischen den Golfen von Salerno und Neapel in Stellung gebracht.

Bild rechte Seite: Panzerabwehrstellung mit 8,8-cm-Flakgeschützen, die schon im Afrikafeldzug eine für die Alliierten traurige Berühmtheit erlangt hatten. Die 44 Ringe auf dem Rohr des vorderen Geschützes bezeugen 44 Abschüsse.

Rom standen fünf leidlich kampfkräftige italienische Divisionen zwei deutschen Divisionen gegenüber. Mit Erleichterung stellte man allerdings fest, daß die alliierte Landung nicht an der Tibermündung, sondern in Kampanien erfolgt war, wohin in letzter Stunde noch eine Panzerdivision dirigiert worden war. Die Lage des Generalobersten v. Vietinghoff-Scheel war freilich noch immer kritisch genug. Zunächst konnte er nur drei seiner Divisionen bei Salerno einsetzen, zwei wichen unter schwierigen Rückzugsgefechten kämpfend in dem öden und wegearmen Kalabrischen Apennin zurück, die 1. Fallschirmdivision suchte in Apulien den Vormarsch der freilich nur sehr vorsichtig von Tarent aus vorgehenden Engländer zu verlangsamen. Dazu kam die erdrückende alliierte Luftüberlegenheit, welche alle Bewegungen erheblich erschwerte.

Der bei Rom stehenden Fallschirmjägerdivision gelang in raschem Zugriff die Sicherung der wichtigsten Bahn- und Fernmeldeanlagen. Die amerikanische Luftlandeaktion wie die versprochene Landung eines Panzerverbandes an der Tibermündung unterblieben infolge der ungewissen Lage in Rom. Feldmarschall Kesselring erreichte gegen die Zusicherung, daß Offiziere und Mannschaften in die Heimat entlassen und Rom als offene Stadt behandelt werden würde, von dem Kommandierenden italienischen General die Übergabe der bei Rom stehenden italienischen Divisionen, die anfangs den Fallschirmjägern Widerstand entgegengesetzt hatten.

In der Nacht vom 8. zum 9. September verließen das italienische Königspaar und Marschall Badoglio, unerkannt mit ihrer Kraftwagenkolonne durch anrückende deutsche Truppen hindurchfahrend, die Hauptstadt und begaben sich nach Brindisi, wo sie an Bord eines italienischen Kriegsschiffes gingen. In Norditalien vollzog sich die Waffenniederlegung der italienischen Truppen nahezu reibungslos. In Südfrankreich gab der Oberbefehlshaber der 4. italienischen Armee, Generaloberst Vercellino, Befehl zum Strecken der Waffen. Verworrener und gefährlicher gestaltete sich die Lage vorerst in Istrien, Slowenien, Dalmatien und Griechenland. Das Entscheidende für die deutsche Führung war jedoch in dieser Stunde der Umstand, daß sich der Ausfall der italienischen Sicherungstruppen im Mittelmeer und die Entstehung einer neuen Front in dem Augenblick vollzogen, da in Rußland im Sommer der letzte Angriff im Kursker Bogen liegengeblieben war und die Rote Armee sich anschickte, endgültig die Initiative an sich zu reißen.

Zum Erstaunen der deutschen Generalstabsoffiziere wußte jedoch der Gegner die Gunst der Stunde nur schlecht zu nutzen. Trotz des Fehlens eigener Seestreitkräfte gelang unter Leitung des Generals der Panzertruppen v. Senger und Etterlin und des Konteradmirals Meendsen-Bohlken sogar erfolgreich die Räumung Sardiniens und Korsikas

Die deutschen Gegenangriffe auf den Brückenkopf von Salerno nahmen für die Alliierten bedrohliche Formen an, stellenweise wurde die Front auf 3 km an den Strand zurückgedrückt. Die Krise konnte nur durch pausenlosen Einsatz der alliierten Luftwaffen und den Anmarsch der britischen 8. Armee unter Montgomery aus Kalabrien bereinigt werden.

Bild oben: britische Soldaten im Häuserkampf. Bild links: ein zerschossener amerikanischer „Sherman"-Panzer. Bild rechte Seite: ein amerikanisches 155-mm-Geschütz („Long Tom") auf den Höhen von Sorrent.

durch die dort gelandeten deutschen Sicherungsverbände, die man bei blitzschnellem, entschlossenem Handeln hätte abschneiden und vernichten können. Sie wurden auf dem Festland in die Abwehrfront eingereiht. Nur der italienischen Flotte glückte großenteils der Frontwechsel, das moderne Schlachtschiff »Roma« wurde dabei durch einen deutschen FX-Sprengkörper versenkt. Einige Einheiten, vor allem Unterseeboote, zogen die Selbstversenkung der schimpflichen Auslieferung an den Gegner vor, eine geringe Anzahl leichter Einheiten blieb mussolinitreu und schlug sich auf die deutsche Seite. In Süditalien bildeten König Viktor Emanuel III. und Badoglio unter alliierter Kontrolle eine neue Regierung, obwohl sehr bald die italienischen Liberalen die Abdankung des Monarchen forderten, der 1922 den faschistischen »Marsch auf Rom« geduldet hatte. Nach längerem Zögern erklärte Italien dem Reich den Krieg.

Fallschirmjäger von Generaloberst Student befreiten dafür am 12. September 1943 Mussolini, der nach längerer Odyssee auf dem Gran Sasso, der höchsten Erhebung der Abruzzen, interniert worden war, durch ein kühnes Luftlandeunternehmen. Den Ruhm strichen freilich nicht sie dafür ein, sondern der Leiter der Sondereinsätze des Amtes VI im Reichssicherheits-Hauptamt, SS-Sturmbannführer Skorzeny, der von Hitler mit der Aufspürung des verschollenen Duce beauftragt worden war und das Unternehmen begleitet hatte. Um ein Haar wäre dieses noch durch ihn gescheitert: Um ja dabeizusein, quetschte sich der Zwei-Zentner-Mann mit in das kleine Flugzeug, das Mussolini vom Gran Sasso wegbringen sollte, und nur dem fliegerischen Geschick des Piloten war zu danken, daß das überladene Flugzeug nicht abstürzte. In Norditalien bildete Mussolini eine neue republikanisch-faschistische Regierung. Der König wurde für abgesetzt erklärt, eine »Italienische Soziale Republik« wurde proklamiert, abtrünnigen Faschistenführern, die in deutscher Hand waren, wurde der Prozeß gemacht. Im Januar 1944 wurden Graf Ciano und eine Reihe anderer Teilnehmer des Komplottes vom 25. Juli stand-

rechtlich erschossen. Ein Gesetz über die Nationalisierung aller lebenswichtigen Industriezweige und Betriebe erging. Marschall Rodolfo Graziani Marchese di Neghelli, der sich als Rivale Badoglios auf Mussolinis Seite geschlagen hatte, wurde mit der Aufstellung einer neuen republikanischen Armee von vier Divisionen betraut, die auf deutschen Truppenübungsplätzen ausgebildet und ausgerüstet wurden. Doch dieses Staatsgebilde, das zudem durch deutsches Mißtrauen erheblich ein-geengt war, gewann kein wirkliches Leben mehr. Der Faschismus hatte seine Anziehungskraft eingebüßt.

Der Schwerpunkt der Kampfhandlungen lag zunächst im Raum von Salerno. Die heftigen Gegenangriffe deutscher Panzerverbände gegen die Landeköpfe führten zu einer kritischen Lage für die Alliierten. Der Kommandeur der 5. amerikanischen Armee, die in Italien eingesetzt war, General Mark W. Clark, erschien selbst in der Feuerlinie, um seine Truppen zum Ausharren zu bewegen. Vietinghoff-Scheel erhielt Befehl, den Gegner wieder ins Meer zu werfen. Dies gelang indes infolge der feindlichen Überlegenheit an Artillerie und Luftstreitkräften nicht. Zudem verweigerte der Wehrmachtführungsstab die Freigabe der beiden Rommel in Norditalien unterstehenden Panzerdivisionen. Die aus Kalabrien heranziehenden Panzer- und Panzergrenadiereinheiten litten unter Treibstoffmangel und trafen erst mit 36stündiger Verspätung im Kampfraum ein. Ein zusammengefaßter Angriff aller deutschen Panzer kam so erst zustande, als es im Grunde be-reits zu spät war. Er scheiterte nach Anfangserfolgen im Feuer der weit überlegen feindlichen Schiffsartillerie.

Die alliierte Luftüberlegenheit war erdrückend, 6000 Flugzeuge flogen Einsätze gegen die deutschen Panzertruppen. Die deutsche Luftwaffe mußte sich auf Einzelaktionen gegen die alliierte Landeflotte beschränken, sie war zu schwach. Auch der Einsatz neuartiger ferngelenkter Sprengkörper, der Hs 293, durch die ein englisches Schlachtschiff und zwei amerikanische Kreuzer getroffen wurden, änderte nichts daran. Da zudem im Rücken der

Einst hatte Mussolini Hitler als seinen „Imitator" verspottet. Seit den Fiaskos in Griechenland und in Nordafrika 1940/41 veralberten ihn die Briten als Hitlers Hilfsempfänger, und nach seiner „Befreiung" vom Gran Sasso durch ein deutsches Kommando im September 1943 (Bild linke Seite unten) war er zu Hitlers Hampelmann herabgesunken. Die „Soziale Republik Italien", die Mussolini am 18. September 1943 am Gardasee ausrief, war ein Staat von deutschen Gnaden. Am 14. November 1944 nahm der „Duce", nur noch ein Schatten seiner selbst, seine wahrscheinlich letzte Parade ab (Bild oben). Bild linke Seite oben: Marschall Badoglio erklärt am 13. Oktober 1943 Deutschland den Krieg. Neben ihm General Maxwell Taylor, der amerikanische Vertreter der alliierten Militärmission für Italien.

10. Armee in Apulien, wo sich nur schwache deutsche Sicherungen, einige Fallschirmjägerbataillone und leichte Batterien befanden, englische Truppen längs der Adriaküste nach Norden vorstießen, brach General v. Vietinghoff-Scheel den Angriff ab.
Die Schlacht von Salerno zeigte bereits die meisten Probleme auf, mit denen sich die deutsche Kriegführung an der neuen Front in Italien künftig auseinanderzusetzen hatte. Bereits im August

1943 hatte das OKW befohlen, daß im Fall einer feindlichen Großlandung die Behauptung Oberitaliens von entscheidender Bedeutung sei. Zum Schutz Oberitaliens sollten an der Küste der Adria und des Tyrrhenischen Meeres wie im nördlichen Apennin Stellungssysteme gebaut werden. Das AOK 10 hatte zunächst nur den Auftrag, Süd- und Mittelitalien hinhaltend zu verteidigen, damit Zeit für den Ausbau der großen Schutzstellung gewonnen wurde. Während sich anfangs die Befehlsgewalt Feldmarschalls Rommel nur auf Oberitalien erstreckte und für Süd- und Mittelitalien sowie die Inseln Sardinien, Korsika, Elba noch Feldmarschall Kesselring zuständig war – eine Teilung der Führungsbereiche, die sich während der Schlacht von Salerno höchst nachteilig ausgewirkt hatte –, sollte nach einer Übergangszeit der Oberbefehl auf dem italienischen Kriegsschauplatz gänzlich in die Hände Rommels übergehen. Kesselring versprach, den Vormarsch der Alliierten schon weit südlich von Rom durch hinhaltende Verteidigung der schmalsten Stelle der Apenninenhalbinsel zu stoppen, wobei ihn die Idee leitete, die alliierten Luftbasen so weit wie irgend möglich vom Reichsgebiet entfernt zu halten. Die erste projektierte Verteidigungslinie vom Garliglianofluß über Monte Cassino, die Maiellagruppe bis zum Sangrofluß sollte unter zäher Abwehr und schrittweisem Rückzug im Vorfeld etwa am 1. November 1943 bezogen werden. Rommel brachte gegen diesen Plan Bedenken vor, er wies auf die langen, schwer zu sichernden Küstenflanken hin, welche die Alliierten förmlich zu Umgehungsmanövern einluden, zu Versuchen, durch Landung im Rücken die deutschen Verteidiger entweder auszumanövrieren oder weit im Norden von ihren Verbindungen abzuschneiden. Diese Bedenken waren durchaus begründet, sofern man dem Gegner Rommelsche Kühnheit und Elastizität unterstellte. Hitler schwankte lange. Fast war er entschlossen, Rommel recht zu geben, dann entschied er sich doch für Kesselrings Vorschlag, dem die Zukunft recht geben sollte. Am 21. November 1943 wurde Kesselring zum Oberbefehlshaber Südwest, Heeresgruppe C, ernannt. Rommel wurde

An der nach der alliierten Landung bei Salerno ausgehobenen Gustav-Linie kam es zwischen September 1943 und Mai 1944 zu erbitterten Grabenkämpfen, die an den mörderischen Stellungskrieg im Ersten Weltkrieg erinnerten. Die Gustav-Linie verlief von der Mündung des Garigliano über den Monte Cassino und den Kamm des Apennin zur Adria. Bild oben: deutscher „Panther" vor der friedlichen Silhouette eines Zypressenhains südlich Rom.

Bilder linke Seite: deutsche Fallschirmjäger an der Gustav-Linie bei Casoli (oben) und im Stellungskrieg (unten).

mit dem Stab der Heeresgruppe B zur Abwehr der Invasion nach Frankreich entsandt.

Die deutsche Verteidigung hatte nach der Schlacht von Salerno zunächst das Ziel, möglichst lange das Vorfeld der projektierten Hauptverteidigungsstellung, der sogenannten Gustav-Linie zu behaupten. Um die Hänge des Vesuv, den Straßen- und Bahnknotenpunkt Avellino östlich Neapel, den Sarnofluß wurde erbittert gerungen. Schrittweise wichen die deutschen Verbände nach Norden aus. Neapel wurde aufgegeben. Mitte Oktober griffen britisch-amerikanische Truppen beiderseits Capua am Volturno an. Noch im November wurden Venafro und der Raum Mignano mit seinem, von beherrschenden Höhen gebildeten Engpaß hartnäckig verteidigt. Im Ostteil der Front nahmen britische Verbände den wichtigen Flughafen Foggia. Bei Termoli landeten andere britische Verbände hinter den deutschen Linien an der Adriaküste, doch dieser Umfassungsversuch blieb rasch stecken. Ende November griff die britische 8. Armee im Sangrotal an; langsam gelang es ihr im Dezember bis auf Ortona vorzudringen. Im Westteil der Front vollzog sich im November unter Ausnutzung des schwierigen gebirgigen Geländes der Übergang zu starrer Verteidigung am Garigliano, der wichtigen strategischen Flußlinie zwischen Mittel- und Süditalien. Der Schlüsselpunkt der deutschen Stellungen war hier der Monte Cassino mit dem berühmten Kloster.

Anfang Dezember 1943 begann die 5. amerikanische Armee die erste Offensive gegen den Bergkranz, der das Cassino-Becken umgab, das durchflossen vom Sacco und Liri (wie der Oberlauf des Garigliano heißt), zwischen den Hochabruzzen und dem Aurune- und Ausonigebirge den alten klassischen Annäherungsweg nach Rom bildete. Für Monate blieb es nun das Ziel der Alliierten, hier, aus dem Raum Venafro–Mignano heraus ansetzend, den Durchbruch auf Rom zu erzwingen und die entscheidenden Straßen und die Bahnlinie zu öffnen. Langsam schoben sie sich an den Bergkranz heran, die erste deutsche Linie, die »Bernhard«-Stellung bezwingend, doch die deutsche

Hauptverteidigungsstellung am Rapido und Garigliano trotzte jedem Ansturm. Weder die britischen noch die amerikanischen Truppen waren an einen Gebirgskrieg gewöhnt, ihre Überlegenheit an Panzern und mechanisierten Transportmitteln spielte in dem gebirgigen Gelände keine so große Rolle wie bislang, zumal dieses leicht erlaubte, die verbesserten Panzerabwehrwaffen zur Geltung zu bringen.

Kesselring hatte richtig gerechnet. Die alliierte Taktik blieb ein Gemisch von Vorsicht und Methodik. Sie ließ sich im Grunde von dem Lehrsatz leiten, daß Menschen kostbarer waren als das überreich vorhandene Material. Aber diese Grundweisheit des modernen Krieges barg auch die Gefahr, daß die Kühnheit der operativen Ideen darunter litt. Das Abschneiden der auf Sardinien und Korsika befindlichen deutschen Truppen, eine weit umgehende Landung an der ligurischen oder venetischen Küste, die mehrmals erwogene Landung in Dalmatien und Istrien, mit dem Ziel eines Vorstoßes ins Donaubecken, wurden nicht ernsthaft versucht. Dabei spielte freilich die Knappheit an Landefahrzeugen eine erhebliche Rolle. Der Inselkrieg im Pazifik und die geplante Großinvasion in Westeuropa, von der der amerikanische Generalstab und Präsident Roosevelt nicht lassen wollten, verminderten die vorhandene Tonnage an Landeschiffen. Daher unterblieb die Ausnutzung der absoluten See- und Lufthoheit im Mittelmeer durch großzügige amphibische Umgehungsmanöver.

So bot der italienische Kriegsschauplatz das Bild der alliierten »Schneckenoffensive«, um einen Ausdruck Hitlers zu gebrauchen, der nüchternen und phantasiearmen Methode, sich unter Ausnutzung der eigenen Materialüberlegenheit, unter massierten Bomberangriffen, Vernichtungsfeuer der Artillerie und schrittweisem Vorrücken der Panzer und der Infanterie »im italienischen Stiefel« hinaufzufressen. So gelangte man bis an den Garigliano und Sangro. Die topographische Eigenart des Geländes, der Gebirgsstock der Hochabruzzen mit dem Gran Sasso, dem Kalkmassiv der Maiellagruppe, dem Kalkstock des Matesegebirges im neapolitanischen Apennin zwang zur Forcierung der ebenen Küstenstreifen, die vor allem im Westteil, wo das Gebirge nicht so steil zum Meer wie im Osten abfällt, Möglichkeiten zu raumgreifenderen Operationen boten. Führten sie zu Erfolgen, konnten sie die Gebirgsfront im Mittelteil zum Zurückweichen nötigen.

Diese Taktik änderte sich auch nicht, als Ende 1943 Eisenhower und Montgomery zur Vorbereitung der Invasion Westeuropas abberufen wurden und Feldmarschall Sir Henry Mailand Wilson mit dem Oberbefehl im Mittelmeer betraut wurde, während die 5. amerikanische und die 8. englische Armee als Heeresgruppe Italien General Sir Harold Alexander unterstellt wurden. Allmählich erhöhte sich die Stärke der alliierten Truppen in Italien auf rund 20 englische, amerikanische, kanadische, südafrikanische, indische, polnische, französische, marokkanische und brasilianische Infanterie- und eine Anzahl englischer und amerikanischer Panzerdivisionen.

Gegenüber diesen aus vieler Herren Länder stammenden, im Kampfwert sehr unterschiedlichen Verbänden sicherte die 10. deutsche Armee unter Generaloberst Frhr. v. Vietinghoff-

Am 22. Januar 1944 landeten die Alliierten hinter den deutschen Linien im Raum Anzio und Nettuno südlich von Rom im Gebiet der Pontinischen Sümpfe (Bild linke Seite: Landungstruppen im Sturm auf den Strand). Innerhalb einer Woche wurden annähernd 70.000 Soldaten, über 500 Geschütze und 237 Panzer angelandet (Bild unten: Transportschiffe im Hafen von Anzio). Damit war die Tür zu Hitlers „Festung Europa" unwiderruflich aufgestoßen, doch aus dem geplanten schnellen Vormarsch der 5. US-Armee unter General Clark auf Rom wurde nichts: 123 Tage lang lagen Amerikaner und Briten im deutschen Abwehrfeuer auf ihrem Brückenkopf fest. Churchill kommentierte mit britischem Humor, man habe „statt einer Wildkatze einen gestrandeten Wal an Land gesetzt".

Scheel die Front zwischen dem Tyrrhenischen Meer und der Adria im Winter 1943/44 im allgemeinen mit fünf Infanterie-, zwei bis drei Panzergrenadier-, einer Panzer- und einer Fallschirmjägerdivision. Im Reichsgebiet wurden vier italienische Divisionen auf-gestellt. Dazu kamen die Reserve des Oberbefehlshabers Südwest und das sehr bunte Gemisch der Küstensicherungsverbände und der Einheiten im rückwärtigen Bereich, italienische Festungs-, Küstenartillerie- und Stellungsbaubataillone, freiwillige Bersaglieriregimenter (eine Scharfschützenelitetruppe), deutsche Landesschützen-, Küstenfestungs- und Grenzwachbataillone, Heeres- und Marineartillerie, Marineflakbatterien, kroatische und slowakische Baubrigaden, tschechische Staatssicherheitstruppen, die 162. Turkmenendivision, die aus Angehörigen der Turkvölker der Sowjetunion durch den General Professor Ritter v. Niedermayer, den berühmten Spezialisten für asiatische Politik, aufgestellt worden war und nach dessen Ablösung einen Deutsch-Balten, Generalmajor Baron Meyendorff, zum Kommandeur erhielt, Kosakenbataillone und endlich die Indische Freiheitslegion, welche als 9. Kompanie des Grenadierregiments 950 geführt wurde.

Gerade die so uneinheitliche Zusammensetzung und Ausrüstung dieser Verbände, vor allem der Armeegruppe des Generals v. Zangen, zu deren Bereich der »Befehlshaber in der Operationszone Alpenvorland und Kommandierende General Adriatisches Küstenland« gehörten, hätte eine alliierte Invasion in diesem Raum höchst erfolgversprechend erscheinen lassen. Im Küstenschutz eingesetzte deutsche Landesschützeneinheiten waren zum Teil bei ein und derselben Truppe mit italienischen Maschinengewehren und Granatwerfern, französischen Panzerabwehrkanonen, polnischen Haubitzen und italienischen Feldgeschützen ausgestattet, ein Zeichen für den zunehmenden Waffenmangel. Ihre Munitionssätze waren völlig unzureichend. Die italienischen Einheiten waren unzuverlässig, die Zahl der Deserteure und Überläufer war stets erheblich, mehrere Küstenfestungsbataillone schmolzen auf diese Weise so zusammen, daß sie aufgelöst werden mußten. Auch die im Reich aufgestellten mussolinitreuen Verbände liefen beim Einsatz teilweise über. All dies war nicht verwunderlich; die Soldaten hatten kein Kampfziel mehr. Die »Republik von Salò« – ein von Mussolini nach seiner Befreiung aus der Haft Badoglios gegründetes Kunstregime in Salò bei Brescia – bedeutete in den Augen des italienischen Volkes nur die Fortsetzung des verhaßten Krieges, der sein Land verwüstete. Und die Landsknechtsnaturen, die Kondottieri vom Schlage des Fürsten

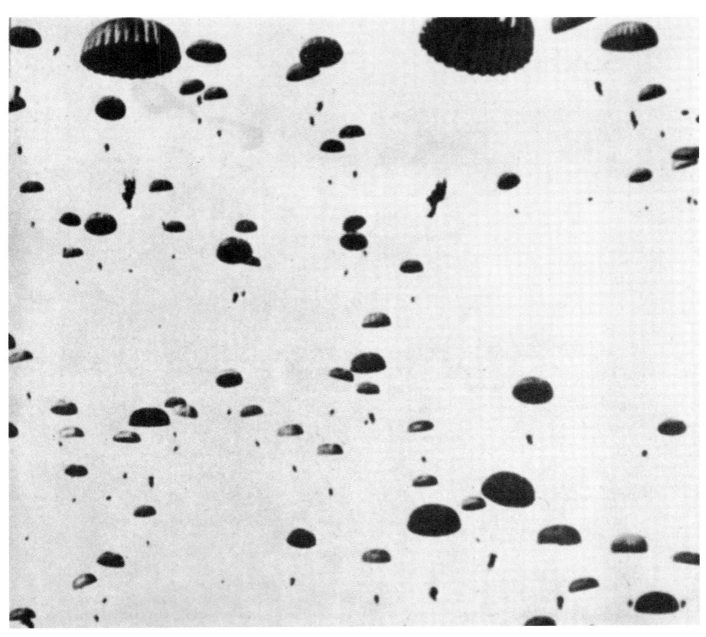

Zwischen den alliierten Armeen und Rom lag der Monte Cassino, ein 519 Meter hoher Berg im latischen Apennin mit der Gründungsabtei des Benediktinerordens auf dem Gipfel. Am 18. Januar 1944 begann mit großem Einsatz von Menschen und Material der Angriff auf das Herzstück der deutschen Gustav-Linie. Bild oben: Massenabsprung alliierter Fallschirmjäger bei Monte Cassino. Bild rechts: Dem 83jährigen Erzabt von Monte Cassino wird von General von Senger und Etterlin in den Wagen geholfen, der ihn vor den Bombardements in Sicherheit bringt. Bild linke Seite: Im Wasser, das sich am Boden eines Bombentrichters angesammelt hat, haben englische Soldaten einen Granatwerfer in Feuerstellung gebracht.

Valerio Borghese, der neue Schwarzhemdenbataillone schuf, waren nur dünn gesät.

Der Winter 1943/44 stand im Zeichen der vier schweren Abwehrschlachten von Cassino, dem Sperriegel für den Weg nach Rom und Schlüsselpunkt der »Gustav«-Linie. Der 5. amerikanischen Armee, den polnischen Verbänden, den Indern und Neuseeländern und dem französischen Expeditionskorps, zwei marokkanischen Gebirgsdivisionen, einer algerischen Schützen- und einer freifranzösischen Infanteriedivision, die hier stürmten, standen das nach der Katastrophe von Stalingrad neuaufgestellte XIV. Panzerkorps unter General v. Senger und Etterlin, die 1. Fallschirmjägerdivision unter General Heidrich und die gleichfalls nach Stalingrad wieder neu formierte 44. Reichsgrenadierdivision »Hoch- und Deutschmeister« unter Generalleutnant Franck gegenüber. Im Januar, Februar und März 1944 wehrten diese Verbände in drei Schlachten trotz ungeheuren feindlichen Materialeinsatzes alle Angriffe ab. Um die Stadt Cassino, um Bergmassive wie den Monte Cairo und Monte Luga wurde erbittert gerungen. Die gewaltige Schlachtenfolge auf der historischen Verteidigungslinie zwischen Mittel- und Süditalien bewahrte etwas vom Charakter der monatelangen Stellungskämpfe des Ersten Weltkrieges, obwohl keine durchlaufende schützengrabenähnliche Hauptkampflinie mehr existierte, sondern nur ein System von Stützpunkten, das bei Großangriffen meist in zwei Treffen verteidigt wurde. Eine Division hielt jeweils die Front, während eine zweite im rückwärtigen Hauptkampffeld bereitstand.

Im Hinterland bauten kroatische Einheiten an einer neuen Sperrstellung nördlich der »Gustav-Linie«, dem sogenannten Senger-Riegel, der freilich auf dem rechten Flügel nicht mehr fertig wurde. Im Verlauf der Kämpfe wurde schließlich die altberühmte Benediktinerabtei auf dem Monte Cassino, das älteste Kloster der abendländischen Welt, das von den deutschen Einheiten sorgsam geschont worden war, durch alliierte Bombenangriffe und Artilleriefeuer zerstört. Darauf bezogen die deutschen Truppen nunmehr die Trümmer der Abtei in die Kampflinie ein. Nach wie vor wurde das Bergmassiv von Cassino zäh behauptet, obwohl es dem Gegner gelang, in der darunter liegenden Stadt Cassino Fuß zu fassen. Cassino, der Riegel für die Via Casilina, wurde zu einem Verdun des italienischen Kriegsschauplatzes.

Im Verfolg des vergeblichen Anrennens bei Cassino setzte der Gegner im Januar des Jahres 1944 zu einem Umgehungsmanöver an und landete südlich von Rom im Raum Anzio–Nettuno starke Truppenverbände, um die »Gustav-Linie« auf diese Weise zum Ein-

Allein bei der ersten Beschießung der Benediktiner-Abtei Monte Cassino wurden von den Alliierten 52.000 Schuß Trommelfeuer abgegeben. Die erst in den Klosterruinen (Bild oben) eingerichtete deutsche Verteidigung gelang hier so gut, weil das Gelände eine Panzerführung unmöglich machte und die tief eingeschnittenen Täler gute Deckung gegen Jagdbomber-Angriffe boten. Bild rechts: Generalleutnant Heidrich (links) und Oberst Heilmann auf dem deutschen Gefechtsstand am Monte Cassino. Bild linke Seite: britische Infanteristen am Fuß des Berges.

sturz zu bringen und sich den Weg nach der Ewigen Stadt und nach Mittelitalien zu eröffnen. Die deutsche Abwehr hatte die Vorbereitungen des Gegners für den Angriff nicht erkannt. Die Landung erfolgte unmittelbar, nachdem am 21. Januar 1944 Admiral Wilhelm Canaris bei einem Besuch der Italienfront dem Stab der Heeresgruppe C erklärt hatte, neue alliierte Großlandungen seien im Mittelmeer nicht zu befürchten. Diese Mitteilung beruhte im Hinblick auf die Vorbereitungen für eine Invasion Frankreichs in England auf einer Unterschätzung der alliierten Landetonnage.

Zur Sicherung des Raumes um Rom hatte das AOK 10 zwei Panzergrenadierdivisionen bereithalten sollen. Diese wurden jedoch in dem schweren Ringen an der »Gustav-Linie« dringend für Gegenstöße benötigt. Widerstrebend hatte Kesselring auf Drängen Vietinghoff-Scheels daher die beiden Divisionen freigegeben. Die 29. Panzergrenadierdivision mußte nun aus einem eben begonnenen Gegenangriff gegen das X. britische Korps wieder herausgelöst und umgedreht werden. Die Landung bei Anzio erfolgte nur rund fünfundzwanzig Kilometer vor Rom. Im ersten Augenblick standen für die Abwehr nur zwei Bataillone Infanterie und einige behelfsmäßige Küstenbatterien zur Verfügung. Die Krisis konnte jedoch überbrückt werden, da die Alliierten wiederum äußerst vorsichtig und methodisch vorgingen.

Für den Fall größerer feindlicher Landungen hinter der eigenen Front war das Unternehmen »Richard« vorgesehen. Dazu wurden aus dem Reich, aus Frankreich und Serbien neue Divisionen nach Italien geworfen. Mit ihnen füllte Generaloberst Eberhard v. Mackensen, ein Sohn des im Dritten Reich sehr po-pulären Weltkrieg-I-Generalfeldmarschalls August von Mackensen und Bruder des früheren Botschafters in Rom, das AOK 14 auf, dessen Stab zuvor in Oberitalien an Stelle der Heeresgruppe B eingesetzt worden war. Der 10. Armee blieben für die Front zwischen dem Tyrrhenischen Meer und der Adria nur sechs Infanterie-, eine Panzergrenadier- und eine Fallschirmjägerdivision.

Bei der Heeresgruppe C faßte man den Entschluß, die 14. Armee so zu verstärken, daß im Februar die Zerschlagung des feindlichen Landekopfes vor Rom möglich wurde, da auf die Dauer die starre Behauptung zweier Fronten kräftemäßig unmöglich schien. Die 14. Armee erhielt schwere Artillerie zugeteilt, darunter weittragende, großkalibrige Eisenbahngeschütze; die Luftflotte 2 bot ihre letzten Kräfte für größere Einsätze gegen die feindliche Transportflotte auf; die Marine brachte neuartige Kleinkampfmittel zum Einsatz. Unbemannte Sprengstoffträger, fernlenkbare Kleinpanzer, wurden an der Nettunofront erprobt.

Da die zahlenmäßige Schwäche der ei-

Monatelang hielt die deutsche Front an der Gustav-Linie allen Angriffen der Alliierten stand. Am 12. Mai 1944 gelang den Verbänden des britischen Generals Alexander dann der Durchbruch beiderseits des Monte Cassino. Die deutschen Truppen traten den Abmarsch nach Norden an, vorbei an dem zur offenen Stadt erklärten Rom.

Bild oben: eine deutsche Panzerbesatzung gönnt sich eine Zigarettenpause. Bild rechte Seite: Gefangennahme deutscher Soldaten bei Rom.

genen Fliegerverbände jedoch nicht behoben werden konnte, befürchtete Generaloberst v. Vietinghoff-Scheel auf Grund der bei Salerno gemachten Erfahrungen von vornherein ein Mißlingen der Offensive. Obwohl nun schwere Artillerie in ausreichender Zahl vorhanden war, fehlte es jedoch an Munition für langanhaltendes Trommelfeuer. Obendrein warf Hitler die Dispositionen der Heeresgruppe für den Ansatz des Angriffes über den Haufen. Trotz der Warnungen Kesselrings wollte er auf kürzeste Entfernung und mit sehr schmaler Frontbreite von nur sechs Kilometern im Raum Aprília–Anzio angreifen. Von der Eigenart des Geländes besaß er keine klare Vorstellung. Das Terrain zwischen Anzio und Nettuno, die nur teilweise kultivierten Pontinischen Sümpfe, war für Panzerangriffe großen Stils nicht besonders günstig. Sehr oft waren gepanzerte Fahrzeuge hier an die wenigen festen Straßen gebunden. Je schmaler die Front war, desto dichter mußte die Massierung der Panzer ausfallen, desto bessere Ziele boten sie für die alliierte Schiffsartillerie und die Tiefflieger, deren Ausschaltung durch die eigene schwere Artillerie und die Luftwaffe unmöglich war.

Während im Februar 1944 am Cassino

schwerste Kämpfe tobten, während Gurkhas und Neuseeländer, die man von der 8. britischen Armee herangeholt hatte, nach einem Trommelfeuer von 52 000 Schuß gegen die Trümmer des Klosters anrannten, ohne daß es gelang, den deutschen Sperriegel aufzubrechen, führte die Offensive der 14. Armee bei Nettuno zunächst zu überraschenden Erfolgen. Teilweise stießen deutsche Panzer bis dicht an die Küste vor, nur wenige Kilometer trennten sie vom Strand. Zeitweilig war der Gegner bereits entschlossen, seine Verbände wieder einzuschiffen. Da brach Kesselring die Offensive ab, da ihm die alliierte Artillerie- und Luftüberlegenheit unüberwindlich schien und er die völlige Erschöpfung der eigenen Angriffskraft vermeiden wollte.

Nach dem Erlahmen der Schlachtenfolge von Cassino und der Einstellung der deutschen Offensive bei Nettuno vollzog sich der Übergang zu strikter Defensive. Die Front verlief jetzt grob gesprochen von der Mündung des Garigliano in den Golf von Gaeta auf den Höhenzügen westlich dieses Flusses über den noch immer unbezwungenen Monte Cassino an der Via Casilina zur Maiellagruppe in den zerklüfteten Hochabruzzen und von dort in den Raum nördlich Ortona an der Küste der Adria. Kesselring hielt noch immer am Prinzip der starren Verteidigung fest, wobei bedacht sein wollte, daß der im Vergleich zu Rußland weit enger begrenzte Raum der Apenninenhalbinsel keine weiträumigen Ausweichmaßnahmen zuließ, zumal es auch galt, mit

Nachdem die Wehrmacht Ende Mai 1944 die italienische Hauptstadt geräumt hatte, erwarteten die Römer den Einmarsch der Alliierten. Der Verzicht der Deutschen auf Widerstand in der „Ewigen Stadt" gab berechtigten Grund, der näheren Zukunft mit Ruhe entgegenzusehen. Zwar war auch Rom das Ziel alliierter Luftangriffe gewesen, doch die angerichteten Beschädigungen blieben gering.

Bild oben: deutsches Sturmgeschütz am linken Tiberufer. Linke Seite oben: Papst Pius XII. richtet nach einem Bombenangriff Worte des Trostes an die Bevölkerung und spendet ihr den päpstlichen Segen. Linke Seite unten: diese Soldaten genehmigen sich ein Nickerchen im Hof der Engelsburg. Bild rechts: ein Fallschirmjäger der deutschen Nachhuttruppe.

allen Mitteln den Gegner daran zu hindern, die Bodenorganisation für seine strategische Luftwaffe näher an den Süden und Südosten des Reiches heranzuschieben.

Am 11. Mai 1944 begann in den Abendstunden zwischen Gaeta und Cassino nach gewaltiger Artillerievorbereitung der Generalsturm auf die deutschen Stellungen, das Vorspiel zum Sturm auf die »Festung Europa«, der mit der Invasion Frankreichs voll einsetzen sollte. Die deutsche 10. Armee verfügte über eine Panzergrenadier-, eine Fallschirmjäger- und sieben Infanteriedivisionen. An Eingreifkräften wurden ihr eine Panzer- und zwei Panzergrenadierdivisionen zugeführt. Unter dem Schutz der Feuerwalze seiner Artillerie errang der Gegner in der Nähe der Küste im Raum von Minturno die ersten Erfolge. Südlich Cassino brachen Franzosen und Amerikaner am Monte Petrella auf Fondi durch. Vom 15. Mai an stürmten Briten, Neuseeländer und Marokkaner am Liri gegen Cassino. Das OKW verweigerte eine rechtzeitige Zurücknahme der Verteidiger, sie wurden nach tagelangem Trommelfeuer über die Trümmer der Abtei zurückgeworfen, nachdem die Jäger der 1. Fallschirmdivision noch rund hundert englische Panzer abgeschossen hatten. Der »Senger-Riegel« wurde überrannt, da die Einnahme einer geordneten Auffangstellung nicht mehr möglich war. An der Via Casilina wich die 10. Armee unter zähen Kämpfen nach Norden zurück, ohne daß hier der Zusammenhang der Truppe verlorenging.

Die starre Befehlsführung des OKW machte auch die rechtzeitige Verschiebung von Kräften zur 14. Armee unmöglich. Am 23. Mai 1944 brach im Landekopf Nettuno die zweite alliierte Großoffensive bei Cisterna mit vernichtender Wucht los. Der Stoß zielte auf Velletri in den Albaner Bergen, und bedrohte damit die Bahnlinie Terracina–Rom. Die 14. Armee wurde zerschlagen. Beiderseits der Via Casilina wehrte die weichende 10. Armee in hartem Ringen an den Hängen und in den Schluchten der Albaner Berge auch noch Anfang Juni den nachdrängenden Gegner ab.

Feldmarschall Kesselring wollte mit allen Mitteln vermeiden, daß Rom, die Ewige Stadt, Kampfgebiet wurde. Am 5. Juni ordnete er daher die kampflose Räumung des Stadtbereiches an. Einen Tag darauf wurde Generaloberst v. Mackensen abgesetzt, General der Panzertruppen Lemelsen, bislang Oberbefehlshaber der 1. Armee in Südwestfrankreich, übernahm den Befehl über die vielfach in ungeordnetem Rückzug nach Norden flutenden Einheiten der 14. Armee. Die deutsche Front war in einer Breite von etwa fünfundzwanzig Kilometer aufgerissen. Zum Erstaunen von Lemelsen stieß der Gegner jedoch nicht nach, obwohl es bei kühnem Vorgehen in seiner Hand gelegen hätte, die noch an der Adria stehenden Teile der 10. Armee zu überflügeln.

Bei den zurückgehenden Truppen zeigten sich zum ersten Mal Auflösungserscheinungen. Plünderungen und Ausschreitungen gegen die Zivilbevölkerung ereigneten sich, die Zahl der Fahnenflüchtigen der italienischen Sicherungseinheiten und Bautruppen stieg erschreckend. Anfang Juli sah sich Kesselring zu scharfen Befehlen gegen Plünderer in der eigenen Truppe genötigt. Zeitweilig herrschte bei der Heeresgruppe ernste Besorgnis, ob die Truppe sich wieder fangen würde. Allmählich gelang jedoch, begünstigt durch das langsame Vorgehen des Gegners, die Stabilisierung einer neuen Abwehrfront. Am Trasimenischen See, wo einst Hannibal die Römer so vernichtend geschlagen hatte, wurden auf die Toskana zielende feindliche Angriffe aufgefangen.

Anfang Juni 1944 zogen die ersten amerikanischen Einheiten in das von den Deutschen auch aus Rücksicht auf die unermeßlichen Kulturwerte der Stadt nicht verteidigte Rom ein. Bild linke Seite: US-General Clark am Stadtrand von Rom. Bild oben: GI's am Kolosseum, das die meisten von ihnen zuvor wohl nur vom Hörensagen oder aus Büchern und Ansichtskarten kannten. Die Kämpfe in Italien zogen sich nach der alliierten Landung in der Normandie zwar noch monatelang hin, doch war das Land zum Nebenkriegsschauplatz geworden. Immerhin wurden in Italien noch bis Kriegsende erhebliche deutsche Kräfte gebunden, die den Durchmarsch der Alliierten zum Brenner zu verhindern hatten.

Die 14. Armee mit dem I. Fallschirmkorps unter General Schlemm, dem XIV. Panzerkorps unter General v. Senger und Etterlin und dem LXXIIII. Armeekorps unter General der Infanterie Dostler, eine Panzer-, drei Panzergrenadier-, zwei Luftwaffen-Feld- und vier Infanteriedivisionen umfassend, sicherte nunmehr die Linie zwischen der Westküste Italiens und Bologna, die 10. Armee, die ihr während der alliierten Großoffensive zugewiesenen Panzerverbände an die Nachbararmee abgegeben und dafür als Ersatz die Fallschirmdivision »Hermann Göring« erhalten hatte, verteidigte den Raum zwischen Bologna und der Adria. Diese Linie, die »Goten-Stellung«, wurde im großen ganzen den Sommer 1944 über behauptet, obwohl an der Küste die beiden wichtigen Häfen Livorno am Tyrrhenischen Meer und Ancona an der Adria verlorengingen. Es gelang den Alliierten jedoch vorerst nicht, die Po-Ebene zu gewinnen.

Die Invasion

Lange genug hatte die Frage, ob die Errichtung einer zweiten Front, die große Offensive der Alliierten, in Frankreich, in Italien oder auf dem Balkan beginnen solle, sämtliche alliierten Konferenzen überschattet. Auf der sogenannten Trident-Konferenz in Washington zwischen Roosevelt und Churchill und ihren militärischen Beratern war im Mai 1943 endgültig beschlossen worden, die Landung in Nordfrankreich nicht später als am 1. Mai 1944 durchzuführen. Das Unternehmen, das anfangs den Codenamen »Roundup« geführt hatte, erhielt die Bezeichnung »Overlord«. Für Präsident Roosevelt wie auch für seinen Partner im Kreml, Josef Wissarionowitsch Stalin, hatte es niemals, wenn auch aus sehr verschiedenen Erwägungen heraus, Zweifel darüber gegeben, daß nur Westeuropa als Schauplatz der Landung englischer und amerikanischer Landarmeen zum entscheidenden Angriff in Frage kam.

In Churchills Erwägungen tauchten jedoch immer wieder andere Möglichkeiten auf, die Erweiterung des italienischen Feldzuges zu einer großzügigen Operation durch Istrien hindurch gegen das Donaubecken oder die Erweiterung des im Herbst 1943 in der Ägäis und im Dodekanes begonnenen Feldzuges zu einem Großangriff auf dem Balkan mit türkischer Hilfe. Diese Ideen stießen jedoch auf die Opposition des amerikanischen Generalstabs. Sie bedeuteten eine erhebliche Inanspruchnahme des ohnedies knappen Tonnageraumes an Landeschiffen und die Gefährdung anderer weitreichender Pläne im Brennpunkt der Entscheidungen, in Westeuropa. Vielleicht rechnete Churchill indes damals auch mit der Möglichkeit des Auftauchens eines deutschen »Badoglio«, einer Entwicklung, welche eine kostspielige und verlustreiche Großlandung in Frankreich ersparen würde.

Am 28. November 1943 wurde die Konferenz von Teheran eröffnet, wo die beiden führenden Staatsmänner der angelsächsischen Welt mit Stalin zusammentrafen, um die beiderseitigen Pläne aufeinander abzustimmen. Präsident Roosevelt kam mit großen Hoffnungen in die persische Hauptstadt. Für ihn ging es darum, Stalin endgültig für die geplante Neuordnung des Weltstaatensystems zu gewinnen und darüber hinaus auf die Dauer gesehen für die Vereinigten Staaten sowjetrussische Bündnishilfe gegen Japan zu sichern, sobald der deutsche Gegner durch eine gemeinsame Kraftanstrengung niedergeworfen war. Er unterrichtete Stalin, daß die Invasion für den 1. Mai 1944 geplant sei, und fand sich mit ihm einig in der Überzeugung, daß man sich durch keinerlei Sonderunternehmungen in Italien oder der Ägäis von dem großen Ziel der Errichtung einer zweiten Front in Europa ablenken lassen dürfe. Stalins Miß-

Seit Dezember 1943 plante das alliierte Hauptquartier in England die Invasion in Frankreich. Eine Armee von rund 4 Millionen Mann, 2,5 Millionen Tonnen Material und 500.000 Kraftfahrzeugen aller Art sollte über den Kanal an die Küste der Normandie geworfen werden. Der für diese größte Landungsoperation der Kriegsgeschichte ausersehene Tag wurde in den alliierten Generalstäben Decision Day („D-Day"), also „Tag der Entscheidung", getauft.

Bild linke Seite: Aufmarsch amerikanischer Panzer an der englischen Südküste vor der Verschiffung. Bild rechts: deutscher Flakkanonier auf Beobachtungsposten am Atlantikwall.

trauen war zwar wie stets wach, aber es gelang Roosevelt, ihn von dem ernsthaften Willen der Alliierten zu überzeugen, das Deutsche Reich zu Lande im Westen anzugreifen. Churchill unterlag. Stalin sprach sich eindeutig gegen jegliche Verzettelung der Kräfte aus. Auch die anderen Probleme wurden erörtert: der künftige Status Frankreichs nach dem Sieg; die so heikle Frage der Ostgrenze Polens; die Aufteilung Deutschlands in mehrere Kleinstaaten; die Bestrafung der deutschen »Kriegsverbrecher« (wobei Stalin eine Liste von 50 000 deutschen Offizieren präsentierte, deren Verurteilung er forderte, wogegen Churchill Einspruch erhob – das englische Recht kenne keine Verurteilung von Vergehen, für deren Ahndung keinerlei gesetzliche Regelung bestünde); die Roosevelt so sehr am Herzen liegende Schaffung einer Weltorganisation der Vereinten Nationen zur Verhütung künftiger Kriege. Stalin gab dafür die Zusicherung, daß Sowjetrußland im Fernen Osten eingreifen würde, sobald seine Armeen in Osteuropa nicht mehr benötigt würden. Churchills weitsichtige Politik, die weniger utopischen Zielen als den sehr realen Erfordernissen der Erhaltung der britischen Weltmacht galt, hatte sich nicht durchsetzen können, da England ohne amerikanische Unterstützung ohne Druckmittel war. Für die idealistische Richtung der amerikanischen Politik aber begann der lange Weg der Enttäuschungen im Grunde bereits in der Hauptstadt Irans, nicht erst im alten Zarenschloß von Jalta 1945, wie man oft gemeint hat.

Anfänglich hatte Präsident Roosevelt die Absicht gehabt, den amerikanischen Generalstabschef, General George Catlett Marshall, mit der Leitung der Invasion zu betrauen; da dieser indes für die Gesamtführung des Krieges unentbehrlich war, wurde am 24. Dezember 1943 der bisherige Oberbefehlshaber in Italien, General Dwight D. Eisenhower, zum Oberbefehlshaber über alle Land-, Luft- und Seestreitkräfte für »Overlord« ernannt. Ihm wurden die 12. amerikanische Heeresgruppe unter General Omar N. Bradley mit der 1. und der 3. Armee unter den Generalen Courtney H. Hodges und George S. Patton und die 21. britische Heeresgruppe unter General Bernard Law Montgomery mit der 1. kanadischen Armee und der 2. englischen Armee unter den Generalen H. G. Crerar und Miles C. Dempsey zur Verfügung gestellt. Ende 1943 schätzte man auf deutscher Seite, daß etwa 40 bis 45 britische und kanadische und 20 bis 254 amerikanische Divisionen, sämtlich vollmotorisiert beziehungsweise -mechanisiert, in England für eine Großlandung versammelt waren, darunter sieben Luftlandeverbände. Die Stärke der alliierten Luftwaffe wurde auf 17 000 Maschinen veranschlagt. Die Abziehung leistungsfähiger Divisionen aus Italien wurde bekannt.

Seit dem März des Jahres 1942 war der hochbetagte Generalfeldmarschall Gerd v. Rundstedt, ein preußischer Edelmann der alten Schule und einer der bedeutendsten Vertreter des Generalstabes Schlieffenscher Prägung mit Sinn für die Bedeutung für Kriegstechnik, Oberbefehlshaber West und Oberbefehlshaber der Heeresgruppe D in Frankreich. Sein Hauptquartier befand sich in Saint-Germain bei Paris. Ende 1942 war ihm als Stabschef der frühere Oberquartiermeister I des Generalstabes, Generalleutnant Blumentritt, zugeteilt worden, ein gebürtiger Schwabe, wie sie sich infolge der Vorliebe Hitlers für Süddeutsche häufiger als zuvor unter den führenden Generalstäblern fanden. Erschien Rundstedt als das Urbild eines aristokratischen Kavaliers der alten Zeit, so wirkte Blumentritt sehr viel bürgerlicher. Gleichwohl ergänzten sich die beiden Männer vortrefflich. Weniger mochte dies für Rundstedt und Rommel gelten, der mit dem Stab der Heeresgruppe B unter Generalleutnant Gause im November 1943 von Italien nach Frankreich entsandt wurde. Sein

Bild links: Generalfeldmarschall Erwin Rommel, als Oberbefehlshaber der Heeresgruppe B seit Dezember 1943 mit den Vorbereitungen zur Abwehr der in Nordfrankreich erwarteten Invasion betraut, bei einer Inspektion des Atlantikwalls im Frühjahr 1944.

Bilder rechts: Aufnahmen vom deutschen „Atlantikwall"; Schiffsabwehrgeschütz in einer Bunkeranlage (oben), Blick auf die „Rommelspargel" genannte Küstenbefestigung, die aus simplen hölzernen Rammböcken zur Behinderung von Landungstruppen bestand (unten).

Hauptauftrag war zunächst die Inspektion der Küstenverteidigung zwischen Dänemark und der französisch-spanischen Grenze in den Pyrenäen, ohne daß ihm darum festumrissene Befehlsbefugnisse gegeben wurden. Zudem blieb die deutsche Nordseeküste seinem In-spektionsbereich entzogen. Rommel war kein Generalstäbler. Für Rundstedts Geschmack war er vermutlich ein Mann der neuen Zeit, auch mochte ihm dieser zunächst keine außergewöhnliche operative Begabung zugestehen. Nach Besichtigungsreisen in Dänemark begann Feldmarschall Rommel mit seinem kleinen Stab, dem außer den üblichen drei Generalstabsoffizieren, Ia, Ic und IIa für Personalfragen, nur ein General der Pioniere, ein General der Nachrichtenverbindungen, ein Oberst für artilleristische Fragen, ein Verbindungsoffizier der Luftwaffe und als Marineberater der ehemalige Chef der Marinesicherungsverbände West, Vizeadmiral Friedrich Ruge, angehörten, am 20. Dezember 1943 mit der Besichtigung der Küstenverteidigung Hollands, Belgiens und Frankreichs. Die Heeresgruppe B nahm später ihr Standquartier im Schloß der Herzöge von La Rochefoucauld in La Roche-Guyon. Noch immer besaß der designierte Leiter der Invasionsabwehr keine Befehlsgewalt über die Verbände seines Bereichs. Es brauchte noch Wochen, bis er erreichte, daß ihm die Truppen im holländisch-belgischen und nord- und westfranzösischen Bereich bis zur Loiremündung unterstellt wurden, soweit sie in der Küstenverteidigung eingesetzt werden sollten. Dies betraf das LXXXVIII. Korps, zwei Infanterie- und eine Luftwaffenfelddivision, im Bereich des Wehrmachtbefehlshabers der Niederlande, General der Flieger Christiansen, die ausschließlich für die Verteidigung der Westfront gebildete 15. Armee unter Generaloberst v. Salmuth in Flandern und im Pas de Calais, vier Korps mit 14 Infanterie- und drei Luftwaffenfelddivisionen, und die 7. Armee unter Generaloberst Dollmann in der Normandie und Bretagne, drei Korps mit neun Infanterie- und einer Luftwaffenfelddivision, zu der später noch das II. Fallschirmkorps mit zwei Divisionen trat.

Generaloberst v. Salmuth war bereits einmal als Oberbefehlshaber der 2. Armee im Osten bei Hitler in Ungnade gefallen und abgelöst worden.
Die im Westen vorhandenen Panzerverbände, zwei SS- und drei Heeresdivisionen nördlich, je zwei SS- und Heeresdivisionen südlich der Loire, waren als »Panzergruppe West« in der Masse dem General der Panzertruppen Leo Frhr. Geyr v. Schweppenburg unterstellt, bildeten eine eigene Armee und unterstanden teils dem Oberbefehlshaber West, teils dem OKW unmittelbar. Rommel besaß keine Befehlsgewalt über Geyr, dessen Befehlsbefugnisse sich einstweilen jedoch nur auf Ausbildungs- und Organisations- sowie Nachschubfragen erstreckten.
Südlich der Loiremündung war für die Sicherung der Biskayaküste, der Pyrenäenlinie und der südfranzösischen Küste die Armee-, später Heeresgruppe G unter Generaloberst Blaskowitz vorgesehen, der seit dem Jahre 1939 wegen seiner Denkschrift über die Ausschreitungen der SS in Polen bei Hitler in Ungnade gefallen und nie mehr befördert worden war. Sie bestand aus der sehr schwachen 1. Armee mit dem Hauptquartier in Bordeaux und der 19. Armee mit dem Hauptquartier in Avignon.
Die Befehlsgliederung an der Westfront zeigte das für deutsche Verhältnisse typische uneinheitliche Bild. Die Kräfte der Luftwaffe, die Luftflotte 3 unter Generalfeldmarschall Sperrle und das III. Flakkorps unter General Plocher, mit seinen vierundzwanzig Batterien eine Einheit von beachtlicher Feuerkraft, unterstanden nicht dem Oberbefehlshaber West, sondern dem Reichsmarschall, Hermann Göring. Die gesamten Marineverbände einschließlich der Küstenartillerie, die zum Marinegruppenkommando West unter Admiral Krancke zusammengefaßt waren, waren auf die Befehle des Großadmirals Karl Dönitz angewiesen. Der Kriegsschauplatz wurde vom Wehrmachtführungsstab im fernen Ostpreußen betreut. Die Verteidigung der so ungeheuer weit sich dehnenden deutschen Atlantikfront machte daher wie alle die deutschen Kriegsanstrengungen den Eindruck der Unkoordiniertheit. Den Halbkreis zwischen Dänemark und der Biskaya gleichförmig zu sichern, hätte zudem die Macht auch des stärksten Weltreiches überschritten. Dazu kam die Unsicherheit über den Ansatzpunkt der feindlichen Offensive.

Geschickte Täuschungsmanöver des Gegners hatten zur Folge, daß die deutsche Führung stets bis zu einem gewissen Grade im ungewissen blieb. Ein von der Abwehr über Spanien nach den Vereinigten Staaten geschleuster holländischer Agent war bereits in Spanien zum amerikanischen Geheimdienst übergelaufen, ohne daß dies seinem Auftraggeber bekannt wurde, und funkte von Amerika aus beharrlich Nachrichten über große amerikanische Truppenkonzentrationen auf Island, welche an ein Unternehmen gegen Norwegen denken ließen. Ein derartiges Unternehmen, dessen Codenamen »Jupiter« gelautet hatte, war tatsächlich einmal erwogen, war jedoch längst zugunsten von »Overlord« abgeschrieben worden.

Zeitweilig tauchten Befürchtungen auf, die Alliierten könnten Schweden zwingen, ihnen seine Flugplätze zur Verfügung zu stellen, und von hier aus ein großes Luftlandeunternehmen in den dünn besiedelten Gegenden West- und Südmecklenburgs einleiten, von denen aus ein Vorstoß auf Berlin möglich war. 1943/44 wurden beim mecklenburgischen Reichsverteidigungskommissar Überlegungen angestellt, wie man sich in solchem Fall verhalten solle. Andere Befürchtungen galten einer Landung an der deutschen Nordseeküste zwischen Ems und Elbe. 1943 wurde ferner für den Fall alliierter Landungen in Portugal und Spanien ein Unternehmen »Ilona« vorbereitet, ein Verteidigungsaufmarsch mit zehn Divisionen in der Linie Valladolid–Salamanca zur Abschirmung Barcelonas auf spanischem Boden. Mehrfach weilten damals auch noch spanische Offiziere zu Gast bei der Armeegruppe G, obwohl sich die diplomatischen Beziehungen erheblich abgekühlt hatten und auch die »Blaue Division« aus Rußland zurückgerufen worden war. Es gab Agentenmeldungen, die Pläne gegen die Iberische Halbinsel zum Gegenstand hatten. Andere Agentenmeldungen, die von der Vorbereitung einer Landungsaktion an der südfranzösischen Küste sprachen, kamen der Wahrheit bereits näher, ein derartiges Unternehmen unter dem Codenamen »Anvil« (Amboß) war als

Die Voraussetzung für eine erfolgreiche Invasion Nordfrankreichs war die absolute Luftüberlegenheit. Monatelang wurde das Hinterland systematisch bombardiert (Bild linke Seite: „Fliegende Festungen" der US-Air-Force im Einsatz). Am 6. Juni, dem berühmten „D-Day", flogen die alliierten Luftwaffen allein **10.743 Einsätze** (Bild oben: alliierter Bombenteppich auf einen deutschen Fliegerhorst). Der angloamerikanischen Materialüberlegenheit insbesondere in der Luft und zur See hatten Deutschlands Luftwaffe und Marine nicht mehr viel entgegenzusetzen.

zweiter Akt der Invasion geplant. Die zuverlässigsten Agenten des Admirals Canaris sprachen jedoch stets von Vorbereitungen einer Großlandung von Südengland aus in Nordfrankreich. Merkwürdigerweise blieben der deutschen Spionage jedoch zwei sehr bemerkenswerte und entscheidende Erfindungen des Gegners verborgen: die Konstruktion künstlicher Häfen, der »Mulberries« und »Gooseberries«, mit Hilfe versenkbarer Spezialcaissons, und die Vorbereitungen zur Anlegung unterseeischer Ölleitungen von der Britischen Insel zum Festland, beides Dinge, welche die Invasionsarmee im ersten Stadium der Operation von der Gewinnung eines großen Hafens unabhängig machten. Feldmarschall v. Rundstedt, Generaloberst Jodl vom Wehrmachtführungsstab und das Marinegruppenkommando West dagegen prüften stets nur die vorhandenen Häfen auf ihre Eignung als Invasionsstützpunkt und beschränkten so ihr Blickfeld für Alternativen.

Die deutsche Propaganda hatte durch Jahre den »Atlantikwall«, das System der Küstenbefestigung im Westen, als Wunderwerk deutscher Technik und Verteidigungskunst gefeiert. Bei Licht besehen war der »Atlantikwall« jedoch nur ein System lockerer, weit verstreuter, mehr oder weniger gut ausgebauter Stützpunkte mit unsicherer und uneinheitlicher, nur teilweise vollendeter Vorstrandsicherung und einer ähnlich dürftigen Zwischenstrandverteidigung durch Bunkerketten, Drahtverhaue und Minenfelder. Hitler hegte den Plan, die Küstenverteidigung nach russischen Vorbildern durch automatisch auslösbare Flammenwerferbatterien zu verstärken, die bei einer Landung brennendes Öl auf die See schleudern konnten. Er wies General Buhle an, die Massenfertigung ortsfester und beweglicher Flammenwerfer voranzutreiben. Dieses Projekt stieß wieder auf unüberwindliche Produktionsschwierigkeiten.

Nicht einmal die Ausrüstung der wichtigsten Häfen mit Marineküstenbatterien in ausreichender Zahl war bei dem katastrophalen Mangel an derartigen Geschützen 1944 abgeschlossen. Die völlige Abrüstung nach 1918 machte auch den Rückgriff auf alte Bestände oder ehemalige Turmgeschütze von Kriegsschiffen unmöglich. Bevorzugt waren zunächst die U-Bootbasen, dann einige größere Häfen gesichert worden: Dünkirchen, Calais, Boulogne, Le Havre, Cherbourg, St. Malo, Brest, Lorient, St. Nazaire, La Rochelle, Gironde-Nord und -Süd sowie Toulon. Am Kap Gris Nez im Pas de Calais, wo man höheren Ortes oft feindliche Landungen vermutete, da hier die Entfernung zwischen England und dem Festland am kürzesten war, war eine aus vier Batterien mit insgesamt 14 28-cm-, 30,5-cm-, 38-cm- und 40,6-cm-Geschützen bestehende, sogenannte Offensive Batteriegruppe geschaffen worden, dazu stand in Sangatte 1944 noch eine Heeresküstenbatterie mit zwei 28-cm-Langrohrkanonen. Die Batteriegruppe beschoß des öfteren die englische Küste bei Dover und gewährte den durch den Kanal geleiteten deutschen Konvois oft wirksamen Feuerschutz. Ein Steckenpferd Hitlers war die Befestigung der Kanalinseln vor St. Malo, wofür ein Bauprogramm von acht Jahren vorgesehen war. Völlig sinnlos wurden auf den Inseln sogar Panzer stationiert und elf schwere Batterien mit achtunddreißig Geschützen, darunter auch vom Kaliber 38 cm, eingebaut. Militärisch gesehen, spielten sie im ganzen Krieg nicht die geringste Rolle. An der ganzen normannisch-bretonischen Küstenfront zwischen Dieppe und St. Nazaire – beides Schauplätze britischer Landeversuche oder Kommandounternehmen im Jahre 1942 – befanden sich dafür nur elf Batterien mit siebenunddreißig schweren Küstengeschützen. Am späteren Invasionsstrand waren ganze drei schwere Marinebatterien, Octeville bei Le Havre mit 38-cm-Geschützen, Greville und »Hamburg« im Raum Cherbourg mit 24-cm- und 38-cm-Geschützen – vorhanden, wovon zwei unfertig waren. Dazu kamen spät zwei dem AOK 7 unterstellte Marinebatterien mit 15-cm- und 21-cm-Geschützen.

Das ganze System entbehrte der Einheit wie der Tiefenstaffelung. Kommandounternehmen des Gegners wie der Überfall von Fallschirmtruppen, die in Schnellbooten entkamen, auf eine Ortungsstelle bei Bruneval in der östli-

Die Flut hat sich gewendet!

Eisenhowers Tagesbefehl an die Invasionstruppen, 6.6.1944

Soldaten, Matrosen und Flieger der alliierten Landungs-Streitkräfte!

Ihr begebt Euch nun auf den großen Kreuzzug, für den wir uns seit vielen Monaten vorbereitet haben. Die Augen der Welt blicken auf Euch; die Hoffnungen und Gebete der freiheitsliebenden Menschen der ganzen Welt begleiten Euch. Zusammen mit unseren tapferen Verbündeten und Waffenbrüdern an allen Fronten werdet Ihr die deutsche Kriegsmaschine zerschlagen, die Nazi-Tyrannei über die unterdrückten Völker Europas hinwegfegen und Sicherheit für uns alle in einer freien Welt schaffen.

Eure Aufgabe wird nicht leicht sein. Euer Feind ist gut ausgebildet, gut ausgerüstet und kriegserfahren. Er wird fanatisch kämpfen. Aber wir stehen im Jahr 1944! Vieles ist geschehen seit den Siegen der Nazis von 1940–1941. Die Vereinten Nationen haben den Deutschen große Niederlagen beigebracht, auch in offener Schlacht von Mann zu Mann. Unsere Luftoffensive hat ihre Stärke in der Luft und ihre Kraft zu Lande erheblich angeschlagen. Unsere Heimatfront hat uns ein überwältigendes Übergewicht an Waffen und Kriegsmaterial verschafft, außerdem stellt sie uns große Reserven an ausgebildeten Kämpfern zur Verfügung. Die Flut hat sich gewendet! Die Soldaten der freien Welt marschieren zusammen in den Sieg!

Ich vertraue fest auf Euren Mut, auf Eure Pflichttreue und auf Eure Kampffertigkeit. Nur ein völliger Sieg ist für uns annehmbar!

Glück Euch allen und laßt uns den Segen des Allmächtigen Gottes für dieses große und edle Unternehmen erflehen.

Dwight D. Eisenhower

chen Normandie (im Februar 1942), wie die Angriffe auf Dieppe und St. Nazaire hatten deutlich die fehlende Zusammenarbeit zwischen den verschiedenen Wehrmachtteilen und die Unzulänglichkeit der Nachrichtenverbindungen aufgezeigt. Infolge der steigenden Materialknappheit, der Tatsache, daß die in Frankreich greifbaren, immerhin nicht unbeträchtlichen Mengen an Zement und Stahl zunächst für Sonderzwecke, den Bau der U-Bootbasen und die Befestigung der Kanalinseln, später vor allem für die Abschußrampen der V-Waffen verwendet wurden, und der starken Inanspruchnahme der mit dem Bau des »Atlantikwalles« beauftragten »OT« – der von Fritz Todt gegründeten (technischen Hilfs)-Organisation Todt – durch den Ostfeldzug blieb die Küstenbefestigung unvollendet. Feldmarschall v. Rundstedt äußerte sich später nur in Ausdrücken verächtlicher Geringschätzung über diesen »Küstenwall«, von dem die Presse und die Wochenschauen in den Lichtspieltheatern Wunderdinge berichteten. Die Aufgaben, die zu erfüllen waren, standen eben sämtlich, in Ost wie West, nicht mehr im Einklang mit den vorhandenen Mitteln. Ähnlich uneinheitlich wirkte auch die Zusammensetzung des Westheeres. Frankreich war in diesem Krieg das große Übungs-, Ersatz- und Auffrischungslager der deutschen Wehrmacht, gerade darum jedoch kein abwehrbereites, strafforganisiertes Kriegsgebiet. Von den einsatzfähigen Divisionen besaßen die Infanterie- und Luftwaffenfeldeinheiten sehr unterschiedlichen Wert; stark waren die SS, die Fallschirm- und die Panzerverbände. Die meisten Infanteriedivisionen im Westen waren jedoch »zweigleisige Divisionen« mit nur sieben Bataillonen oder sogenannte Stellungsdivisionen mit pferdebespannter Artillerie und Trossen, die nicht in vollem Umfang beweglich waren. Die Artillerie bestand zum Teil aus Beutegeschützen. Eine Division in Holland bestand aus Magenkranken, die 19. Armee hatte eine sogenannte Ohrendivision aus Schwerhörigen oder sonstigen Gehörleidenden. Der Ersatz bestand vielfach aus polnischen Volksdeutschen der Liste 3 (»überfremdete Deutschstämmige«, nach dem Urteil Heinrich Himmlers erst »nach Umerziehung« für eine Eindeutschung vorgesehen), deren Volkszugehörigkeit so umstritten war wie ihre militärische Zuverlässigkeit. Einige Divisionen zählten auch Niederländer und Elsässer in ihren Reihen, in Holland existierten Flakabteilungen aus Italienern mit deutschem Rahmenpersonal. 75 000 Mann Ostlegionen und Kosakenbataillone, die aus dem Osten nach Frankreich verlegt worden waren, weil sie als unsicher galten, vermehrten das bunte Völkergemisch.

Viele Infanteriedivisionen, so die in Groß-Born im Sommer neu aufgestellte 59. Division, die, ungenügend beweglich gemacht, im August an die Kanalküste geworfen wurde, hatten als Fahrer, Küchen- und Hilfspersonal russische oder tatarische Hilfswillige (Hiwis), die unbewaffnet waren, jedoch teilweise zum Wachdienst mit herangezogen wurden. In Holland war das Armenische Infanteriebataillon Nr. 812 eingesetzt. Beim Grenadierregiment 987 der 267. Division in Südfrankreich befanden sich Ukrainer, Donkosaken, Armenier, Aserbaidschaner, Nordkaukasier, Turkestaner und Wolgatataren. Gerade die Heeresgruppe G stellte ein Gemisch besonders unterschiedlicher Verbände dar. Dazu kam die verworrene Situation in Paris – der Machtkampf zwischen den deutschen Stellen, dem Militärbefehlshaber Frankreich, dem deutschen Botschafter, dem Bevollmächtigten für den Arbeitseinsatz, dem Höheren SS- und Polizeiführer, dem Chef der Sicherheitspolizei und des SD, der Vichy-Regierung, der französischen Miliz –, kam die Unterwühlung weiterer Teile Frankreichs, vor allem im Mittel- und Südteil und in Hochsavoyen, durch die Partisanenbewegung der »Maquisarden« – benannt nach der mittelmeertypischen Gebüschvegetation des »Maquis« –, kam die latente oder offene Bürgerkriegssituation. Um den Gegner über die eigene Schwä-

Der Plan für die Invasion war auf der Konferenz von Casablanca im Januar 1943 gefaßt und dort auch die Bildung eines gemeinsamen Hauptquartiers beschlossen worden. Im Februar 1944 wurde der amerikanische General Dwight D. Eisenhower (Bild linke Seite, links) zum Oberbefehlshaber der Invasionsarmee ernannt. Eine bittere Pille für seinen „verbündeten Widersacher" Montgomery (rechts auf dem Bild), den „Sieger von El Alamein", der sich mit dem Rang des Oberbefehlshabers der Landstreitkräfte begnügen mußte.
Bild rechts: Stahlbetoncaisson zur Abstützung eines künstlichen Landehafens.

che zu täuschen, griff man beim Oberbefehlshaber West zu dem Aushilfsmittel, die Einschiebung neuer Divisionen durch falsche Quartiermacher vorzutäuschen. Schließlich mußte man eine besondere Liste über diese »Scheindivisionen« führen. Über den möglichen Ansatzpunkt des Gegners herrschten auch 1944 dagegen Meinungsverschiedenheiten. Rundstedt und anfangs auch Hitler glaubten an eine Landung im Pas de Calais. Rommel tippte anfangs auf die Sommemündung, dann auf die Seinebucht, schließlich – im Mai 1944 nach sorgfältiger Beurteilung aller immer deutlicher erkennbar werdenden Maßnahmen des Gegners – richtig auf die Küste zwischen Le Havre und Cherbourg. Allerdings hielt auch er die Gewinnung eines großen Hafens für entscheidend. Hitler schloß sich insofern dieser Ansicht an, als er eine Teillandung in der Normandie um die gleiche Zeit als wahrscheinlich annahm, der dann eine Hauptlandung im Pas de Calais zwecks Aufsplitterung der deutschen Verteidigung folgen würde. Auch das umgekehrte Verfahren schien denkbar. Immerhin kam auch er der Wahrheit näher. Noch nicht entschieden war, wie man der erwarteten Invasion am besten entgegentrat.

Hitler meinte zunächst, man solle die gegnerischen Streitkräfte ruhig erst einmal an Land lassen, um sie dann zerschlagen zu können. Wenn die Invasion sofort abgeschlagen wurde, dann würde sie wiederholt – immer wieder. Deshalb sollte die gegnerische Streitmacht völlig zerschlagen werden – und das konnte man nur, wenn sie sich in einem Brückenkopf an Land befand. Auch Marschall Rundstedt war dieser Meinung. Rommel dagegen wollte die Invasionsgruppen gar nicht erst an Land lassen. Er war sich klar darüber, daß selbst eine noch halbwegs intakte Landungsflotte, wenn sie abgeschlagen wurde, eine Invasion nicht so bald wiederholen konnte. Zuviel gehörte zur Vorbereitung eines so gewaltigen Unternehmens, man mußte dann völlig von vorn beginnen.

Entsprechend diesen verschiedenen Auffassungen gab es auch unterschiedliche Meinungen darüber, wie die Reserven eingesetzt werden sollten. Wenn man den Landungspunkt nicht vorausbestimmen könne, dann müßten, so meinte Rundstedt, die Reserven relativ weit im Hinterland liegen, um gegebenenfalls von Süd nach Nord oder umgekehrt geworfen werden zu können. Man müßte diese Reserven verstreuen, um wenigstens überall etwas zu haben. Rommel dagegen, der schon in Afrika und Italien seine Erfahrungen mit der alliierten Luftüberlegenheit gemacht hatte und auch hier in Frankreich sah, daß schon jetzt deutsche Truppenbewegungen bei Tage kaum mehr möglich waren, sprach sich dafür aus, daß die Reserven, insbesondere die Panzerdivisionen, möglichst weit an die Küste heran sollten, und zwar zwischen Seinemündung und Cherbourg. Dort und nirgendwo anders erwartete Rommel die Invasion. Dort also sollten auch die Reserven stehen, die sonst nie rechtzeitig zum Einsatzort gelangen konnten. Hitler befahl eine Kompromißlösung –

die Infanteriereserven weit nach vorn, die beweglichen Panzerdivisionen weiter zurück. Die 91. Luftlandedivision wurde als Infanterie in die Normandie gelegt. Die 21. Panzerdivision, die nach dem Untergang der alten Division in Afrika mühsam aus verschiedenartigsten Panzerfahrzeugen und selbstkonstruierten Salvengeschützen zusammengestellt worden war, wurde in den Raum von Caen gelegt, allerdings für Rommels Intentionen nicht weit genug vorgezogen. Rommel beantragte die Stationierung der kampfkräftigen 12. SS-Panzerdivision »Hitlerjugend« und der Panzerlehrdivision in den späteren Kampfräumen Isigny–Carentan und Avranches, er beantragte die Verlegung eines Flakkorps und einer Werferbrigade in den mutmaßlichen Landeraum, er forderte die Entsendung von Marinealarmeinheiten aus den zahlreichen Ausbildungs- und Landformationen der Kriegsmarine im Reich nach Frankreich. Diese Forderungen schienen zu weitgehend, 5000 Mann Marinealarmtruppen wurden schließlich nach Südostfrankreich entsandt. Das Gros der Panzerdivisionen blieb als Panzergruppe West 50 und mehr Kilometer weit im Land, vor allem im Seine-Loire-Dreieck.

Außerdem befahl Hitler: Was auch geschehe, keine der Divisionen dürfe sich ohne seinen ausdrücklichen Befehl in Bewegung setzen.

Den Zeitpunkt der Invasion versuchte man auch vorauszubestimmen. Man wußte, welche meteorologischen und zeitlichen Voraussetzungen der Gegner beachten mußte. Im modernen Krieg entscheidet oft nicht der Militär, sondern der Wissenschaftler über Ort und Stunde einer militärischen Operation. Für die Invasion mußte das Wetter im Landepunkt gut sein, damit die überlegene alliierte Luftwaffe eingesetzt werden konnte. Angriffe der Bomberflotten auf Flächenziele waren dank Radar schon längst auch bei schlechtestem Wetter möglich. Aber die an der Front entscheidenden Jagdbomber und Schlachtflieger, die Transportkolonnen, einzelne Artilleriestellungen, Widerstandsnester der Infanterie, Panzerbereitstellungen, Straßenkreuzungen angreifen sollten, brauchten gute Sicht. Bei Nebel und Regen war ihr Einsatz sinnlos.

Die Gezeiten mußten genau berechnet werden. Das Wasser an der Küste durfte nicht so hoch sein, daß die Landungsboote direkt vor der Steilküste ankamen. Die Soldaten mußten während der Ebbe auf dem der Küste vorgelagerten Sandstreifen Fuß fassen können. Es durfte aber auch keine volle Ebbe sein. Die Flut mußte bereits im Steigen begriffen sein, sonst würden die Landungsboote festlaufen und keine weiteren Truppen heranbringen können. Einige Stunden vor der Landung mußte der Mond scheinen, um den als ersten angreifenden Fallschirmjägern und Luftlandetruppen mit ihren Lastenseglern genügend Sicht zu geben.

Noch mehr komplizierte Bedingungen waren einzuhalten, wenn die Landung erfolgreich sein sollte. Alle diese Bedingungen trafen nur ungefähr alle vier Wochen zu – bis auf Unsicherheiten beim Wetter, das man so genau nicht für längere Zeit voraussagen konnte. Im Juni 1944 stimmten die notwendigen Bedingungen nur am 5., 6. oder 7. dieses Monats überein. Das Wetter aber war schlecht, die bereits für den 5. Juni vorgesehene Invasion wurde noch einmal um zunächst vierundzwanzig Stunden verschoben.

Auf deutscher Seite war man beruhigt. Man kannte selbst die für eine Landung notwendigen Voraussetzungen und konnte danach sagen, wann die Gefahr einer Landung bestand und wann auf keinen Fall damit gerechnet zu werden brauchte. Generalfeldmarschall Rommel fuhr am 5. Juni auf Urlaub nach Hause. Die Meteorologen hatten versi-

Im Westen was Neues. Bild linke Seite: Hitler (seine einzige Aufnahme als Brillenträger) wird am Invasionstag von General Jodl über die Lage in Nordfrankreich in Kenntnis gesetzt. Noch wochenlang glaubte „der größte Feldherr aller Zeiten" an ein alliiertes Ablenkungsmanöver in der Normandie – die eigentliche Invasion würde noch am Pas de Calais erfolgen. Entsprechend war Hitlers Reaktion von äußerster Realitätsferne: „Die Nachrichten könnten gar nicht besser sein...jetzt haben wir sie endlich dort, wo wir sie schlagen können!" Das traurige Bild (rechts), das die deutsche Küstenverteidigung in Frankreich bot, ist mit dieser Aufnahme deutscher Vorpostenboote symbolkräftig dargestellt.

chert, daß das schlechte Wetter noch mehrere Tage anhalten würde. Danach aber träfen die anderen Voraussetzungen für eine Landung nicht mehr zu. Eisenhower, der Oberbefehlshaber der alliierten Landungsstreitkräfte, befragte ebenfalls seine Meteorologen. Die Truppen waren schon seit Tagen eingeschifft. Seekrankheit machte sich bemerkbar. Die hygienischen Verhältnisse auf den räumlich beengten Landungsschiffen waren naturgemäß indiskutabel. Wenn noch lange gewartet wurde, dann waren die Truppen auch ohne Feindeinwirkung bald nicht mehr kampffähig.

Die alliierten Meteorologen waren anderer Meinung als ihre deutschen Kollegen. Sie sagten mit »an Sicherheit grenzender Wahrscheinlichkeit« eine kurze, vorübergehende Wetterbesserung an der Normandieküste für eben die kommende Nacht, die vom 5. zum 6. Juni, voraus. Genau wissen konnten sie das natürlich auch nicht – Garantien gibt es für eine solche, auf einige bestimmte Stunden berechnete Voraussage, noch dazu für ein ganz kleines Gebiet, natürlich nicht. Entscheiden mußte der militärische Befehlshaber, und die Verantwortung dafür, wenn etwas schiefging, weil die Luftlandetruppen etwa in Finsternis und Regen ihre Ziele verfehlten, mußte er auch tragen.

Eisenhower entschied sich: Wir laufen aus! Heute beginnt die Invasion, das Unternehmen »Overlord«!

Am Abend des 5. Juli überquerten die über 5000 Kriegsschiffe, Transportschiffe und Landungsfahrzeuge die noch immer stürmische, von Regenwolken überzogene See zwischen Südostengland und der Normandieküste. In der Nacht näherten sie sich allmählich den Landungsstellen, während zugleich die Fallschirmjäger und Luftlandetruppen von drei Divisionen in den befohlenen Landeräumen hinter dem Atlantikwall niedergingen.

Die ersten Meldungen über feindliche Luftlandungen auf der Halbinsel Cotentin und bei Caen wurden im Stab der deutschen Heeresgruppe B noch nicht recht ernst genommen. Man dachte an ein Ablenkungsmanöver. Aber die Meldungen über Luftlandungen häuften sich, an manchen Stellen hatten sich schon harte Gefechte entwickelt. Außerdem gaben jetzt die in den vergangenen Tagen durchgeführten verstärkten Bombenangriffe zu denken. Die allerdings waren zur Ablenkung auch an anderen Stellen als dem vorgesehenen Landeraum erfolgt.

Dennoch wurde für die deutsche 7. Armee nun Alarmbereitschaft befohlen, und die direkt der Heeresgruppe B unterstehende bewährte 21. Panzerdivision erhielt den Befehl zur Marschbereitschaft.

In der Morgendämmerung tauchte dann die größte Flotte der Weltgeschichte vor der Küste des Departements Calvados

Im ersten Morgenlicht des 6. Juni 1944 startete die „Operation Overlord", die alliierte Invasion. Dicht zusammengekauert erwarten US-Soldaten auf ihren Sturmbooten den Einsatzbefehl (Bild oben). Von der Landung in der Normandie war die deutsche Führung völlig überrascht worden.

Die Alliierten landeten an fünf mit Decknamen versehenen Küstenabschnitten gleichzeitig: in „Utah" und „Omaha" die Amerikaner, in „Sword" und „Gold" die Briten und in „Juno" die Kanadier. Bild linke Seite: Luftaufnahme von der Landung im Abschnitt „Omaha".

auf. Die deutschen Soldaten, die diese riesige Flotte im Morgendunst herankommen sahen, wußten: Das war sie, die lang erwartete Invasion!

Der Küstenstreifen von der Orne bis nach Carentan verwandelte sich in eine Hölle. Schwere und schwerste Schiffsgeschütze nahmen die deutschen Stellungen unter Feuer. Tausende von Bombern warfen viele tausend Tonnen Sprengstoff ab. Die Stellungen an der Küste wurden um und um gewühlt, Batteriestellungen zerschlagen wie Zigarrenkisten, Drahthindernisse wurden zerfetzt, »Rommelspargel« aus dem Boden gerissen und in die Luft geschleudert, Minenfelder gingen in diesem Inferno hoch, die deutschen Nachrichtenverbindungen wurden unterbrochen. Und von hinten griffen die drei Luftlandedivisionen an!

Um eines hatten sich die alliierten Meteorologen verrechnet: Der Wind war umgeschlagen, die See weit stürmischer als angenommen. Der Sturm kam aus Nordwest und drückte die See an die Küste, das Wasser war weit höher als vorausberechnet. Die Vorstrandhindernisse, die von Pionieren der Landungstruppen gesprengt werden sollten, lagen noch unter Wasser. Die Soldaten sprangen mitten hinein, blieben hängen, wurden von Unterwasserminen zerrissen. Landungsboote wurden aufgeschlitzt und versanken mit Mann und Maus in der tobenden See. Die Amphibienpanzer, die so dringend zur Unterstützung der Infanterie nötig waren, versanken in dem viel zu tiefen Wasser. Nur an zwei Stellen konnten sie an Land gebracht werden.

Die ersten britischen, kanadischen und amerikanischen Truppen wankten an Land, zermürbt schon von der Seekrankheit. Aber die gewaltige Feuervorbereitung durch die unzähligen Bomber und die Schiffsartillerie war nicht ohne Wirkung geblieben.

An fünf Stellen gingen zusammengefaßt acht kriegsstarke Regimenter gegen die eineinhalb Divisionen verstreuter deutscher Verteidiger vor, immer wieder und ununterbrochen unterstützt durch die eigene Luftwaffe, durch Bombenflugzeuge und Schlachtflieger, die jede Bewegung auf deutscher Seite unter Bordwaffenbeschuß nahmen – völlig ungehindert durch die deutsche Luftwaffe, die am ersten Tag der Invasion fast überhaupt nicht in Erscheinung trat.

Dennoch erlitten die Angreifer schwere Verluste, insbesondere die Amerikaner an ihrem Landeabschnitt. Dort hatte zufällig an diesem Morgen die 232. deutsche Infanteriedivision eine Übung, in die hinein der amerikanische Landungsversuch fiel. Diese Division war also von der ersten Sekunde an gefechtsbereit. Zeitweise schien es, als ob die Amerikaner den Strand wieder räumen müßten.

Die Engländer und Kanadier hatten mehr Erfolg. Das von der Führung gesteckte Ziel allerdings erreichten auch sie nicht: die Städte Bayeux, Caen, die Verbindungsstraßen zwischen beiden Städten und die Orne bis zur Mündung.

Aber sie waren an Land, und der Brückenkopf war wenigstens groß genug, um sich darin bewegen und auch Verstärkungen heranführen zu können. Die Heeresgruppe B forderte beim OKW dringend die südlich Paris stehende Panzerlehrdivision und die 12. SS-Panzerdivision an. DAS OKW aber war noch immer nicht überzeugt, daß es sich bei der Landung in der Normandie wirklich um die Invasion handelte. Man befürchtete noch immer ein Ablenkungsmanöver und die »echte« Invasion an der engsten Stelle des Kanals im Pas de Calais. Erst am späten Nachmittag wurden die beiden Divisionen freigegeben. Da sie wegen der feindlichen Luftüberlegenheit nicht am Tage marschieren konnten, war es ihnen frühestens am 7. Juni möglich, auf dem Kampfplatz zu erscheinen.

Mittlerweile war auch Rommel eingetroffen, der im Urlaub von der Nachricht über die Invasion überrascht worden war. Er hatte gerade an diesem Tage vorgehabt, zu Hitler zu fahren und ihm nahezulegen, den Krieg zu beenden. Er hatte sich mittlerweile, nicht zuletzt durch den Einfluß seines Stabschefs, General Dr. Hans Speidel, und seines Freundes Dr. Strölin – Oberbürgermeister von Stuttgart und längst zu den Verschwörern gegen Hitler gehörend –, zu der Erkenntnis durchgerungen, daß der einst von ihm verehrte Hitler Deutschland nun nur noch in die Katastrophe führen konnte.

Aus dem Besuch bei Hitler wurde nichts, Rommel mußte die Führung an der Invasionsfront übernehmen.

Der 6. Juni neigte sich seinem Ende zu, »der längste Tag« des Krieges, an dem sich entscheiden mußte, ob der Einbruch in die »Festung Europa« glückte, der Tag, an dem sich eben damit entschied, ob der Sieg über Deutschland in absehbarer Zeit errungen werden konnte.

Die alliierten Ziele für diesen Tag wurden nicht erreicht, dennoch konnten die beiden Oberbefehlshaber, Eisenhower und Montgomery, mit dem Ergebnis des »längsten Tages« zufrieden sein. Die Landung jedenfalls war gelungen. Die beiden amerikanischen Landeköpfe waren zwar klein und voneinander isoliert, aber sie würden sich halten kön-

Landung in Frankreich

Churchills Rede im Unterhaus, 6.6.1944

Ich habe dem Hause mitzuteilen, daß wir im Lauf der heutigen Nacht und der frühen Morgenstunden die erste einer Reihe von Großlandungen auf dem europäischen Festland vorgenommen haben. Eine ungeheure Flotte von über viertausend Schiffen, mehrere tausend Kleinfahrzeuge nicht eingerechnet, hat den Kanal überquert. Hinter den feindlichen Linien haben erfolgreiche Massenabsprünge aus der Luft stattgefunden, und zu eben dieser Stunde gehen an verschiedenen Stellen der Küste Truppenausschiffungen vor sich. Das Feuer der Küstenbatterien ist weitgehend ausgeschaltet. Die in der See errichteten Hindernisse haben sich leichter bezwingbar erwiesen, als wir befürchteten. Rund elftausend Flugzeuge der ersten Linie unterstützen die angelsächsischen Verbündeten und können je nach den Erfordernissen des Kampfes eingesetzt werden. Ich kann mich hier natürlich auf keine Einzelheiten einlassen. Bis jetzt berichten die Befehlshaber, daß sich alles genau nach Plan entwickelt. Und nach was für einem Plan! Es ist ganz zweifellos, daß diese Operation die komplizierteste und schwierigste ist, die jemals unternommen wurde. Die Gezeiten, Winde, Wogen und Sicht, sowohl aus der Luft als auch auf dem Wasser, waren zu berücksichtigen. Wir können bereits hoffen, daß eine taktische Überraschung erzielt worden ist, und im Verlauf des Kampfes hoffen wir, dem Gegner noch eine Reihe weiterer Überraschungen zu bereiten.

Der jetzt begonnene Kampf wird in vielen kommenden Wochen ständig an Umfang und Intensität zunehmen, und deshalb will ich mich auch nicht auf Spekulationen über seinen Verlauf einlassen. Eines darf ich jedoch sagen, innerhalb der alliierten Armeen herrscht völlige Einmütigkeit. Die Waffenbrüderschaft zwischen uns und unseren Freunden aus den Vereinigten Staaten ist aufrichtig. Es herrscht allgemeines Vertrauen in den Obersten Befehlshaber, General Eisenhower, und seinen Stab und ebenso in General Montgomery, den Befehlshaber des Expeditionskorps. Es war, wie ich aus persönlichem Augenschein bezeugen kann, ein großartiges Erlebnis, den Kampfgeist und -eifer der in den letzten Tagen eingeschifften Truppen zu beobachten. Nichts ist vernachlässigt worden, was Voraussicht, Wissenschaft und Technik zu tun vermögen, während die Regierungen der Vereinigten Staaten und Großbritanniens sowie die Befehlshaber mit der äußersten Entschlossenheit den Aufbau dieser neuen, großen Front betreiben werden.

Die „Operation Overlord" (Bilder oben und rechte Seite: amerikanische Infanteristen bei der Landung) wurde ein voller Erfolg: Innerhalb von 80 Tagen gelang es dem Oberbefehlshaber der Invasionstruppen, General Eisenhower, die Entscheidungsschlacht an der „Zweiten Front" siegreich zu gestalten. Die Gegenangriffe der hoffnungslos unterlegenen deutschen Streitkräfte, aufgrund des Zögerns in den Hauptquartieren und der verworrenen Befehlsverhältnisse noch zusätzlich entkräftet, schlugen nicht durch.

nen. Die britischen und kanadischen Landungstruppen hatten immerhin sogar einen zusammenhängenden Brückenkopf von 30 Kilometer Breite und 10 Kilometer Tiefe erobert. Dazu kamen noch immer die im Rücken der deutschen Verteidiger stehenden Luftlandetruppen, die im Laufe des Tages ständig durch neue Fallschirmabsprünge und Lastenseglerlandungen verstärkt worden waren. Damit hatten die Alliierten – da noch immer keine deutschen Reserven herangebracht waren – sogar das zahlenmäßige und materialmäßige Übergewicht im Landungsraum, von der absoluten Luftherrschaft ganz zu schweigen.

Die nächsten Ziele waren klar: Vorstoß aus den Landeköpfen in Richtung Halbinsel Cotentin, um den für die weiteren Truppenlandungen wichtigen Hafen von Cherbourg zu erobern, und der Ausbruch in Richtung Caen, um aus dem hinter der Küste liegenden Heckengelände herauszukommen, in dem jeder Panzereinsatz fast unmöglich war.

Auf deutscher Seite setzte man nun alle Kräfte im Osten der Landungsstellen, bei Caen, an, weil ein Durchbruch in Richtung der französischen Hauptstadt Paris angenommen wurde. Diese Fehleinschätzung der alliierten Absichten stellte sich als ein Grund dafür heraus, daß den Truppen der Westmächte schließlich der Ausbruch aus der Normandie ins Innere Frankreichs gelang. Zwar wollten die Briten tatsächlich Caen erobern, aber nicht, um von dort nach Paris weiterzumarschieren, sondern lediglich, um die Amerikaner zu entlasten und Gelände für den Einsatz ihrer Panzer zu gewinnen.

Die Amerikaner wollten nach der Eroberung der Halbinsel Cotentin und des Hafens Cherbourg an der Westküste der Halbinsel nach Süden vorstoßen, dort die deutschen Verteidigungslinien durchbrechen und von da aus, gewissermaßen von hinten, in das ungeschützte innere Frankreich vordringen. Aber das deutsche OKW hielt noch wochenlang, bis zum tatsächlich erfolgten Durchbruch der Amerikaner bei Avranches – der die Schlacht in der Normandie und auch den ganzen Krieg in Frankreich zugleich entschied –, an der Annahme eines Angriffes auf Paris und einer dazu nördlich der Seinemündung erfolgenden zweiten Invasion fest und versäumte so, die Reserven an die wirklich gefährdeten Stellen zu werfen. Bis zum 12. Juni, dem »D-Tag + 6«, waren schon 326 000 alliierte Soldaten gelandet worden, 5400 Flugzeuge befanden sich bereits auf provisorischen Startplätzen im Landeraum, ferner 104 000 Tonnen Kriegsmaterial. Allein in diesen sechs Tagen hatte die feindliche Luftwaffe, nahezu unbehindert, 35 000 Einsätze geflogen.

Am 16. Juni hatten die Amerikaner die Cotentin-Halbinsel abgeriegelt, am

20. Juni waren sie von der Abriegelungsstelle nach Norden bis Cherbourg vorgestoßen, am 26. Juni kapitulierte die Besatzung der Hafenstadt. Dieser Sieg allerdings nützte den Alliierten zunächst wenig, denn die wichtigen Kaianlagen waren gründlich zerstört worden, und es dauerte noch, bis der Hafen provisorisch wiederhergerichtet worden war. Bis Ende August fiel Cherbourg für die Entladung schweren Materials aus.

Rommel hatte bald erkannt, welches Ziel die Alliierten hatten. Er bemühte sich mit aller Macht, Verstärkungen in den Süden der Halbinsel Cotentin zu bringen und zugleich die Front dort bis zum Süden der Halbinsel zu begradigen. Aber beides gelang ihm nicht. Der Nachschub wurde entweder vom OKW im Osten des Invasionsraumes festgehalten, oder, soweit freigegeben, unterwegs von der feindlichen Luftwaffe vernichtet bzw. kam nur unter allergrößten Schwierigkeiten und stets zu spät an. Die Panzer hatten kaum Treibstoff und mußten deshalb auf die Bahn verladen werden. Im Umkreis von zweihundert Kilometern um den Kampfraum aber war durch die ständigen Bombenangriffe jeder Eisenbahnverkehr völlig unmöglich. Die Infanteriereserven mußten zu Fuß in die Einsatzräume marschieren; wenn sie eintrafen, fehlten Artillerie, schwere Waffen und Verpflegungseinheiten.
Die Lage wurde immer unhaltbarer. Am 17. Juni traf sich Hitler auf mehrfaches Drängen in der Nähe von Soissons mit den Marschällen Rundstedt und Rommel. Hitler verweigerte die von Rom-

Trotz der Materialüberlegenheit der Gegner und des taktischen Wirrwarrs in der eigenen Führung leisteten die Landser erbitterten Widerstand (Bild oben: schwere Kompanie einer SS-Panzerdivision in Fliegertarnung). Doch die alliierten Jagdbomber („Jabos") waren der Hammer, der alles zerstörte und den Amerikanern bei Avranches das Tor zur Straße in den Sieg aufstieß.

Bei Tag war kaum eine Bewegung der deutschen Truppe möglich. Sie endete in den Deckungslöchern (Bild rechte Seite).

mel geforderte Räumung der Halbinsel Cotentin und die von Rundstedt unterstützten Frontbegradigungen bei Caen. Er beschwor die beiden Marschälle, noch kurze Zeit auszuhalten, und sprach von ganzen Geschwadern der neuen Düsenjäger Me 262, die in Kürze eingesetzt werden sollten und denen dann bald die Luftherrschaft gehören würde. Er fabelte von dem bevorstehenden Einsatz der »Vergeltungswaffen«, der V 1, und davon, daß bald Verstärkungen in großer Zahl eintreffen würden.

Rommel machte seinem Herzen Luft und gab Hitler zu verstehen, daß er von derartigen Versprechungen nicht mehr viel halte. Er sagte, was er bei dem durch die Invasion verhinderten Besuch im Führerhauptquartier schon sagen wollte, und stellte die Forderung nach Beendigung des Krieges. Hitler entgegnete wütend, Rommel solle sich nicht um so große Probleme, sondern um seine Invasionsfront kümmern.

Für den übernächsten Tag sagte er zu, auch eine Anzahl von Frontkommandeuren zu hören. Die Besprechung sollte im Hauptquartier der Heeresgruppe

Schwierige Lage in der Normandie
Denkschrift Erwin Rommels an Hitler, 15.7.1944

Die Lage an der Front der Normandie wird von Tag zu Tag schwieriger, sie nähert sich einer schweren Krise.

Die eigenen Verluste sind bei der Härte der Kämpfe, dem außergewöhnlich starken Materialeinsatz des Gegners, vor allem an Artillerie und Panzern, und der Wirkung der den Kampfraum unumschränkte beherrschenden feindlichen Luftwaffe derart hoch, daß die Kampfkraft der Divisionen sehr rasch absinkt. Ersatz aus der Heimat kommt nur sehr spärlich und erreicht bei der schwierigen Transportlage die Front erst nach Wochen...

Die neu zugeführten Divisionen sind kampfungewohnt und bei der geringen Ausstattung mit Artillerie, panzerbrechenden Waffen und Panzernahbekämpfungsmitteln nicht im-stande, feindliche Großangriffe nach mehrstündigem Trommelfeuer und starken Bombenangriffen auf die Dauer erfolgreich abzuwehren. Wie die Kämpfe gezeigt haben, wird bei dem feindlichen Materialeinsatz auch die tapferste Truppe Stück für Stück zerschlagen.

Die Nachschubverhältnisse sind durch Zerstörung des Bahnnetzes, die starke Gefährdung der Straßen und Wege bis zu 150 km hinter die Front durch die feindliche Luftwaffe derart schwierig, daß nur das Allernötigste herangebracht werden kann und vor allem mit Artillerie- und Werfermunition überall äußerst gespart werden muß.

Neue nennenswerte Kräfte können der Front in der Normandie nicht mehr zugeführt werden. Auf der Feindseite fließen Tag für Tag neue Kräfte und Mengen von Kriegsmaterial der Front zu. Der feindliche Nachschub wird von der eigenen Luftwaffe nicht gestört. Der feindliche Druck wird immer stärker.

Unter diesen Umständen muß damit gerechnet werden, daß es dem Feind in absehbarer Zeit – 14 Tage bis drei Wochen – gelingt, die dünne eigene Front, vor allem bei der 7. Armee, zu durchbrechen und in die Weite des französischen Raumes zu stoßen. Die Folgen werden unübersehbar sein.

Die Truppe kämpft allerorts heldenmütig, jedoch der ungleiche Kampf neigt dem Ende entgegen. Ich muß Sie bitten, die Folgerungen aus dieser Lage unverzüglich zu ziehen. Ich fühle mich verpflichtet, als Oberbefehlshaber der Heeresgruppe dies klar auszusprechen.

B stattfinden. Aber Hitler erschien am 19. Juni nicht. Mit seinem untrüglichen Instinkt schien er die Gefahr gewittert zu haben, die ihn dort erwartete: seine Verhaftung.

Die Verschwörer gegen Hitler, die sich der Mitwirkung Rommels versichert hatten, deren Kern schon längst nicht mehr aus den entschlußlosen Diskutierern der vergangenen Jahre bestand, wollten Hitler festsetzen. Rommel hatte sich entschieden geweigert, einem Attentat auf Hitler zuzustimmen, bei dem dann außerdem auch noch Unschuldige ihr Leben lassen müßten. Er hatte sich damit durchgesetzt, Hitler zu verhaften und danach vor ein ordentliches Gericht zu stellen. Anders, so meinte er, konnte man das deutsche Volk, das zu einem großen Teil noch immer Hitler vertraute, nicht von der Rechtmäßigkeit des eigenen Handelns überzeugen. Daraus wurde nun nichts, weil Hitler wieder nicht in eine für ihn vorbereitete Falle ging.

In der Nacht zum 1. Juli rief Generalfeldmarschall Keitel aus dem Führerhauptquartier den Marschall Rundstedt an, um einen Lagebericht zu verlangen. Rundstedt gab ein ungeschminktes Bild und sparte auch nicht mit Kritik an der obersten Führung. Keitel war erschüttert und fragte verzweifelt: »Ja, aber was sollen wir denn tun?« Der Aristokrat Rundstedt, den manche schon für verkalkt hielten, antwortete zornig: »Was ihr tun sollt? Schluß machen sollt ihr, ihr Idioten!«

Am Tag darauf wurde Rundstedt als OB West abgesetzt und durch Feldmarschall Kluge ersetzt. Kluge kam mit neuem Elan und war überzeugt, die Lage in den Griff zu bekommen. Rommels pessimistische Lagebeurteilung wollte er nicht gelten lassen; es kam zu einer Auseinandersetzung zwischen den beiden Marschällen. Wenige Tage später schon änderte Kluge seine Auffassung, nachdem er sich selbst ein Bild von der wirklichen Lage gemacht hatte: Sie entsprach nicht im mindesten Hitlers Illusionen.

Unter härtesten Kämpfen schoben sich die Amerikaner an den nördlichen Stadtrand von St. Lo heran. Gelang hier der Durchbruch, war die Katastrophe da. Am 15. Juli gab Rommel Feld-

marschall v. Kluge eine Denkschrift für Hitler, in der er wiederum verlangte, dieser müsse die Folgerungen aus dem Erlahmen der Abwehrkraft im Westen ziehen. Handele Hitler auch jetzt nicht, äußerte er, werde er handeln. Am 16. Juli schickte er Hitler einen Funkspruch, der mit den Worten schloß: »Die Truppe kämpft allerorts heldenmütig, jedoch neigt sich der ungleiche Kampf dem Ende entgegen. Es ist meines Ermessens nötig, die Folgerungen aus dieser Lage zu ziehen. Ich fühle mich als Oberbefehlshaber der Heeresgruppe verpflichtet, dies klar auszusprechen.« Ursprünglich hatte es heißen sollen, Hitler müsse die »politischen« Folgerungen ziehen. Doch war dies verfängliche Adjektiv in letzter Minute gestrichen worden, um Hitler nicht vorzeitig zu Gegenmaßnahmen gegen Rommel zu veranlassen. Einen Tag später besuchte Rommel die Front im Sektor südlich von Caen. Auf der Rückfahrt geriet sein Wagen auf der Straße zwischen Livaroth–Vimoutiers in der Nähe der Ferme Montgomery, angeblich einem früheren Stammsitz der Familie seines großen britischen Gegners, in einen feindlichen Tieffliegerangriff. Der Fahrer wurde getötet, der Feldmarschall wurde schwer verletzt und aus dem Wagen auf die Straße geschleudert, wo er mit vierfachem Schädelbruch bewußtlos liegenblieb, so daß man ihn anfangs für tot hielt. Damit schied jener Mann vom Schauplatz der Ereignisse, dessen Name, dessen unantastbare Persönlichkeit, einzig und allein dessen großes Prestige dem geplanten Staatsstreich in den Augen der breiten Massen wie denen der Front als Rechtfertigung hätte dienen können. Der vielleicht aufgrund seiner Popularität zunächst provisorisch als Oberhaupt der Wehrmacht die Führung der Staatsgeschäfte hätte übernehmen und das politische Vakuum füllen können, das durch die Beseitigung Hitlers für das deutsche Volk entstehen mußte.

Der Umsturzversuch, zu dem sich die deutsche Militäropposition dann vier Tage später, am 20. Juli, durchrang, stand damit unter der schweren Hypothek, daß ihm die große, dem Volk bekannte Führungsfigur fehlte.

Den alliierten Plänen zufolge sollte in der dritten Juliwoche die entscheidende Phase der Operation »Cobra«, des Ausbruches aus der Landezone, beginnen. Einem Angriff im Raum von Evrecy südwestlich Caen sollte in der dem Durchschnittsamerikaner so geläufigen Boxersprache ein »linker Haken« östlich und südlich von Caen folgen. Darauf sollten die Amerikaner auf der Cotentin-Halbinsel zu einer »kraftvollen Rechten« westsüdwestlich von St. Lo ausholen, auf Coutances durchstoßen und die Bewegung auf Avranches am Séefluß, an der Bai de Michel, dem Tor zur Bretagne, ausschwingen lassen. Nordwestlich St. Lo wurde Périers, südwestlich Marigny genommen. General George Pattons 3. Armee wurde auf der Cotentin-Halbinsel eingeschoben. Bradley formierte seine 12. Armeegruppe um, gab die 1. Armee an General Hodges ab. Bereits am 18. Juli waren britische Truppen östlich

Caen zum Angriff angetreten, wo sie auf die bereits schwer mitgenommene 16. Luftwaffenfelddivision und die 21. Panzerdivision trafen, die jeden Fußbreit Boden noch immer zäh verteidigten. Die »Panther«-Panzer der »Leibstandarte« unter SS-Brigadeführer Wisch griffen in den Kampf ein und brachten die britischen Panzer noch einmal zum Stehen.

Heftige Regenfälle, die das Gelände für Panzer ungängig machten, verzögerten General Bradleys Angriffsvorbereitungen bei St. Lo. Unterdes gab Hitler endlich, um sieben Wochen zu spät, die Divisionen der 15. Armee im Pas de

Am 22. Juli 1944 lief die folgende Meldung aus dem Ticker: „Auf den Führer wurde am 20. Juli ein Sprengstoffattentat verübt. Unser Bild zeigt vorn den Duce, den Führer und Generaloberst Loerzer nach dem Attentat." (Bild linke Seite). Maßgeblich verantwortlich für diese sensationelle Nachricht war Claus Graf Schenk von Stauffenberg (Bild oben), der versucht hatte, Hitler in seinem Hauptquartier in Ostpreußen mittels einer Bombe zu beseitigen. Das Attentat war fehlgeschlagen – der Krieg ging bis Mai 1945 weiter und forderte noch Millionen Menschenleben.

Calais frei. Doch sie kamen für die Entscheidung zu spät. Geschlossene Bahntransporte waren nur unter größten Schwierigkeiten und zeitraubenden Umleitungen möglich. Teilweise mußten die Infanterieeinheiten im Fußmarsch verlegt werden. General Schwalbes 344. Division, etwa 8000 Mann stark, sollte von der Sommemündung in den Raum von Falaise gelegt werden. Während die Trosse im Eigenmarsch bewegt wurden und planmäßig innerhalb der vorgesehenen Zeit ihren Bestimmungsraum erreichten, brauchten die Kampfeinheiten, die mit der Eisenbahn transportiert werden sollten, infolge der Zerstörungen im Bahnwesen und dauernder Fliegerangriffe allein neun Tage, bis sie den Raum Rouen erreichten. Die Schwierigkeiten hatten sich ins Groteske gesteigert.

An der Kanalküste wurden im Reich neuaufgestellte Divisionen aus zwangsgemusterten Landesschützen und volksdeutschem Ersatz eingesetzt. Sie waren nur ungenügend beweglich, ohne ausreichende Trosse und nur mit schwacher Artillerie versehen. Die Masse der Panzerverbände blieb im Raum Caen versammelt, da man im Führerhauptquartier hier den feindlichen Hauptangriff erwartete. Am 25. Juli traten General Bradleys Infanterie und Panzer zum Angriff an. Bereits am Vortag hatte ein amerikanischer Bomberverband durch Kurzwurf die eigene Infanterie schwer getroffen, an diesem Tag ereignete sich der gleiche Vorfall: Teppichwürfe der 9. taktischen Luftflotte trafen in die eigene Infanterie und töteten den Inspekteur der amerikanischen Landstreitkräfte, der den Vormarsch begleitete, um Ausbildungserfahrungen zu sammeln. Trotz dieser Mißgeschicke ging der Vormarsch weiter. General Hodges 1. Armee stieß auf Coutances durch. Teile von drei deutschen Infanterie- und zwei Panzerdivisionen wurden nördlich der Stadt abgeschnitten. Am 30. Juli brachen amerikanische Panzer bis Avranches durch. Ein Gegenstoß von zwei hastig aus dem Sektor von Caen abgezogenen Panzerdivisionen kam zu spät. Mit der Einnahme von Avranches war Rennes bedroht, das große Eingangstor zur Bretagne, die bretonischen U-Bootbasen Brest, Lorient und St.

Nazaire liefen Gefahr, abgeschnitten zu werden, die Truppen auf den Kanalinseln waren blockiert. Gleichzeitig stand den Amerikanern jetzt der Weg in die mittelfranzösischen Departements offen, der Weg an die Loire wie nach Paris. Mit Avranches als Drehpunkt schwenkte General Patton mit starken Panzerkräften nach Osten auf Mortain ein; damit zeichnete sich für die in der Manche und im Department Orne fechtenden Verbände der 7. Armee und der 5. Panzerarmee die Gefahr der Einkesselung ab, da die Operation Pattons mit einem britisch-kanadischen Angriff in Richtung auf Falaise weit südlich Caen gekoppelt wurde. Die Amerikaner teilten ihre Verbände in zwei Gruppen, die stärkere stieß in Richtung Mortain, Argentan, Alençon, Chartres, also in den Raum östlich von Paris, vor, eine schwächere Gruppe erhielt weit im Süden Bordeaux als Ziel zugewiesen.

Feldmarschall v. Kluge sah sich vor die gleiche Alternative gestellt wie sein Vorgänger Rundstedt. Militärisch gesehen blieb nur mehr die Aufgabe der Mittelmeerfront, die Konzentration aller noch verfügbaren Kräfte im Hauptkampfraum, die rechtzeitige Ausscheidung beweglicher Reserven zum Aufbau einer rückwärtigen Linie an der Seine. General Speidel meldete den Zusammenbruch der linken Flanke der Heeresgruppe B. Teile der 7. Armee versuchten, nach Süden auszubrechen. Kluge befahl zunächst, alle Standorte zu halten, und erbat eine Aussprache mit Generaloberst Jodl. Verzweifelt rief er General Warlimont im Führerhauptquartier an, um ihn über den Ernst der Situation ins Bild zu setzen. Von insgesamt 1400 Panzern im Westen waren 750 ausgefallen.

Noch am 31. Juli erschien Warlimont ungeachtet der gesundheitlichen Schäden, die er durch das Attentat am 20. Juli in der Wolfsschanze erlitten hatte, im Westen. Aber er brachte Kluge keinen Trost und keine Hoffnung. Hitler wünschte jetzt die Versammlung aller verfügbaren Kräfte an der normannisch-bretonischen Front. Das Einschwenken amerikanischer Teilkräfte gegen Dinan und Rennes in westlicher Richtung in die Bretagne hinein schien ihm Gelegenheit zu bieten, von Mortain aus mit allen vorhandenen Panzerkräften in Pattons Zangenbewegung hineinzustoßen. Sechs Panzerdivisionen unter General Eberbach wurden dafür zusammengefaßt; sie sollten verhindern, daß der Gegner Operationsfreiheit gewann. SS-Obergruppenführer Hausser sollte wieder zur Küste durchbrechen. Eine Woge mystischer Zuversicht erfüllte Hitler. Den Reichs- und Gauleitern der Partei, die am 4. August ins Führerhauptquartier beschieden wurden, erklärte er wörtlich: »Ich habe gerade durch den 20. Juli eine Zuversicht bekommen wie noch nie in meinem Leben!« Feldmarschall v. Kluge im Westen aber hatte keine Zuversicht mehr. Er wollte auf die Seine zurückgehen, solange es Zeit war, und gleichzeitig die Heeresgruppe G auf die Loire-Linie zurücknehmen. Er fürchtete den völligen Verschleiß seiner letzten Panzerverbände und die Entblößung des Sektors von Caen im Rücken der Angriffsfront von Eingreifdivisionen. Der Kommandierende General des 1. SS-Panzerkorps, SS-Obergruppenführer Joseph Dietrich, teilte diese Bedenken vollauf. Aber Kluge bemerkte resigniert: »Es ist ein Führerbefehl.«

Am 7. August 1944 begann der letzte große deutsche Angriff mit fünf Panzerdivisionen und etwa 400 Panzern. In den ersten Stunden erzielte der Stoß der Panzer in Richtung Avranches gute Erfolge, nur eine einzige amerikanische Division, die 30. unter General Leland Hobb, stand zwischen den Panzern und der See. Am 8. August griffen jedoch amerikanische Verstärkungen, zwei Infanterie- und eine Panzerdivision, ein. Unter schwersten Tiefliegerangriffen von »Typhoons«, Jagdbombern mit Raketengeschossen, vermochten die Panzer ihre Einbruchstellen nicht zu erweitern. Bei der 116. Panzerdivision blieb der Angriff liegen, auch des Generals Walther Frhr. v. Lüttwitz 2. Panzerdivision, die die größten Anfangserfolge zu verzeichnen hatte, erlahmte. Gleichzeitig begann südlich Caen der Großangriff der 1. kanadischen Armee mit zwei Panzer- und zwei Infanteriedivisionen, die mit gepanzerten Fahrzeugen, »Känguruhs«, transportiert wurden. Vorauf flogen 1500 schwere Bomber einen Massenangriff. Die Kanadier

Je „älter" der Krieg wurde, desto mehr junge Gesichter sah man auf deutscher Seite. Bild oben: Hitlerjungen, die sich freiwillig zum Kriegsdienst bei der 12. SS-Panzerdivision (Landserjargon: „Baby-Division") gemeldet hatten. Feldmarschall von Rundstedt sagte bei einer Besichtigung:

„Es ist eine Schande, daß diese blindlings ergebene Jugend einer so aussichtslosen Sache geopfert wird." Der Erkenntnis, daß „die Sache" aussichtslos war, konnte sich spätestens seit der Invasion niemand mehr verschließen, der über militärischen Sachverstand verfügte.

Bild rechte Seite: Auch Generalfeldmarschall Hans Günther von Kluge konnte sich als Oberbefehlshaber West von der völligen Sinnlosigkeit weiteren Widerstands gegen die Alliierten überzeugen.

Wegen des Verdachts der Verbindung zu den Verschwörern des 20. Juli seines Postens enthoben, beging Kluge am 18. August 1944 Selbstmord.

stießen auf die Reste der 12. SS-Panzerdivision »Hitlerjugend« und die aus Norwegen herangeholte 89. Infanteriedivision. Die Division »Hitlerjugend« und 8,8-cm-Flakbatterien brachten die kanadische und die polnische Panzerdivision am Rand des Liaisonbaches noch einmal zum Stehen, rund 150 »Sherman«-Panzer wurden abgeschossen. Während bei Avranches das VII. US-Korps den deutschen Panzerangriff aufhielt, stießen Teile der Armee Pattons, vor allem das IV. Korps, bereits östlich von Mortain und südlich Falaise auf die Linie Argentan–Alençon vor. Zwischen dem 9. und 10. August mühte sich Kluge noch immer, den Angriff der Panzer General Eberbachs wieder in Gang zu bringen. Es war vergebens. Am 9. August erschienen amerikanische Panzer 80 Kilometer östlich der deutschen Angriffspositionen in Le Mans, wo sich das Hauptquartier der 7. Armee befunden hatte. Eisenhower befahl General Bradley, nach Norden auf Argentan einzuschwenken, um die Vereinigung mit den auf Falaise vorgehenden Kanadiern und Polen zu bewirken und die Tasche von Mortain–Falaise zu schließen. Um den 11. August gab es die ersten Anzeichen des Zusammenbruches bei der 7. Armee. Rund 250 000 Mann deutscher Truppen waren im Raum Sourdeval–Domfront–Falaise-

Ein Heerführer gibt auf

Abschiedsbrief des Generalfeldmarschalls v. Kluge an Hitler, 18.8.1944

Ich kann den Vorwurf, das Schicksal des Westens durch falsche Maßnahmen besiegelt zu haben, nicht tragen, habe auch keine Mittel, mich zu verteidigen. Ich ziehe mithin die Konsequenzen und begebe mich dahin, wo schon Tausende meiner Kameraden sind. Den Tod habe ich nie gefürchtet. Das Leben hat für mich, der ich auch als Kriegsverbrecher auf der Auslieferungsliste stehe, keine Bedeutung mehr...

Mein Führer, ich glaube für mich in Anspruch nehmen zu dürfen, daß ich das letzte meiner Kraft hergab, um der Lage gerecht zu werden. Zu meinem Zusatzschreiben zu der Denkschrift Feldmarschall Rommels, die ich Ihnen s.Zt. übersandte, wies ich bereits auf die mögliche Entwicklung der Lage hin. Wir beide, Rommel und ich, und wohl alle Führer hier im Westen, die den Kampf mit den das Material beherrschenden Engl. Amerik. kannten, sahen die jetzt eingetretene Entwicklung voraus. Wir sind nicht gehört worden. Unsere Auffassungen waren nicht vom Pessimismus diktiert, sondern von der nüchternen Erkenntnis der Dinge. Ich weiß es nicht, ob der überall bewährte Feldmarschall Model die Lage noch meistern wird. Ich wünsche es ihm von Herzen. Sollte es aber nicht der Fall sein und Ihre neuen heißersehnten Kampfmittel, insbes. die der Luftwaffe, nicht durchschlagen, dann, mein Führer, entschließen Sie sich, den Krieg zu beenden.

Es muß Wege geben, dieses zu erreichen und vor allem zu erreichen, daß das Reich nicht dem Bolschewismus verfällt. Die Haltung eines Teils der im Osten gefangenen Offiziere ist mir stets ein Rätsel geblieben. Mein Führer, ich habe stets Ihre Größe, Ihre Haltung in diesem gigantischen Kampf und Ihren eisernen Willen, sich und den Nationalsozialismus zu erhalten, bewundert. Wenn das Schicksal stärker ist als Ihr Wille und Ihr Genie, so ist das Fügung. Sie haben einen ehrlichen, ganz großen Kampf gekämpft. Die Geschichte wird Ihnen das bescheinigen. Zeigen Sie nun auch die Größe, die notwendig sein wird, wenn es gilt, einen aussichtslos gewordenen Kampf zu beenden.

Ich scheide von Ihnen, mein Führer, der ich Ihnen innerlich näher stand, als Sie vielleicht geahnt, in dem Bewußtsein, meine Pflicht bis zum äußersten getan zu haben.

Argentan von der Einschließung bedroht. Während die 1. amerikanische Armee die Aufgabe übernahm, den Kessel zu schließen, verstärkte General Patton mit der 3. Armee seinen Druck in Mittelfrankreich und ging auf Tours, Dreux und Orléans vor, General Walker mit dem XX. Korps setzte zum Rennen auf die Seine an. In Mittelfrankreich stand nichts mehr außer dem Netz der Feldkommandanturen mit ihren Feldgendarmerietrupps und schwachen Sicherungsverbänden, rückwärtigen Diensten, den Bodenformationen der Luftwaffe und zahllosen Verwaltungseinheiten, »OT«-Formationen und wirtschaftlichen Dienststellen, ständig bedroht von den überall auftauchenden Maquisverbänden des französischen Widerstands. Die Bodenformationen der Luftwaffe hatten vielfach ihre Handfeuerwaffen infolge des Waffenmangels an die kämpfende Truppe abgeben müssen, so daß sie nicht mehr über die notwendige Verteidigungskraft verfügten. Eine Welle der Panik flutete durch Mittelfrankreich, der Zusammenbruch begann und verwandelte sich vielerorts in Flucht.

Bei einer Frontfahrt Feldmarschalls v. Kluge, bei der durch Artilleriebeschuß seine motorisierte Funkstelle ausfiel, blieb er zeitweilig für das Führerhauptquartier verschollen. Hitler wußte aus den Berichten der Sonderkommission der Geheimen Staatspolizei, die mit einem Stab von vierhundert Köpfen an die Aufhellung des Attentates gegangen war, bereits, daß auch der Name Kluges unter den heimlichen Opponenten zu finden war. Er argwöhnte daher jetzt sofort, dieser wolle Verbindung mit dem Feind aufnehmen.

Am 16. August drangen kanadische Truppen in Falaise ein. Die Amerikaner erschienen in Argentan. Der Kessel, in dem die 7. Armee und die 5. Panzerarmee saßen, war jetzt nahezu geschlossen, nur ein etwa 45 Kilometer breites Loch blieb den deutschen Verbänden noch zwischen Falaise und Argentan zum Rückzug nach Westen über den Divesfluß zwischen Trun und Chambois. Am 17. August erschien überraschend Feldmarschall Model, versehen mit einem Handschreiben Hitlers, auf Kluges Gefechtsstand als neuer Oberbefehlshaber West und Oberbefehlshaber der Heeresgruppe B. Kluge wurde in die Heimat zurückbeordert. Er mochte jetzt selbst fürchten, daß man ihn wegen der Teilnahme an Besprechungen über einen etwaigen Staatsstreich zur Rechenschaft ziehen würde, schrieb einen letzten Brief an Hitler, in dem er ihn seiner unwandelbaren Treue versicherte – dies wohl nur mehr, um seine Familie vor Repressalien zu schützen! –, ihm jedoch riet, Frieden zu schließen, wenn die neuen Wunderwaffen nicht bald zum Einsatz gelangen könnten, und schied auf der Rückfahrt in der Gegend von Metz durch die Einnahme von Gift freiwillig aus dem Leben.

Zwischen Mortain und Falaise staken jetzt die Reste von vierzehn deutschen Divisionen in einem großen Kessel, das Gros der 7. und der 5. Panzerarmee, die in mehr als zweimonatigen schwersten Abwehrkämpfen nahezu Übermenschliches vollbracht hatten, nunmehr jedoch am Ende ihrer Kraft angelangt waren. Unter dauerndem Artilleriebeschuß, dauernden Tieffliegerangriffen und Erdkämpfen lösten sich die Verbände mehr und mehr auf. Einzelne Divisionskommandeure suchten mit scharfen Befehlen der zunehmenden Flut der Gerüchte und der Verzweiflung entgegenzutreten, es nutzte nichts mehr. Es nutzte auch nichts, daß der Kommandeur einer Fallschirmdivision in einem Tagesbefehl bekanntgab, »er werde jedem eine kleben, der am Endsieg zweifle«. Noch rang SS-Obergruppenführer Hausser um die Offenhaltung der Rückzugstraße im waldigen Tal der Dives. Die Verbände schmolzen immer stärker zusammen, die 2. Panzerdivision besaß von ihren 120 Panzern noch 15 gefechtsfähige Fahrzeuge. Endlich gelang es dem Gegner, bei Trun und Chambois den Sack fast vollständig zu schließen. Von Norden drängten Truppen der 1. kanadischen und der 2. britischen Armee die deutschen Verbände immer enger zusammen, von Süden verstärkte die 1. amerikanische Armee ihren Druck. Um den 20. August verwandelten sich die Versuche, aus dem Kessel auszubrechen, unter schwerstem Artilleriefeuer und Fliegerbombardement in regellose Flucht.

Einzelne Kommandeure schlugen sich mit Überbleibseln ihrer Divisionen noch durch, andere fielen oder gerieten in Gefangenschaft. Allein im Divestal deckten 10 000 bis 15 000 Tote, zahllose zerschossene Kraftfahrzeuge, Troßwagen und tote Pferde den Boden. Im Einverständnis mit Eisenhower schob General Bradley vier amerikanische Divisionen in den englischen Frontsektor ein. Sie sollten möglichst rasch auf das westliche Seineufer zwischen Rouen und Mantes vordringen, um den zerschlagenen deutschen Verbänden hier den Rückzug zu verlegen.

Am 22. August war der Zusammenbruch im Kessel vollständig. Zahlreiche Verbände streckten die Waffen, auch Überläufer fanden sich. Was aus dem Kessel entkommen war, waren zumeist ungeordnete Reste einzelner Divisionen oder schwache Kampfgruppen, die bestrebt waren, sich unter dauernden Nachhutgefechten auf das Ostufer der Seine durchzuschlagen. General Eberbach mühte sich, den Rückzug in geregelte Bahnen zu leiten.

Feldmarschall Model hatte anfangs die Absicht gehabt, die Seine zu halten. Mit seiner Härte und Entschlossenheit, seinem Geschick in der Behandlung des einfachen Mannes und jener Grobheit und Rücksichtslosigkeit, die ihn bei vielen höheren Offizieren so unbeliebt machte, hatte er, unterstützt durch ein unerschütterliches Selbstvertrauen, im Osten manch verzweifelte Lage gemeistert. Trotz seiner Generalstabserziehung und seines Einglases erschien dieser Mann, der so hart gegen sich wie gegen andere sein konnte, manchem als Abbild eines Revolutionsmarschalls. Allein die Politik war ihm ein Buch mit sieben Siegeln, der nationalsozialistische Volksführer Hitler war für ihn im letzten unverständlich. Für ihn war Hitler nur der Oberste Kriegsherr, den er manchmal bewunderte, dem er manchmal scharf in militärischen Fragen widersprach, dessen Befehlen er auch da zuwiderhandelte, wo ihm seine Meinung die richtigere zu sein schien, aus dem er aber in jedem Fall angesichts des gnadenlosen Gegners im Osten als Armee- und Heeresgruppenführer das herausholen wollte, was die Lage forderte. Allein jetzt versagte auch seine so vielbewährte Improvisationsgabe.

Im allgemeinen hatte zunächst die Idee bestanden, nördlich von Paris mit zwei Infanteriedivisionen und einer Luftwaffenfelddivision der 15. Armee eine Auffangstellung an der Seine zu bilden. Vier andere Divisionen sollten die Seine oberhalb von Paris decken. Die Befehlsführung und Übermittlung war indes bereits so verworren, daß beispielsweise der Kommandeur der 344. Division, die unterhalb von Paris eingesetzt werden sollte, keinen klaren

Nach dem Durchbruch der Amerikaner bei Avranches am 1. August bahnte sich Mitte August mit der Einschließung starker deutscher Kräfte bei Falaise die nächste Katastrophe an. 120.000 Mann saßen im Kessel, der am 22. August nach schwerstem Artilleriefeuer zusammengedrückt wurde. Falaise (Bild rechte Seite: nach der Kesselschlacht) markierte den endgültigen Sieg der Alliierten an der Invasionsfront.

Bild oben: Generalfeldmarschall Model, als „Meister der Defensive" bekannt, wurde wegen des Desasters im Westen als Oberbefehlshaber der Heeresgruppe B von der Ostfront nach Frankreich abkommandiert.

Auftrag mehr bekam. Amerikanische Panzerspitzen erschienen schon am 19. August vor Mantes an der Seine, die Seinebrücken gerieten in feindliche Hand. Zum Nachfolger des in den Umsturzversuch vom 20. Juli verwickelten Generals Karl-Heinrich von Stülpnagel war als Militärbefehlshaber Frankreich der General der Flieger Kitzinger ernannt worden, der zuvor in der Ukraine gewesen war und die Verhältnisse im Westen überhaupt nicht kannte. Er hatte den Auftrag, quer durch Frankreich von der Kanalküste bei Abbeville über Amiens, Soissons, Epernay, Châlons, St. Dizier, das Plateau von Langres an der Marne bis nach Besançon (von wo die Schweizer Grenze relativ nahe ist) eine Verteidigungslinie aufzubauen, die sogenannte Kitzinger-Linie, von der man sich im engsten Kreise Hitlers Wunderdinge versprach. Theoretische Überlegungen hinsichtlich des Aufbaues solcher rückwärtigen Abwehrfront waren bereits 1943 zeitweilig beim Oberbefehlshaber West angestellt worden, obwohl sie damals leicht höheren Ortes als Defätismus ausgelegt werden konnten. Praktische Vorkehrungen waren indes nur im Raum Abbeville–Amiens getroffen. Voraussetzung für den Ausbau der Kitzinger-Linie, für die es an Material wie an Arbeitskräften fehlte, war, daß es gelang, an der Seine den Gegner für mindestens eine Woche aufzuhalten und Paris zu behaupten, so daß es möglich wurde, die eigenen Verbände neu zu ordnen. Sowohl Generalfeldmarschall Model als auch die beiden Stabschefs, die Generale Blumentritt und Speidel, hatten zur Stunde keinen Überblick mehr und konnten ihn nicht mehr haben.

An Stelle des bisherigen Kommandanten von Groß-Paris, Generalleutnant v. Boineburgk-Lengsfeld, der in eine Untersuchung über die Vorgänge des 20. Juli verwickelt war, wurde Anfang August General Dietrich v. Choltitz zum »Kommandierenden General und Wehrmachtbefehlshaber Groß-Paris« ernannt. Zuvor hatte er in der Normandie als Nachfolger des gefallenen Generals Marcks das LXXXIV. Korps geführt, das mit seinen ausgebluteten Divisionen schließlich nicht mehr den Durchbruch des Gegners bei Coutances hatte verhindern können. Hitler hatte ihn zu sich befohlen und ihm aufgetragen, Paris als Etappenstadt von allen unzuverlässigen Elementen zu säubern und mit allen Mitteln gegen Aufstandsbewegungen zu sichern. Er hatte ihm versichert, er erhalte die Rechte des Kommandanten einer angegriffenen Festung. Choltitz waren seit Stalingrad Zweifel an Hitlers Gaben gekommen. Jetzt wurde er vollends an ihm irre, als er Hitler nach dem Attentat sah: einen gebrochenen, zitternden, grauhaarigen Mann, der gleichwohl unerschütterlich von einer neuen Offensive, von der Vortrefflichkeit seiner Parteiorganisation sprach und schließlich sich in eine krankhafte Erregung steigerte, als er auf den Mordanschlag zu sprechen kam, und ihm versicherte, die beteiligten Generale würden »baumeln«.

Seit Anfang August herrschte eine höchst gespannte Lage in Paris, der Metropole, in der noch die Stäbe des Militärbefehlshabers, des höchsten Luftwaffenbefehlshabers und des Marinegruppenkommandos West saßen, wiewohl sich diese bereits zum Aufbruch rüsteten. Drei von den vier ursprünglich vorhandenen Sicherungsregimentern waren bereits in die Normandie-Schlacht geworfen worden und dort zugrunde gegangen. Choltitz standen nur mehr ein Sicherungsregiment, ein sogenanntes bewegliches Bataillon mit zwei Radfahrkompanien und einer Kompanie mit alten französischen Straßenpanzerwagen, eine kleine Panzerabteilung und die Batterien der Flakverteidigung, die von blutjungen Arbeitsdienstmännern bedient wurden, zur Behauptung der Stadt gegen äußere und innere Gegner zur Verfügung. General Kitzinger befahl ihm, die Stadt unter allen Umständen zu halten und ihre Verteidigung im Vorgelände zu organisieren. Dafür wurden zwei Verteidigungsringe geschaffen, der äußere wurde nicht ihm, sondern dem bisherigen Befehlshaber Nordwestfrankreich, General der Infanterie Vierow, unterstellt, der dienstälter war. Feldmarschall v. Kluge ordnete indes an, diese Trennung wieder aufzuheben, und beauftragte Choltitz mit der Leitung der gesamten Verteidigung.

In der Stadt häuften sich Zusammenstöße, Überfälle auf einzelne Soldaten und Schießereien. Ein Demonstrationsmarsch aller zufällig oder vorübergehend in der Stadt anwesenden Truppen hatte nur eine rasch verfliegende Wirkung, da die Truppen durchweg an die Front geworfen wurden. In einzelnen Stadtteilen begann der Bau von Barrikaden. Unter der französischen Polizei rief eine Widerstandsgruppe zum Streik auf, die Haltung der Wachtruppe der Vichyregierung wurde unsicher. Am 14. August gab der Leiter der Untergrundbewegung von Paris, Alexandre Parodi, das Signal zum Aufstand. Die Schutzleute legten den Dienst nieder. Eine Gruppe bewaffneter Polizei stürmte in der Nacht zum 18. August die Präfektur und verhaftete den vichytreuen Präfekten von Paris. Mit den vorhandenen Kräften konnte General v. Choltitz weder die Ruhe im gesamten Stadtgebiet wiederherstellen noch sich wirksam gegen die herannahenden amerikanischen Panzerverbände verteidigen, es sei denn, er entschloß sich zum Verzweiflungskampf und verschanzte sich unter Heranziehung aller irgend greifbaren Soldaten im Stadtkern und verwandelte die Seinemetropole in ein

Trümmerfeld, um auf diese Weise zunächst eine Anzahl feindlicher Divisionen beim Vormarsch zu binden. In diesem Sinn jagte nun Hitler Befehle hinaus, Befehle, die Choltitz jeglicher Vernunft und soldatischen Ehre zuwiderzulaufen schienen. Nach Choltitz' eigenen Worten hielt er ihn nur mehr für einen »hoffnungslosen Narren«, der sich selbst und alle anderen betrog. Mündlich ließ ihn auch der Oberbefehlshaber West wissen, daß Paris geschont werden solle.

Gleichwohl erhielt Choltitz Befehl, die Pariser Industrie durch Sprengungen zu lähmen und die Seinebrücken zu zerstören. Ein Spezialstab von Sprengfachleuten erschien in Paris, ein Pionierbataillon der 91. Luftlandedivision wurde in die Stadt gelegt. Choltitz

Am 14. August 1944 gab die Untergrundbewegung von Paris das Signal zum allgemeinen Aufstand (Bild oben: Résistancekämpfer im Barrikadenkampf). General Dietrich von Choltitz, der deutsche Stadtkommandant, hatte Befehl, die Rebellion erbarmungslos zu ersticken und Paris bis zum letzten Mann gegen die anrückenden Alliierten zu verteidigen. Choltitz ignorierte die Anordnungen Hitlers, da er den Krieg als verloren, weitere Opfer als sinnlos und die Zerstörung von Paris als Barbarei ansah (Bild rechte Seite: Choltitz bei der Unterzeichnung der Übergabe der Stadt am 25. August).

Die Rettung von Paris

Aufzeichnung des Generals Dietrich von Choltitz, 22.8.1944

»Paris ist in ein Trümmerfeld zu verwandeln. Der Kommandierende General hat es bis zum letzten Mann zu verteidigen und geht, wenn nötig, unter den Trümmern unter.«

Ich entsinne mich meiner Empfindungen genau, die mir dieser Befehl verursachte: ich schämte mich. Noch vier Tage früher hätte man vielleicht den sachlichen Teil dieses Befehls entgegennehmen können. Doch die Lage, von der er ausging, war durch die Ereignisse längst überholt. Der Gegner befand sich in zügigem Vorgehen von Süden her mit Spitzen ostwärts von Paris. Er hatte die Brücke von Melun forciert. Uns standen überhaupt keine Divisionen, geschweige denn Armeen mehr zur Verfügung. Die 1. Armee bestand aus zersprengten Resttruppen von ganz geringer Stärke und besaß keine nennenswerte Kampfkraft. Ich selbst hatte keine Truppen, um, wie die Lage nun war, in Paris nachhaltig gegen feindliche Panzerdivisionen zu kämpfen. Der ganze Befehl stand nur auf dem Papier und hatte keinerlei militärischen Wert. Doch welche Niedertracht, welcher Haß, welcher entsetzliche Gegensatz zu den althergebrachten Kampfformen sprach aus dem Satz: »Paris ist in ein Trümmerfeld zu verwandeln.« Ich steckte den Befehl zu mir und zeigte ihn nur meinem Freunde, Oberst Jay. Schließlich rief ich nach längerer Überlegung den Chef des Stabes der in der Nähe von Cambrai liegenden Heeresgruppe, Generalleutnant Speidel, an. Ich kannte ihn von Osten her. Er war immer in großen, wichtigen Stellungen gewesen, die er militärisch und menschlich stets sehr gut ausgefüllt hatte.

Es entwickelte sich folgendes Gespräch: »Vielen Dank für den schönen Befehl.« – »Welchen Befehl, Herr General?« – »Nun, den Trümmerfeldbefehl. Ich darf Ihnen sagen, was ich angeordnet habe. Ich habe drei Tonnen Sprengstoff in die Notre-Dame bringen lassen, zwei Tonnen in den Invalidendom, eine Tonne in die Deputiertenkammer. Ich bin gerade dabei, den Arc de Triomphe wegen des Schußfeldes zu sprengen.« Ich höre Speidel am anderen Ende der Leitung tief Atem holen. »Es ist Ihnen doch recht, lieber Speidel?« Darauf Speidel zögernd: »Jawohl, Herr General...« – »Ja, Sie haben es aber doch befohlen!« Speidel empört: »Das haben wir nicht befohlen, das hat der Führer befohlen!« Ich schreie erregt in den Apparat: »Erlauben Sie bitte, Sie haben den Befehl weitergegeben, und vor der Geschichte tragen Sie die Verantwortung!« Ich lasse mich auf keine Auseinandersetzungen ein und fahre fort: »Ich will Ihnen weiter sagen, was ich veranlaßt habe. Die Madeleine und die Oper nehmen wir zusammen dran.« Und dann sticht mich der Hafer und ich sage: »Und den Eiffelturm sprenge ich so, daß er als Drahthindernis vor den zerstörten Brücken liegt.« Nun ist Speidel klar, daß mein Gespräch nicht ganz ernst gemeint ist und daß ich ihm nur den Wahnsinn der Situation, in die ein untergebener Soldat durch derartige Befehle gebracht wird, vor Augen führen will. Und Speidel, dieser vornehme, hervorragende Generalstabsoffizier, sagt ganz erlöst: »Ach, Herr General, wie sind wir dankbar, daß wir Sie in Paris haben.«

schob die Durchführung jeglicher Zerstörung hinaus und suchte auch nach wie vor die Verpflegung der Bevölkerung der Millionenstadt aus Wehrmachtbeständen zu sichern und dem Pariser Stadtrat klarzumachen, daß das Schicksal der Stadt im Grunde in den Händen der Bevölkerung lag. Als die Lage kritischer wurde, unternahm der schwedische Konsul in Paris, Raoul Nordling, den Versuch, zwischen Choltitz und den Widerstandskämpfern im Sinne eines vorläufigen Waffenstillstandes zu vermitteln, um das Schlimmste zu verhüten.

Als Panzer der 7. amerikanischen Panzerdivision in Chartres östlich Paris erschienen, verließ der Leiter des SD mit sämtlichen Gestapo- und Polizeibeamten, rund 1200 Mann, eigenmächtig die Stadt, ohne den Höheren SS- und Polizeiführer Frankreich, SS-Gruppenführer Oberg, zu verständigen. Für Choltitz war der Verlust von 1200 an und für sich kampfkräftigen jüngeren Leuten ein neuer, harter Schlag. Am 22. August befahl Hitler, die Linie Pontarlier–Plateau von Langres–Troyes bis zur Seine mit Paris als Angelpunkt zu halten. Paris, so hieß es, sei in ein Trümmerfeld zu verwandeln, der Kommandierende General habe die Stadt bis zum letzten Mann zu verteidigen und, wenn nötig, in den Trümmern unterzugehen. Choltitz war sich über die Unsinnigkeit solcher Befehle klar. Der Botschafter Otto Abetz sekundierte ihm in diesen dunklen Tagen. Auch er wollte vermeiden, daß deutsche Truppen zu guter Letzt völlig sinnlos eine der schönsten Städte des Kontinents zerstörten. Hitlers Funkspruch: »Brennt Paris?« erreichte indes General v. Choltitz infolge des Zusammenbruches aller Nachrichtenverbindungen schon nicht mehr.

Schon am 21. August hatten Teile der 3. amerikanischen Armee die Seine beiderseits Paris erreicht, während sich hart westlich der Stadt noch deutsche Einheiten der von Choltitz behelfsmäßig organisierten Vorfeldverteidigung hielten. St. Germain, einst das Hauptquartier des Oberbefehlshabers West, war bereits verlassen. Am Unterlauf der Seine drängten amerikanische Verbände der 1. Armee auf Rouen. General Bradley hatte es im Grunde nicht eilig,

die Stadt zu nehmen. Die Treibstoffversorgung der rücksichtslos vorprellenden Panzerspitzen gestaltete sich mit jedem Tag schwieriger, sie war noch immer von den Lastkraftwagenkolonnen abhängig, die den Treibstoff von der Mündung der unterseeischen Ölleitung in Cherbourg an die Front transportieren mußten. Er befürchtete eine neue Verschärfung der Versorgungslage.

In Paris häuften sich Zusammenstöße zwischen Maquisarden und deutschen Truppen, häuften sich aber auch Auflösungserscheinungen unter den deutschen Verbänden, dem zahlreichen, zu unsicheren Alarmeinheiten zusammengefaßten Schreibstuben-, Stabs- und Verwaltungspersonal. Plünderer tauchten auf, Deserteure vertauschten die Uniform mit Zivilkleidung und suchten Unterschlupf bei der Bevölkerung. Choltitz suchte erneut den schwedischen Konsul Nordling als Vermittler einzuschalten. Hitler befahl der Luftwaffe, ohne Rücksicht Paris bei Nacht zu bombardieren.

Inzwischen erfuhr General Bradley von der gespannten Lage in der Stadt, von den heimlichen Verhandlungen zwischen Nordling und General v. Choltitz und von dessen dabei geäußerter Abneigung, sich durch Kapitulation dem Maquis auszuliefern. Auch schien es ihm geboten, auf französische Prestigewünsche Rücksicht zu nehmen. Daher beorderte er die mit amerikanischem Material ausgerüstete 2. französische Panzerdivision unter General Jacques Philippe Marie Leclerc, die zu Pattons 3. Armee gehörte, auf Paris. Südlich der Stadt sollte eine amerikanische Infanteriedivision deren Vorstoß unterstützen.

Am 25. Juli marschierten die Franzosen unter Szenen unbeschreiblicher Begeisterung in Paris ein. Mit noch rund 10 000 Mann ergab sich General v. Choltitz der regulären Truppe, was die Maquisarden nicht hinderte, in vielen Fällen an entwaffneten deutschen Soldaten und Offizieren ihren Haß auszulassen. Einen Tag später traf General Charles de Gaulle in der Hauptstadt Frankreichs ein, umbraust von wildem frenetischem Jubelgeschrei, von Rufen

Einzug in Frankreichs Hauptstadt

Aufzeichnung eines amerikanischen Soldaten, Aug. 1944

Dichte Mengen säumten die Straßen wie bei uns zu Hause am Jahrestag der amerikanischen Unabhängigkeit, nur daß die Menge hier fast hysterisch war. Die Straßen in Paris sind breit, und zu beiden Seiten standen die Menschen Kopf an Kopf. Die Frauen waren in leuchtende Farben gekleidet – weiße oder rote Blusen und farbenprächtige Bauernröcke –, trugen Blumen im Haar und große, auffallende Ohrringe. Alles warf mit Blumen und manchmal sogar mit Papierschlangen.

Tausende drängten sich an unseren Jeep heran, der nur langsam einen Weg durch die Massen fand. Nur ein schmaler Korridor blieb uns offen, und freudentolle Männer, Frauen und Kinder griffen nach uns, küßten uns, schüttelten uns die Hände, klopften uns auf den Rücken, schlugen uns auf die Schultern und jubelten ihre Freude heraus. Ich saß in einem Jeep zusammen mit Henry Gorrell, Hauptmann Carl Pergler aus Washington und Feldwebel Alexander Belon aus Amherst, Massachusetts.

Einmal blieb der Jeep im Menschengetriebe einfach stehen. Sofort fiel man über uns her, umarmte und küßte uns. Alle Welt, sogar hübsche Mädchen, bestanden darauf, uns einen Kuß auf beide Wangen zu drücken. Ich fing an, Babies abzuküssen, die von ihren Eltern hochgehoben wurden, und eine Zeitlang sah ich aus wie ein kinderküssender Politiker. Daß ich seit Tagen nicht mehr rasiert war, einen grauen Bart und außerdem noch eine Glatze hatte, machte überhaupt nichts aus.

Am 24. August erreichten die Vorausabteilungen der Alliierten die französische Hauptstadt, das Gros folgte am nächsten Tag (Bild oben: die Amerikaner ziehen durch den Arc de Triomphe in Paris ein). Charles de Gaulle war wohl der am sehnlichsten erwartete Befreier: Er war es gewesen, der am 18. Juni 1940 von London aus den französischen Widerstand entfacht hatte.

Der erste Satz seines berühmten Aufrufs lautete damals: „Frankreich hat eine Schlacht, nicht aber den Krieg verloren." Das hatten die meisten Franzosen für reines Wunschdenken gehalten; nun sahen sie, daß er recht behalten hatte. Bild linke Seite: Unter unbeschreiblichem Jubel der Bevölkerung schreitet De Gaulle über die Champs-Elyseés.

»A Berlin, à Berlin!« Das französische Befreiungskomitee bildete unter seiner Führung die erste neue provisorische Regierung Frankreichs, die unverzüglich daranging, aus den Maquisformationen eine neue französische Armee zu bilden.

Der Zusammenbruch des deutschen Westheeres war jetzt vollständig. Rund fünfzig deutsche Divisionen waren vernichtet oder zerschlagen, von 2200 Panzern und Sturmgeschützen waren 1800 verlorengegangen, 240 000 Mann waren gefallen oder verwundet, 210 000 Mann, darunter drei Kommandierende Generale und zwanzig Divisionskommandeure, waren gefallen, verwundet oder gefangengenommen. Ein Generalfeldmarschall war schwer verwundet worden, ein zweiter abgesetzt, ein dritter hatte Selbstmord begangen. Von den Armeebefehlshabern war einer im Kampf gestorben, einer, Hausser, schwer verwundet, ein dritter, Generaloberst v. Salmuth, abgesetzt. An dessen Stelle übernahm General v. Zangen den Befehl über die Trümmer der 15. Armee. Unter Szenen, die ebenso viele Beispiele tapfersten Ausharrens wie beschämender Kopflosigkeit boten, erzwangen die Amerikaner und Kanadier bei Rouen, Elbœuf, Caudebec den Übergang über die Seine unterhalb von Paris.

Unterdes hatte am 15. August, bis zuletzt begleitet von zähen Versuchen Churchills, alliierte Kräfte für ein Unternehmen in der Adria oder auf dem Balkan abzuzweigen, der zweite Akt der Invasion begonnen, die Landung der 6. franko-amerikanischen Heeresgruppe des amerikanischen Generals Jacob Devers in Südfrankreich. Deckname der Operation: »Dragoon«, ursprünglich hatte sie »Anvil« (Amboß) geheißen. Devers' Gruppe setzte sich aus der 1. französischen Armee unter General Jean de Lattre de Tassigny zusammen, fünf Infanterie- und zwei Panzerdivisionen, die in Nordafrika vorwiegend aus Kolonialtruppen, marokkanischen, algerischen und tunesischen Schützen, schwarzer senegalesischer Kolonialinfanterie und marokkanischen Reiterverbänden formiert worden war, und der 7. amerikanischen Armee unter General Alexander M. Patch, der sich bereits bei den Kämpfen auf Guadalcanal im Pazifik bewährt hatte. Die Invasionsflotte bestand aus 250 Einheiten, darunter fünf Schlachtschiffen, neun Flugzeugträgern, 26 Kreuzern und 85 Zerstörern. 2000 Landefahrzeuge standen zur Verfügung. Die alliierte Luftüberlegenheit war auch hier erdrückend, 1900 alliierten Maschinen standen 120 deutsche Jäger und 110 Kampfflugzeuge gegenüber.

Die deutschen Kräfte in Südfrankreich bestanden im wesentlichen aus der 19. Armee unter General der Infanterie Wiese mit dem Hauptquartier in Avignon, acht Infanterie- und der 11. Panzerdivision, etwa zwanzig Bataillonen Osttruppen, drei Luftwaffenfeldregimentern, einer Sturmgeschützbrigade. Dazu kamen die dürftigen Sicherungskräfte des Heeresgebietes Südfrankreich, Marineverbände an der Küste – nach französischen Angaben zwei »Brigaden«, französische Miliz, das Regiment »Frankreich« der Vichy-Regierung, das auf deutscher Seite kämpfte. Mehrere gute Divisionen waren bereits

Das Schauspiel der Befreiung an der Mittelmeerküste

Brief eines französischen Soldaten, Aug. 1944

Als ich gestern abend an Land gegangen war und mit meinem Tornister auf dem Rücken einen steilen Pfad hinaufkletterte, sah ich zwischen einer Mimosenhecke und dem Steinmäuerchen, das einen Weinberg begrenzte, das Profil eines Jungen von vier oder fünf Jahren sich abzeichnen; er war kleiner als die an sich schon niedrigen Weinstöcke und blickte mich mit großen runden Augen an. Ich legte mir einen südfranzösischen Akzent zu, um ihm im Vorbeigehen zuzurufen: »Na, du, wie heißt du?« Da hellte sich sein Gesicht auf, und er antwortete: »Jeannot.« Bei diesem Zwiegespräch eilte der Vater hinzu, ein dürrer Bauer mit rotem Gesicht, blauer Leinenhose und Mütze. Im Lärm der eben ausgeladenen Fahrzeuge auf der Landstraße arbeitete er weiter in seinem Weinberg.

Den ganzen Morgen hatte der Bauer am Schauspiel der Befreiung seine Augen gesättigt, aus seinem Keller holte er Weinflaschen heraus, die den Deutschen entgangen waren, und gab sie den amerikanischen Soldaten in seinem Weinberg. Aber er war auch ein ernsthafter Mann und wußte, daß der Rhythmus der Erde sich nicht den menschlichen Ereignissen anpaßt. So bereitete er jetzt seine Ernte vor, seine erste freie Ernte seit vier Jahren. Das alles erzählte er mir mit ganz einfachen Worten, und da ich der erste an Land gegangene Franzose war, den er gesehen hatte, sagte er zu dem Sohn, er solle mir eine schöne Traube von den schon vergoldeten Muskatellertrauben bringen...

Auf der Erde Frankreichs, die ich nun wieder betreten hatte, schlief ich die ganze Nacht unter den Kiefern. Der Boden war trocken, roch gut, und um nichts in der Welt hätte ich dieses königliche Lager mit einem Bett vertauscht.

Nachdem die Invasion an der Kanalküste „gelaufen" war, landeten die Alliierten am 15. August 1944 auch im Süden Frankreichs (Operation „Dragoon"). Die Landung erfolgte an fünf Stellen zwischen Hyères und Saint-Maximin.

Bild links: Die ersten Boote nähern sich den Felsenklippen der französischen Riviera. Bild oben: Fallschirmjäger über der Provence. Bild rechte Seite: Freifranzösische Truppen rücken in ein korsisches Dorf ein.

an die Invasionsfront in der Normandie gegangen und dort verbraucht worden. Die 1. Armee an der Westküste unter General v. La Chevallerie war noch schwächer, sie zählte nur vier Divisionen, von denen eine noch an die 19. Armee abgegeben wurde.

Die erste Landung erfolgte bei Kap Nègre im Raum zwischen Toulon und Cannes. In Küstennähe standen das LXII. und das LXXXV. Armeekorps unter den Generalen Neuling und Knieß. Es war von vornherein klar, daß die Kräfte dieser Korps nicht ausreichten, den weit überlegenen Gegner wieder ins Meer zu werfen. Man konnte praktisch nicht mehr tun, als hinhaltend Widerstand zu leisten, um den geordneten Rückzug aus Südfrankreich zu ermöglichen.

Damit erhob sich das Problem der rechtzeitigen Räumung des dünn und unzulänglich besetzten rückwärtigen Bereichs, vor allem im Hinterland der 1. Armee. Der Befehlshaber im Heeresgebiet, General Heinrich Niehoff, war unmittelbar vor der Invasion wegen Erreichung der Altersgrenze verabschiedet worden. Sein Nachfolger, General der Artillerie Geib, war das Opfer eines Maquisüberfalles geworden. Dafür wurde General Dehner aus Kroatien nach Südfrankreich versetzt, ein Mann, der zwar Erfahrungen im Partisanenkampf auf dem Balkan hatte sammeln können, mit den Verhältnissen in Frankreich jedoch überhaupt nicht vertraut war. Seinen Stabsoffizieren gelang es, ihn von der Notwendigkeit zu überzeugen, beizeiten isolierte Feldkommandanturbereiche zu räumen und die ge-ringen eigenen Kräfte an den wichtigsten Punkten zusammenzufassen, um auf diese Weise die Rettung des Personals in die Wege zu leiten. General Dehner wie sein Vorgesetzter, der neue Militärbefehlshaber General Kitzinger, standen jedoch unter dem Eindruck des nach dem 20. Juli um sich greifenden Mißtrauens der obersten Führung gegen alle Maßnahmen, die nach Rückzug und Räumung aussahen. Kitzinger verbot am 12. August jegliche Ausweichmaßnahmen und erklärte, die Feldkommandanten seien deutsche Hoheitsträger, sie müßten daher ausharren. Mit der Landung der Alliierten an der südfranzösischen Küste brach am 15. August schlagartig ein allgemeiner Maquisaufstand los. An der Küste, wo den Oberfeldkommandanten die geschlossene Zurückführung ihrer Sicherungs- und Verwaltungstruppen befohlen wurde, enthüllten sich Bilder peinlichen Versagens. Einer der zuständigen Oberfeldkommandanten setzte sich eigenmächtig nach Lyon ab, ohne sich um seine Einheiten zu kümmern. Über die isolierten Feldkommandanturen brach der Sturm der fanatisierten Partisanengruppen herein. Mehrere Kommandanten wurden ermordet, andere eingeschlossen und nach tapferem Widerstand überwältigt, wobei es vorkam, daß Kommandanten, die sich, zum Teil verwundet, gefangen gaben, noch als Kriegsgefangene ermordet wurden. Eine große Gruppe von Kommandantur- und Sicherungspersonal, die sich geschlossen unter Führung des Generals Elster durchschlagen wollte, kapitulierte im Dordognetal. Der Feldkommandant 586 Limoges, Generalmajor Gleiniger, erschoß sich, als ihn SD-Leute wegen angeblicher Kapitulationsabsichten festnehmen wollten. Als endlich der Befehl zur Räumung des besetzten Gebietes eintraf, war es zu spät. Der Admiral der französischen Südküste, Admiral Ruhfuß, verteidigte zunächst mit einer Kriegsmarinebrigade Toulon, das sich bis zum 27. August hielt, bis er von der Landseite her umgangen wurde. Einen Tag später fiel auch Marseille. Am 20. August hatte sich General Wiese entschlossen, ganz Südfrankreich zu räumen. Unter äußerst zögernder Verfolgung durch die 7. amerikanische Armee vollzog sich der schwierige Rückzug in der Provence und im Rhônetal in Richtung auf die Burgundische Pforte, sehr geschickt von dem Stabschef der 19. Armee, Generalleutnant Botsch, geleitet. Gleichzeitig setzten sich quer durch Süd- und Mittelfrankreich von der Altantikküste her die Verbände der 1. Armee in Richtung auf das obere Rhonetal in Bewegung, mit umfangreichen Trossen, Verwaltungsstäben, zivilen und halbzivilen Dienststellen, weiblichem Gefolge und Lazaretten.

Beim Rückzug kam es zu Situationen, die man in der deutschen Armee nicht für möglich gehalten hätte. Zurückflutende Etappendienste, die jeden Zusammenhang verloren hatten, Bodenformationen der Luftwaffe mit erheblichem Kolonnenraum, untermischt mit weichenden Ostbataillonen und Flüchtlingszügen französischer Kollaborateure, vor allem Angehörige der Darnandmiliz, welche die Rache ihrer Landsleute fürchteten, verstopften vielfach die Rückzugstraßen vor allem im Rhônetal. Hie und da genügten bereits einige aus dem Hinterhalt abgefeuerte Schüsse kleiner Maquisgruppen, um ganze Kolonnen zu stoppen und Kopflosigkeit zu erzeugen. Mehrfach metzelten Ostbataillone ihr deutsches Rahmenpersonal nieder, desertierten zum Gegner oder schlugen sich in die Wälder, um auf eigene Faust sich am Heckenschützenkrieg zu beteiligen. Im Rhônetal rückten starke Maquisverbände aus Hochsavoyen vor, um den deutschen Truppen den Weg zu verlegen. Die Schweiz sicherte ihre Grenze mit einem starken Truppenaufgebot, um Grenzübertritte versprengter deutscher Verbände zu verhindern.

Immer wieder aber gab es auch Einheiten, die die Haltung wahrten, die sich in

zäh geführten Rückzugsgefechten der Übermacht des Gegners wie der zahlreichen Partisanengruppen zu erwehren suchten. Die 11. Panzerdivision unter Generalleutnant Wend v. Wietersheim, die sich schon in Rußland so großen Ruhm erworben hatte, nutzte, bald am linken, bald am rechten Flügel auftauchend, immer wieder trotz Treibstoff- und Materialknappheit Gelegenheiten aus, um in den vorsichtig folgenden Gegner hineinzustoßen und ihn zu verwirren.

Merkwürdigerweise dachte man auf alliierter Seite weder an blitzschnelles Vorgehen noch an großräumige Operationen etwa über die französischen Alpen hinweg in den Rücken der Heeresgruppe C in Italien, in deren tiefer Flanke sich die Operationen in Südfrankreich vollzogen. Möglicherweise trug der von General Botsch vortrefflich geleitete hinhaltende Widerstand der 19. Armee dazu bei, den Gegner über die im Grunde so geringe deutsche Widerstandskraft zu täuschen. Hätten die amerikanischen Panzerverbände rasch zur Überholung angesetzt, hätte es theoretisch gelingen müssen, sowohl die 1. als auch die 19. Armee abzuschneiden und einzukesseln.

Allerdings löste sich die 19. Armee allmählich in mehr oder weniger unscheinbare Kampfgruppen auf. Der Oberfeldkommandant 590, Generalleutnant Kohl, und der Feldkommandant 987, Oberst v. Versen, suchten mit dem Flakregiment Tyroller, dem Polizeischützenregiment 19 und dem Sicherungsregiment 200 den Schlüsselpunkt des Rhônetals, Lyon, zu behaupten. Hier wagte der Maquis keinen Aufstand, die deutsche Flak flößte allzu großen Respekt ein. Erst am 2. September mußte die Stadt aufgegeben werden. Die Kampfgruppen der Generale Ottenbacher und v. Brodowski mühten sich, das wichtige Plateau von Langres zu decken. Generalleutnant v. Brodowski, zuvor Oberfeldkommandant 588 Clermont-Ferrand, galt seit dem Überfall des Maquis auf die Feldkommandantur 896 Gueret, die im Verein mit Feuerüberfällen auf SS-Leute die verhängnisvolle, fehlgeleitete Strafaktion gegen Oradour-sur-Glane ausgelöst hatte (642 Menschen wurden hier von Soldaten des Regiments »Der Führer« umgebracht), bei den Franzosen als der »Henker von Oradour«. Als er gezwungen war, mit seiner Kampfgruppe zu kapitulieren, wurde er als Kriegsgefangener von einem Senegalesen erschossen.

Unterdes versuchte Feldmarschall Model vergeblich, mit seinen völlig zerschlissenen, ausgebluteten Verbänden in Nord- und Ostfrankreich eine neue Abwehrfront aufzubauen. Am 24. August 1944 gab er Befehl, die Sommelinie zu verteidigen. Die 7. Armee sollte nach einer Woche von der 5. Panzerarmee den Abschnitt Beauvais–Compiègne übernehmen, um Zeit für den Ausbau der Sommestellung und der Kitzinger-Linie zu gewinnen. Am 30. August fiel indes Beauvais, einen Tag später erschienen englische Panzer in Amiens, wo General Eberbach in Gefangenschaft geriet. Damit war die Sommelinie illusorisch geworden. Die feindlichen Panzer rollten weiter gen Osten, während sich zwischen ihnen immer noch deutsche Kampfgruppen mit ihren pferdebespannten Trossen und Geschützen nach hinten durchzuschlagen suchten.

Noch standen sechs Divisionen der 15. Armee General v. Zangens im Pas de Calais, während sich im Osten zwischen sie und die Heimat englische Panzergeschwader schoben. Die 1. amerikanische Armee stieß über Laon, Reims und Châlons in Richtung auf Südbelgien und Luxemburg vor, die 7. Armee des Generals Patch erreichte Lyon, amerikanische Truppen zogen in

Am 12. September 1944 trafen sich bei Landres in Burgund die ersten Einheiten der „Dragoonfront" mit der 3. US-Armee (Patton) der „Invasionsfront". Die „Säuberung" ganz Frankreichs von deutschen Truppen war damit nur noch eine Frage kurzer Zeit: Stadt für Stadt, Dorf um Dorf wurde von den Alliierten oft schon im ersten Ansturm genommen.

Bild links: US-Panzer rollen in das befreite Dreux. Die Ausfallstraße ist bedeckt mit Ausrüstungen der zurückweichenden Deutschen. Bilder rechte Seite: Eine kanadische Abteilung macht deutsche Gefangene bei Saint-Lambert-sur-Dives (oben); nach schwerem Häuserkampf streckt dieser deutsche Soldat bei Beauvais die Waffen (unten).

Bordeaux ein, während die deutschen Befestigungen an der Girondemündung weiterhin behauptet wurden. In Ostfrankreich vereinigten sich Panzerspitzen der 3. und 7. amerikanischen Armee, die 1. amerikanische Armee überrannte Mezières, Charleville und Sedan, drang in die südlichen Argonnen ein und überschritt auf belgischem Boden die Maas. Britische Verbände gingen über Abbeville–Arras auf Belgien vor. Die britische Gardepanzerdivision aus den so stolzen Regimentern der königlichen Gardekavallerie nahm Brüssel, amerikanische Truppen rückten auf Mons und Namur. Die belgische Exilregierung und das belgische Befreiungskomitee proklamierten die Mobilmachung der Heimatschutzkräfte, der auf die napoleonische Zeit zurückgehenden, sich außerhalb des Kriegsrechts bewegenden Scharfschützenverbände der »Franctireurs«, die Teil der französischen Résistance waren. Die deutschen Divisionen im Pas de Calais wurden bis auf die Besatzungen von Calais und Dünkirchen Anfang September nach Flandern und Westbelgien zurückgenommen, wobei die großenteils nicht an Märsche gewöhnte Infanterie der Stellungsdivisionen mit ihren schwerfälligen Trossen aus requirierten Ackerwagen zum Teil erstaunliche Tagesstrecken hinter sich brachte.

Am 3. September 1944 erließ Feldmarschall Model einen Tagesbefehl an die Reste seiner Armeen, um die Neuordnung der Verbände zu ermöglichen. Aber es gab auch andere Maßnahmen: Standgerichte für pflichtvergessene Offiziere und Wehrmachtbeamte, die ihre Posten verlassen hatten, die in Zivil desertiert, die mit ihren französischen Geliebten gen Osten geflüchtet waren. Vier Jahre des Etappenlebens hatten die unausbleiblichen Folgen gezeigt. Vielfach hatte auch die ungeheuerliche Bürokratisierung des Befehlsapparates, die oft völlige Erstarrung der Militärverwaltung in behördlichem Formelkram, in einem grandiosen »Papierkrieg«, groteske Folgen. Riesige Lager an Munition, Treibstoff, Lebensmittelvorräten und Ausrüstungsgegenständen, die bei zeitiger Vorbereitung noch hätten evakuiert werden können, gingen verloren, weil ihre Verwalter entweder sich darauf berufen hatten, daß sie keinerlei Befehle erhielten, was sie tun sollten, oder kopflos geflohen waren oder in letzter Stunde die Sprengung und Vernichtung anordneten, als es für die Räumung zu spät war.

Wie immer in langen Kriegen zehrte der Krieg sein Instrument, das Heer, auf. Der Zerfall eines Heeres zog herauf, das vor dem Krieg zu hastig wiederaufgebaut, zu früh vor die größte Belastungsprobe gestellt worden war, Übermenschliches geleistet und die besten Soldaten auf den Schlachtfeldern ganz Mitteleuropas, Rußlands und Nordafrikas gelassen hatte. Die Truppe im Westen, die jetzt noch marschierte und kämpfte, ohne Flieger, ohne Panzer, ohne Artillerieunterstützung, war erfüllt von einem schwer zu beschreibenden Gemisch aus müdem Pflichtbewußtsein, der Ahnung, daß es keinen Weg gab als den, seine Pflicht zu tun, einer gewissen, oft zynischen Gleichgültigkeit gegen alle Schläge und einer versteckten, halb ungläubigen, halb noch hoffnungsvollen Erwartung des großen Wunders – der neuen Flugzeuge, der neuen Waffen, von denen man immer sprach, von denen die Soldatenzeitungen in geheimnisvollen, mysteriösen Meldungen berichteten.

Am 4. September nahmen indes britische Truppen überraschend Antwerpen, den wichtigsten Großhafen Westeuropas, am 5. September gingen die V 1-Angriffe auf britische Städte zu Ende – die letzten Abschußrampen im Pas de Calais waren aufgegeben worden; man mußte neue Rampen in Holland und Nordwestdeutschland einsatzbereit machen. Durch den Vormarsch der Engländer auf Löwen und Brüssel wurde das Gros der 15. Armee im Raum zwischen Gent, der belgischen Kanalküste und der Scheldemündung zusammengedrängt. General v. Zangen wollte anfangs seine Truppen bei Oudenaarde sammeln, um auf Brüssel durchzubrechen, mußte diese Idee indes aufgeben. Feldmarschall Model befahl, die Divisionen der 15. Armee im Brückenkopf Gent–Breskens zu sammeln und über die Scheldemündung nach den holländischen Inseln Walcheren und Zuid-Beveland zu überführen, um sie in Südholland zum Aufbau einer neuen Front

Im Windschatten der vorwärtsstürmenden angloamerikanischen Armeen waren die Streitkräfte der „Forces Francaises de l'Interieur" (FFI), also der Inlands-Résistance, darauf bedacht, sich auch ihren Anteil an der Befreiung Frankreichs zu erkämpfen.

Bild oben: FFI-Kombattanten beiderlei Geschlechts bei der Lektüre des „L'Espoir", der Tageszeitung des Widerstands.

Bilder rechte Seite: Abwurf von Kriegsmaterial aus angloamerikanischen Beständen für die Résistance (oben), Gefangennahme eines deutschen Soldaten durch Résistancekämpfer (unten).

an der Maas zu verwenden. Zunächst wurde der Gent-Brügge-Kanal verteidigt. Diese Maßnahmen gehörten zum Ringen um Zeitgewinn, zum Ringen um den Neuaufbau der gesamten Westverteidigung.

Im Sinne dieses Wettlaufes mit der Zeit hatte Hitler befohlen, die großen gut ausgebauten Festungen an der nord- und westfranzösischen Küste bis zum letzten Mann zu verteidigen. Sie sollten nach seiner Vorstellung starke Kräfte des Gegners binden. So waren außer 35 000 Mann auf den Kanalinseln beträchtliche Truppenmengen an der Girondemündung, in La Rochelle, St. Nazaire, Lorient, Brest, St. Malo, Le Havre, Boulogne, Calais und Dünkirchen zurückgeblieben. Als erste dieser Festungen fiel am 17. August das von Oberst v. Aulock erbittert verteidigte St. Malo. Die Festung, die den Amerikanern am gefährlichsten erschien und gegen die sie große Truppenmengen einsetzten, war Brest, wo insgesamt 30 000 Mann, darunter Eliteeinheiten wie die 2. Fallschirmjägerdivision, unter dem Befehl des Generals der Fallschirmtruppen Hermann Bernhard Ramcke eingeschlossen waren, eines Draufgängers, der sich vom Schiffsjungen in der Kaiserlichen Marine bis zum General heraufgedient hatte. Gerade Ramckes Persönlichkeit schien der amerikanischen Führung gefährlich – sie fürchtete, er könne mit seinen Verbänden in ihrem Rücken einen Kleinkrieg großen Ausmaßes in der Bretagne führen und die rückwärtigen Verbindungen gefährden. Daher setzten sie alles daran, Brest zu nehmen. Die Festung hielt sich bis zum 18. September, dann ging hier der ungleiche Kampf zu Ende, nachdem sich Ramckes Fallschirmjäger und Marineartilleristen wie die Löwen geschlagen hatten. Die anderen Festungen an der westfranzösischen Küste, Lorient unter General Fahrmbacher, St. Nazaire unter Generalmajor Hünten, La Rochelle und Gironde-Nord und -Süd unter Vizeadmiral Schirlitz ließ man liegen.

Gegen die weit lästigeren Kanalfestungen wurden jedoch stärkere Kräfte eingesetzt. Sie kapitulierten eine nach der anderen, als erste Le Havre mit 11 300 Mann unter Oberst Wildermuth, nachdem die alliierte Luftwaffe in einem

Großangriff 11 000 Tonnen Bomben auf die Stadt geworfen hatte, darauf Boulogne mit 9500 Mann unter dem bereits einmal zum Tod verurteilten General der Panzertruppen Ferdinand Heim, in Hitlers Augen einer der Schuldigen für die Katastrophe von Stalingrad, und endlich Calais, wo der Kommandeur des Grenadierregiments 1035 der 59. Division, Oberstleutnant Schröder, als Kommandant zurückgelassen worden war. Nur Dünkirchen mit 12 000 Mann hielt unter Vizeadmiral Frisius weiter aus.

Während die 2. englische Armee unter General Sir Miles Dempsey nach Südholland und Brabant hineinstieß, drangen amerikanische Truppen durch Luxemburg auf die alte deutsche Reichsgrenze vor. Im September vereinigten die 3. und die 7. amerikanische Armee ihre Fronten bei Somernon westlich Dijon. Auf der ganzen Linie zwischen der Scheldemündung und der Burgundischen Pforte tobte jetzt die große Abwehrschlacht, in der die zerrissenen, zerschlagenen deutschen Divisionen und Kampfgruppen sich mühten, den Gegner vor dem Einbruch ins Reich noch aufzufangen.

Am 13. September 1944 überschritt die 3. amerikanische Panzerdivision die Reichsgrenze bei Aachen. In Frankreich, in Belgien hatten oft unbeschreibliche Jubelstürme die Amerikaner empfangen, Frauen hatten die Panzer mit Blumen überschüttet, hatten die Soldaten umarmt, der Wein war in Strömen geflossen, Sieges- und Befreiungsfeiern hatten einander gejagt, so daß mitunter Marsch- und Gefechtsfähigkeit der Truppe Schaden genommen hatten. Im deutschen Grenzland, in Eupen, empfing sie zum ersten Male dumpf beklommenes Schweigen. Allzulange hatte die deutsche Presse vom Vernichtungswillen des Gegners gesprochen. Nun waren die Amerikaner da, doch niemand wußte, was sie bringen würden. Amerikanische Truppen eroberten das Dorf Roetgen bei Aachen. Drei Tage später begann die Belagerung der alten deutschen Kaiserstadt, die viel zu spät und völlig überhastet von der Zivilbevölkerung geräumt worden war. Eine frische amerikanische Armee, die 9. unter General Simpson, wurde in die-

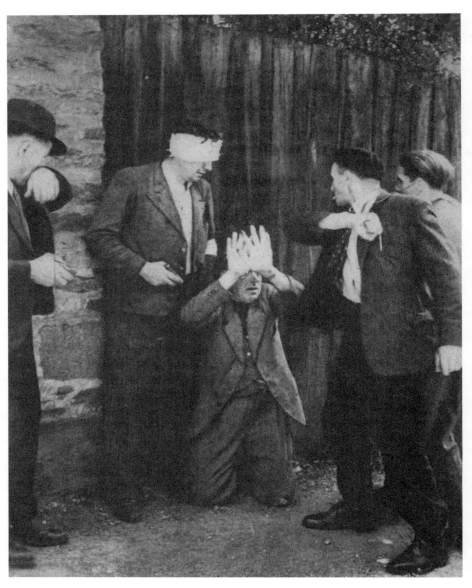

sen Sektor geführt. Die 3. amerikanische Armee unter General Patton drängte auf Nancy und Metz vor. In Metz richtete sich die Fahnenjunkerschule VI in den Kasematten der einst so berühmten Festung zur Verteidigung ein. Die 1. französische und die 7. amerikanische Armee kämpften sich gegen Belfort und die Vogesen vor. Ende September entbrannte in den Vogesen die Schlacht von Gerardmer.

Allein jetzt kam der überraschend schnelle Vormarsch der Alliierten an der Reichsgrenze zum Stillstand. Infolge des unerwartet raschen Siegeszuges trat eine Nachschubkrise ein. Noch war der Hafen von Antwerpen infolge des hartnäckigen deutschen Widerstandes an der Scheldemündung unbenutzbar.

Abgesehen von der Luftversorgung für die Panzerspitzen mußte sämtlicher Treibstoff mit Lastkraftwagenkolonnen von Cherbourg zur Front transportiert werden. Die lange Etappenlinie führte rasch zu Korruptionserscheinungen. Große Treibstoffmengen landeten auf dem französischen schwarzen Markt.

Schon im August waren zwischen Bradley und Montgomery Meinungsverschiedenheiten über der Fortführung der Operationen entstanden. Bradley wünschte die Bevorzugung seiner Armeegruppe bei der Regelung des Nachschubs. Er wollte etwa in der Höhe von Mainz–Frankfurt/Main auf den mittleren Rhein vorstoßen, alsdann mainaufwärts marschieren und damit das Reichsgebiet in zwei Teile zerschneiden, um aus dem süd- und mitteldeutschen Raum unter Umständen nach Norden auf Berlin eindrehen zu können. Ihm sekundierte der draufgängerische Panzergeneral Patton. Montgomery trat dagegen für die vollständige Besetzung der Kanalküste, die Eroberung der Abschußrampen für die V-Waffen und Antwerpens ein und hatte als Fernziel einen Stoß durch Belgien und Südholland auf den unteren Rhein zwischen Düsseldorf und Arnheim vor Augen, um von hier aus in das Ruhrgebiet und die nordwestdeutsche Tiefebene vorzustoßen. Er glaubte, man könne mit einem einzigen raschen Stoß den Krieg noch vor Ausbruch des Winters beenden. Er hielt es auch nicht für wünschenswert, daß etwa sowjetrussische Truppen als erste von Osten die Reichshauptstadt nahmen, eine Frage, die Eisenhower, Bradley und Patton damals freilich rein vom militärischen Standpunkt ohne irgendwelches politisches Mißtrauen betrachteten. Wenn Bradley und Patton für die Mainlinie plädierten, so geschah es auf Grund der Studien früherer Feldzüge.

Eisenhower sprach sich zunächst für die erste Phase des Montgomeryschen Planes aus, die Sicherung der Kanalküste und die Besetzung Belgiens. Damit gewann man Antwerpen als frontnahen Nachschubhafen und erhielt die Möglichkeit, die Bodenorganisation der Bomberwaffe näher an das Reichsgebiet heranzuschieben. Bradleys Nachschubraum wurde erheblich gekürzt. Neun Divisionen der 1. amerikanischen Armee wurden Montgomery unterstellt, der inzwischen zum Feldmarschall befördert worden war. General Patton, der am liebsten wenigstens noch Trier, die Pforte zum Moseltal, genommen hätte, erhielt Weisung, so weit wie möglich ins Saargebiet vorzustoßen. Auch sein Nachschub wurde zugunsten der 21. Armeegruppe Montgomerys gekürzt. Die große Offensive, die Entscheidung, wurde vertagt, zunächst, wie es hieß, bis zum November 1944. Wieder erwies sich Eisenhower als vorsichtiger Methodiker. Im Herbst wurde das höchste amerikanische Hauptquartier nach Reims verlegt, Bradley schlug sein Hauptquartier in Verdun auf, Patton in Nancy, Hodges von der 1. Armee in Lüttich.

Die Nachschubkrise und Eisenhowers behutsame Strategie gewährten der deutschen Führung die längst ersehnte Atempause. Am 5. September hatte Generalfeldmarschall v. Rundstedt wieder den Oberbefehl im Westen übernommen, um die neue Verteidigung zu organisieren. Als Stabschef war ihm Kesselrings ehemaliger Chef des Stabes in Italien, General der Kavallerie Siegfried Westphal, beigegeben, nachdem er von seiner schweren Erkrankung im Sommer wieder genesen war. Er galt als Fachmann für hinhaltende Verteidigung, seit er den Stab der Heeresgruppe C im Winter 1943/44 so erfolgreich geführt hatte. Rundstedt schlug sein Hauptquartier in Koblenz auf, wo er einst in besseren Tagen als Oberbefehlshaber der Heeresgruppe A gesessen hatte.

Zu diesem Zeitpunkt flutete die Heeresgruppe B des Feldmarschalls Model durch Belgien, Luxemburg und Ostfrankreich auf die Reichsgrenze zurück. Die Heeresgruppe G rettete ihre Trümmer, 130 000 Mann von 209 000, auf die Burgundische Pforte. All diese Verbände bestanden zumeist nur mehr aus Kampfgruppen von wechselnder Zusammensetzung und Stärke, untermischt mit rückwärtigen Diensten, Stäben, Bodenformationen der Luftwaffe, »OT«-Formationen, weiblichem Hilfspersonal, Marine- und Polizeieinheiten, russischen Hilfswilligen und Osttruppen. Eine aus russischen Freiwilligen bestehende SS-Division, die mit Wagentrossen – von ausdauernden osteuropäischen Panjepferden gezogen – südlich Belfort eingesetzt werden sollte und dort sinnlos hin und her zog, vermehrte die Verwirrung. Trosse und Kolonnen, die sich auf der Flucht in das Rheinland und nach Baden ergossen, boten nie gesehene Bilder. Die Zivilbevölkerung, die noch das Bild der deutschen Wehrmacht aus den ersten Kriegsjahren vor Augen hatte, war betroffen und verwirrt. Viele Fahrzeuge waren mit geflüchtetem Vorratsgut oder Beute beladen. Offiziere und Wehrmachtbeamte führten nicht selten fran-

Noch während der Befreiung Frankreichs begann die harte und häufig auch ungerechte Abrechnung mit der Kollaboration. Während die neue provisorische Regierung sich bemühte, klaren Kopf zu bewahren, und eine Abstrafung auf gesetzlicher Grundlage anstrebte, kam es im ganzen Land zu illegalen und blutigen Exzessen.

Bild linke Seite: Ein Kollaborateur bekommt die Wut der Widerstandskämpfer zu spüren. Bild rechts: Frauen, die verdächtigt wurden, sich mit Deutschen eingelassen zu haben, wurden kahlgeschoren und anschließend unter dem Gespött der Menge durch die Straßen getrieben.

zösische Freundinnen mit sich. So mancher Soldat, auch mancher Offizier und Wehrmachtbeamte versuchte überhaupt unterzutauchen. Deserteure waren keine Seltenheit mehr. Dazu begann im Saarland, am Niederrhein, in der Eifel die Evakuierung der Grenzbevölkerung, die von den Parteistellen geleitet wurde. Auch hierbei enthüllten sich vielerlei Mißstände und Fehlgriffe. Der Zug des Elends zum Rhein ließ das Ende ahnen.
Die große Hoffnung aller war der Westwall, dieses uneinheitliche, verschieden tief gegliederte und niemals vollendete Befestigungssystem, das 1939 die französische Armeeführung zu Unrecht so stark beeindruckt hatte. Jetzt zeigte sich, daß keinerlei Vorbereitungen zu seiner Verteidigung getroffen waren, daß man sich völlig auf den Atlantikwall verlassen hatte. Den Stützpunkten hatte man die Bewaffnung genommen, zu vielen Bunkern fanden sich nicht einmal die Schlüssel. Als Besatzung waren nur die Ersatz- und Ausbildungseinheiten der drei westlichen Wehrkreise vorhanden. Feldmarschall v. Rundstedt und sein Stabschef sahen sich einer ungeheuren, fast verzweifelten Aufgabe gegenüber. Sie mußten ihre Armeen neu gliedern, eine Auffangstellung am Rhein vorbereiten, den feindlichen, unaufhaltsam scheinenden Vormarsch möglichst weit westlich des Rheins mit ihren unzureichenden Verbänden erst einmal, wenn auch nur vielleicht vorübergehend, zum Stehen bringen, die Umstellung des gesamten Verkehrs- und Nachrichtennetzes am Rhein auf Kriegserfordernisse durchführen und – das Nervenaufreibendste von allem – den ewigen Kompetenzkampf mit den Gauleitern bestehen, die als Reichsverteidigungskommissare fungierten, oftmals ein starkes Mißtrauen gegen die »reaktionären Generale« an den Tag legten und Mitspracherechte forderten. Einzelne hohe Parteifunktionäre, so der Gauleiter Westfalen-Süd, gingen dazu über, eigene Freikorps zur Verteidigung ihrer Gaue aufzustellen. Im Herbst 1944 entstand bereits das »Freikorps Sauerland«.
Nach dem Urteil des Generals Westphal wäre bis Mitte Oktober 1944 dem Gegner jederzeit ein rascher Durchbruch zum Rhein möglich gewesen. Infolge der Verlangsamung des feindlichen Vormarsches und der Anstrengungen aller Beteiligten war es indes möglich, eine Frontlinie von

der Scheldemündung durch Südholland bis zum Niederrhein, der Eifel, dem Saargebiet und dem Kamm der Vogesen zu behaupten. Die große Frage war, welche Kräfte die Westfront angesichts der schweren Abwehrschlachten an der ostpreußischen Grenze, am Narew, an den östlichen Beskiden der Nordkarpaten und in Ungarn an Verstärkung oder Ersatz noch erhalten konnte. Zunächst gelangten im Westwall vorwiegend sogenannte Festungseinheiten zum Einsatz, Infanterie, Artillerie-, Pionier- und Maschinengewehrformationen aus nicht voll dienstfähigen Leuten, die hastig aus dem Ersatzheer zwangsverpflichtet waren und weder Kampffähigkeit noch Kampferfahrung besaßen. Einer der wenigen wirklich leistungsfähigen Verbände, die im September frisch an der Westfront eingesetzt wurden, war die Panzerbrigade 105 »Feldherrnhalle« unter Oberst Bäke, eine jener zehn Panzerbrigaden, die ursprünglich für die Ostfront aufgestellt werden sollten, die sich jedoch ohne nennenswerte schwere Waffen und Artillerie als nicht frontverwendungsfähig erwiesen hatten. Oberst Bäke gelang es, seine Brigade, die eine »Panther«-Abteilung, einige Sturmgeschütze und ein Schützenpanzerwagen-Bataillon umfaßte, durch 8,8-cm-Geschütze auf Selbstfahrlafetten, »Nashörner« genannt, Flak und Werfer zu verstärken, obwohl ihm diese Waffengattungen etatmäßig nicht zustanden. Sie wurde zum klassischen Eingreifverband, zur »Feuerwehr« im lothringischen, saarländischen und elsässischen Kampfraum. Schon zu Beginn des Monats August waren in der Heimat einschneidende Einschränkungsmaßnahmen im Eisenbahn-, Post- und Telegraphenverkehr durchgeführt worden, um neue Kräfte für die Front freizumachen. Am 24. August 1944 hatte der Reichsminister Dr. Goebbels in seiner Eigenschaft als »Reichsbevollmächtigter für den totalen Kriegseinsatz« neue Einschränkungsmaßnahmen verkündet, die Schließung sämtlicher Theater, Varietés und Kabaretts, die Stillegung des Kulturlebens, radikale Sparmaßnahmen personeller und materieller Art im Pressewesen, die Einstellung des Universitäts- und Fachschulstudiums bis auf den medizinisch-technisch-naturwissenschaftlichen Bereich, die Einstellung der Truppenbetreuung durch die Organisation »Kraft durch Freude«. Nur Film und Rundfunk blieben als propagandistische Mittel zur Massenbeeinflussung von den Sparmaßnahmen unberührt. Um Personal und Papier zu sparen und um den schmaler werdenden Lebensmittelzuteilungen Rechnung zu tragen, wurde von der 68. Zuteilungsperiode an eine Einheits-Lebensmittelkarte eingeführt. Für die Verwaltung wurde die 60-Stunden-Woche angeordnet und eine allgemeine Urlaubssperre verhängt. Infolge der häufigen Luftangriffe wurde auch das Warnsystem für die Zivilbevölkerung grundlegend geändert, um allzu starke Ausfälle im Produktionsprozeß durch Luftalarme zu vermeiden. Künftig gab es zwei Stufen: das Signal »Öffentliche Luftwarnung«, bei dem Verkehrs- und Wirtschaftsleben weitergingen, obwohl sich einzelne Feindflugzeuge oder schwächere Verbände im Warngebiet befanden, und das Signal für die akute Luftgefahr, den Vollalarm, der nur noch beim Anflug von Großverbänden gegeben wurde. Auf diese Weise gewann man noch einmal ein letztes Aufgebot an Männern und Frauen für die Wehrmacht und die Rüstungsindustrie. Heinrich Himmler stellte etwa fünfundzwanzig neue sogenannte »Volksgrenadierdivisionen« und eine Anzahl Volksartilleriekorps auf. Als Norm sollte dabei gelten, daß junger, 18- bis 20jähriger Ersatz im Verhältnis von 50:50 mit kampferfahrenen Soldaten vermischt werden sollte. Aber die Stärke dieser Divisionen sank auf 8000 Gewehre. Besondere »Sturmzüge« sollten mit dem neuen Maschinengewehr 42 ausgerüstet werden. Eine neue ausgezeichnete Maschinenpistole wurde eingeführt. Mit den neuen, in Massen erzeugten Hand-Panzerabwehrwaffen, der von einem Mann bedienten

Noch im Zuge der Befreiung Frankreichs rollte der alliierte Vormarsch ostwärts Richtung Rhein weiter. Bild rechts: amerikanische Einheiten erreichen die Befestigungsanlagen der Maginot-Linie Ende 1944. Bilder linke Seite: amerikanische Infanterie am „Westwall" (oben); ein Sherman-Panzer wird über eine Pontonbrücke über die Mosel gesetzt (unten). Was im Ersten Weltkrieg vermieden werden konnte, sollte im letzten Akt des Zweiten Weltkriegs 1944/45 Wirklichkeit werden: Deutschland wurde zum Kriegsschauplatz.

»Panzerfaust« und dem von zwei Mann bedienten »Panzerschreck«, volkstümlich »Ofenrohr« genannt, wurden besondere »Panzervernichtungszüge« ausgerüstet. Auch Marine und Luftwaffe mußten Personal für die Volksgrenadiere abgeben. Ihre Divisionen sollten nach den Plänen des Reichsführers SS und Befehlshabers des Ersatzheeres (nach dem 20. Juli hatte Himmler diesen Titel erhalten) neben sechsunddreißig SS-Panzerdivisionen den Kern des neuen Friedensheeres des »nationalsozialistischen Volksstaates« bilden, der nun, nach der Niederwerfung der »feudalen Reaktion«, aus Blut und Eisen mit harter Hand geformt werden sollte. Hitler gab die neuen Divisionen gern frisch aufgestiegenen jungen Generalen, von denen er annahm, sie würden den Kern eines neuen Revolutionsoffizierskorps abgeben. Einzelne seiner wenigen militärischen Favoriten, die sich an der Front bewährt hatten, erlebten so in den Schauern des Unterganges noch eine märchenhaft steile Karriere. Einzelne der Volksgrenadierdivisionen erwarben sich rasch den Ruf einer neuen Elite, die meisten freilich wahrten auf Grund des schlechter werdenden Ersatzes mühsam den Durchschnitt. Auch disziplinäre Schwierigkeiten tauchten auf. Drakonische Befehle Hitlers und Himmlers waren die Folge, gegen die Familien von Deserteuren wurde mit Repressalien eingeschritten. Zugleich aber ging das Trommelfeuer einer neuen Propaganda auf die Truppe hernieder – Schreckensbilder von der Verschleppung der deutschen Arbeiter und Soldaten nach Sibirien im Fall der Niederlage wechselten mit Hinweisen auf die neuen Wunderwaffen, auf die große Wende, die der Führer vorbereite. Andererseits war es angesichts dieses so düsteren Hintergrundes sehr bezeichnend, daß ein Aufruf Generals Eisenhower an die Fremdarbeiter, sich gegen die deutschen »Herren« zu erheben, gänzlich ohne Echo blieb und daß der Aufbau einer neuen festen Front im Westen gelang, daß Pflichtbewußtsein und Einsatzbereitschaft bei der Mehrzahl der Soldaten noch immer nicht erloschen waren, daß sich die große Masse nach dem schweren, opferreichen Rückzug wieder fing.

Am 17. September 1944 starteten die Alliierten bei Arnheim die bisher größte Luftlandeoperation der Geschichte. Das alliierte Oberkommando verfolgte mit dieser Unternehmung („Market Garden") den Plan, sich in den Niederlanden starke Brückenköpfe rechts des Rheins zu sichern, aus denen heraus der Stoß in die Norddeutsche Tiefebene hätte erfolgen können. Doch „Market Garden" wurde ein Mißerfolg: Im Raum Arnheim standen starke deutsche Kräfte des 2. SS-Panzerkorps, von denen die 1. britische Luftlandedivision in wenigen Tagen aufgerieben wurde.

Bild oben: eine britische Fallschirmbrigade wird abgesetzt. Bild rechts oben: unmittelbar im Kampfraum gelandeter britischer Gleiter. Bild rechts unten: die US-Generäle Simpson und Bradley im Gespräch mit Feldmarschall Montgomery, dem Leiter des Arnheim-Unternehmens. Bilder linke Seite: Blutüberströmt stützt sich dieser Fallschirmjäger auf die Schulter eines Kameraden (oben); Abtransport eines Schwerverwundeten (unten).

Am vordringlichsten schien zunächst, die Moselpforte bei Trier zu sperren, wo Feldmarschall v. Rundstedt mit seinem Stabschef bei einer Erkundung fast amerikanischen Panzern in die Hand gefallen wäre, die nach Koblenz führende Hunsrück-Höhenstraße zu sichern und den amerikanischen Brückenkopf über der Sauer bei Wallendorf nördlich von Trier wieder zu beseitigen. Unterdes hatte sich jedoch General Eisenhower auf das Drängen Montgomerys, der von General Bradley geäußerten Bedenken nicht achtend, zu einem äußerst kühnen und überraschenden Unternehmen entschlossen: Die neugebildete 1. Luftlandearmee des Generals Lewis Brereton, die sich aus der 1. britischen Luftlandedivision, der polnischen Fallschirmjägerbrigade und der 82. und 101. amerikanischen Luftlandedivision zusammensetzte, sollte hinter der deutschen Front sich im Raum Nimwegen–Arnheim der Übergänge über den Niederrhein im deutsch-holländischen Grenzgebiet bemächtigen, um auf diese Weise Zugang nach Nordwestdeutschland und dem Ruhrgebiet zu gewinnen. Hinter der kühnen Planung für das Unternehmen »Market Garden« stand noch immer die Hoffnung, vor dem Winter den Krieg mit einem einzigen Schlag zu beenden, und zwar durch einen Schlag der Westmächte. Eisenhower gab seine Zustimmung, weil er es für möglich hielt, Brückenköpfe rechts des Rheins zu bilden und Feldmarschall Models noch im Aufbau befindliche linke Flanke zu umgehen.

Am 17. September 1944 sprangen rund 9000 Mann britische und polnische Fallschirmjäger zwischen Eindhoven, Nimwegen und Arnheim ab, bei Arnheim errichteten sie einen etwa zehn Kilometer breiten und zwölf Kilometer tiefen Brückenkopf über den Waal. Aber die Spitzen der 2. britischen Armee hingen allzuweit zurück, getrennt durch zwei Strombarrieren, Maas und Waal. Die britische Gardepanzerdivision, die die Verbindung mit den Luftlandetruppen herstellen sollte, blieb im Raum Eindhoven stecken, und der Luftlandeangriff traf mitten in das II. SS-Panzerkorps unter SS-Obergruppenführer Bittrich, das mit den Divisionen »Hohenstaufen« und »Frundsberg«

in diesem Raum zur Auffrischung lag. So wurden die britischen Luftlandetruppen bei Arnheim abgeschnitten und unter schwerem Artillerie- und Werferfeuer auf engstem Raum zusammengedrängt. Auch die polnische Fallschirmbrigade, die am Südufer des Niederrheins zwischen Arnheim und Nimwegen abgesprungen war, hatte das gleiche Schicksal. Am 25. September 1944 befahlen Eisenhower und Montgomery, das Unternehmen abzubrechen; nur 2500 Mann schlugen sich wieder zu den britischen Linien durch. Die Schlacht von Arnheim war der erste deutsche Sieg seit langer Zeit. Der Gegner konnte einzig als Gewinn buchen, daß er Brückenköpfe über die Maas und den Waal vorgeschoben hatte.

Ende September 1944 konnte die deutsche Abwehrfront wieder als leidlich gefestigt gelten. Zwischen Schelde und Südostbrabant hatte die 15. Armee unter General v. Zangen südlich der Maas Aufstellung genommen. Am Niederrhein war die neugebildete 1. Fallschirmarmee unter General Schlemm eingesetzt, daran schloß sich die wiederaufgefüllte 7. Armee. Im Süden standen die 1. und die 19. Armee an der Saar, im Elsaß, in den Vogesen und an der Burgundischen Pforte.

Die beiden alten Grenzwälder im Land zwischen Maas und Rhein, zwischen der deutsch-holländischen Grenzstation Kranenburg und der Kaiserstadt Aachen, der »Reichswald« bei Kleve und der Hürtgenwald zwischen Düren und Aachen, waren zu Brennpunkten der Kämpfe geworden. Ein dritter Brennpunkt war das Oberelsaß mit dem Zugang zum Oberrhein. Mitte Oktober nahmen die Amerikaner als erste deutsche Großstadt nach schwersten Kämpfen das völlig verwüstete Aachen. Zwischen dem 14. und 28. November 1944 erzwangen französische und amerikanische Kräfte den Einbruch ins Unterelsaß. Am 22. November fiel Metz nach verzweifeltem Widerstand. Einen Tag darauf nahm die 7. amerikanische Armee Straßburg, die Königin des Elsaß. Aber noch immer war die deutsche Widerstandskraft nicht gebrochen. Die Front hielt. Und der Oberste Kriegsherr trug sich bereits mit neuen Angriffsplänen.

Die erste Stadt im Reichsgebiet, die die Alliierten erobern konnten, war Aachen. Am 14. Oktober 1944 schlossen sich die amerikanischen Angriffskeile um die schon weitgehend durch Luftangriffe und Artilleriebeschuß zerstörte Stadt, die noch tagelang in zähem Straßenkampf verteidigt wurde. Erst am 21. Oktober fielen die Ruinen der alten deutschen Krönungsstätte an die Amerikaner.

Bild oben: amerikanischer Scharfschütze im Schutze eines Panzers im Straßenkampf in Aachen.

Bilder links: deutsches MG-Widerstandsnest im Stadtkern (oben); „Hausdurchsuchung" nach der Übergabe Aachens an die Amerikaner (unten).

Kriegswirtschaft

Von Beginn an war das Dritte Reich auf eine aggressiv-offensive Außenpolitik angelegt, die einen Kriegsausbruch wahrscheinlich machte. Deshalb waren die Übergänge von der Friedens- zur Kriegswirtschaft fließend. Einen beträchtlichen Einschnitt machte allerdings der Vierjahresplan von 1936 aus, indem dieser eine volkswirtschaftlich einseitig auf die Aufrüstung zielende Wirtschaftspolitik forcierte (Kriegswirtschaft in Friedenszeiten), die dann seit 1939 in eine friedensähnliche Kriegs-wirtschaft überging. Betrachtet man da-gegen allein die Kriegszeit, so können drei Phasen der Kriegswirtschaft unterschieden werden:

1) 1939 bis 1941/42

Mit Kriegsbeginn kam die durch den Vierjahresplan von 1936 erzwungene wirtschaftliche Neuorganisation wieder ins Wanken. Situationsbedingte Funktionsverlagerungen und -konzentrationen führten zu neuen Zuständigkeiten und damit zu einer weiteren Ausprägung der für das Herrschaftssystem des Nationalsozialismus typischen polykratischen Tendenzen in Form neuer Ämter und Kompetenzüberschneidungen. Zunächst verlagerte bzw. konzentrierte sich die Macht auf bestimmte Einzelämter der Vierjahresplanbürokratie – insbesondere auf das Reichsamt für Wirtschaftsaufbau, das in der Folgezeit behördliche Eigendynamik entwickelte. Aufgrund der personellen Verflechtung mit der IG-Farben (der Leiter des Reichsamtes, Krauch, war gleichzeitig Aufsichtsratsvorsitzender der IG-Farben) kam es dabei zu einem wachsenden Einfluß gerade dieses Großkonzerns. – Eine zweite Machtverlagerung in jener Phase vollzog sich zugunsten der Wehrmacht (Okt./Nov. 1939: Neubildung des Wehrwirtschafts- und Rüstungsamtes unter der Leitung von Generalleutnant Georg Thomas; März 1940: Neugründung des Ministeriums für Bewaffnung und Munition unter der Leitung von Fritz Todt).

Durch die in der ersten Kriegsphase erfolgreich verlaufenen Blitzkriege konnte – entgegen den Intentionen von Thomas – eine völlige Umstellung der Wirtschaft auf die Kriegserfordernisse umgangen und eine kriegswirtschaftliche Zentralisierung vermieden werden. Die Brisanz der wirtschaftlichen Engpässe wurde durch die skrupellose Ausbeutung der eroberten Länder zeitweise entschärft. In der Ära der Blitzkriege dominierte die improvisierte rasche Ausbeutung aller Ressourcen der besetzten Länder, so daß man auch von einer wirtschaftlichen »Blitzkriegsstrategie« (R. D. Müller) sprechen kann. In West- und Nordeuropa wurde der Wiederaufbau der nationalen Wirtschaften auf deutsche Interessen bzw. auf eine von Deutschland beherrschte kontinentaleuropäische Großraumwirtschaft zugeschnitten. Ein Großteil der Produktion von Belgien, den Niederlanden, Norwegen, Dänemark und Frankreich war für die deutsche Kriegswirtschaft be-

„So wie wir kämpfen arbeite du für den Sieg!" Die Botschaft dieses NS-Propagandaplakats (Bild linke Seite) ist klar und deutlich: Auch in der Heimat hat „Frontgeist" zu herrschen, um den hohen Anforderungen der Kriegswirtschaft Genüge zu tun. Bild rechts: Hitler bei einer Ansprache in einer Berliner Rüstungsfabrik im Dezember 1940.

Gedanken über eine Finanzierung des Krieges machte sich der „Führer" überhaupt keine: In seiner Vision vom „tausendjährigen Reich" ließen die ungeheuren Erträge, die die eroberten Gebiete in der Zukunft abwerfen würden, derartige Berechnungen als lächerliche Kleinkrämerei erscheinen.

stimmt. Südosteuropa lieferte besonders Öl (Rumänien, Ungarn), Erze (Jugoslawien), landwirtschaftliche Produkte (Ungarn) und Bauxit (Ungarn). Polen und später die Sowjetunion wurden unmittelbar nach der Besetzung zu Objekten direkter wirtschaftlicher Ausbeutung. Die Einführung eines Treuhandsystems sollte die künftige Übertragung der Eigentumsverhältnisse dortiger Produktions- und Handelsstätten auf deutsche Unternehmungen vorbereiten. Die beiden Länder dienten außerdem in besonders großem Ausmaße als Arbeitskräftereservoir (Zwangsarbeit, KZ-Arbeit). Aus der UdSSR sollten vor allem Getreide und Erdöl nach Deutschland geliefert werden. Später maß man der Erschließung von Mangan- und anderen Eisen- und Schmelzerzen mehr Bedeutung zu.

Zwischen der nationalsozialistischen Führung und der deutschen Großindustrie bestand über eine maximale Ausbeutung der eroberten Länder weitgehend Konsens, wenngleich es hinsichtlich der konkreten Maßnahmen und der Prioritätensetzungen zu Meinungsverschiedenheiten und Konflikten kam. Volkswirtschaftliche Abteilungen der großen Konzerne entwickelten darüber hinaus Pläne zur europäischen Neuordnung unter deutscher Herrschaft, womit sie im Grunde öffentliche Aufgaben erfüllten. Die enge funktionelle Verflechtung zwischen nationalsozialistischem Staat und Großwirtschaft auf diesem Gebiet führte 1941 zur Gründung der Gesellschaft für europäische Wirtschaftsplanung. Die anvisierte europäische Großraumwirtschaft unter deutscher Führung sollte nicht nur primär deutschen Interessen dienen, sondern auch eine Arbeitsteilung zwischen Industriestaaten in Mittel- und Westeuropa einerseits und den Agrarländern im Osten und Südosten Europas andererseits festschreiben. Eine solche Großraumwirtschaft hätte die seit dem Niedergang des Welthandels während der Weltwirtschaftskrise verstärkt eingetretene Regionalisierung des Welthandels auf die Spitze getrieben. Selbst die neutralen Staaten, wie Spanien, Portugal und die Türkei, waren unter deutschen Druck geraten und begannen, ihre Wirtschaft ebenfalls auf den Bedarf Deutschlands einzustellen. Nur der Schweiz gelang es, mit beiden kriegführenden Seiten Handel zu treiben. In dieser ersten Phase litten die Men-

Mit dem Amtsantritt von Albert Speer als „Minister für Bewaffnung und Munition" am 8. Februar 1942 wurde die Produktion den Erfordernissen des Totalen Krieges entsprechend organisiert und rasch gesteigert, um im Sommer 1944 ihren Höhepunkt zu erreichen. Das Bild oben zeigt Albert Speer am Steuer einer Panzerlafette; hinter ihm der Automobilkonstruktur Ferdinand Porsche.

Bild linke Seite: Mit den Einlagen von 336.000 Sparern, die sich schon in ihren „Volkswagen" auf dem Weg ins Grüne wähnten, wurde dieses kriegstaugliche Gefährt mit luftgekühltem Boxermotor finanziert. Nach Kriegsausbruch hatte man die KdF-Autos kurzerhand in Geländewagen für die Wehrmacht umfunktioniert.

schen in Deutschland noch relativ wenig unter dem Krieg, weniger als beispielsweise in England. Dort mußten Finanzen und Wirtschaft innerhalb kurzer Zeit auf die Kriegssituation und Kriegserfordernisse umgestellt werden, wobei allerdings dem Land seine weltweiten Handelsverbindungen im Rahmen des Empire zum Vorteil gereichten. Schon 1940 gelang es England, bei der Produktion von Rüstungsmaterial fast die deutschen Zahlen zu erreichen (nur 9 Prozent weniger), und dies, obwohl das englische Sozialprodukt nur 70 Prozent des deutschen ausmachte. 1941 lag die Produktion von Rüstungsmaterial in England sogar um 32 Prozent höher als in Deutschland, dessen Ausstoß in etwa gleich blieb. Englands enorme Rüstungsanstrengungen bewirkten einen relativ schnellen Rückgang des zivilen Verbrauchs. Dieser betrug 1940/41 nur mehr 84 Prozent des Vorkriegsstandes (1938 = 100), während er in Deutschland damals immerhin noch 98,5 Prozent ausmachte. Durch Notstandsgesetz von 1940 führte England außerdem eine Arbeitszwangsverpflichtung ein, die strenger als diejenige in Deutschland gehandhabt wurde: Zwar kam es in Deutschland auch zu entsprechenden Verordnungen (Juni 1938: Verordnung über Teildienstverpflichtung; Februar 1939: umfassendere Dienstverpflichtung; September 1939: Beschränkung des Arbeitsplatzwechsels), doch blieben die Regelung des Arbeitsmarktes und die Lenkung der Arbeitskräfte in jener Phase noch in den Händen ziviler Behörden (unter Federführung des Beauftragten für den Vierjahresplan und des Generalbevollmächtigten für die Wirtschaft), die ihre Machtbefugnisse aus herrschaftsstrategischen Gründen nicht voll ausschöpften und den Ansprüchen des Wehrwirtschafts- und Rüstungsamtes Grenzen setzten. Auch mußte die Kriegswirtschaftsverordnung vom 4. September 1939, durch die die Lage der Arbeiter verschlechtert wurde (Lohnstopp, Arbeitszeitverlängerung, Urlaubssperre) in den folgenden Monaten zurückgenommen werden. Ungeachtet der bedrohlich anwachsenden Engpässe in der deutschen Wirtschaft (Rohstoffe, Arbeitskräfte) kamen der siegreiche Verlauf der Blitzkriege (und die dadurch möglich gewordene Ausbeutung der von Deutschland besetzten Länder) sowie die friedensähnliche deutsche Kriegswirtschaft (Breitenrüstung anstelle der von Thomas geforderten Tiefenrüstung) der Herrschaftssicherung des Regimes zustatten.

2) Anfang 1942 bis Mitte 1944
Mit Ende der Blitzkriege wurde eine neue Phase in der Kriegswirtschaft eingeleitet, die im Zeichen des »totalen Krieges« stand. Hinsichtlich der Wirtschaftsorganisation verschoben sich die

Das deutsche „Winterhilfswerk" (WHW) wurde mit seinen immer neuen Bettelideen zum Klingelbeutel des Nationalsozialismus. Ob bei Regen, Hagel oder Schnee, die Sammelbüchsen wurden den Volks- und Parteigenossen an allen Ecken und Enden des Reiches vor die Nase gehalten (Bild oben).
Natürlich wurde nicht nur Geld gesammelt: Die 80 Millionen Deutschen waren aufgerufen, kriegswichtiges Material - und das war praktisch alles - für die Front zu opfern.

Bilder linke Seite: Spinnstoffsammlung in einem Berliner Modehaus (großes Bild). Am Wiener Rathaus wird eine Glocke abgelassen, um dem Schmelztiegel entgegengeführt zu werden (oben).

Christel Cranz, Olympiasiegerin bei den Winterspielen 1936, gibt ihre Skier zur Frontverwendung ab (unten).

Kompetenzen und Machtbefugnisse erneut. Verlierer waren diesmal nicht nur (wie schon bisher) die Vierjahresplanbehörde (sowie das schon früher geschwächte Reichswirtschaftsministerium), sondern nun auch das in der ersten Kriegsphase neu gegründete Wehrwirtschafts- und Rüstungsamt. Eindeutiger Gewinner wurde das neue Ministerium für Rüstung und Kriegsproduktion unter der Leitung von Albert Speer. Diesem unterstanden nun nicht mehr lediglich die Rüstungsbetriebe, sondern die gesamte Wirtschaft (Führererlaß über die Konzentration der Kriegswirtschaft vom 2. September 1943). Erst damit waren die Voraussetzungen für eine zentrale Steuerung der Gesamtwirtschaft geschaffen. Die Zentralisierung von Macht und Planung in den Händen Speers stärkte gleichzeitig den Einfluß der Großindustrie. Speer wollte die Effizienz der Planungsmethoden und der Techniknutzung verbessern sowie rationelle Produktionsmethoden (z.B. Typenminderung) erreichen, und zwar nicht zuletzt durch die Aktivierung privatwirtschaftlicher Selbstverantwortung. Neue Einheits- und Gruppenpreise sollten zur weiteren effizienzsteigernden Betriebskonzentration führen insofern, als der Staat nun nicht mehr die tatsächlich angefallenen Produktionskosten erstattete, sondern die Preise auf der Basis der technisch gut ausgerüsteten und rationell arbeitenden Betriebe errechnete und dann verallgemeinerte.

Die Macht der Großindustrie steigerte sich auch durch eine von Speer initiierte Umorganisierung der Wirtschaft: Die neu gebildeten Hauptausschüsse (zuständig für die Rüstungsendfertigung), die Industrieringe (zuständig für die Zulieferung) sowie die Reichsstellen und Reichsvereinigungen (zuständig für die Rohstoffbewirtschaftung) waren nicht mehr branchenbezogen, sondern produktmäßig ausgerichtet (z.B. Nieten, Panzerwagen, Kohle). Die in solchen Organisationen führenden Großkonzerne übten dabei quasi staatliche Befugnisse aus. So verteilten die Ausschüsse und Ringe in eigener Kompetenz Rüstungsaufträge, Rohstoffkontingente und Arbeitskräfte an die Betriebe. – Im Unterschied zu Deutschland wurde in

den Vereinigten Staaten keine vergleichbare zentrale Superbehörde, die die ganze Kriegswirtschaft koordiniert hätte, geschaffen. Seit Dezember 1942 legten die US-Streitkräfte ihre Anforderungen an die Wirtschaft fest und benutzten ihr eigenes Beschaffungssystem. Jedoch konnte das Amt für Kriegsproduktion eine maximale Obergrenze für den militärischen Bedarf festsetzen, die Zuteilung von Rohstoffen sowie den Planungsablauf für die Herstellung der Rüstungsgüter bestimmen. Dabei kam es in der Praxis zu einer neuen Allianz von »Big Military« und »Big Business«. – Großbritannien entschloß sich hingegen zu einer rigoroseren zentralen Kriegswirtschaftsplanung als die USA (Rationierung und Kontrolle der Zivilversorgung, Materialzuteilung, Planungs-, Kontrollapparate etc.).

Eine Besonderheit der deutschen Kriegswirtschaft stellte seit 1942 die Lenkung der Arbeitskräfte durch den Generalbevollmächtigten für die Arbeit, Fritz Sauckel, dar, wobei vor allem die Zwangsarbeiter/innen und Kriegsgefangenen an Bedeutung für die deutsche Wirtschaft gewannen. 1944 machten diese immerhin ungefähr 20 Prozent der Gesamtbeschäftigten aus. Durch dieses Zwangsarbeitssytem konnte das Regime sich gegenüber der einheimischen Bevölkerung »großzügiger« zeigen als andere kriegführende Länder. Dies gilt besonders hinsichtlich der Frauenerwerbsarbeit. Im Vergleich zu den USA und Großbritannien erreichte Deutschland während des Krieges hier einen erheblich geringeren Mobilisierungsgrad (der Anteil stieg von 14,6

Millionen im Jahr 1939 auf 14,9 Millionen im Jahr 1944). Auch hielt sich das Ausmaß der Schichtarbeit, der sektoralen Umschichtung der Arbeitskräfte sowie der Betriebsschließungen im Handwerk und Einzelhandel in Grenzen.

Gleichwohl kam es in dieser Phase zu einer beträchtlichen Steigerung der deutschen Kriegsproduktion. Diese basierte nicht auf einer allgemeinen Steigerung der Industrieproduktion (die während des Krieges ziemlich konstant blieb), sondern erfolgte durch Umstrukturierung, Rationalisierung und Standardisierung der Rüstungsproduktion, die sich schließlich zwischen 1941 und 1944 verdreifachte. Der Index der gesamten Rüstungsendfertigung stieg 1944 auf 322 (Jan./Febr. 1942 = 100) an. Der absolute Höhepunkt wurde im Juli 1944 erreicht. Der Anteil der Rüstungserzeugung an der Gesamtindustrieerzeugung erhöhte sich in jener Phase von 16 Prozent im Jahre 1940/41 auf 40 Prozent im Jahre 1944. Ungeachtet dieser enormen Leistungssteigerung konnte die deutsche Kriegswirtschaft jedoch nicht mit den USA konkurrieren. Denn die Vereinigten Staaten hatten einen noch größeren kriegsbedingten Wachstumsschub zu verzeichnen. Die amerikanische Wirtschaft verfügte nämlich infolge der wirtschaftlichen Depression, die dem Kriegseintritt vorausgegangen war, über viele ungenutzte Ressourcen, vor allem an Arbeitskraft. Dies erhöhte die Möglichkeiten der wirtschaftlichen Mobilisierung. Seit dem Inkrafttreten des Leih- und Pachtgesetzes im März 1941 war es der amerikanischen Kriegswirtschaft darüber hinaus möglich geworden, an Verbündete Kriegsmaterial und Lebensmittel zu liefern (vor allem nach Großbritannien und in die Sowjetunion). Insgesamt konnten die USA zwischen 1939 und 1944 ihr Bruttosozialprodukt um 37% steigern. Während die Erhöhung der Arbeitsproduktivität in Deutschland zwischen 10 und 12 Prozent lag, war diese in den Vereinigten Staaten doppelt so hoch. Dabei spielte nicht zuletzt auch der Unterschied der maschinellen Grundausstattung eine Rolle: In Deutschland wurden noch mehr Universalwerkzeugmaschinen benutzt, während in den Vereinigten Staaten bereits Spezialwerkzeugmaschinen für die Rüstungsproduktion entwickelt wurden und zum Großeinsatz kamen.

3) Mitte 1944 bis Mai 1945
In der letzten Kriegsphase wuchsen die Widersprüche zwischen den ökonomischen Erfordernissen der Kriegführung, den volkswirtschaftlichen Möglichkeiten Deutschlands und dem (latenten) sozialen Druck seitens der Bevölkerung beträchtlich. Gleichwohl gelang es noch bis zum Januar 1945, die Kriegsproduktion auf beachtlicher Höhe zu halten. So lag der Index der gesamten Rüstungsendfertigung in jenem Monat mit 227 (Jan./Febr. 1942 = 100) höher als der Jahresdurchschnitt von 1943. Doch während in der zurückliegenden Phase die Produktionsstrategie noch stark auf die Erreichung hoher Produktqualität ausgerichtet war, setzte man nunmehr auf eine vereinfachte Großproduktion schon erprobter Kampfmittel (»Notprogramm der Rüstungsendfertigung«). Wichtige Erfindungen und Entwicklungen bei U-Booten, Flugzeugen, Panzern und V-Waffen gingen nicht mehr in Serie. Die seit dem Sommer 1944 gesteigerte strategische Bombardierung durch die Alliierten traf vor allem die synthetische Treibstoffindustrie sowie das Verkehrs- und Transportsystem. Die damals angerichteten Bombenschäden an den deutschen Produktionsanlagen erwiesen sich allerdings nach Kriegsende als längst nicht so umfangreich wie ursprünglich angenommen.

Für rund 120 Milliarden Reichsmark (nach den Preisen von 1939) lieferte die deutsche Wirtschaft von 1939 bis 1944 Waren für Kriegszwecke. Hinter diesen Zahlen stand eine gewaltige Leistung der Männer und Frauen (Bilder linke Seite und rechts) in den Waffen- und Munitionsfabriken.

Der Lohn für die harte Arbeit war zwar relativ niedrig. Zu großen Leistungen spornten vielmehr die relativ großen Essensrationen an, die in der Rüstungsindustrie für Schwerstarbeit zugeteilt wurden.

Aufgrund der sich abzeichnenden Niederlage Deutschlands wurde auch dem Konzept der Kriegsfinanzierung – nämlich einer Sanierung der deutschen Finanzen auf Kosten der eroberten Länder – der Boden entzogen. Gleichzeitig wuchsen die Staatsausgaben, die durch eine »geräuschlose Kriegsfinanzierung« möglich wurden, weiter an; dies bedeutete: nur leichte Steueranhebungen, aber dafür um so mehr Notendruck und Wechsel; außerdem mußten Banken und Sparkassen Zwangskredite an den Staat geben, der mit dem System auch herrschaftsstrategische Ziele verfolgte. Die Reichsschuld in Deutschland stieg schließlich auf 380 Milliarden Reichsmark im Januar 1945 an (1933: 15 Mrd. RM; 1939: 31 Mrd. RM; 1943: 86 Mrd. RM). Der Anteil der Kreditfinanzierung im internationalen Vergleich schwankte beträchtlich – zwischen 17,1 Prozent in der Sowjetunion (1941-1945) und 92 Prozent in Japan (1937-45) bzw. 93 Prozent in Italien (1939-1943); auch Deutschlands Anteil lag mit 86 Prozent (1939-1945) recht hoch, während die entsprechenden Prozentsätze für die USA 70,5 (1940-1945) und für Großbritannien 69,2 (1939-1945) betrugen. (Im Unterschied zu Deutschland entschloß man sich z.B. in den USA zu drastischen Steuererhöhungen und zur Auflegung von Kriegsanleihen.)

Ungeachtet der galoppierenden Verschuldung kam es in dieser letzten Kriegsphase doch zu einer gravierenden Verschlechterung der Lebens- und Arbeitssituation auch der deutschen Bevölkerung. Der Rückgang der erzeugten Konsumgüter traf vor allem die Zivilbevölkerung; die Ersatzwirtschaft führte zu beträchtlichen Qualitätsein-

Der Feind steht an der Oder und am Rhein, dennoch wird in der Rüstungsindustrie fieberhaft weitergearbeitet. Unter Autobahnbrücken (Bild oben), in Handwerksbetrieben, kleinen Bruchbuden und Klitschen (Bild oben links) wird rund um die Uhr bei Dauerluftalarm geschafft. Jede Sekunde kann der ganze Kram in die Luft fliegen. Sicherheitsbestimmungen gibt es längst nicht mehr. Panzerfäuste werden „frei nach Schnauze" mit Sprengstoff gefüllt. Unermüdlicher Einsatz wird mit Ohrenschmaus entgolten: Werkkonzert der Berliner Staatskapelle in der Werkhalle eines Rüstungsbetriebes (Bild rechte Seite).

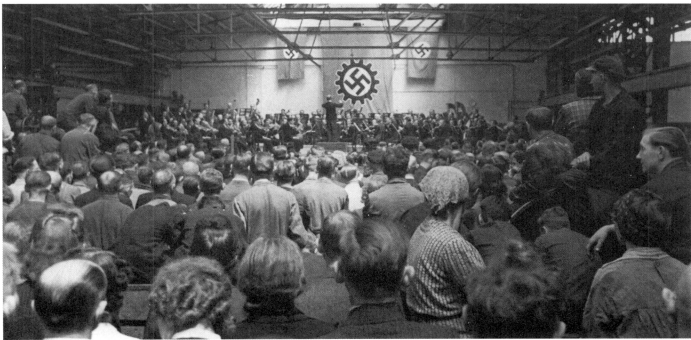

bußen; die Versorgungslage verschlimmerte sich durch die Bombenzerstörungen des Transportsystems und durch das Ende der Nahrungsmittelzufuhren aus den eroberten Gebieten. Gleichzeitig erhöhte sich die reguläre Wochenarbeitszeit von 48 auf 60 Stunden. Überdies gefährdeten die Luftangriffe der Alliierten Menschen und deren Besitz immer mehr. Trotz dieser großen Einbußen an Lebensqualität für die deutsche Bevölkerung ist deren neue Situation nicht mit jener noch sehr viel schlechteren Lage der Zwangsarbeiter und Zwangsarbeiterinnen, der Kriegsgefangenen, der KZ-Häftlinge sowie der Zivilbevölkerung in den noch immer besetzten Gebieten zu vergleichen. Unsäglich war vor allem die Not im europäischen Rußland, dessen Industrieanlagen außerdem beim Rückzug der deutschen Truppen fast ganz zerstört wurden. Aber auch das zukünftige Siegerland Frankreich hatte unter dem Krieg unverhältnismäßig zu leiden. Der Produktionsindex betrug am Ende des Krieges dort nur mehr die Hälfte der ohnehin sehr bescheidenen Ziffer von 1938. (Das Land mußte während des ganzen Krieges auch hohe Besatzungskosten an Deutschland zahlen: 1940 überwies Frankreich 9,3 Prozent seines eigenen Bruttosozialproduktes nach Deutschland, 1943 waren es schon 31,3 Prozent.)

Je klarer sich die Niederlage Deutschlands abzuzeichnen begann, desto eifriger wurden auf seiten der Alliierten, aber auch auf deutscher Seite Überlegungen zur Nachkriegsordnung angestellt. 1944 rief man aus diesem Grunde in Deutschland einen Arbeitskreis für Außenwirtschaftsfragen ins Leben, und seit Herbst 1944 wurde schon überlegt, wie sich Deutschland auf den nach dem Kriege wiederherzustellenden Welthandel vorbereiten könne. Dabei spielte bereits damals die Erkenntnis eine Rolle, daß eine Ausrichtung auf die USA für das »Deutschland der Nachkriegszeit« kaum zu vermeiden sein werde und die im Dritten Reich aufgebaute handelspolitische Spezialausrichtung Deutschlands (Autarkie, Südostpolitik, Großraumwirtschaft) einer einschneidenden Korrektur bedürfe.

Um den hohen Personalbedarf der Kriegswirtschaft zu decken und deutsche Arbeiter für den Wehrdienst freizumachen, wurden Männer, Frauen und Halbwüchsige aus den besetzten Gebieten für den Einsatz in der Rüstungsindustrie und in der Landwirtschaft zwangsweise ins Reich verbracht. Bild oben: Eine junge Tatarin aus dem Millionenheer der nach Deutschland verschleppten „Ostarbeiter" an der Drehbank eines Rüstungsbetriebes.

Bilder rechte Seite: Zwangsverpflichtete russische Zivilbevölkerung wird in Güterzüge „verladen" (oben).

Von der Roten Armee befreite russische Zwangsarbeiter auf dem langen Marsch nach Hause (unten).

Die Ardennenoffensive

Seit dem 25. September 1944, dem Tag, an dem sich bei der Luftlandeschlacht um Arnheim der große deutsche Abwehrsieg ergeben hatte, trug Hitler sich mit dem Gedanken, im Westen wieder die Initiative zu ergreifen. Im Osten schien nichts mehr zu holen zu sein. Italien interessierte nicht weiter. Man mußte den Westmächten beweisen, daß man immer noch ein ernstzunehmender Bundesgenosse gegen die Sowjets sein könnte: Einmal, so Hitler, müßten sie die Gefahr aus dem Osten erkennen.

Nach den Schlachten um die alte Kaiserstadt Aachen, bei denen die Amerikaner schließlich die völlig zerstörte Stadt erobert hatten, hatte sich hier ein amerikanischer Frontbogen nach Osten hin gebildet. Zweifelsohne bestand die Möglichkeit, diesen durch eine Offensive mit begrenzten Zielen abzuschneiden. Das aber war es nicht, was Hitler im Sinne hatte. Ihm schwebte eine große Offensive in den Ardennen vor. Ziel war die Rückeroberung von Antwerpen, des größten Nachschubhafens der Alliierten, da Rotterdam noch immer von deutschen Truppen besetzt war. Er entschied sich also wieder für die Strategie »Sichelschnitt« wie im Frankreichfeldzug. Amerikanische Militärexperten bezeichneten nach dem Krieg die strategische Konzeption Hitlers, der der Chef des Wehrmachtführungsstabes, Generaloberst Alfred Jodl, konkrete Formen lieh, als »genial«. Das mochte stimmen, nur stand der Plan nicht mehr im Einklang mit den Kräfteverhältnissen und der Gesamtlage im Zweifrontenkrieg.

Immerhin, es waren drei Armeen mit rund 250 000 Mann, die im Morgengrauen des 16. Dezember zum Angriff antraten: Die 6. Panzerarmee unter SS-Generaloberst Joseph (»Sepp«) Dietrich sollte den Hauptstoß über die Maas und an beiden Seiten von Lüttich vorbei auf Antwerpen führen. Die 5. Panzerarmee unter General von Manteuffel sollte die Schwenkung mitmachen und Dietrichs linken Flügel decken. Die 7. Armee unter General Brandenberger war dazu bestimmt, im Süden Entlastungsangriffe zu führen und die gesamte Operation nach Süden und Südwesten zu decken. Brandenberger verfügte nur über eine Panzerdivision bei fünf Infanteriedivisionen, während das Verhältnis bei den Stoßarmeen 4:5 beziehungsweise 4:3 war. Der Plan war, die feindliche Front durch Infanteriekräfte aufzubrechen und die Panzerverbände zum schnellen Vorstoß durch die Lücken zu schicken. In zwei Tagen sollte das offene Gelände jenseits der Maas erreicht sein. Die Panzer sollten sich deshalb keinesfalls mit Angriffen auf Stützpunkte oder verteidigte Ortschaften aufhalten.

Was glückte, war die Überraschung. Die ersten Einbrüche gelangen, obwohl die spärlichen, in ihrer Entschlossenheit oft unterschätzten US-Verbände sich wütend verteidigten. Im übrigen zeigten sich die Nachteile des Unternehmens schon in den ersten Tagen. Auf dem Papier mochte die Situation den Sommertagen des Jahres 1940 gleichen, in denen hier der Durchbruch nach Westen gelang. In der rauhen Wirklichkeit sah vieles völlig anders

Immer wieder hatte die deutsche Kriegspropaganda nach der alliierten Invasion in Frankreich mit ihren Durchhalteparolen der Heimat und den Soldaten an der Front einen unmittelbar bevorstehenden Umschwung versprochen. Im Dezember 1944 sah es einige Tage lang tatsächlich so aus, als könne das Blatt noch einmal gewendet werden.

Bild rechts: Planung der Ardennenoffensive, November 1944. Von links: Generalfeldmarschall Model, Generalfeldmarschall von Rundstedt sowie General Krebs, Generalstabschef der Heeresgrupe B. Bild linke Seite: Neben dem zerschossenen Halbkettenfahrzeug eines amerikanischen Panzergrenadierbataillons zeigt ein Offizier seinen Männern das Angriffsziel an.

aus. Es waren nicht mehr die vergleichsweise leichten Panzer II und III, die über die schmalen und gewundenen Straßen rollten, und es war Winter. Die Panzer IV und besonders die »Tiger«-Ungetüme, oft auch »Möbelwagen« genannt, zermalmten mit ihrem Gewicht und ihren mächtigen Ketten befestigte wie unbefestigte Straßen. Und über so zugerichtete Wege mußte ein Vielfaches an Nachschubtonnage rollen, um die riesigen Motoren und die neuen Panzerkanonen, deren Granaten mehr als 10 kg wogen, zu versorgen:

In der ersten Nacht marschierte General von Manteuffel zu Fuß zum Divisionsgefechtsstand seiner rechtsaußen kämpfenden Infanteriedivision, weil er so viel schneller als mit dem Wagen auf den verstopften, in einem Verkehrschaos untergehenden Straßen vorankam. In der stockfinsteren Nacht traf er auf Generalfeldmarschall Model, der seinen Wagen ebenfalls stehengelassen hatte.

Schon am Tage hatte Manteuffel, auf einer halbfertigen Brücke über den Fluß Our bei Dasburg stehend, ein heilloses Chaos entwirrt. Es war eben doch anders als 1940. Die beiden hohen Offiziere beschlossen, umdröhnt vom Motorenlärm steckengebliebener Fahrzeuge und den Flüchen der Fahrer, Verstärkungen gegen die Stadt St. Vith zu werfen, einen hartnäckig verteidigten Kreuzungspunkt, der für beide Angriffsarmeen wichtig war. Die frischen Truppen brauchten zwei Tage, um überhaupt an den Feind zu kommen.

Etwa zur Zeit dieser nächtlichen Begegnung riskierte weiter nördlich der junge, knochenharte Panzer-Kampfgruppenkommandeur Jochen Peiper, ein Standartenführer von der »Leibstandarte«, Kopf und Kragen: Eben wegen der Gefahr unentwirrbarer Verkehrsknäuel war es bei Todesstrafe verboten, die Vormarschstraßen der Nachbararmee zu befahren. In seiner Ungeduld ließ er seine Panzer trotzdem durch den Bereich der 5. Armee rasseln, konnte aber bald wieder auf seine Stoßrichtung einschwenken. Sein wilder Vorstoß, bei dem er ein kleineres Tanklager erbeutete und an einem größeren vorbeifuhr, blieb fast der einzige Lichtblick für Sepp Dietrichs 6. Armee.

Der Krieg geht weiter

Ansprache Hitlers an die Divisionskommandeure vor der Ardennenoffensive, 12.12.1944

Entschieden werden Kriege endgültig durch die Erkenntnis bei dem einen oder anderen, daß der Krieg als solcher nicht mehr zu gewinnen ist. Diese Erkenntnis dem Gegner beizubringen, ist daher die wichtigste Aufgabe. Am schnellsten wird ihm diese Erkenntnis durch die Vernichtung seiner lebendigen Kraft, durch Besetzung eines Territoriums beigebracht. Ist man selbst zur Abwehr, zur Defensive gezwungen, dann ist es erst recht die Aufgabe, von Zeit zu Zeit durch rücksichtslose Schläge dem Gegner wieder klarzumachen, daß er trotzdem nichts gewonnen hat, sondern daß der Krieg unentwegt weitergeführt wird.

Ebenso ist es wichtig, diese psychologischen Momente dadurch noch zu verstärken, daß man keinen Augenblick vorübergehen läßt, um dem Gegner klarzumachen, daß, ganz gleich, was er auch tut, er nie auf eine Kapitulation rechnen kann, niemals, niemals. Das ist das Entscheidende. Das leiseste Anzeichen irgendeiner solchen Kapitulationsstimmung führt beim Gegner dazu, daß er dann wieder seine Hoffnung auf einen Sieg steigen sieht, daß eine an sich hoffnungslos gewordene breite Masse mit neuer Hoffnung erfüllt wird und lieber alle Drangsale und Entbehrungen wieder auf sich nimmt. Daher die Gefahr einer Publikation von defaitistischen Denkschriften, wie sie im Jahre 1917 erfolgt ist, oder von Akten, wie wir sie in diesem Jahre erlebten (beim Umsturzversuch am 20. Juli 1944), die, beim Gegner seit Jahren bekannt, immer noch die Hoffnung aufrechterhalten konnten, es könnte doch ein Wunder eintreten, und dieses Wunder würde mit einem Schlage die Situation plötzlich wenden. Der Gegner muß wissen, daß er überhaupt unter keinen Umständen zu einem Erfolg führt. Wenn ihm das durch die Haltung eines Volkes, einer Wehrmacht und zusätzlich noch durch schwere Rückschläge, die er bekommt, klargemacht wird, dann wird er am Ende eines Tages einen Zusammenbruch seiner Nervenkraft erleben. Es wird

das eintreten, was Friedrich der Große im siebenten Jahr seines Krieges als größten Erfolg seines Lebens buchen konnte. Man wende hinterher nicht ein: Ja, damals war die Lage eine andere. Sie war nicht eine andere, meine Herren, sondern damals haben seine sämtlichen Generale, darunter der eigene Bruder, fast verzweifelt an einem möglichen Erfolg. Seine Regierungspräsidenten, seine Minister aus Berlin sind in Deputationen erschienen und haben ihn gebeten, er möchte den Krieg sofort beenden, er sei nicht mehr zu gewinnen. Die Standhaftigkeit eines Mannes hat es ermöglicht, daß dieser Krieg durchgeführt worden war und doch am Ende das Wunder einer Wende eintrat. Auch der Einwand, daß das ohne den Thronwechsel in Rußland nie gekommen sein würde, ist völlig belanglos. Denn wenn im fünften Jahr des Krieges kapituliert worden wäre, wäre auch der Wechsel des Throns im siebenten Jahr, also zwei Jahre später, völlig belanglos gewesen. Man muß die Zeit abwarten.

Es ist noch weiter folgendes zu bedenken, meine Herren. Es gab in der Weltgeschichte niemals Koalitionen, die wie die unserer Gegner aus so heterogenen Elementen mit so völlig auseinanderstrebender Zielsetzung zusammengesetzt sind. Was wir an Gegnern heute besitzen, sind die größten Extreme, die überhaupt auf der Erde heute denkbar sind: ultrakapitalistische Staaten auf der einen Seite und ultramarxistische Staaten auf der anderen Seite; auf der einen Seite ein absterbendes Weltreich, Britannien, auf der anderen eine auf Erbschaft ausgehende Kolonie, die USA. Es sind Staaten, die in ihrer Zielsetzung schon jetzt Tag für Tag aneinandergeraten. Und wer so wie eine Spinne, möchte ich sagen, im Netz sitzend diese Entwicklung verfolgt, der kann sehen, wie von Stunde zu Stunde sich diese Gegensätze mehr und mehr entwickeln. Wenn hier noch ein paar ganz schwere Schläge erfolgen, so kann es jeden Augenblick passieren, daß diese künstlich aufrechterhaltene gemeinsame Front plötzlich mit einem riesigen Donnerschlag zusammenfällt.

Am 16. Dezember traten unter dem Oberbefehl des Generalfeldmarschals von Rundstedt von allen Kriegsschauplätzen zusammengeraffte Divisionen im Westen zwischen Monschau und Trier zu einer Offensive an, die über Lüttich auf Antwerpen zielte und für die Amerikaner völlig überraschend kam.

Bild rechte Seite: deutscher Tiger-Panzer auf dem Marsch in die Ardennen.

St. Vith fiel; mit tagelanger Verspätung erreichte Manteuffels Speerspitze einen Punkt knapp 5 km östlich von Dinant an der Maas. Seine Panzer hinterließen ebenso wie Peipers Kampfgruppe Chaos und Verwüstung hinter den amerikanischen Linien. Aber sie verbrauchten viel mehr Sprit als vorgesehen, da sie, Schleichwege suchend, auf den zerstörten Straßen hin und her manövrierten. Und in ihrem Rücken saß der Pfahl im Fleisch, der den Nachschub verhinderte, Elitedivisionen wie die Panzer-Lehr- und die 5. Fallschirmjägerdivision band: die Stadt Bastogne, wichtigster Verkehrsknotenpunkt im ganzen Durchbruchsbereich, in der Teile der 10. US-Panzerdivision und der 101. US-Luftlandedivision sich hartnäckig verteidigten. Bastogne nahm den Angreifern die Luft, noch bevor um den 22. Dezember die Wolkendecke aufriß und nach und nach die gefürchtete Luftwaffe der Alliierten zuschlagen konnte.

Noch mehr war schiefgegangen: Eine 1250 Mann starke Fallschirmjägerkampfgruppe unter dem erfahrenen Haudegen Oberstleutnant von der Heydte, die auf Sepp Dietrichs Vormarschweg bei Malmedy Kreuzungen und Brücken besetzen sollte, wurde schon beim Absprung zerstreut und richtete nicht viel aus. Ebensowenig eine Spezialtruppe unter dem SS-Kämpen Otto Skorzeny, deren Angehörige zusätzlich in US-Uniformen Verwirrung hinter der Front stiften sollten. Als bekannt wurde, daß Peipers Truppe unbewaffnete US-Gefangene getötet hatte, wurde jeder Gefangene aus Skorzenys Einheit, der auch nur ein amerikanisches Uniformstück trug, rücksichtslos erschossen.

Die Offensive geriet aus dem Tritt. Manteuffels Flanken waren offen, weil rechts von ihm selbst Sepp Dietrichs Speerspitze Peiper zurückhing und links

von ihm der untermotorisierte und zu schwach mit mechanisierten Einheiten ausgestattete Brandenberger ohnehin keine Chance hatte, Schritt zu halten. Im Süden aber drehte US-Haudegen George Smith Patton, der sich zunächst rauhbeinig geweigert hatte, von seinen offensiven Absichten abzulassen, mit unorthodoxer Geschwindigkeit seine 3. US-Armee nach Norden ein. Auf der anderen Seite des Einbruchs, im Norden, handelte Bernard Law, Viscount Montgomery bedächtiger, aber nachdrücklicher.
Um Weihnachten zeichnete sich immer deutlicher die Gefahr der Einkreisung für die vorgeprellten Verbände ab. Peiper mußte schon am 24. Dezember seine Fahrzeuge sprengen und sich mit dem Rest seiner Kampfgruppe zu Fuß nach Süden durchschlagen. Fachleute streiten sich, ob es zu dieser Zeit noch sinnvoll war, Dietrichs festliegende Verbände in den Einbruchsraum der 5. Armee zu werfen. Wie beim Manöver in der Sonne glitzernd, flogen alliierte Geschwader nun ihre Angriffe, vom Jagdbomber bis zur »Fliegenden Festung«. Auf den engen Straßen, zumeist auf einer Seite begrenzt von steilen Felswänden, und auf der anderen von Abgründen, kam es zu einem grausigen Gemetzel. Sturmtruppen und Nachschubfahrzeuge wurden zu hilflosen Opfern der »Jabos«, während die Verbände der Viermotorigen die rückwärtigen Verbindungen, Straßen- und Eisenbahnknotenpunkte bis weit ins Rheinland hinein zerbombten.
Deutsche Jäger stiegen auf – kaum 1500 waren gegen die 4000 der Alliierten zu mobilisieren, aber die meisten erreichten nicht einmal die Ardennen, sondern wurden schon weiter östlich abgefan-

Mit der Ardennenoffensive, dem Unternehmen „Wacht am Rhein", wollte Hitler die Initiative im Westen wieder zurückgewinnen. Im Mai 1940 war die Wehrmacht durch die Ardennen nach Belgien und Frankreich vorgestoßen. Im Dezember 1944 sollte sie dieses Bravourstück wiederholen. Doch es waren nicht mehr dieselben siegesgewissen Landser, und es war auch nicht mehr derselbe Feind, gegen den sie zogen.

Bild oben: SS-Soldaten nach einem Vorstoß beim Studium der Landkarte. Bilder rechte Seite: deutsche Truppen im Vormarsch im Schutz einer Straßenböschung (oben), beim Überqueren einer Pionierbrücke (Mitte), am Wegweiser nach Malmedy in den östlichen Ardennen (unten).

gen. Ihre Flugplätze nahmen die alliierten Bomber unter Beschuß. »In den Ardennen«, sagte Fliegergeneral Adolf Galland nach dem Krieg, »erhielt die deutsche Luftwaffe den Todesstoß.« Die jungen Soldaten der Panzer-, Volksgrenadier- und SS-Divisionen, viele von ihnen zum erstenmal im Kampf, griffen zum Teil noch bis zum 29. Dezember an. Um die Jahreswende gestand Hitler die Einstellung der Offensive zu. Offiziell sprach man nunmehr von einer »Bewegungsschlacht größten Ausmaßes im Westen«, die nur langsam Fortschritte in nordwestlicher Richtung erkennen lasse. Starker feindlicher Druck gegen die Südflanke wurde zugegeben. Die »Winterschlacht zwischen Maas und Mosel« hatte die letzten Kräfte der Heeresgruppe B, die sich mühsam noch einmal von der Niederlage des Sommers erholt hatte, aufgezehrt. Rund 600 Panzer und Sturmgeschütze waren verlorengegangen. Die Alliierten hatten zirka 70 000 Mann an Toten, Vermißten und Verwundeten

Bild rechte Seite: Ein letztes Mal in diesem Krieg sollte es für die Deutschen vorangehen. Bis zu 60 Kilometer tief brach die Wehrmacht in die alliierten Frontlinien im Westen ein.

Bild oben: Mittels Zeichensprache erkundigt sich ein in Gefangenschaft geratener GI bei Offizieren der 1. SS-Panzerdivision nach dem einzuschlagenden Weg.

verloren. Der Preis, den die deutschen Armeen gezahlt hatten, war viel zu hoch. Die Gefahr, daß die Alliierten ihre große Winteroffensive mit einem sowjetrussischen Generalangriff im Osten koppelten, war bestenfalls hinausgeschoben, nicht vereitelt.
Die deutschen Neujahrsproklamationen für das Jahr 1945 bildeten ein Gemisch von wildem Fanatismus, düsterem Ernst und utopischen Verheißungen für die Zeit nach dem Sieg, der nicht fehlen würde. Der Wahrheit am nächsten kam vielleicht Reichsmarschall Hermann Göring mit seiner Parole: »Ob Angriff oder Abwehr, wir werden uns als Deutsche schlagen.« Am 1. Januar 1945 sprach Hitler über den Rundfunk zum deutschen Volk und verkündete, aus den Trümmern der Zerstörung würden neue deutsche Städte entstehen, würde die soziale Neugestaltung des deutschen Volkskörpers erwachsen. Er prophezeite die Schaffung des Volksstaates, er kündigte das »Wunder des 20. Jahrhunderts« an, die Auferstehung alles dessen, was der Gegner vernichtet hatte und noch vernichten würde.
Am Neujahrstag setzte – um zwei Wochen zu spät – der von Hitler so lange angekündigte Großangriff (Deckname »Bodenplatte«) deutscher Jagd- und Schlachtfliegerverbände in einer Stärke von rund 900 Flugzeugen auf die alliierten Flugfelder und die Bodenorganisation der alliierten Luftwaffe in Belgien ein. Nach offiziellen Meldungen wurden 79 alliierte Flugzeuge bei Luftkämpfen abgeschossen, 400 am Boden

Bild oben: Als sich die Angriffsspitzen der 6. deutschen Panzerarmee am 17. Dezember den alliierten Benzindepots in den Ardennen näherten, vernichteten die Amerikaner ihre Brennstoffvorräte und brachten damit die mit ihren letzten Tropfen zu den feindlichen Vorratslagern vorgestoßenen deutschen „Tiger" zum Stehen.
Bild links: deutsche Soldaten bei einer Zigarettenpause.

393

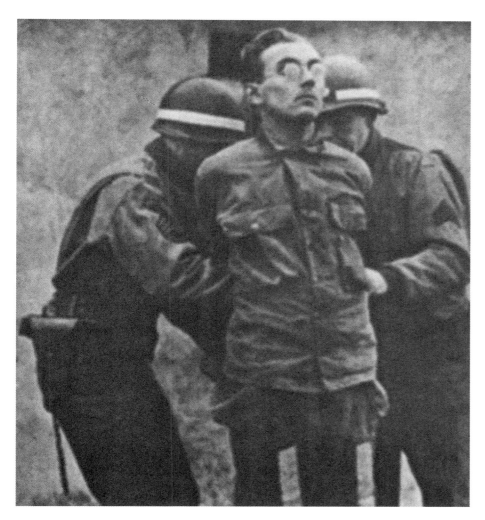

zerstört und 100 schwer beschädigt, ein Erfolg, der mit schweren eigenen Verlusten bezahlt wurde. Gleichzeitig wurden die deutschen Verbände im Raum von Bastogne in die Verteidigung gedrängt. Die 1. und 3. amerikanische Armee begannen in den Januartagen mit Gegenangriffen. Den düsteren Ernst der Lage versinnbildlichte ein Aufruf für ein »Volksopfer«, die Sammlung von Kleidung und Ausrüstungsgegenständen für die Wehrmacht im Reichsgebiet. Zwischen dem 7. und 28. Januar 1945 wurde eine Uniformsammlung durchgeführt. Auch die Uniformen Gefallener, die von den Angehörigen aufbewahrt wurden, auch die überzähligen Uniformen von Selbsteinkleidern sollten abgeliefert werden, weil es allmählich auch an den notwendigsten Gegenständen zur Ausrüstung neuer Einheiten zu fehlen begann.

Um die schwer ringende Heeresgruppe B zu entlasten, begann in der Neujahrsnacht bei der Nachbargruppe G im Nordelsaß ein Angriff mit begrenzten Zielen, das Unternehmen »Nordwind«. Dafür wurden von der 1. Armee das XXXIX. Panzerkorps, drei gepanzerte und eine Fallschirmjägerdivision, in Richtung auf Hagenau-Drusenheim angesetzt. Deutsche Panzerkräfte brachen in die alte Maginotlinie ein. Feldmarschall Gerd von Rundstedt sah die Möglichkeit, aus dieser Richtung bis auf Straßburg vorzustoßen. Heinrich Himmler, seit Dezember 1944 zusätzlich zu all seinen SS- und sonstigen Ämtern auch Oberbefehlshaber der Heeresgruppe Oberrhein, wollte dagegen Straßburg aus dem Brückenkopf am mittleren Oberrhein nehmen. Bei Gambsheim wurde eine Volksgrenadierdivision über den Rhein geworfen, auf Benfeld und Molsheim südlich und südwestlich von Straßburg wurden eine Infanteriedivision und die Panzerbrigade »Feldherrnhalle« angesetzt.

Die Anfangserfolge waren beträchtlich, die Amerikaner wichen auf den Vogesenkamm aus und erwogen sehr nüchtern die zeitweilige Räumung Straßburgs, der alten Königin des Elsaß, ein für die französische Führung, die so sehr auf die Wiederherstellung des Prestiges der alten ruhmreichen französischen Armee bedacht war, unerträgli-

Gleichzeitig mit dem Unternehmen „Wacht am Rhein" wurde das Unternehmen „Greif" gestartet, bei dem als US-Offiziere getarnte SS-Männer Verwirrung hinter den feindlichen Linien stiften sollten. Viele Kombattanten dieser von SS-Obersturmbannführer Skorzeny, dem „Mussolini-Befreier", geführten Fünften Kolonne, die in die Einsatzgebiete eingesickert waren, flogen auf.

Bild oben: standrechtliche Erschießung eines Mannes vom „Greif"-Kommando. Bild rechts: SS-Obersturmbannführer Joachim Peiper, der Führer der 6. Panzerarmee, die in der Ardennenoffensive wegen Treibstoffmangels steckenblieb.

cher Gedanke. Der Oberbefehlshaber der 1. französischen Armee, General Jean de Lattre de Tassigny, entschloß sich, auf eigene Faust Straßburg mit einer algerischen Schützendivision zu halten, und mobilisierte General Charles de Gaulle, den französischen Regierungschef, damit er bei Eisenhower zugunsten dieses Entschlusses interveniere. Schließlich erlahmte auch hier die deutsche Angriffskraft. Dafür wechselte die 19. Armee zwischen dem Dezember 1944 und dem März 1945 nicht weniger als viermal den Oberbefehlshaber, als hätten Persönlichkeiten vermocht, an der hoffnungslosen Gesamtlage noch etwas zu ändern. Das Ende war schließlich, daß bis zum Beginn des Februar 1945 auch der Brückenkopf von Colmar eingedrückt wurde, wo das LXIII. und LXIV. Korps mit Infanterie-, Gebirgs- und Volksgrenadierdivisionen sowie schwachen gepanzerten und motorisierten Kräften – im wesentlichen schweren Panzerjägerabteilungen mit »Jagdpanthern« und »Rhinozerossen«, 8,8-cm-Geschützen auf Selbstfahrlafetten – ausgehalten hatten. Die Front fiel auf die Rheinlinie zurück. Der Erfolg der Ardennen- wie der »Nordwind«-Offensive war einzig der, daß hier jene Kräfte verbraucht worden waren, die man als Eingreifreserven dringend benötigen würde, wenn der große Generalsturm auf die »Festung Deutschland« in Ost und West begann.

Nach anfänglichen Erfolgen, die nicht zuletzt vom schlechten Wetter herrührten, das die alliierte Luftunterstützung lahmgelegt hatte, fraß sich der deutsche Angriff Heiligabend 1944 in den Ardennen fest. Das Wetter hatte sich gebessert, den Amerikanern wurde wieder nachhaltige Luftunterstützung zuteil. Am zweiten Weihnachtstag brach der amerikanische Gegenangriff los. Die letzte deutsche Offensive war gescheitert, die letzten deutschen Elitedivisionen waren verbraucht. Bild oben: Sherman-Panzer auf dem Weg zur Front. Bild linke Seite: der heftig umkämpfte, von Bomben und Granaten umgepflügte Verkehrsknotenpunkt St. Vith in den Ardennen.

Das Volk und die Ardennenoffensive

Stimmungsbericht des Propagandaministeriums, 19.12.1944

»Welch ein schönes Weihnachtsgeschenk... Selbst ein kleiner Erfolg werde von der Bevölkerung dankbar begrüßt. Daß wir zu einer solchen militärischen Operation überhaupt in der Lage seien, habe das Vertrauen in die Führung und in die Stärke des Reiches mit einem Schlage bedeutend gehoben...

Das letzte Kriegsweihnachten werde auf Grund der Offensive im allgemeinen gutes Mutes und voll Vertrauen in die Zukunft begangen..., wenn auch die Weihnachtsfeiertage in den besonders luftbedrohten Gebieten durch die ständigen Luftalarme und durch das niederdrückende Bewußtsein ständiger Luftgefahr überschattet worden seien.

Von einer wirklichen Weihnachtsstimmung habe naturgemäß, von den Kindern abgesehen, keine Rede sein können... Selbst auf diejenigen Volksgenossen, die ausgesprochene Schwarzseher seien und geglaubt hätten, die Führung schweige sich aus, weil sie viel Unangenehmes zu verschweigen habe, habe die deutsche Westoffensive tiefen Eindruck gemacht, so daß sich allgemein das gesunkene Vertrauen zur Wehrmacht, zur politischen Führung und namentlich zur NSDAP stark gehoben habe.

Die ausgegebene Propaganda-Parole, kein Öl aufs Feuer, sondern Öl auf die Wogen zu gießen, habe zusammen mit der Erinnerung an die Rückschläge der letzten Jahre das Ihre dazu beigetragen, daß sich die überwiegende Mehrzahl der Volksgenossen bemühe, an die Westoffensive keine übertriebenen Hoffnungen zu knüpfen und ihren Ablauf abwartend zu verfolgen.

Da die Hoffnungen der Bevölkerung begreiflicherweise an sich schon groß seien und sehr weite Ziele sähen, zumal gerade in Wehrmachtskreisen die Auffassung einer sehr weitgreifenden strategischen Absicht der Winterschlacht verbreitet würde, ja manche Volksgenossen bereits mit dem Gedanken einer baldigen Beendigung des Westkrieges spielten, bestünde sonst die Gefahr eines Stimmungsrückschlages, sobald die Offensive das ihr von der Führung gesteckte Ziel erreicht habe oder aus anderen Gründen eingestellt werden müsse.

Kampf ums Reich

Der Ostfeldzug, das Unternehmen »Barbarossa«, war von allem Anfang an als Vabanquespiel konzipiert gewesen. Daß ein riesiger Flächenstaat wie die Sowjetunion nicht im herkömmlichen Sinne »erobert« werden, sondern – wenn überhaupt – nur durch blitzartige Stöße auf seine Lebens- und Nervenzentren in den Zusammenbruch getrieben werden konnte, war allen Beteiligten, auch Hitler, klar. Va banque – das heißt, alles einsetzen, um hohen Gewinn zu machen. Oder alles zu verlieren.

Als im Winter 1941 der rasante Vormarsch zum Stillstand kam, ohne daß Sowjetrußland niedergeworfen war, war das Vabanquespiel mißlungen und nach den Regeln dieses »Spiels« alles verloren. Was danach kam, der Sommervormarsch 1942 nach Stalingrad und bis tief in den Kaukasus – das waren sicherlich grandiose, aber eben »verlorene Siege«, wie Erich von Manstein es, sehr treffend, anderthalb Jahrzehnte später nannte.

Tatsächlich war schon damals alles verloren – nur merkte es, im Schmettern der Siegesfanfaren, kaum einer. Immerhin, selbst ein Mann wie Keitel, wegen seiner Hörigkeit gegenüber Hitler nicht ganz zu Unrecht auch Wilhelm »Lakeitel« (in Anklang an Lakai) geheißen, zog am Ende des großen Sieges, nach der Winterschlacht 1941/42, die richtige Bilanz, nur leider nicht laut, sondern in seinen privaten Notizen. Keitel: »Der monatliche Abgang beim Heer allein war in normalen Zeiten – Großkampf ausgenommen – durchschnittlich 150 000 bis 160 000 Mann; davon konnten aber nur 90 000 bis 100 000 Mann ersetzt werden. Das Feldheer verringerte sich also monatlich um 60 000 bis 70 000 Mann. Es war ein einfaches Rechenexempel, wann die deutsche Front erschöpft war.«

Sie war nicht ganz so schnell erschöpft, wie Keitels Notizen andeuten, aber allein diese Rechnung zeigt deutlich den Wandel vom Blitzkrieg zum Abnutzungskrieg, bei dem Kühnheit kleine Münze, Überlegenheit an Menschen und Material aber Trumpf ist.

So kam, was kommen mußte: Es ging schließlich überhaupt nicht mehr vorwärts, sondern nur noch zurück. Die Kraft reichte einfach nicht mehr, das Gewonnene zu halten. Doch nun wollte es keiner (und Hitler schon gar nicht) wahrhaben, daß das waghalsige Spiel verloren war, daß nun das echte Kräfteverhältnis zu zählen begann. Und das war katastrophal: Langsam erst, dann immer schneller, wuchs im Osten (und nicht nur da) die Übermacht des Feindes – an Menschen wie an Material.

Anfang August 1944 hatte die Rote Armee die Weichsel erreicht. Am 20. August begann die sowjetische Großoffensive an der Südfront. Binnen weniger Tage brach das mit Deutschland verbündete Rumänien zusammen. Im September kapitulierte Bulgarien, im Oktober drangen sowjetische Angriffsspitzen in Ungarn und Serbien ein. Ende 1944 war die Lage der deutschen Truppen an allen Fronten hoffnungslos.

Der Krieg trat in seine Endphase: den Kampf ums Reich selbst.
Bild linke Seite: Ein Rotarmist gibt das Zeichen zum Angriff.
Bild rechts: Heinz Guderian, seit dem Attentat vom 20. Juli 1944 Generalstabschef des Heeres. Selbst dieser altbewährte Haudegen drängte Hitler zum Aufgeben und wurde dafür am 28. März 1945 entlassen.

Gewiß, die deutsche Wehrmacht – Soldaten wie Feldmarschälle – demonstrierte auch im Rückwärtsgang ein ums andere Mal bewundernswerten Kampfgeist und exzellente Führungskunst, brachte so den überlegenen Gegner um manch sicher geglaubten Erfolg, aber eben nur punktuell, mal hier, mal da, ohne daß es am unvermeidlichen Fortgang der Katastrophe etwas zu ändern vermochte.

Noch etwas kam hinzu: Je weiter sich das deutsche Ostheer zurückziehen mußte, desto härter und gnadenloser wurde der Kampf. Der Grund: der Zustand, in dem die Russen ihr wiedererobertes Land vorfanden. Es war verwüstet, zerstört – nach der Taktik Verbrannte Erde. Doch dies allein war es nicht: Seit es Kriege gibt, haben weichende Armeen sich bemüht, dem nachdrängenden Gegner nach Möglichkeit nichts Nützliches zu hinterlassen. Schlimmer aber wirkten nun die Leichenhaufen, die man fand, die Tausende und aber Tausende erschossener Juden, Kommissare und Partisanen. Schlimm wirkte auch die Entvölkerung, die Tatsache, daß bis auf Greise, Kranke und Kinder ein Großteil der Bevölkerung verschleppt worden war, zur Zwangsarbeit für Deutschland. Dies ließ die überdrehte sowjetische Haßpropaganda, zunächst selbst von der Roten Armee nicht ernst genommen, plötzlich wahr erscheinen und wirksam werden. Die sowjetischen Angriffsdivisionen erfaßte tödlicher, wütender Haß. Wie blutig die Kämpfe wurden, ist an den Gefangenenzahlen hüben wie drüben abzulesen: Sie wurden ab Ende 1943 verschwindend gering, man ergab sich nicht mehr, wie aussichtslos die Situation auch sein mochte. Vollends zur Tragödie wurde das Rückzugsgemetzel durch Hitlers wirklichkeitsfernen Starrsinn, der ihn unentwegt stures Halten unhaltbar gewordener Positionen befehlen ließ – weil er davon träumte, aus solchen vorgeschobenen Positionen wieder anzugreifen.

Generaloberst Heinz Guderian beschäftigte sich, seit Hitler ihn nach dem Attentat vom 20. Juli 1944 zum geschäftsführenden Generalstabschef ernannt hatte, mit der schweren Aufgabe, die so tödlich bedrohte, zum Zerreißen dünn gewordene Ostfront neu zu festigen.

Guderian hatte ein Programm. Er forderte die Aufgabe des Baltikums, um die beiden Armeen der Heeresgruppe Nord in die ostpreußisch-polnisch-galizische Front einzuschieben. Er gedachte, die Panzer- und Panzergrenadierdivisionen aus der Front herauszuziehen, um sie aufzufrischen, zu komplettieren und mit ihnen mehrere große, bewegliche Eingreifgruppen im Hinterland zu bilden, die imstande waren, russische Durchbrüche in die Tiefe des Kampffeldes, die in den östlichen Ebenen bei dem Fehlen von Geländehindernissen so große Gefahren bargen, auffangen zu können. Zur Sicherung des rückwärtigen Gebietes sollten die vorhandenen Ostbefestigungen wieder mit Waffen ausgerüstet werden, in den bedrohten Gauen tiefgegliederte Festungsfelder entstehen, um vor Panzerabwehrriegeln die sowjetischen Panzerrudel zum Stillstand zu bringen. Die unter Generaloberst Zeitzler aufgelöste Festungsabteilung des Generalstabes wurde neu formiert. Aus nicht voll frontverwendungsfähigen Mannschaften des Ersatzheeres wurden hundert Festungsinfanteriebataillone und hundert Festungsbatterien aufgestellt. Festungspioniere, Festungspanzerjäger und Festungsnachrichtenkompanien sollten folgen. Schon im August befahl Hitler parallel mit der Formierung von zehn »Panzer-Brigaden« die Aufstellung von fünfzehn Infanterie-»Sperrdivisionen« für den Osten.

Guderians Programm wurde jedoch in mannigfacher Weise von Hitler hintertrieben. Hitler brauchte Truppen und Geschütze für die Rüstung des Westwalls, der dem Generalstab nicht unterstand. Er nahm sie, wo er sie fand: im Osten. Im Osten war noch Raum. Im Westen mußte der Vorstoß des Gegners ins Ruhrgebiet, die alte Waffenschmiede des Reiches, angesichts des Verlu-

Bild oben: Mit beispiellosem Mißtrauen und unvorstellbarem Größenwahn hatte das deutsche Oberkommando die Ukrainer und Tataren, die Kosaken und Turkestanis, die sich nach dem Angriff auf die Sowjetunion zum Waffendienst bei der Wehrmacht meldeten, zurückgewiesen. Erst 1944, als es bereits viel zu spät war, wurden landeseigene Verbände im Kampf gegen die vordringende Rote Armee eingestezt. Bild oben: Ein junger Russe wird in die Wehrmachtsuniform gesteckt. Bild rechte Seite: Kosaken der Waffen-SS bei einem Patrouillenritt.

stes der lothringischen Erze und der nordfranzösischen und belgischen Kohlengruben, angesichts der Bedrohung des Saargebietes das Ende bedeuten. Schlimmer noch, der Bau der Festungsfelder im Osten wurde in die Hände der Gauleiter als Reichsverteidigungskommissare gelegt. Nur sie hatten angesichts der Beschränkungen, die den Stellvertretenden Kommandierenden Generalen von Anbeginn an auferlegt waren, die Möglichkeit, mit Hilfe der Parteiorganisation und der Gau-arbeitsämter die notwendigen Arbeitskräfte zu mobilisieren. Damit aber gelangte der Festungsbau unter die Kontrolle des allmächtigen und ehrgeizigen Chefs der Parteikanzlei, Martin Bormann, der innerhalb der Hierarchie zäh und erfolgreich nach der Erlangung der höchsten Macht strebte. Noch bevor Guderian seine Pläne vorbrachte, hatte bereits der ebenso ehrgeizige und energische wie bedenkenlose Gauleiter Erich Koch, der ehemalige Zwingherr der Ukraine, für seinen ostpreußischen Gau den Bau einer Schutzstellung an der Grenze befohlen. Die Gauleiter von Pommern, Westpreußen, Posen und Niederschlesien folgten diesem Beispiel. Hunderttausende von Frauen, Hitlerjungen, Arbeitsdienstmännern, Kriegsgefangenen und ausländischen Arbeitern gingen ans Werk, oft unter den elendesten Bedingungen, schlechter Verpflegung und kümmerlicher Unterbringung in hastig angelegten Lagern oder Notunterkünften.

Gerade die neuen Reichsgaue Westpreußen und Posen, vor allem der letzte, waren das Auffanggebiet für nahezu eine Million deutscher Rückwanderer aus dem ost- und südosteuropäischen Raum geworden. Diese Umsiedlungsaktion, die in sechs großen Wellen sechs Volksgruppen aus dem Osten in den eroberten deutschen Ostraum leitete – die Baltendeutschen, die Deutschen vom Narew und vom Cholmer Land, die Deutschen aus Wolhynien und Galizien, die Bessarabien- und Bukowinadeutschen und endlich als letzte im Frühjahr 1944 rund 160 000 deutsche Siedler aus dem Schwarzmeergebiet zwischen Dnjepr und Don, aus Taurien und der Nogaier Steppe –, war eine der gigantischsten und darum fast unwirklich anmutenden, staatlich gelenkten Wanderungen, die im Angesicht des größten Krieges aller Zeiten je unternommen worden waren. Jetzt bedrohte die Flut der Sowjetarmee auch die neue, kaum gewonnene Heimat dieser Kolonisten.

An den Grenzen der deutschen Gaue entstanden Schützengräben, Panzergräben, Panzerdeckungslöcher und T-Stellungen für den Einsatz der neuen Handabwehrwaffen, der Panzerfaust und des Panzerschrecks, Geschützstellungen, umfangreiche, mehrfach gegliederte Systeme, der »Ostpreußen«- und der »Pommern«-Wall, die »Barthold«-Stellung in Schlesien. Vorbereitungen für die unter Umständen notwendige Eva-

Totaler Einsatz aller deutschen Menschen

Erlaß Hitlers über die Bildung des deutschen Volkssturms, 25. 9. 1944

Nach fünfjährigem schwerstem Kampf steht infolge des Versagens aller unserer europäischen Verbündeten der Feind an einigen Fronten in der Nähe oder an den deutschen Grenzen. Er strengt seine Kräfte an, um unser Reich zu zerschlagen, das deutsche Volk und seine soziale Ordnung zu vernichten. Sein letztes Ziel ist die Ausrottung des deutschen Menschen.

Wie im Herbst 1939 stehen wir nun wieder ganz allein der Front unserer Feinde gegenüber...

Dem uns bekannten totalen Vernichtungswillen unserer jüdisch-internationalen Feinde setzen wir den totalen Einsatz aller deutschen Menschen entgegen. Zur Verstärkung der aktiven Kräfte unserer Wehrmacht und insbesondere zur Führung eines unerbittlichen Kampfes überall dort, wo der Feind den deutschen Boden betreten will, rufe ich daher alle deutschen Männer zum Kampfeinsatz auf.

Ich befehle:

1. Es ist in den Gauen des Großdeutschen Reiches aus allen waffenfähigen Männern im Alter von 16 bis 60 Jahren der deutsche Volkssturm zu bilden. Er wird den Heimatboden mit allen Waffen und Mitteln verteidigen, soweit sie dafür geeignet erscheinen.

2. Die Aufstellung und Führung des deutschen Volkssturms übernehmen in ihren Gauen die Gauleiter. Sie bedienen sich dabei vor allem der fähigsten Organisatoren und Führer der bewährten Einrichtungen der Partei, SA, SS, des NSKK und der HJ.

3. Ich ernenne den Stabschef der SA, Schepmann, zum Inspekteur für die Schießausbildung und den Korpsführer des NSKK, Kraus, zum Inspekteur für die motortechnische Ausbildung des Volkssturms.

4. Die Angehörigen des deutschen Volkssturms sind während ihres Einsatzes Soldaten im Sinne des Wehrgesetzes.

5. Die Zugehörigkeit der Angehörigen des Volkssturms zu außerberuflichen Organisationen bleibt unberührt. Der Dienst im deutschen Volkssturm geht aber jedem Dienst in anderen Organisationen vor.

6. Der Reichsführer SS ist als Befehlshaber des Ersatzheeres verantwortlich für die militärischen Organisationen, die Ausbildung, Bewaffnung und Ausrüstung des deutschen Volkssturms.

7. Der Kampfeinsatz des deutschen Volkssturms erfolgt nach meinen Weisungen durch den Reichsführer SS als Befehlshaber des Ersatzheeres.

8. Die militärischen Ausführungsbestimmungen erläßt als Befehlshaber des Ersatzheeres Reichsführer SS Himmler, die politischen und organisatorischen in meinem Auftrage Reichsleiter Bormann.

9. Die NSDAP erfüllt vor dem deutschen Volk ihre höchste Ehrenpflicht, indem sie in erster Linie ihre Organisationen als Hauptträger dieses Kampfes einsetzt.

401

Ende Oktober 1944 drang die Sowjetarmee bei Goldap erstmals nach Ostpreußen und damit ins Reichsgebiet vor. Die deutschen Soldaten, die Goldap im Gegenstoß zurückerobern konnten, fanden zu Tode gequälte Menschen jeden Alters und Geschlechts vor (Bild oben). Solche und ähnliche Bilder durch Angehörige der Roten Armee begangener Grausamkeiten, die der damalige Sowjetsoldat und russische Schriftsteller Lew Kopelew schon lange vor Gorbatschows „Glasnost"-Direktiven zur Aufhebung der Zensur mit schonungsloser Offenheit („Aufbewahren für alle Zeit!") thematisiert hat, stärkten den deutschen Widerstandswillen. Bild linke Seite: Ausbildung eines Volkssturm-Manns an der Panzerfaust.

kuierung der Bevölkerung wurden dagegen nicht getroffen; sie hätten nach »Defätismus« ausgesehen. Die Gaue sollten gehalten, nicht aufgegeben werden! Außerdem waren die Gauleiter von heftigem Mißtrauen gegen die Militärbehörden erfüllt. Keiner von ihnen sah zudem über den eigenen Gau hinaus. Auch blieb die Frage offen, wer die Stellungen in den Regen des Herbstes und im Schnee des Winters vor dem Verfall schützen und wer sie im Ernstfall besetzen sollte.

Schon früher hatte Generalleutnant Adolf Heusinger, den nun die Geheime Staatspolizei eingehenden Verhören über seine Mitwisserschaft an der Verschwörung vom 20. Juli 1944 unterzog, die Idee gehegt, in den östlichen Gauen nach dem Vorbild des Jahres 1813 aus den wehrfähigen Männern aller Jahrgänge einen Landsturm zu bilden. Guderian griff diese Pläne auf, um auf diese Weise Kräfte für die Besetzung der Befestigungssysteme zu gewinnen. Er traf ein Abkommen mit dem Stabschef der SA, SA-Obergruppenführer Wilhelm Schepmann, wonach die Formierung des Landsturms unter militärischer Kontrolle in die Hände der örtlichen SA-Stürme und -Standarten gelegt werden sollte, ein durchaus vernünftiger Gedanke. Diese Pläne liefen in den Augen zweier, untereinander wiederum tödlich verfeindeter Paladine Hitlers, Heinrich Himmlers, des Reichsführers SS und Befehlshabers der Polizei und des Ersatzheeres, und Martin Bormanns, sowohl auf die Stärkung der Position des Heeres wie des Generalstabes als auch auf einen Wiederaufstieg der SA hinaus, die beim sogenannten Röhm-Putsch des Jahres 1934 ihrer Vormachtstellung entkleidet worden war. (Am 30.6.1934 wurde auf Anordnung Hitler die gesamte SA-Führung liquidiert. Ihr Leiter, Ernst Röhm wurde am 1.7.1934 hingerichtet). Es war leicht, Hitler bei seinem krankhaften Mißtrauen gegen den Generalstab und die Generalität des Heeres davon zu überzeugen, daß die Durchführung eines derartigen Volksaufstandes nur der Parteiorganisation anvertraut werden könne. Nur diese besaß dafür den Kontroll- und Propagandaapparat, so argumentierte Bormann. So wurde in Bormanns und Himmlers Geist die Idee geboren, im gesamten Reichsgebiet die Organisation eines Landsturmes vorzubereiten, des »Deutschen Volkssturmes«, dem alle Männer zwischen 16 und 60 Jahren angehören sollten, die in der Heimat noch vorhanden waren. Durch eine Armbinde sollten sie als Angehörige einer militärischen Organisation gekennzeichnet werden.

Am 18. Oktober 1944 erging offiziell der Aufruf des »Volkssturmes«. Für die Ausrüstung und Bewaffnung sollte das Ersatzheer unter Himmler, für die Ersatzerfassung und Organisation die Partei zuständig sein. Damit wurde in kritischster Stunde wieder das Gefüge der militärischen Organisation geschwächt. Das Wehrersatzwesen wurde ausgeschaltet, die Parteifunktionäre wurden mit pseudo- oder paramilitärischen Aufgaben belastet, für deren Bewältigung ihre Kenntnisse nicht ausreichen. Die Verteidigung des Ostens geriet in das Gewirr innerer Machtstreitigkeiten der einzelnen Hierarchien des Führerstaates. Die Gauleiter begannen Waffen und Munition für ihre gaueigenen Volkssturmverbände zu horten, ohne sich um die Bedürfnisse der Front und der Truppe zu kümmern. Etwas ganz anderes war entstanden, als Guderian beabsichtigt hatte, der die Erfahrung machen mußte, daß auch die vernünftigsten Pläne gegenüber dem Mißtrauen und dem krankhaften Eigenwillen des Staatsoberhauptes nichts mehr galten und daß das ehrliche Wort eines ehrlichen Mannes nicht mehr auch nur das geringste Gewicht besaß.

Ein anderer Mann, dessen Eingreifen noch 1943 dem gesamten Ostfeldzug ein neues Gesicht hätte geben können, mußte die gleiche Erfahrung machen: der auf deutscher Seite kämpfende General Andrei Andrejewitsch Wlassow. In der Stunde, in der der Traum von einem »deutschen Indien« im slawischen Osten zerstoben war, billigte man ihm endlich wenigstens bescheidene Möglichkeiten des Handelns zu. Mit Himmlers Billigung wurde ein »Komitee zur Befreiung der Völker Rußlands«, das sogenannte Smolensker Komitee, gebildet. Noch beliefen sich allein die dem General der Freiwilli-

Mit dem gleichen Mut zur Wahrheit, mit dem Kopelew die an Deutschen begangenen Greueltaten vor dem Vergessenwerden bewahrt wissen wollte, muß der von Deutschen an Abertausend Russinnen und Russen begangenen Kriegsverbrechen gedacht werden. Nicht zuletzt durch Rachegefühle angespornt, nahm der Sturmlauf der Roten Armee nach Westen 1944/45 so wütende Ausmaße an. Tag und Nacht feuerten die vormarschierenden sowjetischen Truppen mit „Stalin-Orgeln" auf die zurückweichenden deutschen Stellungen (Bild linke Seite unten). Bild linke Seite oben: abgeschossener deutscher Panzer IV, davor die gefallene Besatzung. Bild oben: Fahnenschwur einer Einheit der Roten Armee in zaristischer Tradition.

genverbände beim OKH unterstehenden Turklegionen, Kosakeneinheiten und Ostbataillone auf rund 650 000 Mann, darunter 110 000 Turkestaner, 110 000 Angehörige kaukasischer Stämme – Georgier, Aserbaidschaner, Tscherkessen, Inguschen, Tschetschenen –, 35 000 Tataren, 35 000 Kosaken, die im Kosakenkavalleriekorps des Generals v. Pannwitz zusammengefaßt waren, 18 000 Landsturmkosaken des Atamans Domanow, 29 Eskadrons Kalmücken. Bei der Luftwaffe dienten 6000 Freiwillige und 15 000 Flakhelfer. Am 14. November 1944 fand auf dem Hradschin in Prag die feierliche Eröffnungstagung des Komitees statt. Welche Anziehungskraft Wlassows Ideen auf die Millionen russischer Kriegsgefangener und Arbeiter im Reich ausübten, lehrte die Tatsache, daß Hunderttausende sich freiwillig zum Dienst in der neuen Freiheitsarmee meldeten. Zunächst wurden die 600. und die 650. Infanteriedivision aus Wlassow-Anhängern aufgestellt. Vorgesehen waren fer-

ner eine Kriegsschule, Reserveeinheiten, Flieger- und Fallschirmformationen. Allein die Aufstellung auf württembergischen und badischen Truppenübungsplätzen machte nur langsame Fortschritte. Es fehlte bereits an Waffen, viele deutsche Dienststellen betrachteten Wlassow nach wie vor mit dem größten Mißtrauen.

Dies war der düstere Hintergrund der großen Kämpfe, die unerbittlich in Estland, Livland, Kurland, Litauen, Polen und Galizien ihren Fortgang nahmen. Nachdem es im Norden zunächst noch einmal gelungen war, die durch einen russischen Durchbruch auf Riga verlorengegangene Verbindung zwischen den Heeresgruppen Nord und Mitte wiederherzustellen, ging nach Estland auch Livland endgültig verloren. Dann brachen die Russen zwischen Heydekrug und Libau im Westen zur Ostsee durch und schoben einen Keil zwischen Ostpreußen und Kurland. In der zweiten Hälfte des September 1944 stellte ein Panzerverband unter dem Obersten Graf Hyazinth Strachwitz, von See her unterstützt durch schwere Seestreitkräfte, noch einmal die Verbindung wieder her. Feldmarschall Ferdinand Schörner glaubte, man könne Kurland auf der Linie Libau-Moschaiken-Autz-Tukkum verteidigen, während Guderian die gesamte Heeresgruppe zur Sicherung Ostpreußens auf eine Linie westlich Schaulen in Nordlitauen zurücknehmen wollte. Strachwitz' Vorstoß sollte ihr den Weg nach Westen öffnen. Hitler, beeinflußt durch Großadmiral Karl Dönitz' – vom Standpunkt der Seekriegsleitung durchaus richtige – Darlegungen über die Bedeutung der Ostsee als Ausbildungsrevier der U-Boot-Waffe, weigerte sich, die Kurlandstellung preiszugeben. Er hoffte, hier starke russische Kräfte binden und später von Kurland aus zu einem neuen Gegenstoß ansetzen zu können. Die Herbstwochen brachten einen erneuten Durchbruch der Russen aus dem Raum von Schaulen zur Ostseeküste zwischen Memel und Libau, die endgültige Abriegelung der Heeresgruppe Nord im Kurlandzipfel zwischen Rigaischem Meerbusen und dem Baltischen Meer und eine Kette nicht enden wollender Meinungsverschiedenheiten zwischen

Hitler und seinem Generalstabschef über das Schicksal der Heeresgruppe Nord, die nun über See und aus der Luft versorgt werden mußte. Sechsundzwanzig großenteils ausgezeichnete Divisionen waren hier abgeschnitten.
Bei der Heeresgruppe Mitte hatte nach Models Versetzung nach dem Westen Generaloberst Hans Reinhardt den Oberbefehl übernommen. Er verfügte über vier mühselig wieder aufgefüllte Armeen, die 3. Panzerarmee und die 4. Armee unter den Generalen Rauß und Friedrich Hoßbach in Ostpreußen, die 2. Armee unter Generaloberst Walter Weiß am Narew und die 9. Armee unter General v. Vormann, den bald darauf General Frhr. Smilo v. Lüttwitz ersetzte, im Raum um Warschau. Gemeinsam mit der Heeresgruppe A unter Harpe rang Reinhardt um die Einengung der russischen Weichselbrückenköpfe, von denen sich der gefährlichste weit im Süden im großen Weichselbogen westlich Baranow oberhalb von Sandomir befand. In vier Wochen erbitterten Ringens vernichtete hier im August und September 1944 die 4. Panzerarmee rund 650 russische Panzer und Sturmgeschütze, ohne daß es gelang, den Brückenkopf wieder einzudrücken.
Mitte Oktober 1944 begann Marschall Tschernjachowski mit der II. »Weißrussischen Front«, etwa fünf Schützen- und Panzerarmeen, eine neue Offensive beiderseits der Straße Wilkowischken-Ebenrode gegen General der Infanterie Hoßbachs 4. Armee, die mit vier schwachen Korps die ostpreußische Ostgrenze zwischen Schirwindt und Sudauen deckte. Eydtkuhnen, die alte deutsch-russische Grenzstation, ging verloren, russische Panzer brachen in Görings Jagdrevier, die Rominter Heide, ein, im Raum von Ebenrode entbrannten schwere Kämpfe. General v. Natzmer, Schörners Stabschef in Kurland, bot den Durchbruch der intakten Heeresgruppe nach Ostpreußen an. Hitler lehnte ab. – Russische Panzermassen drangen auf Gumbinnen und Goldap vor, bei Tilsit mußte die Front auf das linke Ufer der Memel zurückgenommen werden, am 22. Oktober wurden die letzten deutschen Memelbrückenköpfe bei Tilsit und Ragnit aufgegeben. Die Grenzschlacht in Ostpreußen fraß sich tiefer in das Land hinein, Goldap geriet in russische Hand. In den eroberten Dörfern und Landstädten ereigneten sich entsetzliche Grausamkeiten der Eroberer, Vergewaltigungen, Mord, Raub und Brandstiftung. Gleichzeitig begann auch am Narew eine russische Offensive, um die Kräfte der 2. deutschen Armee zu binden. In schwerstem Ringen fingen Hoßbachs Verbände schließlich den russischen Stoß an der Straße Gumbinnen-Goldap auf, dafür gelang bei Daken ein neuer Durchbruch, binnen Tagen konnte ganz Ostpreußen überrannt sein. Für die Evakuierung der Zivilbevölkerung war nichts geschehen, in den Augen des Gauleiters Koch war Ostpreußen das Bollwerk, das unerschütterlich gehalten wurde. Und ging die Provinz trotzdem verloren, war sowieso alles zu Ende, wenigstens für den Gauleiter und Reichsverteidigungskommissar. Erst am 27. Oktober gelang es General Hoßbach, den russischen Massenansturm vor Gumbinnen beiderseits der Pissa und an der Angerapp südwestlich Gumbinnen zum Stehen zu bringen. Südlich Gumbinnen setzten deutsche Panzerverbände zu einem Gegenstoß gegen die Flanke des russischen Durchbruchskeiles an, Schloßberg wurde zurückerobert. Generale, Offiziere, Mannschaften hatten das Äußerste hergegeben. Bei Gumbinnen war der General der Infanterie Helmuth Prieß an der Spitze des XXVII. Korps gefallen.
Während die Russen auf der Linie Libau-Autz ihre Versuche erneuerten, den Kurlandbrückenkopf einzudrücken, bemächtigte sich Marschall Tschernjachowskis in Ostpreußen Unsicherheit: Er mochte nicht mehr mit einem so zähen Widerstand gerechnet haben. Am 31. Oktober 1944 meldete der Wehrmachtbericht den Abschluß der Schlacht im ostpreußischen Grenzgebiet, 1066 sowjetrussische Panzer waren vernichtet worden. Ostpreußen war noch einmal gerettet worden, doch die Bilder geschändeter deutscher Frauen und Mädchen, die Bilder gefolterter Männer in den zurückeroberten Dörfern, in Nemmersdorf, in Alt-Wusterwitz kündeten davon, welches Schicksal die Bevölkerung erwartete, wenn die Rote Armee Sieger blieb.

Der Weg nach Berlin zum Endsieg der Sowjetarmee war noch mit zahllosen Toten gepflastert. Bild oben: alle Hoffnung, doch noch davonzukommen, hat dieser in Erwartung des nächsten Angriffs in einem Panzergraben kauernde deutsche Soldat fahrenlassen.

Bild rechte Seite: nur eine Momentaufnahme von der Fratze des Krieges aus dem Frühjahr 1945 - doch wieviel unsägliches Leid und unvollendete Lebensgeschichte steckt in den vielen Einzelschicksalen, die nach Kriegsende in die Opferstatistik eingingen.

Im November 1944 festigte sich die Ostfront wieder. Bis zum Ende des Jahres schlug die Kurlandarmee drei erfolgreiche Abwehrschlachten. Den Raum zwischen Tilsit und Warschau sicherte die Heeresgruppe Mitte mit der 3. Panzer- und der 4., 2. und 9. Armee, südlich schloß sich daran die Heeresgruppe A mit der 4. Panzerarmee unter General der Panzertruppen Graeser an der Weichsel, der 17. Armee unter General der Infanterie Schultz zwischen Weichsel und Karpaten und der 1. Panzerarmee unter Generaloberst Gotthard Heinrici in den Ostbeskiden, wo auch die 1. ungarische Armee focht. Hier wurde die Front allmählich in die Slowakei zurückgedrängt. Nach wie vor waren die wichtigsten Probleme dieser Front die Beseitigung der russischen Brückenköpfe über den Narew und die Weichsel, die mit einer einzigen Ausnahme, einem unbedeutenderen Brückenkopf, nicht mehr gelang, die Überführung der Kurlandarmee nach Ostpreußen und ihre Eingliederung in die Hauptverteidigungslinie, um die Guderian einen zähen, aber vergeblichen Kampf mit Hitler führte, sowie die rechtzeitige Versammlung genügend starker beweglicher Eingreifkräfte im Hinterland, um etwaige russische Durchbrüche in die Tiefe abzufangen. Hitler wollte hinter der Hauptkampflinie in 2000 bis 4000 Meter Abstand eine zweite »Großkampflinie« schaffen, eine unsinnige Idee, die auf den veralteten Erfahrungen des Ersten Weltkrieges beruhte. Eine derartige Linie wurde ohne weiteres vom russischen Trommelfeuer erfaßt und genau so zerbombt wie die Hauptkampflinie, wenn der Sturm begann. Guderian hielt einen Abstand von 20 Kilometern zwischen den beiden Linien für notwendig. Allein, Hitler bedeutete ihm, er, Hitler, brauche keine Belehrung, er sei der einzige wirkliche Frontsoldat in seinem Hauptquartier.

Während im Dezember im Westen die Ardennenoffensive einsetzte, in der zwei deutsche Panzerarmeen nutzlos verbraucht wurden, begann in Ungarn, wo General Wöhler die Heeresgruppe Süd mit der 6. und 8. Armee übernommen hatte, die letzte Schlacht um die Hauptstadt Budapest. In den Weihnachtstagen des Jahres 1944 wurde Budapest durch die Vereinigung der II. und III. »Ukrainischen Front« unter den Marschällen Rodion Jakowlewitsch Malinowski und Tolbuchin völlig eingeschlossen. Die deutschen Panzerdivisionen, die vielfach physisch und psychisch ausgebrannt waren, hatten das Schicksal nicht wenden können. Gleichzeitig drängte die IV. »Ukrainische Front« auf Kaschau im Norden. Zwischen der Slowakei und dem Plattensee drohte der Einbruch der sowjetischen Massen ins Donaubecken, auf Preßburg, auf Wien, auf Linz. In Nordostkroatien, wo die deutschen Kräfte in der Heeresgruppe E unter Generaloberst Löhr als Oberbefehlshaber Südost zusammengefaßt wurden, suchten Partisanendivisionen unter ihrem Führer Iosip Broz, genannt Tito, unterstützt durch bulgarische und russische Verbände, bei Ottok anzugreifen. Budapest verteidigte sich unter dem Befehl des Kommandeurs des SS-Gebirgsarmeekorps, SS-Obergruppenführer Pfeffer-Wildenbruch. Während die russischen Truppen sich von Nordosten, Südwesten und Westen Woche um Woche unter erbitterten Straßen- und Häuserkämpfen ins Stadtinnere vorarbeiteten, ging in der Stadt noch der alte Intrigenstreit fort, bekämpften sich Angehörige der Widerstandsfront, faschistische Pfeilkreuzler und nationale ungarische Kreise, wurden noch rauschende Feste gefeiert, ein schauriges Bild des Unterganges. Das Ungarn der Magnaten, des erblichen Hochadels, versank für immer.

Inzwischen vollzog sich gegenüber der deutschen Front in Polen der russische Aufmarsch zur Winteroffensive, der der deutschen Führung nicht verborgen blieb. Im Baranowbrückenkopf schätzte man die feindlichen Verbände auf sechzig Schützendivisionen und -brigaden, acht Panzer- und ein Kavalleriekorps. Die I. »Ukrainische Front« unter Marschall Iwan Stepanowitsch Konjew rüstete sich zum Vorstoß auf Krakau, Breslau und das oberschlesische Industriegebiet. Nördlich Warschau, wo Marschall Georgi Konstantinowitsch Schukow, der russische Oberkommandierende, persönlich die I. »Weißrussische Front« befehligte, stellte man vierundfünfzig Schützendivisionen oder

Bilder rechte Seite: Der Widerstand gegen die deutschen Besatzer in Jugoslawien wurde im wesentlichen von zwei Partisanenführern organisiert, von dem monarchistischen General Draza Mihajlovic (links), der als einziger höherer Offizier die Kapitulation seines Landes 1941 nicht akzeptierte, und von dem Generalsekretär der KP Jugoslawiens, Josip Broz Tito (rechts). Statt sich gegen die Deutschen zu einem Zweckbündnis zusammenzufinden, bekämpften sich die beiden Widerstandsgruppen auch noch gegenseitig. Bild oben: Gefangennahme eines Partisanen.

-brigaden, sechs Panzer-, ein Kavalleriekorps und neun Panzerbrigaden fest. Vor der ostpreußischen Grenze konzentrierte Marschall Tschernjachowski vierundfünfzig größere Schützenverbände, zwei Panzerkorps und neun Panzerbrigaden. Außerdem wurden drei weitere Bereitstellungsräume erkennbar, südlich von Warschau, bei Pulawy am Weichselknie und bei Jaszlo. Das Ziel des Gegners war offensichtlich der Stoß auf Berlin mit einer starken Mittelgruppe, deren Flügel von beträchtlichen Kräftemassierungen abgeschirmt werden sollten. Ostpreußen sah sich einer konzentrischen Bedrohung durch Tschernjachowski und die II. »Weißrussische Front« unter Marschall Konstantin Konstantinowitsch Rokossowski, einem gebürtigen Polen, am Narew gegenüber, es sollte vom Reich abgeschnürt werden. Von Westungarn aus bedrohten die II. und III. »Ukrainische Front« das Donaubecken. In der Mitte konnten Schukow und Konjew mit ihren Kräften zum großen Parallelangriff über Warschau-Posen-Küstrin und über Krakau-Breslau vorbrechen. Die deutsche Front umschlang in weitem Bogen Ostpreußen, erstreckte sich am Narew bis nach Warschau, lief dann längs der Weichsel bis Sandomir, bog von dort sich zurück in die Slowakei und nach Nordwestungarn – mit Budapest als vorgeschobenem Riesen-»Igel«

– und sprang dann in Slowenien, Kroatien und Bosnien wieder nach Osten und Südosten vor. Ihr Bild wirkte uneinheitlich und unnatürlich. Die russische Materialüberlegenheit war jetzt erdrückend, auf einen deutschen Panzer kamen sieben russische, auf ein deutsches Geschütz zwanzig Geschütze beim Gegner.

Am 12. Januar 1945 fiel in der verschneiten Ebene am Weichselufer vor Baranow der erste furchtbare Schlag. Im Baranowbrückenkopf traten vierzehn sowjetische Schützendivisionen und zwei Panzerkorps zum Angriff an. Tausende von Geschützen brüllten auf, Tausende von Stalinorgeln heulten. Die Stellungen der deutschen 4. Panzerarmee wurden zerschmettert. Die Eingreifreserven, zu dicht hinter die Front vorgezogen, gerieten ebenfalls in diese Feuerwalze. Aus aufstiebendem Schnee und Dunstschleiern nahten die russischen Panzerrudel mit aufgesessener Infanterie, nahten die teilweise mit Pferdeschlitten beweglich gemachten Schützenbrigaden. Nur im Raum der 17. Armee blieb der Zusammenhang der Front noch gewahrt. Auch bei Pulawy am Weichselknie hielt zunächst die Verteidigung. Doch da, wo die 4. Panzerarmee mit ihrem Gros gestanden hatte, klaffte eine tiefe Einbruchstelle. Das XXIV. Panzerkorps des Generals Nehring kam nicht mehr zum Gegen-

stoß. Am folgenden Tag, dem 13. Januar 1945, warfen die Panzer der 3. und 4. sowjetischen Gardepanzerarmee im Baranowbrückenkopf die Motoren an. Sie waren bislang zurückgehalten worden, nun war es ihre Aufgabe, in die Tiefe durchzubrechen, durch das polnische Land nach Schlesien hineinzustoßen. Das XXIV. Panzerkorps wurde vom Mahlstrom erfaßt und schlug sich als wandernder Kessel nach hinten durch. Die russischen Panzermassen rollten gen Westen, über die dünnen Flußläufe, durch die niedrig geduckten Dörfer Polens, in die jäh erwachenden deutschen Städte. In Krakau rüstete der Generalgouverneur zur Flucht. Hitler setzte von Ostpreußen das aus der Division »Großdeutschland« und einer Fallschirmpanzerdivision »Hermann Göring« zusammengesetzte Generalkommando »Großdeutschland« unter dem General der Panzertruppen v. Saucken nach Lodz in Marsch, obwohl auch Ostpreußen von der russischen Offensive bedroht war. Saucken kam zu spät, seine Panzer und Schützenpanzerwagen wurden im russischen Artilleriefeuer ausgeladen. Er konnte nicht mehr tun, als das weichende XXIV. Panzerkorps Nehrings aufzufangen und sich mit diesem gemeinsam nach Schlesien auf Glogau durchzuschlagen.

Am 13. Januar 1945 leitete der Marschall Tschernjachowski den Generalsturm auf Ostpreußen ein. Zwischen Ebenrode und Schloßberg brüllten die russischen Geschütze auf, rollten die Panzer an. In Polen und Galizien verlagerte sich die Schlacht rasch nach Westen, über die Nida hinweg. Mit den kämpfend weichenden, oft aber auch zerschlagenen und regellos zurückflutenden deutschen Truppen begann in Schnee und eisigem Wintersturm die Flucht der aufgeschreckten deutschen Zivilbevölkerung, der rückwärtigen Dienste, der Partei- und Regierungsstellen. Nirgends waren rechtzeitig Vorbereitungen für eine Evakuierung getroffen worden. Über Dörfern und Städten stieg die Lohe der Brände auf, Panzer pflügten durch den Schnee, Trecks mit Flüchtlingen wurden niedergewalzt und zusammengeschossen, kleine Kinder erfroren in den Armen

ihrer Mütter, Greise blieben im Schnee am Straßenrand liegen. Kein Bild des Schreckens blieb den Ostdeutschen erspart. Am 15. Januar enthüllte sich die eine Hauptstoßrichtung des russischen Angriffs: Sie zielte nördlich des Weichselbogens im Raum Kielce-Krakau auf die Linie Tschenstochau-Tarnowitz-Beuthen-Königshütte-Kattowitz, auf das oberschlesische Industrierevier. Zur gleichen Zeit zerbrachen die Linien der 2. Armee am Narew und der 9. Armee um Warschau unter dem Ansturm Rokossowskis und Schukows. Die Gefahr tauchte auf, daß aus dem Weichsel-Bug-Dreieck vorprellende Kräfte der II. »Weißrussischen Front« Ostpreußen vom Reich abschnürten und auf die Danziger Bucht durchbrachen.
Am 16. Januar traf Hitler in Berlin ein. Guderian forderte die Verlegung der 6. SS-Panzerarmee nach dem Osten, nachdem die Offensive im Westen

Gnade gibt es nicht
Tagesbefehl Marschall Tschernjachowskis, Befehlshaber der II. Weißrussischen Front, 1.12.1945

Zweitausend Kilometer sind wir marschiert und haben die Vernichtung all dessen gesehen, was wir in zwanzig Jahren aufgebaut haben. Nun stehen wir vor der Höhle, aus der heraus die faschistischen Angreifer uns überfallen haben. Wir bleiben erst stehen, nachdem wir sie gesäubert haben.

Gnade gibt es nicht – für niemanden, wie es auch keine Gnade für uns gegeben hat. Es ist unnötig, von Soldaten der Roten Armee zu fordern, daß Gnade geübt wird. Sie lodern vor Haß und vor Rachsucht. Das Land der Faschisten muß zur Wüste werden, wie auch unser Land, das sie verwüstet haben. Die Faschisten müssen sterben, wie auch unsere Soldaten gestorben sind.

Zu Jahresbeginn 1945 überschritt die Rote Armee in einer großangelegten Zangenoperation die Weichsel. Am 17. Januar nahmen die Russen Warschau, am 19. Januar Krakau und Lodsch. Damit lag bereits die Oder in unmittelbarer Reichweite der sowjetischen Truppen.

Bild oben: Kriegsschrott an einem überrannten deutschen Weichselbrückenkopf. Bild rechte Seite: Ein deutscher Melder läuft durch eine zurückeroberte Einbruchstelle zum nächsten Gefechtsstand.

gescheitert war. Die 6. SS-Panzerarmee drang nach Ungarn vor. Hitler hielt unerschütterlich an der Idee fest, daß man die ungarischen Ölquellen zurückerobern, daß man Budapest entsetzen müsse. Hinter diesen Vorstellungen geisterten andere Pläne, z. B. die Wiedereroberung der rumänischen Ölquellen durch einen Vernichtungssieg in Ungarn. Im übrigen gab es hastige Umbesetzungen in den hohen Kommandostellen, als trügen die Generale und nicht die verfehlten Dispositionen der Obersten Führung an der vernichtenden Niederlage von Baranow die Schuld. Harpe wurde abgesetzt, nachdem der Stab der Heeresgruppe A mit Mühe der Gefangennahme durch russische Panzer entronnen war. Generalfeldmarschall Schörner erhielt die Heeresgruppe A, Generaloberst Rendulic die Heeresgruppe Kurland. Schörner setzte den Kommandeur der 9. Armee, Smilo Frhr. v. Lüttwitz, ab, an seine Stelle trat General der Infanterie Theodor Busse, Mansteins ehemaliger Stabschef. Nichtsdestotrotz fluteten die russischen Panzerrudel weiter gen Westen. Im großen Weichselbogen waren jetzt neunzig Schützendivisionen und fünfzehn Panzerkorps ausgemacht. Panzerspitzen näherten sich Tschenstochau und Krakau. Bei Kielce fiel der Kommandeur des XIII. Korps. Nördlich Warschau brachen vierzig Schützendivisionen und mehrere Panzerkorps in die deutschen Linien ein. Die Debatten bei den Lagebesprechungen in der Reichskanzlei wurden immer erregter, Guderian war nicht der Mann, Hitlers Träume und Phantasien widerspruchslos hinzunehmen. Er forderte, wie er bereits öfter getan, die Freigabe der Heeresgruppe Kurland. Hitler bewilligte den Abtransport der 4. Panzerdivision, ohne schweres Material. Die Presse, die immer spärlicher erschien, sprach von »verbissenem Widerstand gegen den sowjetischen Massenansturm«, vom »Anlaufen der Gegenmaßnahmen«. Am Nachmittag des 17. Januar 1945 glaubte der Chef der Operationsabteilung des Generalstabes, Oberst v. Bonin, der Fall von Warschau sei bereits eingetreten oder sei jedenfalls stündlich zu erwarten. Guderian gab Befehle für die neue Lage. Dann stellte sich heraus, daß sich die Besatzung von Warschau, vier Festungsbataillone, davon eins aus Magenkranken, noch verteidigte. Hitler ordnete darauf die Verhaftung des Obersten v. Bonin an. General Maisel vom Heerespersonalamt, der Mann, der General Burgdorf begleitet hatte, als dieser Feldmarschall Erwin Rommel das todbringende Gift reichen mußte, erhielt Befehl, auch Bonins Mitarbeiter, die Oberstleutnants v. dem Knesebeck und v. Christen, zu verhaften. Hitler erging sich in Zornesausbrüchen gegen den alten Generalstab, schon die adeligen Namen weckten seinen Haß.

Gleichzeitig drangen die Russen in Ostpreußen bis zur Linie Deutsch-Eylau-Allenstein vor. Elbing geriet in Gefahr. Sollte der Gegner das Frische Haff erreichen, waren die in Ostpreußen stehenden beiden Armeen eingekesselt. Am 18. Januar ging Warschau unwiderruflich verloren, einen Tag darauf erreichten die russischen Panzer Krakau und Lodz. Über Breslau erschienen russische Flieger. Der Reichspressechef gab das Stichwort aus, dies sei »die Stunde der starken Herzen«. Joseph Goebbels beschwor die Erinnerung an

Friedrich den Großen, seine unerschütterliche Haltung im Siebenjährigen Krieg einer übermächtigen Koalition gegenüber. Allein die Front war unwiderruflich aufgerissen, im Hinterland standen keine Reservearmeen bereit, oft gelang nicht einmal die Zusammenziehung des Volkssturmes. Es gab nur sporadischen Widerstand. Alarmeinheiten aus Bodenpersonal der Luftwaffe, Hitlerjugendkompanien, Mannschaften des Reichsarbeitsdienstes, Polizeiverbände, Offiziers- und Unteroffiziersschüler wurden den Russen entgegengeworfen und ebenso rasch vom Strom hinweggerissen. Riesige Flüchtlingsströme wälzten sich gen Westen. Eisiger Schneesturm fegte über die Ebenen. Hie und da gelang der Abtransport der Bevölkerung auf der Eisenbahn. In Stettin, in Frankfurt an der Oder, in Breslau stauten sich Flüchtlingstransporte, oftmals bargen die Güterwagen die Leichname erfrorener Kinder, Frauen und alter Leute.

Gleichzeitig drangen die Russen in Ungarn bis in den Stadtkern von Budapest vor, die deutschen Verteidiger zogen sich auf die Burg zurück. Zur selben Zeit unternahm die Heeresgruppe

Eine besondere Episode in der Endphase des Rußlandkrieges spielte sich im Baltikum ab, wo bereits am 10. Oktober 1944 die Heeresgruppe Kurland mit 160.000 Soldaten der Wehrmacht und 14.000 lettischen Freiwilligen eingeschlossen worden war. Der Verband behauptete sich in sechs schweren Abwehrschlachten bis zum Kriegsende im Mai 1945. Bild oben: Mann und Pferd am Ende ihrer Kräfte. Bild rechte Seite: Auf dem Bahnhofsgelände einer eingeschlossenen Stadt in Kurland haben sich deutsche Verteidiger im Schutt zerbombter Eisenbahnwaggons eingenistet.

Süd unter General Wöhler ihre bereits erwähnte Entsatzoffensive. Stuhlweißenburg wurde zurückerobert, das IV. SS.-Panzerkorps stieß bis zum Flugplatz Buda-Oers vor, dicht vor der Stadt. Dann erlahmte die Kraft wieder unter russischen Flankenangriffen und dem massierten Feuer russischer Artillerie- und Panzerabwehrdivisionen. Wahrte so die Heeresgruppe Süd in Ungarn noch immer ihre Schlagkraft, so entwickelten sich die Verhältnisse bei der Heeresgruppe E im Südosten fast noch günstiger. Ende Januar 1945 zerschlugen die 7. SS-Gebirgsdivision »Prinz Eugen«, eine Festungs- und eine Jägerdivision im slawonischen Kampfraum von Otok hart südlich der Donau den Nordflügel der hier eingesetzten Divisionen Titos, durchbrachen ein nach russischem Muster tiefgestaffeltes Verteidigungssystem und öffneten sich damit wieder den Weg nach Belgrad. Weiter reichten freilich auch hier die Kräfte nicht mehr.

Am 22. Januar 1945 entschloß sich General Hoßbach im Einvernehmen mit dem Oberbefehlshaber der Heeresgruppe Mitte, Generaloberst Reinhardt, mit seiner 4. Armee kehrtzumachen, um die Zugänge Ostpreußens zum Reich vor Elbing offenzuhalten. Diese eigenmächtige Bewegung bedeutete freilich die Preisgabe des wichtigen und gut ausgebauten Lötzener Festungsbereiches hinter der Masurischen Seenplatte. Allein wichtiger schien jetzt die Sicherung der westlichen Verbindungs- und Rückzugslinie. Zwei Infanterie- und ein Panzerkorps wurden in schweren Schneestürmen gen Westen auf die Passarge hin zum Angriff angesetzt. Noch war die Bewegung im Fluß, da griff Hitler ein, nachdem der Gauleiter Koch Hoßbach »feiger Flucht« beschuldigt hatte. Hoßbach und Reinhardt, der verwundet worden war, wurden abgesetzt. Die Heeresgruppe Mitte, die in Nord umbenannt wurde, erhielt Generaloberst Rendulic, die 4. Armee der General Friedrich Wilhelm Müller. Die Ausbruchsbewegung wurde eingestellt, die Verbände wurden abermals herumgeworfen. Nach Kurland wurde Generaloberst v. Vietinghoff-Scheel geschickt. Nunmehr wurde der Durchbruch der II. »Weißrussischen Front« des Marschalls Rokossowski auf Elbing Tatsache. Die Verbindung zwischen der 2. und der 9. Armee riß ab, Teile der 2. Armee wurden durch das Kulmer Land nach Westpreußen gedrängt. In Ostpreußen entstand ein Riesenkessel, in dem die Trümmer der 3. Panzerarmee und der 4. Armee zusammengepreßt wurden. Sehr bald vollzog sich die Aufsplitterung des Kessels in Teilräume. Nur geringe Teile der 3. Panzerarmee schlugen sich noch in das nördliche Westpreußen durch.

Die I. »Weißrussische Front« des Marschalls Georgi Konstantinowitsch Schukow stieß unterdes gen Westen auf die Linie Thorn-Hohensalza-Gnesen-Posen vor und schickte sich an, Bromberg zu nehmen. Die alte Festung Thorn wurde unter dem General der Pioniere Luedicke eingeschlossen. Auch Posen, wo der General Mattern rund 10 000 Mann befehligte, darunter die Fahnenjunkerschule V unter Oberst Gonell, wurde verteidigt. Allein im Warthegau verfügte der stellvertretende Kommandierende General des Wehrkreises XXI, General Petzel, nur über elf schwache Ersatz- und Landesschützen- sowie siebzehn unzureichend bewaffnete, schlecht ausgebildete Volkssturmbataillone. Der Versuch, mit diesen Kräften die sogenannte B 1-Linie der vorbereiteten Verteidigungsanlagen zu halten, erwies sich als vergeblich. Der Gauleiter flüchtete, nachdem er zunächst General Petzel die militärische Führung entrissen und sie ihm dann wieder anvertraut hatte. Der Höhere SS- und Polizeiführer des Warthegaues rief zur Bildung eines Freikorps auf, auch dies blieb Phantasie.

Abgesehen von der 15. lettischen Waffengrenadierdivision der SS, die westlich Bromberg bei Nakel stand, befanden sich im ganzen Raum zwischen Weichsel, Brahe, Netze und Oder in diesem Augenblick nur Ersatztruppen, Landesschützenbataillone, Polizeischützenregimenter und Volkssturmeinheiten. Die Landesschützen- und Polizeibataillone verfügten zumeist nur über veraltete norwegische oder italienische Gewehre mit einem Rahmen Munition. Es gab Panik, Flucht und Verzweiflung, aber auch verwegene Heldentaten: Der SA-Obergruppenführer v. Jagow, der ehemalige Gesandte in Budapest, warf sich an der Spitze eines schlesischen Volkssturmbataillons den Russen entgegen und schoß eigenhändig vier Panzer mit der Panzerfaust ab. Es gab auch Kreisleiter, die die Panzerfaust nahmen und mit ihrem Volkssturm russische Panzerspitzen aufzuhalten suchten. Es gab Panzervernichtungszüge aus Hitlerjungen, die mit höchster Bravour fochten. Es gab

Reichsarbeitsdienstabteilungen, die sich bis zum letzten Mann schlugen. Lazarettzüge bildeten Panzervernichtungstrupps aus Leichtverwundeten. Bei Kalisch warfen sich eine SS-Junkerschule und die Unteroffizierschule »Hermann Göring« den Panzerrudeln entgegen. All dies nutzte wenig oder nichts mehr; zwar fehlte es nicht an Opferbereitschaft, wohl aber fehlte es allerorten an Waffen und Munition. Mit dreiundfünfzig Schützendivisionen und fünf Panzerkorps brach bei der jetzt als Heeresgruppe Mitte bezeichneten ehemaligen Gruppe A unter Schörner der Gegner in Oberschlesien ein und erreichte die Oder in breiter Front zwischen Brieg, Oppeln und Kosel. Zwischen Breslau und Glogau eroberte er bei Steinau einen Brückenkopf über die Oder, obwohl hier die Heeresunteroffizierschule Jauer einen verzweifelten

Nach Hitlers Devise „Ich höre grundsätzlich erst fünf Minuten nach Zwölf auf" wurde noch einmal alles an die Front geworfen, was nur irgendwie stehen konnte. Bild oben: Volkssturmleute bei ihrer Einweisung in einem Schützengraben.

Bild links: der Festungskommandant von Küstrin, SS-Obergruppenführer Reinefahrt.
Bilder rechte Seite: Rotarmisten beim Transport von Munitionskisten an die vorderste Frontlinie (oben) und beim Sturmangriff auf deutsche Stellungen an der deutsch-polnischen Vorkriegsgrenze (unten).

Kampf führte. In Ostpreußen wurde das Tannenbergdenkmal – Erinnerung an einen Sieg gegen Rußland im Ersten Weltkrieg – gesprengt, der Leichnam von Präsident Paul von Hindenburg auf dem Wasserweg nach Stettin gebracht. Das ehemalige Führerhauptquartier bei Rastenburg geriet in russische Hand.

Aus der alten Provinz Posen wälzte sich der Strom der russischen Panzer in einem rasch dünner werdenden Keil in die Neumark auf Küstrin an der Oder. Um den drohenden Stoß der Russen gegen die Neumark und Berlin aufzufangen, plante Guderian, alle verfügbaren Kräfte zwischen Weichsel und Oder zu einer neuen Heeresgruppe »Weichsel« zusammenzufassen. Oberbefehlshaber sollte Feldmarschall Frhr. v. Weichs werden, dessen ehemalige Heeresgruppe F mit der Heeresgruppe E vereinigt worden war. Aus Ostpommern und dem niederschlesisch-neumärkischen Raum gedachte Guderian Flankenstöße gegen den Panzerkeil Schukows anzusetzen, um diesen unter Umständen abzuschneiden und auf diese Weise eine Atempause zu gewinnen. Hitler fand indes Weichs »müde«, Alfred Jodl äußerte sich abschätzig über dessen tiefe katholische Frömmigkeit. Hitler war überzeugt, daß nur ein Mann hier helfen können, Himmler, der als »Oberbefehlshaber Oberrhein« in seinen Augen die notwendige Rücksichtslosigkeit an den Tag gelegt und mit eiserner Faust neue Verbände zusammengerafft hatte. Der Chef der Parteikanzlei, Martin Bormann, unterstützte Himmlers Kandidatur lebhaft. In seinem Interesse konnte nichts Besseres geschehen, als daß sich der verhaßte Rivale angesichts unlösbarer militärischer Aufgaben verbrauchte. Um so höher stieg sein eigener Stern.

Himmler ernannte einen früheren Divisionskommandeur der Waffen-SS zu seinem Stabschef, nur als I. Generalstabsoffizier wollte er einen erfahrenen, gründlich geschulten Generalstäbler des Heeres dulden. In seinem Befehlszug »Steiermark« begab er sich nach Deutsch-Krone. Der Gegner stand bereits vor Schneidemühl an der pommersch-westpreußischen Grenze. Die Stadt war zum »Festen Platz« erklärt und wurde von zusammengewürfelten

Alarmeinheiten verbissen verteidigt. Hastig wurde das X. SS-Korps, das sogenannte Oderkorps, in den Warthebogen geworfen, bei dem sich neben kampferfahrenen Einheiten wie der holländischen 23. SS-Panzergrenadierdivision »Nederland« auch neuaufgestellte Verbände, darunter die 33. französische Waffengrenadierdivision »Charlemagne«, befanden. Die 21. SS-Gebirgsdivision versuchte, die Befestigungen im Bereich der Warthe zu besetzen, kam jedoch zu spät. Ein Versuch, mit dem sehr uneinheitlich zusammengesetzten und zunächst von kampfunerfahrenen Offizieren geführten Korps zum Gegenstoß anzusetzen, scheiterte gleichfalls. In den ersten beiden Wochen ihrer West-Offensive hatten die Russen 300 Kilometer Boden gewonnen!

Guderian unternahm neue Vorstöße, um die 6. SS-Panzerarmee nach Pommern zu bekommen. Vergebens. Reichsminister Alfred Speer wies in einer für Hitler bestimmten Denkschrift darauf hin, daß angesichts des drohenden Verlustes des oberschlesischen Kohlen- und Industrieviers der Krieg endgültig und unweigerlich verloren und daß es Pflicht der Staatsführung sei, daraus die Konsequenzen zu ziehen. Hitler weigerte sich, Speers Darlegungen zu berücksichtigen. Guderian bekam von ihm zu hören, er könne es nicht ertragen, wenn ihm Unangenehmes gesagt würde. Mit zwei Gardepanzerarmeen, einer Gardeschützenarmee, einer Stoßarmee und einer Schützenarmee marschierte Schukow auf den Raum Küstrin-Frankfurt/Oder-Berlin vor. Russische Kräfte drangen in Südpommern bis in den Raum Arnswald vor, in der Neumark bis Soldin. Marschall Konjew trieb mit zahlreichen Panzerkorps Angriffe in Richtung auf die Oder beiderseits Breslau vor. Sein rechter Flügel stieß tief nach Niederschlesien bis auf Liegnitz an der Katzbach vor. Am 30. Januar 1945 traf die 2. Panzerarmee südlich des Plattensees in Ungarn ein schwerer Angriff, der die Heeresgruppe E in äußerste Gefahr brachte.

Noch hielt die Heeresgruppe Kurland mit zwanzig Infanterie- und zwei Panzerdivisionen stand. Vier Infanterie- und eine Panzerdivision wurden aus Kurland abtransportiert. Im Januar 1945 schlug die Heeresgruppe erfolgreich ihre vierte Abwehrschlacht. Zwischen Frauenburg und Dobleen griffen fünfzehn russische Schützendivisionen und fünfzehn Panzerbrigaden vergeblich an. Düsterer sah es in Ostpreußen aus. Die Heeresgruppe Nord sah sich mit den Resten von neunzehn Infanterie- und fünf Panzer- und Panzergrenadierdivisionen im Samland, im Raum von Königsberg und im Ermland zusammengedrängt. An Stelle des Marschalls Tschernjachowski, der im deutschen Artilleriefeuer gefallen war, hatte hier Marschall Alexander Michailowitsch Wassilewski den Oberbefehl übernommen. Die neue Heeresgruppe Weichsel, Reste von fünfundzwanzig Infanterie- und acht gepanzerten Divisionen, behauptete mühsam eine dünne, uneinheitliche und in vielen Windungen verlaufende Linie von der Danziger Bucht durch Westpreußen, den Raum von Schwetz und Graudenz, bis nach Südpommern und von da bis zur Oder bei Schwedt südlich von Stettin. Die Besatzung der Festung Thorn schlug sich zur 2. Armee in Westpreußen durch. Posen hielt unter dem zum General beförderten Kommandeur der Fahnenjunkerschule V, Gonell, bis Ende Februar aus. In Schlesien verfügte Feldmarschall Schörner von der Heeresgruppe Mitte über die Trümmer von zwanzig Infanterie- und achteinhalb Panzerdivisionen. Rücksichtslos wie stets suchte er seine Verbände durch Heranziehung von Ersatz- und Ausbildungseinheiten, Schulen, Volkssturm und Polizei wieder aufzufüllen und zu verstärken. Versuche, den russischen Oderbrückenkopf mit den Resten der Panzerkorps Nehring und Saucken wieder einzudrücken, scheiterten. Breslau wurde hastig und

Da die Bewohner der deutschen Ostgebiete nicht rechtzeitig gewarnt, geschweige denn evakuiert wurden und die deutschen Verteidiger bis zuletzt keine vorbereitete rückwärtige Frontlinie bezogen hatten, brach jegliche Ordnung während des Rückzugs der Truppen und der Flucht der Zivilbevölkerung zusammen.

Bilder linke Seite: Treck auf dem Eis des Kurischen Haffs auf der Flucht aus Ostpreußen (oben); von einem Panzerangriff überrollter Flüchtlingstreck (unten). Bild rechts: das Ende eines Flüchtlingstrecks nach einem sowjetischen Fliegerangriff.

viel zu spät evakuiert. Als der zweite Bürgermeister, Ministerialrat Spielhagen, für die Übergabe der Stadt plädierte, ließ ihn der fanatische Gauleiter von Niederschlesien, Hanke, durch ein Peloton Volkssturmleute öffentlich standrechtlich erschießen. Breslau wurde Festung unter wechselnden Kommandanten, den Generalen Krause, v. Ahlfen und Niehoff, bis zum bitteren Ende in einem Verzweiflungskampf ohnegleichen. Auch Glogau verteidigte sich zäh unter seinem Kommandanten Oberst Graf zu Eulenburg. Zunächst suchten die 17. Armee, die Reste der 1. Panzerarmee und die sich bereits auflösende 1. ungarische Armee noch das oberschlesische Industrierevier zu decken. Anfang Februar 1945 ordnete jedoch Schörner den Rückzug auf die Oder zwischen Kosel und Ratibor an. Der Gauleiter von Oberschlesien flüchtete, mitten in die teilweise noch arbeitenden Zechenorte brachen die Russen ein. Weit im Süden schirmte die Heeresgruppe Süd mit 19 Infanterie- und neun Panzerdivisionen noch immer Westungarn und das Donaubecken. Bei

Das Ende Heinrich Himmlers: Nachdem der „Reichsführer-SS" (im Bild oben bei einer Ordensverleihung im Dezember 1944) im Frühjahr '45 als Führer einer Heeresgruppe völlig versagt hatte, wurde er wegen Kontaktaufnahme zu den Westalliierten von Hitler aller Ämter enthoben und aus der Partei ausgeschlossen. Nach Kriegsende versuchte er verkleidet unterzutauchen, wurde aber von britischen Soldaten erkannt und beging Giftselbstmord (Bild rechte Seite).

der Heeresgruppe Südost hielt die Front in Slawonien, Kroatien und Nordbosnien.

Dies war die Lage zu Beginn des Monats Februar 1945, in der Stunde, in der Reichspressechef Dr. Dietrich die Parole ausgab, man stünde auf den »Barrikaden des Reiches«. Vier Schwerpunkte der Riesenschlacht zwischen Ostsee und Donau zeichneten sich ab: die Winterschlacht in Ostpreußen, das Ringen an der Danziger Bucht und am Unterlauf der Weichsel, die Grenzkämpfe in Südpommern und die große Abwehrschlacht in Niederschlesien zwischen Katzbach, Bober und Oder. Am 30. Januar 1945, dem 12. Jahrestag der Machtübernahme, sprach Hitler unter der Parole »Und ihr habt doch gesiegt« über den Rundfunk zum deutschen Volk. »Wir werden auch diese Not überstehen«, verkündete er. Das Ende würde nicht der Sieg Asiens, sondern der Sieg Europas und seiner Vormacht, des Großdeutschen Reiches, sein.

Die deutsche Presse veröffentlichte Zahlen über abgeschossene russische Panzer, danach waren in vier Wochen zwischen der Ostsee und den Karpaten 2700 russische Panzer vernichtet worden. Doch der Strom der stählernen Ungeheuer schien unerschöpflich. Die hohen Abschußziffern verdeutlichten nur die gewaltige Produktionskraft der sowjetischen Panzerindustrie. Noch hielten sich Elbing, Lissa, Posen, Schneidemühl. Eine bei Kalisch eingeschlossene Kräftegruppe schlug sich zu den eigenen Verbänden nach hinten durch. Doch die Front war allerorts dünn und unsicher. Niemand wußte mehr, was der nächste Tag bringen würde. In der Ostsee versenkten sowjetrussische U-Boote drei große deutsche Passagierdampfer mit Flüchtlingen aus dem Osten. Etwa 13 000 Menschen ertranken.

Nachdem Himmlers unerfahrene und verworrene Führung nicht vermocht hatte, die Russen am Durchbruch durch die Warthebefestigungen zu hindern und Schukow durch einen erfolgreichen Flankenstoß aufzuhalten, wurde in Südpommern unter dem Befehl eines der besten Panzergenerale der SS, des Obergruppenführers Felix Steiner, der bei Narwa das III. Germanische SS-Panzerkorps geführt hatte, ein neues SS-Panzerarmee-Oberkommando gebildet, dem freilich vorläufig meist die Panzer fehlten. General Busse bemühte sich, im Sektor der 9. Armee die Oderverteidigung neu zu ordnen. Über Schwerin an der Warthe brachen Schukows Panzer am 2. Februar bis in den Raum von Küstrin vor. Je tiefer sich der russische Panzerkeil in märkisches Gebiet hineinfraß, desto erfolgversprechender schien Guderians Plan, alle noch verfügbaren beweglichen Kräfte aus Norwegen, Kurland, Ungarn und Kroatien in Pommern zu einem großen Flankierungsmanöver zusammenzufassen, desto leidenschaftlicher rang er um die Durchführung dieser Pommernoffensive, der letzten größeren strategischen Konzeption des alten Generalstabes. Hitler blieb unbelehrbar.

Alles, was endlich beschlossen wurde, war ein Angriffsunternehmen mit begrenztem Ziel im Raum Pyritz-Arnswalde. Daran schloß sich ein neuer erbitterter, kostbare Zeit vergeudender Streit mit Hitler über die Frage, ob Guderians Stellvertreter, General Wenck, ein erfahrener, aus der Panzerwaffe hervorgegangener und vielfach bewährter Generalstabsoffizier, für die Offensive Himmler als Berater zugeteilt werden sollte oder nicht. Schließlich siegte wenigstens hier Guderians bulldoggenhafte Zähigkeit. Für den Angriff wurden die Reste des III. Germanischen Panzerkorps, Flamen, Dänen, Norweger, Niederländer, die 33. französische SS-Division »Charlemagne«, die 4. SS-Polizei-Panzergrenadierdivision, die 8. Panzerdivision, eine neu aufgestellte Panzerdivision »Holstein«, eine aus den Führerbegleiteinheiten formierte Grenadierdivision und einige »Panzerjagdbrigaden«, Radfahrverbände, die mit schweren Panzerfäusten ausgerüstet waren, bereitgestellt.

Während Guderian und Wenck noch ihre Gegenoffensive in Südpommern planten, war inzwischen auf einer Konferenz in Jalta auf der Krim zwischen Stalin, Roosevelt und Churchill die endgültige Entscheidung über Deutschland nach der »bedingungslosen Kapitulation« gefallen. Zwischen dem 4. und 11. Februar 1945 beschlossen die »Großen Drei« (das besetzte Frankreich wurde noch nicht zu den Weltmächten gezählt) die Verwaltung des besiegten Deutschland in vier Besatzungszonen. Generell wurde alles Gebiet östlich einer gedachten Demarkationslinie, etwa von Hof im Süden bis Lübeck im Norden, also auch die Reichshauptstadt, zur künftigen sowjetischen Besatzungszone geschla-

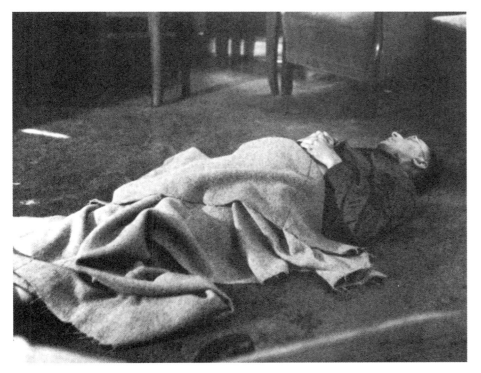

gen. Da Stalin sich entgegen den Wünschen der Londoner polnischen Exilregierung strikt weigerte, die polnische Beute von 1939 herauszurücken, sollte Polen mit deutschen Ostgebieten entschädigt werden. Die Sowjetunion beanspruchte eine Zone in Nordostpreußen mit den eisfreien Häfen Königsberg und Pillau. Präsident Roosevelt, besorgt um sowjetische Hilfe gegen das noch unbesiegte Japan und um die Mitarbeit Stalins in der künftigen Weltorganisation, den »Vereinten Nationen«, zeigte sich, was deutsches Territorium anbelangte, großzügig. Churchill, mit den Verhältnissen besser vertraut, warnte vergeblich davor, die »polnische Gans« zu überfüttern.

Am 15. Februar 1945 begann in Pommern mit etwa 500 Panzern der deutsche Angriff, der anfangs gut vorankam. Die Verbindung mit den bereits abgeschnittenen Verteidigern von Bahn und Arnswalde wurde wiederhergestellt. Da erlitt General Wenck auf der Rückfahrt von einer Lagebesprechung bei Hitler in Berlin in der Nacht vom 17. zum 18. Februar infolge völliger Übermüdung einen schweren Autounfall, bei dem er sich eine Gehirnerschütterung zuzog. Er mußte in ein Lazarett eingeliefert werden. Unter Himmlers Führung zerfaserte der Angriff rasch und blieb liegen. Zudem setzte Tauwetter ein, das die Panzerbewegungen lähmte. Russische Gegenangriffe drückten die deutschen Linien wieder auf Arnswalde zurück.

An dem Tag, an dem die Pommernoffensive anhob, am 15. Februar 1945, erging eine Verordnung des Reichsjustizministers, Dr. Otto Georg Thierack, über die Errichtung von Standgerichten in vom Feind bedrohten Reichsverteidigungsbezirken. Feldgendarmerie, Feldjägerkommandos, Heeresstreifen oder SS-Kommandos begannen mit der Jagd auf Deserteure, auf geflohene Soldaten, auf Männer, die den sinnlos gewordenen Kampf beenden wollten. Die Hinrichtungen häuften sich.

An diesem Tag der Standgerichte geschah noch mehr: Budapest fiel nach fast zweimonatiger Verteidigung. Seit den Weihnachtstagen des Jahres 1944 waren hier rund 50 000 Mann deutscher Truppen eingeschlossen gewesen, darunter die 8. und die 22. SS-Kavalleriedivision, die 13. Panzerdivision und die Panzerdivision »Feldherrnhalle I«, eine Volksgrenadierdivision und ein Flak-Sturmregiment. Die Truppe schlug sich mit höchster Auszeichnung. Die ungarische Bevölkerung lieferte neben Bildern der Dekadenz ebenso viele Beispiele eines leidenschaftlichen Patriotismus. In den Tagen vor der Einschließung sah man juwelengeschmückte Damen der Gesellschaft in kostbaren Pelzmänteln neben den Arbeitern der großen Eisenwerke von Csépel beim Ausheben von Schanzen. Am 15. Februar 1945 unternahmen die Reste der Besatzung, die sich noch auf 26 750 Mann, darunter 10 000 Verwundete, belief, einen Ausbruchsversuch.

Der von Sir Arthur Harris geleitete alliierte Bombenkrieg gegen Deutschland brachte zweifellos nicht den Erfolg, den sich die englische Führung erhofft hatte. Weder wurde die deutsche „Kriegsmoral", noch wurde die deutsche Kriegsindustrie vernichtet. Man kann sagen, daß der erbarmungslose Feuersturm, der aus der Luft auf die deutschen Städte herabregnete, die Widerstandskräfte der Menschen eher stärkte, und 1944, als der Bombenkrieg am heftigsten tobte, erreichte auch die deutsche Rüstungsproduktion ihren Höhepunkt. Bild linke Seite: diese Familie in Mannheim hat nach einem Bombenangriff nur das nackte Leben gerettet. Bild rechts: Vor den Ruinen ausgebombter Stadtteile türmt sich der Hausrat.

2000 Verwundete schlossen sich dem Ausbruch an; die letzten Panzerfahrzeuge und Geschütze, vier »Panther«, sechs Sturmgeschütze, neun »Hummeln«, zehn Feldhaubitzen und drei Kanonen, wurden befehlsgemäß gesprengt, das Funkgerät zerschlagen. Der Durchbruchsversuch scheiterte jedoch im vernichtenden sowjetrussischen Feuer. Nur 785 Mann erreichten die deutschen Linien. Der Kommandant der »Festung Budapest«, die gar keine gewesen war, SS-Obergruppenführer Pfeffer-Wildenbruch, geriet in russische Gefangenschaft.

Zwei Tage zuvor war noch etwas anderes geschehen, eine der entsetzlichsten und sinnlosesten Taten des Krieges: Auf Verlangen des stellvertretenden Chefs des russischen Hauptstabes, General Antonow, hatte die alliierte Luftwaffe Dresden angegriffen, wo sich die Flüchtlingszüge aus dem Osten stauten. Am Abend des 13. Februar 1945 wurden 3000 Spreng- und etwa 400 000 Brandbomben auf die Stadt geworfen, die bislang von Luftangriffen verschont geblieben war. In den ersten Stunden des 14. Februar folgte der zweite Großangriff mit 5000 Spreng- und 200 000 Brandbomben, am Mittag des 14. Februar ein dritter Angriff mit 2000

Ostpreußen war die erste deutsche Provinz, die von der vollen Wucht der sowjetischen Großoffensive erfaßt wurde, die zwischen dem 12. und 14. Januar 1945 vier russische Heeresgruppen mit 25 Armeen zwischen Memel und Karpaten eröffneten.

**Bild oben: Ansicht eines ostpreußischen Dorfes Ende Januar 1945. Bild links: Im Panzergraben erwarten Grenadiere den nächsten sowjetischen Angriff.
Bilder rechte Seite: Kleine Gruppen von Flüchtlingen versuchen, sich am Strand entlang nach Westen durchzuschlagen (oben); aufgeriebene Nachhut auf der Flucht aus Ostpreußen (unten).**

423

Spreng- und 50 000 Brandbomben. 40 000 bis 60 000 Menschen fanden einen schaurigen Tod, riesige Flächenbrände, ein orkanartiger Feuersturm durchrasten die Stadt, das einst so kunstsinnige »Elb-Florenz« der sächsischen Kurfürsten. Das unverständlichste war die militärische Sinnlosigkeit dieses Vorgehens, der Appell an die brutale Gewalt des Terrors, der es schwermachte, zu glauben, die Alliierten seien die Vorkämpfer der Menschenrechte.

Die Lage wurde noch dunkler. Der Zusammenbruch der Lebensmittelbewirtschaftung kündigte sich an. Die Lebensmittelrationen wurden gekürzt, die 72. und 73. Zuteilungsperiode wurden um je eine Woche verlängert, das bedeutete, daß die leidgeprüfte Bevölkerung mit einer Monatsration anderthalb Monate auskommen mußte. In vom Feind unmittelbar bedrohten Gebieten ging man vielfach dazu über, die noch vorhandenen Vorräte an die Bevölkerung auszugeben und durch rücksichtslose Abschlachtung von Viehbeständen, die nicht evakuiert werden konnten, Sonderzuteilungen zu gewähren. Hitler aber ließ zum 25. Jahrestag der Verkündung des Programms der Nationalsozialistischen Partei durch den Staatsminister Hermann Esser im Münchener Rundfunk eine Kundgebung verlesen, in der es hieß: »Meine Parteigenossen! Vor 25 Jahren verkündete ich den Sieg der Bewegung. Heute prophezeie ich – wie immer durchdrungen vom Glauben an unser Volk – am Ende den Sieg des Deutschen Reiches!«

In Schlesien stieß Marschall Konjew mit der I. »Ukrainischen Front« auf den Bober zwischen Sprottau und Bunzlau vor, ging über den Bober und die Queiß und nahm Sagan. Feldmarschall Schörner setzte am Bober zum Gegenstoß an, in der Hoffnung, die russischen Panzerverbände abschneiden zu können. Reichspropagandaminister Joseph Goebbels erschien an der schlesischen Front und sprach in Lauban, das die deutschen Truppen den Russen wieder entrissen hatten. Er forderte die Soldaten auf, stehenzubleiben und sich in den »Boden einzukrallen«, wie es echte Männerart sei. Doch solche Reden fruchteten nicht mehr angesichts der

Vom 4. bis 11. Februar 1945 weilten Roosevelt und Churchill auf der Krim, um mit Stalin die letzten militärischen Operationen und die Behandlung „Nachkriegsdeutschlands" zu besprechen (Bild linke Seite unten). Die „Großen drei" einigten sich u.a. über die Aufteilung des Reiches in Besatzungszonen, die Bildung eines alliierten Kontrollrats sowie über die Aufteilung der Reparationen. Bild oben: Durch die großzügigen Lieferungen von Kriegsmaterial hatten auch die USA ihren Anteil am russischen Sieg im Osten. Bild linke Seite oben: Verleihung des „Stalingradschwerts" für besondere Verdienste um die Sowjetunion an US-Präsident Roosevelt auf der Konferenz von Teheran Ende November 1943.

Errichtung von Standgerichten

Verordnung des Reichsjustizministers Dr. Thierack, 15.2.1945

Die Härte des Ringens um den Bestand des Reiches erfordert von jedem Deutschen Kampfentschlossenheit und Hingabe bis zum Äußersten. Wer versucht, sich seinen Pflichten gegenüber der Allgemeinheit zu entziehen, insbesondere wer dies aus Feigheit oder Eigennutz tut, muß sofort mit der notwendigen Härte zur Rechenschaft gezogen werden, damit nicht aus dem Versagen eines Einzelnen dem Reich Schaden erwächst. Es wird deshalb auf Befehl des Führers im Einvernehmen mit dem Reichsminister und Chef der Reichskanzlei, dem Reichsminister des Innern und dem Leiter der Partei-Kanzlei angeordnet:

1. In feindbedrohten Reichsverteidigungsbezirken werden Standgerichte gebildet.

2. (1) Das Standgericht besteht aus einem Strafrichter als Vorsitzer sowie einem politischen Leiter oder Gliederungsführer der NSDAP und einem Offizier der Wehrmacht, der Waffen-SS oder der Polizei als Beisitzern.
(2) Der Reichsverteidigungskommissar ernennt die Mitglieder des Gerichts und bestimmt einen Staatsanwalt als Anklagevertreter.

3. (1) Die Standgerichte sind für alle Straftaten zuständig, durch die die deutsche Kampfkraft oder Kampfentschlossenheit gefährdet sind.
(2) Auf das Verfahren finden die Vorschriften der Reichsstrafprozeßordnung sinngemäß Anwendung.

4. (1) Das Urteil des Standgerichts lautet auf Todesstrafe, Freisprechung oder Überweisung an die ordentliche Gerichtsbarkeit. Es bedarf der Bestätigung durch den Reichsverteidigungskommissar, der Ort, Zeit und Art der Vollstreckung bestimmt.
(2) Ist der Reichsverteidigungskommissar nicht erreichbar und sofortige Vollstreckung unumgänglich, so übt der Anklagevertreter diese Befugnisse aus.

Gegen Kriegsende wurde die deutsche Militärgerichtsbarkeit vollends zum Terrorinstrument, als Standgerichte zur „Sicherung der Disziplin" an der Tagesordnung waren (Bild oben) und sogar Angehörige von „Feiglingen", z.B. unverwundet in Gefangenschaft geratene Soldaten, bedrohten. Bild rechte Seite: von SS-Kommandos erschossene Deserteure, die dem Irrsinn des aussichtslosen Aufopferungskrieges in letzter Stunde entkommen wollten.

harten Wirklichkeit, sie konnten leicht, wenn sie von einem Manne gesprochen wurde, der die Front nie gesehen und auf Grund seiner körperlichen Schwächen selbst nie Soldat gewesen war, wie blutiger Hohn wirken. Das Ostheer hatte verbissen gekämpft, nun war die Truppe ausgebrannt.

Anfang März mußte Feldmarschall Schörner seinen linken Flügel auf das Westufer der Görlitzer Neiße zurücknehmen. Die Front der Heeresgruppe Mitte verlief jetzt von Guben in der Lausitz östlich an Görlitz vorüber über Striegau, Strehlen und Kosel nach Österreichisch-Schlesien, dem Teschener Gebiet und der Hohen Tatra. Vorübergehend erlahmte auch die Angriffskraft des Gegners. Gerade Marschall Konjew, ein strenger und harter Vorgesetzter, gewahrte mit Besorgnis, welch verheerende Rückwirkungen die Plünderungsfreiheit für die militärische Ordnung und Kampfkraft der Truppe nach sich gezogen hatte. Panzereinheiten warfen die Munition über Bord und beluden ihre Fahrzeuge mit Alkoholvorräten und sinnlos zusammengerafftem Beutegut. Hie und da versuchten wohl niedere wie höhere Offiziere, der Zügellosigkeit ihrer Untergebenen Einhalt zu gebieten. Mancher von ihnen fiel von der Hand der eigenen verwilderten Soldateska. Konjew hielt es daher für dringend geboten, die eigenen Verbände zu ordnen und den Nachschub neu zu regeln.

Schon in der zweiten Hälfte des Februar traf die pommersch-westpreußische Front ein neuer wuchtiger Angriffsschlag. Schukow drehte nach Norden ein, um seine Flanke zu sichern. Zwischen Stargard und Dramburg griffen zwei sowjetische Panzerarmeen an, um zum Stettiner Haff und zur Ostsee durchzustoßen. Gleichzeitig setzte Marschall Rokossowski seine Divisionen zum Sturm auf die Front der 2. deutschen Armee an. Graudenz wurde mit rund 10 000 Mann unter General Fricke eingeschlossen. Bis zum 6. März hielt sich die Besatzung, dann wurde sie von der Übermacht bezwungen, nur wenige entkamen noch. Posen fiel Ende Februar, General Gonell erschoß sich. In Ostpommern wurde die Naht zwischen der 2. Armee und der 3. Panzerarmee auf-

Anfang 1945 neigte sich auch der Abwehrkampf in Ungarn dem Ende zu. Am 11. Februar 1945 fiel Budapest. Im Verlauf der anschließenden sowjetischen Offensive aus dem Raum nördlich des Plattensees wurden die deutschen Kräfte immer weiter auf die ungarische Westgrenze zurückgedrängt; um die Monatswende April-Mai zerriß die Front.

Bilder linke Seite: Grenadiere ziehen durch eine Budapester Vorstadt zur Front (oben); Gefecht im offenen Feld vor Gran (Mitte); das Ende eines deutschen Entsatzversuches (unten).
Bild rechts: Straßenkampf in Budapest.
Bild oben: Rotarmisten rücken in ein niederösterreichisches Dorf ein.

Der Tod von Dresden

Bericht über den Vernichtungsangriff

Mit der fortschreitenden Verwesung stieg auch die Seuchengefahr.

Verbrennung der Leichen auf Scheiterhaufen schien der einzige Ausweg zu sein. Wer diesen Gedanken zuerst aussprach, blieb unbekannt; es war eine Idee, die nur die Not gebären konnte. Man war sich anscheinend darüber klargeworden, daß die Leichen nur durch ein radikales Mittel beseitigt werden konnten.

Seit undenkbaren Zeiten hatte die ärztliche Wissenschaft durch hygienische Maßnahmen die Seuchen, wie Cholera, Pest und wie sie alle heißen, gebannt. Man kannte die Ursachen dieser Seuchen, die ganze Städte und Landstriche entvölkerten. Dresden mußte zur Brutstätte einer fürchterlichen Gefahr werden. Deshalb wurde der Gedanke, die Leichen auf Scheiterhaufen zu verbrennen, Wirklichkeit.

Was seit dem dunkelsten Mittelalter nur noch aus Geschichtsbüchern, bestenfalls aus Erzählungen bekannt war, wurde in Dresden zur Wirklichkeit, wenn auch unter anderen Voraussetzungen.

Gegenüber dem Kaufhaus Renner wurden riesige Roste aus Eisenträgern errichtet. Sie erhoben sich einen halben Meter über dem Erdboden. Krematorium unter freiem Himmel.

Man legte die Toten übereinander. Eine Schicht nach der anderen. So, wie man sie eben angefahren brachte.

Wie wenig Platz ein toter Mensch doch beansprucht! Hunderte wurden zu Haufen getürmt. Ein Scheiterhaufen enthielt 450 bis 500 Menschen. Es schienen viel weniger zu sein.

Dresden nach dem vernichtenden Bombenangriff im Februar 1945. Der nahezu 83jährige deutsche Dichter Gerhart Hauptmann, der Zeuge des Infernos gewesen war, schrieb dazu: „Wer das Weinen verlernt hat, der lernt es wieder beim Untergang Dresdens. Ich stehe am Ausgangstor des Lebens und beneide alle meine toten Geisteskameraden, denen dieses Erlebnis erspart geblieben ist."

gerissen. Im Raum von Dramburg wurde das X. SS-Korps, das »Oder-Korps«, dessen Führung im Februar SS-Obergruppenführer v. d. Bach-Zelewski übernommen hatte, der ehemalige Chef der Bandenkampfverbände, zerschlagen. bei Belgard wurde das Gros der französischen SS-Division eingekesselt und vernichtet. Über Neustettin drängten die Russen zur Ostseeküste. Die deutschen Panzerverbände hatten keinen Treibstoff mehr. Jeder vierte Panzer mußte gesprengt werden, um wenigstens einen Teil der Panzerfahrzeuge noch beweglich zu halten. Panzervernichtungstrupps der Hitlerjugend suchten in Labes, in Cammin, in Schlawe, in Pyritz dem Vordringen der Panzermassen Einhalt zu gebieten. Stargard östlich vor Stettin wurde erbittert umkämpft und im Gegenstoß noch einmal von pommerscher Hitlerjugend und anderen zusammengerafften Einheiten genommen, bis die brennende Stadt endgültig verlorenging. Kolberg hielt sich unter Oberst Fullriede bis zum 17. März.
Zwischen Stargard und Greifenberg drängten die Russen auf das Haff, von wo aus schwere deutsche Seestreitkräfte mit ihrer Schiffsartillerie in den Kampf eingriffen. Zwischen Greifenhagen und Gollnow gelang zunächst der Aufbau eines Sperriegels, so daß der

Die Versorgung der Zivilbevölkerung wurde immer katastrophaler, je näher die Front rückte. Auf dem Bild rechte Seite erhalten Bewohner von Bad Nauheim Trockenlebensmittel während der Kämpfe um die Stadt.

Vor die Entscheidung gestellt, zu verhungern oder zu überleben, überwanden die Menschen schließlich jegliche Scheu. Selbst tagealte Pferdekadaver wurden ausgeschlachtet (Bild oben).

Durchbruch auf Stettin aufgefangen werden konnte. Sehr bald verengte sich jedoch dieser Riegel auf einen Brückenkopf zwischen Gollnow und Altdamm östlich der Oder. In der Buchheide, dem großen hügeligen Waldgebiet rechts der Oder vor Stettin, verbluteten sinnlos dort eingesetzte, schlecht bewaffnete pommersche Volkssturmbataillone. Im allgemeinen fiel die 3. Panzerarmee auf die Oder zurück. Die alliierte Luftwaffe flog schwere Luftangriffe auf die Seefestung Swinemünde und den rügischen Umschlaghafen Saßnitz. Im Nordteil der Ostfront existierten jetzt drei große Kessel: Kurland, Königsberg und Danzig-Gdingen. Am 27. März ging Danzig verloren, die Weichselniederung zwischen Weichselmünde und dem Frischen Haff und die Halbinsel Hela wurden dagegen gehalten. Am 9. April 1945 kapitulierte Königsberg. Die Heeresgruppe Nord wurde aufgelöst, die noch im Samland, in Pillau und auf der Kurischen Nehrung ausharrenden Verbände wurden mit den Kräften im Weichseltief und auf Hela zum Armeeoberkommando Ostpreußen unter General v. Saucken zusammengefaßt.

Zum Heldengedenktag am 9. März erließ Hitler einen Aufruf an die Wehrmacht, in dem es hieß: »Es fällt in der Geschichte nur, was als zu leicht befunden wird, und der Gott der Welten hilft nur dem, der sich selbst zu helfen entschlossen ist... Es erfülle deshalb jeder seine Pflicht!« Er lebte bereits in einer anderen Welt. Er befahl die Zerstörung sämtlicher wichtiger Industrie- und Versorgungsanlagen in denjenigen Gebieten, die man dem Gegner überlassen mußte. Deutschland sollte zur Wüste werden. Dagegen wandten sich sowohl Speer wie Guderian und General Buhle, der Chef des Heeresstabes beim OKW. Am 15. März traf ein schwerer alliierter Luftangriff das Hauptquartier des Generalstabes in Zossen. General Krebs, der an Stelle Wencks die Leitung des Führungsstabes im Generalstab übernommen hatte, wurde verwundet.

Der neuralgische Punkt der Front waren

jetzt die beiden russischen Oderbrückenköpfe bei Küstrin, die Berlin bedrohten. Ein zweiter neuralgischer Punkt wurde die Ungarnfront. Anfang März waren noch einmal unter SS-Oberstgruppenführer Dietrich etwa 19 Divisionen, darunter acht Panzerdivisionen, beiderseits des Plattensees in Richtung auf Stuhlweißenburg zum Angriff angetreten. Die Offensive scheiterte infolge eines Flankenstoßes des Gegners. Die Angriffskraft auch der SS-Divisionen war verbraucht. Hitler ersetzte General Wöhler bald darauf durch Generaloberst Rendulic, als ob ein Wechsel im Befehl der Heeresgruppe noch etwas zu ändern vermocht hätte. Der Abwehroffizier der Heeresgruppe, Oberst im Generalstab Chef v. Rittberg, wurde standrechtlich erschossen, weil er geäußert hatte, der Krieg sei verloren. Am schwersten traf Hitlers Zorn jedoch die 6. SS-Panzerarmee und ihren Oberbefehlshaber, einen Mann, der in hundert Schlachten und Gefechten ihm mit nie versagender Treue und unerschütterlicher Gläubigkeit gedient hatte. SS-Oberstgruppenführer Dietrich mochte kein großer Stratege sein, aber er war ein Mann der Front, ein guter Truppenführer. Jetzt erhielten er und seine Soldaten, darunter die »Leibstandarte Adolf Hitler«, den Befehl, ihre Orden und Ehrenzeichen abzulegen, weil sie versagt hätten. Am 23. März 1945 traten dafür die II. und III. »Ukrainische Front« in Westungarn zum Angriff an. Über Steinamanger brachen sie in Österreich ein, die Steiermark geriet in Gefahr, Graz war bedroht. Anfang April eroberte Marschall Malinowski Preßburg, die Hauptstadt der Slowakei. Marschall Tolbuchin nahm Wiener Neustadt, Panzer beider »Fronten« vereinigten sich in Bruck an der Leitha, am 5. April 1945 hatten die russischen Panzerspitzen die südlichen Vorstädte von Wien erreicht.

Inzwischen war es Guderian gelungen, am 20. März Himmler zu überreden, die Führung der Heeresgruppe Weichsel, von der jetzt das Schicksal Berlins und

Am 22. Januar 1945 erreichte die Rote Armee nördlich und südlich von Breslau die Oder, drei Tage später wurde die Landverbindung nach Ostpreußen durchtrennt. Bild oben: Ein „T 34", der am häufigsten eingesetzte sowjetische Panzer des Zweiten Weltkriegs, im Straßenkampf um eine schlesische Stadt.

Bilder linke Seite: eine der letzten Aufnahmen von Goebbels im schlesischen Lauban vom 11. März 1945 (oben); General der Panzertruppen Hasso von Manteuffel, der im Endkampf an der Ostfront die 3. Panzerarmee befehligte (unten).

Mitteldeutschlands abhing, in die Hände eines erfahrenen Armeeführers der Ostfront zu legen. Generaloberst Gotthard Heinrici, bislang Kommandeur der 1. Panzerarmee, die nun General Nehring übernahm, wurde zum Oberbefehlshaber ernannt. Seine Front erstreckte sich jetzt von der Mündung der Oder in die Ostsee bis zum Zusammenfluß von Oder und Görlitzer Neiße, bis in den Raum zwischen Fürstenberg und Guben. Die Oderfront zwischen Swinemünde, Stettin und Eberswalde deckte die 3. Panzerarmee, deren Führung General v. Manteuffel erhielt, nachdem Generaloberst Rauß, ein gebürtiger Österreicher, bei Hitler in Ungnade gefallen war. Rechts von Manteuffel schloß sich die 9. Armee unter General Busse an. Gegenüber Manteuffel standen etwa fünf sowjetische Schützen- und eine Panzerarmee, gegenüber Busse acht bis zehn Schützen- und zwei oder drei Panzerarmeen. Die deutschen Kräfte bestanden aus Resten erprobter Frontdivisionen, einer der neugebildeten Marineinfanteriedivisionen, deutschen, lettischen, französischen und wallonischen SS-Formationen, der 1. Wlassowdivision, Polizei-Schützenregimentern, Zollschutzgruppen, Alarmbataillonen, Landesschützen-, HJ- (Hitler-Jugend)-, Reichsarbeitsdienst- und Volkssturmeinheiten. Rund 500 Flakbatterien, zumeist Teile der Flakverteidigung von Groß-Berlin, waren an der Oder konzentriert, litten freilich unter mangelnder Beweglichkeit. Die Heeresgruppe verfügte noch über rund 850 Panzer. Die Munitions- und Treibstofflage war schlecht, der Mangel selbst an Handfeuer- und leichten Maschinenwaffen zum Teil katastrophal. Der Zusammenbruch des deutschen Verkehrsnetzes durch die alliierte Luftoffensive trug seine Früchte. Die Luftflotte 6 des Generaloberst Ritter v. Greim, welche in diesem Raum eingesetzt war, verfügte zwar noch über Flugzeuge, aber nur über höchst ungenügende Vorräte an Flugbenzin. Die vordringlichste Aufgabe des neuen

Bild rechte Seite: Die letzten verfügbaren Reserven werden Mitte April 1945 zur Verteidigung Wiens herangezogen. Wien wie auch Berlin wurden, statt als offene Städte übergeben zu werden, nach dem Motto „Kapitulation niemals!" sinnlos verteidigt (Bild links).

Bild oben: erhängte Widerstandskämpfer um Major Sokol, der den Kampf um Wien durch Verhandlungen mit dem Gegner zu vermeiden gesucht und einen offenen Aufstand gegen das zusammenbrechende NS-Regime geplant hatte.

Am 12. März 1945 nahmen die Russen Küstrin, womit die Rote Armee ihre Ausgangsstellung für die noch zu schlagende „Schlacht um Berlin" erreicht hatte. Bild oben: Volkssturmmann in Erwartung sowjetischer Panzer. Bilder linke Seite: Schwere deutsche Flak trifft im Kampfgebiet ein (oben); deutscher Nebelwerfer, nach dem Erfinder Dr. Dornberger auch „Do-Werfer" genannt, geht an der Oder in Stellung (unten). Die mit diesen Waffen abgefeuerten Projektile hatten eine ähnlich demoralisierende Wirkung wie die mit entnervendem Heulen heranrauschenden Wurfgranaten der sowjetischen „Stalinorgeln".

Oberbefehlshabers mußte neben der allgemeinen Festigung der Abwehrfront die Beseitigung der russischen Brückenköpfe beiderseits Küstrin sein, wo der Gegner gewaltige Artilleriemassen, im südlichen Brückenkopf rund 600 bis 800 Batterien, konzentriert hatte. Es bestand die Absicht, aus dem eigenen Brückenkopf bei Frankfurt an der Oder einen Gegenangriff einzuleiten. Doch am selben Tag, an dem Himmler in seinem Hauptquartier, einem Barackenlager bei Prenzlau, seine Heeresgruppe an Heinrici übergab, traf die Nachricht ein, daß die Russen überraschend zum Angriff angetreten seien und die Vereinigung beider Brückenköpfe vollzogen hätten. Ein Gegenstoß der 9. Armee kam zu spät! Küstrin war eingeschlossen, der Festungskommandant, ein General der Polizei, der unter Himmler an der Oberrheinfront ein SS-Korps geführt hatte, schlug sich schließlich zu Hitlers Entrüstung mit der Besatzung zu den eigenen Linien durch.

Der Fall von Küstrin führte zu einer neuen furchtbaren Auseinandersetzung zwischen Hitler und Guderian. Am 28. März 1945 wurde der Chef des Generalstabes beurlaubt, an seiner Stelle wurde General Krebs, einst der Stabschef Models, mit der Führung der Geschäfte des Generalstabes beauftragt, ein gewandter und kluger, aber auch bedenkenloser und oft zynischer Mann, der wohl noch an Hitlers Stern glaubte, aber seiner Art gemäß auch in der Vorstellung Trost fand, daß, wenn alles fehlschlug, ja noch immer der Griff zur Pistole blieb. Auch in dieser Stunde waltete noch Hitlers Illusionismus. Anfang April wurden Heinrici die meisten beweglichen gepanzerten Eingreifkräfte genommen und Schörner zugeführt. Hitler glaubte, der nächste russische Angriff würde sich gegen Sachsen und Böhmen richten. Die Logik gebot jedoch der russischen Führung den konzentrischen Angriff aus der Neumark und aus Schlesien und der Lausitz auf Berlin. Und sowohl Schukow wie Konjew gebrach es keineswegs an der Fähigkeit, logisch zu denken.

Nach dem Scheitern der beiden Offensiven in den Ardennen und im Nordelsaß waren die drei deutschen Heeresgruppen an der Westfront zur Verteidigung übergegangen. In Holland und am Niederrhein befand sich die Heeresgruppe H unter Generaloberst Student mit der 25. Armee und der 1. Fallschirmarmee, im Raum von Roermond bis zur Mosel die Heeresgruppe B unter Feldmarschall Model mit der 7. und 15. Armee und der 5. Panzerarmee, in der Pfalz und am Oberrhein die Heeresgruppe G unter Generaloberst Blaskowitz mit der 1. und 19. Armee. Die Gesamtzahl der hier stehenden Divisionen betrug zunächst etwa 80, die Stärke der Infanteriedivision war allerdings auf 5000 bis 8000 Gewehre gesunken. Alliierte Nachrichtenoffiziere schätzten die Verluste des deutschen Westheeres seit dem Beginn der Invasion auf ungefähr 1,5 Millionen Mann an Toten, Verwundeten und Kriegsgefangenen. Durch die Verlegung einer Reihe von Divisionen, darunter der gesamten 6. SS-Panzerarmee, an die Ostfront, verringerte sich die Zahl der Divisionen im Westen um 16 Verbände. Feldmarschall v. Rundstedt war durchaus der Ansicht, daß der Osten jetzt den Vorrang besaß. Noch bevor der ausdrückliche Befehl vorlag, setzte er die 6. SS-Panzerarmee in Marsch, freilich hatte er keinerlei Einfluß darauf, wo sie dort eingesetzt wurde. Auf der anderen Seite war er genötigt, Ersatz für die abgegebenen Divisionen anzufordern, derartige Gesuche wurden stets bejahend beantwortet, doch nie erfüllt. Ein Antrag, Süd- und Westholland rechtzeitig zu räumen, wurde abgelehnt. Für das Schicksal der Westfront war es von ausschlaggebender Bedeutung, daß es gelang, den Zusammenhang der Front zu wahren, den Gegner an einem entscheidenden Durchbruch zu hindern und das Ostufer des Rheins beizeiten als zweite Linie zur Verteidigung auszubauen. Immer von neuem forderten Rundstedt wie auch Model dafür Handlungsfreiheit. Gerade diese wollte Hitler ihnen nicht mehr gewähren. Auch Model hatte bei ihm an Ansehen verloren. Für die Verteidigung des rechten Rheinufers geschah nichts. Frische Divisionen waren nicht mehr vorhan-

Nicht nur im Osten, auch im Westen wurde Anfang 1945 die Reichsgrenze auf breiter Front überschritten.
Der amerikanische Fünf-Sterne-General Eisenhower (Bild oben), seit Weihnachten 1943 Oberbefehlshaber aller alliierten Truppen in Europa, hatte sich als Sieger der Invasionsschlacht für das weitere erfolgreiche Vorgehen gegen die deutsche Westfront hinreichend qualifiziert.
Bild rechte Seite: britische Panzer haben eine holländische Ortschaft genommen. Der Knirps scheint vor dem metallenen Ungetüm, das sich vor ihm aufgebaut hat, nicht die geringste Angst zu haben.

den. Ungeschminkte Berichte Rundstedts, die Truppe sei kriegsmüde, sie habe »die Schnauze voll«, steigerten nur Hitlers Mißtrauen.
Unterdes rüsteten sich im Westen fünf amerikanische und je eine englische, kanadische und französische Armee, insgesamt vierundzwanzig Panzerdivisionen, achtundfünfzig Infanterie- und vier Luftlandedivisionen sowie drei Luftflotten zum Sturm auf die Rheinlinie und zum Einbruch in das Kerngebiet des Reiches. An der Maas und im Raum von Kleve stand die 21. britische Heeresgruppe unter Feldmarschall Viscount Montgomery mit der 1. kanadischen, der 2. britischen und der 9. amerikanischen Armee, im Raum zwischen Aachen und Trier die 12. amerikanische Heeresgruppe unter General Bradley mit der 1. und 3. und der neugebildeten 15. Armee, zwischen dem Saargebiet und Basel die 5. französisch-amerikanische Heeresgruppe des Generals Devers mit der 1. französischen und der 7. amerikanischen Armee. Im Hinblick auf das rasche Vordringen der Russen im Osten hätte es das Ziel jeder echten politisch-strategischen Kriegführung sein müssen, so rasch wie möglich nach Mitteldeutschland hinein auf Berlin zu stoßen. Alliierte Luft-Generalstabsoffiziere drängten darauf, die Besetzung ganz Deutschlands möglichst rasch zum Abschluß zu bringen, sie fürchteten die deutsche Produktion von Düsenjägern. Es gab auch Pläne für alliierte Luftlandeaktionen im Raum von Frankfurt/Main, Kiel und Berlin. Aber die Konferenz von Jalta ließ deutlich erkennen, daß man zumindest in Washington keinen Anlaß zu haben glaubte, das Vordringen der Sowjetarmee mit Mißtrauen zu betrachten, im Gegenteil, schon im Hinblick auf den ostasiatischen Feldzug begrüßte man es, daß sich endlich eine engere militärische Zusammenarbeit anbahnte. General Dwight D. Eisenhower begriff das ganze Problem völlig unpolitisch, rein militärisch-methodisch. Er hegte als logischer Denker die sich als richtig erweisende Vorstellung, die »unconditional surrender« würde sich sowieso nicht auf dem Verhandlungsweg erzielen lassen, sie würde durch die totale Besetzung Deutschlands erzwungen werden. Jeder Kilometer, den ihm die Russen dabei abnahmen, sparte unter Umständen – nach damaliger Auffassung – amerikanisches Blut. Die »russische Frage« existierte für ihn nicht, er sah nur das militärische Ziel, die Niederwerfung Hitlers und der deutschen Wehrmacht. Das erste Ziel der kommenden Operationen mußte der Durchbruch durch die deutschen Stellungen an der Roer, die Säuberung des Reichswaldes, der Eifel und des gesamten linken Rheinufers von deutschen Truppen sein. In der zweiten Phase mußte man versuchen, Brückenköpfe auf dem rechten Rheinufer zu errichten, die dritte Phase des Feldzuges barg dann den Vorstoß ins Innere des Reiches. General Bradley trat dafür ein, durch die Eifel auf Bonn vorzustoßen, um damit die deutschen Stellungen an der Roer mit ihren Staudämmen zu umgehen.
Feldmarschall Montgomery wünschte dagegen das Schwergewicht der gesamten Operation in seinen Sektor am Niederrhein und der deutsch-holländischen Grenze zu legen, um von dort aus ins Ruhrgebiet und die nordwestdeutsche

Die Truppe ist nahe dem Ende

Meldung des Oberbefehlshabers West, Generalfeldmarschall v. Rundstedt, 28.11.1944

Der auf meinen Befehl heute zum LXIV. A.K. entsandte NSFO der Armee gab folgenden Bericht über den Zustand der Truppe:

»1.) Mit wenigen Ausnahmen ist die Haltung der Truppe gut. Der Soldat weiß, worum es geht, und hat den Willen zum Kämpfen. Er ist jedoch völlig erschöpft durch körperliche (Nässe und Berge) und seelische (Trommelfeuer, Flieger- und Panzer-Überlegenheit) Strapazen, die für einen großen Teil seit August pausenlos andauern (Gegensatz zu Rußland).

Beispiele:
Viele von den NSFO mit Feld-Gendarmerie aufgefangene Versprengte erklären: »Erschießen Sie mich, Herr Hauptmann, ich kann nicht mehr.« Das ist keine Phrase. Ein Batl. eines bewährten Kommandeurs, das sich aus der Umklammerung durchgeschlagen hatte, mußte unterwegs von den noch vorhandenen 60 Mann 30 wegen Erschöpfung zurücklassen.

Beide Beispiele begründen auch die hohe Vermißtenzahl. Viele Soldaten haben seit 3-4 Tagen keine Verpflegung gehabt. Grund: Zerreißen der Verbände durch Kampfeinwirkung, ständiges Verschieben der Verbände (Feuerwehr), oft auf Lkw ohne Trosse. Ein Ausb.-Batl. ist ohne Feldküchen angekommen.

2.) Die Versprengten, die durch die Korps und Div. mit Hilfe von Feld-Gendarmerie in den Versprengten-Sammelstellen aufgefangen werden, sind überwiegend echte Versprengte. Infolge der Durchbrüche der Amerikaner haben sie rechts und links keinen Anschluß mehr gefunden und mußten notgedrungen nach hinten gehen.

Ihre Wünsche sind: Zurück zur eigenen Einheit.
Vorher wieder einmal warm essen, einmal ausschlafen.

3.) Die Btls.-Kommandeure lehnen Soldaten ab, die ohne Erfüllung der oben genannten bescheidenen Betreuungswünsche nach vorn geschickt werden wegen ihres geringen Kampfwertes. Andererseits zwingt die Übermacht des Gegners, die ausgedehnte Front sowie die geringe Ersatz-Zufuhr dazu, die Versprengten sofort wieder nach vorn zu führen. In dieser Lage wünscht der Soldat, abgesehen von Zeitungen oder Nachrichtenblättern, nur mehr Kameraden und Waffen.«
Diese Meldung deckt sich mit den von mir persönlich als auch aus den Wochen- und Zustandsberichten gewonnenen Eindrücken.
Ich habe den Eindruck, daß die Truppe besten Willens, aber nahe dem Ende ihrer Kraft ist.

Tiefebene vorzustoßen. Dazu führte sein Ehrgeiz, höchster Befehlshaber aller Landstreitkräfte im Westen zu werden, zu immer neuen Konflikten mit den amerikanischen Generalen, die es unerträglich fanden, unter einem königlich-britischen Feldmarschall zu dienen. Bald nach dem Abschluß der Schlacht in den Ardennen fragte Eisenhower General Bradley, wie man nach dem Übergang über den Rhein und dem Vormarsch ins Reich einen plötzlichen, ungeregelten Zusammenprall mit nach Mitteldeutschland vorprellenden sowjetrussischen Streitkräften vermeiden könne. Bradley sah das ganze Problem gleichfalls rein militärisch, über die Russen hatte er sich auch nicht allzu viele Gedanken gemacht. Er meinte trocken, man dürfe nicht über eine bestimmte Linie hinausgehen. Nach einer Betrachtung der Karte entschieden Eisenhower und er sich für die Elbe als projektierte Demarkationslinie. Einstweilen erfolgte jedoch keinerlei Verständigung des russischen Hauptstabes hinsichtlich dieser Entscheidung, deren Tragweite damals keiner der beiden amerikanischen Generale ahnte.
In der zweiten Hälfte des Januar 1945 ging Montgomery zunächst daran, den deutschen Brückenkopf westlich der Roer bei Heinsberg zu beseitigen. Die erbitterten Kämpfe im Raum zwischen Roermond und Geilenkirchen, das Rin-

Anfang Februar 1945 traten 90 amerikanische Divisionen im Großraum Aachen bis Saarbrücken zum Sturm über den Westwall zum Rhein an. Zugleich startete südöstlich von Nimwegen eine britisch-kanadische Großoffensive mit Stoßrichtung Kleve-Xanten-Wesel.

Bild oben: in Flammen stehende Brücken markieren die Rückzugswege des deutschen Heeres im Westen.
Bild linke Seite: Die ersten deutschen Gefangenen der britisch-kanadischen Offensive werden abgeführt.

gen um das völlig zerstörte Städtchen Heinsberg und die Dörfer der Umgegend, Waldniel, Karken, Braunsrath und Obspringen bei Schnee und scharfem Frost boten das typische Bild der methodischen britischen Offensiven unter stärkstem artilleristischem Feuerschutz und schrittweisem Vorgehen von Ortschaft zu Ortschaft. Deutsche Infanterie nahm noch einmal in nächtlichem Gegenstoß Braunsrath zurück und wurde von der Feuerwalze der britischen Artillerie zerschlagen. Ein auf Heinsberg angesetzter Gegenstoß mit Infanterie und einigen »Tiger«-Panzern blieb im Artilleriefeuer liegen. Ende Januar wurde die Front auf das rechte Ufer der Roer zurückgenommen. Am 8. Februar setzte der zweite Offensivschlag Montgomerys ein, mit vier Panzer- und vier Infanteriedivisionen griff die 1. kanadische Armee unter einem Trommelfeuer von rund 1000 Geschützen den Reichswald an. Der Kommandeur der hier stehenden Fallschirmarmee, General Schlemm, einstmals in besseren Tagen Students Stabschef beim Angriff auf Kreta, führte einen zähen Abwehrkampf. Seine Fallschirmjäger schlugen sich mit gewohnter Bravour. Dazu erhielt er von der Heeresgruppe H Verstärkungen, so daß er schließlich über drei Fallschirmjäger-, drei Infanterie-, zwei Panzer-Divisionen und eine Panzergrenadierdivision verfügte. Zwar vermochte er den Verlust von Kleve, die Aufgabe des Reichswaldes und den Fall von Goch nicht zu verhindern, aber es gelang ihm, den Gegner in schwere Abnutzungskämpfe zu verwickeln und den Zusammenhang der Front zu wahren.

Am Tage des Beginns der Schlacht um den Reichswald hatte der Wehrmachtbericht bereits feindliche Angriffsvorbereitungen an der Roer gemeldet. Am 22. Februar 1945 begann die große Luftoffensive gegen das westdeutsche Bahnnetz. In der darauffolgenden Nacht traten nach einem gewaltigen Feuerschlag aus Tausenden von Rohren die Amerikaner an der Roer zum Angriff an. Zwischen Jülich und Düren stürmten die 1. und die 9. amerikanische Armee. Sie trafen auf vier schwache Infanteriedivisionen der 15. Armee. Die Hauptkampflinie wurde zermalmt und aufgerissen, die rückwärtigen Linien, die B- und C-Stellung, waren oftmals nur locker mit einem bunten Gemisch von Alarmeinheiten aus Trossen, Polizei und Volkssturm besetzt. Der Einsatz von Männern, die nur unzureichend mit Gewehren und Panzerfäusten ausgerüstet waren, mit denen die meisten nicht umgehen konnten, war angesichts der gewaltigen gegnerischen Materialüberlegenheit sinnlos. Sobald das Artilleriefeuer schwieg, flogen Verbände mittlerer und schwerer Bomber Angriffe gegen alle Bereitstellungen und Anmarschwege im Hinterland. Binnen Tagen war die deutsche Front durchbrochen, eine Panzerdivision, die als Eingreifreserve vorgesehen war, kam zu spät, eine neue Linie an der Erft hielt nur für Tage. General Schlemm, dessen Verbände selbst in hartem Ringen standen, mußte zwei Panzer- und eine Infanteriedivision abgeben. Es nutzte nichts. Amerikanische Panzerrudel, die zum Rhein vorprellten, kreisten im Verein mit den Kanadiern die 1. Fallschirmarmee auf der Höhe von Wesel in einem Brückenkopf von etwa dreißig Kilometer Breite links des Rheins ein. Hitler befahl Schlemm, mit allen Mitteln den Brückenkopf zu behaupten, um den Schiffahrtsweg Rhein offenzuhalten. Gleichzeitig erhielt Schlemm Befehl, zu verhindern, daß irgendeine Rheinbrücke unversehrt in feindliche Hand geriet. Im Brückenkopf staute sich unbrauchbar gewordenes Material, Geschütze, Kraft- und Troßfahrzeuge, Panzer, stauten sich Trosse zerschlagener Einheiten und rückwärtiger Dienste. Nur die nicht kampffähigen Nachschubverbände durften einstweilen über den Rhein zurückgenommen werden. Bis zum 10. März gelang es noch, den Brückenkopf zu halten.

Unterdes schob sich die 9. amerikanische Armee zwischen Duisburg und Düsseldorf auf den Rhein vor, die 1. amerikanische Armee ging über die Erft auf Köln. Jülich, Mönchen-Gladbach, Düren fielen in amerikanische Hand. Der Fall von Düren öffnete den Weg auf Köln. In zwölfter Stunde erhielt Feldmarschall Model die Möglichkeit, die Verteidigung des rechten, östlichen Rheinufers zu organisieren. Mit der Organisation der Abwehr zwischen Düsseldorf und Koblenz wurde der der Heeresgruppe B zugeteilte General der Infanterie Joachim v. Kortzfleisch betraut. Die Amerikaner drängten scharf nach und standen bald in Neuß. Nicht minder heftig war ihr Stoß auf Köln; die letzte vorgesehene Auffangstellung zwischen Grevenbroich, Bedburg, Bergheim und Gorrem wurde rasch überrannt. Am 5. März erreichten amerikanische Panzer den Rhein und drangen in die westlichen Trümmerfelder von Köln vor. Noch hielt sich deutsche Infanterie, müde, abgekämpft, am Sinn des Kampfes zweifelnd, in den Ruinen von Köln-Mülheim und Köln-Deutz. Den Brückenkopf Bonn verteidigte Generalleutnant Frhr. v. Bothmer, er war von dem in Bonn liegenden Infanterie-Ersatz- und Ausbildungsregiment 253 planmäßig erkundet und ausgebaut. Der vierte Brückenkopf, Remagen, mit der wichtigen Eisenbahnbrücke über den Rhein, die Ludendorffs Namen trug, war einem älteren Kampfkommandanten anvertraut, der keine Fronterfahrung aus diesem Kriege besaß.

Bild rechts: eine kanadische Vorausabteilung hat in einem Gehöft bei Kalkar drei deutsche Soldaten gefangengenommen, die sichtlich nicht besonders entsetzt, sondern eher erleichtert darüber sind, daß für sie der Krieg endlich zu Ende ist. Gegen solches Verhalten richtete sich Hitlers „Sippenhaft-Befehl" vom 8. März 1945: „Wer in Gefangenschaft gerät, ohne verwundet zu sein oder nachweisbar bis zum äußersten gekämpft zu haben, hat seine Ehre verwirkt ... seine Angehörigen haften für ihn."

Bild oben: ein britischer Panzer rollt durch Geilenkirchen. Bild linke Seite: deutsche Sturmgeschütze mit aufgesessener Infanterie auf dem Rückzug.

Als die deutsche Front weiter auf den Rhein zurückwich, wurden die Brückenköpfe Bonn und Remagen dem Oberbefehlshaber der linken Flügelarmee der Heeresgruppe, AOK 15, General der Infanterie v. Zangen, unterstellt. Einheiten der 9. amerikanischen Arme beseitigten den Brückenkopf Homberg vor Duisburg, die 2. Panzerdivision nahm Uerdingen, wo die Rheinbrücke schon unter den Augen der Amerikaner in die Luft flog. Nördlich Köln drängte die 3. amerikanische »Spearhead«-Panzerdivision zwischen Grimlingen und Worringen deutsche Truppen in einem Sack am Rhein zusammen. Der schwerste Druck schien der deutschen Führung auf dem Rheinufer zwischen Düsseldorf, Köln und Bonn zu liegen. Hier wurden die noch verfügbaren Panzerverbände zur Abwehr eines etwaigen Flußüberganges konzentriert. Am 8. März gab endlich der Wehrmachtbericht den Rückzug auf das Ostufer des Rheins zwischen Düsseldorf und Köln offiziell zu. Doch was

Als Vortruppen der 1. US-Armee am 7. März 1945 bei Remagen eintrafen, fanden sie die Ludendorff-Brücke kurz vor der beabsichtigten Sprengung unbeschädigt und nahezu unverteidigt vor (Bild oben).

Die Brücke wurde im Handstreich genommen, und bereits am 8. März war ein starker rechtsrheinischer Brückenkopf gebildet, über den der weitere Vorstoß ins Reichsgebiet anrollen konnte (Bild rechts).

das rechte Rheinufer noch erreichte, waren zumeist völlig zerschlagene Verbände, die Grenadierregimenter ganzer Divisionen bestanden nur mehr aus Trossen. Einzelne Volksgrenadierdivisionen versagten völlig. Die Verteidigung des rechten Rheinufers war nicht vorbereitet worden. Die Kriegsmüdigkeit der Truppe nahm zu. Drakonische Befehle gegen Deserteure, »Herumtreiber« und Leute, die Marschbefehle fälschten, wurden erlassen. Ein Geheimbefehl ordnete auch schärfstes Durchgreifen bei etwaigen Sabotagehandlungen der Bevölkerung gegen Einrichtungen der Wehrmacht an. Neben der Maschinerie der Geheimen Feldpolizei, der Feldgendarmerie und der Feldjäger aber arbeitete auch die Propaganda noch, sie sprach noch immer von Wunderwaffen.

Anfang März teilte Feldmarschall Keitel dem Stabschef des Oberbefehlshabers West mit, wegen der dauernden Fehlschläge im Westen habe sich dieser bei Hitler zu verantworten. Am 6. März 1945 meldete sich General Westphal bei Hitler in der Reichskanzlei. Der »Führer« war voll Zorn über die Truppen, die im Westen ihre Stellungen nicht zu halten vermochten, und sprach gehässig von dem »Etappenleben in den großen Städten«. General Westphal suchte ihm klarzumachen, daß angesichts des Elends in den gebombten Großstädten von einem »Etappenleben« keine Rede sein könne, und wies darauf hin, daß die rheinische Bevölkerung vielfach in der Truppe nicht mehr ihre Beschützer, sondern nur noch die Verlängerer ihre Leiden sehe. Tatsächlich war es bereits bei der Räumung des linksrheinischen Gebietes zu unliebsamen Vorfällen gekommen. Die Bauern weigerten sich, Truppen in ihren Dörfern zu beherbergen, weil sie feindliche Fliegerangriffe befürchteten. General Westphal nahm schließlich für den Augenblick die Überzeugung mit, daß es ihm gelungen sei, Hitler ein Bild von den tatsächlichen Verhältnissen zu vermitteln und ihn von der Unhaltbarkeit der These von der starren Verteidigung zu überzeugen. Generaloberst Alfred Jodl bezweifelte freilich, ob diese Einsicht von Dauer sein würde.

Am selben Tag, an dem General Westphal vor Hitler stand, hatte General George Smith Patton mit seiner 3. Armee aus den Stellungen an der Kyll zwei Panzerkeile mit rund 1000 »Sherman«-Panzern nördlich der Mosel in weit überholendem Vorstoß auf den Rhein zwischen Andernach und Koblenz vorgetrieben. Zwischen den Panzern der 3. und den links anschließenden Verbänden der 1. amerikanischen Armee wurden Teile der 5. deutschen Panzerarmee und der 7. Armee in zwei langgezogene schmale Säcke gedrängt. Rund 25 Divisionen wurden zerschlagen und gingen in Gefangenschaft. Die 5. Fallschirmjägerdivision, die Koblenz hatte decken sollen, wurde völlig zertrümmert.

Am 7. März 1945 erreichten Panzer der 9. amerikanischen Panzerdivision, die zur 1. Armee des Generals Courtney Hodges gehörte, nördlich der Mündung der Ahr in den Rhein die eingleisige Eisenbahnbrücke zwischen Remagen und Erpel. An diesem Tag erst hatte das LXVII. Armeekorps unter General Hitzfeld, das noch in der Eifelfront stand, vom AOK 15 erfahren, daß ihm der Brückenkopf Remagen ebenso wie der von Bonn unterstellt worden war. General Hitzfeld entsandte seinen Adjutanten und IIa-Offizier, Major Scheller, als neuen Kampfkommandanten nach Remagen, da ihm die Bedeutung der dortigen Eisenbahnbrücke klar war. Im Brückenkopf Remagen befanden sich Pioniere vom Landesschützen-Pionierregiment 12 und einige Flakgeschütze. Die Brücke war noch nicht gesprengt, da sich noch deutsche Einheiten auf dem linken Rheinufer befanden. In den noch winterkahlen Wäldern des Siebengebir-

ges auf dem rechten Rheinufer lagen auch zerschlissene und erschöpfte Infanterieformationen, die sich über den Fluß gerettet hatten. Bei der Kunde vom Nahen amerikanischer Panzer begann die Besatzung des Brückenkopfes zum Teil zurückzufluten. Major Scheller, der neue Kampfkommandant, versuchte vergeblich, die Weichenden aufzuhalten. Amerikanische Panzer folgten und begannen die Brücke zu beschießen. Es gelang nicht, diese noch zu sprengen, da die beiden Zündleitungen von amerikanischen Panzergranaten durchschlagen wurden. Ein Versuch Major Schellers, zusammen mit einigen Pionieren sich auf die unter Panzerbeschuß liegende Brücke vorzuarbeiten, um eine Schnellzündung anzubringen, scheiterte. Amerikanische Panzer rollten über die Brücke, einige Infanterie folgte, die Panzer nahmen das rechte Ufer unter Feuer. Major Scheller verließ den Kampfplatz, um die Heeresgruppe persönlich zu informieren. Die erste Rheinbrücke war unversehrt in amerikanischer Hand.

Es war ein regnerischer Tag, die Dunkelheit kam früh, als General Hodges von der 1. Armee General Bradley in seinem Hauptquartier anrief und ins Telefon schrie: »Brad, we've gotten a bridge!« Bradley begriff sofort die Bedeutung dieses Erfolges, durch den die noch im Aufbau befindliche deutsche Front östlich des Rheines aufgerissen war. General Eisenhower hatte den Raum südlich Bonn nicht für entscheidende Operationen vorgesehen. Der stellvertretende Leiter der Operationsabteilung im alliierten Hauptquartier, der an diesem Abend gerade in Namur weilte, meinte kühl, dies füge sich nicht in den »Plan«. Bradley erwi-

Bild oben: Über eine von amerikanischen Pionieren gebaute Pontonbrücke rollt der Angriff der 7. US-Armee bei Worms über den Rhein. Im Hintergrund die Reste der von den Deutschen gesprengten alten Wormser Rheinbrücke.

Bilder rechte Seite: Einheiten der 3. US-Armee bei der Überfahrt über den Rhein südlich von Mainz (oben); die mehrfach bombardierte und zuletzt gesprengte Eisenbahn- und Straßenbrücke bei Köln-Deutz Ende Mai 1945 (unten). Erstmals war diese Brücke in der Nacht vom 30. zum 31. Mai 1942 im Rahmen des „Tausend-Bomber-Schlages" (Operation „Millenium") der Royal Air Force auf Köln zerstört worden.

derte in seiner burschikosen Art, der Plan möge zur Hölle gehen, eine Brücke sei eine Brücke, und ließ sich selbst mit Eisenhower verbinden. Dieser erkannte sofort die entscheidende Bedeutung des Tages und disponierte blitzschnell um. Bradley erhielt Befehl, bei Remagen alle verfügbaren Kräfte über den Strom zu werfen und den Brückenkopf rechts des Rheins, der im Entstehen war, mit allen Mitteln auszubauen.
In Berlin reagierte Hitler auf seine Weise. Er befahl die kriegsgerichtliche Untersuchung des Falles. Ein Kriegsgericht verurteilte Major Scheller und mehrere andere, für verantwortlich erklärte Offiziere zum Tod, sie wurden erschossen. Als höchste, dem »Führer« unmittelbar unterstellte Instanz wurde unter Generalleutnant Hübner das »Fliegende Sonderstandgericht West« gebildet, um angeblich oder tatsächlich pflichtvergessene und feige Offiziere an Ort und Stelle abzuurteilen. Allein Sonderstandgerichte vermochten den Tag nicht mehr zu retten. Es kam nur darauf an, den Brückenkopf mit allen Mitteln wieder zu beseitigen. Feldmarschall Model unterstellte dafür General v. Kortzfleisch die aus Rußland so wohlbekannte 11. Panzerdivision unter General v. Wietersheim und die Panzerlehrdivision. Die Wietersheimsche Division hatte gerade bei Köln den Uferwechsel vorgenommen, beide Divisionen waren mit Teilen im Abschnitt Düsseldorf eingesetzt und mußten dort erst herausgelöst werden, auch fehlte es an Treibstoff und Munition sowie an Lastkraftwagenraum, um die Vorräte aufzufrischen. Kortzfleisch begab sich von seinem Gefechtsstand in Bensberg an die Übergangsstelle. Auf der Fahrt traf er in Siegburg auf 16 voll aufgetankte und voll munitionierte Panzer und ein Panzergrenadierbataillon, Teile der Panzerbrigade 106 »Feldherrnhalle«, die in den Brückenkopf Bonn geworfen werden sollte. Der Kommandeur dieses Verbandes hatte indes vom Rheinübergang der Amerikaner erfahren und den Marsch nach Bonn hinausgezögert, weil er auf neue Befehle hoffte, die ihn an die Übergangsstelle rufen könnten. Kortzfleisch versuchte von Model die Erlaubnis zu erhalten, diesen noch kampfkräftigen Verband sofort

nach Remagen zu werfen. Model war indes an die Weisung des Führerhauptquartiers gebunden, die Panzerbrigade mußte nach Bonn gehen, wo sie sinnlos geopfert wurde. Binnen Tagen war auch das Schicksal des Bonner Brückenkopfes entschieden; der Kampfkommandant, Generalleutnant Frhr. v. Bothmer, erschoß sich, um den Hitlerschen Exekutionspelotons zu entgehen. Um volle zweiunddreißig Stunden zu spät begann eine größere deutsche Gegenaktion, um wenigstens von den Höhen des Siebengebirges aus die Erweiterung des Brückenkopfes zu verhindern. Teile der 11. Panzerdivision, das Infanterieregiment »Hamburg«, die Heeres-Unteroffizierschule Heidelberg wurden nach Remagen-Erpel geworfen. Eine Anzahl »Tiger«-Panzer, die einen Gegenangriff fahren sollten, erreichten nur zu einem geringen Teil den Bereitstellungsraum. Das Bahnnetz war vielfach unterbrochen, über den Straßen hingen die alliierten Tiefflieger. Kampfschwimmer der Kriegsmarine versuchten, die Brücke zu zerstören. Endlich gelang dies deutschen Flugzeugen. Doch da war es längst zu spät. Der einzige Erfolg war, daß durch den Abzug von Verbänden nach Remagen-Erpel die deutsche Rheinverteidigung zwischen Mainz und Mannheim erheblich geschwächt wurde.

Die deutsche Führung nahm an, der Gegner würde jetzt versuchen, aus dem Remagener Brückenkopf zum Großangriff anzutreten. Eisenhower ließ indes zunächst General Patton mit seinen Panzern nach Süden eindrehen, um das Moseltal und das rheinisch-pfälzische Bergland zu säubern. Vier amerikanische Panzerdivisionen stießen durch den Hunsrück. Saarbrücken, Zweibrücken, Bad Kreuznach, Kaiserslautern, Mainz wurden erobert. Die 4. amerikanische Panzerdivision stieß auf Worms durch, die 12. auf Mannheim. Hinter den amerikanischen Panzerspitzen und Vorausabteilungen wälzten sich noch, immer wieder überrundet oder durchsetzt von amerikanischen Panzerfahrzeugen, verirrte Kolonnen und Trosse deutscher Truppen auf den Rhein zwischen Koblenz und Speyer zu. Auf einer Frontfahrt passierte General Patton eine lange, von den Amerikanern zusammengeschossene, pferdebespannte deutsche Artillerie- und Troßkolonne. In der Pfalz wurden Teile der 1. und 7. deutschen Armee im Rücken gefaßt. Rund dreizehn Divisionen wurden zerschlagen, 300 000 Mann deutscher Truppen gingen auf dem linken Rheinufer in Kriegsgefangenschaft.

Die Rheinlinie war verloren, bevor ihre Verteidigung noch in letzter Minute organisiert werden konnte. Die nach Hitlers Ansicht schuldigen Offiziere starben unter den Kugeln eines Exekutionskommandos. Feldmarschall v. Rundstedt wurde verabschiedet. Aus Italien wurde Feldmarschall Albert Kesselring herangeholt, der Mann, der im Winter 1943/44 ein Musterbeispiel hinhaltender Verteidigung geliefert hatte. Zunächst nahm Kesselring mit seinem Befehlszug in Bischofheim in der Rhön Aufstellung. Das Hauptquartier der Heeresgruppe G wurde vorübergehend Michelstadt im Odenwald. Feldmarschall Model harrte im Ruhrgebiet aus, die Heeresgruppe B bezog einen Gefechtsstand bei der Möhne-Talsperre. Ihre Armeen wurden auseinandergedrückt, die 7. Armee wurde nach Mitteldeutschland zurückgedrängt. Die 15. Armee und die 5. Panzerarmee, oder besser, das, was von diesen noch übrig war, lag im Ruhrgebiet fest.

Kesselring fand nur mehr Trümmer vor, erschöpfte, gelichtete, verzweifelte Reste von Frontdivisionen, die froh waren, wenn sie noch eine einsatzfähige Kampfgruppe formieren konnten, zahllose Stäbe und Trosse, die ohne Kampfeinheiten waren, die Ersatz- und Ausbildungseinheiten der Wehrkreise VI Münster, IX Kassel und XII Wiesbaden, Offiziers- und Unteroffiziersschulen, Landesschützenbataillone, Polizeikampfgruppen, oftmals bewaffnet mit italienischen Gewehren und fünf Schuß Munition pro Mann und Gewehr, verdrossene, verängstigte Volkssturmkompanien mit einer Unzahl von Panzerfäusten, mit denen kein Mensch umgehen konnte, merkwürdige Parteimilizen wie das »Freikorps Sauerland«. Kriegsgefangenenlager, die mit ihrer Wachmannschaft aus feindbedrohten Bereichen ausgewichen waren und nun unruhig hin und her zogen, Baustäbe der »Organisation-Todt« (OT) mit Stammpersonal und Fremdarbeiterkolonnen, die gleichfalls nicht mehr aus noch ein wußten, vermehrten im Ruhrgebiet das trübe Bild.

Kleine Landstädte genauso wie die erstorbenen Großstädte mit ihren ausgebrannten, skelettähnlichen Häuserreihen, den Bergen von Trümmern und Brandschutt, den verfallenden Kellern und Mauerwinkeln, in denen die ratlose Bevölkerung hauste, erhielten »Kampfkommandanten«, denen die unlösbare und sinnlos gewordene Aufgabe zufiel, die ihnen anvertrauten Städte bis zum letzten Mann zu verteidigen. Düster drohte ihnen im Weigerungsfall der gleiche Tod, den der Adjutant des LXVII. Korps gestorben war. Der Befehl erging, ohne Rücksicht auf die Bedürfnisse der Bevölkerung Brücken und Verkehrsanlagen zu sprengen, um den Vormarsch des Gegners zu verlangsamen. Der Volkssturm errichtete Panzersperren an Straßen, Ortseingängen, Brücken. Kreisleiter richteten sich in ihren Bereichen zur »Rundumverteidigung« ein und flohen dann, sobald der Gegner wirklich nahte oder die Sirenen Panzeralarm heulten. Ein letztes Mittel war, planmäßig einen Heckenschützenkrieg gegen die eindringenden Gegner zu entfesseln. Am 1. April wurde der »Werwolf« aufgerufen, die Bewegung der »Nationalsozialistischen Freiheitskämpfer«, eine Idee Bormanns und Himmlers. Der Rundfunk verkündete: »Wir brauchen keine Rücksicht zu nehmen auf veraltete Vorstellungen einer bürgerlichen Kampfführung ... Haß ist unser Gebet und Rache unser Feldgeschrei!« Freilich zeigte sich sogleich, daß die im Grunde so ordnungsliebende und ruhige deutsche Bevölkerung kein geeignetes Reservoir für Partisanen bildete. Alle Verhältnisse wurden jetzt auf den Kopf gestellt. Das Rückgrat der letzten Verteidigung, des »Kampfes auf den Barrikaden des Reiches«, sollten die Gauleiter mit ihren Stäben als Reichsverteidigungskommissare bilden, die gleichen Gauleiter, die zumeist ihre Gaue verließen, wenn der Feind einbrach. In Westfalen wurde ein so

**Um die hohen Menschenverluste an allen Fronten ein wenig auszugleichen, wurde ab 18. Oktober 1944 per Führererlaß aus „allen waffenfähigen Männern von 16 bis 60 Jahren" der „Volkssturm" rekrutiert. Aufbau und Leitung dieses letzten deutschen Aufgebots wurde den Gauleitern übertragen. Panzerfaust und Panzerschreck waren die Waffen, an denen die Volkssturmmänner vornehmlich ausgebildet wurden (Bild rechts), da ihre Hauptaufgabe die Panzerbekämpfung sein sollte.
Bild oben: durch Panzerfausteinsatz zerstörter amerikanischer Sherman-Panzer.**

hochverdienter Armeeführer wie Generaloberst Hollidt zum militärischen Berater der rheinisch-westfälischen Gaustäbe bestellt.

In den Abendstunden des 22. März 1945 gewannen Schwimmpanzer der 5. amerikanischen Infanteriedivision, die zu Pattons Armee gehörte, bei Oppenheim einen zweiten rechtsrheinischen Brückenkopf. Im Bunker der Reichskanzlei debattierte man, was man gegen den neuen Brückenkopf einsetzen könne. Im Sennelager standen noch fünf Jagdpanzer – es war die einzig greifbare Einsatzreserve für den Augenblick. Bei Boppard setzte das VIII. amerikanische Korps über den Rhein, bei St. Goar die 76. amerikanische Infanteriedivision. Es gab kein Halten mehr. General Patton hätte jetzt am liebsten drei Panzerdivisionen und starke, motorisierte Infanterie zu einem Panzerkorps zusammengefaßt, um möglichst rasch den hessisch-thüringischen Raum zwischen Kassel und Weimar zu gewinnen, in klarer Erkenntnis der operativen Bedeutung der Panzerwaffe. Aber Patton war an die weit methodischere und völlig apolitische Führung Eisenhowers gebunden.

Während die deutsche Führung annahm, die Amerikaner würden von Remagen aus ins Siegerland, eines der wichtigsten deutschen Erzreviere, vorstoßen, schickten sich diese an, vorerst den Raum von Frankfurt am Main einzunehmen, um von dort aus nach Norden auf Kassel und dann in östlicher Richtung nach Sachsen zu marschieren. Einen Tag nach der Bildung des Brückenkopfes Oppenheim, am 23. März 1945, eröffnete Feldmarschall Montgomery mit seiner Heeresgruppe den Großangriff am Niederrhein. Mit Fallschirmen und Lastenseglern wurden zwei Divisionen der 1. alliierten Luftlandearmee rechts des Rheins abgesetzt. Bei Wesel, bei Rees und am Lippe-Kanal wurden Brückenköpfe gebildet. Zwischen die 1. Fallschirmarmee, deren Oberbefehlshaber, General Schlemm, verwundet wurde, und die 15. Armee, wurde ein Keil getrieben. Die Fallschirmarmee, deren Flanke aufgerissen war, wurde General Blumentritt unterstellt. Fast ihrer gesamten Artillerie und ihrer Panzer beraubt, trat sie unter ver-

geblichen Versuchen, bei Münster in Westfalen und am Emskanal neue Auffanglinien zu bilden, den Rückzug in nordöstlicher Richtung auf den Unterlauf der Weser an.

Englische Truppen der 2. britischen Armee und Amerikaner von der 9. Armee schoben sich gegen den Nordrand des Ruhrgebietes. Gleichzeitig griff die 1. amerikanische Armee im Siegerland, am Südrand des Ruhrgebietes, an. Teile der Heeresgruppen H und B gerieten allmählich in einen riesigen Kessel. Am 25. März 1945 nahmen amerikanische Truppen das durch Luftangriffe furchtbar mitgenommene Darmstadt. Bei Hanau und Aschaffenburg gerieten die dortigen Mainbrücken unversehrt in amerikanische Hand. Am 29. März 1945 nahmen amerikanische

Während die Soldaten an der Ostfront bis zum letzten kämpften und die Zivilbevölkerung alles stehen und liegen ließ, um sich vor der vorrückenden Roten Armee in Sicherheit zu bringen, schwand der Widerstandsgeist der Verteidiger des Reichsgebiets im Westen von Tag zu Tag. Immer mehr und immer größere deutsche Einheiten ergaben sich den vorrückenden alliierten Truppen, ganze Städte und Gemeinden hißten die weiße Fahne.

Bild rechts: Dieser kinderliebe schwarze GI sät mit seinen kleinen Geschenken das erste Pflänzchen der deutsch-amerikanischen Nachkriegs-Freundschaft. Bild oben: Eine vor den Kampfhandlungen geflüchtete Mutter kehrt mit ihrem Kind in die zerstörte, aber befriedete Stadt zurück.

Einheiten Frankfurt am Main. Eine Kampfgruppe der 6. amerikanischen Panzerdivision stieß beim Vorstoß auf die Mainbrücken hier noch am Flughafen auf heftigen Widerstand von 8,8-cm- und 10,5-cm-Flakbatterien. In der Stadt tauchten aber auch Widerstandsgruppen unter der Zivilbevölkerung auf, die versuchten, die eigenen Soldaten zu entwaffnen. Das Ende kam in völligem Zerfall jeglicher Ordnung. Der Reichsstatthalter und Gauleiter von Hessen, Sprenger, beging Selbstmord.

General Patton schwenkte nach Norden auf Kassel ein, die 80. amerikanische Infanteriedivision nahm Kassel, die 6. Panzerdivision prellte auf Mühlhausen in Thüringen vor, die 4. auf Gotha und Ohrdruf. Die ersten Konzentrationslager wurden genommen, und die grauenvollen Zustände, die die fassungslosen Befreier dort antrafen, ließen aller Herzen zu Eis erstarren und steigerten den Zorn auf die Deutschen. Mit der Bewegung nach Kurhessen und Thüringen legten amerikanische Kräfte zugleich in weitem Bogen einen Ring um die im Sieger- und Sauerland und im Rothaargebirge stehenden deutschen Verbände. Als Diversion, um eine Bewegung in östlicher Richtung vorzutäuschen, stieß gleichzeitig eine gepanzerte Aufklärungsgruppe der 4. amerikanischen Panzerdivision in den Spessart, scheiterte indes bei Hammelburg, wo sie von einer schweren Panzerjägerabteilung der Reserve des Oberbefehlshabers West aufgerieben wurde. General der Infanterie Weißenberger, der Stellvertretende Kommandierende General im Wehrkreis XIII Nürnberg, bemühte sich, angesichts des Vordringens der Amerikaner an der Mainlinie eine neue Abwehrfront zwischen Unterfranken und Nord-Württemberg aufzubauen und den Raum Würzburg zu verteidigen.

Inzwischen war die 7. amerikanische Armee bei Worms über den Rhein gegangen. Sie nahm am 9. März 1945 Mannheim, gewann Verbindung mit der 3. Armee unter Patton und stieß über Heidelberg ins Neckartal und den Odenwald vor. An einzelnen Stellen wurde noch zäher Widerstand geleistet. In Eberbach im Neckartal schossen Volksgrenadiere eine erhebliche Anzahl amerikanischer Panzer ab. Bei Crailsheim wurde noch Anfang April eine weit vorgeprellte amerikanische Panzerdivision durch Einheiten des AOK 1 im Rücken gefaßt, abgeschnitten und durch einen Flankenstoß zum Rückzug genötigt. Aber zäh erneuerte der Gegner seine Angriffe immer wieder. Zudem wurden die schweren Bomberverbände rücksichtslos als fliegende Artillerie eingesetzt, wo sich Widerstandszentren bildeten. Und die Panzerwaffe des Gegners zeigte oft eine erstaunliche Geländekenntnis und Beweglichkeit, mit Vorliebe wählte sie im Gebirge, im Odenwald, im Sauerland, Wege, auf denen niemand ihr Auftauchen vermutet hätte, um die zahlreichen Panzersperren an den Hauptverkehrsstraßen und Ortseingängen zu umgehen.

In der Nacht vom 30. zum 31. März überschritt auch General Jean de Lattre de Tassigny mit der 1. französischen Armee den Rhein zwischen Speyer und Maximiliansau, eroberte Karlsruhe und stieß mit seinen französischen Panzerverbänden und algerischen, marokkanischen, tunesischen und senegalesischen Infanteriedivisionen nach Nordbaden und Württemberg vor. Bei Durlach, bei Bretten, beim badischen Weingarten, bei Heilbronn, bei Pforzheim suchten ihm Infanterie- und Volksgrenadierdivisionen, Luftwaffenbrigaden, Panzerjagdverbände mit schweren Panzerfäusten auf Fahrrädern, Volkssturmkampfgruppen vergeblich den Weg zu verlegen. Bei der Verteidigung der Enzlinie fiel General Seidel, der Kommandeur der 45. Infanteriedivision. Die Reste des LXIV. Armeekorps suchten Stuttgart zu decken. In seinen Memoiren rühmt General de Lattre de Tassigny immer wieder die Widerstandskraft dieser bunt zusammengewürfelten, zerschlissenen Verbände – allein die Kampfkraft seiner eigenen Truppe war gleichfalls nicht groß. Sie war leicht geneigt, den deutschen Widerstand zu überschätzen. Die größte Gefahr des Vorgehens der Franzosen nördlich des Schwarzwaldes auf Stuttgart lag darin, daß dadurch die noch im Hochschwarzwald und im Breisgau befindlichen deutschen Kräfte, das XVIII. SS-Korps und die »Brigade Oberrhein«, abgeschnitten wurden.

Entscheidende Bedeutung erlangte jetzt die Zangenbewegung der 21. britischen und der 12. amerikanischen Heeresgruppe gegen das Ruhrgebiet. Von Norden schoben sich die 2. britische und die 9. amerikanische Armee aus dem Raum von Münster gegen die Linie Essen-Bochum-Dortmund-Hamm-Lippstadt vor. Von Süden schob sich die 1. amerikanische Armee aus dem Raum zwischen Bonn und Remagen ins Siegtal, griff in Richtung auf Siegen an, wo sich in den Ostertagen heftige Kämpfe entwickelten, und stieß mit Teilen gleichzeitig weit um das Rothaargebir-

ge nordöstlich Siegen und das Hochsauerland herumschwenkend in die westfälische Ebene zwischen Lippstadt und Paderborn vor. Am 1. April vereinigten sich Panzerspitzen der 9. und 1. Armee südlich von Lippstadt. Damit war der Ring um das Gros der Heeresgruppe B unter Feldmarschall Model geschlossen. Einundzwanzig Divisionen saßen in einem riesigen Kessel zwischen dem Rhein und der Porta Westfalica. Feldmarschall Model hatte vergeblich die Erlaubnis zur Zurücknahme seiner Heeresgruppe vom Rhein erbeten. Hitler erblickte im Ruhrgebiet einen neuen Verteidigungskern, einen neuen »Igel«, obwohl die Waffenschmiede des Reiches durch ihre Abschließung nunmehr wertlos geworden war und die Versorgung der Zivilbevölkerung auf die Dauer unlösbare Probleme schaffen mußte. Im Harz wurde daher ein neues Armeeoberkommando 11 unter General der Artillerie Lucht gebildet, das Model entsetzen sollte. Dieser gab auch noch die Hoffnung nicht auf, aus eigener Kraft den Ring sprengen zu können. Zunächst versuchte er bei Siegen in den Ostertagen des Jahres 1945 einen Gegenstoß, dann bei Hamm und bei Winterberg. Es war umsonst, die Kraft der Truppe war erschöpft.

Sehr rasch wurde der Kessel enger zusammengedrängt. Von Norden bahnten sich Engländer und Amerikaner den Weg in die Welt der Zechen, Fördertürme und Hochöfen um Essen, Bochum und Dortmund. Wanne-Eickel und Gelsenkirchen gingen verloren. Von Süden stießen amerikanische Infanterie- und Panzerverbände das Lenne- und Volmetal abwärts zur Ruhr vor, um den Kessel auf diese Weise in zwei Teile aufzusplittern. Am 12. April meldete der Wehrmachtbericht, daß Bochum verloren sei und daß in Essen Straßenkämpfe tobten. Am 13. April geriet Hagen im Mittelpunkt des Kessels in amerikanische Hand, die letzten deutschen Panzer, die hier gestanden hatten, fuhren ab. Der Widerstand brach zusammen. Vielfach zogen sich die Truppen in die Wälder zurück, die Auflösung machte rasche Fortschritte. Viele Einheiten begannen sich aus eigener Machtvollkommenheit aufzulösen und stellten ihren Angehörigen Entlassungsscheine aus, um sie vor der Kriegsgefangenschaft zu bewahren. Feldmarschall Model gab Befehl, die älteren Jahrgänge nach Hause zu

Beim ungestümen Vormarsch der Alliierten nach Westen ins Innere Deutschlands blieben die Niederlande im wahrsten Sinn des Wortes „links liegen". Die Befreiung Hollands im ersten Ansturm war ja im September 1944 mit der mißglückten Luftlandeoperation bei Arnheim (Bild oben: amerikanische Fallschirmlandetruppen im Raum Nimwegen) gescheitert.

Noch bis zur deutschen Kapitulation im Mai 1945 blieb die „Festung Holland" in deutscher Hand. Nur in Brabant war in diesen Monaten ein Teil des Staatsgebiets unter alliierter Kontrolle. Hier schlug auch Prinz Bernhard, der Oberbefehlshaber der niederländischen Streitkräfte, sein Hauptquartier auf (Bild rechte Seite).

schicken. Fahrzeuge, Pferde, Geschütze wurden im Stich gelassen, die letzten Panzer, die oft ohne Treibstoff waren, gesprengt. Andere Truppenteile zogen im Kessel planlos hin und her. Die Führung verlor jeglichen Überblick. Auch die Standgerichte, die Feldjägerkommandos, die Feldmarschall Model zur Aufrechterhaltung der Disziplin und zur Verhinderung von Desertionen eingesetzt hatte, nutzten nichts mehr. Immer mehr Einheiten streckten die Waffen, zu Tausenden wurden Einzelgänger und Trupps Versprengter in den Wäldern aufgegriffen oder stellten sich selbst den Amerikanern. Die ausländischen Zwangsarbeiter begannen vielerorts zu plündern und sich zu bewaffnen. Jede Ordnung brach zusammen. General Bayerlein mit dem LIII. Panzerkorps entschloß sich, im Einvernehmen mit dem Kommandeur der 116. Panzerdivision, Generalmajor Waldenburg, auf eigene Faust die Waffen zu strecken. Am 17. April 1945 erlosch der letzte Widerstand. 325 000 Mann, darunter dreißig im Generalsrang, waren in alliierter Hand. Die 15. Armee und die 5. Panzerarmee, mit sieben Armeekorps, einundzwanzig Divisionen und zahlreichen Heeresartillerie-, Heeresnachrichten-, Heerespioniereinheiten, Ersatz- und Ausbildungstruppen, Nachschubeinheiten und Verwaltungsstellen, hatten aufgehört zu bestehen. Am 21. April 1945 erschoß sich Generalfeldmarschall Walter Model in einem Wald bei Duisburg.

Gleichzeitig marschierte die 2. englische Armee auf die Weser, die 1. kanadische Armee schloß die Heeresgruppe H in Holland ein, und Eisenhower faßte die 1., 3. und 9. amerikanische Armee unter General Bradley zum Vorstoß auf die mittlere Elbe zusammen und stieß nach Hannover, nach Thüringen und dem Harz vor. General Patton schwenkte mit seinen Panzerdivisionen aus Kurhessen und Thüringen nach Osten und Südosten in Richtung der böhmischen Grenze auf Altenburg, Chemnitz und Plauen, und dann weiter nach Südosten über Coburg und Kulmbach auf den fränkischen Raum Bamberg-Erlangen-Bayreuth und Amberg in der Oberpfalz. In General Eisenhowers Augen war jetzt das wichtigste Ziel nicht die Einnahme der Reichshauptstadt, sondern die Zerschneidung der deutschen Kräfte, die Trennung von Nord- und Süddeutschland. Fünf Tage, bevor der Ring um den Ruhrkessel geschlossen wurde, hatte er durch die amerikanische Militärmission in Moskau den Stellvertretenden Chef des sowjetrussischen Hauptstabes, General Antonow, von seiner Absicht verständigt, bis zur mittleren Elbe vorzustoßen. Churchill war auf das Äußerste bestürzt, als er davon erfuhr, er erblickte darin eine unzulässige Einmischung des alliierten Oberbefehlshabers in die Politik. Seiner Ansicht nach hätte dieser jetzt mit allen Mitteln – vor allem aber ohne die Russen vorher ins Bild zu setzen – Montgomerys Nordflügel verstärken müssen, um so rasch wie möglich die norddeutsche Tiefebene und damit Berlin zu gewinnen, bevor die Rote Armee dort erschien. Die Möglichkeit, daß die Russen den Kieler Kanal und die Nordseeküste erreichten, wurde denkbar und erweckte sofort lebhaftes Unbehagen in England. Allein nun war es zu spät. General Eisenhower hatte die Entscheidung vorweggenommen und damit auch den letzten, schon wahnhaften Hoffnungen Hitlers den Boden entzogen. Er fragte General Bradley, wie hoch sich seiner Ansicht nach die Verluste bei einem Durchbruch von der Elbe auf Berlin belaufen würden. Bradley schätzte sie auf 100 000 Mann an Toten und Verwundeten, ein Zeichen, welche Achtung ihm noch immer der unerschütterliche Widerstand der deutschen Armeen einflößte. General Bradley fügte hinzu: »Ein netter Preis für ein Prestigeziel, besonders wenn wir dann genötigt sind, zurückzugehen und es dem anderen Kerl zu überlassen!« Soweit der Befehlshaber der 12. amerikanischen Heerestruppe in seiner derben und formlosen Art. Er ahnte nicht, daß seine Worte das Todesurteil für die letzten Hoffnungen Hitlers wie des OKW bargen.

Das Ende

In Italien war nach der Schlacht um Rom im Juni 1944 die Front unter heftigen Kämpfen bis hinter den Arno und den Metauro zurückgenommen worden. Ende August 1944 begann an der adriatischen Küste im Raum von Pesaro-Urbino eine Offensive der 8. englischen Armee gegen die Verbände der Heeresgruppe C. Bis in den September hinein tobten hier, vor allem im Abschnitt Gemmano, erbitterte Kämpfe. Mitte September 1944 griff auch die 5. amerikanische Armee nördlich Florenz in Richtung auf Lucca und Pistoia an. Die Engländer versuchten auf Rimini durchzubrechen. In der zweiten Hälfte September tobte die Abwehrschlacht auf der ganzen Linie zwischen der Toskana und der adriatischen Küste. Die Engländer erzielten tiefe Einbrüche, doch nirgends gelang den Alliierten ein entscheidender Durchbruch in die Tiefe. Vergebens bemühten sich die Amerikaner, Bologna zu nehmen. Im Oktober 1944 hielt die deutsche Front in der sogenannten Gotenlinie, einem tief gestaffelten Verteidigungssystem zwischen dem Raum südlich Genua und dem Raum von Rimini. Der Einbruch der Alliierten in die Po-Ebene wurde verhindert. Ende November scheiterte ein neuer Versuch der 8. englischen Armee, durch einen nächtlichen, bei Scheinwerferbeleuchtung durchgeführten Großangriff im Raum von Forlì den Durchbruch durch die Romagna zu erzwingen. Zwar ging Ravenna Anfang Dezember verloren, um Faenza entspannen sich in Stoß und Gegenstoß englischer und deutscher Panzerverbände schwere Kämpfe, aber die Front hielt stand. Schließlich erlahmten die gegnerischen Angriffe, für Monate trat eine Kampfpause ein. Die Italienfront wurde für das alliierte Hauptquartier zu einem Nebenkriegsschauplatz. In General Eisenhowers Augen fiel die Entscheidung zwischen Roer und Rhein. Die deutsche Ardennenoffensive nahm die Aufmerksamkeit in Anspruch. Für die englische Strategie der Flankenmanöver, für eine großangelegte, kühne, kombinierte Offensive aus den westfranzösischen Alpen und den nördlichen Apenninen durch die Po-Ebene nach Istrien, weiter über Krain und Kärnten ins Donaubecken hinein hatte man im amerikanischen Generalstab ohnehin nie etwas übrig gehabt.

Die Leistungen der Heeresgruppe C waren um so höher zu bewerten, als sie mit ständig sich verringernden Mitteln vollbracht wurden. Rund ein Dutzend guter Frontdivisionen mußte an die Eifel-, die Weichsel- und die Slawonienfront abgegeben werden. Die 10. Armee, welche die Hauptlast der Kämpfe im Raum zwischen Bologna und der Adria zu tragen hatte, umfaßte Ende Oktober 1944 neun Infanterie-, zwei oder drei Panzergrenadier-Divisionen, eine Panzer- und eine Fallschirmdivision. Im ganzen belief sich damals die Stärke der Heeresgruppe auf zwanzig bis fünfundzwanzig deutsche und die vier italienischen, republikanisch-faschistischen Divisionen, deren Kampfwert allerdings nahe Null war. Die Stärke der Fronttruppen betrug etwa 300 000 Mann, die Gesamtziffer der deutschen Soldaten, SS-, Polizei- und

Gesichter, die vom Krieg erzählen. Bild rechts: Diese nach ihrer Auszeichnung für Tapferkeit vor dem Feind freudestrahlenden Hitlerjungen haben vielleicht schon einiges gesehen. Aber mit Sicherheit haben sie noch nicht durchgemacht, was einer durchgemacht haben muß, der mit 16 Jahren das Bild vollkommener seelischer Zerstörung bietet (Bild linke Seite).

Unter den zahllosen erschütternden Bilddokumenten des Krieges ist dieses eines der ergreifendsten. Hat dieser Sechzehnjährige jemals das erlebte Grauen, das ihm ins Gesicht geschrieben ist, verwinden können?

Seit der Landung der Alliierten in Italien 1943/44 wurde die deutsche Front Zug um Zug nach Norden bis zum Alpenrand zurückgenommen. Währenddessen tobte in den Städten der Bürgerkrieg. Bilder linke Seite: Partisanen im Straßenkampf (oben); Erschießungskommando der faschistischen „Schwarzen Brigade" (unten). Am 28. April 1945 wurde Benito Mussolini mit seiner Geliebten aus einem Wehrmachtskonvoi, dem er sich angeschlossen hatte, gezerrt und am Tag darauf erschossen. Die Leichen wurden später in Mailand aufgehängt (Bild oben).

sonstigen Verbände rund 800 000 Mann. Da Feldmarschall Kesselring im Oktober einen schweren Autounfall erlitt, übernahm Generaloberst Frhr. v. Vietinghoff gen. Scheel vertretungsweise die Führung der Heeresgruppe, während General Lemelsen als dessen Stellvertreter die 10. Armee führte.

Das Hitlersche System der starren Verteidigung führte auch hier allmählich zu völliger Auszehrung. Generaloberst v. Vietinghoff-Scheel trat im Herbst 1944 dafür ein, unter Ausnutzung der langen Herbstnächte und der Nebel- und Regentage des nahenden Winters die Front beizeiten hinter den Po zurückzunehmen, da die alliierte Luftwaffe in dieser Jahreszeit durch die Witterungsverhältnisse behindert war. Hitler verbot jegliche Rückzüge, und als Vietinghoff-Scheel mehrfach seine Vorschläge erneuerte, drohte man ihm mit dem Kriegsgericht.

Am 18. Dezember 1944 erklärte Benito Mussolini, der schon fast vergessene Staatschef seiner unwirklichen »Italienischen Sozialen Republik«, der »Republik von Salò« in einer Rede in Mailand, nötigenfalls müsse man die Po-Ebene in ein »italienisches Stalingrad« verwandeln. Dazu kam es nicht. Der »Höchste SS- und Polizeiführer Italien«, SS-Obergruppenführer Karl Wolff, schaltete sich ein. Über mehrere Mittelsmänner, unter anderen den italienischen Großindustriellen und päpstlichen Kammerherrn Baron Parilli und den Leiter des amerikanischen Strategischen Geheimdienstes (OSS) in der Schweiz, Allen Dulles, gelang es ihm, mit den Briten Kontakt aufzunehmen. Diese zeigten sich verhandlungsbereit; in ihren Augen galt es als vordringlich, einen kommunistischen Umsturz in Italien zu verhindern, der bei einem Zusammenbruch der deutschen Militärmacht und weiterem Vordringen der Tito-Partisanen drohte.

So wurde Ende April ein Sonderwaffenstillstand vereinbart. Die Heeresgruppe C streckte die Waffen. Am 1. Mai 1945 herrschte hier Ruhe. Zuvor hatten italienische Partisanen Mussolini beim Versuch, in die Schweiz zu entkommen, gestellt. Auf Befehl eines kommunistischen Guerillakommandanten wurde er mit seiner Geliebten, Clara

Petacci, am 28. April 1945 erschossen. Die rechtzeitig geschlossene Kapitulation rettete Oberitalien vor der Zerstörung, sie ermöglichte den alliierten Truppen den raschen Vorstoß auf Triest, wo sie einen Sperriegel gegen die Tito-Truppen errichteten, ersparte der Heeresgruppe C sinnlose Blutopfer, welche das Schicksal des Reiches ohnehin nicht mehr hätten wenden können, und ermöglichte wenigstens Teilen der Heeresgruppe E in Nordkroatien den Übertritt nach Istrien, Slowenien und Kärnten in englische Gefangenschaft.

In dem Zerfallsprozeß des von Hitler geschaffenen Machtgebildes blieb der italienische Kriegsschauplatz das einzige Beispiel, wo sich die Führer der Wehrmacht, der SS und der Diplomatie zu einmütigem, harmonischem Handeln zusammenfanden. Sonst vollzog sich der Untergang unter Kämpfen aller gegen alle, vor allem unter erbitterten Machtkämpfen innerhalb der höchsten Partei- und Staatsführung. Je mehr die angloamerikanischen und sowjetrussischen Armeen ins Innere des Reiches vorstießen, desto mehr vollzog sich die Aufsplitterung des Gebietes, das einst die »Festung Europa«, dann die »Festung Deutschland« gewesen war, in »Teilräume«. Nach der Liquidierung der Heeresgruppe B im Ruhrkessel wurden die noch in Holland befindlichen Teile der Heeresgruppe H, die nach Nordwestdeutschland abgedrängten Verbände und die Einheiten des Wehrmachtbefehlshabers Dänemark unter Generalfeldmarschall Ernst Busch als »Oberbefehlshaber Nordwest« zusammengefaßt. Busch blieb indes kaum Zeit, einen Überblick zu gewinnen oder seine Kräfte neu zu gruppieren. Die deutschen Truppen in Holland wurden hinter der Grebbe-Linie um Amsterdam blockiert, kanadische Truppen stießen nach Nordholland. Andere Teilkräfte des Oberbefehlshabers Nordwest wurden nach Ostfriesland und in den Raum zwischen Weser und Ems gedrängt. Norwegen, wo die 20. Armee unter General der Gebirgstruppen Böhme als Wehrmachtbefehlshaber stand, wurde nahezu abgeschnitten.

Im Westen verfügte Feldmarschall Kes-

selring von den ursprünglich sieben Armeen des Westheeres nur mehr über drei, die 1., 7. und 19. Armee. Die 7., einst Teil der Heeresgruppe B, wich nach Thüringen und ins westliche Sachsen, die beiden anderen fielen nach Württemberg, Bayern und Oberösterreich zurück. Die Heeresgruppe G, zu der sie zählten, verlor bis zur Kapitulation fast ihr gesamtes schweres Material, im Mai 1945 verfügte sie noch über einhundertzwanzig Geschütze und vierzig Panzer. Hitler aber wollte nicht einmal die südlich der Donau garnisonierenden Teile des Ersatzheeres Kesselring unterstellen, weil Himmler als Befehlshaber des Ersatzheeres ihrer für Neuaufstellungen bedürfe. Neue Armeen wurden aus dem Boden gestampft, so das AOK 24 unter General Schmidt im Bodenseeraum, das dann bald vor der 1. französischen Armee kapitulierte. Bei anderen AOKs fanden dauernde Umbesetzungen statt, als seien die Armeeoberbefehlshaber an der verzweifelten Situation schuld und als könnten neue Besen noch besser kehren.

In Österreich verteidigte die aus der Slowakei und Ungarn weichende Heeresgruppe Süd, die Anfang April der bisherige Oberbefehlshaber der Heeresgruppe Kurland, Generaloberst Lothar Rendulic, übernahm, das Donaubecken und die Alpen gegen den russischen Ansturm. Nordostkroatien, Nordbosnien, Slowenien und die Krain sicherte der Oberbefehlshaber Südost (Heeresgruppe E), Generaloberst Löhr, noch mit Erfolg gegen Titos Armee und die Bulgaren. Fernab in Frankreich hielten sich noch die Befestigungen an der Girondemündung, die ehemaligen U-Boot-Basen Lorient und Saint-Nazaire, deren U-Boot-Bunker längst verwaist waren, und Dünkirchen. Auf den Kanalinseln Jersey und Guernsey standen noch deutsche Truppen. Auf Kreta wurde die »Kernfestung« behauptet. Der Befehlshaber Ostägäis hielt Rhodos und Milos. An der Ostfront stand die Heeresgruppe Kurland noch immer unbesiegt unter General der Infanterie Hilpert in ihrem alten Raum. Die Oderlinie deckte die Heeresgruppe Weichsel unter Generaloberst Heinrici, den schlesisch-böhmisch-mährischen Raum die Heeresgruppe Mitte unter Generalfeldmarschall Schörner. Vor der Front focht in der Weichselniederung, auf Hela und der Nehrung das AOK Ostpreußen unter General der Panzertruppen v. Saucken den letzten Kampf, kämpften, litten und starben Zehntausende im belagerten Breslau unter General Niehoff und Gauleiter Hanke auf verlorenem Posten.

In Hitlers krankhaft verworrenem, mehr und mehr sich umnachtendem Geist malte sich das Bild eines ungeheuren, heroischen Unterganges, eines Welten-

Nach dem Übergang der Amerikaner und Briten über den Rhein und den russischen Vorstößen über die Oder wurde das Reichsgebiet von den alliierten Armeen immer fester eingeschnürt. Alles, was Hitler noch blieb, war das quälende und sinnlose Hinauszögern seines Endes und des Endes seines Regimes.

Bild rechts: im eingekesselten Breslau vereidigt Gauleiter Hanke neue Volkssturmeinheiten. Bilder linke Seite: Ende März 1945 nehmen die Amerikaner Frankfurt am Main (oben) und Ludwigshafen (unten).

... sind zu zerstören

»Nerobefehl« Hitlers, 19.3.1945

Der Kampf um die Existenz unseres Volkes zwingt auch innerhalb des Reichsgebietes zur Ausnutzung aller Mittel, die die Kampfkraft unseres Feindes schwächen und sein weiteres Vordringen behindern. Alle Möglichkeiten, der Schlagkraft des Feindes unmittelbar oder mittelbar den nachhaltigsten Schaden zuzufügen, müssen ausgenutzt werden. Es ist ein Irrtum, zu glauben, nicht zerstörte oder nur kurzfristig gelähmte Verkehrs-, Nachrichten-, Industrie- und Versorgungsanlagen bei der Rückgewinnung verlorener Gebiete für eigene Zwecke wieder in Betrieb nehmen zu können. Der Feind wird bei seinem Rückzug uns nur eine verbrannte Erde zurücklassen und jede Rücksichtnahme auf die Bevölkerung fallen lassen.

Ich befehle daher:
1. Alle militärischen, Verkehrs-, Nachrichten-, Industrie- und Versorgungsanlagen sowie Sachwerte innerhalb des Reichsgebietes, die sich der Feind für die Fortsetzung seines Kampfes irgendwie sofort oder in absehbarer Zeit nutzbar machen kann, sind zu zerstören.

2. Verantwortlich für die Durchführung dieser Zerstörung sind die militärischen Kommandobehörden für alle militärischen Objekte einschl. der Verkehrs- und Nachrichtenanlagen; die Gauleiter und Reichsverteidigungskommissare für alle Industrie- und Versorgungsanlagen sowie sonstigen Sachwerte. Den Gauleitern und Reichsverteidigungskommissaren sind bei der Durchführung ihrer Aufgaben durch die Truppe die notwendigen Hilfen zu leisten.

Im Februar 1943 hatte Goebbels in seiner Berliner Sportpalastrede seine Zuhörer gefragt, ob sie den „totalen Krieg" wollten, und die Verblendeten hatten mit „Ja" geantwortet. So sah zwei Jahre später der „totale Krieg" für die deutschen Zivilisten aus (Bild oben).

Mit „Volksgasmaske" und verhängtem Kinderwagen spazierte diese Frau durch den Aschenregen (rechte Seite oben). Bild rechte Seite unten: Rüstungsminister Albert Speer sabotierte Hitlers „Nerobefehl" vom 19. März 1945, der zum Inhalt hatte, den vorrückenden Feinden ohne jede Rücksicht auf die Zivilbevölkerung nichts als „verbrannte Erde" zu überlassen.

ten, sollte nun zur Wüste werden, Industriewerke, Versorgungsbetriebe, Brücken, Bahnanlagen, Telegraphenämter, Talsperren, Rundfunksender, Bergwerke sollten zerstört werden. Die Gegner im Inneren, die ihm noch in den Arm gefallen waren, aber sollten vorher in die Hölle fahren. Die Hinrichtungen gingen ununterbrochen weiter. Die führenden Männer des 20. Juli wurden fast alle umgebracht, soweit sie nicht bereits im Vorjahr in den großen Prozessen gegen die Verschwörergruppe der Bendlerstraße, den Widerständlernkreis Carl Friedrich Goerdelers und den Kreis des Militärbefehlshabers Frankreich abgeurteilt worden waren. 1945 gingen Graf Helmuth James v. Moltke, Dr. Karl Friedrich Goerdeler und der ehemalige württembergische Staatspräsident Bolz den Weg zum Galgen. Generaloberst Fromm, der Organisator des Ersatzheeres, wurde erschossen. Schließlich, als die Zeit drängte und der Untergang näher rückte, schritt man zu wahlloser Liquidierung ohne Gerichtsverfahren. Unter den letzten, die starben, waren die Männer der Abwehr, die so schwer durchschaubare Wege gegangen waren, voran Admiral Wilhelm Canaris. Der Chef des Oberkommandos der Wehrmacht und der Chef der Parteikanzlei, Feldmarschall Keitel und Reichsleiter Martin Bormann, erließen gemeinsam einen geharnischten Befehl, wonach jede Stadt bis zum letzten Mann zu verteidigen sei. Standgerichte gegen Kampfkommandanten, die dieser Pflicht nicht nachkamen, Exekutionskommandos, die Leute liquidierten, die vorzeitig beim Nahen feindlicher Truppen weiße Fahnen hißten, hielten ihre Ernte. Soldaten die sich von der Truppe entfernten, wurden auf offener Straße erhängt. Der Tod ging in vielerlei Gestalt um. Hinter den feindlichen Linien sollte der »Werwolf« herrschen, sollte der Heckenschützenkrieg dem Feind keine ruhige Stunde gönnen. Doch über zusammenhanglose Einzelaktionen, die Anlage von Drahtsperren auf den Nachschubstraßen, um Kraftfahrzeuge verunglücken zu lassen, einzelne Überfälle auf Treibstofflager und einige wenige Mordanschläge kam der Partisanenkrieg in Deutschland nicht hinaus.

brandes, wie ihn die altgermanische Sage kannte, wie ihn Richard Wagner in der »Götterdämmerung« aufklingen ließ. Wenn der »Führer« nicht leben konnte, sollte das Volk mit ihm sterben, weil es sich als zu schwach und feig erwiesen hatte, den gewaltigen Weltenkampf zu bestehen. Es sollte sterben, wie die Nibelungen untergegangen waren, in brennender Königshalle, mit dem Schwert in der Faust. Am 19. März 1945 erging der Befehl, sämtliche militärisch nutzbaren Verkehrs-, Versorgungs-, Produktions- und Nachrichtenanlagen zu zerstören, bevor sie in Feindeshand fielen. Für die Ausführung des Befehls wurden die militärischen Kommandobehörden wie die Gauleiter und Reichsverteidigungskommissare verantwortlich gemacht. Jegliches Gebiet, das die deutschen Truppen räum-

In der letzten Phase des Kampfes war es, als ob Hitler auch die letzten moralischen Hemmungen verließen. Er erwog die Verwendung von Giftgas, er äußerte nach den schrecklichen Luftangriffen auf Dresden die Idee, aus der Genfer Konvention auszutreten und kriegsgefangene alliierte Flieger erschießen zu lassen. Seit 1944 bestand bereits ein Geheimbefehl, wonach es den im Kriegsgefangenendienst eingesetzten deutschen Wehrmachtangehörigen untersagt war, einzugreifen, wenn sich der »berechtigte Volkszorn« gegen abgeschossene, verwundete oder mit dem Fallschirm abgesprungene feindliche Flieger entlud. Bei den meisten Landesschützeneinheiten bestand Einmütigkeit darüber, daß derartige Befehle jeder soldatischen Tradition zuwiderliefen und daher nicht beachtet werden sollten. Gleichwohl ereigneten sich eine ganze Reihe von Morden an alliierten Fliegern, die später zu Prozessen gegen die beteiligten Soldaten, Polizeibeamten und Parteifunktionäre führten und unter anderen den Gauleiter und Reichsstatthalter von Mecklenburg, Friedrich Hildebrand, an den Galgen brachten. Doch Hitler ordnete noch anderes an, als ob drakonische Maßnahmen in letzter Stunde das Geschick

Am 20. April 1945, an Hitlers Geburtstag, fiel nach tagelangen schweren Häuserkämpfen zwischen Einheiten der 3. US-Armee unter General Patton und einer deutschen Kampfgruppe unter Gauleiter Holz Nürnberg, „die Stadt der Reichsparteitage", in alliierte Hand.

Bild oben: amerikanischer Panzer im Ruinengewirr Nürnbergs. Bild rechte Seite: Die ersten amerikanischen Einheiten treffen am 30. April 1945, am Tag von Hitlers Selbstmord, in München ein.

zu wenden vermocht hätten. Die Organisation der NS-Führungsoffiziere wurde der Parteikanzlei unterstellt, der Sieg der Doktrin auf den Trümmern der Armee. Für wichtige Sondergebiete der Rüstung wurden SS-Führer mit unumschränkten Vollmachten als Kommissare bestellt, so für die V-Waffen-Produktion der SS-Obergruppenführer Ingenieur Kammler.

All dies weckte nur den Widerstand verantwortungsbewußter Männer gegen das Regiment des Terrors und des Wahnsinns. Reichsminister Speer, einer der klarblickendsten Köpfe unter den Mitgliedern des Reichskabinetts, hielt das Ende für gekommen, seit von Mitte März 1945 an die Kohleförderung und Kohleversorgung allmählich zum Stillstand gelangt war. Damit vollzog sich die endgültige Lähmung der Reichsbahn, der Seeschiffahrt und der Industrie- und Energiewirtschaft. Gemeinsam mit Vertretern des Rüstungsministeriums wandte sich Speer gegen die Strategie der »Verbrannten Erde«. Speer erwog schließlich in seiner Verzweiflung, Hitler, den Mann, den er einst als den Genius des Reiches verehrt und in dem er nun den frevlerischen, egozentrischen Verderber des deutschen Volkes kennengelernt hatte, durch ein Giftgasattentat in seinen Bunkern unter der Reichskanzlei zu beseitigen. Solche Pläne waren symptomatisch für den inneren Zerfall der Parteiführung.

Der Reichsaußenminister, Joachim v. Ribbentrop, unternahm einige dilettantische Versuche, über Mittelsleute in Stockholm, Lissabon und Bern mit Diplomaten der angelsächsischen Welt ins Gespräch zu kommen. Der Reichsmarschall, Hermann Göring, faßte die Überzeugung, die Stunde sei gekommen, da man mit dem Westen unterhandeln müsse, wobei er höchst naive Ansichten über die Wirksamkeit eines persönlichen Eingreifens, etwa eines Gesprächs »von Mann zu Mann« mit General Eisenhower, hegte. Heinrich Himmler setzte auf die Vermittlung von Folke Bernadotte, Graf von Wisborg, Vizepräsident des Schwedischen Roten Kreuzes, mit dem er bereits über die Befreiung von rund 20 000 meist dänischen und norwegischen KZ-Häftlingen verhandelt hatte. Niemand von ihnen hatte eine klare Vorstellung von der gewaltigen Dimension von Haß, der sich nicht nur gegen das nationalsozialistische Regime, sondern auch gegen das deutsche Volk in der westlichen Welt angesammelt hatte, welche verheerenden Folgen es gerade für die Stimmung der amerikanischen Öffentlichkeit hatte, als amerikanische Truppen in Thüringen und am Südharz die ersten Konzentrationslager entdeckten, in denen zuletzt noch Hunger, Seuchen und der Terror der Bewachungsmannschaften Tausenden von Häftlingen das Leben gekostet hatten.

In Berlin dagegen schöpften der »Führer« und sein Propagandaminister, Joseph Goebbels, noch einmal Hoffnung: Am 12. April 1945 meldete der Rundfunk den plötzlichen Tod des amerikanischen Präsidenten, Franklin Delano Roosevelt. Goebbels verkündete sogleich, dies sei die Stunde der Ret-

tung. Schließlich war Friedrich der Große 1762 durch den unerwarteten Tod der Zarin Elisabeth von Rußland aus einer tödlichen Umklammerung befreit worden, da Elisabeths Nachfolger Zar Peter III. auf die Seite Preußens umgeschwenkt war. Doch Roosevelts Nachfolger, der bisherige Vizepräsident Harry Spencer Truman, dachte nicht an Kursänderung. Die Hoffnung auf eine Entzweiung der Alliierten entschwand. Für die Oderfront, jene Front, die die Reichshauptstadt deckte, erging das letzte Aufgebot. Himmler verpflichtete sich, Generaloberst Heinrici noch einmal 25 000 SS-Leute zu geben. Dönitz stellte 12 000 Marinesoldaten, Göring 100 000 Mann Luftwaffenpersonal. In Hitlers Berechnungen waren dies zwölf frische kriegsstarke Divisionen. Tatsächlich kamen schließlich 30 000 Mann zusammen, für welche es selbst an Handfeuerwaffen fehlte. Nur Panzerfäuste, deren Massenfertigung noch voll angelaufen war, waren in ausreichender Menge vorhanden. Berlin setzte sich unter der fanatischen Leitung seines Stadtpräsidenten, Gauleiters und Reichsverteidigungskommissars, des Reichspropagandaministers Dr. Goebbels, in Verteidigungszustand. Goebbels wich wenigstens nicht wie so viele seiner Kollegen unter den Verteidigungskommissaren, die flohen oder sich gleich ertappten Verbrechern verbargen. Dem Stadtkommandanten, Generalleutnant Reymann, standen an Truppen nur zwei schwache Wachbataillone, die ortsfeste Flak und etwa dreißig Volkssturmbataillone zur Verfügung. Die größte Sorge bereitete für den Augenblick indes weniger die Ostfront als das Loch im Westen, das der Zusammenbruch der Heeresgruppe B hinterlassen hatte. Das von General Lucht gebildete AOK 11 im Harzgebiet, nominell fünf Divisionen umfassend, das in Richtung Thüringen angreifen sollte, war schon in der Aufstellung überrannt worden. Es wurde herausgezogen, dem SS-Gruppenführer Felix Steiner unterstellt und sollte nun an der Ostfront eingesetzt werden. Darauf erhielt der kaum genesene General der Panzertruppen Walter Wenck, ehemals Stellvertretender Generalstabschef unter Guderian, Befehl, auf dem rechten Elbufer zwi-

schen dem Fleming, Dessau und Wittenberg das AOK 12 neu aufzustellen, um mit dieser Armee das Vordringen der Amerikaner aufzuhalten. Aus Resten erprobter Frontdivisionen, jungen Reichsarbeitsdienst-Formationen, Wehrmannschaften der Hitlerjugend, Offiziers- und Unteroffiziersschülern sollten eine Panzer-, eine Panzergrenadier- und fünf Infanteriedivisionen formiert werden.

Noch während der letzten Kämpfe im Ruhrkessel drängten Teile der 9. amerikanischen Armee auf die Elbe vor, eroberten Hannover und rückten, den Harz am Nordrand umgehend, auf Braunschweig und Magdeburg vor. Die 1. amerikanische Armee näherte sich von Thüringen aus dem Südharz und besetzte die Produktionsstätten der V-Waffen bei Nordhausen. Andere Verbände der Armee marschierten in Sachsen ein und nahmen Leipzig. Pattons berühmte 3. Armee brach nach Franken, der Oberpfalz und Nordbayern ein. Die Amerikaner waren jetzt angetrieben von der Besorgnis, die deutschen Armeen könnten in die Alpen ausweichen und sich dort verschanzen. Über das große »Réduit« – einen sicheren Rückzugsbereich – in den Alpen

waren die tollsten Gerüchte in Umlauf. Am 23. April erreichte mechanisierte amerikanische Kavallerie die Donau bei Regensburg. Hier zogen Osttruppen und Ungarn mehr oder weniger planlos umher. Ungarische Truppen, die Regensburg decken sollten, kapitulierten. Ein großer, auf dem Regensburger Bahnhof stehender, für die Heeresgruppe Süd bestimmter Geschütztransport wurde nicht mehr eingesetzt, weil dafür kein Befehl vorlag. Die Lähmung wurde allgemein. Unter dem General Walton Walker setzte das XX. amerikanische Korps über die Donau. Pattons Stoß ging nun in zwei Richtungen, auf Passau und Linz nach Oberösterreich wie nach Böhmen hinein, wo amerikanische Truppen den Raum Falkenau-Marienbad-Pilsen-Strakonitz gewannen. Die 7. amerikanische Armee brach in Oberbayern ein, die 1. französische Armee stieß über Stuttgart nach Schwaben hinein, die im Schwarzwald stehenden deutschen Kräfte wurden eingekesselt. In Nordwestdeutschland marschierte die 2. britische Armee, bei der sich ein amerikanisches Korps befand, auf den Unterlauf der Weser und Elbe. Bremen fiel in englische Hand. Sowohl im Emsland wie an der Wesermündung behaupteten sich indes noch deutsche Verbände.

Für Eisenhower gab es jetzt folgende Hauptziele: die Ausschaltung der deutschen Kräfte in Dänemark und Norwegen, die Abschnürung der deutschen Kräfte in Holland und die Verhinderung der Entstehung eines deutschen »Réduits« in den Alpen. Die Aussicht auf einen längeren blutigen Feldzug im Hochgebirge war für die Amerikaner höchst unerfreulich. Zudem rechnete man in der Umgebung Eisenhowers mit einem heftigen, langdauernden Heckenschützenkrieg in Deutschland und hegte noch immer großen Respekt vor dem deutschen Generalstab, dessen Arbeit da, wo ihm Handlungsfreiheit blieb und die notwendigen Mittel zur Verfügung gestellt wurden, auch tatsächlich noch immer die altgewohnte Präzision besaß. Durch einen möglichst raschen Vorstoß zur Elbe hoffte General Eisenhower im Raum von Leipzig-Dresden eine Vereinigung mit den russischen Streitkräften herbeizuführen. Auf diese Weise wurde

Um die Erfindung neuer Durchhalteparolen war Hitlers Propagandaminister Joseph Goebbels (Bild rechts) bis zuletzt nicht verlegen. Bild oben: Dieses von fanatischen Endsieg-Gläubigen noch im Todeskampf des Dritten Reiches aufgehängte Plakat birgt eine unfreiwillige Komik: Wieviel Arbeit würde wohl nötig sein, um all die Trümmer des vom „Führer" entfesselten Krieges zu beseitigen und die pulverisierten deutschen Städte wiederaufzubauen? Diese Arbeit würde gewiß nicht „Deutschlands erster Arbeiter Adolf Hitler" mehr erledigen.

Führers letztes Aufgebot

Spottgedicht auf den Volkssturm

Leg weg das Strickzeug, liebe Olga,
und hör auch du her, Klaus, mein Sohn;
wir kämpfen nicht mehr an der Wolga,
wir fechten an der Neiße schon.

Vom Nil zum Rhein, vom Don zur Planke
mit Sack und Pack und Flak und Pferd,
welch niederschmetternder Gedanke:
der Krieg ist heim ins Reich gekehrt.

Wie anders kam es, als ich dachte,
Schatz, reich mir deine weiße Hand,
wir fahren in den Abgrund sachte
und nicht mehr gegen Engeland.

Nach Rache und Vergeltung lechz' ich,
drum auf zum Volkssturm, lieber Klaus!
Du bist erst zwölf, ich sechsundsechzig,
doch sehn wir fast wie Männer aus.

Und du, mein Weib – als Ehrengabe
sei dir der Spaten anvertraut.
O Olga, schippe, schanze, grabe,
ganz Deutschland ist auf Sand gebaut.

Gebiete, Teure, deinen Tränen,
wenn du auf deinen Garten schaust.
Ich knirsch' mit meinen letzten Zähnen
und ball' vor Wut die Panzerfaust.

Laßt uns die Gartentür verriegeln,
dann werfe ich mich in den Schmutz.
Ich bin bereit, mich einzuigeln,
Gemeinnutz geht vor Eigennutz.

So wollen wir den Feind erwarten,
des Führers letztes Aufgebot,
durch Panzerschreck im Schrebergarten
zum Reichsfamilienheldentod.

Wir hissen die zerfetzten Segel
und wandern froh an Hitlers Stab
mit Mann und Maus und Kind und Kegel
ins Massengrab, ins Massengrab.

Am 20. März 1945 wagte sich Hitler zu seinem letzten öffentlichen Auftritt aus dem Bunker seiner Berliner Reichskanzlei hervor, um „kampfbewährte Hitlerjungen" mit dem Eisernen Kreuz auszuzeichnen. Auch die Verheizung der Hitlerjugend - sprich: von Kindern - im völlig sinnlosen Endkampf um Berlin, der Tausende das Leben kostete, nur um den Selbstmord des „Führers" noch ein paar Tage hinauszuzögern, zählt zu den Kriegsverbrechen Adolf Hitlers.

Bild rechte Seite: Am 25. April 1945 gegen 16 Uhr trafen in Torgau an der Elbe erstmals sowjetische Truppen mit amerikanischen Einheiten zusammen.

der deutsche Raum in zwei Teile zerlegt, so daß etwa 40 bis 45 Divisionen im Norden und etwa 100 bis 125 Divisionen im Süden einschließlich Böhmen, Mähren, Österreich und Kroatien blieben. Berlin besaß als strategisches Objekt für Eisenhower wie für Bradley nur mehr geringen oder gar keinen Wert. Die englische Führung dagegen verfolgte ein ausgesprochen politisches Ziel: Sie wollte mit allen Mitteln verhindern, daß beim endgültigen Zusammenbruch des deutschen Widerstandes der Großteil der Ostseeküste, der Kieler Kanal und die Nordseeküste in sowjetrussische Hand fielen.

Am 17. April 1945 erreichte die 9. amerikanische Armee in breiter Front das linke Elbufer. Aus dem Raum von Soltau versuchte die neugebildete Panzerdivision »Clausewitz« unter Generalleutnant Martin Unrein, die über etwa achtzig Panzer und Sturmgeschütze verfügte, in zwei gepanzerten Kampfgruppen in den Rücken der amerikanischen Verbände vorzustoßen. Nach anfänglichen Erfolgen, der Vernichtung einer erheblichen Anzahl von Nachschubfahrzeugen, wurde sie im Raum von Braunschweig zerschlagen. Es war eine der letzten Angriffshandlungen der deutschen Panzerwaffe. Am 21. April war die Säuberung des Harzes abgeschlossen, wo sich im Oberharz am Brocken und am Torfhaus noch SS- und Hitlerjugendeinheiten erbittert zur Wehr gesetzt hatten. Magdeburg und Dessau gerieten in amerikanische Hand. Am 25. April vereinigten sich Spitzen der 69. US-Infanteriedivision und der 58. sowjet-russischen Gardedivision bei Torgau an der Elbe.

Die deutsche Bevölkerung nahm den Einmarsch der alliierten Truppen zumeist in äußerster Erschöpfung und Apathie hin. Weiße Fahnen wehten in den großen Städten über Bergen von Trümmern und Brandschutt, aus Kellern und Bunkern kamen die Menschen hervor. Fast überall war der Pulsschlag des Lebens, die Versorgung mit den elementarsten Gütern, Lebensmitteln, Strom, Gas und Wasser ins Stocken geraten. Das Schienennetz war in Unordnung, der Postverkehr fast zum Erliegen gekommen. Überall begannen die ausländischen Zwangsarbeiter zu plündern, bewaffnete Banden rotteten sich zusammen, gegen die bald auch die alliierte Militärpolizei einschreiten mußte. Fast überall flohen die Gauleiter und hohen Parteifunktionäre, oder sie begingen Selbstmord wie die Gauleiter von Hessen, Württemberg und Oberbayern. Ein einziger, der Gauleiter von Halle-Merseburg, fiel an der Spitze seines Volkssturmes im Kampf, ein zweiter, Gauleiter Hanke von Niederschlesien, harrte in Breslau aus, verschwand dann allerdings unmittelbar vor der Kapitulation und wurde später von tschechischen Partisanen gefangengenommen. Andere suchten sich in Zivilkleidern zu verbergen und wurden oft erst nach Jahren entdeckt, so der gefürchtetste und verhaßteste von allen, der ostpreußische Gauleiter Erich Koch, einstmals Reichskommissar der Ukraine.

An einzelnen Stellen regte sich in der Bevölkerung sporadischer, uneinheitli-

cher Widerstand. In Düsseldorf versuchten einige Bürger, den Polizeipräsidenten, einen SS-Brigadeführer, zur Übergabe der Stadt zu zwingen, fünf von ihnen büßten die Auflehnung mit dem Leben, sie wurden durch Schutzpolizei erschossen. In Leipzig und Halle traten Aktionsgruppen aus Universitäts-professoren, Leitern größerer Industriewerke und Arbeitern auf, welche die Verteidigung ihrer Heimatstädte, die sinnlos geworden war, verhindern wollten. In Leipzig ergingen Aufrufe zur Verweigerung des Volkssturmdienstes und zur Öffnung der Panzersperren. In Eisleben hinderte eine antifaschistische Aktionsgruppe den Kommandeur des Volkssturms an der Verteidigung der Stadt. Ähnliches geschah in Augsburg. In fast allen größeren Städten, in Bremen, Halle, Leipzig, Hannover, Frankfurt am Main, Mainz, Wiesbaden, Darmstadt tauchten unmittelbar nach dem Einmarsch der alliierten Truppen sogenannte Antifa-(Antifaschistische) Komitees mit politischen Ambitionen auf, obwohl eine Direktive des Alliierten Hauptquartiers den Deutschen zunächst jede politische Betätigung untersagte. Die stärkste und am besten organisierte derartige antifaschistische Aktionsgruppe existierte wohl in Hamburg. Sie wurde von Sozialdemokraten unter einem ehemaligen »Reichsbanner«-Führer und Schutzpolizei-Hauptmann geleitet, besaß Zellen in den Betrieben, Verwaltungsstellen, Werften und Kasernen, hortete Waffen, verbarg Deserteure und bereitete die Bildung von zwei bewaffneten Hundertschaften für einen Aufstand vor, falls der Reichsstatthalter und der Stellvertretende Kommandierende General beim Nahen englischer Truppen die Stadt verteidigen wollten. In Norddeutschland wurden gerade die Engländer oft mit den überschwenglichsten Hoffnungen begrüßt – Hoffnungen, auf die sich rasch ein kalter Reif legte.

Unterdes hatten sich Anfang April die II. und die III. »Ukrainische Front« unter den Marschällen Rodion Jakowlewitsch Malinowski und Fjodor Tolbuchin vor Wien vereinigt. Die Kräfte der Heeresgruppe Süd hatten sich in den beiden vergeblichen Ungarnoffensiven erschöpft. Der Kommandant der »Festung Wien«, General v. Brünau, verfügte nur über höchst unzulängliche und uneinheitlich zusammengesetzte Verteidigungskräfte, Teile der SS-Panzerdivision »Totenkopf«, Volkssturm-, Reichsarbeitsdienst- und Hitlerjugend-Formationen. In der Stadt existierte seit langem eine österreichische Widerstandsgruppe »05« aus Verfechtern der Unabhängigkeit Österreichs. Einer ihrer Vertrauensleute, Major Sokol, saß seit langem als II. Generalstabsoffizier (Ib) im Wiener Generalkommando. Sokol wurde I. Generalstabsoffizer des Festungskommandanten. Gemeinsam mit einigen anderen Offizieren, vor allem dem Oberleutnant Huth, suchte er planmäßig den Rückzug der ungarischen Truppen aus Ungarn in Verwirrung zu bringen, versicherte sich der Unterstützung von Teilen der Garnison, des Ersatzbataillons des Infanterieregiments »Hoch- und Deutschmeister«, der Heeresstreife Wien und mehrerer Artillerieersatzabteilungen und suchte Verbindung mit Tito wie mit Marschall Tolbuchin aufzunehmen. Während bereits die Schlacht um Wien begonnen hatte, plante Major Sokol gemeinsam mit der Gruppe »05« einen Aufstand in der Stadt. Kurz bevor dieser losbrechen sollte, wurde die Verschwörung entdeckt, SS-Einheiten besetzten das Stellvertretende Generalkommando, Sokol und einige seiner Mitverschworenen wurden auf der Florisdorfer Brücke erhängt, die anderen standrechtlich erschossen. Unter diesen düsteren Aspekten vollzog sich die Schlacht um Wien, die am 13. April 1945 mit der Besetzung der Stadt durch die Russen ihr Ende erreichte. Panzer der III. »Ukrainischen Front« rollten auf Linz. Der Gauleiter von Nieder-Donau, Dr. Jury, erschoß sich. In Mähren griff die IV. »Ukrainische Front« unter Generaloberst Jeremenko die Stellungen Feldmarschall Schörners an.

Dagegen begann bei der Heeresgruppe E Südost noch um die Wende März/April 1945 ein Entlastungsangriff mit deutschen, deutsch-kroatischen und kroatischen Truppen, unterstützt von Tschetnik-Einheiten, denen der kroatische Staatschef mit ihrem großen Troß an Frauen und Kindern ein Reservat an der mittleren Save eingeräumt hatte, auf das Industriezentrum Tuzla im nördlichen Bosnien. General Felmy, der mit dem Generalkommando XXXIV den Angriff führte, mußte ihn nach Anfangserfolgen abbrechen, da Kräfte zur Verteidigung der Steiermark gegen die Russen abgegeben werden mußten. Eine Großoffensive Titos Mitte April, bei der dieser zum erstenmal eine Panzerbrigade einsetzte, wurde abgewiesen. Gleichwohl wurde die Räumung Nordkroatiens jetzt unvermeidlich.

Diese Ereignisse an der Elbe, in Wien, vor Tuzla bildeten den Auftakt für den Abschluß des Dramas, die Schlacht an der Oder, jenem Fluß, von dem Hitler gesagt hatte, hier entscheide sich das Schicksal Deutschlands. Vorsorglich hatte Reichsminister Speer bereits mit dem Stabschef der Heeresgruppe Weichsel, Generalleutnant Reymann, Maßnahmen erörtert, wie man Berlin bei einem etwaigen Zusammenbruch der Oderfront vor der Zerstörung bewahren könne, indem man die Truppen beiderseits der Stadt zurücknahm. In Berlin aber saß Adolf Hitler, nicht mehr »Führer« und Reichskanzler des Deutschen Reiches und Volkes, sondern der Dämon des Unterganges. Berlin war seine letzte »Festung«, Berlin mußte das »deutsche Stalingrad« werden, hier mußte sich die rote Flut brechen. Und brach sie sich nicht, weil auch hier die

Bilder oben: Szenen von der „Schlacht um Berlin". Nicht mehr fahrfähige Panzer werden eingegraben und zu Geschützen umfunktioniert (oben), Kinder und alte Männer mit Panzerfäusten auf ganze Armeen losgelassen (unten). Den Oberbefehl über die Sowjet-Armeen, die in einer am 16. April begonnenen Großoffensive dreier Heeresgruppen zum Sturm auf die Reichshauptstadt angesetzt waren, hatte Marschall Schukow (Bild linke Seite), der „Retter Moskaus" 1941 und im Frühjahr 1945 der Eroberer Berlins.

Menschen zu schwach und zu feige waren, so würde die Stadt als Totenfackel jenes Mannes brennen, der ernsthaft glaubte, das deutsche Volk habe sich für seine »historische Größe« als zu klein erwiesen.

In den Morgenstunden des 16. April 1945 bebte der Boden an der Oderfront, 22 000 sowjetrussische Geschütze brüllten auf, das Trommelfeuer schlug mit einem nie erlebten Hagel von Eisen und Stahl in die dünnen deutschen Stellungen. Die Marschälle Schukow und Rokossowski traten mit der I. und II. »Weißrussischen Front« zum Angriff an. Gleichzeitig donnerten nochmals Tausende von Geschützen an der schlesisch-lausitzischen Front zwischen Guben und Forst. Marschall Konjew griff mit der I. »Ukrainischen Front« an. Zwei sowjetrussische Panzerarmeen setzten sich in Bewegung. Hitler antwortete mit einem bombastischen Tagesbefehl an das Ostheer. Noch hielt die Oderfront zwischen Stettin und Schwedt und bei Frankfurt an der Oder. Die Front der 4. Panzerarmee an der Görlitzer Neiße wurde jedoch durchbrochen. Zwei Tage nach dem Beginn der Offensive zerbrach auch der nördliche Flügel der 9. Armee des Generals Busse. Die Gefahr zog herauf, daß die Verbindung zwischen der 3. Panzerarmee und der 9. Armee zerriß, daß General Busse bei Berlin umgangen wurde. In der Lausitz drehten die russischen Panzerrudel nach Norden ein, ihr Stoß richtete sich nicht auf Sachsen, wie Hitler prophezeit hatte, sondern in weit schlichterer Logik auf die Reichshauptstadt. Berlin wurde von zwei Seiten konzentrisch angegriffen.

Zum 56. Geburtstag Hitlers, am 20. April 1945, schoß schwere sowjetische Artillerie »Salut«. Ihr Feuer lag bereits auf der Innenstadt, wo Hitler in einer riesigen Bunkeranlage unter dem Garten der von Bomben zerstörten Neuen Reichskanzlei das letzte »Führerhauptquartier« aufgeschlagen hatte. Er würde – das war sein fester Entschluß – in Berlin bleiben und, wenn die Schlacht um die Reichshauptstadt verlorenging (praktisch war sie bereits verloren), Selbstmord begehen, da er, wie er zugab, seines Nervenleidens wegen nicht mehr kämpfen konnte. Höchst-

wahrscheinlich handelte es sich bei diesem Leiden um die Paralysis agitans, die zuerst von dem englischen Arzt Parkinson beschriebene Schüttellähmung. Nach Hitlers Geburtstag war Berlin von den Sowjets eingeschlossen. Hitler ordnete die Aufteilung des Reichsgebietes in zwei Befehlsbereiche an: Süd unter Generalfeldmarschall Kesselring und Nord unter Großadmiral Dönitz. Reichsmarschall Göring begab sich vorsorglich, nachdem er seinen prunkvollen Landsitz »Karinhall« in der Schorfheide vor dem Nahen sowjetischer Panzer hatte zerstören lassen, auf den idyllischen »Berghof« Hitlers nach Süddeutschland.

Die Führungsspitze des Dritten Reiches brach auseinander. Der Reichsmarschall ließ verkünden, daß er – da Hitler in der Ausübung seines freien Willens gehindert sei – als zweiter Mann des Staates Kontakt mit den Alliierten aufnehmen werde. Er überschätzte sein

Ich sterbe mit freudigem Herzen

Hitlers politisches Testament, 29.4.1945

Nach einem sechsjährigen Kampf, der einst in die Geschichte trotz aller Rückschläge als ruhmvollste und tapferste Bekundung des Lebenswillens eines Volkes eingehen wird, kann ich mich nicht von der Stadt trennen, die die Hauptstadt des Reiches ist. Da die Kräfte zu gering sind, um dem feindlichen Ansturm gerade an dieser Stelle noch standzuhalten, der eigene Widerstand aber durch ebenso verblendete wie charakterlose Subjekte allmählich entwertet wird, möchte ich mein Schicksal mit jenem teilen, das Millionen andere auch auf sich genommen haben, indem ich in dieser Stadt bleibe. Außerdem will ich nicht Feinden in die Hände fallen, die zur Belustigung ihrer verhetzten Massen ein neues, von Juden inszeniertes Schauspiel benötigen. Ich hatte mich daher entschlossen, in Berlin zu bleiben und dort aus freien Stücken in dem Augenblick den Tod zu wählen, in dem ich glaube, daß der Sitz des Führers und Kanzlers selbst nicht mehr gehalten werden kann. Ich sterbe mit freudigem Herzen angesichts der mir bewußten unermeßlichen Taten und Leistungen unserer Soldaten an der Front, unserer Frauen zu Hause, den Leistungen unserer Bauern und Arbeiter und dem in der Geschichte einmaligen Einsatz unserer Jugend, die meinen Namen trägt.

Daß ich ihnen allen meinen aus tiefstem Herzen kommenden Dank ausspreche, ist ebenso selbstverständlich, wie mein Wunsch, daß sie deshalb den Kampf unter keinen Umständen aufgeben mögen, sondern, ganz gleich wo immer, ihn gegen die Feinde des Vaterlandes weiterführen, getreu den Bekenntnissen eines großen Clausewitz. Aus dem Opfer unserer Soldaten und aus meiner eigenen Verbundenheit mit ihnen bis in den Tod wird in der deutschen Geschichte so oder so einmal wieder der Same aufgehen zur strahlenden Wiedergeburt der nationalsozialistischen Bewegung.

Von allen Deutschen, allen Nationalsozialisten, Männern und Frauen und allen Soldaten der Wehrmacht verlange ich, daß sie der neuen Regierung und ihrem Präsidenten treu und gehorsam sein werden bis in den Tod. Vor allem verpflichte ich die Führung der Nation und die Gefolgschaft zur peinlichen Einhaltung der Rassegesetze und zum unbarmherzigen Widerstand gegen den Weltvergifter aller Völker, das internationale Judentum.

Am 30. April beging Adolf Hitler (oben eine seiner letzten Aufnahmen im Garten der Reichskanzlei) Selbstmord. Am gleichen Tag setzten Soldaten der 3. sowjetischen Stoßarmee zum Sturm auf den Reichstag an, auf dem die Feldwebel Jegorow und Kantarija um 12.45 Uhr die rote Fahne hißten. Andere Stoßtrupps arbeiteten sich meterweise ins Regierungsviertel vor.

Am 2. Mai 1945 kapitulierte der letzte Kampfkommandant von Berlin, General Weidling, und ließ den Aufgabebefehl per Lautsprecherwagen verbreiten. Um 15 Uhr endeten die Kampfhandlungen in Berlin. Bild rechte Seite: russischer Panzer vor dem Brandenburger Tor.

Prestige. Hitler ließ ihn verhaften und aller Ämter und Pfründen entkleiden. Als er von Heinrich Himmlers Kontakten zum schwedischen Rotkreuz-Delegierten Graf Bernadotte erfuhr, folgte das zweite Verdammungsurteil: Der Reichsführer SS wurde aus der Partei ausgeschlossen und verlor alle Ämter. Die Schlacht um Berlin fraß sich in die Innenstadt hinein. In Mitteldeutschland war inzwischen die allerletzte neue Armee, die 12. Armee, unter General Wenck aufgestellt worden. Ursprünglich sollte diese Armee den Entsatz des Ruhrkessels bewerkstelligen. General Wenck mit drei neuen, sozusagen den letzten Elite-Divisionen, erhielt den Befehl, den »Führer« in Berlin zu befreien. Wenck gehorchte, drang bis in den Raum von Potsdam bei Ferch an der Havel vor – zur Bestürzung der Sowjets – und traf dann eine ganz andere – sehr richtige – Entscheidung. Er drehte nach Westen ab, vereinigte sich mit den Resten der 9. Armee des Generals Busse und schaffte in zähen Verhandlungen mit den Amerikanern an der Elbe den Übergang fast aller Verbände und vieler Flüchtlingstrecks über die Elbe. Der Schlußakt des Dramas schwankte auf dem schmalen Grat zwischen einer schaurigen Posse und einem Akt von tragischer Großartigkeit in der Selbstaufgabe. Am 29. April 1945 ließ sich Adolf Hitler mit seiner langjährigen Geliebten, Eva Braun, feierlich trauen, unter Bombenhagel und dem Artilleriefeuer, das auf dem »Führerbunker« lag. Am Nachmittag des 30. April 1945 begingen die beiden Selbstmord. In den Nachbarräumen feierten Stenotypistinnen, Offiziere und Angehörige der SS-Wachmannschaft eine Geburtstagsparty mit Strömen von Alkohol. Nach 16.30 Uhr ertönte bei den SS-Wachen der Ruf: »Chef ist tot. Kann geraucht werden.« Hitler war fanatischer Nichtraucher gewesen.

In seinem letzten Testament hatte Hitler den Großadmiral Karl Dönitz mit dem Titel eines »Reichspräsidenten« zum Nachfolger bestellt. Davon erfuhr Dönitz am Abend des 30. April 1945 bei der Rückkehr in das Hauptquartier in Plön, wo auch die Seekriegsleitung saß. Er wußte sofort: Jetzt hatte er Handlungsfreiheit. Hitlers Wahl war auf ihn gefallen, weil er von ihm die gnadenlose Weiterführung des Krieges erwartete. Dönitz aber kannte seine Aufgabe: Der Krieg mußte beendet werden. Noch wußte er nicht, daß Hitler schon tot war. Erst am 1. Mai 1945 erfuhr er durch ein sibyllinisches Telegramm des Chefs der Parteikanzlei, Martin Bormann, daß der »Führer verschieden« sei...
Der »Löwe«, wie ihn seine U-Bootmänner nannten, wußte, daß ihm die bittersten Stunden seines Lebens bevorstanden. Wegen der Vorstöße britischer Panzereinheiten verlegte er sein letztes

Quartier – in praxi nunmehr die letzte Reichsregierung – nach Flensburg-Mürwik. Ihm schwebte eine Kapitulation in Stufen vor, zunächst gegenüber den Westmächten, dann, verzögert, gegenüber der Sowjetunion – um noch möglichst viele Menschen aus dem Osten nach dem Westen überführen zu können. Zum Oberbefehlshaber der Kriegsmarine ernannte er einen alten Kameraden, den Generaladmiral v. Friedeburg. Diesem vertraute er auch die ersten Verhandlungen mit Feldmarschall Montgomery von der 21. britischen Heeresgruppe in dessen Hauptquartier bei Lüneburg an. Vereinbart wurde die Gesamtübergabe der deutschen Einheiten in den Niederlanden, in Nordwestdeutschland und Dänemark, rund eine Dreiviertelmillion Mann unter Generalfeldmarschall Ernst Busch. Montgomery verlangte auch die sofortige Einstellung des U-Boot-Kriegs, die Auslieferung aller deutschen Kriegsschiffe. Dönitz' stimmte zu; um des Gesamtplanes willen. Der zweite Akt gelang nicht mehr. Dönitz Abordnung unter Leitung von Generaladmiral v. Friedeburg stieß im Hauptquartier Eisenhowers in Reims auf eisige Ablehnung. Es gab nur die totale Übergabe an allen Fronten zur gleichen Zeit.
Der Großadmiral, der es ablehnte, den Titel eines »Reichspräsidenten« zu führen, konnte nicht selbst in Reims auftreten. Als Staatsoberhaupt des Deutschen Reiches war er den Alliierten nicht genehm. Es sollte kein deutsches Staatsoberhaupt, keine Reichsregierung mehr geben. Es gab nur eine Forderung: die Übergabe der Wehrmacht. Dönitz schickte Generaloberst Jodl nach Reims, im Vertrauen auf dessen Argumentationskraft. Das Oberkommando der Wehrmacht und der Wehrmachtführungsstab waren dem Großadmiral nach Flensburg-Mürwik gefolgt. Auch Jodl erreichte nichts in Reims. Mit der Zustimmung des Großadmirals unterzeichneten Jodl, Friedeburg, Generaloberst Stumpff für die Luftwaffe und General Kinzel vom Heeres-Führungsstab Nord am 7. Mai um 2.41 Uhr die Kapitulation. Seit 00.01 Uhr am 9. Mai 1945 schweigen die Waffen in den noch von deutschen Truppen gehaltenen Gebieten, die noch von Kreta über die westfranzösischen Festungen, Dünkirchen an der Kanalküste bis hinauf nach Norwegen und bis zur Halbinsel Hela und der Heeresgruppe General Hilperts in Kurland reichten. Das Herzstück bildeten Böhmen und Mähren, wo trotz des Aufstandes der Tschechen in Prag die Heeresgruppe Mitte, der letzte ziemlich intakte Großverband, stand. Das Gros ihrer Soldaten zog in sowjetische Gefangenschaft, etwa 1,2 Millionen Mann.
Auf Wunsch Stalins mußte der Chef des Oberkommandos der Wehrmacht, Generalfeldmarschall Keitel, mit einer neuen Delegation am 8. Mai 1945 den Akt der bedingungslosen Kapitulation gegenüber Marschall Schukow im sowjetischen Hauptquartier Karlshorst bei Berlin wiederholen. Nach Stalins Meinung war die Sowjetunion der wirkliche Sieger über die Wehrmacht.
Ein Friedensschluß mit Deutschland war nicht vorgesehen, da das gesamte Reichsgebiet unter Besatzungskontrolle gestellt wurde. Am 23. Mai 1945 verhafteten britische Panzersoldaten die letzte provisorische Reichsregierung mit dem Großadmiral und dem bisherigen Reichsfinanzminister, Johann Ludwig Graf Schwerin v. Krosigk, als »Leitendem Minister« an der Spitze als »Kriegsverbrecher«. Der letzte Oberbefehlshaber der Kriegsmarine, Generaladmiral Hans-Georg v. Friedeburg, und der noch von Hitler zum Oberbefehlshaber der Luftwaffe ernannte Generalfeldmarschall Ritter v. Greim zogen den Selbstmord der Übergabe vor. Die Verluste der Wehrmacht betrugen in diesem Zweiten Weltkrieg 3,25 Millionen Mann an Gefallenen und niemals wieder heimgekehrten Vermißten. Über eine halbe Million Menschen kamen im Reichsgebiet durch Luftangriffe ums Leben. Es waren die höchsten Verluste, die das deutsche Volk in seiner Geschichte jemals hatte.

Bild rechte Seite: Am 4. Mai 1945, gegen 18.30 Uhr, unterzeichnet Generaladmiral Hans-Georg von Friedeburg die deutsche Teilkapitulation im Nordwestraum. Im Vordergrund Feldmarschall Montgomery. Am 7. Mai vollzog Generaloberst Jodl die Bedingungslose Kapitulation vor den Westalliierten in Reims. Am 8. Mai unterzeichnete Generalfeldmarschall Keitel die Kapitulation vor den Russen in Berlin-Karlshorst.

Der totale Krieg hatte in der totalen Niederlage geendet. Deutschland war auf dem Tiefpunkt seiner nationalen Geschichte angelangt.
Bild links: Verhaftung der „Geschäftsführenden Reichsregierung" am 23. Mai 1945. Von links: Speer, Hitlers „Nachfolger" Großadmiral Dönitz und Jodl.

Der Krieg im Pazifik

Der europäische Krieg weitete sich 1939-41 in den Atlantik, ins Nordpolarmeer und nach Nord- und Ostafrika aus, blieb aber auch nach dem deutschen Angriff auf die Sowjetunion (22. Juni 1941), wie der japanisch-chinesische Krieg, noch ein regionaler, wenn auch umfassender Konflikt. Erst mit dem japanischen Überfall auf Pearl Harbor (7. Dezember 1941) und dem Kriegseintritt der USA verbanden sich beide zu einem globalen Kampf um Machtpositionen, Märkte und Rohstoffressourcen. Letztere waren vor allem Gegenstand der seit Mitte der 30er Jahre anwachsenden Spannungen zwischen Tokio und Washington, das dem japanischen Hegemonialstreben in Südostasien mit immer restriktiverer Handelspolitik und Unterstützung Chinas begegnete. Japan hatte sich nämlich, unter dem Druck forcierter Industrialisierung und wachsender Bevölkerung, mit der Annexion der Mandschurei (1931) eine Basis für weiteres Vorgehen auf dem asiatischen Kontinent geschaffen, wobei Ziel nur das krisengeschüttelte China sein konnte, das Tokio schon 1918 – vergeblich – beansprucht hatte. Dahinter stand ein »Lebensraum«-Programm, das dem nationalsozialistischen Modell rassistischen Sendungsbewußtseins (»Volk der Götter«) ähnelte. Auch die innere Situation Japans bot Parallelen zu Deutschland: Eine nach preußischem Vorbild aufgebaute Armee propagierte revisionistische Ziele und »nationale Wiedergeburt« und beeinflußte zunehmend die Politik, die einen autoritären und antikapitalistischen Kurs nach faschistischem Muster einschlug. Die konservative Oberschicht, allen voran der Tenno Hirohito, wurde zum Gefangenen der dadurch erzeugten dynamischen Massenmobilisierung und Radikalisierung, so daß die gemäßigteren Politiker zunehmend an Boden verloren.

Als 1937 die japanische Offensive gegen das »Reich der Mitte« begann, konnte die direkte Konfrontation mit den USA noch vermieden werden. Krieg drohte erst, als die Japaner im September 1940 dem durch die Niederlage gegen die Wehrmacht ohnmächtigen Frankreich Indochina abnahmen. Jetzt nämlich verfügte ihre Luftwaffe über Absprungbasen für Angriffe gegen die amerikanische Position auf den Philippinen und die britisch-niederländischen Stützpunkte von Singapur bis Borneo. Diplomatisch flankiert wurde der japanische Vorstoß durch einen Nichtangriffsvertrag mit der Sowjetunion (April 1941). Die strategischen Voraussetzungen für die Schaffung des von Tokio gegen die Kolonialmächte gerichteten Programms einer »Großostasiatischen Wohlstandssphäre« waren damit gegeben, zumal Großbritannien schwer angeschlagen war und als Bundesgenosse für die USA in Fernost weitgehend ausfiel.

Die amerikanische Antwort auf die japanischen Maßnahmen bestand in weiterer wirtschaftlicher Strangulierung: Am 26. Juli 1941 froren die USA, Großbritannien und Niederländisch-Indien alle japanischen Guthaben ein und verhängten ein Öl- und Schrottembargo, das die japanische Stahlindustrie im Lebensnerv traf. Auch Kautschuk, Zinn und Nahrungsmittel wurden von den Lieferlisten gestrichen; ultimativ forderte Washington zudem die Räumung Indochinas und Chinas, was der japanischen Kriegspartei Auftrieb gab und zum Scheitern letzter Ausgleichsverhandlungen in Washington führte. Ein japanischer Angriff konnte also für die USA nicht überraschend kommen, wurde von Roosevelt aber an der »Rohstoff-Flanke«, also im Malaiischen Archipel mit seinen reichen Ölvorkommen oder gegen die Philippinen, erwartet.

Am Morgen des 7. Dezember 1941 greifen japanische Trägerflugzeuge den amerikanischen Flottenstützpunkt von

Am 7. Dezember 1941 setzten in einem Überraschungsangriff auf den amerikanischen Kriegshafen Pearl Harbor auf der Hawaii-Insel Oahu 354 japanische Bomber, Torpedoflugzeuge, Stukas und Jäger die dort vor Anker liegenden Einheiten der amerikanischen Pazifikflotte außer Gefecht. Mit diesem Paukenschlag war der Krieg zwischen dem Kaiserreich Japan und den USA eröffnet, durch den sich der große europäische Konflikt zum Zweiten Weltkrieg auswuchs. In den riesigen Weiten des Pazifischen Ozeans und auf seinen Inseln wurde in den folgenden Jahren der erste große amphibische Krieg der Militärgeschichte ausgefochten. Der Sieger hieß 1945 Amerika. Bild rechts: Franklin Delano Roosevelt, Präsident der Vereinigten Staaten von 1933 bis 1945.

Pearl Harbor auf der Hawaii-Insel Oahu an. Die Amerikaner sind völlig überrascht. 183 Flugzeuge stürzen aus dem heiteren Himmel herab, 49 Bomber, 51 Sturzkampfbomber, 40 Torpedoflugzeuge und 43 Jäger. Zuerst werden die Flugplätze Hickam Field, Fort Island und Wheeler Field angegriffen. Die amerikanischen Flugzeuge dürfen gar nicht erst in die Luft kommen, um den Angriff abzuwehren.

Sofort danach greifen die japanischen Horizontalbomber, die Stukas und die Torpedoflugzeuge die ungeschützt nebeneinanderliegenden Kriegsschiffe an. Gleich darauf kommt eine zweite Welle japanischer Flugzeuge heran – 171 Maschinen. Mittlerweile hat sich die amerikanische Abwehr gefunden. Die Flak hatte gleich fünf Minuten nach Beginn des ersten Angriffs eingegriffen, und inzwischen ist es einigen der unzerstört gebliebenen amerikanischen Jäger gelungen, aufzusteigen.

Knapp zwei Stunden dauerte der japanische Angriff. In dieser Zeit, so gaben die Amerikaner später bekannt, waren neun der angreifenden Jagdflugzeuge, fünf Torpedoflugzeuge und fünfzehn Sturzkampfflugzeuge vernichtet worden. Die Amerikaner aber verloren vier Schlachtschiffe, zwei Zerstörer und ein als Zielschiff umgebautes Schlachtschiff. Vier Schlachtschiffe, drei Kreuzer und zwei Zerstörer wurden schwer beschädigt. 177 Flugzeuge waren vernichtet worden, 2177 Amerikaner waren gefallen.

In Amerika herrschte große Empörung über den Überfall. Bisher hatte Präsident Roosevelt die Zustimmung des Kongresses, Krieg gegen Deutschland zu führen, nie bekommen. Nun aber hatte einer der »Dreierpakt«-Staaten die USA heimtückisch überfallen. Und die Japaner begnügten sich nicht mit ihrem Anfangserfolg. Sie wußten, daß sie gegen das reiche Amerika niemals längere Zeit würden durchhalten können. Wenn sie den Sieg erringen wollten, mußten sie soviel wie möglich auf einmal und schnell hintereinander erreichen.

Schon zwei Tage nach Kriegsbeginn eroberten die Japaner den amerikanischen Stützpunkt Guam. Vor Wake allerdings erlitten sie gleich ihre erste Niederlage. Zwei ihrer Zerstörer wurden von amerikanischen Flugzeugen versenkt. Aber wenige Zeit später erschien ein stärkerer japanischer Flottenverband vor Wake, und diesmal glückte die Landung. Am 23. Dezember 1941 mußten die Amerikaner auch diesen Stützpunkt räumen.

Einen Tag schon nach Pearl Harbor hatten die Japaner mit dem Angriff auf die Philippinen, den mächtigsten amerikanischen Stützpunkt im Pazifik, begonnen. Am 9. April 1942 mußten auch hier die letzten Amerikaner kapitulieren. Nur die Seefestung Corregidor konnte sich noch bis zum 6. Mai halten.

„Banzai!" (Sieg) lautete der Schlachtruf der japanischen Soldaten (Bild oben), die in den ersten Kriegsmonaten tatsächlich Sieg auf Sieg erfochten. Mit der Besetzung Chinas und der Eroberung aller britischen, französischen, amerikanischen und niederländischen Kolonien in Südostasien gedachte die japanische Führung ein Weltreich zu schmieden, für das der wohlklingende Name „Großostasiatische Wohlstandssphäre" vorgesehen war.
Bilder rechte Seite: japanische Infanterie im eroberten Hongkong (oben); britische Abwehrstellung in Malaya (unten).

Inzwischen waren die Japaner auch gegen ihren anderen Gegner im Pazifik zum Angriff angetreten – gegen das britische Empire. Am 25. Dezember schon mußte Hongkong vor den vom Festland her anstürmenden japanischen Truppen kapitulieren, die Hauptsache aber war die »uneinnehmbare« Seefestung Singapur. Wer Singapur hatte, beherrschte den Indischen Ozean und den Westpazifik. Aber die Festung war von See her nicht zu nehmen, jede Flotte würde hier verbluten. Admiral Yamamoto – der nach seinem Tode von Hitler das Ritterkreuz mit Eichenlaub und Schwertern verliehen bekam – und General Yamashita beschlossen, Singapur von Land her zu erstürmen. Jeder Fachmann hielt das für unmöglich, denn hinter Singapur lag der undurchdringliche malayische Dschungel. Hier kam kein Mensch durch, geschweige denn eine Armee mit Waffen und Fahrzeugen, die sie brauchte, wenn sie eine starke Festung erobern wollte. Aber die Japaner hatten einige Vorteile für sich. Nicht nur, daß ihre Soldaten erfahrene Dschungelkämpfer waren – es gab auch Vorteile, die in den bisherigen Eroberungen bestanden.

Indochina war unter japanischer Kontrolle. Die Bevölkerung hatte die Japaner als Befreier von der französischen Kolonialherrschaft begrüßt. Thailand verdankte den Japanern die Rückgabe der einst von den Franzosen okkupierten Gebiete von Laos und Kambodscha und war so zum natürlichen Verbündeten Japans geworden, hatte den USA und England den Krieg erklärt. Auch in Thailand waren die Japaner. Das Hinterland von Singapur befand sich somit in japanischer Hand, alle Truppen dort konnten gegen Singapur eingesetzt werden.

Admiral Yamamoto unternimmt zunächst ein Ablenkungsmanöver. Durch gefälschte Funksprüche lockt er die beiden britischen Schlachtschiffe, die zur Unterstützung Singapurs entsandt wurden, in eine tödliche Falle. Es sind zwei Schlachtschiffe, deren Namen man auch in Deutschland kennt: die »Repulse«, die Günther Priem mit »U 47« in Scapa Flow versenkt zu haben glaubte, als er neben der »Royal Oak« den Flugzeugträger »Pegasus« traf, und die

»Prince of Wales«, die am Kampf mit der »Bismarck« teilgenommen hatte. Die beiden Schiffsgiganten laufen dem japanischen Geleitzug entgegen, den es gar nicht gibt, den Admiral Yamamoto eigens erfunden hat. In Wahrheit liegen in diesem Seegebiet japanische Flugzeugträger, deren Torpedoflugzeuge beim Herannahen der beiden britischen Schlachtschiffe aufsteigen. 29 der japanischen Maschinen werden abgeschossen, aber am Mittag des 10. Dezember 1941 ereilt die beiden Riesen doch ihr Schicksal. Sie versinken – von vielen Torpedos getroffen wie ein halbes Jahr zuvor die »Bismarck« – im Pazifik.
Nun beginnt der Angriff auf Singapur. Die Engländer fühlen sich sicher. 50 000 gut ausgebildete und bewaffnete Soldaten sind in der Festung, die über genügend Artillerie und auch Flugzeuge verfügt, um jedem Angriff von See her standhalten zu können. Aber die Japaner kommen von Land her. Ende Januar schon haben sie sich, ohne Nachschub, ganz auf sich selbst gestellt, bis an Singapur herangearbeitet. Ein Kampf entbrennt, der wahrhaft mörderisch ist. Singapur ist eingeschlossen, denn zur See hin, die nach der Versenkung der beiden Schlachtschiffe von den Japanern beherrscht wird, ist kein Weg offen.
Am 9. Februar dringen die ersten Japaner bis auf die Halbinsel vor, nachdem sie die gut gesicherte Landenge überwunden haben. Sie erobern die beiden Wasserwerke von Singapur, und damit ist der Kampf auch schon zu Ende, denn ohne Wasser kann es kein Mensch aushalten, auch der tapferste Soldat nicht. Am 15. Februar muß die Festung kapitulieren. Die beiden Brigaden aus Nordafrika, die vom Kampf gegen Rommels Deutsches Afrikakorps zur Verstärkung nach Singapur geschickt worden sind, kommen gerade recht, um mit in Gefangenschaft zu gehen.
Admiral Yamamoto konnte seinem Kaiser melden: »Die feindliche Einkreisung unseres Landes ist zerschlagen. Die Götter haben unser Wirken gesegnet. Mögen die Feinde heute schon auf Revanche sinnen – Japan ist durch seine Eroberungen stärker geworden, und es wird so stark werden, daß es keinen Feind mehr zu fürchten braucht!«

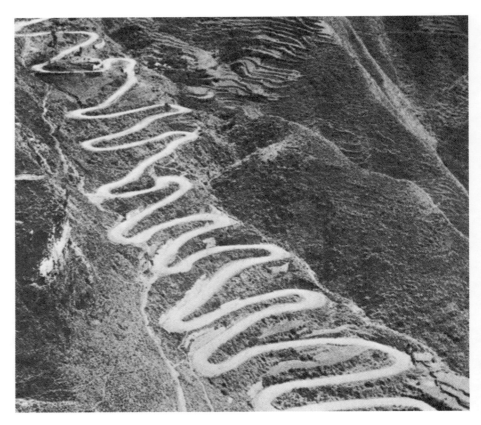

Tatsächlich wurde Japan zunächst wirklich noch stärker. Burma wurde erobert und damit der chinesische Marschall Tschiang Kai-schek von seiner Nachschubstraße abgeschnitten. Jetzt kamen die niederländischen Kolonien an die Reihe: Java, Celebes, Borneo, Sumatra. Der holländische Admiral Doormann hatte sich alle in den bedrohten Gebieten vorhandenen holländischen, australischen, britischen und amerikanischen Kriegsschiffe unterstellen lassen, um eine konzentrierte Abwehr der japanischen Invasion zu ermöglichen. Sein Gegner Yamamoto leitete den Angriff von seinem Flaggschiff »Yamato« aus, das im Inselgewirr der ebenfalls mittlerweile von den Japanern eroberten Karolinen lag. Die »Yamato« war das größte Schlachtschiff, das die Welt je gesehen hatte. Eben erst fertiggestellt, hatte es einen Schiffsraum von 78 000 Tonnen (Deutschlands »Bismarck« und die britische »Hood«, bis dahin die größten Schlachtschiffe, waren nur etwas mehr als halb so groß), lief 28 Seemeilen, verfügte über 9 Geschütze vom Kaliber 46 cm, vier 15,5-cm-Drillingstürme, allein 24 12,7-cm-Flak, von den nahezu hundert kleinen Flakgeschützen ganz zu schweigen. Der Panzer dieses Riesenschiffes war an Deck bis zu 23, an der Seite bis zu 65 Zentimeter stark.
Admiral Doormann verlor die Schlacht. Die beiden holländischen Kreuzer »De Ruyter« und »Java« waren die ersten, zwei britische und ein holländischer Zerstörer die weiteren Opfer. In der kommenden Nacht, es war die Nacht zum 1. März 1942, wurden auch der USA-Kreuzer »Houston« und der australische Kreuzer »Perth« sowie ein Zerstörer versenkt. Am nächsten Tag ereilte den britischen Kreuzer »Exeter« und zwei Zerstörer ihr Schicksal in der Straße von Java. Von Admiral Doormanns internationalem Flottenverband waren nur noch zwei Zerstörer und zwei Kanonenboote übriggeblieben, die alle vier am 4. März von der japanischen Flotte versenkt wurden.
Jetzt wurden die holländischen Kolonialinseln erobert, das heutige Indonesien. Es war der weitaus wichtigste Sieg Japans, denn nun stand der japanischen Wirtschaft all das zur Verfügung, was im Inselreich selbst an Rohstoffen nicht vorhanden war: Kautschuk, Edelmetalle aller Art, Baumwolle, Bauxit und Öl.

Im Sturm nahmen die Streiter der aufgehenden Sonne Indochina, Indonesien und die Philippinen und griffen dann weiter nach Burma und Melanesien aus. Burma, das Bindeglied zwischen Südostasien und Indien, war wirtschaftlich nur von geringer Bedeutung für die Japaner, strategisch dafür um so mehr: Über die Burmastraße (Bilder linke Seite und oben), die in einer Länge von 1100 Kilometern Lashio an der Grenze zwischen Burma und China mit Kunming verband, rollte der Nachschubverkehr von Britisch-Indien zu den Armeen Tschiang Kai-scheks nach China, dessen Häfen von den Japanern beherrscht wurden. Ende 1942 konnten die Japaner Lashio nehmen und die Burmastraße für etwa ein Jahr unterbrechen. Bild rechts: japanischer MG-Schütze im Dschungel von Burma.

Weiter gingen die japanischen Eroberungen – bis zum Juni 1942. Da aber kam schon die große Wende. Admiral Nimitz, der Oberbefehlshaber der amerikanischen Pazifikflotte, hatte aus den bisherigen Niederlagen gelernt. Er setzte »Köderverbände« ein wie Admiral Yamamoto, und er operierte mit kleinen Flugzeugträgerverbänden, die verschwanden, sobald der Gegner zum Schlag ausholte.

Die Japaner wollten nun auch Australien angreifen, ein stark gesicherter Geleitzug sollte Landungstruppen nach Port Moresby auf Neuguinea bringen. Port Moresby war das Sprungbrett, von dem aus der australische Kontinent erobert werden konnte. Die Amerikaner stellten den japanischen Flottenverband in der Korallensee, und es kam zur ersten Seeschlacht der Geschichte, an der nur die Flugzeuge der Flugzeugträger beteiligt waren. Die amerikanischen Flugzeuge flogen auf die japanischen, die japanischen Flugzeuge auf die amerikanischen Flugzeugträger ihre Angriffe. Wohl hielten sich die gegenseitigen Verluste die Waage, aber die japanischen wogen dennoch schwerer. Die Japaner hatten ihr Ziel, den Geleitzug durchzubringen, nicht erreicht – die erste schwere Niederlage, die sie hinnehmen mußten. Ihnen dämmerte die Ahnung, daß es mit der Seeherrschaft und dem immer weiteren Vordringen im Pazifik zu Ende sein könnte. Der Plan einer Eroberung Australiens wurde dennoch nicht aufgegeben.

Ein Ziel aber mußte vor allem noch erreicht werden: die Eroberung der Midway-Inseln, die 2000 Kilometer westlich Pearl Harbor auf der Datumgrenze liegen, von der sie ihren Namen haben. Dieser amerikanische Stützpunkt mußte fallen, denn von ihm aus konnte der japanische Nachschubverkehr empfindlich gestört, das japanische Inselreich selbst bedroht werden. Alle Kräfte, über die Japan verfügte, wurden zur Eroberung der Midways eingesetzt. Eine riesige Flotte setzte sich in Marsch. Neben den leichten und mittleren Seestreitkräften, die die Landungsflotte begleiteten, dampften neun Schlachtschiffe und vier Flugzeugträger den Midways entgegen.

Admiral Yamamoto hatte zur Täuschung der Amerikaner einen Angriff auf die Aleuten durchführen lassen. Dadurch sollten nicht nur die dortigen Verteidigungsanlagen der Amerikaner vernichtet und so die nördliche japanische Flanke gesichert werden, sondern er wollte Admiral Nimitz damit verlocken, mit seiner Flotte in See zu gehen, um die Aleuten zu schützen. Auf halbem Wege dann würde Yamamotos Riesenflotte die Amerikaner auf hoher See stellen und vernichten.

Sofort darauf sollte die erste Trägerflotte zur Vorbereitung der Invasion auf den Midways Luftangriffe durchführen und vor allem die amerikanischen Flugzeuge zerstören.

Dann – im Besitz der Midway-Inseln, die amerikanische Flotte vernichtet – war Japan endgültig Herr über den Pazifischen Ozean. Die Rechnung Yamamotos ging nicht auf. In ihr fehlte neben dem Radar – das zur gleichen Zeit die Schlacht im Atlantik gegen Deutschland zu entscheiden begann – noch etwas, von dem Yamamoto nichts wußte: Der japanische »Purpurcode« war längst von den Amerikanern längst entziffert, und wie schon bei der See-Luftschlacht in der Korallensee war

Das japanische „Stalingrad" im Pazifikkrieg hieß Midway. Bei dieser kleinen Inselgruppe westlich der Hawaii-Inseln wurde im Mai 1942 die größte See-Luft-Schlacht der Kriegsgeschichte geschlagen. Mit einer außerordentlichen Massierung von Seestreitkräften waren die Japaner siegesgewiß ausgefahren, um hier der amerikanischen Pazifikflotte den Todesstoß zu versetzen. Es kam genau umgekehrt - die japanische Flotte erlitt bei Midway eine vernichtende Niederlage, und das bis dahin siegreiche Sonnenbanner begann fortan zu sinken, bis es 1945 unterging. Bild linke Seite: amerikanischer Flugzeugträger mit Begleitflotte im Anmarsch auf die Midway-Inseln. Bild oben: Sturm amerikanischer Marineinfanterie auf Iwo Jima östlich Okinawa im Februar 1945.

auch hier die amerikanische Führung darüber unterrichtet, daß die Japaner eine neue Aktion zur See vorhatten. So wurde nichts aus der Überraschung.

Allerdings wußten die Amerikaner noch nicht, wo diese Aktion stattfinden sollte. Trotz des Codes, den die Japaner für sicher hielten, bezeichneten sie das Angriffsziel als »AF«. Was war »AF«? Admiral Nimitz war der Ansicht, daß die Midway-Inseln gemeint seien. Um aber ganz sicherzugehen, griff er zu einem Trick. Er ließ im Klartext eine Meldung von Midway an einen nicht vorhandenen Empfänger senden. In dieser Meldung beschwerte sich der amerikanische Stützpunktkommandant darüber, daß die Wasserdestillationsanlage defekt sei. Die Trinkwasserversorgung sei dadurch gefährdet. Der Trick klappte. Kurz darauf entschlüsselten die amerikanischen Nachrichtenspezialisten einen japanischen Funkspruch, in dem wieder einmal vom »AF« die Rede war. »In ›AF‹ ist das Trinkwasser knapp«, lautete diese Meldung im Klartext. Nun stand fest: »AF«, das war tatsächlich Midway. Nimitz war davon überzeugt, daß der Fuchs Yamamoto ihm eine Falle stellen wollte, und er wußte mit Sicherheit, daß die japanische Flotte stärker sein würde als die amerikanische. Aber gerade deshalb mußte er die Herausforderung annehmen und noch ein übriges tun – selbst den Gegner überraschen, der nichts davon ahnte, daß sein kluger Plan erkannt worden war.

Und nun, am 3. Juni, ist es soweit. Die Seeschlacht, die über den weitesten Raum hinweg stattfindet, in dem je eine Seeschlacht geführt wurde, hat begonnen. Wie die Schlacht im Korallenmeer ist auch diese Schlacht wieder zugleich eine Luftschlacht gigantischen Ausmaßes.

Die Japaner sind über das Auftauchen der amerikanischen Flotte weit vor dem Punkt, wo man selbst sie zum Kampf stellen wollte, aufs höchste überrascht. Sie erkennen zunächst nicht einmal die tödliche Gefahr. Das Wetter ist hundsmiserabel, die Japaner sehen kaum etwas und erkennen den Feind nur ab und zu. Die amerikanische Flotte aber verfügt über die Augen, die auch bei Nebel und in der Dunkelheit sehen können: Radar. So können Admiral Nimitz und seine Flottenbefehlshaber den sonst weit überlegenen Gegner immer wieder ausmanövrieren und immer wieder von einer Seite packen, von der er sie nicht erwartet, um sich dann schnell wieder zurückzuziehen.

In den Vormittagsstunden des nächsten Tages, des 4. Juni 1942 – eben hat viele Tausende Kilometer weiter westwärts der deutsche Sturm auf die russische Seefestung Sewastopol begonnen –, geschieht es: Aus dem Glas der Weltuhr rinnen die entscheidenden fünf Minuten dieser gewaltigen See-Luftschlacht. Noch steht der Kampf unentschieden. In fünf Minuten aber, einer geradezu lächerlichen Spanne Zeit, geht die Hauptmacht der japanischen Flotte unter, und damit beginnt der unaufhaltsame Zusammenbruch des alten japanischen Kaiserreichs, entscheidet sich auch in Wahrheit, ein halbes Jahr vor Stalingrad schon, der Ausgang des Zweiten Weltkrieges: Am 4. Juni 1942 von 10.05 Uhr bis 10.10 Uhr.

Flak und Jäger der Japaner haben alle Angriffe der amerikanischen Torpedoflugzeuge und Bomber abgewehrt. Nun rüstet man sich auf den vier Flugzeugträgern zum Gegenschlag. Die Kampfflugzeuge werden – betankt, munitioniert und mit Bomben und Torpedos behängt – an Deck gebracht. Ausgerechnet in diesem Moment erscheint ein letzter Verband von 54 Stukas über dem japanischen Verband. Drei Flugzeugträger gehen im Bombenhagel unter, den vierten trifft es um 17 Uhr am selben Tag.

Die Japaner mußten das Gefecht abbrechen und sich zurückziehen. Der Krieg im Pazifik war damit – auch wenn er noch drei Jahre dauerte – entschieden. Denn Japan verfügte nun nur noch über zwei Flugzeugträger, und diese beiden waren in der Schlacht im Korallenmeer schwer beschädigt worden. Flugzeugträger aber sind nicht schnell zu bauen, darüber vergehen Jahre! Aber eben Flugzeugträger sind es, die eine modene Seeschlacht über weite Entfernungen entscheiden. Nichts zeigt das deutlicher als das Schicksal der deutschen Kriegsmarin und ihrer wenigen schweren Einheiten, die fast alle der feindlichen Luftwaffe – nicht feindlichen Kreuzern oder Schlachtschiffen – zum Opfer gefallen sind, und zwar oft der Marineluftwaffe, den Trägerflugzeugen.

Im Gegensatz zur deutschen Führung hatte man in Japan viel fortschrittlicher gedacht und schon gleich nach dem Ersten Weltkrieg die Bedeutung von Flugzeugträgern erkannt. Japan war sogar das Land, das den ersten echten Flugzeugträger überhaupt baute. Und nun verfügte ausgerechnet die japanische Flotte über keinen einsatzbereiten Flugzeugträger mehr!

Noch im selben Jahr wurden die Japaner auch zu Lande erstmals in die Verteidigung gedrängt und geschlagen. Wieder gab es auch eine Seeschlacht.

Im August landeten die Amerikaner auf der von Japan besetzten Insel Guadalcanal. Dort befand sich eine besonders starke japanische Besatzung, die den eminent wichtigen Flugplatz beschützen sollte. Guadalcanal nämlich liegt in Reichweite von Port Moresby, das die Japaner wegen der noch nicht aufgegebenen Eroberung Australiens unbedingt haben wollten. Auch die Amerikaner wußten das, und deshalb war der Besitz von Guadalcanal so wichtig.

Die Wegnahme des Flugplatzes gelang den Amerikanern; im Westteil der Insel

Bilder linke Seite: die Besiegten und die Sieger von Midway. Oben Vizeadmiral Chuichi Nagumo (links), der bei Midway seine vier großen Flugzeugträger verlor, und Admiral Isoroku Yamamoto (rechts), der strategische Kopf der japanischen Kampfführung; unten die US-Admirale Raymond Spruance (links) und Frank Fletcher (rechts), die Befehlshaber der beiden Kampfverbände 16 und 17, die den Japanern die praktisch kriegsentscheidende Niederlage von Midway beibrachten.

Nach der Niederlage der Japaner bei Midway mußten sich die Amerikaner langsam nach Westen vorarbeiten. „Inselspringen" heißt dieser Vorgang in der Kriegsgeschichtsschreibung, doch hinter diesem verniedlichenden Begriff verbargen sich mit beispielloser Härte geführte Kleinkriege um alle einzelnen Eilande, die zwischen Midway und den japanischen Hauptinseln lagen.

Bild oben: Explosion des Flugzeugträgerws „Wasp" nach einem japanischen Torpedoangriff. **Bild unten:** Die japanischen Stellungen bei Okinawa werden von amerikanischer Schiffsartillerie sturmreif geschossen.

behaupteten sich noch die Japaner. Mit allen Mitteln wurde jetzt ein wahrhaftig grausamer Dschungelkrieg um den Besitz von Guadalcanal geführt. Immer wieder kam es auch zu Seegefechten, denn beide Seiten versuchten, mit geschützten Geleitzügen Truppenverstärkungen sowie Nachschub heranzubringen. In einer nächtlichen Seeschlacht am 12./13. November 1942 gerieten zwei große Flotten, die Truppentransporter begleiteten, ins Gefecht. Es gab ein wildes Durcheinander: Amerikanische Kreuzer beschossen amerikanische Schlachtschiffe, und bei den Japanern war es ebenso; auch sie feuerten zuweilen in der nächtlichen Schlacht aufeinander statt auf den Gegner.

Viele Großkampfschiffe beider Seiten wurden in dieser Schlacht vernichtet, zwei amerikanische Admirale fanden den Tod. Die Amerikaner waren es diesmal, die den Kampf abbrachen. Aber die Japaner konnten trotzdem nur einen Teil ihrer Truppen landen, denn sechs der zehn Transporter wurden von amerikanischen Flugzeugen versenkt.

Im Februar war die amerikanische Armee auf Guadalcanal so stark geworden, daß die Japaner die Insel räumen mußten. Der erste amerikanische Landsieg im Pazifik war errungen. Von da an ging es, nur gelegentlich durch Rückschläge unterbrochen, für die USA-Streitkräfte vorwärts, für die Japaner begann die die Abwärtsentwicklung, die seit der verlorenen Seeschlacht von Midway unausbleiblich geworden war. Die Amerikaner begannen mit ihrem »Inselspringen«, wie die GIs die Strategie der militärischen Führung so treffend nannten. Es war dabei gar nicht so viel Unterschied zu der Methode, von der der deutsche Panzergeneral Guderian sagte: »Klotzen, nicht kleckern!« Die Amerikaner griffen nicht überall gleichzeitig an, wie die Japaner es vorher getan hatten, sondern nahmen sich Schwerpunkte vor. Deshalb ging es bei ihnen auch nicht so schnell wie bei den Japanern.

US-Generalstabschef Marshall hatte den Kriegsschauplatz in zwei Kommandobereiche längs des 159. Grades östlicher Länge geteilt: Zentralpazifik unter Admiral Nimitz (Hauptquartier Hawaii), Südwest-Pazifik unter General

MacArthur (Sitz in Australien), und gab den Plan »Elkton« in Auftrag, der eine Zangenoffensive von Südosten Richtung Japan vorsah.

Es folgten die Rückeroberung der Alëuten-Inseln (Mai/August 1943) und der weitere Vormarsch auf den Salomonen und auf Neuguinea. Systematisch zertrümmerten die Amerikaner und die allmählich erstarkenden britischen Streitkräfte die Außenwerke des japanischen Imperiums und durchtrennten seine Versorgungslinien zur See. Dank Radar, wachsender Waffenarsenale, neuer Landungstaktiken und -techniken und der Code-Entschlüsselung gelangen rasche und spektakuläre Erfolge wie u.a. der Abschuß des japanischen Oberbefehlshabers Yamamoto auf einem Inspektionsflug, so daß bald die nächsten Sprünge in Richtung japanisches Mutterland unternommen werden konnten.

Der Gegner war schwer getroffen, aber noch lange nicht am Boden. Das zeigten der Kampf um die Gilbertinseln (November 1943) und die »Blutmühle« von Tarawa ebenso wie der zähe japanische Widerstand auf den Marshall-Inseln, die im Februar 1944 von US-Landungstruppen genommen wurden. »Nach Art eines Boxers«, der »abwechselnd mit der Rechten und mit der Linken zuschlägt« (Marshall), folgten Angriffe MacArthurs, der Neuguinea

Je näher sich die Amerikaner an die japanischen Hauptinseln herankämpften, desto verzweifelter und entschiedener wurde der Abwehrkampf der Japaner (Bild linke Seite: gefallener GI auf einem Atoll der Marshall-Inseln). Zum Synonym für den japanischen Opfermut des Krieges wurde das Wort „Kamikaze", zu deutsch „Götterwind". Die Kamikaze-Piloten (oberes Bild rechts) stürzten sich mit ihren Maschinen und der Bombenlast mitten auf das befohlene Ziel. Sie hatten keine Chance, ihr Leben dabei zu retten, und deshalb verabschiedeten sie sich vor dem letzten Start mit einer tiefen Verbeugung vor dem Heiligenschrein, der schon ihren Namen trug.
Bild rechts unten: der US-Flugzeugträger „Franklin" nach einem Kamikaze-Angriff.

Wir sterben ohne Klage

Tagebuchaufzeichnung eines Kamikazefliegers, 22.2.1945

Mein Leben wird sich in den nächsten vier Wochen erfüllen. Meine Chance wird kommen – der Tod – und ich warte darauf. Ausbildung und Übungen waren hart, doch es hat sich gelohnt, wenn wir in Schönheit für die gute Sache sterben können. Noch im Tode werde ich an das erbitterte Ringen unseres Volkes denken. In den nächsten paar Wochen werden meine Jugend und mein Leben in rasender Eile zu Ende gehen ...

Der Angriff ist in den nächsten zehn Tagen geplant ... Ich bin ein Mensch und glaube, weder ein Heiliger noch ein Schurke, weder Held noch Narr zu sein – eben ein Mensch. Als einer, der sein Leben lang sehnsüchtig nach einem großen Ziel gestrebt und gesucht hat, sterbe ich ergeben in der Hoffnung, daß mein Leben als »menschliches Dokument« dienen wird.

Wir helfen unserm Volk mit Freuden in seinem jetzigen schweren Kampf. Wir werden uns auf die feindlichen Schiffe stürzen in dem frohen Bewußtsein, daß Japan immer ein Land war und sein wird, wo es nur schöne Heimstätten, tapfere Frauen und wundervolle Freundschaften geben darf.

Mögen wir fallen
   wie Kirschblüten im Frühling:
   strahlend und unberührt.

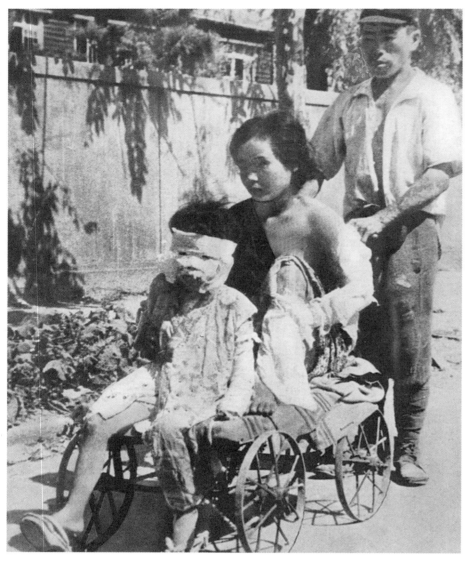

endgültig den Japaner entriß, dann wieder Landungsoperationen im Bereich von Nimitz, der die Marianen-Inseln Saipan, Tinian und Guam (Juli/August 1944) eroberte und die japanischen Hauptinseln in die Reichweite der amerikanischen Langstreckenbomber vom Typ B-29 »Superfortress« brachte.
Auch zur See zeigte sich, daß die Alliierten nicht mehr zu schlagen, ja kaum noch aufzuhalten waren: In der Philippinen-See südwestlich Guam entbrannte die letzte Träger-Luftschlacht des Krieges, als die Japaner unter Einsatz der gesamten »Beweglichen Flotte« den Griff der Amerikaner nach den Marianen abwehren wollten. Schon in der San-Bernardino-Straße von der US-Aufklärung erfaßt, büßten sie 3 Träger und 402 Trägermaschinen ein, während die Marineluftwaffe der USA nach dem ironisch »Truthahnschießen« genannten Gefecht nur 100 Ausfälle meldete. Die Katastrophe setzte sich fort beim folgenden Kampf um die Philippinen-Insel Leyte, als im gleichnamigen Golf zwischen 218 alliierten und 64 japanischen Schiffen die größte Seeschlacht der Geschichte tobte (Oktober 1944) und das Ende der japanische Seemacht einleitete, woran auch das hier erstmals in Erscheinung tretende Kamikaze-Korps nichts zu ändern vermochte. Gegen die weiteren Landungen MacArthurs auf den nächsten Inseln des Archipels, Mindoro und Luzon, gab es daher

In den Morgenstunden des 6. August 1945 war die B-29 „Enola Gay" von der Marianeninsel Tinian Richtung Hiroshima gestartet und hatte um 8.15 Uhr Ortszeit den Uransprengsatz „Little Boy" über der Stadt ausgeklinkt (Bild rechte Seite: die Explosion). An die 100.000 Menschen wurden durch die gewaltige Hitze und die Druckwelle auf der Stelle getötet. Weitere 100.000 Menschen starben an den Folgen binnen der nächsten Wochen oder nach qualvollem Leiden noch nach Jahren und Jahrzehnten. Bilder links: die Besatzung der B-29 „Enola Gay" kurz nach der Rückkehr von Hiroshima (unten). Dem Geschwisterpaar auf dem Bild oben blieb die Gnade des sofortigen Todes versagt.

Die erste Atombombe fällt

Bericht eines Überlebenden, August 1945

In der Frühe gegen acht Uhr stand ich am 6. August 1945 auf. Am letzten Abend war zweimal Luftalarm gegeben worden, doch es kam kein Angriff... Plötzlich traf mich jetzt ein Schlag auf den Kopf, und vor meinen Augen wurde es finster. Ich schrie laut und hob die Hände, doch in der Dunkelheit hörte ich nur einen Sturm herabsausen, sonst verstand ich nichts... Meine eigenen Rufe hörte ich wie die Stimme eines anderen Menschen. Als dann, wenn auch verschwommen, erkennbar wurde, wie die Umwelt aussah, war mir zumute, als ob ich mitten auf der Bühne eines schweren Unglücks stünde. Hinter den dicken Wolken von Staub erschien ein blauer Raum, immer mehr Räume tauchten auf. Langsam ging ich über den Fußboden, wo auch die Binsenmatten weggerissen waren. Da kam mir meine Schwester in großer Eile entgegen: »Wurdest du nicht getroffen? Wurdest du nicht getroffen, ja?« schrie sie. »Deine Augen bluten, wasch dich schnell.« Sie sagte mir noch, daß in der Küche Wasser fließe.

Vom Lagerhaus des benachbarten pharmazeutischen Werkes kamen jetzt kleine Flammen. Es war höchste Zeit, das Weite zu suchen. – Gemeinsam mit K. mußte ich über zerstörte Häuser hinweg mir den Weg bahnen, wir gingen zunächst langsam, um den Hindernissen auszuweichen, und beschleunigten dann unsere Flucht, als wir flachen Boden spürten und merkten, daß wir auf einer Straße waren. Hinter einem zusammengebrochenen Haus schrie jemand »Onkel!« Wir drehten uns um, eine Dame mit blutüberströmtem Gesicht weinte und suchte Hilfe. Sie ging nun mit uns, tiefes Entsetzen im Gesicht. Bald begegneten wir einer anderen Frau, die am Wege stand und wie ein Kind schrie: »Mein Haus brennt, mein Haus brennt!« Der Rauch stieg überall aus den zusammengestürzten Häusern auf. Plötzlich befanden wir uns an einer Stelle, wo die Hitze der Flammen ungeheuer tobte.
Dann fanden wir wieder eine Straße und erreichten die Sakae-Brücke. Hier drängten sich immer mehr Flüchtlinge zusammen. Ich nahm den Weg zum Palast Izumi und verlor K. aus den Augen.

Bild oben: Hiroshima nach dem Atombombenabwurf vom 6. August 1945. Drei Tage später warfen die Amerikaner auch noch über Nagasaki eine Atombombe ab. Am 15. August hielt der Kaiser eine Rundfunkansprache an sein Volk, in der er die bedingungslose Kapitulation Japans verkündete: „Die Fortsetzung unseres Kampfes würde nicht nur mit dem endgültigen Zusammenbruch und der Vernichtung der japanischen Nation enden, sondern zur völligen Auslöschung der menschlichen Zivilisation führen."
Bilder links: Unterzeichnung der Kapitulationsurkunde durch die Generäle Umezu und MacArthur. Bild rechte Seite: MacArthur, als Alliierter Hochkommissar mit der Regierungsgewalt über Japan betraut, wird bei seiner Ankunft auf dem Flugplatz Atsugi bei Tokio am 29. August 1945 von der 11. Airborne-Division begrüßt.

kaum noch Widerstand zur See, die Verteidiger an Land jedoch brachten den Amerikanern schwere Verluste bei, so daß die Hauptstadt erst Anfang März 1945 wieder in amerikanischer Hand war und allein auf Corregidor über 500 GIs fielen.

Auch in Burma blieb den Japanern 1944/45 nur noch die Defensive gegen die von Westen angreifende britische (indisch-australisch-südafrikanische) 14. Armee (Slim) und die im Norden operierenden, von US-General Stilwell beratenen und über eine Luftbrücke versorgten chinesischen Truppen, zumal hier wie überall, wo die brutale japanische Militärverwaltung die besetzten Länder im Griff hielt, der »Befreiungseffekt« der Anfangsjahre längst verpufft war. Zu Jahresende gelang den Alliierten die Wiederöffnung der Burma-Straße und die Besetzung des gesamten Arakan-Berglandes, so daß die japanische Burma-Armee (Kimura) auf Mandalay zurückgeworfen wurde, das am 20. März 1945 fiel. Dem weiteren Vormarsch nach Süden kam Anfang Mai 1945 von Akyab aus das Landeunternehmen »Dracula« des britischen XV. Korps (Christison) entgegen, das am 3. Mai 1945 die Hauptstadt Rangun kampflos zurückerobern und die japanischen Truppen im Südwesten des Landes neutralisieren konnte.

Den nächsten Schlag gegen das japanische Inselreich führte wieder Nimitz: Am 19. Februar 1945 landeten Marines (»Ledernacken«) auf Iwo Jima, das im Nahkampf gegen 22 000 Japaner unter General Kuribayashi bis Mitte März 1945 unter erheblichen Verlusten (über 6800 Gefallene) genommen wurde. Noch härter wurde der Kampf um Okinawa, wo erst am 21. Juni 1945 der Widerstand erlosch und Kamikaze-Piloten zum Alptraum der amerikanischen Schiffsbesatzungen wurden. Noch immer aber hielten die Falken im japanischen Kriegskabinett das Heft in der Hand und wandten sich gegen alle Friedensfühler. Erst der von den nahen, nun von den Amerikanern eroberten Inseln verschärft weitergeführte Bombenkrieg zwang zu Sondierungen, die über Moskau eingefädelt wurden. Sie scheiterten an dilatorischer Behandlung der Vermittlungsbitten durch Stalin, der im April 1945 den Nichtangriffsvertrag mit Japan gekündigt hatte und sich auf ein Eingreifen in Fernost vorbereitete, und an der rigiden amerikanischen Forderung nach bedingungsloser Kapitulation.

So brachte erst die Atombombe die Entscheidung. US-Präsident Truman, der die neue Waffe, die ursprünglich gegen Hitler-Deutschland entwickelt werden sollte, aber nicht beizeiten fertig geworden war, von seinem am 12. April 1945 verstorbenen Vorgänger »geerbt« hatte, entschloß sich nach dem erfolgreichen Test am 16. Juli zum Einsatz des Massenvernichtungsmittels. Er wollte damit den Endkampf abkürzen, vor allem aber der UdSSR die amerikanische Überlegenheit demonstrieren, um Stalin kompromißbereiter zu stimmen und die zähen Verhandlungen über die politische Nachkriegsordnung in Potsdam in seinem Sinn zu beschleunigen. Als die ersten nuklearen Sprengsätze der Kriegsgeschichte über Hiroshima und Nagasaki Anfang August 1945 detonierten, beschleunigten sie jedoch nur den sowjetischen Kriegseintritt und schädigten nachhaltig die Glaubwürdigkeit der amerikanischen Politik, die für einen zweifelhaften militärischen und diplomatischen Gewinn den Tod Hunderttausender in Kauf nahm.

Der Krieg zur See und in der Luft 1939-1945

„Deutsche Luftstreit-
kräfte griffen engli-
sche Seestreitkräfte,
Flugzeugträger,
Kreuzer und Zerstö-
rer, in der mittleren
Nordsee mit Erfolg
an." Kriegsgemälde
von Hans Liska, 1939

Der Aufbau der Kriegsmarine

Der Oberleutnant zur See Karl Dönitz war im Juli 1919 aus englischer Kriegsgefangenschaft zurückgekehrt. Das Wrack des U-Bootes UB 68, dessen Kommandant er gewesen war, rostete fünfzig Seemeilen vor dem sizilianischen Kap Passero auf dem Grunde des Mittelmeeres. Der Heimkehrer Dönitz suchte den Personalreferenten des Stationskommandos Kiel der neuen Marine auf und fragte: »Glauben Sie, daß wir bald wieder U-Boote haben werden?« Der Referent glaubte das: »Das bleibt ja nicht alles so«, schätzte er, »in etwa zwei Jahren werden wir wieder Boote haben.« Diese Antwort genügte Dönitz, und bald darauf führte er ein Torpedoboot der »Vorläufigen Reichsmarine«. Diese bestand seit dem 16. April 1919, nachdem Reichspräsident Friedrich Ebert von der Nationalversammlung ermächtigt worden war, das bestehende Heer aufzulösen und eine »Vorläufige Reichswehr« zu bilden. Chef der Admiralität wurde der Konteradmiral Adolf von Trotha, seine rechte Hand war der Kapitän zur See Erich Raeder. Die Marinestationskommandos Ostsee und Nordsee gingen sofort daran, aus Freikorps eine Anzahl von Freiwilligenformationen, darunter zwei Seefliegerabteilungen und zwei Marinebrigaden, aufzustellen, doch ihr Aufbauprogramm wurde jäh von den Bestimmungen des Versailler Vertrages durchkreuzt. Seeflieger – wie Militärfliegerei überhaupt – und U-Boote waren strikt verboten. Die Personalstärke der Marine durfte 15 000 Mann nicht überschreiten. Erlaubt blieb eine Küstenverteidigungsflotte von sechs alten Linienschiffen, sechs kleinen Kreuzern, zwölf Zerstörern, zwölf Torpedobooten und einigen kleinen Hilfsschiffen. Ersatzbauten waren für solche Schiffe erlaubt, die ein Alter von zwanzig Jahren erreicht hatten – das Deplacement (die Wasserverdrängung) durfte aber bei Linienschiffen 10 000 Tonnen und das Geschützkaliber 28 cm, bei Kreuzern 6000 Tonnen und das Geschützkaliber 15 cm, bei Zerstörern 800 Tonnen und bei Torpedobooten 200 Tonnen nicht übersteigen. Am 1. Januar 1921 – nachdem die vom Versailler Vertrag bestimmten Stärken erreicht waren – setzte unter Vizeadmiral Paul Behncke die Konsolidierungsphase ein, unter Schwierigkeiten, die er so beschrieb: »Zerrüttung der Währung, wirtschaftlicher Niedergang, Kohlen- und Ölmangel, noch keineswegs gefestigte Disziplin, die Überwachung durch die alliierte Kontrollkommission«. Seine »Richtlinien über die beabsichtigte Verwendung der Seestreitkräfte im Kriege« umrissen die künftigen Aufgaben der Reichsmarine: »Die Freiwasserschlacht steht nicht mehr überwiegend im Vordergrund, sondern der Kleinkrieg im begrenzten Gewässer. Sperrung enger Fahrstraßen mit allen Mitteln, Bekämpfung von U-Booten und Angriff des in die Enge der Ostsee eindringenden Gegners unter vollem Einsatz von allem, was schwimmt, sowie Abwehr eines unsere Festungen oder Stützpunkte von See aus angreifenden Feindes sind die vorauszusehenden Aufgaben ...« Die Marine hatte ihre Ziele und begann mit der Kleinarbeit des Alltags. Ihr Personal – ausschließlich Freiwillige – war aus einer großen Zahl von Bewerbern ausgesiebt worden; wie auch das Reichsheer fühlte sich die Reichsmarine als Kader für eine spätere, größere Streitmacht. Nach reichlich drei Jahren bildete die Reichsmarine bereits eine homogene Einheit, ständige Gefechtsübungen und gründliche Ausbildung ließen die Besatzungen zusammenwachsen. 1924 wurden unter dem neuen Chef der Marineleitung, Vizeadmiral Hans Zenker, die schwimmenden Verbände unter dem »Oberbefehlshaber der Seestreitkräfte« zusammengefaßt, dem der »Befehlshaber der Linienschiffe« und der »Befehlshaber der Aufklärungsstreitkräfte« unterstanden.

**Begegnung zweier Welten: Rendezvous eines Segelschulschiffs aus der „guten alten Zeit" mit einem U-Boot der deutschen Kriegsmarine (Bild rechte Seite).
Die deutsche Flotte war bei Kriegsbeginn „untergerüstet". Die beschränkte Rohstofflage des Deutschen Reiches machte es unmöglich, zugleich das Heer, die Luftwaffe und die Marine aufzurüsten. Ihr Chef, Großadmiral Erich Raeder (Bild links), war als Mann der alten Schule ein hartnäckiger Verfechter der „Überwasserstrategie". Am 30. Januar 1943 wurde Raeder nach Differenzen mit Hitler durch den „Unterwasserstrategen" Großadmiral Dönitz abgelöst und erhielt den einflußlosen Posten des Admiralinspekteurs der Marine.**

Der Blick der Seeoffiziere begann sich nun weit über die Küstenverteidigung hinaus zu richten. Im September 1924 schrieb Vizeadmiral Zenker in seinen Schlußbetrachtungen zu den Herbstübungen: »Unsere Aufgabe ist, schon jetzt geistig Seemacht zu werden und zu bleiben, den Blick weiter auf den Ozean gerichtet zu halten über die Küstengewässer hinaus. Dann wird dereinst der Wiederaufbau der materiellen Seemacht schnell, folgerichtig und den Erfolg gewährleistend möglich sein.«

Der Schulkreuzer »Emden« war der erste größere Kriegsschiffneubau nach dem Krieg. Er bot die Möglichkeit, wieder geeignetes Personal für den Schiffbau einzustellen und auszubilden. Alle Arbeiten dieser Art wurden fast ausschließlich von Zivilisten – den Marine-Baubeamten – ausgeführt, deren oberster der Leiter der Konstruktionsabteilung in der Marineleitung war. So blieb die größtmögliche Zahl an Offizieren für die reinen Führungsaufgaben erhalten.

Die Neubautätigkeit nahm zu: Zwischen 1925 und 1928 wurden zwölf Torpedoboote gebaut, und die Marineleitung wünschte nun das »Panzerschiff A« auf Kiel zu legen.

Unabhängig davon hatte man ab 1926 mit dem Bau der drei Leichten Kreuzer der »Königsberg«-Klasse begonnen. Ihr Bau war 1930 abgeschlossen.

Die wesentlichen militärischen Forderungen verlangten ein Schiff von 10 000 Tonnen mit brauchbarem Panzerschutz, einer überlegenen Geschwindigkeit, einem Aktionsradius von 4000 Seemeilen und einer schweren Artillerie von 28 Zentimetern.

Der Chef der Marineleitung stimmte 1928 dem Bau zu, weil er neue seestrategische und operative Möglichkeiten erschloß. Der Panzerkreuzer A bewegte in den folgenden Jahren ganz erheblich die deutsche Innenpolitik.

Die ursprünglich wehrbejahende Politik der SPD hatte nach dem Kapp-Putsch 1920 eine Wendung vollzogen: Das alte Mißtrauen gegenüber der bewaffneten Macht war erwacht. In der Öffentlichkeit erhob sich anläßlich des Panzerkreuzer-Neubaus ein Sturm der Entrüstung, in den die KPD heftig mit

Nur allmählich konnte die Reichsmarine wieder Tritt fassen (Bild oben: „Blaue Jungs" im Parademarsch) nach dem verlorenen Ersten Weltkrieg, der auf See noch ein Nachspiel hatte: Am 21. Juni 1919 vereitelte in der Bucht von Scapa Flow an der Südküste der Orkney-Insel Pomona die hier seit dem Waffenstillstand internierte deutsche Flotte durch Selbstversenkung ihre Übergabe an die Briten (Bild linke Seite unten).

Bild linke Seite oben: der 1925 fertiggestellte leichte Kreuzer „Emden" war der erste Neubau der Reichsmarine nach 1919. Vor ihrem Kriegseinsatz als Schulkreuzer verwendet, erhielt die „Emden" nach ihrem letzten Einsatz, der Ausschiffung von 1200 Flüchtlingen aus Ostpreußen, in Kiel 45 Bombentreffer und wurde am 3. Mai 1945 in der Heikendorfer Bucht gesprengt.

Das Deutsch-Britische Flottenabkommen vom 18. Juni 1935 war ein unbestreitbarer diplomatischer Erfolg des Dritten Reiches. Mit der dem Vertrag zugrundeliegenden Formel 35:100 (Verhältnis der deutschen zur britischen Tonnage) wurden sowohl Englands Anspruch auf seine Vorherrschaft zur See als auch Hitlers Anliegen, die deutsche Marinerüstung zu sanktionieren, befriedigt. Bild oben: der „Führer" beim Stapellauf des Schlachtschiffes „Scharnhorst" in Wilhelmshaven. Links Großadmiral Raeder, hinter Hitler Generalfeldmarschall von Blomberg. Bild links: deutsches Schellboot im Hafen von Kiel. Bilder rechte Seite: Zerstörer „Paul Jacobi" (oben), Kreuzer „Köln" (Mitte) und Torpedoboot „Tiger" (unten).

einstimmte. Der Reichstag zerstritt sich heillos über die Bewilligung der Gelder, die tatsächlich eine große Belastung darstellten – 400 Millionen Reichsmark für insgesamt vier Schiffe dieses Typs –, doch stimmte er 1928 schließlich mit 257 zu 202 Stimmen für die Bewilligung der ersten Baurate.

Das Panzerschiff A wuchs langsam auf der Helling, am 1. April 1933 stieß es als Panzerschiff »Deutschland« – erster Bau dieser Klasse – zur Flotte. Unmittelbare Reaktion Frankreichs waren die Schlachtkreuzer der »Dunkerque«-Klasse. Darauf reagierten auch die Italiener mit Neubauten. Eine internationale Schlachtschiffbauwelle wurde ausgelöst. Die »Deutschland« war stärker als jedes schnelle Schiff – drei britische Schlachtkreuzer ausgenommen. Offiziell wurde eine Wasserverdrängung von 10 000 Tonnen angegeben, tatsächlich waren es 11 700 Tonnen. Der Dieselantrieb ermöglichte eine Reichweite von 10 000 Seemeilen bei 20 Knoten, die Höchstgeschwindigkeit betrug 28 Knoten. Bei einer Marschgeschwindigkeit von 17 Knoten konnte die Fahrstrecke bis zu 17 000 Seemeilen ausgedehnt werden.

Das Schiff war nicht nur für die heimischen Gewässer, Ost- oder Nordsee, sondern auch für den Kreuzerkrieg auf den Weltmeeren gedacht. Bereits 1927 – als noch um das Geld für die Panzerschiffe gerungen wurde – begann die Marineführung mit ersten Kontakten zu früheren Mitarbeitern, um ein überseeisches Versorgungssystem für die »Westentaschen-Schlachtschiffe« – wie in England die Panzerschiffe bald genannt wurden – zu organisieren.

Heimlich – am Versailler Vertrag vorbei – geschah so manches innerhalb der Marine in den späten zwanziger Jahren: Arbeiten und Forschungen in der Unterwasserortung von U-Booten führten als Nebenergebnis auch zur späteren Entwicklung des Funkmeß-(Radar)-Verfahrens. Der Funkverkehr über große Reichweiten wurde erprobt und verfeinert, aber auch die Methode der Funkaufklärung, die späterhin – verkörpert im »B-Dienst« – für die Marine entscheidende Bedeutung erlangte. Innerhalb der Funkaufklärung war das Brechen feindlicher Codes notwendig – die Vorarbeiten wurden damals geleistet. Die Marine plante bereits die Verwendung schneller Frachtschiffe als Hilfskreuzer und von Fischdampfern als Vorposten- und Minenräumboote. Zivile Piloten wurden insgeheim als Seeflieger ausgebildet, Zivilflugzeuge flogen Zieldarstellung für Flugabwehrübungen.

Auf das Jahr 1922 gingen die Anfänge des Baues neuer U-Boote zurück. Mit Geldern aus einem »schwarzen Fonds« kaufte sich die Reichsmarine in ein holländisches Konstruktionsbüro in Den Haag ein. Eine Gruppe erfahrener deutscher U-Bootkonstrukteure entwarf Tauchboote für fremde Staaten und hielt sich so ständig auf dem neuesten Stand der Technik.

Am 1. Oktober 1928 übernahm jener Mann die Marineleitung, der die deutschen Seestreitkräfte bis in den kommenden Krieg hinein führen sollte: Vizeadmiral Dr. phil. h.c. Erich Raeder. Zunächst war auch er ein Verfechter des reinen Küstenverteidigungskonzepts. Zumindest solange die Beschränkungen, denen die Marine unterlag, den Bau eines vollwertigen Kampfschiffes unmöglich machten. So konnte er sich anfangs wenig mit der Idee eines Kreuzerkriegs auf den Weltmeeren befreunden, schon gar nicht mit den Gedanken eines Buches, das in England mehr Aufsehen erregte als in Deutschland, obwohl es der deutsche Vizeadmiral Wolfgang Wegener für die deutsche Marine geschrieben hatte: »Die Seestrategie des Weltkrieges«. Wegener vertrat darin die Ansicht, daß Großbritannien der Ausdehnung jedes Machtanspruches irgendeines europäischen Landes feindselig gegenüberstehe. Zwangsläufig müsse also ein wiedererstarktes Deutschland mit einem Krieg gegen England rechnen und sich deshalb darauf einstellen. Notwendig sei eine große, ausgewogene Flotte mit Stützpunkten in Norwegen und Frankreich, um von dort aus Seekrieg auf den maritimen Nachschubwegen Großbritanniens zu führen. Doch auch solch günstige geopolitische Lage führe erst zum Erfolg, wenn gleichzeitig auch ein Bündnis des Deutschen Reiches mit den USA bestehe. Admiral Raeder lehnte Wegeners Ansichten rundweg ab, weil er die Meinung vertrat, daß Deutschland niemals wieder gegen England kämpfen werde.

Der neue Chef der Marineleitung ließ die Reichsmariner in ganz anderer Weise denken und arbeiten: Die schon von seinen Vorgängern konzipierten 6000-Tonnen-Kreuzer entstanden auf den Werften. Die Marine wurde modernisiert. Ein Fünfjahresbauplan, aufgestellt 1932, verlangte den Bau von Zerstörern, Torpedo- und Schnellbooten und die erste U-Bootfahrerausbildung in der »U-Bootabwehrschule« sowie den geheimen Aufbau von Marinefliegerverbänden.

Minenräum- und neuartige Schnellboote gingen in die Erprobung. Verbesserte Minen und Minenräumtechniken, Katapulte zum Start von Seeflugzeugen, Flugzeugtorpedos und Bordwaffen wurden entwickelt.

Bei Seemanövern in der Nordsee übten Flottenverbände der Reichsmarine – erstmals zu »Kampfgruppen« zusam-

Nach dem Deutsch-Britischen Flottenabkommen von 1935 durfte Deutschland offiziell rund 70 Unterseeboote bauen. Aber als der Krieg begann, waren nur 22 atlantiktüchtige Boote verfügbar. Die volle, von London erlaubte Baukapazität war nicht ausgenutzt worden, da in der deutschen Marineleitung keine Einigkeit darüber bestand, ob man große oder kleine Boote bauen sollte. Bild linke Seite: Boote der U-Flottille „Weddigen". Bild oben: U-Bootsturm mit Vorschiff und Backgeschütz.

mengestellt – nicht nur die Küstenverteidigung, sondern auch Lagen, die bei Kämpfen gegen Frankreich oder Rußland auftreten konnten. Niemals aber wurde in einer Übung England als potentieller Gegner angenommen. Wirklicher Gegner der Reichsmarine war damals nur die See: Am 26. Juli 1932 kenterte in einer Gewittervertikalbö das Segelschulschiff »Niobe« vor der Insel Fehmarn. Neunundsechzig Besatzungsmitglieder fanden den Tod in den Wellen – fast ein ganzer Jahrgang des Nachwuchses an Seeoffizieren, Sanitätsoffizieren, Marinebaumeistern und Unteroffizieren. Die Hamburger Werft Blohm & Voss erhielt einen Auftrag für den Ersatzbau, eine Dreimastbark, die am 3. Mai 1933 auf den Namen »Gorch Fock« getauft wurde. Adolf Hitler war kurz zuvor Reichskanzler geworden.

Die Gefühle der Admirale dem neuen Reichskanzler gegenüber waren zwiespältig: Sie spürten, daß dieser Mann ihren Wünschen entgegenkommen, die Flotte noch ausbauen und das Reich zu neuer Geltung bringen konnte. Sie wußten aber auch von seinem rein kontinentalen Denken und davon, daß er über den »Unsinn von Seemacht und Seegeltung« geschrieben hatte, dies freilich, um die britische Bundesgenossenschaft zu gewinnen. Die Briten als Bundesgenossen – das war auch der Wunsch des Admirals Raeder. Zum anderen jedoch war der Gefreite von den »Fünfundachtzigern« (eine Spottbezeichnung der Marine für alle Heeressoldaten) ein unbehaglicher Umgang für Offiziere, die der vornehmen Kaiserlichen Marine entstammten.

Die Marine jedenfalls blieb unpolitisch, bekam jedoch bald den dadurch entstehenden Nachteil zu spüren: Sie wurde gegenüber dem Heer klar benachteiligt, vor allem jedoch gegenüber dem Reichsluftfahrtministerium, an dessen Spitze der politisch höchst einflußreiche Hermann Göring stand. Göring begann mit dem geheimen Aufbau einer Luftwaffe und versuchte von Anbeginn die nur in Keimzellen bestehende Marinefliegerei unter seine Befehlsgewalt zu bringen – getreu seinem Spruch: »Alles, was fliegt, gehört mir!«

Der Flottenbau lief inzwischen planmäßig weiter. Von den Panzerschiffen waren, nach der fertiggestellten »Deutschland«, die »Admiral Scheer« und »Admiral Graf Spee« im Bau. Die nächsten sollten – nach Raeders Vorstellungen – größer werden und einen dritten 28-cm-Drillingsturm erhalten. So wurden die Schlachtschiffe »Gneisenau« und »Scharnhorst« konstruiert.

Vorbereitet wurde auch der Serienbau von U-Booten. Das vom niederländischen Konstruktionsbüro entworfene erste Boot vom Typ E I wurde in Spanien zunächst als Spekulationsprojekt gebaut, in der Hoffnung, daß die spanische Marine es später übernehmen würde. Das geschah jedoch nicht, und so ging das Boot dann schließlich an die Türkei, nachdem es von deutschen Besatzungen eingefahren und erprobt war. Nach einem verbesserten Entwurf, der auf diesen Typ zurückging, wurden einerseits die späteren russischen U-Boote der S-Klasse gebaut, andererseits die deutschen U-Boote des Typs I. In Finnland wurden nicht nur ein kleines 250-Tonnen-Boot »Vesikko« gebaut, das als Prototyp für die deutschen Küsten-U-Boote vom Typ II diente, sondern auch drei 500-Tonnen-Boote, die teilweise für den späteren Typ VII als Vorbild dienten. Hitler hatte den Vertrag von Versailles im März 1935 mit der Verkündung der Wehrhoheit offiziell gebrochen und die bis dahin verbotene Luftwaffe aufstellen lassen. Und aus der Reichsmarine wurde die Kriegsmarine.

Wie erwähnt, kam es sofort zu Reibereien zwischen der Marineführung und Hermann Göring um die Marineluftwaffe. In diesem bis in den Krieg hinein andauernden Tauziehen blieb Göring Sieger – zum Nachteil der Luftwaffe und der Marine, wie sich erweisen sollte: Eine Marine braucht einen eigenen Luftschirm und eine eigene Luftaufklärung – und eben die bekam sie nicht. Die Marine gab zwei Flugzeugträger in Bau: »Graf Zeppelin« und den »Träger B«. Jeder Träger sollte 20 Mehrzweck-Flugzeuge Fi 167, 12 Stukas Ju 87 G und 10 Jagdflugzeuge Me 109 T – alle Maschinen mit abklappbaren Tragflächen – an Bord führen. (Die Arbeiten

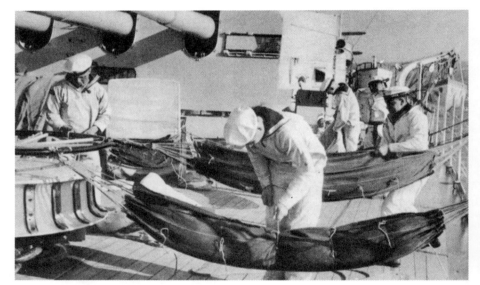

Seit je haftete der Marine ein Flair von „Freiheit und Abenteuer" an. Entsprechend war der Drang der jungen Wehrpflichtigen, auf den Seekriegsstreitkräften ausgebildet zu werden, überproportional groß.

Bilder linke Seite: Trompeter blasen „Antreten zum Dienst" (oben), Kadetten beim Auslüften ihrer Hängematten (Mitte) und bei der Morgenwäsche (unten). Bild oben: „Backen und Banken!" - das beliebteste Kommando an Bord. Bild rechts: „Klar bei Hängematten", der Zapfenstreich im Seemannsdeutsch.

Bild oben links: Gefechtsturm des Panzerschiffs „Admiral Graf Spee", das am 30. Juni 1934 vom Stapel gelaufen war. Auf der „Admiral Graf Spee" wurde zum ersten Mal diese neuartige Form der Unterbringung der Brücken, Stände und Scheinwerfer gewählt. Eine weitere Scheinwerfergruppe ist am Schornstein zu erkennen. Links die an

Deck stehenden, nicht-mehr in Kasematten untergebrachten Geschütze der Mittschiffsartillerie. Bild oben: Katapultstart eines Aufklärungsflugzeuges vom Typ Heinkel He 60 vom Start-und Landedeck eines deutschen Kriegsschiffs. Bild links: „Geschützreinigungskompanie angetreten" zum Auswischen der Rohre.

am »Graf Zeppelin« wurden 1940 eingestellt, 1942 wiederaufgenommen und 1943 endgültig abgebrochen; »Träger B« hatte man bereits 1940 aufgegeben.) Doch noch bevor der Flugzeugträger »Graf Zeppelin« auf Stapel gelegt worden war, machte Hitler einen meisterlichen Schachzug: Er schloß mit England im Juni 1935 einen Flottenvertrag ab. Für die Engländer schien das eine Bestätigung für ein deutsches Maßhalten in der Seerüstung zu sein. Deutschland verpflichtete sich, seine Flotte nicht über 35 Prozent der Stärke der britischen Seemacht anwachsen zu lassen. Die U-Boote durften nicht über 45 Prozent der englischen U-Bootwaffe ausmachen. Ein deutsches Zugeständnis war die Begrenzung der Schlachtschiffe auf 35 000 Tonnen.

Bereits elf Tage nach Unterzeichnung des deutsch-englischen Flottenabkommens wurde in Kiel – es war am 27. Juni 1935 – U 1 in Dienst gestellt. Genau zwei Monate später übernahm der Fregattenkapitän Karl Dönitz das Kommando über die U-Flottille »Weddigen«, der zu diesem Zeitpunkt die Boote U 1 bis U 9 angehörten. Es folgte eine systematische, gründliche Ausbildung der Kommandanten und ihrer Besatzungen in Technik und Taktik: Ziel war das Operieren der U-Boote im Rudel. Dabei war der Torpedonahschuß aus 600 Meter Entfernung im Überwassernachtangriff anzustreben. Die taktische Führung der Boote am Konvoi sollte bei einem eingeschifften Flottillenchef liegen, die operative Führung durch den Führer der U-Boote von Land aus erfolgen.

Karl Dönitz, der im Januar 1936 als Kapitän zur See zum »Führer der U-Boote« (FdU) ernannt wurde, war durch seine Kriegserfahrungen, seine reichen Kenntnisse, erworben in zahlreichen Kommandos der Nachkriegszeit, sein präzises und gründliches Denken und seine ausgeprägte Kameradschaftlichkeit der ideale U-Bootführer. Bereits 1937 gewann er die Überzeugung, daß ein Krieg mit Großbritannien zu erwarten sei, und drängte beim Oberbefehlshaber der Kriegsmarine, dem nunmehrigen Generaladmiral Raeder, vergebens auf einen gesteigerten U-Bootbau. Doch Hitler hatte Raeder versichert, daß ein Krieg mit England nicht denkbar sei – und Raeder glaubte es nur zu gern.

Wie Dönitz drang auch der Korvettenkapitän Edward Wegener mit seinen Vorstellungen nicht durch. Wegener verschärfte noch die Gedanken seines Vaters, des vorhin erwähnten Vizeadmirals Wegener, indem er als Voraussetzung für einen Seekrieg gegen England die Besetzung Norwegens für nötig erachtete: »Die Aufgabe, die norwegischen Stützpunkte zu nehmen, zu halten und auszubauen, ist im wesentlichen mit den Mitteln der Marine möglich. Der Erzstrom aus Narvik, auf den wir im Winter besonders angewiesen sind, versiegt für England und fließt in seiner ganzen Fülle für uns.«

Nicht lange danach allerdings sah sich Raeder durch die eingetretenen Ereignisse gezwungen, gerade diese, von ihm strikt abgelehnten Gedanken selbst zu vertreten und in die Tat umzusetzen: Beim Unternehmen »Weserübung« trug die Marine die Hauptlast der Besetzung Norwegens.

Das Oberkommando der Kriegsmarine versuchte sich über künftige Strategien klarzuwerden und danach einen Plan für die materiellen Voraussetzungen dazu aufzustellen. Der für die Planung gebildete Arbeitsstab war – der Grundeinstel-

Lange Zeit hatte Hitler der Marine versichert, es käme nie zu einem Krieg mit der Seemacht England. Für den Ernstfall aber wurde der Seekriegsleitung als Hauptaufgabe der deutschen Kriegsmarine neben der Sicherung der Ostsee und der deutschen Nordseeküste die Bekämpfung der Versorgungswege des möglichen Gegners im Atlantik, im Klartext also Englands, überantwortet.
Bild oben: Geschütz der Küstenartillerie beim Gefechtsschießen. Bilder rechte Seite: Flakartillerie und Torpedowaffe auf Kreuzer „Leipzig" (oben), Ausstoß eines Torpedos aus dem Drillingsausstoßrohr eines deutschen Kreuzers (unten).

lung der Marineführung entsprechend – von Beginn an einseitig auf Operationen mit Überwasserstreitkräften eingerichtet. Dönitz, der Führer der U-Boote, wurde zur Mitarbeit nicht herangezogen. Aus den ursprünglichen »X«- und »Y«-Plänen kristallisierte sich schließlich der »Z«-Plan heraus, den es wiederum in zwei Formen gab: Die eine legte das Schwergewicht auf Panzerschiffe, Hilfskreuzer und U-Boote, war schnell zu verwirklichen und billig. Die andere bedeutete einen Rückfall in die Flottenbaupolitik des Kaiserreiches, wirkte imponierend, demonstrierte Macht und Glanz, war ungemein kostspielig und benötigte viel Zeit. Er sah eine klotzige Flotte aus zehn Schlachtschiffen, davon sechs Superschlachtschiffen, außerdem zwölf Schlachtkreuzern, dazu die vorhande-nen drei Panzerschiffe, fünf Schwere, 24 Leichte und 36 Spähkreuzer, 70 Zerstörer, 90 Torpedoboote, 244 U-Boote und acht Flugzeugträger vor. Das strategische Konzept für diese Seestreitkräfte hieß Handelskrieg auf allen Ozeanen und Binden der britischen Flotte in der Nordsee.

Ausgerechnet diese Form des Z-Planes, die Gigantomanie zur See, wurde von Hitler am 27. Januar 1939 akzeptiert. Er schrieb an Göring: »Ich befehle, daß der von mir angeordnete Aufbau der Kriegsmarine allen anderen Aufgaben einschließlich der Aufrüstung der beiden anderen Wehrmachtteile und einschließlich des Exports vorgeht...« Göring, der größte Widersacher der Marine, mußte nun seine Rohstoffe in gewaltiger Menge an die bisher benachteiligten Admirale aushändigen. Er tat es um einen hohen Preis: Raeder hatte endgültig auf die seit Jahren erbittert umkämpfte eigene Marineluftwaffe zu verzichten. Damit verlor die Kriegsmarine ein Kampfmittel, das zur Führung eines Seekrieges unentbehrlich war.

Der Z-Plan – mehrfach modifiziert – setzte voraus, daß es vor 1944 keinesfalls zu einem Krieg mit der damals größten Seemacht der Welt, mit England, kommen dürfe – und das auch nur, falls England nicht inzwischen selbst seine Flotte vergrößerte. Endgültig verwirklicht aber sollte das Bauprogramm des Z-Planes erst 1948 sein. Dönitz und seine U-Bootoffiziere hielten den

Z-Plan für aussichtslos. Im Mai 1939 übten zwischen Kap St. Vincent und Ouessant 20 U-Boote der Kriegsmarine die von Dönitz erwartete Atlantikschlacht. Sie demonstrierten die Rudeltaktik: das Besetzen bestimmter Angriffsquadrate, das Bilden stationärer oder sich bewegender Aufklärungsstreifen, mit denen man die Konvois zu erfassen sucht, und das Heranführen der Boote der Gruppe oder des Rudels durch das den Konvoi sichtende U-Boot als Führungshalter.

Das Ergebnis dieser Übung sowie eines vorangegangenen Kriegsspiels des FdU im Winter 1938/39 veranlaßten Dönitz, unterstützt von Flottenchef Admiral H. Boehm, die Forderung nach 300 Front-U-Booten vom mittleren Typ VII B und VII C aufzustellen. Nach seiner Vorstellung wurden 100 U-Boote im Operationsgebiet, 100 für An- und Rückmarsch und ebenso viele für Ausrüstung und Überholung benötigt. 18 Artillerie-U-Boote vom Typ XI und 30 Boote vom Typ XII hielt Dönitz zusätzlich für den Einsatz in entfernteren Seegebieten als Fernaufklärer und Flotten-U-Boote für notwendig. Als Konsequenz legte Dönitz dem OKM nahe, zu prüfen, welche Aufgaben im Interesse des U-Bootbaus zurückgestellt werden könnten.

Jedoch blieb die eine wie die andere Forderung ohne Einfluß auf die im Z-Plan ohne die Mitwirkung des FdU festgelegte homogene Flotte Raeders, in der die mittleren U-Boote sich tonnagemäßig mit den U-Kreuzern und großen Booten die Waage hielten. Selbst wenn Raeder, der sich von der Rudeltaktik beeindruckt zeigte, gewollt hätte, so wäre die Marine nicht in der Lage gewesen, die verlangten dreihundert Boote bis zum »Polenfeldzugtermin« zu bauen, da die Rohstoff- und Industriekapazität auf die drei Wehrmachtteile voll verplant war. Es wäre allein schon nicht möglich gewesen, die erforderlichen Dieselmotoren oder die notwendigen Periskope in der verlangten Stückzahl zu produzieren. Die hochseegängigen Typen VII B und VII C waren erst im Winter 1938/39 fertig entwickelt und anschließend in Serie gegangen.

Am 3. September 1939 ließ Raeder seine Mitarbeiter zusammenrufen und sprach: »Am heutigen Tage ist der Krieg gegen England ausgebrochen ... Mit diesem Krieg brauchten wir nach den bisherigen Äußerungen des Führers nicht vor 1944 zu rechnen. Die Überwasserstreitkräfte sind noch so gering an Zahl und Stärke, daß sie nur zeigen können, daß sie mit Anstand zu sterben verstehen ...«

Bild links: Stapellauf des Schlachtschiffs „E" am 8. Dezember 1936 in Kiel. Das Schiff wurde bei seiner Indienststellung am 21. Mai 1938 auf den Namen des legendären Verteidigers von Kolberg gegen die Truppen Napoleons im Jahr 1807, „Gneisenau", getauft.

Bild rechte Seite: Stapellauf des Schlachtschiffs „Tirpitz" auf der Kriegsmarinewerft in Wilhelmshaven am 1. April 1939. Die Deutschen seien „von dem heißen Wunsch erfüllt, nie wieder in einen Krieg gegen England ziehen zu müssen", verkündete Hitler anläßlich dieses Ereignisses. Der Monat war noch nicht zu Ende, als der Deutsch-Britische Flottenvertrag von 1935 einseitig von Berlin gekündigt wurde.

Der Kampf der Überwasserstreitkräfte

Das Bild, das die deutsche Kriegsmarine im September 1939 bot, eine kleine Zahl gefechtsfähiger schwerer und leichter Kampfeinheiten neben Sicherungsverbänden, die nach Kriegsausbruch durch zahlreiche Hilfsfahrzeuge aus der Fischerei- und Handelsflotte für den Küstenschutz und die Minenbekämpfung ergänzt wurden, blieb für die Dauer des Krieges bestimmend – abgesehen von dem großzügigen Ausbau der U-Bootwaffe. An Schlachtschiffen waren zunächst nur die Übergangstypen »Scharnhorst« und »Gneisenau« vorhanden, die ihrer Größe und dem Kaliber ihrer schweren Artillerie nach – 26 000 Tonnen, 28-cm-Geschütze – eher als Schlachtkreuzer anzusprechen waren. Dazu kamen drei Panzerschiffe, »Deutschland«, »Admiral Scheer« und »Admiral Graf Spee«, der Schwere Kreuzer »Admiral Hipper«, sechs Leichte Kreuzer, 21 Zerstörer, 11 Torpedo- und 20 Schnellboote, 80 Geleit-, Minensuch- und Räumboote sowie die entsprechende Anzahl von Fahrzeugen verschiedener Größe und Typen für Ausbildungs-, Schul-, Erprobungs- und Hilfsdienste aller Art. Im Bau befanden sich zwei große 35 000-Tonnen-Schlachtschiffe mit 38-cm-Geschützen, »Bismarck« und »Tirpitz«, ein Schwerer Kreuzer, »Prinz Eugen«, und drei Zerstörer. Nahezu fertiggestellt waren die Schweren Kreuzer »Blücher« und »Lützow«. Der letztere wurde im Austausch gegen Öl- und Getreidelieferungen kurz darauf der Sowjetregierung überlassen, die ihn allerdings nicht in Dienst stellte. Das bisherige Panzerschiff »Deutschland« wurde in »Lützow« umgetauft. Geplant oder auf Kiel gelegt waren zwei Schlachtschiffe eines vergrößerten Typs, ein Flugzeugträger, zwei Schwere und drei Leichte Kreuzer sowie dreizehn Zerstörer. Diese in ihren Anfängen stehende Flotte sollte der britischen Flotte gegenübertreten, die über 15 Schlachtschiffe, 7 Flugzeugträger, 63 Kreuzer und 191 Zerstörer verfügte. Die Überlegenheit war erdrückend. Die französische Flotte, die zweite große Gegnerin, war allein bereits den deutschen Seestreitkräften in allen Schiffstypen zahlenmäßig eindeutig überlegen.

Das Kräfteverhältnis verschob sich weiterhin durch den Umstand zuungunsten der deutschen Kriegsmarine, daß diese nur Ausgangsbasen in der Deutschen Bucht und in der westlichen Ostsee besaß, während die feindlichen Flotten schon durch die geographische Lage ihrer Stützpunkte sämtliche Ausfalltore aus der Nordsee beherrschten. An dieser Situation änderte auch die Erwerbung eines Stützpunktes an der Murman-Küste in der Sapadnaja-Litsa-Bucht südlich der Fischerhalbinsel nichts, den die Sowjetregierung nach mühsamen Verhandlungen der deutschen Kriegsmarine überließ. Er diente heimkehrenden deutschen Handelsschiffen und Versorgungsfahrzeugen als vorübergehende Zufluchtsstätte.

Angesichts der Ungunst der Lage konnte das Hauptziel der deutschen Seekriegführung gegen England, den hauptsächlichsten Gegner, nur der Kampf gegen die britischen Seeverbindungen sein. Die Seewege waren die Lebensnerven der britischen Kriegführung. Nahrungsmittelversorgung, Rüstungsproduktion, ja überhaupt jegliche militärische Machtentfaltung hingen von ihrer Offenhaltung ab. Die hoffnungslose Unterlegenheit der deutschen schweren Seestreitkräfte machte es unmöglich, die feindliche Schlachtflotte nach den Regeln traditioneller Seekriegführung zur Entscheidung zu stellen. Wie im Ersten Weltkrieg fiel der U-Bootwaffe wiederum die Aufgabe zu, unter Umgehung der britischen Überwasserseeherrschaft den Angriff auf die Seeverbindungen erfolgreich zu führen. Eine starke U-Bootwaffe ließ sich in weit kürzerem Zeitraum als eine starke Schlachtflotte aufbauen. Folgerichtig wurde daher der Schwerpunkt in der Flottenrüstung und im Einsatz der

Die nach dem Reichsgründer benannte „Bismarck" (Bild rechts) hatte eine Maximalverdrängung von nahezu 50.000 Bruttoregistertonnen, war 251 Meter lang, 36 Meter breit, trug bis zu 2200 Mann Besatzung und erreichte eine Geschwindigkeit von maximal 29 Knoten. Das seinerzeit größte deutsche Schlachtschiff war im November 1935 in Auftrag gegeben worden, im Februar 1939 vom Stapel gelaufen und wurde im August 1940 in Dienst gestellt.

Bild linke Seite: Krieg in Sicht! Großadmiral Raeder in seinem Tagesbefehl vom 1. September 1939: „Der Ruf des Führers ist an uns ergangen. Die Stunde der Entscheidung findet uns bereit, einzustehen für Ehre, Recht und Freiheit unseres Vaterlandes."

Kriegsmarine von vornherein auf die U-Bootwaffe als Hauptträger des Tonnagekrieges gelegt.

Im »Mob-Plan«, dem mit der Mobilmachung in Kraft tretenden Schiffbauplan, war ein monatlicher Ausstoß von 12,5 U-Booten festgesetzt. Diese Ziffern wurden rasch gesteigert. Die Vorräte an Kupfer und Zinn gestatteten als Maximum zunächst nur den Bau von 200 Booten. Erst die Besetzung Frankreichs, bei der erhebliche Rohstoffvorräte erbeutet wurden, erlaubte eine Erweiterung des Programmes. Voraussetzung war freilich äußerste Einschränkung im Bau von Überwasserschiffen. Nur diejenigen Schiffe, deren Fertigstellung in absehbarer Zeit zu erwarten war, wurden noch weitergebaut, alle übrigen Bauten wurden stillgelegt.

Im Zeichen des »Tonnagekrieges« erfolgte auch der Einsatz der Flotte. Grundgedanke war, neben der nach Tonnage bemessenen Erzielung größtmöglicher Versenkungserfolge die alliierten Überwasserstreitkräfte zu beschäftigen, um die Konzentration aller Kräfte auf die U-Bootabwehr zu verhindern und damit der eigenen U-Bootwaffe Entlastung zu bringen. Infolge der zahlenmäßigen Unterlegenheit vertrat die Seekriegsleitung die Auffassung, eigene Unternehmungen hätten nur dann Aussicht auf Erfolg, wenn sie mittels der »Hit and run«-Taktik auf Überraschung aufgebaut waren, wenn man grundsätzlich das Unerwartete und

Angesichts der Unterlegenheit der deutschen Kriegsmarine hatten die schweren Überwassereinheiten die Aufgabe, durch Einzelkampf im Handelskrieg die gegnerischen Kräfte zu zersplittern und zu binden. Gemäß diesem Auftrag lief die „Admiral Graf Spee" (Bild) unter dem Kommando von Kapitän Langsdorff am 21. August 1939 von Wilhelmshaven in den Südatlantik aus, wohin schon ihr Troßschiff „Altmark" vorausgefahren war, und nahm Ende September mit der Versenkung des britischen Dampfers „Clement" den Kampf auf.

Langsdorff operierte so geschickt, daß die Royal Navy mehrere Suchgruppen mit jeweils überlegener Feuerkraft zusammenstellen mußte, um die Gefahr im Südatlantik auszuschalten (Bild links: Untergang eines von „Admiral Graf Spee" getroffenen britischen Handelsschiffs). Am 13. Dezember 1939 wurde das deutsche Panzerschiff vor der Mündung des Rio de La Plata in ein schweres Gefecht mit einem englischen Verband verwickelt und durch Treffer des Kreuzers „Achilles" (Bild rechts: die Schiffsartillerie) schwer beschädigt. Als die uruguayischen Behörden die Liegezeit für die notwendige Reparatur in Montevideo verweigerten, ließ Langsdorff die Besatzug von Bord gehen, das Schiff außerhalb der 3-Meilen-Zone sprengen (Bild oben) und wählte dann den Freitod.

Unwahrscheinliche tat, um auf diese Weise den Gegner an der Zusammenfassung seiner überlegenen Kräfte zu hindern. Daß ein derartiges Vorgehen auch erhebliche Rückschläge zeitigen konnte, mußte man in Kauf nehmen. Der Entschluß zu dieser außerordentlich kühnen und wendigen Kriegführung bestimmte das Geschehen in der ersten Phase des Seekrieges bis zum Norwegenunternehmen und sollte auch später (1940-42) für den Einsatz der Flotte richtunggebend bleiben.

Nach der Lage der Dinge konnte bei Kriegsausbruch den eigenen Handelsschiffen außerhalb der heimischen Gewässer keinerlei militärischer Schutz gewährt werden. Sie erhielten daher die Weisung, sofern es möglich war, in die Heimat zurückzukehren oder neutrale Häfen anzulaufen Bis zum 1. April 1940 gelang 84 Schiffen mit 479 000 Tonnen, darunter dem berühmten Passagierdampfer »Bremen«, die Rückkehr in die Heimat, eine beträchtliche Zahl von Schiffen versenkte sich selbst bei Annäherung feindlicher Kriegsschiffe, nur wenige fielen in Feindeshand.

Im Atlantik nahmen die Panzerschiffe »Deutschland« und »Graf Spee«, gestützt auf Versorgungsschiffe wie die »Altmark«, den Handelskrieg auf. Während »Deutschland« unter Kapitän z.S. Wenneker im Januar 1940 erfolgreich ihren Raid in den Atlantik abschloß, wurde »Graf Spee« – Kapitän z.S. Langsdorff – im Dezember 1939 von englischen Kräften vor der La-Plata-Mündung in ein Seegefecht verwickelt. Beträchtliche Beschädigungen sowie Verluste unter der Mannschaft zwangen des Kommandanten, Montevideo anzulaufen. Da die uruguayischen Behörden die erforderliche Liegezeit verweigerten und Langsdorff annahm, daß schwere Seestreitkräfte der Briten vor dem La Plata konzentriert würden (eine Täuschung des britischen Geheimdienstes), befahl er die Selbstversenkung seines Schiffes vor der Küste. Anschließend erschoß er sich.

Der Seekrieg in den Heimatgewässern begann in der Ostsee mit der Beteiligung von Einheiten des Marinegruppenkommandos Ost unter Generaladmiral Albrecht am Polenfeldzug, in der Nordsee mit der Anlage umfangreicher Minensperren zum Schutz der Deutschen Bucht durch das Marinegruppenkommando Nord unter Admiral Saalwächter. Deutsche Zerstörer legten im Rahmen des Tonnagekrieges in zahlreichen kühnen Vorstößen Minen an der englischen Ostküste, vor allem in der Mündung der Themse, des Humber und Tyne. Seefliegerverbände übernahmen die Verminung der britischen Küstengewässer. Unter Führung des Flottenchefs, Admiral Boehm, unternahmen Kampfgruppen aus Schlachtschiffen, Kreuzern und Zerstörern Vorstöße in die nördliche Nordsee, um Handelskrieg zu führen und die britische Home Fleet zur Entlastung der im Atlantik eingesetzten Panzerschiffe in den Heimatgewässern zu binden. Bei einem Vorstoß der Schlachtschiffe »Scharnhorst« und »Gneisenau« unter Führung des Vizeadmirals Marschall wurde der britische Hilfskreuzer »Rawalpindi« versenkt.

Von der Tätigkeit der Hilfskreuzer abgesehen, erlitt der Kreuzerkrieg im Frühjahr 1940 durch den Norwegen-

Die Ereignisse im Südatlantik bewogen die Briten zu größerer Vorsicht auf ihren Versorgungslinien (Bild rechte Seite: Kanone auf dem Achterdeck eines eskortierten Handelsschiffs). Nach dem Ende der „Admiral Graf Spee" kämpfte sich sein kleiner Begleiter „Altmark" vom Südatlantik durch die britische Blockade bis nach Norwegen in den Jössingfjord durch (Bild links), wo er am 17. Februar 1940 von einem britischen Kommando zur Befreiung der an Bord befindlichen 300 Kriegsgefangenen geentert wurde. Dieser „Altmark-Zwischenfall" beschleunigte die Planung des „Unternehmens Weserübung", der Besetzung Dänemarks und Norwegens. Bild oben: Nach einem schweren Torpedotreffer auf der Rückfahrt von Oslo liegt die „Lützow" mit abgeknicktem Achterschiff in Kiel.

feldzug eine erhebliche Unterbrechung. Die Durchführung der Großlandung in Norwegen stellte wohl einen Erfolg dar, der die Einsatzbereitschaft und seemännische Tüchtigkeit der Kriegsmarine aufzeigte. Sie erbrachte auch durch die Sicherung der nordeuropäischen Flankenstellung und die Gewinnung neuer Ausgangsbasen eine bedeutsame Verbesserung der seestrategischen Position, die den hohen Einsatz rechtfertigte. Gleichzeitig hatten jedoch die erlittenen Verluste, die während des Krieges nicht mehr aufgeholt werden konnten, eine Steigerung der zahlenmäßigen Unterlegenheit zur Folge. In den kommenden Monaten, vor allem während des Westfeldzuges, war die Bewegungsfreiheit der Flotte erheblich eingeschränkt.

Der Kreuzerkrieg in überseeischen Gewässern, der unmittelbar von der Seekriegsleitung geleitet wurde, fiel zunächst hauptsächlich den Hilfskreuzern zu. In den Jahren von 1940 bis 1943 unternahmen neun deutsche Hilfskreuzer elf große Kaperfahrten mit einer Dauer von fünf bis einundzwanzig Monaten und versenkten dabei 136 feindliche Kriegs- und Handelsschiffe mit einer Gesamttonnage von 850 000 Tonnen. Sämtliche Hilfskreuzer waren umgebaute Handelsschiffe mit einer Geschwindigkeit von 14-17 Knoten. Sie wurden mit vier bis sechs 15-cm-Geschützen, leichter Flak und mehreren Torpedorohren bestückt und zum großen Teil mit ein bis zwei Bordflugzeugen ausgerüstet. Einige führten zusätzlich auch Minen mit sich. Sorgfältige Tarnung diente dazu, die Bewaffnung zu verbergen, so daß sie der feindlichen Aufklärung als harmlose Handelsschiffe erscheinen mußten. Durch Vorbereitung von Änderungen im Aufbau konnten sie von Zeit zu Zeit ihr Aussehen wechseln. In den Heimathäfen zunächst mit Tarnnummern bezeichnet, erhielten sie die Namen, unter denen sie in die Seekriegsgeschichte eingehen sollten, erst beim Auslaufen. Der Hilfskreuzer »Atlantis« unter Kapitän z.S. Rogge legte auf einer besonders erfolgreichen Kreuzfahrt von 622 Tagen Minen an der südafrikanischen Küste und brachte im Atlantischen, Indischen und Pazifischen Ozean insgesamt zweiundzwanzig Schiffe mit 145 698 Tonnen auf. »Orion« unter Fregattenkapitän Meyher war 511 Tage unterwegs und legte Minen in den Gewässern vor Neuseeland. »Thor« unter Kapitän z.S. Kähler bestand im Atlantik drei Gefechte mit feindlichen Hilfskreuzern, von denen er zwei schwer beschädigte und den dritten versenkte. Nach Minenunternehmen in den australischen Küstengewässern brachte »Pinguin« unter Kapitän z.S. Krüder in der Antarktis eine ganze Walfangflotte auf, die Prisenbesatzungen an Bord nehmen mußte und von diesen wohlbehalten in westfranzösische Häfen überführt wurde. »Komet« unter Konteradmiral Eyssen gelangte mit sowjetischer Genehmigung durch die schwierige Passage des Sibirischen Seeweges und die Beringstraße in den Pazifik und die

Südsee, bombardierte die Insel Nauru mit ihren wichtigen Phosphatlagern und kehrte nach einer Kaperfahrt von 516 Tagen durch den Atlantik in die Heimat zurück. Einen einzigartigen Erfolg, freilich bezahlt mit dem Verlust des eigenen, in Brand geschossenen Schiffes, hatte der Hilfskreuzer »Kormoran« unter Fregattenkapitän Detmers zu verzeichnen: Er versenkte den australischen Kreuzer »Sidney«. »Widder« – Kapitän z.S. v. Ruckteschell – operierte erfolgreich im Nordatlantik. v. Ruckteschell führte auch auf einer anderen Fahrt den Hilfskreuzer »Michel« in den Pazifik, worauf er einen japanischen Hafen anlief. Nach Erkrankung Ruckteschells übernahm dort Kapitän z.S. Gumprich den »Michel«, nachdem sein eigenes Schiff, »Thor«, durch eine Dockexplosion verlorengegangen war, und führte eine neue erfolgreiche Kaperfahrt im Pazifik durch. »Stier« unter Kapitän z.S. Gerlach wurde im Nordatlantik eingesetzt und brachte mehrere Schiffe auf. Im Frühjahr 1942 legte der in einen Hilfskreuzer umgewandelte Blockadebrecher »Doggerbank« unter Fregattenkapitän Schneidewind Minen vor Kapstadt und Kap Agulhas an der südafrikanischen Küste. Naturgemäß forderte dieser Kaperkrieg auch seine Opfer. Von der ersten Welle von sechs Hilfskreuzern, die bis zum Oktober 1940 ausgelaufen waren, kehrten nur vier in die Heimat zurück, zwei waren von britischen Kreuzern gestellt und vernichtet worden. Die Hilfskreuzer der zweiten Welle hielten sich teilweise bis in das Jahr 1943 hinein auf den Weltmeeren, schließlich wurden sie sämtlich von der wachsenden feindlichen Übermacht vernichtet. Drei neue Hilfskreuzer, die in der Heimat ausgerüstet wurden, kamen nicht mehr zum Einsatz. Als letzter Hilfskreuzer wurde »Michel« unmittelbar vor Rückkehr von seiner zweiten Kreuzfahrt im Pazifik nach Japan im Oktober 1943 von einem amerikanischen U-Boot versenkt.

Die Hilfskreuzer-Kriegführung wurde zwischen dem 23. Oktober 1940 und dem 1. April 1941 durch einen Vorstoß des Schweren Kreuzers (die Bezeichnung »Panzerschiff« gab es nicht mehr) »Admiral Scheer« unter Kapitän z.S.

Zur Durchsetzung der „Nadelstichtaktik" gegen England waren auch die deutschen Schnellboote bestimmt, die ihre Stützpunkte gleich nach der Besetzung Frankreichs im Sommer 1940 nach Dünkirchen und Boulogne verlegten, um von hier aus die britischen Küstengeleite in der Straße von Dover anzugreifen (Bilder oben). Die Boote hatten bis zu 25 Mann Besatzung und erreichten mit ihren drei Dieselmotoren Geschwindigkeiten bis zu 40 Knoten.
Bild rechte Seite: Ölverschmierte Überlebende des am 8. April 1940 versenkten britischen Zerstörers „Glowworm" werden nach einem Seegefecht vor Norwegen an Bord eines deutschen Schiffes genommen.

Krancke in den Atlantischen und Indischen Ozean ergänzt. In 161 Tagen legte die »Admiral Scheer« 46 400 Seemeilen zurück. Zwischen Neufundland und Irland schoß »Scheer« aus einem britischen Geleit acht Schiffe heraus und versenkte den sichernden Hilfskreuzer »Jervis Bay« nach tapferer Gegenwehr. Insgesamt schickte er einundzwanzig Handelsschiffe mit 151 000 Tonnen auf den Grund des Meeres.

Alle diese Unternehmungen stützten sich auf schwimmende Versorgungsschiffe. Sie fügten der britischen Handelsschiffahrt beträchtlichen Schaden zu und banden zur Sicherung der Handelsstraßen in allen Meeren erhebliche gegnerische Kräfte, die damit der U-Bootabwehr entzogen wurden. Freilich war der U-Bootkrieg großen Stiles erst in der Entwicklung begriffen, er begann erst 1941. Und die Luftwaffe konnte keineswegs in dem von Großadmiral Raeder immer wieder angestrebten Umfang in den Dienst des Tonnagekrieges gestellt werden. Sie führte ihren eigenen Krieg. Stets fehlte es an der Koordinierung des Einsatzes der beiden Wehrmachtteile, die Schläge, die England trafen, fielen einzeln, oft zeitlich weit auseinanderliegend und ohne inneren Zusammenhang. Ein straff und einheitlich unter großen Gesichtspunkten geführter See-Luftkrieg mit all seinen gefährlichen Folgen blieb Großbritannien erspart.

Das gleiche Bild mangelnder Kräftekonzentration bot der Kampf um die Mittelmeerposition. Nachdem sich die Invasion Englands als undurchführbar erwiesen hatte, sah Großadmiral Raeder hier neben dem Tonnagekrieg der U-Bootwaffe die einzige Möglichkeit, dem britischen Gegner einen lebensbedrohenden Schlag zu versetzen. Die Beherrschung des Mittelmeers bedingte freilich die Sicherung des gesamten nordafrikanischen Raumes, wie umgekehrt eine erfolgreiche Landkriegführung in Libyen und Ägypten nicht ohne Kontrolle der Seewege möglich war. Zu erreichen war dies alles nur durch eine Zusammenarbeit mit Frankreich, zu der die französische Marine nach den Überfällen der Briten auf Oran und Dakar im Juli bzw. September 1940 durchaus bereit war. Seestrategisch bedeutete dies den konzentrischen Angriff der vereinigten deutsch-französisch-italienischen Über- und Unterwasserstreitkräfte, möglichst unter Einbeziehung der spanischen Flotte und der spanischen Seestützpunkte, von den französischen und westafrikanischen Basen zwischen Brest und Dakar aus auf die britischen Seeverbindungen im Nordatlantik.

Die Verwirklichung dieser Pläne blieb in den ersten Anfängen stecken. Hitler glaubte nicht, daß die Entscheidung im Mittelmeer läge, sondern suchte sie im Osten. Die Kriegführung gegen das britische Mutterland und seine Seewege wurde auf die Zeit nach der vorgesehenen schnellen Niederwerfung Rußlands verschoben.

Die Hoffnung der Seekriegsleitung, daß die italienische Flotte eine wirksame Entlastung bringen würde, erfüllte sich trotz mancher tapferen Einzelleistung italienischer Seestreitkräfte nicht. Den Bestrebungen der Seekriegsleitung, die französische Flotte für die Bekämpfung Englands zu gewinnen, blieb infolge des mangelnden Verständnisses der

»Seelöwe« wird verschoben

Befehl des Oberkommandos der Wehrmacht, 12.10.1940

1. Der Führer hat entschieden, daß die Vorbereitungen für die Landung in England von jetzt an bis zum Frühjahr lediglich als politisches und militärisches Druckmittel auf England aufrechtzuerhalten sind.

Sollte eine Landung in England im Frühjahr oder Frühsommer 1941 erneut beabsichtigt werden, so wird der dann erforderliche Bereitschaftsgrad zeitgerecht befohlen. Die militärischen Grundlagen für eine spätere Landung sind bis dahin weiter zu verbessern.

2. Alle mit der Auflockerung der Angriffsbereitschaft zusammenhängenden Maßnahmen sind von den Oberkommandos nach folgenden Gesichtspunkten anzuordnen:

a) Beim Engländer muß der Eindruck erhalten bleiben, daß wir eine Landung auf breiter Front weiterhin vorbereiten.

b) Daneben soll die deutsche Wirtschaft aber entlastet werden.

3. Im einzelnen gilt:

Heer:
Die für das Unternehmen »Seelöwe« bestimmten Verbände stehen für geplante Neuaufstellungen bzw. andere Verwendung zur Verfügung. Dabei muß vermieden werden, daß die Belegung im Küstenraum auffällig vermindert wird.

Kriegsmarine:
Die personellen und materiellen Vorbereitungen sind so aufzulockern, daß in dem nötigen Umfang Personal und Schiffsraum, insbesondere Schlepper und Fischdampfer, den Aufgaben der Seekriegführung und der Wirtschaft wieder zugeführt werden. Alle mit der Auflockerung zusammenhängenden Schiffsbewegungen müssen unauffällig und auf einen längeren Zeitraum verteilt vor sich gehen. Sie sind soweit wie möglich für Wirtschafts- und Beutetransporte auszunutzen.

4. Die Oberkommandos werden gebeten, ihre mit der Auflockerung der Vorbereitungen für Unternehmen »Seelöwe« zusammenhängenden Maßnahmen sowie den Zeitbedarf für die Wiederherstellung der zehntägigen Bereitschaft zum 20.10. an OKW zu melden.

„Deutsche Zerstörer auf dem Marsch gegen England" hieß die protzige Originalunterschrift zum obigen Bild aus der Propagandaillustrierten „Signal". Doch nicht zuletzt wegen der Schwäche der deutschen Marine mußte der „Marsch gegen England", die unter dem Decknamen „Unternehmen Seelöwe" für Spätsommer 1940 geplante Invasion Britanniens, schließlich abgeblasen werden. Um zu verhindern, daß sich die Deutschen nach dem Fall Frankreichs der Flotte bemächtigten, starteten die Briten Anfang Juli 1940 die Operation „Katapult" zur „Neutralisierung" der französischen Einheiten in Europa und Nordafrika. Bild rechte Seite: das Ende zweier französischer Zerstörer im Hafen von Mers el-Kebir bei Oran.

politischen Führung und der Plan- und Direktionslosigkeit der Hitlerschen Frankreichpolitik gleichfalls der Erfolg versagt.

Auch die Zusammenarbeit mit der Luftwaffe gestaltete sich nicht so, wie es im Interesse des Seekrieges notwendig gewesen wäre. Die schwachen, bei Kriegsausbruch vorhandenen Seefliegerverbände der Luftwaffe, die speziell für eine Kriegführung über See ausgebildet waren, wurden zunächst zwar in taktischer Hinsicht dem Oberkommando der Kriegsmarine unterstellt, doch gelang es Reichsmarschall Hermann Göring bald, trotz des Widerstandes des Oberbefehlshabers der Kriegsmarine, Hitler davon zu überzeugen, daß sie wiederum dem Oberkommando der Luftwaffe unterstellt werden müßten. Schließlich wirkte sich der Kräftemangel der Luftwaffe im Herbst 1940 bereits darin aus, daß auch die Seefliegerverbände zu wesensfremden Kampfaufgaben wie der Bombardierung Londons eingesetzt wurden. Fernaufklärer waren überhaupt nur in ungenügender Zahl vorhanden.

Mehr und mehr mußte die Kriegsmarine auf Luftunterstützung verzichten, zumal vom Sommer 1941 an die Masse der Luftstreitkräfte im Osten oder in der Heimatverteidigung gebunden war. Die Marine sah sich auf ihre eigenen schwachen Kräfte beschränkt.

Die Gewinnung verbesserter Ausfallhäfen am Ärmelkanal und am Atlantik durch die Besetzung der holländischen, belgischen und französischen Küste hatte zwar die Befreiung aus dem »nassen Dreieck« der Nordsee erbracht. Sie hatte der deutschen Flotte Ausgangsstellungen gegeben, wie sie diese niemals zuvor in der deutschen Geschichte besessen hatte. Nur fehlten jetzt die Kräfte, die Gunst der Lage in vollem Umfang zu nutzen.

Bald nach der Besetzung der französischen und flandrischen Kanalhäfen wurden Schnellbootflottillen nach Boulogne und später auch nach Cherbourg verlegt. Mit Torpedos und Minen führten sie, in der ersten Zeit unter dem Kommando von Kapitän z.S. Bütow, später mehrere Jahre lang unter Kommodore Petersen, in immer neuen kühnen Vorstößen einen zähen und erfolgreichen Kampf gegen den britischen Seeverkehr an der englischen Süd- und Ostküste. Die Schnellbootwaffe, die »Husaren der See«, hatte hier ein Betätigungsfeld gefunden, das ihren Kampfeigenschaften entsprach. Erst als im Sommer 1944 nach der Invasion die französische Küste verlorenging, mußten die Schnellboote Zug um Zug nach Osten zurückgenommen werden. Damit büßten sie ihren Aktionsradius ein.

Infolge der Nachwirkungen des Norwegen-Feldzuges und der im Zusammenhang mit dem Unternehmen »Seelöwe« geplanten Operationen der schweren und leichten Seestreitkräfte wurden die geringen noch vorhandenen schweren Überwassereinheiten erst im Herbst des Jahres 1940 wieder für den Tonnagekrieg im Atlantik frei. Der Schwere Kreuzer »Admiral Scheer« erschien nach seinem Sieg über den Geleitzug zwischen Neufundland und Irland bei den Kapverdischen Inseln, in westindischen Gewässern und darauf im Südat-

lantik. Anfang Dezember 1940 brach der Schwere Kreuzer »Admiral Hipper« – Kapitän z.S. Meisel – durch die Dänemarkstraße zwischen Island und Grönland in den Nordatlantik ein. In weitem Bogen den Atlantik durchstreifend, lief er nach erfolgreicher Bekämpfung des britischen Handelsverkehrs als erste schwere Einheit der deutschen Flotte am 27. Dezember 1940 den französischen Kriegshafen Brest als Stützpunkt an. Ende Januar 1941 folgten unter dem persönlichen Befehl des Flottenchefs, Admiral Günther Lütjens, die Schlachtschiffe »Scharnhorst« und »Gneisenau« – Kapitäne z.S. Hoffmann und Fein – seinem Beispiel. Gestützt auf die Versorgung durch für diese Zwecke bereitgestellte Tanker dehnten sie ihre Operationen bis in das Seegebiet der Kapverdischen und Kanarischen Inseln aus, versenkten 21 Handelsschiffe mit 107 000 Tonnen und erreichten am 22. März 1941 gleichfalls Brest. Inzwischen hatte »Admiral Hipper« einen neuen Vorstoß bis zu den Azoren unternommen. Seinem Angriff auf einen Geleitzug fielen mindestens sieben Schiffe zum Opfer. Im März 1941 kehrte »Hipper« zur Überholung in die Heimat zurück.

Diese Operationen fielen mit der Intensivierung des U-Bootkrieges und dem Höhepunkt der Erfolge der Hilfskreuzer zusammen. Eine schwere Versorgungskrise in England war die Folge. Die

Bild oben: der britische Schlachtkreuzer „Hood", seinerzeit das mächtigste Kriegsschiff der Welt. Am 24. Mai 1941 wurde die „Hood" nach einem 5minütigen Gefecht durch eine Vollsalve der „Bismarck" versenkt. Die kleinen Bilder, aufgenommen von „Prinz Eugen", zeigen von oben nach unten: „Bismarck" feuert auf „Hood", „Prince of Wales" auf „Prinz Eugen", „Hood" auf „Bismarck"; Explosion der „Hood", Untergang der „Hood" und Rückmarsch „Prince of Wales".

Engländer waren genötigt, Schlachtschiffe im Geleitschutz einzusetzen. Doch die deutschen Kampfgruppen wichen ihren Weisungen entsprechend jeder Gefechtsberührung mit überlegenen Kräften aus, bisweilen riefen sie auch U-Boote gegen zu stark gesicherte Geleitzüge herbei. Die deutschen Anfangserfolge verursachten ernste Besorgnisse in England, die britische Flotte war nicht mehr die unbestrittene Herrin der Weltmeere.

Dabei war sich die deutsche Seekriegsleitung nicht im unklaren darüber, daß die britische Schlachtflotte im Verein mit der ständig vermehrten Seeluftwaffe auf die Dauer diesen kühnen Vorstößen ein Ende bereiten würde. Doch im Gegensatz zu der Politik des Admiralstabes im Ersten Weltkrieg, der auf den Wunsch des Kaisers die Hochseeflotte stets sorgsam geschont hatte, war sie diesmal gewillt, die großen Einheiten nicht wieder in den Häfen rosten zu lassen, sondern alle vorhandenen Kampfmittel rücksichtslos in dem als Schwerpunkt erkannten Tonnagekrieg einzusetzen, um einen wirksamen Beitrag zu den Kriegsanstrengungen zu leisten. Noch ahnte freilich niemand, wie nahe bereits das Ende des Kreuzerkrieges bevorstand.

Im Frühjahr 1941 waren das Schlachtschiff »Bismarck« – Kapitän z.S. Lindemann – und der Schwere Kreuzer »Prinz Eugen« – Kapitän z.S. Brinkmann – einsatzklar geworden. Nach den Plänen der Seekriegsleitung sollten sie in Kombination mit einem Vorstoß der beiden kleineren Schlachtschiffe aus Brest in den Atlantik durchbrechen, um den Druck auf die britischen Seeverbindungen zu verstärken. Doch der Plan ließ sich in dieser Form nicht durchführen. In Brest wurde »Gneisenau« bei englischen Luftangriffen durch einen Lufttorpedo und vier Bombentreffer schwer beschädigt. »Scharnhorst« wurde durch Maschinenschaden zu langwierigen Reparaturen gezwungen. Ihre Wiederherstellung nahm mehrere Monate in Anspruch. Die Frage erhob sich, ob man die Operation aufschieben sollte, bis das zweite neue

große Schlachtschiff, »Tirpitz«, dienstbereit war. Dies konnte erst im Winter 1941 der Fall sein. Die Zeit drängte indes. Die Situation im Ostmittelmeer, der bevorstehende Angriff auf Kreta, forderte die Bindung der britischen Heimatflotte im Atlantik. Die Ausnutzung der deutschen Anfangserfolge schien bessere Aussichten zu bieten als die Gewährung einer monatelangen Atempause. Die forcierte Luftüberwachung des Nordatlantik durch den Gegner, die zum ersten Mal im März 1941 bemerkte meßfunktechnische Kontrolle der Dänemarkstraße ließ die Befürchtung wach werden, daß die Atlantikkriegführung mit den schweren Überwassereinheiten nicht mehr allzulange fortgesetzt werden konnte. So entschloß sich die Seekriegsleitung, den Vorstoß in den Atlantik mit »Bismarck« und »Prinz Eugen« allein zu wagen.

Der Flottenchef, Admiral Lütjens, übernahm wiederum persönlich die Führung des Verbandes. Von der norwegischen Küste aus in weitem Bogen die Britischen Inseln und Island umfahrend, plante er, unter ständigem Wechsel des Seegebietes, gestützt auf in verkehrsarmen Bereichen stationierte Tanker, geraume Zeit im Nordatlantik Kreuzerkrieg zu führen, um dann nach Norwegen zurückzukehren oder im Notfall Brest anzulaufen, wo allerdings stets mit Luftangriffen gerechnet werden mußte. Am 21. Mai 1941 verließ der Verband seine norwegische Basis. In der Dänemarkstraße wurde er von zwei britischen Kreuzern geortet und mit Radar »beschattet«. Die Meldungen der Kreuzer riefen einen britischen Flottenverband heran. Westlich Island kam es in den frühen Morgenstunden des 24. Mai 1941 zu einem Gefecht. Kaum fünf Minuten, nachdem die 38-cm-Geschütze der »Bismarck« das Feuer eröffnet hatten, flog der 46 000 Tonnen große britische Schlachtkreuzer »Hood«, damals das größte Kriegsschiff der Welt, in die Luft. Wenige Minuten später mußte das zweite britische Großkampfschiff, »Prince of Wales«, die

Mitte Mai 1941 führte Admiral Lütjens die „Bismarck" und den Schweren Kreuzer „Prinz Eugen" aus der Ostsee an die norwegische Küste (Bild oben: die „Bismarck", aufgenommen von „Prinz Eugen", im Schutz des Grinstadfjords). Dort wurde der deutsche Verband am 21. Mai von einem britischen Aufklärer gesichtet (Bild rechte Seite oben). Noch am selben Tag ließ Lütjens zur Aufnahme des Handelskrieges im Nordatlantik die Anker lichten. Nach der Versenkung der „Hood" am 24. Mai begann eine wahre Treibjagd auf die „Bismarck", die am 26. Mai von britischen Torpedofliegern des Typs „Swordfish" (Bild rechte Seite unten) angegriffen wurde. Ein Volltreffer auf die Ruderanlage besiegelte das Schicksal dieses gewaltigen Schlachtschiffs.

modernste Einheit der britischen Heimatflotte, mit schweren Beschädigungen abdrehen. Die »Bismarck« hatte zwei Treffer erhalten, die zwar, außer geringer Herabsetzung der Höchstgeschwindigkeit und des Fahrbereiches, ihre Gefechtskraft kaum beeinträchtigten, jedoch eine lästige, weithin sichtbare Ölspur zur Folge hatten, die feindlichen Aufklärungsflugzeugen die Aufrechterhaltung der Fühlung mit dem deutschen Verband erleichterte.

Die Weltöffentlichkeit hielt über diesen überraschenden deutschen Seesieg den Atem an, in der britischen Admiralität herrschte tiefste Bestürzung. Um so fieberhafter bot man alle Kräfte zur Vernichtung des deutschen Verbandes auf, denn das Prestige der britischen Flotte war auf das äußerste bedroht! Die restlichen schweren Einheiten der Heimatflotte, die in Gibraltar stationierte Kampfgruppe »H«, sämtliche in der Geleitsicherung eingesetzten Streitkräfte wurden alarmiert. Sieben Schlachtschiffe und Schlachtkreuzer, zwei Flugzeugträger, zehn Kreuzer, neunzehn Zerstörer und zahlreiche Fliegerverbände beteiligten sich an der Jagd auf den deutschen Verband. Admiral Lütjens entließ den Schweren Kreuzer »Prinz Eugen« mit dem Auftrag, sich allein durchzuschlagen. Wenige Tage später lief dieser in Brest ein. Zunächst hatte es den Anschein, als ob auch die »Bismarck« ihren Verfolgern entrinnen würde. Infolge Ölmangels und der Annäherung an den Aktionsradius der deutschen Luftwaffe in Frankreich war der britische Flottenchef bereits entschlossen, die Verfolgung abzubrechen. Da zerstörte ein Lufttorpedo, den ein Flugzeug des Trägers »Ark Royal« abgeworfen hatte, die Rudereinrichtung des deutschen Schlachtschiffes. Damit war dessen Schicksal entschieden. 400 Seemeilen westlich von Brest sank die »Bismarck«, von erdrückender Übermacht gestellt, nach erbittertem Widerstand am 26. Mai 1941. Nur wenige Überlebende wurden gerettet. Mit dem Großteil der Besatzung fanden der Flottenchef und der Kommandant des Schiffes den Seemannstod.

Mit dieser Niederlage war das Ende des deutschen Kreuzerkrieges im Atlantik gekommen. Als die in Brest liegenden

Untergang der Bismarck

Bericht eines Überlebenden

Als letzter verlasse ich den völlig klaren, hell erleuchteten Turbinenraum, während nach dem letzten Maschinenkommando die Maschinen immer noch Kleine Fahrt voraus laufen. Im Zwischendeck ist auch alles hell erleuchtet, richtige Sonntagsstimmung.

Erst im Batteriedeck sehen wir die Auswirkungen des Kampfes: Einschußlöcher und Brände.

Jetzt hören wir auch die Detonationen unserer Sprengpatronen im Turbinenraum. Nach voraus ist kein Durchkommen. Achteraus stoßen wir auf einen großen, ziemlich kopflosen Menschenhaufen, der offenbar auch nicht weiterkommt. Ich arbeite mich hindurch und mahne zur Ruhe, worauf die Leute sofort gehorchen, als sie den Offizier erkennen. Ich stelle fest, daß das Panzerluk in halboffener Stellung klemmt und die Leute sich nur mühsam mit ihren Gasmasken und aufgeblasenen Schwimmwesten hindurchzwängen können. Erst als ich die Schwimmwesten abnehmen lasse und die übrige Gefechtsausrüstung weggeworfen wird, kommen die Leute fließend durch nach oben. Als letzter steige ich an Oberdeck.

Zwischen den achteren Türmen sammeln sich fünf jüngere Offiziere und mehrere hundert Mann, die sich klarmachen zum Überbordspringen.

Am Morgen des 27. Mai sah sich die „Bismarck" den Schlachtschiffen „King George" und „Rodney" sowie zwei britischen Kreuzern gegenüber. Nach einstündigem Gefecht war das manövierunfähige Schiff nur noch ein brennendes Wrack. Um 10.36 Uhr sank die „Bismarck". 2106 Seeleute, darunter der gesamte Flottenstab, kamen ums Leben; nur 115 Mann konnten von den Briten geborgen werden.

Der Feind schießt kaum noch. In der Mitte des Schiffes steht eine Rauchwand, so daß man nicht erkennen kann, was vorn los ist. Die Rohre der achteren Türme stehen wild in der Gegend, ein Rohr ist anscheinend infolge eines Rohrkrepierers trichterförmig aufgerissen. Die Flagge weht immer noch am achteren Mast.

Nur vereinzelt habe ich gefallene Kameraden gesehen und wenig Verwundete. Inzwischen sinkt das Schiff immer tiefer. Die See, es herrscht Seegang fünf bei strahlendem Sonnenschein, spült schon über das Achterdeck, und man spürt deutlich, daß das Schiff kentern will. Da lasse ich die Leute herumschließen.

Nach dreifachem »Sieg Heil« gebe ich den Befehl zum Aussteigen. Wir sind kaum von Bord, da kentert das Schiff. Die letzten rutschen noch über die Bordwand und steigen über den Schlingerkiel. Im Schiffskörper sind keine Torpedotreffer zu sehen. Nach kurzer Zeit geht »Bismarck« über den Achtersteven auf Tiefe.

Schlachtschiffe nach neuen Beschädigungen durch Luftangriffe schließlich im Winter 1941/42 wieder einsatzbereit waren, ließ die britische Luftüberlegenheit und die Verstärkung der feindlichen Flottenstreitkräfte durch das Eingreifen der Vereinigten Staaten in den Krieg einen neuen Vorstoß deutscher Einheiten in den Atlantik aussichtslos erscheinen. Zusammen mit dem Schweren Kreuzer »Prinz Eugen« wurden die beiden Schlachtschiffe im Februar 1942 aus dem luftgefährdeten Hafen von Brest im Gefechtsmarsch durch den Ärmelkanal zurückgezogen. Der Befehlshaber der Schlachtschiffe, Vizeadmiral Ciliax, übernahm die Leitung der Operation, deren Planung auf das strengste geheimgehalten wurde. Unter dem Aufgebot aller verfügbaren Sicherungsstreitkräfte, starker Verbände der Luftflotte 3 in Frankreich und der Mobilisierung der gesamten Küstenverteidigung am Kanal mit ihren Küsten- und Flakbatterien, Ortungsgeräten und Marinenachrichtenstellen wurde der Durchbruch durch den Kanal sozusagen unter den Augen der Engländer erzwungen, ein Meisterstück taktischer Überraschung. Der Gegner hatte die deutschen Absichten zu spät erkannt, gleichwohl setzte er zahlreiche leichte Seestreitkräfte und rund 600 Flugzeuge gegen den deutschen Flottenverband an. Heftige See- und Luftgefechte entwickelten sich, bei denen ein englischer Zerstörer und ein deutsches Vorpostenboot sanken und ein deutsches Torpedoboot Beschädigungen erlitt. Zahlreiche Flugzeuge wurden abgeschossen. Als die zwei Schlachtschiffe bereits den Kanal passiert hatten, erhielten beide je einen Minentreffer. Sie erreichten die Elbe, mußten allerdings nunmehr erneut in Reparatur gehen. Der Gefechtsmarsch war zwar gelungen. Er blieb jedoch der einzige und war der Abgesang des deutschen Kreuzerkrieges im Atlantik.

Bereits nach der »Bismarck«-Operation war ein Teil der Versorgungsschiffe durch britische Kreuzerpatrouillen im Nordatlantik gestellt worden. Die Luftkontrolle über der Biskaya wurde verschärft, um das Ein- und Auslaufen von Hilfskreuzern und Blockadebrechern, die mehrfach wertvolle Ladungen an Zinn und Kautschuk aus dem japani-

Wie „Bismarck" und „Prinz Eugen" waren auch die deutschen Schlachtkreuzer „Gneisenau" und „Scharnhorst" zur Bekämpfung von Geleitzügen in den Nordatlantik kommandiert worden. Ende März 1941 liefen die beiden Schwesternschiffe nach über einem Jahr erfolgreicher Handelskriegsführung in Brest ein. Bild oben: Vizeadmiral Ciliax (links) auf der „Scharnhorst".

Bild rechte Seite: An Bord eines Zerstörers bereiten deutsche und rumänische Matrosen das Auslegen einer Minensperre im Schwarzen Meer vor. Mit dem deutschen Angriff auf die Sowjetunion im Juni 1941 waren auch die östlichen Gewässer „Seekriegsfronten" geworden.

schen Machtbereich transportiert hatten, zu unterbinden. Trotz opfermutigen Einsatzes deutscher Zerstörer und Torpedoboote zur Sicherung wurden die Verluste häufiger. Einer der letzten Blockadebrecher, der noch mit voller Ladung die Girondemündung erreichte, war die »Osorno« am 26. Dezember 1943. Mit dem Ende dieses Jahres verschwanden die letzten deutschen Schiffe von den Ozeanen. Nur die U-Boote führten zäh ihren Kampf gegen die wachsende feindliche Abwehr fort. Sie übernahmen auch die Aufgabe, wenigstens in geringen Mengen noch kostbare Rohstoffe aus dem japanischen Bereich nach Europa zu transportieren. England beherrschte wieder die Weltmeere, sofern ihm nicht die gewaltig erstarkte Flotte des amerikanischen Bundesgenossen dabei den Rang ablief.

Auch auf dem pazifischen Kriegsschauplatz hatte sich das Blatt 1943 gewendet. Der atemraubende Siegeszug der japanischen Flotte und des japanischen Heeres im Winter 1941/42, der Einbruch japanischer Seestreitkräfte in den Golf von Bengalen im Jahre 1942, das Erscheinen japanischer U-Boote bei Madagaskar, wo eine japanische Marinemission landete, und im Persischen Golf hatte bei der deutschen Seekriegsleitung zeitweilig den Gedanken geweckt, man könne eines Tages den Japanern in den arabischen Gewässern die Hand reichen, wenn Erwin Rommels Vorstoß zum Suezkanal glückte und die »Sonderkommandos« wie die Gruppe »F« über den Kaukasus nach Nordmesopotamien marschieren würden.

Die Wiederherstellung der absoluten Seeherrschaft der beiden großen angelsächsischen Flottenmächte isolierte das Deutsche Reich wie Japan. Zu einer Zusammenarbeit in Seekriegsfragen kam es nur insofern, als in den Jahren 1941-43 im Indischen Ozean zwischen der Seekriegsleitung und dem japanischen Admiralstab der 70. Längengrad als Operationsgrenze vereinbart wurde, um Störungen in den beiderseitigen Seeoperationen zu vermeiden. Japan räumte ferner der deutschen U-Bootwaffe einen Stützpunkt in Penang auf der Halbinsel Malakka ein und stellte deutschen Hilfskreuzern seine Heimathäfen und seine Stützpunkte im Pazifik zur Verfügung. Im Grunde fehlte auch hier der Wille zu echter Koalitionskriegführung, vor allem infolge der mißtrauischen Zurückhaltung der Japaner. Jeder der beiden Bündnispartner führte seinen eigenen Krieg.

Die Beteiligung der Marine am Rußlandfeldzug beeinträchtigte im Gegensatz zu den Verhältnissen bei den beiden anderen Wehrmachtteilen kaum die Kriegführung im Westen, da hier fast nur solche leichten Seestreitkräfte zum Einsatz gelangten, die ohnehin für den Atlantik nicht geeignet waren. Die überraschende Untätigkeit der sowjetrussischen Ostseeflotte, die über eine Anzahl älterer schwerer Einheiten, zwei Schlachtschiffe, zwei Schwere Kreuzer, einen Leichten und einen Minenkreuzer und vermutlich achtundzwanzig Zerstörer verfügte, machte das Eingreifen deutscher schwerer Streitkräfte nicht erforderlich.

In der östlichen Ostsee kamen in größerer Zahl im Rahmen der Marinegruppe Nord – Generaladmiral Carls – Zerstörer, Torpedo- und Schnellboote, Minenleger, Minensuch- und Minenräumverbände, zeitweilig auch einige U-Boote, unter Führung des Vizeadmirals Schmundt, zum Einsatz. Ihre Aufgabe bestand in der Sicherung des westlichen Ostseeraumes durch Minensperren zwischen Memel und Öland, dem Vortreiben eines minenfreien Weges zur lettischen Küste mit dem Ziel, Riga als Nachschubhafen für die Heeresgruppe Nord zu gewinnen, der Unterstützung der Eroberung der baltischen Inseln Ösel und Dagö durch Seetransportunternehmen kleineren Stils und der Einschließung der roten Ostseeflotte in der Kronstädter Bucht. Hierbei dürfte sich die sogenannte Juminda-Sperre, ein Minengürtel, der im August 1941, kurz vor der Räumung von Reval und Hangö, durch die Russen gelegt wurde und unter den russischen Transportschiffen erhebliche Opfer kostete, den Ruhm erworben haben, die erfolgreichste Minensperre der Seekriegsgeschichte zu sein. An Land wurde der einzige vorhandene Marineinfanterieverband, die etwa

Bataillonsstärke besitzende »Marine-Stoßtruppabteilung«, für Aufgaben der Küstenbesetzung, zum Beispiel bei der Eroberung von Libau, eingesetzt. Nur im September 1941 wurde vorübergehend aus dem Schlachtschiff »Tirpitz«, dem Schweren Kreuzer »Admiral Scheer«, vier Leichten Kreuzern, Zerstörern, Torpedobooten und Schnellbooten die »Baltenflotte« gebildet, um einen etwaigen Ausbruch der russischen Ostseeflotte aus dem Finnischen Meerbusen zu verhindern. Schwere deutsche Luftangriffe beschädigten indes die beiden Schlachtschiffe »Oktjabrskaja Revoluzija« und »Marat« und die beiden Schweren Kreuzer »Maxim Gorki« und »Kirow« so erheblich, daß sie aktionsunfähig wurden.

Wenn auch ein zäher »Stellungskrieg« an den Minensperren die deutschen Sicherungskräfte ständig in Atem hielt, so blieb die sowjetische Ostseeflotte doch in ihrem letzten Stützpunkt blockiert. Die finnische Marine, die aus zwei kleinen Küstenpanzerschiffen, fünf U-Booten und etwa sechzig Bewachungsfahrzeugen bestand, unterstützte dabei die deutschen Kräfte bei der Sperrung des strategisch wichtigen Finnischen Meerbusens.

Eines der schwierigsten und umfangreichsten Probleme der Seekriegführung bildete die Sicherung der neugewonnenen, immer weiter sich ausdehnenden Küstenbereiche der »Festung Europa«. Die Verteidigung der norwegischen, dänischen, deutschen, baltischen, holländischen, belgischen, französischen Küste, des tiefgegliederten Küstenbereichs der Balkanhalbinsel mit der griechisch-ägäischen Inselwelt, der russischen Schwarzmeerküste, seit dem Jahre 1943 auch der italienischen und adriatischen Küstengebiete hätten auch die stärkste Marine der Welt vor schwer erfüllbare Aufgaben gestellt. Wieviel mehr mußte dies für die deutsche Kriegsmarine gelten, deren maritimer Arm, die Überwasserstreitkräfte, bereits infolge unersetzlicher Verluste gewissermaßen verkrüppelt war. Jegliche Küstenverteidigung stellt eine Marine vor zweierlei Aufgaben: die Verteidigung der Küstenfront von Land aus durch Marineartillerie, Marineflak- und Nachrichteneinheiten, unterstützt durch Aufklärungs- und Kampfverbände der Seeflugwaffe, und die Sicherung des Vorfeldes in See durch Seestreitkräfte, denen die Küstenartillerie wiederum Feuerschutz gewähren kann. Bei dem Schrumpfungsprozeß der schwachen Hochseeflotte, der fortschreitenden Lahmlegung der verbleibenden großen Einheiten durch die feindliche Luftwaffe und dem völligen Fehlen von Marineluftstreitkräften fiel die Hauptlast der Vorfeldverteidigung auf die leichten Seestreitkräfte, die seit Narvik so tödlich geschwächte Zerstörerwaffe, die Torpedoboote, die 1941 durch 10 dänische Boote verstärkt worden waren, und die zahlreichen Schnellboot-, Minensuch-, Minenräum-, Sperr-, Geleit-, Küstensicherungs- und Hafenschutzflottillen.

Die Küstenbereiche waren verschiedenen Marinegruppenkommandos mit Küstenadmiralen und Seekommandanten unterstellt. Dem Marinegruppenkommando Nord war der »Kommandierende Admiral Norwegen« mit den Admiralen der Norwegischen Westküste, der Norwegischen Nordküste und der Polarküste in Bergen, Trondheim und Tromsö und dem Seekommandan-

Bild oben: Britische Halifax-Bomber im Angriff auf die „Scharnhorst" und die „Gneisenau" im Dezember 1941, die zur Reparatur im Trockendock des französischen Hafens Brest liegen. Mit mehr als tausend Einsatzflügen versuchte das Bomberkommando des Royal Air Force, die beiden deutschen Schlachtkreuzer, die 22 englische Einheiten versenkt oder gekapert hatten, in Brest zu zerstören. Vergeblich: Im Februar 1942 konnten die Schwesternschiffe durch den Kanal brechen und sich bis Kiel durchschlagen. Bild linke Seite: Katapultstart einer „Arado 196" von der „Scharnhorst".

ten Oslo unterstellt, denen die Verteidigung der so unübersichtlichen, vielfältig gegliederten norwegischen Küste und die Sicherung des umfangreichen Geleitverkehrs nach Norwegen anvertraut war. In Kirkenes an der Nordmeerküste in Nordnorwegen saß der am weitesten nördlich stationierte deutsche Seekommandant. Den Bau der Küstenbefestigungen führte auch in Norwegen die nach ihrem Gründer benannte technische Organisation Todt (OT) durch.
Im Ostteil der Ostsee war der »Admiral Östliche Ostsee« mit dem Führer der Minensicherung Ost, später als 9. Sicherungsdivision bezeichnet, für die Küstensicherung, die Minenbekämpfung, den Geleitschutz und die Aufrechterhaltung der Minenblockade des Finnischen Meerbusens verantwortlich. Die gleichen Aufgaben fielen in der westlichen Ostsee dem Befehlshaber Sicherung Ostsee mit der 8. und 10. Sicherungsdivision, an der deutschen und holländischen Nordseeküste dem Befehlshaber Sicherung Nordsee mit der 5. Sicherungsdivision zu. Die Minenoffensive der britischen Marineluftstreitkräfte in den Küstengewässern der Nordsee, den westlichen Zugängen zur Ostsee und deren Westteil hielt die deutschen Sicherungseinheiten ständig in Atem. In unermüdlichem Einsatz mußten immer wieder die eigenen Geleitwege frei gemacht werden, um den lebenswichtigen Handels- und Versorgungsverkehr, insbesondere die Erzzufuhren aus Schweden, vor allzu schweren Verlusten zu bewahren. Auf dem Ladogasee sicherten Kleinfahrzeuge der deutschen, italienischen und finnischen Kriegsmarine die Flanke der deutschen Heeresgruppe Nord. Nach der Zurücknahme der Heeresgruppe in die Narwastellung beteiligte sich die Marine mit Motorbooten und Siebelfähren auf dem Peipussee an der Verteidigung dieses Abschnittes.
Die Verteidigung der belgischen und französischen Küste war unter dem Marinegruppenkommando West in Paris zusammengefaßt, das zunächst Generaladmiral Saalwächter befehligte.

In den Jahren von 1940-44 bis zur Invasion verzeichnete der Wehrmachtbericht rund dreiunddreißig größere Gefechte zwischen den beiderseitigen leichten Seestreitkräften.

Die Seekriegführung im Mittelmeer lag naturgemäß in italienischer Hand. Die ursprünglich zahlenmäßig starken leichten italienischen Seestreitkräfte waren überwiegend durch die Sicherungsmaßnahmen für das Afrikageleit in Anspruch genommen. Sie erlitten hierbei schwere Einbußen. Schließlich nahm der Einsatzwille 1943 mehr und mehr ab, was nicht hinderte, daß einzelne Schiffskommandanten bis zuletzt Taten voller Kühnheit vollbrachten. Die in Italien eingesetzten deutschen Marinekräfte waren unter dem »Befehlshaber des Marine-Kommandos Italien«, Vizeadmiral Weichold, zusammengefaßt. Sie bestanden aus Schnell- und Räumbooten, Marinefährprähmen und anderen Hilfsfahrzeugen, die durch den Rhein-Rhone-Kanal rhoneabwärts ins Mittelmeer geschleust wurden, Küstenartillerie-, Marineflak- und Marinenachrichtenabteilungen. Später wurden sie durch einige mit deutscher Besatzung wieder in Dienst gestellte französische Torpedoboote und Kleinkampfformationen verstärkt. Nach der Kapitulation Italiens, bei der sich fast die ganze noch vorhandene italienische Flotte von den Engländern internieren ließ, fiel diesen Kräften die Aufgabe zu, die weiten Küsten Italiens im Tyrrhenischen Meer und in der Adria zu sichern, Unternehmen an der dalmatinischen Küste gegen Partisanen und abtrünnige italienische Truppen zu unterstützen und die Räumung Siziliens, Sardiniens und Korsikas von deutschen Truppen durchzuführen.

Alles in allem waren zur Sicherung der Küsten Europas und des deutschen Geleitdienstes rund 3000 Fahrzeuge der verschiedensten Art eingesetzt, zum größten Teil umgebaute Befehlsfahr-

Bild oben: der britische Flugzeugträger „Ark Royal" mit seiner „Swordfish"-Torpedobomber-Staffel, der Ende Mai 1941 die entscheidende Beschädigung der Ruderanlage der „Bismarck" gelungen war. Seither vorwiegend zum Geleitschutz im Mittelmeer eingesetzt, wurde die „Ark Royal" am 13. November 1941 von U 81 vor Gibraltar torpediert und sank nach Ausbruch eines Feuers an Bord am folgenden Morgen. Bild rechte Seite: Das mächtigste Schiff der italienischen Kriegsmarine im Zweiten Weltkrieg war das Schlachtschiff „Vittorio Veneto" (hier in der Seeschlacht bei Kap Teleuda vor Sardinien, November 1940).

zeuge mit nur geringem Kampfwert und mangelhafter Seegängigkeit. Weit über tausend Sicherungsfahrzeuge gingen im Verlauf des Krieges vor dem Feind unter. In den Jahren 1940 bis 1942 wurden nach amtlichen deutschen Bekanntmachungen 6300 Schiffe mit ca. 15 Millionen Tonnen im Wehrmachttransportverkehr erfaßt, 104 Schiffe gingen davon durch Feindeinwirkung verloren. Im Jahre 1941 wurden 17 700 Schiffe mit etwa 35 Millionen Tonnen im Wirtschaftsverkehr in Geleitzügen hin- und hergeschleust. Derartige Zahlen zeigen, wieviel Tatbereitschaft auch in diesen oft so gering geachteten Verbänden herrschte. Der Dienst auf den Behelfsfahrzeugen stellte an die Besatzungen unter ungewohnten Verhältnissen, in unbekannten und schwierigen Gewässern, unter ständiger Bedrohung durch einen zur Luft und zur See weit überlegenen Gegner, vielfach zudem im Kampf mit widrigen Elementen, denen die kleinen Fahrzeuge nur mühsam gewachsen waren, weit höhere Anforderungen als der Dienst auf regulären Schiffseinheiten. Der Tag für Tag sich wiederholende Geleit-, Minenräum-, Sicherungs- und Vorpostendienst kam einem zermürbenden Stellungskrieg zu Lande gleich. Abseits der großen Entscheidungen, ohne Aussicht auf glänzende Erfolge oder lockende Auszeichnung, erfüllten diese Besatzungen ihre schwere Pflicht.

Während die Kampfgruppe Brest sich zum Durchbruch durch den Ärmelkanal anschickte, entwickelte sich im hohen Norden ein neuer seestrategischer Schwerpunkt, der die deutsche Flotte, die jetzt Admiral Schniewind als Flottenchef befehligte, vor neue Aufgaben stellte. Die Alliierten begannen, starke Konvois mit Versorgungsgütern für die Rote Armee nach Murmansk zu senden. zwanzig Prozent der verfügbaren U-Boote wurden ins Nordmeer verlegt, in Nordnorwegen wurden starke Fliegerkräfte stationiert. Gleichzeitig zog die Seekriegsleitung in nordnorwegischen Gewässern einen starken Kampfverband zusammen.

Im Januar 1942 lief das inzwischen in Dienst gestellte neue große Schlachtschiff »Tirpitz« nach Nordnorwegen aus, ihm folgten im Februar und März die Schweren Kreuzer »Admiral Scheer«, »Lützow« und »Admiral Hipper«, der Leichte Kreuzer »Köln« und fünf Zerstörer. Der Schwere Kreuzer »Prinz Eugen« war nach dem Durchbruch durch den Kanal vor Trondheim von einem britischen U-Boot torpediert worden und mußte zur Reparatur in die Heimat zurückkehren. Das Schlachtschiff »Gneisenau« hatte im Februar 1942 in Kiel zwei schwere Bombentreffer erhalten und mußte außer Dienst gestellt werden, die »Scharnhorst« befand sich noch in Reparatur. Während U-Boote und Flugzeuge gegen die Murmansk-Geleite zunächst beträchtliche Erfolge erzielten, stand der Einsatz der Überwasserkräfte unter einem unglücklichen Stern. Die wachsende Knappheit an Heizöl hatte zur Folge, daß nur noch selten Einsätze gefahren werden konnten. Kategorische Weisungen Hitlers, neue Verluste zu vermeiden, nötigten zur Vorsicht bei den seltenen Vorstößen. Auf Grund sehr dubioser Agentenmeldungen, die zum Teil auf die

geschickten Täuschungsmanöver der Alliierten vor der Invasion Nordafrikas zurückgingen, war Hitler fest davon überzeugt, daß die Alliierten in Norwegen landen würden. Daher bekam die Kriegsmarine immer wieder zu hören, die Abwehr feindlicher Großlandungen sei dort ihre Hauptaufgabe. Ein Vorstoß der »Tirpitz« mit drei Zerstörern im März 1942 führte zu keiner Gefechtsberührung. In den nächsten Monaten wurden nur die Zerstörer gegen die stark gesicherten Geleitzüge angesetzt, sie erzielten einzelne Erfolge, erlitten aber auch Verluste, da ihre Kampfkraft zu schwach war.

Im August 1942 stellten die Alliierten vorübergehend den Geleitverkehr auf der Murmansk-Route ein. Darauf wurde »Admiral Scheer« unter Kapitän z. S. Meendsen-Bohlken in die Karasee ostwärts Nowaja Semlja entsandt, um dort gemeinsam mit U-Booten und Seefliegerstaffeln den sibirischen Geleitverkehr der Russen anzugreifen. Auch dieser Unternehmung (Deckname »Wunderland«) blieben größere Erfolge versagt. Ein russischer Eisbrecher wurde versenkt, an der Mündung des Jenissei wurde der russische Stütz-punkt Port Dickson bombardiert. Zerstörer, U-Boote und bei einer Unternehmung auch der Schwere Kreuzer »Admiral Hipper« legten vor der Murman-Küste, vor Nowaja Semlja und in der Gorlowstraße, am Eingang zum Weißen Meer, Minen.

Im Dezember 1942 schien auf Grund der Meldungen der Luftaufklärung der Einsatz gegen einen nach Murmansk laufenden Großgeleitzug trotz aller Einsatzbeschränkungen Erfolg zu versprechen. Unter Führung des Vizeadmirals Kummetz wurde für das Unternehmen »Regenbogen« eine Kampfgruppe aus »Admiral Hipper«, »Lützow« und sechs Zerstörern zum Angriff angesetzt. Am Silvestertag des Jahres 1942 kam es im Zwielicht des nordischen Wintertages, bei Schneetreiben und schlechter Sicht zur Gefechtsberührung mit den Deckungsstreitkräften, doch gelang es nicht, bei Tagsicht an den Geleitzug selbst heranzukommen. Auf Grund der ihm auferlegten Bindungen und Beschränkungen sah sich Admiral Kummetz genötigt, die Fährnisse und Zufälligkeiten eines Nachtgefechtes zu vermeiden, und brach die Unternehmung ab.

Dies hatte unerwartete, schwerwiegende Folgen. Hitler mochte wie stets nicht glauben, daß der unbefriedigende Verlauf des Vorstoßes die Folge seiner eigenen Befehle war; wie stets konnte er es nicht vertragen, daß er unrecht hatte. Er warf der Kriegsmarine mangelnden Kampfgeist vor und verlangte die Abwrackung sämtlicher schwerer Einheiten, deren Besatzungen und schwere Geschütze an anderer Stelle seiner Auffassung nach bessere Verwendung finden konnten. Großadmiral Raeder widersprach und erbat im Verlauf heftiger Auseinandersetzungen den Abschied. Am 31. Januar 1943 trat er mit dem formellen Titel eines »Admiral-Inspekteurs der Kriegsmarine« zurück, nachdem er vierzehn Jahre hindurch die Kriegsmarine als Oberbefehlshaber erfolgreich geführt hatte.

Als Nachfolger hatte er Hitler den Oberbefehlshaber der Marinegruppe Nord, Generaladmiral Carls, oder den Befehlshaber der U-Boote, Admiral Dönitz, vorgeschlagen. Hitlers Wahl fiel auf Dönitz. Sie lag nahe, da bei den schwindenden Kräften der Flotte sich der Schwerpunkt der Seekriegführung immer mehr auf die U-Bootwaffe verlagert hatte und Dönitz der unbestrittene Meister der Unterwasserkriegführung war.

Als zweiter und letzter deutscher Großadmiral des Zweiten Weltkrieges trat Dönitz, der Flottenchef ohne Flotte, ein schweres Erbe an. Noch drohte der Abrüstungsbefehl Hitlers für die schweren Überwasserstreitkräfte, nach traditioneller seemännischer Ansicht das Rückgrat jeglicher Kriegsmarine. Dönitz nahm diese Entscheidung zunächst hin, regte sogar an, die vorgesehene Entsendung des inzwischen wieder einsatzklaren Schlachtschiffes »Scharnhorst« nach Norwegen aufzugeben, da sie keinen Zweck mehr habe. Als er nach einigen Wochen die Zu-sammenhänge der gesamten Seekriegführung besser übersehen lernte, er-kannte er, daß seine ursprüngliche Ansicht falsch war. Er fuhr zu Hitler ins Führerhauptquartier und setzte die Entsendung der »Scharnhorst« durch. Schritt für Schritt rang er Hitler in der

Je größer die Ausmaße der angloamerikanischen Hilfe für die Sowjetunion wurden, desto dringender wurde aus deutscher Sicht die Störung der alliierten Geleitzüge im Nördlichen Eismeer mit Zielhafen Murmansk (Bild oben: deutsche Zerstörer auf Patrouillenfahrt in Nordnorwegen). Bild linke Seite: das winterliche Gesicht des Schlachtkreuzers „Scharnhorst". Bei einem Unternehmen gegen einen alliierten Konvoi nordöstlich des Nordkaps wurde die „Scharnhorst" am 26. Dezember 1943 durch gegnerische Schiffsartillerie und Torpedotreffer versenkt. Bis auf 36 Gerettete kam die gesamte Besatzung, über 1800 Mann, ums Leben.

Folge die Aufhebung des Abrüstungsbefehls ab. Widerstrebend gab dieser nach. Fortan bestand die Flotten-Kampfgruppe in Norwegen aus den Schlachtschiffen »Tirpitz« und »Scharnhorst«, dem Schweren Kreuzer »Lützow« und acht bis zehn Zerstörern. Im Verein mit der Tätigkeit der U-Boot- und Luftwaffe trug diese sicherlich dazu bei, daß der Gegner im März des Jahres 1943 seine Geleitzüge einstellte, da ihm die hellen Sommernächte im Polargebiet allzu günstige Angriffsmöglichkeiten zu bieten schienen. Erst im November 1943 wurden sie mit dem Einsetzen der Polarnacht wieder aufgenommen. Im September 1943 unternahmen die beiden Schlachtschiffe mit zehn Zerstörern einen Vorstoß nach Spitzbergen, wo sie die britischen und norwegischen Kohlenförderungs- und Hafenanlagen am Eisfjord zerstörten. Doch im Herbst 1943 waren auch die Tage der Kampfgruppe Norwegen gezählt. Die »Lützow« mußte zu Reparaturen in die Heimat zurückgezogen werden. Am 22. September 1943 drangen zwei britische Zwerg-U-Boote bis in den Altafjord, den durch Torpedonetze gesicherten Liegeplatz der »Tirpitz«, vor und beschädigten diese durch zwei Minen schwer. Als einziges einsatzfähiges Schlachtschiff blieb die »Scharnhorst« übrig. Im Führerhauptquartier verlangte man immer wieder, zur Entlastung der Ostfront müsse die Marine gegen die wieder anlaufenden Geleitzüge nach Murmansk vorgehen. U-Bootangriffe hatten infolge der gesteigerten feindlichen Abwehr nur mehr geringe Erfolgschancen, die Fliegerverbände der Luftflotte 5 in Norwegen waren auf ein Minimum zusammengeschmolzen. So entschloß sich die Seekriegsleitung trotz mannigfacher Bedenken, am ersten Weihnachtsfeiertag des Jahres 1943 die »Scharnhorst« – Kapitän z.S. Hintze – und fünf Zerstörer gegen ein Großgeleit nach Murmansk anzusetzen. In Vertretung des beurlaubten Admirals Kummetz befehligte der »Führer der Zerstörer«, Konteradmiral Bey, die Kampfgruppe. Geschicktes Manövrieren des Kreuzer-

verbandes, der den Geleitzug sicherte, verhinderte im Verein mit schlechten Wetterbedingungen den Angriff. Auf dem Rückmarsch stieß die »Scharnhorst« auf einen überlegenen britischen Verband aus dem modernen Schlachtschiff »Duke of York«, vier Kreuzern und acht Zerstörern und wurde nach zähem Widerstand versenkt. Konteradmiral Bey und Kapitän z.S. Hintze fanden mit dem Großteil der Besatzung den Seemannstod.

Auch das Schlachtschiff »Tirpitz« kam nicht mehr zum Einsatz. Die englische Luftwaffe verfolgte hartnäckig ihr Ziel, das letzte deutsche Großkampfschiff auszuschalten. Nach wiederholten erfolglosen Bombenangriffen wurde die »Tirpitz« am 15. September 1944 durch schwere Bombentreffer ihrer Manövrierfähigkeit beraubt. Als schwimmende Batterie wurde das Schiff in die Gegend von Tromsö geschleppt. Dort wurde es am 12. November 1944 bei einem Angriff von neunundzwanzig britischen Maschinen mit 6-t-Spezialbomben getroffen und zum Kentern gebracht. Die letzten Zerstörer der ehemaligen Kampfgruppe Norwegen, die gegenüber der feindlichen Übermacht wehrlos waren, wurden Mitte Januar 1945 in die Heimat zurückgerufen.

Da die Überwasserstreitkräfte schon

London meldet die Versenkung der »Tirpitz«

Bericht der »Neuen Zürcher Zeitung«, 14.11.1944

Das Luftfahrtministerium teilt mit: »Am Sonntagvormittag griffen 29 Lancaster-Flugzeuge des Bomber-Kommandos, die von Luftkommodore J.B. Tait und Geschwaderführer A.G. Williams befehligt wurden, das deutsche Schlachtschiff ›Tirpitz‹ mit 6000 kg-Bomben an. Es wurden mehrere Volltreffer erzielt. In wenigen Minuten legte sich das Schiff auf die Seite und sank.«

Durch die Versenkung der »Tirpitz« des letzten modernsten deutschen Kriegsschiffes über 10 000 Tonnen, ist eine Veränderung der seestrategischen Lage eingetreten. Die englische Flotte kann jetzt ihren Bewachungsdienst in den nordeuropäischen Gewässern einstellen und die Hauptteile ihrer Schiffe nach Ostasien senden.

Der Angriff auf die »Tirpitz« erfolgte überraschend, so daß keine Jagdflugzeuge zur Abwehr aufsteigen konnten und die Fliegerabwehrgeschütze der beiden deutschen Begleitschiffe kein Feuer abgaben. Von den 2000 Mann der Besatzungen sollen nur etwa 800 gerettet worden sein. Die Reste der deutschen Flotte sind, abgesehen von einem Teil der U-Boote, jetzt in der Ostsee eingeschlossen. Es verbleiben ihr nur noch die beiden 10 000-Tonnen-Panzerschiffe »Admiral Scheer« und »Lützow«, die beiden Schweren Kreuzer von je 10 000 Tonnen »Prinz Eugen« und »Admiral Hipper« sowie drei Leichte Kreuzer von je 6000 Tonnen. Die schwere Artillerie der deutschen Flotte besteht jetzt nur noch aus den 28-cm-Kanonen der Panzerschiffe. Außerdem besitzt sie noch eine größere Zahl von Zerstörern und wahrscheinlich sehr zahlreiche U-Boote.

Bild oben: das von einem britischen Fernaufklärer im Sande-Fjord bei Tromsö aufgespürte Schlachtschiff „Tirpitz". Im November 1944 wurde es durch schwere Bombentreffer zum Kentern gebracht und damit kampfunfähig gemacht.

Bild rechte Seite: Panzerschiff „Admiral Scheer" in Paradeaufstellung vor dem Typschiff „Deutschland", das kurz nach Kriegsausbruch, am 15. November 1939, auf Anweisung Hitlers in „Lützow" umbenannt wurde - um für den Ernstfall den peinlichen Eindruck zu vermeiden, den der „Untergang Deutschlands" hervorrufen würde. „Lützow" versank im April 1945 nach einem britischen Bombenangriff auf Swinemünde.

beim Dienstantritt des Großadmirals Dönitz keine nennenswerte Rolle mehr zu spielen vermochten, suchte dieser auf andere Weise den Seekrieg wieder zu intensivieren. Die Krise im U-Bootkrieg, die im Frühjahr 1943 infolge der gesteigerten feindlichen Abwehr und der englischen Fortschritte in der Ortungstechnik eintrat, sollte durch den Bau einer neuen U-Bootwaffe überwunden werden. Mit aller Zähigkeit focht er darum in der letzten Phase des Krieges vom Beginn des Jahres 1944 an um die Behauptung der Ostsee als des unentbehrlichen Ausbildungsreviers der U-Bootwaffe, darum vertrat er die »Millimeter-Strategie« starrer Verteidigung im Osten. Nur schrittweise stimmte er aus diesen Gründen der vom OKH und Generalstab immer wieder geforderten Abgabe hochwertigen Marinepersonals an das Heer zu, soweit ihm dies für den Neuaufbau der U-Bootwaffe entbehrlich zu sein schien. Die gesamten Ausbildungsmittel der Kriegsmarine, vor allem die Ausbildungsmittel der Flotte, wurden in den Dienst der Heranbildung von U-Bootbesatzungen gestellt.

Neben dem U-Boot-Programm wurden Bauaufträge für eine beschränkte Zahl von Minensuch- und Schnellbooten zur Küstensicherung und zur Deckung der U-Boote beim Ein- und Auslaufen erteilt. Dem Küstenschutz mit leichten, schnell herstellbaren Mitteln sollten auch die Marine-Kleinkampfverbände dienen, die unter Führung von Vizeadmiral Heye ins Leben gerufen wurden. Sie wurden mit neuartigen Kampfmitteln ausgerüstet. Der »Neger« war ein Einmanntorpedo, der aus einem Trägertorpedo mit einem Insassen bestand, der einen unter dem Träger angebrachten Sprengtorpedo auslösen konnte. Eine ähnliche Konstruktion war der »Molch«. Bessere Seetüchtigkeit und Fahrdauer wies ein neues Zweimann-U-Boot, der »Seehund«, auf, das zwei Torpedos oder Minen an den Gegner bringen konnte. Mit der »Hydra« und dem »Wal« wurden neue Kleinstschnellboote gebaut. Ferner wurden »Linsen«-Sprengboote entwickelt, die mit je einem Mann besetzt und mit einer starken Sprengladung versehen waren. Je zwei Boote wurden von einem Kommando-Boot auf ihre Ziele angesetzt. Eine automatische Vorrichtung trug dafür Sorge, daß der Bootsinsasse kurz vor Erreichen des Zieles ins Wasser geschleudert wurde, wo er vom Kommandoboot geborgen werden sollte. Endlich wurden Marinekampfschwimmereinheiten gebildet, die im rückwärtigen Frontgebiet des Gegners Zerstörungsaktionen durchführen sollten. All diese Waffen litten darunter, daß für ihre Durchkonstruktion und sorgfältige Erprobung keine Zeit mehr vorhanden war. Überhastet eingesetzt, erzielten sie einige Anfangserfolge, die jedoch mit den schweren Verlusten, mit denen sie erkämpft wurden, in keinem Verhältnis standen. Sie forderten von ihrer Bedienungsmannschaft höchste Einsatzbereitschaft und großen Mut. Oft wurden so bestens geschulte Seeleute sinnlos geopfert.

Bestrebungen des Großadmirals Dönitz, im Juni 1943 auf Grund einer eingehenden Denkschrift wieder den See-, Luft- und Minenkrieg gegen die englische Insel ins Leben zu rufen, scheiterten am Mangel an Mitteln. Die Fliegerverbände, die neben den U- und Schnellbooten die Hauptträger dieser Offensive bilden mußten, waren nicht mehr vorhanden. Die Krise der deutschen Luftrüstung wirkte auch hier lähmend.

Bei der Invasion im Jahre 1944 war es der weit überlegenen alliierten Flotte und Luftwaffe ein leichtes, die deutschen Sicherungsstreitkräfte zu zerschlagen. Die deutschen U-Boote, Torpedoboote, Zerstörer, Schnellboot-, Geleitschutz-, Vorposten- und Hafenschutz-Flottillen und die Kleinkampfverbände standen einer Armada von

rund achthundert englischen und amerikanischen Kriegsschiffen vom schwersten Schlachtschiff bis zum U-Boot gegenüber. Der Kampf war hoffnungslos. Mitte Juni 1944 schaltete ein schwerer alliierter Bombenangriff auf Le Havre drei Torpedo-, zehn Schnellboote und achtzehn Küstenschutzeinheiten aus. Ein zweiter Luftangriff auf Boulogne brachte die Vernichtung von neunzehn Vorposten- und Hafenschutzbooten. Es war das Ende der leichten deutschen Seestreitkräfte im Kanal. Ende Juni waren noch ein Torpedoboot und zwölf Schnellboote im Kanal verwendungsfähig. Beim Rückzug der deutschen Truppen aus Westbelgien nach Holland leisteten Marinefährprähme und Räumboote in der Schelde wertvolle Hilfe und ermöglichten die Räumung des Brückenkopfes von Gent-Breskens. Der in der Biskaya stationierte Zerstörerverband verlor bei dem Versuch, in die Kämpfe im Ärmelkanal einzugreifen, zwei Zerstörer, die Hälfte seines Bestandes. Am 24. August 1944 versenkte die englische Luftwaffe die beiden anderen deutschen Zerstörer in der Girondemündung.

Der Zusammenbruch der Ostfront und das Ausscheiden Finnlands aus dem Krieg öffneten im Herbst 1944 der sowjetrussischen Ostseeflotte wieder den Weg aus dem Finnischen Meerbusen. Aus den kampfkräftigsten Schiffen des Ausbildungsverbandes der Flotte, den Schweren Kreuzern »Lützow«, »Prinz Eugen«, später auch »Admiral Scheer« und »Admiral Hipper«, Zerstörern und Torpedobooten wurde unter Vizeadmiral Thiele die Kampfgruppe 2 gebildet, um der russischen Ostseeflotte bei einem etwaigen Ausbruch entgegenzutreten. Diese griff jedoch nicht in das Kampfgeschehen ein, wohl weil alle ihre größeren Einheiten durch Bombenangriffe und Artilleriefeuer bei den Kämpfen um Leningrad Beschädigungen erlitten hatten und die schweren Geschütze großenteils ausgebaut und an

Auf der Suche nach neuen Angriffswaffen schlug die deutsche Seekriegsleitung mit nachlassendem Kriegsglück den Weg der Konstruktion kleinster Über- und Unterwasser-Torpedofahrzeuge ein. Deren Aufgabe war, ungesehen möglichst nahe an das Schußziel zu gelangen. Bild oben: Einmann-Tauchboot „Biber" mit außem befestigtem Torpedo.

Bilder linke Seite: Einmann-Torpedoträger am Strand bei Anzio; rechts der Trägerkörper mit der (hier abgebrochenen) Plexiglaskuppel (oben); einfacher Kampfschwimmer beim Torpedotransport (unten). Alle diese Einsätze waren Himmelfahrtskommandos und endeten zumeist mit dem Tod der „Torpederos".

Land bei der Verteidigung der zweiten Hauptstadt des russischen Reiches eingesetzt worden waren. Die Aufgabe der Kampfgruppe, die durch die dem Ausbildungsverband angehörigen Leichten Kreuzer verstärkte wurde, bestand daher vor allem in der Unterstützung des Abwehrkampfes der Heeresgruppe Nord von See her und in der Sicherung der umfangreichen Nachschub- und Räumungsunternehmen gegen U-Boot, Schnellboot- und Fliegerangriffe.

1945 wurden sämtliche fahrbereiten Kriegs- und Hilfsfahrzeuge für die Rückführung von Soldaten und Zivilpersonen aus den bedrohten Ostgebieten eingesetzt. Hunderttausende wurden durch die Kriegsmarine vor dem Schicksal bewahrt, in russische Hände zu fallen. Es war der letzte große Einsatz. Die alliierte Luftwaffe verursachte noch zum Schluß schwere Verluste. Die Panzerschiffe »Scheer« und »Lützow«, der Schwere Kreuzer »Admiral Hipper«, die Leichten Kreuzer »Emden« und »Köln« wurden im März und April 1945 durch Luftangriffe versenkt. Bei der Kapitulation waren nur noch der Schwere Kreuzer »Prinz Eugen« und der Leichte Kreuzer »Nürnberg« einsatzbereit.

Angesichts der Einengung des deutschen Verteidigungsbereiches und der Abschnürung der letzten Stützpunkte in Frankreich und Norwegen wurden vor allem im Westen die freiwerdenden Landtruppenteile der Marine an Ort und Stelle in die Heeresverbände eingegliedert. In der Heimat wurde infolge des Zusammenschrumpfens der Flotte zahlreiches Personal frei, das teilweise zu drei Marineinfanteriedivisionen zusammengefaßt wurde, die bei der Verteidigung Norddeutschlands gegen die Rote Armee zum Einsatz kamen.

Die deutsche Kriegsmarine war im Zweiten Weltkrieg vor eine unlösbare Aufgabe gestellt worden. Entgegen allen Voraussagen der politischen Führung sollte die erst im Entstehen begriffene Flotte den Kampf gegen eine der beiden größten Seemächte der Zeit, England, führen. Ein wirksamer Beitrag zum Kriegsgeschehen schien nur möglich, wenn alle Kräfte auf einen bestimmten Schwerpunkt, den Tonnagekrieg, die Bekämpfung der Seewege, der Achillesferse der britischen Weltmachtstellung, konzentriert wurden. In diesem Krieg, der die Beherrschung des Mittelmeeres zu einem der vordringlichsten Probleme erhob, konnten die Überwasserstreitkräfte infolge ihrer zahlenmäßigen Schwäche nicht mehr tun, als die U-Bootwaffe, die Hauptträgerin des Kampfes, zu unterstützen. Ihre Unterlegenheit, verstärkt durch das Fehlen von Marineluftstreitkräften, einer im modernen Seekrieg unentbehrlichen Waffe, mußte allmählich zum Verbrauch der Kräfte führen. Die italienische Marine verfügte nicht über die notwendige Kampfstärke, um einen Ausgleich herbeiführen zu können. Die Erfolge der japanischen Marine konnten sich infolge der geographischen Trennung auf dem westlichen Seekriegsschauplatz nicht unmittelbar auswirken. So blieb die deutsche Marine in ihrem Kampf allein, und mit dem Kriegseintritt der Vereinigten Staaten wurde die Unterlegenheit hoffnungslos.

Der U-Bootkrieg

Am 3. September 1939 verfügte die deutsche U-Boot-Waffe insgesamt über nur 57 Boote. Lediglich 23 von ihnen waren atlantikgängige U-Boote, und nicht alle Einheiten waren Front-U-Boote. Ein Teil davon, jetzt mehr denn je, wurde für die Ausbildung neuer Besatzungen und die taktische Schulung der Kommandanten gebraucht.

An eine erfolgreiche Rudeltaktik war mit diesen wenigen Frontbooten, von denen ja bei dem langen Anmarschweg um die Shetlandinseln herum immer nur ein Drittel im nordatlantischen Operationsgebiet (dem Hauptzufahrtsweg für die Versorgung der Britischen Inseln) stehen konnte, noch nicht zu denken.

Vorerst war auch nur ein Teil der Frontboote mit leistungsstarken Nachrichtenmitteln ausgestattet, die für eine bei der Gruppentaktik (später Rudeltaktik genannt) notwendige Fernführung der Boote Voraussetzung waren. Das war nur bei 13 Booten vom Typ IX B und IX C der Fall.

Zunächst wurde der U-Bootkrieg nach Prisenordnung geführt. Er begann fair und ritterlich. Nicht der Mensch war das Ziel. Ziel war das feindliche oder in feindlichen Diensten fahrende Schiff und seine Ladung.

Ein Beispiel: U 48 mit Kapitänleutnant Schultze, der von seiner Besatzung liebevoll »Vaddi« genannt wird, sichtet nach einem wieder laufengelassenen Schweden ein neues Schiff. Auf die Stoppschüsse des U-Bootes reagiert es nicht; es macht vielmehr mächtig Dampf für höhere Fahrt auf. Und es funkt. Der nächste Schuß trifft. Der Fremde hat begriffen. Er bläst Dampf ab, stoppt, aber er funkt trotz Verbots weiter. Die Besatzung des Schiffes – es ist die britische »Royal Sceptre« – geht inzwischen in die Boote, während der Funker noch immer auf die Morsetaste drückt, um schließlich als letzter auszusteigen. U 48 hätte das Recht gehabt, die Funkerei durch Artilleriebeschuß zu unterbinden. »Vaddi« Schultze unterläßt dies, wartet ab, bis die Boote mit der Besatzung auf genügend Abstand und damit in Sicherheit sind, und versenkt den Briten durch einen Torpedo. Wenig später eine neue Rauchfahne, ein neues Schiff. Auch ein Brite, der Frachter »Browning«, der aber nach dem Warnschuß sofort stoppt. U 48 geht auf Rufweite heran. Kapitänleutnant Schultze läßt den Britenkapitän wissen, daß unweit von dieser Position britische Seeleute eines von ihm versenkten Schiffes in offenen Rettungsbooten säßen. Er möge sich um seine Landsleute kümmern: »Good luck and good-bye, Sir.«

Als der 4869 BRT große britische Dampfer »Firby« sinkt, schickt Herbert Schultze einen Funkspruch (FT) an Churchill mit der Position des versenkten Schiffes und dem Zusatz: »... retten Sie die Besatzung...«

Noch ein anderes Beispiel: der Fall mit dem Fischdampfer, dessen Besatzung angesichts des U-Bootes aussteigt. 13 Mann dümpeln einem zerbrechlichen Rettungsboot. Sie bekommen eine Flasche Schnaps gereicht und erhalten die Weisung, ihr Schiff wieder zu besteigen und heimwärts zu dampfen.

Die U-Bootmänner gingen bezüglich ihres humanitären Verhaltens oftmals weit über das militärisch Vertretbare hinaus. Der Führer der U-Boote (FdU) in seiner Baracke daheim schwebte in ständiger Sorge und Angst, denn schon die ersten Tage zeigten, daß britische Flugzeuge rücksichtslos jedes U-Boot angriffen, auch wenn es Überlebende versorgte. Die britische Admiralität hatte zudem die Kapitäne ihrer Schiffe angewiesen, jede Gelegenheit wahrzunehmen, die deutschen »Subs« (U-Boote) bei der Kontrollfunktion laut Prisenordnung zu überlisten und zu rammen. Verluste blieben dann auch nicht aus. Trotzdem retteten die

Die deutschen Überwasserstreitkräfte hatten im Kampf gegen die feindliche Handelsschiffahrt nicht viel ausgerichtet. Dem Anspruch, die Versorgung Englands mit kriegs- und lebenswichtigen Bedarfsgütern empfindlich zu beschneiden, wurde die Unterwasser-Waffe eher gerecht (Bild rechte Seite: U-Boot klar zur Feindfahrt).

In der Tat machte lange Zeit der britischen Kriegführung nichts größere Sorge als die wachsenden Erfolge der in immer steigender Zahl zum Einsatz kommenden und mit der Taktik des Angriffs in Rudeln höchst wirkungsvoll operierenden deutschen U-Boote. Bild links: Großadmiral Dönitz, bis zu seiner Ernennung zum Oberfehlshaber der Kriegsmarine am 30. Januar 1943 Befehlshaber der U-Boot-Waffe.

U-Bootmänner weiter, wo und wann sie nur konnten. Sie richteten gekenterte Boote von versenkten Frachtern auf; sie verbanden und schienten Verletzte. Sie versorgten die Bootsinsassen mit Lebensmitteln, Getränken und Rauchwaren, mit Seekarten und Kursanweisungen; einige schleppten die Rettungsboote sogar näher an die Küste heran.

Die U-Boot-Erfolge waren in den ersten Tagen – da Hitler, in der Hoffnung, den Krieg auf den Polenfeldzug zu begrenzen, Einschränkungen befohlen hatte – nicht sehr überzeugend. Das erste von U 30 (Lemp) versenkte Schiff war bedauerlicherweise ein Passagierdampfer: die britische »Athenia«. Ohne Licht in der Nacht fahrend, wurde sie als Hilfskreuzer angesehen. Beim Feind war das ein willkommener Anlaß, die deutschen U-Bootmänner als Barbaren zu schmähen und die eigenen Handelsschiffe zu bewaffnen.

Neben den Erfolgen standen die ersten Verluste an U-Booten und – was noch schwerer wog – an U-Bootmännern; manchmal wurden gerettet und geriet in Gefangenschaft, mal überlebten nur wenige, und oft ging die ganze Besatzung verloren: Totalverlust. U 39 (Glattes) war (wegen eines Torpedoversagers) das erste Opfer. Es ging nach einem mißlungenen Angriff auf den Flugzeugträger »Ark Royal« am 14. September 1939 verloren.

In England hatte man sich nach einigen Auseinandersetzungen auf das bereits im Ersten Weltkrieg bewährte Geleitzugsystem geeinigt. Es hatte den Nachteil, daß sich das Marschtempo nach dem langsamsten Schiff zu richten hatte und die Schnelläufer ihre dem U-Boot gegenüber größere Geschwindigkeit nicht ausnutzen konnten; aber Geleitzüge lassen sich besser sichern. Bereits am 7. September 1939 verließen die ersten Konvois England. Zerstörer und 200 Eskorteneinheiten verschiedener Typen standen zur Sicherung bereit. Im kanadischen Hafen Halifax sammelten sich die HX-Konvois und marschierten mit einem Hilfskreuzer als Sicherung über den Atlantik, wo sie auf 15° westlicher Länge von Zerstörern, bewaffneten Küstenschiffen oder Fischdampfern und später noch von Korvetten und Fregat-

Scapa Flow

Kapitänleutnant Prien bekommt den Auftrag

Ich folge mit den Augen seiner Hand. Er weist auf die Orkney-Inseln. In der Mitte des Kartenbildes aber steht groß: Bucht von Scapa Flow.

Kapitänleutnant Wellner erklärt noch weiter, aber im Augenblick kann ich ihm nicht folgen. Alle meine Gedanken kreisen um den Namen: Scapa Flow! Dann spricht Kommodore Dönitz, der Führer der U-Boote: »Im Weltkrieg lagen die englischen Sperren hier«, er neigt sich zur Karte hinunter und zeigt mit der Zirkelspitze die Stellen, »wahrscheinlich werden sie wieder dort liegen. Hier ist damals Emsmann vernichtet worden«, die Zirkelspitze deutet auf den Hora-Sound, »und hier«, ein Strich mit dem Zirkel, »sind die üblichen Unterplätze der englischen Flotte.

Alle sieben Einfahrten in die Bucht werden gesperrt und gut bewacht sein. Trotzdem könnte ich mir vorstellen, daß ein entschlossener Kommandant hier« – die Zirkelspitze wandert auf der Karte – »herein kann. Es wird nicht einfach sein, denn die Strömung läuft sehr stark zwischen den Inseln.«

Er hebt den Kopf. Ein scharfer, forschender Blick unter gesenkter Stirn.

»Was halten Sie davon, Prien?«

Ich starre auf die Karte. Aber ehe ich antworten kann, fährt der Kommodore fort:

»Ich will jetzt keine Antwort. Überlegen Sie sich die Sache in Ruhe. Nehmen Sie alle Unterlagen mit, und rechnen Sie sich alles gründlich durch. Bis Dienstag mittag erwarte ich Ihre Entscheidung.« Er richtet sich auf und sieht mir gerade in die Augen. »Ich hoffe, daß Sie mich recht verstehen, Prien. Sie sind in Ihrem Entschluß völlig frei. Wenn Sie zu der Überzeugung kommen, daß sich die Unternehmung nicht durchführen läßt, melden Sie es mir.« Und mit starker Betonung: »Es fällt dann absolut kein Makel auf Sie, Prien. Sie bleiben für uns immer der alte.«

Ein Händedruck. Ich nehme Karte und Berechnungen an mich. Der Deutsche Gruß, und draußen bin ich. Ich fahre hinüber zum Beischiff »Hamburg«. Ich schließe Karten und Berechnungen in den kleinen stählernen Safe ein. Dann gehe ich nach Hause.

Unterwegs grüßen mich Soldaten, ich danke ihnen mechanisch. In mir ist eine ungeheure Spannung. Wird sich's machen lassen? Der Verstand rechnet und fragt, aber der Wille sagt schon jetzt, es muß gehen.

Am 14. Oktober 1939 glückte U 47 unter Kapitänleutnant Prien ein kühner Handstreich. Das Boot schlüpfte durch eine schmale Lücke in der Einfahrtssperre nach Scapa Flow hinein, wo 1919 die Selbstversenkung der dort internierten deutschen Kriegsflotte stattgefunden hatte, und vernichtete durch Torpedoschuß das in diesem Naturhafen liegende 29.000-Tonnen-Schlachtschiff „Royal Oak" (Bild oben). 810 britische Seeleute fanden dabei den Tod.

Bild linke Seite: Prien wird vom „Führer" als erstem Offizier der U-Boot-Waffe das Ritterkreuz verliehen. Am 8. März 1941 fiel U 47 mit Prien und der gesamten Besatzung den Wasserbomben des britischen Zerstörers „Wolverine" zum Opfer.

ten als Geleitschutz übernommen wurden.

Jetzt trat ein, was Dönitz seherisch beschworen hatte: Der Gegner schloß sich zusammen – die Antwort darauf mußte die Rudeltaktik sein. Aber dazu bedurfte es an Bord der Rudel-Boote entsprechender Nachrichtenmittel, um sie, von Land aus, in breiten Streifen zur Suche nach gegnerischen Geleitzügen anzusetzen und an entdeckte feindliche Konvois im Überwasserangriff bei Nacht oder im Unterwasserangriff bei Tage heranzuführen. Für diese Taktik war es notwendig, daß jedes Boot über Funk seinen Standort meldete, den der FdU (Führer der Untersee-Boote) in seine Lagekarte eintrug. Ein solches FT war kein normaler verschlüsselter Funkspruch, sondern ein Kurzsignal, das vom Gegner schwer oder gar nicht (noch nicht) einzupeilen war. Aber diese Voraussetzungen für die Rudeltaktik waren noch nicht gegeben. Vorerst man sich mit Gruppenoperationen behelfen müßte.

Inzwischen wurden die ersten großen U-Booterfolge gegen Kriegsschiffe gemeldet. U 29 (Schuhardt) torpedierte am 17. September den britischen Träger »Courageous«. Am 14. Oktober drang U 47 (Prien) in die stark gesicherte Bucht von Scapa Flow, den Liegeplatz der britischen Flotte, ein und versenkte dort – nur – das britische Schlachtschiff »Royal Oak«. »Nur«, weil die Flotte gerade in dieser Nacht nicht in Scapa Flow vor Anker lag.

Für die Tage vom 10. bis 19. Oktober wurde die erste Gruppen(Rudel)unternehmung von neuen Booten vorgesehen; sie konnte dann allerdings nur noch von sechs Booten gegen die Konvois OB 17 beziehungsweise KJF angesetzt werden. Drei Boote gingen beim Anmarsch zum Sammelplatz südwestlich von Irland verloren. Der Rest, der unter taktischer Führung eines Flottillenchefs gegen den Konvoi operierte (eine Fernführung über den FdU gab es noch nicht), versenkte 17 Feindschiffe mit 103 60 BRT. Im Prinzip war Dönitz' Rudel-Taktik fraglos richtig, sie „krankte" nur an der viel zu geringen Anzahl der Boote und dem Versagen der Magnettorpedos.

Diese Waffe, auf die man große Erwar-

tungen gesetzt hatte, versagte aber zu oft. Sie hatte schon Priens Angriff in Scapa Flow beeinträchtigt, am 30. Oktober einen Angriff von U 56 auf das Schlachtschiff »Nelson«, das Churchill an Bord hatte, scheitern lassen und machte auch den Angriff von U 47 auf den Schweren Kreuzer »Norfolk« am 28. November zu einem Fehlschlag.
Besser bewährten sich die neuen Magnetminen, die von deutschen U-Booten an Englands Küsten bei teilweise sehr schwierigen Unternehmungen gelegt wurden. So lief zum Beispiel am 4. Dezember die »Nelson«, erst wenige Wochen zuvor durch einen Torpedoversager des U 56 diesem Boot entkommen, auf eine Magnetmine, die U 31 (Habekost) hinterlassen hatte. Der Schwere Kreuzer »Belfast« wurde

In Zahlen machen sich die Erfolge der deutschen U-Boote im Zweiten Weltkrieg imponierend aus: Die „grauen Wölfe" schickten außer 148 Kriegsschiffen 2779 Handelsschiffe auf den Meeresgrund, das waren nach englischen Angaben fast 69 Pozent der zur See fahrenden Gesamttonnage. Dem stand freilich eine schwindelerregende alliierte Produktion entgegen. Bild oben: Volltreffer auf ein englisches Versorgungsschiff. Bilder linke Seite: unmißverständliche Aufforderung zur Übergabe (oben); die am 3. September 1939 versenkte „Athenia" (unten). Der befehlswidrige Angriff von U 30 auf den britischen Passagierdampfer forderte 112 Menschenleben.

das Opfer einer von U 21 geworfenen Magnetmine.

Der 17. Oktober brachte nach Verschärfung der gegnerischen Maßnahmen, wie Bewaffnung der Handelsschiffe und Rammbefehle, eine Wende im U-Bootkrieg. Die SKl (Seekriegsleitung) gab den vollen Waffeneinsatz gegen alle feindlichen Handelsschiffe frei, Passagierdampfer ausgenommen. Wenig später, am 29. Oktober, wurde dann auch der sofortige Angriff auf im Konvoi fahrende Passagierschiffe befohlen.

Ende 1939 hatten die tausend deutschen U-Bootfahrer mehr als eine halbe Million BRT an Handels- und Hilfskriegsschiffen versenkt (September 178 620 BRT; Oktober 156 156; November 72 721; Dezember 101 823).

Inzwischen hatte sich Dönitz um das von ihm geforderte und klar umrissene U-Bootamt (eine Seekriegsleitung U-Boote im OKM = Skl-U) beworben. Erich Raeder (Großadmiral und Oberbefehlshaberder deutschen Kriegsmarine) lehnte das Gesuch ab, weil Dönitz seiner Ansicht nach als FdU (Führer der U-Boote) an der Front unentbehrlich war. Er versprach zwar, den U-Bootbau zu forcieren, schaltete aber Dönitz bis 1943 von der U-Bootentwicklung und dem U-Bootbau (monatlich sollten 17,5 und jährlich ca. 213 Boote abgeliefert werden) aus.

Nächster Schwerpunkt des U-Bootkrieges war das Unternehmen »Weserübung«, die Besetzung von Dänemark und Norwegen im April/Mai 1940. Nicht nur, daß in den nördlichen Breiten die Magnettorpedos besonders oft versagten – auch sonst trafen die U-Boote hier auf sehr ungünstige Verhältnisse. Um ihre Sicherungs- und Kampfaufträge zu erfüllen, waren sie häufig gezwungen, die Fjorde mit ihren für den Gegner so guten Horchbedingungen und die nur mangelhaft vermessenen Nebenfjorde aufzusuchen. Außerdem behinderten die mit fortschreitender Jahreszeit länger werdenden Nächte die U-Bootoperationen im Raum Norwegen.

Bezeichnend für die Situation sind die Erfahrungen, welche die Besatzung von U 48 macht. Das Boot operiert im Westfjord mit Kurs Narvik. Am 14. April kommt, von vorausmarschierenden Zerstörern gesichtet, das von der Beschießung und Versenkung der deutschen Zerstörer vor Narvik zurückkehrende britische Schlachtschiff »Warspite« in Sicht. Rohr eins und vier des U 48 sind klar zum Schuß. Das Boot marschiert sparsamste Fahrt, ganz langsam. Aber es muß fahren, um sich in Sehrohrtiefe unter Wasser zu halten. Gleich wird die »Warspite« in Schußposition einlaufen. – Plötzlich ein Ruck: Das Boot hat einen Unterwasserfelsen gerammt. Das Vorschiff bricht aus dem Wasser heraus. In diesem Augenblick passiert 600 Meter querab die »Warspite«. Sie wandert durch das Fadenkreuz des U 48 hindurch. »Unser Boot«, so der Oberleutnant zur See Topp, »ist nicht mehr schußklar. Man entdeckt uns nicht. Glück im Unglück. Wir kommen auch wieder frei.« Und hätten die »Aale« die Rohre verlassen, dann wären sie wahrscheinlich, nicht detoniert.

Ähnliche Enttäuschungen, nachdem sie Kopf und Kragen riskiert hatten, erleben auch die anderen U-Bootbesatzungen. Bei den 27 Angriffen auf britische Kriegsschiffe, die die an der »Weserübung« beteiligten U-Boote fuhren, wurde nur ein britisches U-Boot getroffen und versenkt. »Die Torpedokrise ist ein nationales Unglück«, erklärte Großadmiral Raeder am Ende der Operation verbittert. Die im Kampfraum Norwegen stehenden U-Boote wurden zurückgezogen; nur einige Transport-U-Boote verblieben.

Die norwegischen Atlantikhäfen Bergen und Trondheim wurden U-Bootstützpunkte. Später kamen weitere hinzu. So operierten bereits im Juni 1940 von hier aus erstmals II-C-Boote zwischen North Minch und dem Nordkanal.

Während des Westfeldzuges fiel ab Ende Mai bis Anfang Juli 1940 den U-Booten die Aufgabe zu, die britischen Evakuierungstransporte und Handelsschiffe im Kanal und in der Biskaya anzugreifen; sie waren wegen des Ausfalls der französischen und der Bindung der britischen Eskortstreitkräfte nur schwach gesichert. Die Seeräume vor, in und neben der Biskaya wurden die neuen Operationsgebiete für die U-Boote. Jetzt stellten sich auch wieder Erfolge ein und lösten den Schock, der die U-Bootbesatzungen nach den Mißerfolgen in Norwegen überkommen hatte.

Als erste Welle operierten vom 28. Mai bis 22. Juni fünf Boote einzeln oder gruppenweise mit Schwerpunkt nordwestlich Kap Finisterre. Erstmals wurden deutsche U-Boote zur Vergrößerung ihres Aktionsradius in den spanischen Häfen Vigo und El Ferrol aus deutschen Tankern mit Treiböl versorgt. Die zweite Gruppe von sieben Booten, unter ihnen U 47 mit Prien, operierte vom 9. Juni bis 2. Juli in Einzelbooteinsätzen westlich des Kanals und der Biskaya. Sie war besonders erfolgreich und versenkte 32 Schiffe mit insgesamt 173 466 BRT. Davon kamen allein acht Schiffe mit 51 189 BRT auf das Konto von Prien.

Als erstes Boot lief U 30 unter seinem Kommandanten Lemp, der die »Athenia« versenkt hatte, in Lorient, dem ersten neuen U-Bootstützpunkt am Atlantik, ein. Am 17. Juni operierten sieben Boote und das aus Lorient ausgelaufene U 30 im Gebiet zwischen dem Nordkanal, wohin der Konvoiverkehr inzwischen umgeleitet worden war, und Kap Finisterre. Sie versenkten 24 Schiffe mit 102 340 BRT und einen Zerstörer. Vier Boote liefen Lorient zur Ergänzung des vorhandenen Bestandes an. Weitere Boote folgten. Ab Ende Juli stieg die Zahl der Frontboote im Operationsgebiet trotz sinkender Gesamtzahl an solchen auf durchschnittlich zehn. Und überall, wo sie angriffen, sinkende Schiffe, auseinanderberstende Schiffe, brennende Frachter, lodernde Fackeln torpedierter Tanker und Feuer auf dem Meer, wo Öl ausgelaufen war. Für die Männer im Boot, unter Wasser in Sehrohrtiefe, ein Inferno entsetzlicher Geräusche: Es rasselt, kracht und splittert. Dampf entweicht zischend aus zerborstenen Rohren. Die Besatzungen hören, wie Schotten zusammenbrechen, – und plötzlich Schraubengeräusche anlaufender Eskortschiffe, denen das „ping...ping" folgt, der gegnerischen Unterwasserortung die das Boot steil auf Tiefe zwingt. Über dem Boot detonieren Wasserbomben, mal nah, mal fern, oft stundenlang...

Vom 30. August bis 9. September 1940 – inzwischen, am 17. August, war die totale Blockade der Britischen Inseln erklärt worden – erfolgte die erste erfolgreiche U-Bootoperation nach der Rudeltaktik: Die im Konvoiraum stehenden Boote bildeten einen Vorpostenstreifen und erwarteten den Geleitzug, dessen Generalkurs inzwischen vom Fühlungshalterboot ermittelt worden war. Im Schutz der Nacht griffen

Im ersten Kriegsjahr waren deutsche U-Boote auch mit Minen im Einsatz, die sie dicht an die englische Küste und in die Einfahrten zu den Liegeplätzen der Royal Navy legten, wie z.B. U 9 unter Oberleutnant zur See Lüth (Bild oben).

Bilder rechte Seite: Versenkung des griechischen Dampfers „Adamastos" mit Konterbande für England in der Biscaya durch U 29 am 1. Juli 1940 (oben); Angriff von U 25 auf einen nach Narvik laufenden britischen Zerstörerverband im April 1940 (unten). Torpedoversager waren unter diesen arktischen Bedingungen die Regel.

sie an, durchbrachen oder untertauchten die Geleitsicherung, die einen Ring um den Konvoi bildete, und schossen angetaucht oder aufgetaucht ihre Torpedos entweder aus der Ringfläche zwischen den Eskortschiffen und den äußeren Schiffskolonnen des Geleitzuges, oder sie machten es wie Kapitänleutnant Otto Kretschmer mit U 9: Er ließ sich von vorn in den Konvoi einsacken und wütete dann im Innern wie ein Wolf in der Schafherde. Erstmals wurden U-Boote im Rahmen der Vorbereitungen der Landung in England auch als Wettermeldestationen eingesetzt. So im September auch U 47 (Prien), der dabei den Konvoi HX 72 sichtete und meldete, den dann verschiedene U-Boote angriffen. Unter anderem versenkte U 100 (Schepke) allein während vier Stunden sieben Schiffe. Das U-Stützpunktsystem am Atlantik begann sich einzuspielen.

Da die wenigen Boote bei ihren Operationen fast alle ihre Torpedos verschossen, entstand anschließend ein »U-Boot-Vakuum«; auch weil die neuen Boote eine drei- bis fünfmonatige Einfahr- und Ausbildungszeit durchlaufen mußten, bevor sie zum Einsatz kommen konnten.

Italien bot sich an, 25 große U-Boote in den Atlantik zu senden. Sie trafen ab 23. August 1940 in drei Wellen im Stützpunkt Bordeaux ein. Jedoch mangelte es den Verbündeten an Erfahrungen. Außerdem hatten die Boote gegenüber den deutschen Kampfbooten die verschiedensten Mängel, die sich beim Einsatz nachteilig auswirkten. In der Zwischenzeit – Dönitz war mittlerweile zum Befehlshaber der U-Boote (BdU) ernannt worden – stand das Unternehmen »Seelöwe«, die später abgesagte Invasion in England, an. Im Oktober wurden neue Rudelangriffe geplant, für die (auf eine Meldung von U 48 hin) die BdU-Dienststelle einen Vorpostenstreifen aus fünf Booten gegen den Konvoi SC 7 bilden ließ. Hier wie auch an anderen Geleitzügen bewährten sich die »Wolfsrudel«; lediglich ein Nachteil bestand immer noch: Es waren zu wenige Wölfe, die Dönitz für die Front zur Verfügung hatte. Das Kardinalproblem war nicht der Angriff, sondern das Suchen und Finden in der ozeanischen Weite. 100 U-Boote, wie gefordert, in einem Operationsgebiet und 50 oder nur 30 an einem Konvoi – nicht auszudenken: Kaum ein Schiff würde entkommen.

Wieder hatten sich bei den so zahlreich auftauchenden Zielen einige Boote völlig verschossen und mußten zum Stützpunkt zurücklaufen. Aus dieser Erkenntnis hatte der BdU bereits seine Folgerungen gezogen: Es wurden seit Mai 1940 Transport-U-Boote verschiedener Typen entwickelt, die – als »Seekühe« bezeichnet – Kampf-U-Boote mit Dieselöl, Torpedos usw. im Atlantik in fast unmittelbarer Frontnähe versorgen sollten. Im südlichen Mittelatlantik übten Troßschiffe eine ähnliche Funktion für Überwasserhandelsstörer aus. Aber auch die zwischen den Kanaren und Freetown operierenden U-Boote der großen Typen ließen sich hier versorgen.

Am 18./19. November 1940 wurde von den Briten zum erstenmal – nach deutscher Ansicht ein technisch nicht realisierbares – Flugzeugradar gegen U-Boote eingesetzt. Das ASV-I-Gerät war erst der Anfang. Dessenungeachtet wurden weiter Konvois gesichtet, U-Boote per Funk herangeführt, die Konvoischiffe angegriffen und dezimiert. Ende 1940, nachdem durch Überwassereinheiten, Flugzeuge und vor allem durch U-Boote insgesamt vier Millionen BRT feindlicher und in feindlichen Diensten fahrender Schiffsraum verlorengegangen waren, mußte der BdU 27 U-Boote als Verlust abschreiben; auf den Monat umgerechnet waren das 1,5 Boote, gemessen an der Zahl der Neubauten ein günstiges Ergebnis. Schwerer wogen die Einbußen an Menschen, an erfahrenen U-Bootbesatzungen, die kaum zu ersetzen waren.

England wehrte sich verzweifelt. Die USA hatten damit begonnen, die Briten leihweise Kriegsschiffe zur Verfügung zu stellen. Die von den Deutschen nicht besetzte dänische Insel Island wurde Flugzeugstützpunkt. Damit schloß sich die Lücke des nördlichen Teils des Mittelatlantiks, den die Flugzeuge des britischen Küstenkommandos bislang nicht erreicht hatten.

Das Jahr 1941 kann als der Beginn der großen Rudelschlachten bezeichnet werden. Der Luftwaffe hatte man am 7. Januar die taktische Unterstellung der I. Gruppe des Kampfgeschwaders (KG)

Der Schrecken der „grauen Wölfe" waren die von alliierten Schiffen oder Flugzeugen abgeworfenen Unterwasserbomben. Bilder linke Seite: U-Bomben explodieren unmittelbar neben deutschen U-Booten; links: unter dem ins Bild ragenden Fahrwerkteil der „Halifax", die die Bomben wirft, ist der Kommandoturm des todgeweihten Bootes zu erkennen; rechts: eine „Sunderland" setzt im Steilflug zu einem neuen Angriff an, während die beim ersten Angriff abgeworfene Bombe explodiert. Bild oben: Ein manövierunfähig gebombtes U-Boot ist dem Feuer der Bordgeschütze eines feindlichen Zerstörers preisgegeben.

40 mit ihren Fw-200-Kuriermaschinen abgerungen; sie dienten nicht nur der Konvoisuche, sondern auch als Fühlungshalter für Kampfeinsätze der Luftwaffe. Ab Ende Februar wurden alle auslaufenden Feind-Konvois erfaßt. In 18 Tagen kam es zu sechs Operationen. Im Monat März 1941 verzeichnete die deutsche U-Bootwaffe durch straff geführte britische Escort-groups ihre bisher schwersten Verluste. Sechs Boote gingen verloren. Unter den Kommandanten waren drei Hochdekorierte der grauen Wölfe: Korvettenkapitän Prien mit U 47, Totalverlust mit 45 Toten nach einem Wasserbombenangriff des britischen Zerstörers »Wolverine« am 8. März; Kapitänleutnant Schepke mit U 100 wurde am 17. März nach dem Tauchen durch den Zerstörer »Vanoc« gerammt: 6 Überlebende, 38 Tote. Die »Vanoc« hatte U 100 mit dem neuen Radargerät Typ 286 geortet. Kapitänleutnant Kretschmer mit U 99 wurde am selben Tag durch Wasserbomben des britischen Zerstörers »Walker« zum Auftauchen gezwungen. Otto Kretschmer, mit 350 000 Tonnen versenktem Schiffsraum der Tonnagekönig des Zweiten Weltkriegs, geriet in Gefangenschaft. Diese hohen Verluste waren die Ursache, daß Dönitz mit seinen operativen Einheiten nach Westen bis südlich von Island auswich.

Während Hitler noch Anfang 1941 siegesgewiß erklärte, daß im Frühjahr »...unser U-Bootkrieg beginnen wird, dann werden die da drüben sehen, daß wir nicht geschlafen haben...«, vertraute der Gegner auf den Admiral Zeit. Verhandlungen im Januar 1941 brachten im April das Ergebnis: Amerikanische Kriegsschiffe dehnten die panamerikanische Sicherheitszone der im 500-Meilenbereich des amerikanischen Küstenvorfeldes fahrenden Geleitzüge nunmehr von 60° West bis auf 26° West aus, womit sich die unbewachte Zone im mittleren Atlantik, das Black Pit (schwarzes Loch), wie die Blende einer Optik verkleinerte.

Noch immer übertrafen in Deutschland

die Indienststellungen neuer U-Boote (Januar bis Juni: 11, 9, 11, 14, 19, 15) bei weitem die Verluste im gleichen Zeitraum (0, 0, 5, 2, 1, 4). In England stand der Verlust an Schiffsraum zu den Schiffsneubauten im Verhältnis von drei zu eins. Um diese Zeit schlug der Industrielle Henry Kaiser der amerikanischen Regierung vor, Schiffe im Fließbandsystem zu bauen, um der hohen Verluste Herr zu werden. Doch noch waren die Liberty-Schiffe graue Theorie. Allein in den 92 Tagen der Monate März bis Mai 1941 verloren die Briten 142 Schiffe, viele davon in den acht Geleitzugschlachten dieser Zeitspanne, die meisten aber als Einzelfahrer. Dagegen wuchs die Zahl der deutschen U-Boote im Fronteinsatz. Im Juli waren es bereits 53, und keines ging in diesem Monat verloren. Was bedeutete es da schon, wenn es den Briten im Mai gelang, einen HX-Geleitzug erstmals mit Hilfe durchgehend ablösender kanadischer Escort-groups heil bis nach England zu bringen und im Juli auch in umgekehrter Richtung nach Halifax zu sichern.

Die Briten versuchten alles, um den deutschen Würgegriff zu lockern. Unter dem Begriff »Anti-U-Boot-Escort« begleiteten provisorisch mit einer Katapult-Anlage und einem Flugzeug ausgerüstete Frachtschiffe die Geleitzüge. Das Flugzeug mußte nach dem Start aufgegeben werden, da es nach dem Verbrauch seines Treibstoffs weder auf dem Wasser noch auf dem improvisierten »Träger« niedergehen konnte.

Sie ließen nichts unversucht, das Black Pit, die fetteste Weide der grauen Wölfe, zu überwachen. Bald (1943) würden Flugzeuge, die von neuartigen Hilfsflugzeugträgern, sogenannten Escort-Carriers, und später von den Merchant Aircraft Carriers (MAC) starteten, auch dieses Gebiet kontrollieren.

In der Zwischenzeit, in der die Schlacht im Nordatlantik ihren Fortgang nahm und die US-Navy die »Neutralitätspatrouille« am 18. April auf 26° West und 20° Süd ausgedehnt hatte, wurde U 110 (Lemp) am 9. Mai, nachdem es zwei Schiffe versenkt hatte, vom Eskort-Schiff »Aubrieta« durch Wasserbomben zum Auftauchen gezwungen. Die Besatzung verließ das Boot, das vor dem Sinken durch ein Kommando der »Bulldog« geentert wurde. Geheimpapiere, Schlüsselmaschine und -unterlagen wurden von ihnen geborgen. Am 27. August übergab der Kommandant von U 570 (Rahmlow) sein durch einen Fliegerangriff leicht beschädigtes Boot, das nach Island geschleppt und als HMS »Graph« wieder in Dienst gestellt werden konnte. Um diese Zeit hörten für die Deutschen die Sichtungen im bisherigen Operationsgebiet plötzlich auf, und der BdU war gezwungen, neue Wege zu suchen. Die Ursache für das »Verschwinden« der Konvois ist – wie wir heute wissen – zum Teil in dem erbeuteten Geheimmaterial von U 110 zu suchen, das noch durch andere in Feindeshand geratene Unterlagen ergänzt werden konnte.

Im Mai 1941 lief das Drama der »Bismarck« ab, ohne daß weder die südlich von Grönland aufgestellte Westgruppe noch die westlich von Brest stehenden Boote eingreifen konnten. U 556, das die Einheiten der Force H (darunter den Träger »Ark Royal«) vor die Rohre bekam, hatte sich verschossen.

Der Juni wurde der Triumphmonat der seit März vor Westafrika operierenden großen Boote vom Typ IX und X B. Vor Freetown schickten drei Boote 34 Schiffe mit 202 879 Tonnen auf den Meeresgrund und torpedierten das Schlachtschiff »Malaya«.

Mit der Ausweitung des Krieges – Balkanfeldzug und Angriff auf die Sowjetunion – mußten auch die U-Boote neue Aufgaben wahrnehmen. Im Mittelmeer hatten die bisher nicht sehr erfolgreichen italienischen U-Boote den Seekrieg zur Entlastung des Afrika-Korps nicht für sich entscheiden können. Vom 16. September bis 5. Oktober gelang es, die ersten sechs deutschen U-Boote der Gruppe »Goeben« ohne Verluste durch die scharf bewachte Straße von Gibraltar in das Mittelmeer zu schleusen.

Der Krieg hielt für die Seeleute aller Nationen den nassen Tod bereit. Bild oben: Schiffbrüchige einer versenkten Geleitzugeinheit treiben auf hoher See. Bild linke Seite: dieser Matrose von U 175 konnte sich mit seiner Schwimmweste zu einem alliierten Schiff retten. Alle diese Opfer waren vollkommen sinnlos:

Zwar versenkten die deutschen U-Boote im Zweiten Weltkrieg 14 Millionen Tonnen, aber den Alliierten standen, vor allem gestützt auf das amerikanische Potential, am Ende des Krieges wieder rund 44 Millionen Tonnen (!) neuen Schiffsraums zur Verfügung.

Ihnen folgten bald weitere. Am 13. November konnte U 81 (Guggenberger) den Träger »Ark Royal« und U 331 (Thiesenhausen) zehn Tage später dort das Schlachtschiff »Barham« torpedieren und versenken.

Dönitz, der eine Zersplitterung seiner Kräfte vermeiden wollte, schickte – von wenigen Ausnahmen abgesehen – keine Boote ins Nordmeer, obwohl die Briten dort einen Versuchskonvoi von Island nach Archangelsk laufen ließen, der die UdSSR mit Kriegsmaterial versorgen sollte. Wichtiger war ihm die Atlantikschlacht, in der vom 20. bis 28. Juni erstmals 22 Boote als »Westgruppe« in lockerer Aufstellung eingesetzt wurden. Aus diesem Operationsraum kommend, lief U 48 von seiner 12. und auch letzten Feindfahrt in Kiel ein. Mit einer versenkten Sloop (Küstenschiff) und 54 Schiffen mit 322 292 Tonnen war und blieb es das erfolgreichste Boot des Zweiten Weltkriegs.

Im Juli 1941 operierten die Boote vornehmlich gegen die Gibraltar-Route, wo seit Ende Mai – von Luftaufklärung unterstützt – auch die italienischen U-Boote Erfolge erzielten, und im August bildete ein stärkerer Strom von Norwegen ausgelaufener neuer Boote zusätzlich eine Nordgruppe. Sie harkte mit 15 bis 17 Booten die Konvoi-Routen in Richtung Grönland-Neufundland ab. Es kam zu der bis dahin größten Geleitzugschlacht: Aus dem Konvoi SC 42 wurden von 63 Schiffen 20 versenkt. Nur der einsetzende Nebel verhinderte die völlige Vernichtung des Geleitzuges.

Im Nordwestatlantik zeigte sich für die Briten ein neuer Hoffnungsschimmer. Roosevelt erlaubte US-Kriegsschiffen, deutsche U-Boote zu beschatten. Am 4. September kam es zum »Greer«-Zwischenfall. Der US-Zerstörer »Greer« erfuhr durch ein britisches Flugzeug die Position eines deutschen U-Bootes. »Greer« lief die Position an und ortete das getauchte U 652 (Oberleutnant zur

See Fraatz). Das Flugzeug griff mit Wasserbomben an. Fraatz vermutete, von »Greer« angegriffen zu werden. Er versuchte, den Zerstörer zu torpedieren. Darauf ordnete der US-Präsident an, gegen alle deutschen Kriegsschiffe zwischen Island und den USA offensiv vorzugehen.

In Berlin begannen die Planungen für einen »Paukenschlag« der U-Boote gegen den Schiffsverkehr vor der Küste der USA.

Endlich glaubten deutsche Techniker, eine wirksame Waffe gegen das britische Ortungssystem Asdic gefunden zu haben: »Bold«, ein zylindrischer Körper, ließ nach seinem Ausstoß aus einem Torpedorohr feine Wasserstoffbläschen ab, die die Asdic-Ortung zwar nicht ausschalten, wohl aber irritieren konnten. Aber schon zeichnete sich eine neue Gefahr für die U-Boote ab. Es mehrten sich Meldungen von U-Boot-Kommandanten, die tagsüber bei Unterwasserfahrten und auch nachts von Flugzeugen aus dichten Wolken heraus gezielt angegriffen worden waren. Die Erklärung hierfür konnte sein, daß die Briten über ein Flugzeugradar verfügten. Fachleute stritten diese Möglichkeit jedoch ab. In der Tat war bereits im Februar 1941 schon das erste U-Boot nach einer ASV(»Air to Surface Vessel«)-Ortung beschädigt worden. Nach britischen Quellen erfolgten Ende 1941 bereits 94 Prozent aller U-Bootortungen bei Nacht durch ASV.

Dagegen fand sich zunächst eine primitive Abwehrwaffe: der einfache französische Rundfunkempfänger Metox. Er warnte über ein aufzusteckendes Antennenkreuz vor den Radarstrahlen im Frequenzbereich von 1,40 bis 1,80 Meter. Er schaffte aber auch viel Unruhe und Unsicherheit bei den Bootsbesatzungen. Erst später, 1943/44, folgten die FuMB-Geräte »Borkum« und »Wanze«, bei denen die Antennen durch Runddipole ersetzt waren. Doch der Gegner schlief nicht: Eine britische Eskortgruppe unter

Bild oben: U-Boote der VII-C-Klasse rüsten sich für eine neue Feindfahrt mit Torpedos aus. **Bild rechte Seite oben:** ein britischer Zerstörer der „Hunt"-Klasse bei einem Wasserbombenangriff. Die „Hunts" zählten zu den gefährlichsten U-Boot-Jägern.

Bild rechte Seite unten: U-Boot auf Sichtfahrt in den Gewässern um Malta. Seit dem Ausbruch der Kämpfe in Nordafrika hatten Dutzende deutsche Boote zur Unterstützung der schwachen italienischen U-Boot-Waffe den Befehl zum Marsch ins Mittelmeer erhalten.

Captain Walker entwickelte aus ihrer Taktik die berüchtigten »Killergroups«, zu denen dann ab 1943 noch die Support-Gruppen stoßen sollten.

Zum Ende des Jahres 1941 waren die Verluste an U-Booten dann doch höher als erwartet. 32 U-Boote kehrten in diesem Jahr nicht zurück. Zwar standen dieser Zahl etwa fünfmal so viele neu in Dienst gestellte U-Boote gegenüber, und die Briten hatten 2,2 Millionen BRT an Schiffsraum verloren. Das konnte aber nicht darüber hinwegtäuschen, daß sich die Relationen verändert hatten. Ab 11. Dezember 1941 mußte der Krieg auch gegen die See- und Luftstreitkräfte der Vereinigten Staaten von Amerika geführt werden. Die Zahl der U-Boot-Abwehrkräfte vervielfachte sich dadurch. Die Liberty-Schiffe liefen seit dem 27. September vom Stapel; 312 befanden sich zu diesem Zeitpunkt in Auftrag. In Deutschland rechnete man damit, daß die Alliierten im Jahr 1942 etwa sieben Millionen BRT Schiffsraum neu bauen würden. Dönitz hielt diese Schätzung eher noch für zu niedrig.

Auf der anderen Seite konnte Dönitz den bereits im September geplanten »Paukenschlag« gegen die amerikanischen Küstengewässer wegen des überraschenden japanischen Angriffs auf Pearl Harbor mit nur fünf großen Booten vom Typ IX erst ab Mitte Januar 1942 eröffnen. Er wollte die Operationen der seit dem 22. November im Gebiet westlich und östlich von Gibraltar fahrenden Boote (wegen der in Nordafrika entstandenen kritischen Situation) nicht schwächen. Nach Aufhebung der Bindung an Gibraltar stellte er die Konvoioperationen im Nordatlantik ein und verlegte Mitte Januar den Schwerpunkt vor die amerikanische Ostküste und die Seegebiete vor den kanadischen Häfen.

Trotz des immer noch akuten Mangels an Frontbooten hatte Dönitz auf Drängen Hitlers eine Kampfgruppe in das Nordmeer für den Murmansk-Geleitzugkampf abgestellt. Es war die Gruppe »Neptun«, die aus nur drei Booten bestand und erstmals einen Murmansk-Geleitzug (PQ 8) angriff.

Zusätzlich befahl Hitler, zwölf aus der Heimat ausmarschierende VII-C-Boote westlich der Hebriden und der Färöer-Inseln bereitzustellen. Die britischen Geheimdienste hatten in einem großangelegten Täuschungsmanöver den Eindruck erweckt, daß eine Invasion in Norwegen geplant sei. Hitler war darauf hereingefallen, und auf seine Weisung blieb dieser Raum auch weiterhin von einer Bootsgruppe besetzt, die hier nur gelegentlich Ziele fand und in den Hauptoperationsgebieten fehlte.

Mitte Februar 1942 weitete der BdU mit frontklaren U-Schiffen vom Typ IX den U-Bootkrieg auch auf die karibischen Gewässer aus, wo sie vorwiegend vor den Ölverladehäfen und später im Golf von Mexiko operierten. Das Merkmal der Schlacht vor Amerikas Küsten war ohnehin die Vernichtung einer hohen Zahl von Tankern. Hampton Roads, North Carolina und Kap Hatteras wurden zu den Angelpunkten der Kräftekonzentration; deutsche U-Boote jagten hier vornehmlich einzelfahrende Tanker. Vom 15. Januar bis 10. Mai verlor der Gegner allein in den amerikanischen Operationsräumen 303 Schiffe mit 2 015 252 BRT, darunter 102 Tanker mit 927 000 BRT. Die amerikanischen Piloten und U-Bootjäger mußten ihre Erfahrungen machen. Erst vier Monate nach Kriegsausbruch wurde das erste deutsche Boot, U 85 (Greger), von einem US-Küstenwachboot versenkt. Die Versenkungsverluste bei den Alliierten stiegen weiter.

Trotz aller Anstrengungen der Alliierten, verlorene Tonnage durch Neubauten auszugleichen, zehrten solche Verluste an der Substanz, von noch schwerer zu ersetzendem Personal zu schweigen.

In den April fiel auch der erste planmäßige Versuch einer Rudeloperation bei Neufundland. Hier versenkten die deutschen U-Boote bei nur vier Eigenverlusten mehr als eine halbe Million BRT. Das blieb ungefähr auch der Schnitt der nächsten Monate.

Der Schwerpunkt aber lag wieder im Atlantik. Hier hatte sich ein System herausgebildet: Aus Frankreich auslaufende und aus der Heimat hinzustoßende Boote kümmerten sich außerhalb der Reichweite landgestützter Flugzeuge um die von der britischen Insel westwärts gehenden Konvois bis unter die amerikanische Ostküste. Im Nordosten der Bermudas wurden die Boote von einer »Seekuh« (Versorgungsboot) versorgt, um sich dann wieder der von New York oder Halifax ostwärts marschierenden Konvois anzunehmen. Anschließend liefen sie entweder in Frankreich ein, wo man inzwischen bombensichere U-Bootbunker gebaut hatte, oder sie wurden, wenn sie noch genügend Brennstoff und Torpedos hatten, erneut gegen einen westgehenden Geleitzug eingesetzt.

Im sturmreichen Winter 1942/43 sanken die monatlichen Erfolge bis unter die 200 000-BRT-Grenze; aber trotz schwerer Orkane gab es im März bei den Geleitzugschlachten Höhepunkte: In den ersten zehn Tagen dieses Monats wurden 41 Schiffe mit 229 949 BRT versenkt, in der nächsten Dekade 44 Schiffe mit 282 000 BRT. Ebenfalls im März vernichteten 31 der grauen Wölfe bei ihren Angriffen auf die Konvois SC 122 und HX 229 mit 71 Torpedos bei 26 Treffern 21 Schiffe mit 140 842 BRT – bei Sturm, Hagel, Schnee und hoher See die größte und wohl auch schwerste Geleitzugschlacht des Zweiten Weltkriegs.

Auch auf den Nebenkriegsschauplätzen waren die U-Boote präsent. Eine Kampfgruppe operierte im Oktober 1942 sehr erfolgreich vor Kapstadt, womit sich eine Entwicklung abzeichnete, Boote auch in den Indischen Ozean zu schicken. Kleine U-Boote vom Typ II C wurden auf dem Landweg zu Operationen im Schwarzen Meer gebracht.

Am 12. September 1942 versenkte U 156 (Hartenstein) den 19 965 BRT

Der Eintritt der USA in den Krieg im Dezember 1941 befreite zwar die deutschen U-Boote von Einschränkungen im Handelskrieg, brachte aber auch zugleich die zweitgrößte Marinestreitmacht der Welt in den Seekrieg gegen Deutschland. Ein paar Boote wurden zu Operationen vor die nordamerikanische Küste beordert, wo sie anfangs dank der noch ungeübten Abwehr „leichtes Spiel" hatten. Tag und Nacht schossen die Brandfackeln torpedierter Tanker in den Himmel. Bild oben: Nach einem Torpedovolltreffer versinkt der US-Tanker „Resor" 20 Meilen vor der Küste von New Jersey. Bild linke Seite: Rückkehr von U 69 nach erfolgreicher Feindfahrt.

großen Truppentransporter »Laconia«, 550 Seemeilen von Las Palmas entfernt. Das Schiff hatte neben den 463 Besatzungsmitgliedern 286 britische Urlauber, 1800 italienische Kriegsgefangene und 80 Frauen und Kinder an Bord. Dönitz beorderte die Boote U 506 und U 507 zur Versenkungsstelle, um die Überlebenden zu retten. Die Rettungsaktion zog sich über fünf Tage hin. Ein Drittel der Überlebenden ging an Bord

der U-Boote oder in Rettungsboote, die von den Unterseebooten in Schlepp genommen wurden. Am 16. September griff ein viermotoriges amerikanisches Bombenflugzeug an – ohne Rücksicht auf Freund oder Feind. U 156 wurde, obwohl es die Rot-Kreuz-Flagge zeigte, direkt angegriffen und schwer beschädigt. Keines der drei Boote hatte seine Flakwaffen zur Abwehr eingesetzt. Nach diesem Zwischenfall verbot der BdU jede Rettung von Angehörigen versenkter Schiffe. Der Seekrieg wurde dadurch noch unerbittlicher.
Zu dem Krieg der Waffen trat auch der Kampf der Techniker und Wissenschaftler in ein neues Stadium. War für die Alliierten zur »groben« Beobachtung der deutschen U-Bootbewegungen die Funkpeilung des U-Boot-Funkverkehrs von Land aus schon ein großer Vorteil, so gelang ihnen nun ein neuer Fortschritt: Mit einem auf Geleitfahrzeugen eingebauten Kurzwellenpeiler, dem HF/DF (Huff-Duff-Gerät), waren die Alliierten jetzt in der Lage, auch die bis zu 30 Seemeilen reichenden »Bodenwellen« der Kurzsignale von U-Booten anzupeilen. So konnte erstmalig das mit dem HF/DF-Gerät FH 3

Bild oben: Mit einem Torpedofangschuß versenkt U 68 vor Kap Palmas den britischen 7000-Tonnen-Dampfer „Beluchistan" (März 1942).
Bild rechte Seite: An Deck von U 507 drängen sich von der Besatzung aufgefischte Schiffbrüchige der „Laconia".

Sofort nach Versenkung dieses britischen Truppentransporters (September 1942), der 1800 italienische Kriegsgefangene an Bord hatte, begannen die Deutschen mit den Bergungsarbeiten und baten in offenem Funkspruch um internationale Unterstützung.

ausgerüstete Rettungsschiff »Toward« eine Fühlunghaltermeldung des U 155 am Konvoi ONS 67 anpeilen.
Den ersten Erfolg erzielte man am Konvoi WS 17. Sicherungszerstörer konnten nach einem von Eskortschiffen angepeilten Fühlungshaltersignal das U-Boot U 587 orten und versenken. Als im Juni U 94 als Fühlunghalter gebombt wurde, vermutete sein Kommandant, Oberleutnant zur See Otto Ites, einen Zusammenhang zwischen der Fühlunghaltermeldung und dem Wasserbombenangriff. Beweisbar scheiterten einige größere Geleitzugoperationen der U-Boote, weil dem Konvoi nach dem Unterwasserdrücken oder Versenken des fühlunghaltenden U-Bootes eine nicht mehr von den Booten kontrollierte Ausweichbewegung gelang. Es wird behauptet, daß durch die seit Dezember 1942 vorübergehend wieder mögliche Entzifferung des U-Boot-Funkschlüssels und die Ergebnisse vor allem der landgestützten Funkpeilung von den 174 Konvois zwischen Juli 1942 und Mai 1943 105 (60 Prozent) um die Aufstellung deutscher U-Boote herumgeführt werden konnten; nur 69 Konvois (40 Prozent) wurden von den deutschen U-Booten erfaßt, von denen wiederum durch bordgestützte Funkpeilung 23 ohne Verluste entkamen.
Ein weiteres Feld war die Beobachtung und die Entzifferung des Funkverkehrs, die von beiden Seiten mit viel technisch-wissenschaftlichem Aufwand betrieben wurde. Nachdem 1940 die britischen Schlüsselverfahren geändert worden waren, gelangen dem deutschen B-Dienst (Beobachtungsdienst) 1942 wieder tiefe Einbrüche in das alliierte Schlüsselsystem, so daß dem BdU der Konvoi-Rhythmus, die Fahrpläne und ab 1943 auch die tägliche U-Bootlagemeldung der Alliierten bekannt waren. Auf der britischen Seite arbeitete die Entzifferungsorganisation in Bletchley Park, um Details über die deutsche U-Bootführung zu erfahren. Aber auch hier möge man sich vor Überschätzungen hüten: So hat der deutsche B-Dienst in den ersten 20 Tagen des März 1943 35 in See befindliche Konvois erfaßt. Von den 175 FTs des Gegners wurden aber nur zehn so rechtzeitig entschlüsselt, daß dem BdU noch gezielte Operationen seiner U-Boote möglich waren. Auch bei den Aliierten spielte das Zeitproblem bei der Entzifferung eine wesentliche Rolle.
In der direkten U-Bootbekämpfung suchte der Gegner weiter nach besseren Methoden. Der »Hedgehog« (Igel) war eine der neuen Waffen: Er machte die Asdic- oder Sonarortung auch während der Bekämpfung getauchter Boote möglich. Das war früher beim Einsatz von Wasserbomben nicht der Fall. In einen Kasten wurden 24 geschoßähnliche, mit dem neuen Sprengstoff Amatol versehene Ladungen von je 16 kg Gewicht geladen und so angeordnet, daß die Geschosse einzeln, in Serien oder auch im Pulk »geschossen« werden konnten. Ihr raketenähnlicher Antrieb befand sich nicht mehr im Abschußstempel wie bei den Wasserbomben, sondern im Geschoß selbst. Die neue Waffe stellte im Umkreis bis zu 45 Metern eine wirksame Verbesserung der »Tiefenladungen« dar. In der Geleitzugtechnik erlaubten neuerdings für die Eskortschiffe mitgeführte Ölversorger weiterreichende Ausweichmanöver als bisher. Das war besonders im Hinblick auf die HF/DF-Peilungen wichtig.

Auf dem Gebiet der Radartechnik hatte am 14. April 1943 die britische Korvette »Vetch« Erfolg. Sie ortete mit dem neuen 9-cm-Radar-Typ 271 U 252 (Lerchen), als es den Konvoi OG 82 angreifen wollte. Die Wirksamkeit dieses Schiffsradars ist sicherlich lange Zeit überschätzt worden. Die niedrige U-Bootsilhouette erschwerte die Ortung mit diesem Gerät. Viele Erfolge, die man ihm zuschrieb, mögen vielmehr von HF/DF-Geräten erzielt worden sein.

Mit wachsendem Aktionsradius der Flugzeuge wuchs die Bedrohung der Boote durch die Dezimeter-Radarortung aus Flugzeugen, vor allem westlich der Biskaya. Obwohl auch sie mit neuen FuMB-Geräten eingepeilt werden konnte, gelang das nicht immer rechtzeitig. Es mußte für die U-Boote erst zur tödlichen Wende im Monat Mai 1943 kommen, um zu erfahren, wie recht Dönitz hatte, als er im Frühjahr das Oberkommando der Wehrmacht (OKW) beschwor: »Das U-Boot ist Deutschlands Luftschutzkeller. Es muß von der Wasseroberfläche verschwinden.«

Bereits im Frühjahr 1942 hatte Dönitz im Hinblick auf die Entwicklung der gegnerischen Ortung auf kürzeste Wellen

Da die US Navy Ende 1941 Kräfte für den Pazifikkrieg abziehen mußte, wirkte sich die amerikanische Materialüberlegenheit im ersten Halbjahr 1942 noch nicht aus. In diesen Monaten schien sich der Sieg in der Atlantikschlacht den Deutschen zuzuneigen, die allein im Juni an die 600.000 BRT versenken konnten.

Bild oben: Nach wochenlangem Einsatz in der „Atlantikschlacht" kehrt dieses ramponierte U-Boot in seinen Stützpunkt zurück. Bilder rechte Seite: Arbeitseinsatz an Bord eines U-Bootes, notdürftig gesichert auf dem umspülten Bootsdeck (oben) und in der heißen Enge des Dieselraums (unten).

len in einer Denkschrift gewarnt und gefordert:

„Das radikalste Mittel ist: Wir müssen mit einem totalen, d.h., für lange Unterwasserfahrten geeigneten U-Boot-Typ ins Wasser hinein;

die Arbeiten an den Walter-U-Booten müssen beschleunigt werden;

darüber hinaus ist zu prüfen, ob die Entwicklung des totalen U-Bootes nicht auch auf anderem Wege möglich ist;

es ist eine gemeinsame Kommission OKM-BdU zu bilden, um die Sorgen in realisierbare Baupläne umzuwandeln."

Das OKM verhielt sich, was die Kommission anging, ablehnend. Man tue in der Frage der Walter-U-Boote und anderer neuer Bootstypen das nur irgend Mögliche. Gewiß, man tat etwas hinsichtlich der Walter-U-Boote, aber nicht genug, und das nicht erst seit Kriegsbeginn, sondern schon seit Jahren; schon seit 1933, als der noch unbekannte Germaniawerft-Schiffbauingenieur und spätere Professor Helmuth Walter einen detaillierten Vorschlag für ein US-Boot (Untersee-Schnellboot) einreichte. Erst im Sommer 1942 war es soweit, daß die Bauaufträge für je zwei Versuchsboote vom 250 t großen Typ XVII-Entwurf erteilt wurden. Diesem folgte die Bestellung von je zwölf Booten vom verbesserten Typ XVII B und XVII G bei den Werften, eine Serie, die sofort begonnen werden sollte, sobald praktische Erfahrungen mit der Walter-Anlage vorlagen. Die ersten Versuche damit begannen bereits im Mai 1943; der Bau der Boote kam jedoch, da keine Dringlichkeitsstufe vorlag, nur langsam voran. Neben den kleinen Walter-U-Boot-Typen stand auf Drängen von Dönitz auch ein größeres Walter-Boot (Projekt Pr. 476) an: der 1485/1652 t große Typ XVII, dessen Linien von der eleganten Form vom Typ XVII (Wa 201) abgeleitet worden waren. Nach Vorlage der Konstruktionsunterlagen im November 1942 verlangte Dönitz das Anlaufen einer Großserie dieser U-Schiffe. Aber der sonst so optimistische Walter zögerte. Er wollte – außer zwei großen Booten einer Nullserie – die Ergebnisse der ersten Boote vom Typ XVII abwarten.

Urplötzlich, quasi über Nacht, ging die Entwicklung einen völlig anderen Weg.

Deutsche U-Boote im St.-Lorenz-Strom

Bericht der »Chicago Daily Tribune«, 13.5.1942

Ein feindliches U-Boot schlüpfte durch die starke Verteidigung vor der Küste Kanadas am Montag und torpedierte zum erstenmal in der Geschichte ein Schiff auf dem inneren Wasserweg des Dominions. Heute vormittag wurde mitgeteilt, daß 87 oder 88 Überlebende des getroffenen Frachters an Land gekommen sind. Einige Besatzungsmitglieder sollen schwer verwundet sein.

42 Gerettete erreichten gemeinsam einen Punkt an der Küste, 43 oder 44 einen anderen. Eine Frau und ein Kind trieben allein in einem Rettungsboot bei einem Fischerdorf an, wie die verfügbaren Informationen besagen.

Wie aus den Berichten hervorgeht, wird niemand vermißt. Alle Überlebenden wurden in eine nahe gelegene Stadt gebracht und die Verwundeten in ein Krankenhaus.

Die erste Verlautbarung über den Angriff kam aus Ottawa von Marineminister Angus Macdonald. Den Namen des Schiffes und die Stelle, wo es versenkt wurde, teilte er nicht mit. Künftig, so sagte er, würden Schiffsversenkungen im Strom oder Golf nicht mehr bekanntgegeben, da solche Informationen dem Feind helfen könnten. Er fügte hinzu: »Ich glaube jedoch, daß die kanadische Öffentlichkeit über die Anwesenheit feindlicher U-Boote in unseren Hoheitsgewässern unterrichtet werden sollte. Ich kann versichern, daß alle Schritte unternommen werden, um die Lage in Griff zu bekommen.«

Bereits im Februar 1943 war der Gedanke im K-(Konstruktions-)Amt der Marine aufgetaucht, den für die zusätzliche Walter-Anlage beanspruchten Raum im großen Walter-U-Boot vom Typ XVIII einer dreifachen Batteriekapazität nutzbar zu machen: »Wenn schon ein so großes Boot, dann kann man auch mit konventionellen Antriebsmitteln sehr viel mehr erreichen als bisher.« Mitte April wurde bereits der ausgereifte Gegenentwurf zum Walter-U-Boot-Typ XVIII als Elektroboot vom Typ XXI Dönitz vorgelegt. Er war auf jeden Fall problemloser als die mit dem hochempfindlichen Perhydrol arbeitende Walter-Anlage, obwohl man unter Wasser auch keine 26 Knoten für etwa fünf bis sechs Stunden Angriffs-AK-Fahrt erwarten durfte. Immerhin würden bei voll aufgeladenen Batterien unter Wasser 18 Knoten für anderthalb Stunden oder 12 bis 14 kn für zehn Stunden möglich sein. Ein solches U-Boot, auf dem man mit Hilfe einer hydraulischen Schnelladevorrichtung in 20 Minuten 18 Torpedos abfeuern wollte, würde allen Typen mit dieselelektrischen Antrieb überlegen sein. Trotz seiner Größe von 1621/2100 t sollte der neue Typ auch im Geleitzugkampf im Nordatlantik eingesetzt werden. Dönitz entschied sich für eine sofortige Fertigkonstruktion in großen Serien. Man war sich der Vorzüge des neues Typs so sicher, daß gar nicht erst der Versuch gemacht wurde, eine Nullserie aufzulegen.

Ähnlich lagen die Dinge bei dem kleinen Walter-U-Boot, für das die Herren im K-Amt ebenfalls einen Gegenentwurf parat hatten: das kleine Elektroboot vom Typ XXIII.

Noch eine weitere, für die Marine wichtige Entscheidung war gefallen: Am 31. März 1943 wurde Albert Speer, Reichsminister für Rüstung und Munition, die Marinerüstung und damit der U-Boot-Bau vollverantwortlich übertragen. Es war fünf Minuten vor zwölf.

Inzwischen hatten die Alliierten in aller Stille ein neues Funkmeßgerät, das H2S-Panoramagerät, entwickelt, dessen 9-cm-Wellen von dem deutschen Funkmeßbeobachtungsgerät »Metox« nicht mehr erfaßt werden konnten. In Küstennähe vom Land aus und auf See von den Trägern der sechs Support-

Bei hoher Dünung durchpflügt ein aufgetaucht fahrendes deutsches U-Boot den Atlantik (Bild oben). Mit angespannter Aufmerksamkeit suchen die Ausgucker vom Turm aus den Horizont und den Himmel ab, ob Beute winkt oder Gefahr zum Tauchen zwingt.

Bild linke Seite: Ein Volltreffer mittschiffs hat diesen englischen Öltanker in ein brennendes Inferno verwandelt. Da die Tanker die wertvollsten und zugleich gefährlichsten Güter in den Versorgungskonvois transportierten, wurde ihnen auch in der Regel die bestmögliche Deckung durch die Geleitschutzverbände zuteil.

groups setzten sie im Mai 1943 schlagartig Flugzeuge mit dem neuen Magnetrongerät ein; auch über dem »Black Pit« im Nordatlantik, das die fetteste Weide der U-Boote war und das jetzt von VLR-(Very Long Range-)Bomben kontrolliert wurde. Eingewiesen vom Peilstrahl des H2S, näherten sie sich überall, wo U-Boote aufgetaucht fahren mußten, um die erschöpften Batterien wieder aufzuladen. Die Nacht oder dicke Wolkendecken boten keinen Schutz mehr.

In diesem Monat »starben« 41 deutsche Front-U-Boote, 37 davon im Nordatlantik. Der größte Teil (21) wurde das Opfer von Flugzeugen, einen Teil vernichteten die an oder in der Nähe von Geleitzügen operierenden, gut aufeinander eingespielten Escort-groups, denen die neuen U-Bootbekämpfungswaffen »Hedgehog« und die Tiefwasserbombe »Torpex« zur Verfügung standen. Zur gleichen Zeit fast waren auch die automatisierten Funkpeildienste an Land und an Bord der Sicherungsfahrzeuge auf breiter Ebene eingesetzt gewesen. Die Katastrophe war durch gleichzeitiges Wirksamwerden verschiedener Faktoren ausgelöst worden.

Lähmendes Entsetzen brach über die Befehlsstelle des BdU herein. Es war eingetreten, was Dönitz seit langem befürchtet hatte. »Wir haben die größte Krise der U-Bootführung zu bestehen«, erklärte er im Führerhauptquartier nach diesem Totentanz im Niemandsland nordatlantischer Seeräume, in denen die Alliierten außer der Masse an Flugzeugen über 2600 Kriegsfahrzeuge zum Schutz ihrer Geleitzüge eingesetzt hatten. Das war der Erfolg der alliierten Anstrengungen nach der »Atlantic-Con-

voy-Conference« vom März 1943 (»Der Sieg über die U-Boote ist die Grundvoraussetzung für jede weitere Operation«): Von der dritten Maiwoche an ging sogar überhaupt kein Schiff mehr auf der Nordatlantikroute verloren.

Dönitz entschloß sich am 24. Mai, den Geleitzugkampf bis zur Auslieferung neuer Waffen vorübergehend einzustellen. Brennstoffstarke Boote wurden nach Süden abgezogen, brennstoffschwache Boote locker über den Nordatlantik verteilt. Sie sollten durch verstärkten Funkverkehr dem Gegner das Vorhandensein starker Gruppen vortäuschen. Ganz abziehen konnte und durfte Dönitz die U-Boote aus dem Nordatlantik nicht, denn noch immer banden sie alliierte Luftstreitkräfte über See. Doch die U-Boote waren nicht mehr Deutschlands Luftschutzkeller. Nach der Aufgabe der Geleitzugschlachten im Nordatlantik hatte der Gegner große Teile seiner Luftstreitkräfte für andere Ziele frei. Hamburg traf der erste Schlag: Tausend Bomber legten zwischen dem 25. und 30. Juli die Hansestadt in Schutt und Asche. 30 500 Hamburger starben.

Auf See hielten die Verluste an. Im Juni sanken 17 Boote (elf davon durch Flugzeuge), im Juli waren es 37 (30) Verluste, die auch zur Reduzierung der Fernunternehmen führten. Der Ausfall von U-Tankern zwang überdies zum Abbruch entfernter Operationen mit mittleren Booten.

Ende Juli glaubte man, die Ursache für die hohen U-Bootverluste gefunden zu haben: Sie liege in der Einpeilung der von den an Bord befindlichen Überlagerungsempfängern ausgestrahlten Zwischenfrequenz durch den Gegner. Das neue FuMB-Gerät »Zypern« (auch Wanze genannt) brachte jedoch keine Abhilfe. Selbst der völlig strahlungsfreie Detektorvorsatz FuMB 10 »Borkum« bot im Ortungskrieg keinen Schutz, da er nur bis etwa 20 cm Wellenlänge arbeitete. Erst die gründlichen Untersuchungen eines im Frühjahr bei Rotterdam abgeschossenen Feindflugzeuges wiesen über das dabei gefundene versuchsweise eingebaute H2S-Gerät den Weg. Im Juni wurde das FuMB 7 »Naxos« fertig. Seine Reichweite war mit nur fünf Kilometern viel zu gering, um Überraschungsangriffe aus der Luft auszuschließen. Die Unsicherheit blieb. Hatte der Gegner abermals neue Ortungsmethoden? Erst die im Mai/Juni 1944 eingebaute Peilkombination »Tunis« mit der Dipolantenne »Fliege« für 9-cm-Wellen und mit dem Hornstrahler »Mücke« für das neue amerikanische 3-cm-Radar verbesserte mit Reichweite bis zu 70 km die Lage. Verbesserungen im U-Bootkrieg erhoffte man auch durch eine Verstärkung der U-Boot-Flak, die der Anbau eines »Wintergartens« an die Turmbrücke ermöglichte. Doch mußte die U-Bootführung bald erkennen, daß auf diesem Weg die alte Kampfkraft der Boote bewährter Typen nicht zurückzugewinnen war. Eine wirkliche Verbesserung der Lage versprach der Luftmast mit dem Suggestivnamen »Schnorchel«, den die Holländer zur Durchlüftung ihrer U-Boote in der kolonialen Tropenfahrt benutzt hatten. Es war (ausgerechnet) Helmuth Walter, der diese Idee im Frühjahr 1943 aufgriff, damit U-Boote mit einem Schnorchel als Frischluft- und Auspuffrohr auch bei Unterwassermarsch mit Dieselantrieb fahren konnten. Das Problem, den Schnorchelkopf auch bei Seegang funktionsfähig zu halten, wurde ebenso gelöst wie jenes, den anfangs starren und dann beiklappbaren Schnorchel gleich dem Sehrohr ein- und ausfahrfähig einzubauen. Auch für die in ihrer Turbinenfahrt begrenzten Walter-U-Boote war der Schnorchel ein Geschenk. Bereits im Juni 1943 lag die erste Versuchsausführung vor, aber erst im September konnte ein klappbarer Schnorchel auf den VII C-Booten U 235 bis U 237 ein-

Bild rechts: Der Maat im Bugraum meldet, daß der „Torpedo los" ist. Doch über Wasser lockt nicht nur Beute, sondern lauert auch der Feind. Die Revolutionierung der Radartechnik durch das von britischen Wissenschaftlern entwickelte Magnetron, eine leistungsstarke Senderöhre für scharf gebündelte Zentimeterwellen, bescherte den Angloamerikanern seit Sommer 1942 die siegreiche Wende in der „Schlacht im Atlantik". Die deutschen U-Boote konnten jetzt zielgenau geortet werden.
Bilder linke Seite: Angriff britischer Kampfflugzeuge auf ein deutsches U-Boot in drei Phasen: „Anflug" (oben), „Treffer" (Mitte), „versenkt" (unten). Der Ölfleck zeigt das Grab des U-Bootes an.

gebaut und mit Erfolg erprobt werden. Die Front war skeptisch: Schnitt der Schnorchel bei Seegang unter – etwa bei Unaufmerksamkeit des Tiefenrudergängers –, schloß sich automatisch das Schwimmerventil am Schnorchelkopf. Der Diesel riß dann die Luft aus der Röhre. Der Zustand im Boot war fast so schlimm, wie wenn ein Mensch in einer Sekunde von null in 4000 bis 5000 m Höhe geschleudert würde: Den Männern drohten die wahnsinnig schmerzenden Trommelfelle zu zerreißen. Ohnmachtsanfälle stellten sich ein.

Noch übler waren Qualmeinbrüche, wenn das Personal nicht ganz exakt zusammenarbeitete. Wurde nämlich eines der Abgasleitungsventile nicht rechtzeitig beim Anlassen der Motoren geöffnet, drangen die CO_2-Abgase ins Boot. Mehrmaliges Abwürgen des Dieselmotors konnte zu Personalausfällen führen. So setzte sich denn der Schnorchel, dessen Betrieb mit einer eingefahrenen Besatzung überhaupt nicht schwierig war, erst allmählich durch. Dann aber meldeten schnorchelbetriebene U-Boote in zunehmendem Maße Erfolge selbst in Seegebieten, die bei den Briten bislang als U-Boot-sicher galten.

Große Hoffnungen setzten die U-Boot-Männer auf die neuen, lagenunabhängigen Torpedos, die schleifenförmig die See abharken konnten, und auf den G 7 ES »Zaunkönig« (T 5), der im Herbst 1943 einsatzbereit war. Der T 5 war ein Torpedo, der sich Ziele mit Geschwindigkeiten von 10 bis 18 Knoten, Eskortschiffe also, selbst suchte, indem er auf deren Schraubengeräusche ansprach.

Mit bis zu acht 2-cm-Flak, neuen FuMB-Geräten und den streng geheimgehaltenen T 5 an Bord wurden ab Mitte September 1943 die grauen Wölfe von Dönitz wieder für Rudeloperationen angesetzt. Die Erfolgsmeldungen gegen die ersten Konvois ON 202 und ONS 8 stimmten trotz zweier Eigenverluste den BdU optimistisch: Außer vier Frachtern sollten zwölf Eskortschiffe versenkt worden sein. In Wahrheit detonierten die meisten der 24 auf die Eskortschiffe geschossenen T 5 jedoch wirkungslos im Kielwasser, oder sie gingen fehl. Nur vier trafen ihre Ziele, von denen die Fregatte »Lagan« nur schwer beschädigt wurde. Diese Überschätzung der T 5-Wirkung darf indessen nicht als Leichtfertigkeit ausgelegt werden, denn die Boote mußten nach einem T 5-Schuß sofort tauchen und konnten den Erfolg nicht beobachten. Man hörte die T 5-Detonationen und war vom Verlust des beschossenen Eskortschiffes überzeugt. Ähnlich stand es in den Folgemonaten um die Konvois, bei denen der Gegner auf den Eskortschiffen »Foxer« genannte Geräuschbojen im Kielwasser fuhr. Neu beim Gegner war auch ein »Fido« genannter akustischer U-Jagd-Torpedo, der aus Flugzeugen abgeworfen wurde. Die massierte Flak nutzte nur hier und

Reykjavik auf Island und der sowjetische Eismeerhafen Murmansk waren Ausgangs- und Endpunkt der alliierten Hilfskonvois nach Rußland. Bild oben: U-Boot-Männer mit Südwester im Ausguck auf der Geleitzug-Route. Bilder rechte Seite: ein britischer Zerstörer inmitten haushoher Wellenberge des Nördlichen Eismeers auf Geleitschutzfahrt (oben); Luftaufnahme von Murmansk im Bombenhagel der deutschen Luftwaffe (unten). Trotz der zahlreichen U-Boot-Attacken und heftigen Luftangriffe kam auf diesem Wege immer mehr Kriegsmaterial in die Sowjetunion.

dort oft nur bedingt und mit schrecklichen Folgen; so im Oktober beim Angriff auf die Konvois ON 206 und ONS 20: Um die in der Nähe der beiden Geleitzüge verstreuten Boote heranzubringen, gab Dönitz den FT-Befehl, sich den Weg gegen die starke Luftsicherung aufgetaucht mit der Flak freizuschießen. U 844, U 964 und U 470 schossen eine Liberator ab und beschädigten eine andere, wurden jedoch selbst nacheinander versenkt. Nur U 426 kam an ONS 20 heran und versenkte einen Frachter. Bei Angriffsversuchen weiterer Boote, die durch die starke Luftsicherung immer wieder abgedrängt wurden, gingen noch drei Boote verloren, während der Feind nur noch ein Flugzeug verlor. Dieses eine Beispiel mag genügen.

Die Hoffnung, wieder Geleitzugschlachten im Nordatlantik führen zu können, erfüllte sich nicht – trotz kampfstarker Gruppenaufstellungen – wie »Hai« mit 22 Booten oder »Igel« I und II mit 28. Im März 1944 löste Dönitz die Gruppenaufstellungen auf. Mit den vorhandenen Mitteln waren planmäßige Konvoioperationen im Nordatlantik nicht mehr möglich.

Erfolge gab es nur noch im Mittel- und Südatlantik, in den südafrikanischen Gewässern und neuerdings auch im Indischen Ozean, wo ein Teil der U-Boote zur Überholung und Ausrüstung in die von den Japanern in Malaya und auf Java zur Verfügung gestellten neuen Stützpunkte einliefen. Hier fehlte es an allem: an Torpedos, die nur ein einziges Transport-U-Boot durchbrachte, an Akkubatterien oder an Weißblech etwa, das zum Eindosen von Lebensmitteln benötigt wurde und nur auf abenteuerlich krummen Wegen – ohne Einverständnis der Japaner – beschafft werden konnte.

Erfolge gab es auch im Schwarzen Meer – dorthin wurden überLand und die Donau kleine U-Boote vom Typ II B transportiert und im Mittelmeer, wo bald (am 19. Mai 1944) der letzte U-Booterfolg an einem Konvoi erzielt wurde.

Nur die neuen Elektroboote vom Typ XXI ließen hoffen, daß die Geleitzugschlachten im Nordatlantik wieder aufleben würden. Die ersten 170 Boote wurden im November 1943 in Auftrag gegeben, die Konstruktions- und Fertigungszeichnungen lagen aber erst im Dezember 1943 vor. Der Bau war weitgehend rationalisiert. Er erfolgte in drei Ebenen: 1. Der Rohsektionsbau oblag den Stahlwerken an der Küste und im Binnenland; 2. erfahrene U-Bootwerften übernahmen die maschinen- und schiffstechnischen Einbauten in die Sektionen, und 3. der Montagebau der Schübe wurde auf leistungsfähigen Großwerften im Taktverfahren ausgeführt. Je Boot vom Typ XXI waren neun Sektionen und beim Typ XXIII vier Sektionen vorgesehen. Bauvorhaben an konventionellen Typen wurden gestoppt, auch an den Walter-U-Booten – bis auf die Versuchstypen und die zwölf Boote vom Typ XVII B und G. Zwei der Walter-Versuchsboote, U 792 von Blohm & Voss und U 794 von der Germaniawerft, konnten im November 1943 in Dienst gestellt werden. Nach Überwindung einiger Kinderkrankheiten wurde U 792 auf der Meßmeile erprobt. Kapitän zur See Sachs, Chef des UAK, fühlte sich veralbert, denn der vom Bootskommando behauptete Unterwasserdurchgang von 24 Knoten konnte mit den herkömmlichen Mitteln nicht gemessen werden. Erst quer zur Meßmeile gelegte elektrische Kabel bestätigten induktiv, was die Verantwortlichen im Boot behauptet hatten. Und es blieb nicht nur beim Wunder der schnellbootähnlichen Unterwasserfahrt: Das Boot war auch mit dem Gruppenhorchgerät (GHG) nicht zu orten gewesen. Also würde auch das gegnerische Asdic keine Ortung erbringen. Diese Erkenntnis war eine noch größere Sensation. Im März 1944 kletterte Dönitz mit gleich vier Admiralen an Bord von U 794. Nach der Fahrt drückte er dem Probefahrt-Ingenieur, Kapitänleutnant (Ing.) Heller, lange die Hand: »Das hätten wir bei mehr Vertrauen und Wagemut schon ein bis zwei Jahre früher haben können. Das Boot ist eine echte Revolution.« Der Bau an den Walter-Booten wurde neben den Großserien der Typen XXI und XIII wiederaufgenommen. Vom mittleren Typ XXVI W wurden an Blohm & Voss die Boote U 4501 bis 4600 und an die Deutsche Werft, Hamburg, die Boote U 4601 bis 4700 vergeben.

An der Atlantikfront sank im April/Mai 1944 die Bootszahl wegen der Umrüstung auf den Schnorchelbetrieb und der erwarteten Invasion auf 40 Boote. Am 6. Juni 1944, dem Tag der alliierten Landung in Frankreich, lagen von 172 Frontbooten zehn Schnorchel- und 28 konventionelle Boote in Norwegen, 13 Schnorchel- und 23 normale U-Boote in westfranzösischen Häfen. Schwere Ausfälle zwangen den BdU, die Boote

ohne Schnorchel nach dem Auslaufen zurückzurufen, während die Schnorchel-U-Boote gegen die Invasionsflotte zum Einsatz kamen. Die Erfolge waren dürftig, die Verluste erschütternd: 7 Geleitfahrzeuge, 3 Landungsschiffe und 13 Transporter bei 18 U-Boot-Verlusten.

Mit 426 U-Booten – stärker denn je – begann das Jahr 1945; doch nur 117 Boote waren frontbereit. Und nur 35 davon waren mit Schnorchel ausgerüstet. 128 der bei den Schulflottillen stehenden Boote gehörten zu den Typen XXI und XXIII, von denen 144 weitere noch im Bau waren. 245 Elektroboote sollten zum Jahresbeginn fertiggestellt sein. Knapp die Hälfte des Solls wurde erreicht. Nicht eines der Boote war bisher an die Front gekommen – alles Folgen der alliierten Bombenangriffe.

Der Schnorchel hatte es inzwischen möglich gemacht, daß auch aus dem

Je mehr U-Boote in einem „Aufklärungsstreifen" zusammengefaßt werden konnten, desto eher bestand die Aussicht, auf einen Einzelgänger oder gar einen Geleitzug zu treffen. Dann mußte Stunde um Stunde unermüdlich Ausguck gehalten werden, ob sich nicht eine Rauchwolke am Horizont zeigte. Dann begann das eigentliche, das todbringende „Kriegshandwerk".

Die Hauptwaffe der U-Boote waren die im Mannschaftswohnraum untergebrachten Bug-Torpedos, die aus vier Torpedorohren (Bild linke Seite) abgefeuert werden konnten. Bild oben: Die Kojen sind hochgeklappt, während Mechaniker zwei Torpedos zum Nachladen der Rohre vorbereiten.

Die U-Bootverluste sind zu hoch

Vortrag des Großadmirals Dönitz vor Hitler, 31.5.1943

Der Grund der augenblicklichen Krisis des U-Boot-Krieges ist die erhebliche Zunahme der Luftwaffe des Gegners. In der Enge Island-Färöer ist durch Horchdienst jetzt an einem Tage die gleiche Zahl von Flugzeugen festgestellt, die noch vor Wochen dort nur innerhalb einer Woche auftraten. Ferner Einsatz von Flugzeugträgern bei den Geleitzügen im Nordatlantik, so daß die gesamten Straßen des Nordatlantik jetzt von der feindlichen Luftwaffe überwacht sind.

Die U-Boot-Krisis würde jedoch durch die Zunahme der Flugzeuge allein nicht erfolgt sein. Das Ausschlaggebende ist, daß die Flugzeuge durch ein neues Ortungsgerät, das auch anscheinend von Überwasserfahrzeugen angewandt wird, in der Lage sind, die U-Boote zu orten und bei tiefer Wolkendecke, Unsichtigkeit oder bei Nacht dann überraschend anzugreifen.

Hätten die Flugzeuge das Ortungsmittel nicht, so würden sie z. B. bei grober See oder bei Nacht keinesfalls das U-Boot erkennen können. Entsprechend verteilen sich auch die Verluste. Der weitaus größte Teil der U-Boot-Verluste ist durch Flugzeuge erfolgt. Der Anteil an Seestreitkräften ist nur gering, obwohl infolge einer besonders unglücklichen Wetterlage (plötzlich eintretender Nebel) bei der Geleitzugoperation am 8. Mai in diesem Monat verhältnismäßig viele U-Boote (5) durch Zerstörer überrascht werden konnten. Diese Überraschung im Nebel ist auch wieder nur durch Ortungsgeräte möglich gewesen. Dieser Lage entsprechend sind auch 65 % der Verluste auf dem Marsch bzw. in Wartestellung erfolgt und nur 35 % am Geleitzug selbst. Das ist natürlich, denn den größten Teil der Unternehmung von 6-8 Wochen befindet sich das U-Boot wartend oder auf dem Marsch: Hier ist die Gefahr groß, bei Unsichtigkeit oder Dunkelheit plötzlich von einem vorher nicht feststellbaren Gegner aus der Luft angegriffen zu werden. Die Verluste sind im letzten Monat von bisher etwa 14 U-Booten, d. h., 13 % der in See befindlichen U-Boote, auf 36, wenn nicht 37, d. h., rund 30 % der in See befindlichen U-Boote angestiegen. Die Verluste sind zu hoch. Es kommt darauf an, jetzt Kräfte zu sparen, andernfalls würde nur das Geschäft des Gegners betrieben werden...

Nordatlantik, aus den Seegebieten um England (Januar 54 000 BRT, Februar 43 904, März 40 046, April 86 427) und den Küstenvorfeldern der USA wieder Versenkungen gemeldet wurden, nicht mehr jedoch aus dem Mittelmeer und nicht mehr aus dem Indischen Ozean, wo man die Kampf-U-Boote in den Stützpunkten des Südostraums zu Transport-U-Booten für Rohgummi, Wolfram, Molybdän, Zinn und Chinin umgebaut hatte, von denen aber nur wenige die Heimat erreichten.

Als die Wehrmacht am 7. Mai 1945 kapitulierte, waren von den 1174 in Dienst gestellten U-Booten 781 verlorengegangen, 721 davon durch Feindeinwirkungen an der Front; 221 Boote wurden selbst versenkt; 145 wurden den Alliierten übergeben; 26 wurden abgewrackt oder im Südostraum von Japan übernommen; ein Boot, U 977, schnorchelte in einem 66tägigen Unterwassermarsch von Norwegen nach Argentinien, wo es interniert und an die USA ausgeliefert wurde – den Goldschatz Adolf Hitlers hatte es entgegen allen Gerüchten nicht an Bord.

Während des 68 Monate andauernden Ringens hatten die Alliierten 4786 Handelsschiffe mit über 21 Millionen BRT und 178 Kriegsschiffe verloren. Die neue Waffe, die großen Elektro-U-Boote, bekamen sie (einige erfolgreiche Operationen mit kriegsbereiten Booten vom kleinen Typ XXIII ausgenommen) nicht mehr zu spüren.

Versenkte Walter-Versuchs-U-Boote wurden gehoben. In die fertigen Boote vom Typ XVII B teilten sich Briten und Amerikaner. U 1406 brachte man auf dem US-Transporter »Shoemaker« in die USA; U 1407 wurde von der Royal Navy unter dem beziehungsreichen Namen »Meteorite« in Dienst gestellt. Zwei kleinere Elektro-U-Boote vom XXIIIer Typ erhielt später die Bundesmarine als »Hai« und »Hecht«. Das aufkommende Atom-U-Boot erübrigte die vielversprechende Entwicklung der Walter-U-Boote zum Untersee-Schnellboot.

Der letzte scharfe Schuß beendet in diesen chaotischen Tagen das Leben eines Offiziers, der dem Tod an den Fronten der Meere hundertfach entkommen war:

Kapitän zur See Wolfgang Lüth, Träger der Brillanten zum Ritterkreuz mit Eichenlaub und Schwertern. Am 14. Mai 1945 überquerte Lüth in der Dunkelheit das Gelände der Marineschule in Flensburg-Mürwik, deren Kommandeur er war. Er hörte den Anruf eines der deutschen Wachposten nicht, die den Befehl hatten, bei Nichtbeachtung sofort zu schießen. Der erste Schuß traf tödlich – Kapitän zur See Lüth wurde das letzte Opfer einer Waffe in deutscher Soldatenhand. So endete das Ringen um den Atlantik mit einem tragischen Irrtum so, wie es mit einem Irrtum begann, als Kapitänleutnant Lemp den Passagierdampfer »Athenia« mit einem britischen Hilfskreuzer verwechselte.

Über das Ende der Schlacht im Atlantik heißt es in einem kriegsgeschichtlichen Werk der britischen Admiralität: »Die deutsche U-Bootwaffe hat bis zum Ende mit Disziplin und Heftigkeit gekämpft. Ihre Moral war ungeschwächt. Noch in der Nacht vor der Kapitulation sanken vor dem Firth of Forth zwei Handelsschiffe und ein Minensucher...«

Bild rechte Seite: Flugbombentreffer auf ein deutsches U-Boot. Mit ihrer überlegenen Radartechnik orteten die alliierten Maschinen die deutschen Boote, sobald sie sich an der Wasseroberfläche zeigten. Das zwang die U-Boot-Führung zu einer neuen Taktik, denn praktisch konnten die Boote nicht mehr zur Überwasserfahrt übergehen, um mit ihren Dieselmotoren die Batterien aufzuladen, weil sie sonst einen Überraschungsangriff riskierten. **Die Erfindung des Schnorchels (Bild links) erlaubte den deutschen U-Booten tagelanges Unterwasserfahren; der Schnorchel konnte vom Radar nicht geortet werden, weil er viel zu klein war, um auf dem Bildschirm zu erscheinen.**

Nachdem im Verlauf der Operationen vor Norwegen im Frühjahr 1940 kein britisches Kriegsschiff trotz günstiger Schußpositionen erfolgreich getroffen worden war, setzte die Kriegsmarine eine Kommission zur Untersuchung der Gründe für diese „Torpedokrise" und zu ihrer Behebung ein. Es wurden massive Mängel bei der Tiefensteuerung und Probleme mit der modernen magnetischen Abstandszündung ermittelt. Als Konsequenz ergaben sich Bemühungen um die Verbesserung der Steuerung und Rückkehr zum Aufschlagzünder des Ersten Weltkriegs.
Bilder oben: Rüstungsminister Albert Speer und Großadmiral Dönitz auf der Brücke eines Kriegsschiffes bei einer Vorführung der nachgebesserten Torpedos (linke Seite); Speer am Sehrohr eines U-Bootes (rechte Seite). Bilder unten: Torpedos im Fertiglager (linke Seite) und auf dem Prüfstand (rechts), wo sie auf Lauf, Gewicht, Schwerpunkt und Steuerung kontrolliert werden.

Letzte Einsätze

Die Vorschrift hieß »Nußknacker«. Es war eine Schießvorschrift, ausgearbeitet vom Ersten Artillerie-Offizier (I.A.O.) des Schweren Kreuzers »Prinz Eugen«, Korvettenkapitän Schmalenbach. Der Inhalt der Vorschrift war nicht gerade marinemäßig; es ging um das Schießen auf unsichtbare Ziele an Land. Das übten sie, die Artilleristen nahezu aller schweren Einheiten, die der Kriegsmarine 1944 noch verblieben waren: außer »Prinz Eugen« die Schweren Kreuzer »Admiral Hipper«, »Admiral Scheer« und »Lützow« (Ex-Panzerschiff »Deutschland«), die Uralt-Linienschiffe »Schleswig-Holstein« und »Schlesien«, die Leichten Kreuzer »Emden«, »Köln«, »Leipzig« und »Nürnberg«.

Alle diese Schiffe sollten eigentlich schon Ende 1942 verschrottet werden, Hitler hielt sie für nutzlos abgesehen von ihren gewaltigen Stahlmassen (für den Bau neuer Panzer). Die Verschrottung scheiterte jedoch am erbitterten Widerstand der Seekriegsleitung, statt dessen wurden die Schiffe in der Ostsee zusammengefaßt – als »Ausbildungsverband«.

Jetzt, 1944, war man froh, daß die Schiffe noch existierten. Denn sie hatten, was an der verzweifelt kämpfenden Front überall fehlte: schwere und schwerste, weittragende Artillerie. Und es war, wenn auch nicht offiziell zugegeben, ziemlich klar, daß sich entscheidende Kampfhandlungen sehr bald in Küstennähe, also im Feuerbereich der Schiffsartillerie, abspielen würden. Deshalb wurden die großen Schiffe in den aktiven Dienst zurückgeholt, übten Landzielschießen.

Marineartilleristen sind von Haus aus Präzisionsartilleristen: Sie müssen normalerweise von schnell fahrenden und zudem schaukelnden Schiffen aus auf gleichermaßen schnell bewegte und schwankende Ziele schießen. Ihre neuen Ziele, bis zu dreißig Kilometer landeinwärts, waren meist unbeweglich,

was die Sache einfach machte, aber sie waren nur selten zu sehen, was sich erschwerend auswirkte.

Die Schießmethode des Korvettenkapitäns Schmalenbachs für diese Situation war ebenso simpel wie elegant: Alles, was benötigt wurde, war eine gute Karte des Zielgebietes und ein vom Schiff aus sichtbares Hilfsziel an Land (Kirche, Leuchtturm usw.). Hatte man das, waren Richtung und Entfernung vom Schiff zum Ziel mühelos zu errechnen.

Weil das laufend zu geschehen hatte – denn die Schiffe mußten schon aus

Sicherheitsgründen im Fahren feuern –, war auch gleich ein Landziel-Rechengerät entwickelt worden.

Mit diesen Hilfsmitteln schossen die Schweren Kreuzer bei einer Vorführung im Frühjahr 1944 derart präzise, daß die Beobachter der Heeresartillerie hell begeistert waren.

Der erste Einsatz der Großschiffe als schwimmende Artillerie kam eher als erwartet: Ende Juli 1944, als die Heeresgruppe Mitte unter dem Ansturm der Roten Armee zusammenbrach, stieß im Nordabschnitt die 1. Baltische Front (gleichzusetzen mit einer deutschen

Zu den bewegendsten Kapiteln des Seekriegs gehört der Einsatz der deutschen Kriegsmarine im Flüchtlingstransport in der Ostsee. Vom 1. Januar bis zum 8. Mai 1945 wurden an die 2,2 Millionen Menschen, Flüchtlinge und Soldaten, von Pillau und Danzig, von Libau und Windau, von Kolberg und Swinemünde vor der anrückenden Roten Armee in Sicherheit gebracht und in die rettenden westlichen Häfen transportiert (Bild links: Verwundete bei der Einschiffung).

Vor diesem Hintergrund spielte sich die Tragödie der „Wilhelm Gustloff" ab (Bild rechte Seite: als Lazarettschiff zu Beginn des Krieges). Am 30. Januar 1945 stach der KdF-Dampfer mit 6600 Menschen an Bord bei minus 18 Grad von Gdingen (NS-deutsch: Gotenhafen) mit Westkurs in See. Um 21.08 Uhr wurde die „Wilhelm Gustloff" vor Stolpmünde vom sowjetischen U-Boot S 13 torpediert und sank innerhalb einer Stunde; 5348 Menschen kamen dabei ums Leben.

Heeresgruppe) unter dem erfahrenen Haudegen Jeremenko aus dem Raum östlich Welikije Luki bis zur Ostseeküste knapp westlich Riga vor: Damit war die deutsche Heeresgruppe Nord von ihrer Landverbindung abgeschnitten, eingekesselt.

Aber eine Kesselseite war das Meer, und da war die Marine. Die versorgte die Heeresgruppe, aber eben nicht nur das! Als am 20. August die Gruppe Strachwitz der 3. Panzerarmee antrat, um dicht an der Küste vom Westen her nach Riga durchzustoßen und die Verbindung zur Heeresgruppe Nord wiederherzustellen, stand »Prinz Eugen« in der Rigaer Bucht bereit. In einem Kämmerchen oberhalb des Artillerie-Leitstandes hockten zwei feldgraue Gestalten: Heeresfunker, die Verbindung zu Strachwitz' Panzerspitzen hielten und alsbald die Anfrage übermittelten, ob »Prinz Eugen« die starken russischen Bereitstellungen in und bei Tukkum zusammenschießen könne.

Tukkum, ein kleines Städtchen in einem Tal 15 Kilometer landeinwärts, ist ein Verkehrsknoten und eine Schlüsselstellung. Die deutschen Angreifer müssen da durch, und die Russen wissen es. Hingegen wissen sie nicht, woher plötzlich das massive Artilleriefeuer kommt, das sie mit verheerender Wucht eindeckt. Denn schon die ersten Salven – jeweils acht 20,3-cm-Granaten zugleich auf engstem Raum – liegen voll im Ziel. Verzweifelt, aber erfolglos schießen die Russen auf die Bordflugzeuge, die über dem Zielgebiet kreisen – als ob die kleinen Arados 196 so viele Bomben schleppen könnten.

Ungestört, allerdings bewacht von einem Schwarm Zerstörer und Torpedoboote, fährt »Prinz Eugen« vor der Küste auf und ab und jagt Salve auf Salve aus den Rohren, bis die deutschen Panzer den Stadtrand von Tukkum erreicht haben und um Feuereinstellung bitten. Als sich einige Zeit später der russische Widerstand versteift, wird nochmals eine Feuerwalze direkt vor die eigenen Panzerspitzen gelegt, sodann eine russische Artilleriestellung auf einer beherrschenden Höhe zusammengeschossen. Da »Prinz Eugen« weder auf dem Wasser noch aus der Luft angegriffen wird, kann Vizeadmiral Thiele,

Eine der größten Rettungsaktionen der Geschichte war nur möglich, weil die letzten schweren Überwassereinheiten, die der deutschen Kriegsmarine 1944 noch verblieben waren, den alliierten Vernichtungsversuchen und den Verschrottungsplänen des „Führers" getrotzt hatten. Unter den „alten Eimern", die zur Evakuierung des Ostflüchtlinge eingesetzt wurden, waren die „Pretoria" und die „Ubena" (Bilder oben). Im allgemeinen Durcheinander, das im letzten Kriegsjahr auf der Ostsee herrschte, kam es auch zu dem Zusammenstoß auf dem Bild rechte Seite unten: „Prinz Eugen" rammt den Leichten Kreuzer „Leipzig" im Nebel der Danziger Bucht, 15.10.1944. Bilder rechte Seite oben: alliierte Luftangriffe auf deutsche Schiffe in Norwegen.

Befehlshaber der »Kampfgruppe Thiele«, zwei Zerstörer aus seiner Bedeckung entlassen – sie fahren dichter unter Land und unterstützen mit ihren 15-cm-Rohren (für infanteristische Verhältnisse auch noch schwere Kaliber) den Vorstoß der Einheiten, die sich von Riga aus den Strachwitz-Panzern entgegenkämpfen.

Gegen Abend bedankt sich die Gruppe Strachwitz bei Thieles Kampfgruppe für die ausgezeichnete Unterstützung; der überaus wichtige Durchbruch bei Tukkum ist gelungen, die Landverbindung zur Heeresgruppe Nord wiederhergestellt – zwar nur ein schmaler Schlauch, durch den aber in den folgenden Wochen 29 Divisionen und mehrere Brigaden mit allen schweren Waffen und Geräten und über 100 000 Fahrzeugen abrücken können, eine Masse von Menschen und Material, die schwerlich über See hätte abtransportiert werden können.

Das erste größere Evakuierungs-Unternehmen der Kriegsmarine begann weiter südlich ungefähr um die gleiche Zeit: Ein wichtiger russischer Vorstoß bedrohte Ende Juli auch Memel, den nördlichsten deutschen Ostseehafen. Der erste, der das mit aller Deutlichkeit erkannte, war der Chef der in Memel stationierten 24. U-Boot-Flottille, Fregattenkpitän Merten. Er hatte, weil es keine klaren Nachrichten von der Frontlage gab, kurzerhand einige U-Boot-Offiziere mit Funktrupps zur Erkundung losgeschickt, deren Meldungen ihm sehr bald den Ernst der Lage klarmachten. Und Merten handelte: Er organisierte nicht nur die Verlegung seiner U-Boot-Schule, er setzte auch, unterstützt von Großadmiral Dönitz, gegen Gauleiter Koch die Evakuierung von Frauen, Kindern und Alten aus der Stadt und dem Umland durch. Rund 50 000 Memeler wurden auf Schiffen – von der Seetransportabteilung bereitgestellt – nach Pillau, Danzig und Gotenhafen in Sicherheit gebracht.

Gerade noch rechtzeitig: Am 5. Oktober stießen russische Gardepanzerkorps südlich von Memel ans Kurische Haff vor, drohten die Stadt einzuschnüren und zu überrennen. Doch daraus wurde vorerst nichts: Vor der Küste war Vizeadmiral Thieles Kampfgruppe aufge-

fahren, diesmal auch mit dem Schweren Kreuzer »Lützow«, dessen Hauptartillerie sechs 28-cm-Rohre waren. Die gewaltige Feuerglocke der Schiffsartillerie gab den schwer kämpfenden Truppen Halt, die Front blieb schließlich vor Memel stehen – ein auch für die Marine bedeutsamer Erfolg, denn für die Versorgung der in Kurland stehenden Armee wurden die Hafenanlagen von Memel noch dringen gebraucht.

Kurz bevor die Kampfgruppe Thiele zum Landzielschießen vor Memel ausgelaufen war, hatte sie die Meldung bekommen, daß vor Memel das deutsche Schulschiff »Nordstern« (1127 BRT) gesunken sei, »nach Unterwasserexplosion, wahrscheinlich Torpedotreffer«. Das konnte nur eines bedeuten: Sowjetische U-Boote waren in die offene Ostsee vorgedrungen. Jahrelang hatten sie das nicht gekonnt, und ebensowenig hatten die Überwasser-Schiffe der an sich starken sowjetischen Ostseeflotte eine Möglichkeit gehabt, den in fast friedensmäßiger Ruhe über die Ostsee laufenden deutschen Transportverkehr zu stören.

Das war so, weil die Kriegsmarine weit im Norden, im Finnischen Meerbusen, seit dem Spätsommer 1941 etwas betrieb, was man einen erbitterten Grabenkrieg zur See nennen könnte. Jener nur 100 Kilometer breite Meeresarm zwischen Finnland und Estland war nahe am östlichen Ende durch eine gewaltige Minensperre abgeriegelt worden. Diese »Seeigel« genannte Sperre begann am finnischen Ufer östlich von Hamina, führte von dort südwestwärts zu der Insel Hochland, von dort südwärts zu der Insel Groß-Tütters und von da in einem ostwärts gerichteten Bogen zu der Halbinsel Kurgalski am Südufer.

»Grabenkrieg zur See«? Es war nicht damit getan, diese riesige Minensperre dorthin zu packen, sie mußte in der Tat verteidigt werden wie an Land die Gräben einer Hauptkampflinie. Unentwegt versuchten die Russen, die Sperre aufzubrechen, ebenso unentwegt mußte die Sperre abpatrouilliert werden, um sowjetische Minensucher und -räumer zu verjagen.

Aber dafür waren die Russen in der Luft überlegen, genauer, die deutsche Luftwaffe war nicht in der Lage, den Schif-

Ansichten von der Ostseeküste aus dem Jahre 1945. Bild linke Seite oben: Die im aussichtslosen Kampf in Kurland stehenden deutschen Truppen haben nur noch eine Hoffnung – ihre Evakuierung durch die Kriegsmarine. Bilder ganz oben: Die Rettung ist da. Verwundete Soldaten aus dem Kurlandkessel gehen in Libau an Bord der „Preußen". Bild oben: das Geleit sammelt sich zur Abfahrt, das Wetter ist „bestens": kalt und trübe, wie geschaffen zur Sichtbehinderung sowjetischer Piloten.
Bild linke Seite unten: Diese Flüchtlinge haben sich keinen Platz auf einem Schiff erobern können. Menschen und Pferde sind erschöpft. Und der Übergang über die breite Eisfläche des Haffs auf die rettende Nehrung steht noch bevor.

fen hinter der Sperre den nötigen Luftschirm zu geben. Und so versuchten die Russen, die Wächter an der »Seeigel«-Stellung durch unablässige Angriffe von Bombern und gepanzerten Schlachtflugzeugen von Typ IL 2 zu zermürben und zu verscheuchen.

Die Streitmacht des »Kommandierenden Admirals östliche Ostsee«, Konteradmiral Böhmer, bestand aus drei Minensuch-Flottillen mit zusammen 20 Booten der Typen 35 und 40. Diese Schiffe waren eigentlich nur dem Namen nach Minensucher; sie waren gut bewaffnet, schnell und kampfkräftig. Unterstützt wurden sie von einer Räum-Flottille mit 15 wendigen, flachgehenden R-Booten. Dann waren da noch an die 40 Marinefährprähme für Transportaufgaben, weitere 17 Prähme, die mit Flakwaffen bis zu 10,5 cm armiert waren und deshalb »Artilleriefähren« hießen, und eine Menge LATs und SATs (Leichte bzw. Schwere Artillerie-Träger), das waren Küstenmotorschiffe, die mit Flak (LAT) und manche auch zusätzlich mit einer 12,7-cm-Kanone (SAT) ausgerüstet waren. Wegen der unterschiedlichen Bewaffnung fuhren gemischte Verbände den Wachdienst an der Sperre: etwa 3 M-Boote des 35er Typs mit zwei 10,5 cm, 3 M-Boote des 40er Typs mit nur einer 10,5, aber mehr leichter Flak, dazu ein halbes Dutzend R-Boote und einige LATs. Jeweils 4 Tage stand so ein Verband hinter der Sperre, dann wurde er abgelöst – und das war auch nötig, denn die vier Tage hatten es in sich. Die Russen versuchten es zumeist mit Zermürbungstaktik: Sie flogen den Wachverband unablässig an, immer nur mit ein paar Maschinen, drei, vier, höchstens fünf. Und die erreichten, was sie wollten, nämlich, daß die Deutschen wie die Wilden auf sie schossen – es blieb ihnen ja nichts anderes übrig. Und, wenn nach dem x-ten Angriff das Abwehrfeuer merklich kürzer und dünner wurde, weil die Munition zur Neige ging, dann kamen sie mit 30, 40, 50 Bombern – wer dann keine Munition mehr hatte, war übel dran.

Nicht einmal nachts hatten die Besatzungen Ruhe: Zum einen kamen dann alle möglichen Hilfsschiffe mit Munitionsnachschub, zum anderen warfen die Russen aus hoch fliegenden Bombern wahllos Bomben ins Meer – nicht, um irgendwas zu treffen, sondern nur, um auch die Freiwache auf den deutschen Schiffen um den Schlaf zu bringen.

Der Kampf war hart, dort an der Minensperre; er ging nicht ohne Verluste ab. Die »Seeigel«-Stellung wurde gehalten, wuchs sogar, denn wenn es den Russen ab und an gelang, den Minenriegel an der Ostseite anzuknabbern, dann wurde eben auf der Westseite eine neue Lage Minen vor die Schwachstelle gepackt.

So ging es bis in den Sommer 1944. Zuletzt freilich war die sowjetische Luftüberlegenheit so groß, daß die inzwischen durch Torpedoboote und sogar Zerstörer verstärkte Wächterflotte nur noch bei Nacht operieren konnte, den Tageswachdienst übernahmen U-Boote. Dann aber, als in der sowjetischen Sommeroffensive die Südküste des Finnenbusens verlorenging, wurde die Lage kritisch.

Der Durchbruch, d.h., das Freiräumen einer Schneise, gelang den Russen Anfang August auf halber Höhe zwischen Groß-Tütters und der estnischen Küste. Am Abend des 17. August lief von der finnischen Seite die 6. Torpedoboot-Flottille aus, die vier großen Boote T 30, T 22, T 23 und T 32, alle mit Minen vollgeladen, mit denen sie das Loch schliessen sollten. Sie rauschten, warum ist nie geklärt worden, in das eigene Minenfeld. T 30, T 32 und etwas später T 22 sanken nach Minentreffern, nur T 23 (Kommandant Kapitänleutnant Weinling) entkam der Katastrophe.

Aber auch ohne diesen Donnerschlag hätte die »Seeigel«-Sperre kaum viel länger gehalten werden können, denn Anfang September mußte Finnland den ungleichen Kampf gegen die Sowjetunion einstellen, und damit gingen der Marine auch die letzten Stützpunkte im Finnischen Meerbusen verloren ohne Basis an Land aber kann keine Marine erfolgreich operieren. Der Finnenbusen mußte aufgegeben werden, der Kampf verlagerte sich in die mittlere Ostsee: Nun mußte jeder Transport nach und von Kurland einzeln gegen U-Boote, Schnellboote und Luftangriffe gesichert werden. Noch im Herbst 1944 überwogen militärische – Transporte, Waffen

Bild oben: Flüchtlinge aus Ostpreußen nach ihrer Ausschiffung im Hafen von Kopenhagen. Bilder linke Seite: Auch dieser Schlepper möchte beizeiten aus der Gefahrenzone kommen und schließt sich einem Konvoi nach Westen an (oben); zur Sicherung eines Flüchtlingstransports läuft dieses U-Boot aus (Mitte); die „Potsdam", einst ein schmucker Ostasien-Schnelldampfer (unten), ist Anfang 1945 nur noch ein Schatten ihrer selbst. Trotzdem bringt sie noch in sieben Einsätzen 53.891 Menschen in Sicherheit.

und Material hin, Verwundete zurück –, wenn man von den ersten, von der Marine initiierten Flüchtlingstransporten aus Memel absieht. Das änderte sich schlagartig, als am 12. Januar 1945, allen gegenteiligen Überzeugungen Hitlers zum Trotz, abermals eine gewaltige russische Offensive losbrach.

Den ganzen Herbst über wäre Zeit gewesen, die Bevölkerung Ostpreußens auf dem Landweg in die relative Sicherheit des Reichsinnern zu bringen. Doch die Parteioberen verhinderten das in unentschuldbarer Verantwortungslosigkeit. Erst als die Russen kamen, begann die Flucht, begannen die Trecks hastig, desorganisiert und die kämpfende Truppe behindernd, westwärts zu ziehen, versuchten verzweifelte Reichsbahner, Zug um Zug voller verängstigter Menschen nach Westen durchzubringen.

Doch nur ein kleiner Teil kam durch von den knapp 2 Millionen Zivilisten, die bei Beginn des Angriffs in Ostpreußen lebten, allenfalls ein Achtel, etwas über 200 000. Dann, vom 23. Januar an, führte kein Weg mehr nach Westen, jedenfalls kein direkter. Denn an diesem bitterkalten Wintertag – Nachttemperatur unter 20 Grad – erreichten die Panzerspitzen von Rokossowskis Heeresgruppe (»2. Weißrussische Front«) Elbing. Ostpreußen war – fast – abgeschnitten.

Nur noch ein Weg war offen: der über die Frische Nehrung, zu erreichen über das zugefrorene Haff. Und so zogen denn die Wagenkolonnen im schneidenden Schneesturm über das Eis. Aber sie kamen nicht bis auf die Nehrung, kurz davor stockte der Zug – eine Fahrrinne für Schiffe war in das Eis gebrochen.

Das hing mit drei nagelneuen Torpedobooten zusammen, die auf der Schichau-Werft in Elbing gerade fertig geworden waren, als die Russen vor der Stadt standen. Den Russen durften sie keinesfalls überlassen werden, und sprengen mochte man die kampfkräftigen Schiffe auch nicht. Deshalb wurde ein Eisbrecher losgeschickt, der eine 30 Meter breite Rinne durch das Haff-Eis brach, bis nach Pillau, 65 Kilometer lang.

Durch diese Rinne fuhren am Abend des 25. Januar die drei T-Boote, jedes mit 1000 Menschen an Bord. Am Nachmittag hatten die Russen die Bahnlinie Elbing-Marienburg-Dirschau, über die bis dahin noch Flüchtlingstransporte liefen, westlich von Elbing unterbrochen. Die Züge, die nicht mehr durchkamen, wurden nun zum Hafen umgeleitet, auch die Elbinger selbst strömten dorthin, jegliches schwimmfähige Objekt wurde flottgemacht, vom Haffdampfer bis zum Sportboot.

Drei Tage lang währte der Schiffsverkehr in der Fahrrinne Elbing-Pillau; es fuhren auch noch Schiffe nach Elbing, um den vor der Stadt kämpfenden Truppen Nachschub zu bringen. Für die über das Eis Flüchtenden war der Schiffsverkehr ein bitteres Ärgernis: Immer wieder mußten die Notbrücken über die Fahrrinne eingezogen und dann mühsam wieder ausgebracht werden. Am 28. Januar aber fiel Elbing, der Schiffsverkehr hörte auf, die Notbrücken froren fest. Endlich konnten nun die Elendstrecks auf insgesamt sechs Eisstraßen einigermaßen zügig zur Nehrung kommen und dann an der Küste entlang südwärts hetzen, nach Danzig.

Inzwischen quoll die kleine Hafenstadt Pillau am Nordende der Nehrung vor Flüchtlingen aus den ostpreußischen Kerngebieten fast über. Aber im Hafen lagen vier große Schiffe: der KdF-Liner »Robert Ley« (27 288 BRT), die beiden Afrika-Liner »Pretoria« (16 662 BRT) und »Ubena« (9523 BRT) und der Essberger-Dampfer »Duala« (6133 BRT), alles Wohnschiffe der U-Boot-Lehrdivisionen. Die Marine hatte sie, obschon viel zu spät vom Führerhauptquartier alarmiert, rechtzeitig freigegeben und seeklar machen lassen. Die Schiffahrtsabteilung der Seekriegsleitung, meistens kurz »Seetra« (Seetransporte) genannt, hatte für Kohle gesorgt, die 9. Sicherungsdivision Geleitschiffe bereitgestellt. Und so konnten die vier Schiffe und noch zwei aus Königsberg, »General San Martin« (11 251 BRT) und »Der Deutsche« (11 453 BRT), schon am 25. Januar Pillau verlassen, mit zusammen rund 25 000 Menschen – Flüchtlingen und Verwundeten – an Bord.

Aber nicht nur mit großen Schiffen wurde das Rettungswerk betrieben; die Marine kratzte in diesen Wochen alles zusammen, was auch nur einigermaßen seegängig war. Handels- und Versorgungsschiffe aller Arten und Sorten wurden notdürftig für den Transport von Menschen hergerichtet, man konnte die ohnehin erschöpften Menschen ja nicht einfach in die eiskalten Laderäume von Frachtern hineinstellen. Kleine und kleinste Fahrzeuge, im Marinejargon »Dergls« genannt, die an die Bootsstege der Dörfer auf der Nehrung heranfahren konnten, klaubten dort, in Neukrug und Kahlberg, Menschen auf, brachten sie nach Danzig, kehrten um, holten weitere.

In Pillau, wo sich mehr und mehr Menschen stauten, wurde die Ernährungslage kritisch. Da fiel der Marine-Intendantur ein, daß Memel, das noch verteidigt wurde, aber dieser Tage aufgegeben werden sollte, für viele Monate verproviantiert war. Die Vorräte sollten bei der Räumung in die Luft gejagt werden – heller Wahnsinn angesichts der Zehntausende, die in Pillau zusammenströmten und denen man ja auch für eine mehrtägige Seereise etwas mitgeben mußte So wurden zwei der neuen großen Torpedoboote, T 33 und T 35, losgeschickt; eingedenk der Tatsache, daß deutsche Militärbürokratie auch in der schlimmsten Katastrophe pingelig zu bleiben pflegt, waren die Boote mit sämtlichen erdenklichen Anforderungspapieren samt vorgeschriebenen Unterschriften ausgestattet. Und das wirkte dann auch: Einen Tag später kehrten sie zurück, über und über beladen mit Mehl- und Reissäcken, Fettkisten, Trockenfrüchten.

Die Seetra hatte inzwischen in die Einschiffungshäfen – Pillau, Danzig-Neufahrwasser, Gotenhafen – Einschiffungsoffiziere geschickt, um den sprunghaft anschwellenden Menschenumschlag zu organisieren. Einer davon war der Oberleutnant zur See Heinrich Schuldt, im Zivilberuf Handelsschiffskapitän. Am 1. Februar traf er in Neufahrwasser ein. Er berichtet: »Am Eingang zum Freihafen bot sich mir ein unbeschreibliches Bild. Der ganze, viele hundert Meter lange Südkai lag voller Küstenfahrzeuge und Fährprähme. Überall stiegen Flüchtlinge an Land. Dazwischen humpelten Verwundete. Auf dem Kai stand, saß und lief al-

Bilder linke Seite: Die „Cap Arkona", einst Favorit auf der Südamerikaroute (oben), ist 1945 total verrostet und nahezu manövrierunfähig, und die „Monte Rosa" (unten) hat ein großes Leck. Aber als die Fünfzehntausend aufwachen, die sich auf diesen „Seelenverkäufern" drängen, sind sie schon in Sicherheit. Bild ganz oben: Diese Flüchtlinge aus Danzig werden in Kiel schon unter Aufsicht britischer Soldaten ausgeschifft.

Bild oben: Sie sind am Kriegsende übriggeblieben. Die traurige Bilanz: Von 863 deutschen U-Booten, die am Feind standen, konnte der Gegner 781 versenken oder in Besitz nehmen, 42 fielen Unglücksfällen zum Opfer und 81 wurden bei Luftangriffen auf U-Boot-Basen und durch Minen vernichtet. Von rund 40.000 Mann Besatzung starben an die 30.000 auf See; rund 5000 wurden von alliierten Schiffen geborgen und gingen in Kriegsgefangenschaft.

les durcheinander. Wie in einem großen mittelalterlichen Heerlager. Später haben wir festgestellt, daß es weit über 10 000 waren.« Schuldts größte Sorge: Alle diese Menschen brauchten, bis sie – zunächst noch mit der Bahn – weitertransportiert werden konnten, ein Dach über dem Kopf. Gleich neben dem Kai waren riesige Lagerschuppen. Sie standen so gut wie leer.

Eigenhändig brach Heinrich Schuldt die Schlösser an den Schuppen auf. Binnen Tagen waren mit Unterstützung einer Handvoll Helfer die Schuppen in ein wohlorganisiertes Durchgangslager mit Küche, Lazarett usw. verwandelt, das zeitweilig bis zu 40 000 Menschen beherbergte.

Unterdes rückte überall die Front näher an das Meer heran, in den Bereich der Schiffsartillerie. Und überall, wo es nur möglich war, fuhren die Schweren und Leichten Kreuzer auf und halfen mit ihrer Artillerie den Kameraden an Land. Nach Danzig und Gotenhafen strömten nun auch aus westlicher und südlicher Richtung Flüchtlinge: Die sowjetische März-Offensive war in weitem Bogen durch Pommern hindurchgestoßen, an vielen Stellen bis zur Küste, so daß sich auch dort Kessel bildeten, die ans Meer angelehnt waren und evakuiert werden mußten – so bei Stolpmünde, Rügenwalde und vor allem Kolberg. Die Stadt, zur Festung erklärt, »die bis zum letzten Mann« zu halten sei, war seit 6. März von allen Landverbindungen abgeschnitten – und vollgestopft mit Flüchtlingen. Rund 50 000 waren noch vor der Einschließung abtransportiert worden, teils über See, teils auch noch über Land; nun, zu Beginn der Schlacht, waren immer noch über 80 000 in der Stadt, die von nicht mehr als knapp 4000 Soldaten – Reste zerschlagener Einheiten – unter Oberst Fullriede gehalten werden sollte.

Und sie halten, obwohl sie nur sechs beschädigte Panzer und eine einzige 8,8-Batterie als schwere Waffen haben, elf Tage lang dem Ansturm dreier Divisionen und mehrerer Panzerverbände stand, was allerdings nur möglich ist, weil die Zerstörer Z 34 unter Korvettenkapitän Hetz und Z 43 unter Fregattenkapitän Lampe abwechselnd vor der Stadt auf der Reede liegen und mit ihren

je fünf 15-cm-Rohren fortwährend da Luft schaffen, wo es nötig ist.
Im Höllenlärm des Kampfes pendeln Fährprähme zwischen dem Hafen und kleinen Transportschiffen, auch die Zerstörer nehmen, wenn sie zum Nachmunitionieren ablaufen, jeweils 100 bis 1500 Menschen mit. So werden aus Kolberg bis zum 15. März noch über 70 000 Menschen herausgeholt; am Abend dieses Tages sind keine Frauen und Kinder mehr in der brennenden Stadt, wohl aber noch einige tausend nicht kampffähige Männer, d.h., alte und verwundete, und der Rest von Oberst Fullriedes verzweifelt kämpfender Truppe. Ihrer aller Schicksal scheint besiegelt: Die Russen stoßen bis zur Stadtmitte durch und nehmen die Einschiffungspunkte unter Feuer. Es dauert eine Weile, bis es gelingt, die russischen Batterien auszumachen; dann werden sie von Z 34 in mehrstündigem Feuer niedergekämpft. Sofort schickt der Einschiffungsoffizier, Fregattenkapitän Kolbe, die Fährprähme wieder los; auch der Zerstörer nimmt immer mehr Menschen auf. »An Bord kann sich kaum noch ein Mensch bewegen«, notiert Kommandant Hetz im Bordbuch, »nur der Platz um die Geschütze ist frei.« Über 2000 Menschen mag er an Bord haben, aber der Zerstörer läuft nicht ab, er hat noch reichlich Munition, und die wird gebraucht. Nicht nur das, Hetz funkt noch Z 43 und das große Torpedoboot T 33 herbei, denn sie wollen auch die Reste der Truppe, die durch ihren Verzweiflungskampf die Rettung der Zehntausende ermöglicht hat, aus der Feuerhölle herausholen. Die drei Schiffe halten mit ihrem massiven Feuerschirm schließlich nur noch einen anderthalb Kilometer breiten und einen halben Kilometer tiefen Strandstreifen; schießen sich an den Rändern in direktem Gefecht mit russischen Panzern herum (denen das schlecht bekommt). Im frühen Morgengrauen des 17. März holen die Verkehrsboote der Zerstörer die letzten Kämpfer vom Strand, kaum einer unverletzt, als allerletzten den Oberst Fullriede.
Pommern war verloren, aber noch gab es deutsche Brückenköpfe weit, weit östlich. Noch stand eine Armee in Kurland und hielt den Hafen Libau, am Frischen Haff wurde ein Kessel um Heiligenbeil gehalten, noch war der Hafen Pillau, und noch wenn auch der sowjetische Ring darum immer enger wurde – auch das Gebiet Weichseldelta-Danzig-Gotenhafen-Hela in deutscher Hand. Doch der Druck des Feindes war übermächtig; auch der pausenlose Einsatz der großen Schiffe konnte nicht verhindern, daß alle diese Kessel und Brückenköpfe schrumpften.
In Danzig-Neufahrwasser kam das Ende am 25. März; das letzte Schiff, das mit mindestens 4000 Menschen an Bord auslief, war die »Ubena«. Dann waren die Schuppen, durch die in kürzester Zeit 500 000 Menschen geschleust worden waren, leer.
Gotenhafen fiel am 28. März. Nördlich davon, auf der Oxhöfter Kämpe, einem Höhengelände direkt an der Küste, kämpften noch die Reste des VII. Panzerkorps, rund 30 000 Mann. Doch ihr Kampf war sinnlos geworden, sie schützten niemanden mehr, und so gab der Oberbefehlshaber der 2. Armee, General v. Saucken, trotz gegenteiliger Order aus dem Führerbunker, schließlich das Stichwort aus, auf das die Marine schon wartete: »Walpurgisnacht«. Der sorgfältig vorbereitete Abtransport des VII. Panzerkorps begann im Schutze der Nacht vom 4. zum 5. April. Der Führer der 9. Sicherungsdivision, Fregattenkapitän v. Blanc, hatte dazu alles aufgeboten, was er an Fährprähmen, Kriegsfischkuttern und sonstigen Kleinschiffen greifen konnte, und es gelang in einem Zeitraum von nur fünf Stunden, die 30 000 Männer und sogar noch einiges Gerät nach Hela hinüberzuholen.
Hela, die langgestreckte bewaldete Halbinsel vor der Danziger Bucht, 32 Kilometer lang, aber nur 1 bis 2 Kilometer breit und deshalb leicht zu verteidigen, wurde von nun an zum Dreh- und Angelpunkt aller Rettungsaktionen. Denn noch immer hielt sich in Ostpreußen der Kessel von Heiligenbeil mit dem Hafen Pillau und Teilen der Frischen Nehrung. Von dort querte ein nicht abreißender Strom von Schiffen die Danziger Bucht; der Weg Pillau-Hela war nicht weit, nur 38 Seemeilen (70 km), die Schiffe konnten mehrmals täglich hin- und herfahren. Auch von Libau kamen noch Schiffe, und so füllten sich die Kiefernwälder der Halbinsel mehr und mehr mit Menschen. Der kleine Fischerei- und Kriegshafen an der Spitze der Halbinsel konnte grosse Transportschiffe nicht aufnehmen, die Menschen mußten umgeladen werden, und das unter den immer heftiger werdenden Angriffen der Roten Luftwaffe. Pausenlos feuerte die Schiffsflak, hielt die Wirkung der Angriffe relativ gering. Was Marinesoldaten und die Handelsschiffer – die großen Transporter fuhren überwiegend mit ziviler Besatzung – in diesen Tagen leisteten, zeigt eine einzige Zahl: Im April wurden von Hela über 350 000 Menschen abtransportiert, Tag für

Aus dem Befehl von Großadmiral Dönitz an alle Marineeinheiten vom 7. Mai 1945: „Nach Einwilligung in die bedingungslose Kapitulation aller deutschen Streitkräfte sind Versenkungen von Schiffen und Zerstörungen von militärischen und nichtmilitärischen Anlagen unbedingt zu unterlassen." Das war das Schlußwort zum Kampf der deutschen Kriegsmarine im Zweiten Weltkrieg. Bild rechte Seite: das gehobene Wrack des am 9. April 1945 bei einem Luftangriff auf Kiel zerstörten Kreuzers „Admiral Scheer". Bild oben: „Prinz Eugen", hier in Kopenhagen, zählte zu den wenigen deutschen Überwasserschiffen, die bei Kriegsende nicht auf dem Meeresgrund lagen.

Tag über 10 000! Und auch als das Reich zusammenbrach, Hitler sich erschoß und Großadmiral Dönitz Staatschef wurde, endete das Rettungswerk nicht. Denn Dönitz sah für sich und sein Amt nur zwei Aufgaben: 1. den Krieg so schnell wie möglich beenden und 2. die Rettung deutscher Menschen aus dem Osten so lange wie möglich fortführen. Es gelang Dönitz, zunächst eine Teilkapitulation gegenüber den Engländern zu erreichen und die Gesamtkapitulation bis zum 9. Mai hinauszuzögern – neun Tage, in denen, so der Befehl, »in See befindliche Transporte der Kriegsmarine weiterlaufen«. Alles, was an Schiffsraum noch verfügbar war, wurde nun in die Ostsee geworfen, die letzten Treibstoffreserven wurden freigegeben, mit dumpf röhrenden Turbinen liefen nun auch die großen Zerstörer der Narvik-Klasse wieder aus, die wegen ihres gewaltigen Öldursts zuletzt stillgelegen hatten.

Obwohl es von Tag zu Tag schwieriger wurde, die Menschenfracht im Feuer der Russen aufzunehmen und auch sie im Westen abzuladen, holte die Marine in den letzten neun Tagen noch 27 000 Flüchtlinge aus Libau, 65 000 von Hela, 66 000 aus Swinemünde und 44 000 aus den Häfen der mecklenburgischen Küste und von Rügen, zusammen noch einmal über 200 000!

Dann kam der bittere Augenblick, in dem, wegen der Bedingungen des Waffenstillstandes, das Rettungswerk eingestellt werden mußte, ehe es vollendet war: Die Soldaten, die bis zuletzt die Brückenköpfe verteidigt hatten, blieben zurück: etwa 60 000 auf Hela, 20 000 im Weichseldelta, 100 000 in Ostpreußen, 200 000 in Kurland.

Trotzdem hatten Kriegs- und Handelsmarine in der Zeit von Mitte Januar bis 9. Mai 1945, in 115 Tagen, nach allervorsichtigsten Schätzungen mindestens zwei Millionen Menschen über See in Sicherheit gebracht, davon etwa 1,3 Millionen Flüchtlinge, 450 000 Verwundete und 250 000 Soldaten.

Die Verluste, die dabei unvermeidlich waren, braucht man nicht zu schätzen, sie sind exakt registriert worden und waren, trotz dreier schlimmer Katastrophen (»Wilhelm Gustloff«, »Goya«, »General v. Steuben«), erstaunlich gering: Weniger als 1 Prozent, nicht ganz 20 000 Menschen, kamen auf dem Weg nach Westen noch ums Leben.

Die Rückführung von mehr als 2 Millionen über See war, nach dem übereinstimmenden Urteil deutscher wie britischer und amerikanischer Historiker, die größte und erfolgreichste Rettungsaktion aller Zeiten.

Luftrüstung in Deutschland

Der Erste Weltkrieg ist beendet. Der Waffenstillstand von 1918 verlangt, daß sofort 2600 deutsche Jagd- und Bombenflugzeuge an die Alliierten auszuliefern sind. Die deutschen Flieger aber weigern sich. Ein Pilot des Richthofen-Geschwaders schreibt mit Kreide ans Schwarze Brett des Gefechtsstandes den Nachruf auf die deutsche Fliegertruppe: »Im Kriege geboren, im Kriege gestorben.« Die Richthofen-Leute sollen ihre Maschinen den Amerikanern übergeben. Doch im Morgengrauen fliegt der Hauptmann Hermann Göring mit dem Richthofen-Geschwader nach Darmstadt, wo der Soldatenrat den Flugplatz besetzt hat. Die berühmten roten Flugzeuge fliegen nach Aschaffenburg weiter und werden dort von ihren Piloten durch mutwillige Bruchlandungen zerstört. Dennoch: Die deutsche Fliegertruppe ist noch keineswegs tot. Gotthard Sachsenberg, Kommandeur des 1. Marinejagdgeschwaders, wandelt in Dessau seinen Verband in das Freikorps »Kampfgeschwader Sachsenberg« um und verlegt mit 50 Offizieren, 650 Mann und 70 Flugzeugen nach Kurland, um Riga von der Roten Armee zu befreien.

Der Pour-le-mérite-Flieger Werner Preuß tritt in die Fliegerabteilung des Freikorps »Schleswig-Holstein« ein und stürzt kurz danach tödlich ab.

Oberleutnant Oskar Freiherr von Bönigk stellt die »Freiwillige Fliegerabteilung des AOK-Süd« auf und beteiligt sich an den Kämpfen in Oberschlesien. Der Leutnant Max Näther stirbt in seinem Flugzeug: Polnische Insurgenten haben ihn am 8. Januar 1919 abgeschossen.

Die Reichswehr unterhält mehrere Fliegerabteilungen, eine liegt in Großenhain. Ihr gehört der Leutnant Franz Büchner an. Am 18. März 1920 erhält er den Befehl, der zum Niederwerfen des kommunistischen Aufstands in Leipzig einrückenden Reichswehr aus der Luft Feuerschutz zu gewähren. Nach einem Angriff auf Barrikaden beim Volkshaus

Am 9. November 1918, am Ende des Ersten Weltkriegs, verfügte die deutsche Luftwaffe über 294 Fliegerabteilungen mit einem Sollbestand von über 2700 Flugzeugen, die Marine über nahezu 1500 See- und Landflugzeuge und 16 Marineluftschiffe. 1919 wurde Deutschland im Versailler Vertrag jede Art der Luftrüstung untersagt, die deutschen Maschinen wurden von der Entente konfisziert oder verschrottet (Bild linke Seite).

Den Siegermächten war bewußt, daß in einem künftigen Waffengang die Entscheidung an der „dritten Front", in der Luft, fallen würde.
Erst nach Wiedererlangung der Wehrhoheit 1935 konnte Hitler im Zuge seiner Revisionspolitik zu offenem Wiederaufbau der Luftwaffe übergehen. Bild rechts: deutsche Jagdflieger über dem Rhein während der „Rheinlandbesetzung" 1936.

Das Verbot der Luftrüstung umging die Reichswehr in der Weimarer Zeit durch Kooperation mit der Roten Armee. Bild oben: deutsche Maschinen auf dem Rollfeld einer von Junkers in Fili südlich von Moskau gemäß Geheimvertrag errichteten Flugzeugwerft; im Vordergrund eine Ju F13, das erste Ganzmetall-Transportflugzeug der Welt.

Bild links: Was Versailles den Deutschen nicht untersagt hatte, war die Segelfliegerei; hier eine „Reiher" nach einem Gummiseilstart auf der Wasserkuppe in der Rhön, dem „El Dorado" der Segelflieger in der Zwischenkriegszeit. Bilder rechte Seite: Ernst Udet, Pour-le-mérite-Träger des Ersten Weltkriegs, wurde als Inspekteur der Jagd- und Sturzkampfflieger (seit 1936) zum Vater der „Stuka"-Waffe (oben); links Erhard Milch, seit 1938 Generalinspekteur der Luftwaffe, rechts Walther Wever, bis zu seinem Tod im Juni 1936 ihr erster Generalstabschef.

schießen ihn Aufständische über seiner Heimatstadt vom Himmel.
Bereits am 28. Juni 1919 hatte der Versailler Vertrag postuliert: »... die bewaffnete Macht Deutschlands darf keine Land- oder Marineluftstreitkräfte unterhalten«. Die Reichswehr zögerte mit der Vertragserfüllung, löste aber ihre letzten Fliegerabteilungen Ende 1920 auf, die formale Auflösung war schon im Mai 1920 erfolgt. Teilweise gingen sie in die Polizeifliegerstaffeln über. Hauptmann Hermann Köhl – der später den Atlantik überquerte – flog bei der Stuttgarter Polizeifliegerstaffel. Aber auch die Polizei durfte bald nicht mehr fliegen.
Innerhalb von drei Monaten mußte Deutschland, gemäß den Bestimmungen des Versailler Vertrages, sämtliches Luftfahrtmaterial ausliefern oder zerstören. Voll ohnmächtiger Wut erlebten die Flieger, wie 14 001 Flugzeuge, 27 590 Motoren, 16 Luftschiffe, 37 Luftschiffhallen und Millionenwerte an Bordinstrumenten zertrümmert wurden. Am 5. Mai 1921 wurden im Londoner Ultimatum die deutschen Verpflichtungen noch verschärft: Jede Zivilfliegerei war nun ebenso verboten wie die Herstellung von Motorflugzeugen.
Diese Bestimmungen zeitigten freilich unerwartete Auswirkungen: Wenn nicht mehr mit Motor geflogen werden durfte, dann eben ohne Motor. Einige junge Leute waren schon zuvor an den Ursprung der Fliegerei zurückgegangen und hatten wieder beim Hängegleiter begonnen, mit dem der erste Flieger der Welt, Otto Lilienthal, zu Tode gestürzt war. Schon 1919 hatten junge Flugenthusiasten und alte Kriegsflieger in der Rhön auf der Wasserkuppe begonnen, die Hangaufwinde zum motorlosen Flug zu nutzen. 1920 veranstalteten sie be-reits den ersten Segelflugwettbewerb. Jetzt erhielten sie weiteren Zulauf von Flugidealisten. Längst ging es nicht mehr um Militärfliegerei, sondern um die Leidenschaft, das Abenteuer, das Erlebnis des Fliegens.
Die Anfänge waren unvergleichlich primitiv. Niemand unterstützte die einsamen jungen Flieger auf der Wasserkuppe. Dort stand ein großes Zelt, darin ein großer Schrank, und in dem Zelt wohnten Alexander Lippisch und Gottlob

Espenlaub und bastelten an ihren Flugzeugen, darbten und bettelten um Sperrholz und Kaltleim. Doch allmählich formten sich auf der Wasserkuppe neue wissenschaftliche Erkenntnisse, die später einmal der deutschen Flugzeugindustrie und der Fliegerei zugute kommen sollten. Tausende von begeisterten jungen Leuten erhielten auf der Wasserkuppe ihre fliegerische Ausbildung, überall in Deutschland entstanden Segelflugschulen.

Zu Beginn der zwanziger Jahre wanderten deutsche Flugzeugbauer ins Ausland ab: Dornier in die Schweiz, Professor Junkers nach Schweden (derweilen fertigten die Dessauer Flugzeugwerke Aluminium-Koffer, Löffel und Gasöfen), Professor Heinkel baute bei der »Svenska Aero A.B.« – dort entstanden bereits Flugzeugtypen (auch in militärischen Versionen), die durch den Versailler Vertrag verboten waren. Im Juni 1922 wurden die einschneidenden Bestimmungen über Flugzeugbau und Luftverkehr gelockert, kurze Zeit später Flugzeugfirmen gegründet, die bald berühmt werden sollten: Focke-Wulf,

Nach der „Machtergreifung" Hitlers mußte Professor Hugo Junkers (Bild rechte Seite) die Aktienmehrheit seiner 1919 gegründeten Flugzeug- und Motorenwerke mit Stammsitz Dessau an das Reich übertragen und die Leitung seines für die Luftrüstung wichtigen Konzerns abgeben. Er arbeitete aber weiter als Konstrukteur erfolgreicher Verkehrsflugzeuge (Bild oben: der Ganzmetall-Tiefdecker Ju 90B-1) und produzierte mit Ju 87 und Ju 88 zwei Standardmaschinen des kommenden Krieges.
Bild oben links: Vereidigung der ersten Wehrpflichtigen bei der Luftwaffe (1935).

Arado und Udet-Flugzeugbau, aus der in den nächsten Jahren die Bayerischen Flugzeugwerke und schließlich die Messerschmitt-Werke entstanden.

Ganz allmählich ging es aufwärts; auch für die deutsche Fliegerei gab es die »goldenen zwanziger Jahre«: 1926 wurde die »Deutsche Lufthansa« gegründet, im selben Jahr auch die deutsch-russische Luftverkehrsgesellschaft »Deruluft«. Zugleich wurden neun Punkte des Versailler Vertrages aufgehoben, die deutsche Luftfahrtindustrie konnte mit dem Bau moderner und großer Verkehrsflugzeuge beginnen.

Weiterhin verboten blieb jede Form der Militärluftfahrt, doch erlaubten nun die Alliierten, daß »Reichswehrangehörige sich auf eigene Kosten, ohne staatliche Beihilfe, bis zur Gesamtkopfstärke von 36 Mann innerhalb 6 Jahren im Sportfliegen ausbilden lassen können« – eine Formulierung, die zur Übertretung geradezu aufreizte.

Die Reichswehr hatte ohnedies nie aufgehört, sich zunächst theoretisch, später auch praktisch, mit den Problemen der Militärfliegerei zu befassen. Mit Wissen der Reichsregierung wurde ein Geheimabkommen zwischen der Reichswehr und der Roten Armee geschlossen: Auf russischen Flugplätzen – vornehmlich in Lypeck – durfte die Reichswehr Piloten schulen und geheime Prototypen von Militärflugzeugen erproben. Als Gegenleistung verpflichtete sich das Deutsche Reich, den Sowjets je eine Maschine jedes neuen Flugzeugmusters kostenlos zu übergeben und den Nachbau ohne Lizenzgebühr zu gestatten.

Zwischen 1923 und 1933 wurden all-

jährlich 240 deutsche Piloten in Rußland ausgebildet – das Stammpersonal der künftigen Luftwaffe.
Fliegernachwuchs wurde aber auch im Deutschen Reich herangezogen. Der »Deutsche Luftsportverband« (DLV) bemühte sich um Jungflieger. Einer von ihnen war der Oberschüler Adolf Galland. Mit siebzehn Jahren saß er zum erstenmal in den westfälischen Borkenbergen am Knüppel eines Schulgleiters. 1931 ersegelte er sich den Schein »C« auf der Wasserkuppe. Nach dem Abitur wurde er in die Deutsche Verkehrsfliegerschule Braunschweig aufgenommen – an Militärfliegerei dachte er dabei nicht. 1932 wurde Galland zur Verkehrsfliegerschule Schleißheim überstellt, wo er in einem Sonderlehrgang eine komplette Jagdfliegerausbildung erhielt – nur die Waffen fehlten. Im Frühsommer 1933 – Hitler war inzwischen in die Reichskanzlei eingezogen – reiste der Schleißheimer Jagdfliegerlehrgang nach Süditalien zur Luftschießausbildung: Die Zusammenarbeit mit der Sowjetunion war der mit Italien gewichen. Schon lange vor Hitlers Machtergreifung waren andere Fundamente der Luftwaffe gelegt worden: Die »Abteilung Luftverkehr« im damaligen »Reichsverkehrsministerium« wurde seit 1919 von Hauptmann a.D. Ernst Brandenburg, im Weltkrieg Kommandeur eines Bombergeschwaders, geleitet. Brandenburg hielt Verbindungen und koordinierte Absichten der Reichswehr mit der Luftfahrtindustrie, der »Wissenschaftlichen Gesellschaft für Luftfahrt«, der »Deutschen Versuchsanstalt für Luftfahrt« und dem »Deutschen Forschungsinstitut für Segelflug«.
Nach dem 30. Januar 1933 bezog Hitlers Mitstreiter Hermann Göring, ehemals Kommandeur des Richthofen-Geschwaders, das Chefzimmer des neugebildeten Reichsluftfahrtministeriums. In fünf Ämtern, einer Abteilung und dem Kommando der Fliegerschulen formierte sich die Führungsspitze der noch geheimen Luftwaffe. Reichswehroffiziere bestimmten den Ton, alte Kriegsflieger wurden reaktiviert und traten an ihre Seite. Freilich zeigte es sich sehr bald, daß zwar genügend Truppenoffiziere und Fliegernachwuchs aufgebo-

Die deutsche Luftwaffe sollte das militärische Rückgrat von Hitlers „Blitzkrieg"-Strategie werden, die Luftrüstung und die Ausbildung von Piloten und technischem Personal erhielten daher höchste Priorität. Bilder linke Seite: Start frei zum ersten Alleinflug (unten); Luftkampfübungen mit Zielgerät und „MG-Kamera" (oben und Mitte). Mit dem so gewonnenen Anschauungsmaterial konnten sich die Piloten ein genaues Bild über die Anzahl der geschossenen Treffer und „Fahrkarten" machen. Bild oben: Seefliegerhorst am Müggelsee. Bild rechts: Blick durch die Kanzel eines Kampfflugzeugs.

ten werden konnten, die Besetzung der Spitzenposten jedoch unerwartete Schwierigkeiten bereitete. Von den sieben Amtschefs im Reichsluftfahrtministerium (RLM) waren nur drei ehemalige Flieger.

Die alten Kriegsflieger drängte es zur Truppe, doch sie waren zumeist Leutnante, höchstens Hauptleute gewesen und hatten keinerlei Erfahrungen in der Führung größerer Verbände. Diejenigen Kriegsflieger aber, die ständig bei der Fliegerei geblieben waren, hatten inzwischen in der Luftfahrtindustrie oder bei der Lufthansa führende Posten und waren dort unentbehrlich. Und die Kriegsflieger, die in Spitzenpositionen der geheimen Luftwaffe kamen, pochten nicht selten auf ihre Kriegserfahrung, die jedoch – wie sich bald zeigen sollte – durch die fortgeschrittene Technik in vielen Punkten überholt war. Das RLM wuchs schnell zu einem bürokratischen Wasserkopf mit zahllosen Referenten und Sachbearbeitern, die keineswegs alle sachkundig waren.

Hinzu kam die Hektik des allzu schnellen Aufbaus. Fliegerhorste wurden aus dem Boden gestampft – manchmal aus zu feuchtem Boden: Während längerer Regenperioden wandelten sie sich in Schlammäcker. Startbahnen waren für die schneller und größer werdenden Flugzeuge zu kurz und konnten wegen des Geländes auch nicht verlängert werden. Betonstartbahnen gab es nicht, sie fehlten, als die ersten Düsenjäger eingesetzt wurden.

Natürlich waren Fehlentscheidungen nicht zu vermeiden, wenn in kurzer Zeit ein ganzer Wehrmachtteil neu aufgestellt werden mußte. Schließlich lagen nur geringe Erfahrungen über die Verwendung von Militärflugzeugen nach dem Krieg vor. Flugzeuge spielten zwar eine wichtige Rolle, als Frankreich den Aufstand der Rifkabylen niederschlug, ähnliche, aber ausschließlich taktische Erkenntnisse lagen über den Einsatz britischer Flugzeuge bei kolonialen Scharmützeln vor. Doch erst in den Jahren 1935/36 ließ sich beim Feldzug der Italiener gegen Abessinien erkennen, wie wertvoll die Luftunterstützung für die Bodentruppen ist. Diese Erkenntnis machte sich die deutsche Luftkriegsstrategie zu eigen.

Zunächst galt es, überhaupt eine Fliegertruppe aufzustellen und sie provisorisch mit Flugzeugen auszurüsten.
Im diktatorisch regierten Dritten Reich standen dafür schier unbegrenzte und von keinem Parlament kontrollierte Mittel zur Verfügung. Die Jagdstaffeln erhielten die Heinkel He 51, einen wendigen, aber langsamen Doppeldecker, die Aufklärerstaffeln die He 45 und später die He 46; als Kampfflugzeug – wie von nun an die Bomber genannt wurden – wurde zunächst die Ju 52 verwendet, danach die nur wenig schnellere Ju 86, als Sturzkampfflugzeug flog anfangs die Henschel Hs 123, ein Anderthalbdecker.
Alles in allem vollzog sich der Aufbau der Luftwaffe in unglaublich raschem Tempo: Von 50 Offizieren der Anfangszeit wuchs sie auf 10 000 innerhalb von drei Jahren. Dem Ausland blieb das

Die von Professor Claude Dornier, einem ehemaligen Mitarbeiter des Grafen Zeppelin, 1922 gegründeten Dornier-Werke in Friedrichshafen am Bodensee hatten sich auf die Konstruktion von Flugschiffen und Flugbooten spezialisiert. Bild oben: eine Dornier Do 18E V3 „Aeolus" mit Schwerölmotor.

Bild rechte Seite: Die viermotorige Do 26 hatte bei einer Höchstgeschwindigkeit von 335 km/h eine Reichweite von 9000 Kilometern. Bild links: Auf der Rumpfnase der Do 26 erkennt man die drehbare Kanonenkanzel; die Kanone selbst ist noch nicht montiert. In ihrer militärischen Ausführung wurde die Do 26 als Fernaufklärer eingesetzt.

geheime Wirken des RLM nicht verborgen. Winston Churchill sagte 1934 im Unterhaus: »Durch Verletzung des Versailler Vertrages besitzt Deutschland schon jetzt eine Luftwaffe, deren Stärke zwei Drittel der unseren beträgt.« Das war stark übertrieben, half Churchill aber, die Royal Air Force (RAF) zu vergrößern.
Im Februar 1935 besuchte Reichsluftfahrtminister Göring die Verkehrsfliegerschule in Schleißheim. Im Schloß Mittenheim hielt er eine Ansprache vor Lehrpersonal und Flugschülern und deutete an, daß die Zeit der Geheimhaltung bald vorbei sein werde. Er hatte ein Musterexemplar der künftigen Luftwaffenuniform mitgebracht, und Rittmeister Bolle aus dem alten Richthofen-Geschwader führte sie vor. Sie wirkte sensationell: Zum erstenmal sollten deutsche Soldaten zur Uniform Schlips und Kragen tragen.
Am 1. März fiel die Tarnung: Ein Erlaß Hitlers vom 26. Februar 1935 verkündete offiziell das Bestehen der deutschen Luftwaffe. Adolf Galland, nunmehr vom Verkehrsflieger zum Luftwaffenleutnant geworden, kam im April zum Jagdgeschwader 2, das den Traditionsnamen »Richthofen« verliehen bekam. In Jüterbog-Damm half er mit, die II. Gruppe aufzustellen. Unterkünfte, Straßen und Platzanlagen waren erst halbfertig. Doch geflogen wurde die nagelneue He 51, während die I. Gruppe sich mit der älteren Arado 65 abmühte. Durch Umorganisation vergrößerte sich die aus der Gruppe Döberitz entstandene Gruppe Jüterbog-Damm: Sie stellte die Gruppe Bernburg auf, aus der dann die Gruppe Aibling hervorging.
 Die Struktur der Luftwaffe begann sich bald abzuzeichnen:
Das RLM blieb oberste Verwaltungsbehörde der Luftfahrt und war nun auch oberste Kommandobehörde der Luftwaffe. An der Spitze stand Hermann Göring als Reichsluftfahrtminister und Oberbefehlshaber der Luftwaffe.
Nach dem Stand vom August 1939 war Görings Stellvertreter der »Staatssekretär der Luftfahrt und Generalinspekteur der Luftwaffe«, Erhard Milch. Göring direkt unterstellt waren außerdem der »Chef des Generalstabes«, der »Chef des Ministeramtes« und der »Präsident der Luftwaffenkommission« sowie die Luftkriegsakademie mit angegliederter wissenschaftlicher Abteilung. Milch waren zahlreiche Dienststellen unterstellt, etwa der Chef der Luftwehr, der Generalluftzeugmeister, der Chef des Ausbildungswesens, der Chef der Zentralabteilung. Taktisch war die Luftwaffe in Luftflottenkommandos und Luftwaffenkommandos eingeteilt.
Jedes Luftflottenkommando war eine kleine Luftwaffe für sich – in ihm waren alle Gattungen der Fliegertruppe vertreten, nicht aber Heeres- und Marineflieger, Flak und Luftnachrichtenverbände. Diese Gliederung unterschied sich grundsätzlich von der der Royal Air Force: Dort gab es das »Bomber-Kommando« und das »Jäger-Kommando«. Sollte die Luftwaffe mit Bombern einen Schwerpunkt bilden – etwa bei der Luftschlacht um England –, mußten erst aus allen Luftflottenkommandos die Kampffliegerverbände herausgezogen und dann einem gemeinsamen Kommando unterstellt werden.
Die eigentliche Fliegertruppe war noch einmal in sieben Fliegerdivisionen unterteilt, die meist zu zweit den Luftflotten untergeordnet waren. Hinzu kam

noch die »Luftwaffen-Lehr-Division«. Territorial war die Luftwaffe in zehn Luftgau-Kommandos untergliedert.

Eine eigenständige Waffengattung bildete die Fallschirmtruppe, zu Kriegsbeginn in der 7. Fliegerdivision zusammengefaßt.

Die Flak-Artillerie – gegliedert in Batterien, Abteilungen und Regimenter, später sogar in Flak-Brigaden und Flak-Korps – war zu Kriegsbeginn den Luftgaukommandos unterstellt. Sie wurde in wenigen Jahren zu enormer Größe ausgebaut. Bereits 1939 verfügte sie über 650 Batterien mit etwa 2600 Kanonen 8,8 und 10,5 cm, 560 leichte Batterien mit 6700 Kanonen der Kaliber 2 und 3,7 cm. Hinzu kamen noch 3000 Scheinwerfer.

Ähnlich rasch entwickelte sich aus winzigen Stäben die Luftnachrichtentruppe, gegliedert in Kompanien, Abteilungen und Regimenter. Es gab Funk-, Fernsprech-, Fernschreib- und Peileinheiten. Das Ausland blickte fasziniert auf das immens schnelle Anwachsen der Luftwaffe und rätselte über die Zahl der einsatzfähigen Flugzeuge. Allgemein galt die Vermutung, daß in Deutschland monatlich 1000 Flugzeuge produziert würden.

Die Propaganda des Dritten Reiches sah derartige Überschätzungen nur zu gern – nach Angaben von Werner Baumbach hat die deutsche Flugzeugindustrie im ganzen Jahr 1939 jedoch nur 2518 Flugzeuge produziert. Bei Kriegsausbruch jedenfalls waren – nach amtlichen Angaben – 4333 Flugzeuge, darunter 1180 Bomber und 336 Stukas, vorhanden.

Im Herbst 1939 besaß die Luftwaffe kaum noch veraltetes Flugzeugmaterial an der Front, wenn man von einer mit Ju 86 ausgerüsteten Kampfgruppe und einer mit der alten Arado 68 ausgestatteten Jagdgruppe absieht.

Der Standardjäger bei Kriegsausbruch war die berühmte, schnelle Me 109 E, die jedoch nur eine Flugzeit von 80 Minuten hatte – viel zuwenig, um Begleitschutz für Bomber zu fliegen.

Als Begleitjäger für Bomberverbände war dagegen die zweimotorige und zweisitzige Me 110 gedacht. Der nach hinten schießende Bordfunker und Schütze sollte die Wehrlosigkeit der

Die deutsche Fliegerin Hanna Reitsch (Bild links) hatte schon in den 30er Jahren zahlreiche Rekorde aufgestellt, als sie 1937 als erste Frau das Flugkapitänspatent erhielt. Anschließend wurde sie Testpilotin der Luftwaffe und erprobte zahlreiche Militärmaschinen (Bild oben: Hanna Reitsch beim ersten Hallenflug in der Geschichte der Luftfahrt mit einem Focke-Hubschrauber FW 61 in der Berliner Deutschlandhalle 1938). Bilder rechte Seite: eine Arado Ar 196 (oben) und ein Fieseler „Jungtiger" (Fi 99) mit gläserner Kabine.

Jagdeinsitzer gegen Angriffe von hinten beheben.

Als Nahaufklärer erwies sich der Hochdecker Henschel Hs 126 als gut geeignet, desgleichen auch zu Kriegsbeginn die zweimotorige Do 17 als Fernaufklärer. Ein gelungener Wurf war das Transportflugzeug Ju 52 in seiner Unverwüstlichkeit. Berühmt wegen seiner Kurzstart- und Langsamflugeigenschaften war das Verbindungsflugzeug Fieseler »Storch«. Desgleichen genügten die Bordflugzeuge der Marine den Anforderungen, anfangs auch die Flugboote als Seefernaufklärer. Schwachpunkt der Luftwaffe aber waren die Bombenflugzeuge – hier lagen auch die Ursachen vieler Kontroversen innerhalb der Luftwaffenführung.

Generalmajor Walther Wever, der erste Luftwaffen-Generalstabschef, war ein brillanter Stratege, der voller Weitblick die künftige Kriegführung unter dem Aspekt der strategischen Angriffe auf das feindliche Rüstungspotential als vordringlich erachtete. Wever forderte den viermotorigen Langstreckenbomber mit hoher Bombenlast. Junkers baute ihm die Ju 89, Dornier die Do 19 als Prototypen. Wever verunglückte jedoch im Jahre 1936 tödlich mit seiner He 70. Einige Zeit nach Wevers Tod erhielt Generalinspekteur Milch einen Anruf vom Freiherrn von Gablenz, dem Lufthansa-Chef: »Hören Sie, Milch, können wir die nicht kriegen, die Ju 89?« Milch fragte verblüfft: »Warum? Die will ich doch haben, die bauen wir.« Der Lufthansa-Direktor antwortete: »Wissen Sie denn nicht, daß die abgesetzt ist? Junkers hat Befehl, die Viermotorigen zu verschrotten.« Gablenz erhielt die Ju 89, die als Ju 90 in eine zivile Ausführung umgewandelt wurde. Milch aber rief bei Dornier an: »Was macht die Do 19?« Die Antwort: »Die ist verschrottet – wissen Sie das denn nicht?«

Es stellte sich heraus, daß der Wever-Nachfolger Jeschonnek zusammen mit ihm erklärt hatte, daß anstelle einer Viermotorigen mit dem gleichen Material zweieinhalb zweimotorige Bomber gebaut werden könnten. Es sei dann doch besser, angesichts des hohen Materialaufwandes (statt monatlich 4500 Tonnen sollten mehrere Monate lang nur 2700 Tonnen Aluminium zur Verfügung stehen) den Bau der Langstreckenbomber aufzugeben. Göring befahl, die Viermotorigen zu verschrotten, und fuhr dann in Urlaub.

Das war eine schicksalhafte Entscheidung – es zeigte sich später, daß die Do 19 und die Ju 89 ihrer Zeit weit voraus gewesen waren. Im Ausland existierte zur gleichen Zeit nur ein Prototyp: die amerikanische Boeing B-17 »Flying Fortress«. Die Luftwaffenspitze wünschte indessen einen kleineren Bomber mit einer Nutzlast bis 1000 kg – den »Schnellbomber«. Tatsächlich war es eine Sensation, als die zweimotorige Dornier Do 17 1937 beim »Internationalen Alpenrundflug für Militärflugzeuge« schneller flog als alle anderen teilnehmenden serienmäßigen Jagdflugzeuge. Doch als die Do 17 die übliche Verteidigungsbewaffnung erhielt – MG nach vorn, nach hinten oben und nach hinten unten –, da ließ ihre Geschwindigkeit rapide nach; die Do 17 war zu einem normalen mittleren Bomber geworden.

Ähnlich verlief die Entwicklungsgeschichte der Ju 88, die auch als Schnellbomber geeignet gewesen wäre: Sie wurde neben der konventionellen Bewaffnung auch noch als Sturzbomber ausgelegt, erwies sich als leistungsfähig – doch ein Schnellbomber war sie nicht. Allein die Engländer brachten den Schnellbomber zustande – mit dem »Mosquito«, der wegen seiner hohen Geschwindigkeit auf jede Bewaffnung verzichten konnte, aber 900, später sogar 1800 kg Bomben schleppte und nur geringe Ausfälle durch Abschüsse hatte.

In der Entwicklung des Sturzkampfflugzeuges (Stuka) war allerdings die Luftwaffe führend. Der Stuka sollte mit präzisen Bombenwürfen die Bodentruppen im Kampf unmittelbar unterstützen. Die Idee hatte General Wever entwickelt, unabhängig davon aber auch der Privatflieger Ernst Udet, einst Jäger-As im Richthofen-Geschwader. Udet war auf Görings Anregung nach den USA gereist und hatte dort eine Curtiss Hawk gekauft, mit der er in Deutschland Sturzflüge demonstrierte. Ernst Udet wurde in die Luftwaffe übernommen und nach einiger Zeit zum Generalluftzeugmeister ernannt. Junkers baute die Ju 87, die als Standard-Sturzbomber in die Luftwaffe eingeführt wurde.

Sie sollte bald getestet werden: im Spanischen Bürgerkrieg. Mitte Juli 1936 bat der spanische General Franco den deutschen Reichskanzler, Adolf Hitler, ihm beim Transport seiner marokkanischen Truppen von Tetuan auf das spanische Festland zu helfen. Hitler sagte zu. Zunächst wurden mehrere Ju 52 und sechs He-51-Jäger zu ihrem Schutz nach Tetuan geschickt, dazu 270 Tonnen Geräte und Munition. Sehr bald folgten weitere 20 Ju 52, meist mit Lufthansa-Besatzungen. Am 31. Juli reisten die ersten 86 Freiwilligen der Luftwaffe per Dampfer in Zivil nach Cadiz – in Kisten verpackt lagerten sechs He 51 im Laderaum. Im August brachten die Ju 52 etwa 10 000 marokkanische Soldaten nach Spanien, und von Deutschland kamen weitere Freiwillige, meist Angehörige von Flak- und Nachrichten-Einheiten.

Dem Jagdflieger Adolf Galland fiel ohnedies auf, daß ab und zu einige Kameraden spurlos verschwanden – bald verschwand auch er: Er mußte sich in Berlin beim »Sonderstab W« melden, erhielt Zivilkleidung, Ausweise und Geld und nahm an einer seltsamen KdF-Reise (KdF = Kraft durch Freude) teil.

Ihre ersten Einsätze seit dem Ende des Ersten Weltkrieges flog die deutsche Luftwaffe mit dem sogenannten Freiwilligenverband „Legion Condor", der seit Juli 1936 auf Seiten Francos in den Spanischen Bürgerkrieg eingriff. Bild oben: Hitler und Göring beim Abschreiten einer Ehrenkompanie für gefallene Spanien-Legionäre.

Bild linke Seite: die „Schnauze" der Messerschmitt Me 109, des mit 35.000 Exemplaren meistgefertigten Jagdflugzeugs des Zweiten Weltkriegs, das bereits in Spanien zum Einsatz kam. Bild rechts: der Flugmotor BMW 132dc, eine luftgekühlte 9-Zylinder-Sternmaschine.

Am 8. Mai 1937 lud das Schiff – ein übler Seelenverkäufer – Galland und die übrige Reisegesellschaft im national-spanischen Hafen El Ferrol aus. Galland übernahm die Stabskompanie der Jagdstaffel 88 der »Legion Condor« und später die 3. Staffel.

Das deutsche Freiwilligen-Korps in Spanien – die »Legion Condor« – sammelte Kriegserfahrungen und erprobte Waffen, Ausrüstung und Gerät: Die 8,8-cm-Flak, Funkgeräte, die Ju 87, das Jagdflugzeug Me 109 und die Do 17 wurden den Spanien-Erfahrungen gemäß verbessert. Wenig später machte die militärpolitische Lageentwicklung der Luftwaffenspitze neue Sorgen: Ein bisher nicht für möglich gehaltener Krieg gegen England mußte nunmehr ins Kalkül einbezogen werden. So beschloß 1938 das Technische Amt, nun doch einen viermotorigen Langstreckenbomber zu bauen. Er sollte jedoch – nach Weisung des Generalstabs – sturzkampffähig sein. Am 26. Oktober überredete der Generalstabschef Jeschonnek

Bild oben: Heinkel Kampfflugzeug He 111, der Standardbomber der deutschen Luftwaffe im Zweiten Weltkrieg. Bild rechts: Hermann Göring mit Hitler auf einem deutschen Fliegerhorst. Pour-le-mérite-Träger Göring, im Ersten Weltkrieg Kampfflieger im Jagdgeschwader Richthofen, wurde 1934 zum Oberbefehlshaber der Luftwaffe ernannt. Im Juli 1940 mit dem auf ihn persönlich zugeschnittenen Titel „Reichsmarschall" belegt, war er der unangefochten

– der die Verschrottung der ersten Langstreckenbomber durchgedrückt hatte – Hermann Göring, so viele Maschinen des neuen Viermotorigen als nur möglich in Auftrag zu geben, mindestens aber 500 Stück. Der neue Bomber war die He 177.

Der kommende Krieg zeichnete sich bereits immer deutlicher ab. Unmittelbar vor seinem Ausbruch wurde die junge Luftwaffe von ihrer größten Katastrophe in Friedenszeiten heimgesucht: Hauptmann Walter Sigel, Kommandeur der I. Gruppe des Stukageschwaders 76, sollte von Cottbus aus den schlesischen Truppenübungsplatz Neuhammer anfliegen und vor hohen Offizieren einen Stukaangriff vorführen. Kurz vor dem Start meldete die Wettererkundungsstaffel: »... Wolkenhöhe 2000 m, Wolkenuntergrenze bei 900 m, darunter gute Bodensicht.« Die Stukagruppe startete und näherte sich um 6 Uhr morgens, am 15. August, dem Zielgebiet. Der Verband kippte mit allen Maschinen aus 4000 m Höhe zum Sturzflug ab und stürzte sich in die Wolkenbank hinein. Als der Kommandeur endlich wieder Bodensicht gewann, war er nur noch 100 m hoch. Hauptmann Sigel riß den Steuerknüppel an sich und schrie ins Funkgerät: »Ziehen, ziehen! Bodennebel!« – dann raste seine Maschine dicht über dem Erdboden auf einen Wald zu, jagte durch eine Schneise und gewann wieder Höhe. Doch die ganze 2. Staffel rammte mit neun Stukas in den Boden, vier Maschinen der 3. Staffel überzogen ihre Maschinen und krachten rückwärts in den Wald. Die 1., zuletzt stürzende Staffel konnte noch auf die verzweifelten Funkrufe des Kommandeurs reagieren und stieß nach oben durch. Da sahen die Besatzungen der 1. Staffel, wie brauner Qualm durch die Wolken quoll – 26 junge Flieger waren tot. Bei einer Kriegsgerichtsverhandlung wurde kein Schuldspruch gefällt: Der Bodennebel war erst kurz vor dem Sturz aufgezogen.

zweite Mann des Dritten Reiches. Im Zweiten Weltkrieg erlitt Görings militärischer Nimbus nach der ebenso triumphalen wie kurzen Phase der „Blitzkriege" durch die Niederlage in der Luftschlacht um England erste Einbußen; vollends verloren ging sein Renommee durch sein großspuriges Versprechen (mit dem bekannten Resultat), die 1942/43 in Stalingrad eingeschlossene 6. Armee aus der Luft versorgen zu können.

Luftschlacht um England

Man nennt sie die »Luftschlacht um England« oder »Battle of Britain«. Aber der Name sagt wenig. Tatsächlich gibt es keine Bezeichnung, die der unübersichtlichen, improvisierten, planlosen, erbitterten, von tausend Schrecken, zehntausend Luftkämpfen und hunderttausend Bombenabwürfen gekennzeichneten Luftschlacht zwischen Deutschen und Engländern in der Zeit vom August 1940 bis Mai 1941 gerecht werden könnte. Die deutsche Luftoffensive gegen die britische Insel – hundertfach verklärt und kritisiert – eignet sich einfach nicht zum Schlachtengemälde.

Die Deutschen begannen sie halbherzig und ohne klare Zielgebung. Sie wollten die Royal Air Force ausschalten, die geplante Invasion der Britischen Insel vorbereiten, England politisch zum Nachgeben zwingen, sich für die britischen Luftangriffe auf deutsche Städte rächen – und das alles teils gleichzeitig, teils nacheinander.

Für die Engländer dagegen hatte dieser erstmals in der Geschichte nur am Himmel und nur aus der Luft geführte Feldzug von Anfang an die heiligen Qualitäten eines Kreuzzuges: Von seinem Ausgang, von Triumph oder Desaster, hing für sie der Fortbestand ihres Lebens, ihres Landes, des Empire, ihrer Kultur und ihrer Ehre ab. Winston Churchill, Englands wortgewaltigen Kriegs-Premier, inspirierte die »Battle of Britain« sogar zu seinem berühmtesten und meistzitierten Ausspruch (neben der »Blut, Schweiß und Tränen«-Parole): »Niemals in der Geschichte menschlicher Kämpfe sind so viele so wenigen so sehr verpflichtet gewesen!«

Mit den »wenigen« meinte er die Jagdflieger der Royal Air Force, alles in allem vielleicht 800 Piloten, die seither die Heldenloge der britischen Geschichte besetzt halten.

Selbst das Ende der Luftschlacht war typisch: Die Engländer feierten sie mit Reden, Paraden, Gedenkstunden, Ordensverleihungen und Formationsflügen. Die Deutschen dagegen, die schon zum Sprung nach Rußland hinein ansetzten, ignorierten sie einfach – so, als hätte es diese gewaltige, vielleicht sogar kriegsentscheidende »Luftschlacht um England« nicht gegeben. Die erste Niederlage der scheinbar unbesiegbaren Wehrmacht im Zweiten Weltkrieg schien schon wenige Monate nach den letzten Luftkämpfen völlig vergessen. Der Epilog Adolf Gallands, zwölf Jahre später niedergeschrieben, sagt alles: »Die Schlacht um England ging sang- und klanglos zu Ende...«

Die Entscheidung der deutschen Führung, England aus der Luft sturmreif zu schießen, war kurz nach dem Sieg in Frankreich gefallen. Damals stand Großdeutschland auf dem absoluten Gipfel seiner Macht. Das »Unternehmen Seelöwe«, die Landung deutscher

Nach der Weigerung Londons, den nach dem Zusammenbruch Frankreichs im Juni 1940 nach Hitlers Ansicht „sinnlos gewordenen Kampf" aufzugeben, gab Hitler mit Weisung Nr. 16 das Unternehmen „Seelöwe" für eine Invasion in England in Auftrag, das allerdings nur unter einem sicheren Luftschirm durchführbar war. Dafür wollte Göring in der „Luftschlacht um England" sorgen.

Bild linke Seite: Bedienungsmannschaft macht eine He 111 startklar. Bild rechts: Dank des Radarschirms an der englischen Kanalküste konnten die deutschen Bomberformationen schon nach ihren Starts in Frankreich ausgemacht und entsprechend effektiv bekämpft werden.

Herstellung voller Einsatzbereitschaft

Weisung des Oberbefehlshabers der Luftwaffe für den Kampf gegen England, 30.6.1940

Die Kampfführung der Luftwaffe gegen England macht es erforderlich, den Einsatz der Lfl. 2, 3 und 5 in zeitlicher Hinsicht wie auch bezüglich der Wahl der anzugreifenden Zielgruppen in schärfster Form in Übereinstimmung zu bringen. Die Auftragserteilung an die Luftflotten wird daher in der Regel feste Bindungen an bestimmte Ziele und Angriffszeiten vorsehen, damit neben einer tatsächlichen Wirkung auf die jeweils wichtigsten Ziele die gut entwickelte Abwehr des Gegners zersplittert und vor möglichst verschiedenartige Aufgaben gestellt wird.

Nach Durchführung des Aufmarsches der Verbände in ihren neuen Einsatzräumen, nach Sicherstellung ausreichenden Flak- und Jagdschutzes, laufender Versorgung und einwandfreier Befehlsübermittlung wird eine planmäßige Bekämpfung gegen solche Zielgruppen einsetzen, die Ob. d. L. der Gesamtlage entsprechend befehlen wird.

Bis zu diesem Zeitpunkt ist neben der Herstellung der vollen Einsatzbereitschaft der Verbände

a) die Kampfführung gegen England zu beschränken auf Störungsangriffe gegen Industrie- und Luftwaffenziele mit schwächeren Kräften. Die Angriffe sind bei geeigneter Wetterlage, die Überraschung ermöglicht, auch bei Tage einzeln oder in Rotten zu führen.

Genaueres Studium des Objektes und seiner Umgebung an Hand der Karte und der Zielunterlagen ist für den Erfolg Vorbedingung. Hierbei ist anzustreben, daß größere Verluste der Zivilbevölkerung vorerst vermieden werden;

b) durch Aufklärung und Einsatz kleinerer Kampfeinheiten eine planmäßige Einweisung der Besatzungen in ihre Kampfräume vorzusehen und hierbei Stärke und Gruppierung der feindlichen Abwehr zu erkunden.

1. Zielsetzung

Der Einsatz der Luftwaffe nach Durchführung des Aufmarsches und der vollen Einsatzbereitschaft hat zum Ziel:

a) durch Kampf gegen die feindliche Luftwaffe, ihre Bodenorganisation und die Luftwaffenindustrie die Voraussetzungen zu schaffen für eine wirksame Kampfführung gegen feindliche Einfuhr und Versorgung und Wehrwirtschaft und damit für den Schutz des deutschen Lebensraumes;

b) durch Kampf gegen Einfuhrhäfen und deren Einrichtungen, Einfuhrtransporte und Kriegsschiffe die englische Versorgung zu zerschlagen.

Beide Aufgaben werden nicht in getrennten Abschnitten, sondern nebeneinander gelöst werden müssen.

Solange die feindliche Luftwaffe nicht zerschlagen ist, ist es oberster Grundsatz der Luftkriegführung, die feindlichen Fliegerverbände bei jeder sich bietenden Gelegenheit, bei Tag und bei Nacht, in der Luft und am Boden, anzugreifen, ohne Rücksicht auf anderweitige Aufträge.

Truppen über See und durch die Luft auf der Insel, war in Vorbereitung. Aber vorher mußte die Royal Air Force ausgeschaltet werden – und zwar um jeden Preis! Denn: Ohne Luftschirm konnte die gefürchtete Royal Navy, die britische Kriegsmarine, nicht im Kanal operieren. Dafür würden die deutschen Stukas mit ihren Punktangriffen schon sorgen!

Umgekehrt: Sollten die Kreuzer und Zerstörer Ihrer Majestät doch im Ärmelkanal operieren können, dann würde es keinen Sprung nach England geben. Die schwache deutsche Kriegsmarine jedenfalls war nicht in der Lage, die aus Schleppern, Flußkähnen, Yachten, Raddampfern und Barken zusammengestoppelte Invasions-Armada zu schützen.

Der »Seelöwe« brauchte also die deutsche Luftherrschaft oder zumindest eine klare Luftüberlegenheit über dem Kanal und Südengland, wenn er schwimmen wollte.

Die Schlüsselfrage lautete nur: Mit welcher Taktik konnte die RAF am Boden und in der Luft geschwächt, vernichtet und schließlich ganz ausgeschaltet werden?

Und da gab es auf deutscher Seite gefährlich viel Ratlosigkeit!

Beispiel Nr. 1: Bis Kriegsausbruch war im Luftwaffengeneralstab kein einziges operatives Planspiel für einen Luftkrieg gegen Großbritannien durchgespielt worden.

Beispiel Nr. 2: Im Juli 1939 hatte der Oberstleutnant i.G. Schmid, Leiter der Abteilung »Fremde Luftmächte« im Luftfahrtministerium in Berlin, seinem Oberbefehlshaber, Göring, in einer Studie eröffnet: Eine Kapitulation Großbritanniens ist durch Luftangriffe allein nicht zu erreichen. Die Engländer können nur durch eine Besetzung ihrer Insel durch deutsche Heeresverbände ausgeschaltet werden.

Beispiel Nr. 3: Mangels vorbereiteter Pläne mußte Göring im Juli 1940 den Stäben seiner Luftflotten und Fliegerkorps befehlen, überstürzt Vorschläge für geeignete Angriffsverfahren gegen Ziele in Großbritannien auszuarbeiten und vorzulegen.

Und so gingen die Deutschen ohne sorgfältige Planung, dafür aber mit tausend

Die „Führer-Weisung" Nr. 17 vom 1. August 1940 sprach Klartext: „Die deutsche Fliegertruppe hat mit allen zur Verfügung stehenden Kräften die englische Luftwaffe möglichst bald niederzukämpfen." Das war aber leichter gesagt als getan. Die Engländer waren nämlich ihrerseits ebenso entschlossen, die deutsche Luftwaffe möglichst bald niederzukämpfen.

Bild linke Seite: „Luftschlachtenlenker" Göring nimmt den Bericht einer vom Feindflug zurückgekehrten Besatzung entgegen. Bild oben: Luftkampf über England zwischen einer Me 109 und einer „Spitfire". Bild unten: Einsatz-Alarm auf einem deutschen Fliegerhorst an der französischen Kanalküste.

Improvisationen in jene Schlacht, die – wie man damals glaubte – den Krieg entscheiden würde.
Wie stark war die Rüstung der Gegner? Die Zahlen schwanken. Man kann jedoch davon ausgehen, daß die Deutschen Anfang August 1940 über rund 1000 Bomber, 870 Jäger, 330 einmotorige Stukas und 270 zweimotorige Zerstörer verfügten. Allerdings: Die Zahl der einsatzbereiten Maschinen lag um rund ein Drittel niedriger.
Soviel aber war klar: Die Luftschlacht würde im Duell Jäger gegen Jäger entschieden werden! Und da hatten die Engländer die Nase vorn: Rund 700 startbereiten RAF-Jagdflugzeugen standen knapp 600 deutsche einmotorige Jäger gegenüber!
Der erste Versuch der Kriegsgeschichte, einen Gegner nur durch Luftangriffe zu erledigen, kann grob in zwei Hauptphasen eingeteilt werden:
Hauptphase I:
13.8. bis 23.8.1940: Deutsche Luftangriffe auf küstennahe Ziele in Südengland, vor allem gegen die feindliche Jagdwaffe, gegen Flugplätze und Werke der Flugzeugindustrie.
24.8. bis 6.9.1940: Erweiterung der Angriffsflüge bis in den Großraum London.
Hauptphase II:
7.9. bis 19.9.1940: Tag- und Nachtangriffe gegen Ziele im Raum London.
20.9. bis 13.11.1940: Deutsche Jagdbomberangriffe am Tag und Nachtbomber-Attacken mit dem Schwerpunkt London.
14.11.1940 bis Mai 1941: Nachtangriffe gegen viele Ziele in ganz England.
Phase I galt in erster Linie der Erringung der Luftherrschaft über Südengland. Nachdem dieses Ziel nicht erreicht worden war, warf Göring seine Geschwader in der Hauptphase II vor allem gegen das Wirtschaftspotential des Feindes und versuchte gleichzeitig, die Moral der englischen Zivilbevölkerung zu zerstören.
Sehen wir uns einige Höhepunkte der Luftoffensive an:
Am 13. August 1930 schickt Göring insgesamt rund 1000 Jäger und 485 Bomber (bei mehrfachen Feindflügen vieler Maschinen an diesem Tag) über den Kanal. Hauptziel sind neun Luft-

stützpunkte der Engländer. 34 deutsche Flugzeuge gehen verloren.
Am 15. August werden – absolute Spitze! – sogar 1786 Einsätze geflogen.
Am 16. August unterläuft ein Verband Ju 87 des Stuka-Geschwaders 2 das äußerst wirksame britische Radar-Frühwarnsystem und verwandelt den Jagdfliegerstützpunkt Tangmere in eine feuerspeiende Hölle. Die britischen Hurricanes werfen sich zwar in einen Alarmstart, können die aus der Sonne herabstürzende »Stuka-Kaskade« jedoch nicht mehr abfangen.
Die Briten sprechen später von einem »Angriff wie nach dem Lehrbuch«! Ihr Glück ist, daß den Deutschen – vor allem wegen des britischen Radars und der teilweise miserablen Leistungen der eigenen Feindaufklärung – nur zwei oder drei solcher »Lehrbuchangriffe« glücken...

Bereits am 19. August muß Göring die Kommodores seiner Jagdgeschwader zusammentrommeln. Die Bilanz, die er vorlegt, ist katastrophal:
1. Die britische Jagdwaffe konnte nicht ausgeschaltet werden, vor allem, weil sich die britischen Spitfires und Hurricanes den deutschen Jägern nicht, wie erwartet, zum Kampf stellten, sondern sich geschickt auf die deutschen Bomber konzentrierten.
2. Die Luftangriffe gegen die britischen Jägerstützpunkte waren größtenteils ein Schlag ins Wasser.
3. Die eigenen Bomberverluste waren ungeheuer hoch.
4. Die Personalverluste der Luftwaffe waren es nicht weniger. Innerhalb von nur zehn Tagen fielen ein Geschwaderkommodore, zwei Fliegerkorps-Stabschefs, sechs Gruppenkommandeure, 13 Staffelkapitäne und 114 weitere

In der Luftschlacht um England ging es für die Briten um „Sein oder Nichtsein". Es gab englische Piloten, die in den entscheidenden Wochen des Sommers 1940 zwanzig und mehr Einsätze am Tag flogen, die abgeschossen wurden, mit dem Fallschirm landeten, sich zum nächsten Flugplatz bringen ließen und mit einer neuen Maschine wieder aufstiegen.

Bild linke Seite: Einer englischen „Hurricane" wurde die linke Tragfläche abgeschossen. Der Pilot ist mit dem Fallschirm ausgestiegen. Bild oben: Alarmstart eines britischen „Spitfire"-Geschwaders. Bilder rechts: die strategischen Gegenspieler in der Luftschlacht um England; links Air Officer Commanding-in-chief Sir Hugh Dowding; rechts General der Flieger Hans Jeschonnek, Chef des Generalstabes der Luftwaffe.

Offiziere des fliegenden Personals aus. Und dann donnert Göring los! Der Jagdflieger des Ersten Weltkrieges, der letzte Kommandeur des berühmten Richthofen-Geschwaders, wirft den Jagdfliegern seiner Luftwaffe vor: »Ihr tragt die Schuld an diesem Fiasko! Ihr habt die Bomber nicht ausreichend geschützt! Ihr seid an den Bomberverbänden nicht drangeblieben! Ihr habt euch stattdessen selbständig gemacht und einen eigenen Luftkrieg geführt, um möglichst viele Abschüsse auf euer persönliches Konto verbuchen zu können!«

Es ist die erste von vielen – und fast immer unberechtigten – Anklagen, die Göring im Verlauf des Krieges gegen seine berühmten Jagdflieger erheben sollte.

Die ersten Köpfe rollen: Die alten Geschwader-Kommodores, die Männer mit der Weltkrieg-I-Erfahrung und dem Pour le mérite am Hals, werden abgelöst. Die »Jung-Türken« kommen: Männer wie Günther »Franzl« Lützow, der vier Jahre später von seinem Reichsmarschall aus dem Reiche verbannt werden und in den letzten Kriegsstunden auf dem Düsenjäger Me 262 ein geheimnisvolles Ende finden wird; Hannes Trautloft, der später wegen seiner schonungslos offenen Sprache der Luftwaffenführung ebenfalls zu unbequem werden soll; Wolfgang Schellmann, der gleich zu Beginn des Rußlandfeldzuges abgeschossen und in einem Folterkeller der sowjetischen Geheimpolizei GPU sein Ende finden wird. Es sind die Jagdflieger der »Legion Condor«, die Soldaten mit der Spanien-Erfahrung, die Repräsentanten einer Jägergeneration, die anders denkt und kämpft als die alten Hasen aus dem großen Krieg der Jahre 1914 bis 1918 mit ihren überholten Vorstellungen.

Die Luftoffensive geht weiter: Am 7. September 1940 ist die Hauptstadt London zum erstenmal an der Reihe: 625 deutsche Bomber und 648 Jäger sind an diesem Tage über England.
Am 15. September toben am Himmel über der Metropole des Empire erbitterte Luftschlachten: 56 deutsche und 26 britische Flugzeuge gehen für immer in die Tiefe. Noch heute feiern die Briten dieses Datum alljährlich als den Tag der »Battle of Britain«.

Am 20. September erscheinen erstmals deutsche Jagdflugzeuge über der Inselfestung, die nicht Jagd auf die Flieger von der anderen Seite machen, sondern statt dessen 250-Kilogramm-Bomben abwerfen. Die Briten werden von diesem Taktikwechsel völlig überrascht. Aber sind die deutschen Jabo-Attacken nicht das Eingeständis, daß Göring seine Bomberverluste nicht länger durchhalten kann? Können die Nadelstiche der ersten Jagdbomber der Luftkriegsgeschichte wirklich die Hammerschläge der Bombenflugzeuge ersetzen?
Englands Mauern brechen — das Jagdfliegerkommando der RAF bricht nicht: Die Deutschen müssen sich jetzt in den Schutz der Nacht zurückziehen! Längst ist der »Seelöwe« gestorben, hat Hitler seine Aufmerksamkeit von der Insel ab- und der Sowjetunion zugewandt.
65 Nächte lang schlagen in London

Am 13. August 1940, dem sogenannten Adlertag, startete die Luftwaffe mit 2355 Maschinen den ersten Großangriff auf England. Insbesondere für die Londoner kam eine Zeit harter Prüfungen. Tag um Tag und Nacht um Nacht wurde die britische Hauptstadt bombardiert.
Bilde oben: eine He 111 über London und dem großen Themsebogen;

Bilder rechte Seite: Verwüstungen in der City nach einem Luftangriff (unten); Bombenangriff auf Tanklager an der unteren Themse (oben). Auf dem Bild kann man deutlich die wie weiße Pilze wirkenden Öltanks und die schwarzen Rauchwolken ausbrennender Behälter erkennen.

deutsche Spreng- und Brandbomben ein. In der Nacht vom 14. auf den 15. November 1940 wird das Rüstungszentrum Coventry vernichtend getroffen. Birmingham, Southampton, Manchester, Liverpool-Birkenhead folgen. Und immer wieder London!
Am 10./11. Mai 1941 erfolgt der letzte von 38 Großangriffen auf London – der letzte und der zerstörerischste: 507 deutsche Bomber werfen 700 Tonnen Sprengbomben und 2400 Brandschüttkästen ab; 2000 Brände entstehen; es gibt 1200 Tote und 1800 Verletzte!
Danach fällt der Vorhang über der Bühne der Luftschlacht um England. Auf der Insel und im Kanal verrotten die Wracks zahlloser Spitfires und Me 109, Hurricanes und He 111. Die Luftwaffe ist ausgebrannt: Allein in der Zeit zwischen dem 10. Juli und dem 31. Oktober 1940 hatte sie 1733 Einsatzflugzeuge verloren. Die britische Propaganda hatte daraus 2689 Abschüsse gemacht, während Berlin nur 896 Verluste zugab. Das Jagdflieger-Kommando der RAF ist um 915 Maschinen ärmer geworden. Am 31. März 1941 macht das Personalamt der Luftwaffe für Göring eine weitere, weitaus katastrophalere Rechnung auf: Aus den Reihen des fliegenden Personals sind 2 000 Mann für immer abgetreten. 1300 Flieger fallen als Verwundete vorübergehend oder ganz aus. Auf einen verlorengegangenen deutschen Jäger entfallen zwei abgeschossene Bomber — eine Statistik, die allein schon deutlich macht, warum der Bombenkrieg gegen England zum Scheitern verurteilt war.
Geplant und befehligt — aber auch gewonnen und verloren! — wurde die Luftschlacht um England in den Hauptquartieren der feindlichen Luftwaffen: Von Göring und seinem Generalstab sowie von den Feldmarschällen Kesselring und Sperrle, die die Luftflotten 2 und 3 am Kanal kommandierten, von Vizeluftmarschall Dowding, dem Chef des britischen Jagdfliegerkommandos und seinen Gruppen-Befehlshabern Keith Park und Leigh-Mallory, die sich nie über die beste Einsatztaktik einigen konnten.
In Erinnerung geblieben als die wahren Repräsentanten jener großen Schlacht am Himmel über England sind jedoch

die Jagdflieger und ihre Maschinen. Die Geschichte hat sie unsterblich gemacht: Mölders, Galland und Wick und ihre Me 109; »Sailor« Malan, Stanford Tuck und Douglas Bader und ihre Spitfires und Hurricanes. Jäger und Jagdflugzeuge – diese Namen beweisen es! – haben das Gesicht der Luftschlacht geprägt und sie auch entschieden:

Auf deutscher Seite erwies sich das Jagdflugzeug Me 109 von Messerschmitt als das Flugzeug der Flugzeuge. Mit einem 1100 PS-Motor erreichte es eine Spitzengeschwindigkeit von 570 bis 585 km. Es war schneller als seine britischen Gegner und konnte sie im Steigflug und im Sturz überholen. Seine Bewaffnung (zwei bis drei 20-mm-Kanonen und zwei MGs) war gefährlicher als die der Briten. Die überlegene deutsche Taktik, die auf aufgelockerten Verbänden und der revolutionären Vier-Finger-Formation des Schwarms basierte, erwies sich als weiteres Plus.

Das entscheidende Handicap der Me 109, die geringe operative Flugdauer von rund 75 Minuten, sollte die deutschen Bomber jedoch entsetzlich viel Blut kosten: Görings Begleitjäger konnten nur fünf bis 15 Minuten über dem Angriffsziel London bleiben. Dann mußten sie ihre bombentragenden Schützlinge verlassen.

Als As der Asse der Briten erwies sich die Spitfire. Sie konnte die Me 109 jederzeit glatt auskurven. Ihre Bewaffnung von acht Maschinengewehren (160 Schuß pro Sekunde) wirkte wie eine Schrotgarbe. Auch Jagdflieger, die keine Scharfschützen waren, konnten treffen! Auch die Hurricane verfügte über die für die deutschen Bomber so tödliche Bewaffnung von acht MGs. Auch sie kurvte enger als die Me 109. In der Spitzengeschwindigkeit war sie ihrem deutschen Gegner jedoch um rund 100 km/h unterlegen.

Im Gegensatz zu den Deutschen verfügten die »Tommys« über keine gepanzerten Tanks. Dafür stand hinter ihnen das beste Frühwarnsystem der Welt. Aufgrund der präzisen Angaben ihrer Radarstationen konnten die britischen Jäger fast immer rechtzeitig und am gewünschten Ort auf die deutschen Verbände angesetzt werden. Die deutschen Jäger dagegen mußten – wegen

Je mehr „Heinkels" die „Spitfires" vom Himmel holten, desto notwendiger wurde die Deckung der Bombergeschwader durch deutsche Jäger. Die Messerschmitt-Piloten bekamen es dabei mit Gegnern zu tun, die sich der deutschen Übermacht mit verbissener Zähigkeit zu erwehren wußten. Bilder oben: eine deutsche Me 109 verfolgt eine britische „Spitfire"; eine abgeschossene Me 110 versinkt im Kanal. Deutlich sind die beiden Piloten, links und rechts vom Rumpf im Wasser schwimmend, zu erkennen. Bilder rechte Seite von oben nach unten: Pilot und Ausgucker in einer He 111; eine vom rechten „Kettenhund" aus fotografierte He 111; eine Formation Do 17 im englischen Flakfeuer.

ihrer miserablen Funkausstattung! – auf jede Bodenführung während der Schlacht verzichten.

Über nicht weniger als vier deutsche Standard-Flugzeugtypen wurde in der Luftschlacht um England das Todesurteil gesprochen:

Der zweimotorige Zerstörer und Langstreckenjäger Me 110, der Görings sogenannte Elite-Verbände ausmachte, war den Spitfires und Hurricanes an Geschwindigkeit und Beweglichkeit weitaus unterlegen. Me 110 fielen serienweise vom Himmel. Schließlich mußten einmotorige Me 109 – eine bittere Ironie! – ihre zweimotorigen Jägerkollegen eskortieren.

Auch der berühmte »Stuka« Ju 87, strahlender Sieger der Feldzüge in Polen und Frankreich, erwies sich gegenüber den RAF-Jägern als eine hilflose »sitzende Ente«. Nach einer katastrophalen Niederlage am 18. August 1940 verschwanden die Stukas völlig von der Bühne der Luftschlacht.

Die zweimotorigen mittleren Bomber He 111 und Do 17 litten ebenfalls entsetzlich: Ihre Bewaffnung war zu schwach, eine Panzerung gab es nicht. Auch die Bombenlast von 1000 bis 1500 Kilogramm entsprach nicht den Maßstäben eines strategischen Bombenkrieges. Das Versäumnis, einen schweren viermotorigen Bomber zu entwickeln, rächte sich furchtbar.

Doch nicht die Maschinen, sondern die Männer haben die Schlüsselrolle in der Luftschlacht um England gespielt. Auf deutscher Seite erntete das Dreigestirn Mölders-Galland-Wick das Gros der Lorbeeren:

Werner Mölders, der den Frankreich-Feldzug mit 25 Luftsiegen beendet hatte, kommandierte ab Juli 1940, mit 27 Jahren, das Jagdgeschwader 51 an der Kanalfront.

Mölders galt bereits damals als der Mentor und Organisator der deutschen Jagdwaffe. Er starb als erster General der Jagdflieger am 22. November 1941 auf dem Weg zum Staatsbegräbnis Udets bei einem Flugzeugabsturz in der Nähe von Breslau. Er war in insgesamt 101 Luftkämpfen Sieger geblieben.

Adolf Galland, der im August 1940 das berühmte Jagdgeschwader 26 »Schlageter« übernahm, war aus anderem Holz geschnitzt: Er war der Prototyp des Kämpfers und »Schießers«. Er nahm jeden Kampf an – daß er überlebte, darf wohl als ein Wunder bezeichnet werden. Selbst am Himmel über England rauchte er im Cockpit seiner Me 109 seine berühmten schwarzen Zigarren. Galland war knochenhart nach oben und nach unten: Als ihm Göring einmal die Erfüllung eines Wunsches anbot, bellte der Jagdflieger-Star: »Ich bitte um die Ausrüstung meines Geschwaders mit Spitfires.«

Helmut Wick, der »dritte Mann«, ist heute vergessen. Zu Unrecht! Als er am 28. November 1940 in der Nähe der Insel Wight seinen 56. Gegner vom Himmel feuerte, stand er an der Spitze der Abschußliste aller deutschen Jagdflieger. Nur wenige Minuten später wurde er jedoch von dem britischen Oberleutnant John Dundas, der sich unbemerkt herangepirscht hatte, abgeschossen. Wick sprang mit dem Fallschirm ab und konnte sich wohl auch noch in sein Schlauchboot retten. Es ist jedoch von ihm nie mehr auch nur eine Spur entdeckt worden.

Der 25jährige Wick war innerhalb von drei Monaten vom Staffelkapitän bis zum Kommodore des Jagdgeschwaders 2 »Richthofen« aufgestiegen – eine unglaubliche Karriere!

Seine Aussprüche waren ebenso treffsicher wie seine Schüsse: Als der Luftflottenchef Sperrle einmal das abenteuerliche Aussehen der Flugzeugwarte des Richthofen-Geschwaders kritisierte, antwortete Wick vor einem Dutzend Zeugen:

»Herr Feldmarschall, wir kämpfen Tag für Tag gegen die Briten. Diese Männer müssen wie die Wilden arbeiten, um unsere Flugzeuge zu munitionieren, zu betanken und zu warten. Ohne sie können wir nicht kämpfen! Glauben Sie nicht, daß das wichtiger ist als ein verdammter Haarschnitt oder eine saubere Uniform?«

Sperrle fiel das Monokel aus dem Auge, aber der Feldmarschall sagte kein Wort. Auch in seiner Lebensphilosophie war Wick wohl ein Einzelgänger: »Solange ich Gegner abschießen kann zur Ehre des Jagdgeschwaders Richthofen und meines Vaterlandes, bin ich glücklich! Ich will kämpfen – und wenn meine letzte Stunde kommt, will ich kämpfend sterben und so viele Gegner wie möglich mitnehmen!«

Wick nahm sogar den Mann, der ihn besiegt hatte, noch mit in seinen Untergang: Dundas, ein RAF-As mit 14 Abschüssen, wurde wenige Sekunden nach seinem Luftsieg über den besten deutschen Jagdflieger von Wicks Rottenflieger Rudolf Pflanz tödlich abgeschossen. Pflanz wiederum ereilte das Geschick 18 Monate später über Abbeville. Eine Spitfire schickte ihn in die Tiefe – schießen und abgeschossen werden...

Aus dem Trio der RAF-Asse ragte der unglaubliche Douglas Bader heraus: Er flog seine Spitfire mit zwei Holzbeinen! In der RAF wurde er zu einer lebenden Legende. Als Bader, nach 23 Luftsiegen, im August 1941 über Frankreich abgeschossen wurde, ließ ihm Galland ein Diner servieren und setzte ihn in sein eigenes Flugzeug. Baders Herzenswunsch, mit der Me 109 einige Kurven drehen zu können, lehnte der deutsche Kommodore allerdings wohlweislich ab. Bader wäre wohl kaum wieder zurückgekommen.

Wenige Tage später warfen die Briten eine Kiste mit den Ersatzprothesen ihres Jagdfliegerstars über Gallands Feldflugplatz ab – zusammen mit einer ganzen Ladung hochexplosiver Bomben!

Robert Stanford Tuck (29 Luftsiege) galt als bester Schütze der RAF. Er schwor auf die langsame, aber unverwüstliche Hurricane. Auch ihm servierte Galland, als Tuck im Jahr 1942 von der deutschen Flak heruntergeholt wurde, ein Gala-Essen.

Der Südafrikaner Adolphus Gysbert »Sailor« Malan (35 Luftsiege) war ein großer Schütze und Taktiker in einem. Er machte das Jagdgeschwader und den Luftstützpunkt von Biggin Hill im Süden Londons zur berühmtesten Einheit und zum gefeiertsten Einsatzflughafen Großbritanniens. Wie Bader und Tuck überlebte er den Krieg.

Wie die Maschinen, so sind sich auch die Flieger in der Luftschlacht um England ebenbürtig gewesen. Die Luft-

Im Luftkrieg gegen die britische Insel lag das Operationsgebiet der Luftwaffe zu einem großen Teil über dem Ärmelkanal. Bei aller Verbissenheit, mit der die Kontrahenten kämpften, wurden doch allgemein die Regeln der Militärkonvention und des soldatischen Anstands eingehalten.

Bild links: Ein in Seenot geratener englischer Flieger wird an Bord eines deutschen Flugsicherungsbootes gezogen. Bilder rechte Seite: eine im Feindflug völlig zersiebte He 111 konnte sich noch nach Frankreich retten (oben); die Crew einer über England abgeschosenen He 111 auf dem Weg in die Gefangenschaft (unten).

Endgültige Niederringung Englands

„Führer-Weisung" des OKW für die Führung des verschärften Luft- und Seekrieges gegen England, 1.8.1940

Um die Voraussetzungen für die endgültige Niederringung Englands zu schaffen, beabsichtige ich, den Luft- und Seekrieg gegen das englische Mutterland in schärferer Form als bisher weiterzuführen.

Hierzu befehle ich folgendes:

1. Die deutsche Fliegertruppe hat mit allen zur Verfügung stehenden Kräften die englische Luftwaffe möglichst bald niederzukämpfen. Die Angriffe haben sich in erster Linie gegen die fliegenden Einheiten, ihre Bodenorganisation und Nachschubeinrichtungen, ferner gegen die Luftrüstungsindustrie einschließlich der Industrie zur Herstellung von Flakgerät zu richten.

2. Nach Erringung einer zeitlichen und örtlichen Luftüberlegenheit ist der Luftkrieg gegen die Häfen, hierbei insbesondere gegen die Einrichtungen der Lebensmittelbevorratung im Innern des Landes weiterzuführen.

Angriffe gegen die Häfen der Südküste sind mit Rücksicht auf eigene beabsichtigte Operationen in möglichst geringem Maße anzusetzen.

3. Der Kampf gegen feindliche Kriegs- und Handelsschiffe aus der Luft kann demgegenüber zurücktreten, soweit es sich nicht um besonders günstige Augenblicksziele handelt oder soweit im Rahmen der Angriffe zu Ziff. 2 zusätzliche Wirkung erzielt wird oder soweit es zur Ausbildung von Besatzungen für die weitere Kampfführung unbedingt notwendig ist.

4. Der verschärfte Luftkrieg ist so zu führen, daß die Luftwaffe zur Unterstützung von Seeoperationen auf günstige Augenblicksziele mit genügend starken Kräften jederzeit herangezogen werden kann. Außerdem muß sie für das Unternehmen »Seelöwe« kampfkräftig zur Verfügung stehen.

5. Terrorangriffe als Vergeltung behalte ich mir vor.

6. Die Verschärfung des Luftkrieges kann ab 5. August beginnen. Der genaue Zeitpunkt ist von der Luftwaffe je nach Beendigung der Vorbereitungen und je nach Wetterlage selbst zu wählen.

Der Kriegsmarine wird die vorgesehene Verschärfung der Seekriegsmaßnahmen gegen das englische Mutterland und die Nachschublinien gleichzeitig freigegeben.

Bild oben: Eine He 111 startet zum Feindflug. **Bilder links:** zu den unvergessenen deutschen Flieger-Assen im Zweiten Weltkrieg zählen Werner Mölders (links) und Adolf Galland (rechts). Mölders (101 Luftsiege) entwickelte die Angriffstaktik des „Vierfingerschwarms", bei dem jeder Schwarm in 2 Rotten zu je 2 Maschinen gegliedert wurde, die eine zur Angriffsführung, die andere zur Deckung. Galland (104 Luftsiege) wurde Ende 1941 als Nachfolger des bei einem Landeanflug tödlich verunglückten Mölders General der Jagdflieger.

kämpfe wurden mit gnadenloser Härte und unter Anwendung aller fliegerischen Raffinessen und taktischen Tricks ausgefochten. Die Belastung der Jagdflieger überschritt nur zu oft alle Grenzen menschlichen Durchhaltevermögens:
»Ich habe hundert Alpträume erlebt«, sagte Mölders kurz vor seinem Tod, »als die Luftschlacht zu Ende war, war ich ein alter Mann.«
Adolf Galland hat eines seiner »Alptraum«-Erlebnisse geschildert:
»Ich starte allein. Südostwärts Boulogne treffe ich auf meine I. Gruppe. Seitlich und etwas tiefer fliegt ein Spitfire-Verband. Eine der letzten Maschinen greife ich sofort an. Leider nicht die letzte! Aber die von mir beschossene Spitfire brennt und stürzt ab. Abschuß Nr. 70. Eine hübsche runde Zahl, denke ich und verfolge ihren Absturz.
Da kracht es fürchterlich in meiner Maschine. Jetzt haben sie mich erwischt! Ein harter Schlag hat meinen Kopf und rechten Arm getroffen. Meine Tragflächen sind von Kanonentreffern zerfetzt, ich sitze halb im Freien. Die rechte Rumpfseite ist aufgerissen. Tank und Kühler laufen aus. Instinktiv bin ich nach Norden weggekurvt. Ich stelle beruhigt fest, daß meine zerschossene Me mit ausgeschaltetem Motor noch leidlich fliegt. Ich will versuchen, im Gleitflug nach Hause zu kommen. Ich bin 6000 Meter hoch.
Arm und Kopf bluten. Aber ich fühle keine Schmerzen. Aus meinen Betrachtungen reißt mich eine scharfe Detonation. Der Tank, der bisher still vor sich hin gekokelt hat, ist explodiert. Sofort steht das ganze Rumpfende in hellen

London hält stand
Aus Churchills Memoiren

Wenn unsere Städte unter den Angriffen leiden sollten, so war es mir am liebsten, daß der Hauptstoß gegen London geführt wurde. London war wie ein mächtiges, prähistorisches Tier imstande, furchtbare Verletzungen und Verstümmelungen zu erleiden, aus zahllosen Wunden zu bluten und dennoch Leben und Beweglichkeit zu bewahren. Die Anderson-Schutzräume waren in den Arbeitervierteln mit den zweistöckigen Häusern verbreitet, und alles wurde getan, um sie einigermaßen wohnlich zu machen und bei nassem Wetter zu entwässern. Später verwendete man den Morrison-Schutzraum, der nichts anderes war als ein schwerer Küchentisch aus Stahl mit starken Seitenwänden aus Drahtgeflecht, wohl imstande, die Trümmer eines kleinen Hauses zu tragen, und somit einen gewissen Schutz bietend. Viele dankten ihm ihr Leben. Im übrigen – »London hielt stand«. Die Londoner hielten allem stand und hätten auch noch größerer Belastung standgehalten. Damals glaubten wir fest, daß das Ende die völlige Vernichtung der Hauptstadt sein würde. Doch, wie ich zu jener Zeit im Unterhaus betonte, gilt das Gesetz der abnehmenden Wirkung im Falle der Zerstörung großer Städte. Bald würden zahlreiche Bomben nur noch auf bereits eingestürzte Häuser fallen und nur den Schutt aufwühlen. Auf weite Strecken würde nichts mehr zu verbrennen oder zu zerstören sein, und dennoch würden menschliche Wesen da und dort ihr Heim aufschlagen und mit unendlicher Findigkeit und Standhaftigkeit ihre Arbeit fortsetzen. Zu jener Zeit wäre jedermann stolz darauf gewesen, ein Londoner zu sein. Die Bewunderung des ganzen Landes galt London.

Flammen. Brennendes Benzin dringt in die Kabine. Es wird ungemütlich heiß. Nur ein Gedanke: Raus, raus, raus! Kabinennotabwurf! Funktioniert nicht. Soll ich in der Kabine verbrennen? Ich reiße den Anschnallgurt auf, versuche, das Kabinendach aufzustemmen. Der Fahrtwind drückt dagegen. Rings um mich helle Flammen. Du mußt es schaffen! Du darfst hier nicht verbrennen! Grauenhafte Angst überfällt mich: Es sind die schrecklichsten Sekunden meines Lebens! Mit einer letzten Anstrengung stemme ich mich gegen das Dach. Da klappt es zurück und reißt im Fahrtwind ab. Hochgezogen habe ich schon. Der Stoß gegen den Steuerknüppel wirft mich jedoch nicht, wie ich hoffte, aus dem brennenden Sarg heraus. Mein Sitzfallschirm hat sich im festen Teil des Kabinendaches verklemmt!
Die ganze Maschine steht jetzt in Flammen und stürzt mit mir in die Tiefe. Mein Arm reißt am Antennenmast. Ich stoße mit den Füßen wild um mich. Vergeblich! Soll ich, schon halb befreit, doch noch verloren sein? Ich weiß nicht, wie ich schließlich losgekommen bin – plötzlich falle ich, überschlage mich mehrmals in der Luft. Beinahe hätte ich in der Erregung, statt des Fallschirmgriffes, das Schnelltrennschloß des Fallschirms betätigt. Im letzten Augenblick bemerke ich, daß ich das Schloß schon entsichert habe. Nochmals jagt mir der Schreck heiß ins Blut. Beinahe wären der Fallschirm und ich separat unten angekommen! So aber gibt es einen harten Stoß, und dann hänge ich pendelnd unter dem geöffneten Schirm. Sacht und leise schwebe ich der Erde zu ...«
Jenseits der Front erging es – beispielsweise – dem Neuseeländer »Al« Deere von der 54. Jagdstaffel kaum besser. Er stieß mit seinem Verband von sechs Spitfires über einem Geleitzug an der Ostküste Kents wie aus heiterem Himmel auf eine Staffel deutscher Me 109, die ein Rettungsflugzeug vom Typ Heinkel He 59 eskortierte. Das deutsche Seenotflugzeug wurde von den Briten sofort abgeschossen. Deere geriet mitten in den Schwarm der Me 109 hinein: »Ich schoß auf einen, flog eine gerissene Rolle, kurvte schweißgebadet, schoß und traf nicht – und sah plötzlich eine Messerschmitt, die von vorn direkt auf mich zukam. Keiner wagte auszuweichen. In diesen Sekunden erlebte ich hundert Tode. Im letzten Moment zog der Deutsche über mich hinweg – es krachte fürchterlich! Ich wurde nach vorne geschleudert, mein Motor stoppte. Im Gleitflug schaffte ich es bis Manston. Bei der Landung stand meine Spitfire plötzlich in hellen Flammen. Ich warf das Cockpitdach auf und sprang hinaus. Einige Meter neben der brennenden Maschine fiel ich zu Boden. Erschöpft und geschockt übergab ich mich. Später stellte ich fest, daß ich außer Verbrennungen an den Händen keine Verletzungen erlitten hatte – aber der Schreck hatte mich beinahe umgebracht! Wie wir später entdeckten, hatte die Messerschmitt mit ihrem Kühler meinen Propeller verbogen und mein Cockpitdach gestreift. Vielleicht hatte ein Engel seine Hand dazwischen gehabt...«
Al Deere und seine Kameraden, die England in der großen Luftschlacht gerettet hatten, wurden mit Orden, Ehrungen, Blumen und Küssen überschüttet. Der Mann jedoch, der diesen Sieg vorbereitet und – vielleicht mehr als jeder andere! – erzwungen hatte, verschwand im Dunkel der Anonymität: Air Vice Marshall Hugh Dowding, der Chef des Jagdfliegerkommandos der Royal Air Force, wurde unmittelbar nach dem Triumph abgelöst. Er erhielt weder einen Orden noch eine andere Ehrung.

**Der Sieger der Luftschlacht um England hieß England. Die Royal Air Force hatte die Lufthoheit über der Insel gegen die deutsche Luftwaffe behauptet, die 1142 Bomber, 802 Jäger, 330 Zerstörer 128 Stukas und Tausende Mann Besatzung eingebüßt hatte - ein Aderlaß, der sich in den kommenden Kriegsjahren bitter bemerkbar machen sollte. Trotz schwerster Bombenangriffe war auch die erhoffte Zermürbung der Zivilbevölkerung ausgeblieben (Bild rechte Seite).
Bild links oben: Winston Churchill, Kopf und Seele des britischen Widerstands gegen Deutschland.**

Kampfraum Mittelmeer

Noch bevor Rommel in Nordafrika erschien, kämpfte dort schon die Luftwaffe: Die II. Gruppe des Kampfgeschwaders 26 (II./KG 26) wurde bereits Mitte Januar 1941 von Sizilien nach Bengasi verlegt. Bei der Landung auf dem unbekannten Platz stießen drei der insgesamt vierzehn He 111 zusammen und fielen aus. Drei He 111 flogen Kampfaufklärung gegen den Suezkanal und meldeten am Nachmittag des 17. Januar einen britischen Geleitzug, der von Süden her in den Kanal einlief. Nach Einbruch der Dunkelheit starteten einzeln die verbliebenen acht He 111, um den Geleitzug anzugreifen und durch möglichst viele versenkte Schiffe die Kanalrinne unpassierbar zu machen. Ein wichtiger Nachschubweg ins Mittelmeer wäre dadurch gesperrt gewesen.

Der Kanal — 1100 km von Bengasi entfernt — lag gerade noch innerhalb der Reichweite. Nur bei sparsamer Fliegerei war eine Rückkehr möglich. Der Geleitzug aber wurde von den Besatzungen der II./KG 26 nicht gefunden, sie griffen Ausweichziele an und kehrten um. Nur die Besatzung des Majors Harlinghausen entdeckte den Konvoi: Er ankerte im Großen Bittersee. Die im Nachtangriff geworfenen Bomben trafen nicht. Beim Rückflug geriet die Maschine in einen Sturm; die Benzinreserven waren aufgebraucht – die He 111 landete in der Wüste. Die Flieger marschierten zu Fuß durch die Wüste. Die einzige heil vom Suezkanal zurückgekehrte He 111 fand vier Tage später die halb verdurstete Besatzung des Majors Harlinghausen und rettete sie. Alle übrigen Flugzeuge der Gruppe hatten gleichfalls in der Wüste notlanden müssen — drei Besatzungen gerieten in britische Gefangenschaft. Der erste deutsche Afrika-Einsatz endete mit einem Fehlschlag.

In Nordafrika hatten die italienischen Truppen eine Kette vernichtender Niederlagen erlitten: Sie verloren die Schlacht um Bardia, büßten Tobruk ein und nun auch Bengasi. Der von Hitler wegen Polen leichtfertig begonnene Krieg hatte sich seiner Kontrolle entzogen. Ereignisse, die nicht vorauszusehen, Handlungen, die nicht in seinem Sinne waren, warfen sein Konzept über den Haufen.

Am 21. Februar 1941 entdeckte ein britisches Aufklärungsflugzeug in der libyschen Wüste ein Achtradfahrzeug, das auf keinen Fall italienischer Herkunft war: Die Deutschen waren da! Hitler hatte das Deutsche Afrika-Korps ausdrücklich als »Sperrverband« den Italienern zu Hilfe geschickt. Es war nicht – wie die Alliierten später zu er-kennen glaubten – weltumspannende Strategie, mit dem japanischen Imperialismus koordiniert, sondern Rommels ungestümer Angriffsdrang und Ehrgeiz, der deutsche Truppen in Richtung Kairo marschieren ließ.

Zum Stab des Deutschen Afrika-Korps gehörte der »Fliegerführer Afrika«, dem hauptsächlich Stukas (nie mehr als 60) und Jagdflugzeuge unterstanden. Afrika war aus deutscher Sicht zunächst ein Nebenkriegsschauplatz, die Masse der deutschen Luftwaffe am Kanal und bald in Rußland gebunden.

Rommels Offensive begann am 31. März um 9.44 Uhr: Die Aufklärungsabteilung 3 stieß auf Mersa el

Bild linke Seite: Eine Me 109 jagt über den größten Sandkasten auf Erden. Der gelbe Boden ist mit graugrünen Flecken gesprenkelt, dem kargen Gesträuch der libyschen Wüste. Das deutsche Flugzeug ist durch seinen Tarnanstrich der Landschaft ideal angepaßt.

Bild rechts: In einem deutschen Fliegerhorst in Italien wird ein Einsatz gegen die unter britischer Herrschaft stehende Mittelmeerinsel Malta besprochen, die gleich einem „unsinkbaren Flugzeugträger" die deutsch-italienischen Nachschublinien nach Nordafrika blockiert.

Der Luftkrieg im Mittelmeer war wie der U-Boot-Krieg im Atlantik in erster Linie ein „Nachschubkrieg". Erst in zweiter Linie kam den Luftwaffen auf diesem Kriegsschauplatz zur operativen Unterstützung der Landstreitkräfte Bedeutung zu.

Bild oben: Ein Geschwader Ju 52 fliegt im Verband von deutschen Luftbasen in Sizilien aus über das Mittelmeer, um das Deutsche Afrika-Korps mit Nachschubgütern zu versorgen. Bild links: „Wüstenkriegskonferenz" der beiden Feldmarschälle Rommel und Kesselring. Bild rechte Seite: eine He 111 während eines Aufklärungsfluges über dem Mittelmeer.

Brega vor. Um 17.30 Uhr heulten zum erstenmal die Jericho-Trompeten der Ju 87 am Himmel Afrikas: Zwei Stuka-Angriffe schlugen Breschen in die britischen Stellungen. Die 8,8-cm-Flak vernichtete Artilleriestellungen in direktem Beschuß. Bei 38 Grad Hitze stürmten Panzer und Infanteristen das Tor zur Cyrenaika. Rommel marschierte sofort weiter, und seine Truppen nahmen Agedabia – der Siegeszug Rommels hatte begonnen. Es war eine präzise Zusammenarbeit zwischen den Truppen am Boden, unterstützt von schwerer Flak und den zur rechten Zeit aus dem Himmel heranheulenden Stukas.

Zur gleichen Zeit kämpften deutsche Fallschirm- und Gebirgsjäger verzweifelt und unter hohen Verlusten um die Insel Kreta, eine Krisenlage folgte der anderen. Am 26. Mai näherte sich die britische Mittelmeerflotte dem Kampfraum um Kreta – die Situation wurde äußerst bedrohlich. Da startete die in Nordafrika liegende II. Gruppe des Stukageschwaders 2 unter Major Enneccerus und stürzte sich auf die britischen Schiffe. Die 20 Ju 87 beschädigten einen Zerstörer schwer, und Stukabomben rissen das Flugdeck des einzigen britischen Flugzeugträgers im Mittelmeer, der »Formidable«, so weit auf, daß keine Jagdflugzeuge mehr starten konnten. Die britische Flotte – nun ohne Jagdschutz – mußte abdrehen. Die Stukaflieger hatten keine Verluste erlitten – der deutsche Sieg auf Kreta war gesichert, Rommels Truppen aber standen am Halfaja-Paß. England sah seine Position in Ägypten gefährdet. Der Kampf um den Nachschub entbrannte in voller Härte. Beiden kriegführenden Parteien war klar, daß der Nachschub über Sieg oder Niederlage entschied. Die Engländer mußten die Masse ihrer Versorgung um das Kap der Guten Hoffnung herum und durch den Suezkanal nach Ägypten transportieren. Der direkte Weg – durch die Straße von Gibraltar über das Mittelmeer – war von deutschen U-Booten, der italienischen Kriegsmarine und dem X. deutschen Fliegerkorps auf das höchste gefährdet. Rommel erhielt seinen Nachschub auf dem Schiffsweg von Italien aus.

Kreta war von den Deutschen besetzt. Doch die Insel Malta war die Hoffnung Großbritanniens.

Dieses 246 Quadratkilometer große Felseneiland beherrschte die 500 km breite Meeresdurchfahrt zwischen Italien und der afrikanischen Küste.

Auf deutscher Seite hatte man das Problem Malta sehr wohl erkannt. Im Dezember 1941 – bereits sehr spät – wurde das deutsche II. Fliegerkorps von der Ostfront nach Sizilien und Nordafrika verlegt. Seit Mai 1941 lag auch die »Sqadriglia 239« in Nordafrika – die erste italienische, mit zehn Ju 87 ausgerüstete Stukastaffel, die mit Erfolg gegen die alliierten Schiffe kämpfte, die Tobruk versorgten. Malta aber war inzwischen von den Engländern zu einer Festung ausgebaut worden. Drei große Nachschub-Konvois erreichten 1941 die Insel mit Waffen, Munition und Treibstoff. Die aus Kreuzern und Zerstörern bestehende britische »Kampfgruppe K« und die 10. U-Boot-Flottille sowie Bomber und Torpedoflugzeuge wurden dort stationiert. Der deutsche Nachschub für Afrika geriet ins Stocken. Steil stiegen die Verluste an: Im August 1941 gingen neun, im September bereits 37 Prozent des Nachschubs verloren. Was sind Prozente? Das sind zum Beispiel 5000 Soldaten, die im Mittelmeer ertranken, als am 18. September 1941 zwei italienische Truppentransporter von britischen U-Booten versenkt wurden. Prozente wie diese bedeuteten Blut, Tod und wirkten zurück auf die kämpfende Truppe in Afrika, die dort wiederum blutete, weil es an Munition und Treibstoff fehlte. Im November betrug die Verlustquote an Nachschub bereits 77 Prozent. Malta mußte fallen, oder das Deutsche Afrika-Korps war verloren. Der Kommandierende General des deutschen XI. Fliegerkorps, Kurt Student, hatte in monatelanger Planung die Luftlandung auf Malta sorgfältig vorbereitet und die Erfahrungen der Eroberung Kretas hineingearbeitet. Auf ausgezeichneten Luftfotos war jede einzelne Feindstellung, jede Einzelheit bis herab zum Kaliber der Geschütze erkannt und registriert.

Deckname der Luftlandeoperation gegen Malta war »Herkules«. Sie sollte unter dem Oberbefehl des italienischen Marschalls Graf Cavallero ablaufen. Über 30 000 Mann – so viele wie die Inselbesatzung zählte – sollten mit dem Fallschirm abspringen: die Fallschirmjäger Students und die von dem deutschen Generalmajor Bernhard Ramcke ausgebildete, vorzügliche italienische Fallschirmdivision »Folgore«, dazu die Luftlandedivision »Superba«. Für die Landung über See waren außerdem sechs italienische Divisionen mit 70 000 Mann vorgesehen. 500 Ju 52 standen bereit – der kurze Flugweg von Sizilien nach Malta erlaubte jeder Maschine einen viermaligen Flug zur Insel pro Tag. Außerdem standen 300 Lastensegler DFS 230 (für je 10 Mann) und 200 Lastensegler Gotha Go 242 (für je 25 Mann) bereit. Das Unternehmen

»Herkules« – mit fünfmal so starkem Truppeneinsatz wie dem für die Kreta-Operation und ungleich besserer Vorbereitung – hatte alle Erfolgsaussichten.

Im Dezember 1941 eröffnete das II. Fliegerkorps die Luftoffensive gegen Malta. Vorhanden waren insgesamt 352 Flugzeuge, davon jedoch nur 229 einsatzbereit. Weiträumig wurde das Mittelmeer überwacht, Geleitschutz für Seetransporte geflogen und Malta selbst angegriffen. Für den Afrikanachschub wirkte sich das sofort günstig aus, doch die Verluste der Stukas bei den Maltaangriffen wurden unerträglich hoch.

Der Glaubenssatz der Luftwaffe war auf die Probe gestellt: Bombenangriff im Sturzflug. Seit den ersten deutschen Angriffen auf Malta zur Zeit der Kreta-Kämpfe hatten die Engländer den Flakschutz von Malta verstärkt. Die Stukas stürzten genau auf die Mündungsblitze Hunderter von Flugabwehrgeschützen zu. Flakstellungen samt Bedienung wurden von Bomben zerfetzt, Stukas platzten in der Luft, von Flakgranaten zerrissen, und fielen als Feuerbälle ins Meer oder auf die Insel.

Um die Jahreswende 1941/42 gelang es der deutschen Luftwaffe, die Luftherrschaft im mittleren Mittelmeer zu gewinnen.

Die Führung des II. Fliegerkorps hatte sich über die Sturzflug-Maxime hinweggesetzt und griff nun mit geschlos-

senen Kampfverbänden systematisch Malta an: Flugplätze wurden zerstört, Flakbatterien ausgeschaltet und schließlich die Docks und Hafenanlagen von La Valetta – des Marinestützpunkts – in Trümmer gelegt. Mit 1000-kg-Panzerbomben mit Raketentreibsatz – die bis zu 14 Meter tief in Felsböden eindrangen – wurden mutmaßliche unterirdische Flugzeughallen bekämpft.

Im März 1941 versuchten die Engländer einen Nachschub-Konvoi nach Malta zu bringen – die Luftwaffe vernichtete ein Transportschiff nach dem anderen. Der Spieß war umgekehrt worden. Nur zwei Transporter gelangten schwer beschädigt in den Hafen von La Valetta – und wurden dort weiterhin attackiert. Nach drei Tagen sanken beide im Hafen. Doch in den kurzen Angriffspausen hatten die Engländer noch 5000 Tonnen Versorgungsgüter bergen können.

Rommels Soldaten konnten aufatmen. Auf Malta detonierten weiter die deutschen Bomben. Die britischen Bomber hatten die Insel verlassen, die Zerstörer und U-Boote räumten gleichfalls ihren Stützpunkt. Die auf Malta verbliebenen britischen Soldaten erhielten je Mann drei und eine halbe Scheibe Brot pro Tag, dazu etwas Marmelade und Fleischkonserven. Trinkwasser, Licht und Heizung waren rationiert. »Malta stand vor der unerfreulichen Tatsache, ausgehungert und durch Mangel an Ausrüstung und Munition zur Übergabe

Bild links: Ein deutsches Bombenflugzeug vom Typ Ju 88 nimmt nach einem Einsatz in der Wüste auf einem libyschen Feldflughafen tödliche Fracht für den nächsten Angriff auf. Die Ju 88 verfügte über einen Aktionsradius von 3000 Kilometern, an Bombenlast konnte sie 2500 kg

mitschleppen. Das waren genau fünf der im Bildvordergrund herumliegenden 500-Kilogramm-Bomben.
Bild rechte Seite: Eine deutsche Focke-Wulf Fw 190 hat im Tieffliegerangriff einen englischen Panzer in der Cyrenaika abgeschossen.

gezwungen zu werden«, schrieb der RAF-Befehlshaber auf Malta, Vizeluftmarschall Lloyd, über jene düsteren Tage.
Mitte April fuhr der amerikanische Flugzeugträger »Wasp« bei Gibraltar ins Mittelmeer ein. Von seinem Deck starteten 47 Spitfires und flogen mit dem letzten Tropfen Sprit nach Malta. Die Funkhorchkompanie des II. Fliegerkorps wußte jedoch alle Einzelheiten, sogar die genaue Landezeit. Zwanzig Minuten nach der Landung der Spitfires donnerten Bombenteppiche auf die beiden Landeplätze – nur 27 Spitfires blieben heil. Tage später fielen sie in Luftkämpfen den Me 109 des Jagdgeschwaders 53 zum Opfer. Malta war sturmreif gebombt. Großadmiral Raeder und Feldmarschall Kesselring hatten wiederholt die Besetzung Maltas gefordert. Aber Mussolini zögerte. Am 29. April besuchte er Hitler auf dem Obersalzberg und erklärte: »Wir brauchen noch drei Monate Zeit.« Die beiden Diktatoren legten eine Reihenfolge fest: Tobruk wird im Juni erobert, Malta im Juli.
Drei Monate sind im Krieg eine lange Zeit – da stehen Sieg und Niederlage dicht nebeneinander, und die Briten sind hartnäckig.
Trotz deutscher Luftüberlegenheit wollte ein englischer Zerstörerverband einem italienischen Afrika-Geleitzug auflauern, wurde indes von einem deutschen Aufklärer entdeckt und drehte deshalb ab. Deutsche Stukas verfolgten die britischen Schiffe, doch ihre Bomben verfehlten die Zickzack-Kurs fahrenden Zerstörer. Am Abend des 11. Mai aber schaffte es die Gruppe des Hauptmanns Helbig mit nur sieben Maschinen: Drei von vier Zerstörern sanken auf den Grund des Mittelmeeres.

Der erfolgreichste deutsche Jagdflieger auf dem Kriegsschauplatz im Mittelmeer war der blutjunge Hans-Joachim Marseille (Bild oben), nach Meinung Adolf Gallands „unerreichter Virtuose unter den Jagdfliegern des Zweiten Weltkrieges". Als das Leitwerk seiner Me 109 (Bild rechts) aufgenommen wurde, kündete es von 101 Abschüssen, 70 im Lorbeerkranz, denen dann noch 31 Striche hinzugefügt worden waren. Marseille fand am 1. Oktober 1942 auf einem Feindflug an der nordafrikanischen Front den Tod; bis dahin hatte er 158 Luftsiege errungen. Bild linke Seite: deutscher Luftangriff auf die Festung Tobruk im September 1941. Im Vordergrund säumen englische Schiffswracks den Hafen.

Wenig später drang ein englischer Sabotagetrupp nachts in den Flughafen Iraklion ein und heftete Minen an die Ju 88 der Gruppe Helbig: Alle Maschinen explodierten.

Im Mai lagen wiederum die Flugzeugträger »Wasp« und »Eagle« in der Nähe von Algier. Von ihren Flugdecks starteten erneut 64 Spitfires nach Malta. Kaum waren sie dort gelandet, wurden sie in Splitterboxen gezogen, aufgetankt und waren wenige Minuten später wieder startbereit. Der deutsche Luftangriff kam diesmal zu spät. Die Deutschen trafen auch den Versorger »Welshman« nicht, der sich nach Malta durchgeschlagen hatte und Flakmunition brachte. Als er entladen wurde, lag künstlicher Nebel über dem Hafengebiet, die deutschen Bomben mußten blind geworfen werden.

Am 10. Mai hatte das II. Fliegerkorps zwar gemeldet: »Malta als Flotten- und Luftstützpunkt völlig ausgeschaltet«, und tatsächlich gab es fast keine lohnenden Ziele mehr auf der Insel, doch kaum merklich erstarkte Malta wieder. Der Atem der deutschen Kriegführung reichte nicht mehr aus. Für die Sommeroffensive in Rußland wurde jedes entbehrliche Flugzeug gebraucht. Wenn Malta zerbombt war, konnten wertvolle Besatzungen und Flugzeuge woanders eingesetzt werden. Das Kampfgeschwader 77 mußte von Sizilien an die Ostfront verlegt werden, zwei Jagdgruppen folgten ihm. Die deutsche Luftaufklärung erbrachte eindeutige Beweise für die Vorbereitung einer Großoffensive der Engländer gegen Rommel in Nordafrika: Luftaufnahmen zeigten insgesamt 800 britische Flugzeuge auf frontnahen Plätzen, Panzer- und Artilleriebereitstellungen.

Deshalb wurden Nachtjagd-, Jagd- und Stukaverbände des II. Fliegerkorps nach Nordafrika zur Unterstützung Rommels geworfen. Das ohnedies schwache II. Fliegerkorps, das im April Malta besetzungsreif geschlagen hatte, war Ende Mai zwischen Rußland, Sizilien und Afrika aufgesplittert.

Rommel hatte zwei Möglichkeiten: zu warten, bis Malta erobert war – mit dem mutmaßlichen Resultat, daß er inzwischen von der Übermacht der Engländer überrannt wurde –, oder ohne Rücksicht auf Malta in die britischen Angriffsvorbereitungen hineinzustoßen. Selbst bei einem Sieg mußte er dann damit rechnen, daß ihm von Malta aus der Nachschub abgewürgt werden konnte. Rommel entschloß sich zum Angriff.

Der englische Artillerist Rowlands schilderte seine Erlebnisse während der Rommel-Offensive: »Wir lagen vor Ghasala in der sogenannten Stuka-Allee. Die Stukas kamen jeden Morgen so pünktlich, daß wir unsere Uhren danach stellen konnten. Wir waren am 10. Juni dran... Es war eben 10 Uhr morgens, und wir schossen gerade auf deutsche Panzer. Es herrschte ein ohrenbetäubender Gefechtslärm, und ringsum schlugen feindliche Granaten ein. Erst als ich zufällig nach oben blickte, sah ich, daß die Stukas bereits über uns kreisten. Ich dachte: »Jetzt ist es soweit« und warf mich auf den Boden, als die Hölle losbrach.

Mein Geschütz wurde bald getroffen, und ich erinnere mich, wie ich immer wieder hochgeworfen wurde und auf die Erde zurückfiel, während die Detonationen unsere Stellung erschütterten. Nachdem sich Rauch und Staub verzogen hatten, waren die Geschütze und Fahrzeuge ein brennendes Gewirr verbogenen Metalls, ringsumher detonierte unsere Munition. Ich war nicht verwundet worden, aber durch das Herumgeworfenwerden auf dem Boden völlig zerschlagen. Wir hatten hohe Verluste, wurden sehr bald überrannt und gefangengenommen. Einen Stukaangriff möchte ich nicht noch einmal erleben.«

Am 3. Juni zerschlug das Stukageschwader 3 die befestigten Stellungen von Ghasala – allerdings verlor das Geschwader in einer Woche vierzehn Maschinen.

Am 21. Juni 1942 fiel Tobruk in deutsche Hand. Der Sturm auf die Festung war geradezu eine – freilich sehr blutige – Lehrvorführung über das Zusammenwirken von Luftstreitkräften und Bodentruppen: Das Stukageschwader 3 zerschlug um 5.02 Uhr die britischen Linien, und deutsche Panzer und Infanteristen drangen durch die Breschen nach Tobruk hinein.

In der Wüste, bei Sidi Barrani, trafen sich die vier Marschälle Rommel, Kesselring, Bastico und Cavallero. Es ging

dabei auch um Malta. Rommel war voller Siegeszuversicht und wollte nicht durch das Unternehmen »Herkules« gebremst werden. »Die Briten sind im Laufen«, sagte er, »...der Nachschub ist vorläufig durch die reiche Beute in Tobruk gesichert. Wir müssen jetzt alle Kräfte, vor allem die Luftwaffe, im Sinne des Schwerpunktgedankens zusammenfassen. Und das ist hier, hier in Ägypten.« Die beiden italienischen Marschälle – den Sieg vor Augen – stimmten ihm zu. Kesselring warnte vor den Nachschubschwierigkeiten. »Meine Flieger sind ausgepumpt«, sagte er, »die Maschinen müssen überholt werden. Ich halte es als Flieger für einen Wahnsinn, gegen eine intakte feindliche Fliegerbasis anzurennen.« Kesselring lehnte den Angriff in Richtung Kairo ab. In barschem Ton verbot Hitler Kesselring telegrafisch, sich weiterhin in Rommels Pläne einzumischen.

Die Tragödie folgte zwangsläufig. Die Engländer schickten Geleitzüge nach Malta – sie kamen aus Gibraltar, aber auch aus Alexandria. Deutsche und italienische Stukas und Bomber griffen an – unter schweren Verlusten auf beiden Seiten.

Doch immer mehr nützte sich die Luftwaffe ab, immer mehr britische Schiffe kamen nach Malta durch.

Das Deutsche Afrika-Korps aber marschierte so schnell in Richtung Kairo, daß die Bodenorganisation des Jagdgeschwaders 27 nicht mehr folgen konnte. Der »Fliegerführer Afrika« warf in die

Während die Luftwaffe allein auf die Stützpunkte des italienischen Verbündeten angewiesen war, hatten die Briten im Mittelmeer vier feste Bastionen: Gibraltar und Malta, Ägypten und Palästina. Bild linke Seite: Bofors-Luftabwehrgeschütz einer britischen Flak-Stellung auf Malta. Bild oben: der Hafen von Alexandria, dem wichtigsten britischen Flottenstützpunkt im Mittelmeer, aufgenommen von der Bordkamera eines deutschen Fernaufklärers. Bild rechts: Auch der Hafen von Haifa im damals britisch besetzten Palästina war als Dreh- und Angelpunkt der englischen Ölzufuhr aus Arabien das Ziel deutscher Luftangriffe.

Schlachten um Marsa Matruh und El Alamein, was greifbar war: Das Lehrgeschwader 1 zerbombte britische Versorgungsdepots, das Stukageschwader 3 Truppenbewegungen, die Jagdflieger hatten Hochbetrieb – die englische Fliegertätigkeit nahm täglich an Intensität zu. Auf deutscher Seite konnten manche Staffeln längere Zeit nicht starten: Die Treibstoffversorgung funktionierte nicht. Die Engländer jedoch – in Ermangelung eines Stuka – hatten ihren Jagdflugzeugen Bomben unter den Bauch gehängt: Der Jagdbomber war entstanden. Der Jabo – schnell heranjagend, bombend und im Tiefflug forthuschend – wurde für diese Phase des Afrikakrieges typisch, insgesamt erwies sich dieser Stuka-Ersatz schließlich sogar als dem Stuka überlegen.
Speziell als »Panzerknacker« wurde die Hurricane II D »Tank Buster« eingesetzt – sie besaß zwei 40-mm-Kanonen. Rommels Verluste durch Tiefflieger stiegen an.
Die Briten erlernten nun auch das Zusammenwirken von Fliegern und Bodentruppen. Das neu aufgestellte »Army Co-Operation Command« bewährte sich, und die deutschen Afrika-Soldaten bekamen es zu spüren. Montgomery leitete die Großoffensive mit 15 Tage lang anhaltenden Bombenangriffen ein. Das Deutsche Afrika-Korps wurde von Bomben zugedeckt: 7000 Bomber attackierten Flugplätze, Umschlagstellen, Depots und Transportkolonnen. Verheerend wirkten sich die Bombenangriffe auf den deutsch-italienischen Nachschubverkehr zwischen Italien und Nordafrika aus. Im September 1942 wurden 30, im Oktober 40 Prozent aller Transporte versenkt, nur ein Drittel der verschifften Treibstoffe gelangte in die Bestimmungshäfen, von dort aber kaum noch an die Front: Jabos jagten jedes über die Wüstenpisten rollende Fahrzeug.
Am 23. Oktober griff die britische 8. Armee an; zu diesem Zeitpunkt waren die deutschen Luftstreitkräfte in Afrika schon dezimiert. Rommel faßte seine letzten Reserven zum Gegenangriff zusammen. Da warfen innerhalb von 150 Minuten RAF-Bomber die Bereitstellungsräume zusammen. Am 2. November begann der Rückzug des Deutschen Afrika-Korps. Jetzt zeigte sich der Krebsschaden des Rommelschen Wüstenkrieges: die Nachschublage. Die deutsche Luftwaffe hatte im Mittelmeerraum die Luftüberlegenheit verloren, die Briten, inzwischen verstärkt durch amerikanische Luftwaffenverbände, hatten sie an sich gerissen. Malta wurde zum Pfahl im Fleische – täglich stärker werdend, operierten Bomber und Jagdflieger gegen Rommels Versorgung. Obwohl die Fahrt durch die Meerenge zwischen Sizilien und Afrika keine Nacht dauerte, wurden im Dezember 1942 und im folgenden Januar 47 Schiffe versenkt, etwa 20 schwer beschädigt. Die italienische Marine besaß Anfang 1943 kaum noch ein Drittel ihres ursprünglichen Schiffsbestandes.
Seit dem 8. November 1942 waren die

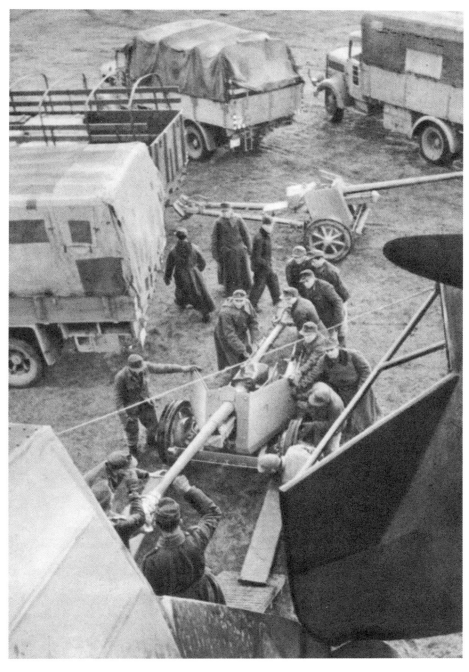

Unter den Transportflugzeugen, die dem deutsch-italienischen Nachschub für Nordafrika dienten, war das größte der sechsmotorige Großraumtransporter „Gigant", eine Messerschmitt-Konstruktion von gewaltigen Ausmaßen. Acht Meter hoch und 28 Meter lang, war die „Gigant" bei einer Spannweite von 55 Metern und 43 Tonnen Startgewicht das größte Landflugzeug ihrer Zeit. Doch auch mit diesen Riesenmaschinen war die deutsche Niederlage im Nachschubkrieg im Mittelmeer nicht abzuwenden.
Bild linke Seite: Deutsche Landetruppen gehen auf einem sizilianischen Flughafen an Bord eines startbereiten „Giganten". Bild oben: Verladung von Pak-Geschützen.

deutsch-italienischen Truppen aber auch vom Westen her bedroht: An diesem Tag landeten anglo-amerikanische Invasionsverbände in und bei Oran, in Französisch-Nordafrika – außerhalb der Reichweite deutscher Kampfflugzeuge. Hitler – den Blick auf Stalingrad gerichtet – mußte auch das afrikanische Loch stopfen und warf die 5. Panzerarmee nach Tunesien. Ihre Regimenter waren keineswegs vollzählig, die ganze Armee zählte schließlich 78 000 deutsche und 27 000 italienische Soldaten. Der »Fliegerführer Tunis« erhielt eilig zusammengekratzte Kräfte aus Sardinien, Sizilien, Torpedo- und Langstreckenkampfflugzeuge aus Frankreich, Norwegen und sogar aus Rußland. Erste deutsche Jagdbomber – die Fw 190, auch die Me 110 – ersetzten die zu langsamen Ju 87. Die Luftüberlegenheit gehörte den Alliierten.

Dennoch errangen selbst die Ju 87 zusammen mit einer Gruppe Hs 129 noch örtliche Erfolge: Am 14. Februar 1943 flogen sie 360 Einsätze bei Feriana und Sbeitla – eine Wende konnten sie nicht mehr herbeiführen. Die alliierte Übermacht war erdrückend – der eigene Nachschubmangel katastrophal. Im Februar 1943 hatte die 5. Panzerarmee nur 25 000 von 80 000 abgeschickten Tonnen erhalten. Hitler aber wollte Tunis um jeden Preis halten. Er werde, so sagte er, die Nachschubquote um 150 999 Tonnen monatlich steigern.

Eine Luftbrücke sollte helfen. 200 Ju 52 und 15 sechsmotorige Me 323 »Gigant« flogen ununterbrochen den Flugplatz Tunis an – stets in Furcht vor britischen oder amerikanischen Jägern aus Malta, dem wiedereroberten Libyen oder aus Französisch-Nordafrika. Mitte Februar erreichte das Deutsche Afrika-Korps auf seinem Rückzug Tunesien – es war auf ein Drittel der einstigen Stärke zusammengeschmolzen und besaß noch 129 Panzer, von denen die Hälfte nicht einsatzbereit war.

Stalingrad hatte kapituliert, am 7. Mai 1943 wurden auch das Deutsche Afrika-Korps und die 5. Panzerarmee – die zum Schluß die »Heeresgruppe Afrika« bildeten – gefangengenommen. Die Alliierten zählten insgesamt 252 000 Gefangene – je zur Hälfte Italiener und Deutsche: das afrikanische Stalingrad.

Einsätze im Osten

Der Luftkrieg im Osten begann schon lange, bevor im Morgengrauen des 22. Juni 1941 die deutschen Armeen über Pruth, Bug, Njemen und Memel ostwärts stürmten, und zwar im Reichsluftfahrtministerium in Berlin. Dort fragte Anfang März der General Rüdel mehr beiläufig seinen eben vom Urlaub zurückgekehrten Chef, den Staatssekretär Feldmarschall Erhard Milch, ob er mit der Weisung einverstanden sei, für den neuen Feldzug keine Winterbekleidung zu beschaffen.

Milch fiel aus allen Wolken. »Was für ein neuer Feldzug?« fragte er verdutzt. »Na, der nach Rußland!« erwiderte Rüdel.

Milch wußte noch nichts davon. Erregt bat er Rüdel um weitere Informationen. »Wir haben Befehl«, berichtete der, »einen Feldzug gegen Rußland vorzubereiten, der vor Einbruch des Winters beendet zu sein hat.«

»Vollkommen verrückt!« war Milchs Kommentar.

General Rüdel mahnte zur Vorsicht; die Ansicht, daß der Feldzug noch vor dem Winter beendet sein werde, komme von allerhöchster Stelle. Deshalb weigerten sich ja auch der Luftwaffengeneralstab und insbesondere der Generalquartiermeister von Seidel, die Verantwortung für die Beschaffung von Winterbekleidung zu übernehmen.

Diese Verantwortung werde er gern auf sich nehmen, knurrte Milch, denn daß ein Krieg gegen Rußland etliche Jahre und folglich etliche Winter dauern werde, das sei ja wohl klar. Und Milch befahl, für eine Million Luftwaffensoldaten je vier Garnituren wollene Unterwäsche herzustellen, je fünf Paar wollene Strümpfe, dazu Filzstiefel und Schafsfellmäntel.

So kam es, daß die Flieger die einzige Kampftruppe waren, die, als der Winter kam, nicht fror – die Heeresleitung hatte an der aberwitzigen Fiktion festgehalten, Rußland könne in einem Sommer-Blitzfeldzug niedergeworfen werden, und hatte lediglich die als Besatzung für das besiegte Land vorgesehenen Divisionen wintergemäß ausgerüstet.

War dieser erste Akt der Vorbereitung des Luftkriegs im Osten versorgungstechnischer Art, so war der zweite Akt schon ein echter Einsatz: Die Luftwaffe begann – eine Premiere in der Kriegsgeschichte – Höhenaufklärung zu fliegen.

Den Befehl dazu hatte, strikt geheim, Hitler schon im Oktober 1940 erteilt: Der damalige Oberstleutnant Rowehl bekam den Auftrag, Fernaufklärungsverbände aufzustellen, um aus großer Höhe den westrussischen Raum aufzuklären. Hitler zu Rowehl: »Die Höhe muß so außergewöhnlich sein, daß die Sowjets nichts merken!«

Es war eigentlich eine Notmaßnahme: Mit den herkömmlichen Methoden der Spionage, das hatte sich gezeigt, war gegen Rußland nicht viel auszurichten; ganz offen, aus normaler Höhe, Luftspionage zu treiben, verbot sich zum einen wegen des Paktes mit der Sowjetunion, zum anderen deshalb, weil es galt, die Kriegsvorbereitungen tunlichst zu verschleiern.

In aller Eile wurden eine Anzahl Bomber für diesen Zweck umgebaut, sie bekamen spezielle Höhenmotoren, Druckkabinen, die Bombenschächte dienten zur Aufnahme der neuesten Bildgeräte.

Und dann, gegen Ende des Winters, ging's los: Das »Geschwader Rowehl« begann seine Geheimflüge. Die 1. Staffel und die 2. Staffel waren in Ostpreußen, in Seerappen und Insterburg, stationiert; sie flogen umgebaute He 111 und Do 215 B-2, die Höhen um 9000 Meter erreichten. Aufgeklärt wurde von hier aus Weißrußland und

Während des Rußlandfeldzuges 1941-1944 trat die Luftwaffe beim Vormarsch wie beim Rückzug überwiegend als Hilfswaffe des Heeres in Aktion. Auf dem Bild links legt eine Bodentruppe bei einer Angriffsoperation in der russischen Steppe ein Signaltuch für die deutschen Flieger aus.

Bild rechte Seite: Die „fliegender Bleistift" genannte Dornier Do 17 stand zu Beginn des „Unternehmens Barbarossa" bereits im Veteranenalter. Dennoch konnte die Luftwaffe auf diesen Bomber und Fernaufklärer bis Ende 1942 im Osten nicht verzichten. Die letzten Einsätze flogen Maschinen des Kampfgeschwaders 53 mit kroatischen Besatzungen im Kampf um Stalingrad.

Zu den Bildern oben und links lieferte die deutsche Propagandaillustrierte „Signal" die folgende Originalunterschrift: „Flach auf dem Boden liegend glotzt es dich an, grinsend mit breitem Maul, unter dem Schädeldach zwei mächtige Flügel...was von hinten gesehen wie ein Fabelwesen wirkt, ist von oben betrachtet eine Me 109, die zum Schutz gegen Splitterwirkung in eine Senke gerollt und von Erdwällen umgeben worden ist."
Bild rechte Seite: ein durch Stuka-Volltreffer zerborstener sowjetischer Panzer.

der Raum der baltischen Staaten bis hinauf zum Ilmensee. Die 3. Staffel operierte von Bukarest aus über den Gebieten nördlich des Schwarzen Meeres, eine vierte Staffel flog von Krakau und Budapest bis in den mittelrussischen Raum um Minsk und Kiew. Bei dieser Staffel wurden modifizierte Ju 88 geflogen, die bis zu 12 000 Meter Höhe schafften, eine für 1941 sensationelle Höhe.

Deshalb ging auch alles gut, die Russen merkten nichts. Und die Luftwaffenpiloten, die da einzeln und einsam durch den russischen Himmel zogen – ein ganz neues Fluggefühl –, brachten erstaunliche Bilder heim: Auf allen Flugfeldern in Westrußland, auch auf den gutgetarnten Feldflugplätzen der Jäger in Grenznähe, stand Flugzeug neben Flugzeug.

Diese Aufklärungs-Ergebnisse bescherten der Luftwaffe – und damit der deutschen Wehrmacht – eine einmalige Chance: die Möglichkeit, die Masse der sowjetischen Luftwaffe gleich zu Beginn des Feldzuges am Boden zu zerschlagen.

Das war auch nötig. Die deutsche Luftwaffe, in den ersten anderthalb Kriegsjahren vom Erfolg verwöhnt und in aller Welt gefürchtet, war Mitte 1941 schon nicht mehr in allerbester Verfassung. Deshalb war der erste Schlag entscheidend, und es gab einiges Gerangel darum, wie er zu führen sei: Für das Heer kam als Angriffszeitpunkt nur das sogenannte erste Büchsenlicht in Frage, daher war der Angriff auf 3.15 Uhr angesetzt. Würde die Luftwaffe erst später losfliegen, mußte sie fürchten, den Gegner bereits in der Luft anzutreffen. Würde die Luftwaffe statt dessen früher angreifen, wäre dem Angriff am Boden das Überraschungsmoment genommen. Wer die Lösung schließlich fand – General von Richthofen, General Loerzer oder Oberst Mölders –, ist nicht überliefert. Sie lautete: »Wir machen es wie die Fernaufklärer – wir schleichen uns so hoch wie möglich und auf Umwegen über möglichst unbewohnte Gebiete, Sümpfe und Wälder an unsere Ziele heran, so daß wir genau zum Angriffstermin da sind.«

So geschah es. Kleine Gruppen von 3-5 Bombern mit im Nachtflug erfahrenen Besatzungen mogeln sich in der Nacht zum 22. Juni über die Grenze, jeder ist ein russischer Feldflugplatz als Ziel zugewiesen, und fast alle finden ihr Ziel. »Wir trauten unseren Augen kaum«, so schildert Hauptmann Hans von Hahn, Gruppenkommandeur beim Jagdgeschwader 3, seinen Eindruck, »alle Rollfelder dick voller Bomber, Jäger und Aufklärer wie zur Parade in langen, ausgerichteten Reihen!«

Dazwischen hagelten nun riesige Schauer von 2-kg-Splitterbomben und verwandelten den größten Teil der sowjetischen Luftwaffe in Schrott. Selbst die Begleitjäger der Bomber beteiligten sich an dem Zerstörungswerk und jagten mit hämmernden Bordwaffen im Tiefflug an den Reihen der geparkten Flugzeuge entlang. Als am Abend, nach insgesamt 2272 Einsätzen, geflogen von rund 1700 Maschinen, nachgezählt und addiert wird, kommt man auf eine Zahl von 1811 vernichteten sowjetischen Flugzeugen, davon 1489 am Boden zerstört, 322 von Jägern und Flak abgeschossen. Die eigenen Verluste an diesem ersten Kriegstag gegen die Sowjetunion: 35 Maschinen.

Luftwaffenchef Göring kommt diese Zahl so phantastisch vor, daß er eine Prüfungskommission losschickt, die tagelang die ausgeglühten Wracks zählt und am Ende herausbringt, daß sogar mehr als 2000 sowjetische Flugzeuge bei diesem ersten Schlag abgeschossen oder zerstört worden waren.

Es war dieser erste, sorgsam vorbereitete und brillant ausgeführte Schlag, der den rasanten Vormarsch der deutschen Armeen in bestem Blitzkriegstil überhaupt ermöglichte: Nur wer die absolute Luftherrschaft hat, kann in diesem Stil vormarschieren. Und für eine Frist von rund 90 Tagen sicherte der vernichtende Eröffnungsschlag die totale Luftherrschaft. Die Luftwaffe war frei für die Aufgabe, die Bodentruppen zu unterstützen, ihnen den Weg freizubomben, wo es nötig war. Wie anders die Sache ausgesehen hätte, wäre dieser Schlag nicht gelungen, ist an einer Zahl abzulesen: In der Zeit vom 22. Juni bis zum 19. Juli verlor die deutsche Luftwaffe 1284 Maschinen, teils durch Abschuß – die russische leichte Flak erwies sich als recht gut –, zum größten Teil durch Beschädigung; bereits nach sieben Tagen Ostfeldzug war die Einsatzstärke der Luftwaffe auf 960 Maschinen geschrumpft, erst Anfang Juli stieg sie wieder auf knapp über 1000 an. Das alles, obwohl die russische Luftwaffe zusammengeschlagen war.

Man kann sich leicht ausrechnen, was geschehen wäre, wenn die Sowjetluftwaffe sich dem Angreifer intakt hätte entgegenstellen können. Denn weder waren die russischen Flugzeuge schlecht noch die Piloten; das bewiesen die Reste auch in dieser ersten Phase, die, kein Spazierenfliegen war.

Überhaupt, geschlagen war die Sowjetluftwaffe durchaus noch nicht. Jäger hatte sie zwar kaum noch, aber Bomber waren noch da. Und sie kamen auch. Sie flogen ohne Jagdschutz, stur, Welle auf Welle, und versuchten, die vorstürmenden deutschen Panzerspitzen zu stoppen. Das gelang natürlich nicht, denn Sturzbomber hatten sie nicht, aber auch ihr Flächebombardement war unangenehm genug. Nun bekamen auch die deutschen Jäger zu tun. Das berühmte Jagdgeschwader 51 beispielsweise, unter Oberst Werner Mölders, verlegte

am 29. Juni seine Einsatzstaffeln auf Plätze gleich hinter den Spitzen der Angriffskeile, die nun beiderseits Minsks zur ersten Kesselschlacht des Ostfeldzugs eindrehten.

Das Schicksal der russischen Bomber, die am nächsten Tag wieder zu Hunderten gegen die Angriffsspitzen fliegen, ist damit besiegelt: Staffelweise, wie sie kommen, werden sie abgeschossen. Drei Jagdflieger des Geschwaders, darunter auch Geschwaderchef Mölders, erzielen an diesem 30. Juni je fünf Abschüsse; das Geschwader insgesamt verbucht 114 Abschüsse und erreicht damit als erstes die Zahl von 1000 Abschüssen (seit Kriegsbeginn).

Ganz ähnlich geht es weiter nördlich zu: Verzweifelt versuchen die Russen, die großen Dünabrücken zu zerbomben, um den rasanten Vorstoß der Panzergruppe 4 endlich zu stoppen. Hier ist es das JG 54 unter Major Trautloft, das die Russen daran zu hindern hat und hindert: 65 Sowjetbomber stürzen im Laufe des Tages brennend ab, keiner kommt an die Brücken heran, die unversehrt in deutsche Hand fallen.

So sieht es in den ersten Wochen des Feldzuges überall an der langen Front aus: Jäger halten – vorerst überaus erfolgreich – die Bomber und Schlachtflieger nieder, die Kampfflieger unterstützen die Bodentruppen.

Eines aber tut die Luftwaffe nicht: Sie greift die sowjetische Rüstungsindustrie nicht an, zerstört weder die Werke, noch hindert sie deren Verlagerung hinter den Ural.

Nachdem die sowjetische Rüstungsproduktion erst einmal hinter dem Ural lag, war sie für die deutsche Luftwaffe praktisch unerreichbar; aber in den ersten Wochen nach Beginn des Feldzuges arbeiteten die meisten Werke noch diesseits des Don, wären also, wenn auch knapp, mit massierten Bombenangriffen zu erreichen gewesen. Daß dies nicht versucht wurde, das sollte sich schon bald bitter rächen.

Etwa um die Mitte September herum begannen die Flieger, aber auch die Panzerleute und Infanteristen, sich zu wundern: So viele russische Flugzeuge die Jäger, die Luftwaffen- und Heeresflak auch heruntergeschossen hatten und weiter herunterschossen, es wurden

Mit Angriffen deutscher Sturzkampfbomber begann im September 1942 eine der großen Entscheidungsschlachten des Zweiten Weltkrieges, die Schlacht um Stalingrad. Die Bilderfolge oben dokumentiert (von links nach rechts) einen Stuka-Angriff auf das Industriewerk „Roter Oktober": Ortung des Zieles auf einem Luftaufklärungsfoto; der Stuka-Pulk im Schlängelflug über der Stadt, um der Flak das Ziel zu erschweren; Sturzflug auf das Industriewerk; Rückflug nach Abwurf der Bombenlast. Bild rechte Seite: die verheerenden Folgen eines Bombenangriffs auf die Öltanks in den „Balkas", den Uferschluchten der Wolga bei Stalingrad.

nicht weniger, sondern nun von Tag zu Tag wieder mehr.
Wie ein Wunder erschien das aber eigentlich nur der deutschen Führung, die das Kräftepotential der Sowjetunion in ideologischer Verblendung vollkommen unterschätzte. Die Russen kurbelten, nachdem sie in der ersten Kriegswoche den größten Teil ihrer Luftwaffe eingebüßt hatten, unverzüglich (und ungestört) ihre Flugzeugproduktion zu Spitzenleistungen an. Im zweiten Halbjahr 1941 wurden an die Front ausgeliefert: 3160 Jagdflugzeuge, 1293 gepanzerte Schlachtflugzeuge und 1867 Bomber.

Diese Zahlen sprechen für sich: Sie übertreffen das, was die deutsche Luftwaffe im gleichen Zeitraum an Ersatz bekam, um ein Mehrfaches. Und da die Sowjets überdies (auch fern hinter dem Ural) in großer Zahl Piloten ausbildeten, und zwar gründlich, konnte es nicht ausbleiben, daß die deutsche Luftherrschaft zu zerbröckeln begann.

22. September: Der Kommodore des Jagdgeschwaders 54, Major Trautloft, fliegt an diesem Tag nicht selbst, sondern sieht sich das Einsatzgebiet seines Geschwaders aus einer Stellung in vorderster Front an: Leningrad. Schon seit zwei Wochen fliegt JG 54 Begleitschutz für Kampfverbände, die Leningrad angreifen.

Trautloft starrt gerade erst einige Augenblicke durch das Scherenfernrohr, in dessen stark vergrößernder Optik die Stadt zum Greifen nahe scheint, als neben ihm ein Sicherungsposten losbrüllt: »Achtung, Tieffleger aus Richtung 10! Volle Deckung!« Aus allen Rohren schießend, fegen zwei Rotten »Ratas« über die vorgeschobene deutsche Stellung. Dreck spritzt hoch, überschüttet auch den Jagdflieger-Kommodore Trautloft, der im Grabeneck kauert.

»Verflucht noch mal«, schimpft Trautloft, als er wieder hochkommt und sich den Sand von der Uniform klopft, »wo bleiben denn unsere Jäger?!«

Damit sprach er aus, was auch die Landser in den Gräben fortwährend dachten. Die Antwort gab in diesem Fall der Artillerieleutnant, der Trautloft nach vorn geführt hatte: »Da oben, Herr Major«, erwiderte er grinsend und wies in die Höhe.

In der Tat, da oben, um die 6000 Meter hoch, tummelten sich eine ganze Menge Me 109 im klaren Spätsommerhimmel.

»Sie wissen doch, Herr Major«, sagte Trautlofts Einsatzoffizier, der den Kommodore auf den Ausflug an die Front begleitet hat, »das Korps hat ausdrücklich befohlen, daß alle einsatzfähigen Maschinen Begleitschutz für die Stukas fliegen müssen!«

Der Satz kennzeichnet ganz klar das Dilemma: Die Stukas (Ju 87), die an diesem Tag einen systematischen Angriff auf die vor Kronstadt liegende sowjetische Ostseeflotte beginnen, sind ein längst veralteter Typ: langsam, schwerfällig, leichte Beute für auch nur mäßig gute Jäger. Aber die Luftwaffe hat nichts Besseres, muß die Ju 87 weiter einsetzen, doch das geht nur, wenn man sie reichlich von Jägern schützen läßt. Das geschieht — aber es sind eben nicht genug einsatzbereite Jagdflugzeuge da, um außerdem noch den Kameraden am Boden die Ratas und Sturmowiks (Il-2, gepanzertes Schlachtflugzeug) vom Halse zu halten.

Was die Stukas vom Stukageschwader 2 »Immelmann« da in der Woche vom 22. bis zum 29. September machen, ist auch so noch ein gefährlicher und riskanter Einsatz. Denn die Rote Flotte ist gut geschützt, zusätzlich zur Bordflak der 2 Schlachtschiffe, 2 Kreuzer und 13 Zerstörer stehen rings um die Kronstädter Bucht an die 600 Rohre schwere Flak.

Die Stukas fliegen sehr hoch an – in einer Höhe von über 5000 Meter –, wo die Flak damals noch nicht recht hinreicht, über ihnen als Schirm die Jäger. Dann aber, über der Kronstädter Bucht, die winzig klein unten liegt, müssen sie hinein in das Flak-Inferno, das ihnen auch prompt entgegenschlägt, sobald die ersten oben abkippen. Dicht an dicht und fast senkrecht stürzen sie sich in die Feuerhölle hinunter – schutzlos.

Gleich am zweiten Tag erkämpfen die Stukas einen großen Erfolg: Bombe auf Bombe schlägt in das Schlachtschiff »Marat«. Das Schiff ist schon schwer angeschlagen, als ein Stuka es noch einmal mit einem Volltreffer mittschiffs erwischt — die »Marat« bricht auseinander und sinkt. Der Name des Flugzeugführers, der die entscheidende Bombe ins Ziel brachte: Oberleutnant Hans-Ulrich Rudel.

An einem der nächsten Tage wird der Kommandeur der III. Gruppe des 2. Stukageschwaders, Hauptmann Steen, im Sturz von einer Flakgranate getroffen. Mit schwarzer Rauchfahne stürzt er weiter, kann die schwer beschädigte Maschine nicht mehr abfangen. Aussteigen im Sturz ist auch unmöglich. Und so schmettert Hauptmann Steen seine Ju 87 samt Bomben, Sprit und sich selbst auf den schweren Kreuzer »Kirow«.

Nach einer Woche ist die Rote Flotte in Kronstadt weitgehend zusammengeschlagen, der Einschließungsring um Leningrad geschlossen, und schon wird das VIII. Fliegerkorps, zu dem auch das Stukageschwader 2 gehört, dringend woanders benötigt: 1000 Kilometer weiter südlich. Dort zeichnet sich die größte Kesselschlacht aller Zeiten ab, die Kesselschlacht um Kiew.

Noch ist der gigantische Kessel längst nicht zu, noch klafft im Osten und Nordosten eine breite Lücke, durch die Straßen und Bahnlinien führen – lebenswichtige Nabelschnur der um Kiew von Einschließung bedrohten Sowjetarmeen. Der Luftwaffe fällt die Aufgabe zu, diese Armeen abzunabeln, die Lücke so lange aus der Luft abzuriegeln, bis sich der Kessel auch am Boden schließt.

Die Luftwaffe schafft es, hier zum ersten und einzigen Male. Bewerkstelligt wird die Abriegelung des Schlachtfeldes durch nun wirklich »rollenden Einsatz«: Tag um Tag, Stunde um Stunde werden Straßen und Bahnlinien abgeflogen, herankommende oder herausgehende Transporte zerbombt und zerschossen. Die Russen entwickeln erstaunliche Fähigkeiten, zerstörte Bahnlinien wieder befahrbar zu machen, doch das nützt ihnen nichts: Kaum ist eine Strecke notdürftig hergerichtet, ist die Luftwaffe schon wieder da, an derselben oder einer anderen Stelle, und wieder geht nichts mehr.

Es war eine Glanzleistung, wenn auch eine umständliche: Wirksamer und ökonomischer wäre es gewesen, die Verschiebebahnhöfe und andere Verkehrsknoten mit massiven Bombenteppichen so zu zerstören, so daß sie für lange Zeit unbrauchbar blieben; doch für derart massive Einsätze war die Luftwaffe schon nicht mehr stark genug.

Im Spätherbst ist es dann ganz aus: Es kommt der Schlamm, die Graspisten der Feldflugplätze werden grundlos, immer mehr Maschinen gehen ganz ohne Feindeinwirkung zu Bruch, und Nachschub – Ersatzteile, Austauschmotoren – kommt auch kaum noch nach vorn. Das liegt teilweise am Schlamm, bezüglich der Motoren aber auch daran, daß die Produktion mit dem Bedarf nicht Schritt hält.

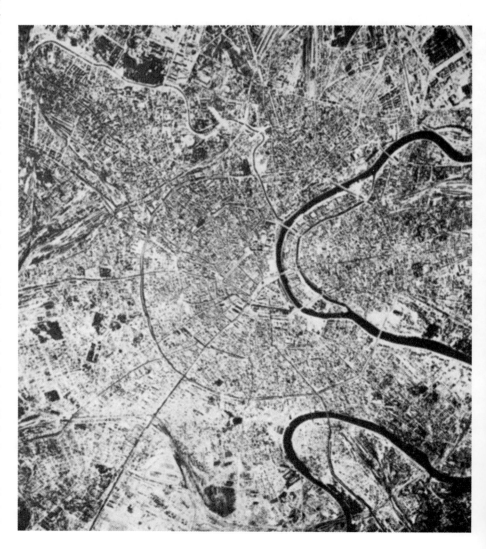

Die Einsatzstärke geht rapid zurück, viele Gruppen bei den Kampf- und Jagdgeschwadern haben nur noch drei oder vier einsatzfähige Maschinen statt 40. Und dann kommt der Frost. Zwar frieren die Flieger dank Feldmarschalls Milch eingangs geschilderter Voraussicht weit weniger als alle anderen. Es gibt sogar einige Winterausrüstungen technischer Art, auch Kaltstartverfahren für die Flugmotoren (die allerdings gleich durch die simple russische Methode – Ölverdünnung mit etwas Benzin – ersetzt werden), aber der Fuhrpark der Luftwaffe liegt bei Temperaturen um minus 20 Grad zu mehr als 80 Prozent lahm, denn da hält man sich an die einschlägigen Dienstvorschriften, und die sind den russischen Temperaturen noch nicht angepaßt.

So leidet auch die Luftwaffe schwer unter der mangelhaften Wintervorbereitung. Trotzdem fliegt sie, unterstützt so gut es geht die letzte Offensive des Jahres 1941, die sich bis auf Sichtweite an Moskau heranquält.

Es fliegen auch noch ein paar Fernaufklärer, die in der zweiten Novemberhälfte östlich von Moskau große Transporte in westlicher Richtung ausmachen. Der Chef der Luftflotte 2, zu der diese Fernaufklärer gehören, Feldmarschall Kesselring, schreibt später, aus dieser Entdeckung hätte man weitgehende Schlüsse ziehen müssen. Doch das unterblieb, und ebensowenig wurden diese Transporte angegriffen.

Diese Transporte brachten die kältegewohnten, bestausgerüsteten sibirischen Elitedivisionen heran, die sich den ausgepumpten Angreifern knapp vor Moskau entgegenwarfen, sie stoppten und dann sofort zum Angriff übergingen. Nun war es damals noch so, daß schlechtes Flugwetter – Sturm, Wolken, Nebel, übermäßige Kälte – genügend Grund war, dann eben nicht zu fliegen. Da solche mißlichen Bedingungen zumindest in Frontnähe und in einem Frontabschnitt für Freund und Feind gemeinsam galten, war das normalerweise nicht weiter schlimm, man mußte sich dann eben am Boden auf beiden Seiten ohne Luftunterstützung behelfen. Für die Luftwaffe aber galt das bald nicht mehr: Sie mußte fliegen, egal wie kalt es oder wie schlecht das Wetter war. Denn zum ersten Mal in diesem Kriege war eine Situation eingetreten, die der deutschen Wehrmacht bis dahin unbekannt war: Bei dem wuchtigen Vorstoß der Sibirier westlich Moskau, der die deutsche Front zerschmetterte, war rings um Demjansk das II. Armeekorps unter General Graf Brockdorff-Ahlefeld eingeschlossen worden, 100 000 Mann.

Hitler befahl, den Demjansker Kessel unter allen Umständen zu halten. Aber von der Luftwaffe hing ab, ob es möglich war. Und die Luftwaffe, kaum darauf vorbereitet, die erste Luftbrücke der Welt zu errichten, schaffte es. Innerhalb weniger Tage werden Transportverbände von überall her zusammengekratzt, selbst aus Afrika werden Ju-52-Verbände herangeholt, und dann läuft es: Auf dem knapp 50 Meter breiten und 800 Meter langen Rollfeld aus festgestampftem Schnee im Kessel landen die ersten 40 Jus, schmeißen die Ladung raus, starten wieder.

Nach ein paar Tagen läuft's noch bes-

Ende November 1941 standen die Spitzen der Heeresgruppe Mitte kurz vor Moskau – die größte Annäherung von nur 8 Kilometern erreichte ein Erkundungstrupp des Panzerpionierbataillons 62 bei Chimki. Vor der russischen Gegenoffensive, die am 5. Dezember losbrach, bombardierte die Luftwaffe noch strategisch wichtige Ziele in der sowjetischen Hauptstadt, die zuvor von Aufklärern geortet worden waren. Bild rechts: Einsatz der Bordkamera. Bild linke Seite: die bei dem Aufklärungsflug gewonnene Luftaufnahme von Moskau. Bild oben: Piloten bei der Bildauswertung.

ser. Funkfeuer sind installiert, dann wird auch eine zweite Piste zurechtgemacht; jetzt landen bis zu 150 Jus täglich im Kessel, bringen Waffen, Verpflegung, Sprit und frische Kämpfer, fliegen Verwundete aus. Zwei Jagdgeschwader schützen die Luftbrücke. Und weder die Transportflieger noch die Jäger können sich ums Wetter kümmern; sie müssen fliegen. Die Temperaturen sacken auf minus 40 Grad, den Warten frieren die Werkzeuge an den Händen fest, sie müssen mit Heißluft freigetaut werden, aber sie geben nicht auf, sie wissen, das Leben der Kameraden im Kessel hängt von ihnen ab. Zeitweise sinkt die Einsatzstärke der vorhandenen Transportmaschinen auf ein Viertel ab, die schreckliche Kälte läßt Ölleitungen und Hydraulik einfrieren, die Reifen der Fahrwerke werden hart und zerbröseln – aber sie schaffen es: Der Kessel von Demjansk hält, aus der Luft versorgt, drei Monate lang, bis er von außen aufgebrochen wird. Die Luftwaffe hat in diesen drei Monaten an die 25 000 Tonnen Verpflegung, Munition und Waffen in den Kessel geflogen, außerdem 15 000 Tonnen Sprit und ebenso viele frische Soldaten. Aus dem Kessel wurden rund 23 000 Verwundete herausgeholt – ein Triumph der Verbissenheit.

Das gilt auch für die Versorgung der weiter südlich bei Cholm eingeschlossenen Kampfgruppe, 3500 Mann unter dem Kommandeur der 281. Infanterie-Division, Generalmajor Scherer. Dieser Kessel ist ein Kesselchen, hat nur 2 Kilometer Durchmesser, besteht praktisch nur aus dem Stadtgebiet von Cholm – einen Landeplatz gibt es nicht. Dennoch landen die Jus: auf einer verschneiten Wiese zwischen den deutschen und russischen Linien. Im Rollen werden die Transportgüter aus den

In den endlosen Weiten Rußlands, an den überdehnten Fronten zwischen Ostsee und Schwarzem Meer, wuchs sich das Versorgungsproblem alsbald zu einer Dauerkrise aus. Ohne den pausenlosen Einsatz der Luftwaffe wäre bald gar nichts mehr gegangen. Bild oben: Entladung von Ölfässern aus einer Ju 52.

Bild rechte Seite: Lastensegler DFS 230 beim Nachschubflug an der Ostfront. Die Lastensegler hatten sich schon im Kampf um Eben Emael 1940 und bei der Luftlandung in Kreta 1941 bewährt. Sie ließen sich von einer Motormaschine bis in Zielnähe schleppen, klinkten dort aus und schwebten im lautlosen Gleitflug an ihr Ziel.

Maschinen geworfen, dann wird durchgestartet, noch ehe sich die Russen eingeschossen haben, während Stoßtrupps die Ladung bergen.

Als diese Methode zu verlustreich wird, werfen He-111-Bomber vom KG 4 (Kampf-Geschwader) den Nachschub über dem Kessel ab, außerdem werden vollgeladene Wegwerf-Flugzeuge, große Lastensegler vom Typ Go 242, bis direkt an den Kessel herangeflogen. Als auch das nicht mehr geht, weil die Einschnürung der Kampfgruppe Scherer zu eng geworden ist und zuviel des so herangebrachten Materials dem Gegner in die Hände fällt, weiß sich die Luftwaffe dennoch zu helfen: Jetzt werden die Versorgungsbehälter Stukas Ju 87 unter den Rumpf gehängt, und die werfen sie punktgenau auf die von den Eingeschlossenen markierten Stellen. So hält die Kampfgruppe Scherer Cholm, bis sie Anfang Mai vom Grenadierregiment 411 befreit wird. Demjansk und Cholm, zwei erfolgreiche Luftbrückenunternehmungen unter schwierigsten Bedingungen – und um einen hohen Preis: 265 Transportmaschinen gehen verloren. Das ist ein Aderlaß, der so schnell nicht auszugleichen ist – die Transportgeschwader sind auch noch dezimiert, als es gilt, die 6. Armee in Stalingrad zu versorgen.

Zuvor aber, d.h., ehe sie mit dem Stalingradproblem konfrontiert wurde, flog die Luftwaffe ihre, soweit erkennbar, einzigen wirklich strategischen Einsätze, und zwar nicht über Land, sondern über See – über dem Eismeer. Durch das Eismeer, immer hart an der Packeisgrenze entlang, dampfen schon seit Herbst 1941, aus den USA kommend, mit Waffen und Gerät vollgeladene Geleitzüge zu den sowjetischen Nordmeerhäfen Murmansk und Archangelsk. Was das bedeutet, bekommt nicht zuletzt die Luftwaffe zu spüren: Sie muß sich ab Winter 1941 nicht nur mit den immer zahlreicher werdenden MiGs und Iljuschins herumschlagen, sondern immer häufiger auch mit Aircobras, Bostons und anderen amerikanischen Baumustern; unten auf dem Schlachtfeld tauchen in immer größerer Zahl Sherman-Panzer auf.

Es dauert merkwürdigerweise recht lange, bis sich in Deutschland die Erkenntnis durchsetzt, daß es wesentlich rationeller ist, einige Schiffe mit Hunderten von Flugzeugen und Panzern auf den Meeresgrund zu schicken, als diese Panzer und Flugzeuge später einzeln abschießen zu müssen. Jedenfalls kommen die ersten 11 Geleitzüge, die bis Februar 1942 das Nordmeer durchpflügen, ungeschoren in den Zielhäfen an. Dann erst werden Luftwaffe und Marine im nördlichsten Norwegen so verstärkt, daß man sich mit Aussicht auf Erfolg der Geleitzüge annehmen kann. Von Plätzen knapp südlich des Polarkreises — Kirkenes, Tromsö, Banak, Bardufoss, Stavanger, Trondheim — fliegen nun das ganze Kampfgeschwader 30 (Ju 88), zwei Gruppen des KG 26 (He 111), eine Gruppe des StG 5 (Ju 87) sowie zwei Gruppen des JG 5 (Me 109) und einige Fernaufklärergruppen. Die Marine hat das Schlachtschiff »Tirpitz«, drei Schwere Kreuzer, eine Anzahl große U-Boote in Norwegens nördlichsten Fjorden stationiert.

Der erste Geleitzug, der nach dieser Kräfteansammlung von Fernaufklärern aufgespürt wird, ist der PQ 12. Am 5. März steht er südlich von Jan Mayen. Die Luftwaffe muß jedoch wegen schwersten Schneesturms untätig bleiben. Die »Tirpitz« macht sich mit 3 Zerstörern auf die Suche; vergebens, nur ein Nachzügler wird aufgespürt und versenkt.

PQ 13 wird Ende März von schwerem Wetter auseinandergetrieben, dennoch kann die III. Gruppe des KG 30 unter Hauptmann Herrmann zwei Frachter versenken, drei weitere schießen U-Boote und Zerstörer heraus.

PQ 14 gerät Anfang April ins Treibeis und muß umkehren, U 403 stellt eines der vom Eis demolierten Schiffe und versenkt es.

PQ 15 wird am 26. April aufgespürt, drei Schiffe werden vom KG 30 versenkt.

PQ 16 ist ein Riesen-Geleitzug: 35 Frachter sehen die Fernaufklärer aus ihren viermotorigen Fw 200 (Militärversion des Langstreckenflugzeuges »Condor«) am 25. Mai unter sich. Mit mehr als 100 Ju 88 gehen KG 30 und KG 26 das Riesengeleit an, entfesseln am 27. Mai rund um die Uhr eine gewaltige Luft-See-Schlacht – genügend Licht gibt es hier oben 24 Stunden lang,

die Sonne geht nicht mehr unter. Sieben Frachter schicken sie auf den Grund des Eismeeres, ein gutes Dutzend weitere werden schwer demoliert – und natürlich auch ihre Fracht: 300 Panzer, 100 Flugzeuge und 1500 Laster.

Aber richtig los geht es erst mit PQ 17, der, 36 Schiffe umfassend, am 27. Juni von Reykjavik auf Island ausläuft, bereits dabei entdeckt wird, dann aber im Nebel verschwindet. Die ersten drei schiffe verschwinden im schützenden Nebel – Doch zwei stoßen zusammen, eins läuft auf eine Klippe. 33 ziehen weiter, bewacht von dem Kreuzer »London«, sechs Zerstörern, vier Korvetten, sieben Minensuchern, zwei Flakschiffen und zwei U-Booten. Am 4. Tag der Reise reißt der Nebel auf, und prompt wird das Geleit von den Fernaufklärern wiederentdeckt. Noch ist es, nordöstlich von Jan Mayen, außerhalb der Reichweite der deutschen Bomber. Aber am nächsten Tag muß der Konvoi auf Ostkurs gehen, wenn er nicht ins Eis geraten will. Darauf hat die Luftwaffe gewartet.

Den ersten Angriff fliegen, am 2. Juli, acht Torpedoflugzeuge vom Typ He 115. Es sind altmodische, schwerfällige Wasserflugzeuge mit Schwimmern, ihre einzige Erfolgschance ist die Überraschung. Doch die aufmerksame britische Geleitsicherung läßt sich nicht überraschen, rasendes Flakfeuer schlägt der Staffel entgegen; die Maschine des Staffelkapitäns, Hauptmann Vater, wird schwer getroffen. Vater kann gerade noch wassern und sich mit seiner Besatzung ins Schlauchboot retten. Gleich darauf wassert eine zweite He 115 an der gleichen Stelle. Ohne sich um das feindliche Feuer zu scheren, fährt Oberleutnant Burmester an das Schlauchboot heran, nimmt die drei Kameraden auf und startet wieder.

Erfolg hat dieser Angriff nicht, erst der nächste, am 4. Juli. Wieder ist es eine Staffel He 115, unter Hauptmann Peukert. Diesmal gelingt die Überraschung: Die Staffel stößt aus einem Wolkenloch herunter, das Abwehrfeuer setzt erst ein, als die Torpedos schon laufen und die Maschinen schon abfliegen. Dann zucken die Männer auf den Schiffen zusammen: Die erste Torpedodetonation dröhnt über das Geleit. Peukerts Staffel hat einen großen amerikanischen Frachter getroffen.

Am Abend dieses Tages greifen zum ersten Mal KG 30 mit Ju 88 und KG 26 mit He 111 an. Die Jus mit Bomben, die Heinkels dagegen haben einen Torpedo unter dem Rumpf hängen. Drei Schiffe schießen sie aus dem Geleit heraus; einige Maschinen gehen verloren, so die He 111 des Leutnants Kanmayr, der, von der tiefstehenden Sonne geblendet, übersieht, daß er geradenweg auf einen Zerstörer zufliegt, der ihm prompt mit einem Volltreffer die Kanzel zerschmettert. Der verwundete Kanmayr kann die Maschine noch aufs Wasser bringen. Lange brauchen er und die drei anderen Besatzungsmitglieder nicht im eisigen Wasser zu schwimmen: Als Retter rauscht der Zerstörer heran, der sie soeben abgeschossen hat.

Nach diesem Angriff geschieht Seltsames: Der riesige Geleitzug zerstreut sich plötzlich in alle Winde, die begleitenden Kriegsschiffe laufen mit Höchstfahrt davon. Der Grund: Der britischen Admiralität war gemeldet worden, das deutsche Schlachtschiff »Tirpitz« sei mit drei Schweren Kreuzern und einem Dutzend Zerstörern zur Geleitzugjagd ausgelaufen. Eine einfache Rechnung ergab, daß dieser enorm starke Verband den Geleitzug viel eher erreichen würde, als man ihm etwas Gleichwertiges entgegenschicken könnte.

Da schien es sinnvoll, die begleitenden Kriegsschiffe in Sicherheit zu bringen und die Frachter einzeln fahren zu lassen, um dem Dickschiffverband ein schlechteres Ziel zu bieten.

Daran war richtig, daß die »Tirpitz« und die Schweren Kreuzer ausgelaufen waren, aber nur, um im Altafjord die Entwicklung abzuwarten. Und so machen die Großschiffe außer einem kurzen Tagesausflug auf See am 5. Juli gar nichts, dafür aber Luftwaffe und U-Boote um so mehr.

Denn für sie waren die nun ungeschützt allein fahrenden Schiffe die geradezu ideale Beute. Diese Chance wird weidlich genutzt: Das KG 30 fliegt am 5. Juli den ganzen Tag lang im rollenden Einsatz und versenkt einen Frachter nach dem anderen. Was nicht versenkt wird und sich schwer beschädigt weiterquält, das schießen die U-Boote ab. Viel bleibt nicht übrig vom Geleitzug PQ 17, insgesamt werden 24 Schiffe mit 143 977 Bruttoregistertonnen versenkt, und mit ihnen 3350 Kraftfahrzeuge, 430 Panzer und 210 Flugzeuge.

Doch der große Erfolg gegen den PQ 17 bleibt einmalig, es fehlt der Luftwaffe (und auch der Marine) an der Möglichkeit zur Kraftzusammenballung, die nötig wäre, um den Güterstrom durchs Nordmeer nachhaltig zu unterbinden. Der nächste Geleitzug besteht aus 40 Schiffen, nur 13 werden herausgebombt und -torpediert, 27 kommen heil an, in ihren Bäuchen so ungefähr die Ausrüstung für eine ganze Armee. Der Landser an der Front bekommt das zu spüren.

Diese Front ist inzwischen noch länger geworden. Die Sommeroffensive 1942 hat sie bis hinunter an den Kaukasus gedehnt; die Luftwaffe kann den hart kämpfenden Bodentruppen nur ein recht löchriges Dach über dem Kopf bieten, denn noch immer reicht die Flugzeug- und Ersatzteilproduktion für die Bedürfnisse der Front nicht aus – sie erreicht ihren Höhepunkt erst zwei Jahre später, 1944, als es zu spät ist.

So genügte im November 1942, als sich die Stalingrad-Katastrophe anbahnte,

Bild linke Seite: „Alles läuft ja wie am Schnürchen", meinten nicht nur Generalfeldmarschall von Bock und Albert Kesselring, Oberbefehlshaber der Luftflotte 2, zu Beginn des Rußlandfeldzuges. Zu Land stürmte man voran, und am Himmel wurde eine russische Maschine nach der anderen abgeschossen (Bild rechts). Doch schon 1942 lief die Produktion jenseits des Urals auf Hochtouren, und die Hilfslieferungen der Alliierten kamen erst richtig in Gang. Die Luftwaffe trieb ihrer Tragödie zu. Weder der Ausfall an geschulten Besatzungen noch an Material konnte genügend ausgeglichen werden. Aber auch in diesen schweren Zeiten ließ der Spieltrieb der Konstrukteure nicht nach. Als Mißerfolg erwies sich z.B. die BV 141 (Bild oben), das erste asymmetrische Flugzeug der Welt. Der Sinn der ausgelagerten kanzel war ein möglichst großes Sicht- und Schußfeld.

auch die Transportkapazität nicht, eine ganze Armee zu versorgen. Görings gegenteilige Zusage an Hitler war schlichtweg unverantwortlich. Es war von allem Anfang an klar, daß keine Möglichkeit bestand, täglich 300 bis 400 Tonnen Nachschub in den Kessel zu fliegen. Verständlicherweise fühlten sich Feldmarschall Paulus und seine eingeschlossene Armee, denen anderes gesagt worden war, »von der Luftwaffe verraten« und sagten es ziemlich deutlich; tatsächlich aber schaffte die Luftwaffe in den Kessel hinein (und an Verwundeten hinaus), was unter den gegebenen Umständen nur möglich war. Hier die Zahlen: In 72 Tagen – genauer: meistens Nächten, denn tagsüber konnte nur mit Jagdschutz geflogen werden, und den gab es nicht immer – flog die Luftwaffe 8350 Tonnen Nachschub in den Kessel, entsprechend einem Tagesschnitt von 115 Tonnen, und mehr als 30 000 Verwundete heraus. Auch die Verlustziffern sprechen eine deutliche Sprache, was den schier verzweifelten Einsatz der Luftwaffe anlangt: Es gingen verloren 266 Ju 52, 165 He 111, 42 Ju 86, 9 Fw 200, 5 He 177 und eine Ju 290 – 488 Maschinen. Das entspricht 5 Geschwadern. Und 800 Fliegern.

Schon vor und erst recht nach Stalingrad blieb die Rolle der Luftwaffe im Osten auf die des Nothelfers im unmittelbaren Kampfbereich beschränkt. Nur ein einziges Mal noch errang die Luftwaffe vorübergehend an einem Frontabschnitt die Luftherrschaft – im Juli 1943, als bei Kursk die größte Schlacht des Ostkrieges begann.

Für diese Schlacht – Unternehmen »Zitadelle« – waren auf engem Raum annähernd so viele Truppen, Panzer und Flugzeuge aufgeboten wie zwei Jahre zuvor in der ganzen Angriffsfront im Osten; es war der Versuch, mit aller Kraft die in dem weit nach Westen vorspringenden Frontbogen bei Kursk stehende Masse der Sowjetarmeen einzukesseln und zu zerschlagen.

Unmittelbar vor Angriffsbeginn, im Morgengrauen des 5. Juli – rund 1700 Bomber, Schlachtflieger, Jäger stehen mit laufenden Motoren schon startbereit – scheint sich eine Katastrophe anzubahnen: Eine Armada von etwa 500 russischen Bombern und Jägern wird im Anflug auf den Raum Charkow gemeldet, wo die Masse der deutschen Luftstreitkräfte auf überfüllten Plätzen steht.

Es geht um Minuten, und nun bewährt sich die bei der Luftwaffe gepflegte Eigeninitiative der Frontkommandeure. Ohne Zeit mit Nachfragen bei übergeordneten Stäben zu vergeuden, werfen überall die Einsatzoffiziere den sorgsam ausgetüftelten Flugplan über den Haufen, der vorsah, daß zuerst die Bomber zu starten, über dem Platz zu sammeln und auf die Jäger zu warten hätten. Statt dessen jagen sie die Jäger im Alarmstart den Russen entgegen, eben noch rechtzeitig. Daraus ent-

Nach der Einkesselung der 6. Armee in Stalingrad erhielt die Luftflotte 4 den Befehl, täglich und auf unbegrenzte Zeit 300 Tonnen Sprit sowie Verpflegung, Waffen und Munition für eine Viertelmillion Mann an die Wolga zu fliegen. Damit war die Luftwaffe nun endgültig überfordert.

An mangelnder Einsatzbereitschaft der Piloten lag es nicht, daß die 6. Armee zugrundeging: 488 Maschinen gingen von November 1942 bis Ende Januar 1943 bei der Versorgung des Kessels verloren.
Bild rechte Seite: Stukas über Stalingrad.
Bild oben: Tiefangriff auf einen feindlichen Spähtrupp (erkennbar im Kreis).

Luftversorgung von Stalingrad

Aus dem Tagebuch von Generalfeldmarschall Milch, 18.11.1942

Fiebig (Kommandierender General VIII. Fliegerkorps) Vortrag:
Heute nur 3 He 111 im Einsatz. Mehr herauszubringen war wegen Schneetreiben und Schneeverwehungen nicht möglich. Hpt. Meyer umgekehrt. In den restlichen Maschinen ist je ein Offizier, der den Auftrag hat, in Stalingrad zu landen und mit Generaloberst Paulus Verbindung aufzunehmen.

Ich habe schon am 21. und 22. 11. darauf hingewiesen, daß die volle Versorgung der 6. Armee nicht möglich sei unter den besonderen Winterverhältnissen in Rußland und bei der augenblicklichen Kampflage (Besetzung der Flugplätze durch den Gegner und feindliche Bombenangriffe).

Die neuzugeführten He 111 und Ju 86 waren zum Teil nicht einsatzbereit. Bei einzelnen Flugzeugen mußten wegen der ungenügenden Reichweite Fässer eingebaut werden. Die Stunden waren fast völlig abgeflogen, die Flugzeuge unbewaffnet.

Versorgung Stalingrad: Zahlen des Heeres weichen erheblich von den Zahlen der Lw. ab:

    Luftwaffendurchschnitt 150-160 t
    Heeresdurchschnitt   110 t

Differenzen erklären sich durch mangelhafte Erfassung der abgeworfenen und abgeladenen Güter und außerdem dadurch, daß AOK 6 die für die Lw.-Teile in Stalingrad eingeflogenen Versorgungsgüter nicht rechnet. Luftwaffenzahlen stimmen mit den Zahlen des O.Q.H.Gr. Don überein.

Wenn Wetterlage es ermöglicht hätte, wären 250-300 t möglich gewesen. Besatzungen sind bei geradezu unglaublichem Wetter geflogen. Dafür spricht ja auch die Höhe der Verluste. Selbst die Festung hat das bestätigt.

Augenblickliches Absinken der Einsatzbereitschaft zu erklären:

1. durch Wetterlage,

2. durch Zurücknahme der vorderen Linie und dadurch notwendige Rückverlegung der Verbände.

wickelt sich eine der größten Massen-Luftschlachten des Krieges.

Der Kommandeur des VIII. Fliegerkorps schildert einen Eindruck so: »Es war ein ganz selten gesehenes Schauspiel. Überall brennende und abstürzende Maschinen! Binnen kürzester Frist wurden rund 120 Sowjets abgeschossen. Die eigenen Verluste waren so gering, daß man von einem totalen Luftsieg sprechen konnte; denn die Folge dieses Vernichtungsschlages war die deutsche Luftüberlegenheit im ganzen Kampfgebiet des VIII. Fliegerkorps.« Doch dieser Triumph ist von kurzer Dauer: Am 6. Angriffstag, als die Südzange gegen härtesten russischen Widerstand endlich 50 Kilometer Raum gewonnen hat und auch die Nordzange im Begriff ist, die letzten russischen Riegel zu durchbrechen – an diesem Tag stürmt die Rote Armee aus dem westwärts vorspringenden Orel-Bogen mit aller Macht zum Angriff los.

Das ist das Aus für das Unternehmen »Zitadelle«. Denn das Ostheer hat keine Reserven mehr, die es den Angreifern entgegenwerfen könnte. Es bleibt gar nichts anderes übrig, als den eigenen Angriff einzustellen, die Angriffsdivisionen aus den blutig erkämpften Positionen wieder zurückzuziehen und sie gegen den anstürmenden Feind zu führen. So verwandelt sich der Angriff, der die Initiative im Osten zurückgewinnen sollte, in eine erbitterte Abwehrschlacht.

Für die Luftwaffe heißt das, daß sie, wie schon zuvor, nur noch als reine Hilfswaffe für das Heer kämpfen kann; es gibt keine eigenständige Luftkriegführung mit strategischen Zielen oder operativer Schwerpunktbildung an Schwachpunkten des Feindes.

Dabei fällt der Luftwaffe mehr und mehr eine Aufgabe zu, die bei Kriegsbeginn und auch noch lange danach nicht auf ihrem Programm gestanden hatte: die systematische Panzerjagd. Panzerbekämpfung aus der Luft erweist sich bald als eines der besten Mittel, die zahlenmäßig hoch überlegenen russischen Panzerverbände zu dezimieren – Panzer sind gegen Flugzeuge ziemlich wehrlos: Nach oben sehen sie nichts, zu hören ist der fliegende Feind in den dröhnenden Stahlkisten auch nicht. Ein recht geeignetes Flugzeug für diesen Zweck war auch vorhanden: der für andere Zwecke schon veraltete Stuka Ju 87. Allerdings in leicht abgewandelter Form: Unter den Rumpf, wo sonst die große Bombe hängt, war eine automatische 3,7-cm-Pak montiert. Hans-Ulrich Rudels berühmte Panzerstaffel fiel damit über russische Panzerkolonnen her.

Auch eine andere Einheit beginnt noch während der Kursker Schlacht mit der systematischen Panzerjagd aus der Luft: die IV. Gruppe des Schlachtfliegergeschwaders 9 unter Hauptmann Meyer. Diese lag noch Tage zuvor zur Waffenerprobung in der Heimat; erprobt wurde ein neuer Flugzeugtyp, das Schlachtflugzeug Hs 129, eine bullige zweimotorige Maschine, an den wichtigsten Stellen gepanzert und damit nicht leicht verwundbar, speziell konstruiert für die Erdkampf-Unterstützung unmittelbar im Kampfgebiet.

Mit 4 Staffeln zu je 16 nagelneuen Hs 129 ist Meyers Gruppe an die Front verlegt worden, und, kaum im Einsatz, entdeckt Hauptmann Meyer auf einem Überwachungsflug eine ganze russische Panzerbrigade, die sich offenbar anschickt, dem südlichen deutschen Angriffskeil in die Flanke zu fahren. Meyer zögert keinen Augenblick, funkt seine 4 Staffeln heran. Die Russen sind, als die Hs 129 im Tiefflug herankommen, nicht weiter irritiert; sie erkennen die Maschinen, durchaus korrekt, sogleich als Schlachtflugzeuge, Flugzeuge also, die mit Splitterbomben, MGs und allenfalls 2-cm-Kanonen Infanterie bekämpfen, mit lauter Waffen, die Panzern nichts anhaben können.

Doch die Hs 129 haben im Rumpfbug gleich vier 3-cm-Maschinenkanonen, moderne Waffen mit enormer Durchschlagskraft, deren Geschosse genau wie die Pakgranaten unter Rudels Stukas mit Leichtigkeit in die weiche Stelle der Panzer eindringen können, was praktisch jedesmal sofortige Explosion oder Brand des Panzers zur Folge hat. Meyers Hs-129-Staffeln schlagen den Panzeraufmarsch zusammen, und das sollte sich von nun an wiederholen: Immer wieder stoppten die fliegenden Panzerjäger in der sich nun bis Kriegsende hinziehenden kontinuierlichen

Auf den Bildern links (von oben nach unten) die „Großen drei" unter den deutschen Jagdfliegern im Osten: Walter Nowotny, Hans Ulrich Rudel und Erich Hartmann. Nowotny, nach 258 Luftsiegen an der Ostfront nach Frankreich abkommandiert, fiel am 9. November 1944 an der Westfront. Rudel, der mit zunehmend ernster Lage an der Ostfront zur Bekämpfung feindlicher Panzer aus der Luft überging (Bild rechte Seite), wurde mit der Verleihung des Goldenen Eichenlaubs zum Ritterkreuz der am höchsten dekorierte Soldat der Wehrmacht. Hartmann war mit 352 offiziell bestätigten Luftsiegen der erfolgreichste Jagdpilot des Krieges.

Abwehrschlacht an bedrohten Brennpunkten sowjetische Panzeraufmärsche, die vom Boden aus nicht mehr hätten aufgehalten werden können. Das vermochte aber, man weiß es, das Schicksal des Ostheeres nicht zu wenden. Denn bei aller Hilfe, die die Luftwaffe der erbittert kämpfenden Truppe leistete – von Luftherrschaft, wie zu Beginn des Feldzugs, konnte schon lange keine Rede mehr sein. Mehr und mehr mußten die Landser erleiden, was es heißt, ohne eigene Luftüberlegenheit zu kämpfen. Es heißt: verlieren.

Dieser Zustand war an der Ostfront endgültig erreicht, als im Westen die Invasion begann und fast alle Jagdgeschwader aus dem Osten abgezogen wurden, in der törichten Hoffnung, dem Feind dort die Luftherrschaft streitig machen zu können. Eines der wenigen Jagdgeschwader, das im Osten blieb und den Kameraden am Boden auf dem ganzen langen Weg zurück, vom Kaukasus bis ins Reich, zu helfen versuchte, war das JG 52. In diesem Jagdgeschwader flog seit August 1942 ein 20jähriger Leutnant mit: Erich Hartmann. In den nicht viel mehr als zweieinhalb Jahren, in denen Erich Hartmann mit dem ungebrochenen Kampfgeist junger Flieger jener Zeit, zugleich mit technischer und taktischer Perfektion flog, brach er schließlich alle Rekorde, schoß 351 Feindflugzeuge ab, was ihn zum erfolgreichsten Jagdflieger aller Nationen und Zeiten machte und ihm das Ritterkreuz mit Eichenlaub, Schwertern und Brillanten einbrachte. Als der Krieg sich dem Ende zuneigte, war das JG 52 bei Brünn in der Tschechoslowakei gelandet. Am 8. Mai, morgens um 8.30 Uhr, zog Hartmann seine Me 109 zum letzten Mal hoch. Sein Auftrag: »Sehen Sie mal nach, wie weit die Russen noch von hier weg sind.« Hartmann stieg auf 4000 Meter, flog nach Brünn hinüber. Über der brennenden Stadt eine hohe Rauchwolke, unten Russenkolonnen. Sie sind da. Und dann sieht er: acht Jak 11, die siegestrunken um die Rauchwolke herumturnen, fröhlich Loopings fliegen. Da hält es ihn nicht mehr: andrücken, ran, ganz nahe, kurzer Feuerstoß, eine Jak fliegt auseinander. Hartmanns 352. Luftsieg, der letzte der Luftwaffe im Osten, wahrscheinlich der letzte überhaupt.

Die Reichsverteidigung

»Gegen 20 Russen zu kämpfen, die dich abknipsen wollen, oder selbst gegen ›Spitfires‹ ist ein Spaß. Und du denkst dabei noch nicht einmal daran, wie gefährlich dieses Leben ist. Aber wenn du in einen Verband von 70 ›Fliegenden Festungen‹ hineinkurvst, fallen dir alle Sünden deines Lebens ein. Und hast du dich dann endlich überwunden, dann steht die noch schlimmere Aufgabe vor dir, jeden Piloten deines Geschwaders, bis hinunter zum jüngsten Häschen, mitzureißen. Ich habe es getan – aber, mein Gott, wie schwer ist das alles...«
Der Mann, der dieses Bekenntnis am 4. Oktober 1943 schrieb, hatte noch genau vier Tage zu leben: Für Oberleutnant Hans Philipp (26), den berühmten Kommodore des Jagdgeschwaders 1 der deutschen Luftwaffe, den Meister des florettartigen Duells Jäger gegen Jäger, den Sieger in 206 Luftkämpfen, war die Zeit des fröhlichen Jagens längst vorbei.
Der Sachse Philipp, früher ein strahlender Held und charmanter Freund des Weines und schöner Frauen, hatte statt dessen längst seine private Hölle gefunden: den dröhnenden, feuerspeienden, silberglänzenden Strom der viermotorigen Bomber, dem er sich Tag für Tag in seinem zerbrechlichen Jagdflugzeug entgegenwerfen mußte – für Führer, Volk und Reich. Wieviel Mut, Überwindung und zähneknirschende Selbstverleugnung ihn dieses Vorwärtspreschen gegen die Bomberpulks gekostet haben muß – die verzweifelten Briefe, die er in den Sommernächten des Jahres 1943 an seine Mutter und seine Freunde geschrieben hat, offenbaren es. Philipp fiel am 8. Oktober 1943 bei Nordhorn. Amerikanische Begleitjäger vom Typ »Thunderbolt« fegten ihn vom Himmel, als er versuchte, einen Verband »Fliegender Festungen« zu stellen. Hans Philipp war nur einer von Tausenden deutscher Tag- und Nachtjäger, die zwischen 1942 und 1945 in dem Duell Jäger kontra Viermot ihr Leben ließen. Daß dieser Zweikampf zwischen den deutschen Jagdverbänden und der Armada der alliierten strategischen Bomber in der Tat kriegsentscheidend gewesen ist, beweisen zahllose Dokumente und die Aussagen führender Militärs und Politiker.
Die deutschen Flieger indessen haben schon im Kriege gewußt, warum sie sich immer wieder den feindlichen Bomberströmen entgegenwarfen:
Die Viermotorigen zerwalzten die deutschen Städte, trafen die Rüstungsindustrie, pflügten die Feldflugplätze um und legten schließlich durch die Zerschlagung der Treibstoffproduktion und des Verkehrsnetzes die deutsche Kriegsmaschine völlig lahm.
Der alliierte Bombenkrieg gegen Deutschland rollte »rund um die Uhr«, also am Tage und in der Nacht, von Anfang 1943 an. Die Briten versuchten, durch Flächenbombardements die deutschen Großstädte einzuäschern und die Moral der deutschen Bevölkerung zu brechen. Die Amerikaner dagegen verfolgten das Konzept, die deutsche Kriegsindustrie durch präzise Punktangriffe zu vernichten.
Während die Briten praktisch seit Mai 1940 zum »Nachtleben« der Deutschen gehörten, tauchten amerikanische Bomber erstmals am 27. Januar 1943 über deutschem Boden auf — und zwar am hellen Tage: 64 Viermotorige der Typen B-17 »Flying Fortress« und B-24 »Liberator« flogen Wilhelmshaven an. Wolken und künstlicher Nebel machten den US-Bombenschützen schwer zu schaffen. Dennoch warfen 58 Bomber ihre Last gezielt. Deutsche Jäger kamen an den Verband der dicken Viermotorigen zwar heran, konnten den Angriff aber nicht verhindern: Drei amerikanische Bomber und sieben deutsche Jagdflugzeuge gingen in die Tiefe.
Göring war stocksauer: Warum, in drei Teufels Namen, waren nicht mehr Amerikaner abgeschossen worden? Schließlich hatten die »Amis« ja keinen Jagdschutz dabeigehabt! Ohne Jagdschutz

Der Bombenkrieg gegen die deutschen Städte gehört zu den grausigsten Kapiteln des Zweiten Weltkrieges. Hunderttausende Zivilisten, in der Mehrzahl Kinder, Frauen und Greise, wurden das Opfer dieser in diesem Ausmaß neuen Art der Kriegführung. Von den Deutschen mit den Luftangriffen auf Warschau, Rotterdam und Coventry begonnen, wurde der Bombenkrieg ab 1942 von den Alliierten zum flächendeckenden Inferno ausgeweitet.

Bild linke Seite: der Himmel über einer deutschen Stadt im Flakscheinwerferlicht. Bild rechts: Air Chief Marshal Sir Arthur Harris, seit 22. Februar 1942 Chef des britischen Bomber Command.

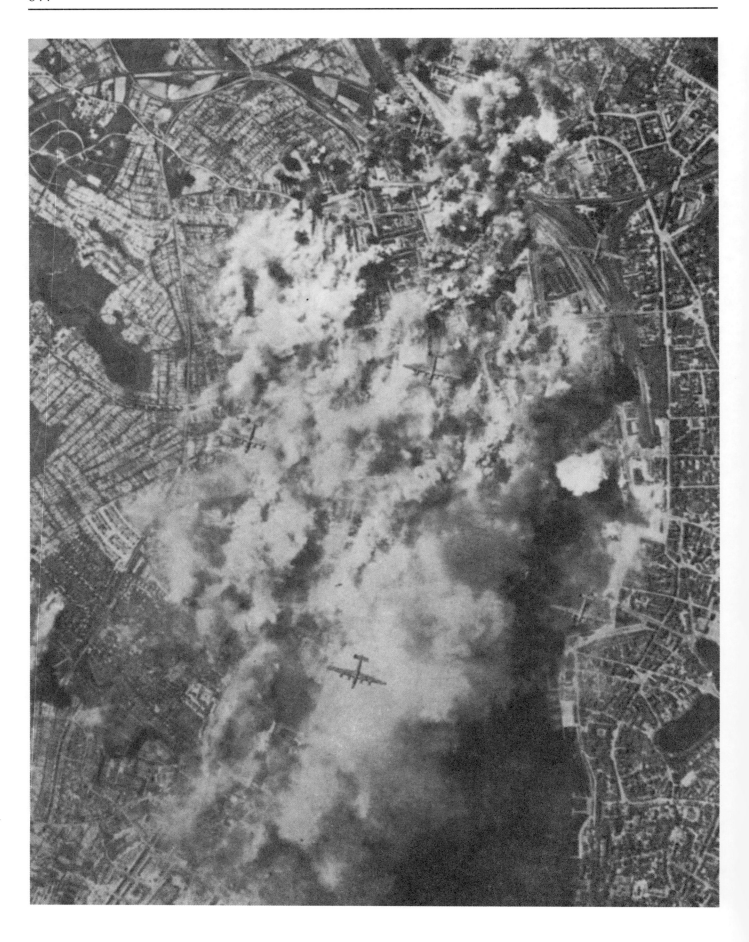

1940/41 hatte das britische Bomberkommando noch einen schweren Stand. Anders als die deutschen Bomber, die nur über den Ärmelkanal springen mußten, lag vor den Wellingtons und Blenheims ein weiter Anmarschweg ins Reichsgebiet. Das Problem der Lenkung des Zielanfluges über so weite Strecken behinderte die Aktionen. 1942 jedoch änderte sich das Bild mit der Verbesserung der Funknavigation und dem Auftauchen der ersten englischen schweren Bomber des Typs „Lancaster" (Bild oben) grundlegend. Die „Lancaster" wurde zum Hauptträger der Flächenbombardements auf deutsche Städte bei insgesamt 156.000 Einsätzen (Bild linke Seite: Luftangriff auf Kiel).
Bild unten: die Habseligkeiten einer ausgebombten Familie.

aber, so hatten Deutsche und Engländer in den vergangenen drei Jahren lernen müssen, hatten die schwerfälligen Bombenträger gegen eine entschlossene Jagdabwehr offensichtlich nicht den Schimmer einer Chance...

Aber die Amerikaner dachten – und kämpften! – anders als die Europäer. Ihr Selbstvertrauen war grenzenlos. Sie setzten auf den schnellen, hoch fliegenden, schwer gepanzerten Viermot, der sich mittels seiner furchtbaren Abwehrbewaffnung von zehn überschweren MGs (später 13) den Durchbruch zum Ziel erkämpfen und dieses Ziel mittels des »besten Bombenzielgeräts der Welt«, des Norden-Visiers, auslöschen würde. Das Trumpf-As stellte dabei die Boeing B-17 »Flying Fortress« dar, die als berühmtestes und gefürchtetstes Kampfflugzeug in die Geschichte des Zweiten Weltkrieges eingehen sollte.

Gegen diese »Festungen« hatten es die schwachen deutschen Jagdverbände (Anfang 1943 standen rund 300 deutsche Jagdflugzeuge im Westen) äußerst schwer: Sie mußten erst lernen, daß ein amerikanischer Viermot durchschnittlich 12 bis 15 2-cm-Kanonentreffer brauchte, bis er vom Himmel fiel. Sie mußten sich auf das massierte Abwehrfeuer der Langstreckenbomber einstellen, die schon auf 800 bis 1000 Meter Distanz schossen, während die günstigste Abschußdistanz für den Jäger unter 200 Meter lag.

Den entscheidenden taktischen Einfall hatte schließlich der Major Egon Mayer, Kommandeur der III. Gruppe des JG 2 »Richthofen«. Er entwickelte, um der verheerenden Heckbewaffnung der US-Viermots auszuweichen, den Angriff von vorn.

»Dem Feindverband weit voraus fliegen, im richtigen Moment eine 180 Grad-Kurve, dann Angriff im Schwarm oder Staffelkeil auf gleicher Höhe wie der Gegner oder schräg von unten. Und dann – auf alle Knöpfe drücken!«

Fortan blickten die Piloten der »Fortresses« und »Liberators« direkt ins Mündungsfeuer der mit einer relativen Annäherungsgeschwindigkeit von rund 900 km/st auf sie zurasenden deutschen Jäger. Und die gefürchteten »Fliegenden Festungen« begannen zu fallen...

Gegen die Schlüsselindustrien

Weisung des US-Luftfahrtministeriums an das alliierte Bomberkommando, 28.1.1944

Es wurde beschlossen, daß bis zur Ausgabe weiterer Anweisungen durch die Chefs der Vereinigten Stäbe die ganze Schlagkraft der Strategischen Bomberflotten auf die Schlüsselanlagen der deutschen Jagdflugzeugindustrie und Kugellagerindustrie und die mit diesen Anlagen verbundenen Städte konzentriert werden soll, um die kurze Zeit vor der Operation »Overlord« auf bestmögliche Weise auszunutzen.

Die folgenden Ziele haben die erste und gleiche Dringlichkeitsstufe: Fabrikanlagen für einmotorige und zweimotorige Jagdflugzeuge und ihre Zubehörindustrie sowie die Kugellagerfabrikation. Die Zugehörigkeit zu den Kampfabschnitten ist in jedem Falle angegeben.

Das Bomberkommando der RAF soll, soweit möglich, seine Angriffe auf bestimmte Städte richten. Wenn möglich, sollen die Zielpunkte und Anfluglinien so gewählt werden, daß sie die besten Voraussetzungen zur Zerstörung ergeben. Das Bomberkommando der RAF soll bei seinen Operationen in erster Linie die folgenden Objekte angreifen:

1. Schweinfurt, 2. Leipzig, 3. Braunschweig, 4. Regensburg, 5. Augsburg, 6. Gotha. Die Reihenfolge entspricht der Dringlichkeitsabstufung für die Angriffe.

Diese Benachrichtigung wird auch an den A.C. vom Dienst der MAAF gegeben, damit er die Nachtbomberflotte im Mittelmeerraum nach seinem Ermessen in Übereinstimmung mit den obengenannten Grundsätzen strategisch einsetzen kann.

17. August 1943: 363 B-17 der 8. US-Luftflotte greifen im »Unternehmen Doppelschlag« Regensburg und Schweinfurt an. 60 Bomber (16 Prozent des Verbandes) werden in einer erbitterten Luftschlacht heruntergeholt. Die Verluste auf deutscher Seite sind, gemessen am Erreichten, gering: 25 Jagdflugzeuge.

14. Oktober 1943: 291 B-17 greifen erneut die strategisch wichtigen Kugellagerfabriken von Schweinfurt an. Wieder werden 60 Viermots abgeschossen, nicht weniger als 138 Bomber beschädigt. 38 deutsche Jäger bleiben diesmal auf der Strecke.

11. Januar 1944: 663 US-Bomber attackieren deutsche Flugzeugwerke im Raum Oschersleben — Magdeburg. 207 deutsche Jäger und Zerstörer kommen an den Bomberstrom heran. Diesmal fallen 59 Bomber vom Himmel, gegen 41 Me 109 und Fw 190.

Eine als »top secret« klassifizierte US-Untersuchung von Ende 1943 stellt fest: Von 100 abgeschossenen Viermots wurden nicht weniger als 48 getroffen, als sie mitten im schützenden Verband flogen. Davon fielen 28 Viermots deutschen Jägern, 16 der Flak und 4 sonstigen Ursachen zum Opfer.

Von den 52 »Nachzüglern«, die durch Beschußschäden und technische Defekte aus dem Verband herausgefallen und außerhalb des schützenden Pulks abgeschossen worden waren, wurden 46 von Jägern und 5 von der Flak vom Himmel geholt, während einer aus technischen Gründen zu Boden mußte.

Diese Verluste konnten sich selbst die Amerikaner nicht leisten: Das Konzept der strategischen Tages-Präzisionsangriffe war in Frage gestellt!

Eine technologische Entscheidung rettete jedoch die amerikanische Bomberstrategie: die von der deutschen Führung nicht erwartete Entwicklung eines Langstreckenjägers, der die US-Bomberverbände von Großbritannien aus bis nach Berlin und München und zurück begleiten konnte. Die Rede ist hier von der North American P-51 »Mustang«, einer kleinen, pfeilschnellen Jagdmaschine, die den deutschen Messerschmitts und Focke-Wulfs in den entscheidenden Leistungsbereichen auch noch überlegen war. Sie wurde von Anfang 1944 an eingesetzt und

Sir Arthur Harris, als Chef des britischen Bomberkommandos der Herr über Tod und Leben von Hunderttausenden, verglich die Einsätze, auf die er seine Männer tagtäglich schickte, mit „endlosen Runden russischen Roulettes".

Bild oben: amerikanischer Bomber beim Angriff auf ein deutsches Industriewerk.
Bild rechts: das Heckteil einer abgeschossenen „Wellington".
Bild linke Seite: Schweinfurt sinkt in Trümmer. Dieses Foto wurde während eines Großangiffs auf die kriegswichtigen Kugellagerfabriken im Oktober 1943 aufgenommen.

brach der deutschen Jagdabwehr – wie Galland sagte – das Genick.
Jetzt kamen die deutschen Jäger, an Zahl ohnehin weit unterlegen, kaum mehr an die Bombenträger heran. Auch Egon Mayer, der führende Viermot-Töter, der Erfinder der Angriff-von-vorn-Taktik, fiel (wie Hans Philipp und Oesau) im MG-Feuer der Langstreckenjäger: Am 2. März 1944 ereilte ihn das Schicksal bei Montmedy. Das Telegramm aus dem Führerhauptquartier, das die Verleihung des Eichenlaubs mit Schwertern zum Ritterkreuz an Mayer bestätigte, kam eine Stunde nach seinem Tode an. Der Kommodore des Richthofen-Geschwaders hatte insgesamt 102 Luftsiege im Westen errungen, davon 25 gegen Viermotorige.
Daß die deutschen Jagdflieger ab Frühjahr 1944 ihren alliierten Gegnern nicht mehr gewachsen waren, lag aber auch an der absinkenden Qualität der deutschen Nachwuchspiloten: 20jährige Jungflugzeugführer mit nur 100 bis 150 Flugstunden wurden jetzt im Feuerofen des Luftkrieges verheizt. Ihre amerikanischen und englischen Gegenspieler verfügten jedoch über eine fliegerische Erfahrung von mindestens 400 Flugstunden, bevor sie an die Front geschickt wurden. Katastrophaler Spritmangel und ein verheerender Fehlbestand an guten Fluglehrern sorgten dafür, daß die deutschen Jagdflieger für ihre alliierten Gegner mehr und mehr zu hilflosen Zielobjekten wurden.
Die Verlustlisten sagen alles: 360 tote, verwundete und vermißte Piloten im Februar 1944, rund 800 Ausfälle im Oktober 1944, 600 im Februar 1945!
Alle Dämme brachen, der Weg war frei für die Amerikaner, die mit Angriffsverbänden von bis zu 1500 Bombern und 1200 Begleitjägern pro Tag die deutsche Treibstoffproduktion und das Verkehrsnetz zerschlugen und damit der deutschen Kriegswirtschaft den Todesstoß versetzten.
Während die deutschen Jäger in ihren Messerschmitt und Focke-Wulf am Tage durch alle Höllen gingen, fochten die

Die deutsche Jagdabwehr kämpfte mit dem Mut der Verzweiflung gegen die stetig anwachsenden alliierten Bomberströme an, aber die Katastrophe ließ sich nicht mehr aufhalten. Seit 1943 herrschte über Deutschland Bombenkrieg rund um die Uhr: Am Tag kamen die Amerikaner mit ihren „fliegenden Festungen" vom Typ Boeing B-17 „Flying Fortress", in der Nacht kamen die britischen „Lancasters".

Bild oben: Kondensstreifen einer alliierten Bomberflotte über Deutschland.
Bilder linke Seite: das zerbombte Freiburg im Breisgau Ende November 1944 (oben); Feldmarschall Ritter von Greim, nach der Amtsenthebung Görings durch Hitler in den letzten Tagen des Dritten Reiches letzter Oberbefehlshaber der deutschen Luftwaffe (unten).

Die »Vergeltung«

SD-Lagebericht, 18.10.1943

Die Parole von der Vergeltung wurde seinerzeit wie kaum eine politische oder militärische Zielsetzung der Propaganda vom ganzen deutschen Volk mit einmütiger Zustimmung aufgenommen. Nachdem sich herausgestellt hatte, daß die Flak und die Nachtjäger einstweilen nicht vermochten, die Heimat vor dem feindlichen Luftterror zu bewahren, erschien die Vergeltung als das einzige Mittel, den Feind zu zwingen, von diesen Angriffen abzulassen. Nur Gegenschläge, welche die Wirkungen der feindlichen Luftangriffe weit in den Schatten stellten, konnten – so war die Ansicht der Volksgenossen – diesen Terror endgültig brechen. Im Rahmen des gesamten Kriegsgeschehens maß man der Vergeltung anfänglich zwar große, aber doch nicht entscheidende Bedeutung bei. In den letzten Monaten hat der Vergeltungsgedanke hierin aber einen Bedeutungswandel erfahren. Unter dem Eindruck der ganzen Entwicklung des Krieges seit Stalingrad hat sich der Volksgenossen das Gefühl bemächtigt, daß der Ring der Feinde um Deutschland und die besetzten Gebiete immer enger werde und die Entwicklung unaufhaltsam einer Krise entgegentreibe, aus der ein Ausweg nur durch ein »Wunder« möglich scheint. Und dieses Wunder, die entscheidende Wendung des Krieges, erwartet heute die Mehrzahl der Volksgenossen – in den vom Luftkrieg betroffenen Gebieten sogar nahezu die Gesamtheit – von der Vergeltung. Diese Hoffnungen gehen viel weiter als nur auf eine Unterbindung der Terrorangriffe. Dies ist das mindeste, was man von der Vergeltung erwartet. Vielmehr soll der Gegenschlag dazu führen, daß England binnen weniger Tage oder Wochen aus dem Krieg »herausgeboxt« wird. Dies stellt man sich so vor, daß durch immense Zerstörungen in den größeren englischen Städten die Voraussetzungen für die Besetzung der Insel geschaffen werden, welche dann zum Waffenstillstand mit England führt. Amerika werde dann kein besonderes Interesse an der Fortsetzung des Krieges haben.

Männer in den zweimotorigen Messerschmit Me 110 und Junkers Ju 88 am nächtlichen Himmel ihren Kampf gegen das Bomberkommando der Royal Air Force aus. Dies war der Krieg der Einzelkämpfer, des heimlichen Anpirschens an den Gegner, der Kampf der Elektronik und der Gehirne. Auf englischer Seite wurde er bestimmt von dem Radar, das sowohl als Navigationsmittel als auch als Bombenzielgerät eingesetzt wurde, elektronischen Leit- und Störmethoden, viermotorigen Bombern mit großer Bombenzuladung wie der »Lancaster« und »Halifax«, der zweimotorigen »Mosquito«, die als Schnellbomber, Zielmarkierer und Fernnachtjäger flog, und der Taktik des massierten Bomberstroms.

Auch die deutsche Nachtluftverteidigung setzte auf die Elektronik: »Freya«-Gerät für die Vorwarnung, »Würzburg-Riese« für die Nachtjagd-Führung, »Lichtenstein« als Suchgerät an Bord der Nachtjäger, dazu taktische Verfahren wie »Himmelbett«, »Wilde Sau« und »Zahme Sau«.

Zwei Männer bestimmten über weite Strecken des Krieges hinweg diese erbitterte Nachtluftschlacht:
Sir Arthur Harris, genannt »Bomber-Harris«, der Chef des RAF-Bomber-Command. Er wollte, wie er schriftlich versprochen hatte, das Dritte Reich bis zum 1. April 1944 »in die Kapitulation bomben«. Seinen »Einstand« in den totalen Bombenkrieg gab er mit

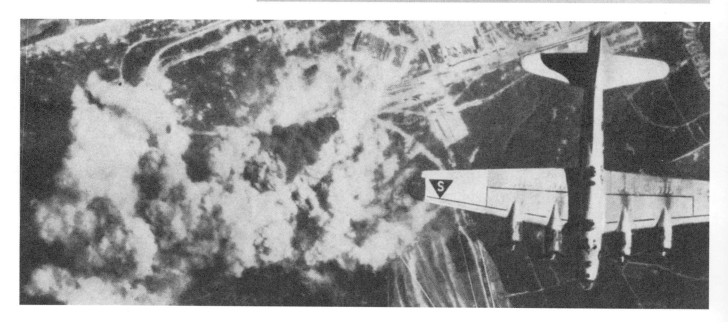

Abwehr der fliegenden Bomben
Aus Churchills Memoiren

Schon mehrere Jahre vor dem Krieg hatten die Deutschen den Bau von Raketen und ferngesteuerten Flugzeugen in Angriff genommen und zu diesem Zweck eine Versuchsstation bei Peenemünde an der Ostseeküste errichtet. Was dort vor sich ging, blieb selbstredend streng gehütetes Geheimnis. Trotzdem gelang es nicht, die Vorgänge völlig zu verbergen, und schon im Herbst 1939 fanden sich in den Meldungen unseres Nachrichtendienstes Hinweise auf weittragende Geschosse verschiedener Art. In den ersten Kriegsjahren gingen uns von mancherlei Seiten Gerüchte und bruchstückhafte, häufig widerspruchsvolle Informationen über diese Dinge zu. Im Frühjahr 1943 befaßten sich die Stabschefs mit diesem Problem, woraufhin mir General Ismay am 15. April in einem Memorandum unter anderem vorschlug, Duncan Sandys zur Leitung aller Nachforschungen über die deutschen Versuche mit weittragenden Raketen zu bestimmen...

Am 9. Juli 1943 berichtete Sandys, neue Informationen hätten ergeben, daß außer dem geplanten Raketenangriff gegen London auch beabsichtigt werde, ferngesteuerte Flugzeuge und sehr weittragende Geschütze zu verwenden. Zwei verdächtige Erdarbeiten, eine bei Watten in der Nähe von St. Omer und eine bei Bruneval in der Gegend von Fécamp, seien entdeckt worden...

Anfang 1944 standen unsere Pläne zur Abwehr der fliegenden Bomben fest. Die Verteidigung wurde in drei Zonen gegliedert – eine Ballonsperre an der Peripherie Londons, vor ihr ein Flakgürtel und noch weiter vorn die Operationszone der Jagdflieger. Auch beschleunigten wir die Lieferung von Elektronen-Kommandogeräten und Flak-Nahzündern aus Amerika, die es, als die Bombardierung schließlich begann, den Kanonieren ermöglichten, viele der fliegenden Bomben abzuschießen...

In der Nacht vom 12. auf den 13. Juni 1944 fielen die ersten fliegenden Bomben auf London. Ihr Abschuß erfolgte in Nordfrankreich, weit entfernt von unseren gelandeten Armeen. Deren baldige Eroberung mußte unserer jetzt wieder unter einer Beschießung stehenden Zivilbevölkerung Erleichterung bringen...

Je deutlicher sich die Katastrophe an allen Fronten abzeichnete, desto fester versprach die NS-Propaganda der ausblutenden Wehrmacht wie der vom Bombenkrieg entnervten Bevölkerung „Wunderwaffen", die angeblich in letzter Minute die Kriegswende und damit den unablässig beschworenen Endsieg bringen würden. Die Entwicklung der „Vergeltungswaffen" V 1 (mit Tragflächen und Leitwerk ausgestatter Flugkörper mit Gefechtskopf, Bild oben) und V 2 (ballistische Flüssigtreibstoffrakete, Bild rechts) waren zwar von großer technischer, aber von keinerlei kriegsentscheidender Bedeutung. Bilder linke Seite: die Flugbombe der Firma Dornier (oben) und die Gleitbombe Hs-293 der Firma Henschel (Mitte) können als die ersten „Raketen" der Welt betrachtet werden; unten: Luftangriff der US Air Force auf das deutsche Raketen-Versuchsgelände in Peenemünde, August 1944. Der Abnahmeprüfstand des Versuchsserienwerkes ist durch einen Pfeil gekennzeichnet.

dem Nachtangriff auf Lübeck am 28./29. März 1942. Es war das erste »Flächenbombardement« der Luftkriegsgeschichte. Die Bilanz der von 234 Nachtbombern durchgeführten Attacke: Lübecks Innenstadt durch Brandbomben vernichtet, 1400 Gebäude zerstört, 2000 schwer beschädigt, 320 Tote und 785 Verwundete unter der Zivilbevölkerung.

General Josef Kammhuber (Spitzname: »Wurzel-Sepp«) baute ab Juni 1940 als Kommandeur der 1. Nachtjagddivision die deutsche Nachtjagd auf und wurde später General der Nachtjäger.

Kammhuber entwickelte jenen nach ihm benannten Luftverteidigungsriegel vor der deutschen Westgrenze, der als eine Art »Westwall am Himmel« das britische Bomberkommando abwehren sollte: ein kompliziertes System von Scheinwerferriegeln, Flakstellungen und Nachtjagd-Räumen. Sein Rückgrat: Sogenannte Himmelbett-Stationen, die aus Radarstellungen und Operationszentralen bestanden und die deutschen Nachtjäger in den ihnen zugeteilten Räumen an den Gegner heranführten.

In diesem Revier jagten jene Männer, die schnell zu den »Königen der Nacht« werden sollten:

Der Pforzheimer Werner Streib etwa, der bereits am 20. Juli 1940, Punkt 2.15 Uhr, den ersten Nachtabschuß des Zweiten Weltkrieges erzielt hatte, eine dicke britische »Whitley«. Streib sollte es auf 65 Nachtluftsiege und bis zum Inspekteur der Nachtjäger bringen; der Dortmunder Ludwig Becker, einer der Pioniere der deutschen Nachtjagdwaffe, der Anfang 1943 in einem sinnlosen Tageinsatz gegen amerikanische Bomber »verheizt« wurde; oder der Hamburger Manfred Meurer, der 65 Nachtbomber herunterholte, und schließlich – nach einem Zusammenstoß mit der von ihm angegriffenen »Lancaster« – zusammen mit seinem Gegner in den Tod stürzte.

Um ein Haar wäre zwischen dem Sommer 1942 und dem Sommer 1943 das RAF-Bomberkommando am »Kammhuber-Riegel« gescheitert: Die Verluste der britischen Angreifer stiegen in untragbare Höhen, die Moral der englischen Bomberbesatzungen, die im Zweiten Weltkrieg insgesamt 55 000 Mann verlieren sollten, fiel ins Bodenlose. Während der sogenannten Schlacht um das Ruhrgebiet, in der die Briten zwischen dem 5. März und 4. Juli 1943 insgesamt 43 Großangriffe ge-

1944 tauchte mit der „Schwalbe", der zweistrahligen Me 262, der erste Düsenjäger der Welt in den Lüften auf (Bilder oben und links). Die Entwicklung dieses über 900 km/h schnellen „Wunderjägers" war schon 1939 abgeschlossen, seine Serienfertigung aber immer wieder von Hitler verzögert worden. Erst als es viel zu spät war, die Alliierten die Luftherrschaft über Deutschland errungen hatten und die deutschen Städte in Schutt und Asche sanken, konnte die Luftwaffe mit zwei Me-262-Jagdgeschwadern aufwarten. Bild rechte Seite: Heinz Bär, mit 16 Luftsiegen am Steuer einer Me 262 der erfolgreichste Düsenjägerpilot des Zweiten Weltkrieges.

gen Deutschland flogen, verlor das Bomber Command 872 Maschinen mit rund 6000 Mann Besatzung.
Doch auch Kammhubers Sperriegel schlug die letzte Stunde: Während des Unternehmens »Gomorrha«, einer Serie von vier nächtlichen Vernichtungsangriffen, verwüsteten die Briten im Hochsommer 1943 nicht nur die Wohnviertel der Hansestadt Hamburg (30 500 Tote), sondern blendeten durch eine Geheimwaffe auch die Funkmeßgeräte der deutschen »Himmelbett«-Stationen und Nachtjäger.
Der »Westwall am Himmel« war überrannt worden, die deutschen Verteidiger waren blind, und Kammhuber, der unbequeme Perfektionist und Mahner, den Göring nie gemocht hatte, wurde gefeuert. Der »Mohr« mußte gehen...
Nach dem Feuersturm von Hamburg schienen die Tore der deutschen Städte für »Bomber-Harris« und seine nächtlichen Todesengel offenzustehen.
In dieser apokalyptischen Stunde machte die Idee eines »verrückten« Kampffliegers, des Majors Hajo Herrmann aus Kiel, Kriegsgeschichte. Der 30jährige Offizier verlangte – statt der üblichen strengen Verdunklung – die Beleuchtung der deutschen Städte bei Nacht, den Einsatz massierter Scheinwerferbatterien und die Bildung eines Verbandes freiwilliger Piloten, die in einmotorigen Schönwetter-Jagdflugzeugen der Typen Me 109 und Fw 190 über den taghell illuminierten Angriffszielen die britischen Bomber angreifen sollten!
Nach den Regeln der Kriegführung war dies alles Wahnsinn – aber der verzweifelte Göring stimmte zu! Herrmann stellte in Bonn-Hangelar das Jagdgeschwader 300 auf. Er gab ihm den Kriegsnamen »Wilde Sau«.

Hier die Geschichte des ersten großen Schlages der »Wilden Sau«:
In der Nacht vom 23. auf 24. August 1943 überfliegen 625 britische Bomber die Reichshauptstadt. Sie schleppen 1800 Tonnen Spreng- und Brandbomben. Die Sicht ist phantastisch. 300 Scheinwerfer und ganze Plantagen brennender Riesenfackeln machen die Nacht über Berlin zum Tage. Die Flak hat Befehl, nur bis 4500 Meter Höhe zu schießen. Über der Flakzone hängen die Jäger der »Wilden Sau«: »Wie Läuse« sehen sie die britischen Bomber über die von unten angeleuchtete und aufgehellte Wolkendecke kriechen. Sie nennen diese nebelweiße Fläche »das Leichentuch«.

Herrmann, der Rudelführer der »Wilden Säue«, taucht hinab, kurvt zwischen »Christbäumen« und Zielmarkierern, Flakexplosionen und grellroten Leuchtbombenkaskaden hindurch, klemmt sich hinter eine »Lancaster«, drückt auf die Kanonen- und MG-Knöpfe am Steuerknüppel. Die »Lancaster« verglüht in einem orangefarbenen Blitz.

Hinter Herrmann greift der 32jährige Ex-Lufthansa-Pilot Friedrich-Karl Müller an. In der Luftwaffe kannte man ihn, seines gewaltigen Gesichtserkers wegen, nur als »Nasen-Müller«. »Die Nase« schießt gleich drei Engländer vom Himmel. (Als erfolgreichster Jäger der »Wilden Sau« sollte es Müller auf insgesamt 23 Nachtabschüsse à la Herrmann bringen.)

57 Briten fallen in dieser Nacht.

Am 1. September fliegen Herrmanns »Verrückte« über Berlin erneut in den britischen Bomberstrom hinein und nehmen 31 Engländer mit in die Tiefe. Herrmann erhielt später den Befehl, aus drei Geschwadern der »Wilden Sau« die 30. Jagddivision aufzustellen. Bei 16 englischen Großangriffen hatten seine deutschen »Kamikazes« dem Bomber Command mehr als fünf Prozent Verluste, gemessen an der Einsatzstärke, zugefügt. Dennoch wurde Herrmann geschlagen: von »General Winter«.

Als die deutschen Feldflugplätze im Nebel verschwanden und dichte Wolken die Sicht reduzierten, begann der Tod die Männer der »Wilden Sau« reihenweise mitzunehmen. Nur wenige der Freiwilligen hatten die langjährige

Schlechtwettererfahrung von »Nasen-Müller«. Und ihre einmotorigen Maschinen waren für Nachteinsätze nicht ausgerüstet. Viele starben bei Bruchlandungen, verloren in den Wolken die Orientierung und überzogen ihre »Mühle« oder mußten über den Wolken »aussteigen«.
Doch der Lückenbüßer Hajo Herrmann, dessen Bild sogar heute noch zwischen Genie und Wahnsinn schwankt, hatte seine Schuldigkeit getan. Jetzt nämlich traten die »konventionellen« Nachtjäger in ihren zweimotorigen Allwetterflugzeugen Me 110 und Ju 88 als »Zahme Sau« die Nachfolge der »Wilden Sau« an: Das harte Nachtjagdgeschäft war wieder in die Hände der Experten und Profis geraten. Die »Zahme Sau« basierte (technisch) auf dem stark verbesserten Bordradar »Lichtenstein SN-2«, das die »Düppel« zu neutralisieren vermochte, jene seltsamen Stanniolstreifen, mit deren Massenabwurf die Briten über Hamburg die deutschen Funkmeßgeräte erstmals außer Gefecht gesetzt hatten. Taktisch führten jetzt nicht mehr die Radarstellungen, sondern die Einsatzzentralen der Jagddivisionen, die aufgrund der Lagemeldungen der Funkmeßbeobachter über speziellen Funkfeuern Nachtjagd-Schwerpunkte bildeten und die Nachtjäger über große Distanzen hinweg in den feindlichen Bomberstrom hineinschleusten. Die Taktik der »freien Nachtjagd« war geboren.
Während die Wehrmacht an den Fronten eine Niederlage nach der anderen erlitt, schien den deutschen Nachtjägern für einen kurzen Augenblick noch einmal die Sonne des Sieges:
Zwischen November 1943 und März 1944 verwandelten sie in der »Luftschlacht um Berlin« die dritte große Bomberoffensive der Briten, mit der Harris den Krieg entscheiden wollte, in eine verlustreiche Schlappe des RAF Bomber Command. Harris mußte 953 Bomber mit rund 7000 Mann Besatzung abschreiben – und Berlin stand immer noch! Rund 70 Prozent der britischen Verluste kamen auf das Konto der deutschen Nachtjäger. Ihre großen Asse waren:
Der Württemberger Heinz Wolfgang Schnaufer, der es auf 121 Nachtabschüsse brachte. Von seinen britischen Gegnern respektvoll »das Nachtgespenst« genannt, spielte das Tanzorchester der BBC in London zu seinem 23. Geburtstag den Schlager »Night-

mare« (»Nachtgespenst«). Die Engländer stellten nach dem Krieg seine Me 110 im Hyde Park in London aus. Schnaufer überlebte die große Jagd. Fünf Jahre nach dem Krieg starb er bei einem Autounfall.
Helmut Lent, der ehemalige Zerstörer-Flieger, errang 102 Nachtsiege. Der erste Brillantenträger der Nachtjäger stürzte bei Paderborn in den Tod, als während der Landung ein Motor seines Flugzeuges ausfiel und die Maschine eine Hochspannungsleitung berührte.
Heinrich Prinz zu Sayn-Wittgenstein, der frühere Bomberpilot, erzielte Abschuß-Serien von sieben, sechs und fünf Bombern in einer Nacht. Bei Schönhausen/Elbe wurde er am 21.1.1944 von einem englischen Nachtjäger abgeschossen. Es gelang ihm, die Maschine so lange zu halten, bis seine Besatzung abgesprungen war. Sayn-Wittgenstein aber, Sieger in 83 nächtlichen Luftkämpfen, wurde am nächsten Morgen tot neben dem brennenden Wrack seiner Ju 88 gefunden.
Neun Wochen nach seinem Ende, der das deutsche Nachtjagd-Korps bis ins Mark traf, erzielten Kammhubers Jünger ihren größten, ihren letzten Sieg: In der Nacht vom 30. zum 31. März 1944 schossen sie aus einem englischen Großverband, der Nürnberg in Brand stecken sollte, 81 viermotorige Bomber ab. Der Massenangriff auf die sogenannte Stadt der Reichsparteitage schlug restlos fehl.
Was nach Nürnberg kam, ist Geschichte: die Invasion, die Gemetzel von Dresden, Heilbronn, Darmstadt, Freiburg. 200, 300 Nachtjäger, die gegen Bomberströme von 1000 Maschinen antreten mußten, konnten den Untergang der deutschen Städte nicht verhindern. Die deutsche Nachtjagdwaffe ging kämpfend unter. Den Schlußpunkt unter fünf Jahre totalen Luftkrieges setzten die Statistiker:
Allein in den Jahren 1942-45 warfen Amerikaner und Briten über Deutschland 1,5 Millionen Tonnen Bomben ab. 593 000 Menschen, darunter 537 000 deutsche Zivilisten, starben. 400 000 Wohngebäude wurden zerstört.
Die Verlustzahlen der deutschen Tag- und Nachtjäger sind nicht bekannt. Sie hatten jedes Opfer gebracht.

Als es längst nichts mehr zu gewinnen gab, mobilisierte das NS-Regime im Rahmen des von Goebbels verkündeten „totalen Krieges" Frauen und halbe Kinder, um für das nach 12 Jahren Dauer im Todeskampf liegende Dritte Reich, dessen geschichtsmächtige Existenz Hitler auf 1000 Jahre veranschlagt hatte, noch ein paar quälende Wochen Zeit herauszuschinden.

Bilder linke Seite: Übernahme von Schulabgängern in die Luftwaffe in Flensburg. Unten: Hitlerjungen, von der Schulbank weg an eine 2-cm-Flak gestellt. Bild rechts: Funkerinnen bei der Luftabwehr.

Alles brennt

Brief aus Hannover nach dem Großangriff, Oktober 1943

Wir sitzen wie in einer Mausefalle, so weit haben sich die Brände inzwischen ausgebreitet. Raus!

Aber hinaus in den Funkenregen? Ich hänge mir den Bademantel über den Kopf, tauche die Decke in das Wasser der bereitstehenden Tonne, zwei Nachbarinnen machen es ebenso, wir hängen die nassen Decken um, gehen hinaus. Und stehen einen Augenblick vor Entsetzen still.

Aus dem brennenden Haus gegenüber sehen wir zwei Menschen stürzen. Der eine sinkt um, bleibt liegen. Die Kleider brennen. Es ist eine Frau. Der Mann bemüht sich um sie. Ich sehe noch im Vorbeihuschen, daß der Mann drüben seine Frau aufzurichten versucht, daß sie schlaff zurückfällt, daß der Mann aufspringt und davonläuft. Ich stolpere über Draht. Um Gottes willen, es sind die glühenden Drähte der Straßenbahn! Ich keuche weiter. Rechts vor mir kracht ein Giebel nieder. Ein Regen von Funken sprüht auf wie ein Feuerwerk.

Weiter, weiter! Karstadt... alles brennt. Immer wieder muß ich über brennende und schwelende Balken klettern. Endlich kann ich die Frauen vor mir einholen. Es hat eine Stockung gegeben. Alles rennt und schreit durcheinander. Brenninkmeyer... ein Flammenberg. Die Nordmannstraße... links und rechts flammende Mauern.

An der Ecke Münzstraße ein neues Durcheinander schreiender gestikulierender Menschen, von den Lichtern der Flammen überzuckt, umwölkt von Dunst und Rauch, überrieselt von Funken. Die Lange Laube ist nicht passierbar. Ein Haus, anscheinend das »Haus der Väter«, ist auf den Fahrdamm geschlagen, die Trümmer liegen quer über die ganze Straßenbreite. Kein Durchkommen.

Endlich eine Oase in all dem Krachen, in all der Glut... der Nikolai-Friedhof. Wir sinken auf einen Stein, ein umgerissenes Grabmal, kauern uns ratlos zusammen.

Ein Mann in Uniform taucht aus dem Dunst auf, faßt uns unter den Armen, schleift uns fort. Ich verliere den Boden unter den Füßen. Dann liege ich auf weißem Leinen, lang ausgestreckt. Nur schlafen, schlafen...

Bilder oben und rechte Seite: Bader alle tot; Hanne in Maulbronn; Wo ist Frau Brylla? Drei kurze Sätze, mit Kreide an Ruinen geschrieben, und doch erzählen sie drei sehr lange und unermeßlich traurige Geschichten; Geschichten, in denen sich die Wirklichkeit des Krieges besser widerspiegelt als in der bloßen Abfolge von Kampfhandlungen.

Bild links: Anfang 1940 hatte Göring (hier beim Besuch eines Jagdgeschwaders gegen Ende des Krieges) noch angekündigt, daß er Meier heißen wolle, wenn auch nur ein einziger feindlicher Bomber über Deutschland auftauchen würde. Kein Trost für die 590.000 deutschen Opfer des Bombenkrieges.

Anhang

US-Präsident Franklin Delano Roosevelt und der britische Premierminister Winston Churchill am 14. August 1941 an Bord des britischen Schlachtschiffes „Prince of Wales" vor der nordamerikanischen Küste. Hier und an diesem Tage wurde die berühmte „Atlantik-Charta" verkündet, die Absichtserklärung der westlichen Alliierten über die angestrebte internationale Friedensordnung nach Kriegsende.

Die Kriegsgefangenen

Maßgeblich für die Lebensbedingungen in Gefangenschaft und für die Behandlung der Kriegsgefangenen war im Zweiten Weltkrieg das Genfer Abkommen vom 27. Juli 1929, soweit die Kriegführenden diesem beigetreten waren. Daneben war die Haager Landkriegsordnung (HLKO) anzuwenden, vorausgesetzt, daß alle am Krieg beteiligten Staaten ihr unterworfen waren. Die UdSSR hatte das Genfer Abkommen nicht ratifiziert, und an die HLKO sah sie sich nicht gebunden, da sie sich von allen durch das Zarenreich geschlossenen Verträgen losgesagt hatte. Gleichwohl ließ sie nach Ausbruch des deutsch-sowjetischen Krieges der Reichsregierung u.a. über Schweden mitteilen (Note vom 17. Juli 1941), daß sie sich unter der Bedingung der Gegenseitigkeit an die HLKO halten werde. Diese Note wurde von Berlin nicht beantwortet. Nach der Kapitulation Deutschlands versuchten die westlichen Alliierten den Millionen »Kapitulationsgefangenen« den Gefangenen-Status vorzuenthalten, indem sie zwischen Gefangenen (Prisoners of War/POW) und entwaffnetem Militärpersonal (Disarmed Enemy Forces/DEF oder Surrendered Enemy Personal/SEP) unterschieden. Auf Intervention des Roten Kreuzes (IKRK) nahmen sie schließlich 1946 von dieser Differenzierung Abstand.

Die Organisation des Gefangenenwesens war bei den Kriegführenden im wesentlichen gleich. Bei nahezu allen Gewahrsamsmächten fiel die Zuständigkeit in den Bereich des Kriegs- oder Verteidigungsministeriums bzw. im Deutschen Reich in die des OKW. Ende 1945 wurde in der UdSSR das Gefangenenwesen dem Innenministerium und in Polen dem Justizministerium unterstellt.

Nach der Gefangennahme lieferte die Truppe die Gefangenen im allgemeinen in Sammellager ein, in denen sich manchmal über 100 000 Mann befanden (amerikan. Continental Central POW Enclosure; dt. Armee-Gefangenen-Sammelstellen). Von dort wurden sie nach kurzem Aufenthalt in Durchgangslager transportiert (amerikan. POW Transient Enclosure oder Distribution Enclosure; brit. Transit Camps; frz. Transit Dépôts; dt. Dulag). Nach Registrierung in diesen Lagern wurden die Gefangenen auf die eigentlichen Lager (amerikan. Internment Camps, seit Mitte 1943 Prisoner of War Camps; brit. Base Camps; frz. Dépôt des Troupes; dt. Stalag/ Mannschafts-Stammlager; sowjet. Uprawlenije/Lagergruppen mit einer Hauptverwaltung) im sogenannten Heimatgebiet verteilt, wobei die Offiziere von den Unterführern und Mannschaften in der Regel getrennt und in Offizierslagern (dt. Oflag) untergebracht waren. Bemerkenswert ist in diesem Zusammenhang, daß bis Anfang 1945 alle »US-owned POW« und etwa 175 000 »British-owned POW« in Lager in den USA und in Kanada verbracht wurden. Verschiedentlich gab es Lager für Generäle (z.B. Hawkshead in England oder Woikowo in der UdSSR)

Im Bericht der wissenschaftlichen Kommission der Bundesregierung zur Geschichte der deutschen Kriegsgefangenen des Zweiten Weltkrieges heißt es: „Elf Millionen deutsche Krigesgefangene befanden sich von den Kriegsjahren bis 1956, als die letzten heimkehrten, im Gewahrsam von mindestens 20 Staaten. Vom Polarkreis bis zu den Tropen und rund um den Erdball gab es Lager, in denen sie festgehalten wurden. Es gibt in der Zeitgeschichte keine durch gleiche Merkmale und gleiches Schicksal ausgezeichnete menschliche Gruppe, die nach Menge und räumlicher Streuung mit den deutschen Kriegsgefangenen verglichen werden könnte." **Bild linke Seite: deutsche Soldaten in britischer Kriegsgefangenschaft. Bild rechts: Hinter Stacheldraht spielten sich mitunter Tragödien ab.**

und weibliche Gefangene. Im Deutschen Reich unterhielten Luftwaffe (u.a. in Sagan) und Marine (u.a. Dulag Gotenhafen) eigene Lager; am Unterstellungsverhältnis zum OKW änderte sich dadurch nichts.
Politische Gründe machten vereinzelt die Einrichtung besonderer Lager erforderlich, etwa in den USA für »Rapid Nazis« (z.B. Alva/Oklahoma) und für »Anti-Nazis« (Fort Devens/Mass.), in Großbritannien die Reeducation(Umerziehungs)-Zentren (Wilton Park, Jugendlager Radwinter/Essex) sowie in der UdSSR die Antifa-Lagerschulen (z.B. Oranki und Juza, später Talica). Ferner existierten in allen Gewahrsamsstaaten reine Arbeitslager (Labor Camps) und Arbeitseinheiten (amerikan. Labor Service Companies oder Labor Detachments; dt. Gefangenen-Bau- und Arbeitsbataillone), die in der Regel selbständige Gefangenen-Einheiten waren. Den Lagern waren teilweise Lazarette angeschlossen; z.T. bestanden selbständige Hospitäler jeweils mit einem bestimmten Einzugsbereich. Letztlich unterhielten einige Länder noch Straflager, in denen abgeurteilte Gefangene einsaßen.
Für die Bewachung der Gefangenen war die Truppe zuständig. Für kleinere Arbeitskommandos verwendete man auch Hilfskräfte: in Frankreich auxiliaires étrangers/ausländische Hilfskräfte aus den Verschlepptenlagern, in Polen Miliz, in Deutschland Gendarmerie und Landwacht, in der UdSSR zeitweise Antifa-Aktivisten. In alliierte Gefangenschaft gerieten insgesamt 11,1 Millionen deutsche Soldaten, davon 3,8 Millionen in amerikanische, 3,7 Millionen in britische, 3,15 Millionen in sowjetische, 245 000 in französische und 194 000 in jugoslawische Gefangenschaft. Die USA gaben rund 700 000 Gefangene vor allem an Frankreich ab, Großbritannien lieferte 65 000 an Frankreich, Belgien und die Niederlande aus, aus der Sowjetunion gingen 25 000 an die Tschechoslowakei und 70 000 an Polen. Diese Praxis bezeichnete die »New York Times« am 1. Mai 1947 als »neuen Sklavenhandel«. Obwohl sich die Behandlung der deutschen Gefangenen in westalliiertem Gewahrsam nach den völkerrechtlichen

Nach sieben Wochen erbitterten Kampfes war den Amerikanern unter General Patton am 27. Juli 1944 der Durchbruch bei Avranches gelungen und damit der endgültige Sieg an der Invasionsfront errungen. Die Reste von elf deutschen Divisionen wurden eingekesselt und wenig später gefangengenommen (Bild oben).

Bilder linke Seite: Angehörige des Afrika-Korps bei ihrer Einschiffung auf der „Queen Mary" nach London (oben); deutsche Gefangene aus Frankreich auf der Überfahrt nach England bei der Entrostung der Aufbauten des Transportschiffs. Bild rechts: zum Straßenfegen eingeteilte deutsche Kriegsgefangene nach der Befreiung von Paris.

Vorschriften richtete, entsprach sie ihnen nicht immer, sondern hing ab von Zeitpunkt und Kriegsschauplatz der Gefangennahme. Die bis Anfang 1945 in amerikanische Gefangenschaft geratenen deutschen Soldaten in den USA wurden im großen und ganzen gut behandelt. Sie waren in Armee-Baracken und – je nach klimatischen Voraussetzungen – in Zelten untergebracht, die Verpflegung entsprach der des amerikanischen Heeres und wurde von den Gefangenen als gut und reichlich bezeichnet. Eine Verschlechterung nach der deutschen Kapitulation wurde auf Intervention des IKRK rasch behoben. Im Gegensatz hierzu war die Behandlung der Gefangenen im europäischen Raum – ausgenommen Italien – in der Endphase des Krieges problematisch: Siegesrausch, das Bekanntwerden der nationalsozialistischen Verbrechen und die These von der Kollektivschuld des deutschen Volkes führten bereits bei

Bild oben: Auf den „Straßen des Führers" ziehen sie zu Hunderttausenden in die Kriegsgefangenschaft. Bild links: Blick auf das amerikanische Kriegsgefangenenlager 404 bei Ludwigshafen am Rhein. Ein Gefangener berichtet: „Wir lebten dort fünf Monate lang im Freien, ohne Zelt, ohne Decken, ich hatte noch nicht einmal einen Mantel. Wir schliefen immer auf dem Boden, Mann an Mann. Das Essen ein Minimum, unter anderem Sauerkrautsuppe. Fünf Monate auf der Erde schlafen ohne die Wäsche wechseln zu können, die Strümpfe faulten in den Stiefeln."

der Gefangennahme und später bei den Vernehmungen wegen eventueller Kriegsverbrechen häufig zu Unkorrektheiten und Übergriffen von US-Soldaten. Zudem waren die Lebensbedingungen in den Lagern schlecht. Namentlich in den kurz vor und nach der Kapitulation auf deutschem Gebiet errichteten Lagern, vor allem den sogenannten Rheinwiesenlagern in der amerikanischen und der französischen Besatzungszone, war die Versorgung und Unterbringung in hohem Maße mangelhaft, manchmal sogar katastrophal. Hunderttausende lagen oft wochenlang auf freiem Feld in den auch »Wired-in-Fields-Enclosures« genannten Durchgangslagern, anfangs nahezu ohne, später ohne ausreichende Verpflegung, wobei die geringen Rationen oft noch durch Korruption der deutschen Verwaltung gemindert wurden. Ursache für diese mißliche Situation waren allerdings nicht Böswilligkeiten, sondern Organisationsprobleme, mit denen das US-Quartermaster Corps infolge des massenhaften Zustroms von Gefangenen bei Kriegsende zu kämpfen hatte. Glück hatte, wer in kleinere Lager zur Arbeit für die US-Armee verlegt wurde. Aufsehen und Empörung erregte im Mai 1945 die Überlassung von 135 000 in der Tschechoslowakei von den Amerikanern festgehaltenen Gefangenen der Heeresgruppe Mitte an die Rote Armee. Als offizielle Begründung diente eine alliierte Vereinbarung, nach der die deutschen Verbände gegenüber der Macht zu kapitulieren hätten, gegen die sie zuletzt gekämpft hatten. Einen Ausweg fanden die Angloamerikaner dagegen an der Elbe. Dort weigerten sie sich zwar, die Kapitulation der 12. Armee Wenck entgegenzunehmen, gestatteten jedoch die Unterwerfung »einzelner Soldaten«. So konnten bis zu 100 000 Mann vor sowjetischer Gefangenschaft bewahrt werden.

Die Behandlung der Gefangenen in britischem Gewahrsam entsprach im allgemeinen den internationalen Vereinbarungen. Verstöße hiergegen finden sich verschiedentlich bei der Gefangennahme, insbesondere in der Kapitulationsphase und später in den Sammellagern Belgiens (z.B. Overijse/Brabant). Auch wurden Gefangene beim Deutschen Minenräumdienst eingesetzt, der nach dem Krieg in der Nord- und Ostsee Minen unschädlich machen mußte. Die Gefangenen der Briten waren in zahlreichen Ländern von Australien bis Zypern, Norwegen bis Italien untergebracht. Die Masse der Kapitulations-Gefangenen lag jedoch in 5 Internierungsräumen in Nord- bzw. Nordwestdeutschland. In England waren die Gefangenen meist in Baracken und »Nissenhütten« (halbzylinderförmige Hütten aus Wellblech) untergebracht. Die Offiziere befanden sich überwiegend auf Land- und Herrensitzen. In den anderen Ländern richteten sich die Unterkünfte im wesentlichen nach dem Klima. Die Unterbringung in den deutschen Internierungsräumen überließen die Briten den Gefangenen selbst.

Die Verpflegung in britischer Gefangenschaft war in den außereuropäischen Ländern während des Krieges gut und reichlich; in Europa entsprach sie der jeweiligen kriegsbedingten Ernährungslage. Nach der Kapitulation kam es wie in den USA nahezu überall zu drastischer Kürzung der Verpflegungssätze, die seit Herbst 1945 – Ausnahme Belgien – wieder anstiegen. In den deutschen Internierungsräumen versuchten die Engländer durch rasche Entlassung der Gefangenen die Versorgungsprobleme zu umgehen, so daß bald nur noch als große Lager Munsterlager und Eselsheide bestanden. Letzteres wurde im Herbst 1946 Civil Internment Camp (CIC), d.h., Lager für Kriegsverbrecher. Ein Teil der Gefangenen wurde in sogenannte Dienstgruppen überführt. Nach Auflösung dieser Einheiten am 1. 8. 1947 wurden vornehmlich die aus dem deutschen Osten stammenden Gefangenen, die nicht nach Hause konnten oder wollten, in die German Civil Labour Organisation übernommen.

Die Behandlung der deutschen Gefangenen in französischem Gewahrsam war durch die ungünstigen Lebensverhältnisse im kriegsgezeichneten Frankreich und die jahrelang aufgestaute Erbitterung der Bevölkerung über die deutschen Besatzer geprägt; lange Zeit war sie in vieler Hinsicht nicht dem Genfer Abkommen angemessen. Die Lebensbedingungen in den Lagern und den Arbeitskommandos waren äußerst schlecht. Wegen der Kriegsschäden standen zur Unterbringung anfangs relativ wenige intakte Behausungen zur Verfügung; Material zur Ausbesserung oder für Neubauten fehlte. Das größte Übel aber war die völlig unzureichende Ernährung, und nur die Hilfe der USA und des Internationalen Roten Kreuzes (IKRK) verhinderte eine Katastrophe. Washington schlug daher zunächst den Wunsch Frankreichs nach Überlassung von 660 000 deutschen Gefangenen für den Wiederaufbau ab; erst als Frankreich versicherte, die angeforderten Gefangenen versorgen zu können, kam es zu schubweiser Übergabe.

Die schlechte Ernährung und Unterbringung beeinträchtigte die Gesundheit der Gefangenen in bedrohlichem Maße. Internationale Hilfsorganisationen waren unermüdlich bestrebt, mit Lebensmitteln und Medikamenten das Schlimmste zu verhindern. Trotz der Mängel nämlich hatten die Gefangenen beim Wiederaufbau, im Bergbau und in der Landwirtschaft Schwerstarbeit zu leisten. Als Ausweg aus der mißlichen Lage sahen viele Gefangene nur den Eintritt in die Fremdenlegion oder die Flucht. Insgesamt sind nach französischen Angaben 171 029 Fluchtversuche unternommen worden, von denen 81 500 erfolgreich waren. Seit 1947 entspannte sich die Lage allmählich.

Besser ging es den Gefangenen in den Benelux-Staaten. Zwar ergaben sich anfangs immer wieder Schwierigkeiten, die Behörden waren jedoch bemüht, schnell Abhilfe zu schaffen. Eine Sonderstellung nahmen die Gefangenen ein, die zum Minenräumen eingesetzt waren. Am härtesten traf das Schicksal die deutschen Soldaten in sowjetischer Hand. In den ersten Monaten nach dem deutschen Einfall in die UdSSR wurden sie häufig auf Befehl von Kommissaren unmittelbar nach der Gefangennahme erschossen, was offensichtlich auf den deutschen Kommissarbefehl (Hitlers Anordnung vom 6. Juni 1941, die politischen Kommissare der Roten Armee noch auf dem Gefechtsfeld zu »erledigen«) zurückzuführen war. Die Ausschreitungen hörten erst auf, als die Erschießungen unter Strafandrohung verboten wurden. Der Leidensweg der

667

richtung von geeigneten Baracken oder Steingebäuden übergehen. Das größte Problem aber war auch hier die Verpflegung, die bei ohnehin katastrophaler Ernährungslage in der Sowjetunion wegen des Krieges und infolge von Mißernten von der Arbeitsleistung abhängig war. Diese wieder sank rapide wegen der unzureichenden Ernährung. Zeitweise bestand die Nahrung – auch in den OK-Kompanien (für kranke und körperlich schwache Gefangene), in den sogenannten Erholungslagern und Lazaretten – entweder aus Hafer oder Graupen, Hirse, Kleie und Kraut (Kapusta) in Form von Brei (Kascha) oder Suppe, wobei es wochen- und monatelang in vielen Lagern die gleiche Grundnahrung gab.

Die Zuteilung von Brot, das manchmal wegen zu hohen Wassergehalts und Zusätzen zur Streckung nicht eßbar war, betrug zwischen 470 und 670 Gramm täglich. Im Sommer wurden die Suppen von den Gefangenen mit Pflanzen angereichert, was verschiedentlich zu Vergiftungen mit Todesfolge führte. Eine zusätzliche Nahrungsquelle war die Verwertung von Abfällen (z.B. Fischköpfen, Kartoffelschalen) sowie Hunde- und Katzenfleisch (was z.B. in Stalingrad/Holzkommando, Sewastopol/Bahnhofslager, Tallin, Dubowka, Brjansk vorkam). In einzelnen Lagern führte der Hunger auch zu Kannibalismus. Die ungenügende Verpflegung wurde nicht selten noch durch Korruption der sowjetischen Lagerführung oder der deutschen Lagerleitung geschmälert. Bei Aufdeckung solcher Mißstände griffen die sowjetischen Behörden – auch gegen ihre eigenen Leute – hart durch; Verurteilungen zu langjähriger Zwangsarbeit waren nicht selten. Die schlechte Ernährungslage führte im übrigen immer wieder zu Spitzeldiensten von Gefangenen für den Geheimdienst oder die Antifa-Aktivisten. Gegen Versprechungen von Sonderzuteilungen an Brot und Suppe ließen sich manche Gefangene anwerben, weswegen es zuweilen zu Fememorden an den Schwachgewordenen kam (z.B. in Swerdlowsk und Walga).

Die Lebensbedingungen in den Gefangenen-Lagern der UdSSR normalisierten sich seit etwa 1948. Abgesehen von

Während die Westmächte bereits bis Ende 1948 die letzten deutschen Kriegsgefangenen entlassen hatten, hielt die Sowjetunion noch immer Hunderttausende Gefangene zurück. Erst 1955, nach dem Moskau-Besuch von Bundeskanzlers Konrad Adenauer und der Aufnahme diplomatischer Beziehungen zwischen der UdSSR und der Bundesrepublik, kehrten die letzten Kriegsgefangenen in ihre Heimat zurück.

Bild linke Seite: „Ist auch mein Mann dabei?" - Bild oben: „Du bist mein Papi!" Eine von den rührenden Szenen, die sich beim ersten Wiedersehen der Familienmitglieder der Spätheimkehrer zugetragen haben.

überlebenden Gefangenen begann auf dem Marsch in die Sammellager. Ohne ärztliche Versorgung und ohne Verpflegung waren sie tage-, manchmal wochenlang unterwegs, wobei sie mit fortschreitender Kriegsdauer ohnehin meist geschwächt in Gefangenschaft gegangen waren. Bei den schlechten Lebensbedingungen in den Lagern kam es dann zuweilen zu regelrechtem Massensterben.

Die Unterbringung war in der ersten Zeit sehr mangelhaft. Da die Gefangenen in den zerstörten Städten und Ortschaften zum Wiederaufbau eingesetzt waren, standen zunächst überwiegend nur beschädigte Gebäude, Bunker, primitive Baracken und Zelte als Unterkünfte zur Verfügung, die in den Wintermonaten wegen Ofen- und Brennstoffmangels meist kalt blieben. Durchweg erst im letzten Kriegsjahr konnte man zur Er-

einer besseren Versorgung wurden die Gefangenen jetzt für ihre Arbeit regelmäßig entlohnt und konnten in Kantinen und von der Bevölkerung, deren Ernährung in den Kriegsjahren kaum besser war als die der Gefangenen, zusätzlich Lebensmittel kaufen.

Ähnlich wie die Gefangenen in der Sowjetunion wurden ihre Kameraden in Jugoslawien, Polen und in der Tschechoslowakei behandelt. Mit Unterstützung internationaler Hilfsorganisationen gelang dort die Verbesserung der Lage im Lauf des Jahres 1946; von 1947 an konnte sie als erträglich angesehen werden.

Auf Heimkehr mußten viele Gefangene jahrelang warten, namentlich die im Gewahrsam der UdSSR, die z.T. erst 1955 nach dem Adenauer-Besuch in Moskau repatriiert wurden. So erlebte ein großer Teil der Gefangenen die Entlassung aus der Gefangenschaft nicht mehr. Es starben in den einzelnen Gewahrsamsstaaten: USA 5028, Großbritannien 1254, Frankreich 21 886, UdSSR 1,1 Millionen (nach Schätzungen), Belgien 450, Jugoslawien rd. 80 000 (nach jugoslawischen Angaben 6215), Luxemburg 15, Niederlande 210, Polen mindestens 7217 und Tschechoslowakei 1250 (Schätzung). Dieses Schicksal teilten Millionen alliierter Gefangener in deutschem Gewahrsam. Allein von den etwa 5,3 Millionen Angehörigen der Roten Armee, die in deutsche Kriegsgefangenschaft gerieten, kamen dort nachweislich mindestens 2,53 Millionen ums Leben.

Konrad Adenauer mit Bulganin und Chruschtschow 1955 in Moskau (Bild oben). Sichtbares Ergebnis von Adenauers Moskau-Besuch war die Heimkehr von 10.000 Kriegsgefangenen. Des Bundeskanzlers Ansehen stieg dadurch gewaltig; noch 1967, also zwölf Jahre danach, nannten bei Meinungsumfragen drei Viertel der Befragten als seine größte Leistung die Heimführung der Kriegsgefangenen. Bild unten: Auch ihn brachte Adenauer mit nach Deutschland zurück. Bild rechte Seite: Tränen im Durchgangslager Friedland.

Die „Endlösung"

Der Begriff Endlösung der Judenfrage hatte im nationalsozialistischen Sprachgebrauch nicht von Anfang an (erste Belege: Eichmann-Notiz vom 12. März 1941 und RSHA-Befehl vom 29. Mai 1941) die Bedeutung »physische Vernichtung« der Juden. Schon in der antisemitischen Diskussion der Jahrhundertwende war eine »Lösung« der Judenfrage gefordert worden im Sinne einer rechtlichen Sonderstellung (Fremdengesetzgebung) oder allenfalls einer Ausweisung der Juden. Die nationalsozialistische Radikalisierung zu einer »Endlösung« wies zunächst nicht wesentlich darüber hinaus, nahm aber in Richtung Aussiedlung (z.B. nach Madagaskar, Bildung von Judenreservaten im Osten) konkretere und brutalere Formen an. Wann sich Hitler dann zur Vernichtung der Juden, wie in der Reichstagsrede vom 30. Januar 1939 rhetorisch angedroht, entschloß und wann er erste Befehle dazu gab, ist nicht mehr exakt festzustellen. Im Lauf der Vorbereitungen des Rußlandfeldzuges aber häufen sich die Anhaltspunkte für die stufenweise Fixierung auf eine Endlösung im tödlichen Sinn bis hin zum schriftlich nicht fixierten allgemeinen Vernichtungsbefehl.

Zu den ersten umfangreichen, gegen das Leben der Juden gerichteten Aktionen kam es mit Beginn des Angriffs auf die Sowjetunion (22. Juni 1941). SD-Chef Heydrich gab den ihm unterstellten Einsatzgruppen den Befehl, in den neu zu besetzenden Gebieten »spontane« Pogrome auszulösen, zu intensivieren und in die »richtigen« Bahnen zu lenken. Er ordnete ferner an, Juden in Partei- und Staatsstellungen zu exekutieren. Insbesondere in den von der Wehrmacht besetzten baltischen Staaten und in der Ukraine kam es zu zahlreichen Pogromen, die zum Tod einer Vielzahl von Juden führten. Darüber hinaus wurden aus »Sicherheitsgründen« oder aus »Vergeltung« für den Ju-

den angelastete Vorfälle vorwiegend jüdische Männer massenweise erschossen. Ungefähr von August 1941 an bezog man alle Juden in die Vernichtungsmaßnahmen der »Endlösung« ein, »um keine Rächer entstehen zu lassen«, wie Einsatzgruppenführer ihren Untergebenen erklärten. Neben den Einsatzgruppen führten Polizeieinheiten Vernichtungsaktionen durch. Im allgemeinen handelten sie auf Befehl der Höheren SS- und Polizeiführer. Unterstützung fanden Einsatzgruppen und Polizeiverbände verschiedentlich durch Wehrmachtseinheiten oder -dienststellen, die vor allem Lastwagen zum Abtransport der Juden zu den Exekutionsstätten zur Verfügung stellten.

Das Ausmaß der Vernichtungsaktionen ergibt sich aus den Ereignismeldungen und einzelnen erhalten gebliebenen Berichten der den Einsatzgruppen unterstehenden Einsatz-(EK) bzw. Sonderkommandos (SK). So erschoß zum Beispiel das EK 3 der Einsatzgruppe A nach einem Bericht vom 1. Dezember 1941 im »befreiten« Litauen und teilweise im Raum Minsk von Anfang Juli bis zum Berichtstag 133 346 Juden. Weitere 4000 wurden vor Übernahme der »sicherheitspolizeilichen« Aufgaben durch das EK 3 im Laufe von Pogromen der einheimischen Miliz getötet. Der Berichterstatter, SS-Standartenführer Jäger, stellte abschließend fest, »daß das Ziel, das Judenproblem für Litauen zu lösen,... erreicht worden ist. In Litauen gibt es jetzt keine Juden mehr, außer den Arbeitsjuden... Diese... wollte ich ebenfalls umlegen, was mir jedoch scharfe Kampfansage der Zivilverwaltung und der Wehrmacht eintrug«. Die größten Einzelaktionen führte das SK 4 a der Einsatzgruppe C unter SS-Standartenführer Blobel durch (u.a. das Massaker von Babi-Yar in der Ukraine, bei dem 33 771 jüdische Männer, Frauen und Kinder ermordet wurden). Im Spätherbst 1941 stellte das

Reichssicherheitshauptamt (RSHA) den Einsatzgruppen Gaswagen zur Tötung von Juden und anderen »potentiellen Gegnern« zur Verfügung. Diese mobilen Gaskammern wurden im allgemeinen bei der Durchführung »kleiner« Vernichtungsaktionen eingesetzt, namentlich bei der »Räumung« kleiner Gettos und von Gefängnissen.

Als die Vernichtungsaktionen der Einsatzgruppen bereits liefen, beauftragte Göring Heydrich am 31. Juli 1941, einen Entwurf »zur Durchführung der angestrebten »Endlösung der Judenfrage« vorzulegen« und alle Vorbereitungen dafür im deutschen Einflußbereich in Europa zu treffen. Nach Fertigstellung des Planes lud Heydrich Vertreter von an der Mitwirkung notwendigen Ministerien und Behörden zum 20. Januar 1942 nach Berlin (»Wannsee-Konferenz«) ein, um dessen Durchführung sicherzustellen. Inhalt des Planes war im wesentlichen, die Juden im Osten zum Arbeitseinsatz zu bringen und sie durch Ausbeutung der Arbeitskraft zu dezimieren. Der »verbleibende Restbestand« sollte »entsprechend behandelt werden«. Vorgesehen war, die Juden zunächst in »Durchgangsgettos« zu transportieren und von dort weiter in den Osten abzuschieben.

Mit der Deportation der deutschen Juden hatte man bereits im Oktober 1941 begonnen. Sie waren hauptsächlich in die Gettos Riga, Minsk und Lodz (Litzmannstadt) verbracht worden, die bei Beginn der Aussiedlung der Juden aus dem Reich teilweise »geräumt« worden waren, d.h., die einheimischen Gettobewohner waren von Angehörigen der Einsatzgruppen – nicht selten unter Mithilfe örtlicher Milizeinheiten – liquidiert worden. Sofern am Bestimmungsort eine Unterbringungsmöglichkeit noch nicht gegeben war, wurden die deportierten deutschen Juden sofort erschossen. Manchmal kam es auch nach der Ankunft zur Aussonderung der arbeitsunfähigen Juden, die unmittelbar nach der Selektion ermordet wurden. Von dem 19. Berliner Osttransport nach Riga mit etwa 1500 Männern, Frauen und Kindern wurden beispielsweise nur 60 arbeitsfähige Männer von der sofortigen Vernichtung ausgenommen. Trotz der angespannten Kriegslage und des dringend benötigten Transportraumes rollten laufend Transporte aus dem Reich und dem Protektorat Böhmen und Mähren in die besetzten Ostgebiete. Allein von Berlin fuhren vom 18. Oktober 1941 bis Ende Oktober 1942 mindestens 22 Transportzüge mit wenigstens 13 000 Juden nach Lodz, Minsk, Kowno, Riga, Trawniki und Reval.

Im Zuge der Vorbereitungen zur »Endlösung« wählte man geeignete Stätten zur Vernichtung der Juden aus; Himmler entschied sich für das KZ Auschwitz. Er beauftragte (vermutlich) im August 1941 den (ersten) Kommandanten, SS-Obersturmbannführer Rudolf Höß, Voraussetzungen für Massentötungen zu schaffen. Nach Besprechung mit dem Leiter des Referats IV B 4 (später IV A 4) »Judenangelegenheiten« im RSHA, SS-Obersturmbannführer Adolf Eichmann, kam man zu dem Entschluß, als Tötungsmittel Gas zu verwenden. Höß ließ ein im Bereich des späteren Lagers Auschwitz II (Birkenau) liegendes Bauernhaus für Vergasungen umbauen und begann mit Probevergasungen in den Arrestzellen des Blocks 11 und in der »Leichenhalle« des (alten) Lagerkrematoriums. Inzwischen waren in einem anderen Lager die Vorbereitungen für Massenvergasungen abgeschlossen: Von Dezember 1941 an ermordete in Kulmhof (poln. Chelmno) ein SK unter dem SS-Hauptsturmführer Lange und seinem Nachfolger SS-Hauptsturmführer Bothmann Juden, die überwiegend aus dem Warthegau und dem Getto Lodz dorthin transportiert worden waren. Die Tötung (bis März 1943 insgesamt 145 500 und 1944 noch einmal vermutlich mindestens 25 000 Juden) erfolgte nach einer Methode, die man beim Euthanasie-Programm, der massenhaften Ermordung von Geisteskranken und körperlich Behinderten, angewandt hatte: Vergasung mittels Kohlenmonoxyd, aller-

dings nicht in Gaskammern, sondern in Gaswagen. In Auschwitz wurde das Blausäurepräparat Zyklon B verwendet, das nach Ansicht von Höß den Tod schneller herbeiführte und auch sicherer schien.

Etwa Ende 1941 war die Vergasungsanstalt in Auschwitz-Birkenau (sogenannter Bunker 1) fertiggestellt. Seit Anfang 1942 trafen laufend größere Transportzüge mit Juden ein, zunächst aus Ostoberschlesien, den angrenzenden Teilen des Generalgouvernements, dem Reich und dem Protektorat Böhmen und Mähren, später aus den von der Wehrmacht besetzten Gebieten und den unter deutschem Einfluß stehenden europäischen Ländern von Frankreich bis Rumänien. Bei der Ankunft in Auschwitz wurden die Juden selektiert: Die arbeitsfähigen – um 10 bis 15 % eines Transportes – kamen zum Arbeitseinsatz in SS-eigene Produktionsstätten und andere im allgemeinen in der Nähe des KZ befindliche Betriebe; die arbeitsunfähigen wurden vergast. Verschiedentlich wurden auch ganze Transporte sofort getötet, ohne daß vorher eine Selektion stattfand. Infolge der zunehmenden Zahl von Deportationszügen wurden zusätzlich Gaskammern gebaut. In Birkenau (Auschwitz II) bestanden schließlich 5 Vergasungsanlagen. Bei einem Aufstand sprengten Häftlinge am 7. Oktober 1944 eine Anlage; die noch bestehenden Anlagen wurden von Ende November 1944 an mit einer Ausnahme von der SS demontiert, die letzte im Januar 1945 kurz vor Aufgabe des Lagers zerstört. Die Anzahl der in Auschwitz getöteten Juden kann nicht annähernd festgestellt werden, da sichere Erkenntnisse fehlen. Fest steht jedoch, daß allein von Mai bis Oktober 1944, als in großem Umfang ungarische Juden nach Auschwitz deportiert wurden, mehr als 500 000 Menschen umkamen.

Da von vornherein abzusehen war, daß für die Vernichtung der europäischen Juden Kulmhof und Auschwitz nicht ausreichen würden, wurden für die »Sonderbehandlung« der weit über 2 Millionen im Generalgouvernement lebenden Juden 3 weitere Lager errichtet: Belzec (an der südöstlichen Grenze des Distrikts Lublin), Sobibor (an der

östlichen Grenze des Distrikts Lublin) und Treblinka (nordöstlich von Warschau). Die »Umsiedlung« der Juden in diese Lager lief unter dem Decknamen »Aktion Reinhard« (nach dem Ende Mai 1942 einem Attentat zum Opfer gefallenen Reinhard Heydrich). Sie wurde vom SS- und Polizeiführer im Distrikt Lublin, SS-Brigadeführer Odilo Globocnik, geleitet. Die Tötung der Menschen erfolgte in allen Lagern überwiegend durch Abgase aus Kfz- bzw. Panzermotoren.

Anfang März 1942 war Belzec einsatzbereit. Am 17. März 1942 begann man mit dem Abtransport der Juden aus Lublin. In Sobibor trafen die ersten Transporte im Mai 1942 ein. Treblinka wurde als letztes Lager in Betrieb genommen (23. Juli 1942). Die Lager waren als reine Vernichtungsstätten geplant. Nach der Ankunft wurden die Juden sofort in die Gaskammern getrieben und dort getötet. Selektionen kamen nur vor, wenn für bestimmte Verrichtungen Handwerker benötigt wurden oder z.B. die »Aufräumungs- bzw. Leichenkommandos« ausgewechselt, d.h., ermordete Helfer ersetzt werden mußten.

Die »Umsiedlung« der Juden aus den einzelnen Distrikten des Generalgouvernements in die Vernichtungslager stieß kriegsbedingt auf Transportschwierigkeiten. Im Sommer 1942 kam es zu Zeiten der Stagnation, die die SS nutzte, um die Aufnahmekapazität der Gaskammern zu erweitern. Nach dem Umbau konnten die Gaskammern in Belzec 1500 (vorher bis 150), Treblinka 4000 (vorher 600) und Sobibor 1200 bis 1300 (vorher bis 200) Menschen fassen. Seit Anfang August 1942 lief die Vernichtungsmaschinerie wieder auf Hochtouren. Allen Lagern wurden im übrigen verschiedentlich Transporte aus dem Reich und anderen Ländern zugeführt.

Ende 1942 war der größte Teil der jüdischen Bevölkerung des Generalgouvernements ermordet, so daß man beschloß, die Lager aufzulösen. Vorher mußten jedoch die Spuren der Morde beseitigt werden. Die in großen Massengräbern liegenden Opfer (allein in Treblinka mindestens 700 000) wurden durch »Arbeitsjuden« exhumiert und in

Tag- und Nachtarbeit verbrannt. In Belzec war diese Tätigkeit bis März 1943 abgeschlossen; in Sobibor und Treblinka nahm sie mehr Zeit in Anspruch, weil einige Gettos wegen der Weigerung deutscher Firmen, ihre jüdischen Arbeiter herauszugeben, nicht in der vorgesehenen Zeit geräumt wurden oder weil es dort zu Widerstand, dem ersten in 2000 Jahren jüdischer Leidensgeschichte, kam. So wagte am 19. April 1943 eine Kampforganisation von ca. 1500 Männern und Frauen im Warschauer Getto einen Aufstand, der erst Mitte Mai durch Einheiten unter SS-Brigadeführer Jürgen Stroop niedergeschlagen wurde. Aufstände von Häftlingen in Treblinka (2. August 1943) und Sobibor (14. Oktober 1943) beschleunigten schließlich die Auflösung dieser Lager. Sie wurden dem Erdboden gleichgemacht und die »Arbeitsjuden« getötet. Mit Schreiben vom 4. November 1943 meldete Globocnik Himmler: »Ich habe mit 19. Oktober 1943 die Aktion Reinhard, die ich im Generalgouvernement geführt habe, abgeschlossen und alle Lager aufgelöst.« Nach vorsichtiger Schätzung sind der Aktion mindestens 1,75 Millionen Juden zum Opfer gefallen.

Von der Aktion »Reinhard« waren die Juden nicht erfaßt worden, die in kriegswichtigen Betrieben arbeiteten. Sie lebten nach der Liquidierung der Gettos – mit Ausnahme von Lodz – in Arbeitslagern der SS-eigenen oder privaten Betriebe. Gegen Ende der Aktion »Reinhard« stellte sich heraus, daß im Distrikt Lublin mehr Juden von der Vernichtung zurückgestellt worden waren, als zum Arbeitseinsatz benötigt wurden. Zur Beschleunigung der Durchführung der Endlösung und aus Gründen der »Sicherheit« beschloß man, diese Juden zu »dezimieren«. Anfang November 1943 wurden Juden aus Lublin und den Lagern der Umgebung in das (zeitweise) als Vernichtungslager verwendete KZ Maidanek verbracht und mit den noch dort befindlichen Juden erschossen. Die Anzahl der Opfer belief sich auf mindestens 17 000. Erschießungen in großem Umfang wurden ferner in den Lagern Poniatowo und Trawniki durchgeführt.

Als die Rote Armee in Polen eindrang,
gab der Befehlshaber der Sicherheitspolizei und des SD im Generalgouvernement, SS-Oberführer Schöngarth, am 20. Juli 1944 den Befehl, die Lager zu räumen. Für die Juden bedeutete das im allgemeinen die Deportation nach Auschwitz, sofern sie nicht bereits vorher in ein Lager des Reichsgebietes verbracht worden waren. Die Auflösung des Gettos Lodz erfolgte Ende August/Anfang September 1944. Am 21. August befanden sich dort noch mindestens 62 000 Juden. Kurze Zeit später waren nahezu alle auf dem Wege nach Auschwitz, in Lager im Reich oder nach Kulmhof, wo für einige Monate noch einmal die Vernichtungsmaschinerie in Gang gesetzt worden war.

In den besetzten Teilen der UdSSR und im Baltikum lebten trotz der anfänglichen »Säuberungsaktionen« der Einsatzgruppen noch zahlreiche Juden. Viele vor den Mordkommandos der SS geflüchtete Juden waren nach den Massakern in die Städte und Dörfer in dem Glauben zurückgekehrt, daß die Verfolgungsmaßnahmen vorbei seien. Im übrigen hatten die Einsatzgruppen nicht überall »Bereinigungsaktionen« durchführen können. Durch den schnellen Vormarsch der Truppe hatten sie dauernd ihren Standort gewechselt, um den Heeresverbänden zu folgen. Nach Einführung der Zivilverwaltung in den besetzten Ostgebieten wurde die Gettoisierung betrieben. Schon im August 1941 bestanden Gettos in Libau, Dünaburg, Wilna, Kowno und Minsk. Bald darauf liefen erneut Tötungsaktionen an, die häufig mit Hilfe der den Höheren SS- und Polizeiführern unterstellten Polizeiverbände und gebietsweise der einheimischen Miliz durchgeführt wurden. Im Oktober 1942 befahl Himmler persönlich die Liquidierung des letzten großen Gettos im Reichskommissariat Ukraine (Pinsk). Ende 1942 war die Ukraine im wesentlichen »judenfrei«.

Im Reichskommissariat Ostland konnten die Gettoisierungen nicht so schnell durchgeführt werden. Zwar fanden bereits im Herbst 1941 Massenerschießungen von Gettobewohnern statt; die Gettos wurden jedoch immer wieder mit Juden aus dem Reich und anderen Ländern aufgefüllt. Hinzu kam, daß
sich in einigen Gebieten die deutsche Zivilverwaltung und die Wehrmacht – im allgemeinen aus wirtschaftlichen Gründen – den Vernichtungsmaßnahmen entgegenstellten. Seit Ende Oktober 1942 begann man schließlich, nach umfangreichen Selektionen die Gettos in Lager umzuwandeln oder die als arbeitsfähig Selektierten in bereits bestehende Lager zu überführen. Als die Rote Armee näher rückte, schob die SS einen Teil der Überlebenden in Lager des Reichsgebietes und nach Auschwitz ab; die restlichen wurden an Ort und Stelle erschossen. Wie bei der Auflösung der Vernichtungslager war man vor Aufgabe der Gebiete noch bemüht, die Massengräber zu beseitigen.

Die genaue Anzahl der im Rahmen der »Endlösung« ums Leben gekommenen Juden läßt sich nicht feststellen. Aus erhalten gebliebenen Berichten über die Tötungsaktionen der Einsatzgruppen und anderer Einheiten, Transportlisten in die Vernichtungslager, Statistiken über die bei Beginn der Aktionen in den Gebieten lebenden Juden in Verbindung mit Rückmeldungen nach dem Kriege u.a. ist davon auszugehen, daß rund 5 Millionen Juden ermordet worden oder infolge der Lebensverhältnisse in den Lagern verstorben sind. Wie viele von ihnen hätten gerettet werden können, wenn die Alliierten zu systematischen Bombardierungen der Zufahrtswege, insbesondere nach Auschwitz, übergegangen wären, ist neuerdings – zuweilen aus untauglichen Gründen der Zuweisung von Mitschuld – viel erörtert worden. Eine Antwort ist nicht möglich. Die Alliierten handelten nach Roosevelts Devise, daß allen Verfolgten am besten geholfen würde durch Konzentration aller Mittel auf eine Beschleunigung des Sieges über Hitler.

Der militärische Widerstand

Jede Würdigung des militärischen Widerstands ist mit Zwiespältigkeiten belastet, auch wenn die Hochachtung vor der sittlichen Tat und dem persönlichen Opfer außer Frage steht. Der Komplex enthält zu viel Widerstreitendes, zu viel Ambivalenz, als daß Urteile von gradliniger Unbedingtheit zu erwarten wären.

Die Gegner Hitlers waren weit überwiegend zunächst Parteigänger gewesen. Sie stießen sich als Konservative zwar an den Vulgärformen des Nationalsozialismus und fanden wohl auch Hitlers freimütig bekundete Fernziele, soweit sie ernst genommen wurden, als unangemessen; sie übersahen dies aber, weil das Wieder-wehrhaft-Werden und die Revisionen des Versailler Zwangsvertrages, worauf Hitler zielstrebig zusteuerte, national erstrebenswert erschienen. So wird verständlich, daß die meisten unter den Reichswehr-Angehörigen die Weimarer Republik abgelehnt und Hitlers Aufkommen begrüßt hatten. Und selbst die Massaker der Röhm-Affäre 1934 stießen reichswehrintern kaum auf Unwillen, ja wurden insgeheim sogar gefördert, weil die Entmachtung der SA den Anspruch sicherte, der eigentliche Waffenträger der Nation zu bleiben.

Die Diskussion um den Widerstand gegen das Unrechtsregime mußte in sich selber das umstrittene Grundproblem des Widerstandsrechtes und des Tyrannenmordes bewältigen, verschärft durch den speziell militärischen Loyalitätskonflikt zwischen Eid und Gewissen (Hitler hatte zudem nach Hindenburgs Tod die traditionelle Eidesformel »Volk und Vaterland« auf den »Führer des Deutschen Reiches« umgeprägt und so personalisiert). Im Gedankenkomplex des Widerstands erwachte ältestes deutsches Rechtsempfinden des »Gefolgsmannes« gegen den »ungetreuen Lehnsherrn«. Das Widerstandsrecht war konstitutiver Teil des mittelalterlichen Rechtsdenkens, in der Neuzeit erst zurückgetreten gegenüber dem lutherischen Obrigkeitsbegriff und dem wiederentdeckten Römischen Recht. Wie weit Widerstand reichen darf, bleibt freilich immer strittig. Hier hinein gehört der neuzeitliche Abgrenzungsstreit: Muß Widerstand auf Hochverrat, selbst mit äußersten Konsequenzen, beschränkt bleiben, oder darf er notfalls bis zum Landesverrat reichen? Wir haben ferner, unter den Hauptthemen der »Ambivalenz«, auch mit der Schwierigkeit zu tun, daß die Leitvorstellungen der Widerständler überwiegend autoritär waren. Ihre Zielsetzungen standen durchweg heutigem demokratischem Staatsdenken entgegen, so daß die Anerkennung des Widerstands an sich nicht zugleich seine inhaltlichen Alternativen wertschätzen muß.

Die Geschichte des militärischen Widerstands kann chronologisch dreigeteilt werden: 1) die Zeit bis zum Krieg; 2) unerkannt gebliebene Anschläge vor dem 20. Juli 1944; 3) der Zwanzigste Juli.

1) Während die Militärs im allgemeinen Hitlers Kanzlerschaft begrüßten, gab der höchste Soldat (nächst dem Reichspräsidenten und Oberbefehlshaber) intern seiner Gegnerschaft Ausdruck. Generaloberst Kurt von Hammerstein-Equord als Chef der Heeresleitung hatte zuvor bei Hindenburg gegen die Berufung Hitlers interveniert, doch überwogen bei jenem unter Schwanken die gegenläufigen Einflußnahmen. Hammerstein trat nach einem Jahr nationalsozialistischer Herrschaft zurück. Ihm folgte auf seinem Posten General Werner von Fritsch, dessen Dienststellung 1935 in »Oberbefehlshaber des Heeres« umbenannt wurde. Fritsch unterstützte anfänglich Hitlers außenpolitischen Kurs ebenso wie der Chef des Truppenamtes (seit 1935: »Chef des Generalstabs des Heeres«) Ludwig Beck. Bedenken von seiten Fritschs kamen erstmals im November 1937 zum Ausdruck, als Hitler seine Raumpläne und imperialistischen Zielvorstellungen präzisierte (in der sog. Hoßbach-Niederschrift sind sie der Nachwelt überliefert). Die Einwände von Fritsch und Kriegsminister von Blomberg ließen Hitler Gelegenheit suchen, sich von beiden zu trennen. Der erste fiel einer Intrige Görings und Heydrichs wegen angeblicher Homosexualität zum Opfer, beim anderen kam Hitler eine anstößige Heirat entgegen. Fritschs Unschuldsnachweis und Rehabilitierung führten nicht zur Wiedereinsetzung ins Amt (der Nachfolger von Brauchitsch war Hitler gegenüber willfähriger), und das Offizierskorps nahm dies hin.

Generalstabschef Beck wurde spätestens im Frühjahr 1938 zum Gegner Hitlers, als dieser den Angriff auf die Tschechoslowakei (»Fall Grün«) vorbereiten ließ. Beck, wie die meisten Militärs, lehnte aus seiner Erziehung den Krieg als Mittel der Politik nicht prinzipiell ab, erkannte aber hier unvermeidliche internationale Verwicklungen und zugleich ungenügende deutsche Rüstung. Sein Abschiedsgesuch – nach Denkschriften ohne Resonanz – fiel in die Sudetenkrise; am 1. September 1938 trat General Halder Becks Nachfolge an.

In den angespannten Tagen drohender Kriegsgefahr formierte sich erstmals aktiver Widerstand. Im militärischen Hintergrund antreibend war Beck, unterstützt durch General von Witzleben, Befehlshaber des militärisch wichtigen Wehrkreises III (Berlin). Die Scharnierfunktion zwischen militärischer und ziviler Opposition (die im ehemaligen Leipziger Oberbürgermeister Goerdeler ihre Zentralfigur besaß) übte Oberst Oster im Nachrichtendienst des OKW (»Abwehr«) unter Admiral Canaris aus. Oster, von Canaris gedeckt, bald auch Leiter der Zentralabteilung, zögerte nicht, den Widerstand gegen das Unrechtssystem über die nationalen Grenzen hinaus auszudehnen: indem er die Engländer in der Sudetenkrise zu politischer Härte gegen Hitlers Forderungen zu beeinflussen suchte und indem er 1939/40 die Angriffspläne im Westen einem niederländischen Kontaktmann zugehen ließ.

Die Putschpläne im September 1938, für die auch Halder nahezu gewonnen war, gingen dahin, Hitler im Falle eines Einmarschbefehls festzunehmen und die SS zu entmachten. Die politische Fragwürdigkeit des Unternehmens lag in Hitlers ungeheurer Popularität: Wie hätte das Volk selbst bei gelungenem Putsch reagiert? Das Nachgeben der Westmächte in Gestalt des Münchner Abkommens, also Hitlers unblutiger Triumph, fing den Staatsstreich gleichsam noch im Sprunge ab (wodurch er unerkannt blieb) und lähmte die Opposition nachhaltig. Unter diesen Umständen war eine erneute Koordinierung im September 1939 nicht möglich.

2) Jedes Aufbegehren in einem Zwangsstaat benötigt militärische Mittel, um der Waffengewalt des Staates aussichtsreich entgegenzutreten. Die zivilen Widerstandszirkel im Dritten Reich wären ohne die Gesinnungsfreunde in der Armee hilflos gewesen und mußten daher abwarten, wann diese den Zeitpunkt zum Staatsstreich für günstig erachteten. Die Widerständler in der Truppe konnten aber in der Zeit der Blitzsiege nicht putschen, ohne eine neue Dolchstoß-Legende zu fördern. Erst als die Kriegswende Deutschland in die Defensive drängte, überdies die Judenverfolgung den verbrecherischen Charakter des Regimes unbezweifelbar machte, wurde der Umsturz-Gedanke von neuem – und nun auf breiterer Grundlage – mächtig. Er unterwarf freilich die militärisch Beteiligten der Gewissensnot der »doppelten Front«: indem der Kampf gegen den inneren Feind mit der Verteidigung gegen den äußeren einherging. Hierbei wog zusätzlich schwer, daß ein Gelingen des Staatsstreichs für die nüchtern Denkenden nicht einmal mehr befreiende Aussichten bot; denn seit Januar 1943 stand die Formel der Casablanca-Konferenz von der Bedingungslosen Kapitulation

im Raum. Die alliierte Deutschland-Politik hätte einem anderen als dem von Hitler geführten Deutschen Reich keineswegs nachgiebiger gegenübergestanden. Es gehört zur moralischen Größe des Widerstands, daß er unter dieser Belastung entschlossen blieb, Hitler und sein Regime zu beseitigen; mit den Worten Tresckows: »... es kommt nicht mehr auf den praktischen Zweck an, sondern darauf, daß die deutsche Widerstandsbewegung vor der Welt und vor der Geschichte den entscheidenden Wurf gewagt hat. Alles andere ist daneben gleichgültig.«

Der militärische Widerstand konzentrierte sich seit dem Beginn des Rußlandfeldzugs an drei Stellen: beim Oberkommando des Ersatzheeres in Berlin um General Olbricht, Chef des Allgemeinen Heeresamtes (der Befehlshaber Generaloberst Fromm gehörte nicht zum Widerstand, obwohl er dessen Aktivitäten kannte); bei der Abwehr um Oster (der aber im April 1943 amtsenthoben wurde, knapp ein Jahr, bevor das gleiche Canaris geschah); beim 1. Generalstabsoffizier (»Ia«) der Heeresgruppe Mitte, von Tresckow, seit November 1943 Chef des Stabes der 2. Armee im selben Operationsgebiet. An Tresckows Dienstsitz bei Smolensk wurde das erste militärische Attentat gegen Hitler geplant (die Tat im Bürgerbräukeller 1939 war der zivile Anschlag des Einzeltäters Georg Elser gewesen). Es gelang Tresckow, Generalfeldmarschall von Kluge zu einer Einladung Hitlers bei der Heeresgruppe Mitte zu überreden. Hitler erschien am 13. März 1943. Die Verschwörer plazierten eine Bombe im Flugzeug, deklariert als »zwei Flaschen Cognac« für (den Mitverschworenen) Oberst Stieff im Führerhauptquartier. Die Cognac-Bombe sollte während des Fluges explodieren, doch der Zünder versagte. Es gelang Tresckow, die Übergabe des »Geschenks« telefonisch aufzuhalten; es sei eine Verwechslung passiert. Schlabrendorff flog ins Hauptquartier und tauschte das fatale Paket gegen zwei echte Flaschen aus. Der Anschlag blieb unerkannt. Acht Tage später besichtigte Hitler russische Beutestücke im Berliner Zeughaus. Oberst von Gersdorff fand sich zu dem Selbstopfer be-

reit, sich mit Hitler zusammen in die Luft zu sprengen. Hitler beendete jedoch den Rundgang so rasch, daß der Sprengkörper mit dem kürzest möglichen Zündzeitpunkt von 10 Minuten nicht mehr zur Auslösung kam. Gersdorff gelang es, die Bombe unmittelbar vor der Detonation unschädlich zu machen. Auch dieser Versuch fand keine ungelegenen Mitwisser.

3) Die militärische Fronde, die bei diesen Versuchen in Kauf nahm, daß eigentlich Unschuldige mitgeopfert wurden, und ihre Planungen auch weiterhin durch diese moralische Erschwernis nicht behindern ließ, stieß im Sommer 1943 auf einen entschiedenen Hitler-Gegner und Befürworter von dessen gewaltsamer Beseitigung: Claus Graf Schenk von Stauffenberg, 35 Jahre alt, in Afrika schwer verwundet (Verlust eines Auges, der rechten Hand, zweier Finger der linken). Genesen, wurde er Olbrichts Stabschef (1. Oktober 1943) und zu einer Schlüsselfigur aller Planungen, bei denen Attentat und Staatsstreich koordiniert werden mußten. Olbricht entwickelte eine Möglichkeit, den Umsturz »legal« einzuleiten: dadurch, daß nach gelungenem Anschlag auf Hitler der Alarm für innere Unruhen (Codebezeichnung »Walküre«), gedacht zum Beispiel bei theoretisch möglicher, praktisch kaum vorstellbarer Rebellion von Zwangsarbeitern, ausgelöst und die dadurch mobilisierte Truppenmacht in den Dienst des militärischen Widerstands gestellt werden sollte. Dazu mußten ergebene Truppenführer in die Schaltstellen lanciert werden. Die Vorbereitungen waren weit gediehen, als Stauffenberg am 1. Juli 1944 Stabschef beim Befehlshaber des Ersatzheeres (Fromm) wurde und damit Zugang zum Führerhauptquartier erhielt. In dieser Position konnte und wollte er persönlich handeln. Die Zeit drängte, weil immer mehr einzelne aus dem (vor allem zivilen) Widerstand heraus verhaftet wurden und die Gestapo noch vor dem entscheidenden Schlag ins Zentrum des Widerstands vordringen könnte. Beim Versuch, oberste Frontkommandeure zu gewinnen, war eindeutiger Erfolg nur bei Generalfeldmarschall Rommel an der Invasionsfront erzielt worden; der Ober-

befehlshaber West, Generalfeldmarschall Kluge, sympathisierte ohne feste Zusage. Rommel aber wurde am 17. Juli 1944 schwer verwundet und fiel aus. Am 20. Juli unternahm Stauffenberg binnen drei Wochen den dritten Versuch, eine Bombe in Hitlers unmittelbarer Nähe zu plazieren (beim ersten Mal hatten Himmler und Göring gefehlt, beim zweiten Mal hatte Hitler die Lagebesprechung noch vor Zündung der Bombe beendet). Aufgrund unerträglicher Nervenanspannung und der übrigen Gefahren wollte Stauffenberg nicht länger warten, obwohl die äußere Situation ungünstig war: Wegen Reparaturarbeiten fand die »Lage« nicht im Bunker, sondern in einer Holzbaracke statt, wo der Explosionsdruck leicht entweichen konnte. Auch fehlten Himmler und Göring abermals.

Unmittelbar nach Beginn der »Mittagslage« um 12.30 Uhr setzte Stauffenberg mit Hilfe einer eigens für ihn konstruierten Flachzange in einem der Gästequartiere den Zeitzünder des Sprengkörpers in Gang. Die Laufzeit betrug etwa 10 Minuten. Stauffenberg deponierte die Aktentasche mit der Bombe an der Innenseite des rechten Tischsockels und verließ unter einem Vorwand den Raum, während General Heusinger über die Lage im Osten referierte. Ein Teilnehmer stellte die störende Tasche auf die Außenseite des Sockels. Als gleich danach die Bombe detonierte, ging der Hauptdruck zu jener, von Hitler abgelegenen Außenseite: Von den 8 Schwerverletzten (4 starben) befanden sich sieben dort. Hitler erlitt nur leichte Verletzungen, die Baracke war weitgehend zerstört.

Stauffenberg hörte den Donnerschlag in der Nähe des Tatortes und hielt Hitler für tot. Mit List und Glück gelangte er durch die drei sofort geschlossenen Sperrkreise, fuhr nach Rastenburg und flog kurz nach 13 Uhr zurück nach Berlin, um dort die Leitung des Staatsstreichs zu übernehmen. War diese Doppelaufgabe, bei zweieinhalb Stunden Flugdauer, schon an sich bedenklich, so verstrich diese kostbare Zeit obendrein ungenutzt: Die Verschwörer in der Bendlerstraße um Olbricht lösten das Codewort »Walküre« nicht aus, weil die erwartete Erfolgsnachricht von

verbündeter Seite im Führerhauptquartier (General Fellgiebel) ausblieb. Erst Stauffenberg, zurück aus Ostpreußen, veranlaßte »Walküre«, wobei er sich von der gerade empfangenen Mitteilung Fromms, daß das Attentat mißlungen sei, nicht beirren ließ; Generalfeldmarschall Keitel lüge »wie immer«. Fromm, der unter den unklaren Umständen das Stichwort »Walküre« auszugeben verweigerte, wurde mit der Tatsache konfrontiert, daß dies bereits geschehen sei. Als er die Tatbeteiligten festnehmen wollte, wurde er selber inhaftiert.

Die Widerstandsbewegung gab der Auslösung des legalen Stichworts inhaltliche Begründungen bei, die lange vorbereitet waren: Hitler sei tot, »eine gewissenlose Clique frontfremder Parteiführer« habe die Macht übernehmen wollen. Daher habe die Regierung dem Unterzeichnenden – Generalfeldmarschall von Witzleben, der 1942 von Hitler entlassen worden war – die Wehrmacht und die vollziehende Gewalt im Staat unterstellt. Als die sich häufenden »Walküre«-Befehle infolge dringlicher Rückfragen der Empfänger im Führerhauptquartier bekannt wurden, ergingen von dort Gegenbefehle, so daß stundenlang eine Schlacht der Fernschreiber tobte. Das Regime siegte vor allem durch Hitlers Überleben, welches den Absprung in die Illoyalität äußerst erschwerte. Im äußerlichen Ablauf waren darüber hinaus zwei Umstände maßgebliche: Der zentrale Rundfunksender wurde nicht rechtzeitig besetzt und konnte die Nachricht vom Mißlingen des Attentats verbreiten; Goebbels ließ den bei ihm erschienenen Kommandeur des Wachbataillons, Major Remer, mit Hitler verbinden, der Remer befahl, den Putsch niederzuschlagen.

Im Lauf des späten Abends kehrten sich die Kräfteverhältnisse in Berlin um. Fromm wurde befreit und ließ Stauffenberg, Olbricht, dessen Stabschef Merz von Quirnheim sowie Stauffenbergs Adjutanten von Haeften erschießen, wohl um sich der Zeugen seiner Mitwisserschaft zu entledigen. (Dennoch wurde Fromm verhaftet, verurteilt und hingerichtet.) Beck schied an Ort und Stelle freiwillig aus dem Le-

ben (er war als neues Staatsoberhaupt vorgesehen gewesen). Tresckow tat in Rußland das gleiche. In Paris, dem einzigen Ort, wo der Umsturz wirklich gelungen und die gesamte Gestapo im Gefängnis gelandet war, mußte der Militärbefehlshaber General Karl-Heinrich von Stülpnagel den errungenen Sieg resignierend wieder aus der Hand geben. Noch in der Nacht sprach Hitler über alle Sender und verkündete: »Diesmal wird nun so abgerechnet, wie wir das als Nationalsozialisten gewohnt sind.« Die verbreitete Empörung im Volk über das Attentat gegen Hitler, dessen Magie auch im fünften Kriegsjahr nicht erloschen war, wurde vom Volksgerichtshof unter seinem Präsidenten Freisler zu einem enthemmten Rachefeldzug, zugleich in würdelosen Formen äußerer Erniedrigung, genutzt. Unter den führenden Militärs im Widerstand fielen die meisten den verbissenen Verfolgungen des Regimes kurz vor dessen eigenem Untergang zum Opfer, darunter die Marschälle Rommel und von Witzleben, ferner Canaris, Fellgiebel, von Hase, Oster, von Stülpnagel und zahlreiche weitere Offiziere. Die Tragik des deutschen Widerstands, militärisch und zivil, lag in seiner doppelten Vergeblichkeit. Selbst ein gelungener Umsturz am 20. Juli hätte nichts mehr an den furchtbaren Verbrechen, die inzwischen geschehen waren, geändert und die wankenden Fronten nicht stärker machen können, als sie waren. Dem Patriotismus der Widerständler wäre also, wenn nicht durch Hitler, dann durch die alliierte Kriegszielpolitik Bitternis widerfahren. Die Größe liegt im Dennoch des Umsturzversuches aus grundsätzlichen sittlichen Erwägungen. Daß eine Elite selbstloser Charaktere versucht hat, auf dem Tiefpunkt unserer Geschichte moralische Grundnormen wiederherzustellen, wurde zur unentbehrlichen geistigen Vorbedingung für den demokratischen Wiederaufbau nach 1945. Nur diese Tatbereiten selber, sie waren nun nicht mehr da und fehlten der staatlichen Neuordnung nach dem Krieg aufs schmerzlichste.

Chronologie

1933
19.10. Deutschland tritt aus dem Völkerbund aus.
18.12. Deutscher Vorstoß in der Rüstungsfrage: Vergrößerung der Reichswehr auf 300 000 Mann.

1934
26.1. Deutsch-polnischer Nichtangriffspakt.
25.7. In Wien scheitert ein Putsch der Nationalsozialisten. Bundeskanzler Dollfuß wird ermordet.

1935
13.3. Nach einer Volksabstimmung wird das Saargebiet an Deutschland zurückgegeben.
16.3. Wiedereinführung der allgemeinen Wehrpflicht.
16.4. Die Konferenz von Stresa (England/Frankreich/Italien) verurteilt die Wiedereinführung der allgemeinen Wehrpflicht in Deutschland.
21.5. Hitler hält im Reichstag seine sog. Friedensrede.
18.6. Abschluß des britisch-deutschen Flottenabkommens.
2.10. Italien greift Abessinien an. Der Völkerbund verhängt wirtschaftliche Sanktionen gegen Italien, die Ausfuhr wichtiger Rohstoffe, vor allem Öl, bleibt jedoch davon unberührt.

1936
7.3. Deutsche Truppen besetzen die entmilitarisierte Zone des Rheinlands.
5.5. Mussolini erklärt Abessinien für erobert.
16.7. Putsch rechtsgerichteter Offiziere gegen die republikanische Regierung in Spanien. Beginn des Bürgerkriegs.
25.9. »Achse Berlin–Rom« gegründet.
26.11. Deutsch-japanischer »Antikominternpakt«.

1937
7.9. Hitler erklärt den Versailler Vertrag für ungültig.
5.11. In einer Besprechung mit führenden Politikern und Militärs enthüllt Hitler seine Kriegspläne (»Hoßbach-Niederschrift«).
6.11. Italien tritt dem Antikominternpakt bei.

1938
4.2. Nach Entlassung Blombergs und Fritschs macht Hitler sich selbst zum Oberbefehlshaber der Wehrmacht.
12.2. Abkommen zwischen Hitler und dem österreichischen Bundeskanzler Schuschnigg.
12./13.3. Durch Einmarsch deutscher Truppen in Österreich wird der »Anschluß« vollzogen.
28.3. Hitler empfängt den Führer der Sudetendeutschen Partei Henlein und erteilt ihm Weisung, auf Konfrontationskurs gegen die tschechoslowakische Regierung zu gehen.
22.4. Im Operationsplan »Grün« wird der Angriff auf die Tschechoslowakei festgelegt.
21.5. Teilmobilmachung in der Tschechoslowakei.
28.5. Hitler erklärt auf einer Konferenz in der Reichskanzlei, die Tschechoslowakei zerschlagen zu wollen.
15.9. Großbritanniens Premierminister Chamberlain fliegt zu Hitler nach Berchtesgaden.
22.–4.9. Deutsch–britische Besprechungen in Bad Godesberg.
23.9. Mobilmachung in der Tschechoslowakei.
28.9. Offiziersopposition plant Festnahme Hitlers.
29./30.9. Konferenz in München. Das Sudetenland wird dem Reich zugesprochen.
1.10. Deutsche Truppen nehmen vom Sudetenland Besitz.
29.10. Wiener Schiedsspruch über den Grenzstreit zwischen der Tschechoslowakei und Ungarn.

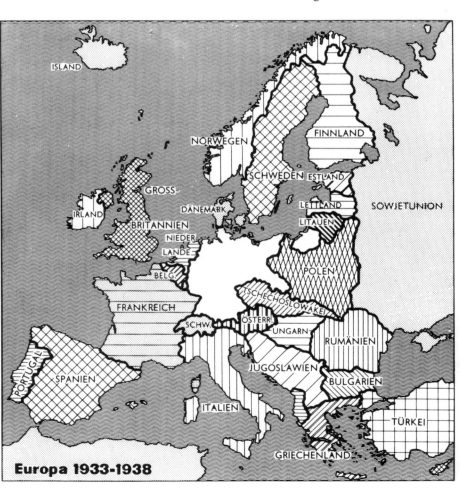

Europa 1933-1938

1939

10.3. Absetzung des slowakischen Ministerpräsidenten Tiso durch die tschechoslowakische Regierung.

13.3. Tiso proklamiert in Berlin die Unabhängigkeit der Slowakei.

14./15.3. Der tschechoslowakische Staatspräsident Hacha legt die Geschicke seines Landes »vertrauensvoll in die Hände des Führers«.

15.3. Einmarsch deutscher Truppen in die Tschechoslowakei. Bildung des »Protektorats Böhmen und Mähren«.

18.3. Deutsch-slowakischer Schutzvertrag.

23.3. Einmarsch deutscher Truppen ins Memelgebiet.

11.4. Im Operationsplan »Weiß« wird der Überfall auf Polen festgelegt.

14.4. US-Präsident Roosevelt warnt Hitler vor weiteren Annexionen.

28.4. Das Reich kündigt das Flottenabkommen mit England und den deutschpolnischen Nichtangriffspakt.

22.5. »Stahlpakt« zwischen Deutschland und Italien.

6.6. Rückkehr der »Legion Condor« nach Deutschland.

10.8. Die Sowjets signalisieren ihre Bereitschaft zu Gesprächen mit dem Reich.

12.8. Eine englisch-französische Delegation trifft in Moskau ein.

23.8. Abschluß eines deutsch-sowjetischen Nichtangriffspaktes mit geheimem Zusatzprotokoll.

25.8. Hitler widerruft Angriffsbefehl gegen Polen.

29.8. Italien bemüht sich um Entspannung des Konflikts. Großbritanniens Botschafter Henderson bei Hitler.

1.9. Kriegsausbruch. Deutsche Truppen überschreiten die polnische Grenze. In Deutschland Beginn der Kriegswirtschaft.

3.9. England und Frankreich erklären Deutschland den Krieg.

10.–19.9. Schlacht im Weichselbogen und Einschließung Warschaus.

18.9. Sowjettruppen marschieren in Ostpolen ein.

27.9. Warschau kapituliert.

28.9. Deutschland und die Sowjetunion einigen sich über die Aufteilung Polens und Wirtschaftsfragen.

2.10. Kapitulation von Hela beendet den Polenfeldzug.

6.10. Hitler unterbreitet den Westmächten ein Friedensangebot.

9.10. In der OKW-Weisung »Gelb« wird der Angriff auf Frankreich, Belgien, Luxemburg und die Niederlande festgelegt.

12.10. Polen wird deutsches »Generalgouvernement«. Beginn der Judende-portationen aus Österreich und dem Protektorat.

14.10. Das deutsche U-Boot U 47 unter Kapitänleutnant Prien versenkt das britische Schlachtschiff »Royal Oak« in Scapa Flow.

7.11. Der Angriffstermin für die Westoffensive wird zum erstenmal verschoben, vom 12.11. auf den 15.11., danach bis zum 10.5.1940 noch weitere achtundzwanzigmal.

8.11. Fehlgeschlagenes Sprengstoff-Attentat auf Hitler im Münchner Bürgerbräukeller.

9.11. Ein Kommando des SD dringt bei Venlo über die holländische Grenze und entführt zwei britische Abwehroffiziere nach Deutschland.

23.11. Hitler erklärt den Wehrmachtsbefehlshabern, er werde Frankreich »zum günstigsten und schnellsten Zeitpunkt« angreifen.

30.11. Sowjettruppen fallen in Finnland ein. Beginn des »Winterkriegs«.

13.12. Seegefecht zwischen dem Panzerschiff »Graf Spee« und britischen Kreuzern im Südatlantik. »Graf Spee« läuft Montevideo an und wird am 17.12. von der Besatzung versenkt.

1940

10.1. »Mechelen-Zwischenfall«. Bei Notlandung eines deutschen Flugzeugs auf belgischem Gebiet fallen den dortigen Behörden Unterlagen über die geplante Westoffensive in die Hände.

11.2. Abschluß eines deutsch-sowjetischen Wirtschaftsabkommens.

16.2. Der britische Zerstörer »Cossack« kapert das deutsche Transportschiff »Altmark« in norwegischen Gewässern.

1.3. Hitler unterzeichnet Weisung für das Unternehmen »Weserübung« (Besetzung Dänemarks und Norwegens).

12.3. Unterzeichnung des sowjetisch-finnischen Friedensvertrags in Moskau.

18.3. In einer Zusammenkunft auf dem Brenner bestätigt Mussolini gegenüber Hitler seine Bereitschaft zum Kriegseintritt.

20.3. Rücktritt des Kabinetts Daladier in Paris. Nachfolger wird Paul Reynaud.

28.3. Der alliierte Kriegsrat in London beschließt die Landung in Norwegen.

7.4. Beginn des Unternehmens »Weserübung«.

9.4. Deutsche Truppen besetzen Dänemark und landen in Norwegen bei Oslo, Kristiansand, Stavanger, Bergen, Trondheim und Narvik.

27.4. Himmler befiehlt Errichtung des KZ Auschwitz.

1.5. Kapitulation der norwegischen Streitkräfte bei Trondheim.

10.5. »Fall Gelb«. Der deutsche Angriff im Westen beginnt mit Luftlandungen in Holland und Belgien.

11.5. Sperrfort Eben Emael in deutscher Hand.

13.5. Entscheidender Durchbruch der deutschen Panzertruppen an der Maas zwischen Sedan und Dinant.

15.5. Kapitulation der niederländischen Streitkräfte.

19.5. Deutsche Panzer erreichen Abbeville. General Weygand löst den alliierten Oberbefehlshaber Gamelin ab.

24.5. Die Panzergruppe Kleist wird vor Dünkirchen angehalten.

27.5. Operation »Dynamo«. Beginn der Einschiffung britischer Truppen bei Dünkirchen.

28.5. Kapitulation der belgischen Armee.

3.6. Alliierte Verbände verlassen Norwegen.

4.6. Dünkirchen fällt. Bis dahin jedoch ist rund 338 000 Mann die Einschiffung gelungen.

5.6. Beginn der Schlacht um Frankreich (»Fall Rot«).

10.6. Italien tritt in den Krieg ein.

11.6. Die französische Regierung verläßt Paris.

14.6. Paris wird besetzt. Die französische Regierung geht nach Bordeaux.

16.6. Durchbruch durch die Maginot-Linie. Marschall Pétain wird zum Nachfolger Reynauds berufen.

22.6. Unterzeichnung des deutsch-französischen Waffenstillstandsvertrages in Compiègne.

25.6. Waffenruhe im Westen.

3.7. Aktionen der britischen Marine gegen die französische in Mers-el-Kebir, Alexandria und in englischen Häfen, um die französische Kriegsflotte nicht in deutsche Hände fallen zu lassen.

11.7. Marschall Pétain bezieht mit seinem Kabinett den Badeort Vichy als Regierungssitz.

16.7. Weisung Hitlers für den Angriff auf England (Unternehmen »Seelöwe«).

19.7. Reichstagsrede Hitlers mit »Siegerehrung«: Göring wird »Reichsmarschall«, 12 Generäle und Generalobersten werden zu Generalfeldmarschällen ernannt. Am Schluß seiner Rede richtet Hitler einen »Appell an die Vernunft auch in England«.

22.7. Der englische Außenminister Lord Halifax weist in einer Rundfunkansprache das deutsche »Friedensangebot« offiziell zurück.

31.7. In einer Besprechung mit dem OB der Kriegsmarine Raeder nimmt Hitler als Zeitpunkt für die geplante Landung in England den 15. September in Aussicht. In einer anschließenden Besprechung mit v. Brauchitsch und Halder gibt Hitler seinen Entschluß bekannt, im Frühjahr 1941 Rußland anzugreifen.

1.–9.8. Formelle Eingliederung Litauens, Lettlands und Estlands in die Sowjetunion.

13.8. »Adlertag« – Beginn des verschärften Luftkriegs gegen Großbritannien.

17.8. Die Reichsregierung verhängt die totale Blockade gegen England. Italien folgt am 28.8.

5.9. Abtretung amerikanischer Zerstörer an Großbritannien gegen Überlassung von Stützpunkten in Westindien.

7.9. Schwere deutsche Luftangriffe auf London und britische Flugplätze. Es folgen 65 Tage lang Nachtangriffe gegen die britische Hauptstadt.

12.–18.9. Italienische Offensive gegen Sidi Barani.

14./15.9. Luftangriffe der RAF gegen Schiffsziele in den Häfen der belgisch-französischen Küste. Die dort bereitgestellte Transportflotte für das Unternehmen »Seelöwe« erleidet empfindliche Verluste.

17.9. Hitler verschiebt das Unternehmen »Seelöwe« wegen der fehlenden deutschen Luftherrschaft »bis auf weiteres«.

23./25.9. Britischer Landungsversuch in Dakar.

7.10. Beginn der deutschen Truppentransporte nach Rumänien.

23./24.10. Bei Zusammenkünften mit Spaniens Regierungschef Franco in Hendaye und mit Marschall Pétain in Montoire versucht Hitler vergeblich, diese in seinen Krieg gegen England hineinzuziehen.

28.10. Italienischer Überfall auf Griechenland.

12.–14.11. Besuch des sowjetischen Außenministers Molotow in Berlin. Unterredungen mit Hitler und v. Ribbentrop über den Beitritt der UdSSR zum Dreimächtepakt und die Aufteilung der Welt in Interessensphären nach der Niederlage Englands.

14./15.11. Luftangriff auf Coventry: 554 Tote und 865 Schwerverletzte.

15./16.11. Schwere deutsche Luftangriffe auf London, fortgesetzt am 29./30.11., 8./9., 27./28. 12. und 29./30.12.

7./8.12. Beginn der britischen Offensive in Ägypten (Sidi Barani, Sollum, Bardia).

13.12. Weisung des OKW zum Überfall auf Griechenland (»Marita«).

————— **1941** —————

6.1. Roosevelt verkündet die »Vier Freiheiten«.

10.1. Unterzeichnung eines neuen deutsch-russischen Handelsvertrages.

19.1. Beginn der britischen Offensive in Ostafrika.

22.1. Britische Truppen erobern Tobruk.

11.2. Landung deutscher Truppen in Libyen.

2.3. Einmarsch deutscher Truppen in Bulgarien. Beitritt Bulgariens zum Dreierpakt.

11.3. Leih- und Pachtgesetz der USA tritt in Kraft.

25.3. Beitritt Jugoslawiens zum Dreierpakt.

27.3. Staatsstreich in Jugoslawien. Abdankung des Prinzregenten Paul von Jugoslawien. Weisung des OKW zum Überfall auf Jugoslawien.

27./29.3. Besuch des japanischen Außenministers Matsuoka in Berlin.

28.3. Britisch-italienische Seeschlacht bei Kap Matapan.

31.3. Angriff Rommels in der Cyrenaika.

5.4. Sowjetisch-jugoslawischer Freundschafts- und Nichtangriffspakt.

6.4. Beginn des Feldzuges gegen Jugoslawien und Griechenland. Bombenangriff auf Belgrad.

9.4. Deutsche Truppen besetzen Saloniki.

13.4. Eroberung Belgrads.

17.4. Kapitulation Jugoslawiens.

19.4. Aufstand El Gailanis im Irak. Anfang Juni bis 12.6. Besetzung Syriens durch die Engländer.

21.4. Kapitulation Griechenlands.

27.4. Deutsche Truppen besetzen Athen.

11.5. Rudolf Heß fliegt nach England.

12.5. »Kommissarbefehl«: erbarmungslose Kriegführung gegen Rußland.

14.5. Bormann wird Nachfolger von Heß.

20.5.-1.6. Eroberung von Kreta.

27.5. Untergang des Schlachtschiffes »Bismarck«.

17.6. Abschluß eines deutsch-türkischen Freundschaftsvertrages.

22.6. Deutscher Überfall auf Rußland.

7.7. Besetzung Islands durch die Vereinigten Staaten.

8./10.7. Doppelschlacht bei Bialystok-Minsk abgeschlossen.

12.7. Britisch-sowjetischer Beistandsvertrag.

17.7. Rosenberg wird Reichsminister für die besetzten Ostgebiete.

18.7. Landung japanischer Truppen in Süd-Indochina.

28.7. Bischof von Galen erhebt Anklage wegen der »Euthanasie«-Morde.

31.7. Göring beauftragt Heydrich mit der restlosen Evakuierung der europäischen Juden.

4.8. Pläne, Hitler während einer Besprechung im Armeehauptquartier v. Bocks zu töten, scheitern an zu starken Sicherheitsvorkehrungen.

5.8. Kesselschlacht bei Smolensk abgeschlossen.

8.8. Kesselschlacht bei Uman abgeschlossen.

12.–15.8. Treffen Roosevelt–Churchill. Unterzeichnung der Atlantik-Charta.

24.8. Hitler verkündet die »Neuordnung Europas« nach dem »Endsieg«. – Treffen Hitlers und Mussolinis.

1.9. Polizeiverordnung über Kennzeichnung der Juden durch den »Judenstern«.

3.9. Erste Massenvergasung in Auschwitz.

8.9. Einschließung von Leningrad.

20./26.9. Eroberung von Kiew.

28.9. Judenmassaker in Kiew (34 000 Tote).

29.9.—1.10. Erste Dreimächtekonferenz in Moskau.

30.9.—2.10. Beginn der deutschen Offensive gegen Moskau.

3.10. Verordnung über Zwangsarbeit der Juden in Deutschland.

14.10. Erste Deportationen aus dem Reich angeordnet.

15./16.10. Rücktritt des japanischen Ministerpräsidenten Konoye, Militärkabinett Tojo.

16.10. Räumung Odessas durch die Rote Armee. – Beginn der systematischen Judendeportationen aus Polen und Osteuropa.

21.10. Erschießung von 50 französischen Geiseln nach der Ermordung eines deutschen Offiziers.

3.11. Beginn der Verteidigungskämpfe vor Sewastopol.

7.11. Stalin ruft den »Großen Vaterländischen Krieg« aus.

16.11. Fortsetzung der deutschen Offensive gegen Moskau.

17.11. Beginn der sowjetischen Gegenoffensive bei Rostow.

18.11. Beginn der britischen Offensive in Libyen.

19.11. Beginn der sowjetischen Gegenoffensive bei Tichwin.

29.11. Befreiung Rostows durch die Rote Armee. Ende Nov. Versuch der Widerstandsgruppe Beck/Goerdeler, Kontakt mit den USA aufzunehmen.

5./6.12. Beginn der sowjetischen Gegenoffensive vor Moskau.

7.12. Japan. Überfall auf Pearl Harbor. Hitlers »Nacht- und Nebel-Erlaß«.

8.12. Kriegserklärung USA–Japan. Ende Dez. Erste Konferenz zwischen Roosevelt und Churchill in Washington. Abschluß eines deutsch-italienisch-japanischen Abkommens über gemeinsame Kriegführung.
10.12. Versenkung der britischen Schlachtschiffe »Repulse« und »Prince of Wales« durch japanische Bomber und Torpedoflieger.
11.12. Deutschland und Italien erklären den USA den Krieg.
19.12. Entlassung Brauchitschs. Hitler übernimmt den Oberbefehl über das Heer. – Italienische Kleinkampfmittel versenken 2 britische Schlachtschiffe in Alexandria. Ende Dez. ständiges Vergasungslager in Chelmno bei Posen. Feldmarschall v. Witzleben erklärt sich für Umsturz an der Westfront bereit.

---1942---

Ab 1942 Planmäßige Partisanenoperationen in Jugoslawien.
2.1. Japanische Truppen erobern Manila.
11.1. Japanische Landungen in Indonesien. – Beginn des U-Bootkrieges vor der Küste der USA.
18.1. Militärkonvention zwischen Deutschland und Japan über Abgrenzung der beiderseitigen Operationsgebiete im Indischen Ozean.
20.1. Wannsee-Besprechung über die »Endlösung der Judenfrage«.
21.1. Japanische Truppen dringen in Burma ein. Beginn der deutschen Gegenoffensive in Nordafrika.
25.1. Landung japanischer Truppen auf Neuguinea und Neuirland.
7.2. Ende der deutschen Offensive in Libyen.
12.2. Ernennung Albert Speers zum Reichsminister für Bewaffnung und Munition.
12./13.2. Kanaldurchbruch der »Scharnhorst«, »Gneisenau« und »Prinz Eugen«.
15.2. Japanische Truppen erobern Singapur.
8.3. Japanische Truppen besetzen Rangun.
16.3. Vernichtungslager Belzec errichtet.
17.3. General MacArthur alliierter Oberbefehlshaber im Pazifik.
21.3. Ernennung von Sauckel zum Bevollmächtigten für den Arbeitseinsatz.
April Konferenz der amerikanischen und britischen Generalstabschefs in London. Beginn der Planung für die Invasion in Frankreich.
5.4. Weisung des OKW für Sommeroffensive in Richtung Kaukasus (»Blau«).

26.4. Reichstagsresolution. Hitler wird von der Beachtung der letzten formalen Hemmungen auf dem Gebiete der Exekutive, Legislative und Gerichtsbarkeit entbunden.
4.–8.5. See-Luft-Schlacht im Korallenmeer.
8./9.5. Abwehrkämpfe sowjetischer Truppen auf der Halbinsel Kertsch.
12.5. Beginn der sowjetischen Offensive in Richtung Charkow.
15.5. Beginn der japanischen Offensive in Chekiang.
17.5. Beginn der deutchen Gegenoffensive bei Charkow.
26.5. Beginn der deutschen Offensive in Nordafrika.
26.–31.5. Die Widerständler Bonhoeffer und Schönfeld treffen den Bischof von Chichester in Stockholm.
27.5. Attentat auf Heydrich, den stellvertretenden Reichsprotektor von Böhmen und Mähren, Stellvertreter Himmlers, durch tschechische Nationalisten.
30.5. Zentraler Stab der Partisanenbewegung beim sowjetischen Oberkommando gebildet.
30./31.5. »Tausendbomberangriff« der RAF auf Köln.

Juni Zweite Konferenz Roosevelts und Churchills in Washington. Beschluß für Mittelmeeroperation gefaßt (Operation »Torch«).
3.6. Beginn des dritten deutschen Angriffs auf Sewastopol.
3.–7.6. See-Luft-Schlacht bei den Midway-Inseln.
10.6. Schließung der jüdischen Schulen im Reich. Vernichtung von Lidice.
20./21.6. Deutsche Truppen erobern Tobruk.
28.6. Beginn der deutschen Offensive im Südabschnitt der Ostfront.
30.6. Deutsch-italienische Truppen vor El Alamein.
3.7. Räumung von Sewastopol durch die Sowjetarmee.
6.7. Erbitterte Kämpfe um Woronesch.
17.7. Kämpfe im großen Donbogen. Beginn der Schlacht an der Wolga.
21.7. Weitere japanische Landungen auf Neuguinea.
22.7. Vernichtungslager Treblinka errichtet.
24.7. Deutsche Truppen erobern zum zweitenmal Rostow.
25.7. Beginn der Schlacht um den Kaukasus.

7.8. Amerikanische Landung auf Guadalcanal (Salomonen).

8.8. Einnahme des Ölgebiets um Maikop.

18./19.8. Alliierter Landungsversuch bei Dieppe.

20.8. Hitler ernennt den Präsidenten des Volksgerichtshofs Thierack zum Justizminister.

21.8. Übergang über den Don bei Kalatsch. Gebirgsjäger auf dem Elbrus.

August Die Gestapo verhaftet die meisten Mitglieder des Widerstandskreises »Rote Kapelle«.

23.–25.8. See-Luft-Schlacht östlich der Salomonen.

25.8. Deutsche Panzerverbände erreichen bei Mosdok den Nordkaukasus.

2.9. Wolga nördlich Stalingrad erreicht.

10.9. Eroberung von Noworossisk.

24.9. Halder als Generalstabschef zurückgetreten. Nachfolger Zeitzler.

30.9. Rede Hitlers zur Eröffnung des Winterhilfswerkes (Verkündigung seiner Feldzugsziele für 1942).

17.10. Beginn des letzten deutschen Angriffs auf Stalingrad.

23.10. Beginn der alliierten Offensive bei El Alamein.

26./27.10. See-Luft-Schlacht bei den Santa-Cruz-Inseln.

3.11. Britischer Durchbruch bei El Alamein.

7/8.11. Alliierte Landung in Französisch-Nordafrika.

10.11. Deutsche Luftlandung in Tunis.

11.11. Deutsche Truppen besetzen Südfrankreich.

12.11. Alliierte Truppen erobern Tobruk zurück.

12.–15.11. Seeschlachten bei Guadalcanal.

19./20.11. Beginn der sowjetischen Gegenoffensive an der Wolga.

20.11. Bengasi in britischer Hand.

23.11. Einschließung von Stalingrad.

24.11. Sowjetische Angriffe bei Welikije Luki und Rschew.

27.11. Selbstversenkung der französischen Flotte in Toulon.

9.–25.12. Deutscher Entsatzversuch für die 6. Armee.

22.12. Beginn der sowjetischen Offensive am Kaukasus.

———————— 1943 ————————

1.1. Einnahme von Welikije Luki durch Sowjets.

3.1. Beginn der sowjetischen Gegenoffensive im Nordkaukasus.

6.1. Entlassung des Großadmirals Raeder.

8.1. Russen fordern Feldmarschall Paulus bei Stalingrad zur Übergabe auf.

12.–18.1. Zerschlagung der deutschen Blockade von Leningrad.

14.–26.1. Konferenz zwischen Roosevelt und Churchill in Casablanca. Proklamation der Forderung nach bedingungsloser Kapitulation. Operation gegen Sizilien beschlossen.

23.1. Tripolis in britischer Hand. – Einnahme von Woronesch durch Sowjets.

24.1. Beginn der Angriffsoperation bei Woronesch.

25.1. Russen eröffnen letzten Angriff auf die Deutschen in Stalingrad.

30.1. Einnahme von Maikop durch Sowjets. – Kaltenbrunner wird Chef des Reichssicherheitshauptamtes. Dönitz Oberbefehlshaber der Kriegsmarine.

31.1. Ende der Schlacht um Stalingrad.

2.2. Kapitulation der letzten deutschen Truppen in Stalingrad.

8.2. Einnahme von Kursk durch Sowjets. Japanische Truppen räumen Guadalcanal.

10.2. Geheimes deutsch-spanisches Abkommen, wonach sich Spanien zur Verteidigung der Neutralität verpflichtet.

14.2. Einnahme von Rostow und Woroschilowgrad durch Sowjets. – Beginn des deutschen Gegenangriffs in Tunesien.

18.2. Goebbels verkündet im Berliner Sportpalast den »Totalen Krieg«.

19.2. Hans und Sophie Scholl und andere Mitglieder der studentischen Widerstandsgruppe »Weiße Rose« in München verhaftet. – Beginn des deutschen Gegenangriffs bei Charkow.

22.2. Hinrichtung der Geschwister Scholl und ihrer Freunde.

2.3. Einnahme von Demjansk durch Sowjets, am 3.3. Einnahme von Rschew, am 12.3. Einnahme von Wjasma.

13.3. Mißlingen eines Anschlages auf Hitler in Smolensk, da die Bombe in seinem Flugzeug nicht detoniert.

20./21.3. Beginn der alliierten Offensive in Tunesien.

21.3. Erneutes Mißlingen eines Attentats auf Hitler im Berliner Zeughaus aus technischen Gründen.

27.3. Einnahme der Mareth-Stellung durch die Engländer.

5.4. Verhaftung der Widerstandsgruppe Dohnanyi, Bonhoeffer und Müller. Oster entlassen.

7.–10.4. Treffen Hitler–Mussolini bei Salzburg.

19.4. Beginn des Aufstandes im Warschauer Getto. Endet am 15.5. mit der völligen Vernichtung der Juden.

Mai Konferenz Roosevelts und Churchills in Washington. Invasion in Frankreich im Sommer 1944 beschlossen (Operation »Overlord«).

12.5. Kapitulation der deutschen Truppen in Tunesien.

Anf. Juni Claus Graf Stauffenberg in die Verschwörung gegen Hitler eingeweiht.

11.6. Himmler ordnet Liquidierung der polnischen Gettos an.

19.6. Goebbels erklärt Berlin für »judenfrei«.

19.–21.6. See-Luft-Schlacht bei den Marianen.

30.6. Landung alliierter Truppen auf der Salomonen-Insel Neugeorgia.

5.7. Beginn der deutschen Offensive bei Kursk.

10.7. Landung alliierter Truppen auf Sizilien.

12.7. Beginn der sowjetischen Gegenoffensive bei Kursk-Orel gegen die Heeresgruppe Süd.

19./20.7. Teffen Hitler–Mussolini in Feltre bei Belluno.

20.7. Manifest des »Nationalkomitees Freies Deutschland« im Moskauer Radio.

24.7. Zusammentritt des Großen Faschistischen Rates in Italien.

24.7.–3.8. Schwere Luftangriffe auf Hamburg (»Unternehmen Gomorrha«).

25.7. Sturz Mussolinis und des faschistischen Regimes in Italien.

26.7. Marschall Badoglio übernimmt im Auftrag des Königs die Bildung eines neuen Kabinetts ohne faschistische Mitglieder.

Aug. Konferenz zwischen Roosevelt und Churchill in Quebec. Beschluß der Invasion in Italien (Operation »Avalanche«). Fortsetzung italienischer Kapitulationsverhandlungen.

3.8. Beginn der sowjetischen Offensive in Richtung Charkow.

5.8. Einnahme von Bjelgorod und Orel durch Sowjets.

9.8. Letzter Reformentwurf des »Kreisauer Kreises«.

11.8. Beginn der sowjetischen Offensive an der Mittelfront gegen Smolensk.

17.8. Amerikaner besetzen Messina.

23.8. Einnahme von Charkow durch Sowjets.

24.8. Himmler wird Reichsminister des Innern.

25.8. Errichtung eines Alliierten Südostasien-Kommandos.

Anf. Sept. Sowjetischer Durchbruch zwischen Heeresgruppe Mitte und Süd.

3.9. Alliierte Landung in Kalabrien.

8.9. Einnahme von Stalino durch Sowjets. Kapitulation Italiens.

9.9. Alliierte Landung bei Salerno. Deutsche Truppen besetzen Italien.

12.9. Mussolini auf Hitlers Befehl befreit und in das Hauptquartier Rastenburg gebracht.

16.9. Einnahme von Noworossisk durch Sowjets.

17.9. Einnahme von Brjansk durch Sowjets.

18.9. Das von deutschen Truppen besetzte Italien wird eine faschistische sozialistische Republik.

22.9.–1.10. Sowjetische Truppen überschreiten den Dnjepr.

23.9. Einnahme von Poltawa durch Sowjets, am 24.9. Einnahme von Smolensk, am 29.9. Einnahme von Krementschug.

Anf. Okt. Stauffenberg wird Stabschef im Allgemeinen Heeresamt in Berlin.

1.10. Die Alliierten besetzen Neapel.

6.10. Beginn der sowjetischen Herbst- und Winteroffensive vom Schwarzen Meer bis Witebsk.

9.10. Zerschlagung des Taman-Brückenkopfes.

13.10. Italienische Kriegserklärung an Deutschland.

14.10. Einnahme von Saporoschje durch Sowjets.

25.10. Einnahme von Dnjepropetrowsk durch Sowjets.

30.10. Amerikanisch-britisch-sowjetische Außenministerkonferenz in Moskau.

Nov. Tito gründet den »Antifaschistischen Rat zur nationalen Befreiung Jugoslawiens«.

1.11. Amerikanische Truppen landen auf den Salomonen.

1.–3.11. Landungen sowjetischer Truppen auf der Krim.

6.11. Einnahme von Kiew durch Sowjets.

20.11. Amerikanische Truppen landen auf den Gilbert-Inseln.

26.11. Einnahme von Gomel durch Sowjets.

Nov. Konferenz zwischen Roosevelt, Churchill und Tschiangkaischek in Kairo.

26.11.–3.12. Konferenz von Roosevelt, Churchill und Stalin in Teheran.

2.12. Verordnung über Heranziehung der deutschen Juden »zur Erfüllung von Kriegsaufgaben«.

24.12. Beginn der sowjetischen Offensive westlich Kiew.

25./26.12. Untergang des Schlachtschiffes »Scharnhorst« im nördlichen Eismeer.

31.12. Endgültige Einnahme von Schitomir durch Sowjets.

------------------1944------------------

Jan. Prozeß von Verona, in dem Mussolini politische Gegner zum Tode verurteilen läßt, darunter auch seinen Schwiegersohn Ciano.

8.1. Einnahme Kirowograds durch Sowjets.

14.1. Beginn der sowjetischen Offensive gegen die Heeresgruppe Nord.

22.1. Alliierte Landung bei Anzio und Nettuno.

31.1. Amerikanische Truppen landen auf der Marshallinsel Kwajalein.

Febr. Zerschlagung der Widerstandsgruppe Abwehr. Canaris entlassen und durch Hansen ersetzt. Die Abwehr der Kontrolle Kaltenbrunners unterstellt.

2.2. Einnahme von Rowno und Luzk durch Sowjets.

5.2. Alliierte Landung auf den Marshallinseln.

8.2. Sowjetische Truppen nehmen Nikopol ein.

18.2. Räumung von Staraja Russa.

22.2. Räumung von Kriwoj Rog.

29.2. Alliierte Landung auf den Admiralitätsinseln.

4.3. Fortsetzung der sowjetischen Offensive in der Ukraine westlich des Dnjepr.

13.3. Einnahme von Cherson durch Sowjets.

18.3. Besetzung wichtiger strategischer Punkte in Ungarn durch deutsche Truppen.

20.3. Einnahme von Winniza durch Sowjets.

8.4. Beginn der sowjetischen Offensive zur Befreiung der Krim.

10.4. Einnahme von Odessa durch Sowjets.

22.4. Alliierte Landungen auf Neuguinea.

9.5. Einnahme von Sewastopol durch Sowjets.

11.5. Beginn der alliierten Offensive gegen Rom.

12.5. Endgültige Einnahme der Krim durch Sowjets. – Beginn der Angriffe der 8. USAAF gegen die deutschen Hydrierwerke.

15.5. Stülpnagel und Rommel planen Festnahme Hitlers.

18.5. Räumung von Monte Cassino.

4.6. Alliierte Truppen besetzen Rom.

6.6. Alliierte Landung in der Normandie. Eröffnung der zweiten Front in Europa.

10.6. Beginn der sowjetischen Sommeroffensive in Karelien.

13.6. Erster Einsatz der V 1 (»Vergeltungswaffe«).

15.6. Alliierte Landung auf den Marianen.

19./21.6. See-Luft-Schlacht bei den Marianen.

22.6. Beginn der sowjetischen Offensive gegen die Heeresgruppe Mitte.

26.6. Kapitulation der Festung Cherbourg. Einnahme von Witebsk durch Sowjets, am 29.6. Einnahme von

28.6. Einnahme von Petrosawodsk durch Sowjets, am 29.6. Einnahme von Bobruisk, am 3.7. Einnahme von Minsk.

5.7. Rundstedt als OB West durch Kluge ersetzt.

9.7. Rommel erbittet Erlaubnis, seine Truppen aus der Normandie zurückzunehmen; nach Hitlers Weigerung ist er bereit, den Putsch zu unterstützen.

11.7. Erster Attentatsversuch Stauffenbergs.

13.7. Beginn der sowjetischen Offensive gegen die Heeresgruppe Nordukraine.

15.7. Zweiter Attentatsversuch Stauffenbergs.

16.7. Verhaftungsbefehl gegen Goerdeler.

17.7. Rommel schwer verunglückt.

18./19.7. St-Lô von den Alliierten genommen.

20.7. Putsch und Attentat auf Hitler fehlgeschlagen. Der Reichsführer SS, Himmler, wird Befehlshaber des Ersatzheeres.

21.7. Alliierte Landung auf Guam.

24.7. Einführung des Hitlergrußes bei der Wehrmacht.

25.7. Durchbruch der Amerikaner bei Avranches.

27.7. Beginn der Schlacht südöstlich Warschau.

1.8. Beginn des Warschauer Aufstandes. – Alliierte Truppen besetzen Florenz. – Maidanek als erstes KZ befreit. In den KZ (ohne Vernichtungslager) befinden sich insgesamt 524 277 Häftlinge.

4.8. Ehrengericht zur Ausstoßung von Verschwörern aus der Wehrmacht.

7./8.8. Prozeß gegen die erste Gruppe von Verschwörern vor dem »Volksgerichtshof«. Acht Offiziere erhängt.

9.8. Besetzung von Le Mans.

15.8. Landung alliierter Truppen in Südfrankreich. Kluge als OB West durch Model ersetzt.

18.8. Selbstmord Kluges. – Beginn der Befreiungskämpfe in Paris.

20.8. Beginn der sowjetischen Offensive gegen die Heeresgruppe Südukraine.

24./25.8. Staatsstreich in Rumänien. Kriegserklärung an Deutschland.

25.8. Einmarsch französischer und alliierter Truppen in Paris. – Rumänien erklärt Deutschland den Krieg.

30.8. Sowjets besetzen Ölgebiet von Ploësti.

31.8. Einmarsch sowjetischer Truppen in Bukarest.

3.9. Alliierte Truppen befreien Brüssel.

4.9. Austritt Finnlands aus dem Krieg gegen die Sowjetunion.

5.9. Model als OB West durch Rundstedt ersetzt.

8.9. Erste V-2-Raketen gegen London abgeschossen.

9.9. Rußland erklärt Bulgarien den Krieg. Beginn des Volksaufstandes in Bulgarien.

11.9. US-Truppen erreichen Reichsgrenze bei Trier.

12.9. Marschall Tito wird alleiniger Führer des jugoslawischen Widerstands.

15.9. 4. Konferenz zwischen Roosevelt und Churchill in Quebec (Beschluß über Angriff auf Deutschland). – Sowjetischer Durchbruch bei Narwa.

17.–26.9. Schlacht bei Arnheim.

19.9. Alliierte erobern Brest.

25.9. Veröffentlichung des »Morgenthau-Planes«. – Hitler befiehlt Bildung des »Volkssturms«.

28.9. KZ Theresienstadt liquidiert. – Beginn der neuen sowjetischen Offensive in Südosteuropa.

3.10. Ende des Warschauer Aufstands.

10.10. Einschließung der Heeresgruppe Nord in Kurland durch Sowjets.

13.10. Einnahme Rigas durch Sowjets.

14.10. »Selbstmord« Rommels.

Okt. Himmler befiehlt, angeblich auf Weisung Hitlers, Judenvernichtung einzustellen. Ende Oktober letzte Vergasungen in Auschwitz.

15.10. Horthy versucht Friedensverhandlungen, wird aber verhaftet, neue Regierung unter ungarischem Faschistenführer Szálasi gebildet.

18.10. Tito wird jugoslawischer Regierungschef.

20.10. Sowjets erobern Belgrad.

21.10. Amerikanische Truppen nehmen Aachen ein.

23.–26.10. See-Luft-Schlacht bei Leyte.

25.10. Truppen der Karelischen Front nehmen Kirkenes ein.

2.11. Griechenland von alliierten Truppen und Partisanen befreit.

7.11. Roosevelt zum viertenmal zum Präsidenten der USA gewählt.

8.11. Beginn der amerikanischen Offensive bei Metz.

12.11. RAF vernichtet das Schlachtschiff »Tirpitz« bei Tromsö.

21.11. Truppen der albanischen Armee befreien Tirana.

22.11. Französische Truppen besetzen Belfort und Mülhausen.

23.11. Amerikaner besetzen Aachen.

3.12. Alliierter Einbruch in den »Westwall« bei Saarlautern.

5.12. Einnahme von Ravenna durch britische Truppen.

15.12. Landung alliierter Truppen auf Mindoro.

16.—26.12. Deutsche Gegenoffensive in den Ardennen.

26.12. Einschließung von Budapest.

28.12. Ungarische Kriegserklärung an Deutschland.

——————— 1945 ———————

1.1. Letzter deutscher Großluftangriff auf alliierte Flugbasen in Belgien und Nordfrankreich.

9.1. Landung alliierter Truppen auf Luzon.

12.1. Beginn der sowjetischen Weichsel-Oder-Offensive. (Großangriff aus dem Baranow-Brückenkopf.)

13.1. Sowjetischer Durchbruch nach Ostpreußen.

17.1. Besetzung Warschaus durch Sowjets.

23.1. Sowjetische Truppen erreichen die Oder in Niederschlesien.

26.1. Abschnürung der deutschen Truppen in Ostpreußen.

30.1. Letzte Rundfunkrede Hitlers.

31.1. Königsberg eingeschlossen.

4.2. Einnahme Manilas.

5.–7.2. Einnahme von Köln.

7.2. Räumung von Thorn.

8.2. Beginn der englischen Offensive am Unterrhein.

11.2. Konferenz Roosevelts, Churchills und Stalins in Jalta. Beschlüsse über Besetzung ganz Deutschlands, Reparationen usw. Sowjetunion erklärt sich bereit, drei Monate nach dem Sieg in Europa in den Krieg gegen Japan einzutreten.

12.2. Frauen zum »Volkssturm« aufgerufen.

13.–15.2. Alliierte Luftangriffe auf Dresden.

15.2. Breslau eingeschlossen.

19.2. Landung alliierter Truppen auf Iwo Jima.

23.2. Amerikanische Offensive beiderseits Kölns.

26.2. Sowjetischer Durchbruch zur Ostsee.

6.3. Beginn der deutschen Gegenoffensive am Plattensee.

7.3. Kolberg eingeschlossen. Amerikanische Truppen besetzen Köln. Bildung des Brückenkopfes von Remagen.

9./10.3. Schwerer Brandbombenangriff der USAAF gegen Tokio.

15.3. Beginn der amerikanischen Offensive an der Maas und der Mosel.

19.3. Hitler erläßt »Nero-Befehl«.

23.3. Rheinübergang alliierter Truppen bei Wesel.

26.3. Amerikanische Landung auf Okinawa.

28.3. Guderian als Generalstabschef durch General Krebs ersetzt.

30.3. Einnahme Danzigs durch sowjetische Truppen.

2.4. Guerilla-Organisation »Werwolf«

bekanntgegeben. – Wien zum Verteidigungsgebiet erklärt.

9.4. Kapitulation der deutschen Truppen in Königsberg.

11.4. Selbstbefreiung des KZ Buchenwald.

13.4. Einnahme Wiens durch sowjetische Truppen. US-Truppen an der Elbe. – Präsident Roosevelt stirbt. Nachfolger Harry S. Truman.

15.4. KZ Bergen-Belsen befreit.

16.4. Beginn der sowjetischen Offensive gegen Berlin.

18.4. Ende des deutschen Widerstandes im Ruhrkessel. – Alliierte stoßen in die Po-Ebene vor.

19.4. Engländer erreichen die Elbe.

23.4. Göring fragt bei Hitler an, ob er dessen Nachfolge antreten soll – er wird von Hitler aller Ämter entsetzt.

24.4. Himmler bietet den West-Alliierten die Kapitulation an. Einschließung Berlins.

25.4. Amerikanische und sowjetische Truppen treffen sich bei Torgau.

25.4. Eröffnung der Konferenz der Vereinten Nationen in San Francisco.

28.4. Alliierte Truppen besetzen Münster und Augsburg, in Italien Genua und Mailand. Kapitulation der deutschen Truppen in Italien unterzeichnet. Mussolini von Partisanen erschossen.

30.4. Selbstmord Hitlers.

1.5. Dönitz übernimmt Leitung der deutschen Regierung.

2.5. Einstellung der Kämpfe in Italien. Kapitulation der deutschen Truppen in Berlin.

3.5. Alliierte Truppen besetzen Rangun.

7.5. Unterzeichnung der deutschen Gesamtkapitulation in Reims.

8.5. Unterzeichnung der deutschen Gesamtkapitulation in Karlshorst.

9.5. Ende des Kriegs in Europa.

23.5. Regierung Dönitz verhaftet.

25.5. Annahme der Charta der Vereinten Nationen in San Francisco.

26.5.–2.8. Treffen Trumans, Churchills, Attlees und Stalins in Potsdam. Ultimatum der angelsächsischen Mächte an Japan: Aufforderung zur Kapitulation. Potsdamer Abkommen.

6.8. Atombombenabwurf auf Hiroshima.

8.8. Kriegserklärung der Sowjetunion an Japan. Einmarsch in die Mandschurei.

9.8. Atombombenabwurf auf Nagasaki.

2.9. Unterzeichnung der japanischen Kapitulation.

Register

Wegen ständigen Vorkommens sind Stichwörter wie Deutschland/Deutsches Reich, Heer, Hitler, Landser, Nationalsozialismus, Wehrmacht usw. nicht ins Register aufgenommen worden.
Kursiv gedruckte Seitenzahlen verweisen auf Abbildungen.

Aachen 364, *370f.*, 385, 439, 441
Abbeville 68, 89, 352f.
Abessinien *14*, 153, 156, 162, 295, 589
Abetz, Otto 355
Abwehr 206
Achse Berlin-Rom 14
Acht-Acht-Flakgeschütz *175*, 596
Adenauer, Konrad 667ff., *668*
„Admiral Graf Spee" 61, 500, *502*, 508, *510f.*, *512*, 513f.
„Admiral Hipper" 61f., 508, 520, 531f., 534, 536f., 570
„Admiral Scheer" 500, 508, 516f., 519, 528, 531f., 534, *535*, 536f., 570, *581*
Afrika -> Nordafrika
Afrika-Korps -> Deutsches Afrika-Korps
Afrikafeldzug 6, 157-203
Afrikazulage 163
Agedabia 160, 165f., 617
Ägypten 139, 142f., 153ff., 157, 159ff., 166ff., 171ff., 241, 617, 623, 665
Akropolis *149*
Alam Halfa, Höhenzug von 172f.
Albanien 127, 134f., 139, 142, 295
Albert-Kanal 69f., *72*
Alexander, Harold 173, 199, 296, *299*, 321
Alexandria 112, 139, 143, 162, 165, 169, 171ff., 622, *623*
Alfieri, Dino 297, 300
Algier, Algerien 105, 177, 179, 182, 184, *189*, 190, 296
Alliierter Kontrollrat 422
Alpen-Festung" 465
„Altmark" 511, 513, *514*
Ambrosio, Vittorio 300, 302, 309f.
Andalsnes 65
„Anschluß" (Österreichs) 18f., *20*, 21
Antarktis 515
Antikominternpakt 14, 223
Antonescu, Ion *132*
Antonow, Alexej 420, 453
Antwerpen 86, 362, 365, 385
Anzio und Nettuno, Landung bei *320f.*, 324, 326ff., 330
Appeasement-Politik 13, 22f., 118
Arado-Werke 587
Arado Ar-68 592
Arado Ar-196 *593*
Archangelsk 205, 207, 549, 635
Ardennen, Durchbruch in den 57, 69, *84/85*, 86ff.
Ardennenoffensive (1944) 385-395, 405, 438, 455
Argentinien 566
„Ark Royal" 523, *530*, 540, 548f.
Ärmelkanal 90ff, 120f., 349ff., 353, 519, 536, 608f., 615
Arnheim 365
Arnheim, Luftlandung bei *368f.*, 370f., 385, 452
Arnim, Hans-Jürgen von 187, 199ff., 203
Arras 88
Asmara 172
Astrachan 205, 233
Athen 139, 142f.
„Athenia"-Zwischenfall 540, *542*ff., 566
Äthiopien -> Abessinien
Atlantik, Schlacht im 506, 519, 522, 531ff. 544, 546-566, 635f.
Atlantik-Charta 672
Atlantikwall 7, 272, *333ff.*, 337, 339
„Atlantis" 515
Atombombe 7, 486ff.

Attlee, Clement *88*
Attolico, Bernardo 21
Auchinleck, Claude 165, 167, 172
„Aufbau Ost" 131
Aufrüstung 10ff.
Auschwitz 6, 671f.
Australien 154, 480, 482
Avranches 341, 346, 349ff., 663
Azoren 256

„Babydivision" (12. SS-Panzerdivision „Hitlerjugend") 341, 344, *350*, 351
Bach-Zelewski, Erich von dem 283
Bad Godesberg 20
Bader, Douglas 606, 608
Badoglio, Pietro 302, 304, 306ff., 309ff., 312f., 315, *316*
Baku 133
Balbo, Italo 153
Balkanfeldzug 6, 136, 139-151
Bär, Heinz *653*
Baranowbrückenkopf 281, 406f.
Bardia 161, 176, 615
Barka 193
Bastico, Ettore 165f., 177, 622
Bastogne 393
Baumbach, Werner 592
Bayerlein, Fritz 156, 453
Bayeux 347
Beauvais 360
Bedaux, Charles 181, 190
„Bedingungslose Kapitulation" 7, 260, 417, *472f.*
Behnke, Paul 492
Belgien 54ff., 67ff., 70ff., 76, 82, 86, 90ff., 119, 131, 142, 335, 360ff., 365, 388, 662, 665, 670
Belgrad 139f., *141*, 411
Benesch, Eduard 19ff.
Bengasi 156f., 160f., 165, 176, 193, 615
Bergolo, Calvi de 306
Berghof (Berchtesgaden) 130
Berlin 7, *123*, 365, 432ff., 437, 439, 453, 464
Berlin, Luftschlacht um 655
Berlin, Schlacht um 466, 468ff.
Berlin-Karlshorst, Kapitulation in 472
Bernadotte, Folke 463, 471
Bernhard, Prinz der Niederlande 452, *453*
Bessarabien 127f., 134, 206, 210ff., 219
Bessarabiendeutsche 128, 130, 399
Bey, Erich 533f.
Bialystok-Minsk, Kesselschlacht bei 210ff., 218
Bir Hacheim 169f.
Biserta 187, 199, 203
„Bismarck" 478, 508, 520ff., *522*., 523, *524/525*, 526, 530, 548
Bittrich, Wilhelm 370
Blaskowitz, Johannes *45*, 336
„Blaue Division" 210, 258, 274f., 336
„Blenheim" Bristol Aircraft 645
Blitzkriege 6f.
Blohm&Voss BV-141 *637*
Blomberg, Werner von 14ff. *17*, 496
„Blücher" 64, 508
Blum, Léon 66
Blumentritt, Günther 334f., 353, 450
Bock, Fedor von 35, 205, 212, 214, 217, 220, 222, 223, 224, 229f., 232, 636
Boehm, Hermann 513
Boeing B-17 „Flying Fortress" *336*, 594, 643, 645f., 649
Boeing B-24 „Liberator" 643
Boeing B-29 „Superfortress" 486
Böhmen und Mähren, Reichsprotektorat 23f., 472
Bolschewismus 205, 274
Bombenkrieg 6, 117f., *418f.*, 561, 604f., 612f., 643-657
Bomber Command (Alliiertes Bomber-Kommando) 645f., 650, 652ff.
Bönigk, Oskar von 583

Bonn 442, 444, 447f.
Bono, Emilio de 297, 304
Bonte, Friedrich 61ff.
Bór-Komorowski, Tadeusz *283*
Bordeaux 349, 361
Bormann, Martin 399, 401f., 413, 449, 461, 471
Borneo 475, 478
Borodino, Schlacht bei 221
Bose, Subhas Chandra 179
Bosnien-Herzegowina 179, 407
Boulogne 68, 90, 338, 363f., 536, 611
Bradley, Omar 334, 348f., 351f., 355f., 364f., *369*, 370, 439f., 446f., 453
Brandenburg 36
Brandenburg, Ernst 588
Brandenburger Tor *111*, 471
Brauchitsch, Walter von 53, 149, 205, 208, 212f., 214, *216*, 224
Braun, Eva 471
Breisach 101
Breker, Arno *109*
„Bremen" 513
Brereton, Lewis 370
Breslau 407, 409, 412, 415f., *416*, 433
Brest 338, 349, 363, 517, 520ff., 523, 526, 548
Brest-Litowsk 32, 38, *44*, 45, 66
British Expeditionary Forces (BEF) *88*, 90ff.
Brjansk 226, 266
Brockdorff-Ahlefeldt, Walter Graf von 226, 633
Bromberg 46, 411
„Bromberger Blutsonntag" 30, *31*, 46
Brooke, Alan 178, *296*
Brüssel 70, 86, 89, 361f.
Büchner, Franz 583
Budapest 405ff., 409ff., 419f., *426f.*
Budjonny, Semjon Michailowitsch *206*, 207, 211ff., 218
Bukowina 127f.
Bulganin, Nikolai *668*
Bulgarien 133, 137ff., 141, 180, 223, 397
Bürgerbräu-Attentat *54f.*
Burma 179, 478f., 489
Burmastraße *478f.*, 489
Busch, Ernst 279f., 458, 472

Caen 341ff., 345, 348, 350
Calais 90, 338, 363f.
Cambrai 88
Canaris, Wilhelm 60, 326, 337, 461
„Cap Arkona" *578f.*
Capa, Robert 306
Carls, Rolf 61, 527, 532
Casablanca 181, 184, 194
Casablanca, Konferenz von 190ff., 296, 309, 339
Castellano, Giuseppe 309ff.
Catania 300
Cavallero, Ugo Graf 166, 177, 618, 622
Chamberlain, Neville 16, 20, *21*, 118, 132
Chania 144f.
Charkow 220, 226, 229f., 242, 264ff., 269, 272, 638
Chelmo 6
Cherbourg 338, 340, 345f.
China 14, 475f.
Cholmer Kessel 226, 229f., 246, 634f.
Choltitz, Dietrich von 353f., 355, 356
Christiansen, Friedrich *335*
Chruschtschow, Nikita 151, *668*
Churchill, Winston 6, 58, *88*, 90, 92, 95f., 114ff., *117*, 118ff., 122, 132, 139, 142, 165, *167*, 173, 178f., 181, 190f., 234, 237, 258, *296*, 300, 321, 333f., 344, 357, 417, 419, *422*, 453, 538, 542, 591, 599, *612*, 651, *659*
Ciano, Galeazzo Graf 22, 97, 105, 122, *133*, 154, 256, 297, 304, 306, 315
Ciliax, Otto *526*
Clark, Mark Wayne 182, 187, 316, 321, 330
Colmar 394
Compiègne, Waffenstillstand von *104/105*, 106-112

Constantine 199
Cooper, Duff 132
Corregidor 476, 489
Cotentin 342, 345ff.
„Courageous" 541
Coventry, Luftangriff auf 605, 643
Cranz, Christel 376
Crüwell, Ludwig 162, 170
Cunningham, John Henry 164f. 295, *297*
Cyrenaika 156, 159f., 165ff., 176f., 617

Dakar 112
Daladier, Edouard *22*
Dalmatien 295
Dänemark 58ff., 131, 205, 223, 335f., 458, 465, 472,
  543
Danzig 24, 28, 30f., 36, 50, 66, 408, 431, 573, 578ff.
Dardanellen 133
Darlan, Francois 182, 184, 187
Darmstadt, Luftangriff auf 655
Deere, Al 612
Demjansk 226, 229f., 246, 265, 633ff.
Dempsey, Miles 334, 364
Den Haag 74
Denikin, Anton 238
Dentz, Henri Fernand 76ff.
Derna 161, 165, 176
Detmers, Theodor 516
Deutsch-Britisches Flottenabkommen 12f., 496, 499,
  503, 506
Deutsch-Polnischer Nichtangriffspakt 12
Deutsch-Sowjetischer Nichtangriffspakt *24*, 25, 35, 44f.
Deutsche Lufthansa 587, 589, 593
Deutsches Afrika-Korps 156-203, 548, 615ff., 624f.
„Deutschland" 497, 500, 508, 513, *535*, 570
Deuxième Bureau 52
Devers, Jacob 357, 439
Dieppe 338
Dieppe, Landungsversuch bei 234, 237
Dietl, Eduard *61*, 64f., 206, 208, 226, 228, 282
Dietrich, Joseph 142, 350, 385ff., 432
Dietrich, Otto 417
Dill, John *88*, 178
Dilley, Bruno *27*
Dimitrescu, Ion 221
Dinant 386
Dirlewanger, Oskar 283
Dnjepr 210ff., 237, 250, 265ff., 271f., 273ff.
Dobbie, William 169
Dollfuß, Engelbert 17
Don 237, 241, 250, 264ff.
Don, Verteidigungsschlachten am 235, 241f., 245f.,
  250
Donbogen, Schlacht im 233
Donez und Mius, Doppelschlacht am 269
Donez/Donezgebiet 222, 233, 237, 248f., 264ff., 269,
  271f.
Dönitz, Karl 7, 15, 255, 336, 403, 464, 470f., *472*, 492,
  503ff., 532, 535, *538*, 540, 543, 546, 549, 551f.,
  556ff., 561, 564f., *568*, 573, 580f.
Doormann, Konteradmiral 478
Dornier, Claude 590, 593
Dornier-Werke 586, 590, 650f.
Dornier Do-17 149, 593f., 596, *606*f., 627
Dornier Do-18 „Aeolus" *590*
Dornier Do-19 593f.
Dornier Do-26 590, *591*
„Do-Werfer" *436*, 437
Dowding, Sir Hugh *603*, 605, 612
Dreimächtepakt 132, *133*, 137, 139
Dresden, Luftangriff auf 420, 423, *428/429*, 655
„Drôle de guerre" 65ff., 98
Dunant, Henri 285
Dünkirchen, Schlacht bei 90ff., *92/93*, *94/95*, 114, 203,
  338, 360, 363f.
Düren 442
Düsenjäger 589, 604, 652
Düsseldorf 365, 442, 444, 468

Eben Emael 66, 70ff., 74, *75*, 82, 634
Ebert, Friedrich 492
Eden, Anthony *12*, 16, 132, *296*
Eduard VIII., König von Großbritannien 16
Einsatzgruppen 46
Eisenhower, Dwight D. 177, 179, 182, 184, 190, 194,
  203, 297, 299, 309, 311, 321, 334, *338*, 342, 344,
  351f., 365, 368, 370f., *438*, 439f., 446f., 448, 450,
  453, 455, 463, 465, 472
El Agheila 160, 166
El Alamein *168*, 169ff., 172-177, *178/179*, 185, 189,
  624

El Aouina 185
El Mechili 161
Elba 318
Elbe 453, 466, 471
Elbing 577
Elbrus 234, 265
Elser, Georg *54*f.
„Emden" 64, *494*, 495, 537, 570
„Endlösung der Judenfrage" 6f., 670ff.
England -> Großbritannien
Eritrea 156, 172
Erster Weltkrieg 53, 65f., 68, 88, 100, 103, 297, 324,
  508, 583, 594
Erzberger, Matthias 105
Espenlaub, Gottlob 586
Esser, Hermann 423
Estland 58, 127f., 131f., 227, 403, 574
Eupen 364
Euskirchen 69
Eyssen, Hans 515

Falaise 351f., *353*
Falkenhorst, Nikolaus von 206, 226
„Fall Achse" 311ff.
„Fall Gelb" 50ff., 68f.
Fallschirmjäger 56, *63*, 70ff., 74, *76*, 78ff., *81*, 143ff.,
  297, 299, 363, *369*
Faruk, König von Ägypten 172
Faschistische Partei 297, 304, 306
Felmy, Hellmuth 229
„Festung Europa" 179
FFI 362
Fieseler Flugzeugbau 592
Fieseler Fi-99 *593*
Fieseler Fi-156 „Storch" 593
Finnland 58ff., 127, 131ff., 206, 223, 256, 281f., 536,
  574
Flak *436*, 437, 562f., 592, 607, 632, *642*f., 647, 651,
  655
Flandern 70
Fletcher, Frank *482*, 483
„Fliegende Festung" -> Boeing B-17
Florenz 136
Flüchtlinge 7, 410, *414*f., 417, 420, *421*, 471, 570-581
Flugzeugträger 480ff., 548, 565
Foch, Ferdinand 105, 111
Focke-Wulf Flugzeugbau 586
Focke-Wulf FW-61 *592*
Focke-Wulf FW-190 *619*, 625, 647
„Formidable" 617
Franco, Francisco 14, *129*, 135, 179, 258, 274, 594f.
Frankfurt a.d.O. 415, 469
Frankfurt a.M. 364, 439, 450f., *459*
Frankreich 6f., 15, 20ff. 24f., 38, 50ff., 58, 60, 65ff.,
  70ff., 86-112, 131, 142, 153, 167, 190, 333-365,
  382, 388, 417, 475, 498f., 517, 519, 589, 599, 662,
  665, 668
Frankreichfeldzug 6, 70, 86-112
Französisch-Äquatorialafrika 105
Freiburg, Luftangriff auf *648*, 655
Freisler, Roland 46, 675
Freiwilligenverbände 398f., 402f.
Fremde Heere Ost (Abt. F.H.O.) 206
Freyberg, Bernard C. 145ff.
Friedeburg, Hans-Georg von 472, *473*
Friedrich II. der Große 464
„Frikorps Danmark" 210
Fritsch, Werner von 14ff., *17*
„Führer-Diktatur" 6f.
Fullriede, Erich 579f.
Funkmeß -> Radar

Galizien 36
Galland, Adolf 390, 588, 591, 594, 596, 599, 606ff.,
  610, 611f., 621, 648
Gamelin, Maurice 56, *68*, 69f., 86f., 89
Gandhi, Mahatma 179
Gariboldi, Italo *159*, 160, 165
Gasala 166
Gaulle, Charles de *68*, 69, 88f., 96, 103, 113, 181, 187,
  190f., *356*f., 394
Gdingen 36, 43
Gebirgsjäger *64*, 147f.
Geilenkirchen 440, 443
Geleitzugschlachten -> Atlantik, Schlacht im
„General Grant" 169, *176/177*, 199
„General Sherman" 199, *366*
Genf, Abrüstungskonferenz von 13
Genfer Konvention 285, 661
George VI., König von Großbritannien 203
Georgien 229

Gerichtsbarkeitserlaß „Barbarossa" 253
„Gespensterdivision" 83
Gestapo 57, 67
Geyr von Schweppenburg, Leo Freiherr 336
Gibraltar 129, *153*, 157, 162, 184f., 523, 548f., 551,
  617, 622f.
Gilbertinseln 485
Gille, Herbert 279
Giraud, Henri-Honoré 181, 184f., 190f.
Gleiwitzer Sender 24, *27*
Glogau 412, 416
„Glowworm" 62
„Gneisenau" 61f., 500, *506*, 508, 513, 520f., 526, *529*,
  531
Goebbels, Joseph 7, 50, *111*, 174, 227, 237, 255, *260*,
  267, 288, 307, 367, 409, 423, *432*, 460, 463f., 465, 655
„Goeben" 548
Goerdeler, Carl von 461
Goldap 404
Gomel 213
Gorbatschow, Michail 281, 401
„Gorch Fock" 499
Göring, Hermann 14ff., *48*, 50, *90*, 120, 124, 159, 166,
  177, 182, 194, 237, 243, 246f., 250, 253, *259*, 298,
  336, 391, 463f., 470f., 499f., 505, 519, 583, 588,
  591, 594ff., *595*, *597*, 599ff., 604ff., 629, 636, 643,
  649, 653, *656*
Gotenhafen 36, 578ff.
„Gotenlinie" 331, 455
GPU 66
„Graf Zeppelin" 500, 503
Gran Sasso *308*, 315, 320
Grandi, Dino 297, 304
Grant, Ulysses S. 192
Graz 432
Graziani, Rodolfo 153f., 156, 159, 166, *305*, 316
„Greer"-Zwischenfall 549f.
Greim, Robert Ritter von 433, 472, *648*f.
Griechenland 134f., 136f., 139-143, 180, 295, 629
Grodno 282
Grönland 548f.
Grosny 243
Großbritannien 6f., 15ff., 21ff., 25, 50, 55, 58, 60, 65f.,
  90ff., 114-125, 130, 135, 137, 139f., 142, 153, 205,
  334, 344, 375, 378ff., 475, 477, 498f., 503ff., 508,
  517, 540, 546, 548, 566, 599-612, 617, 643, 662,
  665, 668
„Großdeutschland" 19ff.
„Großostasiatische Wohlstandssphäre" 475
Guadalcanal, Schlacht um 482f.
Guam 476, 486
Guderian, Heinz 29ff., 68, 82f., *85*, 86, 88f., 159, 168,
  205, 211f., 214, 217, 219ff., 223, 225f., 228, 267,
  275, *397*, 398f., 401, 403, 405, 408f., 413, 415, 417,
  431f., 437
Gumprich, Günther 516
Gurkhas *200*
Gustav V., König von Schweden 114
Gustav-Linie 319, 323f., 326

Haager Landkriegsordnung 661
Hácha, Emil 22
Hahn, Hans von 629
Haifa 173, 623
Halder, Franz *52*, 54, 82, 117, 127, 130f., 135, 149,
  159, 166f., 205, 210ff., 215, *216*, 223, 225, 228,
  233, 235, 237, 241
Halfaja-Paß *168*, 617
„Halifax" Handley Page 650
Halifax, Lord Edward 121
Hamburg 7, 123
Hamburg, Luftangriff auf 468, 561, 653
Hammerstein-Equort, Kurt von 54
Hanke, Karl 416, *459*
Hannibal 330
Hannover 118
Hannover, Luftangriff auf 465, 468, 656
Harlinghausen 615
Harpe, Josef 281f., 404, 409
Harris, Arthur 419, *643*, 647, 650, 652f., 655
Hartenstein, Werner 552f.
Hartmann, Erich *640*f.
Hasselt 73
Hauptmann, Gerhart 428
Hausser, Paul 350, 352, 357
Heidelberg 451
Heilbronn, Luftangriff auf 655
Heim, Ferdinand 242, 364
Heinkel, Ernst 586
Heinkel AG 586
Heinkel He-45 590

Heinkel He-46 590
Heinkel He-51 591, 594
Heinkel He-59 612
Heinkel He-60 *503*
Heinkel He-70 593
Heinkel He-111 41, *43*, 245, *596*, *598*, 604, *605*, 607f., *610/611*, 615, *617*, 626, 635, 636, 638f.
Heinkel He-115 636
Heinkel He-177 597
Heinrici, Gotthard 275, 405, 433, 437, 459, 464
Heinsberg 440f.
Hela 43, 580f.
Hendaye 129, 135
Henderson, Neville 23f.
Henschel-Flugzeugwerke 590, 650f.
Henschel Hs-123 590
Henschel Hs-126 593
Henschel Hs-129 625, 640
Heraklion 144
Herrmann, Hajo 653ff.
Hetz, Ernst 579f.
Heusinger, Adolf 159, 401
Heydrich, Reinhard 15, 27, 49
Himmler, Heinrich *17*, 339, 367f., 393, 401f., 413, *416f.*, 419, 432, 437, 449, 459, 463f., 471
Hindenburg, Oskar von 227
Hindenburg, Paul von 13, 413
Hirohito 7, 475
Hiroshima, Atombombenangriff auf 7, 486f., *488f.*
„Historikerstreit" 6
Hitlerjugend 19, 430, 455, 465, *466f.*, *654*
Hoare, Samuel 260
Hobb, Leland 350
Hodges, Courtney 334, 348f., 365, 445f.
Hoepner, Erich 205, 211f., 220, 224, 226
Holland -> Niederlande
Hollidt, Karl 244, 266, 278, 450
Home Guard *118/119*
Hongkong 476, 477
„Hood" 478, *520*, 522
Hopkins, Harry Lloyd 191
Hoßbach, Friedrich 14, 404, 411
Hoth, Hermann 205, 210f., 219ff., 224, 232, 237, 244
Hube, Hans 298ff., 309
Huntziger, Charles *104f.*, 107, 111f.
„Hurricane" MK-I-II *122*, *602*, 605ff.
„Hurricane" II-D 624

„Igelstellung" 226, 242
Iljuschin-Schlachtflugzeuge 635
Indien 165, 179, 181
Indochina 475, 477, 479
Indonesien (Niederländisch-Indien) 475, 478f.
Inönü, Ismet 191
„Inselspringen" 7, 483f., 485
Invasion (in der Normandie) 7, 92, 333, 337, 342f., *344f.*, 346ff., 359, 385, 539, 564, 663
Irak 173, 229
Iran 163, 212, 229
Irland 258
Isjum 229f.
Island 336, 546ff., 562, 636
Italien 6f., 14, 17, 21f., 96ff., 105, 135ff., 141, 153, 157, 165, 172f., 179, 191, 197, 201, 208, 223, 229, 256, 271, 295-331, 333, 380, 455ff., 530, 588, 615, 617, 663, 665
Ites, Otto 555
Iwo Jima *481*, 489

Jaenecke, Erwin 280
Jagdbomber („Jabos") 388, 604, 624f.
Jagdgeschwader „Richthofen" 583ff., 604, 608, 645, 648
Jalta 230
Jalta, Konferenz von 417, *422*, 439
Jan Mayen 635f.
Japan 6f., 14, 130, 133f., 179, 191, 219, 223, 333, 380, 419, 474-489, 527, 566
Javasee, Seeschlacht in der 478
Jeremenko, Andrei 241, 280, 468, *572*
Jeschonnek, Hans 243, 593, 596, *603*
Jewpatoria *231*
Jodl, Alfred 131, 159, 166, 177, 201, 235, 266, 307, 309, 337, *340*, 349, 385, 413, 445, *472*
Judenrat 48
Judenverfolgung 6f., 46, 49
Jugoslawien 127, 133, 136, 139ff., 406, 629, 668
Juin, Alphonse 181f.
Jülich 442
Junkers, Hugo 586, *587*, 593f.
Junkers AG 585

Junkers Ju-52 44, 70, 144, *145*, 147, 245, 287, 590, 593f., *616*, 625, *634*, 638
Junkers Ju-86 590, 638
Junkers Ju-87 43, 586, 594, 596, 602, 607, 617, 631f., 635, 640 (s.a. „Stuka"-Waffe)
Junkers Ju-88 586, 594, *618*, 626, 635f., 650, 655
Junkers Ju-89 593f.
Junkers Ju-90 *586/587*, 593
Junkers Ju-F13 *585*

Kähler, Otto 515
Kairo 155, 171ff., 615, 622
Kaiser, Henry 548
Kalatsch, Schlacht bei 233, 242
Kaluga 221, 226
Kamenew, Lew *206*, 207
Kamikaze-Flieger *485*, 489
Kammhuber, Josef 652f.
„Kammhuber-Riegel" 652f.
Kanada 117, 120, 667
„Kanaldurchbruch" 526, 529, 531
Kanalinseln 338f., 349, 363, 459
Kap der Guten Hoffnung 157
Kap Matapan, Seeschlacht bei 157, 171
Kap Teleuda, Seeschlacht bei 530
Kapp-Putsch 495
Kapstadt 552
Karelien 58f., 131, 208
Karl VII., König von Frankreich 94
Karlsruhe 451
Kaspisches Meer 233
Kassel 450f.
Kasserine *194/195*
Katjuscha -> Stalinorgel
Kattara-Senke 172f.
Katyn 47, *281*
Kaukasus 6, 212, 214, 229, 233ff., 238, 239ff., 243f., 264f., 397, 636
Keitel, Wilhelm 16, 46, 108, 112, 151, *216*, 243, 255, 275, 300, 309, 347, 397, 445, 461, 472
Kempf, Werner 266
Kennedy, Joseph *117*
Kertsch 226, 229f., 235
Kesselring, Albert 165, 168, 171, 173, 175, 177, 182, 192, 205, 298, *307*, 308, 311, 318, 320, 326ff., 330, 448f., 457ff., 470, 593, 605, *616*, 620, 622, 633, *636*
Kiel 119, *217*, 266, 271, 273, 275
Kiel, Luftangriff auf 579f., *644*
Kiew, Kesselschlacht bei 212, 214, 217f., *632*
Kirchner, Friedrich 233
„Kirow" 528, 632
Kirowograd 277
Kitzinger-Linie 353
Kleist, Ewald von 81f., 89, 206, 211f., 217, 219, 221, 224, 231f., 234f., 241, 255, 273, 279f.
Kleist, Peter 128
Kleve 371, 441
Klin 223
Klopper, John 170
Kluge, Hans Günther von 205, 220, 224f., 230, 279, 347ff., 349f., *351*, 352, 354
Koblenz 370, 445, 448
Koch, Erich 399, 404, 411
Koenig, Pierre 170
Köhl, Hermann 585
Kolberg 579
Kollaboration 365
„Kollektivschuld", deutsche 663
Köln 442, 444, 447
„Köln" 497, 531, 537, 570
Kolomna 221
Kolonialpolitik 6f.
„Komet" 515
Komintern 66
„Komitee zur Befreiung der Völker Rußlands" 402f.
„Kommissar-Befehl" 208, 667
Kommunistische Internationale 14
Kommunistische Partei(en) 65f.
Königsberg 415, 419, 431
Konjew, Iwan Stepanowitsch 224, 230, 269, 282, 406f., 415, 423, 426, 437, 469
Konzentrationslager (KZ) 67, 374, 382, 463, 671f.
Kopelew, Lew 401, 403
Korallensee, See-Luft-Schlacht in der 480ff.
Korinth 141
Korsika 97, 105, 185, 313, 318, 320
Kortzfleisch, Joachim von 442, 447
Kosaken 219, *399*, 403
Köstring, Hans 206
Kowno 210, 282
„Kraft durch Freude" (KdF) 367, 594

Krakau 36, 41, 406ff., 409
Krancke, Theodor 336, 516f.
Krasnaja Poljana 224
Krasnodar 233
Krebs, Hans *385*, 431, 437
Kreta 136, 139, 142-148, 168, 172, 182, 459, 617, 634
Kretschmer, Otto 546f.
Kreuzerkrieg 513, 515ff., 519ff., 526, 531f.
Kriegsgefangene 462, 660-668
Kriegsmarine, deutsche 60ff., 122ff., 207, 492-581
Kriegswirtschaft 373-382
Krim 214, 219, 221, 223, 226, 229ff., 234, 273ff., 276, 280
Kriwoj Rog 213, 277
Kroatien 140f., 223, 295, 407
Krüder, Ernst-Felix 515
Kuban-Brückenkopf 248, 264ff., 272
Kubangebiet 233
Küchler, Georg von 205, 212, 276
Kugellagerfabriken (Schweinfurt) 646
Kummetz, Oskar 532f.
Kuribayashi, Akira 489
Kurland 282
Kurlandkessel 403ff., 409, 410f., 415, 431, 472, 572, 574ff., 580f.
Kursk 226, 264, 267
Kursk, Panzerschlacht bei 268ff., *272*, 291, 638, 640
Küstrin 412f., 415, 432, 437
Kutrzeba, Tadeusz 33, 37
Kuusinen, Otto 58, 131

La Plata, Seeschlacht am 512f.
La Rochelle 338
La Valetta 163, 168, *170*
„Laconia"-Zwischenfall 552ff., *555*
„Lancaster" Avro Aircraft *645*, 649f., 652, 654f.
Landres 360
Langsdorff, Hans 511ff.
Laon 88f.
Lashio 479
Lastensegler 73, *74*, 279, 618, *635*
Lattre de Tassigny, Jean de 185, 357, 394, 451
Lauban 423, 433
Laval, Pierre 185
Le Havre 338, 340, 363
„Lebensraum im Osten" 6, 10, 12, 14, 208
Lebrun, Albert 102
Leclerc, Jacques 176, 356
Leeb, Wilhelm Ritter von 205, 217, 224
Legion „Condor" 14, 32, 208, 595f., 604
„Leibstandarte Adolf Hitler" 432
Leigh-Mallory, Sir Trafford 605
Leipzig 468
„Leipzig" 505, 570, *573*
Lemberg 468
Lent, Helmut 655
Leningrad 205, 208, 212ff., *2150*, 217, 223, 226, 232, 264, 266, 269, 272, 277, 631
Leopold III., König der Belgier 54, 92
Lettland 48, 58, 127f., 131f., 227
Leyte, Seeschlacht bei 486
Libau 574, 581
„Liberator" -> Boeing B-24
Libyen -> Nordafrika
Lilienthal, Otto 585
Linz 406
Lippisch, Alexander 585
Liska, Hans 490
List, Wilhelm *126*, *150*, 233, 234f.
Litauen 48, 58, 127f., 131f., 210, 227, 281f., 403
Lloyd George, David 297
Locarno, Vertrag von 17
Lodz 407, 409
Loerzer, Bruno 629
Löhr, Alexander 206, 298, 406, 459
Lomsha 30
London 602, *604f.*, 612, 651
Low, David 114
Löwen 86
Lübeck, Luftangriff auf 652
Lublin 38, 282
Ludendorff, Erich von 117
Ludwig XIV., König von Frankreich 100
Ludwigshafen 666
Luftschlacht um England 7, 124, 591, 597, 599-612
Luftwaffe, deutsche 52, 67, 70, *71*, 124, 207, 245f., 248, 390ff., 519, 562, 583-655
Lüneburg, Teilkapitulation in 472
Lüth, Wolfgang *544*, 566
Lütjens, Günther 520, 522f.
Lüttich 66, 82, 385

Lüttwitz, Smilo Freiherr von 404, 409
Lüttwitz, Walther Freiherr von 350
„Lützow" 64, 508, *514/515*, 531ff., 534, *535*, 536f.,
    570, 574
Lützow, Günther 604
Luxemburg 68, 73, 131, 360, 364f., 668
Lyon 360

Maas 69f., 81ff., 84f., 363, 370f., 385ff., 439
Maastricht 70, 72
MacArthur, Douglas 484ff., *488f.*
„Machtergreifung" 6, 12f.
Mackensen, Eberhard von 326, 330
Maginot, André 66
Maginot-Linie 15, *52f.*, 57, 66f., 69, 73, 83, 98ff., *99*,
    102, 145, *367*, 393
Magnetminen 542f.
Magnettorpedos 541f.
Maikop 233, 243
Mainz 364, 448
·Majdanek 6
Malan, Adolphus Gysbert „Sailor" 606
Malaya 476, 563
Malemes 144ff.
Malinowski, Rodion 406, 432, 468
Malta 105, 153, 157, 162, 168ff., *170*, 171f., 550, 615,
    617f., 620ff., *622*, 624f.
Mandschukuo 223
Mandschurei 14, 475
Mannerheim, Carl Gustav Emil von 206, *274*, 282
Manstein, Erich von 68, *69*, 90, 149, 219, 223, 228,
    230, 232, 244f., 248, 250, 264ff., 269, 273ff., 279f.,
    397
Manteuffel, Hasso von 385ff., *432*, 433
Maquis 339, 354ff., 359f.
„Marat" 632
Mareth-Linie 192f., 199, 203
Marianen 486
„Marines" 489
Marmarica, Schlacht in der 171
Marne-Schlacht 68
Marokko 177, 179, 181, 184, 189
Marsa Matruh 171, 176, 624
„Marsch zur Feldherrnhalle" 54
Marseille 359
Marseille, Hans-Joachim 174, *621*
Marshall, George Catlet 178, 334, 483, 485
Marshall-Inseln 485
Masaryk, Tomas 19
Massaua 172
„Maxim Gorki" 528
Mayer, Egon 645, 648
Mechelen-Zwischenfall 56
Meendsen-Bohlken, Wilhelm 532
„Mein Kampf" 6, 12f.
Memel 403f., 573f.
Memelland 50
Merezkow, Kiril 282
Mers-el-Kebir 112, *113*
Messe, Giovanni 201
Messerschmitt AG 587
Messerschmitt Me-109 592, *594*, 596, *601*, 605, *606ff.*,
    612, *614*, 620f., *628*, 647
Messerschmitt Me-110 43, 592, *606f.*, 625, 650, 655
Messerschmitt Me-262 347, 604, *652f.*
Messerschmitt Me-323 „Gigant" *180*, 243, *624*, 625
Messina 169
Metaxas, Ioannis 141
Metaxas-Linie 141, 145, *151*
Metz 364, 371
Meurer, Manfred 652
Meyer, Bruno 640
Meyer, Kurt 141f.
Michael, König der Rumänen *132*
„Michel" 516
Midway, Schlacht bei 7, 480ff.
MiG-Jagdflugzeuge 635
Mihailovic, Draza 139, *406*
Milch, Erhard 50, *585*, 591, 593, 626, 632, 639
Minsk 207f., 210, 280
Mittelmeer, Luft-See-Krieg im 615-625
Mlawa 36
Model, Walter 228, 268f., 271f., *273*, 276, 280, 282,
    303, 351, *352*, 353, 360f., 365, *385*, 386, 404,
    437f., 447ff., 452f.
Modlin 39
Mohilew 211
Moldau (Moldawien) 208
Mölders, Werner 606f., *610f.*, 629f.
Molotow, Wjatscheslaw 24, 25, 127, *130/131*, 132ff.,
    148

Moltke d.J., Helmuth von 68
Moltke, Helmuth James Graf von 461
Mönchengladbach 118
Mongolei 219, 221
Montcornet, Panzerschlacht bei 88f, 96
Monte Cassino 145, 318ff., *323f.*, 325, 326ff., 330
„Monte Rosa" *578f.*
Montgomery, Bernard Law *167*, 173ff., 176, 178, 186,
    192f., 199, 311, 314, 321, 334, *338*, 344, 364f., *369*,
    370f., 388, 439f., 450, 472, *,0*, 624
Montoire 129, 135
Moschaisk 221
Moskau 66, 205, 213f., 217, 219ff., 229, 233, 239, 267
Moskau, Winterschlacht vor 223ff., 633
Moskau-Besuch Adenauers 670
Moskauer Friedensvertrag 59
„Mosquito" De Havilland 650
Müller, Friedrich Wilhelm 411
München 22f., 103, 463
Münchener Konferenz/Münchener Abkommen 21, 22f.
Münster 450
Münstereifel 69
Murmanbahn 232
Murmansk 206, 208, 229, 531ff., 551, 562, 563, 635
Mussino 223
Mussolini, Benito 14, *15*, 21, *22*, 55, 96f., *97*, 103ff.,
    111, 114, 117, 127, 129, *135*, 136, 142, 148, 153ff.,
    156, 159, 165, 171ff., 201, 256, 271, *274*, 297-307,
    308, 315, *316f.*, 322, *348*, *457*, 620
„Mustang" North American P-51 647f.

Nagasaki, Atombombenangriff auf 7, 488f.
Nagumo, Chuichi *482*, 483
Namur 86
Napoleon I. Bonaparte 107f., 205, 221, 223, 264, 281,
    297
Narew 30, 32, 35
Narvik *58*, 59ff., *62ff.*, 92, 543f.
Näther, Max 583
„Nationalkomitee Freies Deutschland" 277f.
Naujocks, Alfred 27
Neapel 169, 311f.
Nehru, Jawaharlal 179
„Nelson" 542
„Nerobefehl" 431, 460ff.
Neuguinea 480, 485
Neurath, Konstantin Freiherr von 14, 16, 298
Neuseeland 154, 515
New York 552
Niederlande 54ff., 67ff., 76ff., 80ff., 86, 92, 119, 131,
    142, 662, 668
Niedermayer, Professor Ritter von 322
Niehoff, Heinrich 359
Nikolajew 213
Nikopol 274, 276, 278
Nil 6, 167, 171ff.
Nimitz, Chester William 480ff., 486, 489
„Niobe" 499
Nizza 97, 105
Njemen 281f., *283*
NKWD 48
Nordafrika 137, 153-203, 205, 241, 517, 550, 615-625
Nordkap 64
Nordling, Raoul 355f.
Normandie 339ff., 347
Norwegen 6, 58ff., *62ff.*, 92, 119, 127, 131, 182, 205,
    218, 336, 458, 465, 472, 498, 504, 513ff., 519, 522,
    528f., 532, 543ff., 549, 552, 564, ´569, 572f., 665
Nowgorod 214, 277
Nowotny, Walter *640f.*
Nürnberg *462*
Nürnberg, Luftangriff auf 655
„Nürnberg" 537, 570
Nürnberger Militärtribunal 151
Nürnberger Reichsparteitage 10, *11*

Oberkommando der Wehrmacht (OKW) 16, 59, 159,
    205, 208, 222, 230, 273, 336, 344ff., 472, 556
Obersalzberg 17
Oder 413, 415ff., 433
Oder, Schlacht an der 468f.
Odessa 213, 221, 279f.
Okinawa 483, 489
Olympische Spiele (1936) 14
„Omaha"-Landungsabschnitt *342*
Operation xyz -> Unternehmen xyz
Oppeln 412
Oppenheim 450
Oradour-sur-Glane 360
Oran 112ff., 184, 517f., *519*, 625
Ordschonikidse, Grigori *206*, 207

Orel 220f., 226, 269, 271
„Organisation Todt" 449, 529
Orléans 95, 351
Orscha 211, 223
Oslo *59*, 64
Oslofjord 64
Osokin, Genadij 128
Ostafrika 153, 159f.
Oster, Hans *53*, 74
Österreich 14, 16ff., 20f., 23, 127, 208, 297, 432, 459
Ostgebiete, deutsche 416, 419, 537
„Ostpolitik", nationalsozialistische 6f., 24, 227f.
Ostpreußen 7, 33, 35f., 127, 281, 401, 403ff., 407, 409,
    411, 413, 415, 417, *420f.*, 431, 577ff.
Ostsee, Seekrieg in der 536, 570-581

Palästina 623
Palermo 306
Pannwitz, General von 403
Pantelleria, Luft-Seeschlacht vor 171
„Panther"-Panzer 228, 268, *311*, *319*
„Panzerfaust" 368, 399, *400*, 449
Panzerkreuzer 495, 497f., 500, 505, 508, 513, 537
Panzerwaffe 52, 67f., 70, 71, 86ff., 169, 176ff., *186f.*,
    208, 228, 268ff., 392, 417
Paris 68, 90, *91*, 96, 98, *100*, *106*, *108/109*, 339, 345,
    352ff., *357*
Park, Keith 605
Parodi, Alexandre 354
Partisanen 179, 219, 264, *265*, 276, 406, 457
Pas de Calais 340f., 344, 349, 360f.
Patch, Alexander 357, 360
Patras, Golf von 142
Patton, George S. 203, 299, 334, 348f., 350f., 364f.,
    388, 445, 448, 450f., 453, 462, 465, 663
Paul, Prinzregent von Jugoslawien 139
Paulus, Friedrich 161, 199, 205, 230, 234, 237, 242f.,
    244, *249f.*, 255, 257f., 636
Pazifik-Krieg 276, 475-489, 556
Pearl Harbor 6, *474*, 475f.,480
Peenemünde, Luftangriff auf *650f.*
Peiper, Jochen 386f., *393*
Peipussee 212
Perekop, Schlacht bei 30
Persien -> Iran
Persischer Golf 133
Petacci, Clara 457f.
Petain, Henri-Philippe 96, 102f., 127, *128*, 135, 182,
    184, 189
Peter II., König von Jugoslawien 139
Peter III., Zar von Rußland 464
Petrow, Iwan 234
Petsamo 282
Pfeffer-Wildenbruch, Karl 406, 420
Pflanz, Rudolf 583
Philipp Prinz von Hessen 307
Philipp, Hans 643, 648
Philippinen 475f., 479, 486, 489
Philippinensee, Luft-See-Schlacht in der 486
Pillau 573, 577f., 580f.
„Pinguin" 515
Pius XII. 114, *328*
Pleskau 211
Ploesti 128, 136f.
Polen 6, 24f., 50, 53, 65f., 135, 283, 334, 403, 406ff.,
    411, 419, 661ff., 668
Polenfeldzug 6, 15, 27ff., 53f., 82, 218, 513
Polnisch-Sowjetischer Nichtangriffspakt 35
Polnischer Korridor 24, 30, 33, 35
Polozk 211
Poltawa 230
Pommern 36, 413, 415, 417, 419, 426, 430f., 579
Port Moresby 480, 482
Portal, Charles 178
Portugal 256
Posen 46, 411, 413, 415
„Potsdam" 576
Pound, Dudley 178
Prag 21, 22ff.
Praga (Warschauer Vorstadt) 41ff., *42*
Preßburg 406, 432
„Pretoria" *572f.*, 578
Preuß, Werner 583
„Preußen" *575*
Prien, Günther 61, 477, *540f.*, 542, 544, 546f.
Prieß, Helmuth 404
„Prince of Wales" 478, *520*, 522f.
„Prinz Eugen" 508, 520ff., 526, 531, 534, 536f., 570,
    572, *573*, *580*
Prittwitz, Karl von 161
Propaganda 372f., 651

Pruth 208

Radar 7, 485, 497, 546f., 550, 554ff., 558f., 561, 565f.,
    599, 602, 606, 650, 655
Radom, Kesselschlacht bei 37
Raeder, Erich 14, 60, 122, 492, 496, 498ff., 504ff.,
    508, 517, 532, 543f., 620
Raketen-Waffe 650f.
Ramcke, Hermann 169, 172f., 363, 618
Rastenburg 166
„Rata" (Polikarpow I-16) 631
Rauenfels" 63
Rauß, Erhard 404, 433
Regensburg 465
Regensburg, Luftangriff auf 646
Reichenau, Walter von 36, 206, 220, 222, 224, 228,
    237
Reichssicherheitshauptamt (RSHA) 55
Reichswald, Schlacht um den 442
Reichswehr 583, 585, 587
Reims 92ff.
Reims, Kapitulation in 472
Reinberger, Helmut 56
Reinefahrt 412
Reinhardt, Georg-Hans 276, 404, 411
Reitsch, Hanna 592
Remagen, Brücke von 442, 444, 445ff.
Rendulic, Lothar 409, 411, 432, 459
Rennes 349
„Repulse" 477
Résistance (s.a. Maquis) 354ff., 359ff., 362
Rethymnon 145
Reykjavik 562
Reynaud, Paul 88, 96, 103
Rhein 99, 101, 102, 371, 393, 438, 439f., 442, 444ff.,
    451
Rheinlandbesetzung 13, 16f., 583
Ribbentrop, Joachim von 16, 22, 24, 31, 122, 128,
    131f., 133, 207, 223, 309, 298, 463
Richthofen, Wolfram Freiherr von 238, 249, 255, 629
Riga 208, 403, 572
Rintelen, Fritz Joachim von 298, 309
Ritchie, Alan 165f.
Roermond 440
Rogge, Bernhard 515
Röhm-Putsch 17, 401
Rokossowski, Konstantin 241, 249, 269, 407, 411, 426,
    469, 577
Rom 295, 302, 304f., 307, 309, 310f., 313, 319, 321,
    326, 328f., 330, 331, 455
Rommel, Erwin 82f., 152, 153, 156f., 159, 160-179,
    184, 187, 190, 192, 194, 197, 199, 201, 228f., 241,
    274, 308f., 312, 318, 334f., 340f., 344, 346f., 348,
    409, 478, 527, 615, 616, 617f., 621f., 624
Rómmel, Juliusz 40
„Rommelspargel" 334, 343
Roosevelt, Franklin Delano 92, 117, 119, 178ff.,
    190ff., 230, 300, 320, 333f., 417, 419, 422, 463f.,
    475, 476, 549, 672
Rosenberg, Alfred 227
Rostow am Don 219, 221, 223f., 233, 239, 244, 246,
    248
Rote Armee 7, 19, 45ff., 58, 210, 218, 272, 397ff., 403,
    413, 570, 585, 587, 640, 665, 668
Rotes Kreuz, Internationales (IRK) 285, 665
Rotes Meer 157
Rotterdam 74ff., 78f., 80f., 83ff., 385
Rotterdam, Luftangriff auf 83ff., 643
Rouen 96, 101, 349
Rowehl, Geschwader 626
Royal Air Force (RAF) 591, 599, 602, 604ff., 612,
    629, 650ff.
Royal Navy 600ff.
„Royal Oak" 61, 477, 540f.
Rschew 226, 234
Rucksteschell, Hellmuth 516
Rüdel, Günther 626
Rudel, Hans-Ulrich 632, 640f.
„Rudel-Taktik" 503, 506, 538, 541, 544, 546, 552
Ruge, Friedrich 335
Ruhrgebiet 52, 55, 76, 118, 365, 370, 398, 652
Ruhrkessel 450ff., 458, 465
Rumänien 48, 127f., 132f., 135, 137, 180, 211, 213,
    223, 280, 397
Runciman, Sir Walter 19f.
Rundstedt, Gerd von 35, 89, 206, 212, 224, 334, 337,
    340, 346f., 350, 365ff., 366, 370, 385, 393, 438, 440,
    448
Ruoff, Richard 230, 265
Russisch-Finnischer Winterkrieg 57ff., 206
Rüstung/Rs.industrie 375ff., 379ff.

Rußland -> Sowjetunion
Rydz-Smigly, Edward 33, 37f., 39
Ryti, Risto 282

SA (Sturmabteilung) 401
Saalwächter, Alfred 513, 528
Saarbrücken 448
Saargebiet 13, 366f., 439
Sachsenberg, Gotthard 583
Sahara 176, 192
Saint-Germain, Friede von 127
Saint-L'ô 347ff.
Saint-Malo 363
Saint-Nazaire 338f., 349, 363
Saipan 486
Salerno, Landung bei 310, 312, 316ff., 327
Salmuth, Hans von 205, 335f., 357
Salò, Republik von 322, 457
Saloniki 141
San 36
Sanitätswesen der Wehrmacht 285-293
Saporoschje 266, 274
Sardinien 179, 201, 313, 318, 320, 530
Sauckel, Fritz 378
Saucken, Dietrich von 407, 415. 431. 459. 580
Sayn-Wittgenstein, Heinrich Prinz zu 655
Scapa Flow, Angriff auf (1939) 540f.
Scapa Flow, Selbstversenkung in (1919) 494, 495
Schaposchnikow, Jewgen 24, 207, 233
„Scharnhorst" 61f., 496, 500, 508, 513, 520, 526, 529,
    531, 532, 533f.
Schellmann, Wolfgang 604
Schepke, Joachim 547
Schepmann, Wilhelm 401
Scherer, Theodor 226, 229, 246, 634f.
Schirach, Baldur von 82
Schitomir 211, 275f.
„Schlacht um Frankreich" 98ff.
Schlachtschiffe 503, 508, 513
Schlesien 35f., 407ff., 412, 415ff., 423, 426, 437
„Schlesien" 570
„Schleswig-Holstein" 28, 29, 570
Schlieffen-Plan 68
Schlüsselburg 217
Schmidt, Arthur 242f.
Schmidt, Paul 133
Schmidt, Rudolf 84f., 213, 224, 226
Schmundt, Rudolf 228, 237, 243, 527
Schnaufer, Wolfgang 655
Schnellboote 516ff.
Schnorchel 561f., 564f., 566
Schobert, Eugen Ritter von 206, 219
Schörner, Ferdinand 274, 276f., 282, 403f., 409, 412,
    415, 416, 423, 426, 437, 459, 468
Schukow, Georgi 218, 223, 406f., 411, 415, 417, 426,
    437, 468, 469, 472
Schuldt, Heinrich 578f.
Schulenburg, Friedrich Graf von der 127
Schultze, Herbert „Vaddi" 538
Schuschnigg, Kurt 16ff.
Schweden 60, 119, 127, 258, 336
Schweinfurt, Luftangriff auf 646
Schweiz 258, 359
Schwerin von Krosigk, Johann Ludwig Graf 472
Schwerin, Graf Gerd von 266
SD („Sicherheitsdienst" der SS) 6f., 46, 355, 359
Sedan 69, 86
Segelflieger 70, 584, 585f., 588
Seidel, Hans-Georg von 626
Senger und Etterlin, Fridolin von 299, 313, 322, 331
Serbien 140f., 180
Sewastopol 221, 223, 230ff., 233f., 280, 481
Sewersk 214
Seydlitz-Kurzbach, Walther Freiherr von 255, 277
Seyffardt, Paul 210
Seyß-Inquart, Arthur 19
Sichelschnitt-Plan 69, 81, 90
Sidi Barrani 137, 154, 622
Sidi Rezegh 165, 170
Siebenbürgen 208
Siegen 451f.
Sigel, Walter 597
Simon, John 12
Simpson, Henry 364, 369
Singapur 475, 477f.
„Sippenhaft-Befehl" 443
Sizilien 179, 201, 245, 295-303, 307, 309, 530, 617,
    621
Skorzeny, Otto 309, 315, 387, 393
Slowakei 22f., 35f., 223, 406f., 432
Sluzk 208

Smolensk 211f., 218, 271, 275
Sobibor 6
Solferino, Schlacht bei 285
Sollum 154, 161, 163, 176
Somaliland 153
Sowjetunion 6f., 20, 24f., 35, 44, 47, 55, 58, 65, 117,
    127f., 130ff., 140, 148ff., 159, 162, 165, 179, 205-
    283, 334, 380, 397ff., 419, 472, 475, 489, 517, 526,
    533, 548f., 562, 588, 604, 615, 621, 626, 629ff.,
    661ff., 665, 667f.
Spanien 129, 167, 203, 210, 223, 336
Spanisch-Marokko 203
Spanischer Bürgerkrieg 14, 15, 32, 594f.
Speer, Albert 7, 109, 228, 375, 377, 415, 431, 461,
    463, 468, 472, 558, 568f.
Speidel, Hans 278f., 344, 349, 353
Sperrle, Hugo 336
„Spitfire" Vickers Supermarine 601f., 603, 605, 606ff.,
    612, 620
Sponeck, Hans Graf von 203, 226
„Sportpalast-Rede" 260
Spruance, Raymond 482, 483
SS („Schutz-Staffeln") 6f., 55, 401
SS-Division „Wiking" 279
SS-Verfügungstruppe 46
St. Vith 386, 394
Stalin, Josef 6, 24, 25, 55, 66, 127, 135, 148f., 151,
    191, 205, 207f., 210, 219, 221, 230, 234, 238f., 249,
    263, 264, 269, 333f., 417, 419, 422, 472, 489
Stalingrad 7, 187, 199, 205, 233ff., 237ff., 240-252,
    254f., 256f., 260, 263, 281, 324, 353, 397, 597,
    625f., 630f., 636, 638ff.
Stalino (Donezk) 222, 246
„Stalinorgel" 151, 223, 240f., 247, 263, 402, 437
Standgerichte 276, 361, 419, 424f., 461
Staraja Russa 269
Stauffenberg, Claus Graf Schenk von 7, 349, 674f.
Stavanger 61
Steiner, Felix 417, 464
Stettin 61, 413, 415, 430f., 433, 469
„Stier" 516
Stilwell, Joseph Warren 489
Strachwitz, Hyazinth Graf 403, 572f.
„Strasbourg" 185
Straßburg 371, 393f.
Strauß, Adolf 226
Streib, Werner 652
Student, Kurt 84, 143, 145, 168, 315, 438, 441, 618
Stuka-Waffe 33ff., 35, 41f., 43f., 87, 99, 208, 585,
    594, 597, 602, 607, 615, 617f., 622, 630ff., 638f., 640
Stülpnagel, Karl Heinrich von 206, 226, 353
Stumme, Georg 174, 223
Stumpff, Hans-Jürgen 472
Sturzkampfbomber -> Stuka-Waffe
Stuttgart 451
Suda-Bucht 143, 146, 147
Sudan 153
Sudetengebiete 19ff., 23f., 50
Suezkanal 153, 160, 166, 171, 173, 179, 527, 615, 617
Sumatra 475
Suñer, Serrano 258
Swinemünde 61
„Swordfish" Fairey Stringbag 523, 530
Syrte, Seeschlacht in der 165

T-34 151, 208, 223, 242, 251, 270, 279, 433
Tarawa 485
Tarent 157, 169
Taylor, Maxwell 316
Tebessa 194, 199
Tedder, Arthur 296
Teheran, Konferenz von 333, 423
Terek 241
Thailand 477
Thala, Panzerschlacht bei 199
Thermopylen, Schlacht bei den 259
Thiele, Fritz 572ff.
Thierack, Otto Georg 419, 424
Thoma, Ritter von 175
Thomas, Georg 373
Thorn 411, 415
„Tiger"-Panzer 187, 199, 228, 268, 270f., 386, 387, 395
Tilsit 404
Timoschenko, Semjon 207, 217, 218, 224, 230f.
Tirol 308
„Tirpitz" 507, 522, 528, 531ff., 534, 635f.
Tiso, Jozef 22
Tito, Josip Broz 406, 411, 459, 468
Tobruk 156, 161, 163, 164, 165-172, 176f., 615, 617,
    620, 622
Todt, Fritz 228, 273, 339

Tolbuchin, Fjodor Iwanowitsch 280, 406, 432, 468
Torgau 467
Tornio 282
Torpedoboote *536f.*, 576ff.
„Torpedokrise" 544, 569
Torpedowaffe 541f., 544, 546, 550, 553f., 561ff., *564f.*, 568f.
„totaler Krieg" 7, 117, 366, 376f., 460, 655
Toulon 185, *196*, 338, 359
Trautloft, Hannes 604, 630f.
Treblinka 6
Trier 370
Tripolis 153f., 156, *158*, 161, 165, 176f., 180, 193
Tripolitanien 159, 177
Troisième Bureau 52
Tromsö 534, 635
Trondheim 61
Truman, Harry S. 464, 489
Tschechoslowakei 14, 19ff., 22ff., 50, 662, 665, 668
Tscherkassy, Kesselschlacht bei 275, 277f.
Tschernigow 214
Tschernjachowski, Iwan 404, 407f., 415
Tschiang Kai-schek 478f.
Tschuikow, Wassili 239
Tuapse 235
Tuchatschewski, Michail *206*, 207, 238
Tuck, Robert Stanford 606, 608
Tuka, Bela 22
Tukkum 572
Tula 221, 223
Tunis, Tunesien 97, 157, 177, 179f., 184f., 187, 191, *193*, 194, 196, *197*, 199ff., 245, 625
Türkei 135, 139, 163, 167, 179, 191, 229, 248, 256, 265, 272, 296
Twer 221, 223

U-Boot-Krieg 7, 472, 517, 520f., 527, 531, 533, 535, 538-566, 579
U-Boot-Waffe 165, 492, 497f., 500, 503f., 506, 508, 511, 517, 535, 537, 538ff., 543, 547, 557ff., 564, 566, 579, 617, 636
„Ubena" *572f.*, 578, 580
Udet, Ernst 50, *585*, 594, 607
Ukraine 58, 205ff., 208, 213f., *216*, 218, *219*, 273, 280
Ulbricht, Walter 66
Uman 211ff.
Umberto (Humbert) II., Kronprinz von Italien 295, 298
Ungarn 23, 48, 137, 180, 206, 208, 256, 397, 405ff., 409ff., 427, 459
Unternehmen „Amboß" 336
Unternehmen „Avalanche" 312
Unternehmen „Barbarossa" 6f., 135f., 140, 148, 205, 207, 397, 626ff.
Unternehmen „Birke" 282
Unternehmen „Bolero" 177
Unternehmen „Cobra" 348
Unternehmen „Doppelschlag" 646
Unternehmen „Dracula" 489
Unternehmen „Dragoon" 357ff.
Unternehmen „Dynamo" 92ff.
Unternehmen „Gomorrha" 653
Unternehmen „Greif" 393
Unternehmen „Herkules" 168, 170, 618, 622
Unternehmen „Husky" 297
Unternehmen „Ilona" 336
Unternehmen „Jupiter" 336
Unternehmen „Katapult" 112f., 518
Unternehmen „Lachsfang" 232
Unternehmen „Market Garden" 369f.
Unternehmen „Morgenluft" 194
Unternehmen „Nordlicht" 232
Unternehmen „Nordwind" 393
Unternehmen „Overlord" 333, 336, 342ff.
Unternehmen „Paukenschlag" 550f., 558
Unternehmen „Regenbogen" 532
Unternehmen „Richard" 326
Unternehmen „Seelöwe" 114-125, 143, 518f., 546, 599ff., 604
Unternehmen „Sledgehammer" 178
Unternehmen „Sonnenblume" 157
Unternehmen „Taifun" 220ff.
Unternehmen „Tiger" 163
Unternehmen „Torch" 175, 179, 181
Unternehmen „Wacht am Rhein" 388
Unternehmen „Walpurgisnacht" 580
Unternehmen „Weserübung" 59ff., 543f.
Unternehmen „Wintergewitter" 244
Unternehmen „Wunderland" 532
Unternehmen „Zitadelle" 268f.
Ural 207, 229
USA 6f., 95f., 117, 130, 258, 281, 334, 344, 378ff.,

423, 475-489, 498, 526, 537, 546, 551, 553, 556, 566, 643, 663, 665, 668
„Ustascha" 141

V-Waffen („Vergeltungs-Waffen" V1, V2) 339, 365, *651*
Vatikan 256, 258, 297, 307, 309
Vercellino, Aldo 185, 313
Verdun 65, 98, 103, 129
Vereinigte Staaten -> USA
Vereinte Nationen 334
Versailler Schloß *100*
Versailler Vertrag 10, 12f., 100, 127, 492, 497, 583, 585
Vichy-Frankreich 181ff., 190f., 339, 357
„Vierfingerschwarm" 610
Vierjahresplan 373ff.
Vietinghoff-Scheel, Heinrich Freiherr von 223, 303, 307, 309, 312f., 316f., 321, 326f., 411, 457
Viktor Emanuel III., König von Italien 302, 304, 307, 309, 312f., 315
„Vittorio Veneto" *531*
Völkerbund 6, 13
„Volkssturm" 411, *412*, 437, 449, 400, 402
Volkswagen 375
Volkswagen-Kübel *183*

Waffen-SS 148, 411, 417, 468
Wagner, Eduard 217
Wagner, Richard 461
Wake Island 476
Walachei 208
Waldai-Höhen, Schlacht bei den 221
Walker, Frederick John 551
Walker, Walton 465
Walter, Helmuth 557, 561
Walter-U-Boot 557f., 561, 564, 566
Warburton-Lee, George 62f.
Warlimont, Walter 194, 197, 201, 300, 349
Warschau 36f., 39, 41f., 42, 44, 84, 282f., 406ff., 409
Warschau, Luftangriff auf 41f., 643
Warschauer Aufstand 283
Warschauer Getto 48, 49
Washington 178
Washington, Konferenz von 333
„Wasp" 169, 620f.
Wasserbomben 546f., 548, 552, 553, 555, 559, 560f., 566
Wassilewski, Alexander 241, 415
Watutin, Igor 241, 275f.
Wavell, Archibald 154, 161, 165, 166
Wegener, Eduard 504
Wegener, Wolfgang 498
Wehrhoheit, Wiedererlangung der 14, 583
Weichs, Maximilian Freiherr von 205, 232, 241, 250, 255, 413
Weichsel 281ff., 404f., 407f., 413, 417
Weiß, Walter 404
Weißrußland 207f., 280ff., 629
Welikije Luki 265, 572
„Wellington" Vickers-Armstrong 645, 647
Wenck, Walther 417, 419, 431, 464, 471, 665
„Werwolf" 449
Westerplatte 29
Westphal, Siegfried 311f., 365f., 445
Westpreußen 35
Westwall 50, 366, 441
Wever, Walther 585, 593f.
Weygand, Maxime 89f., 95f., 100, 111, 181
Wick, Helmut 606, 608
Widerstand, Militärischer 6f., 673ff.
Wien 406, 432, 434f.
Wien, Schlacht um 468
„Wilde Sau" 650, 653ff.
„Wilhelm Gustloff" 570, 571
„Wilhelm Heidkamp" 62f.
Wilhelmina, Königin der Niederlande 54, 80, 86
Wilhelmshaven 643
Wilna 210, 280
Wilson, Henry Mailand 321
Winniza 201, 266
„Winterhilfswerk" 377
Wintersachensammlung 224, 225, 227
Witebsk 276, 280
Wjasma 226, 230, 271
Wjasma-Brjansk, Kesselschlacht bei 220, 222
Wlassow, Andrei 224, 229, 232, *268*, 402f.
Wöhler, Otto 405, 411, 432
Wolff, Karl 457
Wolga 6, 207, 213, 229, 233, 237, 239ff.
Wolhynien 282
Worms 446, 448
Woronesch 249f.

Woroschilow, Kliment 207, 218
Woyrsch, Udo von 46
„Wunderwaffen" (s.a. V-Waffen) 7, 651

Yamamoto, Isoruku 477f., 480f., *482*, 483, 485
„Yamato" 478
„York" *146*

„Z-Plan" 505
„Zahme Sau" 650, 655
Zangen, Wilhelm von 444
Zarskoje Selo 217
Zeitzler, Kurt 235, 237, 241ff., 248, 265f., 271f., 276, 279, 398
Zenker, Hans 492
Zossen 39, 217, 230, 431
Zwangsarbeit 374, *382f.*, 398
Zwanzigster Juli (1944) 7, 282, 348f., 353, 386, 398, 401, 461
Zypern 157, 665